NOVA MORAL FUNDAMENTAL

O lar teológico da Ética

MARCIANO VIDAL

NOVA MORAL FUNDAMENTAL
O lar teológico da Ética

Revisão Técnica: Pe. José Rodrigues Neto, C.Ss.R.

Tradução: Benôni Lemos
Mário Gonçalves
Roque Frangiotti

Coordenação Editorial: Elizabeth dos Santos Reis

Copidesque e Revisão: Ana Lúcia de Castro Leite
Elizabeth dos Santos Reis

Diagramação: Alex Luis Siqueira Santos
Juliano de Sousa Cervelin

Capa: Marco Antônio Santos Reis

Ilustração da capa: *São Jerônimo*, 1541
Marinus Van Reymerswaele
Museu do Prado (Madri)

Título original: *Nueva moral fundamental: El hogar teológico de la Ética*
© Marciano Vidal, 2000
© Desclée de Brouwer, Bilbao, 2000
ISBN 84-330-1526-5 (original)

Dados Internacionais de Catalogação na Publicação (CIP)
(Câmara Brasileira do Livro, SP, Brasil)

Vidal, Marciano
    Nova moral fundamental: o lar teológico da Ética / Marciano Vidal; tradutores: Roque Frangiotti, Mário Gonçalves, Benôni Lemos. — Aparecida, SP: Editora Santuário; São Paulo: Paulinas, 2003.

    Título original: Nueva moral fundamental: el hogar teológico de la Ética.
    Bibliografia
    ISBN 85-7200-856-X (Santuário)

    1. Ética cristã – Autores católicos 2. Teologia moral I. Título.

03-3483   CDD-241.042

Índices para catálogo sistemático:
1. Ética católica: Teologia moral: Cristianismo 241.042

Todos os direitos em língua portuguesa reservados
à **EDITORA SANTUÁRIO** e a **EDIÇÕES PAULINAS** — 2003
Composição, impressão e acabamento:

EDITORA SANTUÁRIO
Rua Padre Claro Monteiro, 342
12570-000 — Aparecida-SP
Tel: (12) 3104-2000 / Fax: (12) 3104-2036
www.redemptor.com.br
e-mail: vendas@redemptor.com.br

Rua Pedro de Toledo, 164
04039-000 - São Paulo - SP (Brasil)
Tel.: (11) 2125-3549 / Fax: (11) 2125-3548
www.paulinas.org.br
e-mail: editora@paulinas.org.br
Telemarketing: 0800-157412

ÍNDICE

Apresentação 7

Introdução geral 11

PRIMEIRA PARTE – A MORAL NO DESÍGNIO DE DEUS
   1. A imagem de Deus na moral cristã 23
   2. A Trindade: fonte e meta da vida moral cristã 47
   3. Deus Pai e a moral cristã 71
   4. Conformação à imagem do Verbo Encarnado 107
   5. Sob o impulso do Espírito Santo 141
   6. Antropologia teológica e moral cristã 177
   7. Articulação do "moral" e do "teologal" na existência cristã 215

SEGUNDA PARTE – A MORAL NO TEMPO DA IGREJA
   1. Eclesialidade da moral cristã 255

   PRIMEIRA SEÇÃO – PERSPECTIVA HISTÓRICA 263
   2. Elementos para uma história da teologia moral 265
   3. A raiz bíblica da moral cristã 271
   4. Período Patrístico 305
   5. Idade Média 335
   6. Renascimento 371
   7. Etapa casuísta (séc. XVII-XVIII) 395
   8. Séculos XIX e XX: A meta do Concílio Vaticano II ... 423
   9. A teologia moral depois do Concílio Vaticano II 455
   10. A ética teológica no Brasil 489

SEGUNDA SEÇÃO – PERSPECTIVA SISTEMÁTICA 507
11. A moral na tradição viva da Igreja 509
12. As mediações eclesiais e a moral cristã 525
13. A inculturação da moral cristã 547
14. A Pastoralidade da moral cristã 571
15. Urgências morais para a Igreja do futuro próximo 599

TERCEIRA PARTE – A MORAL NO CENÁRIO DO MUNDO
1. "Mundanidade" da moral cristã 617
2. Significado e função da ética 635
3. A ética civil 653
4. A moral pública 675
5. Moral e Religião 689
6. Situação atual da vida moral e do discurso ético 713
7. A plenitude da ética racional na moral cristã 741

QUARTA PARTE – O DISCURSO TEOLÓGICO SOBRE A MORAL
1. Apresentação e estado da questão 775
2. A Constituição teológica da moral cristã 787
3. A epistemologia do discurso teológico-moral 809
4. O método na teologia moral 871

Conclusão geral 883

Índice geral 889

APRESENTAÇÃO

A Moral é uma disciplina antiga dentro do tronco comum da Teologia. Desmembrada desse tronco no século XVI, teve um amplo desenvolvimento durante a época do catolicismo pós-tridentino, chegando a constituir um dos sinais e dos fatores mais relevantes dessa forma de entender e de viver a fé cristã.

No último terço do século XX conseguiram seu objetivo os intentos de renovação moral que foram surgindo, às vezes esporadicamente e outras de forma mais generalizada, ao longo dos séculos XIX e XX. O concílio Vaticano II marca a mudança de paradigma na disciplina da Teologia moral. Esta se converte do isolamento jurídico em que vivera durante séculos e retorna à casa comum do saber propriamente teológico.

Porém, não volta para enclausurar-se num lugar solitário. Retorna à casa da Teologia para abrir portas para a realidade humana. A Moral, além de teológica, torna-se mais humana e mais racional. Convive e luta com os problemas reais das pessoas reais; interpela os saberes humanos e se deixa interpelar por eles; fundamenta e propõe uma opção própria mas sempre com o respeito devido a outros projetos autênticos e com o objetivo de construir uma única humanidade reconciliada consigo mesma e em ascensão permanente para metas ideais de perfeição e de felicidade. Restaura-se assim uma disciplina com a garantia epistemológica de ser *Ética* e com o selo cristão de ser *teológica*. É a *Ética teológica* ou Teologia moral que corresponde ao horizonte alcançado pela compreensão do fato cristão à altura do terceiro milênio do Cristianismo.

Nesse contexto ofereço a presente obra. Intitulei-a *Nova Moral Fundamental* porque assim a pensei, assim a escrevi e assim creio que é. Neste livro fala-se das *raízes* da moral cristã e não tanto de questões concretas. Não é um livro para ser utilizado no pronto-socorro, mas para o estudo de diagnósticos de longo alcance e para a busca de terapias mais eficazes.

É *nova* esta Moral Fundamental por diversas razões. Em primeiro lugar, porque é distinta de outra que escrevi há muitos anos e que reescrevi em sucessivas edições. Considero válido e reafirmo quanto tenho exposto no primeiro tomo de *Moral de Atitudes* dedicado à Moral Fundamental. Ali há uma apresentação de caráter mais acadêmico, já que está concebida em função da docência e da primeira aprendizagem em Teologia moral. Além disso, essa exposição abarca não só as questões de fundamentação mas também os temas relacionados com as categorias básicas da vida moral: responsabilidade, consciência, valores, pecado, virtude etc. Na presente Moral Fundamental prescindo desses últimos aspectos e me concentro nas raízes da moral cristã, isto é, em sua fundamentação. E o faço sem premências acadêmicas de um programa estabelecido que se deve desenvolver de forma breve e facilmente assimilável.

Creio que esta Moral Fundamental é nova, sobretudo, pelo conteúdo que oferece e pela perspectiva que utiliza. Conheço a maior parte das numerosas obras que sobre essa área da Teologia moral se escreveram nos últimos decênios. Nelas se constata uma ausência, total ou parcial, das referências propriamente *teologais* da vida moral cristã. Tampouco há nelas um tratamento suficiente da *base epistemológica* do discurso teológico-moral.

Essas duas lacunas constatei-as através de meu trabalho docente e de meu contato permanente com a produção teológico-moral. A constatação me levou à preocupação e esta se converteu em trabalho, cujo resultado ofereço na presente obra. Nela se encontrará, como novidade, um desenvolvimento extenso das referências teologais da vida moral cristã e das exigências epistemológicas do discurso teológico-moral.

Também é nova a perspectiva que utilizo para fundamentar a moral cristã. Abandono o caminho da confrontação entre a "ética da fé" e a "moral da autonomia teônoma". Considero-o um caminho já totalmente percorrido; permanecer nele manter-nos-ia em inúteis polêmicas e conduzir-nos-ia a escassos resultados. Prefiro situar-me na afirmação e na síntese e não tanto na negação e na dialética. A fé e a razão "são como as duas asas com as quais o espírito humano se eleva para a contemplação da verdade", disse João Paulo II na introdução à encíclica *Fides et ratio*. A novidade da perspectiva em articular um único projeto de dinamismo circular, de onde a *teologalidade* conduza à *mundanidade* e esta, por sua vez, se plenifique retornando àquela. Trata-se, no fundo, de utilizar as virtualidades metodológicas contidas na constituição pastoral *Gaudium et spes* do Concílio Vaticano II.

APRESENTAÇÃO

Todo o livro que foi amplamente meditado e que exigiu um notável esforço para sua gestação é, afinal, um ajuste de contas com o próprio autor. Assim considero o que agora tem consigo o benévolo leitor. Nesta *Nova Moral Fundamental* assumo a fundamentação antropológica da moral cristã, na qual trabalho há anos e na qual creio ter dado uma contribuição significativa, e a completo com o horizonte teologal, afirmado sempre em minhas obras, porém, sem explicitar conforme eu desejava. Agora formulo uma fundamentação da moral cristã de confessada e inegável raiz antropológica e de explícito horizonte teologal. Segundo indica o subtítulo da obra, proponho uma Ética "dentro do lar da teologia", porém, sem cair no perigo de uma indevida "dogmatização" da vida moral cristã, conforme anoto na Conclusão geral.

Creio não exagerar se afirmo que esta obra ultrapassa os limites do tratado de Moral Fundamental. Em certo sentido é como uma *suma* ou *balanço* da Teologia moral no começo do terceiro milênio da era cristã. De fato, sem abandonar o objetivo primordial, que é expor meu próprio pensamento sobre a fundamentação da moral cristã, tive a preocupação de reunir os dados bibliográficos mais relevantes dos últimos decênios. Ao longo das páginas, o leitor encontrará anotada e comentada a maior, e melhor, parte da produção teológico-moral da etapa recente.

Ao oferecer esta nova obra, brindo pela felicidade do leitor e faço votos para que a vida moral cristã contribua para fazer um mundo cada vez mais humano em louvor de Deus Pai por Cristo no Espírito.

INTRODUÇÃO GERAL

1. A Ética como "morada"

A raiz grega da palavra *ética* sugere a imagem de morada. Como disse J. L. L. Aranguren, o *êthos* grego em seu primeiro e mais antigo emprego "significava 'residência', 'morada', 'lugar onde se habita'. Empregava-se, primeiramente, sobretudo em poesia, com referência aos animais, para aludir aos lugares onde se criam e se encontram, e aos lugares de seus pastos e guaridas. Depois aplicou-se aos povos e aos homens no sentido de seu país"[1].

O pensamento moderno, sobretudo a reflexão filosófica de M. Heidegger, deu importância ao significado de *êthos* como "estilo humano de morar e de habitar"[2]. A Ética constrói um universo de sentidos, de ideais e de valores em que pode habitar a condição humana. Todo outro âmbito é inóspito para a vida humana. O viver dos humanos é ação — "vivência", em linguagem de Américo Castro. Por isso sofrem "isolamento" fora da morada da cultura, dos significados, da axiologia e da responsabilidade. A Ética é, pois, a morada envolvente da condição humana.

2. A Religião como "âmbito" da Ética

Ao longo das páginas deste livro tratar-se-á, com diversos registros e desde perspectivas complementares, a eterna questão da relação entre Ética e Religião. Fique afirmado, desde o início, que a Ética, por pertencer ao núcleo da condição humana, não acha estranho nenhum dos âmbitos que são próprios do ser humano.

---

1. J. L. L. ARANGUREN, *Ética* (Madri, 1972⁵).
2. Cf. M. GRANELL, *La vecindad humana* (Madri, 1969) 418-444.

Sem dúvida alguma, o âmbito mais adequado para a Ética é a *razão*. Da razão nasce, com a razão se sustenta, e à razão tem de recorrer para manter em forma seu equilíbrio. Porém, assim como a razão humana pode desvirtuar-se com o racionalismo, também a Ética puramente racionalista pode perder seu significado autêntico. Por isso necessita o âmbito do *sentimento*. O "afeto" é também uma condição imprescindível da vida e do discurso éticos. Unicamente a razão "empática" ou, no bom sentido, "afetada" pode fazer propostas éticas humanizantes para todos e realizar prática morais de autêntica transformação humana. A razão prática ou a empatia racional é, pois, o âmbito primigênio da Ética. Daí é de onde surge o programa moral que I. Ellacuría propunha, utilizando o universo lingüístico e conceitual de X. Zubiri: moral é "responsabilizar-se" pela realidade, "assumi-la" e "encarregar-se" dela.

Além da razão e do sentimento, a Ética serve-se de todas as expressões do espírito humano. O autêntico *éthos* não funciona corretamente se não estiver no interior do tecido cultural. Por exemplo, não chegaremos à ética da solidariedade se não configurarmos uma *cultura* ética solidária. É preciso abandonar a noção asséptica e academicista de Ética para fazer que conviva com o *direito*, a *sociologia*, a *política*, a *economia*, com *os meios de comunicação* e as outras manifestações da condição humana.

Se agora se coloca a questão sobre a relação entre Ética e Religião, não é de se estranhar que surja a resposta normal da mútua afirmação. A Religião também é âmbito da Ética. E, por sua vez, a Ética é uma via imprescindível da Religião. A expressão "moral religiosa" tem esse duplo significado: a Ética habita no universo religioso e esse se autentifica através das práticas de caráter ético.

3. A Teologia enquanto "lar" da Ética

Apelar para o lugar teológico da Ética parece ser hoje uma afirmação ambivalente. Por um lado, haverá aqueles que dizem que esse é seu único lugar e que, precisamente por tê-lo abandonado, se encontra na profunda crise que se arrasta desde o Iluminismo. Esta seria a postura de A. Macintyre e de quantos pensam que o único caminho que resta à Ética para recuperar sua identidade e sua função é o do "retorno" à época clássica na qual a pessoa humana estava reconciliada consigo mesma dentro da unidade significativa do universo moral e religioso.

Pelo contrário, não faltarão aqueles que consideram como uma herança adquirida e irrenunciável a emancipação da Ética diante de toda referência religiosa. Para eles a Ética supõe, por definição, uma autonomia racional de tal espessura que não tolera nenhuma "impureza" de caráter heterônomo nem nenhuma forma de convivência com universos que se situam além do meramente razoável. Mais ainda, haverá aqueles que afirmem que a Ética é o substituto ilustrado da Religião. As formas de vida religiosa seriam aceitáveis unicamente na medida em que, socialmente, gerem ou veiculem valores éticos.

Ante ambas as opções a atitude que se deve adotar é a de não se imiscuir na contenda interminável. O melhor é sair-se desse círculo de mútua auto-suficiência agressiva e colocar as coisas de forma mais simples e, conseqüentemente, de modo mais realístico e funcional.

O Cristianismo tem sido sempre um lar para os grandes projetos éticos da humanidade. Essa conaturalidade ética lhe vem das fontes bíblicas onde bebe: da fé num único Deus "vivo e verdadeiro" (1Ts 1,9), que é o sustentador e a garantia da justiça humana (Êx 20,1-17); da consciência crítico-utópica do profetismo, que sabe descobrir o mal ainda que esteja disfarçado e é capaz de sinalizar o caminho do bem apesar das múltiplas limitações históricas. O *éthos* vem ao Cristianismo, sobretudo, de Jesus de Nazaré, que com sua prática e com sua palavra inaugurou um universo axiológico novo. A cifra e o sinal dessa alternativa ética é o Reino de Deus, feito promessa e compromisso mediante as Bem-aventuranças no contexto da proclamação da Lei messiânica e escatológica do Sermão da Montanha.

É preciso reconhecer que nem sempre o Cristianismo soube ser um lugar acolhedor e libertador para a Ética. Não é demais insistir sobre esses limites e falhas. A crítica de F. Nietzsche formulou-os com traços fortes e com gestos grandiloqüentes. O pior foi quando o povo simples padeceu: com a overdose de medo e angústia diante de castigos divinos, com a sobrecarga de preceitos e normas, com a deformação da imagem de Deus Pai misericordioso.

Sonho com um Cristianismo que, entre outras coisas, seja um lar para a Ética. Em várias ocasiões desta obra farei alusão ao texto de Mt 11,28-30, que já desde agora considero como um programa de acolhida cristã a tudo o que é e significa o autêntico universo ético: "Vinde a mim todos os que estais cansados e sob o peso de vosso fardo e eu vos darei descanso. Tomai sobre vós meu jugo e aprendei de mim, porque sou manso e humilde de coração, e encontrareis descanso para vossas almas, pois meu jugo é suave e meu fardo é leve".

Ao longo desta apresentação da moral cristã pretendo mostrar de que modo o Cristianismo pode ser âmbito da Ética. Sê-lo-á se souber acolher todas as aspirações autênticas da humanidade, e de modo especial o "grito dos oprimidos" (Êx 3,7); se gerar mecanismos de emancipação e de libertação; se sustentar e realizar os desejos de felicidade; se suscitar uma elevação contínua da humanidade para cotas cada vez mais altas de realização tanto pessoal como social; se colaborar no projeto da reconciliação ética de toda a criação.

Não há fé plenamente vivida sem ilustração dela mesma. Quando esse dinamismo de ilustração se converte em discurso crítico, faz sua aparição a Teologia. Por isso pode-se afirmar que a Teologia é como um "lar" para a Ética. Essa é a orientação que guia todo o trabalho do presente estudo. Creio na possibilidade que tem a Teologia de dar acolhida à Ética. Mais que "pedir" responsabilidades à Ética, a Teologia lhe "oferece" seus serviços. "Nem ouro nem prata possuo. O que tenho, porém, isso te dou" (At 3,6).

4. A oferta da Teologia à Ética

"O que tenho, porém, isso te dou." Exponho a oferta da Teologia à Ética em três momentos e mediante três categorias básicas. Segundo a seqüência desses momentos e das categorias correspondentes organizo as partes em que divido a fundamentação da moral cristã. A cada parte corresponde o desenvolvimento de um momento e de uma categoria.

1ª Parte:
A teologalidade ou o desígnio de Deus

O Cristianismo nasce, vive e ganha significação histórica a partir do *desígnio* de Deus Pai realizado em Cristo mediante o Espírito. A Teologia oferece à Ética esse imenso horizonte de salvação no qual todo o humano adquire a plenitude de sua realização. A vida moral fica transformada desde dentro, sem perder sua consistência própria.

Os sete capítulos que compõem essa parte tratam de desentranhar a categoria da *teologalidade* enquanto expressão lingüística e conceitual do horizonte de sentido que o desígnio de Deus traz. O coração de todo o universo teologal é a *Comunhão trinitária.* Sua concreção está na *transformação antropológica.* O Mistério de Deus e a antropologia teológica constituem as duas polaridades nas quais se resolve a teologalidade da moral cristã. Isso é o primeiro e o mais fundamental que a Teologia oferece à Ética.

2ª Parte:
A eclesialidade ou o tempo da Igreja

A eternidade de Deus se faz história no tempo da Igreja. A Teologia oferece à Ética o âmbito da *eclesialidade*. Entendo este âmbito num duplo sentido: no significado de vir a ser histórico e na compreensão propriamente sistemática. Por razão desta dupla vertente divido a segunda parte deste livro em duas Seções:

A eclesialidade como **sabedoria**. A Igreja é conhecedora da humanidade. "Com essa experiência que tem da humanidade"[3], escrutou "os sinais dos tempos" e os interpretou "à luz do Evangelho"[4]. A Igreja, mediante múltiplos sujeitos e por caminhos muito variados, acumulou um grande caudal de *sabedoria moral* em meio a apreciações limitadas pela história, pela linguagem, e pelo próprio erro. Essa sabedoria, depurada depois de uma crítica histórica na qual o teólogo deve ser perito[5], é a que a Teologia oferece à Ética.

A eclesialidade como **tarefa**. O empenho moral do cristão assume a condição eclesial de sua existência. Essa condição se converte ela própria em tarefa moral. O cristão pensa e realiza a moral dentro dos parâmetros: de uma *tradição* viva; das *mediações* eclesiais; de uma proposta *inculturada*; de uma verdade pastoralmente salvífica; e de uma prospectiva de *futuro*. Tradição, mediação, inculturação, pastoralidade e prospectiva são outros tantos fatores que a Teologia oferece à Ética para uma colocação mais rica em significado e mais funcional em transformação real.

3ª Parte:
Mundanidade ou o cenário do mundo

Se a eternidade é algo constitutivo do desígnio de Deus e o tempo corresponde ao ser da Igreja, próprio do mundo é ser o *cenário* desse projeto de salvação realizado no tempo. Existe uma compreensão teológica do mundo. O concílio Vaticano II assumiu e desenvolveu essa teologia na constituição pastoral *Gaudium et spes*.

A Teologia oferece à Ética essa compreensão mediante a categoria da

---
3. *Populorum progressio*, 13.
4. Cf. *Gaudium et spes*, 4.
5. CONGREGAÇÃO PARA A DOUTRINA DA FÉ, *A vocação eclesial do teólogo*, n. 24: "o teólogo, que não pode exercer bem sua tarefa sem certa competência histórica, está consciente da depuração que se realiza com o tempo".

mundanidade. Desse modo a moral cristã, enraizada na teologalidade e mediatizada pela eclesialidade, culmina na mundanidade. É a transformação do mundo o objetivo histórico da prática moral dos cristãos. A Igreja, e nela todo fiel, "tomando parte nas melhores aspirações dos homens e sofrendo ao não vê-las satisfeitas, deseja ajudá-los a conseguir seu pleno desenvolvimento, e isso precisamente porque lhes propõe o que ela possui como próprio: uma visão global do homem e da humanidade"[6].

No cenário do mundo, os cristãos compartilham inquietudes, aspirações e realizações com todos os homens de boa vontade. Daí que seja necessário manter um diálogo contínuo entre a moral cristã e a *ética racional*, a *ética civil*, a *moral pública*. A compreensão teológica valoriza de tal maneira a verdade moral humana que vê nela "sementes do Verbo" e a aceita como um "preâmbulo da fé". A ética humana e a moral dos fiéis convergem para o único e mesmo projeto de salvação.

Dessa maneira volta-se ao ponto de partida — o desígnio de Deus — e se fecha o círculo hermenêutico que oferece a Teologia à Ética. A moral cristã fica fundamentada através do dinamismo que expressam as três categorias que servem de título a cada uma das três partes.

— *Teologalidade* ou desígnio de Deus.
— *Eclesialidade* ou mediação da Igreja.
— *Mundanidade* ou transformação do mundo.

5. Fundamentação do discurso teológico-moral

A quarta e última parte desta obra defronta-se com a questão da constituição do discurso teológico-moral. Disse na Apresentação que não costuma ser este um tema suficientemente tratado na produção bibliográfica sobre Moral Fundamental. Na presente proposta, pelo contrário, dá-se-lhe um relevo especial e um tratamento específico.

O tratado de *Moral Fundamental* é recente na história da disciplina teológico-moral. Desde Santo Tomás até o concílio Vaticano II existia a *Moral Geral*, porém, não uma consideração específica sobre a *fundamentação* da moral cristã. A própria fundamentação da moral cristã tem sido uma tarefa concluída durante a etapa pós-conciliar, tarefa que deu como resultado a configuração do tratado novo de Moral Fundamental[7].

---

6. *Populorum progressio*, 13.
7. Ver a descrição e a avaliação desse processo na tese doutoral de F. PODGA, *La Moral Fundamental postconciliar* (Madri, 2000). Universidad Pontificia Comillas.

Ainda que recente, o tratado de Moral Fundamental desenvolveu-se notavelmente durante as três últimas décadas, segundo consta nos boletins bibliográficos[8] e nos livros coletivos[9] que, de forma escalonada no tempo, foram expondo o estado da questão.

Nestes últimos anos publicaram-se muitos Manuais de Moral Fundamental. Assinalo o nome do autor e o ano de aparição dos mais importantes: B. Häring (1954, 1978); J. Fuchs (1966-1967, 1980, 1981) K. H. Pescke (1975, 1999); A. Günthör (1976); F. Böckle (1977); E. Chiavacci (1977, 1980); *Handbuch* (1978); A. Hortelano (1979); *Praxis* (1980); *Trattato* (1981); *Corso di Morale* (1983); *Initiation* (1983); G. Grisez (1983); T. Mifsud (1984, 1996); U. Sánchez (1984); S. Pinckaers (1985); Ch. E. Curran (1985, 1999); K. Demmer (1985, 1999); J. M. Aubert (1989); M. Guzzetti (1990[3]); M. Vidal (1990[8]); H. Weber (1991); E. López Azpitarte (1991); R. García de Haro (1992); A. Fernández (1992); J. R. Flecha (1994); J.-L. Bruguès (1995); J. Piegsa (1996); J. Römelt (1996); E. Kaczynski (1998); G. Angelini (1999); E. Cófreces — R. García de Haro (1999); M. Labourdette (1999).

Na Apresentação expus as razões que me levaram a compor esta *Nova Moral Fundamental*. Assinalei também as novidades que, desde minha apreciação, contém esta proposta. A maior originalidade reside em deduzir as implicações que contém o subtítulo da obra: analisar o *lar teológico da Ética*.

---

8. Boletins sobre a situação da Moral Fundamental ao longo do período pós-conciliar: Esprit et Vie 80 (1970) 369-376 (M. Huftier); Recherches de Science Religieuse 59 (1971) 323-492 (Vários); Revista Eclesiástica Brasileira 34 (1974) n. 133 (Vários); Rivista di Teologia Morale 9 (1977) 125-135 (S. Privitera); Actualidad Bibliográfica 15 (1978) 277-287 (J. M. Escudé); Ciencia Tomista 102 (1975) 671-691 (R. Larrañeta); Recherches de Science Religieuse 53 (1979) 64-75; 55 (1981) 108-125 (J.-M. Aubert); Rivista di Teologia Morale 11 (1979) 97-101, 209-214 (L. Lorenzetti); Rassegna di Teologia 21 (1980) 81-87 (G. Rossi); Studia Moralia 18 (1980) 147-192 (R. Gallagher); Theological Studies 42 (1981) 74-121; 43 (1982) 69-124; 44 (1983) 71-122; 45 (1984) 80-138 (R. A. McCormick); Revue Thomiste 82 (1982) 327-335 (M.-M. Labourdette); Revue de Science Religieuse 70 (1982) 447-477 (H. De Lavalette); Lumière et Vie 164 (1983) 81-86 (M. Demaison); Teologia 8 (1983) 144-158, 211-228 (G. Angelini); Studia Moralia 22 (1984) 127-139 (Vários); Salmanticensis 32 (1985) 207-221 (A. Galindo); Revue de Téologie et de Philosophie 117 (1985) 219-230 (E. Fuchs); Moralia 7 (1985) 213-231; 9 (1987) 157-164 (F. Moreno); La Scuola Cattolica 104 (1986) 619-630 (F. Citterio); Studia Patavina 33 (1986) 539-565 (G. Trentin); Salmanticensis 34 (1987) 369-401 (J. R. Flecha); La Scuola Cattolica 115 (1987) 449-494; 117 (1989) 27-76 (A. Bonandi); Le Supplément 164 (1988) 123-150 (R. Simon); Revue Théologique de Louvain 19 (1988) 474-484 (H. Wattiaux); Revue Thomiste 89 (1989) 246-278 (T. G. Belmans); Rivista di Teologia Moralia 84 (1989) 1-96 (Vários); 115 (1997) 311-328 (Vários); 116 (1997) 465-494 (Vários); Revue d´Éthique et de Philosophie Morale (Le Supplément) 203 (1997) 5-116 (G. Mathon); Euntes Docete 52 (1999) 497-513 (G. M. Miglieta).
9. Para o mundo de língua alemã: A. HOLDEREGGER (Hrg.), *Fundamente der Theologischen Ethik. Bilanz und Neuansätze* (Friburgo, Suíça, 1996). Para Estados Unidos de América: Ch. E. CURRAN - R. A. McCORMICK (ed.), *The Historical Development of Fundamental Moral Theology in the United States* (Nova York, 1999).

Primeira Parte

A MORAL NO DESÍGNIO DE DEUS

"Aquela eterna fonte"
de onde "tudo tem origem"

Que bem sei eu a fonte que mana e corre
ainda que seja noite!

Aquela eterna fonte está escondida.
Que bem sei eu onde tem sua morada
ainda que seja noite!

Sua origem não o sei pois não a tem.
Mas sei que toda origem dela vem
ainda que seja noite.
(São João da Cruz)

Esta primeira parte é algo assim como uma viagem de exploração em busca da "fonte" da vida moral cristã. A poesia de São João da Cruz marca a meta e indica o caminho. A *meta* é a Vida Trinitária, a "eterna fonte" de onde tudo procede. O *caminho* é a revelação, cuja "claridade nunca é escurecida/ e sei que toda luz dela vem/ ainda que seja noite".

A investigação sobre a *origem teologal* da moral cristã concentra-se, de forma quase monográfica, em Deus. Cinco capítulos são dedicados à análise dessa procedência teônoma da vida moral cristã:

— Como ponto de partida, considera-se a *imagem de Deus* enquanto é utilizada pela moral.
— Em seguida, a atenção se situa na origem fontal e na meta última do agir moral cristã: a *Comunhão trinitária*.
— Em três momentos sucessivos, estuda-se a moral cristã à luz do mistério do *Pai*, do *Cristo* o Verbo encarnado, e do *Espírito Santo*.

A análise da procedência teônoma da moral cristã completa-se com a investigação sobre seu *curso antropológico*. Um extenso capítulo é dedicado expressamente a expor a antropologia teológica que é assumida na corrente da vida cristã. Anotarei que a estrutura da moral cristã não se reduz ao curso da antropologia teológica. A realização moral do cristão acontece na Igreja e, conseqüentemente, tem uma *estrutura eclesial*. Por ser eclesial, participa da *estrutura sacramental* que corresponde a toda práxis cristã. De resto, a moral cristã se realiza em um tempo marcado pela presença da "plenitude" cristã (Gl 4,4); daí, que tenha necessariamente uma *estrutura escatológica*.

À dimensão eclesial da moral cristã será dedicada a segunda parte da presente obra, em dois momentos: o histórico e o sistemático. As dimensões sacramental e escatológica serão aludidas no último capítulo desta primeira parte, no qual se oferece uma proposta sistemática sobre a articulação "do moral" e "do teologal" na unidade da existência cristã.

Essa articulação da moral dentro do conjunto da existência cristã é, de fato, o objetivo que persegue esta parte que concebi como uma viagem exploratória sobre a origem ou a fonte da moral cristã, numa palavra, sobre sua *teologalidade*.

1

A IMAGEM DE DEUS NA MORAL CRISTÃ

I. INICIAÇÃO À MORAL CRISTÃ: BUSCAR O "ROSTO DE DEUS"

O Salmo 27(26) constitui uma magnífica iniciação à vida moral do cristão. O fiel abre-se para Deus para que Ele seja aquele que o guie no caminho do existir humano: "Mostra-me, Senhor, o caminho e conduze-me pela vereda segura" (v. 11). Deus é a "luz", a "salvação", o "baluarte da vida"; não se corre perigo a seu lado: "a quem temerei?" (v. 1).

Levar uma existência digna e conforme à retidão de consciência não é fácil hoje, não o foi ontem, não o será amanhã. "Atacam-me os malfeitores" (v. 2); todo um exército do mal "entra em batalha" (v. 3). "Levantam-se testemunhos falsos, acusadores violentos" (v. 12); há gente "espiando" continuamente (v. 11).

Ao fiel não lhe basta a segurança de sua própria consciência. Todo ele é uma "voz que chama" a Deus (v. 7). Suplica: "Habitar na casa do Senhor" (v. 4), "proteger-se em sua cabana", "esconder-se em seu abrigo", agarrar-se "sobre a rocha" (v. 5).

No centro da oração — no mais secreto da iniciação — ocorre a revelação de Deus: "Buscai meu rosto" (v. 8). E o fiel penetra no mais íntimo da iniciação, respondendo: "Meu coração te disse: Eu busco teu rosto, Senhor, não me ocultes teu rosto" (vv. 8-9). O rosto de Deus se manifesta sempre ao longo da vida: "Todos os dias de minha vida" (v. 4). Um rosto que deslumbra pela beleza: "contemplando a beleza do Senhor" (v. 4).

O fiel — o iniciado — está seguro da presença envolvente do Senhor: "é valente", "tem ânimo" (v. 14), "espera gozar da ventura do Senhor no país da vida" (v. 13).

Tão seguro está que "ainda que meu pai e minha mãe me abandonem, o Senhor me acolherá" (v. 10).

Eis a grande tarefa para a Moral cristã: buscar o "rosto de Deus". Para iluminar essa busca, exponho, na seqüência, o itinerário para o encontro da autêntica imagem de Deus para a moral cristã. Sabendo que na autenticidade dessa imagem se baseia o correto posicionamento do discurso teológico-moral e se realiza a coerência da vida moral cristã.

II. CORRELAÇÃO ENTRE IMAGEM DE DEUS E MORAL CRISTÃ

A fé em Deus e o comportamento moral são duas grandezas indissolúveis unidas na vida daquele que crê. Não somente coexistem, mas mutuamente se condicionam e se constróem. A essa relação cabe a sabedoria do dito popular: "Diga-me que imagem de Deus tens e te direi que tipo de moral praticas" e vice-versa: "Diga-me que moral vives e te direi que idéia de Deus tens".

A afirmação precedente está corroborada pela experiência pessoal. Todos percebemos a estreita relação existente entre nossa imagem de Deus e nosso modo de entender e de viver a dimensão moral da fé. O mesmo se constata na experiência educativa e na prática pastoral. A educação moral e o conteúdo ético da prática pastoral dependem da imagem de Deus transmitida na proposta da fé e vivida na celebração religiosa.

Também os estudos avaliam a relação estreita entre a imagem de Deus e a compreensão da moral[1]. J. Römelt analisou essa relação comparando as colocações da Neo-escolástica com as que derivam das teologias de K. Rahner e de H. U. von Balthasar. Na etapa da Neo-escolástica, Deus era compreendido, principalmente, como "dono" da realidade e como "juiz" das ações humanas; daí brotava uma moral de orientação preferentemente legalista e objetivista. Pelo contrário, a compreensão personalista de Deus, tal como aparece nas teologias de Rahner e Balthasar, dá lugar a uma orientação também personalista na moral cristã, tal como prevalece na reflexão e na vida dos católicos depois do Concílio Vaticano II[2].

---

1. Cf. H. GLEIXNER, *Sittliche Erkenntnis in Horizont des Gottesglaubens*: Theologie und Glaube 85 (1995) 161-180.
2. J. RÖMELT, *Personales Gottesverständnis in heutiger Moraltheologie auf dem Hintergrund der Theologien von K. Rahner und H. U. v. Balthasar* (Innsbruck, 1988).

No presente capítulo, tratarei de oferecer um conjunto de perspectivas para analisar a relação entre a imagem de Deus e a moral cristã. Para isso, referir-me-ei:

— às *falsas imagens de Deus* que foram utilizadas na moral e que, conseqüentemente, falsearam a própria compreensão da moral cristã;
— às principais compreensões da imagem de Deus *na tradição teológico-moral*;
— por último, à revelação cristã de Deus como *Amor*, compreensão que deixará a porta aberta para propor, no capítulo seguinte, o Mistério da Comunhão Trinitária como a fonte e a meta da moral cristã.

III. AS "FALSAS IMAGENS" DE DEUS NA MORAL CRISTÃ

1. O "mal-estar moral" no cristianismo atual

"Mostrar aos homens o verdadeiro rosto de Deus, tal como se revelou em Cristo Jesus, é sempre a mais importante tarefa pastoral da Igreja, em todo tempo e lugar"[3]. À luz desse imperativo básico da evangelização cristã, é necessário reconhecer que "o nome de Deus chegou até nós, com freqüência, maltratado e ferido"[4]. A palavra "Deus" e, sobretudo, a realidade de Deus tem constituído, por vezes, "um argumento mais no agora das controvérsias morais ou religiosas"[5], sendo assim o mistério de Deus antes de tudo uma 'Boa Notícia" de graça e de salvação.

"Cada época histórica tem seus prejuízos e suas dificuldades para perceber a partir da fé o mistério de Deus Pai que nos ama em seu Filho Jesus Cristo e nos comunica seu Espírito"[6]. Na nossa época, não são de pouca monta os prejuízos e as dificuldades que provêm do campo da moral. Assim o reconhecem e o afirmam vozes qualificadas e assim será analisado mais detidamente no capítulo sexto da terceira parte. Insisto aqui na relação da crise moral com as falsas imagens de Deus.

Mons. E. Yanes, na qualidade de Presidente da Conferência Episco-

---

3. E. YANES, *Discurso inaugural en la LXX Asamblea Plenaria de la CEE (23/XI/1998)*: Ecclesia n. 2. 922 (5/XII/1998) 28 (n. 2).
4. CONFERÊNCIA EPISCOPAL ESPANHOLA, *Dios es Amor*. Instrucción Pastoral (27/XI/1998): Ecclesia n. 2. 924 (19/XII/1998) 11 (n. 3).
5. *Ibid.*, 11 (n. 5).
6. E. YANES, *l. c.*, 28 (n. 2).

pal Espanhola, afirmava: "Julgo que um dos âmbitos nos quais o rosto de Deus pode ficar velado ou revelado é o da moral"[7]. De sua parte, os Bispos franceses enfatizaram a existência de uma "crise do anúncio moral cristão" no momento atual: "Enquanto se comprova uma autêntica recuperação do debate ético na opinião pública, continua crescendo um grande desconcerto diante do enfraquecimento da autoridade normativa da Igreja, que não consegue — em suas próprias fileiras — alcançar a unanimidade em relação a determinadas condutas (...). Dessa maneira, na experiência pastoral de muitos responsáveis do anúncio da fé pode-se notar um verdadeiro mal-estar quando se trata de avançar no terreno da moral"[8].

O Concílio Vaticano II, ao analisar o fenômeno do ateísmo em nosso tempo, afirmou que "o ateísmo, considerado em sua integridade, não é um fenômeno originário, mas, antes, um fenômeno surgido de diferentes causas, entre as quais se encontra também uma reação crítica contra as religiões e, certamente, em não poucos países, contra a religião cristã"[9]. Continuando, anota: "Nessa gênese do ateísmo pode corresponder aos fiéis uma parte não pequena, enquanto que, por descuido na educação da fé, por uma exposição falsificada da doutrina, ou também pelos defeitos de sua vida religiosa, moral e social, pode-se dizer que mais ocultaram o verdadeiro rosto de Deus e da religião, do que o revelaram"[10].

Pode-se dar um ateísmo que, segundo o Vaticano II, provenha das falsas colocações da moral religiosa e dos defeitos da vida moral dos fiéis. Tratar-se-ia, então, de um ateísmo de "gênese moral".

Portanto, é preciso reconsiderar e, em muitos casos, refazer a vida moral dos fiéis a fim de tornar mais crível a presença de Deus em nosso mundo. Uma das revisões imprescindíveis é a do uso das imagens de Deus no discurso ético e na vida moral.

Há uma interação entre "moral falseada" e "imagem falsa de Deus". A moral religiosa falseada falseia a imagem de Deus; por sua parte, a imagem falsa de Deus falseia por sua vez a moral religiosa. Pode-se, pois, analisar a questão a partir de qualquer das duas polaridades. Eu o farei desde as imagens falsas de Deus que a moral religiosa assume incorretamente.

---

7. *Ibid.*, 28 (n. 3).
8. CONFERÊNCIA EPISCOPAL FRANCESA, *Propor a fé na sociedade atual*: Ecclesia nn. 2. 835/ 36 (5 e 12/ IV/1997) 38.
9. *Gaudium et spes*, 19.
10. *Ibid.*, 19.

São muitas as deformações da imagem de Deus que tiveram e, em parte, continuam tendo, lugar na moral cristã. Fixar-me-ei unicamente em três delas: a imagem de um Deus "descomprometido" com a história humana; a imagem de um Deus "heterônomo", que usurpa a liberdade com a qual dotou a criatura racional; a imagem de um Deus que se apresenta como "peso" para a consciência moral.

2. Um Deus "descomprometido" com a história humana

A fé em um Deus afastado da realidade humana introduz uma profunda deformação na compreensão da moral religiosa. É o divórcio entre fé e moral. Trata-se, ao mesmo tempo, de um "falseamento" da moral e de um "escândalo" para a fé em Deus.

O Concílio Vaticano II, continuando a tradição bíblica dos profetas e de Jesus, denunciou o divórcio entre a fé e o compromisso moral "como um dos erros mais graves de nosso tempo": "A separação entre a fé que professa e a vida cotidiana de muitos deve ser considerada como um dos erros mais graves de nosso tempo. Já no Antigo Testamento os profetas condenavam veementemente esse escândalo (cf. Is 58,1-12), e muito mais no Novo Testamento, onde o próprio Jesus Cristo ameaçava esse erro com graves castigos (cf. Mt 23,3-13; Mc 7,10-13)"[11].

A encíclica *Veritatis splendor* teve um particular interesse em afirmar "o nexo intrínseco e indissolúvel entre fé e moral"[12]. Aplicou, de forma concreta, essa relação à proposta da "nova evangelização"[13]. Esta há de insistir na dimensão moral da fé cristã. "A evangelização — e portanto a 'nova evangelização' — comporta também o anúncio e a proposta moral. O próprio Jesus ao pregar precisamente o Reino de Deus e seu amor salvífico, fez uma chamada à fé e à conversão (cf. Mc 1,15). E Pedro com os outros apóstolos, anunciando a ressurreição de Jesus de Nazaré dentre os mortos, propõem uma vida nova que se deve viver, um 'caminho' que se tem de seguir para ser discípulo do Ressuscitado (cf. At 2,37-41; 3,17-20)"[14].

Nos Sínodos dos Bispos dedicados à evangelização (1974) e à catequese (1977) e nas correspondentes exortações apostólicas *Evangelii nuntiandi* (n.

---

11. *Ibid.*, 43.
12. *Veritatis splendor*, 4.
13. *Ibid.*, 106-108.
14. *Ibid.*, 107.

29-37) de Paulo VI (1975) e *Catechesi tradendae* (n. 29, 37-39, 43) de João Paulo II (1979) encontra-se uma exposição direta e expressa sobre o lugar que a moral deve ocupar dentro da evangelização e da catequese. O recente *Diretório Geral para a Catequese* (1997) situa a moral dentro das tarefas fundamentais da catequese (n. 85) e coloca os conteúdos morais da fé dentro da "mensagem orgânica e hierarquizada" da catequese (n. 115-117).

A reflexão teológico-moral atual faz um empenho particular em propor uma articulação correta da "fé" e da "moral" no conjunto unitário da existência cristã[15]. O crer não é redutível ao compromisso moral. Porém, por outro lado, não tem sentido uma fé que não comporte uma série de decisões empenhativas. Para um cristão não tem sentido nem o "moralismo" esvaziado e esvaziador do religioso nem o "supranaturalismo" esvaziado e esvaziador da moral. Muitos defeitos do passado e do presente têm sua explicação numa educação que por excesso (*moralismo*) ou por falta (*amoralismo*) não situou de modo conveniente a moral dentro do conjunto da mensagem cristã.

3. Um Deus "heterônomo" que usurpa a liberdade com que dotou a criatura racional

Essa tem sido a compreensão de Deus como *legislador* universal que, ao criar o mundo, ordena-o segundo uma "lei eterna", a qual se vai dando a conhecer por diversos caminhos e procedimentos.

Sobre essa compreensão de Deus como uma vontade heterônoma à pessoa apoiaram-se a maior parte das falsificações da moral cristã[16]:

— o voluntarismo nominalista;
— o fundamentalismo bíblico;
— o legalismo tanto eclesiástico como civil;
— o naturalismo objetivista.

Nas compreensões heterônomas da moral a pessoa fica à margem do processo de decisão. Tampouco é a pessoa o objetivo primordial dos comportamentos éticos impostos com critérios de heteronomia. A imagem de um Deus heterônomo, além de deformada, não propicia uma moral que favoreça a causa do homem; pelo contrário, conduz a formas de moral

---
15. Cf. M. VIDAL, *Moral de Atitudes. I. Moral Fundamental* (Aparecida, São Paulo, 2000⁵) 178-185.
16. Cf. *Ibid.*, 222-232.

que mantêm a pessoa no infantilismo heterônomo, no medo do castigo ou na busca do prêmio, na sujeição aos interesses dos poderosos.

A avaliação global que se pode fazer dos modelos morais baseados na heteronomia é que supõem e propiciam a infantilização da consciência moral [17]. Sob um regime de heteronomia, o fiel e a comunidade cristã não alcançam aqueles graus mínimos de maioridade que possibilitam a cada um ser sujeito de sua própria vocação. Segundo J. Piaget e a maior parte dos psicólogos, para que a criança alcance a maturidade moral é preciso que passe da heteronomia à autonomia [18]. Se isso não acontece, a pessoa adulta viverá com uma moral infantil. É o que sucede à consciência cristã quando vive a dimensão moral da fé com esquemas de heteronomia: a consciência da comunidade cristã padece *infantilização moral*.

A correta autonomia não elimina a teonomia, isto é, sua abertura à Transcendência e sua conseqüente fundamentação em Deus [19]. Pode-se apoiar a ética cristã nas raízes mais estritamente teológicas e ao mesmo tempo nas bases plenamente afirmativas do humano. Se a fundamentação estritamente teológica recebe o nome de teonomia, o apoio antropológico é qualificado de autonomia.

Viver em autonomia moral, sob o olhar amoroso de Deus, é uma das exigências do cristão no momento atual. Essa autonomia é um elemento do *Manifesto da liberdade cristã*: "adotar uma ética rigorosa de respeito à liberdade moral dos cristãos é para nós uma condição indispensável para que as argumentações morais dos cristãos mereçam de novo ser ouvidas no dia de amanhã" [20].

Diante da imagem de Deus um heterônomo é necessário voltar a propor a imagem autêntica do Deus da Revelação cristã. Unicamente a imagem de Deus que apóia e plenifica a liberdade do ser humano pode ser garantia de uma moral autêntica e libertadora, isto é, de uma moral salvífica. Revelada a imagem de Deus como alguém que, mediante a relação mútua de amor, faz existir o ser humano em liberdade e em autonomia, é fácil conceber a moral cristã como uma moral da liberdade que tem seu fundamento último e sua realização plena em Deus.

A encíclica *Veritatis splendor* sintetiza essa orientação do seguinte modo: "a obediência a Deus não é, como alguns pensam, uma heteronomia,

---

17. M. VIDAL, *Diccionario de ética teológica* (Estella, 1991) 289-290: "Heteronomía".
18. J. PIAGET, *O julgamento moral na criança* (São Paulo, 1977).
19. Cf. B. QUELQUEJEU, *La autonomía ética y el problema de Dios*: Concilium n. 192 (1984) 191-203; J. FUCHS, *Immagine di Dio e morale dell'agire intramondano*: Rassegna di Teologia 25 (1984) 289-313; ID., *Was heisst "Gottes Gebot"?*: Stimmen der Zeit 211 (1993) 435-42.
20. VÁRIOS, *Manifiesto de la libertad cristiana* (Madri, 1976) 71.

como se a vida moral estivesse submetida à vontade de uma onipotência absoluta, externa ao homem e contrária à afirmação de sua liberdade. Na realidade, se heteronomia da moral significasse negação da autodeterminação do homem ou imposição de normas alheias a seu bem, essa heteronomia estaria em contradição com a com a revelação da Aliança e da Encarnação redentora, e não seria mais que uma forma de alienação, contrária à sabedoria divina e à dignidade da pessoa humana"[21].

4. Um Deus que se apresenta como um "peso" para a consciência moral

No mundo judaico utilizou-se a imagem do "jugo" e do "peso" para referir-se aos preceitos da lei[22]. No evangelho de Mateus, Jesus se serviu também dessa metáfora para falar de sua proposta como um "jugo suave" e como um "peso leve" (Mt 11,30).

Com muita freqüência, a moral cristã tem sido apresentada e vivida como um jogo duro e como uma carga pesada[23]. Conhecemos bem uma manifestação histórica dessa orientação: a do rigorismo moral jansenista. Porém, é preciso reconhecer que se deram e continuam se dando outras formas de rigorismo não menos deformantes que a do jansenismo histórico.

Por trás do rigorismo jansenista, e em geral de todo rigorismo moral, há uma compreensão antropológico-teológica que lhe proporciona cobertura e fundamentação. É a compreensão do cristianismo com desvio de:

— pessimismo antropológico;
— afirmação exagerada da necessidade da graça eficaz;
— redução elitista da salvação eterna ("são poucos os que se salvam");
— limitação da graça sacramental, reservada para perfeitos (a eucaristia como "pão dos anjos") ou dada como prêmio àqueles que se submetem a esforços sobre-humanos.

Porém, sobretudo, detrás da postura moral jansenista está uma de-

---

21. *Veritatis splendor*, n. 41.
22. Cf. E. LÓPEZ, *El yugo de Jesús* (Mt 11, 28-30). *Historia y sentido de una metáfora*: Studium Ovetense 11 (1983) 65-118.
23. Ver as exatas e lúcidas anotações de A. TORRES QUEIRUGA, *Creo em Dios Padre* (Santander, 1986) 181-185.

terminada imagem de Deus: a imagem de Deus como *Juiz*. Essa imagem deixou um profundo e amplo vestígio na consciência católica. Com ela teve de se enfrentar, no entanto, Teresa de Lisieux. É essa Santa e Doutora da Igreja quem "recupera" de forma definitiva, e como uma "missão" a ela confiada, o rosto "misericordioso" de Deus diante da imagem de juiz.

Jesus revelou-nos o mistério de um Deus que está muito distante do rigorismo moral: "Dou-te graças, Pai, Senhor do céu e da terra, porque ocultaste essas coisas aos entendidos e as revelaste aos pequeninos" (Mt 11,25). O Deus revelado em Cristo não impõe "pesos" nem "jugos": "Vinde a mim todos os que estais cansados sob o peso do vosso fardo e eu vos darei descanso. Tomai sobre vós meu jugo e aprendei de mim, porque sou manso e humilde de coração, e encontrareis descanso para vossas almas, pois meu jugo é suave e meu fardo é leve" (Mt 11,28-29) [24].

João Paulo II propôs a postura teológica e pastoral de Santo Afonso, o grande lutador diante do jansenismo [25], como a forma de superar o rigorismo moral: "A propósito do rigor excessivo, às vezes exercido no sacramento da Penitência, que ele (Afonso) chamava 'ministério de graça e de perdão', costumava repetir: 'Assim como a lassidão, no ministério das confissões, arruína as almas, também lhes é danosa a rigidez. Eu reprovo certos rigores, não conformes à ciência, e que servem para destruição e não para edificação. Com os pecadores é necessário caridade e doçura; esse foi o caráter de Jesus Cristo. E nós, se quisermos levar almas para Deus, e salvá-las, devemos imitar não a Jansênio, mas a Jesus Cristo, que é o chefe de todos os missionários'. E na grande obra de moral escreve, entre outras coisas, aquelas memoráveis palavras: 'Não se deve impor nada aos homens sob culpa grave, a não ser que a razão induza a isso com evidência (...). Atendendo à fragilidade da presente condição humana, nem sempre é verdade que a coisa mais segura seja dirigir as almas pela via estreita" [26].

---

24. Sobre o significado dessa passagem, ver, além do estudo citado na nota 22, as seguintes referências bibliográficas: G. LAMBERT, *"Mon joug est aisé et mon fardeau léger"*: NRT 77 (1955) 963-969; J. B. BAUER, *Das milde Joch und die Ruhe, Mt. 11, 28-30*: Theologische Zeitschrift 17 (1961) 98-106; H. D. BETZ, *The Logion of the easy Yoke and of the Rest (Mt. 11, 28-30)*: Journal of Biblical Literature 86 (1967) 10-24; M. MAHER, *"Take my yoke upon you" (Mt. XI, 29)*: New Testament Studies 22 (1975) 97-103.
25. Remeto a minhas três obras sobre a moral de santo Afonso, analisada enquanto proposta alternativa ao rigorismo moral de raiz jansenista: *Frente al rigorismo moral, benignidad pastoral* (Madri, 1986); *La familia en la vida y en el pensamiento de Alfonso de Liguori* (Madri, 1995); *Dios de misericordia y conciencia moral. La propuesta antijansenista de san Alfonso* (Madri, 2000).
26. JOÃO PAULO II, *Carta Apostólica por ocasião do Centenário da morte de Santo Afonso Maria de Ligório*: Ecclesia nn. 2. 333/34 (22 e 29/VI/1987) 20-21.

5. Balanço

As imagens falsas de Deus utilizadas na moral cristã coincidem em algo comum: apresentam um Deus que parece "zeloso" da realização humana. Diante dessa imagem falseada de Deus é necessário "redescobrir" continuamente o verdadeiro rosto de Deus tal como se manifestou a si mesmo na Revelação. Porque Deus não deve ser compreendido desde a consideração teísta de um "ser supremo" porém distante do mundo, mas desde a imagem de Deus tal como é revelado em Cristo.

Unicamente desde a compreensão e aceitação de Deus tal como é revelado em Cristo pode-se construir uma reflexão teológica e viver uma moral que seja genuinamente cristã. Uma proposta moral na qual:

— se ame a pessoa, como Deus Pai a ama;
— se liberte a pessoa, como Cristo a libertou;
— se faça a pessoa viver em liberdade, como corresponde àqueles que vivem sob a "lei do Espírito que dá a vida em Cristo Jesus" (Rm 8,2).

A partir dessa compreensão de Deus é possível viver e formular a moral cristã como o caminho da autêntica realização humana. A proposta moral cristã não se opõe à liberdade mas, antes, a fundamenta e a plenifica. Segundo tem sido reafirmado pela encíclica *Veritatis splendor*, o agir moral cristão não depende da "lei heterônoma" mas do "discernimento personalizante"[27]. A moral cristã é capaz de assumir o significado autêntico do prazer no universo do viver cristão[28]. Em suma, a autêntica moral cristã realiza a norma de Santo Irineu de que a "glória de Deus" é a "vida do homem"[29].

Volto a repetir que uma das tarefas decisivas do cristianismo atual é a de redescobrir a verdadeira imagem de Deus. Sobretudo, redescobrir a imagem de um Deus que fundamenta e plenifica o humano[30]. Esse objetivo está seguramente expresso no título de um dos livros de J. Mª González Ruiz: "Deus é gratuito, porém, não supérfluo".

---

27. M. VIDAL, ¿Legalismo o discernimiento del bien moral?: Iglesia Viva n. 171 (1994) 247-268.
28. M. VIDAL, Plaer i cristianisme: Qüestions de vida cristiana n. 96 (1979) 56-71.
29. M. VIDAL, La moral como servicio a la causa del hombre: Moralia 12 (1990) 3-29.
30. Esta é uma preocupação onipresente na obra teológica de A. Torres Queiruga. Pode-se ver uma formulação simples e sintética dessa preocupação em: A. TORRES QUEIRUGA, Repensar los caminos de Dios: Misión Joven 39 (1999) n. 264/265, 5-16.

IV. AS INTERPRETAÇÕES DA IMAGEM DE DEUS NA TRADIÇÃO TEOLÓGICO-MORAL

1. Quadro de interpretações

Quando Deus é invocado como fundamento e meta da moral cristã o é num sentido pleno, isto é, na totalidade significativa de seu Mistério. Contudo, é difícil, para não dizer impossível, reunir numa determinada apresentação da moral cristã a totalidade do Mistério de Deus. Daí que se possa falar de diversas "interpretações" da imagem de Deus na tradição teológico-moral, enquanto que cada formulação da moral cristã *destaca* um traço básico no Mistério de Deus e *assume* implicitamente o resto dos significados.

Os paradigmas de moral cristã podem ser catalogados de acordo com a interpretação da imagem de Deus que dê justificação ao universo moral. A meu ver, há três interpretações fundamentais da imagem de Deus na tradição teológico-moral.

— A primeira vê Deus como *Bem* e, conseqüentemente, como conteúdo da realização e da felicidade humanas.
— A segunda compreende Deus como *Beleza*, dando lugar a uma orientação da moral em chave de ordem e harmonia.
— A terceira considera Deus como *Justiça*, desde a qual é julgada e orientada a história humana.

Cada uma das três interpretações indicadas da imagem de Deus pode ser atribuída a uma tendência determinada no futuro histórico da reflexão teológico-moral. Agrada-me referir as duas primeiras interpretações a três Doutores da Moral católica: a compreensão de Deus como *Beleza* a Santo Agostinho, a compreensão de Deus como *Bem* a Santo Tomás e a São Boaventura. A compreensão de Deus como *Justiça* tem suas raízes profundas na pregação de caráter social e emancipatório, particularmente pela teologia latino-americana da Libertação.

Nas seções seguintes, farei uma breve apresentação de cada uma dessas imagens de Deus, destacando a função que têm para fundamentar e orientar a moral cristã.

2. Deus como "Justiça"

Na Sagrada Escritura, a justiça tem uma estrutura religiosa e teocêntrica. A justiça que proclamam os Profetas e a injustiça que denunciam são uma justiça e uma injustiça *diante de Deus*. E isso é assim porque Deus é *Justiça*.

As múltiplas exigências morais, contidas tanto no Antigo como no Novo Testamento, estão indissoluvelmente vinculadas à proclamação da Justiça de Deus. Para a pregação profética o direito e a justiça têm uma dimensão religiosa e deve-se entendê-los em referência ao Deus da revelação: manifestam a vontade do Deus justo.

O Novo Testamento radicaliza ainda mais a dimensão religioso-teocêntrica da justiça. A "justiça de Deus", que nos justificou em Cristo, é a razão e o fundamento do comportamento interpessoal.

O Deus da *Justiça* da justificação oferece orientação aos delineamentos morais de caráter preferentemente social e emancipatório. Esses são, atualmente, os que oferecem a "razão anamnética" e a "solidariedade com os excluídos". O primeiro delineamento é formulado mediante as categorias da "teologia política" de J. B. Metz; o segundo está vinculado à "teologia da libertação".

A teologia política européia, sobretudo através de seu máximo representante J. B. Metz, destacou a força escatológica da razão humana e do Evangelho mediante a categoria da *memória passionis*, isto é, mediante a rememoração ativa e presente das "vítimas" da história e da atualidade.

Esta "recordação" é uma "anámnesis" salvífica enquanto veicula a força de anúncio e de denúncia do Evangelho. Na rememoração escatológica não só são reivindicadas as vítimas históricas, mas começam também a ser cobrados os direitos dos oprimidos do presente. Dentro desse contexto, Deus é visto antes de tudo como o "Defensor das vítimas" e como o "Reivindicador dos direitos dos oprimidos"[31].

A ética de libertação pôs em relevo a importância da fé em Deus *libertador*[32], assim como a aceitação de Jesus no *seguimento* libertador e a compreensão da *espiritualidade* como um dinamismo de libertação.

A libertação integral das pessoas e dos povos, objetivo da ética de libertação assim como da Doutrina social da Igreja[33], deve ser pensada e realizada tendo em conta a atual "assimetria" da realidade humana. A libertação autêntica exige uma solidariedade entre desiguais. E esta se realiza mediante a opção preferencial pelo pobre.

Essa opção introduz uma parcialidade ou assimetria no discurso e no

---

31. Pode-se ver explicitada essa orientação em: R. MATE, *Mística y política* (Estella, 1990); ID., *La razón de los vencidos* (Barcelona, 1992).
32. Cf. A. MOSER, *La representación de Dios en la ética de liberación*: Concilium n. 192 (1984) 229-238.
33. Cf. *Sollicitudo rei socialis*, 46.

compromisso a fim de resistir e solucionar a assimetria que existe na realidade histórica concreta. Neste contexto, Deus é visto como o "Deus dos excluídos". Pode-se falar também da "parcialidade" de Deus, enquanto que o Deus da Bíblia parece ter uma especial "compaixão" afetiva e efetiva pelos menos favorecidos [34].

3. Deus como "Beleza"

Santo Agostinho é um oceano no pensamento cristão. Nenhum dos temas que ele trata pode ser reduzido a uma só perspectiva. Essa norma hermenêutica tem aplicação também na moral. Não se pode reduzir o pensamento moral agostiniano a uma só consideração.

Para Santo Agostinho Deus é o objeto e a meta do *Desejo* humano. O início das *Confissões* e o final de *A Cidade de Deus* assinalam o ponto de partida e o final do caminho da vida humana; no meio acontece a história do desejo existencial de cada pessoa. O começo: "Fizeste-nos, Senhor, para ti e nosso coração está inquieto enquanto não descanse em ti" [35]. A meta: "Ali descansaremos e contemplaremos, contemplaremos e amaremos, amaremos e louvaremos. Isto será o que sucede finalmente sem fim algum" [36]. A existência humana é a história distendida do desejo [37]. Conseqüentemente, a moral cristã consiste na realização coerente da história do desejo humano.

Poucos pensadores cristãos terão destacado tanto, como Santo Agostinho, a constituição amorosa do mistério de Deus: mistério de amor intratrinitário e mistério de amor comunicativo na criação e na história da salvação. Dessa compreensão de Deus nasce a moral agostiniana centrada no *Amor*. A Santo Agostinho deve-se a formulação lapidar de uma ética reduzida ao amor: "ama e faz o que queres" [38]. Esse imperativo categórico agostiniano ultrapassa em valor, em originalidade e em capacidade sugestiva a todas as formulações precedentes — estóicas: "segue a natureza" ou epicurista: "busca uma hierarquização dos prazeres" — e posteriores — kantianas: "a razão como lei universal" ou sartriana: "atreva-te a ser livre".

---

34. Cf. J. MARTÍNEZ GORDO, *Dios, amor asimétrico* (Bilbao, 1993).
35. *Confesiones*, I, 1, 1 ("Fecisti nos ad te, Domine, et inquietum est cor nostrum donec requiescat in Te").
36. *De civitate Dei*, XXII, 30, 5: Obras de Santo Agostinho. Edição bilíngüe, T. XVI (Madri, 1958) 1722 ("Ibi vacabimus et videbimus, videbimus et amabimus, amabimus et laudabimus. Ecce quod erit in fine sine fine").
37. *Confesiones*, XIII, 9, 10: "pondus meum amor meus: eo feror quocumque feror. Requies nostra locus noster".
38. *In Epist. Joan.*, IV, 8, Tract. VI: PL 35, 2. 033 ("dilige et quod vis fac").

Além disso, Santo Agostinho soube concentrar essa norma ética do amor na práxis histórica das "duas cidades": "Dois amores fundaram duas cidades, a saber: o amor próprio até o desprezo de Deus, a terrena, e o amor de Deus até o desprezo de si próprio, a celestial"[39].

A encíclica *Veritatis splendor* recordou recentemente os traços especificamente neotestamentários da moral agostiniana. Uma moral que, neste caso, se baseia numa compreensão de Deus tal como é revelado em Cristo. Santo Agostinho faz proceder a moral cristã do *Sermão da Montanha*, o qual constitui a *carta magna* da moral evangélica[40]. Em outro contexto, identifica a moral cristã com a proposta paulina da *Lei do Espírito* ou *lei nova*, uma categoria de indubitável transcendência na história da moral cristã e de grande atualidade nos delineamentos atuais da moral católica[41].

Além dessas imagens de Deus, com os correspondentes delineamentos da moral cristã derivados delas, corresponde, de maneira particular, a Santo Agostinho o ter ressaltado a compreensão de Deus como *Beleza*. Haverá de esperar a monumental obra de H. U. von Balthasar para poder encontrar uma exposição tão profunda e tão completa do mistério cristão em chave de beleza como a que aparece em Santo Agostinho.

Santo Agostinho é um espírito preocupado com a beleza[42], uma realidade que para ele procede da suma beleza que é Deus[43]. Santo Agostinho vê o mundo como uma obra estética criada pelo Artista divino: "A sabedoria de Deus estende-se de um a outro confim, e para ela o supremo Artífice coordenou todas as obras para um fim de formosura"[44].

A própria história humana é compreendida como um "belíssimo poema"[45], como "um grande canto de um inefável artista"[46], como uma "modulação prevista"[47].

---

39. *De civitate Dei*, XIV, 28: *l. c.*, 985 ("Fecerunt itaque civitates duas amores duo; terrenam scilicet amor sui usque ad contemptum Dei, caelestem vero amor Dei usque ad contemptum sui").
40. *Veritatis splendor*, 15, citando Santo Agostinho em: *De Sermone Domini in Monte*, I, 1, 1: CCL 35, 1-2.
41. *Veritatis splendor*, 23-24, citando Santo Agostinho em: *De spiritu et littera*, 19, 34; 21, 36; 26, 46: CSEL 60, 187, 189-190, 200-201.
42. *Confesiones*, IV, 15, 24-27. Cf. A. UÑA, *Santo Agostinho: belleza sensible y belleza del orden:* La Ciudad de Dios 212 (1999) 183-213.
43. *De divinitate*, 83, 4: PL, 40, 28 ("omne pulchrum a summa pulchritudine, quod Deus est").
44. *De vera religione*, 39, 72: Obras de Santo Agostinho. Edição bilíngue, t. IV (Madri, 1948) 158-159 ("Ita enim Sapientia Dei pertendit a fine usque ad finem fortiter (Sap 8, 1). Ita per hanc summus ille artifex opera sua in unum finem decoris ordinata contextuit").
45. *De civitate Dei*, XI, 18: *l. c.*, 745-746 ("pulcherrimum carmen").
46. *Epist.* 138, 1, 5: Obras de Santo Agostinho. Edição bilíngue, t. XI (Madri, 1953) 129 ("velut magnum carmen cuiusdam inaffabilis modulatoris").
47. *Epist.* 166, 5, 13: Obras de Santo Agostinho. Edição bilíngue (Madri, 1953) 479 ("modulatio praecognita et praefinita").

Levado por sua predileção pela retórica, de onde as "antíteses" constituem "um dos mais brilhantes adornos do discurso"[48], Santo Agostinho chega a descobrir no mal uma função estética para ressaltar a beleza do poema geral da criação e da história humana. "Deus não teria criado não digo anjos, nem sequer homem algum, do qual pressupusesse seu mal futuro, se não houvesse conhecido ao mesmo tempo boas utilidades que reportaria dele. Dessa maneira, embelezaria a ordem dos séculos como um belíssimo poema com essa espécie de antítese"[49]. "Assim vai transcorrendo a formosura das idades do mundo, cujas partículas são aptas cada uma a seu tempo, como um grande cântico de um inefável artista, para que os que adoram dignamente a Deus passem à contemplação eterna da formosura ainda enquanto dura o tempo da fé"[50]. "Deus não permite que vão passando com maior pressa ou lentidão que a exigida por uma modulação prevista e predeterminada os espaços temporais nessas naturezas que nascem ou morrem"[51].

Para Santo Agostinho, a moral cristã é uma participação da beleza de Deus. Tendo como fundo a *anámnesis* platônica, compreende o sentido moral como uma *evocação* e uma *chamada* da primeira Formosura: "Que há que possa servir à alma de reminiscência da primeira Formosura abandonada, quando seus próprios vícios a aguilhoam a eles?"[52].

A busca de Deus é um caminho para a Formosura: "Era arrebatado para ti por tua formosura"[53]. Uma vez encontrada, surge o desgosto do tempo perdido fora dela: "Tarde te amei, beleza tão antiga e tão nova, tarde te amei"[54].

Essa compreensão da moral, e da vida cristã em geral, em chave de beleza, ainda que tenha em Santo Agostinho um expoente qualificado, é um elemento comum da tradição teológica. "Essa beleza, segundo os Santos Padres, afeta o interior dos seres e das ações e os qualifica em sua própria substância. Por essa razão, também as ações moralmente retas são ações belas. O Deus invisível pode atrair-nos por sua beleza, como por sua bondade e sua verdade e assim fazer-nos amar. O amor, a bondade e a beleza de Deus, manifestadas em Jesus Cristo, são a primeira fonte do dinamismo da vida cristã para os Padres da Igreja. Vida de fé e beleza, caridade e sensibilidade não devem dissociar-se. A estética e a ética estão próximas. A beleza e a bondade moral supõem sempre uma abertura

---

48. *De civitate Dei*, XI, 18: *l. c.*, 745.
49. *Ibid.*
50. *Epist.* 138, 1, 5: *l. c.*, 129.
51. *Epist.* 166, 5, 13: *l. c.*, 479.
52. *De vera religione*, 39, 72: *l. c.*, 158.
53. *Confesiones*, VII, 7, 23 ("rapiebar ad Te decore tuo").
54. *Ibid.*, X, 27, 38 ("sero te amavi, pulchritudo tam antiqua et tam nova, sero te amavi").

desinteressada e gozosa ao mistério de Deus, pressentido ou reconhecido"[55]. A expressão literária mais perfeita da atração da alma para a Beleza absoluta encontra-se em São João da Cruz: "Descobre tua presença,/ e mata-me tua visão e formosura;/ olha que a doença/ de amor, que não se cura/ senão com a presença e a figura"[56].

Convém notar que para Santo Agostinho a consideração da moral como beleza não o leva a desinteressar-se das injustiças e, em geral, do mal moral. Pelo contrário, Santo Agostinho dá um relevo especial à necessidade de "condoer-se pela injustiça alheia e do pecado", dor que será em nós tanto maior quanto mais justos formos e mais caridade tivermos: "tanto mais dor te causará a injustiça alheia quanto mais justo fores" e "tanto mais padecerás pelo pecado quanto mais caridade tiveres"[57].

4. Deus como "Bem"

a. Compreensão de Santo Tomás

Para Santo Tomás de Aquino a Moral não é uma parte autônoma mas um conteúdo articulado plenamente no conjunto do único saber teológico. Mais ainda, corresponde ao Aquinate o ter "teologizado" o mundo da ética, introduzindo as questões morais na Síntese teológica.

Com Santo Tomás a dimensão moral da existência cristã passa a ser Teologia, isto é, recebe a fundamentação e a coerência do saber teológico. Podemos dizer que pela primeira vez na história do pensamento cristão a moral cristã alcança essa categoria da criticidade teológica plena.

A estrutura teológica da moral cristã lhe vem por esta estar situada na *órbita de Deus*. A dimensão ética da existência cristã pode entrar na síntese teológica porque trata do mesmo Deus enquanto fim da criatura racional. Deus finalizante, segundo a expressão de João de Santo Tomás, é o objeto do saber teológico-moral[58].

O próprio Santo Tomás formula o teocentrismo moral, de maneira explícita, no prólogo à questão segunda da primeira parte da Suma, servin-

---

55. E. YANES, *l. c.*, 35.
56. *Cântico* B, estrofe 11.
57. *Enarr. in Ps* 98, 12: PL 27, 1. 268, 1. 269 ("tantum enim te torquet aliena, quantum recesseris a tua"; "ecce abundet in te caritas, plus dolebis peccatum").
58. J. DE SANTO TOMÁS, *Cursus Theologicus*, I (Paris-Tournai-Roma, 1931) 146 (ed. Monjes de Solesmes).

do-se do esquema platônico-agostiniano de "exitus" — "reditus" (saída e retorno): "Posto que o principal intento da doutrina sagrada é dar a conhecer a Deus, e não só como é em si mesmo, mas também enquanto é princípio e fim de todas as coisas, e especialmente da criatura racional, segundo dissemos, na empresa de expor essa doutrina, trataremos primeiramente de Deus; depois do movimento da criatura racional para Deus, e em terceiro lugar, de Cristo, que, enquanto homem, é nosso caminho para ir a Deus"[59].

A moral é, pois, a forma de chegar a Deus, sendo Cristo o caminho a percorrer. A vida moral se situa, como se se tratasse do campo marcado por uma elipse, entre os dois pólos do *teocentrismo* e do *cristocentrismo*. No âmbito marcado por essas duas forças se realiza a vida moral, da qual Santo Tomás destaca sua *estrutura antropológica* mediante a categoria de "imagem de Deus": "Quando dizemos que o homem foi feito à imagem de Deus, entendemos por imagem, como disse o Damasceno, um ser dotado de inteligência, livre-arbítrio e domínio de seus próprios atos. Por isso, depois de ter tratado do exemplar, de Deus, e de quanto produz o poder divino segundo sua vontade, resta-nos estudar sua imagem, isto é, o homem, como princípio que é também de suas próprias ações por ter arbítrio e domínio de seus atos"[60].

Nesse cruzamento do humano e do divino, que é a estrutura teológica da pessoa, apóia-se o edifício moral de Santo Tomás[61]. Teocentrismo cristológico e antropocentrismo axiológico não se contrapõem nem se contradizem na compreensão tomista da moral, já que nela se evita tanto o perigo de uma consideração "heterônoma" de Deus como a tentação de considerar a "autonomia" humana de forma fechada e auto-suficiente.

Deus é absolutamente necessário para a realização da pessoa. É seu *fim último*, o que dá sentido e orientação a todos os fins intermédios da existência humana[62]. Esse fim último é a *felicidade* humana, já que Deus é o *Bem* total. Como assinala um especialista na moral de Santo Tomás, "mesmo nessas questões (I-II, qq. 1-5) como através de toda a sua moral, o Santo se separa tanto do hedonismo como do egoísmo prazeroso. Mas, tampouco faz muitas concessões ao rigorismo nem ao espiritualismo radical. Se é certo que o corpo fica excluído da felicidade essencial, também é verdade que se lhe concede uma participação nela. Se é verdade que a felicidade suprema é transcendente, tampouco o é menos que nesta vida

---

59. I, q. 2, pról.
60. I-II, pról.
61. Cf. M. VIDAL, *Antropología teológica y moral. Fundamentación de la moral según santo Tomás*: Pentecostés 12 (1974) 5-23.
62. I-II, qq. 1-5.

existe um reflexo dela e com a qual o homem pode ser ditoso e orientar sua existência ética"[63].

Chega-se, pois, à conclusão de que para Santo Tomás Deus é o fundamento e a meta da moral cristã enquanto que Ele é o *Bem* absoluto e supremo.

Essa compreensão de Deus como *Bem* na fundamentação e na orientação da moral cristã não só responde às aspirações humanas de felicidade senão que transcende a mensagem evangélica das Bem-aventuranças. Assim o assinala o *Catecismo da Igreja Católica*, ao colocar a "vocação à bem-aventurança" no começo da parte moral do conteúdo da catequese cristã [64].

Não obstante a prevalência desta apresentação da moral tomista desde a compreensão de Deus como *Bem*, convém ter em conta que no pensamento teológico-moral de Santo Tomás existem outras perspectivas complementares também de grande importância. Tais são, entre outras, a centralidade da *Caridade* no organismo moral das virtudes ("a Caridade é a forma de todas as virtudes": II-II, q. 23) e a consideração da *Lei nova* como expressão da novidade moral cristã (I-II, qq. 106-108).

b. Orientação de São Boaventura

A compreensão de Deus como *Bem* tem em São Boaventura e, em geral, na escola franciscana, uma peculiaridade digna de ser destacada. Santo Tomás entende a bondade de Deus com as categorias da metafísica aristotélica; prega de Deus o atributo de bondade como se se tratasse de um "transcendental" (bondade) do Ser (Deus). Pelo contrário, São Boaventura serve-se da metafísica platônica e, conseqüentemente, entende a bondade de Deus com a categoria de "transcendente"; isto é, a bondade não só é atributo de Deus mas o próprio Deus.

A teologia boaventuriana descansa, em grande parte, sobre o conceito de Bem [65]. Ainda que não tenha escrito nenhum tratado *De bono*, como o fizeram Santo Agostinho e Alexandre de Alès, serviu-se dessa categoria para compreender a realidade divina. O bem, que tem sua mediação antropoló-

---

63. R. LARRAÑETA, *Tratado de la Bienaventuranza*: Suma de Teología. Edição dirigida pelos Regentes de Estudos das Províncias Dominicanas da Espanha, t. I (Madri, 1989) 31.
64. *Catecismo da Igreja Católica*, nn. 1716-1724.
65. Cf. F. DE VENTOSA, *La metafísica del Bien en la teología de S. Buenaventura*: Naturaleza y Gracia 1 (1954) 7-39; M. LÁZARO PULIDO, *El concepto de bien según Buenaventura*: Naturaleza y Gracia 45 (1998) 359-373.

gica no dinamismo do amor[66], é por natureza *difusivo*. Segundo a metafísica do Pseudo-Dionísio, que por sua vez provém do platonismo, a difusão do bem se realiza mediante dois dinamismos fundamentais: através da *expansão* de si mesmo e mediante o fato de ser *compartilhado* por vários.

São Boaventura aplica à realidade de Deus a categoria de bem[67]. Deus é, como o bem, *difusivo* de si mesmo: "ad intra", na auto-comunicação trinitária; e "ad extra", através da criação. Compreende-se que a teologia boaventuriana utilize a "via Caritatis" para penetrar no mistério trinitário; não o faz, como a teologia latina, desde a "essência" comum às três Pessoas mas desde a "comunhão" das Pessoas entre si, segundo a orientação da teologia grega.

A partir dessa orientação boaventuriana, ao Deus do Novo Testamento corresponde como nome próprio, o de Bem[68]. "O bem é o principalíssimo fundamento" para compreender o Deus trinitário do Novo Testamento assim como o "ser" foi o "princípio radical" para expressar os atributos divinos no Antigo Testamento[69]. "Razão pela qual o Damasceno, seguindo Moisés, disse ser *o que é* o nome primário de Deus, enquanto que Dionísio, seguindo a Cristo, assegura que o nome divino primário é o bem"[70].

Fica assim justificada a afirmação de que São Boaventura compreende a bondade de Deus não com a categoria de "transcendental", como Santo Tomás, mas com a categoria de "transcendente". "Em São Boaventura, a bondade não é algo adjetivável em Deus, mas é sua própria definição. Desde que é, é bondade, e enquanto é bondade, é doando-se"[71]. Não pode ser de outro modo, já que em palavras do próprio São Boaventura "o bem, com efeito, é difusivo de si; logo o sumo bem é sumamente difusivo de si"[72].

A vida moral cristã recebe uma orientação peculiar desde essa compreensão boaventuriana de Deus como Bem. A moralidade não é outra coisa que a realização do bem e este se verifica através do *amor de doação*. A pessoa moral é uma ex-istência, isto é, um "sair-se de si mesma" no duplo sentido do "bem que se difunde": através da "doação" a outro e mediante o "compartilhar" com outros. Desse modo, o Exemplar, que é Deus como Bem

---

66. Cf. M. LÁZARO PULIDO, *El concepto de amor en Buenaventura*: Anales de la Universidad de Cuenca 42 (1997) 83-94.
67. Cf. I. DELIO, *Bonaventure's Metaphysics of the God*: Theological Studies 60 (1999) 228-246.
68. SÃO BOAVENTURA, *Itinerario de la mente a Dios*, c. VI: Obras de São Boaventura, t. I (Madri, 1945) 620-627.
69. *Ibid.*, 620-621.
70. *Ibid.*, 612-613.
71. J. HEREU, *"Itinerarium mentis in Deum". La Teología mística de san Buenaventura*: Verdad y Vida 51 (1993) 349-350.
72. SÃO BOAVENTURA, *l. c.*, 620-621.

absoluto, realiza-se em parte na criatura racional. O "exemplarismo ético" é a expressão adequada para a compreensão boaventuriana da Moral.

5. Balanço

À luz do anteriormente exposto, há que se levar em conta três orientações gerais. Em primeiro lugar, as interpretações analisadas, sendo as prevalentes, não são as únicas. Existem outros matizes na imagem de Deus que tiveram também sua função peculiar no delineamento da moral cristã. Mais ainda, no fundo das quatro interpretações assinaladas há que situar a compreensão de Deus como *Realidade fontal* (Ser absoluto) e como *Verdade*.

Com efeito, Deus é a Realidade de onde procede a normatividade ontológica que há de ser respeitada pela liberdade humana. Deus é, também, a Verdade que dá sentido e orientação à moral. Esse fundo básico do Mistério de Deus como Realidade fontal e como Verdade absoluta em ordem à constituição da moral cristã tem sido desenvolvido amplamente pela encíclica *Veritatis splendor* (1993).

Em segundo lugar, salta aos olhos que as várias imagens de Deus estão unidas entre si e confluem na única realidade do Mistério de Deus que as unifica a todas. Não se pode separar a Verdade do Bem, nem o bem verdadeiro da Beleza, nem a beleza verdadeira e bondosa do Amor, nem este da Justiça. Deus é, ao mesmo tempo, Realidade fontal, Verdade total, Bem absoluto, Beleza suma, Amor incondicional e Justiça totalizadora. Este Mistério, pleno de significado, é o que fundamenta, orienta e é meta da vida moral cristã.

Em terceiro lugar, a revelação de Deus vai adquirindo traços cada vez mais "quentes" e "pessoais" até alcançar sua manifestação definitiva em Cristo Jesus. Em Cristo, "manifestou-se *a graça salvadora* de Deus a todos os homens" (Tt 2,11); por meio de Cristo "manifestou-se *a bondade* de Deus nosso Salvador e *seu amor* aos homens" (Tt 3,4). A *benignitas* e a *humanitas* de Deus se revelam definitivamente em Cristo.

V. A REVELAÇÃO DEFINITIVA DE DEUS COMO "AMOR"

A imagem definitiva de Deus nos é dada através da revelação do Mistério da Comunhão Trinitária. É este Mistério da Trindade o fundamento último e a meta definitiva da vida moral cristã.

Antes de expor essa orientação básica da moral cristã — objeto do capítulo seguinte —, julgo necessário terminar o presente capítulo apresentando a definição de Deus como "amor". Será essa compreensão que deixará a porta aberta para tratar, no capítulo seguinte, a relação entre o Mistério Trinitário e a moral cristã.

1. Deus é Amor

A "definição" mais explícita que temos de Deus no Novo Testamento é a que afirma que "Deus é amor" (1Jo 4,8.16). O ser e o atuar de Deus *consistem* em Amar[73].

João Paulo II expôs com vigor a importância dessa verdade cristã, descobrindo os vários horizontes de significado que contém:

— *Horizonte trinitário:* "Deus em sua vida íntima 'é amor', amor essencial, comum às três Pessoas divinas. O Espírito Santo é amor pessoal como Espírito do Pai e do Filho. Por isso 'sonda até as profundidades de Deus' como *Amor — dom incriado.* Pode-se dizer que no Espírito Santo a vida íntima de Deus uno e trino se faz inteiramente intercâmbio de amor recíproco entre as Pessoas divinas, e que pelo Espírito Santo 'existe' como Dom"[74].

— *Horizonte cristológico:* A missão de Cristo consistiu em revelar a realidade de Deus como amor. "Cristo mostrou à humanidade a mais profunda verdade sobre Deus e ao mesmo tempo sobre o homem, revelando o Pai, que é 'rico em misericórdia' (Ef 2,4). 'Deus é amor' (1Jo 4,8)"[75]. Segundo João Paulo II, "a revelação do amor misericordioso do Pai constituído o núcleo central da missão do Filho do homem"[76].

— *Horizonte antropológico*: O amor pertence à compreensão essencial da condição humana. "O homem não pode viver sem amor. Ele permanece para si mesmo um ser incompreensível, sua vida fica privada de sentido se o amor não se lhe revela, se não se encontra com o amor, se não o experimenta e o faz próprio, se não participa dele vivamen-

---

73. Cf. T. KELLY, *"God is Love". A Theological-Moral Reading of 1 John*: Studia Moralia 37 (1999) 35-71.
74. JOÃO PAULO II, *Dominum et vivificantem*, 10.
75. JOÃO PAULO II, *Discurso en el Aula Magna de la Universidad "Nicolás Corpérnico" de Torun (7/6/1999)*: Ecclesia n. 2. 951 (26 de junho de 1999) 24-25.
76. JOÃO PAULO II, *Dominum et vivificantem*, 13.

te"[77]. Pois bem, "o homem pode amar, porque primeiro foi amado por Deus. Ensina-nos São João: 'Nós amamos (a Deus) porque ele (Deus) nos amou primeiro' (1Jo 4,19)"[78]. Essa compreensão antropológica radicalmente agápica ilumina toda a vida humana: "a verdade sobre o amor de Deus projeta luz também sobre nossa busca da verdade, sobre nosso trabalho, sobre o desenvolvimento da ciência e sobre toda nossa cultura"[79].

2. Funcionalidade para a moral cristã

Essa compreensão de Deus possui uma funcionalidade imediata para orientar a moral cristã. Tendo como fundamento e como meta o Deus do Amor, a moral cristã é necessariamente uma *moral do amor*. Assim o adianta o Antigo Testamento (Dt 6,5; Lv 19,18); assim o formula definitivamente Jesus (Mc 12,28-34 par.); assim o traz Paulo (Rm 13,9) e o aprofunda João (1Jo 3,23). Assim o expôs a teologia de todos os tempos, desde Santo Agostinho até a teologia atual, passando por Santo Tomás, São Boaventura e muitos outros teólogos. A fórmula tradicional de que "a caridade é a forma de todas as demais virtudes" deve ser entendida num sentido profundo: "o amor informa todas as virtudes porque é a verdadeira 'forma' de Deus"[80].

O Vaticano II pediu uma renovação da Teologia Moral que considerava a caridade como a síntese das exigências da vocação cristã: "produzir frutos *na caridade* para a vida do mundo"[81]. A Caridade é, pois, o núcleo da moral cristã[82].

Sendo esta uma compreensão de Deus e da moral que está presente ao longo de toda a tradição teológica, pode-se ver de modo especial na proposta moral-espiritual de Santo Afonso de Ligório, aspecto do qual me ocupei expressamente em outro lugar[83].

Para esse santo napolitano a vida cristã se fundamenta no Amor de

---

77. JOÃO PAULO II, Redemptor hominis, 10.
78. JOÃO PAULO II, *Discurso na Aula Magna da Universidade "Nicolás Copérnico" de Torun (7/6/1999)*: l. c., 25.
79. *Ibid.*, 25.
80. T. KELLY, a. c., 70.
81. *Optatam totius*, 16.
82. Cf. M. VIDAL, *La Caridad: actitud fundamental del ethos cristiano*: Corintios XIII n. 1 (1977) 63-91.
83. M. VIDAL, *Moral y Espiritualidad* (Madri, 1997) 73-103.

Deus e consiste na realização da Caridade. O livro que melhor expressa a espiritualidade e a moral alfonsianas é *A prática do amor a Jesus Cristo*[84]. Essa síntese de moral da perfeição cristã começa com uma afirmação básica na qual se formula o sentido da existência cristã: "Toda a santidade e toda a perfeição de uma pessoa consiste em amar a Jesus Cristo, nosso Deus, nosso maior bem, nosso Salvador"[85]. O amor afetivo e efetivo constitui a resposta, escrita em linguagem de amor, com a qual a pessoa responde ao projeto do Deus do amor e da misericórdia[86].

A essa compreensão de Deus e da moral chegou Santo Afonso opondo-se ao Jansenismo e ao teísmo do Iluminismo. O Jansenismo ordenava a vida cristã sob o olhar de um Deus exigente, elitista e zeloso de sua santidade. O teísmo ilustrado apresentava a Deus como um ser supremo porém distante da realidade humana. A proposta moral e pastoral de Afonso brota da imagem de um Deus *próximo* (diante do distanciamento teísta) e *benigno* (diante do rigorismo jansenista).

VI. CONCLUSÃO

Assim, pois, a imagem definitiva de Deus para a moral não pode ser outra que a de Deus *Amor*, segundo a expressão de João: "Deus é amor" (1Jo 4,8.16)[87]. A essa revelação de Deus como Amor corresponde a revelação da Caridade como o caminho da ética cristã: caminho da perfeição pessoal e caminho da transformação do mundo. Segundo o Concílio Vaticano II, foi o Verbo de Deus quem nos fez esta dupla revelação: "Ele mesmo (o Verbo de Deus) nos revela que *Deus é amor* (1Jo 4,8) e que a lei fundamental da perfeição humana, e, por isso, da transformação do mundo, é o mandamento do amor"[88].

---

84. Cfr. M. GÓMEZ RÍOS, *La práctica del amor a Jesucristo, clave de la lectura alfonsiana*: Confer 27 (1988) 377-397; R. RUSSO, *La carità nella vita cristiana secondo sant'Alfonso*: Asprenas 55 (1988) 57-80.
85. *A prática do amor a Jesus Cristo* (Aparecida, São Paulo, 1996⁷) 11.
86. H. MANDERS, *O amor na espiritualidade de Santo Afonso* (Aparecida, 1990).
87. "Expresa así (Juan) la verdad más alta de nuestra fe, y al mismo tiempo una experiencia de sentido" (J. R. GARCÍA-MURGA, *El Dios del amor y de la paz. Tratado Teológico de Dios desde la reflexión sobre su Bondad*, Madri, 1991, 11). Essa compreensão de Deus é decisiva na reflexão teológica atual: J. R. GARCÍA-MURGA, *Dios, sólo amor. Presentación de libros, acompañada de una reflexión*: Estudios Eclesiásticos 74 (1999) 95-128.
88. *Gaudium et spes*, 38.

A moral cristã é cristocêntrica [89]. Porém, nem por isso, deixa de ser teocêntrica [90]. Deus é o fundamento último da vida moral. Ele é também o objeto primeiro para onde se dirigem as exigências morais. Essa orientação está expressa no primeiro mandamento do Decálogo: "Amarás ao Senhor teu Deus com todo o teu coração, com toda a tua alma e com todas as tuas forças" [91]. O amor total e incondicional a Deus é a suprema experiência humana e a realização mais perfeita da vida religiosa e moral [92].

Bibliografia:

Concilium n. 258 (1995): "Los diferentes rostros de Dios".
CONFERÊNCIA EPISCOPAL ESPANHOLA, *Dios es amor.* Instrucción Pastoral (27/XI/1998). Edice, Madri 1998.
MOSER, A., *La representación de Dios en la ética de liberación:* Concilium n. 192 (1984) 229-238.
QUELQUEJEU, B., *La autonomía ética de liberación:* Concilium n. 192 (1984) 191-203.
TORRES QUEIRUGA, A., *Recuperar la creación. Por una religión humanizadora*, Sal Terrae, Santander 1997.

---

89. P. J. KUNICIC, *Systema moralis christocentricae*: Divinitas 12 (1968) 211-229.
90. M. LLAMERA, *Teocentrismo de la vida, de la fe y de la ciencia moral según Santo Tomás de Aquino*: Teología Espiritual 17 (1974) 279-299.
91. *Catecismo da Igreja Católica*, nn. 2084-2132.
92. Cf. Sal Terrae 86 (1998) n. 8: "Amarás a Deus con todo o teu coração. Já não existe o primeiro mandamento?".

2

A TRINDADE: FONTE E META DA VIDA MORAL CRISTÃ

O capítulo precedente deixou aberta a porta para a revelação plena e definitiva do Deus cristão. Dessa manifestação de Deus trata o presente capítulo, o qual tem por objeto apresentar a moral cristã desde a Comunhão Trinitária.

A imagem definitiva de Deus nos é dada através da revelação do Mistério do Deus trinitário. É esse Mistério da Trindade o fundamento último e a meta definitiva da vida moral cristã.

Exporei esta orientação básica da moral cristã apresentando, em primeiro lugar, o núcleo da revelação trinitária, para deduzir, na seqüência, as implicações que essa confissão da fé trinitária tem para a compreensão e a realização da vida cristã em geral e, mais concretamente, da vida moral. Terminarei com uma anotação geral sobre a relação entre a Trindade e a moral.

Deixo fora dessa consideração, no momento, a referência explícita a cada uma das Pessoas. Essas referências serão analisadas em ambos os capítulos ulteriores. Neles serão expostas: uma moral cristã *do Pai*; uma moral cristã *do Filho, Verbo encarnado*; uma moral cristã *do Espírito Santo*.

I. O MISTÉRIO TRINITÁRIO

A existência cristã flui da vida trinitária. Aqui está "aquela eterna fonte" de onde "vem toda origem" (São João da Cruz). A Trindade é o mistério fontal, cujo conteúdo dá significado e consistência a todos os demais mistérios cristãos. Não em vão o Concílio Vaticano II na *Lumen gentium* indica que o mistério da Igreja procede do dinamismo trinitário do Pai (n. 2), do Filho (n. 3), e do Espírito Santo (n. 4). "Assim toda a Igreja aparece como o povo unido pela unidade do Pai, do Filho e do Espírito Santo" (n. 4).

A teologia trinitária conheceu na segunda metade do século XX uma época de grande esplendor, somente superável pela etapa decisiva dos séculos III-IV[1]. Dado o objetivo destas páginas, não é necessário nem expor o estado da questão dos estudos sobre a Trindade[2] nem resumir as orientações sobre esse mistério cristão[3]. Unicamente quero constatar algumas perspectivas que têm particular relevo para as implicações éticas.

1. Circularidade hermenêutica entre "Trindade histórica" e "Trindade imanente"

Através da Revelação da Trindade na história de salvação ("trindade econômica") chegamos a vislumbrar o mistério da vida intratrinitária ("trindade imanente"). K. Rahner formulou esta orientação mediante uma espécie de axioma, a modo de tese: "A Trindade econômica é a Trindade imanente e vice-versa"[4].

Essa tese rahneriana sobre a identidade da Trindade imanente e econômica é, em princípio, compartilhada pelos teólogos atuais[5]. No entanto, introduzem-se nela alguns matizes não de pouca monta. Para W. Pannenberg, a afirmação de Rahner, "que pode ter sido sugerida por Barth", "não significa, evidentemente, que a Trindade essencial coincida sem distinção alguma com a economia salvífica trinitária, senão que se trata só

---

1. Cf. M. GONZÁLEZ, *El estado de situación de los estudios trinitarios en el umbral del tercer milenio*: SOCIEDAD ARGENTINA DE TEOLOGÍA, El misterio de la Trinidad en la preparación del Gran Jubileo (Buenos Aires, 1998) 9-97.
2. Ver, a título de amostra, os recentes boletins bibliográficos: G. EMERY, *Chronique de théologie trinitaire*: Revue Thomiste 98 (1998) 469-496; Ch. THEOBALD, *Bulletin de théologie dogmatique. Question de Dieu et Trinité*: Recherches de Science Religieuse 87 (1999) 585-621.
3. Remeto a três tratados recentes escritos em castelhano: J. R. GARCÍA-MURGA, *El Dios del amor y de la paz. Tratado Teológico de Dios desde la reflexión sobre su Bondad* (Madri, 1991); J. Mª. ROVIRA, *Tratado de Dios, uno y trino* (Salamanca, 1993); L. F. LADARIA, *El Dios vivo y verdadero. El misterio de la Trinidad* (Salamanca, 1998).
4. K. RAHNER, *Advertencias sobre el tratado "de Trinitate"*: Escritos de Teología, IV (Madri, 1964) 105-136 ("La Trinidad 'económica' es la Trinidad inmanente": p. 117).
5. Um balanço sobre o rico debate a respeito da Trindade imanente e da Trindade econômica pode-se encontrar em: M. GONZÁLEZ, *La relación entre Trinidad económica e inmanente* (Roma, 1996).

de dois aspectos de uma e mesma realidade divina"[6]. B. Forte é, todavia, mais explícito ao dizer que a expressão "vice-versa" do axioma rahneriano "não pode ser aceita: não obstante todas as precisões possíveis, esse axioma corre o risco de resolver o divino no humano"[7]. Por outro lado, esse teólogo trata de justificar a articulação entre Trindade "histórica" e Trindade "imanente" na mesma estrutura da Revelação, tal como foi formulada pelo Concílio Vaticano II[8].

Com essas observações, pode-se aceitar que para compreender o mistério trinitário é conveniente começar por sua manifestação na História da Salvação; a partir daí, pode-se aceder a seu ser na vida intratrinitária. É uma aplicação correta do axioma de que a Trindade "econômica" (na História) é a que melhor manifesta o ser da Trindade "imanente".

Essa perspectiva da História (ou da "Economia") é a que o Concílio Vaticano II adota nas principais passagens trinitárias: *Lumen gentium* 2-4; *Ad gentes* 2-4. O Concílio uniu "teologia" e "economia" nessa formulação, ao mesmo tempo tradicional e original, do mistério trinitário: "Esse desígnio (o plano de Salvação) dimana do 'amor fontal' ou caridade de Deus Pai, que, sendo princípio sem princípio do qual é engendrado o Filho e do qual procede o Espírito Santo, criando-nos livremente por sua benignidade excessiva e misericordiosa e chamando-nos além disso por pura graça a participar com Ele na vida e na glória, difundiu com liberalidade e não deixa de difundir a bondade divina, de modo que o que é Criador de todas as coisas se faz por fim *tudo em todas as coisas* (1Cor 15,28), procurando ao mesmo tempo sua glória e nossa felicidade"[9]. Em outro lugar, o mesmo Concílio utiliza a fórmula tradicional: "A Deus Pai por Cristo no Espírito[10]. Fora dessas duas passagens, o Vaticano II fala da Trindade em sua vertente econômica ou funcional dentro da história da salvação".

---

6. W. PANNENBERG, *La doctrina de la Trinidad en Hegel, y su recepción en la teología alemana*: Estudios Trinitarios 30 (1996) 50.
7. B. FORTE, *Creer y pensar la Trinidad a partir de la estructura trinitaria de la "Re-velatio"*: Estudios Trinitarios 30 (1996) 56.
8. *Dei Verbum*, c. I, nn. 2-6: "De ipsa revelatione". Em sentido semelhante: J. PRADES, *De la Trinidad económica a la Trinidad inmanente*: Revista Española de Teología 58 (1998) 285-344.
9. *Ad gentes*, 2. Uma originalidade dessa formulação está na maneira de expressar a "procedência" do Espírito Santo, mais próxima da teologia oriental que da ocidental: "ex quo (Patre) Filius gignitur et Spiritus Sanctus *per Filium* procedit" (no: "Filioque").
10. *Lumen gentium*, 51.

2. As categorias de "pessoa" e de "substância"

Para expor o conteúdo de fé do mistério trinitário a teologia teve de se servir de categorias da razão humana. O pensamento grego utilizou palavras e conceitos que significavam tanto a unidade na "essência" (*ousía*) como a diversidade na "subsistência" (*hypóstasis*), termo este último com o qual se aludia também à "pessoa", para cuja conceitualização os teólogos gregos não creram muito adequado o termo *prósopon*, por significar inicialmente "máscara".

A teologia latina alcunhou uma fórmula mais uniforme e precisa: "una substantia et tres personae". Essa diferença terminológica entre os latinos e os gregos observou-a certamente Santo Agostinho: "O que nós, seguindo o costume, dizemos a pessoa, entenderam-no os gregos, conforme o gênio de seu idioma, da substância. Eles dizem três substâncias e uma essência. Nós, três pessoas e uma essência ou substância"[11].

Em relação com o uso dessas categorias faço uma anotação, tomada de K. Rahner[12]. Convém não exagerar a aplicação das categorias de "pessoa" e de "substância" ao referi-las à Trindade imanente. São categorias e conceitos que estão submetidos à variação histórica; hoje não têm o mesmo significado que tiveram quando foram utilizados pela primeira vez no cristianismo.

3. A comunhão ou relação: a realidade trinitária

Para compreender e para falar do mistério trinitário seria conveniente superar a velha tradição de começar pelo "De Deo uno" para chegar ao "De Deo trino". Na revelação cristã (na "Economia"), as Pessoas são as que se manifestam primeiro. Nas Pessoas descobrimos a realidade divina.

A concepção latina propendeu partir da "Essência" divina comum para chegar à diversidade de "Pessoas". Em troca, a concepção grega parte das Pessoas e nelas descobre a condição divina. Essa segunda forma está mais próxima da apresentação que aparece na Bíblia. Não há mais

---

11. SANTO AGOSTINHO, *De Trinitate*, VII, 4, 8: Obras de Santo Agostinho. Edição bilíngüe, t. V (Madri, 1948) 480-481: "Sic enim dicunt illi tres substantias, unam essentiam, quemadmodum nos dicimus tres personas, unam essentiam vel substantiam".
12. K. RAHNER, *El Dios Trino como principio y fundamento trascendente de la Historia de Salvación*: Mysterium Salutis, II/1 (Madri, 1969) 359-445; *Curso Fundamental de la Fe* (Barcelona, 1979) 167-171.

"substância divina" que a *pericóresis* (*circunincessio* ou *circuninsessio*), isto é, as relações; dito de outro modo, a realidade trinitária é a comunicação no amor.

A categoria de "comunhão" é uma das perspectivas utilizadas hoje com maior predomínio para expor o conteúdo da fé trinitária[13]. De J. Moltmann é esta formulação: "A essência do Deus trinitário é esta comunhão"[14]. São João o expressou de forma mais pletórica dizendo que "Deus é amor" (1Jo 4,8.16).

No contexto dessa compreensão do Deus "triuno" como *comunhão de vida* adquire um significado mais profundo a circularidade hermenêutica de cada Pessoa com o Mistério trinitário. De modo especial H. U. von Balthasar destacou essa circularidade na relação com a cristologia e a pneumatologia: vendo a "missão" de Jesus e a "missão" do Espírito como traduções econômicas (histórico-salvíficas) da "geração" e da "processão" intratrinitárias. Ambas dimensões — a histórica e a imanente — constituem o único significado do *Ágape* divino, que é, ao mesmo tempo, *kénosis* (esvaziamento) e *doação* (entrega)[15].

É, sobretudo, o Espírito Santo quem sela a Comunhão trinitária. Ele é, segundo a expressão dos místicos, como o mútuo e único beijo do Pai e do Filho. A "apropriação" do amor (assim como da "santidade") por parte do Espírito, não subtrai à vida trinitária a realidade de comunhão amorosa, senão que a expressa de forma mais plena. Assim o viu Santo Agostinho ao explicar que "o Espírito Santo se diz propriamente Amor ainda que não o seja Ele só na Trindade"[16]. "Se o amor com que o Pai ama o Filho e o Filho ama o Pai é indício da comunhão inefável de ambos, que há de mais natural que chamar propriamente amor ao que é Espírito comum deles?"[17].

4. Estrutura do humano

A Trindade é conteúdo — e conteúdo máximo — da Revelação. Pertence, portanto, à ordem da fé. Sem dúvida, toda a realidade — e particularmente, a condição humana — está impregnada por esse mistério. Há

---

13. G. GRESHAKE, *Der dreieine Gott. Eine trinitarische Theologie* (Freiburg-Basel-Wien, 1997).
14. J. MOLTMANN, *El Espíritu de Vida. Una pneumatología integral* (Salamanca, 1998) 332.
15. Cf. M. GONZÁLEZ, *La Trinidad, corazón hermenéutico de la realidad cristiana. Esbozo del aporte de Balthasar a la sistemática trinitaria del siglo XX*: Proyecto 10 (1998) 127-140.
16. *De Trinitate*, XV, 19: *l. c.*, 902-911.
17. *Ibid.*, XV, 19, 37: *l. c.*, 911.

"pegadas" da Trindade na realidade criada e esta deve buscar sua perfeição assemelhando-se ao exemplar da Trindade.

Foi Santo Agostinho quem, desde o livro VIII até o final (livro XV) de seu tratado *De Trinitate*, melhor e mais frutuosamente percorreu o itinerário antropológico para buscar a imagem da Trindade na pessoa humana. As "pegadas trinitárias" na condição humana ajudaram-no a pressentir a secreta vida íntima de Deus ao mesmo tempo que lançaram luzes sobre o ser do espírito humano.

Está em pé a advertência de K. Rahner sobre a necessidade de usar com cautela a "explicação psicológica" (de Santo Agostinho e de Santo Tomás) da vida intratrinitária, a partir das funções humanas da "inteligência" e da "vontade"[18]. Essa explicação, de caráter "psicológico", pode correr o perigo de encerrar o mistério trinitário "para dentro dele" e não ter suficientemente em conta que se trata de um mistério feito "história de salvação".

Tendo cuidado de não esvaziar o conteúdo histórico-salvífico do mistério trinitário, não se pode deixar de reconhecer a importância e a funcionalidade que tem a Trindade enquanto estrutura básica não só da experiência cristã senão da compreensão da realidade[19]. Essa sua condição de estrutura básica da experiência cristã e da realidade humana é a que, entre outras funcionalidades, faz da Trindade um paradigma ético de primeira ordem para a vida moral.

II. A TRINDADE: FONTE E META DA VIDA CRISTÃ

O Mistério trinitário não é só o conteúdo básico da confissão de fé nem unicamente o objeto da celebração cristã. É também a "fonte" e a "meta" da vida cristã. Esta é, por definição, uma forma de vida trinitária.

Há concepções da existência cristã que sublinharam de modo especial essa estampagem trinitária. Porém, ainda naquelas nas quais esse traço não parece estar à flor da pele, de fato está presente e, além disso, sustentando todo o edifício. Não pode ser de outro modo, já que a vida cristã não é outra coisa que o desdobramento, em tempo histórico e biográfico, do mistério eterno de Deus.

Há posicionamentos teológicos da Trindade que põem particular ên-

---

18. Ver as citações da nota 12.
19. Cf. H. HÄRING, *La fe cristiana en el Dios trino y uno*: Concilium n. 258 (1995) 237-252.

fase em destacar a relevância da Trindade para a compreensão e a realização da existência cristã. Formulam uma Trindade "para nós". A teologia trinitária, sem entrar nos pormenores da concreção, oferece uma visão sapiencial para orientar os diversos âmbitos da existência cristã (vida sacramental, sexualidade, ética, espiritualidade)[20].

Na tradição mística a contemplação da Trindade constituiu o supremo objetivo e a magna tarefa da experiência do fiel. O Pseudo-Dionísio, São Bernardo, São Boaventura, São João da Cruz e outros grandes místicos colocaram a meta da experiência cristã na contemplação do Mistério trinitário. Alguns, como Ricardo de São Vítor, estabeleceram uma ponte entre a Teologia e a Mística precisamente mediante a exposição teológico-mística sobre a Trindade[21].

O Concílio Vaticano II, conforme anotei mais acima, situou a vida eclesial dentro da influência do Mistério trinitário[22]. Em relação com "o mistério sagrado da unidade da Igreja", remontou a visão até a realidade trinitária: "O modelo e princípio desse mistério (da unidade da Igreja) é a unidade de um só Deus Pai e Filho no Espírito Santo, na Trindade de pessoas"[23].

Dessa maneira, a vida cristã não é outra coisa que a realização no tempo do significado salvífico da Trindade, proclamada, celebrada e vivida como origem e meta da História de Salvação[24].

III. IMPLICAÇÕES PARA A MORAL CRISTÃ

Na reflexão teológico-moral atual há um interesse especial por recuperar a raiz trinitária da vida moral cristã. A moral cristã do presente e, mais ainda, a do futuro deve ser formulada como uma *moral trinitária*[25].

A Trindade é para a moral cristã não só um "paradigma" de comportamento mas também, e sobretudo, o "fundamento" do agir moral. Essas são as duas direções que adota a orientação trinitária da reflexão teológico-moral.

---

20. Ver, no sentido indicado no texto, a exposição de C. M. LA CUGNA, *God for Us. The Trinity and the Christian Life* (San Francisco, 1991). Sobre a proposta dessa teóloga, cf. M. DOWNES, *Trinitarian Spirituality*: Église et Théologie 24 (1993) 109-123.
21. Cf. M. SCHNIERSTSHAUER, *Consumatio Caritatis. Eine Untersuchung zu Richard von St. Viktors De Trinitate* (Mainz, 1996), sobretudo pp. 33-70.
22. *Lumen gentium*, 1-4.
23. *Unitatis redintegratio*, 2.
24. Cf. P. SORCI, *Trinità e storia della salvezza nella liturgia*: Ho Theológos 16 (1998) 21-45.
25. Cf. L. G. JONES, *Transformed Judgment. Toward a Trinitarian Account on the Moral Life* (Notre Dame, 1990); T. GOFFI, *Etica cristiana trinitaria* (Bologna, 1995).

1. A Trindade como paradigma ético

A referência mais recorrente da reflexão teológico-moral à Trindade é a de utilizar a vida trinitária como "modelo" ou paradigma para construir o ethos próprio do cristão:

A compreensão da pessoa como "doação" e "comunhão": "O ser do homem é um dom: procede do amor criador de Deus. O ser do homem como pessoa é ser um dom de si mesmo: afirma-se e se realiza doando-se, com esquecimento de si mesmo. Nisso a pessoa humana é imagem e semelhança das Pessoas divinas que se afirmam doando-se: o Pai ao Filho, o Filho ao Pai e o Espírito Santo, dom mútuo e incriado entre o Pai e o Filho"[26].

Paradigma da relação interpessoal. Tanto estudos de teologia trinitária como reflexões antropológicas põem de relevo a significação da Trindade para entender e construir as relações interpessoais na igualdade (por exemplo, a igualdade do gênero), no respeito à pessoa do outro, na caridade, e para a edificação da comunidade[27].

A Trindade, fundamento e paradigma da família[28]. Na Exortação Apostólica *Familiaris consortio* (1981) insinua-se uma teologia trinitária da família, sobretudo ao considerá-la como uma "comunhão de pessoas"[29]. No Documento de *Puebla*, no qual as fórmulas trinitárias[30] adquirem uma forte significação prática, alude-se também à base trinitária da teologia da família: "a família é imagem de Deus que 'em seu mistério mais íntimo não é solidão, mas uma família' (João Paulo II, Homilia em Puebla, 2: AAS 71, p. 184)"[31].

Paradigma da vida consagrada. A exortação apostólica *Vita consecrata* (1996) reconheceu a vida consagrada às "fontes trinitárias". Antes que "servitium caritatis" (capítulo 3) e "signum fraternitatis" (capítulo 2), a vida das pessoas consagradas é uma "confessio Trinitatis" (capítulo 1). A

---

26. E. YANES, *Discurso inaugural en la LXX Asamblea Plenaria de la CEE (23/XI/1998)*: Ecclesia n. 2. 922 (5/XII/1998) 31.
27. Ver, a título de amostra, os seguintes estudos: B. FORTE, *La Trinità fonte e paradigma della carità*: Asprenas 32 (1985) 398-402; X. PIKAZA, *Trinidad y comunidad cristiana* (Madri, 1990); J. A. MERINO, *La Trinidad, paradigma de la vida comunitaria en S. Buenaventura*: Estudios Trinitarios 30 (1996) 3-34; M. OFILADA, *Hacia la Trinidad y la Amistad: el camino hacia un redescubrimiento del Misterio de Dios*: Philippiniana Sacra 33 (1998) 73-94.
28. Cf. P. ADNÈS, *Matrimonio e mistero trinitario*: VÁRIOS, Amore e stabilità nel matrimonio (Roma, 1976) 9-25; P. CODA, *Antropologia trinitaria e famiglia*: La Famiglia 197 (1996) 5-16.
29. *Familiaris consortio*, 11-16 (especialmente, 15).
30. Cf. M. ARIAS, *Las fórmulas trinitarias y su significación en el documento de Puebla*: Estudios Trinitarios 14 (1980) 147-162.
31. *Puebla*, n. 582.

confissão trinitária converte-se em fundamento e em paradigma da vida consagrada[32].

Paradigma para a ética social cristã. Essa é a orientação trinitária mais utilizada na reflexão teológica atual[33]. J. Moltmann estabelece uma "doutrina social da Trindade"[34]; fala também de uma "teologia da experiência social de Deus"[35]; atribui, de modo especial, ao Espírito Santo essa função de comunhão: "a essência do Deus trinitário é essa comunhão (...). O Espírito Santo, que é honrado 'juntamente com' o Pai e com o Filho, é também a fonte da energia que reúne os seres humanos, de tal maneira que possam encontrar-se, alegrar-se reciprocamente e louvar o Deus comunhão"[36]. Para L. Boff, a vida trinitária é o melhor programa para a sociedade humana[37]. A partir da Trindade pode-se assumir teologicamente a categoria do "outro" tal como a propõe M. Lévinas[38]. As categorias trinitárias têm também capacidade para valorizar e orientar a cultura atual[39].

2. Estrutura trinitária da moral cristã

As implicações morais que acabo de assinalar pertencem ao que poderíamos denominar orientações *substantivas*. Todas elas se baseiam em outra consideração mais profunda da relação do Mistério trinitário e a moral cristã. É a que define a estrutura formal da vida moral cristã como uma *estrutura trinitária*. Trata-se de uma fundamentação da moralidade no mistério fontal da fé cristã. Sobre isso, há propostas tanto a partir da teologia protestante[40] como a partir da

---

32. *Vita consecrata*, 17-22. Cf. S. Mª. ALONSO, *Dios-Padre nos llama en Jesús y nos consagra en el Espíritu Santo. La vida consagrada, como vivencia trinitaria*: Vida Religiosa 86 (1999) 376-391.
33. Cf. N. SILANES - B. FORTE, *La Santísima Trinidad, programa social del cristianismo* (Salamanca, 1999); E. CAMBÓN, *La Trinidad, "modelo" de sociedad. Una presentación catequética*: Didascalia 53 (1999) n. 519, 10-18; ID., *La Trinidad, modelo social* (Madri, 1999); C. SORC, *La historia en su dimensión pericorética*: Estudios Trinitarios 33 (1999) 133-146.
34. J. MOLTMANN, *Trinidad y Reino de Dios* (Salamanca, 1985).
35. J. MOLTMANN, *El Espíritu de vida* (Salamanca, 1998) 268-288.
36. *Ibid.*, 332.
37. L. BOFF, *A Trindade, a sociedade e a libertação* (Petrópolis, 1986). ID., *A Santíssima Trindade é a melhor comunidade* (Petrópolis, 1988).
38. Th. FREYER, *"Nähe" – eine trinitätstheologische Schlüssel-"kategorie"*: Theologie und Glaube 40 (1997) 271-288.
39. Iglesia Viva n. 167 (1993): "Trinidad y cultura actual".
40. E. FUCHS, *Pour une réinterpretation éthique du dogme trinitaire*: Études Théologiques et Religieuses 61 (1986) 533-540.

católica[41]. Proporei minha orientação servindo-me do pensamento de Santo Agostinho e de São Boaventura.

a. Pensamento agostiniano

No capítulo precedente aludi à riqueza de posições e de enfoques que tem Santo Agostinho em relação à moral cristã. Detive-me na apresentação de Deus como Beleza e na funcionalidade que tem essa compreensão teológica para fundamentar a moral cristã. Creio que todo esse conjunto de orientações agostinianas converge para um enfoque unificador, que se encontra na confissão cristã do Mistério Trinitário. É o que assinalo, na seqüência, para fazer meu o posicionamento agostiniano acerca da fundamentação trinitária da moral cristã.

1) O caminho antropológico-trinitário de Santo Agostinho

A Santo Agostinho corresponde, por méritos próprios, o título de "Doutor da Trindade"[42]. Seu tratado *De Trinitate* marca um caminho novo na interpretação do mistério trinitário[43], caminho seguido depois pela tradição ocidental e de modo especial por Santo Tomás.

Agostinho partiu de um ponto distinto do adotado pelos Padres gregos. Propôs-se compreender a vida íntima de Deus analisando as "processões" divinas. Para isso buscou a imagem da Trindade nas criaturas e, particularmente, na criatura racional. A partir da "trindade psicológica" do espírito humano (*mens, notitia, amor*) pressentiu, como por meio de "um espelho e em enigma" (1Cor 13,12), a secreta vida íntima de Deus. "Ninguém antes de Santo Agostinho havia encontrado na alma tantos vestígios de Deus, ninguém havia traduzido para a linguagem humana com tanta emoção o misté-

---

[41]. G. RINANDI, *La domanda etica. Per una fondazione trinitaria dell'etica*: VÁRIOS, *Una teologia come storia. La "Simbolica ecclesiale" di Bruno Forte tra filosofia e teologia* (Cinisello Balsamo, 1998) 185-194.

[42]. Ver a *Introducción* de L. ARIAS ao agostiniano *Tratado de la Santísima Trinidad*: *Obras de Santo Agostinho*. Edição bilíngüe, t. V (Madri, 1948), 1-112.

[43]. Sobre a força inovadora da teologia trinitária de Santo Agostinho, cf. B. STUDER, *Anstösse zu einer neuen Trinitätslehre bei Augustinus von Hippo*: Trierer Theologische Zeitschrift 108 (1999) 123-238.

rio da vida divina"[44]. Os livros VIII a XV de seu tratado sobre a Trindade constituem a experiência mais original de busca da Trindade através da análise do espírito humano. Vê a imagem do Pai na "memória, a do Filho na "inteligência" e a do Espírito Santo no "amor"[45]; porém, constata ao mesmo tempo a grande dessemelhança que há entre a imagem humana e a realidade divina[46]. Através da dialética da "semelhança" e da "dessemelhança" com o espírito humano, o pensamento agostiniano ascende, com segurança e com audácia, da análise psicológica à compreensão da vida íntima de Deus.

Buscando a imagem de Deus na criatura, Agostinho penetrou no mais profundo do espírito humano. Seu tratado sobre a Trindade constitui, ao mesmo tempo, uma análise vigorosa da interioridade humana.

2) Interpretação trinitária da existência humana

Precisamente por razão desse entrelaçamento de análise psicológica e interpretação trinitária o pensamento agostiniano oferece uma visão intensamente trinitária da existência humana. Somos "criados à imagem" da Trindade (cf. Gn 1,26) e toda nossa existência consiste na busca de sua "semelhança" (cf. 1Jo 3,2)[47]. Entre o "criados à imagem da Trindade" e o "seremos semelhantes a Ele" transcorre o tempo humano, a tensão existencial do espírito humano. Essa tensão não é outra coisa que a ativação da "trindade psicológica": a *recordação* da mente, o *verbo* do conhecimento e a *dileção* do amor.

Se o espírito humano tem uma estrutura "especular" do mistério trinitário deduz-se que sua realização consistirá em reproduzir, dentro da imperfeição da imagem, o exemplar da vida trinitária. "Se a mente é, por natureza, imagem de Deus Trino, sua perfeição e formosura consistirão em acrescentar o parecido. Pensar em Deus, conhecer a Deus, amá-lo cada dia mais intensamente é o segredo do progresso da alma pelos caminhos luminosos da santidade"[48]. A atividade humana se resume na "renovação da imagem de Deus na alma até alcançar uma perfeita semelhança na glória"[49].

Assim, pois, a vida cristã se define por reproduzir, em imagem e semelhança, a estrutura da vida trinitária. A moral cristã não é outra coisa

---

44. L. ARIAS, *l. c.*, 102.
45. *De Trinitate*, XV, 21: *l. c.*, 916-919.
46. *Ibid.*, XV, 22 y 23: *l. c.*, 918-923.
47. *Ibid.*, XIV, 19: *l. c.* 822-827.
48. L. ARIAS, *l. c.*, 101-102.
49. *De Trinitate*, XIV, 17: *l. c.*, 818-821.

que a atividade de perfeição na semelhança da vida trinitária: perfeição na "recordação" das maravilhas da obra do Pai, perfeição no "conhecimento" da verdade do Filho, Verbo Encarnado, e perfeição no "amor" de doação que é a obra do Espírito Santo.

Das três dimensões da perfeição Santo Agostinho ressalta a do *amor*. Sua compreensão trinitária da moral cristã é preferentemente agápica. No tratado *De Trinitate* dedica uma atenção especial às análises do amor[50], enquanto vestígio da Trindade[51]. Devem-se também destacar, a esse respeito, as reflexões sobre o Espírito Santo enquanto dom de amor com que termina o livro XV e todo o tratado[52]. Seguindo a Escritura, Agostinho proclama que Deus é amor e que a existência cristã também consiste em amar. "Em conseqüência, Deus é amor, como a Escritura o proclama, e o amor vem de Deus e atua em nós para que Deus permaneça dentro de nós e nós Nele, e isso o sabemos porque nos deu de seu Espírito"[53].

3) A caridade trinitária: fundamento da moral cristã

É precisamente a *caridade* a via de que se serve Agostinho para expor a estrutura trinitária da moral cristã. Essa orientação agostiniana, que está fundamentada no tratado *Sobre a Trindade*, é recorrente ao longo de suas obras e extensiva a todas elas. Anotei isso no capítulo precedente, ao oferecer uma panorâmica dos delineamentos agostinianos sobre a moral cristã. Nesse contexto mais diretamente trinitário recolho suas contribuições peculiares na obra *Dos costumes da Igreja Católica*[54].

Nos primeiros capítulos dessa obra (cc. 2-6) recorda mais uma vez que o fundamento e o conteúdo da moral cristã não é outro que Deus, já que Nele se verificam as condições do sumo Bem, cuja possessão é capaz de fazer feliz a pessoa[55]. "É certo que todos queremos viver uma vida feliz"[56]. Pois bem, "Deus é para nós a suma de todos os bens, é nosso

---

50. *Ibid.*, VIII, 7-10, 10-14: *l. c.*, 525-535; todo o livro IX: *l. c.*, 536-571.
51. *Ibid.*, VIII, 10, 14: *l. c.*, 534-535.
52. *Ibid.*, XV, 17-27: *l. c.*, 893-941.
53. *Ibid.*, XV, 19, 37: *l. c.*, 909-910.
54. SANTO AGOSTINHO, *De las costumbres de la Iglesia Católica*. Versão, introdução e notas de T. PRIETO: Obras de Santo Agostinho, Edição bilíngue, t. IV (Madri, 1948) 235-451.
55. T. PRIETO, *l. c.*, 253: "Como fundamento da ética cristã põe o Santo o sumo bem, que não é outro nem pode ser senão Deus, único objeto cuja posse faz o homem feliz. Tudo isto o demonstra filosoficamente com a análise das características do sumo bem, e conclui que só Deus possui essas características".
56. *De las costumbres de la Iglesia Católica*, I, 3, 4: *l. c.*, 265.

sumo bem"[57]. Por isso, "tendendo para Ele, vivemos uma vida santa; e se o conseguimos, será uma vida, além de santa, feliz e bem-aventurada"[58].

A vida santa e feliz consiste na "união com Deus com um modo de contato admirável e inteligível"[59]. Essa união se realiza mediante a prática da caridade. "É, pois, a caridade a que produz nossa semelhança com Deus; e assim, conformados e como selados com o selo da divina semelhança e segregados ou separados do mundo, não voltamos a nos mesclar jamais com as criaturas"[60].

Agostinho dedica oito capítulos (cc. 7-14) a analisar o significado dessa virtude em si mesma e outros treze capítulos (cc. 15-27) a expor o conteúdo das virtudes cardeais enquanto mediações concretas do amor. "Detém-se com fruição na análise da caridade, a mais excelente das virtudes, única que realiza a verdadeira união do homem com o sumo bem, que não é outro que a Trindade, união irrompível, e que o faz feliz para sempre"[61].

A caridade é para Santo Agostinho o vínculo de união da pessoa com a Trindade. "Devemos amar a unidade trina, Pai, Filho e Espírito Santo, a qual constitui toda a realidade"[62]. Daí que atribua essa "obra da caridade" ao Espírito Santo[63], o qual é o selo da Comunhão trinitária.

Desse modo, a moral cristã, centrada na caridade, reflete e realiza a estrutura trinitária da vida divina, fonte e meta do peregrinar humano.

b. Orientação de São Boaventura

No capítulo anterior expus a contribuição boaventuriana à moral cristã desde sua concepção de Deus como Bem, um bem não só "transcendental" ao Ser de Deus mas "transcendente" em si mesmo e, conseqüentemente, identificado com o próprio Deus. Essa orientação plenamente "teologal" da moral culmina na plenitude "trinitária" mediante a revelação e o descobrimento de Deus como Comunhão Trinitária.

---

57. *Ibid.*, I, 8, 13: *l. c.*, 277.
58. *Ibid.*, I, 6, 10: *l. c.*, 265.
59. *Ibid.*, I, 11, 18: *l. c.*, 285.
60. *Ibid.*, I, 13, 23: *l. c.*, 291.
61. T. PRIETO, *l. c.*, 253.
62. *De las Costumbres de la Iglesia Católica*, I, 14, 24: *l. c.*, 290-293: "Deum ergo diligere debemus trinam quandam unitatem, Patrem, Filium et Spiritum sanctum, quod nihil aliud dicam essse, nisi idipsum esse".
63. *Ibid.*, I, 13, 23: *l. c.*, 291: "esto es obra únicamente del Espíritu Santo".

1) A Trindade: explicação concêntrica da síntese boaventuriana

"No sistema boaventuriano todas as verdades são interdependentes e se integram e se interrelacionam de um modo concêntrico. Dentro dessa dinâmica envolvente se realiza e se compreende a história humana que, partindo 'da beatíssima trindade' volta de novo a ela 'à maneira de círculo inteligível', como disse no final das *Questões disputadas sobre o mistério da Santíssima Trindade*"[64].

É próprio do pensamento boaventuriano trabalhar mediante a "dialética da síntese": busca da totalidade no objeto[65] e uso de uma metodologia ao mesmo tempo filosófica, teológica e mística[66]. Poucos sistemas teológicos são tão compactamente unitários e refletem uma experiência de vida tão indivisível como a síntese de São Boaventura. Razão (filosofia), fé (teologia), oração (mística) encontram-se para expressar uma experiência de vida franciscana —, a qual constitui a arqueologia fundante do pensamento refletido[67].

A explicação concêntrica da síntese boaventuriana é a "beatíssima" (esse é o adjetivo mais recorrente nos escritos de São Boaventura) Trindade[68]. O conjunto da realidade forma um círculo dinâmico em cujo início e em cuja meta está a Trindade: "da Trindade à Trindade". Utilizando a categoria omnicompreensiva do exemplarismo, sua peculiar "forma mentis"[69], São Boaventura interpreta a criação inteira como reflexo da Trindade: "a criação é como um livro no qual resplandece, representa-se e se lê a Trindade criadora em três graus de expressão, a saber: a modo de vestígio, de imagem e semelhança; de maneira que a razão de vestígio se acha em todas as criaturas, a razão de imagem só nas intelectuais e a

---

64. J. A. MERINO, *La Trinidad, paradigma de vida comunitaria*, en *S. Buenaventura*: Estudios Trinitarios 30 (1996) 10.
65. Em São Boaventura "a própria noção de fragmento não tem nenhum sentido. Unicamente pode captar em sua totalidade a economia geral da doutrina ou, do contrário, não se verá nada" (E. GILSON, *La philosophie de Saint Bonaventure* (Paris, 1943) 385).
66. J. A. MERINO, a. c., 6: "Em Boaventura se entrelaçam filosofia, teologia e mística em um sistema unitário e compacto dificilmente superado".
67. Cf. J. A. MERINO, a. c., 8-10.
68. Cf. I. DELIO, *Bonaventure's Metaphysics of the God*: Theological Studies 60 (1999) 228-246, especialmente pp. 231-233 ("The Trinity as Fountain Fullness").
69. Cf. L. AMORÓS, *Introducción General*: Obras de São Boaventura. Edição bilíngüe, t. I (Madri, 1945) 121-124. "Apoiando-nos no próprio Doutor Seráfico, podemos dar uma definição do exemplarismo que compreenda esse seu duplo aspecto (função ativa prototípica e pista passiva que manifesta o *exemplar* em relação com a *imagem*), dizendo que é a doutrina das relações de expressão que existem entre Deus e as criaturas" (*Ibid.*, 122). Sobre o exemplarismo moral ver: J. L. PARADA, *El ejemplarismo moral en la ética teológica de san Buenaventura* (Murcia, 1991).

razão de semelhança só nas deiformes; por elas o entendimento humano está destinado a subir pouco a pouco, como pelos degraus de uma escada, até o Sumo Princípio que é Deus"[70].

A presença trinitária na criação é uma afirmação explicitada com freqüência nas obras boaventurianas. Limitando a consideração à síntese do *Breviloquium*, nela se constata a presença da Trindade no ato criador. Diz-se que "as criaturas são efeitos da Trindade criadora por tríplice gênero de causalidade" (eficiente, exemplar, final)[71]. A Trindade se faz presente e atuante de modo especial na criatura racional, cuja alma é criada à imagem da Trindade, "pela unidade de essência e pela trindade de potência"[72]. A transformação operada pela graça se realiza "conforme a beatíssima Trindade"[73].

Pode-se, pois, trocar a expressão "Deus criador" (*Deus creator*) pela de "Trindade criadora" (*Trinitas creatrix ou creans*). A realidade se sustenta na Trindade. Tem, portanto, uma estrutura trinitária, não só de exemplaridade trinitária mas de consistência trinitária. A Trindade exerce a tríplice causalidade, eficiente, exemplar e final, a respeito da realidade e esta se sente interpretada por essa tríplice hermenêutica trinitária.

2) A "via Caritatis" do acesso à Trindade

São Boaventura acede ao Mistério Trinitário pela porta da caridade ("per viam caritatis")[74]. Seguindo a Ricardo de São Vítor[75], à nascente tradição franciscana refletida em Alexandre de Alès, e aos Padres gregos, o pensamento boaventuriano parte da trindade das *Pessoas* em lugar de iniciar o caminho na unidade da *Essência* divina. Para ele, sensibilizado pela preferência da tradição franciscana para o "concreto" e não para o

---

70. *Breviloquium*, parte 2ª, c. 12, 1: Obras de São Boaventura. Edição bilíngüe, t. I (Madri, 1945) 283-285.
71. *Ibid.*, parte 2ª, c. 1, 2: *l. c.*, 340-343.
72. *Ibid.*, parte 2ª, c. 9, 3: *l. c.*, 270-271.
73. *Ibid.*, parte 5ª, c. 1, 5: *l. c.*, 380-381.
74. Cf. A. VILLALMONTE, *El argumento "ex caritate" en la doctrina trinitaria de S. Buenaventura*: Revista Española de Teología 53 (1953) 521-537.
75. Sobre a "via amoris" como caminho de acesso da teologia trinitária de Ricardo de San Víctor, cf. P. CACCIAPUOTI, *"Deus Existentia Amoris". Teologia della carità e teologia della trinità negli scritti di Riccardo di San Vittore (+1173)* (Brepols, 1998). Existem outros muitos estudos sobre o tema: L. IAMMARONE - L. POLIONATO, *Trinità come amore. La dottrina trinitaria di Ricardo di San Vittore (+1173)*: Miscellanea Francescana 92 (1992) 33-84; M. ARIAS, *"En principio amaba el amor". La doctrina de la Trinidad en Ricardo de San Víctor*: Teología y Vida (1990) 163-190; P. LIVIO, *Trinidad como amor. La doctrina trinitaria de Ricardo de San Víctor*: Estudios Trinitarios 2 (1993) 275-287.

"abstrato", o estatuto ontológico divino não é tanto a unidade essencial quanto a trindade de pessoas[76].

As Pessoas trinitárias constituem a vida divina. Esta não é outra coisa que a relação ou comunhão entre Elas. A Trindade consiste na *pericóresis*, que São Boaventura prefere traduzir pelo vocábulo dinâmico de *circumincessio* e não pelo mais estático de *circuminsessio*. Sem minguar a unidade substancial, o pensamento boaventuriano prefere definir a vida intratrinitária pelas Pessoas divinas, que se constituem pela relação. Precisamente por isso, a Trindade consiste em *ser em* e em *ser para*.

Não custou a São Boaventura trasladar para a Trindade o conceito de Bem, uma categoria decisiva para sua compreensão de Deus e da realidade criada, segundo assinalei no capítulo precedente. O Bem, na interpretação boaventuriana, é *difusivo*, isto é, exige "ser compartilhado" e precisa "entregar-se". Essas duas qualidades do Bem realizam-se de forma eminente na Trindade. O Deus trinitário se define por ser "realidade compartida" e por ser "entrega mútua absoluta".

Sendo o Bem absoluto, a Trindade é essencialmente *Comunicação*. A vida trinitária não é solidão, aborrecimento ou monotonia, como pensaram alguns filósofos (Aristóteles, Feuerbach), mas "profunda comunicação, íntima convivência, forte solidariedade, igualdade e comparticipação totais, infinitas delícias e ilimitada jocundidade"[77].

Por ser Bem absoluto e Comunicação essencial, a Trindade é *Amor*. "O amor é a exegese magistral da vida trinitária"[78]. São Boaventura introduz a hermenêutica do amor como chave explicativa do Mistério Trinitário. Para ele, a Trindade é uma *Trindade agápica*: o Pai é o amante ("diligens"), o Filho é o amado ("dilectus") e o Espírito Santo é o co-amado ("condilectus"). "Deus se comunica sumamente tendo desde toda a eternidade um ser amado e co-amado e por isso Deus é uno e trino"[79].

3) A estrutura trinitária da existência cristã

Conhecendo o lugar central que ocupa a Trindade na síntese boaventuriana, não podemos estranhar que o Doutor Seráfico compreenda toda a vida cristã, incluída nela a dimensão moral, em chave trinitária. Essa é a perspectiva que adota na quinta parte do *Breviloquium*[80], que se intitula "Da Graça do Espírito Santo" e na qual faz uma apresentação da vida cristã em seu conjunto.

---

76. Cf. J. A. MERINO, a. c., 10-26.
77. *Ibid.*, 26.
78. *Ibid.*, 26.
79. *Breviloquium*, parte 1ª, c. 2, 3: *l. c.*, 208-209.
80. *Breviloquium*, parte 5ª, c. 1-10: *l. c.*, 376-429.

A *graça* tem para São Boaventura uma estrutura trinitária: é "um Dom pelo qual a alma se aperfeiçoa e se torna esposa de Cristo, filha do Pai eterno e templo do Espírito Santo"[81]. O dinamismo da existência cristã não é outra coisa que o dinamismo da graça. Boaventura chama a esse dinamismo "os exercícios da graça", que concretiza em quatro: exercícios do *crer*, exercícios do *amar*, exercícios do *operar*, exercícios do *orar*[82].

Todos esses exercícios da graça têm uma estrutura trinitária em sua causa eficiente, em sua causa exemplar e em sua causa finalizante, já que a graça nos inclina a realizá-los em conformidade com as exigências da "bem-aventurada Trindade". "A graça nos dirige e regula para os exercícios devidos e meritórios no que se deve crer, no que se deve amar, no que se deve operar e no que se deve pedir, segundo as exigências de sua verdade, bondade, justiça e misericórdia da bem-aventurada Trindade"[83]. Como se pode perceber facilmente, São Boaventura estabelece uma concordância entre os exercícios da graça e os atributos divinos: o crer concorda com a *verdade* divina, o amar com a *bondade* divina, o operar com a *justiça* divina, o orar com a *misericórdia* divina.

A graça e os exercícios da graça correspondem à criatura "deiforme", na qual se faz presente a Trindade. Esta está presente e operante em todas as criaturas; porém o está de um modo especial na criatura "deiforme", que constitui uma plenitude da criatura "racional" e que, certamente, supera a criatura "não racional". A presença ativa da Trindade na criatura "deiforme" deve ser entendida a partir de Deus como "dom que vem Dele" porém, vista a partir do lado humano, concentra-se na conformação da mente com a "beatíssima Trindade". Uma conformação que se realiza mediante o vigor da virtude, o esplendor da verdade e o fervor da caridade: "Nossa mente se conforma à beatíssima Trindade pelo vigor da virtude, pelo esplendor da verdade e pelo fervor da caridade ... e com tudo isso o homem vem a ser agradável e aceito por Deus"[84].

---

81. *Ibid.*, parte 5ª, c. 1, 2: *l. c.*, 376-377.
82. *Ibid.*, parte 5ª, c. 7, 1: *l. c.*, 410-411.
83. *Ibid.*, parte 5ª, c. 7, 3: *l. c.*, 410-411.
84. *Ibid.*, parte 5ª, c. 1, 6: *l. c.*, 380-381: "mens nostra efficitur conformis beatissimae Trinitatis per vigorem virtutis, splendorem veritatis et fervorem caritatis... et ex his omnibus homo Deo placens y acceptus existit". A expressão "splendor veritatis" ganhou um destaque especial na Teologia moral atual a partir da encíclica de João Paulo II "Veritatis splendor". Nessa encíclica não se apresenta a impostação triádica de São Boaventura: vigor da verdade, esplendor da verdade, fervor da caridade. Por outro lado, ainda que São Boaventura não o cite, em sua formulação ressoa um texto agostiniano, de sabor "africano". Disse o Bispo de Hipona que alguns interpretam o termo "Temán" ("virão de Temán") do cântico de Habacuc por "Austral" ou "Africano" e acrescenta, "pelo qual significa o meio-dia, isto é, o fervor da caridade e o esplendor da verdade" ("alii interpretatit sunt *ab Austro* vel *ab Africo*: per quod significatur meridies, id est fervor charitatis et splendor veritatis"): SANTO AGOSTINHO, *La Ciudad de Dios*, l. XVIII, c. XVII (Madri, 1958) 1298.

4) A moral cristã na estrutura trinitária

À luz dessa síntese boaventuriana sobre o dinamismo da existência cristã, enquanto "exercícios da graça", compreende-se que o Doutor Seráfico trate a moral cristã em chave trinitária.

Em primeiro lugar, convém tomar nota do *enquadramento* no qual se situa a dimensão moral cristã. Esta é considerada como um "exercício da graça"[85]. É, portanto, uma *moral de graça*. Enquanto moral de graça, a moral cristã se rege pela "lei evangélica" e não pela lei mosaica[86]. Pois bem, se a graça tem uma configuração trinitária, a vida moral também participa dessa mesma estrutura trinitária: através do comportamento moral "a alma se aperfeiçoa e se torna esposa de Cristo, filha do Pai eterno e templo do Espírito Santo"[87].

Quanto ao *conteúdo* da moral cristã, São Boaventura opta por organizá-lo em torno das exigências da Caridade, cuja dupla dimensão — para Deus e para o próximo — traz o conteúdo das duas tábuas do código mosaico. "Dos preceitos morais alguns definem nossas relações com Deus e outros nossas relações com o próximo, segundo o duplo mandamento da caridade; e isso quis insinuar o Espírito Santo por meio do mistério das duas tábuas, das quais pelo mesmo se diz que estavam gravadas pelo dedo de Deus"[88].

São Boaventura faz obra de ourives ao encadear todos os conteúdos da moral cristã em torno da jóia preciosa da Trindade. As exigências em relação com Deus têm uma organização triplamente ternária: "Como Deus é trino, isto é, Pai, Filho e Espírito Santo, deve ser adorado como suprema majestade, confessado como verdade e aceito como caridade segundo a tríplice faculdade irascível, racional e concupiscível, por ato de obra, de boca e de coração"[89]. Organização trinitária também descobre nas exigências éticas para o próximo: "Como o próximo é imagem da Trindade e, portanto, enquanto representa a imagem do Pai, tem direito à piedade; enquanto representa a do Filho, à veracidade, e enquanto representa a do Espírito Santo, à benignidade, resulta que são sete os mandamentos da segunda tábua"[90].

---

85. Ver a exposição em: *Breviloquium*, parte 5ª, c. 9: *l. c.*, 418-425.
86. *Ibid.*, parte 5ʾ, 9, 3: *l. c.*, 420-421: "Diz-se que a lei mosaica se diferencia da evangélica no sentido que aquela é de figuras e esta de realidades; aquela, de castigos, e esta, de graça; aquela, literal, e esta, espiritual; aquela, letra que mata, e esta, espírito que vivifica; aquela, lei de temor, e esta, lei de amor; aquela, de servidão, e esta, de liberdade; aquela, de peso, e esta, de facilidade".
87. *Ibid.*, parte 5ª, 1, 2: *l. c.*, 376-377.
88. *Ibid.*, parte 5ª, 9, 4: *l. c.* 420-423.
89. *Ibid.*, parte 5ª, 9, 4: *l. c.*, 422-423.
90. *Ibid.*, parte 5ª, 9, 5: *l. c.*, 422-423.

Poucas sínteses de moral cristã refletiram melhor a estrutura trinitária da existência cristã como a proposta de São Boaventura. Parece-me conveniente completar essa apresentação com a alusão à configuração também trinitária da experiência mística.

5) Dinamismo trinitário da experiência mística

A teologia boaventuriana parte da experiência vivida e abre-se ao horizonte da mística. Essa configuração teológica adquire maior significado no tratado sobre a Trindade. A reflexão trinitária converte-se em fulgor místico no *Itinerário da mente para Deus*, uma visão total e grandiosa que o Doutor Seráfico teve do universo no outono de 1259 no monte Alverne[91].

Essa apaixonada busca do Criador através das criaturas tem três momentos caracterizados pelo uso de três chaves hermenêuticas, as quais correspondem a três capacidades receptoras da condição humana. Correlacionando chaves hermenêuticas e capacidades receptoras, São Boaventura compõe o guia do itinerário para Deus: o mundo não racional se desvela como "vestígio" de Deus e é captado pelos "sentidos"; a criatura racional se descobre como "imagem" de Deus e é apreciada como tal pelo "espírito"; a criatura deiforme aparece como "luz" refletida de Deus e é sentida assim pela "mente". Tanto as chaves hermenêuticas como as capacidades receptoras funcionam dentro de um dinamismo trinitário: é a Trindade quem sustenta, como causa eficiente, exemplar e final, todo esse universo de presença divina[92].

A própria Trindade é quem atrai para si a tensão de busca dessa peregrinação mística. "O *Itinerário* não é o discurso do método racional senão o discurso da experiência existencial do *homo viator* que se encaminha para esse infinito amado e desejado, que é o Tu trinitário"[93]. A

---

91. SÃO BOAVENTURA, *Itinerario de la mente a Dios*: Obras de São Boaventura, t. I (Madri, 1945) 556-633. Ver, entre outros muitos estudos, esta aproximação a partir da teologia mística: J. HEREU, *"Itinerarium mentis in Deum"*. *La teología mística de San Buenaventura*: Verdad y Vida 51 (1993) 339-351.
92. *As criaturas não racionais*. "proclamam claramente que nelas, como em espelhos, pode-se ver a geração eterna do Verbo, Imagem e Filho que do Pai emana eternamente" (*Itinerário da mente para Deus*, 2, 7: *l. c.*, 582-583). *A criatura racional*: "se consideramos a ordem, a origem e a virtude dessas potências, a alma nos leva à própria beatíssima Trindade... A alma a si mesma, de si mesma, como por espelho se eleva a especular a santa Trindade do Pai, do Verbo e do Amor" (*Ibid.*, 3, 5: *l. c.*, 598-601). *Criatura deiforme*: "ali onde, à maneira de candelabro, brilha a luz da verdade na face de nossa mente, na qual resplandece, por certo, a imagem da beatíssima Trindade" (*Ibid.*, 3, 1: *l.c.*, 590-591; cf. Ibid., 6, 1.2.3.6: *l.c.*, 620-627).
93. J. A. MERINO, *a. c.*, 23.

culminação do caminho está no "descanso místico", nesse "êxtase" da mente que acontece por excesso de luz e de afeto e que muda o esvaziamento da criatura pela presença da Trindade nela. Nessa etapa final do caminho, a alma se entrega toda ela "à essência criadora, isto é, ao Pai, e ao Filho, e ao Espírito Santo"[94]. E de tal modo se entrega à Trindade que chega a clamar pela passagem definitiva para Ela: "Murmuremos, pois, e entremos nessas trevas, reduzamos a silêncio os cuidados, as concupiscências e os fantasmas da imaginação; passemos com Cristo crucificado deste mundo ao Pai, a fim de que, manifestando-se a nós o Pai, digamos com Filipe: Isto nos basta"[95].

IV. CONCLUSÃO

Das reflexões precedentes se deduzem algumas afirmações básicas para a compreensão e para a práxis da vida moral cristã. Quero referir-me a duas: a primeira, o fato da funcionalidade "moral" da confissão de fé trinitária; a segunda tem a ver com o modo dessa vertente moral do Mistério trinitário.

O conteúdo da confissão de fé trinitária não se reduz a um "mistério" próprio da "lógica" da fé cristã, sem nenhuma implicação para a prática concreta da vida. Graças a Deus, já foi superada aquela situação que K. Rahner descrevia faz alguns anos: "Os cristãos, apesar de que fazem profissão de fé ortodoxa na Trindade, na realização religiosa de sua existência são quase exclusivamente 'monoteístas'. Podemos, portanto, aventurar a conjetura de que se um dia tivéssemos de eliminar a doutrina da Trindade por ter descoberto que era falsa, a maior parte da literatura religiosa ficaria quase inalterada"[96].

A Comunhão trinitária é o mistério do ser e do atuar de Deus. Enquanto tal, é o princípio constitutivo do cristão e da história humana. "A trindade não somente tem uma história, que é expressão de sua natureza

---

[94]. "Deve-se dar pouco à inquisição e muito à unção; pouco à língua e muitíssimo à alegria interior; pouco à palavra e aos escritos, e tudo ao dom de Deus, que é o Espírito Santo; pouco ou nada à criatura e tudo à essência criadora, isto é, ao Pai, e ao Filho, e ao Espírito Santo": *Itinerario de la mente a Deus*, 7,5: l. c., 630-631.
[95]. *Itinerario de la mente a Dios*, c. 7: l. c., 632-633.
[96]. K. RAHNER, *El Dios trinitario como principio y fundamento trascendente de la Historia de Salvación*: Mysterium Salutis, II/1 (Madri, 1969) 361-362.

singular e que constitui uma autêntica sociedade divina, mas criou uma história através da criação e da redenção, chamada história da salvação"[97].

A partir dessa primeira afirmação, deve-se ser crítico diante da postura céptica de E. Kant ante o "valor prático" das verdades da fé cristã: Trindade, Encarnação, Ressurreição, Ascensão etc[98]. Para o filósofo do Iluminismo, "do dogma da Trindade, tomado literalmente não cabe forjar *absolutamente nada em função do prático*, ainda quando alguém crê chegar a entendê-lo e muito menos quando alguém se apercebe que ultrapassa todos os nossos conceitos. Se temos de venerar a três ou a dez pessoas representa uma questão que o discente aceitará literalmente com igual facilidade tanto num caso como no outro, posto que carece de algum conceito sobre um Deus multipessoal (*hipóstasis*), porém, sobretudo porque não pode sacar regra alguma para sua conduta a partir de semelhante multiplicidade"[99]. Apreciações parecidas faz em relação com os dogmas cristãos da Encarnação, da Ressurreição e da Ascensão[100].

Quanto ao modo de funcionalidade moral do Mistério trinitário, é fácil aceitar sua normatividade *paradigmática*. A Comunhão trinitária é o modelo e a utopia suprema da vida humana. A vida pessoal, a relação interpessoal, a vida familiar, a vida social, toda a existência humana mede seu nível de realização pela semelhança ao modelo da vida trinitária.

Tanto a perspectiva psicológica agostiniana como o exemplarismo boaventuriano, enquanto vias de acesso ao Mistério trinitário, apóiam essa interpretação "paradigmática" da vida trinitária em ordem a configurar o ideal ético da vida humana. Apoiando-se na teologia trinitária de São Boaventura, J. A. Merino afirma que "a trindade é o modelo supremo da utopia da convivencialidade humana e o melhor paradigma para um humanismo integral e transpessoal"[101]. Esse mesmo autor até se atreve a esboçar um "manifesto a serviço do personalismo cristão" baseando-se na doutrina boaventuriana sobre o Mistério trinitário[102].

---

97. J. A. MERINO, a. c., 31.
98. I. KANT, *Der Streit der Fakultäten* (1798): Werke, VII (Berlim, 1922) 311-431. Citado pela tradução castelhana de R. Rodríguez Aramayo, publicada pelo editorial Trotta com estudo preliminar de J. Gómez Caffarena: I. KANT, *La contienda entre las facultades de filosofía y teología* (Madri, 1999).
99. *Ibid.*, 20.
100. *Ibid.*, 20-21. Ver, nas páginas citadas, as anotações hermenêuticas de J. Gómez Caffarena sobre o texto kantiano. Convém acrescentar que Kant admite a funcionalidade da graça na vida moral (*Ibid.*, 24-25) assim como a capacidade da razão humana para ser veículo da revelação divina (*Ibid.*, 28).
101. J. A. MERINO, a. c., 34.
102. *Ibid.*, 32-34.

O Concílio Vaticano II utiliza essa leitura paradigmática do Mistério trinitário. Para justificar a unidade da Igreja e para apoiar o trabalho do ecumenismo cristão apela à unidade da Comunhão trinitária. Depois de uma exposição vibrante e grandiosa do Projeto de Deus realizado por Cristo e continuado na Igreja mediante a presença do Espírito Santo, o Concílio expressa assim a unidade dessa história salvífica: "Esse é o mistério sagrado da unidade da Igreja, em Cristo e por Cristo, operando o Espírito Santo a variedade de funções. O modelo e princípio supremo desse mistério é a unidade de um só Deus Pai e Filho no Espírito Santo, na Trindade de pessoas"[103].

Uma orientação mais expressamente ética encontra-se na *Gaudium et spes*, ao justificar no paradigma da vida trinitária o duplo princípio ético da união entre todos os filhos de Deus e da entrega sincera de um a serviço dos demais: "O Senhor Jesus, quando pede ao Pai que *todos sejam um..., como nós somos um* (Jo 17,21-22), oferecendo perspectivas inacessíveis à razão humana, sugere certa semelhança entre a união das pessoas divinas e a união dos filhos de Deus na verdade e no amor. Essa semelhança mostra que o homem, que é a única criatura na terra à qual Deus amou por si mesma, não pode encontrar-se plenamente a si mesmo senão na entrega sincera de si mesmo (cf. Lc 17,23)"[104].

Na exposição sobre o ateísmo, o Concílio Vaticano II assinalou que "o remédio que se há de aplicar ao ateísmo deve ser buscado na exposição adequada na doutrina e na integridade da vida da Igreja e de seus membros"[105]. Essa confissão de fé "ortodoxa" e "ortopráxica" tem um conteúdo nuclear trinitário: "A Igreja tem de tornar presentes e quase visíveis a Deus Pai e a seu Filho encarnado, renovando-se e purificando-se sem cessar sob a guia do Espírito Santo"[106].

Creio que é necessário dar um passo ainda na compreensão da funcionalidade moral do Mistério trinitário. O Concílio Vaticano II, no texto citado da *Unitatis redintegratio* (n. 2), fala de "modelo" e de "princípio supremo". A Trindade, além de paradigma, é princípio da vida moral. Essa dimensão ontológica da Trindade na vida moral é a que justifica a vertente paradigmática. A Comunhão trinitária não só é modelo da moral cristã mas também sua *conformação* ontológica. Assim o expressa o *Catecismo da Igreja Católica* ao caracterizar a vida

---

103. *Unitatis redintegratio*, 2.
104. *Gaudium et spes*, 24.
105. *Ibid.*, 21.
106. *Ibid.*, 21.

moral como uma "conformação com Cristo no Espírito Santo para a glória de Deus Pai"[107].

De fato, o *Catecismo da Igreja Católica*, no início da parte dedicada à Moral, propõe uma estrutura trinitária para expor o conteúdo da moral cristã[108], embora no desenvolvimento ulterior da matéria não seja tão patente sua opção por esse esquema, preferindo o do Decálogo e o das Virtudes[109]. O recente *Diretório Geral para a Catequese* tem um interesse especial em ressaltar a estrutura do "cristocentrismo trinitário" na proposta da mensagem cristã. O fundo "cristocentrismo"[110] da mensagem cristã deve-se interpretar a partir do mistério fontal da Trindade e converter-se, assim, no "cristocentrismo trinitário"[111].

A moral cristã tem uma estrutura ontológica trinitária, já que toda a vida cristã tem idêntica configuração. É esta uma perspectiva que tem sua origem na própria Revelação e que tem sido mantida fielmente pela Tradição. As diversas tradições teológicas também se situaram dentro dessa orientação. Nas páginas precedentes insisti nas tradições agostiniana e boaventuriana. Não conviria esquecer — por ser mais conhecida — a tradição tomista; de fato, nesta existe um nexo entre a especulação teológica trinitária e a experiência místico-prática da vida cristã, através de categorias como "graça e inabitação", "Espírito Santo e caridade" etc.[112].

O Papa João Paulo II, por ocasião da preparação ao Grande Jubileu do Ano 2000, voltou a explicitar essa perspectiva, propondo o Mistério trinitário como conteúdo e estrutura dessa magna celebração cristã[113]. Pode servir de expressão indelével a densa fórmula teológica de Santo Irineu de Lião: "Pelo Espírito subiram ao Filho, depois pelo Filho subiram ao Pai"[114].

---

107. *Catecismo da Igreja Católica*, n. 2558: "A Igreja o (o Mistério da Fé) professa no Símbolo dos Apóstolos (Primeira parte do Catecismo) e o celebra na Liturgia sacramental (Segunda parte), para que a vida dos fiéis seja conforme a Cristo no Espírito Santo para glória de Deus Pai (Terceira parte)".
108. *Ibid.*, nn. 1693 (Pai), 1694 (Cristo), 1695 (Espírito Santo).
109. Cf. M. VIDAL, *La Moral cristiana en el nuevo Catecismo* (Madri, 1993) 37-43.
110. CONGREGAÇÃO PARA O CLERO, *Directorio General para la Catequesis* (Vaticano, 1997) n. 98 (pp. 107-108).
111. *Ibid.*, n. 99 (pp. 108-110).
112. Ver, a esse respeito, o estudo de Ch. A. BERNARD, *Mytère trinitaire et transformation en Dieu*: Gregorianum 80 (1999) 441-467.
113. JOÃO PAULO II, *Tertio millennio adveniente* (Vaticano, 1994), *passim* (ver, por exemplo, n. 8).
114. SANTO IRINEU, *Adversus haereses*, V, 36, 2: PG, 7, 1223: "Per Spiritum quidem ad Filium, per Filium autem ascendere ad Patrem".

Bibliografia:

BOFF, L., *A Santíssima Trindade é a melhor comunidade*. Editora Vozes, Petrópolis 1988.
CAMBÓN, E., *La Trinidad, modelo social*. Ciudad Nueva, Madri 1999.
SILANES, N., *La Santísima Trinidad, programa social del cirstianismo*. Secretariado Trinitario, Salamanca 1991.
GONZÁLEZ, C. I., *Amor trinitario y moral cristiana*: Revista Teológica Limense 38 (1994) 29-49.
MOLTMANN, J., *Trinidad y Reino de Dios*. Sígueme, Salamanca 1985.
SORC, C., *La historia en su dimensión pericorética*: Estudios Trinitarios 33 (1999) 133-146.

3

DEUS PAI E A MORAL CRISTÃ

Do Pai, o "princípio sem princípio", dimana e para Ele tende a realidade criada e a história da salvação enquanto as duas — criação e redenção — constituem um projeto unitário de salvação.

Essa verdade básica da fé cristã foi expressa pelo Concílio Vaticano II numa formulação densa e vibrante na qual aparece o significado abarcador de Deus Pai: "Esse desígnio (o da criação e o da salvação) provém do 'amor fontal' ou caridade de Deus Pai, que, sendo princípio sem princípio do qual é engendrado o Filho e do qual procede o Espírito Santo, criando-nos livremente por sua benignidade excessiva e misericordiosa e chamando-nos além disso por pura graça a participar com Ele na vida e na glória, difundiu com liberalidade e não deixa de difundir a bondade divina, de modo que o que é Criador de todas as coisas se faz por fim tudo em todas as coisas (1Cor 15,28), procurando ao mesmo tempo sua glória e nossa felicidade"[1].

A afirmação do Pai como Princípio "fontal" da criação e da redenção está na base da cristologia, da pneumatologia, da eclesiologia, e da antropologia. O *Filho* veio ao mundo enquanto "enviado pelo Pai"[2]; por isso o forte "cristocentrismo" da tradição cristã não está em oposição com a confissão de Deus Pai[3]. O *Espírito Santo* foi enviado "quando o Filho terminou a obra que o Pai lhe encarregou realizar na terra (cf. Jo 17,4)"[4]. Foi

---

1. *Ad Gentes*, 2.
2. *Lumen gentium*, 3.
3. Ver as anotações de S. RAPONI, *Alla scuola dei Padri* (Roma, 1999) 258-259, relacionadas com o cristocentrismo dos Padres Apostólicos.
4. *Lumen gentium*, 4.

o Pai quem "dispôs convocar os fiéis em Cristo na santa *Igreja*" e com Ele, "no final dos séculos", se reunirão "todos os justos na Igreja universal"[5]. O *mundo* foi criado "por uma decisão totalmente livre e misteriosa da sabedoria e bondade" do Pai Eterno[6]. Por isso confessamos que "Deus Pai é princípio e fim de todas as coisas"[7].

Depois de ter situado o Mistério Trinitário como a "fonte" de onde brota e como o "mar" para o qual retorna todo o dinamismo da vida cristã, incluída a dimensão moral, nos centramos agora na pessoa do Pai. Neste capítulo pretende-se analisar as implicações que tem a confissão de Deus como Pai para a moral cristã. Esta é, necessariamente, uma "moral do Pai", assim como é uma "moral do Filho" e uma "moral do Espírito Santo".

Divido a exposição em dois extensos compartimentos. No primeiro trago os elementos básicos da confissão de Deus como Pai. No segundo, deduzo as implicações que tem esta confissão de fé para o delineamento da moral cristã.

I. O MISTÉRIO DE DEUS PAI

Antes de deduzir as implicações éticas é preciso apresentar o significado da revelação de Deus como Pai. Não se trata de fazer uma ampla teologia de Deus Pai, mas de assumir a mensagem essencial que contém nossa confissão sobre Ele.

Convém advertir que existe uma ampla e profunda reflexão (filosófica e teológica) sobre *Deus*. Também existe um magnífico desenvolvimento teológico sobre o *Mistério Trinitário*, segundo anotei no capítulo precedente. A esse respeito, se diz que ocorreu, na segunda metade do século XX, uma reflexão trinitária de uma importância tal que não se conhecia desde as controvérsias trinitárias e cristológicas dos séculos III-IV.

Contudo, não é farta a reflexão teológica sobre *Deus Pai* enquanto tal. Não há muitos tratados sobre a Teologia de Deus Pai. Isso o diz um

---

5. *Ibid.*, 2.
6. *Ibid.*, 2.
7. *Gaudium et spes*, 92.

teólogo que publicou um dos melhores escritos recentes sobre a teologia de Deus Pai[8].

Apresento, em seguida, os elementos mais importantes da mensagem da fé cristã sobre Deus Pai.

1. Manifestações de Deus (Pai) antes (e fora) da tradição bíblica[9]

Deus se manifestou e se manifesta de muitas maneiras (cf. Hb 1,1). Também o faz antes e fora da revelação bíblica: nas grandes Religiões antigas e atuais, nas Sabedorias milenárias (da Ásia e da África), no Coração das pessoas de boa vontade, nos Sinais dos tempos da cultura e da história da sociedade e dos grupos humanos.

A manifestação de Deus adotou e adota diversas formas. Destacam-se:

— as formas cosmológicas (a manifestação de Deus vinculada a uma realidade cósmica: lugar, fenômeno cósmico etc.);

— as formas antropomórficas (assimilação da divindade à história humana: por exemplo, o mundo das divindades gregas e romanas);

— as formas ideológicas (identificação da divindade com uma idéia abstrata, uma força etc.).

Há nessas manifestações de Deus uma apresentação de Deus como Pai? Não existe assim como entendemos essa revelação na fé cristã. O

---

8. F.-X. DURRWELL, *O Pai. Deus em seu mistério* (São Paulo, 1990). Sobre o estado da questão em torno da teologia de Deus Pai, cf. J. A. GALINDO, *Dios Padre misericordioso en la teologia actual*: R. LAZCANO (Dir.), Deus, Nuestro Padre (Madri, 1999) 103-125. Uma aproximação teológica interdisciplinar pode-se ver no citado livro de R. LAZCANO (Dir.), *Dios, Nuestro Padre* (Madri, 1999), que traz os relatos das II Jornadas Agostinianas (Madri). O Mistério Trinitário vem da perspectiva preferente de Deus Pai: J. R. GARCÍA-MURGA, *El Dios del amor y de la paz. Tratado Teológico de Dios desde la reflexión sobre su Bondad* (Madri, 1991); C. PORRO, *Mostraci il Padre* (Turim, 1997). Para uma aproximação sintética à teologia de Deus Pai, ver: *Catecismo da Igreja Católica*, nn. 198-274; COMITÊ PARA O JUBILEU DO ANO 2000, *Dios, Padre misericordioso* (Madri, 1998). Oferecem perspectivas valiosas e originais: X. PIKAZA, *Para descubrir el Camino del Padre* (Estella, 1998); C. MARTINI, *El retorno al Padre de todos* (Estella, 1999). Outras referências interessantes: C. DI SANTE, *El Padre Nuestro. La experiencia de Dios en la tradición judeo-cristiana* (Salamanca, 1998); J. A. MAYORAL, *Tras las huellas de Dios Padre* (Madri, 1999); Theologica 34 (1999) n. 1: "Deus, Pai de misericórdia"; F.-A. PASTOR, *"Credo in Deum Patrem". Sul primo articolo della fede*: Gregorianum 80 (1999) 469-488.
9. Cf. J. MARTÍN VELASCO, *Dios como Padre en la historia de las religiones*: VÁRIOS, Dios es Padre (Salamanca, 1991) 17-47; H. FISCHER-BARNICOL, *Pater absconditus. La paternidad de Dios a la luz de la historia de las religiones*: Concilium n. 163 (1981) 339-352.

Deus Pai da fé cristã somente se entende a partir da confissão de Cristo como o Unigênito do Pai.

Contudo, há alguns vestígios ou sementes ("semina Verbi") dessa revelação de Deus Pai nas manifestações da divindade antes e fora da revelação bíblica:

— Nas cosmovisões "trinitárias" de algumas Religiões Orientais (por exemplo, o Hinduísmo).

— Na hierarquização das divindades do mundo grego e romano: Zeus ou Júpiter como "Pai": "O pai dos homens e dos deuses"; "pai e rei dos deuses e dos homens"[10].

Como conclusão deve-se reter a afirmação seguinte: "A invocação de Deus como 'Pai' é conhecida em muitas religiões. A divindade é com freqüência considerada como 'pai dos deuses e dos homens'"[11].

2. Revelação de Deus (Pai) na tradição bíblica[12]

O conteúdo fundamental da Bíblia é a revelação do mistério de Deus enquanto que este ilumina também o mistério da condição humana. "Deus" e "homem" são os dois pólos da elipse na qual pode ser representada a revelação bíblica.

Sobre a revelação de Deus no mundo bíblico deve-se ter em conta as afirmações da constituição *Dei Verbum* (n. 2-6) do Vaticano II:

— É uma *comunicação* da vida de Deus (não só nem principalmente a revelação de "verdades") (DV, 1).

— A comunicação se realiza mediante "obras e palavras intrinsecamente ligadas" (DV, 2).

— É uma revelação progressiva (DV, 3), cuja plenitude se encontra em Cristo (DV, 4).

A revelação de Deus segue as vias que acabo de assinalar: é uma comunicação de sua vida (não só da "idéia" de Deus), realiza-se em fatos (acontecimentos, como o Êxodo, o desterro etc.) e palavras (proféticas, sapienciais, sacerdotais), é uma revelação progressiva que tem em Cristo sua culminação.

Nessa revelação de Deus se dão algumas notas que caracterizam o tipo de manifestação do Deus bíblico. São as seguintes:

---

10. VARRÓN, *La lengua latina*, V, 65, 196; TITO LIVIO, *Historia de Roma*, II, 39, 434.
11. *Catecismo da Igreja Católica*, n. 238.
12. Cf. F. GARCÍA LÓPEZ, *Dios Padre en el Antiguo Testamento a la luz de las interpretaciones recientes de la religión de Israel*: VÁRIOS, Dios es Padre (Salamanca, 1991) 43-57; I. GÓMEZ-ACEBO, *Rasgos bíblicos de Dios Padre*: R. LAZCANO (Dir.), Dios, Nuestro Padre (Madri, 1999) 147-168.

— concebe-se a Deus à maneira de um "ser pessoal";
— crê-se num Deus "uno" (não vários deuses em Israel) e "único" (o mesmo Deus de Israel é o Deus de todos);
— entende-se a Deus enquanto "comprometido" na realização da história humana.

No Antigo Testamento aparece a revelação de Deus Pai?

Deve-se dizer que não no sentido pleno com que aparece no Novo Testamento, já que — volto a repeti-lo — só se pode conhecer a Deus Pai a partir de Cristo o Filho.

Israel é moderado e cauteloso no uso do nome de Deus Pai. Em todo o conjunto do AT, somente aparece o termo Pai referido a Deus 15 vezes. Todavia, há no AT "inícios" da revelação de Deus Pai. O *Catecismo da Igreja Católica* (n. 238) assinala os seguintes "inícios":

— Em Israel, Deus é chamado Pai enquanto *Criador* do mundo (cf. Dt 32,6; Ml 2,10)".
— "Pois ainda mais, é Pai em razão da *aliança* e do dom da Lei a Israel, seu 'primogênito' (Êx 4,22)".
— "É chamado também Pai do *rei* de Israel (cf. 2Sm 7,14)".
— "É muito especialmente 'Pai dos *pobres*', do órfão e da viúva, que estão sob sua proteção amorosa (cf. Sl 68,6)".

Há dois traços que sobressaem no significado da paternidade de Deus no AT[13]: Deus é origem de tudo; Deus tem solicitude amorosa. Para expor esse segundo aspecto, utilizam-se imagens *maternas* (cf. Is 49,14-16; 66,12-13; Os 11; Sl 131,2).

3. A Revelação cristã

A revelação de Deus Pai é uma "boa notícia" que pertence ao Evangelho. A palavra central da mensagem de Jesus é o anúncio da chegada do Reino (Mc 1,14) e dentro dessa boa notícia aparece a revelação de Deus como Pai. Mc e a fonte Q utilizam poucas vezes o termo "Pai" para se referir a Deus. Todavia, esse uso aumenta em Mateus e em João. Foi, portanto, a comunidade cristã primitiva quem aprofundou em seu uso, convertendo-se num dos centros de gravidade do cristianismo[14].

---

13. Cf. *Catecismo da Igreja Católica*, n. 239.
14. Cf. R. PENNA, *La paternità di Dio nel Nuovo Testamento*: Rassegna di Teologia 40 (1999) 7-39.

Sobre o significado teológico dessa revelação de Deus como Pai conviria ter em conta o seguinte:

— O *núcleo* e a *perspectiva básica* dessa boa notícia não estão na relação que estabelece Deus Pai com a humanidade, mas na relação que tem com Cristo. A revelação de Deus Pai (a "paternidade" de Deus) somente ganha sentido a partir da revelação de *Cristo como Filho* (a partir da "filiação" de Cristo). Deus é Pai a partir do Filho: é Pai do Filho.

O *Catecismo da Igreja*, n. 240 o expõe bem: "Jesus revelou que Deus é 'Pai' num sentido novo: não o é só enquanto Criador, é eternamente Pai em relação a seu Filho Único, que reciprocamente só é Filho em relação a seu Pai".

Portanto, a confissão de Deus é uma "justificação" (Jesus é Filho por razão do Pai) e uma "derivação" (Deus é Pai porque existe o Filho) da fé cristológica (cf. o mesmo *Catecismo*, n. 241-242).

Do anterior se deduz que a compreensão de Deus como Pai não vem da realidade da paternidade humana nem do tipo de relação de Deus com a humanidade. É a paternidade de Deus que dá origem e sentido à paternidade humana e não o inverso: "Dele recebe nome toda paternidade no céu e na terra" (Ef 3,14-15). A revelação de Deus Pai provém da manifestação de Cristo como Filho.

— Unicamente *no Espírito* podemos confessar a Cristo como Filho e a Deus como Pai. Desse modo, a revelação de Deus comporta a revelação do Espírito e vice-versa[15]. No Espírito temos a experiência de Cristo como Filho e nessa experiência também recebemos a revelação do Pai.

— A revelação de Deus como Pai se manifesta no Filho mediante o uso por parte de Jesus de uma palavra da vida cotidiana: *Abbá*. Nessa palavra — uma das que podem muito bem remontar-se até o Jesus histórico — a paternidade e a filiação adquirem um caráter pleno. Insistiu-se — foi J. Jeremias quem iniciou essa orientação — em que o termo "Abbá" denota familiaridade ("papai") e que Jesus teve a audácia de utilizá-lo para relacionar-se com Deus. Essas afirmações "são hoje contestadas por alguns exegetas da Bíblia inclusive pelo próprio Jeremias"[16]. De fato, o termo "Abbá" aparece só 3 vezes no NT e dessas uma só vez nos Evangelhos (no relato de Marcos sobre a agonia de Jesus no Horto das Oliveiras).

— A revelação de Deus Pai é, portanto, *a grande notícia cristã*. É o coração do Evangelho. É o núcleo da fé cristã. É a *fonte da salvação*. Daí

---

15. Cf. *Catecismo da Igreja Católica*, nn. 243-248.
16. I. GÓMEZ-ACEBO, *l. c.*, 163.

que a síntese da fé cristã possa (deva) ser organizada desde a revelação (e a partir da confissão) de Deus Pai.

4. Reflexão teológica

A Igreja tratou de entender o mistério de Deus. Isso deu lugar à teologia trinitária [17], dentro da qual recebe significação a teologia de Deus Pai. Farei alusão a algumas perspectivas que é necessário ter em conta para que a compreensão de Deus Pai seja mais exata [18]:

— Para compreender o mistério de Deus Pai é conveniente começar por sua manifestação na História da Salvação; a partir daí se pode aceder a seu ser na vida intratrinitária. É uma aplicação do axioma de que a Trindade "econômica" (na História) é a que melhor manifesta o ser da Trindade "imanente" [19]. Essa perspectiva da História (ou da "Economia") é a que adota o Concílio Vaticano II nas passagens trinitárias: *Lumen gentium*, 2-4; *Ad gentes*, 2-4.

— Deus Pai toma a "iniciativa" no Plano de Salvação. Sendo a Salvação uma função conjunta da Trindade, há uma atribuição do Plano de Salvação a Deus Pai. Essa é a perspectiva que adota o Concílio Vaticano II nas passagens em que traça um esboço da Trindade "econômica". O Pai ocupa a centralidade no mistério trinitário assim como no projeto da História da Salvação.

— Quando o NT fala de "Deus", refere-se a Deus Pai [20]. Sem negar a unidade na Trindade, sua manifestação econômica apresenta o que sempre foi confessado pela Igreja: Deus Pai é "o Princípio sem princípio". Ele é quem dá unidade à relação de pessoas. É a "fonte" de todo o dinamismo trinitário.

— Do significado intratrinitário de Deus Pai pode-se dizer, basicamente, que: 1) é a *origem* e a *meta* de todo o dinamismo trinitário; 2) é a *ascendência* da filiação e da

---

17. Cf. *Catecismo da Igreja Católica*, nn. 249-260.
18. Ver uma síntese breve mas exata em: L. F. LADARIA, *El Dios vivo y verdadero. El misterio de la Trinidad* (Salamanca, 1999) 45-52 (com referências bibliográficas).
19. K. RAHNER, *Advertencias sobre el tratado dogmático "De Trinitate"*: Escritos de Teología, IV (Madri, 164) 105-137.
20. Ver o estudo clássico de K. RAHNER, *Theos en el Nuevo Testamento*: Escritos de Teología, I (Madri, 1963) 93-168. Cf. também: C. GEFFRÉ, *"Padre" nombre propio de Dios*: Concilium n. 163 (1981) 368-380.

procedência do Espírito; 3) é o fundamento da *unidade* trinitária; 4) constitui-se *amando*, entregando-se (engendrando).

5. Implicações para a vida cristã

O Mistério de Deus Pai não é uma "idéia"; tampouco é a mera afirmação ou proclamação de um conteúdo de nossa fé (do Credo) por muito importante que seja (é o *primeiro* artigo do Credo).

O Mistério de Deus Pai deve *condicionar* todo o significado humano e cristão da existência pessoal e da vida social. Não em vão é a confissão de fé primeira e a mais importante.

Da Teologia de Deus Pai se deduzem algumas implicações (mais ou menos concretas) para a compreensão de Deus, para a forma de nomeá-lo, para o sentido da confissão de nossa fé. Eis algumas delas:

1ª Quando se fala de Deus dentro da fé cristã estamos falando de Deus Pai. *O Pai é o Deus por excelência* (*theós* no NT designa o Pai). O NT tem predileção pelo termo "Pai" (tanto nos Sinópticos, como em João e nos escritos paulinos). Quando se quer solenizar se ajunta "Deus": *Deus Pai*. Jesus fala de "Pai". Os discípulos: "Deus Pai".

2ª Devemos destacar *o caráter "fontal" de Deus Pai*. Na trindade "imanente" Ele é a "origem sem origem". Na Trindade "econômica" Ele é o que inicia o projeto de Salvação. Uma maneira de relevar isso é utilizar fórmulas nas quais o Pai ocupa o lugar fontal e final. A Igreja está recuperando fórmulas tradicionais (de procedência grega). Por exemplo:

— "A Deus Pai pelo Filho no Espírito" (Deo Patri per Christum in Spiritu: LG 51) (ad Deum Patrem per Filium Verbum incarnatum in effusione Sancti Spiritus: UR, 15).

— "Deus Pai e Filho no Espírito Santo" (2Cor 1,3: "Bendito seja o Deus e Pai de nosso Senhor Jesus Cristo; Ef 1,3: "bendito seja Deus e Pai de nosso Senhor Jesus Cristo").

— "Um só Deus, o Pai" (1Cor 8,6; ver a nota correspondente da Bíblia de Jerusalém).

— "Deus nosso Pai": "Ao Deus e nosso Pai seja a glória pelos séculos" (Fl 4,20).

— "O Pai misericordioso e Deus de toda consolação" (2Cor 1,3);

— "Deus rico em misericórdia" (Ef 2,4).

— "O Pai do céu"; "O Pai das luzes" (Tg 1,17).
— "Deus vivo e verdadeiro" (1Ts 1,9).
— "O Deus do amor e da paz" (2Cor 13,11); "Deus da paz" (Fl 4,9).
— "Um só Deus, o Pai" (1Cor 8,6). ("e um só Senhor, Jesus Cristo"): "Para nós não há mais que um só Deus, o Pai, do qual procedem todas as coisas e para o qual existimos; e um só Senhor: Jesus Cristo, por quem são todas as coisas e nós por ele" (provavelmente aclamação batismal: ver nota na Bíblia de Jerusalém). "A graça do Senhor Jesus Cristo, o amor de Deus e a comunhão do Espírito Santo estejam com todos vós" (2Cor 13,13. Ver a nota da Bíblia de Jerusalém).

A fórmula "glória ao Pai, ao Filho e ao Espírito Santo" ressalta a divindade de cada uma das três Pessoas, diante do perigo do "subordinacionismo".

A imagem de "Pai" não elimina outras, como a de "Senhor". Complementa-as.

3ª Da revelação de Deus Pai chegamos à compreensão de Deus como "comunicação". Uma comunicação de amor. E assim temos o cume das definições de Deus: "Deus é amor" (1Jo 4,8.16). São João "expressa assim a verdade mais alta de nossa fé, e ao mesmo tempo nos transmite uma experiência de sentido"[21].

6. Revisão da "imagem" de Deus Pai

a. Três afirmações como ponto de partida

As afirmações são estas: 1ª) Deus é inefável; 2ª) de Deus nos fazemos sempre alguma imagem. Delas se deduz: 3ª) uma conclusão: caráter simbólico e tentativa da linguagem sobre Deus.

---

21. J. R. GARCÍA-MURGA, *o. c.*, 11.

1) Deus é inefável

Esta é a primeira afirmação e o ponto de partida de tudo quanto se diga sobre a imagem de Deus.

— Três passagens da Sagrada Escritura que manifestam o caráter inefável, irrepresentável, inimaginável de Deus:

> Êx 33,18-23: A "Glória de Deus" diante de Moisés. "Meu rosto não o podes ver, porque ninguém pode vê-lo e ficar vivo" (v. 20). "Poderás ver minhas costas, porém meu rosto não" (v. 23).
> 1Rs 19,11-13: Elias no Monte Horeb. "O Senhor vai passar" (nem: no furacão, nem no terremoto, nem no fogo; só na brisa tênue).
> Jo 1,18: "Ninguém jamais viu a Deus" (só em Cristo: O Unigênito, que estava ao lado do Pai, o explicou").

— Os Místicos dizem que o conhecimento verdadeiro e autêntico de Deus é o "não ver" (Gregório de Nissa). O símbolo utilizado pelos Místicos é o da "nuvem luminosa".

— A Teologia também afirma que todo discurso sobre Deus há de ter o contraste de saber que não o alcança de todo. "Se o compreendes, já não é Deus" (Santo Agostinho). Santo Tomás de Aquino afirma que "nosso conhecer de Deus é conhecer que não o conhecemos"[22]. O Aquinate disse também: "Deus é honrado com nosso silêncio"[23]. Esta é a chamada teologia *apofásica* (que não fala), que deve estar unida à teologia *catafásica* (que fala).

— O próprio Magistério eclesiástico diz que entre o "ícone" (a imagem) e o "exemplar" (Deus) a dessemelhança é maior que a semelhança. Assim o ensina o Concílio IV de Latrão (1215): "Entre o Criador e a criatura não se pode assinalar uma semelhança tal que a diferença entre eles não seja, todavia, maior"[24].

A Inefabilidade é uma das propriedades que correspondem a Deus, segundo se expõe no tratado clássico sobre as analogias dos "nomes divi-

---

22. *De potentia*, 7, 5 ad 14.
23. *In Boet. de Trinitate*, q. 2, a. 1 ad 6: "Deus honoratur silentio, non quod de ipso nihil dicamus vel inquiramus: sed quia intelligimus nos ab eius comprehensione defecisse".
24. *Denz* 432, texto apresentado no *Catecismo da Igreja Católica*, n. 43.

nos", um tratado que funda suas raízes na teologia do Pseudo-Dionísio e que tem em Santo Tomás um representante qualificado[25].

2) De Deus fazemos sempre alguma imagem

Se falamos Dele, utilizamos palavras (que são "signos lingüísticos").

Se pensamos (fazemos discurso) sobre Ele, utilizamos conceitos (que são "signos mentais").

Se nos relacionamos com Ele (na oração e nas demais formas religiosas), fazemos uma representação (uma "imagem" ou "ícone" de sua realidade).

Há também representações de Deus Pai na arte, no culto litúrgico, na religiosidade popular[26].

Se é certa a dessemelhança entre Deus e o homem, também se pode ver na condição humana uma "semelhança" divina. Formulou-a bem Ricardo de San Víctor: "o aspecto da dessemelhança ("dissimilitudo") é incomparavelmente maior que o da semelhança ("similitudo"). Todavia, existe certa e até notável semelhança entre a natureza humana e a divina"[27].

3) Conclusão

Ao utilizar signos para referir-nos a Deus (palavras, conceitos, imagens) é preciso ter em conta o seguinte:

O "signo" é necessário devido a nossa condição de "seres de mediações". Também é educativo, já que mediante ele chegamos à realidade de Deus.

Toda linguagem religiosa é de caráter simbólico. Também a que se refere a Deus[28].

Toda linguagem sobre Deus tem seus "limites". Por exemplo: "Deus padece"; "Deus, se quiser, o faz"; "Deus o quis" etc.

---

25. Cf. E. BORGMAN, *La teología negativa como habla posmoderna acerca de Dios*: Concilium n. 258 (1995) 317-329.
26. Cf. J. A. ÍÑIGUEZ, *La iconografía del Padre eterno*: Scripta Theologica 31 (1999) 495-511.
27. RICARDO DE SAN VÍCTOR, *De Trinitate*, 6, 1. Edição de G. Salet (Paris, 1959), Sources Chrétiennes, n. 63, p. 374.
28. Cf. J. MARTÍN VELASCO, *El lenguaje religioso*: La religión en nuestro tiempo (Salamanca, 1978) 264-273.

b. As imagens de Deus no mundo atual[29]

— *Existe um imaginário coletivo* (há também sua versão: individual ou de um grupo particular) *de Deus*. Neste imaginário se projetam significados, valores, desejos, isto é, o que dá sentido a uma sociedade. Por sua vez, esse imaginário serve para criar esse universo de significação. Este é o problema de "iconoclastia" da cultura atual assim como a questão da "criação" de imagens na sociedade atual.

— Foi analisado o imaginário ou a *tipologia de imagens de Deus* na sociedade atual. As questões recentes sobre a população espanhola dão este quadro de imagens vigentes sobre Deus:

— (Imagem tradicional): Deus como Criador e como Juiz (23,5% da população espanhola).
— (Imagem pós-conciliar): Amor Incondicional (25,7%).
— (Deísmo católico atual):Dimensão cósmico-natural (uma Força) (28,2%).
— (Imagem dos indecisos e dos semiagnósticos): "Haverá algo" (11,1%).
— Imagens da transcendência na nebulosa místico-esotérica atual (tipo "Nova Era" etc.): Energia, Consciência universal, Vida etc.
— Imagens do neotradicionalismo e do fundamentalismo.

c. Critérios para configurar uma imagem sadia e autêntica de Deus[30]

— Que a imagem seja saudável e não enfermiça[31].
— Que traduza em "imagem" a autêntica revelação de Deus em Cristo. Por exemplo, não são autênticas: Deus da "exclusão" (racista, classista); Deus da "intransigência" (do fundamentalismo); Deus que "oprime" a pessoa.
— Utilizar várias imagens: uma "polifonia" de imagens (P.

---

29. Cf. J. Mª. MARDONES, *Religión e imágenes de Dios en las relaciones humanas y la convivencia entre los pueblos*: Confer 38 (1999) n. 145, 63.
30. Cf. Concilium n. 258 (1995): "Los diferentes rostros de Dios". Entre outros artigos desse número monográfico, destaca-se o de D. TRACY, *La paradoja de los diferentes rostros de Dios en el monoteísmo*, 325-335 (no Islamismo, no Judaísmo, e no Cristianismo).
31. Cf. V. MADOZ, *Imágenes y representaciones de Dios que sanan y enferman*: Confer 38 (1999) n. 145, 125-132.

Ricoeur). Já Santo Tomás dizia que se devia utilizar diversos "nomes" para falar de Deus [32].

— Servir-se da riqueza de imagens da Sagrada Escritura, da tradição eclesial das grandes religiões (imagens antropomórficas: pai; teriomórficas: águia; fisiomórficas: rocha, fortaleza; abstratas: ternura).

d. A imagem-núcleo de Deus Pai

— Sem dúvida alguma, a fé cristã privilegia a imagem de Deus Pai. É mais que imagem: é conteúdo da revelação do mistério de Deus. Em torno dessa imagem deve configurar-se todo o imaginário cristão sobre Deus.

— Para utilizar corretamente essa imagem, dever-se-ia atender às dificuldades que a cultura e a psicologia atuais parecem opor à imagem de Deus Pai. De modo particular deveria superar as seguintes resistências [33]:

— A acusação freudiana de que a imagem de Deus Pai "castra" as pessoas. Não as deixa ser o que são. "Infantiliza-as".

— A acusação de que a imagem de Deus Pai justifica e apóia o autoritarismo. Daria lugar a uma sociedade muito hierarquizada e autoritária.

— A dificuldade que provém de uma cultura na qual há ausência do Pai": abandono do pai; omissão do exercício autêntico da "auctoritas".

— A crítica do feminismo que vê na imagem do Deus Pai a justificação de uma sociedade e de uma Igreja nas quais se marginaliza a mulher.

---

32. *Summa contra Gentiles*, I, 31, 4.
33. Ver a exposição destas e de outras dificuldades com sua resposta correspondente, em: Concilium n. 163 (1981): "¿Un Dios Padre?"; de modo especial: Y. SPIEGEL, *Dios Padre en una sociedad sin padre*, 311-324; D. STEIN, *El asesinato del padre y Dios Padre en la obra de Freud*, 325-338. De forma mais genérica: C. MARTINI, *El retorno al Padre de todos* (Estella, 1999).

II. IMPLICAÇÕES ÉTICAS: A MORAL CRISTÃ À LUZ DO MISTÉRIO DE DEUS PAI

1. Deus Pai: "princípio" da moral cristã

Se a Comunhão Trinitária é o fundamento e a meta da moral cristã, segundo expus no capítulo anterior, corresponde ao Pai ser o "princípio" de todo esse dinamismo.

Atribui-se ao Espírito Santo a obra de "santificação" e, em conseqüência lógica, a atuação da graça na vida moral. Por outro lado, o Verbo Encarnado é a Imagem ideal, em cuja conformação através do Seguimento consiste a vida moral cristã. Essas referências decisivas do Filho e do Espírito Santo em relação com a moral, que serão analisadas nos dois capítulos seguintes, não são obstáculo para afirmar a iniludível relação do mistério do Pai com o comportamento moral do cristão.

A peculiaridade da referência moral do mistério de Deus Pai radica na condição Deste enquanto Princípio fontal ("Princípio sem princípio") da história salvífica e da vida intratrinitária. Se o Pai é a origem e a meta de todo o dinamismo trinitário, tanto imanente como histórico-salvífico, podemos dizer que é também o "princípio" da vida moral cristã.

Atribui-se a Deus Pai a obra da criação e a iniciativa do projeto de salvação. Essa dupla perspectiva oferece uma grande riqueza de significado para orientar a moral cristã. A vida moral do fiel não é outra coisa que a realização, no tempo, desse único projeto de Deus Pai de concluir a realidade criada e a história dos humanos, criados e regenerados em Cristo pela força do Espírito Santo, à meta da salvação definitiva, que é a participação da mesma vida trinitária.

Deus Pai é o autêntico "princípio" da moral cristã, tanto em sua vertente de vida ("moral vivida") como em sua vertente de reflexão ou de discurso teológico ("moral formulada"). Entendo por "princípio" tanto o fundamento como o critério organizador da moral cristã. Esta se baseia na realidade de Deus Pai e se articula como uma forma de vida guiada pela presença atuante do Pai [34].

Anoto em seguida alguns dos traços mais decisivos que a referência ética do mistério de Deus Pai introduz na moral cristã. Todos têm uma im-

---

34. Ver as atitudes que se deduzem da confissão de Deus como Pai: N. SILANES, *Nuestra fe en Dios "Padre"*: Vida Religiosa 86 (1999) 333-345 (todo o número da revista, o n. 5 correspondente a setembro de 1999, é dedicado ao tema de Deus como Pai).

portância objetiva, embora algum seja selecionado por sua atualidade; esta última anotação serve para o traço da tonalidade feminina da moral cristã.

2. Moral da perfeição a imitação do Pai

A filosofia grega, de modo especial a platônica, serviu-se da categoria da "imitação" e "semelhança" de Deus para justificar e explicar a bondade moral [35]. Segundo Platão, a alma humana tem um "parentesco" (*synghéneia*) com Deus [36]; daí que a perfeição humana tenha de consistir numa "semelhança" ou "assimilação" (*homoíosis*) com Deus [37]. Tanto a ética estóica como, sobre todos o neoplatonismo (Plotino), aceitaram essa orientação e se situaram dentro da tradição platônica da moral da imitação de Deus [38].

Essa perspectiva foi também esboçada no Antigo Testamento [39]. O Novo Testamento seguiu as pegadas veterotestamentárias e assumiu a perspectiva da filosofia grega. Desse modo, iniciou-se dentro do cristianismo primitivo uma "ética de imitação ou semelhança de Deus" [40]. Essa orientação esteve presente na época patrística e não deixou de ter sua importância ao longo da tradição teológica [41].

A ética evangélica da imitação de Deus se refere diretamente ao Pai e se relaciona expressamente com a moral da perfeição: "imitar" o Pai para assemelhar-se à "perfeição" divina. O texto chave encontra-se em Mt 5,43-48 (com paralelo em Lc 6,27-36): "Amarás a teu próximo (assim estava escrito em Lv 19,18) e odiarás a teu inimigo (provavelmente, em referência a algumas atitudes de Qumrán). Pois eu vos digo: amai os inimigos, fazei bem aos

---

35. H. KOSMALA, *Nachfolge und Nachahmung Gottes. I. Im griechischen Denken*: Annual of the Swedish Theological Institute 2 (1963) 38-85; E. DES PLACES, *Syngenesia. La parenté de l'homme avec Dieu d'Homère à la patristique* (Paris, 1964); H. CROUZEL, *L'imitation et la "suite" de Dieu et du Christ dans les premiers siècles chrétiens et ainsi que leurs sources gréco-romaines et hébraïques*: Jahrbuch für Antike und Christentum 21 (1978) 7-41.
36. *Fedro*, 79, d-e; *República*, VI, 490 b; X, 611 e; etc.
37. *Teeteo*, 176 b-c. Este texto foi muito utilizado pelo Santo Padre; Clemente de Alexandria o cita umas vinte vezes.
38. Cf. S. RAPONI, *Alla scuola dei Padri* (Roma, 1999) 69-73. "Tra la *synghéneia* e la *homoíosis* nella tradizione platonica si gioca la vita dell'uomo" (*Ibid.*, 71).
39. R. KOCH, *L'imitation de Dieu dans la morale de l'Ancien Testament*: Studia Moralia 2 (1964) 73-88; H. KOSMALA, *Nachfolge und Nachahmung Gottes. II. Im jüdischen Denken*: Annual of the Swedish Theological Institue 3 (1964) 65-110.
40. G. SCHNEIDER, *Imitatio Dei als Motiv der "Ethik Jesu"*: H. MERKLEIN (Hrg.), Neues Testament und Ethik (Friburgo, 1989) 71-83.
41. Ph. DELHAYE, *L'imitation de Dieu dans la morale patristique*: Studia Montis Regis 6 (1963) 33-56; H. KÖNIG, *Verähnlichung mit Gott*: P. HÜNERMANN (Hrg.), Gott – ein Fremder in unserem Haus? (Friburgo, 1996) 79-95; S. RAPONI, *o. c.*, capítulo 1.

que vos odeiam, falai bem dos que vos maldizem e orai por quem vos calunia ... Assim sereis filhos do Altíssimo porque ele é bondoso para com ingratos e maus. Sede misericordiosos como vosso Pai é misericordioso".

Para captar todo o significado desta passagem e, portanto, a densidade de conteúdo que encerram a "ética de imitação" do Pai e a "ética de perfeição" a semelhança do Pai, convém ter em conta a tríplice moldura do texto:

— Primeira moldura: o Sermão da Montanha de Mateus (o Sermão das Bem-aventuranças de Lucas), o "discurso que contém a formulação mais ampla e completa da Lei Nova"[42] e "que constitui (na expressão de Santo Agostinho) a *carta magna* da moral evangélica"[43].

— Segunda moldura: a perícope das seis *Antíteses* (Mt 5,21-48), com pano de fundo teológico de caráter cristológico ("vim": v. 17; "vos digo": v. 18-20) e com evidente significado ético: realização da "justiça superior" (v. 20)[44].

— Terceira moldura: a sexta antítese sobre o *Amor aos inimigos* (Mt 5,39-48; Lc 5,27-36), que constitui o *clímax* de todas as Antíteses e, de certo modo, o cume da ética cristã: "o preceito do amor aos inimigos é um dos textos cristãos fundamentais"; em "Mateus estabeleceu o preceito do amor como centro da justiça 'superior' dos cristãos, que ele resume no v. 48 com o termo 'perfeição'"[45].

A vida moral do cristão, para realizar a práxis da "justiça superior" (Mt 5,20), deve tender ao cume do amor: chegar até "amar os inimigos" e, ainda mais, "rezar pelos perseguidores" (Mt 5,44; cf. Lc 6,27-35). A razão dessa exigência está na "ética da imitação" do Pai: "para que sejais filhos de vosso Pai celeste" (Mt 6,45; Lc 6,35: "sereis filhos do Altíssimo"). Trata-se mais que de uma filiação ontológica, de uma filiação "ética" que se realiza pela "semelhança" de comportamento com Deus, "que faz sair seu sol ..." (Mt 5,45).

Mediante o ethos do amor universal e radical, a "imitação" de Deus Pai, chega-se à moral da perfeição. Uma perfeição que se mede também a

---

42. *Veritatis splendor*, 12
43. *Veritatis splendor*, 15. O texto de Santo Agostinho em: *De sermone Domini in Monte*, I, 1, 1: CCL, 35, 1-2.
44. A. DESCAMPS, *Les Justes et la Justice dans les évangiles et le christianisme primitif hormis la doctrine proprement paulinienne* (Louvain, 1950); G. STRECKER, *Der Weg der Gerechtigkeit* (Göttingen, 1971³); B. PRZYBYLSKO, *Righteousnes in Matthew and his World of Thought* (Cambridge, 1980);
45. U. LUZ, *El evangelio según San Mateo*, I (Salamanca, 1993) 429, 430.

partir de Deus Pai: "Vós, pois, sede perfeitos como é perfeito vosso Pai celeste" (Mt 5,48; Lc 6,36 talvez mantenha a fórmula mais original: "Sede compassivos como vosso Pai é compassivo").

À luz do Mistério do Pai, a moral cristã é uma "ética de semelhança" com Ele e uma "moral de perfeição" no amor[46]. A encíclica *Veritatis splendor* situa nessa perspectiva a moral do cristão[47]. Afirma que "essa vocação ao amor perfeito não está reservada de modo exclusivo a uma elite de pessoas... Os mandamentos e o convite de Jesus ao jovem rico estão a serviço de uma única e indivisível caridade, que espontaneamente tende à perfeição, cuja medida é Deus mesmo: 'Vós, pois, sede perfeitos como é perfeito vosso Pai celeste' (Mt 5,48). No evangelho de Lucas, Jesus precisa ulteriormente o sentido dessa perfeição: 'Sede misericordiosos, como vosso Pai é misericordioso' (Lc 6,36)"[48].

O Concílio Vaticano II sintetiza essa orientação afirmando que a exigência moral de perfeição deve ter como modelo o Pai. "Por estarem munidos de abundantes e eficazes meios para se santificarem, todos os cristãos, de qualquer estado ou condição, são chamados, cada um por seu próprio caminho, à perfeição da santidade, cujo modelo é o próprio Pai"[49].

3. Moral da filiação na casa do Pai

A confissão de fé em Deus Pai conduz a uma forma de vida guiada pela consciência de "filiação" e pela prática da "fraternidade". A primeira tem a ver melhor com a vida cristã "para dentro", isto é, com a espiritualidade. A segunda se refere melhor à vida cristã "para fora", isto é, à prática em relação com os demais e com a história.

Tratarei cada uma dessas conseqüências em seções distintas, embora se deva ter em conta que formam uma unidade: a filiação fundamenta a solidariedade; esta leva aquela à plenitude. Portanto, dever-se-á entendê-las em circularidade.

---

46. Cf. R. TREMBLAY, *La paternité de Dieu, fondement de la morale chrétienne et de l'éthique humaine*: Studia Moralia 37 (1999) 73-94, que apóia fundamentalmente seu discurso no texto de Mt 5,44 ss., baseando-se na afirmação de J. GNILKA, *Das Matthäusevangelium*, I (Freiburg-Basel-Wien, 1988) 187: "o mandamento do amor aos inimigos é o ponto culminante da ética de Jesus".
47. *Veritatis splendor*, 16-18.
48. *Ibid.*, 18.
49. *Lumen gentium*, 11.

a. Teologia da filiação

À revelação de Deus como Pai corresponde a revelação da "filiação". Esta não é outra coisa senão a revelação de Jesus como o Filho do Pai Deus. Dessa filiação cristológica de caráter "econômico" vislumbramos (temos revelação) a filiação intratrinitária ou "imanente" do Verbo.

À luz da filiação do Verbo encarnado entendemos nossa filiação. Desta falamos aqui.

Das muitas considerações que caberia fazer propomos unicamente duas perspectivas: a filiação como *dom*; e a filiação como *experiência espiritual*.

1) A filiação como "dom"

É esta a primeira e mais decisiva apreciação. A filiação é um "dom". É uma graça. Melhor, *é a graça* cristã. Toda a vida cristã se reduz, numa palavra, a essa realidade da filiação como dom ou como graça.

O que supõe essa afirmação encontra-se expresso nos textos chaves de Rm 8,1-17; e de Gl 4,1-7. Destaco os seguintes aspectos:

— *Participação da filiação do Filho no Espírito*. Tudo parte daqui. Somos "filhos no Filho". A vida cristã é "participação" da vida cristológica. Daí o imprescindível cristocentrismo da vida cristã. Por outro lado, essa participação da vida cristológica acontece no Espírito: por força do Espírito [50].

— *Inabitação trinitária*. Da afirmação precedente se deduz que se dá uma co-presença do fiel e das Pessoas trinitárias. Para expor essa relação a Sagrada Escritura, a teologia e a espiritualidade se servem de imagens locais. Porém, convém ter em conta que a presença de Deus não é local. É uma presença *pessoal*. Por ser pessoal, é *recíproca*. Refere-se a cada fiel, e à Igreja em seu conjunto. "Se alguém me ama, guardará minha palavra e meu Pai o amará e veremos a ele e faremos nele nossa morada" (Jo 14,23). "O Espírito Santo foi derramado no coração dos fiéis" (cf. Rm 5,5) e os fiéis vivem e se santificam no Espírito (Rm 8,9;

---

50. Cf. R. TREMBLAY, *La "relation filiale" de l'homme avec Dieu et son impact sur la morale chrétienne selon F.-X. Durrwell*: Studia Moralia 35 (1997) 233-246. Ver a autoconfissão sobre seu quefazer teológico de F.-X. DURRWELL, *La théologie comme charisme apostolique*: Studia Moralia 35 (1997) 247-256.

15,16). A inabitação é mútua. Por isso São Paulo se compraz em inverter a fórmula 'estais em Cristo' nesta outra 'Cristo em vós'. Portanto, essa presença é totalmente relacional; ainda que se expresse em imagens de tipo espacial, é comunhão de pessoas. Falar de inabitação mútua, de in-existência recíproca é uma linguagem própria dos que se amam e aspiram a uma reciprocidade de presença até em seu eu, nos mais profundos de seu ser"[51]. Na literatura castelhana existe uma expressão qualificada dessa mútua in-existência das pessoas que se amam. Na *La Celestina* Calixto diz: "Eu? Melibeu sou e a Melibéia adoro e em Melibéia creio e a Melibéia amo"[52].

— *Vida de filho*. Ao participar na filiação de Cristo, o cristão recebe os direitos que lhe dão a condição de ser filho:

- está sempre em casa (a comunidade dos fiéis é sua casa);
- já não é escravo mas filho (tem a liberdade dos filhos de Deus);
- tem a audácia de chamar a Deus Pai.

Tudo isso fundamenta a condição do cristão enquanto tal: enquanto batizado; enquanto leigo.

— *Conclusão*. Concluímos afirmando que Deus é Pai também "por" e "a partir de" nós. Não só é Pai por e a partir do Unigênito, mas também por e a partir dos filhos *por adoção*. A "adoção" de Israel enquanto povo da Aliança no AT adquire sua plena significação na filiação cristã "por adoção".

O Concílio Vaticano resumiu a teologia da filiação mediante esta fórmula exortativa para tomar consciência e para expressar nossa condição de filhos de Deus: "Filhos no Filho, clamemos no Espírito: Abba! Pai!" (GS 22).

---

51. F.-X. DURRWELL, *Nuestro Padre. Dios en su misterio* (Salamanca, 1990) 85; ver: pp. 84-85.
52. *La Celestina*, auto primeiro.

2) A filiação como "experiência espiritual"

A espiritualidade cristã pode-se entender como uma "espiritualidade de filiação". E isso a exemplo da "vida filial" de Cristo. A vida de Cristo consistiu em viver a filiação[53].

O cristão é "uma imagem de Cristo em sua vida filial, de um Cristo que conhece o Pai e o ama e que convida o discípulo a entrar com ele em sua comunhão orante com o Pai, até o dia em que o acolha em sua morte filial e, fazendo-o nascer nele, o introduza no encontro face a face com o Pai"[54].

Os elementos que integram a experiência espiritual da filiação podem resumir-se nos seguintes:

- Experiência do amor do Pai.
- Experiência da providência misericordiosa: "lírios do campo".
- Ainda na dor, na agonia (Mc 13,32-36) e na morte (Lc 23,46), como Jesus.

b. A filiação como "forma de vida" na "casa do Pai" (na Igreja)

A filiação não é somente um "dom" e o conteúdo básico da experiência espiritual cristã, mas também a origem de uma nova forma de vida. Concretamente, desse "dom" e dessa "experiência espiritual" surge uma moral de filiação. A teologia de F.-X. Durrwell ilumina decisivamente essa orientação da moral cristã[55]. Na seqüência, quero prolongar essa perspectiva, aludindo às exigências éticas da forma de vida como "filhos na casa do Pai".

Partindo da parábola do filho pródigo ou do Pai misericordioso (Lc 15,11-32) pode-se pensar numa "forma de vida" de filhos na casa do Pai. Para isso precisa-se:

— *Reconstruir a "casa do pai"*. Necessitamos reconstruir a "casa do Pai"; isto é, precisamos fazer da comunidade cristã uma casa onde reine o ambiente próprio do Pai misericordioso.

---

53. Cf. F.-X. DURRWELL, o. c., 183-238; J. SESÉ, *La conciencia de filiación divina, fuente de la vida espiritual*: Scripta Theologica 31 (1999) 471-493.
54. *Ibid.*, 183.
55. Cf. R. TREMBLAY, *Radicati e fondati nel Figlio* (Roma, 1997) 75-87: "La 'relazione filiale' dell'uomo con Dio e il suo impatto sulla morale cristiana secondo F.-X. Durrwell".

A Igreja tem de se converter continuamente. O ideal dessa conversão é a forma de vida que vemos no Pai misericordioso. Uma Igreja "samaritana". Uma Igreja "maternal".

— *Ater-nos à filiação do irmão mais novo*. Essa filiação há de levar-nos a construir uma comunidade cristã que:
1) Respeite a liberdade.
2) Espere e busque os "afastados".
3) Saiba acolhê-los.

— *Repensar a filiação do irmão mais velho*. Deve-se "repensar" e "reconstruir" a filiação do irmão mais velho. A parábola do filho pródigo questiona a atitude fundamental do filho mais velho, cheio de virtudes porém, carente do amor:

1) Não havia compreendido o que significava "viver em casa" como filho. Possivelmente vivia como escravo (legalismo, ritualismo).

2) Deve-se aceitar a "volta" dos afastados; saber-se "irmão" deles (não chamá-lo: "esse teu filho"); conviver com eles na única casa do Pai.

Disse a esse respeito João Paulo II: "Que neste ano jubilar ninguém queira excluir-se do abraço do pai. Que ninguém se comporte como o irmão mais velho da parábola evangélica que se nega a entrar em casa para fazer festa (cf. Lc 13,25-30)"[56].

A "forma de vida filial" na Igreja, enquanto "casa do Pai/Mãe misericordioso/a", é exigida pela imagem de Deus Pai que nos transmite Jesus.

"Jesus começa advertindo que não se deve chamar ninguém de pai na terra (Mt 23,9). Há os que pensam que a frase vai contra a paternidade que se queriam atribuir os rabinos nesses momentos, porém, para outros demonstra que a paternidade de Deus é única e não tem nada a ver com o que sob o epígrafe de pai esperam seus ouvintes. Deus pode ser pai/mãe de seus filhos, algo impossível para os seres humanos"[57].

A comunidade cristã é, basicamente, uma comunidade de "iguais": uma comunidade fraternal.

c. Moral da "misericórdia" na casa do Pai

A Deus Pai dão-se, e lhe correspondem, muitos *títulos*. São os "rostos"

---

56. JOÃO PAULO II, *Incarnationis mysterium*. Bula convocando para o Grande Jubileu do ano 2000: Ecclesia n. 2923 (12/XII/1998) n. 11: p. 27.
57. I. GÓMEZ-ACEBO, *l. c.*, 166.

de Deus Pai: Pai que ama; Pai imolado; Pai das misericórdias; "Pai das luzes" (Tg 1,17); Pai santo; Pai justo etc.

O Credo destaca o título de "Todo-poderoso", já que ao Pai se lhe atribui a obra da criação. O *Catecismo da Igreja Católica* expõe detalhadamente o significado desse título [58].

Dever-se-ia recuperar outros títulos tradicionais e que têm sua base na Bíblia, na Liturgia e na Catequese. Dentre esses títulos deve-se destacar o de Deus Pai *Misericordioso*. Esse é o título que aparece no frontispício do livro do Comitê para o Jubileu do ano 2000: *Deus, Pai misericordioso*. Nesse livro faz-se uma exposição vibrante desse atributo de Deus Pai [59]. É necessário recuperá-lo para a Pastoral, para a Espiritualidade e para a Moral. Ressalto estes dados:

— Santo Tomás: "É próprio de Deus usar misericórdia e nisto, especialmente, se manifesta sua onipotência" [60].

— Antigo Testamento: Salmos 145; 119; Isaías 49, 14-16; Oséias 11, 1-8. *Hesed* (amor fiel), *rajamin* (entranhas compassivas: útero materno) [61].

— Novo Testamento: Cristo, rosto do Pai misericordioso; parábola do pai misericordioso (do filho pródigo). "Deus, rico em misericórdia, pelo grande amor com que nos amou" (Ef 2,4). "Pai misericordioso e Deus de toda consolação" (2Cor 1,3) [62]. Jesus revela o rosto de Deus Pai 'compassivo e misericordioso' (Tg 5,11), e com o envio do Espírito Santo manifesta o mistério de amor da Trindade" [63].

— João Paulo II destacou, com notável insistência, o rosto misericordioso de Deus Pai. Na encíclica *Dives in misericordia* afirma: "A Igreja parece professar de maneira particular a misericórdia de Deus e venerá-la dirigindo-se ao Coração de Cristo. Com efeito, precisamente, o aproximarmo-nos de Cristo no mistério de seu Coração nos permite deter-nos neste ponto — em certo sentido central e ao mesmo tempo acessível no plano humano — da revelação do amor misericordioso do Pai, que constituiu o núcleo central da missão messiânica do Filho do homem" [64]. Na

---

58. *Catecismo da Igreja Católica*, nn. 268-274.
59. COMITÊ PARA O JUBILEU DO ANO 2000, *o. c.*, 61-79.
60. II-II, q. 30, a. 4.
61. Ver a nota 52 de n. 4 da encíclica de JOÃO PAULO II, *Dives in misericordia*.
62. Ver nota correspondente da *Bíblia de Jerusalém*.
63. JOÃO PAULO II, *Incarnationis mysterium*: *l. c.*, n. 3: p. 23.
64. *Dives in misericordia*, 13. Este texto o apresenta e desenvolve o próprio JOÃO PAULO II na *Mensagem por ocasião do centenário da Consagração do gênero humano ao Coração de Jesus* (11 de junho de 1999): Ecclesia n. 2. 954 (17 de julho de 1999) 18-20.

catequese da quarta-feira 7 de julho de 1999, sobre a "Justiça e a Misericórdia" de Deus, insiste uma vez mais na misericórdia divina: "Deus é Pai de misericórdia e de toda consolação... Ao revelar-nos a plenitude da misericórdia do Pai, Jesus nos ensinou também que a esse Pai tão justo e misericordioso só se pode aceder mediante a experiência da misericórdia, que deve caracterizar nossas relações com o próximo"[65].

À luz do mistério do Pai Misericordioso, a moral cristã tem de ser colocada e vivida como uma *moral da misericórdia*. No capítulo primeiro desta parte do livro já foi apresentada a imagem de Deus como *Amor* com as conseqüências que dela se deduzem para a compreensão da moral cristã desde a Misericórdia divina. Quero completar aquelas reflexões com uma referência à experiência de Teresa de Lisieux.

É a Santa e Doutora da Igreja Teresa de Lisieux, uma especial "testemunha de Deus" para nosso mundo[66], a que "recupera" de forma definitiva, e como uma "missão" a ela encomendada, o rosto "misericordioso" de Deus frente à imagem de juiz. Afirma-o João Paulo II na Carta Apostólica na qual a proclama Doutora da Igreja: "Ela ajudou a curar as almas dos rigores e temores da doutrina jansenista, mais propensa a sublinhar a justiça de Deus que sua divina misericórdia"[67].

Segundo as interpretações mais recentes do pensamento da Santa de Lisieux não se pode reduzir seu universo simbólico ao âmbito paterno. Capta-se melhor o rico conteúdo de sua proposta espiritual se se têm em conta também os símbolos "esponsalícios" e "maternais"[68]. Sendo isto certo, não se pode deixar de reconhecer o caráter central da experiência de "filiação" na vida e nos escritos de Teresa. O Mistério de Deus Pai é o ambiente que envolve tudo.

Da experiência de Deus como Pai surge em Teresa de Lisieux a consciência de sua "missão" para a Igreja e para o mundo: comunicar o "caminho" da confiança sem limites ante um Deus que é Misericórdia infinita. 'Sua missão é contemplar todos os atributos divinos através da misericórdia"[69]; "Teresa é a mensageira da divina misericórdia e de uma confiança

---

65. Ecclesia n. 2. 956 (31 de julho de 1999) 22.
66. SUPERIORES GERAIS DE O. C. D. e DE O. Carm., *Una Doctora para el Tercer Milenio*. Carta Circular: Ecclesia n. 2. 865 (1/X/1997) 36-42.
67. JOÃO PAULO II, *Divini amoris scientia*: Ecclesia n. 2. 865 (1/XI/1997) 29.
68. Cf. V. R. AZCUY, *Una teología que se nutre del encuentro. Interpretación y recepción de la misión de Teresa según Balthasar*. Proyecto 10 (1998) n. 30, 187-203.
69. H. U. VON BALTHASAR, *Teresa de Lisieux. Historia de una misión* (Barcelona, 1964²) 338-339.

sem limites"[70]. A Misericórdia é uma categoria chave na proposta espiritual da Santa de Lisieux[71]. O Manuscrito A leva por título "livro das misericórdias de Deus"[72]. João Paulo II reconheceu-o na Carta Apostólica de proclamação de Doutora: Teresa "contemplou e adorou na misericórdia de Deus todas as perfeições divinas, pois 'até a justiça de Deus (e talvez mais que qualquer outra perfeição) me parece estar revestida de amor' (*Ms A* 83 vº). Dessa maneira transformou-se em ícone vivo desse Deus que, segundo a oração da Igreja, manifesta seu poder 'com o perdão e a misericórdia" (cf. *Missal romano*, oração do XXVI Domingo do Tempo comum)[73].

A moral cristã está em conexão com essa experiência da Misericórdia de Deus Pai-Mãe[74]. Em Teresa de Lisieux é tão radical e totalizadora a experiência de Deus como Pai "que a paternidade de Deus não é um dos princípios (ao lado de outros) sobre o que se pode fundamentar uma vida cristã como se, por exemplo, além da misericórdia de Deus, houvesse de ter em conta também de sua justiça. A paternidade de Deus que se traduz em misericórdia para a miséria humana é o único fundamento último da moral cristã (...). Se é legítimo afirmar que Deus é justo, não é indiferente que São João afirme que 'Deus é amor' (1Jo 4,8.16) no lugar de afirmar que 'Deus é justiça'"[75].

4. Moral da fraternidade/sororidade

A confissão de Deus Pai orienta a vida cristã para a fraternidade[76]. Esta deve ser entendida numa dupla vertente:

— "para dentro": vida de fraternidade na comunidade cristã;
— "para fora": compromisso ético por um mundo guiado pelo valor da fraternidade.

---

70. *Ibid.*, 367.
71. C. DE MEESTER, *Dinámica de la confianza. Génesis y estructura del "camino de la infancia espiritual"de santa Teresa de Lisieux* (Burgos, 1998) 201-202.
72. *Ibid.*, 207 ss.
73. JOÃO PAULO II, *l. c.*, 29-30.
74. SUPERIORES GERAIS DE O. C. D. e DE O. Carm., *l.c.* 39: "O redescobrimento do rosto paterno-materno de Deus foi o ponto de partida do caminho novo para a santidade".
75. R. TREMBLAY, *Brèves réflexions sur la signification du doctorat de Thérèse de Lisieux pour le message moral de l'Église d'aujourd'hui:* Studia Moralia 36 (1998) 583-584.
76. Para um desenvolvimento complementar, ver: M. VIDAL, *Para comprender la Solidaridad* (Estella, 1996) 35-45.

a. Anotação lingüística e semântica

Quando falamos de "fraternidade" referimo-nos tanto a irmãos como a irmãs. Por isso há os que dizem que seria conveniente utilizar também a expressão "sororidade" (para referir-se a irmãs). Em castelhano não temos (como em outros idiomas) uma palavra que se refira à condição de irmandade por cima da diferença de gênero.

Em todo caso, quando aqui falamos de "fraternidade" referimo-nos à condição de "irmandade" sem distinção de gênero (masculino ou feminino).

b. A fraternidade: categoria teológica

1) Fator básico do cristianismo

Ratzinger afirmava, num estudo de alguns anos atrás sobre a fraternidade, que "a investigação sobre o conceito de fraternidade cristã não é assunto de importância secundária, mas essencial para precisar com exatidão o tipo de religião que constitui o cristianismo"[77].

Entre outras funções, a fraternidade cristã:

— Constitui a *estrutura básica da comunidade* dos fiéis, a qual tem de se organizar como "fraternidade evangélica"[78].

— Serve para orientar o *tipo de ética* que os cristãos têm de ter entre si: há de ser uma ética da fraternidade.

2) Antes (e fora) do cristianismo

No Antigo Testamento e no helenismo utilizava-se a palavra e o conceito de "irmão", porém, em sentido delimitado:

— para os "correligionários" de uma mesma crença religiosa (como no AT);

— para os "sócios" que compõem e integram uma associação (como no helenismo).

---

77. J. RATZINGER, *La fraternidad cristiana* (Madri, 1962) 34.
78. Cf. G. RUGGIERI, *Nueva conciencia de la Iglesia como fraternidad evangélica*: Concilium n. 166 (1981) 354-369.

Nessas compreensões existe uma grande "coesão" para dentro do grupo, porém uma atitude de "distanciamento" para fora do grupo.

3) Novidade cristã

O cristianismo introduz uma novidade no conceito de fraternidade. Aplica o conceito de "irmão" a toda pessoa, sem conotação de "sócio" do grupo ou "correligionário" do mesmo credo religioso.

Um texto paradigmático dessa novidade cristã encontra-se em Mt 25,40: "Meus irmãos (a saber) os pequeninos". Deve-se recordar também o texto de Lc 10,30-37. O conceito de fraternidade que aparece nesses textos, "que espontaneamente consideramos como os mais perfeitos", supera o conceito de universalidade do Iluminismo. "O conceito de fraternidade apresenta no evangelho uma vinculação cristológica que cria uma atmosfera espiritual totalmente distinta da própria do pensamento ilustrado"[79].

A novidade que o cristianismo introduz está na maneira de entender a tensão do "para fora" e o "para dentro" do grupo. Obviamente, continuará falando de "irmãos" para referir-se aos que participam da mesma fé, porém, estenderá esse mesmo significado de "fratría" para todas as pessoas, sejam fiéis ou não.

4) Fundamento teológico

O fundamento, a justificação e a orientação dessa compreensão cristã da fraternidade estão na confissão de fé de:

— Deus como Pai: a "paternidade" de Deus é a que fundamenta a "fraternidade" humana.

— Cristo como Irmão: o Evangelho é explícito ao afirmar que "o que fazeis a um destes" é "a mim que o fazeis".

c. A fraternidade como forma de vida na comunidade cristã

A fraternidade cristã tem dois âmbitos de realização: a comunidade

---

79. J. RATZINGER, *o. c.*, 45-47.

cristã; e a sociedade humana em geral. A comunidade eclesial vive e realiza a fraternidade formando uma "fraternidade evangélica", a qual é sacramento (sinal eficaz) da "fraternidade universal" que deve ser estabelecida entre todos os seres humanos.

Para expressar a constituição e a vida da comunidade fiel, o cristianismo serviu-se de uma palavra grega que não era utilizada em grego profano: *adelphótes* (em latim: *fraternitas*). A comunidade compreendeu-se a si mesma como uma fraternidade: "Amai aos irmãos" (1Pd 2,17; cf. 5,9)[80].

Lamentavelmente essa forma de expressar a comunidade cristã começou a desaparecer a partir do século IV. Reservou-se para denotar o "grupo ou fraternidade dos monges". Essa identificação entre "fraternidade" e "monacato" foi tão forte que São João Crisóstomo teve de advertir que o "irmão" do Novo Testamento não se referia a monge, mas que abarcava a todos os cristãos.

O Concílio Vaticano II recuperou o conceito de fraternidade (*adelphótes* em grego, *fraternitas* em latim) para entender a comunidade cristã e para projetar a mensagem de fraternidade/sororidade a todas as pessoas. Dos 26 empregos que faz do termo "fraternidade", 12 têm um significado eclesial (para designar a Igreja enquanto comunidade e para descrever a natureza do laço de união entre os cristãos) e 14 têm um significado social (para designar o ideal da convivência humana).

Esses dados fornecem argumentos para tirar a conclusão de que os textos do Concílio Vaticano II advogam por uma Igreja da fraternidade. "A fraternidade aparece como a dimensão mais profunda da Igreja e ponto de referência de todos os demais aspectos. Inclusive o documento que reflete uma maior preocupação 'clerical' e sublinha a fraternidade dos presbíteros põe também essa fraternidade em relação com a fraternidade mais fundamental e tradicional de todos os cristãos (PO 9: os presbíteros são, juntamente com todos os fiéis, discípulos do Senhor, porque, regenerados como todos no batismo, são irmãos entre seus irmãos). Essa afirmação permite-nos considerar a inspiração eclesiológica fundamental do Concílio como substancialmente igualitária e tendente a restabelecer o primado da comunhão e dos elementos comuns a todos sobre os elementos diferenciais"[81].

---

80. Cf. M. DUJARIER, *L'Église-Fraternité. 1. Les origines de l'expression "adelphotés-fraternitas" aux troix premiers siècles du christianisme* (Paris, 1991).
81. G. RUGGIERI, a. c., 356.

A fraternidade eclesial realiza-se na medida em que:

— A comunidade eclesial se organiza "a modo de família".
— Todos se sentem "como em casa", "com a liberdade de filhos".

d. A fraternidade enquanto empenho ético

A fraternidade eclesial não é autêntica se não se traduz em promover a fraternidade humana. O Concílio Vaticano II formulou esse dinamismo "exterior" e "universalizador" da fraternidade cristã com a categoria teológica de *signo* e com a imagem evangélica de *fermento*:

— a fraternidade eclesial "se converte num *signo* daquela fraternidade que permite e consolida o diálogo sincero" (GS 92);
— "o evangelho é *fermento* de fraternidade, de unidade e de paz" (AG 8).

Em outro lugar expus o significado ético do princípio de fraternidade para a transformação da realidade social[82]. Creio que o mais importante é sinalizar o "espírito cristão" nesse compromisso. Espírito que não é outro que o "espírito de fraternidade" que brota da confissão de Deus Pai. À experiência da "misericórdia" do Pai se acede "mediante a experiência da misericórdia, que deve caracterizar nossas relações com o próximo"[83].

Sirvam de balanço da perspectiva assinalada nesta seção estas afirmações axiomáticas do Concílio Vaticano II:

— "Deus, que cuida paternalmente de todos, quis que todos os homens formassem uma única família e se tratassem entre si com espírito fraterno... Por isso o amor a Deus e ao próximo é o primeiro e o maior mandamento"[84].

— "Como Deus Pai é princípio e fim de todas as coisas, todos somos chamados a ser irmãos... Por isso, chamados por esta mesma vocação humana e divina, podemos e devemos cooperar, sem violência e sem engano, para a construção do mundo na verdadeira paz"[85].

---

82. M. VIDAL, *o. c.*, 35-45.
83. JOÃO PAULO II, *Catequese de quarta-feira 7 de julho de 1999*: Ecclesia n. 2. 956 (31 de julho de 1999) 22. Cf. *Catecismo da Igreja Católica*, nn. 3839-3940.
84. *Gaudium et spes*, 24.
85. *Ibid.*, 92.

— "Quer o Pai que em todos os homens reconheçamos e amemos eficazmente a Cristo, nosso irmão, tanto com palavras como por obras, dando assim testemunho da Verdade, e comuniquemos aos demais o mistério de amor do pai celestial"[86].

5. Moral da "solicitude" desde a compreensão de Deus como "mãe"

a. Compreensão de Deus como "Mãe"

Uma das questões mais atuais e de maior interesse é a do rosto "feminino" ou "materno" de Deus. Com isso se quer neutralizar a imagem excessivamente "paterna" e "masculina" (varonil) de Deus. Estes são, segundo meu parecer, os dados essenciais, expostos mediante as quatro afirmações seguintes[87]:

1ª A imagem vigente de Deus (Pai) é uma imagem predominantemente masculina

Esta é a acusação do feminismo e, mais concretamente, da teologia feminista. E é objetiva, ao menos na concepção vulgar de Deus Pai: ele é representado como "varão" e ainda com conotações de "pai" dentro de uma família "patriarcal", "hierarquizada" e "autoritária". Isso se deve aos seguintes fatores:

— O AT eliminou os elementos de "deidade feminina" que pudessem existir nas tradições mais antigas (todavia marcadas por certo politeísmo). Alguns crêem que o plural do "façamos" da criação supõe a permanência de resíduos de "dualidade" (feminina/masculina) na divindade. A confissão monoteísta se havia depurado para a imagem masculina de Deus.

---

86. *Ibid.*, 93.
87. Cf. Concilium n. 163 (181), sobretudo os artigos de R. R. RUETHER, *El aspecto femenino de Dios*, 395-403; e de C. HALKES, *La teología feminista y Dios Padre*, 451-462; Concilium n. 258 (1995), sobretudo o artigo de H. SCHÜNGEL-STRAUMANN, *El rostro femenino de Dios*, 451-462.

— O NT, sobretudo as comunidades primitivas inseridas na cultura mediterrânea do século I, havia apoiado a família androcêntrica e patriarcal. A confissão de Deus Pai, que em Jesus tinha um significado religioso, havia adquirido no cristianismo primitivo uma função de justificação sociológica, revertendo essa sociologia na mesma imagem religiosa de Deus.

— Contudo, essa correlação entre comunidade androcêntrica e confissão de fé em Deus Pai foi-se consolidando mais ao longo da história do cristianismo.

Não se pode negar objetividade a essas acusações. O cristianismo histórico teve um rosto antes masculino, o qual pode ser, ao mesmo tempo, causa e efeito da concepção excessivamente masculina de Deus Pai.

2ª Há traços "femininos" na imagem de Deus tal como aparece na Sagrada Escritura e na genuína Teologia

A *exegese* bíblica põe em relevo[88]:

— Os traços femininos (e maternais) na apresentação de Deus no AT: no Deuteronômio, nos Salmos, nos Profetas (Oséias, Isaías). Ler Os 11,3-4; Is 49,14-16; 66,12-13; Sl 27,9-10.

— A "feminização" que transmite a mensagem de Jesus e que tem sua repercussão na forma de compreender a Deus Pai. Jesus tivera cuidado para que seus ouvintes não identificassem seu "Pai" com o "patrão" da cultura econômica do momento. O ethos do radicalismo itinerante que se pede aos discípulos é uma crítica ao patriarcalismo da família (cf. Mc 3,31; 10,28-30). Em Jesus há traços de solicitude "maternal": "Não vos preocupeis" (Mt 6,25-43); "não tenhais medo" (Mt 10,26-33); vós valeis mais que todas as criaturas perante Deus (Mt 6,26).

A *teologia trinitária* também interveio para sublinhar o lado feminino de Deus. O P. Durrwell vê no Espírito Santo essa dimensão feminina. O Espírito "desempenha uma função quase maternal no nascimento do Fi-

---

88. Cf. I. GÓMEZ-ACEBO, *l. c.* 147-168.

lho e dos filhos de Deus"[89]. O Concílio de Toledo XI (675) disse: "De patris *utero*, id est de substantia ejus, idem Filius genitus vel natus" (Dz 626)[90].

Os *Místicos* utilizaram, com audácia semântica e com expressivo brilhantismo, imagens maternas para se referir à experiência de Deus. Baste, como exemplo, esta citação de São João da Cruz: "Comunica-se Deus à alma nessa união interior com tantas veras de amor, que não há afeto de mãe que com tanta ternura acaricie seu filho, nem amor de irmão nem amizade de amigo que se lhe compare... Tão profunda é a humildade e doçura de Deus!... E assim aqui está empregado em deleitar e acariciar a alma como a mãe em servir e deleitar de seu filho, criando-o com seus próprios peitos; no qual conhece a alma a verdade do dito de Isaías que disse: 'Aos peitos de Deus sereis levados e sobre seus joelhos sereis acariciados' (66,12)"[91].

Também o *Magistério eclesiástico* interveio sobre esse aspecto dos traços maternos de Deus. Devem ser destacadas as perspectivas que oferecem os dois últimos Papas:

— Causou impacto (foi uma espécie de terremoto na imagem de Deus) a intervenção do Papa João Paulo I nas palavras do Angelus de 10 de setembro de 1978. Estava comentando a reunião e o acordo de Camp David. Falava dos três protagonistas daquela decisão memorável e decisiva para a paz no Oriente Médio. Fala de Sadat e diz dele que tem uma grande confiança, já que crê que Deus é capaz de ver numa noite escura numa pedra escura uma formiga escura. De Carter diz que é um "cristão fervoroso". Em Beguin destaca sua grande esperança, apoiada sobre o texto de Isaías (49,15) "ainda que tua mãe te abandonasse, eu não te abandonarei". Assim conecta o Papa seu próprio pensamento e disse João Paulo I: Sim, porque Deus "é pai, mais ainda, é mãe"[92].

— É digno de ser destacado o texto de João Paulo II que se encontra na nota 52 do n. 4 da encíclica *Dives in misericordia*. Assinala a grande riqueza (expressiva e semântica) dos termos veterotestamentários para expressar a misericórdia de Deus. Há um, *rajamin*, que tem o simbolismo e o significado

---

[89]. F. X. DURRWELL, *o. c.*, 142; ver: pp. 142-143.
[90]. Ver um desenvolvimento dessa perspectiva, em: F.-X. DURRWELL, *El Espíritu santo en la Iglesia* (Salamanca, 1986) 190-192.
[91]. *Cántico* B, 27, 1: *Obras Completas* (Madri, 199414) 848.
[92]. Ver o texto completo em: Ecclesia n. 1. 903 (30/X/1978) 6.

do "amor de mãe": "é uma variante quase 'feminina' da fidelidade masculina a si mesmo, expressa no *hesed*".

3ª Propostas teológicas

Partindo das duas perspectivas precedentes, a teologia atual propõe reconsiderar o lado feminino de Deus Pai. Trata de levar ao discurso teológico as intuições bíblicas que entendem a atuação de Deus com símbolos também femininos. As propostas principais são as seguintes [93]:

— Falar do "Pai materno" (J. Moltmann) [94]. Para as teólogas essa formulação continua sendo masculina e androcêntrica.

— Superar a diferença de gênero e falar de "Deus Pai/Mãe". Para as teólogas essa compreensão não tem suficientemente em conta a realidade do, contudo, excessivo masculinismo na imagem de Deus.

4ª Solução possível

É necessário deixar a questão aberta ao estudo. Para o momento, conviria:

— Temperar a compreensão excessivamente masculina sublinhando a dimensão feminina. Dizendo: "Deus Pai/Mãe" ou "Deus Mãe".

— Ressaltar os traços "femininos" da atuação de Deus, tais como aparecem na Sagrada Escritura.

— Compreender a Deus como Comunhão: quando já ficam delineadas e superadas as tensões por razão de gênero.

— Tender a compreender a Deus além da masculinidade e da feminilidade (cf. Gl 3,28; Ef 2,14). Em Deus Pai se realizam todas as perfeições masculinas e femininas, porém, sem tradução sexual.

---

93. Cf. F. ELIZONDO, *La imagen de Dios desde las mujeres*: Confer 38 (1999) n. 145, 81-94.
94. J. MOLTMANN, *El padre maternal*: Concilium n. 163 (1983) 381-389.

b. *"Feminizar" a ética*[95]

1) O "ponto de vista moral" feminino

É difícil negar a existência de uma peculiaridade no modo de entender, de expressar e de viver a moral por razão da condição de gênero. Há uma moral masculina e feminina. Existe também uma moral "feminista", enquanto discurso e práxis reivindicativos dos direitos da mulher conculcados ou não tidos suficientemente em conta precisamente por sua condição de mulher.

Ainda que as explicações das peculiaridades masculina e feminina da moral não alcançaram, todavia, um grau suficiente de aceitação compartilhada, não se pode negar que a *Ética do Gênero* constitui um capítulo importante dentro do discurso ético atual.

2) Necessidade da universalização

Para que um ponto de vista ético tenha criticidade é necessário que se submeta ao contraste da imparcialidade e que consiga a capacidade de intervir na orientação ética geral. De outra maneira, fica relegado ao âmbito "regional".

Por outro lado, as reivindicações feministas não conseguirão a solução desejada se não entrarem pelas vias da relevância universal. Os interesses do feminismo devem "afetar" a todos para que por todos sejam assumidos.

Assim, pois, o ponto de vista ético tanto do varão como da mulher, sendo peculiar de cada gênero, não deve ser entendido como algo meramente setorial ou *regional*. Sua autenticidade se mede pela função que tenha para o interesse humano geral. A ética peculiar de cada gênero deve ser *universalizada* a fim de poder expressar assim o interesse moral geral da humanidade em seu conjunto.

Victoria Camps propõe duas estratégias positivas para tornar funcional o feminismo atual e, desse modo, erradicar as causas das desigualdades padecidas pela mulher por razão de sua condição de gênero. "Penso que a primeira estratégia que as mulheres devem contemplar deveria ter o signo inverso a tal opção: não masculinizar as mulheres, que seria fazer uma sociedade mais masculina e, definitivamente, mais machista, mas *feminizar os homens*. A segunda estratégia será a de fazer ver que o feminismo não é assunto de mulheres, mas de interesse comum"[96].

---

95. Sobre o tema remeto a uma exposição mais ampla: M. VIDAL, *Feminismo y ética. Cómo "feminizar" la moral* (Madri, 2000).
96. V. CAMPS, *El siglo de las mujeres* (Madri, 1998) 16-17.

Essas duas estratégias podem ser aplicadas ao terreno da moral. A moral feminina, e atualmente também a feminista, é de interesse comum para o conjunto da sociedade. Por outro lado, a moral humana geral deveria assumir traços básicos da moral feminina ("traços femininos"), a fim de incorporar ao universo dos valores humanos os ideais e as aspirações de uma grande parte (em termos gerais, a metade) da humanidade. O ponto de vista ético da mulher deve ser "somado" e não "subtraído" da moral humana comum.

3) A "feminização" da moral

Até hoje o traço que melhor define o ponto de vista ético da mulher é o da *ética do cuidado*, conforme à proposta de C. Gilligan. Não se trata de opor a ética do cuidado à *ética da justiça,* mas de complementá-las entre si. "Diz Gilligan que, assim como os homens desenvolveram uma ética da justiça, as mulheres sempre estiveram mais próximas de uma ética do cuidado e da responsabilidade. Não significa que tenhamos de renunciar à justiça para dedicar-nos ao cuidado dos demais. Significa que a justiça é insuficiente e que o cuidado dos demais não é menos importante que aquela. Ao lado da chamada por Hume 'a fria e zelosa virtude da justiça' há que manter e cultivar a benevolência, a preocupação com os outros" [97].

A "ética do cuidado" e a "ética da justiça" não se diminuem entre si mas se somam num projeto de *ética humana* onde o feminino e o masculino adquirem a relevância e a significação que lhes corresponde. De fato, Gilligan não se opõe ao universalismo, mas trata de matizá-lo. Somos seres autônomos ("justiça") porém expostos à vulnerabilidade ("cuidado"). Habermas formulou isso mesmo fazendo progredir a teoria de Rawls a partir da "justiça" para a "solidariedade" [98]. Segundo Seyla Benhabib com essa colocação se introduz uma mudança de paradigma no conceito de universalismo: passa-se do "universalismo legalista e substitutivo" para o "universalismo interativo" [99].

A ética do cuidado, provindo diretamente da peculiaridade moral da mulher, deve ser cultivada também pelos varões. É uma estrutura necessária da moral humana comum, a qual expressa assim o lado

---

97. *Ibid.*, 18-19.
98. J. HABERMAS, *Justicia y solidaridad*: VÁRIOS/AS, Ética comunicativa y democracia (Barcelona, 1991) 173-205.
99. S. BEHABIB, *Una revisión del debate sobre las mujeres y la teoría moral*: Isegoría n. 6 (1992) 51.

feminino da condição humana. Se a justiça é a expressão dos ideais do liberalismo ético, de cunho ilustrado e igualitário, o cuidado reúne as aspirações válidas do comunitarismo moral, de orientação mais pós-moderna e de cunho mais diferenciador. A necessária diversidade da condição humana tem sua expressão moral através da ética do cuidado.

V. Camps resume nestes traços o significado da ética do cuidado[100]:

1. Agrega um enfoque particularizado ao enfoque abstrato e geral da ética da justiça.
2. Destaca a implicação e o compromisso direto e quase pessoal com os outros. O amor, o cuidado, a empatia, a compaixão conectam com situações que pedem ajuda.
3. Diz-nos que a racionalidade deve mesclar-se com a emotividade.
4. Não se limita a conceber a lei, mas interessa-lhe sua aplicação situacional.
5. É uma ética relacional. Mais que o dever o que importa é a relação com pessoas. Dito de outra forma: há princípios, porém, estão a serviço das pessoas.

A feminização da moral humana comum há de relevar a importância de *alguns valores* que, precisamente por terem sido assumidos de modo prevalecente pelas mulheres, não foram suficientemente apreciados na vida pública. Tais são, entre outros: a ternura, a abnegação, a reconciliação, a discrição, a cooperação, a dedicação ao outro, a gratuidade.

O apreço desses valores não supõe o retorno a uma moral da heteronomia pré-moderna, criticada por Kant, ou da escravidão ressentida, denunciada por Nietzsche. Pelo contrário, esses valores trarão o complemento necessário ao esquema axiológico convencional muito marcado pelas apreciações de signo masculino. "Do mesmo modo que a mulher se fez mais homem e se apropriou de vantagens que foram exclusivas dos varões, a estes deveria tocar-lhes agora fazer o movimento inverso e aprender das vidas das mulheres aquilo que têm de socialmente positivo, que não é pouco. A renúncia, a compaixão, a ternura, inclusive certo sentimento de culpabilidade não cairiam mal numa sociedade cujos dirigentes

---

100. V. CAMPS, *o. c.*, 76-77.

tendem inevitavelmente para a prepotência e a arrogância daqueles que pensam que o erro não é com eles nem parecem sentir-se obrigados a escutar jamais a ninguém"[101].

Em síntese, a incorporação do ponto de vista ético da mulher à moral humana comum não somente tornará possível a superação das desigualdades padecidas pelas mulheres por razão de seu gênero mas também trará um enriquecimento notável tanto ao discurso ético como à vida moral da humanidade em seu conjunto.

Bibliografia:

Concilium n. 163 (1981): "¿Un dios Padre?".
DURRWELL, F.-X., *O Pai. Deus em seu mistério* (São Paulo, 1990).
LASCANO, R. (Dir.), *Dios, Nuestro Padre*. Estudio Teológico "San Agustín", Madri 1999.
PIKAZA, X., *Para descubrir el Camino del Padre*. Editorial Verbo Divino, Estella 1998.
VÁRIOS, *Dios es Padre*. Secretariado Trinitário, Salamanca 1991.

---

101. *Ibid.*, 18.

4

CONFORMAÇÃO À IMAGEM DO VERBO ENCARNADO

O seguimento de Jesus: caminho da moral cristã

I. MORAL E CRISTOLOGIA

A relação entre Cristologia e Teologia moral foi, e continua sendo, estudada tanto pelos teólogos dogmáticos como pelos teólogos moralistas. Nos últimos anos se vem constatando uma maior insistência sobre a base cristológica da moral cristã; é esta uma das prioridades na reflexão teológico-moral atual[1], frente à prevalência de outros interesses nas décadas precedentes (superação do legalismo, retorno às fontes bíblicas, discussão sobre a autonomia moral no contexto da fé etc.).

Sem ter a pretensão de fazer uma exposição completa de todas as contribuições, aludo a algumas das perspectivas mais importantes.

1. A partir da Cristologia

A partir da Cristologia sobressaem quatro orientações: 1) a que considera o evento de Cristo como o "universal concreto" no qual se dá a

---

1. J. F. KEENAN – T. R. KOPFENSTEINER, *Moral Theology out of Western Europe*: Theological Studies 59 (1998) 107-108. Sobre a situação da relação entre Cristologia e Teologia moral podem-se ver as relações de G. Piana, B. Petrà e L. Lorenzetti em: *Gesù di Nazareth e la morale*: Rivista di Teologia Morale 31 (1999) 469-500.

normatividade humana total e definitiva; 2) a que descobre a normatividade cristã na práxis histórica de Jesus; 3) a que faz uma leitura ética das fórmulas da dogmática cristológica; 4) e a que interpreta a filiação cristológica como o princípio constitutivo da vida cristã. Anoto, em seguida, os autores e os estudos correspondentes a cada uma dessas quatro orientações.

• H. U. von Balthasar propõe nove teses para compreender a ética cristã a partir da normatividade do "universal concreto" que é Cristo, acontecimento central e definitivo da história[2]. Para ele, "Cristo é o imperativo categórico concreto. Com efeito, não é somente uma norma formal universal da ação moral, susceptível de ser aplicada a todos; mas uma norma concreta pessoal"[3]. Em Cristo, norma definitiva, assume-se a moral da revelação veterotestamentária e desde Cristo ganham sentido os fragmentos morais pré- e pós-cristãos.

• A teologia da libertação deu um relevo especial à prática histórica de Jesus, não só enquanto revelação cristológica mas também como referente ético para os cristãos de todos os tempos. As cristologias da libertação (L. Boff, I. Ellacuría, J. Sobrino etc) têm um grande componente ético como ponto de partida ("desde a injustiça") e como meta de chegada ("em ordem à libertação integral"), e ajudaram a relacionar a moral cristã com a práxis histórica de Jesus[4].

• J. I. Gónzalez-Faus assume o pressuposto de que toda "ortodoxia" deve levar consigo uma "ortoprática". A verdade cristã terá crédito só na práxis coerente que é capaz de gerar. Aplica este critério às fórmulas "dogmáticas" da Cristologia tais como foram propostas nos primeiros concílios, de Nicéia a Calcedônia[5]. Descobre aí a justificação cristológica da opção cristã "a favor da justiça". "Deus se encarnou para que não o buscássemos 'no céu' mas entre os homens. E a encarnação (por complexa e obscura que resulte sua explicação teórica) é o fundamento teológico do que, sem nenhum reducionismo, deve ser qualificado como 'o horizontalismo cristão'"[6].

---

2. H. U. VON BALTHASAR, *Nueve tesis para una ética cristiana*: Ecclesia 35 (1975) 901-909.
3. *Ibid.*, 901-903.
4. Pode-se ver apresentada essa orientação na seguinte exposição: J. J. TAMAYO-ACOSTA, *Hacia la comunidad. 3. Por eso lo mataron. El horizonte ético de Jesús de Nazaret* (Madri, 1998).
5. J. I. GONZÁLEZ-FAUS, *Dogmática cristológica y lucha por la justicia*: Bulletin ET 7 (1996) 73-98.
6. *Ibid.*, 98.

- O delineamento cristológico de F.-X. Durrwell está profundamente arraigado no mistério da Páscoa, mediante o qual Cristo é "constituído" como Filho de Deus[7]. A "filiação" faz de Cristo não só o filho de Deus mas também o Irmão de todos. Ainda que intensamente mistérica, ou precisamente por isso, a visão cristológica de Durrwell tem implicações éticas de primeira ordem. A moral cristã é uma "moral nova" enquanto é participação, mediante o Espírito Santo, da vida do Ressuscitado[8]. O Cristo pascal é fonte da ética cristã[9].

2. A partir da Teologia moral

Uma das orientações que mais favoreceram a renovação da Teologia moral foi desenvolver o traço tradicional do cristocentrismo moral[10]. A reflexão teológico-moral das últimas décadas não deixou de aprofundar cada vez mais no mistério de Cristo como referente normativo primário para a vida moral do cristão. Dentre os muitos estudos existentes[11], referir-me-ei a duas orientações de especial interesse: a que ofereceu D. Capone sobre a cristificação ontológica e a aposta de A. Scola por uma moral cristológica válida para todos.

a. Cristificação ontológica

D. Capone propõe uma fundamentação da ética cristã sobre a cristificação

---

7. F.-X. Durrwell foi evoluindo desde a cristologia pascal até a cristologia filial e pneumatológica. Anotar o percurso que marcam estas duas obras: *A Ressurreição de Jesus, mistério de salvação* (São Paulo, 1969); *Jesús, Fils de Dieu dans l'Esprit Saint* (Paris, 1997).
8. F.-X. DURRWELL, *La Resurrección de Jesús, misterio de salvación* (Barcelona, 1962) 254-266.
9. Cf. J. T. CUNHA, *O Evento do Filho – Advento do Homem. A relação do homem a Cristo pascal, fonte de ética, na obra de F.-X. Durrwell* (Porto, 1989).
10. Cf. L. B. GUILLON, *Cristo e la Teologia Morale* (Vicenza, 1961); P. J. KUNICIC, *Systema moralis christocentricae*: Divinitas 12 (1968) 211-229; J. REITER, *Modelle christozentrischer Ethik. Eine historische Untersuchung in systematischer Absicht* (Düsseldorf, 1984).
11. VÁRIOS, *Cristologia e morale* (Bologna, 1982) (Exposições do IX Congresso de Teólogos moralistas italianos); J. PIEGSA, *Jesus Christus als "Norm" christlicher Ethik*: Theologie und Galube 73 (1983) 134-146; J. VÉLEZ, *Moral y cristología. Puntos determinantes de una relación*: Studia Moralia 23 (1985) 211-232; S. FRIGATO, *Antropologia cristologica e verità morale*: Salesianum 54 (1992) 99-120; J. DESCLOS, *Vatican II et la dimension filiale de la morale chrétienne* (Roma, 1992); S. BASTIANEL, *La chiamata in Cristo come tema e principio dell'insegnamento della teologia morale*: Seminarium 34 (1994) 52-71; M. RUBIO, *La "cristicidad" de la ética cristiana. Jesús de Nazaret, punto de referencia de los valores*: Sal Terrae 81 (1995) 495-510; J. L. GONZÁLEZ-ALIÓ, *Cristo, la nueva ley*: Scripta Theologica 28 (1996) 847-867; M. DOLDI, *Fondamenti cristologici della Teologia Morale in alcuni autori italiani* (Roma, 1996); R. TREMBLAY, *Radicati e fondati nel Figlio* (Roma, 1997).

ontológica e sacramental[12]. Na seguinte definição descritiva da Teologia moral aparecem os elementos nucleares de sua concepção: "É a parte da teologia que, à luz do mistério de Cristo, trata da pessoa moral, enquanto, chamada por Deus em Cristo, é constituída pessoa; a qual, em comunhão ontológica e sacramental com Cristo ressuscitado, e com a força do Espírito, posta em existência dentro do mundo e de sua história, produz frutos de vida para o mundo, na tensão escatológica da história da salvação"[13].

Para Capone o ser humano é constituído "pessoa moral" pela incorporação ontológica a Cristo, mediante a força do Espírito e seguindo o desígnio salvífico do Pai. Por essa incorporação a Cristo, o fiel está ontologicamente integrado ao dinamismo trinitário que se faz operante na história da salvação. Daí que a vida moral cristã tenha uma estrutura ao mesmo tempo trinitária, cristocêntrica e mistérico-sacramental. O mistério de Cristo é como o núcleo no qual se articulam todas as dimensões da existência moral cristã. Dele procede (ontologicamente) a vida moral e para Ele tende (como a seu ideal normativo).

Nessa relação entre Cristologia e moral está a maior originalidade do pensamento moral de Capone; todos os temas restantes têm aqui seu ponto de partida e sua meta de convergência[14]. "Em Capone aparece claro que o dinamismo moral é essencialmente cristológico. O homem é chamado a receber o próprio ser da parte de Cristo, mantendo a tensão dialógica com o Pai e com os irmãos; atua no mundo a existência recebida, operando em Cristo, isto é, cumprindo a obra do Pai comunicada por Cristo"[15].

b. Universalização da perspectiva cristológica

Angelo Scola dedicou vários estudos para analisar a relação entre Cristologia e moral[16]. Nos mais recentes assume a orientação marcada

---

12. D. CAPONE, *Il mistero del Cristo e la fondazione della teologia morale*: Asprenas 16 (1969) 331-356; *L'uomo è persona in Cristo* (Bologna, 1973); *Cristocentrismo in teologia morale*: L. ÁLVAREZ - S. MAJORANO (aos cuidados de), Morale e Reden-zione (Roma, 1983) 65-94. Ver também a recompilação de artigos de Capone, a cargo de S. BOTERO e S. MAJORANO: *La proposta morale de Sant'Alfonso: Sviluppo e attualità* (Roma, 1997).
13. *L'uomo è persona in Cristo*, 11.
14. Cf. M. DOLDI, *L'uomo è persona in Cristo nel pensiero di Domenico Capone*: Rassegna di Teologia 39 (1998) 525-547.
15. *Ibid.*, 545.
16. A. SCOLA, *Cristologia e morale*: A. ANALDO (aos cuidados de), Persona, verità e morale (Roma, 1987) 539-560; *Christologie et morale*: Nouvelle Revue Théologique 109 (1987) 382-410; *Jesucristo, fuente y modelo de vida cristiana*: VÁRIOS, Jesucristo, la Buena Noticia (Madri, 1997) 155-181; *Gesù Cristo, fonte di vita cristiana*: Studia Moralia 36 (1998) 5-36.

pela encíclica *Veritatis splendor*, segundo a qual a moral cristã não consiste num "elenco de preceitos" (n. 23), mas em "aderir-se à pessoa" de Cristo (n. 19), "lei viva e pessoal" (n. 15). O cristão se faz "contemporâneo" de Cristo no presente sacramental (n. 25); desse modo, sua existência se desenvolve através do dinamismo de conformação com Ele.

Tendo esse fundamento, a moral cristã deve organizar-se como um "encontro" com Cristo. "A catequese moral, portanto, necessariamente deverá começar pelo encontro com Cristo e pela incorporação em sua vida na comunhão eclesial. Participação da Vida divina na dinâmica sacramental da Igreja: está aí a fonte das virtudes, dos dons e da norma moral"[17].

Uma contribuição especial de A. Scola é ter relacionado a fundamentação cristológica da moral cristã com a crise ética do momento atual, manifestada em sinais como: o niilismo, o "pensamento débil", o relativismo moral, a dicotomia entre ética pública e privada. A base cristológica da moral pode ser uma alternativa, segura e coerente, à crise moral de nosso tempo. Fundamentada em Cristo, a moral cristã é uma proposta válida para todos. "Uma concentração cristológica e antropológica da moral, tal como a propusemos, não anula em absoluto a universalidade da ética (...). é necessário superar a falsa convicção de que só uma ética natural pode ser universal. Assim como é necessário superar a perniciosa e ilógica conseqüência de que a referência cristológica impõe a 'regionalização da ética' (...). Sempre é possível mostrar a quem não crê a razoabilidade intrínseca de uma norma que pode ser conhecida naturalmente, sem renunciar a priori a apresentá-la como parte de um conjunto que recebe sua fundação completa só na perspectiva crística"[18].

As referências precedentes, tomadas tanto da Cristologia como da Teologia moral, manifestam a importância que alcançou a base cristológica para fazer uma proposta coerente da moral cristã. Dessa constatação bibliográfica se deduz a existência de uma opção clara na vida e na reflexão morais do catolicismo atual: a opção pelo "cristocentrismo moral", cujo significado trato de expor na seção seguinte.

II. OPÇÃO PELO "CRISTOCENTRISMO" MORAL

O "cristocentrismo" é um dos traços indiscutíveis na maneira de apre-

---

17. *Jesucristo, fuente y modelo de vida cristiana*: l. c., 181.
18. *Ibid.*, 179.

sentar e de viver a moral cristã no momento atual. Para corroborar essa afirmação trago dois grupos de perspectivas, umas referidas à reflexão teológica e outras ao magistério eclesiástico. Escolho como representação da primeira perspectiva a obra de B. Häring. Para a segunda, trago a doutrina do *Catecismo da Igreja Católica* e da encíclica *Veritatis splendor*.

1. O cristocentrismo na obra de B. Häring

Nas décadas precedentes e posteriores à II Guerra Mundial muitos moralistas católicos estiveram preocupados em encontrar um princípio organizador da moral cristã. Häring não teve interesse especial por defender uma categoria teológico-moral como *o* princípio organizador da moral. Em suas obras utiliza as principais perspectivas que oferece a Sagrada Escritura (*Vocação, Kairós, Discipulado, Lei de Cristo, Lei de Liberdade, Aliança, Bem-aventuranças* etc.)[19], porém, sem dar a nenhuma delas a função de princípio organizador.

Há, sem dúvida, uma orientação que dá sentido unificador a todo o projeto teológico-moral de Häring. É a orientação cristocêntrica. O cristocentrismo moral é um dos méritos reconhecidos a Häring[20].

O início de *A Lei de Cristo* é uma confissão lúcida e sem rodeios do cristocentrismo moral: "O centro, norma e finalidade da Teologia Moral cristã é Cristo. *Cristo em pessoa é a verdadeira e autêntica lei do cristianismo*, posto que é Cristo seu único senhor e salvador. *Por Ele e Nele temos a vida: por Ele e Nele temos a lei desta vida*. Para compreender todas as exigências da vida cristã, não basta considerar os termos do decálogo; nem sequer é suficiente olhar só o que a vontade de Deus impõe e exige; o primeiro que se há de pensar é o amor que Deus nos professa, *o que nos exigem seus amorosos dons*. Pois bem, Deus no-lo deu todo em Cristo; Nele nos revelou as últimas profundidades de seu amor. Nesse amor de Cristo e por esse amor nos pede um amor recíproco, isto é, nos pede uma vida "cristã" verdadeira, cristiforme. A vida cristã se nos apresenta assim como uma imitação, como um 'seguimento' de Cristo mas não uma imitação ou seguimento puramente exterior, nem uma cópia exter-

---

19. Ver a exposição de M. CLARCK, *The Major Scriptural Themes in the Moral Theology of Father Bernhard Häring*: Studia Moralia 30 (1992) 3-16, 227-287. Sobre a moral do "Kairós" e da "Historia de salvación": B. HÄRING, *Existencialismo cristiano en la perspectiva de la Historia de la Salvación*: VÁRIOS, Renovación de la Teología Moral (Madri 1967) 167-188.
20. R. TREMBLAY, *Cristo e la morale in alcuni documenti del Magisterio* (Roma 1996) 13, nota 2 ("Häring se non come pionere, certamente come decisivo promotore del cristocentrismo").

na, ainda que fora por amor e obediência; não, a vida cristã é, antes de tudo, uma *vida em Cristo Jesus*"[21].

Aos vinte e cinco anos de escrita essa profissão de cristocentrismo, Häring retorna sobre o escrito e ensinado e reafirma a opção assumida no começo de seu caminho teológico: "O nome de minha primeira exposição completa da Teologia Moral, *A Lei de Cristo*, se referia, evidentemente a Gálatas 6,2, onde se sublinha fortemente a Cristo que em sua própria pessoa é nossa lei, nosso caminho, nossa vida: 'Ajudai-vos mutuamente a levar vossas cargas, e assim cumprireis a lei de Cristo'. Essa solidariedade salvadora é o miolo da lei de Cristo, revelada em sua própria pessoa, em sua vida e em sua morte. É uma lei de amor e de unidade no amor; a sua luz vemos a mensagem total da carta aos Gálatas, a mensagem de liberdade em Jesus Cristo"[22].

O cristocentrismo moral de Häring "intenta sintetizar o teocentrismo e o antropocentrismo cristão"[23]. De forma especial, esse cristocentrismo assume as necessárias ressonâncias trinitárias[24] e, além disso, mais expressamente, leva consigo a referência ao Espírito Santo. É um "cristocentrismo pneumatológico"[25].

O cristocentrismo também tem muito a ver com a peculiaridade do personalismo moral tal como é esboçado por Häring em seus primeiros escritos e desenvolvido em outros ulteriores. No ano 1971 declara: "Em todos os meus escritos destes últimos vinte e cinco anos, tentei uma linha de pensamento personalista e existencial. Não obstante, dei-me conta exata do grande esforço que, todavia, se requer para apresentar em forma coerente e valorosa os problemas principais que implica a compreensão da chamada do homem à maturidade e à capacidade de discernimento e reciprocidade de um amor genuíno. Esses problemas se situam na medula mesma da teologia"[26].

Visto desde o cristocentrismo, o personalismo moral de Häring se distancia tanto do "individualismo" egoísta e auto-perfeccionista como do "coletivismo" avassalador e inumano[27]. É um personalismo de caráter

---

21. *A Lei de Cristo* (São Paulo, 1960) 25.
22. *Livres e fiéis em Cristo* (São Paulo, 1979) 19.
23. *Ibid.*, 22.
24. Cf. *Una entrevista autobiográfica*, 68, 73, 76.
25. Cf. B. HÄRING, *É possível mudar* (Aparecida, 1994) 19-21.
26. B. HÄRING, *La moral y la persona* (Barcelona, 1973) 9.
27. Ver B. HÄRING, *Personalismo cristiano y Teología Moral*: VÁRIOS, Renovación de la Teología Moral (Madri, 1967) 189-204.

"comunitário"[28] baseado na *responsabilidade*, uma das categorias chaves no projeto teológico-moral de Häring[29]. Essa perspectiva, proposta em *A Lei de Cristo*, em chave de "resposta" à chamada de Deus em Cristo, alcança seu pleno desenvolvimento em *Livres e Fiéis em Cristo* mediante a categoria moral de "fidelidade criativa/livre" ou de "criatividade/liberdade fiel".

2. O cristocentrismo moral no Magistério eclesiástico recente

O Magistério eclesiástico recente teve uma preocupação especial por enfatizar a necessária orientação cristológica da moral cristã[30]. O *Catecismo da Igreja Católica* pede que a catequese moral assuma essa orientação: "A referência primeira e última desta catequese será sempre Jesus Cristo que é 'o caminho, a verdade e a vida' (Jo 14,6). Contemplando-o na fé, os fiéis de Cristo podem esperar que Ele realize neles suas promessas, e que amando-o com o amor com que ele nos amou realizem as obras que correspondem a sua dignidade"[31].

Foi a encíclica *Veritatis splendor* o documento magisterial recente que com maior força destacou o cristocentrismo moral[32]. Para João Paulo II, as referências normativas da história de salvação adquirem sentido pleno na categoria vivente e pessoal que é Jesus. Da pessoa de Jesus irradia a iluminação moral e para ela tende todo objetivo ético. "Ele mesmo se faz Lei vivente e pessoal, que convida para seu seguimento; dá, mediante o Espírito, a graça de compartilhar sua própria vida e amor, e infunde a força para dar testemunho do amor nas decisões e nas obras (cf. Jo 13,34-35)" (n. 15).

Nessa concentração cristológica da moral é onde aparece a categoria do seguimento. A moral da perfeição, enquadrada no dinamismo trinitário, concretiza-se na moral do seguimento de Jesus (n. 19-21). Esta é a afirmação taxativa da encíclica: "O caminho e, ao mesmo tempo, o conteúdo

---

28. "A doutrina sobre a Igreja como 'Corpo místico', que sinalizou a época entre as duas guerras, marcou a passagem decisiva de Häring para o sentido comunitário" (V. SCHURR-M. VIDAL, *Bernhard Häring y su nueva Teología Moral*, Madri 1989, 23).
29. Cf. *Una entrevista autobiográfica*, 39, 45, 50.
30. Remeto ao livro de R. TREMBLAY, *Cristo e la morale in alcuni documenti del Magistero: "Catechismo della Chiesa Cattolica", "Veritatis splendor", "Evangelium Vitae"* (Roma, 1996).
31. *Catecismo da Igreja Católica*, n. 1698.
32. VÁRIOS, *Gesù Cristo, legge vivente e personale della Chiesa* (Casale Monferrato, 1996).

dessa perfeição consiste na seqüela Christi, no seguimento de Jesus" (n. 19). Dito de outro modo, sem dúvida mais definitivo e axiomático: "seguir a Cristo é o fundamento essencial e original da moral cristã" (n. 19).

Seguir a Jesus é "aderir à própria pessoa de Jesus" (n. 19). Não são seus "ensinamentos" nem seus "mandamentos" o que constitui a moral cristã; é sua pessoa. Daí que a vida moral do cristão tenha de ser conjugada não com os verbos "escutar" (um ensinamento) ou "cumprir" (um mandamento) mas com o verbo "aderir" a uma pessoa (n. 20). Ser "discípulo" ou "seguidor" de Jesus é compartilhar sua vida e seu destino; esse é o "mandamento novo" (n. 20).

Conseqüentemente, "seguir a Jesus não é uma imitação exterior" (n. 21). É a transformação interior e total do fiel segundo a imagem de Cristo; "ser discípulo de Jesus significa fazer-se conforme a ele" (n. 21).

Com essas expressões a encíclica consegue centrar a moral cristã num ponto exato e decisivo: a pessoa de Jesus. Aqui está a profunda simplicidade da moral cristã: "em termos de simplicidade evangélica consiste fundamentalmente no seguimento de Jesus, no abandonar-se a ele, no deixar-se transformar por sua graça e ser renovados por sua misericórdia, que se alcançam na vida de comunhão de sua Igreja" (n. 119).

Esse "cristocentrismo ético" recupera os tons personalistas, existenciais, biográficos e narrativos da moral evangélica. "O modo de atuar de Jesus, suas palavras, suas ações..." (n. 20) constituem a trama da moral cristã. A práxis histórica de Jesus, narrada nos evangelhos, é a norma da prática histórica dos fiéis na narração viva da história humana. A moral do seguimento se realiza mediante a mística transformadora segundo a imagem de Cristo. A moral cristã faz parte do único projeto de transformação mística, iniciada no batismo e que consiste em "configurar radicalmente o fiel com Cristo no mistério pascal da morte e ressurreição" (n. 21).

III. CONCENTRAÇÃO DO CRISTOCENTRISMO MORAL NO "SEGUIMENTO DE CRISTO"

Para desenvolver o significado do cristocentrismo moral utilizo a categoria de *Seguimento*. Com ela pretendo concentrar o conteúdo da moral cristã na *conformação com Cristo*. Com essa profundidade, deve-se entender o Seguimento de Jesus: um processo de transformação interior, realizado pela Graça, que conduz a uma forma de vida própria do discípulo ou seguidor de Jesus.

O "seguimento" de Jesus é uma categoria teológica que expressa um dos traços básicos da existência cristã: sua necessária referência a Jesus de Nazaré, a quem se confessa como Cristo.

O significado primeiro e sempre permanente desta fórmula cristã se encontra no Novo Testamento, particularmente nos Evangelhos sinópticos. Desta fonte evangélica surgem as correntes que fecundam os principais âmbitos do saber e do viver cristãos, tais como a teologia dogmática (sobretudo, cristologia e eclesiologia), a teologia espiritual, a teologia moral e a teologia pastoral.

A moral cristã, tanto a vivida como a refletida, não pode ficar fora da influência que exerce a categoria de seguimento de Jesus para o conjunto do cristianismo. A vida moral cristã se caracteriza, como um de seus traços básicos, por ser a realização do seguimento de Jesus num tempo histórico determinado e numa biografia concreta. Por sua parte, a reflexão teológico-moral, sobretudo a de caráter fundamental, serve-se da categoria de seguimento para identificar a ética dos cristãos.

Na seqüência, refiro-me ao significado moral do seguimento de Jesus, sabendo que essa dimensão moral se encontra expressa nuclearmente nas fontes neotestamentárias e que a vertente moral não pode ser separada das restantes vertentes teológicas, sobretudo a cristológica, a eclesiológica e a espiritual. Restringindo-me ao que considero mais especificamente relacionado com o campo da moral, farei duas séries de reflexões, umas referidas ao discurso teológico-moral e as outras em relação mais direta com a vida moral cristã.

IV. A REFLEXÃO TEOLÓGICO-MORAL E O SEGUIMENTO DE JESUS

Combinarei a aproximação diacrônica com a sincrônica para assinalar, em primeiro lugar, o uso que fez da reflexão teológico-moral da categoria de seguimento e para anotar, na seqüência, as preocupações e interesses que existem no campo da Teologia moral atual em relação com essa categoria teológica. Há que anotar que não existem estudos significativos nem sobre a história[33] nem

---

33. Cf. as referências de: A. AUER, *Imitación. II. Historia*: Conceptos fundamentales de la Teología (Madri, 1966) 363-368; P. ADNÈS, *Sequela e imitazione di Cristo nella Scrittura e nella Tradizione* (Roma, 1994).

sobre a sistemática[34] do conceito de seguimento na reflexão teológico-moral católica.

1. Ausência do Seguimento na história da Teologia moral

É óbvio que a Teologia moral sempre fez referências explícitas e implícitas à pessoa de Jesus enquanto "norma" primária da vida moral cristã. Não obstante, essas referências cristológicas não foram formuladas mediante a categoria de seguimento. É difícil, para não dizer impossível, encontrar na reflexão teológico-moral antes do século XX uma compreensão da vida moral cristã em chave de seguimento ou um tratamento elaborado e sistemático do significado moral dessa categoria.

As alusões que se podem encontrar estão vinculadas ao conceito de "imitação", aspecto sobre o qual voltarei mais adiante. Por outro lado, é na espiritualidade e não na moral onde se acham essas alusões à imitação e, em menor grau, ao seguimento. Não obstante essa constatação geral da ausência do seguimento na história da reflexão teológico-moral, quero anotar algumas referências históricas que têm uma conexão mais ou menos próxima do significado moral.

a. Época patrística

Na época patrística sobressaem três compreensões da vida cristã que têm muito a ver com a vertente moral do seguimento.

> • Em primeiro lugar, o *martírio* constitui, sobretudo para a consciência cristã dos três primeiros séculos, a forma perfeita de seguir a Jesus "imitando" sua morte e sendo "discípulo" perfeito do Senhor[35]. Este vocabulário e esta compreensão se encontram nas cartas de Santo Inácio de Antioquia: "Permita-me imitar a paixão de meu Deus"; "assim serei verdadeiro discípulo"; "discípulo de Cristo e condiscípulo vos-

---

34. Cf. R. HOFMANN, *Nachofolge Christi. II. Systematisch*: LTK2, VII, 759-762; A. KLINGL, *Nachofolge Christi-ein moraltheologischer Begriff*: K. DEMMER - B. SCHÜLLER (Hrg.), *Christilich Glauben und Handeln* (Düsseldorf, 1977) 78-111; T. GOFFI, *Seguimiento/Imitación*: Nuevo Diccionario de Teología Moral (Madri, 1992) 1669-1681.
35. S. RAPONI, *Alla scuola dei Padri* (Roma, 1999) 264-266.

so"[36]. Também aparece esse tema nos escritos de São Cipriano, onde o vocabulário de seguimento está mais presente[37].

- Essa compreensão martirial da vida cristã em chave de "imitação", de "discipulado" e, em menor grau, de "seguimento" sofre uma transformação a partir do século IV. É agora o *monacato*, em suas configurações concretas no Egito, Palestina e Síria, a expressão mais qualificada do seguimento de Jesus. A frase acunhada em latim formula acertadamente esta nova sensibilidade: "nudus sequi Christum nudum".
- Não obstante, o ideal de seguir a Cristo não pode ficar reduzido nem à forma martirial nem à forma monacal. Na época patrística encontramos a extensão desse ideal a *todos os cristãos*. Mediante a identificação agostiniana entre "seguimento" e "imitação"[38] será fácil assinalar como a imitação de Cristo é a forma cristã comum de segui-lo. Expressa-o bem São João Crisóstomo quando se dirige assim a todos os fiéis: "Que Cristo não cesse de se mostrar em nós. E como se mostrará? Mediante os atos que fazemos à sua imitação"[39].

b. Idade Média

Na Idade Média, a idéia do seguimento de Jesus adquire acentos novos, vinculados estes a apoiar os movimentos espirituais de volta ao Evangelho. Assim, São Bernardo destacará a importância da volta à vida terrena de Jesus para imitar as "virtudes" de Jesus (pobreza, humildade, paciência, amor etc.) e para configurar uma espiritualidade mais "encarnada" no humanismo cristão[40]. O seguimento de Cristo "pobre" será a inspiração e o objetivo das novas instituições religiosas: franciscanos, dominicanos, carmelitas, agostinianos etc.

---

36. T. PREISS, *La mystique de l'imitation du Christ et de l'unité chez Ignace d'Antiochie*: Revue d'Histoire et de Philosophie Religieuses 18 (1938) 197-242.
37. S. DELEANI, *Christum sequi. Étude d'un thème dans l'oeuvre de saint Cyprien* (Paris, 1979).
38. SANTO AGOSTINHO, *De sancta virginitate*, c. 27: PL, 40, 411: "Quid est enim sequi nisi imitari?".
39. SÃO JOÃO CRISÓSTOMO, *Homilia in epist. Ad Rom.*, 24, 4: PG, 60, 627.
40. E. KLEINEIDAM, *Die Nachfolge Christi nach Bernhard von Clairvaux:* E. KLEINEIDAM (Hrg.), Amt und Sendung (Friburgo, 1950) 432-460; J. LECLERCQ, *Imitation du Christ chez saint Bernard*: Collectanea Cisterciencia 38 (1976) 236-282.

Na reflexão teológica se encontram ressonâncias dessas novas sensibilidades, embora não seja a categoria de seguimento uma perspectiva central das sínteses teológicas. Pelo que se refere mais diretamente à reflexão teológico-moral, convém anotar o paradigma ético exemplarista de São Boaventura no qual cabe a referência ao exemplar que é Cristo[41], e a tonalidade cristocêntrica da moral de Santo Tomás[42].

De Santo Tomás é a afirmação taxativa: "Deve-se dizer: como já expus (q. 184, a.3 ad 1; q. 165, a. 6 ad 1), a perfeição não consiste na pobreza, mas em seguir a Cristo, segundo o que disse São Jerônimo em *Super Tim*: 'Dado que não é suficiente o deixar tudo, Pedro acrescentou o que é perfeito, a saber: seguimos-Te'"[43].

c. Idade Moderna

Na época moderna tem lugar a constituição da Teologia moral como disciplina independente dentro do conjunto do saber teológico. Isso traz consigo a perda do entroncamento com os princípios teológicos espirituais e a vinculação à casuística da pastoral penitencial. É normal que nessa compreensão da Teologia moral, que tem vigência desde o concílio de Trento até praticamente o concílio Vaticano II, tenha pouco emprego a categoria de seguimento.

Será no campo da espiritualidade onde tenha de buscar a função dessa categoria, que agora se identifica em significado com a *imitação* de Cristo. Assim o faz expressamente a "devotio moderna", uma de cujas expressões qualificadas é precisamente o livro intitulado "Imitação de Cristo". Apoiando-se na volta ao evangelho da "Vita Christi" de Ludolfo de Saxônia, Santo Inácio de Loyola encontrará seu profundo cristocentrismo no "seguir e imitar a nosso Senhor"[44].

---

41. Cf. J. L. PARADA, *El ejemplarismo moral en la ética teológica de san Buenaventura* (Murcia, 1991).
42. Cf. L.-B. GUILLON, *L'imitation du Christ et la morale de saint Tomas*: Angelicum 36 (1959) 263-286; ID., *Cristo e la teologia morale* (Roma, 1961); A. VALSECCHI, *L'imitazione di Cristo in S. Tommaso d'Aquino*: Miscellanea Carlo Figini (Venego Inf., 1964) 175-203.
43. II-II, q. 188, a. 7. O texto de São Jerônimo se encontra em: PL, 26, 144.
44. EE. EE, n. 109 (cf. n. 95) Sobre o seguimento de Cristo em Santo Inácio, ver o comentário de K. RAHNER, *Betrachtungen zum ignatianischen Exerzitienbuch* (Munique, 1965) 117-128. ("Zur Nachfolge Christi"). Ver também R. RODRÍGUEZ, *Imitar y seguir: vocación evangélica de los ejercicios de san Ignacio*: Miscelánea Comillas 4 (1983) 301-309. H.U. Von Balthasar (*Ensayos teológicos. II. Sponsa Verbi*, Madri, 1964) crê que "para Santo Inácio o seguimento é, de maneira central, obediência" (p. 165) e conecta a doutrina inaciana sobre o segui-

A escola mística carmelitana do século XVI, com santa Teresa e São João da Cruz à frente, transformarão a relação com Cristo em encontro místico, porém, sem descuidar a configuração com ele mediante a prática de uma vida "em nudez" e "em nada". São João da Cruz dedica dois formosos capítulos da "Subida do Monte Carmelo" (capítulos 7 e 22 do livro 2) a explicar a relação entre "seguir a Cristo" e "negar-se a si mesmo"[45].

A escola de espiritualidade francesa do século XVII interiorizará o seguimento de Jesus e assim Pedro de Bérulle apoiará a espiritualidade cristã na conformação com os "estados" (históricos e místicos) do Verbo. No século XVIII a referência espiritual a Cristo está à flor da pele, embora com tonalidades moralizantes e concentrando a imitação cristológica nos mistérios da paixão e da eucaristia sem preocupação expressa para a forma de vida do Jesus histórico. São Paulo da Cruz acentua a imitação da paixão de Cristo e Santo Afonso de Ligório centra o seguimento de Jesus na "prática da caridade e das demais virtudes cristãs", segundo o esquema de 1Cor 13.

O fundo mistérico do seguimento de Jesus fora recuperado em fins do século XIX e começos do XX, mediante a renovação litúrgica e a renovação da teologia sacramental. São significativos a este respeito os estudos de O. Casel e as aplicações espirituais de C. Marmion. Mais recentemente, redescobre-se o "rosto pessoal" de Jesus na vivência espiritual cristã. Basta citar Charles de Foucauld como expoente daqueles que viveram e formularam a "sedução" exercida por Jesus em suas vidas.

Recordar-se as grandes balizas do uso da categoria de seguimento (e de imitação) de Cristo na espiritualidade cristã tem sido, em primeiro lugar, para relevar duas constatações: primeira, a presença contínua — ainda que com formas diversas — da referência cristológica na vida cristã; e segunda, a ausência dessas categorias na reflexão teológico-moral. Essa ausência é mais evidente na etapa em que a Teologia moral funciona como disciplina independente, isto é, desde o concílio de Trento em diante. Além disso, pretendi anotar as perspectivas que teria de levar em conta a reflexão teológico-moral ao longo de sua história se tivesse sido mais

---

mento com o ethos teutônico e com o imperativo categórico kantiano, levando à afirmação seguinte: "Inácio de Loyola eleva definitivamente à esfera espiritual desse ethos, em sua mediação De Regno Christi, que caracteriza a espiritualidade de sua Companhia, a qual é, junto com o prussianismo secularizado, quase o único lugar em que continuou vigente esse ethos até o dia de hoje" (p. 160).

45. Cf. C. GARCÍA, *Vida moral y perfección cristiana*: C. DEL POZO (Dir.), Comentarios à "Veritatis splendor" (Madri, 1994) 517-539.

e melhor articulada com a espiritualidade. A denúncia dessa carência se converte em desafio para a Teologia moral do presente e do futuro.

2. Redescobrimento do Seguimento na Teologia moral atual

No século XIX aflora esporadicamente a referência ao seguimento de Cristo dentro da teologia alemã [46]. Porém, deve-se esperar até o século XX, quando se recupera na reflexão teológico-moral o significado neotestamentário do seguimento. Assinalo, em seguida, a história desse redescobrimento.

*a. Aplicação do princípio de "exemplaridade" de M. Scheler
à reflexão teológico-moral (F. Tillmann)*

O primeiro autor a redescobrir a importância do seguimento para a Teologia moral católica foi E. Tillmann (1874-1953). Esse teólogo alemão representa o começo da renovação da Moral católica no século XX. Inicia-se em estudos bíblicos, porém, pelas dificuldades que naqueles tempos se encontravam no ensino da Sagrada Escritura dentro da Igreja, troca a cátedra de Bíblia pela de Moral. As vantagens dessa mudança foram para a Teologia moral, que percebeu o influxo da Sagrada Escritura. Era o ano de 1913. "Quando F. Tillmann se viu necessitado de mudar, em Bonn, sua cátedra de Novo Testamento pela de Teologia Moral cumpre-se, sem dúvida alguma, um processo providencial"[47]. Com Tillmann entravam na Moral a impostação bíblica e o alento cristocêntrico, aspectos ambos que serão decisivos na renovação teológico-moral atual.

Junto com outros autores, F. Tillmann publica nos finais dos anos 20 e princípios dos 30 um "Manual de Moral católica" (*Handbuch der Sittenlehre*) em 6 volumes. Os tomos III e IV são obra de Tillmann; neles expõe o conteúdo da moral católica seguindo a idéia orientadora do seguimento de Cristo. No tomo III, analisa essa idéia de seguimento de Cristo[48] enquanto princípio fundante e organizador de todo o

---

46. Cf. R. HOFMANN, *Moraltheologische Erkenntnis und Methodenlehre* (Munique, 1963) 239-240.
47. J. G. ZIEGLER, *La Teología Moral*: VÁRIOS, La Teología en el siglo XX (Madri, 1974) 282.
48. F. TILLMANN, *Die Idee der Nachfolge Christi* (Düsseldorf, 1934).

agir moral cristão. No tomo IV, expõe o conteúdo concreto da moral ("a realização do seguimento de Cristo") em três séries de "deveres": para com Deus, para com o próximo e para consigo mesmo.

Na concepção de "seguimento", Tillmann é devedor não tanto da teologia neotestamentária quanto do princípio de "exemplaridade" analisado e exposto por M. Scheler[49]. Segundo esse filósofo, vinculado à fenomenologia, na vida moral funciona o mecanismo da "identificação". Pois bem, essa identificação pode converter-se na dependência excessiva quando o referente adota a categoria de "chefe"; pelo contrário, a identificação tem uma funcionalidade positiva quando o referente é um "modelo". A distância entre o "chefe" (Führer) e o "modelo" (Vorbild) marca o caminho a percorrer para que a identificação seja de sinal positivo. O "modelo" encarna valores autênticos e a relação com ele se converte no mecanismo mais adequado para realizar os processos de moralização. Essa concepção maxscheleriana foi seguida por outros filósofos e assumida por alguns teólogos (T. Steinbüchel, M. Reding, G. Ermecke, R. Hofmann etc.). Alcançou assim importância uma exposição da moral a partir da categoria de "modelo"[50].

Tillmann interpreta o seguimento de Cristo sob a ótica dessa moral baseada no "modelo". Seguir a Cristo é seguir o "modelo" que encarna os valores autênticos. Não se pode deixar de reconhecer que essa apresentação do seguimento tem a vantagem de relevar a vertente psicológica da identificação com Cristo[51]. Contudo, essa concepção não representa o alento cristocêntrico que existe na categoria evangélica do "seguimento de Jesus". Por outro lado, a oferta concreta que faz Tillmann da moral cristã não ultrapassa os esquemas de uma "moral de deveres". Em síntese, parece que sua categoria de "seguimento" não vai mais além que o significado de "imitação"[52].

---

49. M. SCHELER, Schriften aus dem Nachlass. I. Zur Ethik und Erkenntnislehre (Berna, 1957) 253-344 ("Vorbilder und Führer"). Tradução castelhana: El santo, el genio, el héroe (Buenos Aires, 1971).
50. Cf. I. GOBRY, Le modèle en morale (Paris, 1962).
51. Sobre esse aspecto psicológico, ver: H. LINARD DE GUERTECHIN, Suivre Jésus est-ce l'imiter? Approche psychologique de l'identification au Christ: Revue Théologique de Louvain 15 (1984) 5-27.
52. De F. Tillmann se traduziram ao castelhano nos anos cinquenta dois livros pela editorial Dinor: El Maestro llama (San Sebastián, 1956) e Elementos de la moral católica (San Sebastián, 1959). Sobre o sistema moral de Tillmann, cf. P. HADROSSEK, Die Bedeutung des Systemengedanken für die Moraltheologie in Deutschland seit Thomas-Renaissance (Munique, 1950) 319-335.

b. A partir das perspectivas bíblicas e cristológicas (B. Häring)

Na década dos anos cinqüenta do século XX inicia-se um novo descobrimento do valor do seguimento de Jesus para a renovação da Teologia moral católica. Agora vão ser as perspectivas bíblicas e cristológicas as que oferecem as orientações decisivas.

Como representante qualificado dessa tendência, pode ser recordado B. Häring, que em 1954 publica sua obra "A Lei de Cristo", o primeiro manual de Teologia moral que trata de introduzir nessa disciplina as correntes personalistas da cultura atual e as novas orientações da Cristologia e da Eclesiologia. Aos vinte e cinco anos da aparição desse manual, Häring publicou uma reelaboração da síntese teológico-moral com o título "Liberdade e fidelidade em Cristo". No meio das duas obras e depois da última não cessou de trabalhar para introduzir na moral católica as perspectivas mais evangélicas e as orientações mais coerentes com o personalismo cristão[53].

Segundo anotei mais acima, um dos valores máximos da obra de Häring foi o de situar Cristo como "centro" da vida moral e como orientação básica do discurso teológico-moral. Reage contra a redução de Cristo a "modelo" meramente externo ou a referente de "exemplaridade ética" tal como havia sido proposto por F. Tillmann sob a inspiração da filosofia de M. Scheler. Para Häring Cristo é a "pessoa" na qual acontece o "chamado" de Deus e através da qual o fiel dá a "resposta" agradecida e conseqüente. A moral de Häring é uma moral do seguimento de Jesus, embora essa categoria não esteja suficientemente desenvolvida nem muito menos analisada em suas fontes neotestamentárias. É mais uma opção assumida espontaneamente que uma categoria justificada e analisada.

c. Perspectivas complementares

Não há muito maior desenvolvimento no conjunto da reflexão teológico-moral pós-conciliar. Os moralistas católicos afirmam claramente a importância do seguimento de Jesus para viver e expor a moral cristã, porém, não se conhece nenhum autor que tenha pretendido organizar a síntese moral desde esse princípio, repetindo assim o intento que fez nos anos trinta F. Tillmann.

---

53. Remeto a meu estudo sobre a obra de B. Häring: M. VIDAL, *Bernhard Häring, um Renovador da Moral católica* (Aparecida, São Paulo, 1999).

Como balanço sintético do peso que teve a categoria de seguimento na etapa de renovação moral depois do Vaticano II, podem-se adiantar estas afirmações:

- Os moralistas estiveram atentos aos estudos neotestamentários sobre o seguimento de Jesus (A. Schulz, M. Hengel, H. D. Betz etc.) e assumiram as conclusões que têm maior funcionalidade para entender o comportamento moral do cristão. Sem dar muita importância às discussões de se o seguimento de Jesus tem de ser interpretado desde a instituição escolar do "discipulado" (A. Schulz), ou desde a instituição profética (M. Hengel), ou desde um "Sitz im Leben" cultual (H. D. Betz), ou antes desde a analogia com os filósofos helenistas (J. D. Crossan), os moralistas aceitam a afirmação geral de que a referência a Jesus — à sua pessoa e à sua causa: o Reino — é a orientação normativa básica do cristão. Não faltaram estudos que realizaram um trabalho de mediação entre as investigações bíblicas e a reflexão teológico-moral direta [54].

- Também serviram de estímulo para a Teologia moral as reflexões dos teólogos dogmáticos sobre o seguimento de Jesus. Basta citar, a esse respeito, o cálido e vigoroso estudo de H. U. von Balthasar sobre "Seguimento e ministério" [55]. Dele é esta afirmação: "O ponto no qual o seguimento pode concentrar-se em imitação, o 'ter os mesmos sentimentos que Jesus' (Fl 2,5), representa o núcleo e o resumo de toda ética cristã desenvolvida, tal como a resume São Mateus no Sermão da Montanha" [56]. Os estudos de Rahner sobre a ética cristã e, sobretudo, as análises do seguimento nos Exercícios Inacianos [57] constituíram também um lugar de referência para os moralistas católicos.

- Na concepção do seguimento de Jesus se rechaça uma interpretação extrínseca ("modelo" externo) e se prefere uma orientação de transformação interior. Daí que se concretize o seguimento em duas séries de orientações:

---

54. Cf., a título de exemplo: L. DI PINTO, *Seguire Gesù secondo i vangeli sinottici. Studio di teologia*: VÁRIOS, Fondamenti biblici della teologia morale (Brescia, 1993) 187-251.
55. H. U. VON BALTHASAR, *Ensayos teológicos. II. Sponsa Christi* (Madri, 1964) 97-174.
56. *Ibid.*, 126.
57. Ver nota 44.

— na transformação da "vida nova" em Cristo a modo paulino;
— e na interiorização das atitudes evangélicas que aparecem expressas nas palavras e na práxis de Jesus.

Nesse sentido pode-se muito bem dizer que "o tema do seguimento mostrou-se inevitavelmente fecundo na referência a motivações cristãs do comportamento ético"[58].

d. Princípio sistematizador da Teologia moral?

Há algumas décadas discutiu-se entre os moralistas sobre a conveniência e a possibilidade de propor um princípio, um critério, um valor, ou uma categoria que pudesse ser o fundamento e o eixo vertebrado da síntese teológico-moral[59]. De acordo com essa preocupação não faltaram propostas que situavam um princípio como o fundamento e a orientação sistematizadora de toda a Teologia moral. Essas foram, entre outras, as seguintes propostas[60]:

— a realização do "reino de Deus" (J. Stelzenberger);
— a vida no interior do "Corpo místico de Cristo" (E. Mersch);
— a "condição sacramental" da vida cristã (F. Bourdeau-A. Danet);
— a realização da "Caridade" (G. Gilleman);
— o princípio dialógico de "Chamada-Resposta" (B. Häring).

O seguimento de Jesus também foi um dos princípios propostos para fundamentar e estruturar a síntese moral[61]. Recordamos a proposta de F.

---

58. J. R. FLECHA, *Teología moral fundamental* (Madri, 1994) 65, nota 80.
59. Cf. J. FUCHS, *Theologia Moralis Generalis*, I (Roma, 1963) 16-17 (com bibliografia em nn. 21-22); J. GRÜNDEL, *Teología moral: Qué es Teología* (Salamanca,1969) 276-278; F. J. GRONER, *Das Aufbauprinzip der Moraltheologie* (Heidelberg, 1972); M. ANTOLÍ, *Nuevos caminos para la Teología Moral. El principio fundamental, eje de su renovación* (Valencia, 1978); M. VIDAL, *Moral de Atitudes. I. Moral Fundamental* (Aparecida, São Paulo, 2000⁵) 441-446; J. R. FLECHA, *o. c.*, 59-61.
60. No capítulo primeiro da *o. c.* (nota precedente) de M. Antolí pode-se encontrar um desenvolvimento dessas propostas. O autor opta pelo princípio da "história de salvação", tese de sua obra.
61. Cf. M. ANTOLÍ, *o. c.*, 44-54.

Tillmann. Também a defendeu com muito interesse R. Hofmann[62], que afirma com nitidez que "o seguimento de Jesus é o princípio fundamental da teologia moral". Além disso, está convencido de que essa orientação oferece muitas vantagens para uma exposição da moral cristã adaptada à situação cultural presente.

Sobre essa proposta quero expressar meu parecer mediante três considerações. Em primeiro lugar, é muito difícil aceitar um princípio como eixo vertebrado de toda a síntese moral, não só em sua parte fundamental mas também, e sobretudo, em suas aplicações concretas. Dificilmente se deixam sistematizar sob um único critério temas tão díspares como, por exemplo, os de bioética, de ética econômica, de ética sexual, ou de ética ecológica. Ou se opta por um esquema "artificial" ou do contrário se há de prescindir do princípio organizador nos aspectos concretos.

Em segundo lugar, o seguimento é uma categoria importante da moral cristã, porém, não a única. Também o são as categorias de: Reino, vida nova, indicativo, história de salvação etc. Não se pode supervalorizar uma categoria à custa das outras. Em terceiro lugar, o seguimento de Jesus é um critério orientador que precisa mediações históricas para que resulte funcional. Para discernir essas mediações precisam-se também critérios de racionalidade.

Pelas razões indicadas, creio que não se deveria dar uma importância absoluta à proposta do seguimento como princípio organizador da Teologia moral. É sim uma das orientações básicas, porém, nem a única nem a que tem capacidade para reduzir a um esquema todos os delineamentos fundamentais e concretos da moral cristã.

V. A VIDA MORAL CRISTÃ COMO SEGUIMENTO DE CRISTO

Depois de ter analisado na seção precedente a ausência e a presença (redescobrimento recente) da categoria do seguimento de Jesus na moral refletida, isto é, na Teologia moral, proponho-me indicar agora as possibilidades que oferece essa perspectiva para encaminhar a moral vivida. Creio que, entre outras caracterizações, a moral dos cristãos é, ou há de ser, uma moral do seguimento de Jesus. Que significa essa orientação, que creio fundamental?

---

62. R. HOFMANN, o. c., 235-252.

1. A "dimensão moral" de uma realidade mais ampla

a. O Seguimento de Jesus: "fórmula breve" do cristianismo

O seguimento de Jesus não é uma categoria nem exclusiva nem preferentemente moral. É uma fórmula que expressa o significado total da existência cristã, no que tem esta de "relação estreita" (seguimento) com Jesus de Nazaré confessado como Cristo. É, pois, uma caracterização global da existência cristã que foi utilizada nas primeiras fontes cristãs (Q e Evangelhos) e que serviu ao longo da tradição eclesial para orientar a compreensão do cristianismo (teologia) e a forma de vivê-lo (espiritualidade).

Nas fontes neotestamentárias, quase exclusivamente evangélicas (se se excetuam as duas passagens de Ap 14,4; 1Pd 2,21), o "seguir" (*akolouthein*) a Jesus tem uma vertente de realidade histórica (significado pré-pascal) e outra de significado translatício ou metafórico (significado pós-pascal). A primeira vertente serve para descobrir a forma de vida dos que "seguiam" ao Jesus histórico, enquanto que o uso translatício ou metafórico indica o que significa ser fiel depois da ressurreição do Senhor.

Obviamente, as duas vertentes do significado do "seguir" (a pré-pascal e a pós-pascal) não se encontram superpostas mas antes se interrelacionam, já que o "referente" é o mesmo (Jesus a quem se confessa como Cristo) e o sujeito da ação também tem a mesma conotação: ser, nos dois casos, "seguidor". Não obstante, e ainda tendo em conta essa essencial identidade, convém tomar consciência da transformação que se opera ao passar da etapa pré-pascal à etapa pós-pascal.

O "seguidor" do Jesus histórico é caraterizado nas fontes evangélicas por ser um "chamado" a colaborar na missão profética itinerante de Jesus compartindo ao mesmo tempo a forma de vida desse profeta escatológico. Tudo isso, ("chamada", "proximidade do profeta", "forma de vida") tem lugar por razão da "irrupção" do reino de Deus, conteúdo básico do anúncio profético. Daí que o "seguidor" esteja em função do reino: para "anunciá-lo" e para ser "sinal" de sua presença.

Na etapa pós-pascal continua em vigência o significado básico do seguimento histórico, porém, agora compreendido dentro de umas coordenadas novas, as que introduz a fé no Cristo ressuscitado. Duas "acomodações" pós-pascais têm de ser ressaltadas de modo especial. Primeira: o "seguir" a Jesus se universaliza para descrever a condição de vida de todo fiel (e não só a forma de vida do grupo de seguidores na etapa pré-pascal). Segunda: tanto a comunhão com o profeta como a vinculação de serviço e de testemunho do Reino adquirem uma plenitude de significado ao entendê-las e vivê-las desde a fé no Ressuscitado.

b. Dimensões do Seguimento

Traduzido em linguagem teológica o significado evangélico do seguimento de Jesus, em seu conteúdo pleno pré e pós-pascal, poderíamos dizer que essa categoria deve ser desenvolvida em quatro perspectivas ou princípios orientadores:

> — *Princípio teológico-escatológico*: há "seguimento" porque há "irrupção" do reino de Deus, isto é, um "novo rosto" de Deus e uma salvação "escatológica".
> — *Princípio cristológico*: há um profeta (escatológico) desse reino (escatológico) que se converte em guia e que "chama" a segui-lo nessa tarefa de tornar presente a salvação definitiva.
> — *Princípio eclesiológico*: os "seguidores" formam o grupo que anuncia e que é sinal do reino.
> — *Princípio místico-ético*: o "seguidor" (todo seguidor, e o grupo de seguidores formando comunidade) tem uma forma de vida condicionada por e em coerência com a dupla referência básica: ser "servidor" e "sinal" da irrupção do reino de Deus; compartir o destino com o profeta escatológico.

Tendo diante esse esquema teológico do seguimento de Jesus, compreende-se a afirmação que adiantei no princípio desta seção. O seguimento não é nem exclusiva nem preferentemente uma categoria moral. Agora dou mais um passo duplo, propondo duas afirmações.

c. Dimensão ética

Em primeiro lugar, a categoria de seguimento tem uma dimensão moral. Essa corresponde ao que chamei "princípio místico-ético". Concretiza-se no desenvolvimento do que significa a forma de vida que corresponde àqueles (de forma individual ou em grupo) que receberam a "chamada" (e responderam) a seguir ao profeta para ser anunciadores e sinais do reino de Deus.

Em segundo lugar, essa dimensão moral do seguimento não é algo acrescentado, exterior ou sobreposto ao significado global desta categoria da existência cristã. Se o seguimento é como uma espécie de "fórmula breve do cristianismo", nesta fórmula entra a dimensão moral o mesmo que no conjunto da fé se articula a vertente ética.

Assim, pois, a orientação mais básica que a categoria de seguimento oferece para a vida moral do fiel é proporcionar-lhe o entrelaçamento no conjunto da fé cristã. Desta sorte, a moral adquire a fundamentação teológica que a justifica e que a constitui e se sente permanentemente articulada no significado global da existência cristã. Ainda admitindo a necessidade da "autonomia" das diversas disciplinas teológicas (dogmática, moral, espiritual, pastoral), deve-se ressaltar a unidade de vida do fiel. A vida moral releva um aspecto — o do compromisso intramundano a fim de transformar a realidade histórica —, porém, o faz dentro da unidade na qual convergem e da qual brotam as restantes dimensões: a do sentido teológico, a da vivência espiritual e do serviço pastoral.

2. As principais repercussões para formular e viver a moral cristã

A partir da impostação da dimensão moral do seguimento, assim como foi exposta na seção precedente, é como devem ser "relidas" as orientações evangélicas sobre a forma de vida do seguidor de Jesus, assim como as explicitações que encontramos na tradição eclesial. Os dados, tanto neotestamentários como da tradição, são abundantes e, enquanto tais, constituem um importante fator de iluminação e de estímulo para deduzir as implicações do seguimento de Jesus para a vida moral do cristão.

Proponho o seguinte esquema para apresentar as principais orientações que oferece a categoria bíblico-teológica de seguimento em ordem a delinear e viver a moral cristã de forma evangélica:

O *Reino* é o motivo e o conteúdo do seguimento. A partir desse referente, a moral cristã deve sublinhar:

— O reino de Deus enquanto interpelação ética (fundamento e elemento configurador das exigências morais cristãs).
— A forma de vida do cristão enquanto anúncio e sinal dos valores do reino (sermão da montanha, bem-aventuranças, parábolas).

A *Pessoa* de Jesus é o caminho através do qual "irrompe" o reino. Na comunhão com ele os seguidores se convertem em "servidores" e "sinais" do reino. A moral cristã está orientada por:

— A identificação do fiel / seguidor com o destino de Jesus.
— O significado ético da "práxis" do Jesus histórico.

A convergência dos dois referentes do Reino e da Pessoa de Jesus origina na vida moral do cristão uns traços que a especificam. Sobressaem os seguintes:

— Moral da "radicalidade": exigida pela "crise" da irrupção do reino e pela "comunhão" com a vida do profeta escatológico desse Reino.
— Moral da "perfeição": orientada para o Bem absoluto, porém sempre em caminho e em busca (articulando um projeto moral de exigência ideal e de condescendência benigna).
— Moral que relativiza as "normas externas": a norma é uma pessoa que é interiorizada pelo fiel e se converte em "lei interior" tal como assinalou a tradição eclesial desde Santo Agostinho, passando por Santo Tomás e chegando até a encíclica *Veritatis splendor* (n. 22-24).

A relação da categoria do seguimento com outras orientações da moral neotestamentária favorecerá um enriquecimento e uma melhor articulação do universo motivacional da vida moral do cristão. Pense-se na relação com: a moral da "vida nova" (São Paulo), moral da "fé" (em Jesus), moral do "indicativo" (Paulo), moral da "imitação" (Paulo e 1Pd).

Por motivos de espaço disponível é impossível analisar aqui todos os temas insinuados no esquema precedente. Alguns desses aspectos os expus em outros lugares, aos quais remeto[63]. Neste momento limito-me a oferecer duas perspectivas: uma se refere à relação do Seguimento com o ideal da perfeição cristã; a segunda trata de iluminar a relação entre "seguimento" e "imitação" enquanto categorias do universo moral.

3. A vida moral em chave de perfeição trinitária e cristocêntrica

Apelar ao princípio do seguimento de Jesus para orientar a vida moral é situá-la em chave de perfeição, uma perfeição medida pela referência à Trindade e pela concentração na pessoa de Jesus. Estes três traços —

---

63. Sobre as "exigências evangélicas do seguimento": M. VIDAL, *Seguimiento de Cristo y evangelización. Variación sobre un tema de moral neotestamentaria*: Salmanticensis 18 (1971) 289-312.

perfeição, referência trinitária e concentração cristológica — foram destacados na apresentação que faz a encíclica *Veritatis splendor* da moral cristã no capítulo primeiro[64].

Utilizando como pré-texto o "diálogo de Jesus com o jovem rico" tal como aparece no texto de Mt 19,16-26, João Paulo II propõe uma belíssima "meditação" (n. 28) sobre os traços essenciais da moral cristã. O que quer expor são "os conteúdos essenciais da revelação do Antigo e do Novo Testamento sobre o comportamento moral" (n. 28). Essas senhas bíblicas da moral constituem as "senhas de identidade" da moral cristã de todos os tempos.

Há um traço geral que define a moral cristã: é uma moral da perfeição. Superando uma velha e falsa separação entre "moral" e "espiritualidade", a encíclica entende a moral como "o caminho da perfeição" (n. 16-18). O conteúdo dessa perfeição não é uma mera auto-realização narcisista; é ir conseguindo a "forma de ser e de atuar de Deus" (Mt 5,48; Lc 6,36).

Essa "semelhança" com Deus não se reduz à categoria grega, e sobretudo platônica, da "imitação" da divindade como fundamento e objetivo da vida moral mas antes alcança amplitude de sentido ao ser situada na trama salvífica do Deus trinitário. A vida moral tem uma relação estreita com a busca de Deus Pai (cf. nn. 9-11) e se desenvolve numa "moral do Espírito" (nn. 22-24). Em meio, e como "mediador", dessa vida moral situa-se a referência normativa a Cristo (nn. 19-21).

O desenvolvimento trinitário da moral da perfeição cristã tem seu eixo unificador em Cristo, segundo ficou exposto mais acima ao apresentar a opção que faz a *Veritatis splendor* para o cristocentrismo moral.

4. "Seguimento" e "imitação": convergência a partir das diferenças

A categoria evangélica de "seguimento" tem proximidade e, às vezes, continuidade com outras formulações neotestamentárias que tratam de expressar a relação do fiel com Cristo e a adesão ao compromisso do reino. Estas são, entre outras, as categorias de "vida (ou criatura) nova", "conformação com Cristo", "transformação nele" etc. Nenhuma dessas formulações encontrou dificuldade quando se tratou de correlacioná-las com o segui-

---

64. Nos comentários sobre a encíclica *Veritatis splendor* destacou-se o tom cristológico e até cristocêntrico do documento de JOÃO PAULO II. Cf., a esse respeito, o boletim de R. TREMBLAY, *Premier regard sur la "réception" de "Veritatis splendor" à propos du rapport du Christ et de la morale*: Studia Moralia 34 (1996) 97-120.

mento. Pelo contrário, foram consideradas como continuação e plenificação da condição de vida do "seguidor" (ou do "discípulo") de Jesus.

Houve uma formulação paralela à de seguimento que sim causou problemas ao relacioná-la com aquele. Refiro-me à categoria de "imitação". Identificam-se "seguimento" e "imitação"? Opõem-se? Têm possibilidade de convergência?

Minha apreciação está já indicada no título que encabeça esta seção. São duas fórmulas diferentes, cada uma delas com seus matizes peculiares. Porém, não se opõem; há possibilidade de convergência enriquecedora entre ambas. Tratarei de justificar essa apreciação aludindo aos delineamentos neotestamentários, à tradição eclesial, à teologia protestante, e à reflexão atual.

a. Fontes bíblicas

O "seguimento", em seu significado religioso ou teológico, refere-se a Jesus: bem ao Jesus histórico da etapa pré-pascal ou bem ao Cristo da fé na etapa pós-pascal. A "imitação" tem referentes mais diversificados:

— imita-se a Deus: por parte do homem (Mt 5,43-48; Lc 6,27-36); por parte de Jesus (Jo 5,17-26).
— Imita-se a Paulo (1Ts 1,6; 1Cor 4,16; Fl 3,17);
— Uma comunidade é "modelo " para outra (1Ts 1,7; 2,14);
— Imita-se a Cristo: imitação refletida em textos paulinos (1Ts 1,6; 2,14; Rm 15,1-3; 1Cor 11,1; 2Cor 8,9; Fl 2,5ss. etc.), em textos joaninos (Jo 13,12-17; 13,34-35; 15,12-13; 1Jo 2,6), em 1Pd 2,18-25 e em Hb 12,13; 13,12-14.

Deixando à parte o tema da imitação de Deus e concentrando a atenção na imitação de Cristo, convém assinalar a existência de uma "ética da imitação" na primitiva comunidade cristã junto à "ética do seguimento"[65]. Trata-se de um tema não tão preciso como o do seguimento, nem em terminologia nem em procedência, nem em significado. Em Paulo, a categoria de imitação de Cristo está vinculada ao tema da "imagem" de Cristo e aos

---

65. Cf. E. LARSSON, *Christ als Vorbild. Eine Untersuchung zu den Tauf und Eikon-textes* (Upsala, 1962); T. TYSMAN, *L'éthique de l'imitation du Christ dans le NT*: Ephemerides Theologicae Lovanienses 42 (1966) 138-168; E. COTHENET, *Imitation du Christ dans l'Écriture*: DS 7/2 (1971) 1536-1562; G. TURBESSI, *Il significato neotestamentario di "sequela" e di "imitazzione" di Cristo*: Benedictina 19 (1972) 163-225.

textos do "em" (estar *em* Cristo, viver *em* Cristo). Daí que os textos paulinos da imitação tenham de ser entendidos antes em chave de "transformação" interior e não com o significado de "modelo" externo. Provavelmente, existe uma vinculação estreita entre "imitação" e teologia batismal [66].

Em outros textos neotestamentários não se pode descartar uma ética do "exemplo". Está insinuada nos textos joaninos citados (Jo 13,12-17; 13,34-35; 15,12-13; 1Jo 2,6). Encontra-se assumida em 1Pd 2,18-25, ao fazer referência aos sofrimentos concretos de Cristo. Desenvolve-se na carta aos Hebreus (12,1-3; 13,12-14). Nessas passagens pode-se aceitar a influência, mediata mais que imediata, da ética grega da imitação.

Comparando a ética do seguimento com a (insinuada) ética da imitação no Novo Testamento aparecem umas diferenças nítidas:

— o ambiente no qual surgem e se desenvolvem é diferente: o seguimento procede do ambiente judeo-palestinense; a imitação surge nas comunidades helenistas;

— o universo simbólico de seguimento se encontra melhor no mundo judaico (profetismo ou, menos provavelmente, rabinato); a imitação se move sob a influência da cultura helenista (ética da imitação);

— o seguimento tem uma terminologia fixa (no verbo: *akolouthein*) e um significado uniforme, enquanto que a imitação utiliza um vocabulário diversificado e se abre a significados diversos (mais "interiorizados" em Paulo e mais "exteriores" nos restantes textos).

Deve-se, pois, afirmar que "seguimento" e "imitação" não são sinônimos nem em seu texto nem em seu contexto. Cada uma dessas categorias tem sua perspectiva e significado peculiares. Creio que convém sublinhar e manter a riqueza da peculiaridade de cada uma.

Porém, não são dois universos significativos antônimos. Seguimento e imitação se dialetizam: corrigem-se mutuamente e mutuamente se complementam. O personalismo do "seguimento" culmina na "imitação" real e concreta, assim como esta há de supor a adesão à pessoa cujo caráter exemplar é assumido. A convergência das duas categorias estaria insinuada no texto de 1Pd 2,21, no qual aparecem os dois universos lingüísticos e conceituais: "Deixando-vos um exemplo (*kypogrammon*) para que sigais (*epakolouthein*) os seus passos".

---

66. Cf. a obra de E. LARSSON citada na nota anterior.

b. Tradição eclesial

Numa seção precedente, ofereci uma panorâmica dos principais marcos históricos no desenvolvimento eclesial do tema do seguimento, que se identifica em certa medida com o desenvolvimento histórico da categoria de imitação. Dos dados disponíveis pode-se fazer o seguinte balanço[67].

No cristianismo primitivo e na época patrística as categorias de seguimento e de imitação se dissimulam, às vezes mantendo seu matiz peculiar e outras vezes identificando-se. Em geral prevalece a perspectiva da imitação em consonância com o predomínio da "ética da imitação" no helenismo e em paralelismo com a insistência dos escritores cristãos na imitação de Deus[68]. Essa prevalência do "imitar" não suprime o uso da terminologia do "seguir", como por exemplo em São Cipriano. De Santo Agostinho é a frase que expressa e marca o rumo da identificação entre seguimento e imitação: "Quid est enim sequi, nisi imitari?"[69]. É interessante anotar como Santo Agostinho apóia essa identificação no texto de 1Pd 2,21.

Na tradição espiritual persiste a identificação ou, ao menos, a dissimulação entre seguimento e imitação. Não desaparece nem um vocabulário nem outro. Mais ainda, se os une em fórmulas unitárias. Assim, na Idade Média se apela com freqüência à tradução latina de 1Pd 2,21: "sequentes vestigia Christi"[70]. Por sua vez, Santo Inácio de Loyola fala unitariamente de "seguir e imitar a nosso Senhor"[71].

Em geral prevalece o universo lingüístico e conceitual de imitação. O livro da "Imitação de Cristo" é o símbolo dessa prevalência. O conteúdo da imitação varia muito ao longo da tradição espiritual: vai desde uma concepção "mística" até uma compreensão "moralizante". Deve-se analisar cada época e cada autor para conhecer exatamente que significado adquire a imitação. Não se pode descartar que, às vezes, a imitação tem sido entendida com esquemas muito moralizantes e extrinsecistas. Isso explica a má reputação que teve ultimamente na teologia, na espiritualidade e na pastoral.

---

67. Cf. P. ADNÈS, *o. c.* ; T. GOFFI, *l. c.*, 1675-1677.
68. S. RAPONI, *o. c.*, 262-264.
69. SANTO AGOSTINHO, *De sancta virginitate*, c. 27: PL, 40, 411. Diz em seguida, para explicar a afirmação: "Hunc in eo quisque sequitur, in quo imitatur".
70. Na carta 7 ao Irmão León disse São Francisco: "sequi vestigia et paupertatem suam" (Christi).
71. EE. EE., 109; cf. 95.

c. Anotação sobre a teologia protestante

As categorias de seguimento e de imitação são entendidas e vividas com matizes peculiares nas diversas igrejas cristãs. Nas igrejas orientais há uma maior insistência na "divinização" (semelhança com Deus) e no "revestir-se" de Cristo. Desta sorte, tanto o seguimento como a imitação são compreendidos em chave de "interiorização"[72].

É conhecida a postura de Lutero diante desta questão. Segundo ele, deve-se ressaltar que o evangelho é "para todos" e, portanto, que não existe a distinção entre "conselhos" e "preceitos" com a conseqüente separação de "estados" na Igreja por razão dessa distinção. Por outro lado, Lutero prefere manter com nitidez a distinção entre "seguir" e "imitar". Sua preferência se dirige para o seguimento de Jesus, entendido como uma obediência fiducial à palavra de Cristo. Não aceita a "imitação" em referência a Cristo por considerá-la contrária à justificação pela fé e resíduo do pelagianismo.

Essa postura de Lutero tem sido mantida pela corrente da ortodoxia protestante. "A ortodoxia protestante distanciou-se sempre (em contraposição ao pietismo) da *imitatio Christi* considerando-a como uma imediatez sacrílega"[73]. Essa objeção luterana à imitação de Cristo já foi vista e assinalada por Santo Agostinho que afirmava que não se imita a Cristo "enquanto Filho de Deus" mas sim enquanto "filho do homem"[74].

A afirmação luterana da antinomia entre seguimento e imitação e a conseqüente recusa, por sacrílega, da imitação de Cristo encontram-se hoje em dia diminuídas na própria teologia protestante. Basta recordar a equilibrada postura de D. Bonhoeffer[75]. Embora seu pensamento se mova dentro das coordenadas de Lutero (a quem cita profusamente junto a outros autores como S. Kierkegaard) e embora rejeite os desvios de uma compreensão excessivamente moralizante e pelagiana de imitação, Bonhoeffer admite que a comunhão com Cristo ressuscitado conduz a nos comportarmos "como Cristo" e, conseqüentemente, a considerá-lo como "imagem" e até como "modelo".

---

72. Cf. J. HAUHERR, *L'imitation de Jésus-Christ dans la spiritualité byzantine*: VÁRIOS, Mélanges F. Cavallera (Toulouse, 1948) 231-259; T. GOFFI, *l. c.*, 1678-1679.
73. H. U. VON BALTHASAR, *o. c.*, 147.
74. SANTO AGOSTINHO, *De sancta virginitate*, c. 27: PL, 40, 411: "Non in quantum ille Filius Dei et unus, per quem facta sunt omnia, sed in quantum filius hominis, quae oportebat, in se praebuit imitanda".
75. D. BONHOEFFER, *El precio de la gracia* (Salamanca, 1969). Cf. J. G. BLOCK, *Discipleship in the Tougth of Dietrich Bonhoeffer* (Roma, 1971).

O livro sobre "seguimento" (*Nachfolge*: traduzido para o francês e para o castelhano com o título "El precio de la gracia") termina com a afirmação da articulação entre seguimento e imitação: "Agora compreendemos que o Novo Testamento repita continuamente que devemos ser 'como Cristo'. Tendo-nos convertido em imagens de Cristo, devemos ser como ele. Posto que trazemos a imagem de Cristo, só ele pode ser nosso 'modelo'. O que nos permite ser como ele foi, é unicamente que ele foi como nós somos. O que nos permite ser 'como Cristo' é unicamente que nos tornamos semelhantes a ele. Agora que nos temos convertido em imagens de Cristo, podemos viver segundo o modelo que nos deu"[76].

d. Afirmações conclusivas

A teologia católica recente manifestou seu mal-estar diante das compreensões moralizantes e extrinsecistas da imitação. Por outro lado, redescobriu a importância teológica e espiritual do seguimento. Daí que se tenha enfatizado a distinção entre essas duas categorias. "Conceitualmente, há um abismo entre seguimento e imitação"[77]. A preferência, em geral, esteve a favor do seguimento.

De meu ponto de vista, creio que as diferenças não devem levar a posturas teóricas e práticas:

> — Nem de paralelismo, já que são duas categorias que têm o mesmo referente (Cristo) e procuram ressaltar o mesmo conteúdo (a estreita vinculação com a pessoa e com a obra de Cristo).
>
> — Nem de contradição, pondo todas as qualidades positivas no seguimento (caráter personalista, caráter dinâmico, caráter progressista) e todas as negativas na imitação (moralismo, caráter estático, extrinsecismo); essa apreciação não faz justiça nem ao significado objetivo nem ao uso histórico que tiveram essas duas perspectivas teológicas e espirituais.
>
> — Nem de identificação ou confusão, não reconhecendo a peculiaridade de cada uma das categorias, peculiaridade manifestada nas fontes bíblicas e na tradição eclesial.

Uma postura mais exata é a que afirma as distinções e trata de sublinhar a convergência. A imitação e o seguimento não se identificam nem se redu-

---

76. D. BONHOEFFER, *o. c.*, 359-360.
77. H. U. VON BALTHASAR, *o. c.*, 117.

zem mutuamente. São duas perspectivas com suas próprias peculiaridades, que, a meu juízo, devem-se manter tanto no léxico[78] como no significado teológico, moral e espiritual. Com palavras de T. Goffi, "o seguimento caracteriza o comportamento de quem acompanha a alguém reconhecendo-o como chefe, pondo-se a seu serviço, aceitando seu programa de vida, seguindo suas prescrições. A imitação, em troca, é um uniformizar-se, consciente ou inconscientemente, com uma pessoa à qual se admira como modelo"[79]. Daí que a imitação e o seguimento tenham "um diferente alcance ético"[80].

Afirmadas as diferenças, convém sublinhar a convergência. Trata-se de dois universos humanos, cultural-filosóficos, teológico-espirituais, e éticos que têm o mesmo objetivo: enfatizar a vinculação com Cristo e o compromisso com sua causa. De Von Balthasar é a apreciação seguinte: "O que pode significar 'imitação' cristã não é outra coisa que o seguimento do discípulo"[81]. Desse autor é também a frase, já citada, na qual se afirma que a convergência do seguimento e da imitação expressa o núcleo da ética cristã: "O ponto em que o seguimento pode concretizar-se em imitação representa o núcleo e o resumo de toda ética cristã desenvolvida, tal como a resume São Mateus no sermão da montanha"[82].

VI. CONCLUSÃO

A essa conclusão geral conduzem as análises e as propostas do presente capítulo. A moral cristã, tanto em sua formulação como em sua vida, deve ser proposta como uma ética do seguimento (e da imitação) de Jesus, destacando nesse dinamismo moral tanto o ethos da identificação com a forma de vida de Jesus como o ethos do compromisso na realização dos valores do reino de Deus.

Na ética do Seguimento de Cristo concentra-se a base cristológica da moral cristã. Disse o Vaticano II, no número memorável da *Gaudium et*

---

78. Há mais dificuldade no léxico das línguas românicas que a que existe no grego, que possuía uma peculiaridade lingüística para cada um dos campos semânticos: *akolouthein* (seguir) y *mimesthai* (imitar). Sobre a diferença na língua alemã: F. BELZER, *Das Wort in der Wörtern. Die deutsche Sprache im Dienst der Christ-Nachfolge* (Tubinga, 1965).
79. T. GOFFI, *l. c.*, 1669.
80. *Ibid.*, 1669. Goffi continua assinalando as diferenças (pp. 1669-1670). Não dissimula certa preferência pela "imitação".
81. H. U. VON BALTASAR, *o. c.*, 117-118.
82. *Ibid.*, 126.

spes, que "o mistério do homem só se esclarece no mistério do Verbo encarnado"[83]. A essa conformação ontológica deve corresponder a conformação ética. Cristo não só "transmite" a Palavra; Ele mesmo "é" a Palavra[84]. Por isso é o "princípio" ontológico e ético da existência cristã.

De Cristo provém o ideal normativo da existência humana. Disse o Vaticano II que "aquele que segue a Cristo, homem perfeito, se faz ele mesmo mais homem"[85]. Não pode ser de outro modo, já que "Cristo é a luz do mundo"[86] e "todos os homens são chamados a essa união com Cristo, que é a luz do mundo"[87]. "Dele viemos, por Ele vivemos e para Ele caminhamos"[88].

Quanto ao mais, o cristocentrismo moral não se opõe, senão que é conseqüência, do princípio trinitário da moral cristã. Cristo, ainda que seja o centro da História de Salvação (cf. Gl 4,4), não é compreensível sem o dinamismo salvífico da Comunhão trinitária[89]. Daí que o cristocentrismo moral seja um "cristocentrismo trinitário"[90].

Em Cristo se encontram Deus e o homem. Dois importantes textos cristológicos do Novo Testamento, Cl 1,15 e Rm 8,29, afirmam que Cristo é a "imagem de Deus" e o "exemplar" da condição humana[91]. A Patrística comentou o texto de Cl 1,15 ("Imagem de Deus invisível e primogênito de toda criatura") à luz de Gn 1,26-27[92]. Cristo é a realização perfeita da "imagem" de Deus enquanto Verbo preexistente (tradição alexandrina) ou enquanto Verbo encarnado (tradição asiática), sendo o "novo" ou "último" Adão (cf. 1Cor 15,54-55; Rm 5,14). Essa "imagem" definitiva de Deus é, ao mesmo tempo e, por isso, o "exemplar" da realização humana: aos eleitos Deus "os conheceu e os predestinou a serem conformes à imagem de seu Filho para que este seja o primogênito de muitos irmãos" (Rm 8,29).

---

83. *Gaudium et spes*, 22. A Constituição *Gaudium et spes* tem um marcado acento cristológico: a primeira parte fica delimitada dentro de um "arco cristológico" (nn. 10 e 45); mais concretamente, os três primeiros capítulos terminam com uma referência explícita à "restauração em Cristo" (nn. 22; 32; 39).
84. SÃO BOAVENTURA, *Breviloquium*, pars 5ª, c. 7, 5: Obras de São Boaventura, I (Madri, 1945) 412-413, refere-se a Jesus Cristo, "qui est Splendor et Verbum".
85. *Gaudium et spes*, 41.
86. *Lumen gentium*, 1.
87. *Ibid.*, 3.
88. *Ibid.*, 3.
89. Cf. *Tertio millennio adveniente*, n. 8.
90. Cf. CONGREGAÇÃO PARA O CLERO, *Diretório geral para a Catequese* (Vaticano, 1997) n. 99 (pp. 108-110).
91. Esses dois textos são citados expressamente em *Lumen gentium*, 2.
92. Cf. S. RAPONI, *o. c.*, 97-106.

Bibliografia:

BONHOEFFER, D., *El precio de la gracia*. Ediciones Sígueme, Salamanca 1969.
CASTILLO, J. Mª., *El seguimiento de Jesús*. Ediciones Sígueme, Salamanca 1986.
FERNÁNDEZ, B., *Seguir a Jesús, el Cristo*. Publicaciones Claretianas, Madri 1998.
GARCÍA-LOMAS, J.M.-GARCÍA-MURCA, J.R. (Diretores), *El seguimiento de Cristo*. Editorial PPC, Madri 1997.
GOFFI, T., *Seguimiento/imitación:* VÁRIOS, Nuevo Diccionario de Teología Moral. San Pablo, Madri 1992, 1669-1681.
VON BALTHASAR, H. U., *Ensayos teológicos. II. Sponsa Verbi*. Ed. Cristiandad, Madri 1964, 97-174.

5

SOB O IMPULSO DO ESPÍRITO SANTO

A encíclica *Veritatis splendor* dedica o primeiro capítulo a "apresentar os conteúdos essenciais da revelação do Antigo e do Novo Testamentos sobre o comportamento moral"[1]. Essa sintetização da moral cristã "à luz da Sagrada Escritura" tem uma estrutura trinitária. Os conteúdos essenciais da moral bíblica se organizam, segundo a citada encíclica[2], em torno a:

— *Deus (Pai)*, aquele que "só Ele é bom" e que exige "a subordinação do homem e de seu agir para Ele";

— *Cristo*, o Verbo encarnado, cujo "seguimento abre ao homem a perspectiva do amor perfeito";

— *Espírito Santo*, o "dom" que torna possível a vida moral cristã.

Em relação com o Espírito Santo, a encíclica faz uma afirmação de profunda e ampla significação. Diz que o Espírito Santo é "fonte e origem da vida moral da 'nova criatura' (cf. 2Cor 5,17)"[3].

Essa referência ao Espírito Santo como fonte e origem da vida moral cristã é uma constante no Magistério eclesiástico recente, desde o Concílio Vaticano II até a citada encíclica *Veritatis splendor*[4]. Nesse último documento apresenta-se a vida moral cristã guiada pela "lei do Espírito" (n. 22-23, 45); no Espírito "nos é dado interiorizar a lei e percebê-la e vivê-la como o dinamismo da verdadeira liberdade pessoal: 'a lei perfeita da li-

---

1. *Veritatis splendor*, 28.
2. *Ibid.*, 28.
3. *Ibid.*, 28: "Spiritus Sancti donum, fons et origo vitae moralis" (AAS 85 (1993) 1156).
4. Cf. E. PAVLIDOU, *La coscienza e il discernimento cristiano dalla "Gaudium et Spes" alla "Veritatis splendor". La comprensione pneumatologica-cristologica del soggetto*: Sapienza 47 (1994) 440-454 = Sacra Pagina 39 (1994) n. 5, 69-119.

berdade' (Tg 1,25)" (n. 83); a Ele se atribui "o florescer da vida moral cristã e o testemunho da santidade na grande variedade de vocações, de dons, das responsabilidades e das condições e situações da vida" (n. 108); precisamente, "em relação com a obra do Espírito Santo" propõe-se compreender "o lugar que na Igreja, comunidade dos fiéis, corresponde à reflexão que a teologia moral deve desenvolver sobre a vida moral" (*Ibid.*).

O presente capítulo quer ser um desenvolvimento da afirmação pontifícia: explicar e analisar o fato de que seja o Espírito Santo a *fonte* e a *origem* da vida moral cristã. O título do capítulo já indica que afirmar essa principalidade fontal e dinâmica do Espírito Santo é o mesmo que conduzir-se, na prática moral, "sob o impulso do Espírito Santo".

Com a exposição deste capítulo completa-se a base trinitária da moral cristã. À "moral do Pai" e à "moral de Cristo Verbo encarnado" deve integrar a "moral do Espírito Santo". Não no sentido de que sejam três "morais" justapostas, mas com o significado de três dimensões de um único dinamismo moral, o qual provém "da" e finaliza "na" Comunhão trinitária.

Para situar a dimensão pneumatológica da moral cristã, é conveniente reunir algumas afirmações básicas da Pneumatologia atual. Este é o objetivo delimitado à primeira seção. Em seguida, na segunda seção, anota-se de forma sintética a presença do Espírito Santo na vida cristã em geral. As seções restantes são dedicadas a analisar a função pneumatológica na vida moral; insistir-se-á, de modo especial, na "lei nova" enquanto forma de atuação do fiel que é guiado pelo Espírito.

I. O MISTÉRIO DO ESPÍRITO SANTO

1. Presença e ausência

O Espírito Santo já não é um "desconhecido" na vida cristã nem na reflexão teológica. A segunda metade do século XIX (Moehler, Scheeben, De Régnon) e a segunda metade do século XX conheceram um novo ressurgir e um desenvolvimento especialmente significativo da Pneumatologia [5].

Sem diminuir em nada a objetividade da afirmação precedente, per-

---

5. Ver, entre outros, os dois estudos panorâmicos seguintes: G. EMERY, *Chronique de théologie trinitaire*: Revue Thomiste 98 (1998) 469-496, especialmente pp. 470-478; C. PORRO, *Orientamenti recenti della pneumatologia*: La Scuola Cattolica 126 (1998) 661-674

sistem algumas dificuldades em relação com a normalização do Espírito Santo na vida cristã. Por um lado, a rica reflexão pneumatológica não se traduziu a fórmulas de vida concreta, assumidas com normalidade pela consciência geral do povo de Deus; a própria teologia do Espírito Santo continua sendo "parasitária" de outros tratados (Trindade, Eclesiologia, Cristologia etc.), sem ter chegado a constituir um tratado próprio "De Spiritu Sancto".

Por outro lado, não deixa de causar certa dificuldade a carência de uma "imagem" do Espírito Santo que no-lo torne especialmente "visível"[6]. A Sagrada Escritura, a Liturgia e a Tradição eclesial nos oferecem múltiplos símbolos[7] e apelativos[8] para nomeá-lo, sendo seu nome próprio o do "Espírito Santo"[9]. Contudo, ainda que exista um notável potencial icônico para nos referir a Ele, não deixa de constituir uma desvantagem inicial a ausência icônica concreta da terceira Pessoa da Trindade.

Como nos capítulos precedentes, não corresponde a este fazer uma teologia do Espírito Santo[10]. Unicamente se reúnem aqueles elementos que expressam o núcleo do Mistério e que servem de base para o desenvolvimento das implicações éticas, objeto direto e expresso da presente reflexão. Esses elementos têm de ser situados dentro do conjunto da Revelação sobre o Espírito, que o Catecismo da Igreja apresenta mediante um esquema de história de salvação[11].

---

6. A Suprema Sagrada Congregação do S. Ofício respondeu negativamente à pergunta "se se pode representar o Espírito Santo sob a forma humana tanto com o Pai e o Filho ou então só": AAS 20 (1982⁸) 103. Em algumas igrejas podem-se contemplar representações do Espírito Santo sob a forma feminina; por exemplo, na igreja colonial de Laja (Bolívia) ou nas igrejas da Cartuja de Miraflores (Burgos) e de São Nicolau em Espinosa dos Monteros (Burgos).
7. Ver uma minuciosa exposição no *Catecismo da Igreja Católica*, nn. 694-701: água, unção, fogo, nuvem e luz, selo, mão, dedo, pomba.
8. *Ibid.*, nn. 692-693: Paráclito, Espírito da promessa, Espírito de adoção, Espírito de Cristo, Espírito de Deus, Espírito da glória.
9. *Ibid.*, n. 691: "Espírito e Santo são atributos divinos comuns às Três Pessoas divinas. Mas, unindo ambos os termos, a Escritura, a liturgia e a linguagem teológica designam a pessoa inefável do Espírito Santo, sem equívoco possível com os demais empregos dos termos 'espírito' e 'santo'".
10. Entre outros muitos estudos, ver: F.-X. DURRWELL, *El Espíritu Santo en la Iglesia* (Salamanca, 1986); J. MOLTMANN, *El Espíritu de vida. Una pneumatología integral* (Salamanca, 1998). Pode-se encontrar uma boa síntese em: COMITÊ PARA O JUBILEU DO ANO 2000, *El Espíritu del Señor* (Madri, 1998⁵).
11. *Catecismo da Igreja Católica*, nn. 702-741 (no tempo das promessas: nn. 702-716; na plenitude dos tempos: nn. 717-730; nos últimos tempos: nn. 731-741).

2. O Espírito e a Igreja

O Espírito Santo está muito presente nas quatro grandes Constituições do Vaticano II, concílio que soube responder à crítica da teologia oriental frente à latina por seu excessivo "cristonomismo" e pela pouca importância que outorga ao Espírito [12]. A pneumatologia desse concílio é de caráter preferentemente "econômico" ou histórico-salvífico e de orientação especialmente eclesial. Por trás da doutrina conciliar sobre o Espírito Santo está a reflexão teológica precedente, sobretudo do século XIX e da segunda metade do século XX. Entre esses teólogos convém recordar a Y. Congar [13].

O Espírito Santo manifesta-se definitivamente na Igreja. "O dia de Pentecostes (ao término das setes semanas pascais), a Páscoa de Cristo se consuma com a efusão do Espírito Santo que se manifesta, dá e comunica como Pessoa divina (...). Neste dia se revela plenamente a Santíssima Trindade" [14]. É na Igreja onde o Espírito manifesta e realiza a plenitude da doação de Deus Pai como "amor" [15], onde leva a termo, de forma conjunta, a missão salvífica de Cristo [16].

No significado eclesiológico da Pneumatologia [17], é conveniente destacar o aspecto mais decisivo para a dimensão ética do Espírito. Refiro-me à sua *função santificadora*. Dois textos chaves da *Lumen gentium* sublinham essa função. O primeiro está em relação estreita com a ação de Cristo na Igreja: "Para que nele incessantemente nos renovemos (cf. Ef 4,23), deu-nos de seu próprio Espírito, que, sendo um só e o mesmo na Cabeça e nos membros, de tal forma vivifica, unifica e move todo o corpo que seu ofício pôde ser comparado pelos santos Padres com a função que exerce o princípio da vida ou a alma no corpo humano" [18].

O segundo texto situa a função santificadora do Espírito ao apresentar a "gênese" (raiz ou origem) e a "estrutura" (condição ou forma de ser) trinitárias da Igreja. É o número 4 da *Lumen gentium* onde se sintetiza o

---

12. Cf. E. VILANOVA, *¿Más atentos al Espíritu?:* Phase 38 (1998) n. 223, 9-16.
13. Sobre a pneumatologia de Congar: P. G. GIANAZZA, *Lo Spirito Santo. Summa pneumatologica di Yves Congar* (Roma, 1998).
14. *Catecismo da Igreja Católica*, nn. 731-732.
15. *Ibid.*, n. 733.
16. *Ibid.*, n. 737.
17. Cf. J.-A. BARREDA, *La Chiesa, opera propria dello Spirito*: Angelicum 75 (1998) 459-496; J. R. VILLAR, *El Espíritu Santo, "principium unitatis Ecclesiae"*: Scripta Theologica 30 (1998) 831-860; H. SCHÜTZEICHEL, *Die unbegrenzte Wirkkraft des Heiligen Geistes in der Sicht des II. Vatikanischen Konzils*: Trierer Theologische Zeitschrift 108 (1999) 108-122.
18. *Lumen gentium*, 7. Ver a nota 8 que avalia, com referências magisteriais, patrísticas e teológicas, a afirmação do Espírito como "alma" da Igreja.

rol do Espírito na Igreja desde sua função santificadora: "Quando o Filho terminou a obra que o Pai lhe encarregou realizar na terra (cf. Jo 17,4), foi enviado o Espírito Santo no dia de Pentecostes para que santificasse continuamente a Igreja e dessa maneira os fiéis pudessem ir ao Pai através de Cristo no mesmo Espírito (cf. Ef 2,18)..."[19].

De muitos modos realiza o Espírito Santo sua função santificadora na Igreja. A vida moral cristã tem de ser enquadrada dentro dessa função santificadora do Espírito Santo. A moral cristã é a resposta, *no Espírito Santo*, ao chamado do Pai a conformarmo-nos segundo a imagem de Cristo, seu Filho. Nessa resposta atua a liberdade humana, iluminada e ajudada pelo Espírito Santo, isto é, mediante a função "santificadora" do Espírito.

3. O Espírito Santo e Cristo

O Espírito Santo não teria a função que tem na Igreja se não existisse uma unidade de missão entre Ele e Cristo. O *Catecismo da Igreja Católica* sublinha várias vezes essa vinculação de Cristo e do Espírito na missão: "Toda a missão do Filho e do Espírito Santo na plenitude dos tempos se resume em que o Filho é o Ungido do Pai desde sua Encarnação" (n. 727). "A missão de Cristo e do Espírito se converte na missão da Igreja" (n. 730). "A missão de Cristo e do Espírito se realiza na Igreja, Corpo de Cristo e Templo do Espírito Santo" (n. 737).

É fácil pôr em relevo a vinculação da presença do Espírito Santo com a missão de Cristo. A teologia de João é explícita a esse respeito[20]. O Cristo Ressuscitado é quem nos comunica o dom do Espírito[21]. Porém, também se deve enfatizar a vinculação de Cristo com o Espírito Santo[22]. Jesus é o Filho de Deus no Espírito Santo; essa é a orientação que adotam as cristologias "pneumatológicas", como a de F.-X. Durrwell[23] e a de outros teólogos atuais[24].

---

19. *Lumen gentium*, 4.
20. Ver os textos de João e sua integração em uma exposição catequética coerente, em: *Catecismo da Igreja Católica*, nn. 727-730.
21. Cf. E. ROMERO POSE - L. TRUJILLO DÍAZ - R. PRAT I PONS, *Jesucristo Resucitado nos comunica el don del Espíritu*: VÁRIOS, Jesucristo, la Buena Noticia (Madri, 1997) 201-327.
22. Cf. B. FORTE, *El Espíritu Santo y Jesús de Nazaret*: Scripta Theologica 30 (1998) 813-829.
23. F.-X. DURRWELL, *Jésus, Fils de Dieu dans l'Esprit Saint* (Paris, 1997).
24. Essa é a orientação adotada por D. COFFEY, para quem a Cristologia e a Pneumatologia são interdependentes. Ver, entre seus escritos: *The Theandric Nature of Christ*: Theological Studies 60 (1999) 405-431 ("Christology and Pneumatology can no longer be regarded as independent studies; they are interdependent": p. 431).

Assim, pois, Cristo e o Espírito constituem, segundo a bela imagem de Santo Irineu, "as duas mãos do Pai na criação"[25]; e, extensivamente, em toda a obra da salvação[26].

Essa indissolúvel vinculação entre Cristo e o Espírito Santo tem importantes repercussões para a compreensão e a realização da vida cristã. Essa não é outra coisa que a reposta, livre e gozosa, do fiel à comunicação do Deus trinitário. Nessa resposta existencial e personalizada atua a sinergia de Cristo e do Espírito, sendo a fonte dessa energia o próprio Pai.

A moral do fiel participa dessa condição geral da vida cristã. Sua fonte e meta é o Pai; seu caminho é Cristo, o Verbo encarnado; seu guia e sua força é o Espírito Santo. O Espírito não pode ser esquecido, deixando unicamente ao Pai como o fundamento da moral e a Cristo como o único referente normativo. O Santificador é também o guia e a força da vida moral cristã.

4. O vínculo de amor na Trindade

Entre as atuais perspectivas teológicas do Mistério intratrinitário quero destacar uma em relação com o Espírito Santo: a que considera o Espírito em reciprocidade com o Pai e com o Filho. Essa reciprocidade deve ser entendida num sentido mais profundo do que às vezes se dá à fórmula da procedência "do Pai e do Filho"[27]. O Espírito é "Espírito *do* Pai" (cf. Rm 8,11) e é "Espírito *do* Filho" (cf. Gl 4,6). Tanto o Pai (paternidade) como o Filho (filiação) são *no* Espírito (expiração)[28].

O teólogo F.-X. Durrwell insistiu em que o Espírito Santo é o Espírito da paternidade e da filiação. O Espírito Santo é "ele pessoalmente a intimidade divina, o engendramento pelo qual o Pai e o Filho são o que são"[29]. Também H. U. Von Balthasar entendeu o Espírito Santo como a mesma comunhão entre o Pai e o Filho, como 'o mútuo e único beijo do Pai e do Filho" (São Bernardo)[30].

---

25. SANTO IRINEU, *Adversus haereses*, 4, 20, 1. 3: PG, 7, 1032.
26. Cf. J. CASTELLANO, *Entre Cristo y el Espíritu. Las dos manos del Padre y su acción conjunta en la liturgia*: Phase 38 (1998) n. 223, 18-29.
27. Cf. J.-M. GARRIGUES, *La reciprocidad trinitaria del Espíritu Santo con respecto al Padre y al Hijo*: Scripta Theologica 30 (1998) 807-812. Sobre a fórmula do "filioque" tal como é interpretada hoje, pondo em relevo "duas tradições" teológicas, ver: *Catecismo da Igreja Católica*, n. 248; COMITÊ PARA O JUBILEU DO ANO 2000, *o. c.*, 24-27.
28. Cf. o artigo de J.-M. GARRIGUES, citado na nota imediatamente precedente.
29. F.-X. DURRWELL, *Nuestro Pai. Dios en su misterio* (Salamanca, 1990) 183 (cf. pp. 134-137).
30. Cf. M. GONZÁLEZ, *La Trinidad, corazón hermenéutico de la realidad cristiana. Esbozo del aporte de Balthasar a la sistemática trinitaria del siglo XX*: Proyecto 10 (1998) 127-140.

Desde a perspectiva precedente chega-se à compreensão do Espírito Santo mediante a categoria de "comunhão" e de "dom"[31]. O Espírito Santo realiza a definição de Deus como Amor. "Sem afirmá-lo nunca muito explicitamente, a Escritura sugere de muitas maneiras que o Espírito é o amor de Deus em pessoa, da mesma maneira que é sua força"[32].

Nessa compreensão do Espírito Santo ressoa a brilhante voz e se expressa a privilegiada mente de Santo Agostinho. Entre os elementos mais originais e criativos da doutrina agostiniana sobre a Trindade deve-se situar sua visão do Espírito Santo enquanto vínculo de amor entre o Pai e o Filho[33].

No último livro do tratado *De Trinitate*, a partir do capítulo 17, fala Santo Agostinho expressamente da terceira Pessoa da Trindade. Começa afirmando que "esse Espírito, segundo as Sagradas Escrituras, não o é só do Pai, ou do Filho só, mas de ambos; e por isso nos insinua a caridade mútua com a qual se amam o Pai e o Filho"[34]. Essa insinuação é corroborada por outra palavra da Sagrada Escritura: "conhecemos que permanecemos Nele e Ele em nós, porque nos deu de seu Espírito" (1Jo 4,13). De onde conclui Agostinho: "Por conseguinte, o Deus-Amor é o Espírito Santo"; "assim como damos propriamente o nome de sabedoria ao Verbo único de Deus, ainda que em sentido universal o Pai e o Espírito Santo são sabedoria, assim chamamos por apropriação ao Espírito Santo amor, ainda que em sentido ecumênico sejam também amor o Pai e o Filho"[35].

Se o Espírito Santo é o Deus-Amor, a Ele deve-se referir a categoria de dom. "A caridade que vem de Deus e é Deus, é propriamente o Espírito Santo, pelo qual se derrama a caridade de Deus em nossos corações, fazendo que habite em nós a Trindade. Por esta causa, sendo o Espírito Santo Deus, chama-se Dom de Deus"[36].

Essas perspectivas agostinianas já estão indicando a transcendência que tem o mistério do Espírito Santo em ordem à fundamentação e ao desenvolvimento da vida moral cristã. Ao possuir o Dom do Espírito per-

---

31. Cf. R. LAVATORI, *Lo Spirito Santo, dono del Padre e del Figlio. Ricerca sull'identità dello Spirito come dono* (Bologna, 1998), onde se analisa a compreensão do Espírito Santo como dom: na Sagrada Escritura, nos Padres gregos e latinos, na reflexão teológica da Idade Média e do século XIX, no Vaticano II e na encíclica de João Paulo II "Dominum et vivificantem".
32. F.-X. DURRWELL, *o. c.*, 134.
33. Cf. B. STUDER, *Anstösse zu einer neuen Trinitätslehre bei Augustinus von Hippo*: Trierer Theologische Zeitschrift 108 (1999) 123-128, especialmente pp. 123-124.
34. SANTO AGOSTINHO, *De Trinitate*, XV, 17, 27: Obras de Santo Agostinho. Edição bilíngüe, t. V (Madri, 1948) 892-893.
35. *Ibid.*, XV, 17, 31: *l. c.*, 898-899.
36. *Ibid.*, XV, 18, 23: *l. c.*, 900-903.

manecemos no amor; pois bem, "o que permanece no amor permanece em Deus e Deus nele" (1Jo 4,16). Este é o fundamento da vida cristã e do agir moral. O desenvolvimento moral consistirá em deixar-se guiar pelo Espírito Santo, já que "quando esse Espírito se dá ao homem, inflama-o em amor a Deus e ao próximo, pois Ele é amor"[37].

Do mistério do Espírito Santo brota necessariamente uma moral cristã centrada no amor. Um amor que conduz à doação e que origina comunhão. Sendo o Espírito o vínculo de comunhão entre o Pai e o Filho, "a essência do Deus trinitário é essa comunhão (...). O Espírito Santo, que é honrado 'juntamente com' o Pai e com o Filho, é também a fonte da energia que *reúne* os seres humanos, de tal maneira que possam encontrar-se, alegrar-se reciprocamente e louvar a Deus"[38].

II. O ESPÍRITO SANTO NA VIDA CRISTÃ

O Espírito Santo "é verdadeiramente o coração da vida cristã, sua própria respiração, a tal ponto que não se trata de ser só 'devotos' do Espírito Santo, mas de simplesmente viver e respirar do Espírito"[39]. Ao Espírito Santo se lhe atribui a obra da santificação. É o *Santificador*. É-o não só enquanto atua mediante a graça, mas também por sua presença especial no fiel, originando assim um processo de divinização ou santificação.

Convém advertir que a atuação do Espírito não se limita ao âmbito dos fiéis. Além de Santificador, o Espírito Santo é *Criador*[40]. Os santos Padres sublinharam a presença e a atuação do Espírito Santo da obra na formação do ser humano "à imagem e semelhança" de Deus[41]. Recordei como Santo Irineu afirma que Deus Pai cria o homem com as "duas mãos", a do Verbo e a do Espírito Santo[42].

---

37. *Ibid.*, XV, 17, 31: *l. c.*, 898-901.
38. J. MOLTMANN, *o. c.*, 332.
39. COMITÊ PARA O JUBILEU DO ANO 2000, *o. c.*, 165.
40. C. PORRO, *a. c.*, 674.
41. Cf. S. RAPONI, *Alla scuola dei Padri* (Roma, 1999) 161-165. Entre os textos que apresenta, o autor cita estes dois: "Caro ab Spiritu possessa, oblita quidem sui, qualitatem Spiritus assumens, conformis facta Verbo Dei" (IRINEU, *Adversus Haereses*, V, 9, 3). "Novi huius hominis, qui creatur ad imaginem Dei, auctor est Spiritus" (AMBRÓSIO, *De Spiritu Sancto*, 2, 7, 66).
42. Cf. J. MAMBRINO, *Les deux mains de Dieu dans l'oeuvre de Irénée*: Nouvelle Revue Théologique 79 (1975) 355-370; S. RAPONI, *o. c.*, 123-127.

Além disso, a intervenção salvífica do Espírito se estende a todo homem, está de algum modo presente em toda religião, e sua força chega até todo o criado. A exegese patrística viu refletida essa onipresença do Espírito no texto de Gn 1,2: "O alento de Deus pairava por cima das águas". João Paulo II afirma que o Espírito está presente e atuante "no coração dos homens e na história dos povos, nas culturas e nas religiões"[43].

Não é o momento de fazer uma exposição precisa e detalhada da atuação do Espírito na vida cristã. Basta tomar nota dos âmbitos mais destacados nos quais de modo especial vemos sua atuação:

Toda a *comunidade cristã* é o lugar privilegiado da presença do Espírito Santo. Ele está na origem da Igreja[44], sendo como sua "alma"[45]. O Espírito é o princípio de unidade da Igreja: "O Espírito Santo que habita nos fiéis, e enche e governa toda a Igreja, realiza essa admirável comunhão de fiéis e une a todos em Cristo tão intimamente que é o Princípio da unidade da Igreja. Ele é o que opera a distribuição de graças e serviços (cf. 1Cor 12,4-11), enriquecendo à Igreja de Jesus Cristo com diferentes dons 'para a consumação dos santos em ordem à obra do ministério, à edificação do corpo de Cristo' (Ef 4,12)"[46]. A ação do Espírito se faz presente nos sacramentos e nos ministérios; Ele é quem distribui graças e serviços; Dele surge a diversidade de funções, sem interferências nem rivalidades[47].

O Espírito Santo é o agente principal da *evangelização*. A esse respeito, afirmou Paulo VI: "Não haverá nunca evangelização possível sem a ação do Espírito Santo"[48].

A *Liturgia* constitui não só um lugar destacado da presença do Espírito[49] mas também a expressão viva da fé e da teologia do Espírito ("lex orandi, lex credendi")[50]. "Na Liturgia, o Espírito Santo é o pedagogo da fé do Povo de Deus, o artífice das 'obras mestras de Deus' que são os sacra-

---

43. *Redemptoris missio*, 29.
44. *Lumen gentium*, 4.
45. *Ibid.*, 7 (ver a nota 8 deste número).
46. *Unitatis redintegratio*, 2.
47. *Lumen gentium*, 12. Cf. *Ibid.*, 32, 40; *Apostolicam actuositatem*, 4, 30.
48. *Evangelii nuntiandi*, 75. Cf. J. C. R. GARCÍA PAREDES, *El Espíritu Santo. Nueva Evangelización para una nueva Humanidad*: Estudios Trinitarios 33 (1999) 103-131.
49. Ver o amplo e detalhado desenvolvimento que sobre a presença do Espírito Santo na Liturgia faz o COMITÊ PARA O JUBILEU DO ANO 2000, *o. c.*, 105-135.
50. Cf., como expressão representativa, os estudos contidos no número monográfico de Phase 38 (1998) n. 223: "El Espíritu Santo na celebração litúrgica".

mentos da Nova Aliança (...). A Liturgia vem a ser a obra comum do Espírito Santo e da Igreja"[51].

A *espiritualidade* é, sem dúvida, o âmbito principal onde se constata a atuação do Espírito. A vida espiritual é, na expressão e na compreensão paulinas, "a vida segundo o Espírito"[52]. Em todas as definições de espiritualidade cristã a referência ao Espírito é o traço essencial comumente admitido[53]. Mas concretamente, do Espírito se diz que é "o mestre de oração"[54]; a Ele se atribuem os "dons" e os "frutos" mais excelentes da vida espiritual[55].

Também se atribui ao Espírito Santo o dinamismo de *renovação* tanto da Igreja em seu conjunto como dos diversos grupos, funções e membros dentro dela[56]. A *conversão* permanente do coração e a *reforma* contínua das estruturas, tanto sociais como eclesiais, realizam-se sob o impulso do Espírito. Essa força do Espírito é de tal maneira transformadora que, supostos o arrependimento e a decisão eficaz de conversão, *perdoa* os pecados[57].

A *vida consagrada* e os correspondentes carismas fundacionais são obra do Espírito. O alento do Espírito mantém a Igreja numa tensão contínua e benéfica entre "instituição" e "carisma". "O Espírito Santo não só santifica e dirige o Povo de Deus mediante os sacramentos e os ministérios e os enche de virtudes. Também reparte graças especiais entre os fiéis de qualquer estado ou condição e *distribui seus dons a cada um segundo quer* (1Cor 12,11)"[58].

É obvio que a *vida moral* também constitui um âmbito importante da presença do Espírito. A moral cristã está guiada e apoiada pela luz e pela força do Espírito Santo. Esse "princípio espiritual" da vida moral do cristão foi expresso por Paulo mediante sua fórmula típica do indicativo conseqüencial: "Se vivemos pelo Espírito, sigamos também o Espírito" (Gl 5,25). Nas seções seguintes desenvolve-se o significado do "princípio espiritual" da moral cristã.

---

51. *Catecismo da Igreja Católica*, n. 1091.
52. Ver o estudo de S. VIDAL, *La vida según el Espíritu. Reflexiones desde las cartas de Pablo* (Madri, 1994).
53. Cf. M. VIDAL, *Moral y Espiritualidad* (Madri, 1997) 31-34.
54. COMITÊ PARA O JUBILEU DO ANO 2000, *o. c.*, 146-150.
55. Cf. *Catecismo da Igreja Católica*, nn. 1831-1832; COMITÊ PARA O JUBILEU DO ANO 2000, *o. c.*, 156-159.
56. Cf. *Lumen gentium*, 43; *Presbyterorum ordinis*, 22; *Perfectae caritatis*, 2; *Gaudium et spes*, 21.
57. Cf. COMITÊ PARA O JUBILEU DO ANO 2000, *o. c.*, 159-161.
58. *Lumen gentium*, 12.

III. O ESPÍRITO SANTO E A VIDA MORAL

1. Anotação histórica

Na história da teologia moral há períodos nos quais se faz particularmente presente o Espírito Santo e outros nos quais se constata sua ausência. Entre os primeiros, convém indicar a época patrística: o Espírito está presente na catequese moral mistagógica de São Cirilo de Jerusalém, nas orientações morais dos Padres capadócios (São Basílio e São Gregório Nazianzeno), nas exortações e admoestações de São João Crisóstomo, na apresentação da moral cristã de Santo Agostinho, e em geral em todas as formulações da mensagem moral cristã que se fazem nos primeiros séculos da Igreja. Também está presente o Espírito nas sínteses morais medievais, sobretudo nas de São Boaventura e de Santo Tomás.

Pelo contrário, na etapa do nominalismo e, sobretudo, no longo período da moral casuística (do concílio de Trento ao concílio Vaticano II) a ausência do Espírito Santo na apresentação teológica e catequética da moral cristã foi clamorosamente significativa.

Feitas essas duas afirmações gerais e sendo impossível fazer referência aqui a todos os momentos da história da moral cristã, limito a consideração por parte da tradição teológica em geral e que, em si mesma, constitui um expoente qualificado de como deve ser incorporado o Espírito Santo dentro do discurso teológico-moral a fim de responder à necessária dimensão pneumatológica da vida moral do fiel. Refiro-me ao pensamento teológico de Santo Tomás de Aquino.

2. O Espírito Santo na síntese moral de Santo Tomás

a. Contexto geral

A moral de Santo Tomás é nitidamente teocêntrica, enquanto tem a Deus como princípio e como meta final. As questões 1 a 5 da I-II sobre o "Fim último" proporcionam a orientação básica para a concepção moral tomista e a marcam com uma inevitável tonalidade teocêntrica[59].

Contudo, o teocentrismo moral de Santo Tomás está animado pela

---

59. Cf. M. LLAMERA, *Teocentrismo de la vida, de la fe y de la ciencia moral según Santo Tomás de Aquino*: Teología Espiritual 17 (1974) 279-299.

seiva cristológica e pneumatológica. No capítulo precedente assinalei esse conteúdo cristológico. Agora quero anotar o dinamismo pneumatológico seguindo a orientação daqueles que enfatizam na compreensão tomista o papel do Espírito como o "Mestre interior"[60] e como o agente principal do dinamismo moral[61].

Convém ter em conta também a constatação que faz João Paulo II na encíclica *Fides et ratio* sobre a função do Espírito Santo na busca da verdade: "Uma das grandes intuições de Santo Tomás é a que se refere ao papel que o Espírito Santo realiza fazendo amadurecer em sabedoria a ciência humana (...). Sua teologia permite compreender a peculiaridade da sabedoria em seu estreito vínculo com a fé e o conhecimento do divino"[62]. Essa função "sapiencial" do Espírito Santo se faz presente, segundo Santo Tomás, mais além dos limites dos fiéis. Retomando uma afirmação do *Ambrosiaster*, anota: "Toda verdade, quem quer que a diga, procede do Espírito Santo enquanto infunde em nós a luz natural e nos move a entender e expressar a verdade"[63].

b. Estrutura pneumatológica da moral tomista

Na compreensão tomista o Espírito Santo é o "princípio dinâmico e vivificante da iniciativa divina para o homem"; por isso, "seu papel na vida moral é central e indispensável em ordem à consecução da bem-aventurança eterna"[64]. A ação do Espírito adota diversas formas, porém todas elas têm em comum que o dinamismo divino, sendo superior às capacidades humanas, procede "desde dentro" da pessoa: às vezes, mediante o hábito; outras vezes, por conaturalidade[65]; também, "a modo de

---

60. Cf. J.-P. TORRELL, *Saint Thomas d'Aquin, maître spirituel* (Paris, 1996) 265-297.
61. Sobre o Espírito Santo na moral tomista, cf. Y. M. J. CONGAR, *Le Saint-Esprit dans la théologie thomiste de l'agir moral*: VÁRIOS, L'agire morale (Nápoles, 1977) 9-19; P. A. PATFOORT, *Morale et pneumatologie chez Saint Thomas. Une observation de la I-II*: VÁRIOS, La teologia morale nella storia e nella problematica attuale (Milão, 1982) 63-92.
62. *Fides et ratio*, 44.
63. I-II, q. 109, a. 1 ad 1. Este texto tomista é apresentado e comentado pela encíclica *Fides et ratio*, 44.
64. G. KOSTKO, *Doni dello Spirito Santo e vita morale* (Roma, 1997) 101.
65. Em I, q. 1, a. 6 ad 3 cita o clássico texto do Pseudo-Dionísio (*De divinis nominibus*, 2, 9: PL, 3, 648): "non solum discens sed et patiens divina et ex compassione ad ipsa". Esta "compasión" o "connaturalidad" actúa mediante la caridad: "huiusmodi autem compassio, sive connaturalitas ad res divinas fit per charitatem" (II-II, q. 45, a. 2). Cf. M. D'AVENIA, *La cognoscenza per connaturalità in S. Tommaso d'Aquino* (Roma, 1992).

instinto". Essa última forma de atuação é a mais perfeita; Santo Tomás a chama "instinto do Espírito Santo"[66].

É precisamente na parte moral da *Suma* tomista onde se dão as "zonas de grande concentração pneumatológica"[67]. Basta recordar os seguintes tratados:

— Sobre os *Dons*, as *Bem-aventuranças* e os *Frutos* (I-II, qq. 68-70), onde o Espírito Santo é mencionado 94 vezes com diversas expressões.

— Sobre a *Lei evangélica* (I-II, qq. 106-108), da qual se diz que "est gratia Spiritus Sancti, quae datur per fidem Christi" (I-II, q. 106, a. 1); nesse tratado o Espírito Santo é mencionado 35 vezes.

— Sobre a *Graça* e seus efeitos (justificação e mérito) (I-II, qq. 109-114), onde há 27 referências ao Espírito Santo e onde se afirma: a graça "se recebe por obra do Espírito Santo"[68].

Se a esses fatores da vida moral se integram as *Virtudes* (I-II, qq. 55-67) tem-se a estrutura completa da vida moral cristã tal como a concebe Santo Tomás. É uma *estrutura pneumatológica*, na qual o dinamismo do Espírito Santo se articula, sinergicamente, com a liberdade humana. Sobre essa importante compreensão tomista da vida moral cristã voltaremos no capítulo sétimo desta primeira parte.

3. Redescobrimento atual

A insistência recente sobre a relação entre Pneumatologia e Teologia moral[69] dependeu, em grande medida, de dois fatores. Em primeiro lugar, do redescobrimento das fontes bíblicas da moral cristã. Por exemplo, se se considera a vida moral à luz de textos paulinos básicos, como Gl

---

66. I-II, q. 68, a. 2. Nesta questão 68 o termo "instinctum" aparece com freqüência: 16 vezes, das quais 12 nos dois primeiros artigos. Ver também: I-II, q. 108, a. 1 ad 2.
67. G. KOSTKO, *o. c.*, 101-102.
68. I-II, q. 112, a. 5.
69. Para uma visão panorâmica: P. S. KEANE, *The Role of the Holy Spirit in Contemporary Moral Theology*: THE CATHOLIC THEOLOGICAL SOCIETY OF AMERICA, Proceedings of the Fifty-First Annual Convention (Nova York, 1996) 97-113. Em relação com a Teologia moral de B. Häring: S. BALOBAN, *Spirito e vita cristiana nella Teologia Morale di Bernhard Häring* (Roma, 1988). Outros estudos de interesse: Ph. DELHAYE, *L'Esprit Saint et la vie morale du chrétien*: Ephemerides Theologicae Lovanienses 45 (1969) 432-443; Y. CONGAR, *Le saint Esprit dans la théologie morale thomiste de l'agir moral*: VÁRIOS, L'agire morale (Nápoles, 1977) 9- 14; G. HOLOTIK, *Die pneumatische Note der Moraltheologie* (Viena, 1984).

5,13-6,10 e Rm 8,1-17, não se pode deixar de sublinhar a fundamentação pneumatológica do comportamento cristão[70].

Em segundo lugar, a articulação da Moral com a Espiritualidade favoreceu a tomada de consciência da base pneumatológica comum de ambas as disciplinas[71]. A vida espiritual cristã não se entende sem a força vivificante do Espírito Santo; o caminho espiritual é o itinerário do Espírito em cada fiel e na comunidade dos fiéis. Também a vida moral, enquanto dimensão da vida teologal, está regida pelo Espírito Santo.

A perspectiva geral que se adota para destacar a base pneumatológica da moral cristã é considerar a função santificadora do Espírito. Segundo a compreensão tradicional da Trindade, reconhecida no *Catecismo da Igreja Católica*[72], corresponde ("apropriação") ao Espírito Santo a obra santificadora, assim como corresponde ao Pai a obra criadora e ao Filho a obra redentora. Nesse modelo teológico tradicional, o Espírito Santo é "fonte e origem da vida moral da 'nova criatura' (cf. 2Cor 5,17)"[73] precisamente em razão de que é o Santificador e, enquanto tal, ilumina e guia a vida moral cristã[74].

A obra santificadora do Espírito Santo realiza-se, primariamente, mediante a Graça. "A graça de Cristo é o dom gratuito que Deus nos faz de sua vida infundida pelo Espírito Santo na nossa alma para saná-la do pecado e santificá-la"[75]. "A graça é, antes de tudo e principalmente, o dom do Espírito que nos justifica e nos santifica"[76]. Segundo indicarei no capítulo sétimo desta primeira parte da presente obra, é preciso recuperar para o delineamento da moral cristã sua fundamentação na Graça. Na síntese de Santo Tomás, o tratado da Graça faz parte do conjunto da Moral fundamental[77]; esta opção também é assumida pelo *Catecismo da Igreja Católica*[78]. Do dinamismo da Graça fazem parte as *Virtudes*, as morais e, de modo

---

70. P. DACQUINO, *La vita morale e l'azione dello Spirito in S. Paolo*: VÁRIOS, Fondamenti biblici della Teologia Morale (Brescia, 1973) 357-373; F. W. HORN, *Wandel im Geist. Zur pneumatologischen Begründung der Ethik bei Paulus*: Kerygma und Dogma 38 (1992) 149-170.
71. D. J. BILLY, *The Person of the Holy Spirit as the source of the Christian Moral Life*: Studia Moralia 36 (1998) 325-359.
72. *Catecismo da Igreja Católica*, nn. 244-248.
73. *Veritatis splendor*, 28.
74. Cf. D. J. BILLY, a. c., 328-330.
75. *Catecismo da Igreja Católica*, n. 1999.
76. *Ibid.*, n. 2003.
77. I-II, qq. 109-114. Sobre a colocação e o significado do tratado da Graça na síntese teológica de Santo Tomás, ver: R. HERNÁNDEZ, *Tratado de la Gracia*: SANTO TOMÁS DE AQUINO, Suma de Teologia. Edição dirigida pelos Regentes de Estudos das Províncias Dominicanas na Espanha, II (Madri, 1989) 901-908.
78. *Catecismo da Igreja Católica*, nn. 1987-2016.

especial, as teologais[79]; não convém esquecer tampouco os chamados *Dons e Frutos* do Espírito Santo[80]. Todo esse organismo teologal, implicado na vida moral cristã, é efeito da obra santificadora do Espírito Santo.

A função santificadora do Espírito Santo penetra e transforma o agir moral do fiel. A reflexão teológico-moral recente analisou essa transformação pneumatológica em relação com alguns fatores do agir moral: no processo da *tomada de decisões*[81]; no dinamismo do *discernimento*[82]; na *atração afetiva* e quase conatural para o bem[83]. O Espírito entra no próprio coração da vida moral, originando uma espécie de "instinto" espiritual no sujeito moral cristão[84].

Também influi o Espírito Santo na orientação dos conteúdos concretos da vida moral cristã[85]. Orientação peculiar do Espírito é unificar o conteúdo moral cristão em torno da Caridade. O Espírito Santo não se identifica com a Caridade, segundo pensava Pedro Lombardo[86]. Contudo, segundo a teologia trinitária tradicional, a Ele corresponde a categoria do "Amor"[87]. Daí o nexo interno entre presença do Espírito e práxis da Caridade[88]. "Porque o amor de Deus foi derramado em nossos corações pelo Espírito Santo que nos foi dado" (Rm 5,5).

Não se pode esquecer a relação que tem o Espírito Santo com a estrutura de "liberdade filial" que o corresponde ao agir moral cristão. O Espírito Santo atua na vida moral cristã como força de vida e de liberdade. A moral cristã, regida pelo Espírito, é uma moral de "filhos" e, portanto, "livres" perante Deus[89]. "Com efeito, todos os que se deixam guiar pelo

---

79. *Ibid.*, nn. 1803-1829.
80. *Ibid.*, nn. 1830-1832.
81. Cf. M. E. GINTER, *The Holy Spirit and Morality. A Dynamic Alliance*: THE CATHOLIC THEOLOGICAL SOCIETY OF AMERICA, Proceedings of the Fifty-First Annual Convention (Nova York, 1996) 97-113.
82. D. J. BILLY, a. c., 351.
83. J. NORIEGA, *El Espíritu Santo y la acción humana*: Burgense 39 (1998) 357-373. A perfeição da ação humana "não estará numa hipotética perfeição de uma razão calculadora que pondera bens com o interesse de criar um estado otimista de coisas no mundo, mas na docilidade à ação do Espírito que o move transformando sua afetividade, seu 'gosto espiritual', e atraindo-o ao apresentar-lhe bens operáveis nos quais pode 'experimentar a Deus" (p. 373).
84. Cf. S. PINCKAERS, *L'instinct et l'Esprit au coeur de l'éthique chrétienne*: C. J. PINTO DE OLIVEIRA (Ed.), Novitas et veritas vitae (Friburgo, Suíça, 1991) 213-223.
85. Ver, por exemplo, a análise da perspectiva pneumatológica na moral do trabalho: C. ESCRIBANO, *El trabajo humano como manifestación del Espíritu Santo*: Revista Aragonesa de Teología 9 (1999) 29-37.
86. II-II, q. 23, a. 2.
87. I, q. 37.
88. *Summa contra Gentiles*, IV, 21-22.
89. Cf. K. BARTH, *The Holy Spirit and Christian Life. The Theological Basis of Ethics* (Louisville, Kentucky, 1993).

Espírito de Deus são filhos de Deus. E vós não recebestes um espírito de escravos para recair no temor; antes recebestes um espírito de filhos adotivos que nos faz exclamar: Abbá, Pai!" (Rm 8,14-15; cf. Gl 4,6-7).

A moral de filiação, obra do Espírito Santo, é a grande novidade cristã. Daí que seja o Espírito quem indica a caducidade da lei antiga e quem instaura uma lei nova. "Se sois guiados pelo Espírito, não estais sob a lei" (Gl 5,18). É precisamente essa perspectiva a que é destacada pelo tomismo[90]. Sobre ela nos deteremos em seguida para explicar mais a função do Espírito na vida moral cristã.

IV. A LEI DO ESPÍRITO OU "LEI NOVA"

Na seção anterior expus os aspectos mais importantes da função do Espírito Santo na vida moral cristã. Todos eles podem ser resumidos na formulação paulina de Rm 8,2: "A lei do Espírito de vida em Cristo Jesus te libertou da lei do pecado e da morte"[91]. Para o cristão existe uma "ordem" nova ou uma "economia" nova. É a *lei do Espírito*. Essa lei também é denominada: lei evangélica; lei do amor; lei da graça; lei interior; lei da liberdade. Na reflexão teológica prevaleceu a expressão *lei nova*, cujo uso se encontra pela primeira vez na Carta do Pseudo-Barnabé.

Na renovação teológico-moral recente recuperou-se a categoria bíblica e tradicional da lei do Espírito enquanto lei nova[92]. Reunirei, na seqüência, os elementos mais importantes dessa perspectiva básica da moral cristã: recorrendo às fontes neotestamentárias, e de modo especial as paulinas; retomando os dados da teologia agostiniano-tomista; aludindo à tradição espiritual; e indicando as referências do Magistério eclesiástico recente.

1. Ensinamento neotestamentário

O conceito de "lei" na Sagrada Escritura tem uma grande riqueza de

---
90. Cf. D. J. BILLY, a. c., 332-330.
91. Texto citado por *Veritatis splendor*, 23, como pórtico ao tratamento sobre a lei nova.
92. Cf. A. VALSECCHI, *Gesù Cristo nostras legge*: La Scuola Cattolica 88 (1960) 161-190; J. L. GONZÁLEZ-ALIÓ, *Cristo, la nueva ley*: Scripta Theologica 28 (1996) 847-867. Pode-se ver uma síntese da doutrina neotestamentária em: F.-X. DURRWELL, *El Espíritu Santo en la Iglesia* (Salamanca, 1996) 137-141.

significados. Com esse termo se alude: a todo o Antigo Testamento; a uma das partes importantes dos escritos veterotestamentários, isto é, o Pentateuco ("a *lei* e os profetas"); ao conteúdo ético-jurídico da Bíblia, e de modo especial do Antigo Testamento. A versão grega dos LXX, ao servir-se do termo *nomos*, introduziu certa ambigüidade no conceito de "lei" (*thorá*) tal como se entendia no Antigo Testamento.

Aqui nos interessa unicamente apresentar o ensino do Novo Testamento sobre a "lei nova" enquanto contraposta à "lei antiga"[93]. Sobressaem duas afirmações:

a. Para o cristão existe uma "lei nova"

No Novo Testamento afirma-se a existência de uma norma original de atuação. Essa norma é descrita com o substantivo de "lei"; contudo, ao lhe ajuntar os qualificativos "do Espírito", "de liberdade" tira-se dele a substantividade propriamente jurídica. Eis as expressões com as quais se descrevem os traços essenciais da lei nova do cristão:

- *Lei de Cristo* (Gl 6,2): a) Cristo é novo Moisés (Sermão da Montanha): promulga com suas palavras e suas obras a vontade de Deus; b) nossa relação com a lei deve-se fazer através de Cristo: Ele é nossa lei (mística cristológica em dimensão ética).
- *Lei escrita na mente e no coração* (Hb 8,10; cf. Jr 31,33). É uma lei não exterior, mas interiorizada.
- *Lei do Espírito que dá vida em Cristo Jesus* (Rm 8,2). A lei é o Espírito que nos é dado: lei vital ou que infunde vida. "Em Cristo Jesus", já que o Espírito nos é dado por Cristo.
- *Lei perfeita da liberdade* (Tg 1,25; 2,12). É lei "perfeita" (lei régia: 2,8): porém, não em conteúdo, mas em liberdade: a) identificação da liberdade com a lei; b) mais, as prescrições exteriores são proteção da liberdade interior.

---

93. Da abundante bibliografia destaco alguns títulos: C. H. DODD, *El evangelio y la ley* (San Sebastián, 1967); A. FEUILLET, *Loi ancienne et morale chrétienne d'après l'épître aux Romains*: Nouvelle Revue Théologique 92 (1970) 785-805; ID., *Loi de Dieu, loi du Christ et loi de l'Esprit d'après les épîtres pauliniennes*: Novum Testamentum 22 (1980) 29-65; H. SCHÜRMANN, *"Das Gesetz des Christus" (Gal 6, 2)*: Neues Testament und Kirche (Friburgo, 1974) 282-300; R. BANK, *Jesus and the Law in the Synoptic Tradition* (Cambridge, 1975); J. G. ZIEGLER, *Lex nova sive evangelica. Prälimimarien zu einer Gnadenmoral*: VÁRIOS, Anspruch der Wirklichkeit und christlicher Glaube (Düsseldorf, 1980).

Essa "lei nova" propriamente não é lei. É uma exigência interior: é um Indicativo exigente. Para o cristão, os sistemas de obrigação dizem referência a essa lei nova que rege o universo moral do fiel.

b. Para o cristão perde vigência a "lei antiga"

Mais que nos determos em constatar a vigência ou não dos conteúdos concretos da lei veterotestamentária (distinguindo, por exemplo, entre prescrições cultuais, jurídicas ou morais), interessa trazer a afirmação global de que a "lei antiga" carece de sentido enquanto que é lei exterior.

Constata-se essa afirmação na postura de Jesus e da comunidade primitiva diante da lei judaica:

- Jesus rejeita as "adições dos homens", as "tradições humanas" (Mc 7,5.8) que os doutores equipararam com a lei. Combate, sobretudo, o farisaísmo e o espírito legalista, que se escuda na interpretação e no cumprimento literais da lei, para desentender-se da entrega à vontade de Deus (Mt 23,23).
- Jesus despoja a lei de seu caráter mediador. Ele é o único e autêntico Mediador da vontade do Pai. Ele mesmo é a nova lei e a nova Aliança.
- Para Jesus não ficam sem sentido todas as exigências do Antigo Testamento. Reúnem-se e são reassumidas em motivações e em formulações novas. Desse modo, Jesus leva à perfeição a lei antiga (Mt 5,17ss.), restabelecendo suas exigências originais (Mt 19,5ss.).

Um testemunho qualificado da postura neotestamentária diante da lei é Paulo[94]. Interessa recordar seu pensamento sobre a lei antiga, pensamento que pode ser resumido nas seguintes afirmações:

- Paulo declara caduca a lei antiga: a) como economia de salvação (a salvação não pode vir senão de Cristo); b) como sistema ético-religioso global: "Não estais sob a lei, mas sob a graça de Cristo" (Rm 6,14). Uma das escravidões da qual Cristo

---

94. A bibliografia sobre a lei em Paulo é muito abundante. De acordo com o interesse desta exposição, recomendo: F. LAGE, *Nuevas perspectivas sobre la valoración de la ley en la moral de san Pablo*: Moralia 13 (1991) 357-392; 14 (1992) 3-28.

nos liberta é a escravidão da lei (junto com as escravidões do pecado, da morte e da carne).
- Paulo polemiza não sobre os conteúdos da lei judaica (como nos evangelhos sinópticos), mas sobre seu caráter obrigatório.
- Paulo admite que a lei antiga era boa em si mesma (Rm 7,12). Porém, revela o pecado (Rm 7). Ao não ajudar desde dentro, converte-se em mortífera (não por si mesma, já que é santa, mas pela debilidade da carne).
- A lei é um pedagogo que leva a Cristo, como o escravo leva a criança ao mestre (Gl 3,23-24).

Do ensino neotestamentário sobre a "lei antiga" e sobre a "lei nova" se deduz que a ética cristã é uma moral nascida da exigência interior. As normas externas têm uma função secundária. Essa é a relativização que introduz o cristianismo no conjunto do sistema normativo moral.

2. Doutrina agostiniana

A doutrina de Santo Agostinho sobre a lei nova encontra-se basicamente numa de suas obras dedicadas a expor e a defender a graça diante das postura pelagianas. Refiro-me à obra *De spiritu et littera*[95]. Nela, tomando como pretexto a afirmação paulina "a letra mata, mas o espírito dá vida" (2Cor 3,6), Santo Agostinho faz uma brilhante e bem fundada defesa do cristianismo como economia da graça. "Todo o tratado é um rico tesouro de exegese, especialmente sobre as Epístolas aos Coríntios e aos Romanos. Com este tratado *Do espírito e da letra*, unido ao *De peccatorum meritis et remissione*, assentava Agostinho os fundamentos inamovíveis de sua doutrina sobre a graça, que lhe haveria de conquistar o mais glorioso título de sua sabedoria teológica: o de Doutor da Graça"[96].

Para falar da lei nova é necessário afirmar previamente a função do Espírito Santo na vida moral cristã. Ele está presente na moral tanto do Antigo como do Novo Testamento. A imagem de "dedo de Deus", aplicada ao Espírito, é a que conduz Agostinho à afirmação do fundamento pneumatológico da moral bíblica. "As tábuas de lei (antiga) foram escri-

---

[95]. SANTO AGOSTINHO, *De spiritu et littera*. Tradução e Introdução de E. LÓPEZ: Obras de Santo Agostinho. Edição bilíngüe, tomo VI (Madri, 1949) 665-803.
[96]. E. LÓPEZ, *l. c.*, 675.

tas pelo dedo de Deus." Pois bem, "o dedo de Deus é o Espírito Santo, por quem somos santificados". Logo, "esse Espírito Santo, por quem a caridade, que é a plenitude da lei, é derramada em nossos corações, é chamado também no Evangelho de dedo de Deus"[97].

A partir dessa afirmação sobre a presença do "dedo de Deus" na moral de ambas as economias, a do Antigo e a do Novo Testamento, Santo Agostinho sublinha "a admirável concordância" e a "grande diferença" que há entre a lei antiga e a lei nova[98]. Sobre a concordância não se detém nesta ocasião, dando-a por suficientemente justificada ao estarem enquadradas as duas economias dentro de um único projeto de salvação.

É a diferença que lhe interessa destacar, em ordem a expor o significado da economia da graça. Embora as duas leis fossem escritas pelo "dedo de Deus", entre elas existem diferenças essenciais: A lei antiga foi escrita em tábuas de pedra, a nova no interior dos corações; a lei antiga é uma lei de temor, promulgada entre ameaças de castigos por sua infração, a nova é a lei de amor, promulgada como graça. "Chama a atenção esta grande diferença: que ali se proibia ao povo com espantosos terrores aproximar-se do lugar em que era dada a lei; mas aqui desce o Espírito Santo sobre todos aqueles que o esperavam e que se tinham congregado unanimemente para esperá-lo depois que Ele lhes foi prometido. Ali o dedo de Deus escreveu sobre tábuas de pedra, aqui nos corações dos homens. Ali a lei foi dada exteriormente para infundir temor nos injustos, aqui se deu interiormente para que fossem justificados"[99].

Santo Agostinho não deixa de advertir que já no Antigo Testamento se insinuou a aparição, nos tempos escatológicos, de uma lei nova vinculada a uma aliança nova. A esse respeito, apresenta e comenta em vários momentos o texto de Jr 31,31-34[100].

Na doutrina sobre a lei nova confluem e se materializam dois interesses de Santo Agostinho. Por um lado, sua compreensão do agir cristão como um agir em e pela graça. Para Agostinho, a vida moral ("viver justamente") não é uma obra inteiramente humana, mas "também é uma obra divina"[101]. Por outro lado, a Agostinho interessa sublinhar que o conteúdo nuclear da moral cristã é a Caridade: "A lei de Deus é a caridade"[102]. As

---

97. As três citações foram tiradas de: *De spiritu et littera*, 17, 28: *l. c.*, 726-727.
98. *Ibid.*, 17, 29: *l. c.*, 726-727.
99. *Ibid.*, 17 29: *l. c.*, 727-729.
100. *Ibid.*, 19, 33-34; 20, 35: *l. c.*, 732-735; 736-737.
101. *Ibid.*, 35, 63: *l. c.*, 792-793: "Iuste autem vivere ... etiam hoc opus esse divinum".
102. *Ibid.*, 17, 29: *l. c.*, 728-729: "Lex ergo Dei est charitas".

duas preocupações agostinianas ficam resolvidas situando o Espírito Santo como origem e guia da vida moral cristã. Por Ele a vida cristã é vida da graça; por Ele a moral cristã se resume na caridade. Pelo Espírito Santo "a caridade, que é a plenitude da lei, é derramada em nossos corações"[103]. Que são, pois, os preceitos de Deus, pelo próprio Deus escritos nos corações, senão a própria presença do Espírito Santo, que é o dedo de Deus, por cuja presença é derramada em nossos corações a caridade, que é a plenitude da lei e o fim do preceito?"[104].

3. Reflexão teológica de Santo Tomás

O ensino neotestamentário e a doutrina agostiniana sobre a lei nova enquanto alternativa à lei antiga foram reunidas e desenvolvidas pela tradição teológica[105]. A exposição de Santo Tomás sobre essa matéria pode ser considerada paradigmática. A ela me refiro nesta seção, deixando para o capítulo sétimo desta primeira parte a referência a outros importantes fatores que constituem a estrutura pneumatológica da moral cristã segundo Santo Tomás: a Graça, as Virtudes e os Dons (junto com as Bem-aventuranças e os Frutos).

a. Contexto

Santo Tomás introduziu uma grande abertura temática na categoria

---

103. *Ibid.*, 16, 28: *l. c.*, 726-727.
104. *Ibid.*, 21, 36: *l. c.*, 738-739.
105. M. D. CHENU, *La théologie de la loi ancienne selon saint Thomas*: Revue Thomiste 61 (1961) 485-498; A. VALSECCHI, *La legge nuova del cristiano secondo San Tommaso* (Varese, 1963); J. F. CHAMORRO, *Ley nueva y ley antigua en Santo Tomás* (Avila, 1967); F. D'AGOSTINO, *Lex "indita" et lex "scripta": la dottrina della legge divina positiva (lex nova) secondo s. Tommaso d'Aquino*: La Chiesa dopo il Concilio Vaticano II (Milão, 1972) 401-416; G. HELEWA, *La "legge vecchia" e la "legge nuova" secondo San Tommaso*: Ephemerides Carmelitanae 25 (1974) 28-139; E. KACZYNSKI, *La legge nuova. L'elemento esterno della legge nuova secondo San Tommaso* (Roma, 1974); ID., *"Lex nova" in San Tommaso*: Divinitas 25 (1981) 22-23; ID., *"Lex spiritus" in S. Paolo e la sua interpretazione in S. Tommaso*: Angelicum 59 (1982) 455-474; Ph. DELHAYE, *La "loi nouvelle" dans l'enseignement de S. Thomas*: Studi Tomistici (Roma, 1975) 73-103; J. M. AUBERT, *Nature de la relation entre "Lex Nova" et "Lex Naturalis" chez Saint Thomas d'Aquin*: Studi Tomistici (Vaticano, 1982) 34-38; N. BLÁZQUEZ, *Los tratados sobre la ley antigua y nueva en la "Summa Theologiae"*: Scripta Theologica 15 (1983) 421-467; J. ÉTIENNE, *Loi et grâce. Le concept de loi nouvelle dans la "Somme théologique" de S. Thomas d'Aquin*: Revue Théologique de Louvain 16 (1985) 5- 22; G. DEL POZO, *Lex evangelica. Estudio histórico-sistemático del paso de la concepción tomista a la suareciana* (Granada, 1988).

de "lei" para que coubesse nela a moral cristã, mediante o conceito de "lei nova". Na *Suma* tomista, contam-se cinco espécies de lei: eterna, natural, humana, antiga e nova.

Dentro do tratado sobre a lei na *Suma* tomista há três questões (as qq. 106-108 da I-II) que constituem uma "jóia de moral cristã": são dedicadas ao estudo da *lei nova*[106]. Seu interesse e seu conteúdo são tão abarcadores e globalizantes que as convertem numa espécie de "marco" da síntese tomista da moral. Neste sentido transcendem a colocação que têm de fato no esquema da *Suma*.

O teólogo protestante Kühn realizou um estudo profundo sobre a lei em Santo Tomás[107]. Nele faz ver como no tratado da lei se manifesta toda a estrutura da moral tomista e, de um modo todavia mais geral, todo o esquema da *Suma*. Segundo outros autores, é o tema da lei nova o que constitui para Santo Tomás a *especificidade* da moral cristã[108]. Por outro lado, essa consideração tomista da lei nova oferece uma ponte de compreensão entre o protestantismo e o catolicismo; daí que se tenha destacado o valor ecumênico da doutrina tomista sobre a lei nova.

Além dessa importância intrínseca do tema da lei nova em Santo Tomás, convém ajuntar o fato de que o Aquinate traz nesse tratado o ensino do Novo Testamento, sobretudo das cartas paulinas aos romanos e aos Gálatas, e da doutrina patrística, sobretudo de Santo Agostinho (tratados sobre "O Espírito e a letra" e "O Sermão da Montanha")[109].

Convém advertir que Santo Tomás não "inventou" o tratado sobre a lei nova. Já Alexandre de Hales tinha realizado um amplo estudo sobre o tema, o qual estava presente nas sensibilidades teológicas e espirituais do século XIII. Pode-se dizer que o tratado "aparece como uma criação do século XIII enquanto expressão teológica da sensibilidade evangélica dos Dominicanos e dos Franciscanos"[110].

---

106. Ver texto e introdução de N. BLÁZQUEZ, em: *Tratado de la Ley antigua y nueva (qq. 98-108)*: SANTO TOMÁS DE AQUINO, Suma de Teologia. Edição dirigida pelos Regentes de Estudos das Províncias Dominicanas na Espanha, II (Madri, 1989) 761-899. Ver também a edição de J. TONNEAU, *La loi nouvelle* (Paris, 1981).
107. V. KÜHN, *Via Caritatis. Theologie des Gesetzes bei Thomas von Aquin* (Göttingen, 1965).
108. F. COMPAGNONI, *La specificità della morale cristiana* (Bologna, 1972) 63-93.
109. Cf. I. BIFFI, *L'"auctoritas" di Sant'Agostino nelle questioni sulla legge Nuova della "Summa Theologiae" di San Tommaso d'Aquino*: La Scuola Cattolica 115 (1987) 220-248.
110. G. KOSTKO, *o. c.*, 94.

b. Afirmações sobre a "lei nova"

Feitas estas anotações para compreender melhor o lugar que ocupa o tema da lei nova no delineamento moral de Santo Tomás, temos de afirmar que é a presença da lei nova no cristianismo o que constitui a instância mais específica da moralidade cristã.

Que é a lei nova para Santo Tomás? Eis sua resposta, formulada em várias ocasiões de seu estudo:

- "A lei nova se chama 'lei de fé', enquanto que sua principalidade consiste na própria graça que se dá interiormente aos fiéis, pelo qual se chama 'graça da fé'. Porém, secundariamente, há algumas obras, quer morais, quer sacramentais, nas quais não consiste a principalidade da lei nova, como consistia a da antiga"[111].

- "Disse o Filósofo que 'cada coisa se denomina por aquilo que nela é principal'. Pois bem, o principal na lei do Novo Testamento e no que está toda sua virtude, é a graça do Espírito Santo, que se dá pela fé em Cristo. Por conseguinte, a lei nova principalmente é a própria graça do Espírito Santo que se dá aos fiéis de Cristo... Contudo, a lei nova tem certos preceitos como dispositivos para receber a graça do Espírito Santo e ordenados ao uso da própria graça, que são como secundários na lei nova, nos quais foi necessário que fossem instruídos os fiéis de Cristo, tanto por palavra como por escrito, seja sobre o que se há de crer como sobre o que se há de agir. E assim convém dizer que a lei nova é principalmente a lei infusa; secundariamente é a lei escrita"[112].

A lei nova, que constitui a estrutura normativa do cristão, é a transformação da pessoa em Cristo pela presença do Espírito Santo. Encontramo-nos aqui com uma colocação da moral cristã em termos plenamente bíblicos. A moral cristã é o Indicativo cristão traduzido a Imperativo. A moral cristã é a antropologia teológica em dinamismo (ou a antropologia teológica dinâmica). As aspirações da renovação atual da Moral já se encontram proclamadas nesse tratado de Santo Tomás sobre a lei nova.

---

111. I-II, q. 107, a. 1 ad 3.
112. I-II, q. 106, a. 1.

Dessa noção da lei nova, como ponto central da compreensão da moral cristã, deduzem-se alguns traços para a ética dos fiéis, anotados expressamente por Santo Tomás:

- *Moral de liberdade*, já que a lei nova é "lei de liberdade": "Sendo a graça do Espírito como um hábito interior infuso que nos move a agir bem, nos faz executar livremente o que convém à graça e evitar tudo o que a ela é contrário. Em conclusão, a nova lei se chama lei de liberdade num duplo sentido. Primeiro, enquanto não nos compele a executar ou evitar senão o que seu é necessário ou contrário à salvação eterna, e que, portanto, cai sob o preceito ou a proibição da lei. Segundo, enquanto faz que cumpramos livremente esses preceitos ou proibições, posto que os cumprimos por um instinto interior da graça. E por esses dois capítulos, a lei nova se chama 'lei de perfeita liberdade', segundo a expressão do Apóstolo São Tiago"[113].
- A lei nova, quanto a conteúdos, *determina poucas coisas*. "Por isso, também a lei do Evangelho se chama 'lei de liberdade', pois a lei antiga determinava muitas coisas e eram poucas as que deixava à liberdade dos homens"[114].
- *A lei nova justifica e vivifica*: "Segundo fica dito, duas coisas abarca a lei nova: uma, a principal, é a graça do Espírito Santo, comunicada interiormente, e enquanto tal a lei nova justifica... Como elementos secundários da lei evangélica estão os documentos da fé e os preceitos, que ordenam os afetos e os atos humanos, e, quanto a isso, a lei nova não justifica. Por isso disse o apóstolo na segunda aos Coríntios: 'a letra mata, o espírito é que dá vida'... Por onde também a letra do Evangelho mataria se não tivesse a graça interior da fé, que cura"[115].

Podemos concluir esta breve exposição sobre o pensamento de Santo Tomás acerca da *lei nova* sublinhando sua importância para uma colocação especificamente evangélica da moral cristã. Por outro lado, através da categoria de lei nova se faz presente a base pneumatológica da moral cristã segundo Santo Tomás, que "é, junto com São Boaventura, um dos

---

113. I-II, q. 108, a. 1 ad 2.
114. I-II, q. 108, a. 1.
115. I-II, q. 106, a. 2.

últimos doutores que atribuem ao Espírito Santo um papel central e estrutural na ação moral"[116].

4. A lei nova na tradição espiritual

A categoria e o tratado da *lei nova* não tiveram apenas continuidade na reflexão teológico-moral posterior à etapa medieval. Existiram comentários (por exemplo, os de Köllin, Cayetano e Vitoria) ao tratado da "lex nova" de Santo Tomás[117]; porém, não suscitaram maior interesse entre os teólogos. Na etapa casuísta da moral católica praticamente desaparece o tratado da lei nova. "Nos manuais ou na parte moral dos catecismos posteriores ao Concílio de Trento praticamente nem se fala da Lei Nova nem do Sermão da Montanha. Às vezes, apenas uma menção; nunca, em todo caso, se lhes concede importância como fonte de doutrina moral. Estamos tocando com o dedo o abismo que se abriu entre o Evangelho e o ensino da moral, e que foi causa de seu empobrecimento da tradição"[118].

A continuidade do tema pode-se encontrar na tradição espiritual. Convém ter em conta que a categoria de "lei nova" constitui uma das "pontes" de enlace entre a moral e a espiritualidade. Através da lei nova, a moral cristã conecta com a graça e com o Espírito Santo: é uma "moral da graça" e uma "moral do Espírito". A vida moral do cristão não se move por normas extrínsecas mas por uma força interna (o Espírito) que, transformando interiormente o fiel, torna-o capaz de desejar o bem e de realizá-lo.

Na experiência da lei nova, que é graça, a moral praticamente se converte em espiritualidade. Aqui é onde a moral cristã expressa, em seu sentido mais elevado, sua "dimensão espiritual interna"[119]. Aqui é também onde consegue ser caminho de *liberdade* e não de obrigação[120].

Houve tradições espirituais que desenvolveram essa perspectiva de modo especial. Entre elas, sobressai a proposta espiritual de São João da

---

116. J. NORIEGA, a. c., 360.
117. Cf. L. VEREECKE, *Les commentaires thomistes du traité de la "lex nova" de saint Thomas d'Aquin au début du XVIe. siècle*: Studia Moralia 23 (1985) 163-186. Sobre o comentário de Conrado Köllin: F. KOPECKY, *La legge nuova nella "Expositio commentaria" di Conradus Koellin* (Roma, 1975).
118. S. PINCKAERS, *La ley nueva, en la cima de la moral cristiana*: G. DEL POZO (Dir.), Comentários à "Veritatis splendor" (Madri, 1994) 484-485. O mesmo em: ID., *La loi nouvelle, sommet de la morale chrétienne, selon l'encyclique "Veritatis splendor"*: G. BORGONOVO (ed.), Gesù Cristo, legge vivente e personale della Chiesa (Casale Monferrato, 1996) 129-131.
119. Cf. *Veritatis splendor*, 111.
120. Cf. S. LYONNET, *Libertad y ley nueva* (Salamanca, 1964).

Cruz. Sua interpretação da lei nova aparece no importante capítulo 22 do livro segundo da *Subida*, um capítulo que constitui um dos ápices de seu cristocentrismo espiritual.

A esse contexto pertence uma das afirmações que definem o espírito joanino e que formulam uma compreensão acabada do que significa, moral e espiritualmente, a lei nova: "Porém, já que está fundada a fé em Cristo e manifesta a Lei evangélica nesta era de graça, não há por que perguntar-lhe (a Deus) daquela maneira (como na lei antiga, que chama São João da Cruz 'Lei de Escritura'), nem para que Ele fale agora nem responda como outrora, porque em nos dar como nos deu o seu Filho, que é uma Palavra sua — que não tem outra —, tudo no-lo falou junto e de uma vez nessa única Palavra e não tem mais que falar" (n. 3).

5. Recepção no Magistério eclesiástico recente

O Magistério eclesiástico voltou a propor o ensino bíblico e a doutrina tradicional sobre a lei nova. Os dois documentos mais importantes são o *Catecismo da Igreja Católica* e a encíclica *Veritatis splendor*. No *Catecismo* há um desenvolvimento catequético do tema [121]. Fixo-me, em seguida, nas formulações da encíclica.

A encíclica *Veritatis splendor* introduziu na apresentação oficial da moral católica categorias teológicas de raízes bíblicas profundas, patrísticas e, em algumas ocasiões, teológicas. Tais são: a *Aliança nova* (Sermão da Montanha, Bem-aventuranças) (nn. 12-15); o *Seguimento* de Jesus (nn. 19-21); o *Espírito* (moral guiada pelo Espírito) (nn. 22-24); a *Caridade* (nn. 13-14). Todas essas categorias expressam a estrutura da vida cristã num conjunto e são, portanto, válidas tanto para a vida espiritual como para a vida moral.

Na relação com a moral guiada pelo *Espírito*, a encíclica apresenta outra categoria que, embora esquecida na apresentação da moral durante os últimos séculos, pertence à mais genuína tradição bíblica (paulina, sobretudo), patrística (particularmente, agostiniana) e teológica (de modo especial, tomista). Refiro-me ao princípio da *lei nova* ou *lei interior*, que é a lei do Espírito.

A citada encíclica faz uma descrição suficientemente desenvolvida desta categoria teológico-moral da lei nova ou lei interior em dois momentos no n. 24 e no n. 45. Vale a pena transcrevê-los:

"Resumindo o que constitui o núcleo da mensagem moral de Jesus e da

---

[121]. *Catecismo da Igreja Católica*, nn. 1965-1974.

pregação dos Apóstolos, e voltando a oferecer em admirável síntese a grande tradição dos Padres do Oriente e do Ocidente — em particular Santo Agostinho —, Santo Tomás afirma que a *Lei nova é a graça do Espírito Santo dada mediante a fé em Cristo*. Os preceitos externos, dos quais também fala o evangelho, preparam para essa graça ou desdobram seus efeitos na vida. Com efeito, a Lei Nova não se contenta em dizer o que se deve fazer, mas outorga também a força para 'praticar a verdade' (cf. Jo 3,21). Ao mesmo tempo, São João Crisóstomo observa que a Nova Lei foi promulgada precisamente quando o Espírito Santo desceu do céu no dia de Pentecostes e que os Apóstolos 'não desceram do monte trazendo, como Moisés, tábuas de pedra em suas mãos, mas que voltavam trazendo o Espírito Santo em seus corações..., convertidos, mediante sua graça, numa lei viva, num livro animado"[122].

"A Igreja recebe como dom a *Lei nova*, que é o 'cumprimento' da lei de Deus em Jesus Cristo e em seu Espírito. É uma lei 'interior' (cf. Jr 31,31-33), 'escrita não com tinta, mas com o Espírito de Deus vivo; não em tábuas de pedra, mas em tábuas de carne, nos corações' (2Cor 3,17); é a 'lei do espírito que dá vida em Cristo Jesus' (Rm 8,2). Sobre essa lei diz Santo Tomás: 'Esta pode chamar-se lei em duplo sentido. Em primeiro lugar, lei do espírito é o Espírito Santo... que, por inabitação na alma, não só ensina o que é necessário realizar iluminando o entendimento sobre as coisas que tem de fazer, mas também inclina a agir com retidão... Em segundo lugar, lei do espírito pode chamar-se o efeito próprio do Espírito Santo, isto é, a fé que atua pela caridade (Gl 5,6), a qual, por isso mesmo, ensina interiormente sobre as coisas que tem de fazer... e inclina o afeto para atuar'"[123].

Nestes parágrafos transcritos a encíclica *Veritatis splendor* propõe, de novo, o rico significado dessa categoria tão importante para a moral cristã como é a *lei nova* enquanto lei do Espírito. Sem necessidade de repetir o que neles se contém, conviria tomar nota de alguns aspectos que orientam o significado da moral cristã:

• Na origem da lei nova está o *Espírito Santo*, que é dom de Cristo e que, por sua vez, nos comunica o fruto da *Caridade*. "*O dom de Cristo é seu Espírito*, cujo primeiro 'fruto' (cf. Gl 5,22) é a caridade: 'O amor de Deus foi derramado em nossos corações pelo Espírito Santo que nos foi dado' (Rm 5,5)"[124].

---

122. *Veritatis splendor*, 24 (ver aí as citações de Santo Agostinho, Santo Tomás e São João Crisóstomo).
123. *Ibid.*, 45 (ver aí a citação do texto de Santo Tomás).
124. *Ibid.*, 22.

- Na lei nova se verificam os dois fatores, indissoluvelmente unidos, da ação moral: o dom e a tarefa, a graça e a liberdade. "Essa relação inseparável entre a graça do Senhor e a liberdade do homem, entre o dom e a tarefa, foi expressa em termos simples e profundos por Santo Agostinho, que orava desta maneira: 'Da quod iubes et iube quod vis' (Dá o que ordenas e ordena o que quiseres'). O dom não diminui, mas reforça a exigência moral do amor"[125].

- "O amor e a vida segundo o evangelho não se podem propor de modo algum sob a categoria de preceito, porque o que exigem supera as forças do homem. Só são possíveis como fruto de um dom de Deus, que sara, cura e transforma o coração do homem por meio de sua graça"[126].

Ao entender e viver a moral cristã desde a "lei nova" ou lei do Espírito Santo recupera-se a base trinitária da vida moral. A lei do Espírito não é mais que a realização do "eterno desígnio sábio e amoroso de Deus" Pai que predestinou os homens "a reproduzir a imagem de seu Filho" (Rm 8,29)[127].

V. ESTILO DE VIDA GUIADO PELO ESPÍRITO

1. Os "hábitos do coração"

A moral iluminada e guiada pelo Espírito Santo penetra e transforma o coração humano e origina aqueles "hábitos do coração"[128] que realizam a bondade moral.

Farei alusão àqueles "hábitos do coração" que constituem o núcleo moral insubordinável sobre o qual se constrói a bondade das pessoas e das sociedades. Esses hábitos de bondade estão expressos, de forma inigualável, nas bem-aventuranças evangélicas (Mt 5,3-10): a bondade dos "pobres", dos "aflitos", dos "despossuídos", dos que sofrem a "injustiça", dos "misericordiosos", dos limpos de coração", dos "construtores da paz", dos "perseguidos".

---

125. *Ibid.*, 24.
126. *Ibid.*, 23.
127. Cf. *Ibid.*, 45.
128. Cf. R. N. BELLAH (e outros), *Hábitos del corazón* (Madri, 1989).

A bondade evangélica é, ao mesmo tempo, um *dom* e uma *exigência*; essa tensão entre dada e exigência está literariamente sublinhada mediante a estrutura das bem-aventuranças em dois grupos, pertencendo as quatro primeiras antes ao dom e as quatro últimas antes à tarefa[129]. Por outro lado, não convém esquecer que a moral cristã não é outra coisa que o desenvolvimento e a realização das bem-aventuranças[130].

Reduzo a três os hábitos de bondade, sobre os quais se apóiam as esperanças éticas da humanidade diante do futuro: o *olhar limpo* para ver a realidade sem prejuízos nem interesses; a *empatia compassiva* para se solidarizar com os fracos; a *simplicidade de vida* para criar uns valores alternativos à complexidade atual.

2. O "olhar limpo" para ver a realidade sem prejuízos nem vantagens

A esperança ética reside, em primeiro lugar, na capacidade que têm as pessoas simples para "olhar" e "ver" a realidade sem prejuízos nem vantagens. Numa reflexão ético-teológica sobre o significado do furacão "Mitch", J. Sobrino destacava a importância que teve esse desastre natural para pôr em primeiro plano o "peso do real", isto é, a realidade tal qual é, sem as desfigurações e esquecimentos com que ordinariamente é apresentada[131]. Segundo a bem-aventurança evangélica, "os limpos de coração verão a Deus"; e em Deus — podemos ajuntar — "verão a realidade humana tal qual é".

A bondade moral nasce da verdade. As injustiças alimentam-se a si mesmas mediante a mentira. Quando a realidade é "falseada" mediante os múltiplos mecanismos que estão à disposição da mente humana dos indivíduos e dos grupos, então a mentira se associa com a maldade formando o sórdido mundo da "alienação". Vivemos num mundo alienado na medida em que a realidade não é interpretada desde a verdade mas desde as ideologias interessadas ou desde os interesses ideologizados. A alienação não é outra coisa que a visão falseada da realidade em benefício dos "exploradores" e em detrimento dos "explorados".

---

129. Cf. M. A. POWELL, *Matthew's Beatitudes: Reversals and Rewards of the Kingdom*: The Catholic Biblical Quarterly 58 (1996) 460-479.
130. *Catecismo da Igreja Católica*, nn. 1716-1724.
131. J. SOBRINO, *La batalla de la verdad y de la compasión*: Vida Nueva n. 2. 166 (19 e 15 de dezembro de 1998) 46-47.

É necessário retornar a essa "linguagem forte" para despertar do sono pós-moderno no qual tendem a desaparecer os contornos precisos do "bem" e do "mal", da "verdade" e da "mentira", do "engano" e da relação "limpa", do "egoísmo" (embora se apresente como "ilustrado") e do "serviço desinteressado". O evangelho de João é uma ajuda permanente para distinguir com nitidez a luz das trevas, a verdade da mentira, o amor fraterno do ódio fratricida. Neste evangelho encontramos a formulação correta da conivência entre a mentira e a maldade: "Quem faz o mal detesta a luz e não se aproxima da luz, para que suas obras não sejam descobertas" (Jo 3,20).

O maior inimigo da ética está no interior do coração humano e tem um nome: o *obscurantismo* do sentido do bem. No Sermão da Montanha compara-se o sentido moral com o "olho interior", o qual proporciona luz a toda a pessoa: "A lâmpada do corpo é o olho. Portanto, se teu olho estiver são, todo o teu corpo ficará iluminado; mas, se teu olho estiver doente, todo o teu corpo ficará escuro. Pois, se a luz que há em ti são trevas, quão grandes serão as trevas!" (Mt 6,22-23). Ao obscurecimento interior corresponde o falseamento da realidade objetiva. Aqui está também o inimigo fundamental da ética. Quando os prejuízos, os interesses, as ideologias e as formas restantes de mentira não deixam ver a realidade tal qual é, então é impossível que façam sua aparição a autêntica sensibilidade moral e o correto discurso ético. Foi João Paulo II quem com maior ênfase conectou a bondade moral com a verdade, sobretudo na encíclica *Veritatis splendor*. "Nenhum homem pode desviar as perguntas fundamentais: que devo fazer?, como posso discernir o bem do mal? A resposta é possível só graças ao esplendor da verdade que brilha no mais íntimo do espírito humano"[132].

A ética provém da verdade: da verdade interior e da verdade objetiva. Mais ainda, o primeiro imperativo ético é, segundo recordou muitas vezes Julián Marías, "ater-se à realidade". Javier Zubiri identificou a "vontade de verdade" com a "vontade de realidade"; e neste "ater-se à realidade" fundamentou o ethos do humano.

Ignacio Ellacuría, discípulo de Zubiri, desenvolveu a intuição de seu mestre. Para esse filósofo da libertação, não se pode ser responsável dando as costas à realidade. É preciso ser responsáveis assumindo, como imperativo ético primário, a própria realidade. Esse imperativo ético se articula, segundo Ellacuría, em três momentos: 1) compreender a realidade; 2) com-

---

132. *Veritatis splendor*, n. 2.

prometer-se com ela; 3) encarregando-se dela para que seja como deve ser[133]. Sabemos que essa forma de responsabilidade é tão significativa que as forças do mal não a toleram. Diante dela, o "assassinato" é a vil reação dos poderosos, sendo o "martírio" a opção assumida pelos que a praticam.

Há esperança ética porque há pessoas que vivem a bem-aventurança dos "limpos de coração". As pessoas simples sabem "olhar" com o coração limpo e são capazes de "ver" a realidade tal qual é. Nesse *hábito do coração limpo* descansa a segurança moral da humanidade. Diante de falseamentos interessados da realidade, sempre existirão pessoas que "vêem" a condição dolorosa e injusta dos irmãos que sofrem a injustiça. "Vi a opressão de meu povo" (Êx 3,7).

3. A "empatia compassiva" para solidarizar-se com os fracos

O "olhar limpo" conduz à "empatia compassiva". Os "limpos de coração" são, conaturalmente, "misericordiosos" (Mt 5,7).

O Concílio Vaticano II colocou entre os sinais de nosso tempo a tomada de consciência da solidariedade humana e sua valorização generalizada. "Entre os sinais de nosso tempo deve-se mencionar especialmente o crescente e inelutável sentido de solidariedade de todos os povos"[134]. Como em outras apreciações de longo alcance, não se equivocou o Concílio em relação com a solidariedade. Esta constituiu-se no horizonte axiológico da humanidade nessa mudança de milênio. A dignidade de toda pessoa humana, núcleo ético insubornável na história humana, concretiza-se hoje na afirmação e no empenho da solidariedade entre indivíduos, entre grupos, entre nações e entre grandes áreas da realidade humana. O grande objetivo moral de nosso tempo é criar a solidariedade mundial[135].

A solidariedade se enraíza na consciência da *empatia* humana: saber, sentir e assumir a condição humana como um todo no qual se solidariza cada um dos seres humanos. O princípio de empatia foi para Hume o fundamento da ética[136]. Por sua parte, Kant o apresenta na segunda formulação do imperativo categórico: "Age de tal modo que uses a humani-

---

133. Ver, entre outros escritos: I. ELLACURÍA, *El compromiso político de la filosofía en América Latina* (Bogotá, 1994). Cf. J. A. SENENT, *Ellacuría y los Derechos Humanos* (Bilbao, 1998).
134. *Apostolicam actuositatem*, n. 14.
135. Para o desenvolvimento deste tema, remeto a meu livro: M. VIDAL, *Para comprender la Solidaridad: virtud y principio ético* (Estella, 1996), onde propus a *solidariedade* como uma nova "virtude" pessoal (cf. *Sollicitudo rei socialis*, 39-40) e como um novo "princípio ético" da vida social (cf. *Centesimus annus*, n. 10).
136. D. HUME, *A Treatise of Human Nature* (Oxford, 1896).

dade, tanto em tua pessoa como e na pessoa de qualquer outro, sempre como um fim e nunca como um meio"[137]. As éticas do Iluminismo são éticas fundadas na compreensão otimista da simpatia natural ou benevolência dos seres humanos. São, portanto, éticas de solidariedade.

Essa lei da empatia foi formulada paradigmaticamente no Sermão preparado pela equipe de dominicanos da Espanhola (atualmente, República Dominicana e Haiti) e pronunciado por Antonio de Montesinos no quarto domingo do Advento de 1511: "Estes, não são homens? Não têm almas racionais? Não sois obrigados a amá-los como a vós mesmos? Isto não entendeis, não sentis? Como estais em tanta profundidade, de sono tão letárgico, dormidos?"[138].

Se a empatia é a base da solidariedade, sua meta é o *compartir*. A solidariedade se realiza fazendo-se que todos os seres humanos participem do conjunto de bens disponíveis. Estes devem ser divididos, repartidos e distribuídos sem excluir a ninguém na partilha, sem açambarcar uns à custa da privação de outros, e sem introduzir na distribuição medidas discriminatórias.

Desde a consciência da *empatia* até a práxis do *compartir* desdobra seu amplo significado a categoria ética da solidariedade. A empatia reconhece o "outro" não como um "rival" ou como um "instrumento", mas como um "igual" no banquete desigual da vida. O compartir se rege por essa lei fundamental: os bens são "de" todos e devem servir "para" todos.

A esperança ética está justificada pela existência desse *hábito de empatia* nas pessoas simples. A razão empática baseia-se na "limpeza do olhar" e se desdobra na *razão comprometida*. Esta é a que "se encarrega" da realidade. Pois bem, o compromisso alcança seu pleno significado quando provém da *razão compassiva*. Ninguém se encarrega da realidade se previamente não se "compadece" com ela, isto é, se não se "aflige", no sentido forte da palavra, se não lhe causa o mesmo "pesar" (daí: "com-pesar" ou "com-paixão") que ao afetado.

4. A "simplicidade de vida" para criar valores alternativos à complexidade atual

A "simplicidade" é um sinal da presença do Reino. "Bem-aventurados

---

137. I. KANT, *Fundamentação da metafísica dos costumes* (São Paulo, 1964).
138. Sobre a história da composição, do impacto e da transmissão deste Sermão, cf. L. GALMÉS, *Bartolomé de las Casas, defensor de los derechos humanos* (Madri, 1982).

os pobres de coração" (Mt 5,3). Na época patrística a "simplicidade" constituiu uma das garantias da autenticidade cristã.

A simplicidade faz parte também do patrimônio das pessoas comuns, que chamamos precisamente gente "simples". Constitui outro *hábito do coração*, sobre o qual se assenta a esperança ética.

Para muitos observadores, a mudança de século e de milênio coincide com uma "fragilidade ética"; entendendo esta num duplo sentido: enquanto que a moral do passado resulta agora ineficaz para afrontar o futuro e enquanto que a vida moral e o discurso ético presentes se encontram condicionados pelo marco geral do chamado "pensamento fraco" da pós-modernidade [139].

Diante dessa fragilidade ética é preciso voltar a descobrir a força da opção evangélica, como uma alternativa de vida profunda, humanizadora, feliz e simples. Como solução para a complexidade da hora presente e para a acumulação excessiva de normas, ressoa de novo a palavra evangélica: "Vinde a mim todos os que estais cansados sob o peso do vosso fardo e eu vos darei descanso. Tomai sobre vós meu jugo e aprendei de mim, porque sou tolerante e humilde, e vos sentireis aliviados, pois meu jugo é suave e meu fardo é leve" (Mt 11,28-30). Precisamente esta palavra é "revelada" às pessoas simples: "Dou-Te graças, Pai, Senhor do céu e da terra, porque ocultaste estas coisas aos entendidos e as revelaste aos simples" (Mt 11,25).

O Evangelho de Jesus — sua práxis e sua mensagem — oferece um estilo de vida *alternativo* ao vigente, em sua época e na nossa. Essa perspectiva hermenêutica tem sido proposta e utilizada por duas metodologias bíblicas bastante díspares em seus interesses, porém coincidentes neste aspecto. Refiro-me à "leitura materialista" do Evangelho dos anos 60 e 70 e à interpretação desde os pressupostos da "antropologia cultural" dos anos 80 e 90 do século XX. A primeira perspectiva descobre no ensino e, sobretudo, na prática (narrada) de Jesus a intenção de subverter os *códigos vigentes* e propor outros alternativos de caráter liberador [140]. A segunda orientação hermenêutica vê na mensagem dos estratos mais antigos dos relatos evangélicos a proposta de um Jesus "contracultural" (daí sua aproximação com a imagem do filósofo *cínico*) que contesta os valores predominantes e

---

139. Cf. EDITORIAL, *Fragilidad ética en el fin de siglo/milenio*: Razón y Fe 238 (1998) 263-268.
140. Remeto aos livros de F. BELO, *Lectura materialista del Evangelio de Marcos* (Estella, 1975) e de M. CLÉVENOT, *Lectura materialista de la Biblia* (Salamanca, 1978).

justificadores da antropologia social da área cultural mediterrânea no século I[141].

Anoto alguns aspectos que mereceriam ser assumidos de modo especial num estilo de vida alternativo, se este quiser ser de verdade radicalmente evangélico, socialmente significativo e escatologicamente subversivo da ordem inumanamente vigente. Agrupo esses traços por áreas de significação humana.

a. Área do "ser"

O estilo de vida alternativo deve caracterizar-se pelos traços de: *profundidade* sem afetação, *unidade* sem rigidez, *autenticidade* sem exagero. Hoje em dia se nos oferece a possibilidade de um estilo de "ser" no qual transpareça a verdade, a originalidade e a criatividade da pessoa. Para isso é preciso cultivar um estilo de ser no qual se articule o desejo com a eficácia, o sentimento com a inteligência, a inspiração com a vontade. Este será o estilo de vida alternativo a tanta forma sem conteúdo, a tanta aparência sem realidade, a tanto ruído sem mistério.

b. Área do "ter"

A alternativa evangélica propicia um estilo de vida no qual as coisas não sejam "possessões" mas "mensageiras" do amor universal, no qual o uso dos bens não seja "consumo" mas "plenitude de significado", no qual o ter não suponha "privar" a outros mas "compartir" com todos. O estilo de vida evangélico exige hoje uns aspectos alternativos a uma cultura que distorceu o sentido do "ter". A *austeridade* alegre, o *autodomínio* humilde, a *necessidade* sentida sem afetação: são traços de um estilo de vida que brota da primeira bem-aventurança evangélica: "Bem-aventurados os pobres de coração" (Mt 5,3).

c. Área do "atuar"

O cristianismo introduziu na cultura ocidental a dialética do "ora et

---

141. Ver, a título de exemplo: J. NEYREY (Ed.), *The Social World of Luke-Acts. Models for Interpretation* (Massachusets, 19932); B. J. MALINA, *El mundo del Nuevo Testamento. Perspectivas desde la antropología cultural* (Estella, 1995).

labora". Daqui brota um estilo de vida no qual a *laboriosidade* é conatural à existência humana, no qual o trabalho tem o significado da *obra bem feita*, e no qual o ócio (a contemplação) é o contraponto necessário para um atuar equilibrado. Hoje precisa-se criar uma cultura alternativa do trabalho, destacando nele não só a significação profissional mas sobretudo as dimensões de serviço à comunidade.

Os traços que acabo de assinalar constituem um estilo de vida alternativo muito conforme com as aspirações do Evangelho. A "simplicidade de vida" une-se ao "olhar limpo" e à "empatia solidária" para constituir o núcleo da esperança ética. São precisamente esses "hábitos do coração" os que proporcionam a máxima esperança humana para a ética do futuro. Neles se manifesta a lei do Espírito, que é a lei nova ou lei evangélica.

VI. CONCLUSÃO

Neste capítulo servi-me de diversas perspectivas, bíblicas e teológicas, para explicar e desenvolver o significado da afirmação de João Paulo II de que o Espírito Santo é "fonte e origem da vida moral da 'nova criatura'"[142]. Creio ter analisado, de forma suficiente, a *base pneumatológica* da moral cristã, formulada pelo Concílio Vaticano II quando afirma que o Espírito Santo foi enviado 'para que *santificasse* continuamente a Igreja e, desta maneira, os fiéis pudessem ir *ao* Pai *através* de Cristo *no* mesmo Espírito (cf. Ef 2,18) ("per Christum in uno Spiritu ad Patrem")[143].

Da reflexão teológica se deduz a necessidade de levar à pastoral esta decisiva orientação da moral cristã. Precisamente, a primeira exigência que o *Catecismo da Igreja Católica* aponta, em ordem a uma catequese moral coerente com a forma de ser do Mistério cristão, é ter em conta sua base pneumatológica. "A catequese da 'vida nova' em Cristo (Rm 6,4) será: *uma catequese do Espírito Santo*, Mestre interior da vida segundo Cristo, doce hóspede da alma que inspira, conduz, retifica e fortalece esta vida"[144].

---

142. *Veritatis splendor*, 28.
143. *Lumen gentium*, 4.
144. *Catecismo da Igreja Católica*, n. 1697.

Bibliografia:

BILLY, D. J., *the Person of the Holy Spirit as the source of the Christian Moral Life:* Studia Moralia 36 (1998) 325-359.
COMITÊ PARA O JUBILEU DO ANO 2000, *El Espíritu del Señor.* BAC, Madri 1998[5].
DODD, C. H., *El evangelio y la ley.* Editorial Dinor, San Sebastián 1967.
DURRWELL, F.-X, *El Espíritu Santo en la Iglesia.* Ediciones Sígueme, Salamanca 1986.
LYONNET, S., *Libertad y ley nueva.* Ediciones Sígueme, Salamanca 1974.
MOLTMANN, J., *El Espíritu de vida. Una pneumatología integral.* Ediciones Sígueme, Salamanca 1998.
NORIEGA, J., *El Espíritu Santo y la acción humana:* Burgense 39 (1998) 357-373.

6

ANTROPOLOGIA TEOLÓGICA E MORAL CRISTÃ

I. APRESENTAÇÃO

João Paulo II, ao longo de todo o seu Magistério, não se cansou de repetir que "o homem é o caminho da Igreja". Basta citar o texto chave de sua primeira e programática encíclica *Redemptor hominis*: "O homem na plena verdade de sua existência, de seu ser pessoal e ao mesmo tempo de seu ser comunitário e social ... este homem é o primeiro caminho que a Igreja deve percorrer no cumprimento de sua missão, ele é o caminho primeiro e fundamental da Igreja, caminho traçado por Cristo mesmo, via que imutavelmente conduz através do mistério da Encarnação e da Ressurreição"[1].

O homem — mulher e varão — é também "o caminho da moral cristã". Tanto a moral vivida como o discurso ético-teológico discorrem pelo caminho da condição humana. Foi sempre assim; porém, hoje o é de um modo especial, dado o giro antropológico na cultura e no pensamento profanos assim como na vida e na reflexão cristãs. A teologia moral é interpelada hoje, de um modo especial, pela antropologia. Encontra-se situada hoje, como diz R. A. McCormick, "na época da antropologia teológica"[2].

Nas colocações da moral casuísta, desde o concílio de Trento até o

---

[1]. JOÃO PAULO II, *Redemptor hominis* (Vaticano, 1979) n. 14 (p. 43).
[2]. R. A. McCORMICK, *Moral Theology 1940-1989: An Overview*: Theological Studies 50 (1989) 22-23.

concílio Vaticano II, havia apenas ressonâncias explícitas da antropologia teológica. A partir da renovação do Vaticano II, a moral católica é vivida e formulada como uma dimensão da vocação integral da pessoa, como a "excelente vocação dos fiéis em Cristo"[3]. Daí que nas colocações atuais da moral cristã estejam ativamente presentes as perspectivas da antropologia teológica: a compreensão da condição humana à luz dos grandes mistérios cristãos da criação, do pecado, da redenção e da escatologia.

Há uma correlação entre antropologia teológica e moral cristã. A "crise moral" depende da "crise antropológica". Uma boa colocação teológico-moral depende, em grande medida, do acerto em sua base antropológica. A encíclica *Veritatis splendor* assinalou que a solução para a crise da moral passa pelo *princípio antropológico*, isto é, por uma correta compreensão da condição humana. Sabendo que o "sentido do homem" é a base da moral[4], a encíclica propõe a "visão cristã do homem"[5]. Traço decisivo dessa visão é "a integridade substancial ou a unidade pessoal do agente moral em seu corpo e em sua alma"[6]. A partir dessa perspectiva, o corpo é revalorizado como uma dimensão decisiva da unidade pessoal; do ponto de vista ético, destaca-se "o lugar que tem o corpo humano nas questões da lei natural"[7]. Não se esquece de assinalar que o ser humano se encontra condicionado pelo pecado original, sobretudo para "o conhecimento de verdades inclusive de ordem natural"[8].

Neste capítulo, proponho-me analisar a base antropológica da moral cristã. Como é natural, não pretendo fazer nem sequer uma breve síntese da antropologia, filosófica ou teológica. Meu objetivo é deduzir as *implicações* que a antropologia, tanto filosófica como teológica, tem para a colocação da moral cristã.

Divido a análise em dois momentos e em cada um deles distingo duas dimensões. Os momentos são: o primeiro, de caráter filosófico; o segundo, de caráter teológico. Considero-os não como duas realidades justapostas mas como dois momentos articulados, sendo o momento teológico a plenificação do filosófico. Em cada um desses momentos distingo a vertente ontológica e a vertente ética. A primeira corresponde ao ser (humano e cristão) da condição humana; a segunda se refere à dignidade ética

---

3. *Optatam totius*, 16.
4. Cf. *Veritatis splendor*, 83, 84.
5. *Ibid.*, 110.
6. *Ibid.*, 67.
7. *Ibid.*, 48.
8. *Ibid.*, 36, citando a encíclica *Humani generis*.

(humana e cristã). As duas dimensões, em cada um dos dois momentos, são imprescindíveis, já que "a afirmação axiológica demanda, para poder sustentar-se, uma afirmação ontológica"[9]; e isso tanto em relação ao momento filosófico como ao teológico.

Advirto que para esta exposição situo-me dentro das coordenadas antropológicas marcadas pelo Concílio Vaticano II, sobretudo na constituição pastoral *Gaudium et spes*, a qual contém uma significativa antropologia, de tom otimista e de caráter de novidade[10]. A recepção teológica da *Gaudium et spes* supôs um fator decisivo para a renovação tanto metodológica como temática da Teologia moral católica. Precisamente a "primeira geração da recepção da GS constituiu uma mudança de período em teologia moral"[11].

Ao aceitar a orientação antropológica da *Gaudium et spes* assume-se uma compreensão da condição humana na qual a realidade ontológica e a vertente ética se encontram estreitamente unidas. Trata-se, com efeito, de uma antropologia teológica com marcada orientação ética. A dignidade ontológica e a dignificação ética constituem duas caras de uma mesma realidade.

Por outro lado, há que sublinhar que a antropologia teológica aqui apresentada deve ser entendida em relação com as realidades restantes do Mistério cristão.

A condição humana adquire um significado básico em referência à realidade fundante de Deus trinitário. O homem é uma "epifania" não só do Filho[12] mas do próprio Deus. "Toda a criação, na realidade, é manifestação de sua glória; em particular o homem (*vivens homo*) é epifania da glória de Deus, chamado a viver da plenitude da vida em Deus"[13].

---

9. J. L. RUIZ DE LA PEÑA, *Imagen de Dios. Antropología teológica fundamental* (Santander, 1988³).
10. Ver, a título de exemplo: G. RESTREPO, *La antropología en la Gaudium et Spes*: Teología y Vida 36 (1995) 373-390; W. KASPER, *Antropología teológica de la Gaudium et Spes*: Laicos Hoy n. 39 (1996) 45-55; Mª. DEL C. APARICIO, *La plenitud del ser humano en Cristo. La Revelación en la "Gaudium et Spes"* (Roma, 1997); VÁRIOS, *La Constitución Gaudium et Spes* (Buenos Aires, 1995); Studia Moralia 25 (1997) n. 1: "Continuidade e mudança na condição humana aos 30 anos da Gaudium et spes". Com uma referência mais direta desde a fundamentação antropológico-cristológica da moral: J. ZIEGLER, *"Christus, der neue Adam" (GS 22): Eine anthropologische integrierte christologische Moraltheologie*: Studia Moralia 24 (1986) 41-70.
11. R. GALLAGHER, *Change and Continuity in the Human Condition. The implications of GS pars. 4-10 for moral theology*: Studia Moralia 35 (1997) 63. Cf. C. J. PINTO DE OLIVEIRA, *Gaudium et Spes: ¿Nuevo paradigma de ética fundamental y social?*: Anámnesis 6 (1996) 5-48.
12. Cf. R. TREMBLAY, *L'homme, épiphanie du Fils*: Studia Moralia 36 (1998) 37-66.
13. JOÃO PAULO II, *Tertio millennio adveniente*, 6. Sobre a fórmula de Santo Irineu, a que alude o texto citado, cf. J. L. MORENO, *Gloria Dei, vivens homo. Uso actual de la fórmula de Ireneo*: VÁRIOS, Esperanza del hombre y Revelación Bíblica (Pamplona, 1996) 199-214.

O ser humano unicamente pode ser entendido mediante o Mistério do Verbo encarnado, segundo a formulação tantas vezes citada do Vaticano II: "Realmente, o mistério do homem só se esclarece no mistério do Verbo encarnado"[14]. A antropologia teológica fundamenta-se necessariamente na Cristologia[15].

A antropologia da *Gaudium et spes* situa o homem no centro axiológico da criação, a qual é entendida com uma orientação "antropocêntrica"[16]. Daí que na antropologia teológica tenha de integrar o dinamismo teológico da *criação*[17] assim como a tensão da *escatologia*[18].

Com todas essas ressonâncias deve ser interpretada a apresentação antropológica que oferecemos na seqüência como base e leito da moral cristã. A categoria que melhor as integra é a de *imagem* de Deus. Sobre ela se insistirá no desenvolvimento seguinte. As duas primeiras seções analisam a condição humana desde a perspectiva racional; as duas ulteriores o fazem desde a orientação teológica.

II. A SINGULAR ONTOLOGIA DA CONDIÇÃO HUMANA

O fundamento humanista do edifício ético compõe-se de três elementos sucessivamente complementares: a justificação da consistência dessa realidade que chamamos "homem"; a compreensão da condição humana como "pessoa"; e a valoração da pessoa como "realidade axiológica". Sem a afirmação desses três conteúdos é impossível falar coerentemente da dimensão ética na pessoa.

---

14. *Gaudium et spes*, 22.
15. Cf. L. GERA, *La correlación entre la Cristología y la Antropología en la Constitución pastoral "Gaudium et Spes"*: VÁRIOS, La Constitución Gaudium et Spes (Buenos Aires, 1995) 145-190; VÁRIOS, *Jesucristo, revelador de la verdad del hombre. Diez tesis antropológicas para la nueva evangelización*: Jesucristo, la Buena Nueva (Madri, 1997) 121-153. Sobre a relação entre Antropologia teológica e Cristologia pode-se ver o estudo da COMISSÃO TEOLÓGICA INTERNACIONAL, *Cuestiones selectas de Cristología* (1979): Documentos. 1969-1996. Edição preparada por C. Pozo (Madri, 1998) 219-264, sobretudo pp. 250-253
16. Ver: *Gaudium et spes*, 33-39. Cf. L. F. LADARIA, *La creación del cielo y de la tierra*: B. SESBOÜÉ, Historia de los Dogmas, II (Salamanca, 1996) 29-73 (sobretudo, pp. 71-72: "El Vaticano II: Una creación 'antropocéntrica'").
17. Cf. G. GONZÁLEZ R. ARNÁIZ, *Ética e idea de la creación*: Iglesia Viva n. 183 (1996) 259-279.
18. Cf. L. F. LADARIA, *Fin del hombre y fin de los tiempos*: B. SESBOÜÉ (Dir.), Historia de los Dogmas, II (Salamanca, 1996) 308-356, sobretudo pp. 352-354.

1. O "homem": uma realidade além da invenção ideológica

Num lúcido estudo sobre a dignidade humana, Rahner equipara o conceito de dignidade com o conceito de ser. "Em geral, dignidade significa, dentro da variedade e da heterogeneidade do ser, a determinada categoria objetiva de um ser que reclama — ante si e ante os outros — estima, custódia e realização (...). Numa última palavra, identifica-se objetivamente com o ser de um ser"[19].

Para falar criticamente da dimensão ética da pessoa é preciso reconhecer previamente o caráter substantivo da condição humana. Não se pode apelar eticamente para a dignidade humana se antes se proclamou a "morte do homem".

Frente a possíveis posturas críticas diante do "humanismo" ou do "personalismo", fazemos a afirmação do homem como a realidade mais consistente; mais ainda, como o núcleo de toda realidade. O homem é uma realidade além da invenção ideológica. Desde os dados dos diversos saberes (biologia, psicologia, sociologia, filosofia etc.) pode-se formular uma compreensão integral do ser humano enquanto ser de significados últimos e de valores absolutos.

A afirmação da condição humana como uma realidade consistente por ela mesma e como o núcleo fontal de toda realidade conduz à compreensão do homem como subjetividade. Desde essa original condição de sujeito, cabe fazer a distinção entre "coisa" e "pessoa". "A língua o distingue: algo e alguém, nada e ninguém, que e quem? É o que levou ao par de conceitos coisa e pessoa"[20].

Ao reconhecer a consistência do homem enquanto sujeito real, compreende-se o humano não desde as "mediações" (políticas, econômicas, culturais), mas desde a originalidade de seu próprio ser. As mediações têm importância (e maior da que às vezes se lhes indicou) na construção da história humana, porém, sempre desde a presença original e imediata da pessoa. Desse modo adquire relevo o caráter único e insubstituível do ser humano. Cada homem goza de todo o valor do gênero humano, já que na realidade pessoal carece de significação a quantidade e unicamente tem lugar a qualidade.

Quanto acabamos de assinalar é o que se reafirma ao proclamar a dimensão ética da pessoa. Tem sentido esta categoria ética unicamente se

---

19. K. RAHNER, *Dignidad y libertad del hombre*: Escritos teológicos, II (Madri, 1962) 245-246.
20. J. MARÍAS, *Dos imágenes sobre el hombre*: El Pais (20/III/1979) 11.

estiver sustentada sobre a terra firme do continente axiológico do homem, ser subjetivo, pessoal e único.

A dimensão moral da pessoa apóia-se sobre a afirmação ontológica do valor absoluto do homem. Assinalou-o corretamente Rahner: "O homem é pessoa que consciente e livremente se possui. Portanto, está objetivamente referido a si mesmo, e por isso não tem ontologicamente caráter de meio, mas de fim; possui, não obstante, uma orientação — saindo de si — para pessoas, não para coisas (que melhor estão orientadas para pessoas). Por tudo isso, compete-lhe um valor absoluto, e, portanto, uma dignidade absoluta. O que nós consideramos como vigência absoluta e incondicional dos valores morais baseia-se fundamentalmente no valor absoluto e na dignidade absoluta da pessoa espiritual e livre"[21].

A passagem da dignidade ontológica para a dignificação ética, ainda que se apóie numa distinção de dimensões, não supõe uma descontinuidade ou um hiato ilógico. As correntes de caráter personalista destacaram a coerência da dimensão ética na realidade global da pessoa. Daí que não seja improcedente ler em chave ética o valor ontológico do ser humano.

2. O homem: compreendido como "pessoa"

Falar de "pessoa" em referência ao ser humano pode significar para alguns uma simples tautologia. Na definição integral de homem entra como elemento fundamental o de "ser pessoal'. O ser humano tem uma estrutura pessoal e goza das propriedades da existência pessoal[22].

Contudo, cremos que é necessário destacar a dimensão pessoal do humano. E ao dizer "dimensão pessoal" referimo-nos à compreensão do homem desde a subjetividade.

Assim como é necessário entender a realidade de "homem" dentro do contexto da possível crítica aos "humanismos" ingênuos, abstratos e idealistas, também deve-se entender a realidade de "pessoa" tendo em conta as críticas lançadas aos "personalismos" de corte existencial e de orientação privatista.

Embora tendo em conta essas críticas, não se pode esvaziar de sentido o conceito de pessoa. Tanto a consciência da Humanidade, em seu

---

21. K. RAHNER, *l. c.*, 256.
22. Cf. R. GUARDINI, *Mundo y persona* (Madri, 1963) 163-192; P. LAÍN, *Teoría y realidad del otro*, II (Madri, 1961) 231-232.

devir histórico, como a reflexão mais crítica dos pensadores, manifestam, dentro da grande diversidade de matizes, a importância que foi alcançando o conceito de pessoa como modelação dos valores mais fundamentais do humano.

Ao afirmar a consistência do homem enquanto pessoa não se pretende obscurecer a importância das "mediações" sociais para a compreensão do humano. A compreensão da pessoa há de superar toda tentação subjetivista e idealista sem por isso perder a afirmação de seu caráter original e fontal.

Unicamente desde essa compreensão do ser humano como pessoa pode-se delinear o projeto ético da história humana. Toda transformação econômica e política alcança densidade humanizadora se parte da afirmação do valor primordial do homem como sujeito, isto é, como pessoa.

3. A pessoa: uma "realidade axiológica"

Para colocar o fundamento humanista para a ética não somente se deve afirmar a consistência do "homem" e do homem entendido como "pessoa", mas também se requer compreender essa realidade desde o lado preferentemente axiológico.

Não faltaram compreensões da pessoa nas quais o fator decisivo de definição foi o axiológico. As grandes tradições éticas do Ocidente configuraram um sistema axiológico no qual o valor do homem ocupa o lugar central. Recordemos, entre essas tradições, o estoicismo, a ética kantiana e o marxismo. O valor de todo o humano é um dos axiomas vulgarizados pelo estoicismo: "o homem é uma coisa sagrada para o homem". Dentro do amplo e profundo sistema kantiano, a pessoa humana é o centro dos valores; para Kant o homem "deve ser tratado como um fim em si e nunca como um meio". Desde pressupostos distintos aos kantianos e estóicos, também Marx apóia o alento ético sobre o valor do homem; a "desfiguração" do homem pela alienação é descrita por Marx como o reverso da dignidade humana, a qual se irá manifestando à medida que se vai conseguindo, mediante a luta histórica, a emancipação do ser humano.

Em todas as correntes de caráter personalista aparece a dimensão axiológica como um traço definidor da pessoa. Em sintonia com o pensamento de P. Ricoeur e de Bonhoeffer, afirma Martín Velasco: "Ser pessoalmente é fazer ato de ser, fazer-se responsável não de algumas qualidades ou propriedades, mas do ato mesmo de ser. Essa existencialização da pessoa introduz assim a responsabilidade, a decisão, a liberdade no sentido mesmo do ser pessoal. O ético com isso aparece não como uma esfera superposta da pessoa que afete seus atos ou os resultados de seus atos, mas como componente interior da pessoa: fazer-se pessoa, podemos dizer com P. Ricoeur, é 'dar à individualidade em nós uma certa significação" [23].

A afirmação da pessoa como "realidade axiológica" é a origem e a meta daquele tipo de humanismo que se apóia sobre a terra firme de um continente axiológico e que supera as contradições da cosmovisão "individualista" e da cosmovisão "estatal" da existência humana.

A integração dos três elementos assinalados — consciência real do homem além de toda invenção ideológica, compreensão do homem como pessoa e valorização da pessoa enquanto realidade axiológica — é o que constitui o fundamento ontológico da dimensão ética da pessoa.

III. A PASSAGEM DA ONTOLOGIA DA PESSOA A SUA CONSIDERAÇÃO ÉTICA

Como ponto de partida, aceitamos a existência de uma instância moral no interior da realidade humana. O feito moral impõe-se como um dado espontâneo da consciência humana. Como disse Hume, autor nada suspeito de dogmatismo, "aqueles que negaram a realidade das distinções morais podem ser classificados entre os disputantes de má fé" [24]. Este dado espontâneo da consciência humana pode ser submetido à reflexão crítica, dando lugar à ciência moral.

Assim, pois, aceitamos como dado espontâneo da consciência humana o peso axiológico das ações que estabelecem relação com a pessoa. Nosso interesse concentra-se na busca daquela categoria ética que seja suficientemente crítica para assumir, em nível de reflexão ou de ciência moral, esse dado espontâneo da consciência humana. Como é óbvio, a descoberta dessa categoria ética não será uma descoberta estéril ou autogratificante, mas terá a missão de transformar a realidade a partir da coerência da criticidade descoberta na reflexão.

Assinalamos, em seguida, algumas das categorias que foram utilizadas para expressar a dimensão ética da pessoa. À exposição acompanharão algumas anotações crítico-valorativas. Julgamos que é difícil propor

---

23. J. MARTÍN VELASCO, *El encuentro con Dios* (Madri, 1976) 215.
24. D. HUME, *Investigación sobre la moral* (Buenos Aires, 1947) 27.

uma categoria como única e definitivamente válida. A utilização conjunta de todas elas é o caminho mais adequado para expressar a passagem da ontologia da pessoa à sua consideração ética[25].

1. Grandeza e dignidade da pessoa

a. Uso dessa categoria ética

Poucas expressões antropológicas tiveram tanto uso no terreno ético como a que formula a necessária dignificação do ser humano.

Pode-se afirmar que essa categoria constitui um "lugar" primário de apelação ética, tanto nos sistemas morais religiosos como nas pretensões de construir uma ética civil fundada na autonomia da razão humana.

Existiu e existe atualmente nas diversas formas de pensamento humanista uma convergência para o reconhecimento da grandeza e dignidade do homem. Cristãos, fiéis, não fiéis e pensadores em geral estão de acordo em que o homem constitui um centro de valor e em que é ao homem que se deve salvar.

Os conceitos de grandeza e dignidade foram e são utilizados como categoria moral para expressar a dimensão ética da pessoa. Basta recordar o relevo que esses conceitos tiveram na fundamentação axiológica com que o Concílio Vaticano II estudou os problemas do homem atual.

A Constituição Pastoral *Gaudium et spes* dedica um capítulo de sua primeira parte ao estudo e à proclamação da "dignidade da pessoa humana" (nn. 12-22). Porém, é sobretudo a Declaração *Dignitatis humanae* sobre a liberdade religiosa que põe particular ênfase em ressaltar a dignidade da pessoa.

Começa esta Declaração constatando que "a dignidade da pessoa humana se faz cada vez mais clara na consciência dos homens de nosso tempo" (n. 1). O Concílio "declara que o direito à liberdade religiosa está realmente fundado na dignidade mesma da pessoa humana, tal como se a conhece pela palavra revelada de Deus e pela própria razão natural" (n. 2); "quanto este Concílio Vaticano declara sobre o direito do homem à liberdade religiosa tem seu fundamento na dignidade da pessoa, cujas

---

25. Cf., entre outros estudos: C. H. RATSCHOW, *Von der Gestalwerdung des Menschen. Beiträge zu Anthropologie und Ethik* (Berlim-Nova York, 1987); W. WOLBERT, *Der Mensch als Mittel und Zweck. Die Idee der Menschenwürde in normativer Ethik und Metaethik* (Münster, 1987); VÁRIOS, *La dignité de l'homme* (Paris, 1995).

exigências foram se tornando cada vez mais patentes à razão humana através da experiência dos séculos" (n. 9).

Por outro lado, a dignidade da pessoa é o critério de atuação em relação com a pessoa: "a verdade deve ser buscada de modo apropriado à dignidade da pessoa humana" (n. 3). Este é também o critério para entender as relações de Deus com o homem: "Deus chama certamente aos homens para servi-lo em espírito e em verdade, em virtude do qual estes ficam obrigados em consciência, porém, não coagidos. Porque Deus tem em conta a dignidade da pessoa humana que ele mesmo criou, a qual deve reger-se por sua própria determinação e gozar de liberdade" (n. 11).

A doutrina social da Igreja encontrou no conceito de grandeza/dignidade humana a tradução adequada do valor ético da pessoa. Os documentos de Puebla consideram a dignidade humana como a expressão da "verdade sobre o homem", um dos três núcleos básicos do conteúdo da evangelização cristã (verdade sobre Cristo, verdade sobre a Igreja, verdade sobre o homem). Por sua vez, João Paulo II afirma que "na realidade esse profundo estupor a respeito do valor e da dignidade do homem se chama Evangelho, isto é, Boa Nova. Chama-se também cristianismo..."[26].

b. Anotações avaliadoras

As palavras costumam esconder suas próprias armadilhas. O mesmo sucede com as expressões. Daí que seja necessário em toda reflexão crítica submeter ao conjuro dos exorcismos semânticos as expressões e as palavras que são chave do discurso. A expressão "dignidade/grandeza humana" não está livre de armadilhas e conseqüentemente não deve estar isenta de exorcismos.

É evidente que a expressão "grandeza/dignidade humana" objetiva o conteúdo moral do homem com um conjunto de conotações positivas: a) destaca o valor ontológico do ser humano; b) projeta uma ética de "otimismo"; c) dá oportunidade para estabelecer pontes entre a ética e a religião.

Porém, também é necessário ressaltar as possíveis armadilhas a que pode dar lugar. Destacam-se as seguintes:

— Interpretação *quantitativa* da dignidade ética da pessoa situando o ser humano dentro da linha ascendente dos restantes seres da criação com um grau maior de perfeição. Essa

---

26. JOÃO PAULO II, *Redemptor hominis* (Vaticano, 1979) n. 10 (cf. nn. 13-17).

maneira de entender a dignidade humana não expressa o significado ético da realidade pessoal; só uma interpretação "qualitativa" da dignidade humana pode dar razão do conteúdo ético da existência humana.

— Visão excessivamente *etnocêntrica e otimista*. Falar em termo de "dignidade" conduz à tentação da grandiloqüência estéril e barata e faz esquecer a realidade negativa da história dos homens. Por outro lado, a afirmação de "sua" dignidade a faz o homem de si mesmo, com o qual surge a suspeita da deformação "etnocêntrica".

— Excessiva conexão da ética com a religião, entendendo de um modo *sacral* a dignidade humana. A dimensão ética do humano nasce de sua própria condição ontológica. Ainda que os fiéis a entendam e a vivam desde a cosmovisão religiosa, nem por isso perde sua fundamental condição secular.

A compreensão correta da grandeza e dignidade do homem, para que possa constituir-se em categoria moral, tem de aceitar os seguintes conteúdos:

— Em primeiro lugar, é necessário admitir que a pessoa é algo *original* na ordem da criação; supõe uma qualidade nova em ordem dos seres; supõe uma espécie de "salto qualitativo" em relação aos demais seres. Unicamente se pode colocar uma moral a partir da estrutura pessoal do homem como uma realidade nova na ordem criada. Isso originará uma nova perspectiva axiológica. Se a colocação atual se caracteriza por sua sensibilidade antropológica, esta não é só de tipo epistemológico, mas também de caráter axiológico.

— Em segundo lugar, é necessário admitir que a pessoa é valor ético numa dupla vertente de realidade *privada* e de realidade *pública*; porém, entendendo essas duas vertentes com uma referência dialética permanente. Se reduzimos a pessoa a seu valor privado, caímos na injustiça do totalitarismo individualista; porém, se reduzimos a pessoa a seu valor público, então caímos na injustiça do totalitarismo coletivista. E não pode existir valor ético ali onde existe uma injustiça de base.

Entendidas deste modo a grandeza e dignidade da pessoa humana, podemos dizer que esses conceitos expressam o valor moral fundamental da moral da pessoa e, conseqüentemente, sua categoria ética global.

2. O homem é um valor absoluto (e não relativo) e um fim em si (e não um meio)

a. *Uso dessa categoria ética*

A virada antropológica da moral trouxe uma maior sensibilidade para a consideração da condição humana como centro e topo de todos os valores. Para expressar esse caráter de centro axiológico que tem o humano utiliza-se um grupo de categorias que giram em torno dos conceitos de absoluto/relativo e fim/meio.

- **O homem é e deve ser tratado sempre como "fim" e nunca como "meio"**

A ética kantiana descansa sobre esta consideração axiológica do ser humano. Para Kant, a bondade moral reside na atitude coerente com a realidade da pessoa. Pois bem, essa atitude se expressa com a categoria de fim/meio. Com efeito, a segunda fórmula do imperativo categórico soa deste modo: "Atua de maneira que sempre tomes a Humanidade, tanto em tua pessoa como na de qualquer outro, como fim e nunca como puro meio"[27].

- **O homem é uma realidade "absoluta" e não "relativa"**

A pessoa tem uma dimensão moral porque não é um ser que se constitua enquanto tal pela referência a outro ser. O ser humano não é como um universo de caráter absoluto. Não queremos negar o que a pessoa tenha como instância de abertura aos demais e a Deus. Porém, ainda nesse movimento de abertura, não pode perder sua dimensão de centro; não pode abandonar seu caráter de absoluto.

b. *Anotações avaliadoras*

Estes dois grupos de categorias "fim/meio" e "absoluto/relativo" têm grande validade não só para assumir criticamente a dimensão ética da pessoa, mas inclusive para fundamentar todo o edifício da Moral. Por

---

27. I. KANT, *Fundamentação da Metafísica dos costumes* (São Paulo, 1964).

outro lado, tem a marca do tradicional, já que foram utilizadas dentro da mais genuína tradição do respeito ao valor da pessoa.

A consciência moral atual também acode a elas para protestar diante dos atropelos que com freqüência padece o valor da pessoa. Mais ainda, no centro mesmo do debate contemporâneo entre o ateísmo e o teísmo estão em litígio as categorias do absoluto/relativo na valorização do ser humano.

A categoria bipolar fim/meio e absoluto/relativo pode ser utilizada como categoria ética contanto que assuma a carga semântica seguinte:

— o ser humano é fim para ele mesmo e não pode ser reduzida a meio;

— o homem reclama um respeito incondicional e, neste sentido, absoluto;

— a pessoa é a "protocategoria" do universo ético e, enquanto tal, é origem e meta de todo empenho moral.

O caráter absoluto do homem não significa "infinito", mas "incondicional". "A pessoa humana, em seu próprio ser e em sua própria dignidade, reclama um respeito incondicional, independente de toda avaliação e finalidade; absoluto, numa palavra"[28]. O respeito, enquanto atitude fundamental perante o homem, "significa a disposição incondicionada a considerar e a defender todo ser humano como uma realidade da qual não se pode dispor"[29].

3. O homem: um ser pessoal

a. Uso dessa categoria ética

Em estreita relação com as categorias que acabamos de anotar utiliza-se outra muito semelhante: a que afirma de uma maneira direta e expressa a "estrutura pessoal" do ser humano. Com efeito, unicamente o mundo pessoal pode ser origem e centro de valores morais. O ser pessoal é o único ser que pode constituir-se em justificação dos valores éticos.

Ao utilizar o conceito de "ser pessoal" como categoria moral global para a pessoa se quer pôr em destaque dois aspectos principais. Por um lado, pretende-se deixar de considerar a natureza humana abstrata e invariável

---

28. K. RAHNER, *l. c.*, 256.
29. B. STOECKLE, *Dignità umana*: Dizionario di etica cristiana (Assis, 1978) 129.

como lugar ou fundamentação da moral. A fonte normativa não é a natureza abstrata, mas a pessoa. Daí que devam ser levados em conta os aspectos que concretizam o ser pessoal: a dimensão histórica e a dimensão social. Não pode existir uma moral desencarnada (abstrata). Toda moral tem uma referência à pessoa e por isso mesmo não se pode desviar da colocação dos problemas dentro das coordenadas que são próprias do ser pessoal.

Por outro lado, com essa categoria se afirma a necessidade de superar a concepção idealista da moral para chegar a uma autêntica fundamentação personalista. Como disse Girardi: "O valor tem de basear-se no ser; porém, não no ser enquanto tal. Em outras palavras: o poder servir de fundamento ao valor não é próprio de qualquer ser. Efetivamente, o valor fundamental é aquele que é digno de ser buscado por si mesmo. Pois bem, somente um ser que é fim para si mesmo pode ser amado pelos demais como fim. Então, é impossível amar, em definitivo, a um ser que não seja intelectualmente consciente; só se pode amar a uma pessoa. Um ideal é digno de ser buscado por si mesmo porque expressa o que a pessoa ou a comunidade humana tem de ser. A pessoa nesta concepção é o objeto próprio da vontade em seu ser e em seu dever ser: isto exige que se dê um sentido personalista e comunitário à tese clássica do 'bem' como objeto próprio da vontade" [30].

b. Anotações avaliadoras

Essa compreensão da dimensão ética do humano mediante a categoria moral de "ser pessoal" liga diretamente com as correntes personalistas do pensamento atual. Neste sentido não faz mais que traduzir em linguagem moral o que é afirmado na consideração antropológica. Por essa razão, essa categoria apenas pode ser considerada como explicitamente moral; todavia, permanece no âmbito ontológico da realidade pessoal.

Apesar dessa quase-identificação entre plano ontológico e plano ético na categoria do homem como "ser pessoal', cremos que não deixa de ter funcionalidade para a moral da pessoa se se relaciona e combina com as demais categorias.

Esta afirmação alcança maior apoio se se tem em conta a tradição bíblico-teológica. Com efeito, a compreensão da pessoa como centro dos

---

30. J. GIRARDI, *Reflexiones sobre el fundamento de una moral laica*: Diálogo, revolución y ateísmo (Salamanca, 1971) 213.

valores morais pertence à cosmovisão bíblica e à tradição teológica. Como amostra baste recordar a doutrina formulada com toda nitidez por Santo Tomás no capítulo 112 do livro terceiro da *Suma contra os gentios*: "As criaturas racionais são governadas por elas, e as demais para elas". Nesse capítulo, faz Santo Tomás as seguintes afirmações de tipo axiológico:

— "Deus dispôs as criaturas racionais como para atendê-las por elas mesmas, e as demais como ordenadas a elas" ("Initio").

— "Unicamente a criatura intelectual é buscada por ela mesma, e as demais para ela" ("Amplius").

— "É evidente que as partes se ordenam em sua totalidade à perfeição do todo; porque não é o todo para as partes, senão estas para ele. Pois bem, as naturezas intelectuais têm maior afinidade com o todo que as restantes naturezas, porque qualquer substância intelectual é de alguma maneira tudo, já que com seu entendimento abarca a totalidade do ser" ("Praeterea").

— "Se faltasse o que a substância intelectual requer para sua perfeição, o universo não seria completo" ("Amplius").

Essa doutrina de Santo Tomás, que coloca a pessoa como centro do universo e como lugar dos valores morais, pode ser a concreção do significado que encerra a compreensão do homem como "ser pessoal" ao ser utilizada como categoria moral para assumir a dimensão ética do ser humano.

4. Síntese

Expusemos quatro modos de assumir a dimensão ética da pessoa. São outras tantas categorias utilizadas na moral da pessoa. Ressaltamos a peculiaridade de cada uma delas; assinalamos também algumas anotações avaliadoras em relação a cada uma delas. Agora queremos sublinhar o conteúdo nuclear que as diversas categorias devem afirmar em relação com a dimensão ética da pessoa. Apesar da peculiaridade de cada uma delas, todas devem apresentar um conteúdo ético fundamental.

Desde um ponto de vista *negativo*, a categorização ética da realidade humana há de levar em conta o seguinte:

— não se refere a uma natureza abstrata, mas aos seres concretos; a categoria moral há de ter significação para homens históricos concretos que se movem dentro das contradições da realidade;

— não admite privilégios em sua significação primária; o valor ético da pessoa é um a priori comum a todos os homens. A esse nível não se pode admitir "opção de base": é uma qualidade ontológica e axiológica que não admite o "mais" ou o "menos";

— contudo, em sua significação prática, a categoria ética da pessoa há de ter uma "orientação preferencial" para todos aqueles homens cuja dignidade humana se encontra "desfigurada" (pobres, oprimidos, marginalizados etc.).

Desde o ponto de vista *positivo*, a densidade significativa da categorização ética do ser humano há de abrir-se às três dimensões seguintes:

— afirmação do valor do *indivíduo* (o "eu"). Frente a toda tentação de resolver a realidade em "estruturas" ou "mediações" sociais, a categoria da dignidade humana recorda permanentemente "a idéia de que cada um dos nós é único, insubstituível, necessário; de que tem valor por si mesmo, é livre e pode eleger por si mesmo seu destino, tem de fazer sua vida, existe para Deus, que o conhece por seu nome e o chamará um dia"[31]. Claro, essa avaliação do indivíduo como algo absoluto não supõe uma postura privativista e um subjetivismo desencarnado;

— afirmação axiológica da *alteridade* (o "outro"). O ser humano não é o sujeito nem o valor fundamental da ética em uma consideração fechada de si mesmo. Unicamente merece respeito ético o homem enquanto é intersubjetividade. A alteridade corrige a possível orientação individualista e abstrata do personalismo;

— afirmação das *estruturas* como "mediações" éticas do indivíduo e da alteridade. A fim de recuperar o sujeito real concreto para o compromisso ético é necessário introduzir no mundo das pessoas a realidade das estruturas. A dignidade humana deve ser entendida politicamente mediada; somente assim terá a significação ética que lhe corresponde.

---

31. J. MARÍAS, *l. c.*, 11.

IV. A ANTROPOLOGIA TEOLÓGICA: PLENITUDE DA ONTOLOGIA DA PESSOA

1. Horizonte cristão para a ontologia do ser humano

Antes de tudo, o cristianismo começa por ser uma contribuição histórico-concreta em relação com a dignificação do homem. Com efeito, o cristianismo tem sido um fator importante na gênese e desenvolvimento da noção e valorização do homem como pessoa. Como diz Pannenberg, "o cristianismo foi o que lhe deu seu caráter específico... só através do cristianismo alcançou, a palavra 'pessoa', seu traço característico, referido à singularidade da individualidade humana. E esse traço constitui o pressuposto para nossa consciência moderna sobre a dignidade da pessoa de cada homem em particular"[32]. Desde a forma de vivência religiosa do cristianismo em relação com Deus, até as formulações teológicas sobre a Trindade, o cristianismo ofereceu um âmbito propício para o desenvolvimento do conceito metafísico e axiológico de pessoa humana.

Essa contribuição histórica pode dar-se porque a cosmovisão cristã oferece um horizonte religioso no qual adquire maior profundidade e mais autenticidade a dignidade humana. Surge, assim, um conjunto de categorias da antropologia teológica que vem dar relevo ao valor ontológico da pessoa humana.

A pessoa é para o fiel "imagem de Deus", "reflexo de Cristo", "presença ativa do Espírito" etc. Deste modo a dignidade humana "recebe uma qualidade todavia mais elevada pelo fato de que o homem está chamado a associar-se imediatamente com Deus, que é, simplesmente, o absoluto e o infinito"[33].

O Concílio Vaticano II dedicou um capítulo (o 1°) da *Gaudium et spes* ao tema da dignidade da pessoa humana. No vértice da dignificação do homem situa esta afirmação: "A razão mais alta da dignidade consiste na vocação do homem à união com Deus"[34].

As categorias da antropologia teológica aprofundam o valor ontológico da pessoa. Afirmação que vamos desenvolver seguindo o pensamento de Santo Tomás. De fato, a fundamentação tomista da moral cristã é um

---

32. W. PANNENBERG, *Antropología cristiana y personalidad*: Anales Valentinos 1 (1975) 211. Todo o artigo procura assinalar as "correlações" entre o cristianismo e as principais compreensões da pessoa.
33. K. RAHNER, *l. c.*, 256.
34. *Gaudium et spes*, 19.

exemplo qualificado de articulação da antropologia teológica na ontologia da pessoa. Na seqüência, anotam-se os traços fundamentais da antropologia teológica que plenificam, desde a perspectiva cristã, a compreensão ontológica da pessoa.

a. Compreensão do homem como "imagem de Deus"

A compreensão do ser humano como imagem de Deus é o que permite a Santo Tomás dar qualidade teológica ao estudo que realiza sobre os aspectos morais da vida cristã. Essa visão do homem introduz todo o tratamento moral dentro da órbita "teológica". Ao colocar a consideração de pessoa como imagem de Deus no pórtico da segunda parte da *Suma*, estabelece Santo Tomás a ponte segura entre o moral e o dogmático. É, com efeito, a categoria da imagem a que une a segunda parte (estudo do ser humano: a imagem) com a primeira parte (estudo de Deus: o Exemplar).

Seguindo outros autores[35], cremos que a compreensão antropológica do homem como imagem de Deus é o fundamento mais seguro da construção moral tomista, principalmente se se aceita o binômio *exemplar-imago* como a chave explicativa da arquitetura da Suma Teológica[36]. Todos os outros apoios da moral enraízam-se neste. Com efeito, daqui partem a necessidade, a forma e o conteúdo da moral cristã.

A compreensão do homem como imagem de Deus é tão decisiva e totalizante que faz do ser humano um ser "moralizado". Para Santo Tomás, o homem como imagem de Deus "é princípio de suas obras por estar dotado de livre-arbítrio e domínio sobre seus atos"[37]. A auto-iluminação e o autodomínio constituem as instâncias da arrancada da moralidade humana e cristã.

Quando a pessoa se tem a si mesmo em seu ser e, sobretudo, em seu quefazer é imagem de Deus e, conseqüentemente, é um ser "moralizado". A tomada de consciência humana coincide com a tomada de consciência da dimensão moral.

Para compreender em toda sua profundidade a afirmação que acabamos de fazer dever-se-ia ter em conta todo o conteúdo antropológico e

---

35. S. RAMÍREZ, *De hominis beatitudine*, I (Madri, 1942) 72; Th. DEMAN, *Aux origines de la théologie morale* (Paris, 1951) 100-102; B. HÄRING, *A Lei de Cristo*, I (São Paulo, 1960) 38-39.
36. G. LAFONT, *Structure et méthode dans la Somme théologique de Saint Thomas d'Aquin* (Bruges, 1961).
37. I-II, pról.

teológico que subjaz na expressão "o homem, imagem de Deus". A Bíblia, a Patrística e a reflexão teológica destacaram a importância dessa categoria para explicitar o mistério da condição humana[38]. O próprio Santo Tomás dedicou reflexão direta ao tema[39]. Na atualidade alcançou mais relevo, não resta dúvida, a categoria de imagem de Deus para descrever o ser e o atuar do homem. "A doutrina da semelhança divina do homem é o núcleo fundamental da antropologia cristã e contém em si todos os seus temas, de maneira que poderia desenvolver-se a partir dela uma doutrina sistemática sobre o homem"[40].

A autopossessão dinâmica de seu ser e de sua história unicamente pode tê-la o homem ao saber-se referido a Deus como a seu Princípio e a seu Exemplar. "A semelhança divina consiste na referência essencial e permanente do homem a Deus como fundamento e figura de seu ser. Não é uma propriedade neutra frente à relação com Deus, mas inclui em si o estar referido a Deus como centro de sua essência (...). Essa semelhança lhe convém como representante soberano de Deus e o declara centro e fonte de sentido de todas as coisas visíveis que existem por causa dele e que querem ser modeladas por ele"[41].

Se ao homem não resta outra saída que ser uma realidade "moralizada" pelo fato de ser imagem de Deus, é essa mesma razão a que orienta todo o conteúdo da moral. A realização da imagem de Deus é o conteúdo do dinamismo moral. O agir humano encontra na conformidade com o arquétipo divino sua razão de ser e sua perfeição, já que "tratando do homem nada se pode dizer definitivamente essencial sem se referir ao arquétipo divino; a descrição desta imagem de Deus, que é o homem, leva, necessariamente, a pensar em Deus, seu autor e protótipo"[42].

A moral cristã, tanto em sua estrutura como em seu conteúdo, é uma moral centrada na compreensão antropológica do ser humano como imagem de Deus. Daí provém a dimensão ética e aí se concretiza.

b. O homem, realidade dinâmica e tensão para o futuro

Outra das instâncias antropológicas que para Santo Tomás concreti-

---

38. W. SEIBEL, *El hombre, imagen de Dios*: Mysterium Salutis, II/2 (Madri, 1969) 902-914.
39. I, q. 93.
40. W. SEIBEL, *l. c.*, 910-911.
41. *Ibid.*, 911.
42. B. HÄRING, *o. c.*, I, 49.

zam a dimensão moral cristã é a compreensão da pessoa como um ser em permanente tensão e dinamismo para o futuro.

Se o tema da imagem de Deus aparece no pórtico da segunda parte da *Suma*, o tema do dinamismo para o futuro aparece já na própria divisão inicial. Fala Santo Tomás da moral como do "movimento da criatura racional para Deus"[43].

Para muitos comentaristas de Santo Tomás, a idéia da moral como "retorno da criatura racional para Deus" entra de cheio no esquema de pensamento da síntese teológica tomista. Para isso a *Suma* se estrutura segundo o esquema platônico do *exitus-reditus*, assimilado por Santo Tomás através da tradição neoplatônica cristã, sobretudo do Pseudo-Dionísio[44]. Ao unificar todo o saber teológico "sob o grande tema — clássica, filosófica e religiosamente — da emanação e do retorno a Deus"[45], a moral constitui o momento do "reditus".

Esta visão da moral em sentido "retorno" alcança maior relevo ao ter em conta algo que salta à vista no esquema moral de Santo Tomás e sobre o que insistiram sempre os autores: a importância outorgada ao tema do "fim último". Com ele se inaugura na moral tomista o mesmo que se inaugurava na *Ética a Nicômaco* de Aristóteles, "ainda que a idéia fundamental da beatitude difere totalmente em Santo Tomás da beatitude aristotélica"[46].

A compreensão da pessoa como realidade tendente para o futuro não deve ficar reduzida à consideração da importância do fim último na moral tomista. Descobre, antes, um traço decisivo tanto da antropologia teológica como da moral de Santo Tomás: o sentido de *dinamicidade*[47]. A moralidade reside na contínua tensão do homem para o futuro escatológico, em concreto, para Deus. Daí que dentro da moral cristã entrem de cheio os temas da conversão como dinamismo contínuo do homem para Deus, da caridade como expressão dessa conversão e desse movimento para Deus, e a tensão para o futuro absoluto de caráter escatológico.

---

43. I, q. 2 pról.
44. M. D. CHENU, *Introduction à l'étude de Saint Thomas d'Aquin* (Paris, 1950) 258-273; ID., *St. Thomas et la théologie* (Paris, 1959) 182.
45. M. D. CHENU, *Iniciación teológica*, II (Barcelona, 1962) 8.
46. B. HÄRING, *o. c.*, I, 51.
47. D. CAPONE, *L'uomo è persona in Cristo* (Bologna, 1973) 15-19.

c. A cristificação enquanto instância da antropologia teológico-moral

A terceira instância que encontramos na antropologia teológico-moral de Santo Tomás é a cristificação. Esse traço da antropologia teológica tem profundas repercussões para a moral.

Por um afã de reduzir a moral de Santo Tomás à segunda parte da *Suma* podemos cair na armadilha de não conectá-la com a cristologia. E, contudo, não é esta a forma de pensar de Santo Tomás. Já no prólogo à primeira parte fala de "Cristo, que, enquanto homem, é nosso caminho para ir a Deus"[48]. E no prólogo à terceira parte mostra Cristo "como a vida da verdade pela qual podemos chegar à ressurreição e à bem-aventurança da vida imortal"[49].

Todos os comentaristas atuais insistem na necessidade de introduzir a perspectiva cristológica dentro da moral, tal como a entendeu Santo Tomás. Neste sentido assinala-se como a organização da *Suma* não pode ser reduzida ao esquema de *exemplar-imago* nem ao esquema *exitus-reditus*. Para A. von Kol e para E. Schillebeeckx esses esquemas devem ser integrados na perspectiva cristológica[50]. É o próprio Schillebeeckx quem afirma que a segunda parte deveria ser lida depois da terceira[51].

Essa conexão entre a terceira parte e a segunda da *Suma* indica-nos que para Santo Tomás era decisiva a perspectiva cristológica para entender tanto a antropologia teológica como, conseqüentemente, a moral. Trata-se de uma orientação que deve ser considerada como decisiva para a fundamentação e para o desenvolvimento da moral cristã.

d. O cristão: ser "re-moralizado" pela presença do Espírito através da lei nova

Anotamos, por último, outra instância da antropologia teológica de Santo Tomás, que tem também muitas repercussões para a compreensão e para a vivência da moral cristã. Referimo-nos à presença do Espírito Santo e à "lei nova" como forma de atuação desse mesmo Espírito na vida cristã.

---

48. I, q. 2 pról.
49. III, pról.
50. Ver testemunhos em: F. COMPAGNONI, *La specificità della morale cristiana* (Bologna, 1972) 68-69.
51. *Ibid.*, 68.

Sobre o significado deste fator decisivo da antropologia teológico-moral de Santo Tomás remetemos à exposição que fizemos no capítulo precedente. Baste voltar a afirmar aqui que a lei nova é a estrutura normativa para o cristão e que vem a ser a conseqüência da transformação em Cristo Jesus pela presença do Espírito Santo. Encontramo-nos, pois, com uma colocação da moral cristã em termos plenamente teologais. O ethos cristão é o Indicativo da fé traduzido em Imperativo moral. A moral cristã é a antropologia teológica em dinamismo (ou a antropologia teológica dinâmica).

V. O HORIZONTE CRISTÃO PARA A DIMENSÃO ÉTICA DO HUMANO

Do nível ontológico do ser humano passamos agora ao nível diretamente moral. Também neste nível diretamente ético exerce sua influência o horizonte cristão. "O cristianismo não apresenta uma antropologia peculiar e rival das existentes. Porém, a partir do Evangelho, podem-se delinear os perfis essenciais de uma concepção do homem, ainda que não sejam mais que os agudamente indicados pelo marxista Lombardo Radice: O valor absoluto de toda pessoa humana e a exigência incondicional do amor ao próximo. Aos que eu ajuntaria um terceiro que fundamenta os anteriores: o homem como imagem e semelhança de Deus, chamado a participar misteriosamente de sua própria vida"[52].

Partindo desta orientação assinalamos, em seguida, em seções autônomas, as sensibilidades éticas que provêm: do Novo Testamento, da tradição teológica e das colocações teológicas atuais.

1. Novo Testamento

a. Antropologia normativa do Novo Testamento

Pode-se falar de *antropologia bíblica* desde distintas perspectivas. Em primeiro lugar, os diversos escritos da Bíblia supõem e projetam um determinado conceito cultural do homem: neste sentido podem-se estudar as diversas imagens do homem que subjazem nos diversos escritos bíbli-

---

52. R. ALBERDI, *Ciencia y fe cristiana*: Corintios XIII n. 5 (1978) 97.

cos. Em segundo lugar, a mensagem da Bíblia projeta também, de uma maneira explícita e implícita, um determinado sentido do homem em relação com sua origem e seu destino: essa mensagem é a base bíblica de toda antropologia teológica. Em terceiro lugar, a cosmovisão bíblica pode ser entendida como uma forma de pensar antropocêntrica: a partir dessa orientação se falará da antropologia transcendental ou da forma de pensamento antropocêntrico na Bíblia. Essas três maneiras de entender a antropologia bíblica se constatam em diversos estudos sobre a imagem do homem na Bíblia, e mais particularmente no Antigo Testamento.

Julgamos que também se pode falar da imagem bíblica do homem desde uma *perspectiva ética*. E isso não somente enquanto que a condição humana constitui um aspecto essencial das chamadas "Éticas bíblicas", senão porque nos escritos bíblicos pode-se descobrir uma imagem normativa do ser humano. A Bíblia projeta um "modelo ético" do homem desde o qual são avaliadas as diversas situações em que a pessoa humana põe em jogo seu destino humano-religioso.

Na presente seção pretendemos reunir os traços básicos que o Novo Testamento oferece para construir a imagem normativa do homem. Por razões práticas e metodológicas, reduzimos o horizonte ao Novo Testamento (mais concretamente, evangelhos sinópticos, teologia paulina e teologia joanina), já que a referência ao Antigo Testamento suporia ter de expor previamente um conjunto de pressupostos temático-metodológicos. Por outro lado, a exposição se restringirá diretamente ao texto bíblico, ainda que tenha como pano de fundo os diversos estudos sobre a Moral neotestamentária.

b. Catequese dos sinópticos

O evangelhos sinópticos oferecem um conjunto de perícopes ou catequeses cujo objetivo pode ser considerado como a descrição da imagem normativa da pessoa. Eis as mais representativas:

1) Valor absoluto da pessoa (frente a qualquer instituição ou "tradição" dos homens)

Dentro de um contexto literário de "controvérsia" e com uma grande carga "cristológica", os evangelhos sinópticos põem em relevo o valor original e decisivo da pessoa humana frente às valorizações anti-humanas "ajuntadas" pelas deformações religiosas.

No evangelho de Marcos existe um bloco literário (2,13-3,6) no qual Jesus é apresentado em sua atuação como o "dono" das instituições humanas, domínio e liberdade que transmite a toda pessoa que o segue (2,28: "o homem é senhor também do sábado"). Deste modo, o valor da pessoa se conecta com o "senhorio" de Jesus posto de manifesto em sua atuação livre diante das instituições religiosas. O bloco literário de Marcos encontra também seus paralelos em Mateus (12,1-4) e em Lucas (5,27-6,11).

- Mc 2,23-28 (anotar v. 27-28); 3,1-6 (anotar v. 4).
- Mt 12,1-8 (anotar v. 7); 12,9-14 (anotar v. 12).
- Lc 6,1-5; 6,6-11 (anotar v. 9).

Em outro bloco literário de "controvérsia", no qual se apresenta Jesus desmascarando o não sentido das "tradições" dos homens e devolvendo o sentido dos valores originais, aparece de novo a valorização absoluta e original da pessoa humana diante dessas "tradições" dos homens: Mc 7,1-23 (paralelo: Mt 15,1-20).

- Mc 7,8-13 (anotar v. 13).
- Mt 15,1-9 (anotar v. 6).

Nesses blocos literários destaca-se o valor original da pessoa. Para um seguidor de Jesus, a norma própria de atuação do homem é o próprio homem.

2) Preferência pelo fraco

Na atuação de Jesus adverte-se uma preferência pelo fraco (pobre, marginalizado, "pecador" etc.). Este é um traço básico da moral vivida de Jesus; 'traço ético que se converte ao mesmo tempo em sinal messiânico: a atuação de Jesus com os "pobres" constitui as credenciais de sua missão messiânica (Lc 7,19-23).

Nos evangelhos sinópticos encontramos uma série de perícopes nas quais, juntando a atuação de Jesus com seu ensinamento, projeta-se este traço normativo da imagem da pessoa: o fiel deve preferir sempre colocar-se ao lado do fraco e não dos poderosos. Eis algumas dessas catequeses de "preferência pelo fraco":

- Convivência solidária com os "marginalizados" por motivo religioso (os arrecadadores e os descrentes):

Mc 2,13-17 (anotar v. 17).
Mt 9, 10-13 (anotar vv. 12-13).
Lc 5, 27-32 (anotar v. 32).

• Definição do próximo pelo "mais necessitado":
Lc 10,25-27 (recordar como se deve fazer a "lista de convidados" por razão de sua necessidade: Lc 14,12-14).

• Identificação de Jesus com os fracos (tema que aparece repetidas vezes no evangelho de Mateus dentro de contextos de grande importância temática e literária):
Mt 10,42 (Mc 9,41).
Mt 18 (*passim*).
Mt 25,31-46.

Essas opções de preferência pelo fraco definem a atuação de Jesus e orientam eticamente a atuação dos fiéis. Opções que alcançam maior relevo se forem consideradas dentro da unidade de mandamento entre o amor a Deus e o amor ao próximo proclamado por Jesus: Mc 12,28-43; Mt 22,34-49; Lc 10,25-28.

3) Interioridade e radicalidade: atitudes normativas

Na imagem normativa que nos oferecem os evangelhos sinópticos sobre o homem há dois traços que podem ser descritos com o termo de "atitude". Concretamente, referimo-nos às atitudes de interioridade e radicalidade. Toda consideração ética da pessoa humana alcança relevo sobre o fundo dessas duas atitudes tipicamente evangélicas:

• A lei da interioridade na avaliação ética da pessoa humana:
Mc 7,14-23 (Mt 15,10-20): superação das categorias do "puro" e 'impuro" (categorias da exterioridade) pelas categorias da "interioridade".
Mc 6,1-18 (5-28): a interioridade como âmbito da vida ético-religiosa.

• A lei da radicalidade na avaliação ética da pessoa humana:
Mt 6,24: opção radical iniludível entre dois "contrários".
Mc 8,34-38 e paral.: a opção radical como entrada no "discipulado".

Mt 10,37-39 e paral.: a vida do enviado é vida de radicalidade.

Para os evangelhos sinópticos o homem se avalia a si mesmo e aos demais a partir de um "desde" que condiciona a imagem normativa da pessoa humana: "desde" o interior e "desde" a radicalidade. Toda outra avaliação é incorreta por "exterior" e por "periférica". Isto supõe entender a imagem normativa do homem desde uma compreensão profética (e não ritual-cultural) da moral e desde uma tomada de consciência da importância escatológica do "momento" que obriga o fiel a viver em nível de opções radicais (e não na imprudência do passageiro e superficial: Mc 13,28-37 e paral.).

4) A contrafigura: moral farisaica

Os evangelhos sinópticos projetam também de uma maneira negativa a imagem normativa do homem quando se opõem às atitudes ético-religiosas dos letrados e fariseus. Em cada evangelho encontramos um bloco literário a respeito (dois blocos em Lucas):

Mc 12,38-40.
Mt 23,1-36.
Lc 20,45-47; 11,37-54.

Na contrafigura moral farisaica ressaltam os seguintes traços: vaidade, mentira, hipocrisia, ditadura moral, orgulho, dar importância ao que não a tem descuidando o importante, explorar os demais, apego às riquezas etc. Diante dessas atitudes negativas surge a tríade de valores ético-religiosos: "honradez, compaixão, sinceridade" (Mt 23,23).

5) Jesus: a imagem normativa do homem

A comunidade primitiva "gravou a imagem de Jesus em sua memória, por significar para ela a imagem normativa do homem, e até inclusive a única imagem normativa do ser humano"[53]. Os evangelhos sinópticos são o testemunho dessa "memória cristológica" da comunidade cristã primitiva. Baste anotar, a título de exemplo, o alto grau de normatividade que projetam sobre a imagem do homem os "resumos da paixão" no evangelho de Marcos:

---

53. B. VAN IERSEL, *La imagen normativa del hombre en el Evangelio*: Concilium 75 (1972) 197.

Mc 8,34-38: o discípulo tem de entregar a vida como o Mestre.

Mc 9,33-37: o discípulo deve ser o servidor de todos, já que o Mestre não veio para ser servido, mas para servir (10,44-45).

c. Traços normativos da antropologia paulina

A antropologia paulina tem, além de outras perspectivas, uma vertente ética. Pode-se falar de uma imagem normativa do homem nos escritos de Paulo. Um de seus traços é o da referência a Cristo: através do tema da "imagem", Paulo conecta a normatividade do homem com a pessoa de Cristo. A pessoa reflete a imagem do criador na medida em que reflete a imagem de Cristo (1Cor 15,49; 1Cor 3,18; 4,4; Cl 1,15; 3,10).

Fixando-nos mais diretamente na compreensão antropológica de Paulo, destacamos os três traços seguintes como aqueles que configuram fundamentalmente a imagem normativa da pessoa:

1) O homem "novo"

A "novidade" é uma categoria da antropologia ético-religiosa de Paulo. Pode traduzir-se atualmente por "originalidade": o cristão é o homem novo ou o "terceiro homem", em contraposição com as duas compreensões religiosas mais conhecidas para Paulo: a grega (sem esperança e sem religiosidade autêntica) e a judia (definida fundamentalmente pela autossuficiência emanada de uma concepção religiosa de cumprimento legalista):

> Rm 3,21-21: corolário no qual se proclama a originalidade do existir cristão diante de ao existir ético-religioso do judaísmo e do paganismo. "Deus reabilitará os cincuncisos em virtude da fé e os não cincuncisos também pela fé" (v. 30).

Se a figura ético-religiosa do cristianismo Paulo a define pela Fé ("reabilitados agora pela fé": Rm 5,1), a existência cristã é um existir na graça e na esperança: "Por Ele (Jesus Cristo) tivemos a entrada nesta situação de graça em que nos encontramos e estamos orgulhosos com a esperança de alcançar o esplendor de Deus" (Rm 5,2). Isto supõe entender e realizar a vida ética do cristão como um viver em novidade:

Rm 8,5-14; Gl 5,16-24: a vida do Espírito.
Ef 4,22-24: a vida do homem novo.

Paulo resume este traço do homem novo com a exclamação axiológica: "Circuncisão ou não circuncisão, nenhuma vale alguma coisa! O que importa é uma nova humanidade" (Gl 6,15).

2) O homem: "que discerne"

Discernimento é a capacidade de avaliar toda situação conforme os critérios evangélicos. Para Cullmann o verbo "discernir" é "a chave de toda moral neotestamentária"[54]. O discernimento é para Paulo outro dos traços da imagem normativa do homem. Recordamos duas passagens paulinas em que se formulam as duas vertentes do discernir:

- O *sujeito* do discernimento: Fl 1,9-11. "Que vosso amor cresça mais e mais em penetração e em sensibilidade para tudo, a fim de acertar com o melhor. Assim, sereis sinceros e chegareis sem tropeço ao dia de Cristo, plenos desse fruto de retitude que vem por Jesus Cristo, para glória e louvor de Deus".
- O *objeto* do discernimento: Rm 12,1-2. "Suplico-vos que ofereçais vossa própria existência como sacrifício vivo, sagrado, agradável a Deus, como vosso culto autêntico, e não vos amoldeis a este mundo, senão deixai-vos transformar pela nova mentalidade, para serdes capazes de distinguir o que é vontade de Deus, o bom, agradável e acabado".

3) O homem "livre"

A liberdade constitui um traço básico da antropologia ético-religiosa de Paulo. Podemos até dizer que Paulo define a existência cristã como um existir em liberdade (cf. Carta aos Gálatas e aos Romanos). Por isso mesmo, não devemos estranhar que um dos traços fundamentais da imagem normativa do homem seja a liberdade. "Vós, irmãos, fostes chamados à liberdade" (Gl 5,13).

---

54. O. CULLMANN, *Cristo y el tiempo* (Barcelona, 1967) 202.

A liberdade ético-religiosa que Paulo proclama pode ser considerada com duas vertentes. Seguindo a terminologia de E. Fromm, falamos de uma liberdade "de" e de uma liberdade "para":

• *Liberdade "de"*: O homem fiel foi libertado de três grandes realidades: do pecado (Rm 6,11.18.22; 8,2); da morte (Rm 6,16-23), e da lei (Rm 7,24; Gl 4,21-31).
• *Liberdade "para":* A liberdade do homem fiel consiste em "estar a serviço dos demais" (Gl 5,13).

d. Traços normativos da antropologia joanina

Dentro do amplo conteúdo moral que oferecem os escritos de João, podemos destacar três aspectos que podem ser considerados como outros tantos traços da imagem normativa da pessoa.

1) O homem como "ser iluminado"

Para João os valores morais se polarizam em torno do fato de Cristo. Tudo alcança sentido através de Cristo, "Caminho, Verdade e Vida" (14,6). Pois bem, Cristo é apresentado na teologia joanina antes de tudo como uma força de iluminação: como Verdade, como Logos. A ação salvífica de Cristo é uma *ação iluminadora*. A fé, enquanto aceitação da Salvação, é expressa como deixar-se invadir e penetrar pela Luz; pelo contrário, o homem que não aceita a Salvação permanece nas trevas (8,2; 12,46).

A pessoa humana para João adquire um traço normativo nessa capacidade de iluminação. Ser homem autêntico é:

• positivamente, aceitar a iluminação do Logos: 1,1-8.
• negativamente, livrar-se das Trevas interiores: 3,19-21; 8,44.

2) O homem, "ser em comunhão"

Se no quarto evangelho o traço decisivo do homem ético-religioso é o de sua capacidade iluminadora, na primeira carta de João o traço mais notável é o da comunhão. O homem se define e se realiza por sua capacidade de koinonía ou comunhão. Somente através dessa comunhão o homem fiel pode "permanecer em Deus".

Também esse traço da imagem normativa do homem nos escritos de João pode ser considerado desde uma dupla vertente:

- Comunhão diacrônica ou histórica, entrando na participação da mensagem dos "testemunhos": 1Jo 1,14.
- Comunhão sincrônica ou presente, sendo "solidários uns com os outros" (1Jo 1,7) para ter a comunhão com Deus (1Jo 3,24).

3) O homem, "reduzido a fé e a amor"

Crer e amar são os dois verbos em que "reduzidamente" se expressa e se realiza o existir do homem fiel. Essa "concentração" pode ser considerada como outro dos traços normativos da imagem do homem nos escritos joaninos:

- Crer é a salvação (3,18); é a vida (5,24; 6,47); é a obra a realizar (6,29); é a vitória sobre o mundo (1Jo 5,4-5).
- Amar é o mandamento "novo" (13,34-35); o mandamento "antigo" (1Jo 4,7-21).

2. Tradição teológica

A orientação humanista representa uma corrente importante dentro da tradição teológico-moral; mais ainda, pode-se afirmar que é o dinamismo mais decisivo e mais fecundo dentro do processo histórico da Teologia moral; neste sentido, essa orientação caracteriza enquanto tal o fenômeno histórico da moralidade cristã e de sua reflexão teológica correspondente.

Indicam-se nesta seção alguns momentos e alguns traços da reflexão teológico-moral que têm o valor de sinais qualificados da permanente orientação humanista da proposta moral cristã, baseada sobre a dignidade da pessoa humana enquanto criatura e imagem de Deus[55].

---

55. Cf. L. F. LADARIA, *El hombre creado a imagen de Dios*: B. SESBOÜÉ, Historia de los Dogmas, II (Salamanca, 1996) 75-115.

a. O "antropocentrismo ético" na Patrística

Na Patrística, gesta-se o "antropocentrismo ético" sobre a base teológica da consideração do homem como imagem e semelhança de Deus. Esta orientação "domina a cristologia, a moral e a espiritualidade dos Padres, tanto gregos como latinos"[56].

Poucas categorias bíblicas como a de "imagem e semelhança" de Deus (Gn 1,26-27) tiveram tanta força para configurar a antropologia teológica. Os escritos patrísticos encontram aí a base segura para construir o edifício teológico-parenético da dignificação do ser humano. O homem, por ser imagem e semelhança de Deus, é o centro de toda a criação; para ele convergem todas as demais criaturas como a seu centro de sentido e de finalização[57].

Situado neste lugar privilegiado, é fácil ver no homem uma dignidade singular. Dignidade que se expressa numa dupla vertente:

- Dignidade *subjetiva*, isto é, de responsabilidade frente ao mundo e ante a história: o homem deve "humanizar" a terra (ética de responsabilidade) e deve construir uma história solidária (ética de solidariedade).
- Dignidade *objetiva*, isto é, afirmação do valor absoluto do ser humano, nunca mediatizável a outra realidade e ao qual tudo está subordinado.

Os escritos patrísticos oferecem abundante material para construir uma ética teológica na qual a causa do homem ocupa o lugar principal sem por isso desalojar a presença de Deus revelado em Cristo e feito dinamismo pela força do Espírito Santo. Não em vão o "antropocentrismo ético" da patrística se fundamenta sobre a dignificação do homem por ser este "imagem e semelhança" de Deus.

Recordemos, como síntese da Patrística, um texto do *Escrito a Diogneto* como expressão representativa de outras muitas passagens que poderiam ser citadas como testemunho do antropocentrismo próprio da Patrística:

"Deus amou os homens: para eles criou o mundo, a eles submeteu

---

56. Th. CAMELOT, *La théologie de l'image de Dieu*: Revue des Sciences Philosophiques et Théologiques 40 (1956) 443-471.
57. Cf. A.-G. HAMMMAN, *L'homme, image de Dieu. Essai d'anthropologie chrétienne dans l'Église des cinq premiers siècles* (Paris, 1987); S. RAPONI, *Alla scuola dei Padri* (Roma, 1999) 69-193 ("Il tema dell'immagine-somiglianza nell'antropologia dei Padri").

tudo quanto existe sobre a terra; deu-lhes a razão e a inteligência; unicamente a eles permitiu elevar o olhar para o céu; formou-os à sua imagem; enviou-lhes seu Filho único; a eles prometeu o reino dos céus que dará àqueles que o tiverem amado"[58].

b. A dignidade humana na teologia medieval

A teologia medieval não foi insensível à dignidade da pessoa humana. Os teólogos espirituais do século XII, como São Bernardo e Ricardo de São Vítor, adentraram-se pelo caminho da interioridade humana e aí souberam descobrir como num espelho o reflexo da dignidade de Deus[59]. Seguindo semelhante itinerário, ainda que guiados pela tradição dionisíaco-platônica do processo intelectivo, também os místicos da baixa Idade Média, como Mestre Eckhard e outros representantes da "devotio moderna", chegaram a vivenciar a dignidade do ser humano[60]. Em meio a essas duas tendências espirituais está a reflexão teológica profunda do século XIII, tão fecunda para a colocação da ética teológica da dignidade humana.

Limitando-nos a Santo Tomás, não se pode deixar de reconhecer nele a grande sensibilidade para a dignidade humana, fundada na condição de *imago Dei*, expressa no princípio interior da ação responsável, e culminada mediante a consecução do fim último.

Em relação com a Teologia moral, Santo Tomás faz uma clara opção antropológico-teológica. A compreensão teológica do homem é ao mesmo tempo o ponto de arranque, o conteúdo e a meta da reflexão tomista sobre a dimensão moral da existência cristã. Se segundo Metz em Santo Tomás se inicia a "forma de pensamento" de caráter antropocêntrico[61], também podemos falar do início de um autêntico giro antropológico para a moral. Com sensibilidade bíblica e com fidelidade à tradição patrística, Santo Tomás enraíza a Teologia moral no homem entendido com a categoria bíblico-teológica de "imagem" de Deus. No prólogo de sua Teologia moral estampa essa visão certeira:

---

58. *A Diogneto*, X, 2. Edição de H. I. MARROU (Sources Chrétiennes, n. 33) (Paris, 1951) 77; comentário com subsídios de outros textos patrísticos em pp. 209-210.
59. R. JAVELET, *La dignité de l'homme dans la pensée du XIIe. Siècle*: VÁRIOS, De Dignitate hominis (Friburgo, Suíça, 1987) 39-87.
60. L. HOEDL, *Die Würde des Menschen in der scholastischen Theologie des späteren Mittelalters*: De Dignitate Hominis, 107-132.
61. J. B. METZ, *Antropocentrismo cristiano. Sobre la forma de pensamiento de Tomás de Aquino* (Salamanca, 1972).

"Como escreve o Damasceno, o homem se diz feito à imagem de Deus, enquanto significa 'um ser intelectual, com livre-arbítrio e poder próprio'. Por isso, depois de ter tratado do exemplar, a saber, de Deus e das coisas que o poder divino produz segundo sua vontade, resta estudarmos sua imagem, que é o homem enquanto é princípio de suas obras por estar dotado de livre-arbítrio sobre seus atos"[62].

c. A "grandeza humana" na Idade Moderna

O Renascimento teológico do século XVI, inspirando-se na orientação de Santo Tomás, vai conduzir a reflexão teológico-moral para a causa do homem, enquanto promoção histórica de sua grandeza e de sua dignidade.

Convém colocar como pano de fundo histórico a sensibilidade geral do Humanismo e do Renascimento, para a qual a "dignidade do homem" se converte em categoria aglutinadora das expressões do espírito humano. A expressão "dignidade do homem" se estampa nas capas dos livros, como o de Pico della Mirandola (1486) ou o de Fernán Pérez de Oliva (1546). De Francisco Petrarca a Juan Luis Vives, passando por Nicolau de Cusa, Marsílio Ficino, Erasmo de Rotterdam e muitos outros pensadores, corre uma funda corrente de humanidade sem desalojar por isso o espírito do cristianismo[63].

Sobre esse fundo humanista, a reflexão teológica se desperta e se põe a descobrir Deus nas novas realidades do homem moderno. Aos fins do século XV e começos do século XVI na Itália, na Alemanha e, sobretudo, em Paris, a teologia se faz "humanista". Esse humanismo teológico, transladado das margens do Sena às orlas do Tormes em Salamanca, dará seus frutos mais notáveis na chamada Escola de Salamanca, com Francisco de Vitória à frente.

Com Francisco de Vitória consolida-se a orientação humanista do saber teológico. Este abandona as discussões estéreis e distanciadas da realidade e busca os problemas reais do homem concreto: "O ofício do teólogo é tão vasto que nenhum argumento, nenhuma disputa, nenhuma matéria, parecem alheios à sua profissão"[64].

---

62. I-II, pról.
63. E. COLOMER, *El humanismo cristiano del Renacimiento*: De Dignitate Hominis, 133-171.
64. F. DE VITORIA, *Relección "De la potestad civil"*: Obras de Francisco de Vitória. Relecciones Teológicas. Edição preparada por T. URDÁNOZ (Madri, 1960) 150.

Aberto o olhar para a realidade, o homem com suas interrogações, com suas glórias e com seus fracassos aparece como o argumento da teologia. Um homem ao qual Vitória trata com carinho e olha com otimismo. Ao contrário dos que proferem "tantas queixas contra a natureza, chamando-a, uns, madrasta; outros, inimiga; estes, fomentadora de crimes; aqueles, mãe de maldades, e outros, uma infinidade de nomes baixos e odiosos, com os quais a desonram", Vitória demonstra que "a inclinação do homem, enquanto homem, é boa e de nenhuma maneira tende ao mal ou a coisa contrária à virtude"[65].

Com esse olhar de humanista cristão, Francisco de Vitória e os continuadores de sua obra vão colocar as bases de uma ética internacional na qual a razão suprema é a causa do homem, de todo homem (europeu ou índio; cristão, judeu ou muçulmano; homem ou mulher).

Um especialista na história da teologia espanhola do século XVI afirma que todos os temas teológico-morais tratados por Vitória e pela Escola de Salamanca (guerra e paz, economia e política nacional, direito das pessoas, conquista e colonização da América etc.), todos foram iluminados desde a categoria ético-teológica da dignidade humana: "O princípio fundamental é a dignidade da pessoa humana e a igualdade dos homens e dos povos, baseando-se na realidade do homem como imagem e semelhança de Deus. É a revelação divina no Gênesis (1,26-30; 9,1.3.7; 13,8-9). Daí deduz o teólogo o resto. Aqui reside a chave do famoso sermão pregado por Montesinos em La Española: os índios são homens, têm alma racional e todos os direitos inerentes ao ser humano. Essa consideração modelou a renovação da moral em Salamanca e em todo o renascimento teológico espanhol posterior a Vitória. Foi revalorizado o conceito cristão do homem e erigida uma verdadeira metafísica cristã da pessoa humana. A natureza humana é comum a todos e cada um dos homens sem distinção de nação, continente, religião, cultura, idade, cor. Os direitos humanos são inseparáveis da natureza, nascem com o homem e lhes são inerentes"[66].

3. O Magistério Eclesiástico recente

a. O Concílio Vaticano II

O Concílio Vaticano II marca, se não o começo, pelo menos a orientação inequívoca e o "ponto de não retorno" da virada personalista para a

---

65. *Relección "Sobre el homicidio"*: l. c., 1090-1091.
66. M. ANDRÉS, *La teología española en el siglo XVII*, II (Madri, 1977) 472-472.

moral católica recente. Essa orientação personalista apóia-se sobre a afirmação da dignidade humana[67]. O Concílio expõe uma antropologia teológica a partir da categoria do homem como "imagem de Deus"[68]. "É a primeira vez que um documento magisterial importante se refere ao tema da imagem de maneira tão direta"[69].

Da riqueza de visões trazidas pelo Concílio sobre o tema que nos ocupa devem ser retidas e sublinhadas estas três orientações:

— *Abertura à realidade humana e co-participação no drama da história dos homens.* "As alegrias e as esperanças, as tristezas e as angústias dos homens de nosso tempo, sobretudo dos pobres e de quantos sofrem, são também as alegrias e esperanças, tristezas e angústias dos discípulos de Cristo. Não há nada de verdadeiramente humano que não encontre eco em seus corações"[70]. Assim começa a constituição pastoral *Gaudium et spes* e assim deve começar toda reflexão teológico-moral autêntica: do que "se trata" e o que "está em jogo" é sempre a causa do homem real e histórico, sobretudo do mais fraco.

— *Os frutos na caridade para a vida do mundo.* A renovação "especial" que pede o Concílio à Teologia Moral é constituir-se em saber "científico" sobre os dados da rica "doutrina" da Sagrada Escritura e assim mostrar a "excelsa vocação" cristã; porém... para quê?: a fim de "produzir frutos na caridade para a vida do mundo". Esta formulação conciliar da exigência de renovação na Teologia moral[71], à qual deve retornar sempre para receber orientação no trabalho teológico, opta inequivocamente por uma reflexão teológico-moral a serviço do mundo, isto é, do homem histórico e concreto.

— *Antropocentrismo axiológico.* "Fiéis e não fiéis estão geralmente de acordo neste ponto: todos os bens da terra devem ordenar-se em função do homem centro e cume de todos eles"[72]. Com esta afirmação do antropocentrismo axiológico se inicia o

---

67. Cf. F. COMPAGNONI, *La dignité de l'homme selon E. Kant et Vatican II*: VÁRIOS, Autonomie. Dimensions éthiques de la liberté (Friburgo, Suíça, 1993) 124-142.
68. *Gaudium et spes*, 12. Cf. V. LOI, *L'uomo ad immagine di Dio nella costituzione "Gaudium et spes"*: VÁRIOS, Dimensione antropologica della teologia (Milão, 1971) 619-629.
69. L. F. LADARIA, *l. c.*, 113.
70. *Gaudium et spes*, 1.
71. *Optatam totius*, 16,
72. *Gaudium et spes*, 12.

capítulo 1 da parte primeira da *Gaudium et spes* dedicado ao estudo e à proclamação da "dignidade da pessoa humana". Este será o critério para julgar e orientar as situações concretas de moral tratadas na segunda parte da citada constituição conciliar: matrimônio e família (critério: "natureza da pessoa e de seus atos", n. 51), cultura (critério: "homens e mulheres, autores e promotores da cultura", n. 55), economia (critério: "o homem é o autor, o centro e o fim de toda a vida econômica social', n. 63), política (critério: "buscar o bem comum", n. 74) etc. Desse modo, a dignidade humana converte-se no critério fundamental e em conteúdo nuclear da moral cristã concreta ou material não só na área social, mas também em relação com os problemas de ética sexual e de bioética.

— *Humanismo de responsabilidade.* Ao descrever a situação em que se encontra a cultura no mundo atual, constata o Concílio que o homem moderno se volta cada vez mais consciente de ser ele mesmo "o artífice e o promotor da cultura". "No mundo inteiro progride cada vez mais, junto com o sentido da autonomia, o da responsabilidade... somos testemunhas do nascimento de um novo humanismo; o homem se define, antes de tudo, pela responsabilidade que assume ante seus irmãos e ante a história"[73].

b. João Paulo II

É justo reconhecer que o Magistério eclesiástico recente mostrou uma sensibilidade extraordinária para a dignidade da pessoa humana quando esta se encontra comprometida na trama dos direitos humanos e das realidades sociais (economia, política etc.).

O magistério de João Paulo II teve desde o princípio uma marca nitidamente personalista[74]. De sua primeira encíclica é esta visão profundamente humanista do cristianismo: "Na realidade, essa profunda admiração a respeito do valor e da dignidade do homem se chama Evangelho, isto é, Boa Nova. Chama-se também cristianismo..."[75]. Não se pode deixar

---

73. *Ibid.*, 55.
74. Cf. F. COMPAGNONI, *La persona nella comunità umana e nella Chiesa. Il magistero di Giovanni Paolo II:* Studia Patavina 40 (1993) 45-57.
75. *Redemptor hominis*, 10 (cf. nn. 13-17).

de reconhecer em seu magistério social um alento profético de denúncia e de anúncio a favor da dignidade humana. A mensagem moral que transmite João Paulo II em suas viagens apostólicas e em suas encíclicas sociais vai, em muitas ocasiões, além das atitudes marcadas pelos teólogos progressistas em matéria de justiça social.

É digno de mencionar também o tratamento ético que recebe a pessoa nos documentos do Vaticano. Refiro-me a dois dos mais recentes, *Christifideles laici* e *A Igreja ante o racismo* (este último da P. Comissão "Justiça e Paz"), se advém neles uma destacada e detida consideração da dignidade ética da pessoa, dignidade justificada sobre a condição de "ser criado à imagem de Deus"[76].

VI. CONCLUSÃO

"Não é difícil comprovar que o primado da pessoa constituiu o fio condutor do discurso teológico-moral contemporâneo"[77]. A moral atual, também a moral cristã, é "personalista". Porém, convém advertir que nem todo "personalismo" é fundamento válido nem via adequada para a moral genuinamente cristã[78].

Nas páginas precedentes analisei e propus as condições antropológicas para fundamentar e desenvolver a moral cristã. São as exigências marcadas pela concepção cristã da condição humana. Podem ser resumidas na afirmação do ser humano como *imagem de Deus*[79]. Essa categoria de *iconalidade divina*, própria da pessoa, possui uma grande riqueza de significado para a moral do presente e do futuro[80].

Por razão dessa "semelhança divina" (cf. Gn 1,26; Sb 2,23; Ecl 17,3),

---

76. *Christifideles laici*, 37; *La Iglesia ante el racismo*, 17-13.
77. A. SARMIENTO, *Introducción*: A. SARMIENTO (Ed.), Moral de la persona y renovación de la teología moral (Madri, 1998) 11.
78. Cf. J. SEIBERT, *El concepto de persona en la renovación de la teología moral. Personalismo y personalismos*: A. SARMIENTO (Ed.), *o. c.*, 13-37.
79. Entre os muitos textos do Magistério eclesiástico que avaliam a afirmação, ver estes de JOÃO PAULO II: *Redemptor hominis*, 13; *Dominum et vivificantem*, 59; *Mulieris dignitatem*, 7; *Centesimus annus*, 11; *Veritatis splendor*, 13; *Evangelium vitae*, 96.
80. J. R. FLECHA, *Iconalidad divina y defensa de la vida humana*: A. SARMIENTO, *o. c.*, 177-195. "É bem conhecida a riqueza do tema da 'imagem de Deus' tanto na Sagrada Escritura como na tradição da Igreja, desde os Pais ao Concílio Vaticano II" (p. 183). "Pode-se afirmar que a compreensão do homem como 'imagem de Deus' vem prestar uma impagável contribuição para a articulação que o horizonte cristão pode dar para a tradução da presença da pessoa em demanda do compromisso *de* e *para* a defesa da vida humana" (p. 180).

o homem é "como o centro e a culminação" de tudo quanto existe e "foi constituído por Deus senhor de todas as criaturas terrenas"[81]. Essa mesma semelhança divina é o fundamento da igualdade fundamental de todas as pessoas: "Todos os homens, dotados de alma racional e criados à imagem de Deus, têm a mesma natureza e a mesma origem e, redimidos por Cristo, gozam da mesma vocação e destino divino. Por isso se deve reconhecer, cada vez mais, a igualdade fundamental entre eles"[82].

Por ser imagem de Deus, a pessoa adquire sua máxima dignidade: Deus "a ama por ela mesma": "Essa semelhança mostra que o homem... é a única criatura na terra à qual Deus amou por si mesma"[83]. Assim, pois, não se deve estranhar que esta compreensão antropológica seja o fundamento e a via de uma moral como a cristã que encontra no *amor* sua realização mais perfeita, seu "primeiro e maior mandamento"[84].

Bibliografia:

EQUIZA, J., *Antropología y ética:* Lumen 45 (1996) 65-84.
KASPER, W., *Antropología teológica de la Gaudium et spes:* Laicos Hoy n. 39 (1996) 45-55.
RESTREPO, G., *La antropología en la Gaudium et spes:* Teología y Vida 36 (1995) 373-390.
SARMIENTO, A. (Ed.), *Moral de la persona y renovación de la teología moral.* Rialp, Madri 1998.
VÁRIOS, *Jesucristo, revelador de la verdad del hombre:* Jesucristo, la Buena Noticia. EDICE, Madri 1997, 121-153.
WILLS, J.-P., *¿Fin de la "dignidad del hombre" en la ética?:* Concilium n. 223 (1989) 411-427.

---

81. *Gaudium et spes*, 12.
82. *Ibid.*, 29.
83. *Ibid.*, 24. Cf. *Ibid.*, 24: os homens, "criados à imagem de Deus, são chamados a um só e idêntico fim, isto é, ao próprio Deus".
84. *Ibid.*, 24

7
ARTICULAÇÃO DO "MORAL" E DO "TEOLOGAL" NA EXISTÊNCIA CRISTÃ

Nos capítulos precedentes analisei o contexto teológico do qual surge a moral cristã. Referi-me expressamente ao Mistério trinitário, "essa eterna fonte" de onde "vem toda origem" (São João da Cruz). Também explicitei a antropologia teológica que serve de base e de via ao comportamento moral cristão. Desse modo foram apresentados os referentes teológicos fundamentais da vida moral do cristão.

O capítulo presente, último desta primeira parte, pretende oferecer uma visão sistemática das análises feitas, através de aproximações particularizadas, nos capítulos anteriores. Nesta sistematização busca-se enquadrar "o moral" no conjunto do "teologal cristão". Depois de uma breve alusão ao estado da questão, ofereço várias aproximações complementares para situar a dimensão moral no conjunto da existência cristã.

I. ESTADO DA QUESTÃO

São muitos os teólogos moralistas e os teólogos dogmáticos que afirmam com veemência a articulação da vida moral na experiência teologal. Tomar nota desse dado, aludindo a alguns autores mais representativos supõe iniciar a reflexão mediante uma tomada de consciência do estado da questão.

Para B. Häring a vida moral e o discurso teológico-moral não têm uma estrutura distinta da vida cristã e da teologia geral. Sua magnífica construção teológico-moral[1] apóia-se sobre esta sólida opção metodológica: "Toda a perspectiva da teologia moral segue a estrutura básica da fé cristã"[2].

J. Fuchs vê na vida teologal a orientação básica para a moral fundamental e, em certa medida, para a moral concreta. Ainda que sua preocupação tenha sido desenvolver uma moral cristã "em função do humano", nem por isso deixou de sublinhar de forma explícita a articulação da "Teologia moral e da existência teologal"[3].

O terceiro grande teólogo moralista católico do pós-concílio, F. Böckle, situa-se em perspectiva parecida ao enraizar a experiência moral cristã na fé[4]. Além disso, é esta a orientação seguida geralmente pelas recentes gerações de moralistas católicos[5].

Também os teólogos da área dogmática se movem dentro de coordenadas parecidas. Apresento algumas dessas perspectivas.

Na acolhedora teologia de F.-X. Durrwell é impossível separar a dimensão ética da vivência global do mistério cristão; assim o apresenta em sua reflexão teológica sobre o Mistério Pascal, sobre o Espírito Santo, sobre a Eucaristia etc[6]. Semelhante articulação teológico-moral-espiritual se encontra nas propostas dos teólogos K. Rahner e H. U. Von Balthasar[7] assim como nas análises de E. Schillebeeckx sobre a existência cristã nos textos neotestamentários[8]. Para esse último teólogo, "reino de Deus e ética estão indissoluvelmente unidos. O religioso se manifesta no ético e transforma o significado puramente natural do *ethos*. O reino de Deus, mediante o *ethos* traduzido em práxis efetiva, se faz presente em nossa

---

1. Cf. M. VIDAL, *Um Renovador da Moral católica. Bernhard Häring (1912-1998)* (Aparecida, São Paulo, 1999).
2. B. HÄRING, *Livres e Fiéis em Cristo,* I (São Paulo, 1984) 75.
3. J. FUCHS, *Für eine menschliche Moral,* I (Friburgo, Suíça, 1988) 52-66 ("Moraltheologie und theologale Existenz"). Este texto foi publicado anteriormente na revista: Seminarium 20 (1968) 647-659.
4. F. BÖCKLE, *Fe y conducta*: Concilium n. 138-B (1978) 251-265; *Creer y actuar*: Mysterium Salutis, V (Madri, 1984) 23-105; *Moral autónoma y exigencia de revelación*: Proyección 32 (1985) 83-95.
5. Cf. M. VIDAL, *Moral de Atitudes. I. Moral Fundamental* (Aparecida, São Paulo, 2000[5]) 134-144.
6. A conexão da ética com a vivência do mistério cristão foi sublinhada por F.-X. Durrwell em sua primeira e magna obra *La Resurreicción, misterio de salvación* (Barcelona, 1962) 254-266. Essa articulação é uma constante em suas obras posteriores: *El Espíritu Santo en la Iglesia* (Salamanca, 1986) 137-141; *La Eucaristía. Sacramento Pascual* (Salamanca, 1982) 182-185.
7. Ver o estudo de J. RÖMELT, *Personales Gottesverständnis in heutiger Moral- theologie auf dem Hintergrund der Theologien von K. Rahner und H. U. v. Balthasar* (Innsbruck, 1988).
8. E. SCHILLEBEECKX, *Cristo y los cristianos. Gracia y Liberación* (Madri, 1983) 572-585.

história sob formas não definitivas e sempre superáveis. A melhor ética do mundo não é o reino de Deus (como tampouco o é a Igreja), porém, é sim sua antecipação"[9].

Muitos outros teólogos mantêm essa mesma orientação. Alguns ressaltam a mediação de compromisso moral que incrementa o crer[10]. Outros analisam a relação entre ética e vida teologal de forma geral e sistemática[11]. Alguns, como B. Forte, chegam a oferecer uma síntese da fé, da celebração e da práxis ética sob o lema unitário de uma "Simbólica eclesial"[12]. Não faltam interpretações com pretensão de globalidade teológica[13].

Essa convergência no pensamento teológico atual descansa sobre um conjunto de evidências que trato de explicitar em seguida. Referir-me-ei, em concreto:

— ao lugar da moral no conjunto da Fé;
— aos traços "teológicos" do comportamento moral cristão;
— à conexão entre vida moral e experiência teologal.

II. MORAL E FÉ CRISTÃ

A peculiaridade da moral cristã provém fundamentalmente de sua articulação com o conjunto da fé. Nessa articulação se encontra também a correta relação entre "o moral" e "o teologal". Assinalo os critérios que guiam a articulação da moral no conjunto do cristianismo e deduzo algumas conclusões de caráter pastoral.

1. Critérios iluminadores

Os critérios que regem a articulação da moral no conjunto da fé podem ser resumidos nos dois seguintes:

---

9. *Ibid.*, 584-585.
10. Ver, a título de exemplo, a articulação que estabelece entre crer em Deus e vida moral o teólogo A. TORRES QUEIRUGA, *Creo en Dios Padre* (Santander, 1986) 181-185.
11. Um tratamento específico desta índole encontra-se em: M. GELABERT, *Ética y vida teologal*: Teología Espiritual 36 (1996) 299-315.
12. Ver a Introdução a esta "Simbólica eclesial": B. FORTE, *La Parola di Fede. Introduzione alla Simbolica Ecclesiale* (Cinisello Balsamo, 1996).
13. Cf. I. CHAREIRE, *Éthique et grâce. Contribution à une anthropologie chrétienne* (Paris, 1998).

— O cristianismo não se reduz à moral.
— Porém, não existe um cristianismo autêntico se não leva consigo o compromisso moral.

O crer não é redutível ao empenho ético. Porém, por outro lado, não tem sentido uma fé que não provoque uma série de decisões empenhativas. Para um cristão não tem sentido nem o "moralismo" esvaziado e esvaziador do religioso (moral sem religião) nem o "moralismo" esvaziado e esvaziador do moral (religião sem moral).

O cristianismo não é essencialmente uma moral. Não pertence sequer ao tipo de religiões que, como o budismo, funcionam a modo de "sabedorias morais". O cristianismo é fundamentalmente um âmbito de sentido transcendente (fé) e de celebração religiosa (simbólica sacramental).

a. Nem o "moralismo"

O cristianismo não é uma religião moral, como pode ser a "pietas" romana ou como são as "sabedorias" orientais que funcionam a modo de religião. Nem é catalogada como tal no conjunto das religiões nem a sua estrutura interna corresponde à redução ao moral.

A fé cristã consiste em aceitar a Jesus como a Revelação definitiva de Deus, confessá-lo como Cristo, celebrá-lo mediante os sinais da fé e comunicá-lo aos demais. As categorias básicas do cristianismo são a "boa notícia" (Evangelho), a "festa", o "compartir". Nesse sentido, pode-se afirmar que o cristianismo não corresponde como nota característica e essencial à dimensão moral; entre suas categorias essenciais não está a da "obrigação".

b. Nem o "amoralismo"

Todavia, ao cristianismo corresponde como elemento integrante, e imprescindível, realizar uma práxis histórica em coerência com a fé e com a celebração cultual. De outro modo seria uma realidade "alienada" e "alienante". A fé que não incide na realidade humana é um fator alienado e alienante. Dentre as formas de incidência que adota a fé deve-se destacar a incidência empenhativa e transformadora. Essa é a ética.

Em definição correta, o teólogo J. Mª. González Ruiz plasmou o sentido prático da fé no título de um dos livros que "despertaram do sonho dogmático" a muitos católicos espanhóis nos anos 60 e 70 do século XX: "crer é comprometer-se"[14].

c. Mas, a moral como "mediação prática" da fé

Nem o "moralismo" nem o "amoralismo" são formas corretas de articulação da moral no conjunto da fé cristã. A articulação correta está na aceitação da função peculiar que têm a atitude ética e o valor moral na existência cristã. Para o cristão a atitude ética brota da vivência religiosa e, ao mesmo tempo, serve de mediação entre a fé e o compromisso moral. O valor moral tem para o cristão uma função de mediação entre os valores religiosos e todos os valores restantes.

A moral cristã pode ser definida como a *mediação prática da fé*. Se a fé e a celebração religiosa exigem o compromisso transformador intramundano, a moral vivida do cristianismo não é outra coisa que a mediação prática dessa fé e dessa celebração. Tenha-se em conta que a categoria de "mediação" não se relaciona com a *fé*, mas com a *moral*. Não é, portanto, a fé que é a mediação entre a religião e o compromisso intramundano, mas é a moral que se constitui em mediação entre a fé e o compromisso ético.

Ao longo da história os cristãos realizaram de diversos modos esse empenho moral que transformou suas próprias vidas e transformou o mundo sobre o qual exerciam influência. Por outro lado, existiram e existem variantes do cristianismo, como o catolicismo, o luteranismo, o anglicanismo, a ortodoxia. Cada uma delas tem sua peculiaridade na hora de interpretar e de viver a dimensão moral da fé[15].

Pode-se afirmar que o catolicismo desenvolveu muito o aspecto moral do cristianismo. Tanto é assim que se constata um amplo e profundo processo de "moralização" da fé, sobretudo na etapa que corre desde o Concílio de Trento (meados do séc. XVI) até o Concílio Vaticano II (segundo terço do séc. XX). Ainda hoje em dia o que mais atrai a atenção "nos de fora" da Igreja Católica é a tomada de posição desta diante das questões morais (individuais, conjugais, familiares, políticas, econômicas, demográficas etc.).

---

14. J. Mª. GONZÁLEZ RUIZ, *Creer es comprometerse* (Barcelona, 1968).
15. Ver os estudos de J. L. L. ARANGUREN, *Catolicismo y protestantismo como formas de existencia* (Madri, 1952; reeditado em 1980); *El protestantismo y la moral* (Madri, 1954); *La ética protestante*: V. CAMPS (Ed.), Historia de la ética, I (Barcelona, 1988) 490-506.

2. Aplicação pastoral

Para o cristão o sentido moral tem uma relação estreita e necessária com a dimensão religiosa. Porém, essa relação não pode consistir num predomínio da moralidade sobre a própria vivência religiosa. Se acontecesse isso se cairia numa concepção moralizante do cristianismo.

Pode-se observar essa falsa articulação no modo de entender a vida sacramental na Teologia moral e na Catequese da etapa anterior à renovação catequética e moral. Os sacramentos eram considerados e expostos como um campo de obrigações ou como meios para cumprir os mandamentos [16].

Pelo outro extremo, não se pode cair na tentação de apresentar o cristianismo como uma mera vivência religiosa sem compromisso ético. No capítulo primeiro desta primeira parte, analisei esta tentação do *amoralismo* cristão ao me referir à imagem de um Deus "descomprometido" e distanciado da realidade humana.

A pastoral da Igreja deve estar continuamente atenta para situar de forma correta a moral no conjunto da existência cristã. Muitas deficiências do passado têm sua explicação numa pastoral que por excesso (moralismo) ou por defeito (amoralismo) não situou de modo conveniente a moral dentro do conjunto da mensagem cristã.

O sentido moral brota da vivência religiosa e, ao mesmo tempo, serve de mediação entre a fé e o compromisso intramundo. O ethos cristão é a possibilidade que tem a fé de se fazer práxis histórica coerente. O empenho ético vem a ser a pedra de toque da seriedade com que se toma a fé cristã. "A ética, tanto no plano da reflexão como na ação, serve de verificação do caráter 'operativo' do Kerigma cristão e do discurso teológico que o tematiza"[17].

III. TRAÇOS "TEOLÓGICOS" DO COMPORTAMENTO MORAL CRISTÃO

No tratado de "Antropologia moral" analisa-se a estrutura do comportamento moral. O fator que define um comportamento humano enquanto moral é, sem dúvida alguma, a *responsabilidade*. Porém, a res-

---

16. Cf. M. VIDAL, *La moral cristiana en el nuevo Catecismo* (Madri, 1993) 44-46.
17. R. SIMON, *Fundar la Moral* (Madri, 1976) 12.

ponsabilidade acontece dentro das *coordenadas antropológicas* que são próprias da condição humana: tempo, espaço, grupo, gênero, caráter. Além disso, no fundo o que sustenta um comportamento moral, responsável e situado, é o sujeito humano com sua constituição bio-psíquica, social, cultural, simbólica e religiosa. Através dos três momentos aludidos estudei em outro lugar a estrutura antropológica do comportamento moral [18].

Para o cristão o comportamento moral, além dessa estrutura básica de caráter antropológico, tem outra estrutura peculiar de caráter teológico. Ao se situar no interior da Fé, o comportamento moral cristão participa dos traços que correspondem à nova forma de existência surgida da "vida em Cristo". Esta última expressão — "Vida em Cristo" — é precisamente a que utiliza o *Catecismo da Igreja Católica* para dar título e orientação à exposição da parte moral da fé cristã. A catequese da moral cristã é "a catequese da 'vida nova' Nele (Cristo) (Rm 6,4)" [19].

A vida moral cristã participa de todos os traços próprios da "vida nova" da graça. Destaco, de forma preferente, dois deles, nos quais são assumidos todos os demais. Referir-me-ei expressamente às seguintes dimensões que correspondem tanto à vida teologal em seu conjunto como à moral em seu campo peculiar:

— dimensão mistérico-litúrgica;
— dimensão escatológica.

Advirto que sobre a dimensão mistérico-litúrgica da vida moral cristã se voltará a tratar na segunda parte (seção segunda) da presente obra. A dimensão escatológica foi também aludida no contexto da antropologia teológica, exposta no capítulo precedente desta parte primeira.

1. Dimensão mistérico-litúrgica

Este traço brota da dimensão eclesial. Sendo a Igreja uma comunidade sacramental e, de modo especial, uma comunidade eucarística, o contexto eclesial da moral cristã pede que esta tenha também uma estrutura sacramental.

---

18. M. VIDAL, *Moral de Atitudes. I. Moral Fundamental* (Aparecida, São Paulo, 2000⁵) 277-380.
19. *Catecismo da Igreja Católica*, n. 1697.

a. *Traço especificador da moral cristã*

Um dos fatos que configuraram mais profundamente a vida atual da Igreja foi a instauração e renovação da liturgia na vida e na pastoral da Igreja; uma renovação entendida não em nível de simples mudanças de rubricas ou cerimônias, mas em nível profundo da concepção e vivência totais do cristianismo. Esta renovação litúrgica repercutiu, de forma decisiva, na renovação da moral católica.

Entre as marcas que especificam a moral cristã não pode faltar uma tão fundamental como a da dimensão mistérico-litúrgica. A moral cristã é personalista e comunitária, histórica e escatológica, atual e estrutural; porém, essas adjetivações, de caráter dialético e tensional, não resumem nem compendiam a peculiaridade do agir moral cristão tão profunda e exatamente como seu caráter mistérico-litúrgico. Nesta condição mistérico-litúrgica confluem as outras dimensões básicas: eclesial, escatológica, histórica, pessoal, comunitária etc.

Recordou-o expressamente o *Catecismo da Igreja Católica* com estas palavras: "*A vida moral é um culto espiritual*. Oferecemos nosso corpo 'como uma hóstia viva, santa, agradável a Deus" (Rm 12,1) no seio do Corpo de Cristo que formamos e em comunhão com a oferenda de sua Eucaristia. Na liturgia e na celebração dos sacramentos, oração e ensino se conjugam com a graça de Cristo para iluminar e alimentar o agir cristão. A vida moral, como o conjunto da vida cristã, tem sua fonte e seu cume no sacrifício eucarístico"[20]. Em sentido idêntico, expressa-se a encíclica *Veritatis splendor*: A "vida moral possui o valor de um 'culto espiritual' (Rm 12,1; Fl 3,3) que nasce e se alimenta daquela inesgotável fonte de santidade e glorificação de Deus que são os sacramentos, especialmente, a Eucaristia"[21].

b. *A ausência do caráter mistérico-litúrgico na moral casuísta*

Nos Manuais de moral casuísta se dedicavam muitas páginas ao tratado dos *Sacramentos*; também se falava longamente das *relações com Deus* ao expor o conteúdo dos três primeiros Mandamentos do Decálogo. Porém, sabemos que essas exposições se faziam com um enfoque preferente

---

20. *Ibid.*, n. 2031.
21. *Veritatis splendor*, 107.

de obrigação e não em seu autêntico e próprio significado teológico, litúrgico e espiritual.

Limitando-nos ao tratado dos Sacramentos na moral casuísta, constata-se que eram contemplados e considerados antes de tudo como um campo de *obrigações*: depois dos Mandamentos há outras obrigações, que são os Sacramentos. E essas obrigações são vistas, a maior parte das vezes, desde uma perspectiva jurídico-canônica. O mais teológico que se destacava era uma conexão extrínseca dos Sacramentos com a moral: os Sacramentos proporcionam a graça para cumprir os Mandamentos.

Para justificar a objetividade das afirmações precedentes basta anotar o modo como se introduz o tratado dos Sacramentos nos Manuais de moral casuísta. A postura geral, sustentada por autores representativos da moral casuísta [22], é refletida nesta apresentação de A. Royo Marín: "A Divina Providência dotou esplendidamente o homem de outras ajudas *extrínsecas*, que têm por objeto precisamente facilitar a aquisição da graça e o exercício das virtudes; tais são os *Sacramentos*" [23].

Nesses Manuais consideravam-se os Sacramentos num duplo sentido: 1) como um novo campo de obrigações; 2) em relação extrínseca com os Mandamentos, enquanto meios para receber a graça em ordem à pratica do preceituado. Com esta concepção, a moral cristã perde, em grande medida, seu caráter cultual, mistérico, litúrgico. Não é, pois, de estranhar que sejam objetivas muitas acusações que se fizeram à moral casuísta de se ter convertido numa moral sem vida, numa moral sem mistério.

O que acabamos de assinalar em referência à sistematização e ao ensino da Teologia moral pode-se constatar também em relação com a Catequese. Como prova, anoto nada mais que um sintoma: a colocação que sofreu o tema dos Sacramentos na estrutura dos Catecismos. Estes

---

22. D. M. PRÜMMER, *Manuale Theologiae Moralis*, I (Friburgo, 1914) 15: "Altera pars erit, ut iam dictum est, de mediis perveniendi ad finem supernaturalem, id est, de gratia quae nobis confertur in sacramentis. Agendum est igitur de sacramentis in genere et in specie". H. NOLDIN - A. SCHMITT, *Summa Theologiae Moralis*, I (Innsbruck, 1941) 8: "Tertia (pars) est de Sacramentis, quae sunt totidem media seu adiumenta salutius a Deo instituta quibus vita membris Christi infundatur, conservetur, augeatur et redintegretur. Horum autem mediorum usum Deus lege positiva praecipuit et Ecclesia in decretis determinat". E. REGATILLO - M. ZALBA, *Theologiae Moralis Summa*, I (Madri, 1952) 14: "Alterum de Sacramentis seu de mediis iuris divini principalibus ad salutem quibus accedunt alia sacramentalia, indulgentiae, etc., quae sunt iuris ecclesiastici". J. AERTNYS - C. A. DAMEN, *Theologia Moralis*, I (Turim, 1950[16]) 1: "Postquam egimus de praeceptis quorum observantia beatum finem nostrum consequimur, iam agendum est de sacramentis novae legis quae media illa externa...".
23. A. ROYO MARÍN, *Teología moral para seglares*, II (Madri, 1958) 3.

costumavam estruturar-se em três partes: 1ª) o que devemos crer; 2ª) o que devemos praticar, 3ª) o que devemos receber. Nesta última parte entravam os Sacramentos, concebidos em primeiro lugar como deveres — "o que devemos receber" — e, em segundo lugar, como meios para cumprir os Mandamentos. Diminuía-se, assim, o aspecto cultual na catequese da moral.

No princípio não foi assim. Nem nas catequeses dos Padres — a catequese se realizava de forma mistagógica, em conexão viva com a celebração dos mesmos ritos —, nem no Catecismo de Trento se dá essa estruturação do conteúdo catequético e essa articulação dos Sacramentos dentro do conjunto da Fé.

c. Recuperação da dimensão mistérico-litúrgica para a moral cristã

1) Critérios iluminativos

Todo o viver cristão se origina, se mantém e se projeta *dentro do mistério,* isto é, na forma de vida de Cristo Ressuscitado. Essa forma de existência de Cristo, da qual participa o cristão, não tem uma condição puramente histórica. Cristo, mediante o mistério pascal de sua morte e ressurreição, colocou-se numa forma de existência que rebaixa a ordem puramente histórica. Existe numa condição nova e se atualiza no mistério.

Nosso viver cristão é um viver mistérico, não só porque participamos desta nova forma de existência de Cristo ressuscitado, mas também porque participamos dessa vida mediante uma *celebração,* isto é, em mistério, em sinal. Deus interveio com suas ações salvíficas na história humana convertendo-a em história de salvação. O fato central e definitivo é a intervenção de Deus em Cristo Jesus. Por ser ações de Deus que transcendem a história, esses fatos podem repetir-se, isto é, reviver-se mediante uma celebração. Os fatos históricos do Antigo Testamento eram celebrados pelos israelitas e assim voltavam a ter sua força salvadora no agora da celebração. O fato central da história da salvação, Cristo, e dentro de sua vida, o fato de sua morte e ressurreição, têm poder de influência para nós enquanto são celebrados pela Igreja. Neste sentido, toda a existência cristã é mistérica. Cristo glorificado é o mistério oculto feito visível, porém esse mistério de Cristo se realiza na Igreja, o sacramento primordial de onde nascem os sacramentos cristãos.

Esta celebração pode ser desenvolvida pela Igreja de múltiplas maneiras; entre elas se distinguem três modos principais, três vias de acesso ao mistério de Cristo. Podemos aproximar-nos de Cristo e vivê-lo na Igreja, em primeiro lugar, mediante a *Fé*; pela fé entramos em contato com Cristo e desse modo se origina e nasce a Igreja como comunidade de fé. Em segundo lugar, mediante o *Culto*; a fé conduz à celebração cultual, que é a forma mais plena de participar no mistério de Cristo: dela nasce a Igreja como uma comunidade de culto. Finalmente, participamos também no mistério mediante a *Vida*; a fé e o culto nos projetam para viver essa fé e esse culto no viver humano; daqui se origina a Igreja como uma comunidade de Caridade.

Esta divisão do viver cristão está baseada no tríplice aspecto da personalidade de Cristo: Profeta, Sacerdote e Rei, que por sua vez compendia e resume perfeitamente as três grandes instituições do povo de Israel, profetismo, sacerdócio e realeza. Está baseada também na compreensão de Igreja como comunidade de fé, de culto e de caridade, tal como aparece nos documentos do Concílio Vaticano II, e, de modo especial, nas constituições sobre a Igreja e sobre a Liturgia.

Convém advertir que essas três formas não são independentes. A fé dá sentido ao culto e faz que os sacramentos sejam "sacramentos da fé"; entra também na vida para orientá-la segundo o projeto salvífico de Deus. No culto se atualiza tanto a fé como a vida, enquanto que é ápice e fonte de toda a vida cristã. Por sua vez, a vida cristã é um viver na fé e em coerência com a celebração dessa fé.

Tratando de assinalar o lugar que corresponde ao "quefazer" moral cristão nessa tríplice divisão, teríamos de dizer que lhe toca em sorte situar-se no último momento: depois da fé e da celebração viria o "quefazer" moral cristão. Contudo, não convém exagerar este esquematismo, O "quefazer" moral não se limita a um momento, mas penetra tudo o que é o viver cristão. Deve-se vê-lo em relação indissolúvel com a fé e com a celebração.

Ao relacionar a moral com a celebração convém ter em conta o princípio formulado pelo Concílio Vaticano II, quando afirma que "a liturgia é o ápice ao qual tende a ação da Igreja e, ao mesmo tempo, a fonte de onde emana toda a sua força"[24]. A liturgia é também para a vida moral cristã seu "ápice" e sua "fonte"; a ela deve tender toda a vida moral e dela deve derivar.

Desde essas perspectivas alcança novas dimensões o comportamento moral cristão. A moral cristã é uma moral baseada nos "mistérios de Cris-

---

24. *Sacrosanctum Concilium*, 10.

to"[25], e de modo especial no mistério Pascal[26]. O compromisso moral do fiel tem uma dimensão *cultual*[27]. Esse significado cultual de todo comportamento cristão enraíza-se na articulação entre vida moral e *liturgia*[28].

A dimensão mistérico-litúrgica proporciona à moral cristã um espírito e uns traços que aprofundam a dimensão eclesial, que é analisada detidamente na segunda parte (segunda seção) dessa obra. São eles:

— *A marca comunitária:* se a celebração é eclesial, também a moral há de colocar-se como um "quefazer" da comunidade cristã.

— *O caráter cristológico:* a celebração tem significado pela presença de Cristo nela; o "quefazer" moral cristão, se quiser ser autêntico, deve tender à identificação com Cristo, a tornar presente a Cristo na própria existência.

— *A origem trinitária:* na liturgia, celebra-se a iniciativa do Pai de nos salvar por Cristo mediante a força do Espírito Santo; essa estrutura trinitária está também na origem da moral cristã.

2) Aplicações práticas

Uma vez analisados o fundamento e o significado da dimensão mistérico-litúrgica da moral cristã, convém assinalar algumas implicações que se deduzem desse traço próprio do comportamento moral do fiel.

É necessário voltar às *fontes litúrgicas* da moral cristã[29]. Nos textos litúrgicos encontra-se não só o espírito geral da moral cristã, mas também conteúdos valiosos para orientar o comportamento ético dos fiéis.

---

25. A. DANET, *La morale chrétienne, morale des Mystères du Christ* (Lille, 1961).
26. T. GOFFI, *Morale Pasquale* (Brescia, 1968).
27. R. CORRIVEAU, *La auténtica religión*: VÁRIOS, Estudios de moral bíblica (Madri, 1969) 123-141; B. GOYA, *El carácter cultual de la vida moral* (Roma, 1988).
28. B. HÄRING, *Rapporti tra teologia morale e liturgia*: Rivista Liturgica (1971) 212-219; VÁRIOS, *Focus on Liturgy and Ethics*: Journal of Religious Ethics 72 (1979) n. 2; VÁRIOS, *Liturgie, éthique et peuple de Dieu* (Roma, 1991); X. THÉVENOT, *Liturgie et morale*: Études 357 (1982) 829-844; ID., *Liturgie, morale et sanctification*: La Maison-Dieu 201 (1995) 105-118.
29. Ph. J. ROSATO, *Linee fondamentali per una teologia etica del culto*: T. GOFFI - G. PIANA (a cargo de), Corso di Morale, V (Brescia, 1986) 11-70; D. E. SALIERS, *Liturgy and Ethics: Some New Beginnings*: R. P. HAMEL - K. R. HIMES (ed.), Introduction to Christian Ethics (Nova York, 1989) 175-186; E. LODI, *L'idéal éthique dans les sources des Sacramentaires du Missel Romain*: VÁRIOS, Liturgie, éthique et peuple de Dieu (Roma, 1991) 191-218; P. BUSQUETS, *Reflexions sobre la Moral. Temes de Moral Fundamental* (Barcelona, 1994) 291-300 ("Ética, fe i culte"); Phase 35 (1995) n. 209: "Vida moral y liturgia".

O tratamento dos *Sacramentos*[30] na Teologia moral não deve ser colocado desde uma perspectiva obrigacionista, como se constituíssem um campo especial de exigências morais. Mais que como conteúdos morais especiais, os Sacramentos devem ser compreendidos como o âmbito cultual que proporciona a plenitude religiosa ao compromisso moral intramundano. Esta é a orientação marcada, faz muitos anos, por B. Häring: "A maneira mais eficaz que a Teologia moral tem de destacar a importância dos sacramentos não consiste em lhes dedicar um extenso tratado cheio de regras particulares. Exagerando um pouco as coisas, poder-se-ia afirmar que a melhor Teologia moral sacramental é aquela que não contém nenhum tratado especial sobre os deveres sacramentais, mas que em todos os tratados destaca o caráter sacramental da vida cristã. As leis positivas que regulam os sacramentos pertencem propriamente ao Direito canônico, à liturgia e às rubricas"[31]. Em suas aulas, Häring lamentava que "os sacramentos tinham se convertido em objetos da Moral e não em seu manancial"[32].

Todos os Sacramentos proporcionam a estrutura sacramental à existência moral cristã. Todos eles servem para educar o sentido moral e, mais concretamente, o *sentido da justiça*, segundo assinala o Sínodo dos Bispos de 1971: "A liturgia, como coração da vida da Igreja e à qual nós presidimos, pode servir de grande ajuda à educação para a justiça. Ela é, de fato, uma ação de graças a Deus Pai em Cristo, que nos põe diante dos olhos, com sua ação comunitária, os vínculos de nossa fraternidade, e nos recorda incessantemente a missão da Igreja. A liturgia da palavra, a catequese, a celebração dos sacramentos têm tal força que nos ajudam a encontrar a doutrina dos profetas, do Senhor e dos apóstolos sobre a justiça. A preparação para o batismo é o começo da formação da consciência moral. A prática da penitência deve tornar evidente a dimensão social do pecado e do sacramento. A eucaristia, finalmente, constitui a comunidade e a põe a serviço dos homens"[33].

---

30. F. LAMBRUSCHINI, *I Sacramenti nella Teologia Morale e nella vita cristiana* (Roma, 1964); T. F. SEDGWICK, *Sacramental Ethics. Paschal Identity and the Christian Life* (Filadélfia, 1965); VÁRIOS, *Teaching the sacraments and morality* (Chicago, 1965); B. HÄRING, *Morale e Sacramenti* (Roma, 1971); G. VAHANIAN, *Pour une éthique des sacrements*: Recherches de Science Religieuse 75 (1987) 277-292; H. WEBER, *Menschliche Moral und christliches Sakrament*: VÁRIOS, Anspruch der Wirklichkeit und christlicher Glaube (Düsseldorf, 1980) 248-269; M. PURCELL, *The Ethical Signification of the Sacraments*: Gregorianum 79 (1988) 323-343; M. LÖHRER (a cura di), *Sacramenti ed Etica* (Roma, 1993); B. PETRÀ, *Sacramenti ed etica. L'Occidente incontro all'Oriente*: Seminarium 36 (1996) 234-244.
31. B. HÄRING, *A Lei de Cristo* (São Paulo, 1960).
32. J. R. FLECHA, *Bernhard Häring, un moralista sensible a la pastoral*: Ecclesia nn. 2. 905/06 (8 e 15/VIII/1998) 6.
33. SÍNODO DE OBISPOS 1971, *La Justicia en el mundo*: Documentos (Salamanca, 1972) 74-75.

Entre os Sacramentos que têm uma particular relevância para a moral cristã convém destacar os da Iniciação cristã, e de maneira particular o Batismo e a Eucaristia. O *Batismo* é o sacramento da "nova criação". Dele brota a "vida nova", uma de cujas manifestações é a moral cristã [34]. As cartas de Paulo aos Gálatas e aos Romanos constituem a melhor explicitação da moral que surge do Batismo. "Fomos sepultados com Cristo pelo batismo na morte, a fim de que como Cristo ressuscitou dentre os mortos por meio da glória do Pai, assim também vivamos nós uma vida nova" (Rm 6,4). "A lei do espírito que dá a vida em Cristo Jesus te libertou da lei do pecado e da morte" (Rm 8,2). "Se vivemos pelo Espírito, sigamos também o Espírito" (Gl 5,25). O Batismo é o sinal do Indicativo da graça; dele também brota a conseqüência do Imperativo ético cristão.

A *Eucaristia* é o coração da Igreja. Por isso mesmo, a moral cristã é uma "ética eucarística" [35]. A reflexão teológico-moral atual é sensível a este traço da moral cristã [36]. Da eucaristia brota a moral da solidariedade agápica: o ethos da inclusão/integração frente aos mecanismos perversos da exclusão/segregação; o ethos do compartir que vence as tendências do egoísmo humano; o ethos da solidariedade nutrida de caridade. Apresento as conseqüências morais que F.-X. Durrwell deduz da Eucaristia [37]:

> — A Eucaristia "demonstra que existe uma moral cristã específica". Porque não existe outro grupo humano que se constitua pela comunhão do corpo e do sangue de Cristo e cuja vida tenha de ser uma espécie de celebração eucarística.
> — "A lei de comunhão que rege a celebração e a teologia da Eucaristia constitui igualmente o fundamento da moral."
> A pessoa se realiza deixando-se transformar, o mesmo que ocorre com o pão eucarístico.

---

34. *Veritatis splendor*, 21; *Tertio millennio adveniente*, 41. Cf. E. PAVLIDOU, *La vita nuova in Cristo. Spiritualità e dimensione morale del battesimo*: Ricerche Teologiche 1 (1993) 138-141.
35. Cf. *Veritatis splendor*, 21.
36. A. H. C. VAN EIJK, *Ethics and the Eucharist*: Bijdragen 55 (1994) 350-375; L. GONZÁLEZ-CARVAJAL, *Eucaristía y solidaridad*: VÁRIOS, Eucaristía y evangelización (Madri, 1994) 205-224; B. PETRÀ, *"Per voi". Riflessioni sul rapporto tra Eucaristia e morale cristiana*: Ricerche Teologiche 6 (1995) 131-144; C. ZUCCARO, *L'Eucaristia, un essere per gli altri. Alcune provocazioni morali*: Ibid., 145-152; R. TREMBLAY, *L'Eucharistie et le fondement christologique de la morale chrétienne*: Studia Moralia 33 (1995) 57-85; R. ALTOBELLI, *Il mistero del sangue di Cristo e la teologia morale*: Rivista di Teologia Morale 27 (1995) 411-419.
37. F.-X. DURRWELL, *La Eucaristía. Sacramento Pascual* (Salamanca, 1982) 182-185.

— A Eucaristia é um alimento que faz viver na morte a si mesmo; a comunhão é sacrificial. "Do mesmo modo, a moral cristã é uma lei de ressurreição na morte".

— A Eucaristia é banquete fraternal e reunião de todos num só corpo; "diz-nos que a lei primeira é a caridade, fora da qual nada é eucarístico, nada é cristão".

— A Eucaristia é ela mesma um banquete; a moral cristã é festiva, é uma "moral da bem-aventurança".

— A Eucaristia "oferece a imagem de uma moral aberta, cujas exigências são ilimitadas", já que jamais a morte de Cristo poderá ser vivida por inteiro por quem celebra a Eucaristia.

— "Contudo, o cristão não está por isso condenado a um esforço tenso e desesperado; sua moral é a da acolhida, a do dom recebido. O fim está já dado desde o princípio, sem cessar e gratuitamente. Sentado à mesa escatológica, a função do cristão consiste em comungar".

2. Dimensão escatológica

A existência cristã realiza-se no tempo, porém, com um significado que transcende a temporalidade. O evento de Cristo tem uma "natureza escatológica".[38] Na Igreja se dá uma misteriosa "compenetração da cidade terrena e celeste".[39] O que busca a Igreja cem sua relação com o mundo é tornar presente o Reino de Deus (escatologia) na história humana (temporalidade): "A Igreja, ao ajudar o mundo e ao receber muito dele, pretende uma só coisa: que venha o Reino de Deus e se instaure a salvação de todo o gênero humano".[40]

A dimensão escatológica da moral cristã[41] provém da situação peculiar na qual vive o fiel seu projeto histórico.[42] O compromisso moral do cristão está condicionado por sua compreensão do tempo como *história de salvação*. O cristão é um ser que vive a tensão temporal — passado, presente, futuro — de um modo peculiar. Por sua fé, o cristão em seu presente é um "contempo-

---

38. *Donum veritatis*, 15.
39. *Gaudium et spes*, 40.
40. *Ibid.*, 45.
41. Cf. A. MORETI, *L'eschatologie dans la théologie catholique. Son importance pour la théologie morale*: Studia Moralia 8 (1972) 271-317.
42. Cf. M. VIDAL, *Moral de Atitudes. I. Moral Fundamental* (Aparecida, São Paulo, 2000[5]) 312-320 ("O tempo: A temporalidade como constitutivo do agir moral").

râneo" de Cristo e ao mesmo tempo se abre a horizontes escatológicos. Seu comportamento moral é uma decisão presente (*kairós*) que atualiza um fato fundante normativo (*cryterion*) e se projeta para um ideal utópico (*ésjaton*).

A vida ética do cristão se decide neste "tempo intermédio", na tensão do "já, porém, todavia não". Cullman qualificou do seguinte modo a moral própria do cristão que vive na tensão escatológica: "a situação do período presente, que qualificamos como tempo intermédio, faz que os primeiros cristãos não estabeleçam leis morais *novas*, senão que, em qualquer momento do período presente, é a situação concreta a que determina a decisão; e isto, fundando-se no conhecimento que tem do acontecimento central da soberania atual de Cristo e da finalidade para a qual tende a história da salvação. O fiel sabe que caminha atualmente entre a ressurreição de Cristo e a parusia, entre o cumprimento que já teve lugar e põe fim a todos os imperativos, e ao acontecimento que todavia não aconteceu"[43].

A ponderação da densidade ético-religiosa que reveste cada acontecimento dentro da história de salvação é o que determina o juízo de um fiel. Por isso mesmo ao cristão se lhe pede, antes de tudo, que saiba discernir. O discernimento é a faculdade valorativa do *kairós*. Porém, esse discernimento não é obra exclusiva do homem; o cristão se sente ajudado pelo Espírito. Sendo o "discernir" a palavra chave da moral do Novo Testamento[44], o cristão se rege pela moral dos *sinais dos tempos*[45].

A dimensão escatológica da moral cristã não supõe a evasão dos compromissos com o mundo. A Doutrina social da Igreja é uma réplica contundente a essa possível objeção. Como disse Pio XI, "a espera de uma terra nova não deve debilitar, mas antes avivar a preocupação de cultivar esta terra, onde cresce aquele corpo da nova família humana, que pode oferecer já um certo esboço do século futuro. Por isso, ainda que tenha de distinguir cuidadosamente o progresso terreno do crescimento do Reino de Cristo, contudo, o primeiro, na medida em que pode contribuir para ordenar a sociedade humana, interessa muito ao Reino de Deus"[46]. O Concílio Vaticano II, falando de "terra nova e do céu novo"[47], se faz eco da

---

43. O. CULLMAN, *Cristo y el tiempo* (Barcelona, 1967) 199-200. Cf. VÁRIOS, *Heilsgeschichte und ethische Normen* (Friburgo, 1984).
44. O. CULLMAN, o. c., 202; C. SPICQ, *Teología moral del Nuevo Testamento*, I (Pamplona, 1970) nota 178.
45. Cf. *Gaudium et spes*, 4.
46. PIO XI, *Quadragesimo anno*: AAS 23 (1931) 207.
47. *Gaudium et spes*, 39. Ver a exposição da escatologia de *Gaudium et spes*, em: L. F. LADARIA, *Fin del hombre y fin de los tiempos*: B. SESBOÜÉ (Dir.), Historia de los Dogmas, II (Salamanca, 1996) 352-354.

afirmação de Pio XI e volta a repetir a mesma doutrina: não se pode identificar o progresso temporal com o Reino de Deus, porém, tampouco se podem separar totalmente essas duas realidades. João Paulo II insistiu sobre o mesmo aspecto: "A tensão para o acontecimento (escatológico) deve-se vivê-la com serena esperança, comprometendo-se no tempo presente na construção do reino que ao final Cristo entregará ao Pai (1Cor 15,24)"[48].

Por razão de sua estrutura escatológica, a consciência moral cristã se abre ao espaço da utopia[49]. "O mundo está em devir. E a criação é normativa não tanto pelo que é como pelo que convida e está chamada a ser (...). A consciência é então perspectiva e se coloca na linha utópica da itinerância exodal"[50].

No seguinte texto da Comissão Episcopal para a Doutrina da Fé (Espanha) podem-se resumir as implicações da condição escatológica da moral cristã: "A conexão indissolúvel entre escatologia e ética, entre finalidade última e razão do ser e do dever ser da vida humana, está abundantemente testemunhada no Novo Testamento (cf. 1Cor 7,29ss.; Fl 3,13ss.; 1Pd 4,7ss.; 2Pd 3,11ss.) e na tradição patrística e teológica. Não pode ser de outro modo: quem não vive escravo da morte, porque sua vida goza de uma dimensão de eternidade, é capaz de empenhar a existência confiado no futuro, pois sabe que 'nem a morte nem a vida (...) nem criatura alguma poderá separar-nos do amor de Deus manifestado em Cristo Jesus, Senhor nosso' (Rm 8,38-39). Com sua esperança escatológica, o cristão está habilitado para perceber os valores morais no horizonte de ultimidade: é capaz de ir fazendo entrega diária de sua vida ao serviço desses valores, sem excluir nem sequer uma entrega até o sangue, martirial. E o faz cheio de profundo gozo, assumindo as variadas experiências de êxito e de fracasso nos quais se vai tecendo seu processo de conformação com Cristo; sendo consciente de que, igual a seu Senhor crucificado, não lhe serão poupados nem o sofrimento nem as negatividades da existência. Não professa, por isso, nenhum otimismo histórico vazio, pois conhece as limitações de todo projeto intramundano. Porém, está também muito longe de ignorar que esta nossa história é o crisol na qual se forja um destino eterno; no meio de seus lados obscuros e ingratos, a realidade se lhe ofe-

---

48. JOÃO PAULO II, *Catequese da quarta-feira 26 de maio de 1999* ("A humanidade caminha para o Pai"): Ecclesia n. 2. 954 (17 de julho de 1999) 18.
49. Ver as acertadas e originais reflexões de J. R. FLECHA, *Teología moral fundamental* (Madri, 1994) 294-296.
50. *Ibid.*, 295.

rece como digna de crédito não precisamente em virtude dos meros poderes humanos, mas do Amor providente, criador, redentor e consumador desse mundo"[51].

IV. VIDA MORAL E EXPERIÊNCIA TEOLOGAL

Nesta seção pretende-se introduzir a vida moral no conjunto da experiência cristã. Nas seções precedentes analisou-se a articulação da moral dentro do significado total da Fé: em primeiro lugar, num sentido geral; em seguida, sinalizando as dimensões "teológicas" que adquire o comportamento moral ao situá-lo no contexto cristão. Agora damos um passo para a frente e tratamos de analisar a articulação da vida moral dentro da experiência teologal.

Entendo por *experiência teologal* a vivência que cada fiel e a comunidade eclesial do universo têm da Fé. Poderíamos dizer que "experiência", ou "existência", ou "vida" teologal, é o cristianismo enquanto se faz realidade vivida e experimentada na existência concreta dos cristãos.

É fácil compreender que a moral cristã faz parte da vida teologal. É uma afirmação óbvia. Contudo, apesar disso, às vezes não ela não é tida em conta suficientemente. Daí que seja conveniente insistir sobre isso, aludindo à identidade substancial que existe entre vida teologal e vida moral.

1. A vocação à santidade

O Concílio Vaticano II formulou no capítulo 5 da constituição *Lumen gentium* um princípio decisivo para a colocação da moral cristã: existe um mesmo e único conteúdo para realizar em plenitude a vida cristã. O Concílio começa afirmando a chamada universal à santidade dentro do Povo de Deus: "Todos na Igreja, pertençam à Hierarquia ou sejam regidos por ela, são chamados à santidade" (n. 39). Esta santidade não é outra coisa que "a plenitude da vida cristã e a perfeição do amor" (n. 40). Por outro lado, nesse objetivo não existe diversidade nem diferença entre os fiéis: "Nos diversos gêneros de vida e ocupação, todos cultivam a mesma santidade" (n. 41).

---

51. COMISSÃO EPISCOPAL PARA A DOUTRINA DA FÉ, *Esperamos a Ressurreição e a vida eterna*: Ecclesia n. 2. 766 (9/XII/1995) 17.

O Concílio concretiza a única perfeição cristã numa proposta que é ao mesmo tempo o conteúdo da moral: "Para alcançar essa perfeição, os fiéis devem empregar suas forças, segundo a medida do dom de Cristo, para se entregar totalmente à glória de Deus e ao serviço do próximo. Eles o farão seguindo as pegadas de Cristo, tornando-se conformes à sua imagem e sendo obedientes em tudo à vontade do Pai. Dessa maneira, a santidade do Povo de Deus produzirá frutos abundantes, como o mostra claramente na história da Igreja a vida dos santos" (n. 40).

A meta da santidade identifica-se com a *perfeição* cristã e as duas não são outra coisa que a resposta à *vocação* cristã. É a vocação cristã uma das categorias básicas da vida moral do fiel[52]. O Vaticano II articulou em torno dela — em torno da "vocação em Cristo" — o programa de renovação da teologia moral[53].

Nesse contexto encontramos a convergência substancial entre a espiritualidade e a moral. Uma e outra nascem da mesma fonte que é a "vida nova" em Cristo e as duas realizam o desígnio de salvação de Deus sobre a história. Na "vida nova" a espiritualidade se faz compromisso ético e a moral se nutre da experiência espiritual, como foi expresso por João Paulo II na encíclica *Redemptor hominis*[54].

Desde essas afirmações compreende-se melhor a falta de fundamento teológico ao querer distinguir a espiritualidade da moral dizendo que a primeira se refere aos "conselhos" e a segunda aos "preceitos". Na encíclica *Veritatis splendor* se sublinha que a "vocação ao amor perfeito não está reservada de modo exclusivo a uma elite de pessoas... Os mandamentos e o convite de Jesus ao jovem rico estão a serviço de uma única e indivisível caridade, que espontaneamente tende à perfeição"[55]. A "distinção tradicional" entre mandamentos e conselhos deve ser interpretada não como dois "caminhos" para chegar à única meta da perfeição na caridade: "A distinção tradicional entre mandamentos de Deus e conselhos evangélicos se estabelece por relação à caridade, perfeição da vida cristã. Os preceitos estão destinados a separar o que é incompatível com a caridade. Os conselhos têm por fim separar o que, inclusive sem ser contrário, pode constituir um impedimento ao desenvolvimento da caridade (cf. Tomás de Aquino, S. The. 2-2, 184, 3)"[56].

---

52. Cf. B. FRALING, *La vocación como categoría ética fundamental. Interpelación del II Concilio Vaticano a la Teología Moral actual*: Salmanticensis 35 (1988) 285-299.
53. *Optatam totius*, 16.
54. *Redemptor hominis*, 18.
55. *Veritatis splendor*, 18.
56. *Catecismo da Igreja Católica*, n. 1973.

Sendo a perfeição a meta da vida cristã, não está fora do horizonte da vida moral a união íntima com Cristo que chamamos "união mística". A ética cristã não deve ser desvinculada da experiência mística. O *Catecismo da Igreja Católica* traz esta orientação, no contexto da exposição sobre a moral cristã: "O progresso espiritual tende para a união cada vez mais íntima com Cristo. Essa união se chama 'mística', porque participa do mistério de Cristo mediante os sacramentos — 'os santos mistérios' — e, Nele, no mistério da Santíssima Trindade. Deus nos chama a todos para essa união íntima com Ele, ainda que as graças especiais, os sinais extraordinários dessa vida mística sejam concedidos somente a alguns para manifestar assim o dom gratuito feito a todos"[57].

2. A justificação e o dinamismo da Graça

A moral cristã se concretiza na opção fundamental de seguir a Cristo no Espírito e assim realizar o plano de Salvação de Deus Pai. O leito pelo qual corre essa "vida nova" é o da *vida da graça*.

A vida da graça exige a transformação prévia do sujeito mediante a *justificação*[58]. O *Catecismo da Igreja Católica* coloca a realidade da justificação dentro dos fundamentos do agir moral cristão[59]. É ao Espírito Santo a quem se atribui "o poder de nos santificar, isto é, de nos lavar de nossos pecados e de nos comunicar 'a justiça de Deus pela fé em Jesus Cristo' (Rm 3,22) e pelo Batismo (cf. Rm 6,3-4)"[60]. Mediante a justificação, "a obra mais excelente do amor de Deus"[61], surge o sujeito do agir moral cristão: "fazendo nascer o 'homem interior' (Rm 7,22; Ef 3,16), a justificação implica a *santificação* de todo o ser"[62].

Essa fundamentação do comportamento moral na justificação oferece uma plataforma comum para a colocação de uma ética ecumênica[63],

---

57. *Ibid.*, n. 2014.
58. Cf. G. ANCONA (a cargo de), *La giustificazione* (Pádua, 1997); J. M. GALVÁN (a cargo de), *Giustificazione in Cristo* (Vaticano, 1997); E. SCOGNAMIGLIO, *La giustificazione. Rifflesioni in margine a un tema d'interesse ecumenico*: Asprenas 46 (1999) 59-74.
59. *Catecismo da Igreja Católica*, nn. 1987-1995.
60. *Ibid.*, n. 1987. Sobre a ação do Espírito na obra da justificação insistem os nn. 1988, 1989, 1994, 1995.
61. *Ibid.*, n. 1994.
62. *Ibid.*, n. 1995.
63. B. PETRÀ, *Il dialogo etico interconfessionale. Considerazioni e prospettive*: Studia Moralia 34 (1996) 295-321; P. PIVA, *L'evento della salvezza fondamento dell'etica ecumenica* (Pádua, 1997); P. CARLOTTI, *Il dialogo delle coscienze: teologia morale e teologia ecumenica*: Salesianum, 59 (1997) 289-314

tanto entre anglicanos e católicos[64] como, sobretudo, entre católicos e luteranos[65].

À justificação corresponde a vida da graça. O *Catecismo da Igreja Católica* pede que a catequese sobre a "vida nova" em Cristo, na qual consiste a moral cristã, seja *"uma catequese da graça,* pois pela graça somos salvos, e também pela graça nossas obras podem dar fruto para a vida eterna"[66]. De fato, o mesmo *Catecismo* introduz a realidade da graça entre as categorias fundamentais da vida moral cristã[67].

Essa foi também a opção de Santo Tomás[68], abandonada mais tarde na etapa da moral casuísta. Na reflexão teológico-moral atual há uma tendência a redescobrir a função da graça na moral e ver nela a ponte de articulação entre o "moral" e o "teologal"[69]. Segundo S. Pinckaers, a partir da encíclica *Veritatis splendor* "já não se pode ensinar moral sem falar da graça e sem reservar-lhe um bom lugar"[70].

A moral não é outra coisa que a práxis coerente com a vida da graça. No dinamismo moral da graça se realiza a dimensão histórica da vida trinitária em nós. "*A graça é uma participação na vida de Deus.* Introduz-nos na intimidade da vida trinitária: pelo Batismo o cristão participa da graça de Cristo, Cabeça do Corpo. Como 'filho adotivo' pode agora chamar 'Pai' a Deus, em união com o Filho único. Recebe a vida do Espírito que lhe infunde a caridade e que forma a Igreja"[71].

A graça vem a ser a verificação em nós do Mistério trinitário. Por isso mesmo as referências trinitárias da moral cristã, expostas em vários capítulos desta parte, encontram seu caminho adequado no dinamismo moral da graça.

Além disso, mediante a presença (*inabitação*) da Trindade, a pessoa

---

64. COMISSÃO INTERNACIONAL ANGLICANO/CATÓLICA, *Vida en Cristo: Moral, comunión e Iglesia*: Diálogo Ecuménico 32 (1997) 71-116.
65. *Declaración sobre la Justificación.* Declaración conjunta del Pontificio Consejo para la Promoción de la Unidad de los Cristianos y la Federación Luterana Mundial (1997): Ecclesia n. 2. 902 (18 de julho de 1998) 26-38.
66. *Catecismo da Igreja Católica,* n. 1697.
67. *Ibid.,* nn. 1996-2005.
68. I-II, qq. 109-114. Para as questões históricas e controvertidas do tratado tomista sobre a graça, cf. R. HERNÁNDEZ, *Tratado de la Gracia*: SANTO TOMÁS DE AQUINO, Suma de Teologia. Edição dirigida pelos Regentes de Estudos das Províncias Dominicanas da Espanha, II (Madri, 1989) 901-973.
69. Cf. I. CHAREIRE, *Éthique et grâce. Contribution à une anthropologie chrétienne* (Paris, 1998); nas pp. 225-253 fala da graça como de uma "heteronomia libertadora".
70. S. PINCKAERS, *La Ley nueva, en la cima de la moral cristiana*: G. DEL POZO (Dir.), Comentários à "Veritatis splendor" (Madri, 1994) 494.
71. *Catecismo da Igreja Católica,* n. 1997.

fica transformada ("divinizada")[72], já que, na linguagem de Santo Tomás, a graça faz que "o homem na essência da alma participe, segundo certa semelhança, da natureza divina mediante uma espécie de geração ou de criação novas"[73].

À transformação interior produzida pela graça corresponde um atuar também "novo". Pode-se falar, portanto, de uma moral da *divinização*[74] e de uma moral da *graça*[75].

O dinamismo da graça, apoiado sobre a estrutura pneumática da existência cristã, tem muitíssimas e variadas vias de expressão. Santo Tomás as esquematizou em torno de três núcleos:

— as virtudes teologais (I-II, q. 62);
— as virtudes morais infusas (I-II, q. 63);
— os dons (bem-aventuranças e frutos) do Espírito Santo (I-II, 68-70).

Numa seção seguinte se colocará em relevo a importância das virtudes teologais. As virtudes morais infusas expressam a plenitude teologal da vida moral cristã. Diremos, em seguida, uma palavra sobre os dons.

3. Os dons do Espírito Santo

O *dons,* as *bem-aventuranças* e os *frutos* do Espírito Santo são categorias teológicas que, baseando-se em textos bíblicos (dons: Is 11,1-2; frutos: Gl 5,22-23, vulg.; bem-aventuranças: Mt 5,3-10) pretendem expressar a ação especial do Espírito Santo no fiel, levando à plenitude da vida cristã[76].

A trilogia teológica de dons, bem-aventuranças e frutos tem sua origem em Santo Agostinho, que viu no capítulo 5 de Mateus (ao qual juntou o c. 11 de Isaías na tradução dos LXX e o texto de Gl 5,22-23 segundo a

---

72. J. H. NICOLAS, *Grâce et divinisation*: VÁRIOS, La teologia morale nella storia e nella problematica attuale (Milão, 1982) 35-62.
73. I-II, q. 110, a. 4.
74. J. F. MÉLANÇON, *La divinisation du croyant, axe de la morale chrétienne* (Roma, 1995).
75. J. G. ZIEGLER, *Lebensgestaltung in Christus -in uns und mit uns. Begründung und Grundiss einer Gnadenmoral*: Münchener Theologische Zeitschrift 35 (1984) 161-181 (também em: Studia Moralia 24 (1986) 41-71; Trierer Theologische Zeitschrift 92 (1983) 12-13; Theologie und Glaube 74 (1984) 282-299).
76. Ver o estudo de G. KOSTKO, *Doni dello Spirito Santo e vita morale* (Roma, 1997).

tradução da vulgata) a expressão da perfeição cristã [77]. Pelos estudos históricos (sobretudo de O. Lottin) sabemos que o tema teve um desenvolvimento exuberante porém com pouca claridade sistemática na alta Idade Média. Santo Tomás soube introduzir claridade conceitual nas três categorias e conseguiu articulá-las no conjunto da síntese teológico-moral [78].

Para Santo Tomás "os dons do Espírito Santo são hábitos operativos, essencialmente sobrenaturais e distintos das virtudes; as bem-aventuranças são atos dos dons; os frutos do Espírito Santo são produtos dos dons e das virtudes sob a ação do Espírito Santo, percebidos e experimentados pelo justo"[79]. Essa trilogia de categorias representa, na síntese do organismo moral tomista, "não só o coroamento dos hábitos virtuosos mas também a culminação da vida moral"[80]. Os dons do Espírito Santo "são aperfeiçoamentos habituais das potências da alma mediante os quais se tornam flexíveis à moção do Espírito Santo"[81].

No capítulo quinto desta parte assinalei que a compreensão tomista da moral cristã tem uma *estrutura pneumática*: é a moção do Espírito quem sustenta a trajetória do cristão para a meta da Bem-aventurança. Essa atuação do Espírito tem lugar elevando a capacidade humana mediante as virtudes teologais e as virtudes morais infusas, elevação que chega à sua plenitude mediante os dons do Espírito Santo. Nos dons a moção do Espírito atua com a máxima facilidade e conaturalidade: "a modo de instinto", gosta de dizer Santo Tomás [82].

---

77. S. PINCKAERS, *Le commentaire du Sermon sur la Montagne par S. Augustin et la morale de S. Thomas*: VÁRIOS, La teologia morale nella storia e nella problematica attuale (Milão, 1982) 105-126.
78. M. LLAMERA, *Unidad de la teología de los dones según Santo Tomás*: Revista Española de Teología 15 (1955) 3-66; 217-270; J. M. MUÑOZ CUENCA, *Doctrina de Santo Tomás sobre los dones del Espíritu Santo en la Suma Teológica*: Ephemerides Carmelitanae 25 (1974) 157-243.
79. V. RODRÍGUEZ, *Tratado de los dones del Espíritu Santo*: SANTO TOMÁS DE AQUINO, Suma de Teologia. Edição dirigida pelos Regentes de Estudos das Províncias Dominicanas da Espanha, II (Madri, 1989) 509.
80. G. KOSTKO, *o. c.*, 42.
81. II-II, q. 19, a. 9: "Dona Spiritus Sancti sunt quaedam habituales perfectiones potentiarum animae quibus redduntur bene mobiles a Sancto Spiritu".
82. I-II, q. 68, a. 1: "per instinctum divinum"; I-II, q. 68, a. 2: "instinctus et motio Spiritus Sancti"; I-II, q. 68, a. 2 ad 2: "quodam superiori instinctu Spiritus Sancti"; I-II, q. 68, a. 2 ad 3: "sequentes instinctum ipsius". Sobre a realidade (¿natural? ¿sobrenatural?) desse "instinto" no pensamento de Santo Tomás, cf. M. SECKLER, *Instinkt und Glaubenswille nach Thomas von Aquin* (Mainz, 1962). Sobre a atuação do Espírito Santo "a modo de instinto", cf. S. PINCKAERS, *L'instinct et l'Esprit au coeur de l´'ethique chrétienne*: C. J. PINTO DE OLIVEIRA (Ed.), Novitas et veritas vitae (Friburgo, Suíça, 1991) 213-223; ID., *La vita spirituale del cristiano secondo san Paolo e san Tommaso d'Aquino* (Milão, 1996) 203-204.

A partir desses dados compreende-se que os dons do Espírito Santo entram na estrutura substancial do sistema moral tomista [83]. Não somente os coloca como uma das grandes categorias da moral geral [84], mas além disso cada virtude concreta faz acompanhar um dom correspondente [85].

A moral tomista oferece um profundo e amplo quadro teológico da vida do fiel na qual o dinamismo divino se move com facilidade e com grande funcionalidade. A atuação divina alcança sua plenitude mediante a presença ativa do Espírito Santo através de seus dons (bem-aventuranças e frutos). Porém, convém ter em conta que essa atuação do Espírito não suprime a condição livre da pessoa mas antes a fortalece e a eleva. Ao ser movida pelo Espírito, a pessoa não perde a condição antropológica que Santo Tomás lhe assinalou no prólogo à parte moral da Suma Teológica: tudo acontece no homem que é "princípio de suas próprias ações por ter livre-arbítrio e domínio de seus atos" [86].

Não faltaram continuadores da doutrina tomista sobre os dons do Espírito. Deve-se destacar o clássico comentário de João de Santo Tomás [87], ao qual se deve acrescentar estudos mais recentes [88]. Contudo, não foi um tema que tenha condicionado as colocações e os esquemas da moral católica durante os últimos séculos. Nem sequer teve muito êxito nos tratados de Teologia espiritual.

Na atualidade se redescobriu a importância dos dons (bem-aventuranças e frutos) do Espírito Santo para a compreensão do agir moral cristão [89]. Para S. Pinckaers a orientação evangélica e patrística da moral cristã tem sua continuidade na moral das virtudes e dos dons: "Ao nosso modo de ver, a linha mais frutífera se acha numa moral das virtudes e dos dons do Espírito Santo conforme o modelo proposto por Santo Tomás, sempre que façamos valer plenamente todos os elementos evangélicos que sua doutrina contém" [90].

---

83. G. KOSTKO, o. c., 143-145.
84. I-II, q. 68.
85. II-II, qq. 8, 9, 19, 45, 52, 121, 139 (cf. 141, a. 1 ad 3).
86. I-II, pról.
87. JUAN DE SANTO TOMÁS, Los dones del Espíritu Santo (Madri, 1948). Tradução, introdução e notas doutrinais de I. Menéndez Reigada. Cf. J. SESE, Juan de Santo Tomás y su tratado de los dones del Espíritu Santo: Angelicum 66 (1989) 161-184.
88. Cf., entre outros: J. A. DE ALDAMA, Los dones del Espíritu Santo. Problemas y controversias en la actual teología de los dones: Revista Española de Teología 9 (1949) 3-30; S. M. RAMÍREZ, Los dones del Espíritu Santo (Madri, 1978). Além dos artigos correspondentes nos dicionários: DTC, II, 515-517; IV, 1728-1780; VI, 944-949; DS, III, 1579-1641; Catholicisme, III, 1026-1031.
89. Cf. G. KOSTKO, o. c., 147-148; R. GERARDI, Alla sequela di Gesù. Etica delle beatitudini, doni dello Spirito, virtù (Bologna, 1998).
90. S. PINCKAERS, La ley nueva, en la cima de la moral cristiana: G. DEL POZO (Dir.), Comentarios a la "Veritatis splendor" (Madri, 1994) 494.

O Catecismo da Igreja Católica apresenta a doutrina tradicional dos dons e dos frutos do Espírito dentro da exposição sobre as Virtudes[91]:

— *Dons*: "A vida moral dos cristãos está sustentada pelos dons do Espírito Santo. Estes são disposições permanentes que tornam o homem dócil para seguir os impulsos do Espírito Santo"[92]. São sete os dons do Espírito (cf. Is 11,1-2). "Completam e levam à sua perfeição as virtudes daqueles que os recebem. Tornam os fiéis dóceis para obedecer com prontidão às inspirações divinas"[93].

— *Frutos*: "São perfeições que formam em nós o Espírito Santo como primícias da glória eterna. A tradição da Igreja enumera doze (Gl 5,22-23, vulg.)"[94].

4. As virtudes teologais

As virtudes teologais constituem os dinamismos básicos mediante os quais se realiza (ou melhor, se vai realizando) a opção fundamental da "vida nova" ou vida da graça. São as atitudes básicas da existência cristã e, portanto, também da vida moral cristã: "As virtudes teologais fundam, animam e caracterizam o agir moral do cristão. Informam e vivificam todas as virtudes morais"[95]. Mediante as virtudes teologais, a moral cristã se articula de forma evidente na vida teologal cristã.

As três atitudes da fé, da caridade e da esperança aparecem bem cedo no cristianismo. Em 1Ts 1,3 temos o primeiro testemunho histórico: "Damos graças a Deus sempre por vós, ao fazer memória vossa em nossas orações, recordando sem cessar diante de Deus, nosso Pai, vosso atuar na fé, vosso serviço no amor e vossa constância na esperança em nosso Senhor Jesus Cristo". Sobre a origem e o significado dessa tríade no Novo Testamento, basta citar a afirmação de um estudo recente: "A tríade tradicional '*fé-amor-esperança*' é uma criação cristã, seguindo a tendência geral helenista de catalogar as virtudes ou os vícios; inícios dessa tríade

---

91. *Catecismo da Igreja Católica*, nn. 1830-1832.
92. *Ibid.*, n. 1830.
93. *Ibid.*, n. 1831.
94. *Ibid.*, n. 1832. Cf. a recompilação de artigos de M. LEDRUS, *I frutti dello Spirito. Saggi di "etica evangelica"* (Cinisello Balsamo, 1998).
95. *Catecismo da Igreja Católica*, n. 1813.

figuram já em alguns textos judaicos e helenistas; nos textos cristãos aparece com uma grande variedade na ordem e, inclusive, nos elementos: não se pode falar de uma fórmula totalmente fixa"[96].

As três virtudes teologais foram utilizadas de modos muito diversos tanto na tradição espiritual como na tradição moral[97]. Nem sempre foram entendidas e vividas com a frescura bíblica que brota da graça e com o fundo genuinamente personalista que subjaz na concepDão antropológica. Com muita freqüência foram entendidas e vividas como "hábitos" (para cuja realização se precisa a repetição de muitos atos) e, além disso, hábitos excessivamente intelectualizados (esquecendo os fatores emotivos e vivenciais). Na moral, agravou-se mais ainda essa compreensão negativa das virtudes teologais ao introduzir nelas as preocupações moralizantes: vendo-as como "obrigações", as quais exigem "atos" concretos.

Uma colocação correta da moral exige uma profunda renovação na compreensão e na vivência da tríade da fé, caridade e esperança[98]. Em lugar de "virtudes" poder-se-ia falar de "atitudes" para destacar melhor o entroncamento com a opção fundamental cristã, que é a graça; e, em lugar de "teologais", poder-se-iam denominar "básicas", tratando assim de englobar a base antropológica e a plenitude cristã.

Essa é a perspectiva que adota Juan Alfaro. Por um lado, conecta as chamadas virtudes teologais com a Graça enquanto considera a esta como a Opção fundamental cristã; dessa maneira, as virtudes teologais são compreendidas como "atitudes fundamentais da existência cristã"[99]. Por outro lado, descobre nessas atitudes básicas uma aspiração antropológica realizada e plenificada pela fé cristã: "Pode-se observar que as atitudes que a questão de Deus pede ao homem prefiguram as atitudes fundamentais da existência cristã (fé, esperança, caridade): fundar a existência na Realidade Fundante (fé), abrir-se confiantemente ao Mistério da Graça (esperança), entregar-se ao Amor Originário na práxis do amor do próximo (caridade). A graça de Cristo interpreta e plenifica as dimensões

---

96. S. VIDAL, *Las cartas originales de Pablo* (Madri, 1996) 47.
97. Um estudo minucioso sobre a história do uso teológico das virtudes teologais pode-se ver em: L. PIECHOTA, *Fides - Spes - Caritas. Origine e formulazione della trattazione sulle virtù teologali. Dal secolo I al secolo XV* (Roma, 1995).
98. Cf. M. COZZOLI, *Etica teologale. Fede, Carità, Speranza* (Cinisello Balsamo, 1991); D. MONGILLO, *Virtudes teologales*: VÁRIOS, Nuevo Diccionario de Teología Moral (Madri, 1992) 1894-1921.
99. J. ALFARO, *Cristología y antropología* (Madri, 1973) 469-472. Sobre a "leitura ética" da obra teológica de J. Alfaro, cf. H. M. YÁÑEZ, *Esperanza y solidaridad. Una fundamentación antropológico-teológica de la moral cristiana en la obra de Juan Alfaro* (Madri, 1999); A. GAINO, *Esistenza cristiana. Il pensiero teologico di Juan Alfaro e la sua rilevanza morale* (Roma, 1999).

constitutivas da existência humana: união vital do 'humano' e do 'cristão' na existência do fiel"[100].

Com uma apresentação renovada, as virtudes teologais adquirem a riqueza teológica que lhes corresponde. Nelas aparecem as dimensões: antropológico-existencial, trinitária, eclesiológica, sacramental[101]. Segundo expressão de Zenão de Verona, nas três virtudes teologais, necessariamente unidas entre si, encontra-se o fundamento da perfeição cristã[102]. Segundo o Concílio Vaticano II, que apresenta um texto de Santo Agostinho, na realização da fé, da esperança e da caridade verifica-se o "anúncio da salvação"[103].

Com essa compreensão teológica de fundo, as chamadas "virtudes teologais" constituem as vias adequadas para expressar a vida teologal tanto em sua vertente espiritual como em seu aspecto moral[104]. Desse modo a espiritualidade e a moral recuperaram, com renovado frescor, tradições que tinham sofrido desgastes inevitáveis. Na espiritualidade existiram muitas formas e escolas de vida espiritual que utilizaram profusamente a via das virtudes, e concretamente das virtudes teologais. Purificar essas tradições e voltar a colocá-las em marcha é um desafio à espiritualidade de hoje.

5. Nuclearização da vida teologal e da moral na Caridade

a. *Passado e presente da Caridade em Teologia Moral*

Poucas categorias teológicas como a Caridade expressam o núcleo tanto da vida teologal como da moral. Por isso, nela têm seu ponto de encontro e de articulação.

Para a consciência moral cristã de todas as épocas, a Caridade constituiu a exigência moral máxima (Mc 12,28-31), pois nelas se resume toda a lei (Rm 13,10)[105]. Além disso, "a Igreja primitiva, e com ela a cristandade

---

100. J. ALFARO, *La cuestión del hombre y la cuestión de Dios*: Estudios Eclesiásticos 56 (1981) 831.
101. L. PIECHOTA, *o. c.*, 97-113.
102. *Tractatus de spe, fide et caritate*, 1, 36: CCL, 22, 92: "Tribus in rebus christiani culminis fundamenta consistunt, id est, in spe, in fide, in caritate, quae ita invicem sibi videntur esse connexa, ut sint aliis alia necessaria".
103. *Dei Verbum*, 1: "para que todo o mundo, com o anúncio da salvação, ouvindo creia, e crendo espere, e esperando ame" (cf. Santo Agostinho, *De catechizandis rudibus*, 4, 8: PL, 40, 316).
104. M. COZZOLI, *o. c.*, 5-6.
105. G. GILLEMAN, *Biblical Revelation of the Primacy of Charity*: VÁRIOS, Teaching the Sacraments and morality (Chicago, 1965) 141-158.

de todos os séculos, têm a convicção profunda de que a grande contribuição de Jesus na esfera moral foi a proclamação do preceito fundamental do amor a Deus e ao próximo"[106].

A mensagem neotestamentária sobre a Caridade foi apresentada com fidelidade e desenvolvida com amplitude e profundidade pela tradição teológica posterior. Na época patrística a Caridade constituiu-se num dos lugares principais da parênese cristã. No capítulo primeiro desta parte apresentei o ensino de Santo Agostinho, que se pode resumir na fórmula tantas vezes repetida: "dilige et quod vis fac" ("ama e faz o que quiseres").

Na reflexão escolástica o conteúdo da moral organizou-se em torno da Caridade. São testemunhas disso as sínteses de São Boaventura e de Santo Tomás. O Aquinate, baseando-se na autoridade do Ambrosiaster, cria e justifica a célebre fórmula de que "a caridade é a forma de todas as virtudes"[107]: introduz nelas a "ordem do fim" que é a "forma" de todo o moral; por isso compara a Caridade com o "fundamento", com a "raiz" e com a "mãe" das virtudes[108]. Para Santo Tomás a Caridade e a Razão constituem o duplo princípio da vida moral[109]. Daí também que a Caridade seja a mais excelente das virtudes (cf. 1Cor 13,13)[110], não haja virtude verdadeira sem caridade (cf. 1Cor 13,3)[111], e nela se resumem todos os conteúdos da moral: "dado que a caridade tem como objeto o fim último da vida humana, isto é, a bem-aventurança eterna, abarca as ações todas da vida humana"[112]; "do preceito de amar se diz que é mandamento geral porque a ele, como a seu fim, ficam reduzidos os demais, segundo aquele da Escritura, 'o fim do preceito é a caridade (1Tm 1,5)"[113]. Assim, pois, o axioma tomista — "a Caridade é a forma de todas as virtudes" — é uma das formulações mais acertadas do pensamento cristão sobre o papel central da Caridade na existência do fiel. Como disse M. Llamera, "é uma expressão ambiciosíssima,

---

106. R. SCHNACKENBURG, *El testimonio moral del Nuevo Testamento* (Madri, 1965) 73.
107. II-II, q. 23, a. 8. Sobre a história e o significado da fórmula, ver o comentário de M. LLAMERA, *Tratado de la Caridad*: Suma Teológica de Santo Tomás de Aquino, VII (Madri, 1959) 694-705. Um comentário mais recente sobre a doutrina de Santo Tomás sobre a caridade: L. LAGO, *Tratado de la Caridad*: SANTO TOMÁS DE AQUINO, Suma de Teologia. Edição dirigida pelos Regentes de Estudos das Províncias Dominicanas da Espanha, II (Madri, 1990) 201-221.
108. II-II, q. 23, a. 8 ad 2 e ad 3.
109. Cf. C. A. J. VAN OUWERKERK, *Caritas et Ratio. Étude sur le double principe de la vie morale chrétienne d'après S. Thomas d'Aquin* (Nimega, 1956).
110. II-II, q. 23, a. 6.
111. *Ibid.*, a. 7.
112. *Ibid.*, a. 4 ad 2.
113. *Ibid.*, a. 4 ad 3.

que tenta condensar em sua leve concisão científica todo o sentido teológico do influxo da caridade nas demais virtudes, reconhecido e proclamado na revelação e sempre mantido pela tradição teológica. Na aparente simplicidade deste artigo, propõe e raciocina o Angélico o mais alto e fecundo princípio da moral evangélica, isto é, da vida cristã e de sua perfeição: o princípio do amor divino, como fim e meio ao mesmo tempo de toda virtude e perfeição" [114].

A reflexão teológica posterior repetirá essa doutrina [115]; ainda que nem sempre a teologia moral soube ser coerente com ela [116]. Para sair da situação lamentável em que havia caído a moral, pela influência do legalismo e do casuísmo, teve uma função importante o "retorno à Caridade". A renovação da Teologia moral, durante a segunda metade do século XX, deve muito à reflexão sobre a importância ética da Caridade. Na década 50 do século XX apareceu o livro de G. Gilleman sobre a "primazia da Caridade em Teologia Moral" [117], seguido de uma série de artigos de R. Carpentier [118]. O impacto causado pelo livro de Gilleman, traduzido imediatamente do francês para vários idiomas, supôs para a Teologia moral, junto com outros fatores, o despertar do sonho casuísta e a busca de uma colocação mais evangélica, mais positiva e mais personalista. Desde então a moral cristã voltou a se apresentar como uma "moral da Caridade" [119].

O Concílio Vaticano II colocou a Caridade no centro de sua formulação sobre o conteúdo da moral cristã: "Produzir frutos, *na caridade*, para a vida do mundo" [120]. Segundo o *Catecismo da Igreja Católica*, a moral cristã enquanto catequese da "vida nova" é "*uma catequese do duplo mandamento da caridade* desenvolvido no Decálogo" [121]. Podemos, pois, afirmar que a Caridade é o "traço identificador da figura moral do cristão" [122].

---

114. M. LLAMERA, *l. c.*, 692.
115. Ver a clássica exposição de J. E. ROEY, *De virtute charitatis. Quaestiones selectae* (Mechliniae, 1929).
116. Cf. Ph. DELHAYE, *La charité reine des vertus. Heurs et malheurs d'un thème classique*: Le Supplément n. 41 (1957) 135-170.
117. G. GILLEMAN, *Le primat de la Charité en Théologie Morale* (Bruxelas-Bruges-Paris, 1954). Tradução castelhana: *La primacía de la Caridad en Teología Moral* (Bilbao 1957).
118. R. CARPENTIER, *Le primat de l'amour dans la vie morale*: Nouvelle Revue Théologique 83 (1961) 3-24; 255-270; 492-509.
119. Cf. H. ROTTER, *Strukturen des Handlens. Liebe als Prinzip der Moral* (Mainz, 1970).
120. *Optatam totius*, 16.
121. *Catecismo da Igreja Católica*, n. 1697.
122. M. VIDAL, *Moral de Atitudes. I. Moral Fundamental* (Aparecida, São Paulo, 2000⁵) 774-784.

b. A Caridade na espiritualidade

Também a espiritualidade cristã de todas as épocas viu na perfeição da Caridade o objetivo e o conteúdo nuclear da vida cristã. Bastem, como testemunhos, estas concisas, porém importantes citações.

Para Santo Tomás toda a perfeição se condensa na Caridade: "a perfeição da vida cristã consiste antes de tudo na perfeição da caridade"[123]. Santa Teresa disse lapidarmente: "A perfeição verdadeira é o amor de Deus e do próximo"[124]. Segundo Santo Afonso Maria de Ligório, "toda a santidade e a perfeição consistem em amar a Jesus Cristo nosso Deus"[125].

O Concílio Vaticano II, ao descrever o conteúdo da santidade cristã "à qual são chamados todos os cristãos de qualquer estado ou condição", coloca como traço decisivo o da "perfeição da Caridade"[126].

c. Síntese de verticalidade e horizontalidade

Dentro da afirmação da Caridade como conteúdo nuclear tanto da vida teologal como da moral convém destacar um aspecto de grande interesse: é o da articulação entre o amor de Deus e o amor do próximo. A encíclica *Veritatis splendor* sublinha esta união: "Os dois mandamentos, dos quais 'pendem toda a Lei e os Profetas' (Mt 22,40), estão profundamente unidos entre si e se compenetram reciprocamente. *De sua unidade inseparável* dá testemunho Jesus com suas palavras e com sua vida: sua missão culmina na Cruz que redime (cf. Jo 3,14-15), sinal de seu amor indivisível ao Pai e à humanidade (cf. Jo 13,1)"[127].

Em nossos dias foi K. Rahner quem, seguindo uma tradição que remonta a Paulo (Rm 13,10), passa por Santo Agostinho, Santo Tomás e São Boaventura e chega até o Concílio Vaticano II, sublinhou a importância da vinculação do amor ao próximo com o amor a Deus para uma correta interpretação e realização do cristianismo[128]. O próprio Rahner coloca, entre os traços da espiritualidade do futuro, o de entender e de viver "a vida temporal e o serviço ao mundo como espiritualidade"[129].

---

123. II-II, q. 184, a. 1.
124. 1 Mor 2, 17.
125. *Pratica di amar Gesù Cristo*, c. 1, 1: Opere Ascetiche, I (Roma, 1933) 1.
126. *Lumen gentium*, 40.
127. *Veritatis splendor*, 14.
128. K. RAHNER, *Sobre la unidad del amor a Dios y el amor al prójimo*: Escritos de Teología, VI (Madri, 1969) 271-294.
129. K. RAHNER, *Espiritualidad antigua y actual*: Escritos de Teología, VII (Madri, 1969) 13-35.

Na Caridade, tal como aparece na Bíblia e na tradição teológica, expressa-se coerentemente a síntese que é própria do ethos cristão: por um lado, formula-se a "normatividade concreta" através de sua redução no conteúdo privilegiado do amor ao próximo; por outro, afirma-se a "cosmovisão" através do amor a Deus. A formulação evangélica da Caridade contém de um modo maravilhoso a integração dos dois elementos próprios de todo ethos religioso. Mais ainda, para alguns exegetas a peculiar contribuição de Jesus na perícope da Caridade (Mt 12,28-34; Mt 22,32-40; Lc 10,25ss.) reside precisamente na indissolúvel conexão do amor a Deus e do amor ao próximo. "A autêntica intenção de Jesus deve ser situada na conexão dos dois preceitos e na relação que se estabelece entre eles. Segundo a vontade de Jesus, o amor a Deus deve exteriorizar-se e provar-se no amor ao próximo, igualmente obrigatório e necessário (Mt 22,39); enquanto o amor ao próximo, por sua parte, tem no amor a Deus seu fundamento sustentador. Devemos ainda precisar esta profunda compenetração de religião e moral; agora nos basta com a indicação de que essa claridade não foi alcançada por nenhum mestre da lei judaica"[130].

É na Caridade onde se articula perfeitamente a dimensão vertical e a dimensão horizontal da vida cristã. A primeira releva mais a espiritualidade, a segunda lhe corresponde mais à moral. Contudo, tanto a vida teologal como a moral devem estar atentas para realizar o duplo lado da vida teologal, sabendo que o "para Deus" não pode dar-se sem o "para o próximo", e que o caminho para o próximo passa pela experiência de Deus. Na práxis inseparável do amor a Deus e do amor ao próximo vê o Vaticano II uma das necessidades de nosso tempo: "A Sagrada Escritura nos ensina que não se pode separar o amor a Deus e o amor ao próximo (Rm 13,9-10; 1Jo 4,20). Comprova-se que esse mandamento adquire suma importância para alguns homens que dependem cada vez mais uns dos outros e para um mundo que está cada dia mais unificado"[131].

É interessante anotar como o Concílio Vaticano II utiliza conceitos e até expressões similares ao descrever tanto a moral como a espiritualidade. Da moral disse que "deve produzir frutos na caridade para a vida do mundo"[132]. E, ao assinalar o conteúdo da santidade cristã, afirma: "Esta santidade favorece, também na sociedade terrena, um estilo de vida mais humano... Desta maneira, a santidade do Povo de Deus produzirá frutos

---

130. R. SCHNACKENBURG, *o. c.*, 77.
131. *Gaudium et spes*, 24.
132. *Optatam totius*, 16.

abundantes, como o mostra claramente na história da Igreja a vida dos santos"[133].

Essa referência do Concílio Vaticano II apóia a afirmação de que se trata de justificar e de desenvolver nestas perspectivas sobre a Caridade: a articulação da moral no conjunto da vida teologal. O comportamento moral cristão faz parte do conjunto da experiência teologal e comparte com esta seu conteúdo básico e sua estrutura fundamental.

d. As implicações éticas a partir da Caridade

Se a Caridade é a "forma" de toda a vida moral cristã, também é seu "conteúdo" nuclear. Santo Agostinho afirma lapidarmente: "a Lei de Cristo é a Caridade"[134].

A vida moral "é uma resposta de amor, segundo o enunciado do mandamento fundamental que faz o Deuteronômio (6,4-7). Assim, a vida moral, imersa na gratuidade do amor de Deus, é chamada a refletir sua glória"[135]. A Caridade é o primeiro "fruto" (cf. Gl 5,22) do Espírito Santo, por quem foi derramado o amor de Deus em nossos corações (cf. Rm 5,5)[136]. Ela é a que nos dá *motivações* para realizar as exigências morais, segundo afirma Santo Agostinho: "Quem pode duvidar de que o amor precede à observância (dos mandamentos)? Com efeito, quem não ama está sem motivações para guardar os mandamentos"[137].

Daí que as exigências concretas da moral cristã possam ser reduzidas ao desenvolvimento das implicações éticas da Caridade. Não é o momento de fazer uma exposição detalhada dessas implicações. Em outro lugar insinuei um esquema de desenvolvimento em duas vertentes[138]:

1) Ética da proximidade

A moral da Caridade radicaliza a exigência ética da intersubjetividade. O ágape cristão tem de desvelar no mundo atual a dimensão ética da

---
133. *Lumen gentium*, 40.
134. SANTO AGOSTINHO, *De Trinitate*, I, 3, 6: Obras de Santo Agostinho. Edição bilíngüe, tomo VI (Madri, 1949) 136-137: "Lex Christi, hoc est Charitas".
135. *Veritatis splendor*, 10.
136. *Ibid.*, 22.
137. *In Iohannis Evangelium Tractatus*, 82, 3: CCL, 36, 533. Citado por *Veritatis splendor*, 22.
138. M. VIDAL, *La Caridad: actitud básica del ethos cristiano*: Corintios XIII n. 1 (1977) 63-91.

alteridade pessoal. "Nesse preceito expressa-se precisamente *a singular dignidade da pessoa humana*, a qual é a 'única criatura na terra que Deus quis por si mesma' (GS 24)"[139].

O conteúdo decisivo da moral se mede pela referência ao "outro" (P. Ricoeur, M. Lévinas), que para o cristão é além disso "próximo". A práxis ética do cristão consiste em "fazer-se próximo" do outro, segundo a fórmula de Lc 10,36. O hino (cristológico), que é ao mesmo tempo uma proposta de vida (ética), do capítulo 13 de 1Cor é um bom caminho para chegar à meta desse ethos da proximidade.

2) Dimensão social e política

A moral de caridade orienta o ethos cristão para horizontes de compromisso preferentemente social[140].

A expressão "Caridade política" foi utilizada por Pio XI num Discurso dirigido à Federação universitária católica italiana (FUCI)[141]; o mesmo Papa falou da "caridade social" na encíclica *Quadragésimo ano*[142]; o Concílio Vaticano aludiu a esta orientação de Pio XI[143]; João Paulo II recordou como os Pontífices recentes enfatizaram a força social da Caridade falando da "caridade social"[144].

Os Bispos espanhóis desenvolveram o significado da "Caridade política" indicando que se trata nela da "dimensão social e pública da vida teologal do cristão"[145]. "A vida teologal do cristão tem uma dimensão social e ainda política que nasce da fé no Deus verdadeiro, criador e salvador do homem e da criação inteira. Essa dimensão afeta o exercício das virtudes cristãs ou, o que é o mesmo, o dinamismo inteiro da vida cristã. Desde essa perspectiva adquire toda sua nobreza e dignidade a dimensão social e política da caridade. Trata-se do amor eficaz às pessoas, que se atualiza na prossecução do bem comum da sociedade"[146].

---

139. *Veritatis splendor*, 13.
140. Cf. J. I. CALLEJA, *Ejes ético-sociales de la caridad política*: Corintios XIII n. 79 (1996) 127-159.
141. Documentation Catholique 33 (1930) 358.
142. *Quadragesimo anno*: AAS 33 (1931) 206: "Caritas vero socialis quasi anima esse debet huius ordinis".
143. *Gaudium et spes*, 75.
144. *Centesimus annus*, 10.
145. *Los católicos en la vida pública*. Instrucción pastoral de la Comisión Permanente de la Conferencia Episcopal Española (22/IV/1986) nn. 60-63.
146. *Ibid.*, n. 60.

e. Caridade e excelência da moral cristã

Sendo a Caridade o caminho e a meta da perfeição cristã, é ela a que expressa o grau de "excelência" da moral cristã. A Caridade estimula o compromisso moral dos fiéis para que ultrapasse os limites do minimalismo e do legalismo.

A esse respeito são dignas de interesse as anotações que faz Schnackenburg sobre o significado do primeiro mandamento: "Somente o amor a Deus garante o desinteresse que falta a quase todo outro amor humano, e torna possível aquele vencimento de si mesmo, do qual brotam as obras mais ocultas e difíceis. Só o amor ao próximo fundamentado em Deus pode converter-se no 'ágape' essencialmente distinto a todo 'eros' natural, cujo louvor lemos em 1Cor 13. Esse amor supera o amor de amizade, já que, prescindindo de toda inclinação natural (simpatia) e só pelo amor a Deus e a Cristo, se aproxima do outro com benevolência, generosidade, compreensão e perdão. No 'ágape' cristão o impulso à união retrocede totalmente a favor da pura benevolência e da compaixão. Por isso é capaz de abarcar aqueles que naturalmente não são dignos de amor e, inclusive, são nossos inimigos. De onde lhe vem esse impulso? Certamente só do amor a Deus, por quem o cristão se sente também amado na mesma forma. Esse amor de Deus, totalmente distinto de todo outro amor, se nos manifestou nas palavras de Jesus (Mt 5,45), em suas obras de salvação e finalmente em sua morte. O amor cristão ao próximo, precisamente por estar fundamentado no amor a Deus, quando é acertadamente compreendido e provém do coração, chega até o limite, até o 'heroísmo', como dizem os homens, ou até a 'perfeição', como se diz em Mt 5,48"[147].

Esse caminho de excelência marcado pela Caridade foi de novo apresentado pelo Concílio Vaticano II no n. 38 da *Gaudium et spes*, no qual se integra a dimensão ética com a cristológica e a escatológica. Essas dimensões se entrelaçam na práxis da Caridade.

Revelação cristológica da Caridade: "Ele mesmo (o Verbo de Deus) revela-nos que Deus é amor (1Jo 4,8) e ao mesmo tempo nos ensina que a lei fundamental da perfeição humana, e por isso da transformação do mundo, é o mandamento novo do amor. Assim pois, aos que crêem na caridade divina, dá-lhes a certeza de que o caminho do amor está aberto a todos os homens e de que não é inútil o esforço por instaurar a fraternidade universal".

---

147. R. SCHNACKENBURG, *o. c.*, 87-88.

Ética da excelência no cotidiano. "Ao mesmo tempo, adverte que não deve buscar esse amor só nas grandes coisas, mas especialmente nas circunstâncias ordinárias da vida. Suportando a morte por todos nós pecadores (cf. Jo 3,14-16; Rm 5,8-10), com seu exemplo nos ensina que devemos carregar também a cruz que a carne e o mundo impõem sobre os ombros dos que buscam a paz e a justiça".

Em tensão escatológica: "Liberta a todos para que, sacrificando o amor próprio e empregando todas as forças terrenas a favor da vida humana, projetam-se para as realidades futuras quando a humanidade mesma se converterá em oblação grata a Deus (cf. Rm 15,16)". Essa tensão escatológica da Caridade tem sido sublinhada expressamente por Santo Agostinho: "Assim é, portanto, como este primeiro preceito, pelo qual se nos ordena amar a Deus com todo o coração e com toda a alma, e com toda a mente, e do qual resulta, como conseqüência, o amor ao próximo, terá seu perfeito cumprimento na outra vida, quando veremos a Deus face a face. E por isso foi-nos dado também nesta vida esse preceito, pelo qual somos advertidos do que devemos pedir mediante a fé, prevenir mediante a esperança e, esquecendo as coisas que atrás deixamos, quais sejam as coisas futuras às quais devemos aspirar"[148].

Desse modo, na Caridade se recapitulam as dimensões peculiares da vida moral cristã. Nela também ressoa a Comunhão trinitária. Com efeito, a Caridade é antes de tudo uma "boa notícia": a notícia de que Deus — Pai, Verbo Encarnado, Espírito Santo — amou e continua amando o mundo. A melhor maneira de entender a Caridade cristã é compreendê-la desde o Amor *de* Deus. A melhor práxis da Caridade é a que procura imitar a práxis do amor *de* Deus na vida intratrinitária e em sua comunicação ao mundo.

V. CONCLUSÃO

Entendida e vivida no contexto da Fé e em articulação com a vida teologal, a moral cristã adquire as tonalidades próprias de uma *ética religiosa* e, mais concretamente, uma *ética da fé cristã*. Enumero, a modo de síntese, aquelas que considero mais importantes:

---

148. SANTO AGOSTINHO, *De spiritu et littera*, 36, 64: Obras de Santo Agostinho. Edição bilíngüe, tomo VI (Madri, 1949) 796-797.

Gratuidade[149]. A moral cristã move-se numa "economia do dom"[150] e não numa estrutura do "dever cumprido", seja essa estrutura de corte prometéico, de caráter farisaico ou de fundamentação kantiana. Para a vida moral rege o princípio paulino de "tudo é graça" (expresso e vivido, de modo especial, por Teresa de Lisieux e tratado por Bernanos)[151].

Limite. A experiência do limite alcança sentido pleno na moral ao traduzi-la na consciência do "pecado" e na tarefa da "conversão". A moral cristã conduz ao afastamento radical do mal, porém sem escrúpulos de caráter neurotizante. O "arrependimento", algo talvez alheio a uma ética puramente racional, está no núcleo da experiência moral do fiel.

Dialética entre a "absolutização" e a "relativização". A fé fundamenta a autonomia moral impedindo que se degenere em um "ethos" *hipotético*, onde tudo é válido. Conseqüentemente, aprofunda e garante a percepção dos valores morais; neste sentido, os "absolutiza". Porém, ao mesmo tempo, introduz a "relativização" escatológica, afirmando que a moral não é o definitivo; só Deus é definitivo.

Gradualidade. A moral cristã se realiza dentro de uma "História de salvação". O caráter "histórico" alcança as dimensões "biográficas" do sujeito. A estas últimas lhes corresponde a gradualidade. Daí que a moral cristã deva ser pensada e vivida com a estrutura da gradualidade[152].

Ao término desta exposição, creio que podemos fechar o círculo do discurso ético-teológico desta primeira parte, retornando ao início para reafirmar a procedência da moral cristã da Fonte trinitária. É na Comunhão trinitária que adquire seu fundamento e seu significado a prática moral dos fiéis:

— prática de amor *gratuito*, em correspondência ao amor incondicional do Pai;

— prática de amor *sacrificial*, em semelhança ao amor do Filho entregue;

— prática de amor *comunicativo*, seguindo o modelo de fusão do Espírito Santo.

---

149. Cf. S. GAMARRA, *Teología espiritual* (Madri, 1994) 224-228.
150. Sobre a economia do dom e da oblatividade na vida cristã, ver: A. WODKA, *L'oblatività neotestamentaria e il discorso etico teologico*: Studia Moralia 36 (1998) 203-238; 37 (1999) 5-33.
151. Cf. M. BALLARINI, *"Tutto è grazia". La presenza di Teresa di Lisieux in Georges Bernanos*: La Scuola Cattolica 125 (1997) 235-279.
152. Cf. A. YOU, *La loi de gradualité: une nouveauté en morale?* (Friburgo, Suíça, 1984).

Bibliografia:

BÖCKLE, F., *Fe y conducta:* Concilium n. 138-B (1978) 251-265.
ID., *Moral autónoma y exigencia de revelación:* Proyección 32 (1985) 83-95.
GELABERT, M., *Ética y vida teologal:* Teología Espiritual 36 (1996) 299-315.
GONZÁLEZ RUIZ, J. Mª., *Creer es comprometerse.* Terra Nova, Barcelona, 1968.
RAHNER, K., *Sobre la unidad del amor de Dios y el amor al prójimo:* Escritos Teológicos, VI. Taurus, Madri, 1969, 271-294.

Segunda Parte

A MORAL NO TEMPO DA IGREJA

A Igreja "é como que o fermento
e a alma da sociedade humana" (GS 40)

I

ECLESIALIDADE DA MORAL CRISTÃ

I. APRESENTAÇÃO

A partir do "desígnio de Deus", fiz na primeira parte um estudo da moral cristã. O Mistério da Trindade Divina constitui a perspectiva básica para se entender o comportamento moral do cristão. A partir dessa verdade, a ética cristã representa uma "moral do Pai", uma "moral de Cristo, Verbo encarnado", e "uma moral do Espírito Santo".

A manifestação de Deus Pai por Cristo no Espírito Santo, entrando na história, "restaura" a condição humana e seu contexto. "Cristo Senhor, Novo Adão, na mesma revelação do mistério do Pai e de seu amor, manifesta plenamente o homem no próprio homem e descobre a sua altíssima vocação"[1]. A condição humana é um lugar privilegiado da manifestação de Deus, conforme declara João Paulo II, oferecendo nova forma à inspirada intuição de Santo Ireneu (*gloria Dei, vivens homo*): "a criação toda manifesta a sua glória; o homem (*vivens homo*) é, de modo todo particular, uma manifestação da glória de Deus, chamado a viver na plenitude da vida de Deus"[2].

A antropologia teológica transforma-se assim em norma da moral cristã. Afinal de contas, a teologia moral, segundo a visão de Santo Tomás de Aquino, outra coisa não é senão "o estudo da imagem de Deus", ou seja,

---

1. *Gaudium et spes*, 22.
2. *Tertio millennio adveniente*, 6. Cf. J. L. MORENO, *Gloria Dei, vivens homo. Uso actual de la fórmula de Ireneo*: VÁRIOS, Esperanza del hombre y Revelación bíblica (Pamplona, 1996) 199-214; R. TREMBLAY, *L'homme, épiphanie du Fils*: Studia Moralia 36 (1998) 37-66.

"do homem, como fonte de suas próprias ações, por ser dotado do livre-arbítrio e do domínio de seus próprios atos"[3]. A dignidade e a dignificação de toda pessoa são o ponto de partida (*dignidade*) e a meta (*dignificação*) do caminho moral cristão. A estrutura e o objetivo da moral cristã são profundamente antropológicos. A reflexão teológico-moral, colocada no desígnio de Deus, assume a perspectiva antropológica registrada pelo Concílio Vaticano II na constituição pastoral *Gaudium et spes*: "É a sociedade humana que deve ser renovada. É, portanto, o homem considerado em sua unidade e totalidade, corpo e alma, coração e consciência, inteligência e vontade, que será o eixo de toda a nossa explanação"[4].

A opção antropológica da moral cristã não procede de frios racionalismos nem de humanismos sem transcendência. É a concretização histórica da opção de Deus em favor do homem. De fato, o homem é "a única criatura na terra que Deus quis por si mesma"[5].

Juntando-se "o que Deus é" e a "necessidade" do homem, temos a peculiaridade da ética cristã. No último capítulo da primeira parte mostrei essa peculiaridade ao analisar a articulação "do teologal" e "do moral" na vida cristã. A síntese dessas duas dimensões aponta para a moral e a verticalidade de Deus e a concretiza na horizontalidade do compromisso humano. Se o surgimento de Deus em Cristo tem como resultado uma "religião de glória", assim também a moral cristã tem de ser uma "moral de glória": "uma vida nova para louvor da glória de Deus (cf. Ef 1,12)"[6]. A "glória" e "glorificação" de Deus só serão autênticas se o fiel comprometer-se com que "o homem viva". A "manifestação da presença de Deus" não poderá ser perfeita e autêntica se faltar "o impulso à justiça e ao amor, sobretudo com os mais necessitados"[7].

II. A MEDIAÇÃO ECLESIAL DA MORAL CRISTÃ

1. O caminho de Deus e o caminho do homem através da Igreja

Não há moral cristã sem a mediação da Igreja. O desígnio de Deus

---

3. I-II, pról.
4. *Gaudium et spes*, 3.
5. *Ibid.*, 24.
6. *Tertio millennio adveniente*, 6.
7. *Gaudium et spes*, 21.

realiza-se mediante a Igreja, "sacramento universal de salvação"[8]. Sendo fruto da Trindade[9], "a Igreja é em Cristo como que o sacramento ou o sinal e instrumento da íntima união com Deus e da unidade de todo o gênero humano"[10].

Na Igreja, o mistério de salvação torna-se realidade no tempo. "Nascida do amor do Pai Eterno, fundada no tempo por Cristo Redentor, coadunada no Espírito Santo, a Igreja tem um fim salutar e escatológico que não pode ser atingido plenamente senão na vida futura."[11] Na realização do desígnio de Deus, a Igreja "avança com toda a humanidade e experimenta a mesma sorte terrena do mundo", sendo ao mesmo tempo "como que o fermento e alma da sociedade humana a ser renovada em Cristo e ser transformada na família de Deus"[12].

Por outro lado, a Igreja existe em função da humanidade. A missão da Igreja, dirigida pelo Espírito Santo[13], tem como objetivo não só a constituição de comunidades ("plantatio Ecclesiae")[14], mas também o serviço ao mundo[15]. Como anunciou João Paulo II no início de seu pontificado: "todos os caminhos da Igreja levam ao homem"[16]. A constituição pastoral *Gaudium et spes* destinou o capítulo 4 da primeira parte para expor "o papel da Igreja no mundo hoje". Como "sacramento universal de salvação"[17], a Igreja "manifesta e realiza simultaneamente o mistério do amor de Deus para com o homem"[18]. Desde a manifestação e realização do amor de Deus à humanidade, a Igreja, "enquanto ela mesma ajuda o mundo e dele recebe muitas coisas, tende a um só fim: que venha o Reino de Deus e seja instaurada a salvação de toda a humanidade"[19].

Portanto, o comportamento moral cristão tem necessariamente uma dimensão eclesial. O desígnio de Deus torna-se evidente mediante a Igreja: "porque a ela foi confiado manifestar o mistério de Deus, deste Deus que é o fim último do homem, ao mesmo tempo revela ao homem o sen-

---

8. *Lumen gentium*, 48 (cf. *Gaudium et spes*, 45).
9. Cf. *Lumen gentium* 2-4; *Ad gentes*, 2-4.
10. *Lumen gentium*, 1.
11. *Gaudium et spes*, 40.
12. *Ibid.*, 40.
13. Cf. *Redemptoris missio*, 21-30.
14. *Ad gentes*, 6, 19.
15. *Evangelii nuntiandi*, 29-37.
16. *Redemptor hominis*, 14.
17. Ver nota 8.
18. *Gaudium et spes*, 45.
19. *Ibid.*, 45.

tido de sua própria existência, a saber, a verdade essencial a respeito do homem"[20]. Por outro lado, o compromisso moral autêntico do cristão carrega consigo a marca da pertença à Igreja. Os cristãos, "cidadãos de uma e outra cidade, procurem desempenhar fielmente suas tarefas terrestres, guiados pelo espírito do Evangelho"[21].

2. Dimensão eclesial da moral

O *Catecismo da Igreja Católica* insiste em que a explanação da moral cristã leve em conta seu caráter eclesial. Deve ser "*uma catequese eclesial*, pois é nos múltiplos intercâmbios dos 'bens espirituais' na 'comunhão dos santos' que a vida cristã pode crescer, desenvolver-se e comunicar-se"[22]. No final da primeira Seção da parte moral, destinada à Moral fundamental, o *Catecismo* refere-se direta e expressamente ao aspecto eclesial da moral cristã no artigo 3 do capítulo 3, com o título: "A Igreja, Mãe e Mestra"[23].

A descrição do *contexto eclesial* para a moral cristã é a seguinte: "é na Igreja, em comunhão com todos os batizados, que o cristão realiza a sua vocação. Da Igreja recebe a Palavra de Deus, que contém os ensinamentos da 'lei de Cristo' (Gl 6,2). Da Igreja recebe a graça dos sacramentos, que o sustenta 'no caminho'. Da Igreja aprende *o exemplo da santidade*; reconhece a sua figura e a sua fonte em Maria, a Virgem Santíssima; discerne-a no testemunho autêntico daqueles que a vivem, descobre-a na tradição espiritual e na longa história dos santos que o precederam e que a liturgia celebra no ritmo do Santoral"[24].

A reflexão teológico-moral, hoje, começa a ter uma preocupação especial e uma sensibilidade peculiar com a dimensão eclesial da moral cristã. Há estudos que analisam, histórica e sistematicamente, a relação entre a Eclesiologia e a Teologia moral[25]. Outros enfatizam a importância

---

20. *Ibid.*, 41.
21. *Ibid.*, 43.
22. *Catecismo da Igreja Católica*, n. 1697.
23. *Ibid.*, nn. 2030-2046.
24. *Ibid.*, n. 2030.
25. L. CECCARINI, *La morale come Chiesa. Ricerca di una fondazione ontologica* (Nápoles, 1980); H. SCHLÖGEL, *Kirche und sittliches Handeln. Zur Ekklesiologie in der Grundlagenddiskussion der deutschsprächigen katholischen Moraltheologie, seit der Jahrhundertwende* (Mainz, 1981); J.-G. ZIEGLER, *Ekklesiologie und Moraltheologie. Ihre Beziehung im 20. Jahrhundert*: Theologie und Glaube 87 (1997) 329-345; 527-540.

do contexto eclesial para a formação e para a práxis dos conteúdos morais da fé[26]. Há opiniões que sublinham o fundamento eclesial para o estabelecimento de uma moral cristã ecumênica[27]. "A moral cristã sempre tem os traços da Igreja"[28].

Pode-se afirmar que para cada uma das compreensões eclesiológicas costuma corresponder uma maneira peculiar de entender a moral cristã. A sabedoria popular também é válida quanto a isso: "dize-me que Eclesiologia tens e te direi que forma de Moral tens e vives" e vice-versa. A cada concepção jurídica da Igreja corresponderá uma moral autêntica; a uma compreensão mística da Igreja como Corpo de Cristo se seguirá uma moral de caráter também mistérico; a um modelo de Igreja enquanto Povo de Deus liga-se uma moral cristã de presença no mundo; a um paradigma eclesiológico de Comunhão associa-se uma moral de participação eclesial.

Julgo necessário enfatizar a dimensão eclesial do comportamento moral cristão. Ao destacar a relação entre Eclesiologia e Teologia moral beneficiar-se-ão tanto a compreensão da moral quanto a própria imagem da Igreja. Formulada e vivida a moral cristã em contexto eclesial ou "in medio Ecclesiae"[29], serão revalorizados alguns aspectos da vida moral cristã:

— *A dimensão comunitária.* A consciência moral cristã é uma consciência pessoal, mas *com caráter de reciprocidade* entre todos quantos compõem a comunidade eclesial.

---

26. J. MILLER, Ethics within an Ecclesial Context: Angelicum 57 (1980) 32-44; L. MELINA, Ecclesialità e teologia morale. Spunti per un "ri-dimensionamento" teologico della morale: Anthropotes 1 (1989) 7-27; H.-M. BARTH, Die ekklesiologische Dimension der Ethik: Keygma und Dogma 34 (1988) 42-59.
27. VÁRIOS em: Ecumenical Review 48 (1996) n. 1. Começa a observar-se uma preocupação pela aplicação do ecumenismo cristão no campo da moral: The Ecumenical Review 47 (1995) n. 2: "Ecclesiology and Ethics"; L. S. MUDGE, Ekklesiologie und Ethik in der laufenden ökumenischen Diskussion: Ökumenische Rundschau 45 (1996) 270-295; B. PETRÀ, Il dialogo etico interconfessionale. Considerazioni e prospettive: Studia Moralia 34 (1996) 295-321; P. CARLOTTI, Il dialogo delle coscienze: teologia morale e teologia ecumenica: Salesianum 59 (1997) 289-314; P. PIVA, L'evento della salvezza fondamento dell'etica ecumenica (Padova, 1997); L. S. MUDGE, The Church as Moral Comumunity. Ecclesiology and Ethics in Ecumenical Debate (Nova York-Genebra, 1998). Destacar, a esse respeito, os dois documentos seguintes: COMISION ANGLICANO-CATÓLICA, Vida en Cristo: Moral, comunión e Iglesia: Diálogo Ecuménico 32 (1997) 71-116; PONTIFICIO CONSEJO PARA LA PROMOCIÓN DE LA UNIDAD DE LOS CRISTIANOS – FEDERACIÓN LUTERANA MUNDIAL, Declaración sobre la justificación: Ecclesia n. 2.902 (18/VII/1998) 26-38.
28. E. JIMÉNEZ, Teología moral en una Iglesia renovada (Bilbao, 1989).
29. H. SCHLÖGEL, In Medio Ecclesiae: Ekklesiologische Aspekte in der Moraltheologie: K. DEMMER - K.-H. DUCKE (Hrg.), Moraltheologie in Dienst der Kirche (Leipzig, 1992) 57-67; ID., Kirchenbilder in der Moraltheologie: Stimmen der Zeit 210 (1992) 109-114.

— *A dimensão narrativa*[30]. Na Igreja atualiza-se a memória ética da práxis de Jesus e da vida dos santos[31]. Nesses dois aspectos, tem especial relevo a pessoa de Maria[32].

— *A dimensão de testemunho e de serviço ao mundo.* A moral situa-se na compreensão da Igreja como servidora da humanidade, segundo a visão de *Gaudium et spes*, n. 40-45. "A Igreja... irradia a sua luz, de certo modo refletida sobre o mundo inteiro, principalmente porque restabelece e eleva a dignidade da pessoa humana, fortalece a coesão da sociedade humana e reveste de sentido mais profundo e de significação a atividade cotidiana dos homens"[33].

Trata-se de uma Igreja na qual se descobre a origem trinitária da moral cristã. Tratando-se da Igreja da Trindade[34], é na comunidade eclesial que o mistério da Comunhão trinitária recobra todo o seu dinamismo ético. "Nascida do amor do Pai eterno, fundada no tempo por Cristo Redentor e coadunada no Espírito Santo, a Igreja... é como que o fermento e a alma da sociedade humana a ser renovada em Cristo e transformada na família de Deus"[35].

III. A DUPLA PERSPECTIVA DA ECLESIALIDADE

Na segunda parte desta obra, examinaremos o caráter eclesial da moral cristã sob uma dupla perspectiva: histórica e sistemática. Cada uma delas será explanada em Seção específica:

---

30. Cf. S. HAUERWAS, *Charater and the Christian Life. A Study in Theological Ethics* (San Antonio, 1975); T. GOFFI, *Etica cristiana narrativa*: Rivista di Teologia Morale 12 (1980) 345-352
31. Sobre a dimensão moral da vida dos santos: J. S. HAWLEY (ed.), *Saints and Virtues* (Berkeley, 1987); J. SCHÜSTER, *Sind Heilige moralische Helden? Bemerkungen zu einer Kontroverse*: Theologie und Philosophie 70 (1995) 383-398.
32. A relação de Maria com a moral foi mostrada e desenvolvida pela encíclica *Veritatis splendor*, 118-120. Cf. W. I. FINAN, *Impact of Mariology on christian Ethics*: Mar. St. 28 (1977) 101-120; R. ELORDUY, *María en la moral del creyente*: Scripta Mariologica 6 (1983) 209-243; E. M. TONIOLO (a cargo de), *Il mistero di Maria e la morale cristiana* (Roma, 1992); B. PETRÀ, *Mistero di Maria e teologia morale dal preconcilio a oggi*: Rivista Liturgica 85 (1998) 293-314.
33. *Gaudium et spes*, 40.
34. B. FORTE, *A Igreja, ícone da Trindade* (São Paulo, 1987).
35. *Ibid.*, 40.

Primeira Seção:
Perspectiva histórica.
Nessa Seção se apresenta uma História da reflexão teológico-moral na vida íntima da Igreja.

Segunda Seção:
Perspectiva sistemática.
O caráter eclesial da moral cristã é exposto através da correlação da reflexão teológico-moral com um conjunto de fatores que integram a vida eclesial: a tradição, as mediações eclesiais, a inculturação, a pastoral, a perspectiva de futuro.

Primeira Seção

PERSPECTIVA HISTÓRICA

2

ELEMENTOS PARA UMA HISTÓRIA DA TEOLOGIA MORAL

Pretendo expor nesta Seção a eclesialidade da moral cristã numa perspectiva histórica. Em concreto, o objetivo dos capítulos que fazem parte da Seção é apresentar a história da Teologia moral numa perspectiva do devir da Igreja. Evitando-se cair nos perigos do "historicismo"[1], a tomada de consciência da evolução histórica da reflexão teológico-moral é um fator imprescindível para se compreender o significado da moral cristã[2].

I. APRESENTAÇÃO

Expor a história da moral cristã é uma tarefa árdua e complexa. O seu conteúdo é tão amplo que se torna quase inacessível. De fato, se tomarmos a "moral cristã" em seu significado pleno, teremos de nos referir a uma tão grande quantidade e variedade de dimensões e aspectos que nos levariam a uma diversificação quase ilimitada de considerações. Basta

---

1. Cf. L. ELDERS, *L'historicisme en théologie morale*: A. ANSALDO (ed.), Persona, verità e morale (Roma, 1987) 51-60; R. RUSSO, *La Storia in Teologia Morale*: B. FORTE (ed.), Teologia e Storia (Nápoles, 1992) 93-106.
2. Cf. L. VEREECKE, *Histoire et morale*: Mélanges de Science Religieuse 13 (1956) 5-18; J. GRÜNDEL, *Wandelbares und Unwandelbares in der Moraltheologie* (Düsseldorf, 1967); A. AUER, *Die Erfahrung der Geschichtlichkeit und die Krise der Moral*: Theologische Quartalschrift 149 (1969) 4-22.

que nos lembremos das vertentes às quais se abre a montanha da moral cristã ou observar os muitos afluentes que formam esse grande rio.

A moral cristã tem duas grandes vertentes: a moral *vivida* e a moral *formulada*. Cada uma delas se divide em diversos ambientes e caminhos. A história da vida moral cristã encontra-se: na vida dos fiéis, nas mediações eclesiais, na liturgia, na obra evangelizadora, na função social da Igreja etc. As expressões da moral formulada também são inúmeras e de diferentes índoles: Concílios, Magistério da Igreja, normas eclesiais, pregação, catequese, livros de espiritualidade, reflexão teológica etc.

Embora deseje levar em conta, pelo menos de forma implícita, o conjunto de expressões da moral vivida e da moral formulada às quais acabo de me referir, a perspectiva adotada é a da reflexão teológico-moral. Proporciono os elementos básicos do "devir" da moral cristã na Igreja *a partir* da história da Teologia moral. As expressões dos teólogos constituem o ponto de vista sob o qual se considera a história eclesial da moral cristã.

II. A HISTÓRIA DA TEOLOGIA MORAL

Um dos mais importantes historiadores da moral cristã afirma: "a história da teologia moral é uma disciplina recente. Diferentemente da história dos dogmas, que há tempos ocupa o campo da teologia, os moralistas começaram a estudar a história da moral só a partir da segunda guerra mundial; por isso, essa disciplina ainda é um campo inexplorado. Já que o historiador recorre a estudos realizados nos diversos setores, uma história da teologia moral só pode ser parcial"[3].

A maioria dos Manuais de Teologia moral da época casuísta (de Trento ao Vaticano II) destinavam algumas páginas à introdução histórica dessa disciplina; mas, em geral, essa consideração se reduzia a uma série de referências bibliográficas das principais obras de caráter moral da época patrística, da escolástica medieval, do renascimento tomista, e da etapa casuísta[4]. O Manual renovador de B. Häring, *A Lei de Cristo* (1954) foi o primeiro a fazer uma síntese histórica mais desenvolvida e com metodologia mais crítica[5]. Seguindo esse modelo, quase todos os Manuais

---

3. L. VEREECKE, *Historia de la teología moral*: VÁRIOS, Nuevo Diccionario de Teología Moral (Madri, 1992) 816.
4. Ver, a título de exemplo: J. AERTNYS - C. A. DAMEN, *Theologia Moralis*, I (Turim, 194715) XIX-XXXV ("conspectus historicus").
5. B. HÄRING, *A Lei de Cristo*, I (São Paulo, 1960) 37-87 ("panorama histórico"). A tradução francesa fez ressaltar de modo especial, com a colaboração dos tradutores (devidas, sobretudo, a L. Vereecke), essa panorâmica histórica: *La Loi du Christ*, I (Tournai, 1955) 48-92 ("perspectivas sobre a história da Teologia Moral").

de Teologia moral publicados após o Concílio Vaticano II apresentam um panorama histórico da disciplina.

As sínteses de História da Teologia em geral contêm poucas referências à moral. Essa falta de referências nas obras destinadas à História dos dogmas é bastante fácil de explicar[6].

Há tentativas, mais ou menos amplas, de maior ou menor valor, para apresentar a evolução histórica da reflexão teológico-moral. Em seguida, reúno os estudos gerais sobre a história da Teologia moral. No entanto, creio serem objetivas as apreciações de Ch. E. Curran: "não existe uma história acabada da teologia moral"; "a teologia moral necessita de mais estudos históricos"[7].

III. REFERÊNCIAS BIBLIOGRÁFICAS

1. História da Ética filosófica

G. HARKNESS, *Les sources de la morale occidentale* (Paris, 1957).
F. GREGOIRE, *Les grandes doctrines morales* (Paris, 1958).
J. MARITAIN, *Filosofía moral. Examen histórico-crítico de los grandes sistemas* (Madri, 1962).
A. McINTYRE, *Historia de la ética* (Buenos Aires, 1970).
V. J. BOURKE, *Histoire de la morale* (Paris, 1970).
C. BRINTON, *Historia de la moral occidental* (Buenos Aires, 1971).
Ch. PERELMAN, *Introduction historique à la philosophie morale* (Bruxelas, 1980).
St. H. PFÜRTNER (e outros) *Ethik in der europäischen Geschichte*, vol. 2 (Stuttgart, 1988).
V. CAMPS (Dir.), *Historia de la Ética*, vol. 3 (Barcelona, 1988ss.).

2. Coleções sobre história da Teologia moral

Encontram-se nelas valiosos estudos monográficos. A produção de obras não é uniforme, devido, com certeza, a problemas financeiros. Algumas

---
6. Uma exceção a essa norma é a inclusão de uma sucinta história da Teologia moral na história dos dogmas dirigida por B. SESBOÜÉ: *Historia de los Dogmas*, II (Salamanca, 1996) 358-438 (escreve-a: Ph. Lécrivain). O mesmo B. Sesboüé constata: "a integração desta última perspectiva (história da moral) em uma história dos dogmas constitui uma novidade" (*Ibid.*, 13).
7. Ch. E. CURRAN, *History and Contemporary Issues: Studies in Moral Theology* (Nova York, 1996) 117, nota 1; 262. Volta a repetir apreciações parecidas em: *The Catholic Moral Theology Today* (Washington, 1999) 25, nota 1.

suspenderam suas publicações. Em todo caso, encontram-se nessas coleções importantes estudos monográficos sobre a história da Teologia moral.

Studien zur Geschichte der Katholischen Moraltheologie (Regensburg, Pustet)[8]. De 1954 a 1999 apareceram 34 monografias (falta o n. 27).
Moraltheologische Studien. Historische Abteilung (Düsseldorf, Patmos). De 1973 a 1990 publicaram-se 11 estudos.
Recherches et Synthèses. Section de Morale (Gembloux, Duculot).
Histoire da la Morale (Paris, Cerf).

Há também estudos sobre história da Teologia moral em coleções sobre a História da Teologia em geral:

Analecta mediaevalia Namurcensia (Lille-Louvain-Montréal).
Théologie historique (Paris, Beauchesne).

3. Obras sobre o conjunto da história da Teologia moral

Até o momento não existe um trabalho que exponha, de forma suficientemente ampla e com critérios críticos, o conjunto da história da Teologia moral. Aproximam-se daí alguns estudos que relaciono a seguir, mostrando minha preferência por Angelini - A. Valsecchi.

J. BUND, *Catalagus auctorum qui scripserunt de Theologia Morali et Practica* (Rouen, 1900).
G. ANGELINI - A. VALSECCHI, *Disegno storico della Teologia Morale* (Bologna, 1972).
G. W. FORELL, *History of Christian Ethics: From de New Testament to Augustine* (Minneapolis, 1979).
P. LONG, *A Survey of Christian Ethics* (Nova York, 1982).
S. PINCKAERS, *La Morale: somma di doveri? legge d'amore* (Roma, 1982).
  Recompilação de trabalhos publicados previamente na revista "Nova et Vetera" ao longo do ano de 1997.
K.-H. KLEBER, *Einführung in die Geschichte der Moraltheologie* (Passau, 1985).
ID., *Prolegomena zu einer Geschichte der Moraltheologie* (Passau, 1994).
J. MAHONEY, *The Making of Moral Theology: A Study of the Roman Catholic Tradition* (Oxford, 1987).

---

8. Sobre essa Coleção e sobre suas primeiras publicações: A. JANSSEN, *Pour l'histoire de la Théologie Morale*: Ephemerides Theologicae Lovanienses 33 (1957) 736-744.

T. LUPO, *Linee generali di storia della Morale* (Turim, 1988).
J. A. GALLAGHER, *Time Past, Time Future. An Historial Study of Catholic Moral Theology* (Nova York, 1990).
Ph. LÉCRIVAIN, *La ética cristiana: de las "autoridades" al magisterio*: B. SESBOÜÉ (Dir.), Historia de los Dogmas, II (Salamanca, 1996) 358-438.

4. Breve síntese sobre a história da Teologia moral

a. Manuais de Moral Fundamental

Os Manuais de Moral Fundamental costumam destinar um capítulo à história da Teologia moral: B. Häring, 1961, p. 39-79; B. Häring, 1981, p. 44-73; Praxis cristiana 1980, p. 63-102; *Corso di Morale/I* 1983, p. 175-220 (A. Holderegger); S. Pinckaers 1988, 255-415; A. Fernández 1992, p. 299-370; J. R. Flecha 1994, p. 33-74; E. Cófreces - R. García de Haro 1998, p. 49-81.

b. Trabalhos

C. CAFARRA, *Historia de la Teología Moral*: Diccionario enciclopédico de Teología Moral (Madri, 1978) 3ª ed., 436-451.
L. VEREECKE, *Historia de la teología moral*: VÁRIOS, Nuevo Diccionario de Teología Moral (Madri, 1992) 816-843.
Ch. E. CURRAN, *History and Contemporary Issues: Studies in Moral Theology* (Nova York, 1996) 13-27: "Overview and Historical Development of Moral Theology".

c. Recompilação de estudos e de matérias da história da Teologia moral

X. MURPHY-L. VEREECKE, *Estudios sobre historia de la moral* (Madri, 1969).
R. BRUCH, *Moralia Varia. Lehrgeschichtliche Untersuchungen zur moraltheologischen Fragen* (Düsseldorf, 1981).
L. VEREECKE, *De Guillaume d'Ockham à Saint Alphonse de Liguori* (Roma, 1986).
ID., *L'histoire de la théologie morale dans la revue "Le Supplément" 1947-1996*: Revue d'Éthique et de Théologie morale n. 203 (1997) 117-138.

5. Perspectiva Protestante

L. DEWAR, *An Outline of Anglican Moral Theology* (Londres, 1968).
G. W. FORELL, *History of Christian Ethics* (Minneapolis, 1979) (do Novo Testamento a Santo Agostinho).
R. E. O. WHITE, *Christian Ethics. The Historial Development* (Atlanta, 1981).
W. BEACH, *Cristian Ethics in Protestant Tradition* (Atlanta, 1988).
Ch. FREY, *Die Ethik des Protestantismus van der Reformation bis zur Gegenwart* (Gütersloh, 1989).
L. Ph. WOGAMAN, *Christian Ethics: An Historical Introduction* (Louisville, 1993).

3

A RAIZ BÍBLICA DA MORAL CRISTÃ

I. APRESENTAÇÃO

A Ética cristã de todos os tempos tem sua origem natural na Sagrada Escritura. A referência contínua à Bíblia é a garantia mais eficaz e segura da autenticidade da vida ética dos fiéis e da reflexão teológico-moral. A recente renovação da Teologia moral deu ênfase especial a essa observação específica da ética cristã[1].

O Concílio Vaticano II afirma que "a Sagrada Teologia apóia-se, como em perene fundamento, na palavra escrita de Deus juntamente com a Sagrada Tradição, e nesta mesma palavra se fortalece firmissimamente e sempre se remoça perscrutando à luz da fé toda a verdade encerrada no mistério de Cristo. Ora, as Sagradas Escrituras contêm a palavra de Deus e, porque inspiradas, são verdadeiramente palavra de Deus; por isto, o estudo das Sagradas Páginas seja como que a alma da Sagrada Teologia"[2]. E em relação direta com a Teologia moral, o mesmo Concílio exige que ela "seja nutrida com maior intensidade pela doutrina da Sagrada Escritura"[3]. A encíclica *Veritatis splendor* torna-se porta-voz do Concílio, ao afir-

---

1. Existem muitos estudos sobre a necessidade de apoiar o edifício teológico-moral sobre a base da moral bíblica (cf. M. VIDAL, *Moral de Atitudes. I. Moral Fundamental* (Aparecida, São Paulo, 2000[5]) 91-92. Ver, como representativos: E. HAMEL, *Écriture et Théologie Morale. Un bilan (1940-1980)*: Studia Moralia 20 (1982) 177-192; W. C. SPOHN, *The Use of Scripture in Moral Theology*: Theological Studies 47 (1986) 88-102; L. S. CAHILL, *The Bible and Christian Moral Practices*; L. S. CAHILL - J. F. CHILDRESS (Eds.), Christian Ethics. Problems and Prospects (Cleveland, 1996) 3-17; D. DEIDUM, *The Bible and Christian Ethics*; B. HOOSE, Christian Ethics. An Introduction (Londres, 1999[2]) 3-46.
2. *Dei Verbum*, 24. Cf. M. TÀBET, *La Sacra Scrittura, anima della Teologia* (Vaticano 1999).
3. *Optatam totius*, 16.

mar: "A Sagrada Escritura, de fato, permanece a fonte viva e fecunda da doutrina moral da Igreja, como recordou o concílio Vaticano II"[4].

Nos últimos decênios insistiu-se, de diversas formas e sob variadas perspectivas, na necessidade de relacionar mais estreitamente o trabalho teológico-moral com o dado bíblico. Biblistas e moralistas, separadamente e em conexão harmônica, trabalham com vivo interesse e com resultados eficazes na busca de uma reflexão moral mais enraizada na Bíblia e de uma exegese bíblica mais ligada à práxis dos cristãos[5].

A Sagrada Escritura transformou-se em "alento" de vivificação e em "força" de dinamismo para a reflexão teológico-moral. Como ponto de fonte vital e dinâmico, a Bíblia:

— não é utilizada pelos moralistas como *justificação* "a posteriori" de elucubrações *a priori*, nem como "depósito" de onde se tiram soluções pré-fabricadas;
— pelo contrário, serve de *referencial primário*, em cujo contraste se ilumina de um modo novo a realidade do ser humano.

No capítulo terceiro da última parte deste livro, considerar-se-á a Sagrada Escritura enquanto lugar normativo da moral cristã e enquanto "lugar teológico" da epistemologia teológico-moral. Neste capítulo referir-nos-emos ao conteúdo moral da Sagrada Escritura enquanto origem do desenvolvimento posterior teológico-moral[6].

É impossível dizer em poucas páginas todo o amplo e profundo conteúdo moral da Bíblia. Nem tentaremos isso. Ficamos apenas com as orientações globais que estão na origem da ética cristã de todos os tempos e que constituem o ponto de partida para o ulterior desenvolvimento histórico, em cuja explanação se encontra o interesse desta Seção.

No primeiro capítulo da encíclica *Veritatis splendor* (n. 6-27) reúnem-se "os conteúdos essenciais da revelação do Antigo e do Novo Testamento sobre o agir moral"[7]. Enfatiza-se particularmente:

---

4. *Veritatis splendor*, 28.
5. VÁRIOS, *Fondamenti biblici della teologia morale* (Bréscia, 1973); VÁRIOS, *Écriture et pratique chrétienne* (Paris, 1978); CH. E. CURRAN - R. A. McCORMICK (Eds.), *The Use of the Scripture in Moral Theology* (Nova York, 1984); VÁRIOS, *Perspectivas de moral bíblica* (Madri, 1984)
6. Sobre a configuração da ética bíblica enquanto tal, ver o estudo de L. ÁLVAREZ, *La ética bíblica frente a las nuevas propuestas de la hermenéutica*: Moralia 20 (1997) 171-198.
7. *Veritatis splendor*, 28. Cf. J. R. FLECHA, *Presencia de la Biblia en la "Veritatis splendor"*: G. DEL POZO (Dir.), Comentários à "Veritatis splendor" (Madri, 1994) 361-381.

— a "posição central" do Decálogo tanto no Antigo quanto no Novo Testamento (n. 10-14);

— a moral evangélica: cuja "carta magna" é o Sermão da Montanha, no qual se deve enfatizar a proposta das "bem-aventuranças" (n. 15-18);

— o seguimento a Jesus enquanto norma suprema da moral cristã (n.19-21): "o modo de atuar de Jesus e suas palavras, suas atitudes e seus preceitos constituem a regra moral da vida cristã" (n. 20);

— a lei do Espírito ou "lei nova", tal como aparece sobretudo em São Paulo (cartas aos Gálatas e aos Romanos) (n. 22-24);

— a catequese moral da comunidade primitiva cristã, tal como se reflete nos diversos escritos do Novo Testamento (n. 25-27).

A própria encíclica resume os conteúdos essenciais da moral bíblica nas seguintes orientações: "A subordinação do homem e da sua ação a Deus, aquele que 'só ele é bom'; a relação entre o bem moral dos atos humanos e a vida eterna; o seguimento de Cristo que abre ao homem a perspectiva do amor perfeito; e, enfim, o dom do Espírito Santo, fonte e auxílio da vida moral da 'nova criatura' (cf. 2Cor 5,17)"[8].

II. A MORAL DO ANTIGO TESTAMENTO

A moral do Antigo Testamento[9] gira em torno de quatro pontos temáticos: a Lei, o Decálogo, o Profetismo, e a Sabedoria. É evidente que se relacionam um com o outro, uma vez que se articulam para formar uma unidade superior: a *visão religiosa* da moral, de acordo com as exigências da fé em Deus, salvador do povo da Aliança e criador de todas as coisas. No entanto, cada um desses pontos, sobretudo o primeiro, o terceiro e o quarto, tem sua particularidade não só temática mas também formal. Cada um deles se serve de gêneros literários próprios e se encontra definido em documentos e livros próprios.

---

8. *Veritatis splendor*, 28.
9. Além das obras de J. Hempel, H. Van Oyen, R. Koch, P. Grelot, E. Testa, E. Otto, A, Wénin e outros, ver: J. GARCÍA TRAPIELLO, *El problema de la moral en el Antiguo Testamento* (Barcelona, 1977); R. CAVEDO, *Moral del Antiguo Testamento y del Judaísmo*: VÁRIOS, Nuevo Diccionario de Teología Moral (Madri, 1992) 1188-1206.

1. Moral da Lei

Na ética do Antigo Testamento, o tema mais importante, tanto em importância objetiva como em vigência cristã, é o da *Lei*.
Procuram-se neste tema:

— o fundamento ético das tradições mais primitivas;
— a influência mosaica na vida moral israelita;
— a vinculação ético-religiosa como fundamento da Confederação das tribos;
— a teologização proveniente da característica religiosa da Aliança;
— as ligações entre os pensamentos profético, sacerdotal e sapiencial.

O tema da *Lei* é a coluna vertebral da ética veterotestamentária[10].

2. O Código das Dez Palavras (Decálogo)

Em relação estreita com a Lei se encontra o Código do *Decálogo*. Sobre sua origem, sobre sua função na vida de Israel e sobre seu tempo de vigência cristã existe abundante bibliografia que não pode ser ignorada pelos moralistas[11].

O texto encontra-se em duas redações: Êx 20,2-17; Dt 5,6-21. A primeira situa-se no contexto do decálogo da Aliança[12]; a segunda reflete a teologia deuteronômica. Continuar-se-á discutindo sobre a relação entre as duas redações[13]; será que são dependentes uma da outra? Qual a mais antiga?

O que não se pode discutir é a função do Decálogo na formação da consciência nacional e religiosa do povo de Israel; para orientar seu ethos; e para

---

10. G. SIEGWALT, *La Loi, chemin du salut* (Neuchâtel, 1971); G. VON RAD, *Teología del Antiguo Testamento*, II (Salamanca, 1972) 501-528; W. ZIMMERLI, *Manual de Teología del Antiguo Testamento* (Madri, 1980) 122-159; F. LAGE, *Alianza y Ley*: M. VIDAL (Dir.), Conceptos fundamentales de ética teológica (Madri, 1992) 37-51.
11. Destaco um título: A. WÉNIN, *Le décalogue, révelation de Dieu et chemin de bonheur*: Revue Théologique de Louvaina 15 (1994) 145-182 (resumo em: Selecciones de Teología 34 (1995) 325-343).
12. Cf. G. LASSERRE, *Quelques études récents sur le Code de l'Alliance*: Revue de Théologie et de Philosophie 125 (1993) 267-276.
13. Cf. Ch. DOHMEN, *Der Dekaloganfang und sein Ursprung*: Biblica 74 (1993) 175-195.

servir de guia na formulação de sua moral. O Decálogo expressa o núcleo da Torá, enquanto esta se liga à Aliança. Reúne também, em contexto histórico-cultural concreto, os elementos básicos da moral humana. Os Profetas de Israel serviram-se do Decálogo para deduzir as implicações éticas da Aliança.

No Novo Testamento se assume o conteúdo moral do Decálogo: Mc 10,17-22; Mt 19,18-14; Lc 18,18-23; Rm 13,9. A Igreja, além de conservar seu conteúdo, serviu-se dele como esquema para expor a catequese moral[14]. Também os teólogos da Idade Média (entre os quais, São Boaventura e Santo Tomás de Aquino[15]) e os moralistas, depois do Concílio de Trento, se serviram do Decálogo para explicar o conteúdo da moral cristã.

Sem que se negue a importância do Decálogo na economia da Revelação, não convém esquecer seu caráter de "promessa" e de "sinal" de uma Aliança Nova, tal como enfatizou a encíclica *Veritatis splendor*. Deus manifestou sua vontade "na história de Israel, particularmente com as 'dez palavras', *os mandamentos do Sinai*, pelos quais ele fundou a existência do povo da Aliança (cf. Êx 24) e chamou-o a ser sua 'propriedade entre todos os povos', 'uma nação santa' (Êx 19,5-6), que fizesse resplandecer sua santidade no meio de todas as nações (cf. Sb 18,4; Ez 20,41). O dom do Decálogo é promessa e sinal da *Nova Aliança*, quando a lei for definitivamente escrita no coração do homem (cf. Jr 31,31-34), substituindo a lei do pecado, que aquele coração tinha deturpado (cf. Jr 17,1). Então será dado 'um coração novo', porque nele habitará 'um espírito novo', o Espírito de Deus (cf. Ez 36,24-28)"[16].

3. A Moral Profética

Lei e Decálogo não têm interpretação correta senão a partir do *Profetismo*. Sem querer resolver a polêmica, formulada com a disjuntiva "Lei e Profetismo: quem antes e quem depois",[17] uma coisa é certa: a importância decisiva dos Profetas na configuração da consciência ética de Israel[18].

---

14. *Catecismo da Igreja Católica*, nn. 2052-2074.
15. Sobre o uso que faz Santo Tomás do Decálogo, ver as anotações de P. GRELOT, *Problèmes de morale fondamentale. Un éclairage biblique* (Paris, 1982) 103-146 ("Décalogue et morale chrétienne. Pour une lecture critique de Saint Thomas d'Aquin").
16. *Veritatis splendor*, 12.
17. W. ZIMMERLI, *La Ley y los Profetas* (Salamanca, 1980).
18. Sobre a moral dos Profetas: C. TRESMONTANT, *La doctrina moral de los profetas de Israel* (Madri, 1962); G. RUIZ, *La ética profética*: VÁRIOS, Perspectivas de moral bíblica (Madri, 1984) 79-101; J. L. SICRE, *Profetismo y ética*: M. VIDAL (Dir.), Conceptos fundamentales de ética teológica (Madri, 1992) 53-68.

As características básicas da ética dos Profetas continuam em vigor:

— o ímpeto do ethos a partir do "conhecimento de Deus";
— a concretização moral na tríade de misericórdia-justiça-direito;
— a capacidade de "denúncia ética";
— a incidência político-social.

4. A Moral Sapiencial

Não se pode esquecer tampouco a chamada *moral sapiencial*[19]. A "Sabedoria" é inseparável da "Lei" e dos "Profetas": "não vai faltar a lei ao sacerdote, o conselho ao sábio, nem ao profeta a palavra" (Jr 18,18; cf. Ez 7,26).

Algumas das linhas da moral sapiencial exigem ênfase especial na ética cristã de hoje:

— importância da "estimativa ética" (= sabedoria);
— abertura da ética à experiência e ao pensamento do homem;
— ênfase na responsabilidade pessoal diante da pressão sociológica;
— vinculação da ética à cultura popular;
— insistência nos temas de preocupação "humanística".

5. Observação sobre o valor normativo do Antigo Testamento

O Concílio Vaticano II expõe os critérios que iluminam o valor normativo que o Antigo Testamento oferece aos cristãos[20]. Em primeiro lugar afirma que "a economia de salvação, prenunciada, narrada e explicada pelos autores sagrados, encontra-se como verdadeira palavra de Deus nos livros do Antigo Testamento; eis por que esses livros divinamente inspirados conservam um valor perene"[21]. Esses livros, embora

---

19. A. SÁNCHEZ, *La ética de los sabios de Israel* (Madri, 1970); A. GONZÁLEZ NÚÑEZ, *El consejo del sabio. Una moral de índole humanista*: VÁRIOS, Perspectivas de moral bíblica (Madri, 1984) 103-128.
20. Cfr. P. GRELOT, *Relación entre el Antiguo y el Nuevo Testamento en Jesucristo*: R. LATOURELLE - G. O'COLLINS, Problemas y perspectivas de Teología Fundamental (Salamanca, 1982) 272-299. Para os delineamentos ulteriores, ver: D. MUÑOZ, *La relación entre el Antiguo y Nuevo Testamento en el documento de la Pontificia Comisión Bíblica (1993)*: Miscelánea Comillas 52 (1994) 239-274.
21. *Dei Verbum*, 14.

contenham também coisas imperfeitas e transitórias, manifestam contudo a verdadeira pedagogia divina. Por isso, devem ser devotamente recebidos pelos cristãos esses livros que exprimem um vivo senso de Deus e contêm sublimes ensinamentos sobre Deus e uma salutar sabedoria concernente à vida do homem e admiráveis tesouros de preces, nos quais enfim está latente o mistério de nossa salvação"[22]. Daí a unidade dos dois Testamentos, unidade entendida da seguinte maneira: "os livros todos do Antigo Testamento, recebidos íntegros na pregação evangélica, obtêm e manifestam seu sentido completo no Novo Testamento (cf. Mt 5,17; Lc 24,27; Rm 16,25-26; 2Cor 3,14-16) e por sua vez o iluminam e o explicam"[23].

Esses critérios têm aplicação no campo da moral[24]. P. Grelot[25] insiste em que não convém que a reflexão teológico-moral deixe na penumbra a moral do Antigo Testamento, limitando-se à moral neotestamentária. E acrescenta que a moral veterotestamentária deve ser lida "à luz de Cristo, que a aperfeiçoa, para assim poder apreciar o valor e a atualidade que ela contém"[26]. Quanto ao mais, para Grelot o mais importante da moral do Antigo Testamento não está "no conteúdo da lei moral, mas na estrutura das relações entre Deus e os homens, situação normal na qual o conteúdo da lei moral se irá revelando progressivamente"[27].

III. A MORAL DO NOVO TESTAMENTO

Sem menosprezar as contribuições do Antigo Testamento, a Teologia moral sente-se mais receptiva diante dos dados da ética neotestamentária. Um detalhe enfatiza a observação precedente: a categoria de "Aliança" foi perdendo força para organizar a síntese da moral cristã; em seu lugar tiveram mais destaque outras categorias neotestamentárias. Entre estas últimas destacam-se as categorias de "Seguimento de Cristo" e de "Reino de Deus". A moral cristã é entendida como a atualização do Seguimento de Jesus e como a realização das exigências do Reino.

---

22. *Ibid.*, 15.
23. *Ibid.*, 16.
24. Cf. F. LAGE, *Puntos para una introducción al problema de la fundamentación bíblica de la moral*: Pentecostés 12 (1974) 293-331.
25. P. GRELOT, *o.c.*, 13-18 ("L'Ancien Testament et la morale chrétienne").
26. *Ibid.*, 38.
27. *Ibid.*, 19.

A moral do Novo Testamento deve ser interpretada mediante as coordenadas religiosas do Antigo Testamento. É imprescindível prenotar as idéias éticas e os valores morais que configuram a vida, a cultura, e o pensamento do mundo helenista, com o qual tiveram de defrontar-se as comunidades cristãs primitivas. Tampouco convém esquecer as idéias morais da literatura intertestamentária[28] e dos movimentos religiosos judaicos, entre os quais deve-se destacar o movimento de Qumran[29].

Há abundante produção literária sobre a ética do Novo Testamento considerada em seu todo[30]. Há estudos monográficos bastante esclarecedores sobre a moral dos grandes grupos literários de que se compõe o conjunto neotestamentário.

1. Moral Paulina

A *moral paulina* chamou e continua chamando a atenção dos estudiosos[31]:

— por sua base místico-teológica: moral da "vida nova" em Cristo; moral nascida com o batismo; moral integrada na vida cultual (Rm 6);

— por sua estrutura de liberdade: moral do "indicativo"; moral do Espírito (Carta aos Gálatas);

---

28. F. LAGE, *Sobre la contribución de los apócrifos del Antiguo Testamento a la ética cristiana*: Moralia 6 (1984) 385-416.
29. S. AUSÍN, *Moral y conducta en Qumrán. Estudio lexicográfico y semántico de los verbos de "movimiento" en la literatura de Qumrán* (Pamplona, 1991).
30. Panorâmicas sobre as éticas do Novo Testamento: G. SEGALLA, *Introduzione all'etica biblica del Nuovo Testamento* (Bréscia, 1989); L. ÁLVAREZ, *Las éticas bíblicas del Nuevo Testamento*: Studia Moralia 29 (1991) 421-454. Entre as éticas do Novo Testamento (H. Preisker, K. H. Marshall, C. H. Dodd, W. Lillie, C. Spicq, H. D. Wendland, K. S. Schelkle, G. Strecker, J. L. Houlden, J. T. Sanders, E. Osborn, J. Becker, R. E. O. White, J. F. Collange, K. Kertelge, B. Gehardsson, S. Schulz, E. Lohse, H. Merklein, W. Marxen, H. Schürmann), destacar: R. SCHNACKENBURG, *El mensaje moral del Nuevo Testamento*, 2 vol. (Barcelona, 1989, 1991); W. SCHRAGE, *Ética del Nuevo Testamento* (Salamanca, 1987).
31. Da ampla bibliografia (H. Fr. Ernesti, K. Benz, M. Dibelius, W. Schrage, O. Merk, O. Grabner-Haider, V. P. Furnish, R. Corriveau, H. Halter, G. Thérrien, R. Hasenstab, T. J. Deidun, S. Zedda, B. S. Rosner, W. Deming etc.) aponto três referências relacionadas a três aspectos básicos da ética paulina, o "indicativo", a "lei", e a "razão": L. ALVAREZ, *La moral del indicativo en Pablo*: M. VIDAL (Dir.), Conceptos fundamentales de ética teológica (Madri, 1992) 89-103; ID., *La función de la "razón" en el pensamiento ético de S. Pablo*: Studia Moralia 34 (1996) 7-42; F. LAGE, *La ley en la moral de san Pablo. Nuevas perspectivas*: Moralia 13 (1991) 357-392; 14 (1992) 3-28. Ver a recompilação de L. ÁLVAREZ VERDES, *Caminar en el Espíritu. El pensamiento ético de S. Pablo* (Roma, 2000).

— pela riqueza formal de seu funcionamento: universo motivacional amplo e profundo; uso da "razão" transformada em Cristo;

— pela inculturação na filosofia helenista, da qual recebe fatores decisivos da vida moral como "nómos" (lei) (carta aos Romanos) e "synéidesis" (consciência) (Rm 2,14; 14; 1Cor 8-10);

— pelo desenvolvimento de categorias especiais do organismo cristão, como o "discernimento" (Rm 12,1-2; Fl 1,2-9);

— pelo interesse com as preocupações de hoje: moral da "autonomia"; o "específico" da moral cristã;

— pela amplitude temática: escravidão (carta a Filêmon); sexualidade, matrimônio e família (1Cor 7; Ef 5,22-23); estado (Rm 13,1-7).

2. A Moral dos Evangelhos Sinópticos

O estudo dos *Evangelhos Sinópticos* possibilita encontrar-nos com fontes decisivas da moral neotestamentária.

Antes de mais nada, neles é-nos transmitida a *ética de Jesus*. A caracterização dessa ética depende da interpretação que se der ao fato do Jesus histórico[32]: 1) se é um homem fundamentalmente "religioso", seu interesse ético concentra-se nas exigências para com Deus; 2) se é um homem "perfeito" no aspecto humano, sua ética tem a perfeição kantiana; 3) se é um "fariseu" radical, seu objetivo moral será levar à radicalidade as normas morais; 4) se é um "revolucionário", sua preocupação moral participará do mesmo objetivo revolucionário; 5) se é um "judeu marginal", seu ethos terá as características da marginalidade social e religiosa; 6) se é um "cínico", sua ética será anticultural; 7) se é um "profeta messiânico", o conteúdo moral de seu ensinamento participará do tom radical e utópico do messianismo. Apesar da diversidade de interpretações, nin-

---

32. Ver, entre outros, estes dois estudos (o primeiro apresenta os delineamentos da área lingüística alemã e o segundo os da área lingüística inglesa: USA): C. BREYTENBACH, *Jesusforschung: 1990-1995. Neuere Gesamtdarstellung in deutscher Sprache*: Berliner Theologische Zeitschrift 12 (1995) 226-249; R. AGUIRRE, *Estado actual de los Estudos sobre el Jesús histórico después de Bultmann*: Estudos Bíblicos 54 (1996) 433-463.

guém deixará de reconhecer que Jesus contribui com uma *linha radicalmente nova* para a moral, baseada em sua nova compreensão de Deus como Pai e concretizada nas exigências que tornam possível a chegada do Reino de Deus ao mundo[33].

Segundo uma hipótese bem fundamentada, nos Evangelhos sinópticos é que se encontra reunido o material da *Fonte* (Q)[34]. Sem pretender resolver a discussão sobre a peculiaridade desse Documento (ditos de Jesus tidos como "Sabedoria": J. M. Robinson, H. Köster; ensinamentos de Jesus à maneira de um filósofo "cínico": J. S. Kloppenborg, F. G. Downing; documento estruturado à maneira de um livro profético canônico: M. Sato), pode-se pensar que a Q formula um modo de ser cristão na Galiléia nas primeiras décadas imediatamente posteriores à morte de Jesus[35]. O ethos da Q é de tom radical, baseia-se na chegada do Reino, está vinculado ao Seguimento de Jesus enquanto profeta escatológico, exorta a comportamentos curiosamente radicais e até de caráter contracultural.

Os Evangelhos sinópticos também transmitem a *ética da tradição sinóptica*. Nos últimos anos começou a haver interesse pelo estudo da ética peculiar a cada um dos três evangelistas sinópticos.

Em Marcos enfatiza-se a ética do "caminho" e do "seguidor" de Jesus (M. Sherindan, J. Donaldson, E. Best), a moral da "casa" (F. Manns) que é a "comunidade" da "nova era" (H. C. Kee), na qual as pessoas sentem-se "livres" e "curadas" (D. O. Via) e onde se vivem com liberdade as normas legais (C. Focant).

No evangelho de Mateus é bem amplo o conteúdo moral. Desde a Reforma ele foi visto como a opção "católica" por uma moral das obras contra a opção protestante, de origem paulina, por uma justificação pela Fé. Essa atitude parece exagerar os dados do Evangelho, o mesmo que a postura que vê nele o início de uma ética judaico-cristã (J. L. Segundo).

---

33. Há estudos específicos sobre a "ética de Jesus": T. W. Manson, E. Neuhäusler, R. H. Hiers, P. Noll, K. Berger, P. Hoffmann - V. Eid, H. Merklein, H. Schürmann, J. F. Collange, R. Dillmann, B. Chilton - J. I. H. McDonald, A. E. Harvey, N. P. Harvey. Existem boletins bibliográficos: G. SEGALLA, *Introduzione all'etica del Nuovo Testamento* (Bréscia, 1989) 145-192; V. C. SPOHN, *Jesus and Christian Ethics*: Theological Studies 56 (1995) 92-107. Apresenta o núcleo da ética de Jesus: R. AGUIRRE, *Reino de Dios y compromiso ético*: M. VIDAL (Dir.), Conceptos fundamentales de la ética teológica (Madri, 1992) 69-103. Considero de grande interesse a obra de J. GNILKA, *Jesús de Nazaret. Mensaje e historia* (Barcelona, 1993), já que destaca o conteúdo ético no acontecimento de Jesus e o articula no conjunto de sua vida e de sua proposta messiânica.

34. Cf. J. S. KLOPPENBORG, *The Sayings Gospel Q and de Quest of Historical Jesus*: Harvard Theological Review 89 (1996) 307-344.

35. Cf. L. E. VAAGE, *Galilean Upstarts. Jesus'First Followers Acording to Q* (Valley Forge, 1994).

Mateus conta com a ética do Sermão da Montanha e das Bem-aventuranças (cc. 5-7), a ética missionária (c. 10), a ética do Reino explicado em parábolas (c. 13), a ética da comunidade cristã (c. 18), a ética da vigilância (cc. 24-25). Esse evangelho é o ápice da identificação entre ética, cristologia e escatologia (25,31-46) (L.-J. Frahier). A moral de Mateus é uma moral do "discípulo", instruído por Cristo presente na comunidade (J. Zumstein). Mateus inclui também implicações éticas para a vida concreta da comunidade no que se refere à economia e à justiça (M. H. Crosby). O Cristo de Mateus prega: "sede perfeitos como vosso Pai celeste é perfeito" (5,48). E esse mesmo Cristo diz aos angustiados pelo jugo e pelo fardo da lei: "meu jugo é suave e meu peso é leve" (11,30).

O evangelho de Lucas e o livro dos Atos constituem uma proposta teológica única. Sua moral também pode ser estudada de forma unitária[36]. O mais peculiar da ética de Lc/At é a articulação de um ethos integrador na comunidade cristã plural e a apresentação do cristianismo como salvação para todos. Lucas assume, como elemento do ensinamento e da prática de Jesus, a preferência pelos pobres[37]. É trabalho seu a adaptação desse ideal para torná-lo funcional nas comunidades cristãs pluralistas provenientes do helenismo; para isso pede aos ricos que "se convertam", realizando a justiça (Lc 19,1-10; 3,10-14), pela prática da beneficência (esmola) com todos (Lc 11,41; 12,33; At 3,2-3.10; 9.36; 10,2.4.31; 24,17), e praticando a caridade na comunidade cristã (Lc 6,27-49)[38]. O evangelho de Lucas enfatiza na práxis de Jesus: sua função "integradora", sobretudo mediante as refeições abertas para todos; sua função "curadora", através das curas; sua preferência pelos mais "fracos", especificamente, pela mulher. São características próprias da ética de Jesus e de seus seguidores. Para Lucas, o ideal da convivência humana está no "simpósio" ou banquete grego no qual se expressa e se realiza a "amizade"; a cristianização desse ideal expressa-se na descrição sumária da primeira comunidade cristã (At 2,42-47; 4,32-35).

---

36. Ver a relação dos principais estudos, gerais e monográficos, sobre a moral do evangelho de Lucas e do livro dos Atos: G. SEGALLA, *L'etica narrativa di Luca/Atti*: Teologia 20 (1995) 34-74. Devem-se destacar as monografias de F. W. Horn, S. G. Wilson, H. Moxnes, Ph. Fr. Esler.
37. Cf. L. SCHOTROFF - W. STEGEMANN, *Jesús de Nazaret, esperanza de los pobres* (Salamanca, 1981).
38. Cf. *Ibid.*, 135-225. "A esperança dos pobres, que outrora representavam na Palestina a mensagem dos seguidores de Jesus, foi o ideal que Lucas quis transmitir a sua própria comunidade, em circunstâncias sociais diferentes. O seguimento de Jesus realiza-se agora na solidariedade com as pessoas e grupos para os quais a realidade sócio-econômica só é fonte de ódio e de destruição" (*Ibid.*, 225).

3. A Moral de São João e dos demais escritos do Novo Testamento

Duvidou-se de que os escritos de João (quarto Evangelho e Cartas) contivessem elementos éticos, dado seu caráter eminentemente teológico e místico. Alguns reforçam essa dúvida ao descobrir os poucos estudos sobre a moral nos escritos joaninos[39]. No entanto, a essa dúvida e a essa constatação devem-se contrapor dois dados importantes. Por um lado, embora não sejam muitos, os estudos sobre a moral nos escritos de João são de grande valor[40], e supõem um aumento de credibilidade em relação à objetividade das afirmações sobre o conteúdo moral que enfatizam. Por outro lado, e em conseqüência da afirmação precedente, é patente a dimensão moral da vida cristã tal como a entende a teologia joanina. Basta lembrar:

— A vinculação do ethos cristão com os "sinais": a moral cristã é indissoluvelmente vinculada ao "mistério"; é uma moral "mistérica" e "sacramental". Essa característica encontra-se tanto no evangelho quanto nas Cartas;

— O evangelho de João não fala do seguimento de Cristo tal como o formulam os Sinópticos. No entanto, a figura de Jesus (sua pessoa e sua práxis) aparece como "modelo" ou "paradigma" com o qual se deve confrontar a própria vida. Nesse sentido, a perícope do lava-pés (Jo 13) é uma exortação ao 'seguimento' da pessoa e da práxis de Jesus"[41].

— Se os Sinópticos transmitem o ensinamento de Jesus sobre o dúplice preceito do amor a Deus e ao próximo (Mc 12,28-31; Mt 22,34-40; Lc 10,25-28), são os escritos joaninos os que mais enfaticamente fazem uma "concentração" da moral cristã no preceito (*entolé* e não *nomos*) do amor (Jo 13,34-35; 15,12.17; 1Jo 2,8).

— Muitas das categorias básicas da moral cristã são enriquecidas pelas perspectivas joaninas. Por exemplo: a função das virtudes teologais (fé, esperança, caridade), a consideração do pecado etc.

O livro do *Apocalipse*[42] conta com uma vibrante exortação sobre a

---

39. Verificar isso na apresentação de estudos oferecida por S. SEGALLA, *Introduzione all'etica biblica del Nuovo Testamento* (Bréscia, 1989) 226-229.
40. Refiro-me às obras de: F. M. Braun, O. Prunet, N. Lazure, J. M. Casabó, F. Grob, G. Gómez Dorado.
41. F. ALBISTUR, *Lavatorio de los pies y discipulado en San Juan*: Stromata 50 (1994) 20-54.
42. Sobre a ética do Apocalipse: Th. COLLINS, *Apocalypse 22:6-21 as the Focal Point of Moral Teaching and Exhortation in the Apocalypse* (Roma, 1986).

"fidelidade" e sobre a necessidade de acompanhar com "obras" a fé que se diz professar (cf. as cartas às igrejas: Ap 1,4-3,22). Ao longo das visões e profecias, o texto semeia aos poucos uma "ética martirial", de testemunho fiel diante da perseguição. Assim, o fiel e a comunidade cristã em seu todo realizam em plenitude o "seguimento" de Jesus (Ap 14,4).

A *Primeira carta de Pedro* foi considerada uma circular na qual se procura encorajar grupos cristãos minoritários, "dispersos" e "em diáspora" na sociedade não-cristã (talvez na Ásia Menor pelos anos 75-85). É-lhes oferecida a proposta da comunidade cristã como um "lar"[43], no qual se pode viver a esperança cristã e se torna possível confrontar-se com a realidade social adversa[44]. O ethos sugerido é o do testemunho da boa conduta diante das críticas e o da paciência diante dos sofrimentos e das perseguições (1Pd 2,11-12; 4,12-19). Assim, realizam-se o "seguimento" e a "imitação" de Jesus, segundo 1Pd 2,21, texto bastante utilizado na espiritualidade cristã e ao qual se ligam os temas da "imitação" e do "seguimento".

A *Carta de Tiago* coloca-se na tradição da ética profética ao recriminar a parcialidade dos poderosos e ao pedir solidariedade com os pobres (1,9-11; 1,27-2,9; 4,13-5,6): "a religião pura e imaculada diante de Deus Pai é esta: visitar os órfãos e as viúvas em suas tribulações e conservar-se sem mancha neste mundo" (1,27)[45]. Quem sabe se tenha exagerado a tendência "nomista" e o confronto com Paulo na Carta de Tiago, ao interpretar sua insistência na prática das boas obras diante do perigo de uma fé estéril (1,22-27; 2,10-26). Para esse escrito, a moral cristã resume-se na prática da "lei de liberdade" (1,25; 2,12), que outra coisa não é senão a proposta libertadora do Evangelho e que se identifica com a lei do amor[46]. Nessa maneira de viver não falta o sofrimento, cuja aceitação faz parte da perfeição cristã (1,2-4)[47].

As *Cartas Pastorais* olham mais para dentro da comunidade[48]. Pedem um ethos de fidelidade à tradição recebida, moral de responsabilidade no ministério confiado, e atitude de lucidez diante do tempo de salvação no qual se vive[49].

---

43. J. H. ELLIOT, *Un hogar para los que no tienen patria ni hogar. Estudio crítico-social de la Carta primera de Pedro y de su situación y estrategia* (Estella, 1995).
44. M.-L. LAMAU, *Les chrétiens dans le monde. Communautés pétriniennes au 1er. siècle* (Paris, 1988).
45. R. CORRIVEAU, *La auténtica religión*: VÁRIOS, Estudos de moral bíblica (Madri, 1969) 123-141.
46. C. E. B. CRANFIELD, *The Message of James*: Scottish Journal of Theology 18 (1965) 182-193.
47. P. J. HARIN, *Call to Be Perfect through Suffering (James 1, 2-4)*: Bíblica 77 (1997) 477-492.
48. D. C. VERNED, *The Household of God. The Social World of the Pastoral Epistles* (Chico, 1983).
49. Ph. H. TOWNER, *The Goal of Our Instruction. The Structure of Theology and Ethics in the Pastoral Epistles* (Sheffield, 1989).

A *Carta aos Hebreus* fala para a segunda geração de cristãos. No variado conjunto dessa homilia teológico-espiritual não faltam os elementos morais: ethos de esperança, de paciência e de coragem; exortação a uma vida virtuosa; recurso aos "modelos" ou exemplos dos testemunhos antigos etc[50].

A *Carta de Judas* e a sua "releitura" feita pela *Segunda carta de Pedro* contêm uma interessante polêmica antiepicurista diante dos antinomistas e libertinos, provavelmente vinculados ao radicalismo corrente.

Há passagens nos escritos de Paulo, nas cartas de Pedro e nas cartas pastorais que, segundo alguns autores (A. Seeberg, Ph. Carrington, G. Selwyn), transmitiriam uma espécie de "Catecismo moral" da igreja primitiva cristã. A principal parte desse Catecismo consistiria na *tábua de códigos domésticos* (Haustafeln), tópico da exortação moral cristã da qual se encontram abundantes exemplos nos escritos neotestamentários[51]. Convém mencionar também outro tópico moral que se encontra em muitos escritos do Novo Testamento: as listas de vícios e virtudes, sobre cuja procedência e interpretação existem estudos bastante bons[52].

4. Alguns interesses atuais

No estudo atual da moral neotestamentária devem observar-se alguns interesses pontuais. Um grupo deles está vinculado à interpretação sociológica do Novo Testamento, cujo objetivo principal é analisar a configuração social das comunidades primitivas e procura descobrir em que grau essa base sociológica interage com o universo da fé[53]. Um dos âmbitos em que se verifica essa interação é o ethos cristão. Daí estudar-se

---

50. F. J. MATERA, *Moral Exhortation. The Relation Between Moral Exhortation and Doctrinal Exposition in the Letter to the Hebrews*: Toronto Journal of Theology 10 (1994) 169-182.
51. Sobre o gênero dos "códigos domésticos" em geral: E. BOSETTI, *Quale etica nei codici domestici (Haustafeln) del Nuovo Testamento*: Rivista di Teologia Morale 18 (1989) 9-26; A. DI MARINO, *I "codici familiari" nel Nuovo Testamento*: Itinerarium 1 (1993) 7-29; 1 (1994) 27-53; 3 (1995) 37-50; R. AGUIRRE, *Del movimiento de Jesús a la Iglesia primitiva* (Estella, 1998) 111-144 ("A evolução da Igreja primitiva à luz dos códigos domésticos: entre a encarnação e a mundanização"). Sobre alguns códigos em particular: J. E. CROUCH, *The Origin and Intention of the Colossian Haustafel* (Göttingen, 1972); D. L. BALCH, *Let Wives be submissive: The Domestic Code in 1 Peter* (Chico, 1981); H. VON LIPS, *Die Haustafel als "Topos" in Rahmen der urchristlichen Paränese. Beobachtungen anhand des 1. Petrusbriefes und des Titusbriefes*: New Testament Studies 40 (1994) 261-28º.
52. Ver: M. VIDAL, *Moral de Atitudes. I. Moral Fundamental* (Aparecida, São Paulo, 2000⁵) 571.
53. Cf. L. ÁLVAREZ, *El método sociológico en la investigación bíblica actual*: Studia Moralia 27 (1989) 5-41.
54. Entre outros autores (G. Theisen, N. R. Teterson, J. Neyrey etc.) deve-se destacar: W. A. MEEKS, *El mundo moral de los primeros cristianos* (Bilbao, 1992).

com interesse até que ponto a moral das comunidades primitivas depende da relação (por assimilação ou por aproximação) com a base social em que se desenvolve sua vida[54]. Deve-se colocar também, em relação com a interpretação sociológica da moral neotestamentária:

— O interesse em enfatizar as *características contraculturais* na ética de Jesus e da Igreja primitiva, comparando-as com os valores da cultura da área do Mediterrâneo do séc. I e com uma proposta parecida com a dos filósofos cínicos[55].

— A preocupação em relacionar a *mensagem dos evangelhos sobre o dinheiro* com a economia da época[56], chegando às vezes a ter Jesus como um "agente comercial" e a Deus como um "patrão"[57].

Outro interesse importante dos estudos de hoje sobre a moral do Antigo Testamento é o de colocar a noção de "ética neotestamentária" em seu exato sentido. Diante do "pluralismo" de morais semelhantes ao que aparece nos escritos do Novo Testamento, como continuar pensando, falando e utilizando a categoria de "uma" ética neotestamentária[58].

IV. AS MARCAS DAS CATEGORIAS BÍBLICAS NA MORAL CRISTÃ

A ética teológica expressa através de categorias bíblicas o momento religioso, ou "teônomo", inerente ao compromisso dos fiéis. Ao invés de procurar as bases de uma "teodicéia" racionalista e de uma compreensão nominalista e heterônoma de Deus, prefere utilizar a linguagem viva da atitude religiosa, histórica e dinâmica da Bíblia.

---

55. Cf. B. J. MELINA, *El mundo del Nuevo Testamento. Perspectivas desde la antropología cultural* (Estella, 1995).
56. D. E. OAKMAN, *Jesus and the Economic Questions of His Day* (Lewinston/ Queeston, 1986)
57. H. MOXNES, *Patron-Client relations and the new Community in Luke-Acts*: J. NEYREY (ed.), The Social World of Luke-Acts (Massachusets, 1993²) 241-268.
58. G. STRECKER, *Strukturen einer neutestamentlichen Ethik*: Zeitschrift für Theologie und Kirche 75 (1978) 117-146; Ph. PERKINS, *New Testament Ethics*: Religious Studies Review 10 (1984) 321-327; W. REBELL, *Neutestamentliche Ethik – Anmerkungen zum gegenwärtigen Diskussionsstand*: Zeitschrift für Evangelische Ethik 32 (1988) 143-146; P. POKORNY, *Neutestamentliche Ethik und die Probleme irher Darstellungen*: Zeitschrif für Evangelische Ethik 50 (1990) 357-371; L. E. KECK, *Rethinking "New Testament Ethics"*: Journal of Biblical Literature 115 (1996) 3-16.
59. J. L'HOUR, *La morale de l'Alliance* (Paris, 1966); A. GONZÁLEZ NUÑEZ, *La ética de la alianza* (Madri, 1970)

1. As categorias éticas fundamentais

A moral autêntica do homem bíblico tem a estrutura da *Aliança*[59]. Após os estudos sobre a aliança bíblica e extrabíblica, e graças às reflexões diretas sobre o Decálogo, sabemos que os "códigos de moral" do Antigo Testamento fazem parte das fórmulas de aliança, das quais não se devem separar.

Tanto a estrutura literária como a estrutura temática dos textos de moral do Antigo Testamento mostram como a moral veterotestamentária é uma moral de tipo dialogal, baseada no amor de Deus e na resposta fiel do homem. É preferencialmente uma moral de doação e não uma moral imperativa.

Isso fica muito mais claro no tema paulino da tensão entre *Indicativo* e *Imperativo*[60]. Para Paulo, o imperativo moral nasce e se fundamenta num indicativo: na doação de Deus em Cristo, sacramentalizada sobretudo no Batismo (cf. Rm 6). "Exatamente nesse misterioso acontecimento sacramental é que para Paulo se baseia o imperativo moral"[61]. A formulação de ouro dessa realidade expressa-se em Gl 5,25: "Se vivemos do espírito, andemos também segundo o espírito".

Na visão neotestamentária, o princípio da ação moral cristã está na transformação gerada no coração pelo *Espírito*. Por isso, a "lei" cristã é a lei do Espírito, que não deve ser confundida nem com a lei mosaica nem com uma frase vaga, dominada pela ilusão ou pelo subjetivismo. As funções do Espírito, tendo em vista o agir moral cristão, podem reduzir-se às três seguintes: santificar (construir a pessoa moral), iluminar (propor o objeto moral), dar forças para se cumprir o que se deve fazer (é o lado dinâmico da ação do Espírito na pessoa moral).

Nesse sentido, a lei do Espírito recebe outros atributos que a qualificam assim: lei de liberdade (enquanto livre de ter de obedecer de modo servil à lei, seja qual for), lei interior (enquanto inscrita nos corações e como uma segunda natureza), lei da graça, lei da caridade etc.

As três categorias anteriores, Aliança-Indicativo-Espírito, realizam-se no *seguimento de Cristo*[62]. No universo significativo dos evangelhos sinópticos, "seguir" a Cristo tem dois níveis de interpretação: ou se refere ao fato de acompanhar Jesus histórico segundo os costumes do judaísmo

---

60. Ver o estado da questão em: L. ÁLVAREZ, *El imperativo cristiano en San Pablo* (Valência, 1980) 10-16.
61. R. SCHNACKENBURG, *El mensaje moral del Nuevo Testamento* (Madri, 1965) 219.
62. Da abundante bibliografia sobre o tema, da qual tratamos no capítulo 4 da primeira parte, destaco um trabalho que sintetiza o significado neotestamentário (fundamentalmente sinóptico) do Seguimento de Cristo: S. VIDAL, *El seguimiento de Jesús en el Nuevo Testamento*: J. M. GARCÍA-LOMAS - J. R. GARCÍA-MURGA, El seguimiento de Jesús (Madri, 1997) 13-31.

de então (relações Rabino-discípulo) ou em nível pós-pascal, entendida por essa palavra a nova condição do discípulo de Jesus.

A ética cristã se resume na atualização do seguimento de Cristo. O ethos do fiel se desenvolve através das condições de seguimento, que não se deve entender como simples "imitação". Se o seguimento de Cristo tem uma marca teológica, expressa também a forma do compromisso, místico e político, do fiel[63].

2. Orientações para o conteúdo da ética cristã

As categorias bíblicas observadas acima dão à ética cristã um conjunto de condições especiais. As mais importantes são as seguintes:

- A proposição de um *ideal de perfeição absoluta*, que é como que a situação-limite que tem força de atração para os fiéis. Nessa perspectiva, devem-se interpretar muitas das exortações de moral do Novo Testamento, e mais particularmente as do Sermão da Montanha, nas quais surge o "radicalismo" do ensinamento moral de Jesus.

- A exigência de *crescimento contínuo* para se conseguir o ideal de perfeição. Uma das leis do comportamento cristão é a do "crescimento contínuo". A vida cristã carrega consigo o imperativo da ascensão dinâmica até a sua perfeição. Por isso mesmo, o Concílio Vaticano II declara que a Teologia moral "evidencie a sublimidade da vocação dos fiéis em Cristo e sua obrigação de produzir frutos na caridade, para a vida do mundo"[64].

- A valorização do *universo motivacional*. A moral cristã foi, muitas vezes, acusada de ter exagerado a motivação do prêmio ou do castigo. Não se pode negar que a motivação do prêmio/castigo faz parte de qualquer sistema ético e que é uma das motivações da moral do Novo Testamento. Convém afirmar, porém, que não se trata do motivo exclusivo, nem mesmo do motivo primário da moral cristã[65]. Há uma outra série de motivos que foram esquecidos na moral e que para os autores do Novo Testamento têm um papel decisivo: o Reino de Deus, a esperança escatológica, a imitação de Deus etc.

---

63. J. B. METZ, *Las órdenes religiosas. Su misión en la Iglesia en un futuro próximo como testimonio vivo del seguimiento de Cristo* (Barcelona, 1978) 47. 53.
64. *Optatam totius*, 16.
65. G. DIDIER, *Desinterés del cristiano. La recompensa en la moral de San Pablo* (Bilbao, 1964).

3. Orientações metodológicas

O substrato bíblico ofereceu à Teologia moral exigências valiosas não só quanto ao conteúdo, conforme acabamos de mostrar, mas também no campo da metodologia. Convém enfatizar dentre as exigências metodológicas, as duas seguintes: 1) a gradual incorporação do método narrativo, junto aos já previamente assimilados da "parênese", da "paráclese", da "enomia", e do "discurso argumentativo"; 2) a maior importância outorgada à análise sociológica no estudo das propostas éticas das comunidades do Novo Testamento.

Tenho insistido sobre a segunda exigência metodológica neste mesmo capítulo, no final da passagem destinada à moral do Novo Testamento. Pela importância da primeira exigência metodológica, ou seja, pelo uso do método narrativo em moral, reservo o item seguinte para expor, de forma mais desenvolvida e com caráter monográfico, a ética do Evangelho.

V. A ÉTICA NARRATIVA DO EVANGELHO

1. Considerações metodológicas

a. O método narrativo na exegese

Foram especialmente os biblistas que, de modo especial, enfatizaram a importância do gênero "relato" na Sagrada Escritura. Tanto no Antigo como no Novo Testamento observa-se a seguinte afirmação geral: "as passagens que com maior densidade e riqueza conceitual apresentam o centro do mistério cristão introduzem-se mediante uma fórmula do gênero narrativo"[66].

Desde há muito, os especialistas no estudo do Antigo Testamento enfatizaram, no conjunto de gêneros literários, a estrutura narrativa de muitos textos veterotestamentários. A exegese clássica determinou o ciclo de "relatos básicos" do povo de Israel (H. Gunkel); descobriu também a teologia expressa na "história das tradições" (G. von Rad). Estudos mais recentes serviram-se dos métodos da semiótica estrutural e analisaram a peculiaridade da narrativa no Antigo Testamento[67].

---

66. J. J. ALEMANY, *Narrar la fe*: Razón y Fe 205 (1982) 601.
67. Para uma aproximação geral ao estado da questão, cf. R. LACK, *Letture strutturaliste dell'Antico Testamento* (Roma, 1978) 65-129.

Não é difícil, no Novo Testamento, descobrir estruturas narrativas no que se refere aos evangelhos. O macrogênero literário "evangelho" é todo de caráter narrativo, uma vez que nasceu do querigma apostólico, e conserva a reprodução de origem narrativa. As correntes pós-bultmanianas, críticas diante do exagerado ceticismo histórico de Bultmann, voltaram a provocar um interesse para com o gênero "relato". Idêntico resultado propiciam os estudos exegéticos que, de modo global ou parcial (análise de um tema), revelam nos redatores dos Evangelhos uma grande intenção de "retorno" à realidade histórico-terrena do Ressuscitado (J. Roloff). Ainda que a partir de objetivos bem diferentes, a "leitura materialista" (F. Belo, M. Clévenot) proporcionou o descobrimento da estrutura narrativa nos evangelhos. O interesse levantado pelo evangelho de Marcos pode ser interpretado como causa e efeito ao mesmo tempo da consideração privilegiada do gênero "relato" nos evangelhos.

Os fatores apontados orientam para uma leitura dos evangelhos como "narrações". A estrutura fundamental dos evangelhos, não só o de Marcos, como também o de Mateus e Lucas, e mesmo o de João, é de caráter narrativo. Mediante as técnicas lingüísticas, sobretudo da semiótica estrutural, a exegese atual terá de continuar revelando a mensagem narrada nos evangelhos.

Embora os evangelhos realizem em plenitude a narrativa neotestamentária, os restantes escritos do Novo Testamento também possuem elementos narrativos. No gênero epistolar são inumeráveis os textos e as formas narrativas. G. Lohfink viu a presença de elementos narrativos em todo o Novo Testamento; julga a "tese" de Rm 3,21 uma "forma narrativa"[68].

A partir do importante papel desempenhado pela narrativa no discurso bíblico-teológico de hoje, minha intenção é analisar a correlação entre evangelho e narração com o fim de propor um método para a leitura ética do texto evangélico. A observação que aqui se faz sobre a leitura narrativa do Evangelho é em função de seu conteúdo ético. Evangelho, narração e ética se entrelaçam de tal maneira que propiciam uma ética narrativa nos evangelhos.

As aproximações que passo a fazer pretendem seguir uma escala dentro de uma explanação correta do tema. Antes de tudo, parte-se da grande variedade de gêneros éticos do Novo Testamento para descobrir nessa diversidade a convergência para a referência original do relato evangélico. Continuando, verifica-se nos evangelhos a presença da estrutura nar-

---

68. G. LOHFINK, *Erzählung als Theologie*: Stimmen der Zeit 192 (1974) 521-532.

rativa. Para terminar, e como conclusão de tudo o que vem antes, aponta-se para uma leitura ética dos evangelhos a partir dos pressupostos da teoria narrativa.

b. Da variedade de gêneros éticos no Novo Testamento à referência unitária do relato evangélico

O conteúdo moral do Novo Testamento apresenta-se através de uma grande variedade de gêneros literários. Há gêneros maiores que geram por sua vez grupos de gêneros menores. Os maiores constituem a razão e a estrutura dos diversos "modelos éticos" por causa da forma, embora não necessariamente por causa do conteúdo.

No que se refere a toda a ética neotestamentária, é fácil determinar os seguintes gêneros maiores:

— *Gênero parenético*: consiste na exortação a que se realize um comportamento determinado, justificando-se a aceitação no valor daquele que exorta e na proximidade ou coerência do proposto com a fé previamente assumida. O modelo parenético não expressa de modo relevante a relação entre a conduta ética e a mensagem da Fé; embora não se contradigam, as duas grandezas mantêm na prática uma relação de justaposição.

— *Gênero paraclético*: nele a proposta ética tem maior vinculação com o conteúdo da fé. No modelo paraclético a ética vem a ser a concretização do ethos da fé em atitudes ou orientações de valor; esse modelo pode ser relacionado com o processo de "discernimento" moral cristão.

— *Gênero enomístico*: nele se formula a dimensão ética como momento interior (*ennomia*) ao próprio conteúdo da fé. O modelo enomístico se expressa mediante a tensão lingüística indicativo-imperativa; a ética é o próprio indicativo traduzido em exigência de comportamento.

— *Gênero argumentativo*: nele, a ética é produto de um processo discursivo. O raciocínio ético é de caráter muito variado, ao assemelhar-se à forma da *halaká* rabínica; à forma da moral popular helênica (a "conveniência", a "decência" etc.); à forma do raciocínio estóico (a "ordem natural", a "consciência" etc.).

— *Gênero casuísta* ou *deôntico*, cujo objetivo máximo consiste em dar soluções morais a situações concretas (*casuísmo*), em propor orientações à maneira de princípios (*nomismo*), e em estabelecer listas de deveres domésticos (*deôntica*). Os elencos de virtudes e vícios podem ser enquadrados neste gênero ético.

Em todos esses gêneros literários, e nos correspondentes "modelos éticos" derivados, há uma referência onipresente: a mensagem de Jesus. Na origem de todas as formas e de todos os conteúdos da ética neotestamentária está a norma máxima do Evangelho de Jesus. Tudo provém do *kerigma* ou relato da salvação dada por Jesus. Em última análise, a ética neotestamentária tem uma estrutura narrativa, uma vez que tem origem num relato kerigmático.

Essa afirmação vale, sobretudo, para os evangelhos sinópticos. Neles o material ético apresenta-se também com as duas características apontadas: há uma variedade de gêneros literários para expressar a moral, mas verifica-se a unidade temático-formal do relato que é o ponto de partida e a meta de convergência da diversidade de gêneros éticos.

Quanto à característica da riqueza de formas literárias nos evangelhos sinópticos para exprimir o conteúdo ético, baste notar o uso moral dos principais gêneros literários da tradição sinóptica. Tomando-se como ponto de referência a classificação feita por Bultmann do material literário dos Evangelhos sinópticos, o conteúdo ético aparece tanto no grupo das *palavras* como no grupo dos *relatos*.

Em quase todos os gêneros do primeiro grupo há abundante material ético, formulado:

 a) Como *apotegmas* ou sentenças doutrinais que dão consistência e sentido a uma controvérsia (apotegmas de controvérsia), a uma instrução escolar (apotegma de instrução), ou a um dado biográfico (apotegma biográfico).

 b) Como palavras do Senhor, em sentenças soltas (*logia*), em ditos sapienciais, proféticos ou apocalípticos, ou em preceitos e normas expressas.

 c) Como formulações do gênero de semelhança: imagens, metáforas, alegorias etc. No grupo dos relatos também se inclui o conteúdo ético, uma vez que são susceptíveis de leitura ética os textos enquadrados nas formas literárias de: milagres, narrações biográficas e histórias da paixão, morte e ressurreição.

Essa variedade de formas literárias não contradiz a afirmação de que existe um gênero ético básico para expressar a moral dos evangelhos sinópticos: o relato. É a narração do Evangelho de Jesus, a forma literária que dá coesão e sentido à variedade de gêneros éticos. Mais do que nos demais escritos do Novo Testamento, nos evangelhos sinópticos a ética tem uma estrutura narrativa.

c. A estrutura narrativa nos evangelhos

Entre as muitas e diversas propostas que se fizeram para interpretar os evangelhos, destaca-se um conjunto de afirmações, comprovadas de modo imediato pelo caráter óbvio da afirmação e aceitas por todos os pesquisadores. Eis as principais:

— O termo "evangelho" não é neutro; é carregado de ressonâncias e de conotações da fé cristã. Não pode ser substituído simplesmente pelo termo "anúncio".

— No universo expressivo da fé cristã, o termo "evangelho" sofre mudanças semânticas significativas: expressa tanto a Boa Notícia proclamada por Jesus como a Boa Notícia que é Jesus na pregação apostólica.

— Uma inovação decisiva na situação polissêmica do termo "evangelho" aconteceu quando Marcos escreveu a Boa Notícia de Jesus: "Início do Evangelho de Jesus Cristo, Filho de Deus" (Mc 1,1). "É difícil imaginar a novidade trazida por essa frase de Marcos"[69]. Não só o anunciante da Boa Notícia (do Reino) passa a ser o anunciado (Evangelho de Jesus), mas o ato de proclamação (transmissão oral) passa a ser escrito. Surge então um gênero literário novo. O "evangelho", enquanto gênero literário, não tem apenas equivalentes em outras literaturas. Pode-se dizer que é a única forma literária original da comunidade cristã; Marcos é seu criador[70].

— É legítimo fazer as perguntas: por que apareceu o gênero literário do "evangelho"? A que necessidades tentou dar resposta? A pluralidade de contestações a essas perguntas também é legítima. O que não se pode discutir é a presença de um texto com sua peculiar estrutura lingüística que chamamos "evangelho" (palavra usada também por Justino e Irineu).

---

69. M. GOURGUES - E. CHARPENTIER, *Evangelios Sinópticos y Hechos de los Apóstoles* (Madri, 1983) 33.
70. Cf. D. CROSSAN, *A Form for Absence: The Markan Creation of Gospel*: Semeia 12 (1978) 41-53.

— Há vários textos que realizam a inovação literária do gênero "evangelho" (Mc, Mt, Lc e até Jo); no entanto, é o texto de Marcos que marca, não só cronologicamente, mas também de forma paradigmática, o novo caminho. A ele devemos referir-nos diretamente quando falamos da estrutura literária do gênero "evangelho".

Nos evangelhos, especificamente no de Marcos, ao qual a partir de agora me refiro expressamente, há uma grande variedade de formas literárias. Mas todas elas estão num gênero literário onipresente e englobador que é o "relato". Mc é basicamente uma narração composta cuidadosa e integramente.

Não julgo procedente montar já os andaimes da gramática estrutural do relato para alcançar o edifício do texto evangélico. Tampouco me parece conveniente reduzir as técnicas de leitura às procedentes da semiótica estrutural[71]. Limito-me a fazer um conjunto de anotações para destacar a estrutura narrativa do Evangelho paradigmático, que é o de Marcos.

A primeira observação a fazer no evangelho de Marcos é que tem a construção de um relato e não de um discurso. Apoiando-se nas investigações lingüísticas de E. Benveniste, observa Clévenot: "o discurso caracteriza-se pelo sistema da pessoa (eu-tu, aqui-agora, demonstrativos) e por verbos em todos os tempos exceto o aoristo (nosso pretérito perfeito); o relato define-se pelo sistema da não-pessoa (ausência do eu-tu, presença do "ele") e por verbos, sobretudo no aoristo, mas nunca no presente, passado, nem futuro. Isso porque o relato (o texto narrativo) conta uma *prática*. Ninguém fala; parece como se os acontecimentos (as práticas) se contassem por si mesmos; o tempo fundamental é o aoristo, que é o tempo do acontecimento fora da pessoa de um narrador"[72].

O evangelho de Marcos inicia-se com uma fórmula equivalente ao "Era uma vez...". Sua fórmula é: "início do evangelho...". Assim se inicia o relato que vai se desenvolvendo como uma ação dramática: "entre uma fase inicial na qual se propõe a ação e uma fase final, em que se interpreta o drama e se desenvolve o conflito"[73].

A trama do relato se organiza mediante a utilização de uma série de

---

71. Pode-se ver uma aplicação da análise de semiótica estrutural ao texto de Marcos, em: J. DELORME, *L'intégration des petites unités littéraires das l'Évangile de Marc du point de vue de la sémiotique structurale*: New Testament Studies 25 (1979) 469-491 (estudo centrado em Mc 6,30-56).
72. M. CLÉVENOT, *Lectura materialista de la Biblia* (Salamanca, 1978) 124.
73. J. AUNEAU, *Evangelio de Marcos*: M. GOURGUES – E. CHARPENTIER, *o. c.*, 76-77.

códigos. Conforme a bela imagem de R. Barthes, cada código é como um fio; o conjunto de códigos, como os fios, vai formando a trama do texto, que é como a trama de um tecido. A interpretação dos códigos deve fazer-se de acordo com as referências ou "conotações" a outros lugares do texto.

No evangelho de Marcos, a trama compõe-se de muitos fios. São dignos de consideração os fatores estruturais seguintes:

a) *O plano espacial*: as indicações de lugar (Galiléia-Jerusalém: território judaico-território pagão), os deslocamentos (importância da figura do "caminho": 9,30.33.34; 10,17.32.46.52; a figura da "barca" 4,35; 5,1.21; 6,32.45.53; 8,10.14).

b) *O plano temporal*: com a distribuição do tempo biográfico de Jesus, com a função concentradora dos sumários, com a necessidade de alguns momentos e a celeridade em outros, com os jogos da "antecipação" e da "volta atrás", com as interrupções de um relato introduzindo outro, com a mistura de diálogo e narração, integrando assim formas de tempo biográfico e tempo seqüencial. A narração de Marcos utiliza essas técnicas com perfeição.

c) *O plano ideológico*: o relato não é neutro, uma vez que expressa continuamente a maneira "boa" e a maneira "má" de ver e de realizar a situação descrita; nunca é demais dizer que a maneira "boa" é a de Jesus e a do narrador (8,33).

d) *O plano psicológico* ou das relações entre as personagens, os círculos concêntricos em torno de Jesus (os apóstolos: 6,30; 10,32; os acompanhantes: 4,10; pessoas sentadas ao derredor: 3,32.34; os que captam a fama que se estende por todos os lados: 1,28), os campos magnéticos de atração ou de repulsão.

e) *O plano verbal*: o uso significativo das palavras (títulos) para chamar Jesus.

A integração dos códigos mencionados, e de outros que não foram indicados, constitui a trama do relato. A análise estrutural destaca a unidade dramática do relato de Marcos. Mas o relato de Marcos não seria bem entendido se não se considerasse o papel do narrador. É isso o que destaca a chamada "retórica do ponto de vista"[74].

Ao analisar o evangelho de Marcos com a teoria do "ponto de vista" (Point of view) enfatiza-se especialmente a função do narrador. Ele tem uma "perspectiva" ou um "ponto de vista" que transmite ao relato e que

---

74. Cf. N. R. PETERSEN, *"Point of view" in Mark's Narrative*: Semeia 12 (1978) 97-121.

tem de ser levado em conta pelo leitor, a fim de realizar uma compreensão exata da narração. O relato de Marcos pertence ao gênero narrativo no qual há um narrador intruso que, com seu "ponto de vista" onisciente e onipotente, orienta a interpretação da situação narrada. Os pontos de vista do narrador têm de ser tomados como de autoridade.

O narrador está presente e operante no texto. Colocado num ponto de vista escolhido por ele:

— descreve, distanciando-se, ações, personagens, situações;
— observa, invisivelmente, e ouve o que se diz;
— seleciona o material: submetendo a narração a segundos e primeiros planos;
— às vezes, como numa espécie de jogo de lentes de zoom, fixa-se num detalhe que deseja destacar;
— conhece as intenções de todas as personagens: de Jesus, de seus adversários etc.

Marcos é um narrador completo. Serve-se com perfeição da "retórica do ponto de vista". A leitura de seu relato não pode ser feita sem se levar em conta a seleção e a avaliação que de modo permanente e constante realiza a palavra do narrador.

Mas o que pretende a narração de Marcos não é produzir um texto, e sim produzir uma transformação do leitor do texto. Partindo-se das análises estruturais e da "retórica do ponto de vista" chega-se à conclusão de que o que Marcos pretende é introduzir o leitor em seu mundo, "implicá-lo" no relato. A "implicação" do leitor no relato é que dá a marca à estrutura narrativa do evangelho de Marcos.

A grande implicação do leitor na narração de Marcos é a de empenhar-se em decifrar o "mistério" do relato: Quem é Jesus? As novelas policiais não propõem mais do que uma questão: Quem é o assassino? O relato evangélico também propõe uma única questão: Quem é Jesus?[75]. O relato de Marcos termina na profissão de fé em Cristo do final (15,39), proposta como ponto de partida no começo (1,1) e revelada já na metade (8,29).

Uma das peculiaridades do evangelho de Marcos consiste em que o descobrimento do "mistério" não faz que termine o interesse pelo relato. O evangelho de Marcos não tem final; não tem conclusão (16,8). Trata-se de um relato "aberto" no sentido profundo: o descobrimento do mistério cristológico tem de ser realizado continuamente pelos fiéis ao viver na "ausência" do Ressuscitado. Mais ainda, é um relato "aberto" enquanto deve

---
75. Cf. M. CLÉVENOT, *o. c.*, 173.

ser pleno da práxis daquele que crê. O relato da práxis de Jesus reclama a práxis do fiel como uma narração viva que cada fiel deve relatar.

Chegados a esse ponto da reflexão, podemos passar para a leitura ética do relato evangélico. O fator ético do evangelho de Marcos reside no convite a uma práxis coerente com a práxis de Jesus.

2. Leitura do fator ético do Evangelho a partir dos pressupostos da estrutura narrativa

O Evangelho — de modo paradigmático como o de Marcos — é o "relato" da "prática" de Jesus. Mas tanto o relato como a prática não estão fechados. "Se continua aberto o relato da prática de Jesus, não foi por acaso ou por esquecimento; foi porque após a morte de Jesus e de sua 'ausência' corporal em meio aos seus, sua presença permanece sob outra forma e, portanto, o relato de sua prática prossegue com os relatos da prática de todos os 'cristãos'"[76].

Isso supõe que o relato da prática de Jesus tem uma função normativa. Constitui "a pauta que permite ler, na liberdade que sua própria estranheza garante, os relatos de nossas práticas, avaliar qual é o poder que trabalha nossos corpos, de que maldição se desembaraçam (a influência dos códigos capitalistas) e para que bênção se dirigem"[77].

Partindo das duas afirmações anteriores, indico a seguir o conteúdo ético do Evangelho. Faço-o em dois momentos complementares, um de caráter geral e outro de caráter exemplificador no que se refere ao conjunto de Mc 2,1-3,6. Por necessidade, a ética do Evangelho tem uma estrutura narrativa: é a concretização da narratividade normativa do relato evangélico.

a. Características gerais da ética evangélica

A prática de Jesus não é uma prática essencialmente ética. Sua significação decisiva se situa no universo religioso. No entanto, o caráter pletórico do acontecimento de Jesus estende seu significado ao mundo da moral. Por isso, a ética de Jesus deve ser descoberta na significação global de sua prática.

---

76. *Ibid.*, 136.
77. F. BELO, *Lectura materialista del Evangelio de Marcos* (Estella, 1975) 449.

Essa maneira de entender a ética do Evangelho em relação à prática de Jesus oferece indubitáveis vantagens para expressar sua peculiaridade inconfundível. De fato, a ética narrada no relato evangélico está incluída na trama do texto; sua identidade se configura em relação à prática relatada.

A correlação entre ética e prática de Jesus descobre as características do universo moral do Evangelho. Eis as principais:

1) Ética nascida da pretensão messiânica

O traço decisivo da prática de Jesus é sua pretensão messiânica[78]. "Ele os ensinava como quem possui autoridade" (Mc 1,22). A ética que brota do relato evangélico está intimamente vinculada ao caráter messiânico da prática. Isso supõe que a ética se coloca nas coordenadas da salvação messiânica: por um lado, é "original", "nova", "livre"; por outro, apresenta-se como uma redundância do grande dom da salvação oferecida.

2) Ética vinculada à intencionalidade subversiva

Pode-se afirmar de forma provocativa que o texto de Marcos "é o relato subversivo de uma prática subversiva"[79]. Com efeito, a atuação de Jesus tem uma intencionalidade clara: subverter os códigos dominantes, realizar uma conversão radical do humano. Clévenot destaca a força simbólica de três "rasgões" descobertos por Marcos (2,21: rasgão no tecido velho; 14,63: o sumo sacerdote rasga as vestes; 15,38: a cortina do templo rasgou-se em duas). O código simbólico do texto de Marcos refere-se à função diaceradora da prática de Jesus[80]. A ética vinculada a essa prática deve ter por força uma significação subversiva no que se refere às estruturas pseudomorais dominantes:

— crítica dos falsos sistemas de pureza (7,1-23), de separação (2,14-17) etc.;
— proposta do sistema positivo do dom (6,30-44; 8,1-10).

Por estar vinculada à pretensão messiânica, a ética de Jesus propicia a liberdade; e por ser messianicamente livre, tem uma função subversiva.

---

78. Cf. F. BELO, o. c., 384-388; H. ECHEGARAY, La Práctica de Jesús (Lima, 1980) 188-197.
79. M. CLÉVENOT, o. c., 130
80. Ibid., 142-148.

3) Ética gerada no conflito e geradora de confrontos

O relato da prática de Jesus tem uma estrutura dramática e até trágica: descreve a trama de um conflito. A pessoa principal, ativa e paciente, é Jesus; as demais personagens colocam-se na trama por razão de sua atitude diante do conflito (em favor ou contra a personagem central; implicação ou distanciamento da ação). O conflito é essencialmente de natureza religiosa, mas com inevitáveis repercussões no mundo: individuais, familiares, econômicas, políticas, de classe etc.

Do significado geral do "conflito de Jesus" também faz parte o componente ético. Um dos campos em que acontece o conflito é o terreno da prática ética. Por outro lado, a vivência do conflito por parte de Jesus remete à sua maior coerência ética. Além disso, todos os espectadores e atores do conflito são submetidos a uma "crise ética". Portanto, a ética de Jesus é gerada na dinâmica do conflito e tem uma propensão incoercível para gerar confronto.

4) Ética centrada no valor do ser humano

Se a prática de Jesus origina um rasgão no tecido da vida social dominante e um conflito com os códigos vigentes, é devido à opção clara e taxativa pela causa do homem. "O sábado foi feito para o homem e não o homem para o sábado" (Mc 2,23).

A ética de Jesus faz uma concentração axiológica na afirmação do valor do homem. A pretensão messiânica revela-se na salvação dirigida à fraqueza humana. Os múltiplos relatos de curas são sinais do ethos messiânico concentrado na valorização efetiva do homem. A vitória de Jesus sobre a morte, sua Ressurreição, é a expressão total e definitiva da afirmação da vida, núcleo e concentração da ética configurada como serviço à causa do homem.

5) Ética expressa em "campos" e "códigos" de eficácia intra-histórica

A orientação adotada pela prática de Jesus é a que também define a ética do relato evangélico. Em correspondência com a estrutura intra-histórica da prática de Jesus, a ética narrada no Evangelho:

- Articula sua funcionalidade nos "campos" em que se decide a história humana: campo econômico, campo político e campo ideológico.
- Introduz nesses campos alguns códigos éticos novos frente aos ultrapassados da situação dominante: dom, comunicação,

serviço, igualdade etc. "A prática de Jesus polarizada pelo Reino estrutura-se segundo uma lógica que se articula e transforma os níveis econômicos, políticos e sociais; lógica em que se baseará desde então a vida do fiel. A prática de Jesus apresenta-se assim como uma norma crítica concreta e como prática fundadora de uma comunidade, origem de uma tradição histórica, social e espiritual, oposta à pendente inércia do império (romano)"[81].

6) Ética veiculada através das "formas" privilegiadas pela salvação messiânica

A ética nascida da prática messiânica de Jesus utiliza os meios de atuação de acordo com a estrutura da salvação messiânica. São formas privilegiadas pela prática messiânica:

- A estratégia antizelota e, conseqüentemente, anti-revanchista e anti-apocalíptica[82].
- A opção preferencial pelos pobres.
- O serviço das obras messiânicas realizadas na "prática das mãos" (caridade), na "prática dos pés" (esperança) e na "prática dos olhos" (fé)[83].

Os seis traços enumerados identificam a ética narrada no relato evangélico, sobretudo no de Marcos. Configuram a ética da prática de Jesus, ética que configura a pauta normativa pela qual possam alcançar a autenticidade e a verdade do "texto" cristão.

*b. Exemplificação de ética narrativa:
o relato das "controvérsias" em Mc 2,1-3,6*

As características que acabo de atribuir à ética evangélica surgem do estudo direto do texto dos evangelhos; não são elucubrações à margem do relato. Para justificar essa afirmação, seria necessário apresentar análises detalhadas sobre passagens concretas, realizadas com a metodologia anteriormente indicada. Tanto a partir da semiótica estrutural como a partir dos pressupostos da lingüística narrativa, pode-se entender o conteúdo ético dos principais blocos literários dos evangelhos. Limito-me a dar um exemplo de ética narrativa com referência ao relato das "controvérsias" em Mc 2,1-3,6.

---

81. H. ECHEGARAY, *o. c.*, 200-201.
82. Cf. F. BELO, *o. c.*, 395-402; M. CLÉVENOT, *o. c.*, 161-162.
83. Ver a bela explanação que fazem F. BELO, *o. c.*, 373-384 e M. CLÉVENOT, *o. c.*, 195-205.

O conjunto literário de Mc 2,1-3,6 é uma peça na qual se realiza em síntese a estrutura geral do relato de Marcos. Nesse conjunto fazem eco todos os temas, articulam-se todos os códigos e aparecem todas as técnicas que configuram a "ação dramática unificada" em que consiste o evangelho de Marcos. É sintomático que esse bloco literário tenha atraído ultimamente, de modo especial, a atenção dos estudiosos[84].

Não me deterei na consideração se Mc 2,1-3,6 pertencia às coleções ou recompilações anteriores ao Evangelho atual. Embora se admita a existência de materiais anteriores, é preciso reconhecer em Marcos não só um compilador, mas sobretudo um redator. Tampouco entrarei na análise dos elementos formais do texto: uso de formas paralelas ou concêntricas, ordem literária do material etc. Um estudo exaustivo deveria referir-se também à tensão entre transmissão do dado histórico e interpretação teológica. Os dois objetivos estão com certeza presentes no texto: mostrar a causa histórica da morte de Jesus e formular uma compreensão teológica a partir do dado histórico; pode-se dizer que em Marcos 2,1-3,6 combinam a preocupação histórica (transmitir e explicar o dado histórico da oposição a Jesus) com a preocupação kerigmática (proclamar a autoridade do Ressuscitado) e parenética (indicar a possibilidade do perdão na comunidade cristã). A análise dos objetivos do redator conduz à consideração do "Sitz im Leben" do conjunto literário: disputa entre judeus e cristãos sobre a importância do sábado, sobre a prática do jejum, sobre a controvérsia com pecadores, como propõe Rordorf?; respostas às tendências de uma cristologia docetista e agnóstica que tendia a ignorar a morte de Jesus e a importância do corpo, segundo opinião de Martin?; a liturgia do Batismo, contexto vital no qual se proclama a libertação do pecado e da lei, conforme a proposta de Thissen?

Respeitando a validade de outras interpretações, a leitura de Mc 2,1-3,6, que aqui se propõe, parte dos pressupostos da teoria narrativa já

---

84. P. M. BEERNAERT, *Jésus controversé. Structure et Théologie de Marc 2, 1-3, 6*: Nouvelle Revue Théologique 95 (1973) 129-149; W. THISSEN, *Erzählung der Befreiung. Eine exegetische Untersuchung zu Mk 2, 1-3, 6* (Würzburg, 1976); K. KERNAGHAN, *History and Redaction in the Controversy Stories in Mark 2:1-3:6*: Studia Biblica et Theologica 9 (1979) 23-47; J. DEWEY, *Markan Publik Debate. Literary, Technique, Concentric Structure, and Theology in Mark 2:1-3.6* (Chico, Califórnia, 1980); M. DE BURGOS, *La acción liberadora de Jesús en la jornada de Cafarnaún (Mc 1, 21-3, 6)*: Communio 19 (1986) 323-341; I. D. G. DUNN, *Mark 2, 1-3, 6: A Bridge between Jesus and Paulus on the Question of the Law*: New Testament Studies 30 (1984) 395-415; S. H. SMITH, *Mark 3, 1-6: Form, Redaction and Community Function*: Biblica 75 (1994) 153-174.

exposta. Considero o conjunto de Mc 2,1-3,6 em sua redação atual como uma unidade de relato. A partir da teoria narrativa do "ponto de vista", o conjunto de Mc 2,1-3,6 é um exemplo paradigmático do gênero narrativo no qual um narrador onisciente e onipresente dirige o relato. Mas não me interessa enfatizar as estruturas formais da narração. O que diretamente pretendo é descobrir o significado que elas expressam.

A unidade literária de Mc 2,1-3,6 é o relato de uma prática de Jesus. Apesar de ser catalogada no gênero das "controvérsias", sua estrutura literária pertence ao macrogênero de "relato" e não ao de "discurso". Assim o entende não só a corrente da "interpretação da corrente materialista" (Belo, Clévenot), mas também outro tipo de corrente pretensamente mais imparcial e menos comprometida (Thissen, Dewey).

A prática relatada divide-se em cinco situações que, gozando cada uma delas de autonomia literária e temática, convergem para uma unidade superior de significado. As situações (ou as "controvérsias") e seus temas correspondentes são os seguintes:

2,1-11: Cura do paralítico
(= Autoridade para perdoar pecados)
2,13-17: Vocação de Levi
(= Refeição com arrecadadores de impostos e desacreditados)
2,18-22: A questão do jejum
2,23-28: A questão do sábado
3,1-6: Cura do homem da mão seca
(= Questão do sábado).

O significado da prática de Jesus vai além do horizonte moral. No entanto, é o fator ético o que aqui interessa enfatizar. Ora, a ética narrada na prática de Mc 2,1-3,6 tem os traços típicos da moral evangélica. Limito-me a enumerar e a constatar sua presença no texto evangélico.

1) Pretensão messiânica

O conteúdo da unidade literária de Mc 2,1-3,6 não se reduz a uma "disputa escolástica". Constitui, antes, uma "controvérsia radical": é uma questão de "fé" cristológica (2,5). A prática narrativa expressa e confirma a pretensão messiânica de Jesus. Ele é o "Senhor do perdão" (2,10) e o "Senhor do sábado" (2,28): dois atributos que pertencem ao Messias e duas realidades que correspondem à era messiânica. A alusão a Davi (2,25-26) tem a função de criar um clima de realização messiânica. Deduz-se daí que a ética que brota do relato tem necessariamente a garantia da pretensão messiânica.

2) Intencionalidade subversiva

A prática de Jesus narrada em Mc 2,1-3,6 aflora no ethos dominante, originando um "rasgão" e uma "rachadura" (2,21-22). Trata-se da luta do "novo" e original diante do "velho" e ultrapassado: "ninguém costura retalho de pano novo em roupa velha; do contrário, o remendo novo puxa o tecido velho e o rasgão se torna maior. E ninguém põe vinho novo em odres velhos. Pois, do contrário, o vinho arrebentaria os odres, levando a perder tanto o vinho como os odres. Vinho novo se põe em odres novos" (2,21-22). A ética narrada no relato evangélico apresenta-se como um afloramento do novo, como uma subversão dos códigos dominantes.

3) Conflito e confronto

Considerou-se o conjunto de Mc 2,1-3,6 um prólogo da Paixão; seu significado teológico estaria enquadrado na "Theologia Crucis", própria de Marcos. Na realidade, chama a atenção o fato de que Marcos se refira tão brevemente à morte de Jesus. Em todo caso, o relato de Mc 2,1-3,6 explica o porquê da oposição radical a Jesus: "Mas os fariseus, saindo dali, imediatamente puseram-se a conspirar com os herodianos para matar Jesus" (3,6).

Esse final constitui a chave hermenêutica da prática de Jesus: é tão subversiva que origina uma oposição mortífera; mas, ao mesmo tempo, o tipo de prática explica o mistério da morte: outro não podia ser o desenlace uma vez colocada em marcha uma prática tão violentadora dos códigos dominantes. A ética narrada em Mc 2,1-3,6 nasce do confronto e leva ao conflito. Trata-se de uma ética de tão profunda significação que origina um conflito de vida-e-morte. A "Theologia Crucis" faz que exista também uma "Ethica Crucis".

4) Diante da morte, a afirmação da vida do homem

Fé cristológica (2,5), afloramento messiânico da novidade subversiva (2,21-22), e confronto com a morte (3,6) são fatores entrelaçados no relato de Mc 2,1-3,6. Mas os três confluem para outro fator que introduz uma nova chave explicativa. A prática de Jesus é messiânica, subversiva e conflituosa, porque é uma prática de libertação. Mc 2,1-3,6 constitui um "relato de libertação" (Thissen): libertação do pecado, da doença, da marginalização injusta, da falsa ortodoxia da lei (jejum, sábado). A libertação tem um código de atuação: o código da vida diante do código da morte.

A prática de Jesus é um serviço à vida:

— diante da paralisia, o movimento: "fica de pé" (2,8);
— diante da marginalização injusta, o convite a comer juntos: "não vim chamar os justos mas os pecadores" (2,17);
— diante do rigor da lei, a libertação alegre: "enquanto tiverem consigo o noivo, não lhes é possível jejuar" (2,19);
— diante da desumanidade da lei, o valor da necessidade humana: "quando teve necessidade e sentiu fome?" (2,25);
— diante da sacralização das instituições, a prevalência da "práxis libertadora": "salvar uma vida, ou matar?" (3,4).

O código de vida da prática de Jesus tem como razão justificadora e como critério iluminador a valorização absoluta do homem. O texto é taxativo: "o sábado foi feito para o homem e não o homem para o sábado" (2,27). Por trás dessa valorização, apoiando-a, está a presença cristológica: "o Senhor do sábado" (2,28).

5) Os novos rumos da ética libertadora

A prática de Jesus é submetida a diferentes "leituras". Os inimigos fazem uma leitura a partir do convencionalismo moral e a consideram: "blasfema" (2,7), "heterodoxa" (2,16), "escandalosa" (2,18; 2,24). Seu ponto de vista é o da "indagação" (3,2) e o da "morte" (3,6); por isso sua ética é também a ética da lei morta e mortífera. A compreensão autêntica é a que brota do relato: uma práxis de vida e libertadora tem de ser por força a práxis normativa.

A ética libertadora abre novos caminhos para a normalidade moral. No relato de Mc 2,1-3,6 aparecem os seguintes:

— a ética libertadora opõe-se ao sistema moral da "separação" (da pureza ritual, da sacralização, da exclusão) e propicia o sistema moral da "integração" (2,15-17);
— a ética libertadora tem como critério normativo a "necessidade humana" (2,25-26), "fazer o bem e salvar a vida" (3,4).

Deduz-se daí que o texto de Mc 2,1-3,6 é uma concretização paradigmática da ética narrada no evangelho de Marcos. A partir dessa exemplificação compreende-se melhor a existência de uma autêntica ética narrativa nos Evangelhos.

4

PERÍODO PATRÍSTICO

Entre a moral bíblica e a teologia moral da Idade Média há um longo período (os sete/oito primeiros séculos do cristianismo) no qual aparecem os escritos da Patrística. Esta chega ao Ocidente até São Gregório (+ 604) ou Santo Isidoro de Sevilha (+ 636), e no Oriente até São João Damasceno (+ 749).

Sob a égide da Patrística[1], entram: os Padres Apostólicos do século I-II, os Apologistas do século II, os escritores da Igreja do século III, dentre os quais têm significado especial para a história da moral: os moralistas africanos e Clemente de Alexandria como representante da escola do mesmo nome.

A idade de ouro da Patrística, porém, situa-se entre os séculos IV e V. Aí se encontram os Padres da Igreja, reconhecidos como tais pela santidade de vida e pela ortodoxia de sua doutrina. Entre eles destacam-se os chamados Grandes Padres da Igreja por causa da eminência de sua doutrina e de sua importante influência na vida da Igreja. No Ocidente são considerados como tais: Santo Agostinho, São Jerônimo, Santo Ambrósio, e São Gregório Magno; no Oriente destacam-se: São Basílio, São Gregório Nazianzeno e São João Crisóstomo (aos quais os ocidentais acrescentam Santo Atanásio). A São Basílio e a São Gregório Nazianzeno deve-se acres-

---

[1]. Para se conhecer essa época é necessário consultar as obras de Patrística e de História da Teologia. Das primeiras (além de Altaner, Quasten e outros): H. R. BROBNER, *Manual de patrología* (Barcelona, 1999). Das outras: B. MONDIN, *Storia della Teologia I. Epoca patristica* (Bologna, 1996).

centar São Gregório de Nissa para constituir o grupo dos Padres da Capadócia.

Além dos Padres acima nomeados, devemos lembrar-nos de outros escritores que também tiveram influência particular na história da moral: Irineu de Lyon, Leão Magno, Cesário de Arles, Isidoro de Sevilha, e os escritores ligados ao monacato.

A Patrística[2] tem uma importância decisiva na história da moral, uma vez que, mediante esses escritores, vai-se configurando um autêntico discurso teológico-moral[3]. Como modelo ou paradigma de moral denominado *parenético*, a Patrística constrói as bases dos grandes tratados de moral: moral da vida, moral da sexualidade, moral do matrimônio e da família, moral econômica, moral da guerra e da paz.

A seguir expõe-se sumariamente o conteúdo da moral patrística, com referência aos seus representantes mais significativos[4].

I. ESCRITOS SUB-APOSTÓLICOS

Sob o nome de "Padres apostólicos" denomina-se um conjunto de escritos da Igreja primitiva (aproximadamente do ano 90 ao ano 250),

---

2. A teologia feminista vê conotações masculinas na palavra "Patrística". Em contrapartida, fala-se de "Matrística" para se referir aos textos teológico-espirituais de mulheres dos séculos XII ao XV. De fato, salvo raríssimas exceções, os textos dos primeiros séculos atribuem-se a varões. Cf. K. E. BORRESEN, *Nourrir la tradition par inculturation continuée: innovation patristique et accomplissement matristique*. Bulletin ET 9 (1998) 109-127. Há insinuações de um discurso integrado de "Padres" e "Madres": F. RIVAS, *La Sabiduría en los Padres e Madres de la Iglesia*: Sal Terrae 83 (1995) 889-897.
3. Sobre a função e a atualidade dos Santos Padres, ver a Instrução da CONGREGAÇÃO PARA A EDUCAÇÃO CATÓLICA, *Atualidade dos Santos Padres* (Vaticano, 1990). Um comentário dessa Instrução, em: Seminarium 30 (1990) n. 3. Sobre o encontro entre a "fé" e a "razão" na época patrística, ver: *Fides et Ratio*, 36-41.
4. Sobre a moral da época patrística em geral: H. PREISKER, *Das Ethos des Urchristentums* (Gütersloh, 1949[2]); Ph. DELHAYE, *La morale des Pères*: Seminarium 23 (1971) 623-638; E. OSBORN, *Ethical Patterns in Early Christian Thought* (Londres, 1976); ID., *Les normes morales du stoïcisme chez les Pères de l'Église*: Studia Moralia 19 (1981) 153-175; R. A. NORRIS, *Patristic Ethics*: J. F. CHILDRESS - J. MACQUARRIE (Dir.), A New Dictionary of Christian Ethics (Londres, 1986) 452-457; F. X. MURPHY, *Patristic Heritage* (Nova York, 1990); L. PADOVESI, *Introduzione alla Teologia Patristica* (Casale Monferrato, 1995[3]) 135-156 ("I Padri e la morale"); ID., *Il problema della politica nelle prime comunità cristiane* (Casale Monferrato, 1998); L. BRISSON, *Patristique. La morale des Pères de l'Église*: M. CANTO-SPERBER, Dictionnaire d'éthique et de philosophie morale (Paris, 1996) 1090-1104; ISTITUTO PATRISTICO AUGUSTINIANO, *L'etica cristiana nei secoli III e IV. Eredità e confronti* (Roma, 1996); S. RAPONI, *Alla scuola dei Padri. Tra Cristologia, antropologia e comportamento morale* (Roma, 1998).
  Sobre o pensamento social: G. FROSINI, *Il pensiero sociale dei Padri* (Bréscia, 1996); L. PADOVESE, *Il problema della politica nelle prime comunità cristiane* (Casale Monferrato, 1998); ID., *La dimensione sociale del pensiwero patristico: considerazioni generali*: Studia Moralia 37 (1999) 273-293.

porque outrora acreditou-se que seus autores tivessem conhecido os Apóstolos. Hoje, são considerados escritos da etapa sub-apostólica[5].

Estão entre eles: Didaqué, Carta(s) de Clemente Romano, Cartas de Inácio de Antioquia, Carta de Policarpo, Carta de Barnabé, O Pastor de Hermas. Esses escritos têm grande importância para a história da moral cristã, uma vez que nos transmitem paradigmas da catequese moral da Igreja primitiva, catequese moral na qual o vigor bíblico é integrado à tradição moral judaica e à sabedoria helênica. A dependência do judaísmo é maior do que a do helenismo[6]. Deve-se também reconhecer que eles não contêm a riqueza de conteúdo dos livros do Novo Testamento[7].

1. A Didaqué

Escrito da etapa sub-apostólica cujo título completo é: *A doutrina dos doze apóstolos*. É a constituição mais antiga da Igreja cristã, escrita no final do século I, provavelmente na Síria.

Para a história da moral cristã tem importância especial a catequese de "Os dois caminhos", o da vida e o da morte (6 primeiros capítulos). Essa catequese, cujo material se encontra em múltiplos paralelos da literatura judaica, expõe o caminho da vida sobre a estrutura do decálogo; o caminho da morte constitui um extenso elenco de vícios. O autor da Didaqué "cristianizou" a catequese, colocando como introdu-

---

5. Edição acessível: *Padres Apostólicos*. Edição bilíngüe completa. Introdução, notas e versão espanhola de D. Ruiz Bueno (BAC, 65) (Madri, 1950).
   Bibliografia: G. ANDRÉ, *La vertu de simplicité chez les Pères apostoliques*: Recherches de Science Religieuse 2 (1921) 306-327; I. GIORDANI, *Il messaggio sociale dei primi padri della Chiesa* (Turim, 1939); A. HEITMANN, *Imitatio Dei: die ethische Nachahmung Gottes nach der Väterlehre der zwei ersten Jahrhunderte* (Roma, 1940); K. HÖRMANN, *Leben in Christus. Zusammenhänge zwischen Dogma und Sitte bei den Apostolischen Vätern* (Viena, 1952); F. X. MURPHY, *Antecedentes para una historia del pensamiento moral patrístico*: F. X. MURPHY - L. VEREECKE, Estudos sobre historia de la moral (Madri, 1969) 5-61; J. LIEBAERT, *Les enseignements moraux des pères apostoliques* (Gembloux, 1970); G. BORGEAULT, *La spécificité de la morale chrétienne selon les Pères des deux premiers siècles*: Science et Esprit 23 (1971) 137-152; L. VILES, *Soumision. Thème et varations aux temps apostoliques. La fonction d'une préposition "úpó"* (Paris, 1992); J. PASCUAL, *Comunicación de bienes en los primeros Padres de la Iglesia (siglos I y I)*: Coríntios XIII n. 84 (1997) 507-518; S. RAPONI, *Alla scuola dei Padri* (Roma, 1998) 257-279 ("Il cristocentrismo della vita cristiana negli insegnamenti dei Padri Apostolici").
6. Ph. LÉCRIVAIN, *La ética cristiana: de las "autoridades" al magisterio*: B. SESBOÜÉ (Dir.), Historia de los Dogmas, II (Salamanca, 1996) 379.
7. L. VEREECKE, *Historia de la teología moral*: VÁRIOS, Nuevo Diccionario de Teología Moral (Madri, 1992) 816-817.

ção os dois preceitos da caridade (I,2) e tecendo a exposição com ditos de Jesus (I,3-4)[8].

Além disso, aceita o dúplice preceito do amor a Deus e ao próximo bem como a formulação da regra de ouro; transmite um decálogo de vícios e de virtudes; valoriza a moral da vida (condena o infanticídio e o aborto) e da ética sexual; dá regras de discernimento para valorizar o comportamento dos pregadores itinerantes na comunidade cristã.

As fontes da moral da Didaqué estão no Novo Testamento (por exemplo, Mt 7,13-14), nas tradições do Antigo Testamento (sobretudo, do profetismo), na literatura intertestamentária ("Testamento dos Doze Patriarcas"), em influências qumrânicas, e na cultura grega.

2. Clemente de Roma

Autor (redator ou notário?) de uma carta (*Primeira Carta de Clemente*) que a comunidade de Roma escreve à comunidade de Corinto nos anos 96 ou 97 (logo após a perseguição de Domiciano). O motivo da carta é um conflito intra-eclesial surgido na comunidade de Corinto; o conteúdo do escrito é uma exortação ou parênese à reconciliação. Com redação pouco sistematizada, o autor expõe diversos temas de índole cristológica e eclesial.

O tema trata também do comportamento moral: elenco de virtudes cristãs e tábua dos deveres de família (1,2-2,8; 21,6-18); explanação sobre o vício da rivalidade, com ilustrações do Antigo Testamento (4,1-13), com motivações da tradição cristã (5,1-7) e com alusões ao mundo cultural grego (6); exposição, com metodologia semelhante, sobre outras virtudes: penitência (7-8), obediência (9,2-10,6), fé e hospitalidade (11-12), humildade (13-17).

Na segunda parte do escrito registram-se um código de santidade cristã e uma exortação às boas obras (29-34,6). Para Clemente, a síntese cristã consiste no caminho em que encontramos a salvação, Jesus Cristo (36,1).

Para a história da moral, a carta de Clemente tem importância por

---

[8]. Edição: *Padres Apostólicos* (BAC, 65), pp. 77-94; *Didaché, Doctrina Apostolorum, Epístola del Pseudo-Bernabé*. Introdução, tradução e notas de J. J. Ayán Calvo (Madri, 1992), Ciudad Nueva; *La Didaché* (Sources Chrétiennes, Paris, 1997).
Estudos gerais: J. P. AUDET, *La Didachè. Instructions des Apôtres* (Paris, 1958); K. NIEDERWIMMER, *Die Didache. Kommentar zu den Apostolischen Vätern*, 1 (Göttingen, 1989). Aspectos morais: P. PALAZZINI, *Summa Theologiae Moralis in Didaje et in Epistula Pseudo Barnabae*: Euntes Docete 11 (1958) 260-273; A. AGNOLETTO, *Motivi ético-escatologici nella Didache*: Convivium Dominicum (Catania, 1959) 259-276.

transmitir o tipo de catequese moral que se utilizava na comunidade de Roma no final do século I: uma moral centrada na categoria de vícios e virtudes e uma moral na qual se integram motivações veterotestamentárias, exortações da tradição cristã e elementos da sabedoria grega[9].

Sob o nome de Clemente, encontram acolhida outros escritos da época posterior: a chamada *Segunda Carta de Clemente* (na qual há uma clara exortação às boas obras tendo em vista a salvação: 16,4); *Duas Cartas sobre a virgindade* (nas quais se trata do tema da vida em comum de ascetas de sexo diferente ("virgines subintroductae")[10]; e as *Pseudo-Clementinas* (narração-novela de caráter edificante)[11].

3. Inácio de Antioquia

Bispo dessa importante cidade da Síria, lugar decisivo da expansão do cristianismo. Um dos chamados Padres apostólicos. Sofreu o martírio em Roma nos últimos anos do imperador Trajano (110-117).

A caminho do martírio, de Antioquia a Roma, escreveu *Sete cartas*: quatro ao sair de Esmirna (às comunidades de Éfeso, Magnésia, Tralles e Roma) e três ao sair de Trôade (às comunidades de Filadélfia e Esmirna, e a Policarpo, bispo desta última cidade).

Nesses escritos, mostram-se uma vivência cristã evidente e uma teologia com nítidos ecos paulinos e joaninos. Há nelas também a preocupação com a defesa da fé cristã, dos falsos pregadores. Entre as cartas destaca-se a dirigida aos *Romanos*.

Junto à "economia", a explicitação da fé trinitária, a cristologia e a eclesiologia (em comum ou unidos ao bispo), as cartas de Inácio explicitam também orientações para o comportamento moral dos cristãos. Devem-se destacar a categoria de "imitação de Cristo" (Ef 8,2; Fl 7,2; Rm 6,3); a mística martirial (Rm 5,3-6,2); a exortação à caridade como síntese da

---

9. Edição: *Padres Apostólicos* (BAC, 65), pp. 177-238; *Carta a los Corintios. Homilía anónima (Secunda Clementis)*. Introdução, tradução e notas de J. J. Ayán Calvo (Madri, 1994). Ciudad Nueva.
Sobre as fontes ou influências: G. BARDY, *Expressions stoïciennes dans la Prima Clementis*: Recherches de Science Religieuse 12 (1922) 73-85; S. FERNÁNDEZ-ARDANAZ, *Elementos hebreos en la antropología de la llamada Prima Clementis*: Compostellanum 34 (1989) 5187; J. P. MARTÍN, *Prima Clementis: ¿estoicismo o filonismo?*: Salmanticensis 41 (1994) 5-35.
10. D. MARAFIOTI, *La verginità in tempo di crisi: le due lettere pseudoclementine "Ad Virgines"*: La Civiltà Cattolica 140 (1989) IV, 434-448.
11. Edição: *Padres Apostólicos* (BAC, 65) pp. 355-372 (*Segunda Carta de Clemente*); 267-313 (*Dos Cartas a las Vírgenes*).

perfeição cristã e a prática de outras virtudes cristãs (paciência, modéstia, discernimento, vigilância)[12].

4. Policarpo de Esmirna

Bispo de Esmirna na época de Inácio de Antioquia. Martirizado mais ou menos no ano 156. Temos dele uma carta dirigida à comunidade de Filipos. Tanto a teologia como a linguagem são semelhantes às cartas pastorais.

No que se refere à moral, esse escrito reúne os decálogos tradicionais dos deveres familiares (Fl 4-6: mulheres, viúvas, diáconos, jovens, presbíteros), assim como listas de vícios e virtudes (Fl 2,2; 4,3; 5,2; 12,2)[13].

No escrito sobre o *martírio de Policarpo* encontra-se o relato mais antigo e mais paradigmático de um martírio cristão[14].

5. Pseudo-Barnabé

Com o nome de "epístola" de Barnabé se conhece um escrito pertencente ao grupo dos *Padres Apostólicos* que utiliza uma interpretação alegórica do Antigo Testamento (à maneira da carta aos Hebreus) para expor a "verdadeira gnose" (conhecimento) do cristianismo. A atribuição a Barnabé é muito improvável. Nada se sabe exatamente no que se refere ao autor e ao lugar de composição (Alexandria?). A data do surgimento é o início do século II.

A segunda parte do escrito (c. 18-21) é uma exposição da doutrina moral sob o esquema de "Os dois Caminhos", já utilizado pela *Didaqué*. Em Barnabé, os caminhos da vida e da morte (*Didaqué*, 1-6) são os caminhos da luz e das trevas. O mais provável é não ter existido dependência

---

12. Edição: *Padres Apostólicos* (BAC, 65), pp. 447-502; *Ignacio de Antioquía. Policarpo de Esmirna. Carta a la Iglesia de Esmirna*. Edição preparada por J. J. Ayán Calvo (Madri, 1991). Ciudad Nueva. Sobre a autenticidade e sobre o significado das Cartas de Santo Inácio, ver os estudos de J. Rius-Camps.
    Sobre os aspectos morais existe abundante bibliografia: Th. Preiss, E. Tinsley, A. Heitmann, P. Meinhold, W. M. Swartley.
13. Edição: *Padres Apostólicos* (BAC, 65), pp. 661-757; *Ignacio de Antioquía. Policarpo de Esmirna*. Edição preparada por J. J. Ayán Calvo (Madri, 1991). Ciudad Nueva.
    Sobre a pessoa e sobre a autenticidade dos escritos: P. F. BEATRICE, *Der Presbyter des Irenäus, Polikarp von Smyrna und der Brief an Diognet*: Compostellanum 34 (1989) 135-158; J. RIUS-CAMPS, *La Carta de Policarpo a los Filipenses, ¿aval de la recopilación "Policarpiana" o credenciales del nuevo obispo Crescente?*: Compostellanum 34 (1989) 97-127.
14. Edição: *Padres Apostólicos* (BAC, 65) pp. 672-689.
    Estudos. H. VON CAMPENHAUSEN, *Bemerkungen zum Martyrium Polikarps* (Göttingen, 1978); G. BUSCHMANN, *Martyrium Policarpi* (Berlim, 1994).

entre os dois escritos, mas que os dois tivessem recorrido a uma fonte comum. Barnabé mantém melhor a tonalidade judaica da fonte, enquanto que o tema está menos elaborado do que na *Didaqué*. A explanação do caminho da luz consiste na proposta de preceitos claros e precisos. O caminho das trevas se reduz a um elenco de vícios[15].

6. Hermas

Autor do escrito *O Pastor*, relacionado entre os *Padres apostólicos*. Composto em meados do século II em Roma, descreve com grande vivacidade, colorido e realismo a vida da comunidade cristã dessa cidade. Trata-se de um sermão de caráter apocalíptico com a intenção de exortar à penitência. Compõe-se de três partes: 1) Cinco visões; 2) Doze mandamentos; 3) Dez comparações.

A segunda parte é um resumo de moral cristã, exposta mediante o esquema dos espíritos (o do bem e o do mal). O conteúdo moral desenvolve-se, com grande dependência da *Didaqué* e da *Carta de Tiago*, mediante a exposição bipolar de virtudes e vícios contrapostos. Em geral, a moral que aparece em *O Pastor* é de caráter mais rigorista e de tom espiritualista. A mentalidade apocalíptica não orienta o compromisso moral cristão para a transformação da realidade social, embora não faltem referências sociais no escrito. Por exemplo, na semelhança 2 aplica-se a comparação do olmeiro e a cepa, que mutuamente se apóiam, à realidade dos ricos e dos pobres, que igualmente têm de apoiar-se uns aos outros na comunidade cristã.

Ao descrever a vida da comunidade cristã de Roma, o escrito de Hermas pode ser considerado um grande exame de consciência da Igreja de Roma[16].

---

15. Edição: *Padres Apostólicos* (BAC, 65), pp. 771-800; *Didaché. Doctrina Apostolorum. Epistola del Pseudo-Bernabé*. Introdução, tradução e notas de J. J. Ayán Calvo (Madri, 1992). Ciudad Nueva.
Estudos: P. PALAZZINI, *Summa Theologiae Moralis in Didajé et in Epistula Pseudo Barnabae*: Euntes Docete 11 (1958) 260-273.
16. Edição: *Padres Apostólicos* (BAC, 65), pp. 937-1092; *El Pastor*. Edição bilíngüe preparada por J. J. Ayán Calvo (Madri, 1995). Ciudad Nueva.
Estudos de caráter geral: N. BROX, *Der "Hirt" des Hermas* (Göttingen, 1991); Ph. HENNE, *Canonicité du "Pasteur" d'Hermas*: Revue Thomiste 90 (1990) 81-100; ID., *Le péché d'Hermas*: Revue Thomiste 90 (1990) 640-651.
Aspectos morais: P. BATIFFOL, *L'Hermas et le problème moral au IIe. siècle*: Revue Biblique 10 (1902) 327-351; A. BAUMEISTER, *Die Ethik des Pastor Hermae* (Freiburg, 1912); M. LEUTZSCH, *Die Wahrnehmung sozialer Wirlichkeit im "Hirten des Hermas"* (Göttingen, 1989).

II. APOLOGISTAS GREGOS (séc. II)

Pertence a esse grupo uma série de escritos que se dirigem ao mundo exterior da comunidade cristã e tratam da defesa da fé e da moral cristãs frente a seus adversários[17]. Entre eles destacam-se: Luciano de Samosata, Fronton de Cirta e, sobretudo, o filósofo platônico Celso[18].

Ao defender o cristianismo, os apologistas cristãos construíram a base da ciência teológica. No que se refere à moral, os escritos dos apologistas: 1) positivamente exaltam a forma cristã de viver (vida séria, austera, honesta, casta), cheia de benefícios para o Estado, para a sociedade e para a civilização em geral; 2) negativamente descrevem as imoralidades do paganismo. Por causa do gênero apologético, convém diminuir tanto os louvores como os vitupérios.

Entre os apologistas gregos do século II devem-se destacar Quadrato, Aristides, Áriston, Taciano, Milcíades, Apolinário, Atenágoras, Teófilo, Militão, Hermias. E, dentre todos eles, destaca-se São Justino. Deve-se também elencar entre eles o escrito a *Diogneto*[19].

1. Justino

O mais importante dos apologistas gregos do século II. Nasceu em Flávia Neápolis (antiga Siquém; atual Nablus) na Palestina. Filósofo aristotélico e platônico; mais ou menos no ano 130 converteu-se ao cristianismo, no qual descobre a verdadeira filosofia. Viveu em Éfeso e em Roma como leigo; fundou escolas filosóficas cristãs. Morreu mártir em Roma, provavelmente no ano de 165.

---

17. Sobre a situação social dos cristãos dessa época: E. R. DODDS, *Paganos y cristianos en una época de angustia* (Madri, 1975); A. HAMMAN, *La vie quotidienne des premiers chrétiens (95-197)* (Paris, 1971); R. MUINNERATH, *Les chrétiens et le monde (Ier. et IIe. siècles)* (Paris, 1973); R. M. GRANT, *Cristianesimo primitivo e società* (Bréscia, 1987); A. MOMIGLIANO (e outros), *El conflicto entre el paganismo y el cristianismo en el siglo IV* (Madri, 1989); XX Siglos 5 (1994) n. 21: "El cristianismo y la antigüedad"; N. SANTOS, *Cristianismo y sociedad pagana en el Imperio Romano durante el Siglo II* (Oviedo, 1998). Ver também: A. HARNACK, *Die Mission und Ausbreitung des Christentums in den ersten drei Jahrhunderten* (Leipzig, 19242).
18. Sobre o conteúdo e a importância da acusação de Celso, a qual sobreviveu até que foi desmontada por Orígenes na metade do século III: C. ANDRESSEN, *Logos und Nomos. Die Polemik des Kelsos wider das Christentum* (Berlim, 1955).
19. Edição exeqüível: *Padres Apologistas griegos (s. II)*. Introdução, texto grego, versão espanhola e notas de D. Ruiz Bueno (BAC, 116) (Madri, 1954).
    Estudos de caráter geral: S. FERNÁNDEZ-ARDANAZ, *La búsqueda de una nueva metodología en los pensadores cristianos del siglo II*: Compostellanum 38 (1993) 57-77; B. POUDERON - J. DORÉ (Dir.), *Les Apologistes chrétiens et la culture grecque* (Paris, 1998).
    Sobre os aspectos morais: M. FERMI, *La morale degli apologisti*: Ricerche Religiose 2 (1926) 218-235; S. RAPONI, *Alla scuola dei Padri* (Roma, 1998) 9-67 ("Comportamento morale e verità cristiana negli Apologisti del II secolo").

Conservam-se apenas três de seus inúmeros escritos: duas *Apologias* e o *Diálogo contra o Judeu Trifón*. Justino é uma das figuras mais importantes da literatura cristã primitiva. Quanto à moral, descobrem-se nele traços que apontam para toda a literatura apologética do século II. Devem-se acrescentar, como elementos próprios, os derivados de sua compreensão original teológica: do "Logos spermatikós" (*Apologia* II, 6-8), da relação entre a "antiga" Aliança e a "nova" (*Diálogo*), e da vida cristã (antropologia teológica)"[20].

2. Escrito a Diogneto

A *Carta* ou *Escrito a Diogneto*, de vez em quando colocada entre os *Padres apostólicos*, é propriamente uma apologia do cristianismo composta no estilo epistolar e dirigida a Diogneto, personagem importante do paganismo. São desconhecidos o autor (Panteno?), o lugar da composição (Alexandria?), e a data exata (provavelmente no final do século II) de seu aparecimento.

O escrito compõe-se de: uma apologia contra pagãos e judeus (cc. 2-4); uma descrição sobre o papel dos cristãos no mundo (cc. 5-6); uma catequese sumária do cristianismo, que é como a contrapartida positiva da apologia (cc. 7-9); uma exortação final (c. 10-12). O Concílio Vaticano II mostrou interesse para com esse escrito, ao citá-lo três vezes (LG 38; DV 4; AG 15).

Para a moral recebem especial atenção as seguintes contribuições: os cristãos vivem como os outros homens (c. 5): insinuação de uma moral secular; no entanto, têm uma função especial na sociedade, são como que "a alma no corpo" (c. 6): especificidade da moral cristã; tudo foi criado para o homem, centro e ápice de tudo quanto existe (c. 10,2): antropocentrismo ético; a caridade é a síntese da vida moral cristã (c. 10,3-7)"[21].

---

20. Edição: *Padres apologistas griegos* (BAC, 116), pp. 153-548.
    Sobre sua teologia: J. J. AYÁN CALVO, *Antropología de San Justino. Exégesis del Mártir a Gén I-III* (Córdoba, 1988); ID., *Otra alianza rige ahora. El diálogo entre un judío y un cristiano en el siglo II*: Revista Católica Internacional 17 (1995) 239-249; P. HENNE, *Justin, la Loi et les Juifs*: Revue Téologique de Louvaina 26 (1995) 450-462; E. OSBORN, *Justin Martyr and the Logo Spermatikos*: Studia Missionalia 42 (1992) 143-160.
    Sobre os aspectos morais: P. MERLO, *Liberi per vivere secondo il Logos. Principi e criteri dell'agire morale in San Giustino filosofo e martire* (Roma, 1994).
21. Edição: *Padres Apostólicos* (BAC, 65), pp. 845-860. É magistral a edição de H. I. Marrou em Sources Chrétiennes (n. 33).
    Estudos de caráter geral: M. PERRINI, *A Diogneto. Alle sorgenti dell'esitenza cristiana* (Bréscia, 1984); M. RIZZI, *La questione dell'unità dell'Ad Diognetum* (Milão, 1989); P. F. BEATRICE, *Der Presbyter des Irenäus, Polikarp von Smyrna und der Brief an Diognet*: Compostellanum 34 (1989) 135-158; E. CATTANEO, *L'enigma dell'Ad Diognetum*: Rassegna di Teologia 32 (1991) 327-332; N. J. STONE WILKINSON, *La palabra y la comunidad. Un estudio retórico de la "Carta a los Efesios" de San Ignacio de Antioquía y la "Carta a Diogneto"*: Teología y Vida 37 (1996) 239-257.
    Sobre a moral: R. BRÄNDLE, *Die Ethik der "Schrift an Diognet"* (Zurique, 1975).

III. INÍCIO DAS GRANDES "TRADIÇÕES" PATRÍSTICAS

1. Observação geral

A partir do século II, iniciam-se as grandes "tradições" patrísticas. A exposição do conteúdo moral da fase patrística não pode deixar de considerar essas correntes que, desde sua peculiaridade, compõem o caudal da única Tradição cristã.

Entre as correntes patrísticas destacam-se: a tradição asiática; a tradição alexandrina; a norte-africana; a tradição oriental (siríaca). Nos itens seguintes será exposto o pensamento moral da tradição norte-africana e alexandrina. Na Teologia moral católica foi menos estudado o conteúdo moral da tradição siríaca (Efrém, Apraates etc.)[22]. Um representante inicial e qualificado da tradição asiática é Irineu de Lyon, a quem se faz referência expressa a seguir, se bem que não se deixe esquecer de outros documentos de interesse como as denominadas "Constituições Apostólicas"[23].

2. Irineu de Lyon (+ 202)

Natural da Ásia Menor (provavelmente de Esmirna). Converte-se ao cristianismo. Conheceu Policarpo de Esmirna. Passa por Roma. Fixa residência em Lyon, de cuja comunidade cristã torna-se bispo. Além do trabalho pastoral, dedica-se ao combate às heresias gnósticas. Restam apenas dois de seus inúmeros escritos: *Contra as heresias* e *Apresentação da pregação apostólica*. Morre no ano 202 aproximadamente. Não é Doutor da Igreja, uma vez que esse título não é concedido aos mártires; mas é Padre da Igreja.

Irineu desempenha um papel decisivo para a teologia. É o teólogo mais importante de seu tempo. Defende a unidade do Antigo e do Novo Testamento. Vê em Cristo "resumo" de toda a realidade. Lança as bases para a compreensão plena da Tradição da Igreja.

No que se refere à moral, deve-se enfatizar sua concepção antropológico-soteriológica: o homem, como imagem de Deus, alcança uma digni-

---

[22]. Cf. G. SABER, *Essai sur la morale chrétienne dans la tradition syrienne*: Studia Moralia 14 (1976) 63-76.
[23]. M. METZGER, *Liturgie, éthique et peuple de Dieu selon les "Constitutions Apostoliques"*: VÁRIOS, Liturgie, éthique et peuple de Dieu (Roma, 1991) 239-256.

dade ética fundamental: "A glória de Deus é o homem vivo" (*Adv. Haereses*, IV, 20, 7: PG 7, 1037); o humano deve ser assumido para ser salvo: "O que não é assumido não pode ser salvo" (*Adv. Haereses*, V, 14, 1), princípio que recebe sua forma definitiva e tradição em São Gregório Nazianzeno ("o que não foi assumido, não foi salvo": *Epístola 101*: PG 37, 181-182)[24].

IV. MORALISTAS AFRICANOS DO SÉCULO III

O norte da África sofre notável romanização. Sobre esse alicerce de cultura romana implantou-se e arraigou-se o cristianismo[25].

A contribuição das comunidades do norte da África (centro principal: Cartago) ao pensamento cristão primitivo (séc. III) foi muito importante. Enfatiza, sobretudo, a pessoa de Tertuliano; a ela se liga a pessoa de São Cipriano; também se devem levar em conta os teólogos seculares Lactâncio e Arnóbio.

Na história da teologia moral fala-se de uma escola moral africana do séc. III. As características comuns são: pensar a moral cristã com esquemas (lingüísticos, conceituais) latinos; tendência por demais rigorosa; proposições e solução dos problemas morais do cristianismo em sua relação com o mundo (profissional, militar, de vida social etc.). Como valor tipicamente cristão, a Igreja africana enfatizou o martírio, uma vez que viveu num mundo onde a perseguição era incessante. Com os estudiosos africanos da moral surge a primeira *casuística* moral cristã[26].

1. Tertuliano (c. 160-220)

O principal dos moralistas africanos do século III. De sólida formação jurídica (estudos em Roma), converte-se ao cristianismo. Fixa residência

---

24. Aspectos relacionados com a moral: A. ORBE, *Antropología de San Ireneo* (Madri, 1969); J. PLAGNIEUX, *La doctrine morale de saint Irenée*: Recherches de Science Religieuse 44 (1970) 179-189; H.-J. JASCHKE, *Pneuma und Moral. Der Grund christlicher Sittlichkeit aus der Sichte des Irenäus von Lyon*: Studia Moralia 14 (1976) 239-281; R. TREMBLAY, *La liberté selon saint Irenée de Lyon*: Studia Moralia 15 (1977) 421-444; A. M. MAZZANT, *La "giustizia" in Ireneo*: INSTITUTUM PATRISTICUM AUGUSTINIANUM, L'etica cristiana nei secoli III e IV: eredità e confronti (Roma, 1996) 151-169; S. RAPONI, *Alla scuola dei Padri* (Roma, 1998) 281-302 ("Cristo Gesù compimento delle attese dell'umanità in S. Ireneo di Lione").
25. Cf. J. E. MERDINGER, *Rome and the African Church in the Time of Augustine* (Yale, 1997).
26. Sobre os moralistas africanos: L. Chan. BAYARD, *Tertullien et Saint Cyprien* (Paris, 1930); T. SPANNEUT, *Tertullien et les premiers moralistes africains* (Gembloux, 1969).

em Cartago, onde nascera. Desenvolve uma impressionante atividade literária. Seu caráter impetuoso e violento transparece em seus escritos. Promoveu o latim cristão. Depois de Santo Agostinho, é o mais original e o mais competente entre os escritores latinos da Igreja.

Além de obras *apologéticas* ("Apologeticum") e *polêmicas* ("Adversus Marcionem"), tem numerosos tratados sobre *disciplina na Igreja*, sobre *ascética* e sobre *moral*. Entre os temas de moral que trata de forma monográfica, devemos lembrar: os espetáculos ou jogos públicos no circo, no estádio bem como no anfiteatro (*De spectaculis*); a moda feminina (*De cultu feminarum*); a castidade e a virgindade (*De exhortatione castitatis, De virginibus velandis*); a modéstia (*De pudicitia*); o serviço militar (*De corona*); o matrimônio (*Ad uxorem*).

Nesse rol de obras, Tertuliano toma posição sobre diversos problemas práticos: a castidade, os espetáculos, a vida militar etc. "No entanto, é difícil descobrir nele os princípios de uma moral fundamental: referências, por exemplo, às condições do ato humano, ao sentido da lei, ao papel da consciência aparecem só por acaso, uma vez que a maior parte de seus escritos se refere a situações particulares"[27].

As propostas e as soluções de moral são de caráter radical e rigoroso, sobretudo depois de passar para o montanismo (em 207, aproximadamente), movimento com forte caráter apocalíptico e, por conseguinte, de exigências morais radicais. Embora casado, nem sempre ficou imune a apreciações misóginas. Tertuliano morre na solidão, depois do ano 220[28].

2. Cipriano de Cartago (+ 258)

Foi procurador romano. Convertido ao cristianismo, já adulto. Bispo de Cartago. De caráter moderado, em oposição ao temperamento de

---

27. L. VEREECKE, *Historia de la teología moral*: VÁRIOS, Nuevo Diccionario de Teología Moral (Madri, 1992) 218.
28. Estudos sobre a moral de Tertuliano (além das obras clássicas de G. Ludwig, T. Brandt, L. Chan. Bayard, J. Klein, T. Spanneut etc.): F. X. MUYPHY, *The foundations of Tertullian's moral teaching*: Thomistica Morum Principia, II (Roma, 1961) 95-104; C. RAMBAUX, *Tertullien face aux morales des trois premiers siècles* (Paris, 1979); A. VICIANO, *Grundzüge der Soreriologie Tertullians*: Theologie und Glaube 75 (1989) 147-161; E. F. OSBORN, *Tertullian's Ethics of Paradox*: INSTITUTUM PATRISTICUM AUGUSTINIANUM, L'etica cristiana nei secoli III e IV: eredità e confronti (Roma, 1996) 171-179; W. TUREK, *La speranza in Tertulliano* (Roma, 1997). Sobre sua moral matrimonial: E. LAMIRANDE, *Tertullien misogyne? Pour une lecture du "de cultu feminarum"*: Science et Esprit 39 (1987) 5-25; ID., *Tertullien et le mariage. Quand un moraliste s'adresse à son épouse*: Église et Théologie 20 (1989) 47-75.

Tertuliano. Foi um grande Pastor. Seus escritos, entre os quais se destacam as *Cartas*, são o prolongamento de sua catequese; neles se adverte finura psicológica mais do que gênio literário. Depende de Tertuliano, que parece superar Cipriano. Morre no ano de 258, aproximadamente.

É um dos moralistas africanos do século III. Entre os tratados de moral de São Cipriano devem-se enfatizar os destinados: às boas obras e à esmola (*De opere et eleemosynis*); à virtude da paciência (*De bono patientiae*); aos ciúmes e à inveja (*De zelo et livore*)[29]. "Cipriano elaborou concepções do martírio e da virgindade que são importantes para a vida cristã; mas não construiu uma moral fundamental, porque seus princípios aparecem unicamente no contexto de problemas concretos"[30].

3. Lactâncio

Enquanto Arnóbio não influi no campo da moral, Lactâncio considera-se um dos primeiros representantes de um discurso teológico-moral autônomo[31]. "Com suas *Instituciones divinas*, escritas entre 304 e 313, Lactâncio compõe *ex professo* um verdadeiro tratado de moral, estabelece as bases filosóficas da moral, definindo a virtude, o bem maior, a sabedoria, as relações de justiça e de religião. Os elementos filosóficos não são originais, pois a maior parte se inspira em Cícero; no entanto, Lactâncio adaptou-os à fé, transformando filosofia moral em teologia moral. O autor insiste na interioridade do ato moral, na liberdade religiosa, na exigência moral da religião, na não-violência"[32].

V. ESCOLAS DE CATECÚMENOS (séc. III-IV)

Se o século II é o século da defesa da doutrina cristã frente aos ataques externos e frente aos hereges, o século III é o século do catecumenato. Aos convertidos é necessário proporcionar uma boa formação cristã.

---

29. Edição: *Obras. Tratados. Cartas.* Edição de D. Ruiz Buenos (BAC, 241) (Madri, 1964); *Cartas* (Madri, 1998), Gredos.
    Estudos: J. CAPMANY, *"Miles Christi" en la espiritualidad de San Cipriano* (Barcelona, 1956).
30. L. VEREECKE, *l. c.*, 818.
31. R. M. PIZZORNI, *Sulla questione della legge naturale in Lattanzio, Ambrogio e Agostino*: INSTITUTUM PATRISTICUM AUGUSTINIANUM, L'etica cristiana nei secoli III e IV: eredità e confronti (Roma, 1996) 353-368.
32. *Ibid.*, 818.

A reflexão teológica organiza-se a partir do século III circunscrita às escolas teológicas, ambientes de educação cristã para os catecúmenos[33]. Nelas aparecem os teólogos e nelas se transmitem os conteúdos da fé. Têm importância também para a história da moral.

Três são as escolas mais importantes:

1) A *Escola de Alexandria*, na qual há preferência pela filosofia platônica e se propicia uma interpretação da Escritura de caráter alegórico; destacam-se os seguintes nomes: Panteno (seu fundador), Clemente, Orígenes, Atanásio, Dídimo, Cirilo. Alexandria, que tinha nascido com vocação para a intelectualidade e a universalidade na época de Alexandre Magno e dos Ptolomeus e na qual uma numerosa comunidade judaica havia inculturado sua fé no ambiente helenista (Fílon), viu surgir uma poderosa comunidade cristã, provinda tanto do judaísmo como do helenismo[34].

2) A *Escola de Antioquia*, fundada por Luciano de Samosata (312) em oposição ao método alegórico de Orígenes, segue uma linha mais racional na interpretação da Escritura; com início humilde tem sua época de esplendor com Diodoro de Tarso, mestre de João Crisóstomo; o mais extremista foi Teodoro de Mopsuéstia, sem esquecer-nos de que o fundador da escola foi mestre de Ario[35].

3) A *Escola de Cesaréia da Palestina*, fundada por Orígenes quando teve de abandonar o Egito (232); aí se conservou o legado literário de Orígenes: sua doutrina e sua biblioteca; deve-se recordar, dentre os mestres dessa escola, Pânfilo, Gregório Taumaturgo, Eusébio de Cesaréia; os Capadócios sofrem influência da escola de Cesaréia.

1. Clemente de Alexandria (150-215 aprox.)

Escritor da Igreja, pertencente à Escola de Alexandria. Um dos moralistas mais importantes do cristianismo da Igreja primitiva. Nasce em Atenas, aproximadamente no ano 150, de pais gregos. É conhecido pelo nome romano.

Iniciado nos mistérios de Elêusis, converte-se ao cristianismo. Percorre vários países (Itália, Síria, Palestina) para receber instrução dos mestres cristãos mais famosos. Em Alexandria, encontra-se com Panteno, fundador

---

33. G. PELLAND, *Le phénomène des écoles en théologie*: Gregorianum 75 (1994) 431-467, sobretudo pp. 435-443 (escolas na Igreja antiga).
34. Cf. J. FERNÁNDEZ-SANGRADOR, *Los orígenes de la comunidad cristiana de Alejandría* (Salamanca, 1994).
35. A.-G. HAMMAN, *La catéchèse morale à Antiochie au IVème. siècle*: INSTITUTUM PATRISTICUM AUGUSTINIANUM, L'etica cristiana nei secoli III e IV: eredità e confronti (Roma, 1996) 523-531.

da escola cristã da referida cidade. Clemente fixa aí residência, sucedendo a seu mestre na direção da escola. De "discípulo" passa a "mestre". Devendo fugir do Egito, morre na Capadócia, mais ou menos no ano 215.

O mérito de Clemente foi o de tentar o diálogo fecundo entre a fé e a cultura[36]. Suas grandes obras são: *Protréptico* (espécie de apologética do cristianismo); *Pedagogo* (manual de instrução cristã); *Stromata* (miscelânia de temas cristãos). A esses escritos deve-se acrescentar a homilia sobre Mc 10,17-31: *Quis dives salvetur?* (se se podem salvar os ricos).

Seus escritos podem-se considerar os primeiros esboços de uma sistematização da ética cristã. Em sua concepção da moral cristã enfatiza a orientação cristocêntrica. Cristo é a fonte da moral; Cristo não só é o mestre e o pedagogo do caminho cristão, mas também o modelo da perfeição cristã. Clemente expõe os preceitos e as exigências da vida cristã em função do objetivo da imitação de Cristo (2ª e 3ª partes do *Pedagogo*).

Como temas concretos destacam-se: a moral matrimonial e familiar, na qual defende os benefícios do matrimônio e propõe uma mística cristã conjugal e familiar; e a moral econômica, na qual as exigências evangélicas são adaptadas às condições da realidade humana. Suas propostas e suas soluções são de notável equanimidade, bastante longe do radicalismo e do rigor dos moralistas africanos do século III (por exemplo, quanto ao tema da moda, dos adornos, da atenção ao corpo: *Pedagogo*, livro III, cap. 11).

Clemente é importante para a história da teologia moral não só pelos conteúdos de moral que expõe, mas também, e principalmente, por ter tentado fazer a síntese entre a sabedoria helenista e o ideal cristão. Constitui um alvo — e um paradigma — no processo de inculturação da moral cristã. Em seus escritos, tornam-se evidentes as influências do platonismo e, sobretudo, do estoicismo[37].

---

36. L. MEULENBERG, *Clemente de Alexandria, um Evangelizador dos Helenos*: Actualização 20 (1990) 859-872; H. CROUZEL, *Culture et foi: Clément d'Alexandrie*: Studia Missionalia 42 (1993) 97-122.
37. Edição: *El Pedagogo*. Introdução, tradução e notas de M. Merino e E. Redar (Madri, 1994), Ciudad Nueva.
    Estudos sobre a moral em geral (além das obras clássicas de F. J. Winter, K. Ernesti, W. Capitaine, G. Bardy): J. DUMORTIER, *Les idées morales de Clément d'Alexandrie dans le Pédagogue*: Mélanges de Science Religieuse 11 (1954) 63-70; H. I. MARROU, *Morale et spiritualité chrétienne dans le Pédagogue de Clément d'Alexandrie*: Studia Patristica, II (Berlin, 1957) 538-546; S. FERNÁNDEZ-ARDANAZ, *"Traditio Patrum" e nuova politeia cristiana: I fondamenti della morale in Clemente Alessandrino*: INSTITUTUM PATRISTICUM AUGUSTINIANUM, L'etica cristiana nei secoli III e IV: eredità e confronti (Roma, 1996) 181-196.
    Estudos sobre aspectos morais concretos: Th. RÜTHER, *Die sittliche Forderung der Apatheia in den beiden ersten christlicher Jahrhunderten und bei Klemens von Alexandrien* (Freiburg, 1949); Q. PRUNET, *La morale de Clément d'Alexandrie et le Nouveau Testament* (Paris,

2. Orígenes (+ 186-254)

Gênio da Igreja e da humanidade. De família cristã abastada, nasce em Alexandria. Martirizado o pai, confiscam-lhe os bens de família. Orígenes é o mais velho dos sete irmãos. Viaja para Roma, Arábia, Palestina e volta para Alexandria. É, porém, exilado do Egito e passa a residir em Cesaréia da Palestina. Aí funda a chamada Escola de Cesaréia, para onde leva sua biblioteca (mais ou menos 2.000 obras).

Compôs muitos estudos (era capaz de ditar a vários escreventes ao mesmo tempo). Sua obra teológica principal é *Sobre os Princípios*, verdadeira suma do pensamento cristão. Os dois primeiros livros tratam de Deus e do mundo criado; no terceiro fala do homem, da liberdade humana e do uso que devemos fazer dela diante das tentações; o quarto trata da Escritura, de sua inspiração e interpretação. A duzentos anos depois de Cristo e a duzentos antes de Santo Agostinho, Orígenes dá a estatura exata à teologia.

A obra de Orígenes esteve exposta, durante a vida do autor e depois de morto, a interpretações contraditórias. Adversários e admiradores parecem ter rivalizado com o propósito de distorcer seu pensamento.

Embora não tenha tratados explícitos sobre moral, a doutrina de Orígenes oferece material abundante para o tratamento de muitos temas de moral: virtude, pecado etc[38].

VI. PADRES GREGOS (séc. IV-V)

Os séculos IV-V marcam a idade de ouro da moral patrística, tanto grega como latina. Três eventos básicos determinam a orientação do Cristianismo[39]:

1966); Q. RICHARDSON, *The basis of ethics: Chrysippus and Clement of Alexandria*: Studia Patristica, IX (1969) 87-97); G. DE SIMONE, *Note sull'etica dei beni nel "quis dives salvetur?" di Clemente Alessandrino*: INSTITUTUM PATRISTICUM AUGUSTINIANUM, L'etica cristiana nei secoli III e IV: eredità e confronti (Roma, 1996) 197-205.

38. Sobre a pessoa de Orígenes e sua teologia: H. CROUZEL, *Orígenes. Un teólogo controvertido* (Madri, 1998).
Sobre os aspectos morais (além dos Estudos clássicos de W. Capitaine, W, Völker, G. Bardy, G. Teichtweier etc.): P. NEMESHEGY, *La morale d'Origène*: Revue d'Ascétique et de Mystique 37 (1961) 409-428; J. STELZENBERGER, *Syneidesis bei Origenes* (Paderborn, 1963); E. SCHOCKENHOFF, *Zum Fest der Freiheit. Theologie des christlichen Handelns bei Origenes* (Mainz, 1990); H. CROUZEL, *La justice chez Origène*: P. COLOMBANI (ed.), Les combats de la paix (Toulouse, 1996) 157-172; G. BARBARIA, *La non violenza in Origene*: Salesianum 59 (1997) 3-32

39. Cf. L. VEREECKE, *Historia de la teología moral*: VÁRIOS, Nuevo Diccionario de Teología Moral (Madri, 1992) 819.

— A expansão do Cristianismo: não só no Império romano, mas também fora dos limites imperiais: Pérsia, Armênia, Cáucaso, Arábia, Etiópia, Germânia. O crescimento numérico exige formação. A cristianização do Império romano traz consigo uma legislação "cristã"; por exemplo, a celebração do Dia do Senhor (Domingo) passa a ser, por lei (ano 325), um dia feriado no calendário civil.

— O florescimento do Monacato como opção e ideal de vida cristã: o modelo do "monge" substitui o modelo do "mártir". Convém verificar que a maioria dos Santos Padres leva vida de monge, pelo menos durante certo período de sua vida.

— O surgimento, tanto no Oriente como no Ocidente, de grandes Personalidades que assumem a direção da vida da Igreja[40].

Os três eventos têm muito a ver com a moral cristã. Ela passa a ser a moral da sociedade. Por outro lado, a filosofia e a cultura greco-romanas (estoicismo, neoplatonismo) são utilizadas como sistema de pensamento para justificar, para expor e para desenvolver a dimensão ética do cristianismo.

Referimo-nos resumidamente à vertente moral do pensamento dos Santos Padres. Nesta passagem, referimo-nos aos gregos; na seguinte, aos latinos.

1. Atanásio (+ 372)

A Igreja latina considera Santo Atanásio um dos grandes Padres gregos. Defensor incansável da divindade de Cristo contra a heresia ariana. Homem de ação, mais do que de pensamento.

Para a história da moral, deve-se enfatizar, além de seu tratado *Sobre a virgindade*, a *Vida de Santo Antônio*, que é um documento importante do monacato primitivo e no qual se insinuam as propostas da moral do monacato, sobretudo no que diz respeito ao mundo das "tentações" e ao modo de cambatê-las[41].

---

40. Traz dados históricos o livro de R. TEJA, *Emperadores, obispos, monjes y mujeres. Protagonistas del cristianismo antiguo* (Madri, 1999).
41. Bibliografia sobre Santo Atanásio: L. A. SÁNCHEZ NAVARRO, *Atanasio Griego. Actualización bibliográfica*: Revista Agustiniana 34 (1993) 1953-1094 (sobre a "Vita Antonii", pp. 1072-1074). Sobre seu significado em geral: A. MARTIN, *Athanase d'Alexandrie et l'Eglise d'Egypte au IVe Siècle* (Paris-Roma, 1996) 328-373.
    Sobre os aspectos morais: R. BERNARD, *L'image de Dieu d'après saint Athanase* (Paris, 1952); A. C. CHACON, *Alcune questioni riguardanti la virtù della castità, in una lettera di Sant'Atanasiao di Alesandria*: A. ANSALDO (ed.), Persona, verità e morale (Roma, 1987) 695-702; A. MARTIN, *Athanase d'Alexandrie, l'Église et les moines: A propos de la "Vie d'Antoine"*: Revue des Sciences Religieuses 71 (1997) 171-188.

2. Basílio (330-379 aprox.)

Entre os Padres gregos destaca-se o grupo dos chamados Capadócios: Basílio, o Grande, seu irmão Gregório de Nissa, e Gregório Nazianzeno, amigo de Basílio.

São Basílio é considerado um dos mais importantes Padres da Igreja. É cognominado o "Grande". Com seu irmão Gregório de Nissa e seu amigo Gregório Nazianzeno forma o grupo dos Padres Capadócios. Se Gregório Nazianzeno é o grande pregador, e Gregório de Nissa, o grande pensador e místico, Basílio é o homem de ação, sem desmerecê-lo nem como pregador nem como pensador.

Nasce na Cesaréia da Capadócia mais ou menos no ano de 330 e morre em 379. Teve uma formação esmerada na cultura clássica (estudos em Constantinopla e em Atenas), cultura que soube assimilar e integrar com a fé cristã. Viveu com alguns monges da Síria e Palestina. De sua experiência monacal surgiram as *Regras monásticas*.

Em seu ministério sacerdotal e episcopal na Cesaréia, dedicou atenção especial às questões sociais, pregando e organizando a caridade cristã. A situação da Capadócia requeria essa atenção, uma vez que as pessoas se dividiam em alguns poucos ricos e uma grande massa de pobres, sem a classe média[42]. Chegou-se a comparar a situação social da Capadócia com a do III Mundo de hoje e a atuação de Basílio com a pastoral nascida da atual "Teologia da libertação"[43].

Além de seus escritos monásticos, dogmáticos e pastorais, devem-se destacar seus Sermões de orientação preferentemente moral (PG 31,163-618. 1429-1514): sobre a avareza, o alcoolismo, a ira, a humildade; e, especialmente, os que se referem às questões sociais (*In divites, In tempore famis et siccitatis, In illud Lucae "Destruam horrea mea"*). A Carta Pastoral *Gaudium et spes* do Vaticano II (n. 39, nota 10) faz referência a essa última homilia, ao discorrer sobre o destino universal dos bens econômicos[44].

---

42. Cf. R. TEJA, *Organización económica y social de Capadocia en el siglo IV, según los Padres Capadocios* (Salamanca, 1974).
43. P. SIEPIERSKI, *Poverty and Spirituality: Saint Basil and Liberation Theology*: The Greek Ortodox Theological Review 33 (1988) 313-326.
44. Uma aproximação geral à moral de São Basílio: J. RIVIÈRE, *Saint Basile, évêque de Césarée* (Paris, 1925); B. PETRÀ, *Cultura filosofica e novità della fede nel pensiero morale di Basilio il Grande*: Studia Moralia 29 (1991) 275-303, sobretudo pp. 275-285.
    Estudos sobre os aspectos morais do pensamento de São Basílio: B. SCEWE, *L'ascèse monastique de s. Basile*: Revue de Science Religieuse 23 (1949) 333-342; St. GIET, *Les idées et l'action sociale de s. Basile* (Paris, 1940); F. X. MURPHY, *Moral and ascetical Doctrine in St. Basil*: Studia Patristica 14 (1976) 320-326.

3. Gregório Nazianzeno (330-390 aprox.)

Padre Capadócio. Amigo de São Basílio, a quem acompanha e de quem depende em parte. Procedente, como Basílio, de ambiente aristocrata da Capadócia, exerceu sua atividade sacerdotal em Nazianzo, onde seu pai era bispo; foi também bispo de Constantinopla. Gregório é o grande pregador: é conhecido como o "Demóstenes cristão".

Sua contribuição para a teologia moral é vinculada à dos outros Capadócios e, sobretudo, à de São Basílio[45].

4. Gregório de Nissa (335-395 aprox.)

Irmão de São Basílio, faz parte do grupo dos Padres da Capadócia. Embora saísse da Capadócia só para se formar, tinha dotes filosóficos especiais, que usou na interpretação mística do cristianismo. Trata-se de um teólogo da espiritualidade cristã. Bispo de Nissa, espécie de decanato rural da Capadócia. Embora casado, o Nisseno louva a virgindade.

Em Gregório de Nissa encontra-se uma interpretação da moral cristã como ascese ou caminho para a contemplação mística; paradigma dessa ascensão é Moisés, cuja vida escreve (*Vida de Moisés*)[46].

5. João Crisóstomo (344-407 aprox.)

Padre da Igreja, nascido no ano de 344 em Antioquia. Estuda teologia com Diodoro de Tarso. Formado na escola de Antioquia, é seu mais qualificado representante. Vive a experiência monástica e escreve um tratado

---

[45]. Sobre a pessoa e a teologia do Nazianzeno: VÁRIOS, *Gregorio Nazianzeno, teologo e scrittore* (Bolonha, 1993); J. BERNARDI, *Saint Grégoire de Nazianze. Le Théologien et son temps (330-390)* (Paris, 1995).
Sobre os aspectos morais: F. QUÉRÉ-JAULMES, *L'aumône chez Grégoire de Nysse et Grégoire de Naziance*: Studia Patristica, VIII (Roma, 1968) 449-455.

[46]. Deixando à parte os Estudos sobre a mística no de Nisseno (J. Daniélou, W. Völker, T. Böhm, H. J. Sieben etc.), anoto algumas referências bibliográficas mais diretamente relacionadas com a moral: F. PREGER, *Die Grundlagen der Ethik bei Gregor ron Nyssa* (Würzburg, 1897); J. GAITH, *La conception de la liberté chez Grégoire de Nysse* (Paris, 1953); K. YAMAMURA, *The meaning of the ethics of Greek Fathers. Gregory of Nyssa and Chrisostome*: Studies of Medieval Thought 7 (1965) 1-18.; M. D. HART, *Reconciliation of Body and Soul: Gregory of Nissa's Deeper Theology of Marriage*: Theological Studies 51 (1990) 450-478.

Contra os contrários à vida monástica. Regressa a Antioquia onde é ordenado sacerdote. Escreve um *Tratado sobre o sacerdócio*. Desempenha o ministério sacerdotal, sobretudo o da pregação (é chamado o "boca de ouro"). De Antioquia passa, como bispo, para Constantinopla, onde exerce o ministério episcopal com dificuldade[47].

O significado de João Crisóstomo para a moral está nas *Homilias* (sobre o evangelho de Mateus) e em seus *Sermões* de caráter nitidamente social[48]. Nesses escritos, pode-se observar uma opção clara pela justiça e em favor das pessoas e das classes menos favorecidas[49]. Essa opção ele a tira diretamente do Evangelho. Concretamente, a pregação moral de João Crisóstomo mostra uma preferência especial pelo texto de Mt 25,31-46[50].

Nas obras de João Crisóstomo nota-se uma atitude de benignidade pastoral. Agradava-lhe empregar a palavra bíblica de "condescendência", que entendia como um dúplice movimento de descida e subida: Deus desce para que o homem possa subir[51]. Essa atitude pastoral levou-o a descobrir soluções evangélicas para alguns problemas da vida moral cristã; por exemplo, no que se refere ao cônjuge abandonado inocentemente[52].

---

47. L. MEULENBERG, *"Deus seja louvado por tudo". As tribulações de João Crisóstomo, Bispo da Igreja*: Revista Eclesiástica Brasileira 49 (1989) 371-399; R. BRÄNDLE, *Johannes Chrysostomos. Bischof, Reformer, Märtirer* (Kohlhammer, 1999).
48. A. GONZÁLEZ BLANCO, *Economía y sociedad en el Bajo Imperio según S. Juan Crisóstomo* (Madri, 1980).
49. Edição: *Homilías sobre el evangelio de san Mateo*. Prólogo, texto grego, versão espanhola e notas de D. Ruiz Bueno, 2 vol. (BAC, 141 e 146) (Madri, 1955-1956); *Tratados ascéticos*. Texto grego, versão espanhola e notas de D. Ruiz Buenos (BAC, 169) (Madri, 1958): incluem-se, entre outros tratados, *Contra los impugnadores de la vida monástica, y Los seis libros sobre el sacerdocio*.
    Estudos sobre a moral: Ph. LEGRAND, *Saint Jean Chrysostome* (Paris, 1924); K. YAMAMURA, *The meaning of the ethics of Greek Fathers. Gregory of Nyssa and Chrisostomos*: Studies of Medieval Thought 7 (1965) 1-18; L. J. CHARNAY, *Saint Jean Chrisostome moraliste* (Lyon, 1969); G. ASTRUC-MORIZE, *Éthique, liturgie et eschatologie chez saint Jean Chrysostome*: VÁRIOS, Liturgie, éthique et peuple de Dieu (Roma, 1991) 33-51; E. VOULGARAKIS, *Saint Jean Chrysostome et l'éthique sociale*: ACADÉMIE INTERNATIONALE DES SCIENCES RELIGIEUSES, L'éthique. Perspectives proposées par la foi (Paris, 1993) 241-251; B. LEYERLE, *John Chrysostom on Almsgiving and the Use of Money*: Harvard Theological Review 87 (1994) 29-47; C. NARDI, *Motivi diatribici in Giovanni Crisostomo. Tra "ethos" popolare e Vangelo*: INSTITUTUM PATRISTICUM AUGUSTINIANUM, L'etica cristiana nei secoli III e IV: eredità e confronti (Roma, 1996) 465-489; S. ZINCONE, *Legge, libertà, grazia in Giovanni Crisostomo: Ibid.*, 503-511; M. G. VACCHINA, *San Giovanni Crisostomo: l'etica del "Filosofo" cristiano come pratica dell'"agape"*: *Ibid.*, 513-522; I. BAAN, *L'aspect pneumatologique de la morale du chrétien selon Jean Chrysostome*: Augustinianum 37 (1997) 327-332.
50. R. BRÄNDLE, *Matth 25, 31-46 im Werk des Johannes Chrisostomos* (Tubinga, 1979).
51. F. FABRI, *La condiscendenza divina nell'ispirazione biblica secondo S. Giovanni Crisostomo*: Biblica 14 (1933) 330-347.
52. Cf. J. S. BOTERO, *El cónyuge abandonado inocentemente: un problema a replantear*: Estudos Eclesiásticos 73 (1998) 443-472 (especialmente, p. 452).

Santo Afonso de Ligório gostava muito das orientações teológico-morais de João Crisóstomo. Na questão de se se peca ao contrair matrimônio "principalmente como remédio para a concupiscência", Afonso abandona a opinião tradicional para seguir João Crisóstomo que eximia de pecado[53]. Segue também o espírito da moral do Crisóstomo nos temas relacionados à paternidade responsável.

6. Teólogos posteriores

Entre os teólogos orientais posteriores à fase de ouro da patrística é necessário citar:

Máximo, o Confessor (579/80-662)

Teólogo que serve de ligação entre Oriente e Ocidente[54]. Além de sua rica teologia trinitária e cristológica[55], convém observar sua compreensão da contribuição da fé para a realização humana: "divinização" do homem[56]. Para a teologia moral, tem importância sua teologia sobre a "lei", tanto a natural como a escrita e a lei da graça[57]. Exatamente no que se refere à lei da Nova Aliança é citado pela encíclica *Veritatis splendor*[58].

João Damasceno (+ 749)

Um dos primeiros teólogos a dialogar com o Islã. Em Damasco, cidade onde nasceu, sucedeu a seu pai como "ministro de finanças" do califa. Quando os Omeyas deixaram de ser tolerantes, João distribuiu seus bens aos pobres e retirou-se para o mosteiro de Mar Sabas, ao lado de Jericó. Para a teologia moral católica, João Damasceno ocupa um lugar de destaque pela incorporação de seu pensamento feito por Santo Tomás. Exatamente no início de seu tratado sobre a moral, Santo Tomás apóia-se numa citação de Damasceno: o homem como imagem de Deus é o sujeito da

---

53. SANTO AFONSO, *Theologia Moralis*, liv. VI, trat. VI, cap. II, dub. I: GAUDÉ, IV, 62-64.
54. J.-C. LARCHET, *Maxime le Confesseur, médiateur entre l'Orient et l'Occident* (Paris, 1998).
55. P. PIRET, *Le Christ et la Trinité selon Maxime le Confesseur* (Paris, 1983).
56. J.-C. LARCHET, *La divinisation de l'homme selon saint Maxime le Confesseur* (Paris, 1996).
57. V. KARAYIANNIS, *Maxime le Confesseur. Essence et énergies de Dieu* (Paris, 1993), sobretudo pp. 333-360 (lei natural), 360-383 (lei escrita), 384-393 (lei de graça).
58. *Veritatis splendor*, 12.

moral cristã. É essa orientação antropológico-teológica que se transformou numa constante na Teologia moral[59].

VII. PADRES LATINOS (séc. IV-VII)

1. Ambrósio de Milão (337/339-397)

Um dos quatro grandes Padres da Igreja ocidental. Nasce em Treves, no seio de uma família romana ilustre. Morto o pai, transfere-se com a família para Roma. É batizado em Milão e é eleito bispo dessa igreja no ano de 374. Adquire a formação teológica e, ao mesmo tempo, o ministério episcopal. Exerceu grande influência política. Morre em 397.

Seus escritos são reflexo de sua intensa atividade pastoral. Para a história da teologia moral tem importância singular sua obra *De officiis* (*Sobre os deveres*), escrito destinado ao clero (por isso mais adiante completa-se o título: *De officiis ministrorum*). Sob inspiração bíblica e indiscutível dependência de Cícero (mesmo o próprio título), esse escrito de Ambrósio trata da moralidade enquanto conciliação (livro 3) entre o honesto (livro 1) e o útil (livro 2). Em Ambrósio aflora o esquema das quatro virtudes cardeais.

Nas obras de exegese, tem de destacar-se, para a história da moral social, *De Nabuthae historia* (a história de Nabot), comentário exegético do cap. 21 do livro 3 dos Reis; nela, Ambrósio faz uma transposição da opressão sofrida pelo pobre Nabot à peculiar situação social e política de sua época. Afirmações dessa obra foram aceitas pela encíclica PP (n. 33) ao tratar do tema da propriedade privada e do destino universal dos bens[60].

---

59. J. MEANY, *The image of God in Man according to the doctrine of St. John Damascene* (Manila, 1954).
60. Edição: *Obras de san Ambrosio. Tratado sobre el Evangelio de san Lucas*. Edição preparada por M. Garrido (BAC, 257) (Madri, 1966).
    Sobre a figura e a obra de Santo Ambrósio em geral: monográficos, por ocasião do 1.600 centenário de sua morte, de La Scuola Cattolica 125 (1997) n. 6 e de Trierer Theologische Zeitschrift 106 (1997) n. 4; H. SAVON, *Ambroise de Milan (340-397)* (Paris, 1997).
    Sobre o livro "De Officiis": Th. DEMAN, *Le "De Officiis" de saint Ambroise dans l'histoire de la théologie morale*: Revue des Sciences Philosophiques et Théologiques 37 (1953) 409-424; A. F. COYLE, *Cicero's "De Officiis" and "De Officiis ministrorum" of st. Ambrose*: Franciscan Studies 15 (1955) 224-256; A. MICHEL, *Du "De officiis" de Cicéron à Saint Ambroise: la théorie des devoirs*: INSTITUTUM PATRISTICUM AUGUSTINIANUM, L'etica cristiana nei secolo III e IV; eredità e confronti (Roma, 1996) 39-46.

2. Jerônimo (+ 419)

Nasce em Estridon (entre a Dalmácia e a Panônia). Vive em Roma, na Palestina e em outros lugares do Império. Príncipe dos tradutores latinos, Jerônimo foi o grande transmissor dos textos bíblicos e patrísticos para o Ocidente. Excelente latinista, dotado de qualidades polêmicas, seu caráter e suas atuações nem sempre estiveram no nível de modéstia conveniente.

Para a história da moral interessam as *Cartas*. Tratam, monograficamente, de temas de moral: virgindade, viuvez, vida monástica, vida clerical, educação dos jovens. De fato, o epistolário é a obra de São Jerônimo mais lida em épocas posteriores[61].

3. Agostinho de Hipona (354-430)

Santo Agostinho é o mais importante dos Padres da Igreja e um gênio eminente da humanidade. É também o autor eclesiástico que exerceu a influência mais duradoura e mais profunda na história da moral católica. Nasce em Tagaste no ano de 354, ao norte da África. Africano de nascimento, Agostinho é romano de cultura e de coração.

Sobre temas de moral fundamental: D. LOEPKE, *Die Tugendlehre des hl. Ambrosius* (Sarnen, 1951); R. TOTTEN, *Caritas and the Ascent Motif in the exegetical Works of st. Ambrose*: Studia Patristica, VIII (Berlin, 1968) 442-448. K. ZELZER, *L'etica di Sant'Ambrogio e la tradizione stoica delle virtù*: INSTITUTUM PATRISTICUM AUGUSTINIANUM, L'etica cristiana nei secoli III e IV: eredità e confronti (Roma, 1996) 47-56; L. MIRRI, *Aspetti etici nel "De Virginibus" di Ambrogio*: Ibid., 271-297; A. M. PIREDDA, *Aspetti del bios pitagorio nell'etica di Ambrogio*: Ibid., 305-316; R. M. PIZZORNI, *Sulla questione della legge naturale in Lattanzio, Ambrogio e Agostino*: Ibid., 353-368.

Sobre a moral social: S. CALAFATO, *La proprietà privata in S. Ambrogio* (Turim, 1958); G. D. GORDONI, *Il lavoro secondo S. Ambrogio*: VÁRIOS, Scritti in onore di S. E. G. Battaglia (Florença, 1957) 93-113; M. OBERTI, *L'etica sociale in Ambrogio di Milano. Ricostruzione delle fonti ambrosiane nel De iustitia di S. Tommaso (II-II, qq. 57-122)* (Turim, 1970); Y. FROT, *Le pauvre, autre Christ, dans quelques lettres de saint Ambroise*: INSTITUTUM PATRISTICUM AUGUSTINIANUM, L'etica cristiana ne secoli III e I: eredità e confronti (Roma, 1996) 299-303; L. MEULENBERG, *Ambrósio. Até onde nos leva a solidaridade humana?*: Revista Eclesiástica Brasileira 59 (1999) 313-330.

61. Edição: *Epistolario*. Tradução, introdução e notas de J. B. Valero, 2 vol. BAC (Madri, 1993, 1995). *Obras Completas*, I. Introdução geral de J. B. Valero. BAC (Madri, 1999).
Estudos sobre a moral: B. DEGÓRSKI, *Valori etici del monachesimo di San Girolamo: L'obbedienza/umiltà*: INSTITUTUM PATRISTICUM AUGUSTINIANUM, L'etica cristiana nei secoli III e IV: eredità e confronti (Roma, 1996) 317-337; F. CORSARO, *L'etica dell'"Indignatio" da Giovenale a Girolamo*: Ibid., 339-352.

Conheceu a fundo a língua e a cultura romanas, não lhe foi familiar o grego e não falava a língua púnica. Teve uma longa e atormentada evolução interior, passando pelo maniqueísmo, pelo platonismo e por outras correntes de pensamento da época. Converte-se ao cristianismo em 386 e é batizado no ano seguinte por Ambrósio de Milão. Tendo voltado à África, é eleito bispo de Hipona (396), onde desenvolve um trabalho pastoral intenso. Morre em 430, durante o terceiro mês do assédio a Hipona pelos vândalos.

Agostinho escolhe o platonismo como interlocutor privilegiado de sua reflexão teológica[62]. No que diz respeito à Teologia moral, ela lhe deve o primeiro tratamento propriamente científico[63]. Em geral, a visão agostiniana do mundo tem uma tonalidade pessimista; em Agostinho se reconhece seu "otimismo intelectual" e seu "pessimismo moral"[64].

A influência de Agostinho na moral estende-se a quase todos os temas. Mas é bom enfatizar, como principais, os seguintes: a moral matrimonial, a moral política, a moral da guerra, a verdade e a mentira, a paciência. Em sua síntese teológico-catequética (*De fide et operibus, Enchiridion de fide, spe et charitate, De catechizandis rudibus*) não falta a dimensão moral, articulada corretamente no conjunto da exposição do cristianismo. Em sua grande visão da história (*A cidade de Deus*) expõem-se vários temas de caráter moral[65].

4. Leão Magno (400-461)

É o grande papa do século V. Reside em Roma desde a juventude. Ainda criança, pôde assistir à invasão de Roma pelas tropas de Alarico (410), fato que, com certeza, marcou sua vida. Seu pensamento pode ser sentido nas *homilias* e nas *cartas*: estas refletem seu governo, aquelas, sua personalidade religiosa.

---

62. Ph. LÉCRIVAIN, *La ética cristiana: de las "autoridades" al magisterio*: B. SESBOÜÉ, Historia de los Dogmas, II (Salamanca, 1996) 397.
63. Th. DEMAN *Le traitement scientifique de la morale chrétienne selon Saint Augustin* (Montreal-Lille, 1957).
64. Ph. LÉCRIVAIN, *l. c.*, 388.
65. Edição: Pode-se encontrar a edição de muitas obras de Santo Agostinho na BAC. Anotar, para a moral, as seguintes: *Tratados Morales*. Edição preparada por F. García, L. Cilleruelo e R. Flórez (BAC, 121) (Madri, 1954); *La Ciudad de Dios*. Edição preparada por J. Morán (BAC, 171-172) (Madri, 1958).

A visão que São Leão Magno tem do cristianismo pode ser expressa assim: a fé na obra de misericórdia de Deus manifestada em Cristo exige uma conduta coerente com a graça recebida. A moral é formulada como o caminho da perfeição da fé, através da boa conduta. O compromisso moral baseia-se na revelação misericordiosa de Deus, instaura-se através da busca da semelhança divina, concretiza-se na identificação com Cristo, e se manifesta nas obras de bondade humana[66].

5. Cesário de Arles (470-543)

Discípulo fiel de Santo Agostinho, não se trata de um moralista teórico, mas de um pastor que procura dar forma aos costumes de seus fiéis. A doutrina exposta em seus sermões constitui a transição entre o período da *Patrística* e o dos *Livros penitenciais*. A influência de Cesário sobre a disciplina eclesiástica foi grande: representa um elo entre as duas épocas.

Sua pregação cai freqüentemente no tema da moral sexual. Exorta os jovens a que guardem a virgindade antes do matrimônio e aos casados a que conservem a fidelidade conjugal. Condena o adultério

---

A bibliografia sobre a moral agostiniana é imensa. Deixando à parte os estudos sobre temas concretos, anoto algumas obras de caráter geral (além das clássicas de J. Mausbach, J. Martin, A. Schubert, B. Roland-Gosselin, F. Cayré, A. Reul, H. Arendt, C. Braga, Ch. Boyer, P. Keseling, B. Switalsky, J. F. Harvey): G. ARMAS, *La moral de san Agustín* (Madri, 1954); Th. DEMAN, *Le traitement scientifique de la morale chrétienne selon St. Augustin* (Montreal-Paris, 1957); G. SOAJE RAMOS, *La moral agustiniana* (Porto Alegre, 1960); M. SEYBOLD, *Sozialtheologische Aspekte der Sünde bei Agustinus* (Regensburg, 1963); A. BECKER, *De l'instinct du bonheur dans la prédication de Saint Augustin* (Paris, 1967); O. BRABANT, *Le Christ, centre et source de la vie morale chez St. Agustin. Études sur les Enarrationes in Psalmos* (Paris, 1971); J. PEGUEROLES, *El orden del amor. Esquema de la Ética de San Agustín*: Augustinus 22 (1977) 21-229; ID., *Moral del deber y moral del deseo en San Agustín*: Espíritu 27 (1978) 129-140; S. ÁLVAREZ TURIENZO, *La Edad Media. I. Moral de san Agustín*: V. CAMPS (Dir.), Historia de la ética, I (Barcelona, 1987) 345-373; W. S. BABCOK (Ed.), *The Ethics of St. Augustine* (Atlanta, 1991); R. A. MARKUS, *Augustin*: M. CANTO-SPERBER, Dictionnaire d'éthique et de philosophie morale (Paris, 1996) 101-108; N. CIPRIANI, *L'influsso di Varrone sul pensiero antropologico e morale nei primi scritti di S. Agostino*: INSTITUTUM PATRISTICUM AUGUSTINIANUM, L'etica cristiana nei secoli III e IV: eredità e confronti (Roma, 1996) 369-400; L. FATICA, *Appunti di etica politica in Agostino*: Ibid., 413-422; R. M. PIZZORNI, *Sulla questione della legge naturale in Lattanzio, Ambrogio e Agostino*: Ibid., 353-368; J. L. LARRABE, *El Evangelio como ley de gracia según San Agustín*: Revista Agustiniana 38 (1997) 425-457; P. SAHELICES, *Seguir e imitar a Cristo, según San Agustín*: Revista Agustiniana 38 (1997) 631-679.

66. Edição: *Homilías sobre el año litúrgico*. Edição de M. Garrido (BAC, 291) (Madri, 1969).

tanto do homem como da mulher, contrapondo, habitualmente, a severidade com as mulheres e a benevolência com os homens. Embora legalizado pela lei civil, o concubinato é pior do que o adultério. Para prevenir esses vícios, é preciso fugir às conversas eróticas e ao exagero à mesa. Os clérigos, então casados, devem fugir à familiaridade com mulheres que não a sua; as virgens hão de ser castas de corpo e de coração; as religiosas devem fugir a todo olhar indiscreto no rosto dos homens e a toda complacência ao ouvir sua voz, mesmo que seja a do leitor[67].

6. Martinho de Braga (+ 580)

Seus escritos são de grande interesse para se conhecerem aspectos importantes da vida cristã e das instituições da Igreja de sua época. No campo da moral, deve-se enfatizar seu escrito *Honestae vitae*. Tem como peculiaridade ser uma adaptação cristã do tratado, perdido, de Sêneca "De officiis". O mesmo que Ambrósio de Milão fez com o "De officiis" de Cícero, fez Martinho de Braga com o escrito homônimo de Sêneca[68].

7. Gregório Magno (540-604)

São Gregório é considerado o último dos Padres da Igreja, ou o primeiro homem da Idade Média. Embora o consideremos na Patrística, em sua alma vivem os dois mundos: um que termina e outro que começa. Monge e papa (589), São Gregório soube incentivar a ação pastoral em todas as igrejas; foi o grande restaurador da disciplina canônica.

Entre suas obras sobressaem a *Regra pastoral*, sua obra-mestra e escrito de grande influência ao longo de toda a Idade Média; as *Moralia*, ou comentário ao livro de Jó. Gregório, com Agostinho, foi o autor sobre o qual mais se escreveu e o que mais foi citado nos séculos posteriores. Santo Tomás utiliza muitas vezes São Gregório na parte moral da

---

67. Ver os textos correspondentes dos sermões de Cesário em: M. VIDAL, *Moral de Atitudes. II/ 2ª Parte. Moral do amor e da sexualidade* (Aparecida, São Paulo, 1997⁴) 139-140.
68. A. LIEFOOGHE, *Les idées morales de S. Martin de Braga*: Mélanges de Science Religieuse 11 (1954) 133-146.

Suma Teológica (1-2 e 2-2), chegando a ser o autor mais citado por Santo Tomás de Aquino, depois de Aristóteles, na parte destinada à moral.

Embora não construa uma síntese de teologia moral, São Gregório legou à posteridade uma série de definições, de incorporação de virtudes, e de axiomas de moral que continuaram como lugares clássicos no campo da moral[69].

8. Isidoro de Sevilha (562-636 aprox.)

É tido como o último dos escritores da Patrística ou um dos primeiros escritores da Idade Média. Seja como for, Santo Isidoro é o grande transmissor da cultura romana para a época medieval. Sua grande obra é *As Etimologias*, enciclopédia do saber do momento. Desse escrito foram tiradas etimologias, definições, axiomas, divisões e outros elementos para conformar a reflexão teológico-moral da Idade Média[70].

VIII. MORAL MONÁSTICA

O ascetismo é uma prática constante na história da humanidade. Também aconteceu no cristianismo, sobretudo organizado no chamado "monacato".

Determinaram-se diversos fatores no momento de explicar a gênese do monacato: perda do fervor primitivo da Igreja e desejo de recuperá-lo; substituição do ideal martirial pelo monacato; protesto contra o monopólio institucional (ou sacerdotal) da perfeição; influên-

---

69. Edição: *Obras de san Gregorio*. Edição preparada por M. Andrés (BAC, 170) (Madri, 1958) (contém: *Regla pastoral, Homilías sobre la profecía de Ezequiel, Cuarenta homilías sobre los Evangelios*). *La regla pastoral* (Madri, 1993) Ciudad Nueva. *Libros Morales (I-V)*. Introdução, tradução e notas de J. Rico Pavés, I (Madri, 1998). Ciudad Nueva.
Estudos: L. WEBER, *Hauptfragen der Moratheologie Gregors des Grossen* (Freiburg, 1947); R. WASSELYNCK, *L'influence des "Moralia in Job" de St. Grégoire le Grand sur la théologie morale entre le VIIe. et le XIIe. siècle* (Lille, 1956); ID., *La présence des "moralia" de Saint Grégoire le Grand dans les ouvrages de morale du XIIe. siècle*: Recherches de Théologie Ancienne et Médiévale 35 (1968) 197-240; Ph. DELHAYE, *La morale de Saint Grégoire*: L'Ami du Clergé 69 (1959) 97-109; N. KONDE, *Éthique et eschatologie dans les dialogues de Saint Grégoire Le Grand. Influence de Saint Augustin et de la Règle de Saint Benoit*: INSTITUTUM PATRISTICUM AUGUSTINIANUM, *L'etica cristiana nei secoli III e IV: eredità e confronti* (Roma, 1996) 647-665.
70. Edição: *Etimologías*. Edição de J. Oroz y M. A. Marcos. 2 vol. (BAC, 433-434) (Madri, 1982-1983)

cia de antropologias de caráter dualista. Seja como for, o monacato é um fato de grande importância no cristianismo da Igreja primitiva.

Passou por diversas formas: eremitismo (como São Paulo e Santo Antônio no Egito), cenobitismo (como São Pacômio, + 346), e a vida propriamente monacal (mosteiro). O monacato é um fenômeno espalhado por toda a geografia da cristandade: Egito, Síria, Ásia Menor, Gálias, Península Ibérica, Ilhas Britânicas. Nasce e cresce na época patrística, mas continua tendo grande influência na Idade Média; nessa época, os mosteiros exercem notável influência na reflexão teológica, sobretudo através das escolas monacais.

Na tradição monástica, a ética cristã é entendida e vivida como a perfeição evangélica conseguida mediante o caminho da ascese e tendo como meta a transformação mística do cristão[71]. Entre os teóricos da moral monástica devem citar-se vários Padres da Igreja: Santo Atanásio, São Basílio, Santo Agostinho. No Ocidente, destacam-se:

João Cassiano (360-435 aprox.)

Um dos primeiros mestres da espiritualidade monástica no Ocidente. Exerceu grande influência nas gerações seguintes, mediante seus escritos (*De institutis coenobiorum*, e *Collationes*)[72].

São Bento (480-543)

Organizador da lei propriamente monástica no ocidente. Embora aceite a vida anacoreta, o ideal cristão é conseguir a perfeição evangélica mediante a vida em comum, e assim imitar a forma de vida das comunidades primitivas. Os mosteiros beneditinos (submetidos a diversas reformas: Cister) foram lugares de produção teológica e focos de irradiação do saber ao longo da Idade Média.

---

71. Sobre o monacato: G. M. COLOMBÁS, *El monacato primitivo* (Madri, 1998²).
    Sobre os Apotegmas dos Padres do Deserto: L. MORTARI (ed.), *Vida y dichos de los Padres del desierto*, 2 vol. (Bilbao, 1994-1996); T. MERTON (ed.), *La sabiduría del desierto. Dichos de los Padres del desierto del siglo IV* (Madri, 1997).
    Sobre a moral monástica: F. VANDENBROUCKE, *La morale monastique du XIe. Au XVIe. siècle* (Lovaina, 1966).
72. Ph. CHRISTOPF, *Casien et Césaire, prédicateurs de la moral monastique* (Gembloux, 1969); C. STEWART, *Cassian the Monk* (Nova York, 1998).

IX. CONCLUSÃO

A Patrística constitui um dos momentos privilegiados da moral cristã, tanto no que ela tem de *vida* como no que tem de *pensamento*. A forma de vida cristã recebe sua configuração decisiva nos primeiros séculos da Igreja. Por sua vez, a reflexão teológico-moral tem seus inícios nos escritos dessa época.

Resumidamente, a importância da Patrística manifesta-se nas seguintes constatações:

A vida da Igreja primitiva e os escritos dos Santos Padres constituem um dos elementos mais importantes da *Tradição eclesial*, lugar normativo e epistemológico para a vida cristã e para a reflexão teológica. O Vaticano II declara: "o ensinamento dos Santos Padres testemunha a presença vivificante dessa Tradição, cujas riquezas se transfundem na prática e na vida da Igreja fiel e orante"[73]. Com essa perspectiva, voltaremos ao capítulo terceiro da última parte da presente obra.

Na época Patrística, realiza-se a primeira grande *inculturação* da moral cristã[74]. Tendo como contexto a moral do Antigo Testamento e do período intertestamentário e nascida diretamente da práxis e do ensinamento de Jesus, a moral cristã encarna-se na sociedade greco-romana e na cultura do helenismo[75]. Se nos primeiros escritos se deixa sentir mais a influência do judaísmo, a partir do século III se passa do contexto judaico para o universo mental do helenismo; a influência do estoicismo é patente na moral patrística, através de categorias éticas como a "lei natural"[76].

A Patrística não só é o testemunho de um momento histórico na formação da moral cristã, mas também um fato importante a conservar como *expressão paradigmática* da dimensão ética da fé. É necessário retornar sempre ao "espírito" da moral patrística: para fazer derivar o comportamento moral da profissão de fé em Deus Pai, em Cristo Verbo Encarnado, e no Espírito; para compreender a ética cristã em articulação indissolúvel com os sacramentos, com a liturgia, com a espiritualidade; para propor

---

73. *Dei Verbum*, 8.
74. Sobre a relação dos Padres com as correntes e escolas filosóficas da época, ver as afirmações da encíclica *Fides et ratio*, nn. 39-41. "Diante das filosofias, os Padres não tiveram medo de reconhecer tanto os elementos comuns como as diferenças que apresentavam com a Revelação. Ser conscientes das convergências não ofuscava neles o reconhecimento das diferenças" (*Ibid.*, n. 41).
75. Estudou-se, de modo especial, a "inculturação estóica" da moral patrística. Cf., entre outros: J. STELZENBERGER, *Die Beziehungen der frühchristlichen Sittenlehre zu Ethik des Stoa* (Munique, 1933); M. SPANNEUT, *Le stoïcisme des Pères* (Paris, 1957)
76. Ph. LÉCRIVAIN, *l. c.*, 380-385.

uma elevação contínua do ideal da perfeição humana; para manter viva a opção cristã em favor da dignidade e da dignificação da pessoa, sobretudo no indivíduo e nos grupos mais fracos da sociedade.

L. Vereecke descreve assim a Teologia moral da época patrística: "a teologia moral dos Padres é uma teologia da perfeição, que indica a meta que é preciso alcançar, a virtude, sobretudo a caridade. Inspira-se em primeiro lugar na Escritura, mas se serve também dos grandes sistemas de moral do estoicismo e do platonismo, aos quais confere um traço evangélico. O ensinamento moral inclui-se no quadro litúrgico, deixando a cada um a tarefa de aplicar as leis gerais aos casos práticos. Enfim, a teologia moral dos Padres não é de modo algum influenciada pela prática da penitência pública"[77].

---

77. L. VEREECKE, *l. c.*, 822.

5

IDADE MÉDIA

I. APRESENTAÇÃO

Esse período, cronologicamente, limita-se aos séculos VII/VIII e XIV/XV. Geograficamente, localiza-se especialmente na Europa. Culturalmente, refere-se à cristandade que surgiu com a entrada dos novos povos (bárbaros) na fé cristã, os quais usurparam o Império romano. Nós nos referimos, portanto, ao desenvolvimento da Teologia moral na cristandade ocidental românica e gótica. Embora não se considere expressamente, convém saber que há outro universo cristão, que se aglutina em torno da Ortodoxia oriental. Por outro lado, não se poderá entender a cristandade ocidental sem a referência contínua ao Islã, enquanto nova forma religiosa de entender e de viver a vida e enquanto âmbito cultural e filosófico, no qual se transmite e se reformula o pensamento filosófico-cultural da antigüidade greco-romana.

Na historiografia atual verifica-se uma revalorização da Idade Média; já não é considerada, simplesmente, como "tempos de escuridão"; ela acontece entre o ideal da Antigüidade e o renascimento da idade "moderna". O período chamado "medieval" tem seus aspectos obscuros, mas também elementos de autêntica "sabedoria" humana e religiosa.

A Teologia moral teve um crescimento decisivo na Idade Média, no Ocidente cristão. É essa a época da "constituição" do saber teológico[1]. "É esse o período mais rico da teologia no seu todo, e também da teologia moral especificamente"[2].

---

1. Existe abundante bibliografia (coleções, monografias, sínteses e manuais) sobre a história da Teologia durante a Idade Média. Ver, a título de exemplo: B. MONDIN, *Storia della Teologia, II. Epoca scolastica* (Bolonha, 1996).
2. G. ANGELINI - A. VALSECCHI, *Disegno storico della Teologia Morale* (Bolonha, 1972) 79.

Durante a Idade Média, a moral passa a fazer parte da síntese teológica. Não há ainda uma Teologia moral como disciplina independente. No entanto, ao ligar-se ao conjunto da Teologia, consegue o estatuto epistemológico do saber teológico enquanto tal. Por outro lado, o pensamento filosófico constrói o tratado da Ética, devido em grande parte à incorporação de Aristóteles à corrente do pensamento cristão medieval. Embora, às vezes, a nova disciplina filosófica da Ética atrasasse a configuração da Teologia moral, como aconteceu na opção de São Boaventura, contudo, no final, a presença do saber filosófico sobre a moral ajudou no desenvolvimento da especificidade e do conteúdo da Teologia moral.

Podem-se distinguir dois aspectos na evolução da reflexão teológico-moral durante a Idade Média: o prático e o especulativo. A moral prática é vinculada ao Sacramento da Penitência; construiu-se a partir de dois gêneros literários: os livros Penitenciais e as Sumas de confessores. A moral especulativa esteve ligada ao conjunto da reflexão teológica.

Como é normal, os dois aspectos relacionam-se entre si. No entanto, por motivos pedagógicos, explanaremos em itens diferentes a moral especulativa e a moral prática do período medieval.

II. MORAL ESPECULATIVA

O desenvolvimento da reflexão moral liga-se aos quatro grandes momentos da Teologia medieval, simbolizados pelas estações do ano[3]:

---

3. Sobre a Ética filosófica medieval: A. DEMFP, *La ética en la Edad Media* (Madri, 1958); G. WIELAND, *Ethica-Scientia practica. Die Anfänge der philosophischen Ethik im 13. Jahrhundert* (Münster, 1980); S. ÁLVAREZ TURIENZO, *La Edad Media. II. Ética medieval*: V. CAMPS (Dir.), Historia de la Ética, I (Barcelona, 1987) 373-499; J. Ma. G. GÓMEZ-HERAS, *Ética y tradición escolástica*: VÁRIOS, Concepciones de la ética (Madri, 1992) 105-129; VÁRIOS, *Ética en la Baja Edad Media*: Cuadernos Salmantinos de Filosofía 22 (1995) 7-182.
Estudos sobre a Ética teológica: F. WAGNER, *Der Sittlickeitsbegriff in der christlichen Ethik des Mitelalters* (Münster, 1936); Ph. DELHAYE, *Enseignement et morale au XIIe. siècle* (Friburgo da Suíça, 1988).
Abundantes materiais históricos, em: O. LOTTIN, *Psychologie et morale aux XIIe. et XIIIe. Siècles*, I-VII (Louvaina-Gembloux, 1942-1960); ID., *Principes de Morale. II. Compléments de doctrine et d'histoire* (Louvaina, 1946); ID., *Études de Morale. Histoire et doctrine* (Gembloux, 1961). Sobre a contribuição deste autor à Teologia moral, cf. M. J. IOZZIO, *Self-Determination and the Moral Act: A Study of the Contributions of Odon Lottin*, O. S. B. (Leuven, 1995).
Estudos sobre o final da Idade Média, em: L. VEREECKE, *De Guillaume d'Ockham à Saint Alphonse de Liguori* (Roma, 1986).
Coleção de Estudos sobre a história da Teologia moral na Idade Média: *Analecta Mediaevalia Namurcensia* (Namur-Lille): desde o ano 1950 a 1972 publicam-se 26 monografias. Mais recentemente, as editoras Jaca Book e Cerf publicam, dentro da coleção geral de "Iniciações", uma série de Estudos sobre a "Iniciação na Idade Média" (dez monografias).

- O *Inverno*: a passagem da Patrística para a Cristandade medieval (séc. VII-XI), de São Gregório Magno a Santo Anselmo.
- A *Primavera*: o despertar teológico do século XII.
- O *Verão*: o amadurecimento da Teologia no século XIII.
- O *Outono*: os novos rumos dos séculos XIV-XV.

1. A alta Idade Média

Esse período vai do final da Patrística a Santo Anselmo: séculos VII-XI. Época de "inverno" para a vida cristã: desmorona a cultura romana, advém outra forma de vida (a dos bárbaros), produz-se uma nova inculturação da fé com a nova cultura bárbara, e surge a maneira de entender e de viver o cristianismo correspondente à cristandade medieval[4].

Para a moral, têm especial relevo os fatores e os autores que relaciono a seguir, sinteticamente.

a. Aliança entre a Patrística e a Cristandade medieval

São os transmissores da cultura romana como Boécio e Santo Isidoro de Sevilha, autores bastante citados pelos estudiosos da moral medieval em definições, divisões, axiomas, etimologias. Já nos referimos a Isidoro no capítulo anterior, ao colocá-lo no final do período patrístico[5].

Boécio (480-525)[6]

Cortesão do séquito de Teodorico, rei dos Ostrogodos (Itália). É considerado "o último dos romanos" ou "o primeiro dos escolásticos". Na prisão, escreve *De consolatione philosophiae*, obra na qual se registra sua moral. Ele tem como objetivo a "beatitudo" (felicidade), entendida sob nítida cor estóica[7]. É Boécio o autor da clássica definição de "pessoa": "rationalis naturae individua substantia"[8].

---

4. Para conhecer a moral cristã desse período, são interessantes as normativas dos Concílios: H. MAISONNEUVE, *La Morale Chrétienne d'après les Conciles des Xème. et XIème. siècles* (Louvaina-Lille, s. a.); M.-H. VICAIRE, *La pastorale des moeurs dans les conciles languedociens*: VÁRIOS, Le Crédo, la Morale et l'Inquisition (Toulouse, 1971). A moral também se expressa através das atitudes diante da vida; ver, por exemplo: R. BULTOT, *La doctrine du Mépris du monde. IV. Le XIme. siècle* (Louvaina-Paris, 1964).
5. Sobre Santo Isidoro e a configuração da cristandade (espanhola) cf. P. CAZIER, *Isidore de Séville et la naissance de l'Espagne catholique* (Paris, 1994).
6. H. CHADWICK, *Boethius. The consolation of music, logic, theology and philosophy* (Friburgo, Suíça, 1999).
7. BOECIO, *La consolación de la Filosofía*. Edição e tradução de P. R. Santidrián (Madri, 1999).
8. *Liber de persona et de duabus naturis*, 3: PL, 64, 1343.

Além de Boécio, convém citar:

— **Beda, o Venerável** (673-735): de admirável cultura e escritor fértil; suas obras teológicas são de caráter exegético. Foi reconhecido nos séculos seguintes, especificamente por Santo Tomás de Aquino. Proporciona um início de fundamentação teológica da vida cristã, uma "vida nova em Cristo" nascida no Batismo e desenvolvida mediante a prática das virtudes, especialmente das quatro cardeais[9].

— **Rábano Mauro** (784-856): realizou um trabalho de formador e de vulgarizador que lhe proporcionou o título de "Praeceptor Germaniae". Escreveu um diretório da vida cristã intitulado *De virtutibus et vitiis* (834).

b. Renascimento carolíngeo

Alcuíno (735-804) é o maior inspirador da reforma carolíngea. Destaca-se por sua função pedagógica (seu lema era: "disce ut doceas": aprende a fim de ensinar) e pela renovação no campo da liturgia[10].

A reforma carolíngea foi importante na organização e regulamentação da penitência eclesial[11]. Já nos referimos a ela quando da exposição do crescimento histórico dos Livros penitenciais.

c. As duas tendências no século XI

A Igreja entra no século XI desmoralizada internamente e externamente dominada pelos poderes temporais. Os Papas, desde Gregório VII (1073-1083) a Inocêncio III (1198-1216), propiciarão reformas e regulamentações canônicas. Começam o crescimento do poder pontifício e a conseqüente teologia do poder temporal da Igreja.

No século XI, surgem duas tendências diversas ao estabelecer-se a teologia moral. São representantes das duas tendências: São Pedro Damião e Santo Anselmo de Aosta, arcebispo de Cantuária.

Pedro Damião (1007-1072)

Trata-se de um expoente prematuro do "agostinismo político" (ver

---

9. P. VISENTIN, *I fondamenti teologici della vita cristiana secondo S. Beda* (Pádua, 1986)
10. Obras em: PL, 101, 949-976.
11. M. S. DRISCOLL, *Alcuin et la pénitence à l'époque carolingienne* (Münster, 1999).

descrição a seguir) segundo o qual se tende a diminuir o poder temporal em benefício do poder da Igreja; no método teológico dá-se importância à fé em detrimento da razão (desvaloriza-se e mesmo critica-se o papel dos filósofos ou "dialéticos"); dentre os opúsculos de Damião convém recordar-nos do célebre *Gomorrhianus*.

Anselmo de Cantuária (1033-1109)

Santo Anselmo, contrário à posição de Damião, propõe uma fé iluminada pela razão. É dele a clássica definição do discurso teológico: "fides quaerens intellectum" (a fé em busca da inteligência). João Paulo II faz-nos recordar o papel de Santo Anselmo na busca da harmonia entre fé e razão: "para o santo Arcebispo de Cantuária a prioridade da fé não é incompatível com a busca própria da razão (...). Afirma-se novamente a harmonia fundamental do conhecimento filosófico com a fé: e a fé, por sua vez, exige que seu objeto seja compreendido à luz da razão; a razão, no ápice da busca, admite como necessário o que a fé lhe oferece"[12].

De suas obras[13] (*Proslogium, Monologium, De libero arbitrio, Cur Deus homo, De veritate*) pode-se deduzir uma moral fundamental bastante forte. Para Santo Anselmo, a moralidade consiste na retidão da ação, assim como a verdade é a retidão do pensamento; a liberdade, interpretada à maneira agostiniana, é um elemento essencial da concepção anselmiana da moralidade[14].

d. Agostinismo político

Alguns teólogos da Idade Média deduzem da doutrina de Santo Agostinho uma concepção do poder político com o nome de "agostinismo político". Segundo essa concepção, deve-se diminuir, ao máximo, o poder temporal em benefício do poder da Igreja ou papal. Os juristas e canonistas exaltam o primado político do Papado. Na defesa do pontificado, destacam-se os Ermitãos de Santo Agostinho (Egídio Romano[15], Agostinho Triunfo, Tiago de

---
12. *Fides et ratio*, 42.
13. *Anselmi opera omnia*. Edited by F. S. Schmitt (Stuttgart, 1984). Friedrich Frommann Verlag.
14. Estudos: Ph. DELHAYE, *Quelques aspects de la morale de saint Anselme*: Spicilegium Beccense (1959) 401-422; E. R. FAIRWEATHER, *Truth, Justice and moral Responsibility in the Thought of saint Anselm*: VÁRIOS, L'homme et son destin d'après les penseurs du Moyen Age (Louvaina, 1969) 385-391; R. POUCHET, *La "rectitudo" chez saint Anselme* (Paris, 1964); S. VANNI-ROVIGNI, *L'etica di S. Anselmo* (Frankfurt, 1969); E. BRIANCESCO, *Un triptyque sur la liberté. La doctrine morale de Saint Anselme* (Paris, 1982); V. MATHIEU, *La fondazione della morale in Sant'Anselmo*: VÁRIOS, Anselmo d'Aosta figura europea (Milão, 1989) 155-161.
15. COURDAVEAUX, *Aegidii Romani De regimine principum doctrina* (Paris, 1857).

Viterbo, Alexandre de Santo Elpídio, Guilherme de Cremona), os quais viram na Igreja e no Papa o fundamento de todo poder, jurisdição e direito, embora na ordem temporal. O agostinismo político coloca na mão do Papa, com a espada do poder espiritual, a espada do poder temporal.

É evidente que essa concepção é um exagero e um desvio do pensamento autêntico de Agostinho, que entendia a supremacia do espiritual sobre o temporal em sentido moral e não com um significado de "teocracia pontifícia".

Foram contrários à concepção do agostinismo político os teólogos nominalistas de tendência "secularizadora" do poder (Guilherme de Ockham, Marsílio de Pádua).

2. O despertar teológico do século XII

Trata-se da etapa da "primavera" para a teologia medieval. Ultimamente surgiu, entre os estudiosos, um interesse muito grande pela cultura, a filosofia, a teologia, e a espiritualidade (mística) do século XII; fala-se do "renascimento do século XII"[16].

Na perspectiva teológica, os estudos de M. Grabmann (1911), J. De Ghellinck (1948), A. M. Landgraf (1952-1956), M.-D. Chenu (1057), e J. Leclercq (1957) enfatizaram a importância desse período para a configuração do saber teológico. Da "sacra página" passa-se para a "teologia escolástica" ("Frühscholastik").

Durante esse século surgem as *escolas* como âmbitos de transformação do saber, da formação teológica, e da investigação na ciência cristã. A diversidade das escolas proporciona a variedade de propostas teológicas[17]. Deve-se enfatizar: as escolas monásticas, as escolas canônicas, e as escolas urbanas.

O Professor Ph. Delhaye mostrou um interesse especial pelas propostas morais desse século. Estudou a organização escolar e, nela, o ensino da moral[18]. Analisou obras de ética filosófica[19]. E ainda editou manuscritos relacionados com temas morais[20].

---

16. Cf. Ch. H. HASKINS, *The Renaissance of the Twelth Century* (Cleveland-Nova York, 1968[13]); M.-D. CHENU, *L'Éveil de la Conscience dans la Civilisation Médiévale* (Montreal-Paris, 1969).
17. Um estudo sobre um tema concreto nas diversas escolas é o de R. BLOME, *La doctrine du péché dans les écoles théologiques de la première moitié du XIIe. siècle* (Lovaina-Gembloux, 1958).
18. Ph. DELHAYE, *L'organisation scolaire au XIIème. siècle* (Louvaina, 1961); *Enseignement et morale au XIIème. siècle* (Friburgo, Suíça, 1988).
19. Ph. DELHAYE, *Gauthier de Châtillon est-il l'auteur du Moralium dogma?* (Namur-Lille, 1953).
20. Ph. DELHAYE, *Florilegium Oxoniense*. Texto publicado e comentado para Ph. Delhaye, 2 volumes (Louvaina-Lille, 1955-1956). No primeiro volume publicam-se temas de moral de filósofos medievais (Abelardo, Juan de Salisbury etc.); no segundo se oferecem adaptações de obras morais clássicas realizadas por autores medievais (Guillermo de Conches etc.).

Muitos são os aspectos, tanto de moral vivida como de moral formal, que se encontram no século XII[21]. A seguir refere-se aos autores mais representativos, catalogando-os segundo a pertença às diversas "escolas".

a. *As escolas monásticas*

Florescem com as duas grandes reformas da época: a de Cluny (reforma cluniacense) e a de Citeaux (reforma cisterciense)[22]. Se **Pedro, o Venerável** (+1156), é expoente da primeira, **São Bernardo de Claraval** (1091-1153) o é da segunda. A moral monástica "engloba numa visão única da moral, a espiritualidade e a mística"[23].

Bernardo de Claraval (1091-1153)[24]

Para São Bernardo de Claraval a moral é o caminho da sabedoria cristã, cujo ponto alto é a mística[25]. Continuando a tradição de Santo Agostinho, de São Bento e de São Gregório Magno, entende a teologia moral como um caminho de perfeição na virtude[26].

Como bom monge que era, sua perspectiva preferida é a da fé, com menosprezo às vezes da razão humana. O que demonstrou em seu confronto com Pedro Abelardo[27]; diante da moral abelardina de caráter humanista e com predomínio da intencionalidade subjetiva, São Bernardo propõe uma moral claramente religiosa com nítida orientação objetivista e menos subjetividade[28]. Não faltam em São Bernardo traços de introspecção nos quais ecoa a tradição moral socrática[29].

---

21. Ver uma introdução sintética em: M. ALIOTA, *Vizi e Virtù nel Medioevo. Lineamento di storia della Teologia Morale nel secolo XII* (Acireale, 1993).
22. Sobre a moral monástica: F. O. VANDENBROUCKE, *Pour l'histoire de la théologie morale. La morale monastique du XIe. à XVe. siècle* (Lovaina, 1966).
23. L. VEREECKE, *Historia de la teología moral*: VÁRIOS, Nuevo Diccionario de Teología Moral (Madri, 1992) 823.
24. Obras: *Sancti Bernardi Opera*, 8 volumes (Roma, 1957-1977), Edição preparada por J. Leclercq e outros. Nesta edição se baseia fundamentalmente a tradução castelhana empreendida pela BAC desde 1983.
    Sobre o pensamento de São Bernardo existe abundante bibliografia. São todavia interessantes os *Studi su S. Bernardo di Chiaravalle nell'ottavo centenario della canonizzazione* (Roma, 1975).
25. Sobre a mística de São Bernardo foi decisivo o estudo de E. GILSON, *La théologie mystique de Saint Bernard* (Paris, 1934, 1980⁴). Seguiram-no outros: L. LECLERCQ, *Saint Bernard mystique* (Bruges, 1948), P. DELFGAAUW, *Saint Bernard, Maitre de l'amour divin* (Roma, 1952).
26. E. KERN, *Das Tugendsystem des hl. Bernard con Clairvaux* (Freiburg, 1934).
27. Textos: *Contra quaedam Capitula Errorum Abaelardi* (Epístola 190): PL, 182, 1053ss.; *Capitula Haeresium Petri Abaelardi*: PL, 182, 1049ss.
    Estudos: C. MARABELLI, *Confronto san Bernardo-Abelardo sul fondamento dell'etica*: La Scuola Cattolica 120 (1992) 94-112
28. Estudos: Ph. DELHAYE, *Le problème de la conscience morale chez Saint Bernard de Clairvaux* (Freiburg, 1934); E. C. RAVA *Caída del hombre y retorno a la verdad en los primeros tratados de San Bernardo de Claraval* (Roma, 1986).
29. P. COURCELLE, *Connais-toi toi-même. De Socrate à Saint Bernard*, 3 vol. (Paris, 1974-1975)

Da mesma época e amigo de São Bernardo, foi o monge cisterciense **Guilherme de Saint-Thierry** (+1148)[30]. É interessante verificar nele a relação entre experiência mística e ética, mediante uma compreensão holística da "consciência"[31], tema que se encontra também em outros espiritualistas do século XII[32]. Guilherme "é um místico da Teologia, cuja moral é essencialmente trinitária"[33].

b. As escolas canonicais

São constituídas de clérigos (não monges), mas obedientes a uma regra comum (a de Santo Agostinho). Os cônegos regulares tiveram muita influência na teologia e na vida da Igreja não só na Idade Média, mas também em séculos posteriores.

No século XII, o foco principal de irradiação foi a escola de São Víctor[34], nas imediações da cidade de Paris, fundada por Guilherme de Champeaux, cujos representantes mais ilustres são **Hugo de São Víctor** (1096-1141) e **Ricardo de São Víctor** (+1173). Hugo, "alter Augustinus", tem uma visão sacramental do mundo e considera o homem centro da criação; a perfeição realiza-se mediante a vida virtuosa. Ricardo contempla toda a realidade no mistério trinitário, cuja essência é a comunicação de amor; o amor é o caminho e a meta da existência humana[35].

O pensamento religioso das escolas de cônegos, sem perder o jugo místico próprio das escolas, abre-se para a cultura e cobra maior humanismo. "O monge presta contas somente de sua alma; os cônegos, também da dos outros."

c. As escolas urbanas

Essas escolas, também denominadas catedralícias e episcopais, florescem na cidade (não no mosteiro nem nos recintos cononicais) ao lado das catedrais. São substituídas, no século seguinte, pelo surgimento das universidades. Delas sairá a teologia chamada "escolástica" (de "escola"). Destacam-se as escolas de: Laon, Chartres, Paris[36].

---

30. Encontra-se uma boa edição de sua *Epistola aurea* em: GUILLAUME DE SAINT-THIERRY, *Lettre aux frères du Mont-Dieu (Lettre d'or)*. Introdução, texto crítico, tradução e notas por J. Déchanet (Paris, 1975), Sources Chrétiennes, n. 223.
31. Cf. Ch. A. BERNARD, *Le Dieu des mystiques* (Paris, 199) 281-283.
32. *La sapienza al cuore. La coscienza al cuore della vita spirituale in alcuni testi monastici del XII secolo*. Introdução, tradução e notas aos cuidados de R. Lavini (Magnano, 1997).
33. L. VEREECKE, *l. c.*, 824.
34. VÁRIOS, *L'Abbaye parisienne de Saint-Victor au Moyen Age* (Paris-Turnhout, 1991).
35. A. ORAZZO, *"Deus existentia amoris". Carità e Trinità in Ricardo di san Vittore*: Rassegna di Teologia 40 (1999) 615-625.
36. Sobre a escola de Chartres, cf. M. LEMOINE, *Théologie et platonisme au XIIème. siècle* (Paris, 1998).

Entre os moralistas que provêm dessas escolas devem-se citar os seguintes:

Anselmo de Laon (1050-1117)

É ele o autor do gênero das "Sentenças". Após ter reunido o que dizem as Escrituras e os Padres sobre um tema, o autor faz uma exposição completa, ou seja, uma "sentença"; a recompilação e a sistematização de todas elas substituem-se pelas "Sentenças", espécie de síntese teológica. O esquema é parecido em quase todas as sínteses ou "Sentenças": Deus, criação, queda (pecado), redenção por Cristo, sacramentos. Não há passagem especial destinada à moral. No entanto, Anselmo destina algumas "sentenças" a temas morais: pecado, lei, virtude, mandamentos do Decálogo, matrimônio.

Guilherme de Conches (1110-1145)

Trata-se do diálogo mais representativo da escola de Chartres (à qual pertenceram também: Gilbert de la Porrée, Thierry de Chartres, Bernard de Chartres e João de Salisbury). O pensamento moral de Guilherme sofre a influência através do *De officiis*, de Cícero, e do *De beneficiis*, de Sêneca. A partir dessas obras, constrói, com menos originalidade do que Santo Ambrósio, uma reflexão moral sobre o que é honesto e o que é útil (*Moralis philosophia de honesto et utile*). Admiram-se as referências à realidade da sexualidade humana, em cuja valorização positiva ultrapassa a compreensão geral da época; segundo sua estimativa, nada do que pertence à natureza é vergonhoso mas um dom do Criador[37].

João de Salisbury (1115/20-1180)[38]

Trata-se de uma figura emblemática não só da escola de Chartres mas de toda a época[39]. Representa o "produto mais perfeito da escola de Chartres e o humanismo mais importante de seu tempo"[40]. Nasce na Inglaterra, estuda em Chartres, volta para a Inglaterra e retorna ao lugar de seus estudos

---

37. Cf. M. LEMOINE, *o. c.*, 93.
38. *Obras*: PL, 199.
    Estudos: M. A. BROWN, *John of Salisbury*: Franciscan Studies 19 (1959) 241-297.
39. M. LEMOINE, *o. c.*, 96-101
40. M. A. BROWN, *a. c.*, 297.

como bispo da mesma cidade de Chartres. Interferiu em assuntos políticos. Redige um tratado de moral social e política (*Polycraticus*), no qual não faltam citações de moralistas clássicos como Horácio e Sêneca. Defende uma forma mitigada de "agostinismo político" e aceita a moralidade do tiranicídio[41].

Alano de Lille (1120-1202)[42]

É testemunha da passagem da teologia como "sabedoria" para a teologia como "ciência"; tem importância por suas propostas sobre o método teológico. Entre suas obras devem destacar-se o *Liber Poenitentialis*[43] e o tratado sobre as virtudes e o pecado (em 1160 compôs sua obra *De virtutibus et vitiis*)[44]. Encontra-se pela primeira vez, em Alano, a expressão "theologia moralis"[45].

Além dos citados, há outros teólogos do século XII que trataram de temas morais, como **Pedro Cantor** (+1197)[46]. Entre os teólogos, porém, que saem das escolas urbanas e entre todos os moralistas do século XII destacam-se dois nomes: Pedro Abelardo e Pedro Lombardo. No século XII também aparece outro texto que influenciou decisivamente a moral: o Decreto de Graciano.

1) Pedro Abelardo (1079-1142)

Na Idade Média destaca-se a figura de Abelardo como o "primeiro homem moderno". Homem da zona urbana, nem monge nem cônego regular, livre de toda instituição, Abelardo tem uma sensibilidade nova e acredita firmemente na força da razão. É um dialético sem peias. Embora, segundo Gilson, "carecesse do sentido do mistério", não se pode dizer dele que fosse um libertino ou um livre-pensador.

Nascido no povoado de Pallet, estuda em diversos lugares (Tours, Loches, Paris) e é professor em Paris. Sua vida é uma aventura cheia de intrigas e de

---

41. *Polycraticus*, 3, 15.
42. *Obras*: PL, 210.
    Estudos: E. ADAM, *La morale selon Alain de Lille* (Louvaina, 1972).
43. *Liber Poenitentialis*. Edição de J. Longère, 2 vol. (Louvaina-Lille, 1965).
44. E. ADAM, *La morale selon Alain de Lille* (Louvaina, 1972); M. ALIOTTA, *La teologia del peccato in Alano di Lilla* (Palermo, 1986).
45. L. VEREECKE, *l. c.*, 825.
46. *Summa de sacramentis et animae consiliis*. Texto inédito publicado e anotado para J.-A. Dugauquier, 4 vol. (Louvaina, 1954-1967).

desastres (ver sua autobiografia: *Historia calamitatum*), na qual não falta a dimensão romântica do amor apaixonado e trágico com Eloísa.

É o maior estudioso da moral do século XII. A ele se deve o primeiro escrito medieval com o nome de Ética (*Ethica seu scito teipsum*). Nesse escrito trata do pecado como ofensa a Deus, observada sobretudo no que se refere à intenção e não só à ação material. Entre o pólo do "objetivismo" da ação e o do "subjetivismo" da intenção, Abelardo inclina-se para o segundo. Trata-se de um exemplo de moral existencial ou da intenção, em oposição à moral teleológica das virtudes ou à moral deontológica dos mandamentos. Essa concepção chocava com as posturas defendidas por São Bernardo, o qual manteve uma atitude polêmica com Abelardo. Este, enquanto defensor da importância da razão em teologia, pode ser considerado um impulsor do "iluminismo escolástico"[47].

2) Pedro Lombardo (+1160)

É cognominado o "Mestre das Sentenças", em alusão à sua obra *Sententiarum libri quattuor* e à influência que seu ensino teve nos séculos posteriores. Levou ao máximo o gênero das "Sentenças" iniciado na escola urbana de Laon.

Nasceu nos primeiros anos do século XII nas cercanias de Novara. Estudou em Bologna, Reims e Paris.

A partir de 1135 foi professor de teologia na escola catedralícia de Paris; um ano antes de morrer, foi eleito arcebispo dessa cidade.

Pedro Lombardo representa o maior resultado na tentativa de síntese do saber teológico de seu tempo. Com clara dependência agostiniana, organiza a síntese teológica em quatro momentos ou livros: 1) mistério da Trindade;

---

[47]. Edição: *Opera*: PL, 178. *Ética o conócete a ti mismo*. Estudo preliminar, tradução e notas de P. R. Santidrián (Madri, 1990), Tecnos.
Estudos sobre a ética abelardiana: J. SCHILLER, *Abälards Ethik im Vergleich zur Ethik seiner Zeit* (Munique, 1906); R. J. VAN DEN BERGE, *La qualification morale de l'acte humain: ébauche d'une reinterprétation de la pensée abélardienne*: Studia Moralia 13 (1975) 143-173; Ph. DELHAYE, *Quelques points de la morale d'Abélard*: Recherches de Théologie Ancienne et Médievale 47 (1980) 38-60; E. BERTOLA, *La dottrina morale di Pietro Abelardo*: Recherches de Théologie Ancienne et Médievale 55 (1988) 53-71; D. J. BILLY, *Penitential Reconciliation in Abelard's "Scito te ipsum"*: Studia Moralia 30 (1992) 17-35; I. MURILLO, *Actitud de Pedro Abelardo ante la dialéctica én su carta XIII. Relaciones entre dialéctica, teología y ética*: Cuadernos Salamantinos de Filosofía 22 (1995) 159-173; S. ERNST, *Blosse Gesinnungsethik? Eine Neueinterpretation der "Intention" bei Peter Abaelard*: Theologische Quartalschrift 177 (1997) 32-49; A. SCHROTER-REINHARD, *Die Ethik des Peters Abaelard* (Friburgo, Suíça, 1999). Disputa com São Bernardo: A. VALSECCHI, *Sguardo storico alle polemiche sulla coscienza e le condizioni della sua normatività*: VÁRIOS, La coscienza cristiana (Bolonha, 1971) 63-74 (ver, além disso, nota 27 deste capítulo).

2) criação; 3) encarnação do Verbo; 4) doutrina dos sinais. O sucesso da obra de Lombardo foi intenso em profundidade e longo no tempo. Todos os teólogos medievais iniciavam sua carreira comentando-o; até ser superado pela *Suma Theologica* de Santo Tomás de Aquino (por obra e graça de Francisco de Vitória), o livro das *Sentenças* de Lombardo foi o livro de texto da teologia.

Para a história da moral tem importância nos seguintes aspectos: 1) acolhe e ordena o ensino moral anterior, baseando-se nos textos correspondentes; 2) articula a moral na síntese teológica, embora não tenha um momento "moral" na sistematização lombardiana; 3) no livro segundo, a propósito do pecado original, trata dos temas do pecado e da liberdade; no livro terceiro, a propósito de se Cristo teve virtudes, trata do tema das virtudes (as três teologais e as quatro cardeais), o tema dos dons do Espírito e o tema dos mandamentos correspondentes; no livro quarto trata dos problemas de moral relacionados com os sacramentos[48].

3) Graciano

Se Pedro Lombardo representa no século XII a sistematização do saber teológico, no mesmo século Graciano realiza a síntese do saber jurídico com seu libro *Decretum, seu concordantia discordantium canonum* (1140). Obra de compilação do direito precedente, é uma das instâncias conformadoras da prática cristã durante dois séculos, até ser superada no início do século XIV pelo *Corpus iuris canonici*.

O *Decreto* de Graciano exerceu grande influência na moral, sobretudo com referência às propostas e às soluções dos problemas da prática intra-eclesial.

3. O século de ouro da teologia medieval (séc. XIII)

A teologia "escolástica" (proveniente das "escolas", cujo despertar verificamos no séc. XII) tem seu maior brilho no séc. XIII, tanto com referência à metodologia (mais desenvolvida e mais crítica) como aos conteúdos (que recebem um tratamento mais orgânico e mais analítico).

Alguns fatores auxiliaram no florescimento do saber teológico[49]: 1) a criação de Universidades, à frente das quais está a de Paris (sobretudo no

---

48. Ph. DELHAYE, *Pierre Lombard, sa vie, ses oeuvres, sa morale* (Montreal-Paris, 1961); J. RIEF, *Die moraltheologische Konzeption in der Sentenzen des Petrus Lombardus*: Tübinger Theologische Quartalschrift 144 (1964) 290-315.
49. L. VEREECKE, *l. c.*, 825-826.

que se refere à teologia) e a de Bologna (no que se refere ao direito); 2) a vinculação com o saber teológico universitário de duas novas instituições: os dominicanos e os franciscanos; 3) a incorporação do pensamento aristotélico como base racional e antropológica do saber teológico: se o século XII é a "aetas augustiniana", o século XIII é a "aetas aristotelica".

A fim de conhecer a moral prática desse século é preciso recorrer aos dados sobre a pastoral da fé e dos costumes[50], bem como aos ideais e valores que configuravam a educação das pessoas[51].

A reflexão moral teve um caminho acadêmico na filosofia. No século XII, a ética começou a fazer parte da filosofia, por obra principalmente dos Victorinos, de Gundissalvo e de Abelardo. No século XIII deu-se a aceitação do pensamento aristotélico, cujo primeiro aspecto a ser incorporado foi a doutrina moral. Assim se configura a reflexão moral enquanto saber filosófico e se desenvolve a disciplina filosófica da Ética[52]. Surgem as propostas de moral do "bem" como realização humana e da "virtude" como forma de vida digna[53], sendo a "consciência" a instância subjetiva da responsabilidade humana[54].

A reflexão teológica também começa a ocupar-se rápida e criticamente da moral. "O século XIII é o grande século da teologia católica, que alcança sua maior expressão em Santo Tomás de Aquino. A obra de Santo Tomás, porém, é precedida e acompanhada da obra dos mestres parisienses, da escola franciscana e de Santo Alberto Magno"[55]. De fato, a teologia moral do século XIII processa-se por duas correntes de pensamento: a escola franciscana e a escola dominicana. A essas duas correntes referir-nos-emos a seguir, antecipando uma observação a respeito dos Mestres parisienses.

a. Mestres parisienses

No início do século XIII, continuam as propostas e as orientações teológico-morais do século XII. Não se destina um tratado independente para

---

50. Sobre a pastoral da fé e dos costumes em um lugar tão significativo como o Meio-dia francês, ver: VÁRIOS, *Le Crédo, la Morale et l'Inquisition* (Toulouse, 1971).
51. Ver uma proposta concreta desses ideais e valores no pensamento do beneditino Engelbert de Admont (1250-1331): G. B. FOWLER, *Intellectual Interests of Engelbert of Admont* (Nova York, 1947), especialmente pp. 107-121.
52. G. WIELAND, *Ethica - Scientia Practica. Die Anfänge der philosophischen Ethik im 13. Jahrhundert* (Münster, 1981); G. KRIEGER, *Der Begriff der Praktischen Vernunft nach Johannes Buridanus* (Münster, 1986).
53. B. D. KENT, *Virtues of the will: the transformation of ethics in the late thirteenth century* (Washington, 1995)
54. H. Th. SIMAR, *Die Lehre vom Wesen des Gewissens in der Scholastik des 13. Jahrhunderts* (Freiburg, 1885).
55. G. ANGELINI - A. VALSECCI, *o. c.*, 91.

os temas de moral, que são, porém, abordados em relação às questões de caráter mais teológico.

Entre os Mestres parisienses do início do século XIII surge um interesse especial pelas questões de moral:

— nas *Disputationes*, de Simão de Tournai;
— na *Summa de Poenitentiae*, de Prepositino, chanceler de Paris;
— na *Summa aurea*, de Guilherme de Auxerre;
— na *Summa de bono*, do chanceler Felipe[56];
— na importante obra *De virtutibus et vitiis*, de Guilherme de Auvergne[57].

b. Escola franciscana

Os franciscanos, após incertezas e tentativas iniciais, passam logo a fazer parte do saber teológico medieval. Sua orientação teológica provém de sua vivência do seguimento de Cristo e adquire uma tonalidade contemplativo-fruitiva. Há estudos sobre a moral da escola franciscana primitiva[58]. Além dos três grandes representantes: São Boaventura, Duns Scoto e Guilherme de Ockham, há muitos outros que tornaram possível o aparecimento da tradição franciscana. Referir-me-ei a Alexandre de Hales, mas não posso deixar de mencionar **Roger Bacon**[59].

1) A Suma de Alexandre de Hales

Alexandre de Hales (1185/86-1245), de origem inglesa, estuda e dá aulas em Paris. De idade já avançada e com muito boa fama universitária, ingressa na Ordem de São Francisco (1236). É o fundador da escola franciscana de Paris, nitidamente influenciada pelo agostinismo transmitido por Santo Anselmo e pela Escola de São Víctor[60].

---

56. Edição recente: Philippi Cancellarii, *Summa De Bono*. Ad fidem codicum primum edita studio et cura Nicolai Wicki, Francke Verlag (Bern, 1985), 2 vol.
57. H. BOROK, *Der Tugendbegriff des Wilhelm von Auvergne (1180-1249)* (Düsseldorf, 1979).
58. Sobre a moral da escola franciscana: A. HAMELIN, *Pour l'histoire de la Théologie morale. L'école franciscaine dès ses débuts à l'occamisme* (Lovaina-Montreal, 1961); A. POPPI, *Studi sull'etica della prima scuola francescana* (Pádua, 1996); H.-M. STAMM, *Die Naturrechtslehre bei Alexander von Hales, Bonaventura und Johannes Duns Scotus*: Antonianum 72 (1997) 673-683.
59. Obra principal: *Moralis Philosophia*. Post F. Delorme O. F. M. (+) critice instruxit et edidit E. Massa (Turim, 1953).
    Estudos: E. MASSA, *Ruggero Bacone. Etica e poetica nella storia del '"Opus maius"* (Roma, 1955); A. POPPI, *o. c.*, 41-57 ("La metodologia umanista della 'Philosophia Moralis'").
60. A.-M. HAMELIN, *o. c.*, 2-14.

Alexandre de Hales é o Diretor responsável pela monumental *Summa theologica* da primeira geração de teólogos franciscanos chamada *Summa fratris Alexandri*. É tão grande que Rogério Bacon, nada amigo de Alexandre, afirmava que um cavalo não seria capaz de transportá-la.

Trata-se de uma obra coletiva da família franciscana para a qual colaboraram, principalmente: Alexandre de Hales e João de la Rochelle (+1245) nos três primeiros livros; Guilherme de Melitona (+1257) no livro quarto. A moral não tem uma parte autônoma: é exposta tanto no livro 2 (sobre o pecado, ao tratar do pecado original) como no livro 3 (sobre a lei, os mandamentos, a graça e a virtude, ao estudar a cristologia). Além de seus méritos, essa obra franciscana serviu para deixar para trás o gênero das *Sentenças* e começar o gênero das *Sumas*.

Entre a primeira geração de teólogos franciscanos convém destacar o já mencionado **João de la Rochelle** (+1245), companheiro de Alexandre de Hales e um dos mestres da escola franciscana de Paris mais abertos ao estudo da filosofia e às influências do aristotelismo[61]. Além de outras obras teológicas e filosóficas, escreve tratados de orientação preferentemente moral: *Summa de vitiis, Summa de legibus et praeceptis*.

2) São Boaventura (1221-1274)

A obra de São Boaventura é o fruto mais maduro da escola franciscana. Na teologia boaventuriana adquire forma crítica a vida espiritual franciscana; nela também consegue sua plenitude de significado o agostinismo veiculado pela via franciscana.

Apoiando-se em Santo Agostinho, Boaventura distingue "conhecimento" de "sabedoria". Ao primeiro pertence a filosofia. A teologia é uma "sabedoria" cristã. Teologia e espiritualidade formam um todo indissolúvel. A peculiaridade boaventuriana do saber teológico está na estampagem unitária e espiritual; segundo ele, a teologia não se divide em especulativa e prática, mas toda ela é práxis afetiva e espiritual.

Desenvolvendo a orientação de Hugo de São Víctor, para Boaventura a realidade escreve-se em linguagem de "sinais"; o mundo tem uma escrita simbólica ou sacramental. A pessoa deve abrir-se para o "livro" da realidade e, descobrindo nela a presença divina, subir pelo caminho da perfeição até alcançar a Deus. O "caráter exemplar" encontra-se na medula do sistema teológico-espiritual de São Boaventura.

---

61. Cf. F. CHAVERO, *Finalidad del estudio de la Teología. En torno a un texto de Juan de la Rochelle*: Carthaginensia 11 (1995) 35-80; A.-M. HAMELIN, *o. c.*, 14-17.

A vida moral vincula-se à vontade e consiste em fazer o "bem". O bem humano, no qual consiste a felicidade, não é senão a participação do Bem absoluto. Sendo por necessidade participativo ("bonum est diffusivum sui"), o bem moral expressa-se na Caridade. Os mandamentos existem em função do Amor e as virtudes são guias para a comunicação da bondade moral. "O caráter exemplificador cristológico, o primado da caridade, o voluntarismo são os pontos-chave da síntese doutrinal de São Boaventura"[62].

A magnífica posição teológica faz que a compreensão moral de São Boaventura tenha uma grande originalidade e qualidades atraentes: ligação à espiritualidade, estrutura simbólica ("exemplaridade moral"), concretizada no bem que é "difusivo", e entendida como um aspecto do "caminho" da pessoa em direção à Trindade na qual se encontra a perfeição acabada da Comunicação amorosa[63].

No entanto, não se deve esquecer de algumas limitações na compreensão do boaventurismo da moral. Seu esquema não oferece grande novidade para a teologia moral, uma vez que trata as questões de moral segundo a metodologia e o lugar já indicados, a moral por Pedro Lombardo e a Suma de Alexandre de Hales. Por outro lado, enquanto considera a ética filosófica como saber crítico e disciplina independente, São Boaventura não explicita a condição propriamente "teológica" da moral nem lhe indica um lugar próprio na síntese teológica[64].

3) João Duns Scoto (1270-1308)

Pertence a uma geração posterior à de Santo Tomás de Aquino e de São Boaventura; sua figura liga-se ao início do predomínio da escola franciscana no final do século XIII[65]. A oposição de Scoto é nitidamente contrária à proposta por Santo Tomás de Aquino: a verdade não deve ser procurada no reino da natureza e, portanto, na razão (aristotelismo), mas

---

62. L. VEREECKE, *l. c.*, 827.
63. Cf. J. A. MERINO, *La Trinidad, paradigma de vida comunitaria en San Buenaventura*: Estudos Trinitarios 30 (1996) 3-34.
64. Sobre a moral boaventuriana, além da bibliografia clássica (F. Wagner, C. Nölkensmeier, Z. Alszeghy etc.), ver os estudos mais atuais: A. ELSÄSSER, *Christus der Lehrer des Sittlichen. Die christologischen Grundlagen für die Erkenntnis des Sittlichen nach der Lehre Bonaventuras* (Paderborn, 1968); R. JEHL, *Melancholie und Acedia. Ein Beitrag zu Anthropologie und Ethik Bonaventuras* (Paderborn, 1984); F. TARGONSKI, *L'etica sociale nella visione bonaventuriana*: Cit Vita 47 (1992) 177-196; P. MONTINI, *Libertà umana in S. Bonaventura e S. Tommaso*: Sapientia 50 (1997) 445-466; A.-M. HAMELIN, *o. c.*, 22-38; A. POPPI, *o. c.*, 21-41.
65. Sobre a história e a atualidade de Duns Scoto, ver os números monográficos de Laurentianum 34 (1993) nn. 1-2 e Verdade e Vida 51 (1993) nn. 202-203

no reino da contingência e, portanto, da vontade (conhecida pela revelação e aceita pela fé).

Inicia-se assim uma viagem na proposta moral: a moralidade não enraíza na ordem natural e conseqüentemente na inteligência, mas preferentemente na ordem desejada por Deus e portanto na vontade. A manifestação privilegiada da moral será o decálogo enquanto revelação positiva da ordem desejada por Deus. As conclusões dessa orientação serão tiradas pelo nominalismo, especialmente por Guilherme de Ockham no século XIV[66].

c. Escola dominicana

A Ordem dos Pregadores, mediante o substrato institucional dos cônegos regulares e bebendo do espírito comum agostiniano, pretende realizar a "vida apostólica" das primeiras comunidades cristãs. Teve importância decisiva no florescimento da teologia no século XIII.

A perspectiva própria da escola dominicana é preferentemente de caráter intelectivo-contemplativo. A grande novidade, porém, será a inclusão da razão e da antropologia aristotélica no discurso teológico. A inculturação da mensagem da fé à maneira filosófico-aristotélica, levada a cabo sobretudo por Tomás de Aquino, não se fez sem grandes dificuldades. Devemos lembrar-nos das disputas e das condenações ao aristotelismo na segunda metade do século XIII, principalmente em Paris.

A moral da escola dominicana vincula-se sobretudo a duas grandes figuras teológicas:

1) Santo Alberto Magno (1200-1280)

Soube integrar a atividade docente e literária aos compromissos que tanto lhe atribuíram sua Ordem como a Santa Sé. Foi professor de Santo Tomás de Aquino. Santo Alberto foi uma enciclopédia ambulante, entendi-

---

66. Sobre a moral escotista, além dos Estudos clássicos (A. Garvens, J. Klein, F. Schwendinger, J. Binkowski, N. Petruzzellis, G. Stratenweth, M. Oromí, R. Rehrl, W. Hoeres etc.): A. B. WOLTER, *Duns Scotus on the Will and Morality* (Washington, 1986); M. E. INGHAM, *Ethics and Freedom: An Historial-Critical Investigation of Scotist Ethical Thought* (Lanham, 1989); Th. A. SHANNON, *Method in Ethics: A Scotistic Contribution*: Theological Studies 54 (1993) 272-293 (com réplica de A. SANTOGROSSI en Theological Studies 55 (1994) 314-329); VÁRIOS, *Etica e persona. Duns Scoto e suggestioni nel moderno* (Bolonha, 1994); Th. A. SHANNON, *The Ethical Theory of John Duns Scotus: A Dialogue with Medieval and Moderne Thought* (Quincy, 1995); H. MÖHLE, *Ethik als scientia practica nach Johannes Duns Scotus* (Münster, 1995); O. BOULNOIS, *Duns Scot, la riguer de la charité* (Paris, 1998); A.-M. HAMELIN, *o. c.*, 54-67; A. POPPI, *o. c.*, 59-79, 81-92.

do em todos os campos do conhecimento de sua época; faltou-lhe a sistematização, aspecto no qual seria mestre seu discípulo Tomás de Aquino. Conheceu Aristóteles, mas um tanto quanto superficialmente, sem que conseguisse uma integração perfeita do aristotelismo com a reflexão da fé.

No que diz respeito à ética filosófica, Santo Alberto conhece e comenta a *Ética nicomaquea* de Aristóteles; no entanto, esse conhecimento foi um pouco superficial ("non bene scivit Aristotelem") ou pelo menos não tão profundamente como o de Santo Tomás de Aquino. Atribui à filosofia moral o caráter de saber científico. Distingue por isso "ethica docens" (ética científica) e "ethica utens" (moral persuasiva e exortativa). No entanto, em teologia moral não é tão explícito no momento de reconhecer-lhe caráter científico[67].

As idéias de Santo Alberto Magno sobre temas concretos de moral (moral sexual, moral matrimonial etc.) foram estudadas monograficamente em trabalhos sobre história da moral concreta[68].

2) Santo Tomás de Aquino (1225-1274)

É o maior representante da teologia dominicana do século XIII e, em geral, da teologia medieval e mesmo da teologia católica em seu todo.

Na história do pensamento ético social, Santo Tomás de Aquino destaca-se como um marco de tão grande magnitude quanto Aristóteles ou Kant. "A moral de Santo Tomás representa a síntese de tamanha magnitude que jamais se conseguiu. No decorrer dos séculos mostrará sua fecundidade em muitas florescências"[69]. Na teologia moral católica é desnecessário afirmar a primazia de Santo Tomás na vertente especulativa, assim como a de Santo Afonso de Ligório na vertente prática ou casuísta.

A moral em Santo Tomás não forma um bloco autônomo, independente do resto da teologia. A separação entre moral e dogma, que tão negativas conseqüências causou para a compreensão da moral católica, não se realizou ainda na síntese tomista. No entanto, apesar da unidade proclamada para o único saber teológico e mantida em sua sínte-

---

67. Estudos (além dos clássicos de W. Feiler, A. Strobel, H. Lauer, L. Gaul. O. Lottin, A. Pelzer etc.): J. SCHNEIDER, *Das Gute und die Liebe nach Lehre Albert des Grossen* (Paderborn, 1967); *Il bene* (Alberto Magno). Tradução e notas de A. T. Canavero (Milão, 1987); F. BERTELLONI, *Individuo y sociedad en el "Prologus" del "Super Ethica" de Alberto Magno*: Veritas 159 (1995) 437-452; M. PANGALLO, *Legge di Dio, Sinderesi e Coscienza nelle "Quaestiones" di S. Alberto Magno* (Roma, 1997).
68. L. BRANDL, *Die Sexualethik des hl. Albertus Magnus* (Regensburg, 1955); H. DOMS, *Bemerkungen zur Ehelehre des hl. Albertus Magnus*: Studia Albertina (1952) 68-89.
69. L. VEREECKE, *l. c.*, 826.

se, Santo Tomás apresenta o aspecto moral de uma maneira preferida na segunda parte da Suma. É este um dado importante, uma vez que os conteúdos de moral da vida cristã não se dispersarão pelos diversos tratados da teologia, como fez Pedro Lombardo, mas terão seu lugar próprio e adequado.

Ligada à totalidade da síntese teológica, mas formando ao mesmo tempo uma unidade interna, a moral na *Suma Teológica* de Santo Tomás aparece como uma construção plenamente coerente: moral geral na 1-2 e moral concreta na 2-2. A moral concreta se organiza em torno do esquema de virtudes: as três teologais (fé, esperança e caridade) e as quatro cardeais (prudência, justiça, fortaleza, temperança).

Dever-se-ia recordar a maneira pela qual Santo Tomás soube introduzir a racionalidade no discurso teológico-moral, incluindo Aristóteles na sua construção teológica. Isso fez que fosse tachado de excessivamente "racionalista"; entre as 219 proposições condenadas pelo bispo de Paris, Étienne Tempier (1277), encontram-se umas vinte delas que expressavam a metodologia do Aquinate[70].

Santo Tomás foi um autêntico "inovador" em sua época. Na *Vida de Frei Tomás de Aquino* escrita por seu companheiro e amigo Guilherme de Tocco encontra-se uma passagem na qual os termos "novus" e "novitas" aparecem oito vezes: "Frei Tomás em seus cursos levantava *novos* problemas, descobria *novos* métodos, empregava *novas* provas; e, ao ouvi-lo propor assim uma doutrina *nova* com *novos* argumentos, ninguém podia duvidar de que Deus, por meio dessa *nova* luz e pela novidade dessa inspiração, lhe tivesse concedido, oralmente e por escrito, uma *nova* teologia"[71].

Além de seu valor interno, a moral de Santo Tomás teve outra função importante na história da moral: ser força de fecundação nos momentos de revisão na teologia moral católica. Foi o que aconteceu no florescimento moral do século XVI; o renascimento tomista exerceu uma forte orientação moral, sobretudo na chamada Escola de Salamanca. A figura e a obra de Santo Tomás estão presentes também na renovação moral de hoje.

Muitos temas foram revisados à luz do ensinamento moral de Santo Tomás: "primado da caridade" na teologia moral, atualizando assim o princípio tomista da "caridade como forma das virtudes"; função da "lei

---

70. L. VEREECKE, *l. c.*, 828: a condenação de E. Tempier de 1277 dirige-se "contra a interpretação averroísta de Aristóteles, mas também contra as proposições metodológicas de Santo Tomás". Cf. É.-H. WEBER, *La controverse de 1270 à l'Université de Paris et son retentissement sur la pensée de S. Thomas d'Aquin* (Paris, 1970).
71. Citado por F. CHIOVARO, *¿Dónde están los católicos hoy en Europa Occidental?*: Moralia 15 (1993) 237-238, que por sua vez o toma de P. Amargier.

interior" enquanto espírito evangélico da moral cristã; ligação entre razão e fé no discurso teológico moral etc.[72]

4. Os séculos XIV e XV: final e começo

Esses dois séculos marcam o final do mundo medieval e o começo de outro "novo". Um "novo espírito" começa a suscitar valores alternativos e horizontes de sentido até o momento inéditos[73].

No que se refere a essa transformação sociocultural, o mundo da moral também passa por uma metamorfose, tanto em sua vertente de vida como em seu nível de pensamento[74]. Uma palavra marca a mudança de rumos e de paradigma: o *nominalismo*. Mais concretamente, o século XIV tem uma "importância excepcional para o desenvolvimento da teologia moral; nele se determinam as condições das quais mais tarde nascerão o renascimento e a reforma, não só protestante, mas também católica"[75]. No que se refere à história da moral, dever-se-iam considerar muitos fatores, entre os quais destacamos os seguintes:

a. A Mística

Representa um inconformismo moral diante da ordem existente (seja a ordem social, seja a ordem eclesial)[76]. Os movimentos místicos medievais podem ser vistos também do ponto de vista ético na medida em que expressam valores distintos e desconformes com os valores "oficiais".

Há mística ortodoxa e mística afetiva dos franciscanos no século XIII, a mística especulativa dos dominicanos no século XIV e a espiritualidade intimista

---

72. É impossível nem sequer fazer uma seleção da abundantíssima bibliografia sobre a moral tomista. Pense-se nos seguintes nomes: A. Ritter, F. Wagner, J. Maubach, M. Wittmann, A. D. Sertillanges, S. Ramírez, M. Llamera, R. Guindon, W. Kluxen, C. A. J. Van Ouwerkerk, S. Pinckaers, C.-J. Pinto de Oliveira, D. Mongillo, G. Abbà, D. J. Billy, e tantos outros.
    O mais importante é enfrentar-se diretamente com o texto tomista, principalmente com a *Suma Teológica*, I-I e II-II. Versão castelhana e valiosos comentários: SANTO TOMÁS DE AQUINO, *Suma de Teología*. Edição dirigida pelos Regentes de Estudos das Províncias Dominicanas na Espanha, II (Madri, 1989), III (Madri, 1990), IV (Madri, 1994).
73. Cf. a obra clássica de G. DE LAGARDE, *La naissance de l'esprit laïque au déclin du moyen age*, 5 vol. (Lovaina-Paris, 1956-1963).
74. E. PIERGIOVANNI, *La metamorfosi dell'etica medioevale. Secoli XIII-XIV* (Bolonha, 1967).
75. L. VEREECKE, *l. c.*, 829.
76. E. VILANOVA, *Los espirituales de la Edad Media* (Madri, 1994); M. VANNINI, *La teologia mistica*: G. OCCHIPINTI (aos cuidados de), Storia della teologia, II (Bolonha, 1996) 263-290.

que será substituída pela "devoção moderna", verificável nos Irmãos da vida comunitária como Tomás de Kempis e outros. Mas há também mística não ortodoxa ou pelo menos não canônica, como a de alguns "espiritualistas" franciscanos, a de João Wicliff, a de João Huss, a dos valdenses e albigenses[77].

O historiador da ética medieval, A. Dempf, fala de uma corrente mística na ética. Essa corrente é formada, principalmente, de pensamento agostiniano e de inspiração do Pseudo-Dionísio. Seus maiores representantes: São Bernardo, Guilherme de Saint-Thierry, os Victorinos e São Boaventura. Não se pode, porém, esquecer de outras tradições importantes como[78]:

— A tradição beneditina (Romualdo, Pedro Damiano, Anselmo de Cantuária, Pedro, o Venerável, Ruperto de Deutz etc.), na qual se conta **Hildegarda de Bingen** (+1179) por causa de sua teologia mística e de sua correspondente proposta moral[79].

— A tradição cisterciense, com os citados Bernardo e Guilherme e com as tão conhecidas "monjas cistercienses"[80].

— A tradição cartuxa, com o iniciador São Bernardo (+1101) e, sobretudo, com **Dionísio, o Cartuxo** (+1471), de suma importância para a história da moral, em seu todo e de alguns temas concretos (matrimonial)[81].

— A tradição dominicana, com o **Mestre Eckhart**[82] à frente e com seus continuadores que representam a corrente da mística renano-flamenca[83].

b. A orientação moral da vida profissional

Vincula-se ao surgimento de um ethos do trabalho e das profissões. É essa a postura de **São Bernardino de Sena**[84] em muitos de seus sermões e, sobretudo, a atividade pastoral e a obra moral de **Santo Antonino de Florença**.

---

77. Sobre a moral nos movimentos heterodoxos, cf. P. ALPHANDÉRY, *Les idées morales chez les Héterodoxes latins au début du XIIIème siècle* (Paris, 1903), Sobre os valdenses: R. CEGNA, *Fede ed etica valdense nel Quattrocento* (Turim, 1982).
78. Ver o estudo, várias vezes citado, de F. VANDENBROUCKE, *La morale monastique du XIème au XVIème siècle* (Lovaina-Lille, 1966).
79. H. VON BINGEN, *Der Mensch in der Verantwortung*. Übertsetzt und erläutet von H. Schippergers (Salzburg, 1972). Trata-se da obra *Liber vitae meritorum* (PL, 197).
80. Mª. S. CARRASQUER - A. DE LA RED, *Madres del desierto. Monjas cistercienses* (Burgos, 1999).
81. F. VANDENBROUCKE, *o. c.*, 193-201.
82. H. PIESCH, *Meister Eckharts Ethik* (Luzern, 1935). K. RUH, *Initiation à Maître Eckhart* (Paris, 1997).
83. Th. STEINBÜCHEL, *Mensch und Gott in Frömmigkeit und Ethos der deutschen Mystik* (Düsseldorf, 1952).
84. Cf. R. DE ROOVER, *S. Bernardino of Siena and S. Antonino of Florence. The two great Economic Thinkers of the Middle Ages* (Boston, 1967); A. SPINCCIANI, *S. Antonino, S. Bernardino e Pier Giovanni Olivi nel pensiero economico medioevale*: Economia e Storia 19 (1972) 315-341.

Antonino de Florença (1389-1459)

Entre as brilhantes personalidades da Florença do Quatrocentos destaca-se a figura de Santo Antonino[85]. Nasce nessa mesma cidade e entra na Ordem dominicana. Após os estudos, ocupa diversos postos de direção na Ordem. Sua prudência e seu equilíbrio foram admirados por todos; o que fez que fossem solicitados seu parecer e conselho em muitos assuntos e ocasiões, sendo chamado "Antoninus consiliorum" (Antonino dos conselhos). Em 1446 é nomeado arcebispo de Florença. Foi responsável por diversas missões, encomendadas pelos Papas.

Porém, a atividade principal de Antonino foi a solicitude pastoral pelo bem da diocese; tornou-se realmente pastor de seu rebanho.

Não se preocupou muito com os movimentos culturais e filosóficos do Renascimento; parece ainda estar preso às formas e ao mundo da Idade Média. Sua atividade literária concentra-se no campo das ciências positivas e de moral, tendo como finalidade ajudar na formação e santificação do clero e dos fiéis. Foi versado em questões de direito, tanto civil como eclesiástico; foi dotado de uma prudência extraordinária, propenso a soluções moderadas.

Sua principal obra é a *Summa Theologica*[86]. Ela corresponde em moral ao que representa em dogmática a Suma Teológica de Santo Tomás de Aquino. É a primeira obra a tratar a moral autônoma e extensamente. Introduzida por certos opúsculos sobre a confissão, parece tê-la começado a compor em 1440 e terminado em 1454, cinco anos antes de sua morte. A parte teórica da obra não oferece muito interesse, uma vez que segue de perto a *Suma* de Santo Tomás, reproduzindo passagens inteiras.

A parte prática é a mais importante e a que maior influência exerceu na história da moral. Característica singular da Suma de Antonino é a de possuir um conhecimento amplíssimo e exato da realidade. Mediante palavras abstratas, pinta-se nela a vida dos florentinos do século XV; por isso constitui uma fonte importante para se conhecerem os costumes de seu tempo. São sobretudo inte-

---

85. Sobre a figura de Santo Antonino existe abundante bibliografia. Ver, entre outros estudos: VÁRIOS, *Settima di Studio sulla vita e le opere di S. Antonino Pierozzi* (Florença, 1960); P. BARGELLINI, *Sant'Antonino da Firenze* (Bréscia, 19803); E. MAURRI, *Un fiorentino tra Medioevo e Rinasciment*o. *Sant'Antonino* (Milão, 1989; VÁRIOS, *Sant'Antonino e la sua epoca* (Florença, 1990).
86. Conservam-se os manuscritos do próprio Santo Antonino. Teve muitas edições. A melhor é a de Florença de 1742, 1756 (mas só contém as duas primeiras partes). Por ocasião do quarto centenário da morte de Santo Antonino reeditou-se a edição de Verona (1740-1742). Cf. I. COLOSIO, *Introduzione alla nuova edizione della Summa Moralis di S. Antonino*: Sant'Antonino nel IV Centenario della morte 2 (1960) n. 20, 12-16.

ressantes os dados e conhecimentos sobre a atividade financeira, as profissões liberais e a condição dos trabalhadores[87]. Os pontos de vista de moral de Santo Antonino foram muito apreciados por Santo Afonso de Ligório[88].

c. O Nominalismo

Sem dúvida alguma, o fator predominante para a moral nesses séculos é o nominalismo[89]. Ele aparece na primeira metade do século XIV, atravessa o século XV e ainda se encontra entre os tomistas do século XVI (Vitória familiariza-se com ele em Paris).

Na Idade Média, surgiu uma tendência moral baseada no nominalismo filosófico. Essa compreensão da moral chama-se nominalismo ético ou moral. Segundo a ética nominalista, a moralidade da ação humana mede-se por sua correspondência com a vontade divina: "É bom o que Deus deseja e é mau o que Deus proíbe". A moralidade reside no querer livre de Deus. Por outro lado, a vontade de Deus se manifesta de forma positiva, na revelação. É aí que encontramos o querer livre de Deus. Por isso mesmo é necessário examinar o que de fato Deus manda ou proíbe para conhecer sua vontade.

---

87. Estudos sobre a moral em geral: G. B. GUZZETTI, *S. Antonino moralista*: La Scuola Cattolica 88 (1960) 321-336; L. VEREECKE, *Saint Antonin, Moraliste*: ID., De Guillaume d'Ockham à Saint Alphonse de Liguori (Roma, 1986) 283-290 ID., *La morale di S. Antonino*: Rivista di Ascetica e Mistica 59 (1990) 255-273.
    Sobre temas concretos: J. BUERCK, *Die Lehre vom Gewissen nach dem hl. Antoninus*: Der Katholik 89 (109) 95-99; P. EUGÈNE, *Autour de Saint Antonin. La conscience morale à cinq siècles de distance*: Revue Thomiste 40 (1935) 211-216, 629-652; R. CREYTENS, *Les cas de Conscience soumis à S. Antonin de Florence par Dominique de Catalogne, o. p.*: Archivium Fratrum Predicatorum 28 (1958) 149-220; E. F. COLLINS, *The treatment of scrupulosity in the Summa Moralis of St. Antoninus* (Roma, 1961); L. VEREECKE, *Médecine et morale chez S. Antonin de Florence*: Sciences Ecclésiastiques 15 (1963) 153-172; A. SPICCIANI, *Agricoltura e contadini nella "Summa Moralis" di Antonino da Firenze*: Rivista di Ascetica e Mistica 59 (1990) 285-307; K. OLENDZKI, *L'opinione di S. Antonino sulla restituzione*: Ibid., 429-446; D. CREMONA, *Carità ed "interesse" in S. Antonino da Firenze* (Florença, 1990²). Ver além disso a bibliografia citada na nota 84.
88. Santo Afonso cita Santo Antonino mais de seiscentas vezes, quatrocentas das quais encontram-se na *Theologia Moralis*. Ressalte-se que Afonso apóia sua opção de "benignidade pastoral" sobre a doutrina de Santo Antonino (*Theologia Moralis*, l. I, nn. 75 e 83). Cf. E. WUENSCHEL, *S. Antoninus in operibus S. Alfonsi*: Positio para el Doctorado (Roma, 1969). Suplemento, 142-150.
89. Sobre o nominalismo em geral: P. VIGNAUX, *Nominalisme*: DTC, XI, 733-784.
    Sobre a ética nominalista: S. PINCKAERS, *La Théologie morale au déclin du Moyen Age: Le nominalisme*: Nova et Vetera 52 (1977) 269-287; L. VEREECKE, *Autonomie de la conscience et autorité de la loi*: Le Supplément n. 152 (1985) 15-27.

Assim, o voluntarismo ético fica completo com o positivismo bíblico, que também recebe o nome de nominalismo bíblico. Além disso, a vontade de Deus se manifesta de modo concreto e singularizado, dando, assim, prevalência ao singular.

Juntando esse traço aos anteriores, temos os três elementos do nominalismo moral: v*oluntarismo, positivismo bíblico,* concretização no *singular* ou individual.

O nominalismo ético começa com G. de Ockham e seus seguidores, entre os quais, lembramo-nos de G. Biel; mas é uma tendência constante na história da moral, que aparece em determinados momentos ou em autores concretos.

Podem-se descobrir elementos do nominalismo ético em Descartes e, sobretudo, em Pufendorf, que consideram a ordem da razão um decreto livre da vontade de Deus. Pode-se igualmente falar de nominalismo ético nas teorias do emotivismo moral. Max Scheler viu tendências nominalistas na moral relativista, uma vez que o relativismo supõe que não existam experiências de moral absolutas e que todo juízo de valor é mera apreciação subjetiva incapaz de apreender nada da realidade moral objetiva (*Ética*, parte II, cap. 1, parágrafo 2).

Entre os moralistas nominalistas convém recordar os seguintes:

Guilherme de Ockham (1290-1349 aprox.)

Podem-se ver nele as duas intuições básicas do nominalismo: valor do singular e predomínio do voluntarismo. A moral, segundo Ockham, realiza-se na obrigação e, portanto, no exercício da vontade livre, mediante a prática dos mandamentos[90].

João Gerson (1363-1429)

Chanceler da universidade de Paris, título com o qual é conhecido ("o Chanceler"). Professa um nominalismo mitigado. Sua doutrina

---

90. A. GARVENS, *Die Grundlagen der Ethik Wilhelms von Ockham*: Franziskanen Studien 21 (1943) 243-273, 360-408; L. VEREECKE, *L'obligation morale selon Guillaume d'Ockham*: Le Supplément n. 45 (1958) 123-143; ID., *Individu et communauté selon Guillaume d'Ockham: (+1349)*: Studia Moralia 3 (1965) 150-177; ID., *La prudenza in Guglielmo di Ockham*: VÁRIOS, La coscienza morale oggi (Roma, 1988) 177-197; ID., *Die Sünde bei Wilhelm von Ockham (+1350)*: J. RÖMELT - B. HIDBER (Hrg.), *In Christus zum Leben befreit* (Freiburg, 1992) 14-32; L. FREPPERT, *The Basis of Morality according to William Ockham* (Chicago, 1988); T. M. HOLOPAINEN, *William Ockham's Theory of the Foundation of Ethics* (Helsinki, 1991); A. POPPI, *o. c.,* 123-143.

exerceu muita influência nos estudiosos de moral posteriores, sobretudo em temas como: a moral sexual, os escrúpulos, a confissão, o pecado[91].

Gabriel Biel (1410-1495)

Pertenceu aos Irmãos da Vida comunitária. Professor de Tubinga, pregador e pastor. Resume a doutrina de Duns Scoto e de Ockham. Segundo ele, a moral se reduz à obrigação e se realiza no exercício de atos conformes com as prescrições dos mandamentos. A moral de Biel foi alvo dos ataques de Lutero, que havia sido formado nela[92].

João Maior (1469-1550)

Nasce na Escócia; estuda em Paris (Colégio de Monteagudo); morre aos 81 anos. É considerado o último dos nominalistas de Paris. Exerceu influência sobre Francisco de Vitória, embora este não tenha freqüentado seus cursos. Quem os freqüentou foi Santo Inácio de Loyola. Os dois temas nos quais a moral de Maior é mais original são o do matrimônio e o dos problemas econômicos de então. É o primeiro moralista que se refere ao problema colonial da América ("reperta est America his diebus")[93].

d. Novos projetos sobre o poder temporal

A teologia medieval apoiou, justificou e orientou a forma social da Cristandade[94]. Numa orientação geral compartilhada, há nuances importantes: o "agostinismo político" de Egídio Romano, a escola de Oxford (João de Salisbury), as posturas franciscanas (de São Boaventura e de Rogério Bacon), a visão orgânica e corporativa da escola dominicana etc.

Nos séculos XIV e XV dá-se uma evolução na compreensão do poder tanto civil como pontifício. Há uma evolução desde o "agostinismo políti-

---

91. Edição: G. OUY, *Gerson bilingue* (Paris, 1998).
    Estudos: Ch. BURGER, *Aedificatio, Fructus, Utilitas. Johannes Gerson als Professor der Theologie und Kanzler der Universität Paris* (Tübingen, 1986); N. NABERT, *La dialectique de la personne dans la "Pitieuse complainte" de Jean Gerson*: Mélanges de Science Religieuse 54 (1997) 5-18.
92. W. ERNST, *Gott und Mensch am Vorabend der Reformation. Eine Untersuchung zur Moralphilosophie und - Teologie bei Gabriel Biel* (Leipzig, 1972).
93. S. CONCHA, *La teología del matrimonio en Joannes Maior* (Santiago de Chile, 1971); F. J. H. VOSMAN, *Giovanni Maior (1467-1550) e la sua morale economica intorno al contratto di società*: Spicilegium Historicum C. Ss. R. 32 (1984) 3-84.
94. B. LANDRY, *L'idée de Chrétienté chez les Scolastiques du XIIIème siècle* (Paris, 1919).

co" até posturas mais secularizadoras. Deve-se notar, a esse respeito, a contribuição de Guilherme de Ockham. Mas, sobretudo, tem uma importância especial a figura de **Marsílio de Pádua**[95].

III. A MORAL PRÁTICA

A Moral especulativa, da qual falamos acima, tem uma referência geral à prática da vida cristã. A orientação adverte, expressamente, em alguns autores e em determinadas tendências sobretudo no começo e no final da época medieval. Entretanto, há na Idade Média outros caminhos expressivos da moral cristã que têm uma ligação ainda mais estreita com a prática pastoral. A esses projetos práticos da moral medieval referir-nos-emos no próximo item.

1. Diversos gêneros literários

As fontes teológicas da Idade Média não se utilizam somente das "Sentenças" e das "Sumas"; utilizam-se de uma grande variedade de gêneros literários[96]. Essa verificação serve também e sobretudo para a moral.

A moral medieval prática formula-se assim:

— Nas orientações e nas normas dos Concílios (pense-se na importância do Concílio Lateranense IV) e dos diversos Sínodos, tanto regionais como locais.

— Nas regras da práxis penitencial[97], em cuja órbita giram os dois grandes gêneros literários da época: os Livros penitenciais e as Sumas de confessores (ou Sumas de Casos de Consciência).

— Nos Sermões e noutras obras destinadas ao serviço da pregação, dos quais se fazem coleções (ou Sermonários) adaptadas a festas e a motivos específicos[98]. O componente moral desse gênero literário é evidente[99].

---

95. Obra: *Le Défenseur de la Paix*. Tradução, introdução e comentário por J. Quillet (Paris, 1968). Estudos: J. QUILLET, *La philosophie politique de Marsile de Padoue* (Paris, 1970); P. DI VIONA, *I principi del Defensor Pacis* (Nápoles, 1974); F. BATTAGLIA, *Marsilio da Padova e la filosofia politica nel Medio Evo* (Bolonha, 1987).
96. Cf. VÁRIOS, *Les genres littéraires dans les sources théologiques et philosophiques médiévales* (Louvaina-La-Neuve, 1983).
97. N. WICKI, *Kirchenrecht und Seelsorge im 13. Jahrhundert*: Freiburger Zeitschrift für Philosophie und Theologie 40 (1983) 417-427.
98. R. RUSCONI, *De la prédication à la confession: Transmision et contrôle de modèles de comportement au XIIIe. siècle*: VÁRIOS, Faire Croire. Modalités de la difussion et de la réception des messages religieux du XIIe. au XVe. siècle (Roma, 1981) 67-85.
99. *Florilegium Morale Oxoniense*, 2 vol. (Lovaina-Lille, 1956-1961).

— Nos Comentários sobre o Decálogo, inumeráveis e de grande difusão entre o clero[100].
— Nas Sistematizações práticas sobre os Vícios e as Virtudes[101].
— Nos Prontuários ou Correntes de citações bíblicas e de textos patrísticos, de grande valor para a prática da vida cristã[102].

Dentre as fontes da moral prática da Idade Média destacam-se as que têm uma relação direta com a práxis penitencial. Daí ser conveniente dizer uma palavra sobre a relação entre Teologia moral e práxis penitencial.

2. Teologia moral e Práxis penitencial

A história da Teologia moral e a história do Sacramento da Penitência foram mutuamente condicionadas. Sem querer estabelecer um paralelismo perfeito, é necessário reconhecer uma profunda interdependência.

Os estudos sobre a história da Teologia moral enfatizaram a importância que teve para a evolução do saber teológico-moral na Igreja sua relação com a práxis penitencial. Em seu lado prático, podemos dizer que a Teologia moral configurou-se por razão dessa finalidade primordial: prestar um serviço ao Sacramento da Penitência, formando confessores idôneos e criando esquemas de valorização moral para os penitentes.

A afirmação geral torna-se objetiva, se levarmos em conta três gêneros literários com os quais se forjou a apresentação da moral prática na Igreja: os *Livros Penitenciais*, as *Sumas de Confessores* e as *Instituições de Moral*. Os primeiros pertencem ao período que estamos estudando, embora se tenham iniciado durante a época patrística e se tenham estendido até o século XVI. O terceiro corresponde ao paradigma de Teologia moral vigente desde o século XVII até o Concílio Vaticano II.

---

100. Cf. B.-G. GUYOT, *Quelques aspects de typologie des commentaires sur le "Crédo" et le "Décalogue"*: VÁRIOS, Les genres littéraires..., 239-248. Uma obra deste estilo foi o *Tractatus decem praeceptorum* de Henri De Friemar.
101. R. NEWHAUSER, *The Treatise of Vices and Virtues in Latin and the Vernacular* (Turuhout, 1993). Una obra de gran difusión fue la *Summa de vitiis et virtutibus* de Guillermo Peyraud.
102. L.-J. BATAILLON, *Intermédiaires entre les traités de morale pratique et les sermons: Les "Distinctiones" bibliques alphabétiques*: VÁRIOS, Les genres littéraires..., 213-226.

3. Os Livros Penitenciais

a. Visão de conjunto

Chamam-se *Penitenciais* os elencos de pecados e de penas expiatórias correspondentes, destinados principalmente a guiar os sacerdotes no exercício do ministério penitencial na época da chamada "penitência tarifada". Trata-se de um gênero teológico-moral que compreende o período desde o final da época patrística até o século XII[103].

Esse gênero literário de orientação prática (no que se refere ao sacramento da penitência) vigorou até hoje, através das Sumas de casos ou de confessores que substituem os penitenciais, e através dos Manuais de moral casuísta que substituem as Sumas de confessores. Há quem procure, hoje, reavaliar o significado dos Penitenciais no que se refere à prática do sacramento da Penitência[104].

Os Penitenciais aparecem no Ocidente, no início da Idade Média, quando a penitência canônica foi substituída pela penitência privada. Surgiu na Irlanda; desenvolveu-se nas comunidades célticas da Grã-Bretanha; passaram para o continente europeu e se espalharam principalmente pela Alemanha, França e Espanha. Chegam ao ápice em 650 e 800; diante de sua grande expansão e diante da confusão que causaram, surgiu contra

---

103. Edição: H. J. SCHMITZ, *Die Bussbücher und die Bussdisziplin der Kirche*, 2 vol. (Mainz-Düsseldorf, 1883-1898; reimpressão em Graz, 1958).
    Estudos sobre os Penitenciais em geral: G. LE BRAS, *Pénitentiels*: DTC, XII/1, 1160-1179; H. LECLERQ, *Pénitentiels*: DACL, XIV, 215-251; Ph. ROUILLARD, *Pénitentiels*: Catholicisme, X, 1173-1175; G. VOGEL, *Bussbücher*: LTK2, II, 802-805; J. T. McNEIL - H. M. GAMER, *Medieval Hanbooks of Penance* (Colúmbia, 1938); A. VALSECCHI, *I libri penitenziali e la morale cristiana. Alcuni studi recenti*: La Scuola Cattolica 94 (1966) 260-268; C. VOGEL, *Les "Libri Poenitentiales"* (Turnhout, 1978); M. G. MUZZARELLI (aos cuidados de), *Una componente della mentalità occidentale: I Penitenziali nell'alto medio evo* (Bolonha, 1980); VÁRIOS, *A pane e acqua. Peccati e penitenze nel Medioevo* (Novara, 1986); L. MUSSELLI, *La responsabilità penale e morale nei penitenziali*: VÁRIOS, Studi in memoria di Pietro Gismondi (Milão, 1991) 69-77.
    Estudos sobre temas concretos: J. G. ZIEGLER, *Die Ehelehre der Pönitentialsummen von 1200-1350* (Regensburg, 1956); R. S. CALLEWAERT, *Les pénitentiels du moyen âge et les pratiques anticonceptionelles*: Le Supplément n. 74 (1965) 339-366; J. P. PAYER, *Sex and the Penitentials: the Development of Sexual Code* (Toronto-Buffalo-Londres, 1984).
    Sobre o sistema de Penitência da época: P. GALTIER, *Les origines de la Pénitence irlandaise*: Recherches de Sciences Religieuses 42 (1954) 58-85, 204-225; C. VOGEL, *Il peccatore e la penitenza nel medioevo* (Leumann, 1988); GROUPE DE LA BUSSIÈRE, *Pratiques de la confession. Des pères du désert à Vatican II* (Paris, 1983); I. GONZÁLEZ, *La penitencia en los Sínodos castellano-leoneses. Del IV concilio de Letrán al concilio de Trento*: Moralia 18 (1995) 361-388; Ph. ROUILLARD, *Histoire de la pénitence des origines à nos jours* (Paris, 1996).
104. Cf. H. CONNOLLY, *The Irish Penitentials and their Significance for the Sacrament of Penance today* (Dublin, 1995).

eles uma reação negativa por parte dos bispos durante a reforma carolíngia; voltaram, porém, a aparecer durante a reforma gregoriana (850-1050). A era dos penitenciais termina no governo de Graciano.

Os penitenciais têm uma grande importância para o conhecimento da evolução da penitência na Igreja. Têm também idêntica importância para o conhecimento da história da teologia moral, uma vez que são as manifestações mais qualificadas da moral durante o período histórico no qual surgiram. A moral refletida pelos penitenciais ainda é excessivamente "objetiva". Entretanto servem para se conhecerem os costumes de moral da época ("bárbara") e as avaliações que delas fazia a consciência eclesial do momento (avaliação que se nota, sobretudo, a partir do número de penas que são impostas para os pecados). "Os penitenciais não expõem doutrina moral alguma; apresentam apenas uma casuística um tanto quanto caótica. Contudo, proporcionam-nos inúmeros ensinamentos sobre a vida moral, e também sobre a vida social e econômica desses períodos obscuros" (séc. VII-XIII)[105].

Há muitos livros penitenciais. Costumam distinguir-se seis grupos de penitenciais: irlandeses[106], anglo-saxões[107], continentais[108], carolíngios, e pós-carolíngios. São também classificados de acordo com os cinco períodos de redação: 1) até 650; 2) de 650 a 813/850; 3) de 813/850 a 900; 4) séculos X-XI; 5) de 1100 a 1150.

Por não ser possível citar todos os penitenciais, referir-nos-emos a dois deles, correspondentes a épocas e a regiões diversas: o penitencial de São Columbano e o penitencial de Burcardo. Acrescentamos algumas observações sobre os Penitenciais espanhóis.

b. Penitencial de São Columbano

Um dos primeiros e dos mais representativos penitenciais. Columbano, entrando na Grã-Bretanha mais ou menos no ano de 568-570, foi encarregado dos penitentes de diversos Estados; morre no ano 615. O penitencial que tem seu nome reflete a prática penitencial do momento[109].

---

105. L. VEREECKE, *l. c.*, 823.
106. L. BIELER (Ed.), *The Irish Penitentials. Scriptores Latini Hiberniae*, t. V (Dublin, 1963); H. CONNOLLY, *The Irish Penitentials and their Significance for the Sacrament of Penance* (Dublin, 1995).
107. A. J. FRANZEN, *La littérature de la pénitence dans l'Angleterre anglo-saxonne* (Friburgo de Suíça, 1991).
108. R. KOTTJE, *Überlieferung und Rezeption der irischen Bussbücher auf dem Kontinent*: H. LÖWE (Hrg.), Die Iren und Europa, I (Stuttgart, 1982) 512-523; L. KÖRNTGEN, *Studien zu Quellen der frühmittelalterlichen Bussbücher* (Sigmaringen, 1993).
109. Edição: *Penitentiel de Saint Colomban*. Introdução e edição por Dom J. Laporte (Tournai, 1958), Desclée.

c. Penitencial de Burcardo

Um dos mais importantes penitenciais. É o mais representativo da época da reforma gregoriana (850-1050) e, em geral, de toda a Idade Média. Composto entre 1008-1012, constitui o livro XIX do Decreto de Burcardo de Worms. Sua composição é eclética, enquanto associa elementos díspares de outros penitenciais anteriores[110].

d. Penitenciais espanhóis

Foram pouco estudados até o presente[111]. É mais conhecido o sistema penitencial da Igreja visigótico-moçárabe. A entrada do novo sistema penitencial na Espanha foi um pouco mais tardia do que nas igrejas do continente europeu. Provavelmente tenha sido importado por monges bretões procedentes da Espanha. Ainda existe uma igreja chamada Santa Maria de Bretanha, ao sul de Mondonhedo.

Contudo, é na Espanha que se encontra uma das primeiras provas mais fidedignas da passagem da penitência antiga para a penitência tarifada. No cânon 11 do III Concílio de Toledo (589) reprovam-se as práticas penitenciais inovadoras, oriundas das igrejas bretãs, e contrárias à penitência pública estabelecida canonicamente. Essas reprovações repetem-se nos Concílios toledanos (IV, 633; VI, 681; XVI, 693). A penitência tarifada foi vista desde a origem como uma libertação, e na perspectiva da autoridade como uma prática reprovável.

Conhecem-se três principais Penitenciais espanhóis, compostos entre os anos de 850 a 1065. São eles: o Penitencial de Vigília (mais ou menos de 850), o Penitencial de Córdoba (entre 800 e 1050), e o Penitencial de Silos (mais ou menos entre 1060/1065). A doutrina básica é semelhante à dos grandes Penitenciais da Idade Média: o pecador é um enfermo; a penitência é um remédio; o confessor é o médico. O rito penitencial tende a individualizar-se e é de possível repetição. As taxas ou tarifas penitenciais são as ordinárias do jejum e da abstinência, e podem ser expostas ao sistema de comutações (reza, esmola, peregrinações etc.). Os pecados descritos expressam a face negativa da vida tal como era entendida na época:

---

110. Edição: *Decretorum libri XX*: PL, 140, 491-1018.
111. Ver o trabalho de M. C. DÍAZ e DÍAZ, *Para un estudio de los penitenciales hispanos*: VÁRIOS, Mélanges offerts à E. R. Labande. Études de civilisation médievale. IXe.-XIIe. siècles (Poitiers, 1974) 217-222; e, sobretudo, a monografia de F. BEZLER, *Les Pénitentiels espagnols. Contribution à l'étude de la civilisation de l'Espagne chrétienne du Haut Moyen Age* (Münster, 1994).

pecados de sexo, homicídios, embriaguez, perjúrios e falsos testemunhos, roubos, avareza e usura, superstição e magia, práticas contra o respeito devido à Eucaristia e contra o mandamento do repouso dominical, maneiras de pensar contrárias às verdades de fé. A vida dos clérigos é vigiada de perto.

4. Sumas de Confessores (Sumas de Casos de Consciência)

A expressão *Sumas de Confessores* (também: *Sumas de Casos de Consciência*) designa uma série de prontuários ou léxicos de moral que vigoraram desde o século XIII até o século XVI. Neles se expõem os temas de moral que, para uma informação rápida, eram necessários ao sacerdote no que se refere à prática pastoral, sobretudo do sacramento da penitência[112].

Ao lado da exposição mais especulativa dos autores medievais, as Sumas de confessores são a prova da teologia moral prática da época citada. Constituem o elo entre os Livros Penitenciais e as Instituições da moral casuísta; enquanto os Penitenciais são os livros de moral correspondentes à etapa da penitência tarifada, e as Instituições de moral casuísta correspondentes à renovação tridentina do sacramento da penitência, as Sumas de confessores são a expressão moral do regime de penitência individualizada em vigor desde o Lateranense IV até o Concílio de Trento[113].

As Sumas de confessores começaram a difundir-se no século XIII, desenvolveram-se no século XIV, continuaram no século XV e terminaram

---

112. Sobre as Sumas de confessores: J. DIETERLE, *Die "Summae confessorum sive de casibus conscientiae" von ihren Anfängen an bis zu Silvester Prieras*: Zeitschrift für Chistliche Geschichte 26-27 (1903-1906) uma série de artigos; P. GLORIEUX, *Sommes*: DTC, XIV/2, 2350-2351; J. G. ZIEGLER, *Die Ehelehre der Pönitentialsummen von 1200-1350* (Regensburg, 1956); P. MICHAUD-QUANTIN, *Sommes de casuistique et manuels de confession au moyen âge (XII-XVI siècles)* (Louvaina-Lille-Montreal, 1962); T. N. TENTLER, *The Summa for Confessors as an Instrument of Social Control*: C. TRINKAUS - H. A. OBERMAN (Ed.), The Pursuit of Holiness in Late Medieval and Renaissance Religion (Leiden, 1974) 103-126; L. E. BOYLE, *The Summa for Confessors as a Genre, and its Religious Intent*: Ibid., 126-130; ID., *Summae confessorum*: VÁRIOS, Les genres littéraires dans les sources théologiques et philosophiques médiévales (Louvaina-La-Neuve, 1982) 227-237); R. RUSCONI, *Ordinate Confiteri – La confessione dei peccati nelle "Summae de Casibus" e nei manuali per i confessori (metà XII-inizi XIV secolo)*: VÁRIOS, L'Aveu. Antiquité et Moyen Age (Roma, 1986) 297-313.
113. Sobre a obrigação da confissão: P.-M. GY, *Le précepte de la confession annuelle et la nécessité de la confession*: Revue des Sciences Philosophiques et Théologiques 63 (1979) 529-547; M. OHST, *Pflichtbeichte. Untersuchungen zum Busswesen in Hohen und Späten Mittelalter* (Tübingen, 1995).

na primeira evangelização da América[114]. A maioria delas segue uma ordem alfabética; outras adotam uma forma sistemática. Houve muitas Sumas de confessores. As principais são as seguintes:

— Século XIII[115]: Suma de São Raimundo de Peñafort (1234); Suma de João de Friburgo (1294), considerada "protótipo" do gênero de sumas[116].

— Século XIV: Suma de João de Erfurt (1302)[117]; Suma Astesana (mais ou menos no ano de 1317), de F. Astezano de Asti; Suma Pisana, de Bartolomeu de São Concórdio (+1347).

— Século XV: Suma Batistiana ou Rosella (entre os anos 1480 e 1490), de Batista Trovamala de Salis (+1495); Suma Angélica, de Angel de Chivasso (+1495).

— Século XVI: Suma Silvestrina (mais ou menos no ano de 1516), de Silvestre Mazzoli de Priero (+1523); Suma Tabiena, de João Cagnazzo de Tabia (+1521); Suma Armilla, de Bartolomeu Fumi (+1545); Suma de Cayetano (1525)[118].

Entre as Sumas de confessores encontram-se também as Sumas de casos, gênero literário muito parecido (e até igual) ao primeiro. São também semelhantes às Sumas de confessores os Manuais de confessores, embora eles ampliem o horizonte do conteúdo não tratando somente de moral, mas também no que se refere a outros ministérios sacerdotais. Esses Manuais vigoram sobretudo nos séculos XVI e XVII; lembremo-nos, dentre outros, da *Instructio sacerdotum* de Franciso de Toledo e do *Enchiridion confessariorum* de Martín de Azpilcueta, chamado o "Doutor Navarro" (foram feitas mais de 80 edições desse manual, durante os 70 anos depois de seu surgimento no ano de 1549)[119].

---

114. L. MARTÍNEZ FERRER, *Directorio para confesores y penitentes. La pastoral de la Penitencia en el tercer Concilio mexicano* (1585) (Pamplona, 1996).
115. Sobre textos de caráter local: P. MIHAUD-QUANTIN, *Textes pénitentiels languedociens au XIIe. siècle*: VÁRIOS, Le Crédo, la Morale et l'Inquisition (Toulouse, 1971) 151-172. Nos começos do século XIII (entre 1205 e 1208) situa-se o texto penitencial de Roberto de Flamboroug (+c. 1221), cônego da Abadia de S. Víctor em Paris: *Liber Poenitentialis*. A Cristical Edition with Introduction and Notes by F. Firth (Toronto, 1971). Também a esse século pertence o texto de Tomás de Chobham (+c. 1236), *Summa confessorum*, editado por F. Broomfield (Lovaina-Paris, 1968).
116. Além das citadas, existem outras cuja edição e estudo são acessíveis: *Trois Sommes de pénitence de la première moitié du XIIIe. siècle. La "Summula Magistri Conradi". Les sommes "Quia non pigris" et "Decime dande sunt"*. Textos estabelecidos e apresentados por Jean Pierre Renard. Posfácio de Mgr. Philippe Delhaye, 2 vol. (Louvaina-La-Neuve, 1988).
117. N. BRIESKORN, *Die Summa Confessorum des Johannes von Erfurt*, 3 vol. (Frankfurt, 1980).
118. Da *Suma cayetana* (traduzida ao castelhano) fez uma edição (com prólogo) Fray Luis de Granada; foi publicada em Lisboa em 1557 por Joannes Blavio de Colônia.
119. E. DUNOYER, *L'Enchiridion Confessariorum del Navarro* (Pamplona, 1957).

Raimundo de Peñafort (1175-1275)

Eminente canonista medieval. Estuda em Bologna. Entra na Ordem dos Pregadores. A pedido do Papa, realiza a coleção oficial das *Decretales*. É Superior Geral da Ordem (1237-1245). Na história da moral é conhecido antes de tudo pela *Suma de penitentia*, considerada a primeira das Sumas de confessores; a obra de Raimundo de Peñafort foi muito apreciada, muito comentada sobretudo por outros dominicanos (entre eles, João de Friburgo), e influiu muito nos moralistas posteriores[120].

João de Friburgo (+1314)

Moralista dominicano, nomeado para o convento de Friburgo de Brisgovia (Alemanha). Pertencente à primeira geração de moralistas que utilizam e aperfeiçoam o novo gênero literário das Sumas de confessores. Seu primeiro trabalho foi comentar a Suma de São Raimundo de Peñafort, obra que terminou, atualizando-a na legislação canônica, acrescentando outros casos e acrescentando-lhe um índice alfabético para uma consulta mais prática. Esse trabalho preparou-o para empreender sua obra pessoal: mais ou menos no ano de 1290, começou a redigir sua *Summa confessorum*, exemplo típico desse gênero de moral. Assim como a vida de João de Friburgo transcorreu num único convento, assim também sua atividade científica girou em torno de um só tema (o sacramento da penitência) e praticamente em torno de um só livro (a *Summa confessorum*)[121].

Suma Astesana

Chama-se também suma *astensis*. Pertence ao gênero moral das Sumas de confessores. Publicada mais ou menos no ano de 1317 por Astezano de Asti, franciscano, falecido no ano de 1330. O título é: *Summa de casibus*; foi feita uma reedição em Roma, no ano de 1728.

---

120. Edição: *Summa de Poenitentia*. Curantibus X. Ochoa et A. Diez (Roma, 1976), Universa Biblioteca Iuris.
121. L. E. BOYLE, *The Summa Confessorum of John of Freiburg and the Popularization of the Moral Teaching of St. Thomas and some of his Contemporaries*: VÁRIOS, Saint Thomas Aquinas 1274-1974 (Toronto, 1974) 245-268.

Suma Pisana

Escrita em Pisa pelo dominicano Bartolomeu de São Concórdio (1347), faz parte do grupo de Sumas de confessores do século XIV. Chama-se também *Summa Pisanella*.

Suma Batistiana

Escrita entre 1480 e 1490 pelo franciscano Batista Trovamala de Salis (+1495), faz parte das Sumas de confessores. É conhecida também como *Rosella casuum* ou *Summa rosella* (= guirlanda de flores, em que as rosas representam os casos de moral).

Suma Angélica

Escrita pelo franciscano Angel de Chivasso (1495), era destinada a confessores, queimada por Lutero, como símbolo da moral romana, e junto, a bula *Exsurgens* e o *Corpus iuris*.

Suma Silvestrina

Essa Suma de confessores, escrita pelo dominicano Silvestre Mazzoli de Priero (+1523), tem a particularidade de seu caráter enciclopédico, uma vez que engloba as sumas precedentes; por isso é chamada *Summa summarum*[122].

Suma Tabiena

Escrita pelo dominicano João Cognazzo de Tabia (= 1521), pertence ao grupo de *Sumas* de confessores do século XVI. É inspirada na Suma Angélica e na Suma Rosella.

Suma Armilla

Escrita pelo dominicano Bartolomeu Fumi (+1545), pertence às *Sumas* de confessores do século XVI. É chamada *Armilla aurea* (= bracelete de ouro).

---

122. Sobre a vida e a obra de Silvestre de Prieras: M. TAVUZZI, *Prieras. The Life and Works of Silvestro Mazzolini da Prierio, 1456-1527* (Durham-Londres, 1997).

IV. CONCLUSÃO

A Idade Média é um período decisivo para a constituição do discurso teológico-moral. É certo que nessa etapa não existe ainda a Teologia moral como disciplina autônoma; mas a Ética filosófica, sim. A moral cristã faz parte do conjunto teológico. Ao integrar-se nele, porém, participa do mesmo estatuto epistemológico do saber teológico geral. Esse fato tem grande significado, uma vez que a dimensão moral da fé começava a fazer parte da *mesma condição epistemológica da Teologia*.

Dadas a riqueza de conteúdos e a variedade de gêneros literários utilizados, conforme se verificou ao longo do presente capítulo, é difícil reduzir a um único paradigma a exposição da moral cristã no período medieval. Continua o paradigma "parenético" da época patrística; consolida-se o paradigma "penitencial" mediante a maior vinculação da moral com a práxis penitencial; surge o paradigma "nominalista" no final da escolástica; mas se deve enfatizar, sobretudo, a configuração do *paradigma "ontológico-racional"*. A "razão" une-se à fé para iluminar a realidade "natural" criada e redimida, a fim de orientar o comportamento livre e responsável dos fiéis, criados por Deus e salvos por Cristo. A "teonomia" moral não se opõe, mas se articula com a razão humana para constituir um paradigma especificamente teológico, mas aberto a tudo o que é genuinamente humano[123].

Apesar da prevalência do paradigma ontológico-racional, não se pode deixar de reconhecer que no período medieval se manifestam as tensões, e mesmo os conflitos, entre *vários sistemas teológico-morais*, diversidade que se manterá em épocas posteriores. Há uma moral "da felicidade" e uma moral da "obrigação"[124]; ao lado da moral da "virtude" há também a moral do "mandamento". Na base dessas opções há dois modelos diferentes na compreensão da condição humana: uma, mais "intelectualista" (escola dominicana); outra, mais "voluntarista" (escola franciscana). A sociedade é vista ou de forma "corporativista" (Santo Tomás de Aquino), ou com esquemas "comunitaristas" (teologia mística; São Boaventura), ou com uma interpretação "individualista", como o faz a revolução intelectual de Ockham[125].

---

123. Essa articulação da fé e da razão, que é uma afirmação básica da construção teológica de Santo Tomás (cf. *Fides et ratio*, 43), torna possível a aparição de uma cultura "moderna" e "secular" no interior do cristianismo. Cf. G. LEGARDE, *La naissance de l'esprit laïque au déclin du moyen-âge*, 5 vol. (Paris, 1956-1963). Ver: A. UÑA JUÁREZ, *La modernidad del siglo XIV*: La Ciudad de Dios 206 (1993) 703-758.
124. Ver o livro de A. PLÉ, *Par devoir ou par plaisir* (Paris, 1980).
125. Cf. Ph. LÉCRIVAIN, *La ética cristiana: de las "autoridades" al magisterio*: B. SESBOÜÉ (Dir.), Historia de los Dogmas, II (Salamanca, 1996) 413-420.

Na Idade Média tende-se ao traçado da chamada *Moral geral*. Até hoje persiste a estrutura básica desse tratado da Teologia moral. Com efeito, no período medieval se analisam separadamente e se organizam em conjunto unitário as categorias básicas da vida moral cristã: o fim último ou bem-aventurança, o ato humano ou a responsabilidade moral, a lei (eterna, natural positiva, evangélica) enquanto expressão normativa da moralidade objetiva, a consciência ou atuação prudente, o pecado enquanto quebra da vida moral, a virtude e o organismo completo do atuar cristão (graça, dons do Espírito).

Não faltam tampouco os orientadores de moral concreta: questões relacionadas com a vida humana; ética sexual; moral conjugal; exigências da justiça; moral econômica e política; moral da guerra e da paz; situação de um direito internacional ("direito das pessoas") etc. Como é óbvio, essas propostas de moral concreta são condicionadas pela situação social às quais se referem.

Digno de ser enfatizado é o diálogo que estabelece a reflexão teológica com o pensamento aristotélico; esse diálogo não ficou livre de tensões como o provam as condenações do Bispo de Paris, Étienne Tempier, contra certas interpretações de Aristóteles[126]. Simplificando a questão, observo os dados de maior importância. Aristóteles entra no século XII misturado a elementos platônicos; no século XIII, é lido em traduções mais exatas, mas com comentários de filósofos árabes especialmente de Averróis. Houve diversas posições diante da presença de Aristóteles[127]: alguns o aceitaram um tanto quanto criticamente, como Sigério de Bravante[128]; outros reagiram negativamente opondo a peculiaridade do fato cristão, como São Boaventura; outros aceitaram criticamente o pensamento aristotélico, libertando-o das interpretações averroístas e submetendo-o ao contraste da fé. Esta última postura foi a de Santo Tomás de Aquino. Assumido assim, o pensamento aristotélico colocava-se como o referente filosófico com o qual dialogar sem perder a peculiaridade epistemológica da teologia, constituída mediante "lugares" epistemológicos específicos (Sagrada Escritura, Tradição, Magistério da Igreja). O descobrimento de Aristóteles fez que se constituísse a Ética filosófica. Serviu também para dar conteúdos e referências filosóficas à reflexão teológico-moral. Desde então, a Teologia moral não poderá ser pensada nem formulada sem esse referente filosófico primário.

---

126. É.-H. WEBER, *La controverse de 1270 à l'Université de Paris et son retentissement sur la pensée de S. Thomas d'Aquin* (Paris, 1970); L. VEREECKE, *l. c.*, 828; Ph. LÉCRIVAIN, *l. c.*, 400-401.
127. A. MARTÍNEZ LORCA, *Averroes y la revolución intelectual del siglo XIII*: La Ciudad de Dios 212 (1999) 397-413; VÁRIOS, *Averroes y los averroístas* (Zaragoza, 1999). Cf. Ph. LÉCRIVAIN, *l. c.* 400.
128. B. BAZÀN, *Siger de Brabant. Écrits de logique, de morale et de physique*. Edição crítica (Lovaina-Paris, 1974). Nas pp. 98-105 pode-se ver a solução que dá Sigério a cinco questões de moral.

6

RENASCIMENTO

A Moral do século XVI é conhecida como "Moral do Renascimento", iniciada no século XV e terminada no século XVII. Esse século marca um dos acontecimentos mais significativos da história da Teologia moral católica. Acontece, nesse período, o "Renascimento tomista", com a continuação da "Escola de Salamanca"; nele, a moral cristã tem a coragem de pensar e orientar, a partir do Evangelho, a nova situação humana — individual, nacional e internacional — surgida a partir das mudanças políticas, da cultura renascentista e dos descobrimentos geográficos. Esses e outros fatores propiciam a criatividade teológica. Tanto é verdade que, pelo menos em relação com a reflexão teológico-moral, o século XVI é tão fecundo que gerou um período importante da história da Teologia moral.

Neste capítulo, registrarei a bibliografia básica no decorrer da própria exposição. Faço-o por duas razões: para enfatizar a importância das referências bibliográficas e para suprir o caráter esquemático que, por razões de espaço, há de ter em algumas partes a exposição.

I. O SÉCULO XVI (VISÃO DE CONJUNTO)

Nesse século, a reflexão teológico-moral desfruta de um momento de esplendor[1]. Pode-se mesmo dizer que é o "século de ouro" da teologia

---

1. Anoto três obras para três aproximações gerais ao século XVI:
    - Para a aproximação filosófico-cultural: J. L. ABELLÁN, *Historia crítica del pensamiento español. II. La Edad de Oro (siglo XVI)* (Madri, 1979).
    - Para a aproximação teológica: M. ANDRÉS, *La Teología en el siglo XVI (1470-1580)*: ID., *Historia de la Teología Española*, I (Madri, 1973) 575-735.
    - Para a aproximação moral: L. VEREECKE, *De Guillaume d'Ockham à Saint Alphonse de Liguori* (Roma, 1986).

moral, uma vez que os maiores teólogos da época davam sua atenção, preferente ou exclusivamente, a temas relacionados com a moral. Deve-se observar que a teologia moral do século XVI passa por uma mudança de lugar, a fim de seguir a geografia dos centros de decisão econômica. "No século XVI, a teologia moral é espanhola", uma vez que "o Século de Ouro é também o século de ouro da teologia espanhola" (L. Vereecke).

Enumero, a seguir, os aspectos ou fatores nos quais se concretiza o significado do século XVI para a história da Teologia moral. Em referências posteriores serão analisados mais especificamente. As perspectivas a enfatizar no século XVI para o conhecimento da moral cristã nesse período são as seguintes:

— O *humanismo*, iniciado no século XV e continuado no século XVI, oferece uma base antropológica para a moral cristã. A aceitação do ideal humanista pelos cristãos transforma-se numa corrente de "humanismo cristão" (Erasmo, Vives etc.).

— No humanismo é necessário enfatizar, por sua importância para a moral, as propostas de um novo ideal de sociedade mediante o gênero literário da *utopia*, no qual se destacam as *Utopias* de Tomás Morus, Tomás Campanella e Francis Bacon.

— A reflexão teológico-moral em seu sentido estrito é vinculada ao *renascimento tomista*, iniciado no final do século XV, com seu centro de decisões em Paris (com manifestações prévias e concomitantes na Alemanha e na Itália). Essa renovação teológica, chamada também "Segunda Escolástica", passa de Paris para Salamanca por obra, sobretudo, de Francisco de Vitória, originando-se assim um florescimento teológico-moral com o nome de "Escola de Salamanca".

— Uma nova força junta-se, no século XVI, às tarefas teológicas. É a *Companhia de Jesus*. A reflexão teológico-moral estará desde então indissoluvelmente ligada aos jesuítas. No século XVI, a contribuição dos teólogos jesuítas para a teologia moral realiza-se em duas frentes:

1) No campo da moral prática, na qual estão as obras de **João de Polanco** (1516-1577) e as de **Francisco de Toledo** (1534-1596), que procuram ajudar os sacerdotes em seu ministério pastoral; mediante a organização dos estudos (*Ratio Studiorum S.J.*), a Companhia de Jesus será um fator decisivo na gênese da casuística, destacando-se entre os primeiros adeptos os moralistas jesuítas.

2) À frente da teologia moral especulativa destaca-se igualmente um grupo de teólogos jesuítas. Citemos **Gabriel**

Vázquez (1549-1604), **Gregório de Valência** (1559-1603), **Francisco Suárez** (1549-1617), **Luís de Molina** (1535-1600), **Leonardo Léssio** (1554-1623), **João de Lugo** (1583-1660), **João de Mariana** (1536-1623).

— Na reflexão teológico-moral do século XVI (e primeira metade do século XVII) enfatizam-se os temas de moral social. Surgem assim os tratados de *Justiça e direito* (*De justitia et Jure*), ápice da teologia moral católica.

— No século XVI continua a *moral prática* ligada ao sacramento da Penitência. Nesse século ainda se publicam algumas Sumas de confessores; conforme dissemos, os jesuítas também se dedicam antecipadamente a esse gênero literário; além disso, nas universidades, especificamente nas de Salamanca e de Coimbra, existiam cursos de moral prática. Expoente dessa moral é **Martín de Azpilcueta** (1493-1587), professor nas universidades já citadas.

— A reforma do Concílio de *Trento* tem uma grande repercussão na Teologia moral. Constitui um dos fatores que dão origem à *casuística* também chamada "moral pós-tridentina".

— Os movimentos espirituais da *Idade Média* culminam na *espiritualidade do século XVI*[2]. Tanto o erasmismo[3], como a espiritualidade inaciana, a mística franciscana e a mística de Santa Teresa e de São João da Cruz, com as demais escolas de espiritualidade, postulam a volta a uma ética genuinamente evangélica. Trata-se de um aspecto que não pode ser esquecido na história da moral do século XVI.

— Ligada ao desejo de volta ao evangelho, verifica-se no século XVI uma sensibilidade especial para com os pobres e os marginalizados. Nasce daí uma ética de *atitudes sociais* (J. L. Abellã) bastante próximas dos valores evangélicos. As posturas de Vives e de Soto, de características diversas nas soluções concretas, diante do problema da atenção à "causa dos pobres", são índices dessa atitude de solidariedade para com os marginalizados. Por outro lado, tanto a vida social como as expressões artísticas do século XVI (e do seguinte) oferecem abundante material

---

2. J. I. TELLECHEA, *Los espirituales del siglo XVI español* (Madri, 1994).
3. A. AUER, *Die vollkommene Fömmgkeit des Christen nach dem Enchiridion militis Christiani des Erasmus von Rotterdam* (Düsseldorf, 1954); R. BULTOT, *Érasme, Épicure et "De contemptu mundi"*: J. COPPENS (ed.), Scrinium Erasmianum, II (Leiden, 1969) 205-238; O. SCHOTTENLOHER, *Lex naturae und Lex Christi bei Erasmus: Ibid.*; R. PADBERG, *Pax erasmiana: Ibid.*, 301-312; I. GONZÁLEZ, *Literatura y moral: la literatura erasmista*: Moralia 13 (1991) 35-58, 227-250; M. J. HEATH, *Erasme*: M. CANTO-SPERBER, Dictionnaire d'éthique et de philosophie morale (Paris, 1996) 511-518.

para conhecimento da "moral vivida" dessa época[4]. Deve-se recordar a respeito a obra de J. A. Maravall sobre a literatura picaresca espanhola[5].

— O *descobrimento da América* supôs uma comoção para a consciência moral da época. A Teologia moral refletiu nesse grande acontecimento e deduziu as implicações morais pertinentes. Assim, a América constitui um importante capítulo da moral do século XVI.

— Para compreender o significado do século XVI na história da Teologia moral católica é preciso observar outro fator decisivo: a *Reforma*. A moral católica não se poderá entender se não for em contraposição à *ética protestante*.

Pela simples enumeração dos aspectos observados, acreditamos que se justifique a afirmação que fizemos no começo sobre a posição decisiva do século XVI na história da moral católica.

II. HUMANISMO (séc. XV-XVI)

O macrofenômeno histórico do Renascimento e do Humanismo foi de extensa e profunda repercussão na ética filosófica e na Teologia moral. A valorização positiva do humano é o substrato e a sensibilidade ambiental das considerações morais. A "dignidade do homem" transforma-se em categoria aglutinadora das aspirações e realizações do espírito humano.

Desde Francisco de Petrarca (1304-1374) até Erasmo de Rotterdam (1467-1536) e João Luís Vives (1492-1540), passando por Lourenço Valla (1407-1457), Marcílio Ficino (1433-1499), Pico de la Mirandola (1463-1494) e tantos outros pensadores do Renascimento, corre uma profunda brisa de humanidade sem desalojar o espírito do cristianismo.

A expressão "dignidade do homem", tão fecunda para a moral posterior, aparece freqüentemente nas páginas de rosto dos livros da época, como no de Pico de la Mirandola (1486) ou no de Fernando Pérez de Oliva (1546).

---

4. M. FERNÁNDEZ ÁLVAREZ, *La sociedad española en el siglo de oro* (Madri, 1984). Cf. M. GÓMEZ RÍOS, *Rasgos éticos de los grupos sociales de España en los siglos XVI-XVII*: Moralia 6 (1984) 435-460.
5. J. A. MARAVALL, *La literatura picaresca desde la historia social (siglos XV-XVII)* (Madri, 1986). Cf. J. L. L. ARANGUREN, *Maravall: historia de las mentalidades y moral social*: Revista de Occidente n. 73 (1987) 21-30). Sobre a relação entre literatura e moral no século XVI: I. GONZÁLEZ, *Literatura y moral. La moral en el teatro del siglo de oro*: Moralia 16 (1993) 429-454; ID., *El moralismo de la novela picaresca*: Moralia 18 (1995) 47-74.

BIBLIOGRAFIA: F. PÉREZ DE OLIVA, *Diálogo de la dignidad del hombre*. Edição preparada por W. L. Cerrón. Editora Nacional (Madri, 1982); P. DE LA MIRANDOLA, *De La dignidad del hombre*. Edição preparada por L. Martínez Gómez. Editora Nacional (Madri, 1984); P. R. SANTIDRIÁN, *Humanismo e Renacimiento*. Seleção de textos, com tradução e introduções. Alianza (Madri, 1986); F. RICO, *Humanismo y ética*: V. CAMPOS (Dir.), Historia de la ética, I (Barcelona, 1987) 507-540.

III. UTOPIA

A utopia é um gênero literário mediante o qual se fazem propostas do ideal da sociedade humana com a descrição de situações não localizáveis em lugares reais (daí a origem do termo "utopia": sem lugar). Nesse gênero literário destacam-se as utopias do Renascimento e, entre elas: a de Tomás Morus (1478-1535) com o clássico livro *Utopia*; a de Tomás Campanella (1568-1639) com *A cidade do sol*; e a de Francis Bacon (1561-1626) com a *Nova Atlântida*.

BIBLIOGRAFIA: *Utopías del Renacimiento (Moro, Campanella, Bacon)*. Edição preparada por E. Imaz. Fundo de Cultura Econômica (México, 1973); T. MORUS, *Utopía*. Edição preparada por P. R. Santidrián. Alianza (Madri, 1986); M. A. GRANADA, *La filosofía política en el Renacimiento: Maquiavelo y las utopías*: V. CAMPS (Dir.), Historia de la ética, I. Crítica (Barcelona, 1987).

IV. O RENASCIMENTO TOMISTA (séc. XV-XVI)

No final do século XV surge na teologia um movimento de volta a Santo Tomás de Aquino. Nos séculos anteriores "lia-se" Pedro Lombardo; no final do século XV começa-se a ler "in via et doctrina Sancti Thomae"; no final desse século, em Colônia já se "lê" a Suma de Santo Tomás de Aquino. No Capítulo Geral da Ordem dos Pregadores de 1504 resolve-se ler Santo Tomás: "in via et doctrina Sancti Tomae legatur". Vitória, em Salamanca, substitui o livro de texto de Pedro Lombardo por Santo Tomás.

Essa orientação, iniciada no final do século XV, consolida-se no século XVI, século que é propriamente a "época do renascimento tomista" ou da "segunda escolástica".

1. Inícios

O começo do renascimento tomista deve ser situado na Alemanha e na Itália. Destacam-se dois teólogos:

Conrado Koellin (1476-1536)

Administrador e decano em Heidelberg (1500-1510) e em Colônia (1511-1536). Escreveu um comentário à 1-2 da *Suma* de Santo Tomás. Koellin, primeiro comentarista da Suma, segue ao pé da letra o pensamento do Aquinate, embora busque os motivos da doutrina. Segue um teocentrismo moral, bem como a unidade de toda a teologia. São detalhes de sua doutrina moral: quando a necessidade obriga, os bens são de todos; o Estado pode obrigar a que se dê esmola aos pobres[6].

Tomás de Vio (Cayetano) (1469-1534)

O primeiro a fazer um comentário completo à *Suma* de Santo Tomás. Teólogo, político, Superior Geral da ordem dominicana, legado do Papa na Alemanha (questão luterana), cardeal, Cayetano teve uma atividade fora do comum. Deve ser lembrado na história da moral[7]:

> 1) por seus trabalhos de pesquisa de temas de moral, ao comentar a Suma: análise psicológica do ato humano; ênfase às virtudes[8];
> 2) por suas soluções em moral prática, aspecto de sua doutrina que atraiu a atenção dos pesquisadores (questões sobre o pecado, a ética social, a ética sexual)[9]. É bom lembrar que Cayetano escreveu uma *Suma de confessores*.

2. Primavera

A reforma tomista consolida-se na França. Paris, onde Santo Tomás

---

6. Estudos: F. KOPECKY, *La legge nuova nella "Expositio commentaria" di Corradus Koellin* (Roma, 1975).
7. J. MAYER, *Cajétan moraliste*: Revue Thomiste 17 (1934-1935) 343-357.
8. M. DAFFARA, *Tommaso de Vio Caetano interprete e commentatore della morale di S. Tommaso*: Rivista di Filosofia Neo-Scolastica 27 (Sppl.) (1935) 75-101.
9 J. GIERS, *Gerechtigkeit und Liebe. Die Grundpfeiler gesellschaftlicher Ordnung in der Sozialethik des Kardinals Cajetan* (Düsseldorf, 1941); J. Ma. DÍAZ MORENO, *La doctrina moral sobre la parvedad de materia "in re venerea" desde Cayetano hasta S. Alfonso*: Archivo Teológico Granadino 23 (1960) 5-138; D. DOHERTY, *The sexual doctrine of Cardinal Cajetan* (Regensburg, 1966); D. LA CERRA, *Para una moral de la responsabilidad. Estudio sobre el consentimiento necesario para el pecado moral de Cayetano a los Salmanticenses* (Granada, 1978).

de Aquino tinha sido professor, transformara-se no centro importante de convergência e de irradiação do renascimento tomista. O convento dominicano de Santiago foi, após sua reforma, o lugar onde a renovação teológica, inspirada no pensamento tomista, adquire personalidade.

Os últimos nominalistas já têm uma atitude renovadora. Lembremo-nos de João Maior. De fato, a reforma tomista terminou no pano de fundo de um nominalismo franco e progressista. Alguns nominalistas estudiosos da moral aderiram ao tomismo, mas sem abandonar a prévia formação nominalista e fechar-se às influências scotistas e ockhamistas. A atitude do estudioso da moral **Adriano VI** foi tal que chegou a ser professor de Lovaina e Mestre de Espanha[10].

Entre os teólogos que mais influenciaram as reformas está:

Pedro Crockaert (+1514)

É de Bruxelas; por isso é chamado o "Bruxelense". Discípulo de J. Maior, e seu colega, posteriormente, no colégio de Monteagudo, passou primeiro por uma etapa nominalista. Ao tornar-se dominicano (1503), passa para o tomismo, embora o ensine com um método eclético, misturado ao nominalismo. Em 1505, o Capítulo Geral da ordem dominicana determinou o estudo de Santo Tomás de Aquino. Crockaert adotou como livro de texto a *Suma* do Aquinate em lugar das *Sentenças* de P. Lombardo. Através de seus discípulos, editou a Suma de Santo Tomás de Aquino: em 1512 sai a 2-2 por intermédio de Vitória. Ele, porém, não publicou nada; tampouco se conhecem manuscritos que sejam dele. Crockaert consagra-se na obra de seus discípulos, especialmente no mais importante deles: Francisco de Vitória.

A reforma tomista não produz frutos duradouros na França, devido à reforma luterana e às guerras religiosas. A *etapa produtiva* do renascimento tomista deve-se à Escola de Salamanca, continuadora do espírito de Paris, e nos teólogos especulativos jesuítas.

BIBLIOGRAFIA: R. G. VILLOSLADA, *La Universidad de París durante los estudios de Francisco de Vitoria, O. P. (1307-1522)*. PUG (Roma, 1938).

V. A ESCOLA DE SALAMANCA

"Escola de Salamanca" é uma expressão que designa um grupo de

---

10. K.-H. DUCKE, *Handeln zum Heil. Eine Untersuchung zur Morallehre Hadrians VI* (Leipzig, 1976).

teólogos e uma corrente teológica do século XVI, com ligação acadêmica à universidade de Salamanca e com base metológica no renascimento tomista[11]. Ele começou na Alemanha e na Índia, produziu seus primeiros frutos em Paris, e das margens do Sena passou para as margens do Tormes, onde conseguiu os resultados mais completos.

Sem menosprezar outros centros universitários, como os de Alcalá, Coimbra, Valladolid, a universidade de Salamanca tem na península ibérica uma importância de primeira linha no século XVI. Um dos centros de animação da universidade salmantina foi o convento dominicano de Santo Estêvão. No século XV, todos os catedráticos de teologia de Prima (exceto Martínez de Osma, 1463-1480) foram dominicanos saídos de Santo Estêvão. Restaurado em 1486, esse convento será o contexto vital e intelectual da escola de Salamanca.

O teólogo iniciador da escola é Francisco de Vitória, que serviu de ligação entre Paris, onde havia estudado, e Salamanca, onde iniciou seu magistério universitário como catedrático de teologia de Prima, após ter sido professor por três anos no colégio de São Gregório de Valladolid.

Os principais teólogos que compõem a escola de Salamanca pertencem à ordem dominicana. Além de Vitória, são os seguintes: Melchior Cano (1509-1560); Domingos de Soto (1495-1560); Pedro de Sotomaior (+1564); Mancio de Corpus Christi (1524-1576); Bartolomeu de Medina (1527-1580); Domingo Báñez (1528-1604). Pela ordem dada, regeram a cátedra de teologia de Prima de 1526 a 1604.

A moral foi uma das grandes preocupações da escola de Salamanca. E, na moral, foi a moral social o campo cada vez mais bem cultivado. Os problemas políticos, econômicos, familiares de então receberam uma luz penetrante e original da fé.

BIBLIOGRAFIA: L. PEREÑA, *La Universidad de Salamanca, forja del pensamiento político español en el siglo XVI*. Edições Universidade de Salamanca (Salamanca, 1954); M. ANDRÉS, *Historia de la Teología española*, I. Fundação Universitária Espanhola (Madri, 1983) 579-735 ("La teología en el siglo XVI: 1470-1580").

1. Francisco de Vitória (1473-1546)

Teólogo dominicano, criador do direito internacional e fundador da Escola de Salamanca no século XVI. Nasce em Burgos, entra na ordem

---

11. Cf. J. BELDA, *Hacia una noción crítica de la "Escuela de Salamanca"*: Scripta Theologica 31 (1999) 367-311; G. OCCHIPINTI, *La scuola teologica di Salamanca*: G. OCCHIPINTI (aos cuidados de), Storia della teologia, II (Bolonha, 1996) 439-476.

dominicana. Após ter estudado gramática e artes em sua cidade natal, vai para Paris, onde termina os estudos de artes (tendo por mestre João de Celaya) e realiza os de teologia (é um dos seus mestres, o belga Pedro Crockaert). Dá aulas no colégio de São Gregório de Valladolid por três anos. Em 1526 ganha a cátedra de Prima de teologia na Universidade de Salamanca. Aí dá aulas, com grande admiração de seus alunos, durante vinte anos. Com problemas de saúde em seus últimos anos de vida, morre em 1546.

Vitória representa a renovação da teologia moral no século XVI. Introduziu em Salamanca duas novidades que tinha observado em Paris: substituir o livro das *Sentenças*, de P. Lombardo, pela *Suma* de Santo Tomás de Aquino como livro de texto das explicações do professor; e implantar o ditado das lições em sala de aula. Devido a essa última novidade, chegaram até nós suas obras, através das anotações de seus alunos. Embora não tenha publicado nenhuma obra em vida, Vitória é autor de muitos *Comentários à Suma*, de *Interpretações teológicas* e de outros escritos ocasionais[12].

Seu ensino de moral concentra-se sobretudo no campo social e internacional: guerra, poder político, economia, direito internacional[13]. Enfatiza-se sua doutrina sobre a moralidade da conquista e a colonização da América (Interpretação "sobre os índios")[14].

O Papa Sixto V colocou no *Índice dos livros proibidos* de 1590 as *Interpretações* de Vitória (com as *Controvérsias* de R. Belarmino); a razão era que o mestre salmantino defendia a idéia de que se podia não aceitar as ordens injustas do Papa. No entanto, por causa da morte do Papa, esse *Índice* não foi distribuído e, por isso, na sua publicação não aparecem as obras desses dois teólogos. A congregação declarara: "pede-se que se leve em consideração a boa fama desses Padres"[15].

A atitude do Papa João Paulo II foi muito distinta. Falando num contexto latino-americano, fez o seguinte elogio da Vitória: "A consciência cristã despertava com coragem profética nessa cátedra de dignidade e liberdade que foi, na Universidade de Salamanca, a Escola de Vitória"[16].

---

12. Sobre o significado acadêmico e sobre a função teológica da "interpretação", cf. A. REHBEIN, *La relección teológica, su aporte a la renovación de la teología hispana del siglo XVI*: Teología e Vida 36 (1995) 335-354.
13. A bibliografia é abundante. Ver, a título de exemplo: H.-G. JUSTENHOVEN, *Francisco de Vitoria zu Krieg und Frieden* (Colônia, 1991); R. HERNÁNDEZ, *Francisco de Vitoria en el Internacionalismo europeo*: Ciencia Tomista 120 (1993) 269-315; R. GONZÁLEZ FABRE, *Justicia en el mercado. La fundamentación del mercado según Francisco de Vitoria* (Caracas, 1998) (sínteses em: Estudos Eclesiásticos 72 (1997) 601-654); A. OSUNA, *El Derecho de Gentes en Francisco de Vitoria. Un capítulo de la filosofía de los derechos humanos*: Ciencia Tomista 126 (1999) 75-91.
14. R. HERNÁNDEZ, *Francisco de Vitoria y su "Relección sobre los Indios". Los derechos de los hombres y de los pueblos* (Madri, 1998).
15. Sobre esse episódio, cf. L. G. ALONSO GETINO, *El Maestro Fr. Francisco de Vitoria. Su vida, su doctrina e influencia* (Madri, 1930) 236-239.
16. *Discurso inaugural* de João Paulo II na IV Conferêcia do Episcopado Latinoamericano de Santo Domingo: *Nueva Evangelización, promoción humana, cultura cristiana* (Madri, 1993) 15.

EDIÇÃO: V. BELTRÁN DE HEREDIA, *Comentarios a la Secunda Secundae de Santo Tomás*. Edição preparada por V. Beltrán de Heredia, 6 vol. (Salamanca-Madri, 1932-1952); *Obras de Francisco de Vitoria. Relecciones Teológicas*. Edição de T. Urdánoz. Ed. Católica (Madri, 1960).

BIBLIOGRAFIA: L. G. ALONSO GETINO, *El Maestro Fr. Francisco de Vitoria. Su vida, su doctrina e influencia* (Madri, 1930); V. BELTRÁN DE HEREDIA, *Francisco de Vitoria* (Barcelona, 1939); R. G. VILLOSLADA, *La Universidade de París durante los estudios de Francisco de Vitoria*, O. P. PUG (Roma, 1938); R. HERNÁNDEZ, *Un español en la ONU. Francisco de Vitoria*. Ed. Católica (Madri, 1977); ID., *Los derechos humanos en Francisco de Vitoria*. San Esteban (Salamanca, 1984).

2. Domingos de Soto (1495-1560)

Teólogo dominicano, pertencente à Escola de Salamanca. Nasce em Segóvia. Estuda em Alcalá; completa seus estudos de artes em Paris sob orientação de João Celaya. Inicia seus estudos de teologia em Paris e os continua em Alcalá. Ingressa na Ordem dominicana (Burgos, 1524). Após ter sido professor em várias localidades, foi para Salamanca onde ganhou a cátedra de Vésperas. Participou do Concílio de Trento. Foi sucessor de Cano na cátedra de Prima (1552) de Salamanca. Nos anos que viveu na companhia de Vitória, foi seu colaborador; ao morrer, Vitória foi seu continuador[17].

Vitória e Soto são duas personalidades que se completam. Vitória era, em primeiro lugar, "mestre"; não publicou nenhuma obra; Soto é reconhecido na própria obra. Sua grande obra é o tratado *De justitia et Jure*, o primeiro e o modelo nesse gênero teológico moral de justiça e direito. A doutrina de Soto é uma exposição completa da vida econômica: produção, distribuição e circulação[18].

Seu tratado é um monumento da reflexão moral católica sobre os problemas socioeconômicos.

Interferiu também na discussão sobre os pobres, sobre a caridade e sobre a esmola na obra *Deliberação na causa dos pobres*. O alto conceito que se fazia no século XVI sobre a obra de Soto expressa-se na frase corrente da época: "*Qui scit Sotum, scit totum*" (= quem conhece Soto, conhece tudo).

---

17. Sobre a pessoa e a obra de Domingo Soto: Anales Valentinos 21 (1995) n. 32.
18. S. RAHAIM, *Valor moral-vital del De Justitia et Jure de Domingo de Soto, o. p.*: Archivo Teológico Granadino 15 (1952) 5-213.

EDIÇÃO: D. SOTO, *Tratado de la justicia y del Derecho*. Versão de J. Torrubiano. Reus (Madri, 1922-1926); ID., *Deliberación en la causa de los pobres*. Instituto de Estudos Políticos (Madri, 1965).

BIBLIOGRAFIA: V. BELTRÁN DE HEREDIA, *Domingo de Soto. Estudio biográfico documentado* (Salamanca, 1960); J. BARRIENTOS, *Un siglo de moral económica en Salamanca (1526-1629), I. Francisco de Vitoria y Domingo de Soto*. Universidade de Salamanca (Salamanca, 1985).

VI. A COMPANHIA DE JESUS

Ao lado dos teólogos da escola de Salamanca devem-se colocar os pensadores da Companhia de Jesus[19]. Eles compartilharam as mesmas preocupações metodológicas e enfrentaram os mesmos problemas morais. Muitos tanto de um grupo quanto de outro se uniram para realizar, com outros teólogos, o tratado interdisciplinar de *Justiça e direito*, expressão mais aceita tanto da escola de Salamanca como dos moralistas do século XVI, conforme mostrarei a seguir.

No capítulo seguinte mostrar-se-á a contribuição dos estudiosos de moral jesuítas para a moral casuísta. No que diz respeito à moral especulativa, convém lembrar as contribuições de **Luís de Molina** para o conceito de lei natural e para o direito internacional[20]; as de **Gabriel Vázquez** para os temas da lei e da consciência[21]; e as de **João de Mariana** para a moral do poder político e, mais especificamente, para o tema do tiranicídio[22], que tanta repercussão teve na história da moral católica e que marcou a opinião geral sobre a moral defendida pelos jesuítas[23]. **Francisco Suárez** é o mais importante de todos.

---

19. J. DE BLIC, *Jésuites. III. La Théologie Morale dans la Compagnie de Jésus*: DTC, VIII/1, 1069-1092; G. CERIANI, *La Compagnia di Gesù e la Teologia morale*: La Scuola Cattolica 69 (1941) 463-475; U. LÓPEZ, *Il metodo e la dottrina morale nei classici della Compagnia di Gesù*: VÁRIOS, La Compagnia di Gesù e le scienze sacre (Roma, 1942) 83-113; E. MOORE, *La Moral en el siglo XVI y primera mitad del XVII* (Granada, 1956); ID., *Los Jesuitas en la historia de la teología moral*: VÁRIOS, Historia: memoria futuri (Roma, 1991) 227-249.
20. L. IZAGA, *Luis de Molina, internacionalista*: Razón y Fe 110 (1936) 43-55, 192-206; J. Ma. DIEZ-ALEGRÍA, *El desarrollo de la doctrina de la ley natural en L. de Molina y en los Maestros de la Universidad de Évora de 1565 a 1591* (Barcelona, 1951).
21. L. VEREECKE, *Conscience morale et loi humaine selon Gabriel Vázquez* (Tournai, 1957); K. KALAPURACKAL, *Natural law according to Gabriel Vázquez* (Ranchi, 1983).
22. J. DE MARIANA, *Del Rey y de la Institución Real*: Obras del Padre Juan de Mariana, II (Madri, 1909) 482.
23. Ver a exposição (com bibliografia) em: M. VIDAL, *Moral de Atitudes. III. Moral Social* (Aparecida, São Paulo, 1995[4]) 746-750.

Francisco Suárez (1548-1617)

Grande filósofo e teólogo jesuíta. Goza de um conceito particular na teologia moral especulativa do século XVI, sobretudo no terreno da moral política, à qual destinou o tratado *De legibus* (publicado em 1612).

Como filósofo cristão, Suárez se preocupa em colocar o Estado e a atividade política na ordem da moral. O Estado é para ele uma realidade social original, uma vez que corresponde ao caráter social da natureza humana. No entanto, não deixa de reconhecer a importância da vontade dos cidadãos na constituição do Estado: a convivência política não existe sem certo consenso dos cidadãos.

Para Suárez, o Estado não inclui toda a vida e todos os interesses dos cidadãos. Embora forme uma unidade ("corpus mysticum, quod moraliter dici potest per se unum"), entretanto, não é um todo biológico que abarque todas as funções das partes. O Estado visa exclusivamente ao bem temporal; a finalidade do Estado é o bem comum, que Suárez define como a "verdadeira felicidade política". O Estado é, pois, por razão de sua origem e de seu fim, uma realidade natural ou temporal. Essa afirmação não impede Suárez de defender a autoridade indireta da Igreja sobre o Estado. Suárez justifica a soberania do poder político. Ao mesmo tempo, reconhece que o sujeito imediato da autoridade seja a comunidade enquanto tal, que a transfere por consentimento tácito ou expresso aos governantes, escolhendo assim o governo de sua preferência.

Suárez desenvolve a doutrina do "direito das pessoas" com uma decisiva orientação internacionalista, já iniciada por Vitória. Os diversos Estados, embora soberanos, têm obrigações mútuas e constituem uma "unidade quase política", embrião doutrinal da teoria da comunidade política internacional.

BIBLIOGRAFIA: F. CUEVA, *La doctrina de Suárez sobre el derecho natural* (Madri, 1952); L. PEREÑA, *Teoría de la guerra en Francisco Suárez*, 2 vol. (Madri, 1954); H. ROMMEN, *La teoría del Estado y de la Comunidad internacional en F. Suárez*. Instituto de Estudos Políticos (Madri, 1951); R. MACÍA, *Juridicidad y moralidad en Suárez*. Publicações do Instituto de Estudos jurídicos (Oviedo, 1967); J. FERNÁNDEZ-SANTAMARÍA, *Razón de Estado y política en el pensamiento español del Barroco* (1595-1640). Centro de Estudos Constitucionais (Madri, 1986); J. C. SCANNONE, *Lo social y lo político según Francisco Suárez. Hacia una relectura latinoamericana de la filosofía política de Suárez*: Stromata 54 (1998) n. 1/2, 85-118.

VII. A MORAL PRÁTICA: MARTÍN DE AZPILCUETA (1493-1587)

Teólogo moralista e célebre canonista espanhol do século XVI, chamado "Doutor Navarro" por sua origem de Navarra. Parente de São Francisco Xavier, com quem manteve contato por meio de carta. Foi professor em Salamanca e em Coimbra. Defendeu Carranza em Valladolid e em Roma, onde morreu.

No campo da moral, Azpilcueta é conhecido principalmente por duas obras:

1) O *Enchiridion* ou *Manual de confessores e penitentes*, aparecido inicialmente em castelhano (Coimbra, 1553; Salamanca, 1557) e reimpresso depois na versão latina (Amberes, 1575). Trata-se de um livro traduzido e editado inúmeras vezes. É uma obra clássica, que coloca Azpilcueta entre os mais eminentes casuístas e autores de pastoral penitencial. Representa a teologia moral prática do século XVI, que será substituída pelas *Instituições de moral* ou *Casuística* do século XVII. Azpilcueta introduziu a especulação jurídica na moral, embora descuidasse da fundamentação teológica e filosófica; tampouco é um humanista.

2) O *Comentario resolutorio de cambios* é a obra na qual Azpilcueta se preocupa com os problemas de moral econômica, embora prática e casuisticamente, o estudo por ele levado a efeito a respeito dos juros e da usura revele nele um grande conhecimento da vida econômica de seu tempo. Foi gradualmente expandindo o campo da legalidade das operações mercantis, apesar de sua posição inicial de caráter restritivo.

EDIÇÃO: M. DE AZPILCUETA, *Comentario resolutorio de cambios*. Introdução e texto crítico por A. Ullastres, J. M. Pérez Prendes e L. Pereña. CSIC (Madri, 1965).

BIBLIOGRAFIA: A. ULLASTRES, *Martín de Azpilcueta y su comentario resolutorio de cambios*, Anais de Economia 1 (1941) 375-407; 11 (1942) 51-95; VÁRIOS, *Estudios sobre el Doctor Navarro en el IV Centenario de la muerte de Martín de Azpilcueta* (Pamplona, 1988); R. MUÑOZ DE JUANA, *Moral y economía en la obra de Martín de Azpilcueta* (Pamplona, 1988).

VIII. OS TRATADOS "DE JUSTITIA ET JURE"

A teologia moral do século XVI e primeira metade do XVII tem uma revelação importante nos tratados *De justitia et jure*, gênero literário novo que se propõe expor a moral social.

Esses tratados constituem uma integração de estudos orientados de maneira interdisciplinar. Concretamente, integram-nos com seus respectivos métodos e conteúdos: a filosofia moral, as ciências jurídicas, a teologia e o direito canônico. Os tratados *De justitia et jure* são a primeira tentativa possível para aquela época, de fazer uma moral com metodologia de interdisciplinaridade.

Na síntese tomista das virtudes, houve uma virtude que atraiu particularmente o interesse dos teólogos e comentaristas de Santo Tomás de Aquino: a virtude da justiça. À sua volta organizou-se um bloco temático de tamanha importância que se "tornou independente" do conjunto da síntese teológico-moral. Grandes juristas e estudiosos da moral depositaram nele o que havia de melhor em seu gênio e talento. Nasceu assim um gênero de moral que pode ser considerado o ponto teológico de encontro entre a fé e as realidades sociais; é, em certo sentido, a antecipação da constituição pastoral *Gaudium et spes* do Vatianco II.

Enquanto tratado autônomo e independente da síntese teológico-moral, o clássico *De justitia et jure* assumiu como tarefa o estudo dos problemas sócio-político-econômicos. As categorias de direito e de justiça foram as aglutinadoras de toda a problemática moral da sociedade. Para a colocação e a solução dos problemas ético-sociais, os moralistas serviram-se da descrição socioeconômica da sociedade (houve tratadistas que acertaram e outros que não descobriram por onde andava a evolução da sociedade moderna européia), e dos critérios de moral.

Apesar de nascerem todos da mesma matriz tomista, cada um dos tratados *De justitia et jure* apresenta matizes particulares. Além da diversidade proveniente da família religiosa de origem (há dominicanos, jesuítas, agostinianos etc.) e da personalidade de cada autor, há a diferença cronológica, que repercute nas propostas e nas soluções de moral. Basta falar desses dois detalhes:

> 1) a crise dos preços gerada na segunda metade do século XVI repercute na moral: Vitória e Soto, num período de expansão econômica (primeira metade do século), julgaram lícitas algumas práticas comerciais que Báñez e Salon condenaram numa conjuntura econômica desfavorável (segunda metade do século);
>
> 2) dos primeiros moralistas até os últimos nota-se um enfraquecimento da compreensão distributiva da justiça até sua compreensão comutativa: da afirmação de Soto de que a justiça distributiva "é mais importante que a comutativa", chega-se à de Lugo de que "a justiça comutativa é mais estritamente justiça".

Sem pretender fazer uma lista de todos os tratados *De justitia et jure*, indicamos os principais autores, classificando-os em três grupos[24]:

— Primeira metade do século XVI: Francisco de Vitória (1483-1546); Domingos de Soto (1494-1560); Martín de Azpilcueta (1493-1587); Tomás de Mercado (1530-1576).

— Segunda metade do século XVI: Mancio de Corpus Christi (+1570)[25]; Bartolomeu de Medina (1528-1580)[26]; Domingo Báñez (1528-1604); Bartolomeu Salon[27]; Luís de Molina (1535-1600)[28].

— Século XVII (primeira metade): Leonardo Léssio (1554-1623)[29]; João de Lugo (1583-1660).

BIBLIOGRAFIA: A. FOLGADO, *Los tratados De legibus y De Justitia et jure en los autores españoles del siglo XVI y primera mitad del XVII*: La Ciudad de Dios 172 (1959) 457-484; B. ALONSO, *Monografías de moralistas españoles sobre tems económicos (séc. XVI)*: Repertório das Ciências Eclesiásticas na Espanha, II. U. P. de Salamanca (Salamanca, 1971) 147-181; E. J. HAMILTON, *El tesoro americano y la revolución de los precios en España (1501-1630)*. Ariel (Barcelona, 1975); M. GRICE-HUTCHINSON, *El pensamiento económico en España* (1177-1740). Crítica (Barcelona, 1982); A. DEL VIGO, *Cambistas, mercaderes y banqueros en el siglo de Oro español* (Madri, 1997); F. GÓMEZ CAMACHO, *Economía y Filosofía Moral. La formación del pensamiento económico europeo en la Escolástica española* (Madri, 1998); F. GÓMEZ CAMACHO - R. ROBLEDO (eds.), *El pensamiento económico en la Escuela de Salamanca*. Ed. Universidade de Salamanca (Salamanca, 1998).

IX. O DESCOBRIMENTO DA AMÉRICA E A MORAL CATÓLICA

Na reflexão teológico-moral do século XVI, o descobrimento da América previu uma autêntica comoção intelectual. Se a vida católica da Euro-

---

24. J. BARRIENTOS, *Un siglo de moral económica en Salamanca (1526-1629)*, I (Salamanca, 1985) (de Vitória a Ponce de León).
25. T. LÓPEZ, *Mancio y Bartolomé de Medina: tratado sobre la usura y los cambios* (Pamplona, 1998).
26. Ver nota precedente.
27. M. VILLEGAS, *Miguel Bartolomé Salón, O. S. A y su doctrina sobre el préstamo* (El Escorial, 1961).
28. F. GÓMEZ CAMACHO, *La teoría del precio justo en Molina* (Madri, 1981).
29. T. VAN HOUDT, *Money, Time and Labour. Leonardus Lessius and the Ethics of Lending and Interest Taking*: Ethical Perspectives 2 (1995) 11-17.

pa, especialmente da Espanha, ficou marcada pela evangelização do novo continente, o mesmo aconteceu na Teologia moral. Anotamos as repercussões mais notáveis que o fato do descobrimento da América teve na reflexão teológico-moral católica:

1. Legitimidade ética da conquista

Essa questão foi importante por si mesma, mas o foi ainda mais enquanto revolucionou os esquemas mentais para pensar teologicamente a política expansionista dos países para o bem comum internacional.

Dos esquemas medievais do "poder religioso" (papal) sobre as nações pagãs, passou-se a projetos modernos baseados na racionalidade ética e nos direitos dos povos. As teses de Vitória aplicadas *Aos índios* constituíram uma novidade na reflexão teológica e um fundamento inequívoco do direito internacional.

É preciso reconhecer que a discussão sobre a legitimidade ética da conquista da América não foi só uma questão teórica, mas também um problema que afetou a consciência dos governantes: causou-lhes o que se chama a "dúvida americana". "É o primeiro caso de um povo que submete seu sucesso e sua política nacional a um severo escrutínio ético"[30].

BIBLIOGRAFIA: V. D. CARRO, *La teología y los teólogos-juristas españoles ante la conquista de América*. Ed. Cultura Hispânica (Madri, 1952) 2 vol.; J. HÖFFNER, *La ética colonial española del siglo de oro*. Ed. Cultura Hispânica (Madri, 1957); VÁRIOS, *Francisco de Vitoria y la Escuela de Salamanca. Ética en la conquista de América*. CSIC (Madri, 1984); L. PEREÑA, *La Escuela de Salamanca. Proceso a la conquista de América*. Estabelecimento de Previdência de Salamanca (Salamanca, 1986); ID., *La idea de justicia en la conquista de América* (Madri, 1992); E. GARZÓN, *La polémica de la justificación ética de la conquista*: Sistema n. 90 (1989) 65-76; A. BONDOLFI, *La théologie morale espagnole face au défi de la découverte et de la conquête du Nouveau Monde*: Freiburger Zeitschrift für Philosophie und Theologie 39 (1993) 314-331.

2. Diante da luta pela justiça

Além de ser consciência crítica em relação à conquista da América, a teologia moral transformou-se numa luta contínua pela justiça na conquista e colonização americanas. De várias maneiras:

---

30. G. CÉSPEDES DEL CASTILLO, *América Hispánica (1492-1898)* (Barcelona, 1986) 25.

1) Pela denúncia às injustiças que os conquistadores e colonizadores cometiam contra os nativos; a instituição da "guerra" e a instituição da "comenda" (com as complicações e seqüelas que as duas implicam) foram objeto de análise moral e de denúncia profética. A denúncia do grupo de dominicanos da Espanha foi um grito antecipado em favor da justiça introduzida pelos colonizadores, **Bartolomeu de las Casas** foi o continuador e o porta-voz mais importante[31].

2) Pela proclamação da dignidade humana do índio (sua condição plenamente humana) e seus conseqüentes direitos inalienáveis; a esse respeito, convém lembrar a discussão entre Sepúlveda e Las Casas.

BIBLIOGRAFIA: Ph. I. ANDRÉ-VINCENTE, *Derecho de los indios y desarrollo en Hispanoamérica*. Ed. Cultura Hispânica (Madri, 1975); M. GALMÉS, *Bartolomé de las Casas, defensor de los derechos humanos* (Madri, 1982); VÁRIOS, *En el Quinto Centenario de Bartolomé de la Casas*. Ed. Cultura Hispânica (Madri, 1986); G. GUTIÉRREZ, *Quién es el indio? La perspectiva teológica de Bartolomé de las Casas*: Páginas, separata n. 88 (dezembro, 1987) 2-6; L. HANKE, *La lucha por la justicia en la conquista de América*. Itsmo (Madri, 1988); M. MAHN-LOT, *La morale de Las Casas* (Paris, 1994); V. ABRIL, *Bartolomé de Las Casas y la Escuela de Salamanca en la historia de los derechos humanos*: Studium 38 (1998) 373-401.

3. Choque entre culturas

O descobrimento da América foi um encontro de duas culturas e de duas formas de vida. Isso exigiu da moral:

1) O reconhecimento ético da existência do "outro" enquanto ruptura do egocentrismo de cada um dos dois mundos.

2) A necessidade do "encontro" dos dois mundos diferentes: como conhecimento mútuo, como busca de convergências.

3) A conscientização da "unidade" da espécie humana, correlato antropológico da aceitação da redondeza da terra.

Esses três fatores, nos quais se realiza o significado ético do "encontro", são decisivos para o projeto de moral na etapa moderna da história ocidental.

---

31. M. MAH-LOT, *Las Casas moraliste* (Paris, 1997).

BIBLIOGRAFIA: T. TODOROV, *La conquête de l'Amérique. La question de l'autre* (Paris, 1982); VÁRIOS, *La scoperta-conquista dell'America. Quale morale in Europa?*: Revista de Teologia Moral 24 (1992) 3-41; N. BELLOSO, *La Escuela de Salamanca y la acción ultramarina hispánica*: Ciência Tomista 121 (1994) 79-112; C. POZO, *Repercusiones del descubrimiento de América en el ambiente teológico de las Universidades de Salamanca y Alcalá*: Arquivo Teológico Granadino 58 (1995) 9-22.

4. Nova inculturação da moral cristã

A evangelização da América previu uma nova inculturação da moral cristã. As contribuições dos missionários, dos bispos, dos concílios (lembrar os concílios do México e de Lima) no terreno da inculturação ainda estão por avaliar e por mensurar.

BIBLIOGRAFIA: L. VEREECKE, *Morale et Pastorale aux origines de la colonisation espagnole en Amérique*: ID., De Guillaume d'Ockham a Saint Alphonse de Liguori (Roma, 1984) 435-465; VÁRIOS, *Inculturación del indio*. U. P. de Salamanca (Salamanca, 1988); Pesquisas de Ciência Religiosa 80 (1992) n. 4: "1492. Évangile et terres nouvelles"; L. MARTÍNEZ FERRER, *Directorio para confesores y penitentes, La pastoral de la penitencia en el tercer Concilio Mexicano (1585)* (Pamplona, 1996).

5. Utopia

O descobrimento de novos mundos suscitou na Europa o interesse pela razão utópica. O gênero literário da utopia expressa ideais morais da sociedade humana. Por outro lado, a vida na América produzirá formas sociais utópicas (no México, na primeira etapa; no Paraguai, depois). Essas configurações sociais utópicas constituem um enriquecimento do programa ético da humanidade e, mais especificamente, dos cristãos.

6. Sombras

Obrigamo-nos a reconhecer uma espessa e extensa sombra no panorama moral da colonização da América: a *escravidão*.

O conjunto de aspectos, nos quais concretizamos o impacto que o descobrimento da América produziu na reflexão teológico-moral católica, tem de ser levado em conta para se compreender a gênese e o significado da ética contemporânea da *libertação*.

BIBLIOGRAFIA: M. DELGADO, *Las Casas und seine Gegner. Ein Blick in die "politischen Theologien" des 16. Jahrhunderts*: Stimmen der Zeit 210 (1992) 841-854; F. MORENO, *Historia de la Teología Moral en América Latina* (Lima, 1994).

X. O PROTESTANTISMO (ÉTICA PROTESTANTE)

A moral católica opõe-se desde o século XVI à ética teológica surgida com a Reforma protestante. Essa reforma influiu grandemente no nascimento do ethos ocidental moderno (secularização, individualismo, liberdade, laboriosidade, lucro etc.); por outro lado, muitos filósofos da modernidade surgiram na tradição protestante (Kant, Hegel, Kierkegaard etc.). Expomos a ética protestante, atendendo aos momentos de sua história: a seu início, e a seus projetos atuais[32].

1. A ética para os pais da Reforma

a. Lutero

Para a reflexão teológica de Lutero não há distinção entre fé e moral. Esta é absorvida pela conduta religiosa, podendo a moral luterana ser catalogada entre as "morais fideístas".

Entretanto, a doutrina moral de Lutero é mais complexa e mesmo um tanto quanto ambígua[33].

---

32. Cf. D. MÜLLER, *L'éthique protestante dans la crise de la modernité. Généalogie, critique, reconstrunction* (Genebra, 1999).
33. Sobre a ética de Lutero, além dos Estudos clássicos (C. Stange, E. Sormunen, M. Ludwig, W. Walter, W. Joest, A. Peters, P. Althaus etc.): O. H. PESCH, *Loi et Évangile. La doctrine de Luther face au problème théologique que pose l'effondement des normes morales*: Le Supplément n. 90 (1969) 298-223; C. GEREST, *Loi et Évangile d'après Luther*: Le Supplément n. 90 (1969) 324-329; D. OLIVIER, *Personne chrétienne, personne sociale. Luther et la vocation chrétienne*: Le Supplément n. 123 (1977) 489-507; ID., *L'absolu luthérien de la conscience. De Luther à la tradition luthérienne*: Le Supplément n. 155 (1975) 29-40; S. CAVALLOTTO, *L'agire morale del cristiano in M. Lutero. Principi e fondamenti*: S. FERRERO (ed.), Morale e coscienza storica (Roma, 1988) 187-196; H.-J. PRIEN, *Luthers Wirtschaftsethik* (Göttingen, 1992); ID., *Teología y economía: Aspectos de una ética económica de Martín Lutero*: Pasos n. 77 (1998) 20-33; S. LAGE, *Martin Luther's Christology and Ethics* (Lewinston, 1990); P. BÜHLER, *Luther*: M. CANTO-SPERBER, Dictonnaire d'éthique et de philosophie morale (Paris, 1996) 878-883; G. KRETSCHMAR, *La foi et l'éthique chez les Réformateurs*: VÁRIOS, L'éthique. Perspectives proposées pour la foi (Paris, 1993) 159-197.

Por outro lado, afirma:

1) que a fé é a origem da atividade do cristão; a justificação é que dá sentido à vida cristã; não as obras, mas a fé é que salva;

2) que a lei tem uma função de pedagogo para levar-nos a Cristo; enquanto tal, não salva; pelo contrário, "revela" nossa condição de pecadores. O primeiro uso da lei é o seguinte: um uso teológico. Como se pode ver, Lutero radicaliza o pensamento paulino sobre a fé e sobre a lei.

Por outro lado, mantém a vigência da moral no mundo, embora matizada pela compreensão teológica exposta. Concretamente, Lutero:

1) distinguindo dois reinos (o civil e o espiritual) e dois usos da lei, indica que o "uso político da lei" deve ordenar a justiça dos homens entre si: embora não possamos ser justos para com Deus (a graça realiza isso), de fato devemos sê-lo com os homens, tornando assim possível a convivência e a sociedade civil.

2) À luz dessa orientação, sobressai a profissão civil, não entendida como "vocação" de Deus (segundo dirá Calvino), mas como atuação secular do cristianismo; para Lutero, a profissão e a atuação civis ficam anuladas diante do mais importante que é a idéia da fé.

3) Seguindo nessa mentalidade, Lutero expõe uma ética de deveres correspondentes aos diversos "estados" da vida (solteiros, casados etc.). Nesse aspecto "da moral", o pensamento de Lutero é conservador; por outro lado, insinuam-se nele indícios de secularização que darão fruto depois, na tradição luterana.

A doutrina de Lutero foi modificada e suavizada por seu colaborador **Felipe Melanchton** (1497-1560). De formação humanista e de temperamento conciliador, Melanchton, sem negar o significado negativo da "lei" (revelar o pecado), enfatiza seu valor positivo a fim de propiciar as boas obras autênticas ("terceiro uso" da lei)[34].

A questão da "lei e o Evangelho", atualizada pelos Reformadores, suscitou um interesse inicial entre os católicos; de fato, o Papa Paulo III pediu a Jerônimo Seripando, teólogo de Trento, que estudasse o tema; entretanto, depois do Concílio de Trento, o tema deixou de interessar à moral católica até hoje[35].

---

34. R. SCHÄFER, *Christologie und Sittlichkeit in Melanchton frühen Loci* (Tübingen, 1961).
35. A. FORSTER, *Gesetz und Evangelium bei Girolamo Seripando* (Paderborn, 1963).

b. Calvino

O pensamento de Calvino é mais sistemático que o de Lutero; sua obra principal é *Instituições da religião cristã*. A base teológica de sua ética é a doutrina da predestinação do homem e da providência de Deus[36]. Daí: 1) a importância que dá ao "benefício" produzido pela ação do homem como sinal da predestinação; 2) a compreensão da profissão como "vocação" ou chamado de Deus.

Da compreensão calvinista da ética surge, segundo Max Weber, o moderno ethos do trabalho: o zelo pelas "obras" é sinal de predestinação. O espírito da sociedade burguesa e do capitalismo se apóia na ética calvinista. Há uma raiz calvinista no ethos moderno baseado na secularização, no individualismo, na laboriosidade, no lucro.

As doutrinas éticas de Lutero e de Calvino passaram pelas mudanças históricas comuns do protestantismo nos séculos posteriores: época de ortodoxia, pietismo, Iluminismo, teologia liberal. Ficaremos apenas com os projetos atuais[37].

2. Projeto atual na ética protestante

Tomadas em conjunto todas as tradições protestantes, pode-se dizer que a ética protestante tende a reivindicar os "direitos de Deus" diante da "autonomia do homem". Por isso mesmo encontram-se nela projetos de orientação estritamente religiosos. Lembremos os principais:

a. A "interpelação" de Deus em Cristo como fundamento da moral cristã

O momento ético da única fé e da única teologia consiste para **K. Barth** na interpelação da palavra de Deus como mandamento para mim.

---

36. Sobre a ética de Calvino: A. BIÉLER, *L'homme et la femme dans la morale calviniste* (Genebra, 1963); G. VINCENT, *Exigence éthique et interprétation dans l'oeuvre de Calvin* (Genebra, 1984); J. F. COLLANGE, *Une éthique de la responsabilité. De Calvin aux Églises réformées d'aujourd'hui*: Le Supplément n. 155 (1985) 41-54; E. FUCHS, *La morale selon Calvin* (Paris, 1986); ID., *Calvin*: M. CANTO-SPERBER, Dictionnaire d'éthique et de philosophie morale (Paris, 1996) 193-200.

37. J.-P. WILLAIME, *La réflexion éthique dans le protestantisme contemporaine*: M. CANTO-SPERBER, Dictionnaire d'éthique et de philosophie morale (Paris, 1996) 1194-1201; D. MÜLLER, *L'Éthique protestante dans la crise de la modernité. Géneaologie, critique, reconstruction* (Paris, 1998).

Aceitando um exagerado "positivismo bíblico" como metodologia da moral cristã, afirma que é a Bíblia a fonte da normatividade cristã, não valorizando a normatividade simplesmente mundana e autônoma. "Palavra de Deus" e "escolha" constituem dois eixos básicos da ética barthiana[38].

Apesar das diversas nuances no que se refere à formulação de Barth, de cuja influência se distanciou, **E. Brunner** tem uma coincidência fundamental com a formulação barthiana da moral cristã: importância decisiva do "mandato de Deus" como interpelação pessoal; descuido de uma ética meramente autônoma ou natural.

A maior parte dos que se entregam ao estudo da moral protestante viveram desses mesmos pressupostos, embora alguns deles formulem éticas das prescrições concretas (Althaus, Söe) e outros estabeleçam um começo de diálogo com a ética católica do "direito natural" (Thielicke).

Os interesses de **R. Bultmann** não foram pelo campo da moral. Mas, se é para ser qualificada sua maneira de entender a moral cristã, será a partir dos esquemas existencialistas da "existência autêntica", com o nítido substrato heideggeriano.

b. A secularização: abertura para o projeto da ética cristã

O impacto da secularização na moral, através dos grandes mestres (Gogarten, Bonhöffer, Tillich), causou o ressurgimento das correntes éticas cristãs. As categorias teológico-morais mais utilizadas são as seguintes: o "amor" como a única categoria ética, desembocando numa ética de situação de estilo cristão (Fletcher); a "maneira de ser de Cristo" (o "homem para os outros", o "homem para a liberdade absoluta" etc.) feita norma para o fiel (Robinson). Em quase todos esses autores, mas especialmente em alguns (Hamilton, Altizer, Vahanian, Van Buren), a fé cristã reduz-se a ética, e a ética se entende a partir de pressupostos puramente humanos, embora a linguagem e os símbolos sejam cristãos.

c. Fundamentação na incondicionalidade
do imperativo ético religioso (P. Tillich)

Para Tillich, o imperativo moral não depende de uma lei externa, humana ou divina. É a lei interna de nossa vida verdadeira, de nossa natureza essencial ou criada que exige que atualizemos o que se segue

---

38. S. ROSTAGNO, *K. Barth nella sua ultima etica*: Studia Moralia 25 (1987) 397-417.

dela. A partir da compreensão da eticidade humana, como se pode justificar e formular a força coercitiva do imperativo moral? Na resposta a essa pergunta, formula Tillich a categoria global da ética cristã: "A dimensão religiosa do imperativo moral é seu caráter de incondicional"[39].

Na hora de analisar por que a incondicionalidade é o elemento específico da dimensão ética, despreza Tillich a razão nominalista voluntarista do "mandato divino" como fator de sanção incondicional.

Na formulação do conteúdo positivo que encerra a incondicionalidade, não é tão clara a exposição de Tillich. Reduz-se praticamente a fazer a afirmação, sem justificá-la nem desenvolvê-la. Admitir a incondionalidade do imperativo ético é o mesmo que aceitar a opção de base: "É dar-nos conta de que pertencemos a uma dimensão que transcende nossa própria liberdade finita e nossa capacidade de afirmar ou negar a nós mesmos. Portanto, mantenho minha afirmação básica de que o caráter incondicional do imperativo moral é sua qualidade religiosa. Nenhuma heteronomia religiosa, nenhuma sujeição a mandatos externos entra em jogo quando sustentamos a imanência da religião no imperativo moral"[40].

d. Fundamentação da moral no contexto cristão

Essa variante entende o dinamismo da fé como um contexto real de onde cobra sentido e justificação a ética cristã. O contexto cristão dos que crêem em Cristo é para muitos moralistas protestantes a categoria justificadora da moral cristã. O "caráter contextual" pode ser entendido como a comunidade dos fiéis (Lehman), como conjunto de posturas que tipificam de fato os que crêem em Cristo (Gustafson), como contexto teológico e eclesial (Ramsey, Outka).

BIBLIOGRAFIA: J. L. L. ARANGUREN, *Catolicismo y protestantismo como formas de existencia*. Alianza (Madri, 1980); ID., *El protestantismo y la moral*. Sapientia (Madri, 1954); ID., *La ética protestante*: V. CAMPS, Historia de la ética, I. Crítica (Barcelona, 1988) 490-505; E. FUCHS, *L'éthique protestante* (Genebra, 1990); W. BEACH, *L'etica cristiana nella tradizione protestante* (Turim, 1993); D. F. OTTATI, *The Reformed Tradition in Theological Ethics*: L. S. CAHILL - J. F. CHILDRES, Christian Ethics. Problems and Prospects (Cleveland, 1996) 45-59.

---

39. P. TILLICH, *Moralidad y algo más* (Buenos Aires, 1974) 15-16.
40. *Ibid.*, 19.

7

ETAPA CASUÍSTA
(Séc. XVII-XVIII)

Assim como alguns dos aspectos históricos tratados neste capítulo vão além do século XVI, também o tema do título — a moral casuísta — começa antes do século XVII (aparece já na segunda metade do século anterior) e vai além do século XVIII (chegando praticamente até o século XX).

Nesse longo capítulo relatam-se algumas inovações de longo e profundo alcance para a moral católica. São duas as principais. Quanto à *reflexão* moral, a primeira inovação separa-se do conjunto da síntese teológica: constitui a Teologia moral enquanto disciplina autônoma na base geral do saber teológico[1]. Quanto à *vida* moral, a inovação se organiza com um novo paradigma chamado "casuísmo moral". Essas duas inovações históricas marcam, de forma decisiva, não só o pensamento ético e a vida moral dos fiéis, mas dão um tom peculiar ao catolicismo que vai desde o Concílio de Trento até o Concílio Vaticano II. Será exatamente esse Concílio aquele que introduzirá uma nova variação histórica no modelo de moral católica, superando o paradigma da Casuística.

Nos itens que formam este capítulo farei referência à gênese e ao desenvolvimento da moral casuísta mediante perspectivas complementares. Embora cada uma delas descubra um fator diferente, todas, entretanto, formam um conjunto explicativo desse período histórico da Teologia moral[2].

---

1. J. THEINER, *Die Entwicklung der Moraltheologie zur eigenständigen Disziplin* (Regensburg, 1970).
2. Estudos sobre esse período: E. MOORE, *La Moral en el siglo XVI y primera mitad del siglo XVII* (Granada, 1956); J.-M. AUBERT; *Morale et casuistique*: Recherches de Science Religieuse 68 (1980) 167-204; F. CITTERIO, *Appunti per un capitolo di storia della Teologia Morale: dal Tridentino al Secondo Concilio Vaticano*: La Scuola Cattolica 115 (1987) 495-539; B. PALACIOS, *Teología Moral y sus aplicaciones, 1580-1700*: VÁRIOS, Historia de la Teología Española, II (Madri, 1987) 161-208; V. SÁNCHEZ GIL, *Teología española hasta la Ilustración, 1680-1750*. Ibid., 359-442; F. FERRERO, *Angustia religiosa y moral católica en el siglo XVIII*: Moralia 9 (1987) 51-64; L. VEREECKE, *L'enseignement de la théologie morale du concile de Trente au concile Vatican II*: Seminarium 34 (1994) 22-30; V. CARRAUD - O. CHALINE, *Casuistique. Casuistes et casuistique au XVIIe. et au XVIIe. siècle*: M. CANTO-SPERBER, Dictionnaire d'éthique et philosophie morale (Paris, 1996) 213-222.

I. CASUÍSTICA: PERÍODO HISTÓRICO DA MORAL

Mediante a expressão "moral casuísta" ou *casuísmo* se denomina a teologia moral produzida, com algumas exceções, desde o Concílio de Trento até o Concílio Vaticano II. Por isso é também chamada moral pós-tridentina; às vezes é cognominada moral das *Instituições de moral*, uma vez que é esse o título de muitos livros de moral casuísta.

Neste primeiro item se traça a trajetória geral da moral casuísta, em sua origem, em seu desenvolvimento, e em seu final. Nos itens seguintes analisam-se, mais detalhadamente, os aspectos que aqui se anunciam. Por outro lado, antes de entrar na exposição histórica, oferece-se uma observação sobre o que seja o "gênero casuísta".

1. O gênero casuísta (a casuística enquanto método)

A expressão "caso" e seu derivado metodológico "casuística" empregaram-se inicialmente em contexto jurídico. Em direito, a casuística designava a aplicação das leis civis ou da Igreja à situação particular; significava também a interpretação de uma determinação legal mediante uma sentença[3].

O conceito de "caso" e de "casuística" foi transferido do campo jurídico para o campo da moral por São Ricardo de Peñafort[4]. E assim se expôs a moral nas *Sumas de confessores*, de onde passou, mais detalhadamente, para as *Instituições morais* pós-tridentinas ou para a denominada Casuística, período da história da moral católica (séc. XVII-XX) em que o método casuísta vigorou amplamente[5].

Às vezes, nos manuais de moral prática (de orientação francamente casuísta) existiam livros de *Solução de casos de moral*, nos quais o método casuísta era mais estritamente empregado. Com a renovação da moral católica no século XX, o método casuísta perdeu fôlego e diminuiu no uso dos moralistas. Recebeu também crítica da filosofia moral[6]. Entretanto, há uma tendência em revitalizar o que é válido em casuística[7]. De fato, os

---

3. Cf. F. BÖCKLE, *Kasuistik*: LTK2, VI, 18-20.
4. Cf. J. THEINER, *o. c.*, 54, citando a P. Michaud-Quantin.
5. E. DUBLANCHY, *Casuistique*: DTC, VIII, 1069-1092; P. CARIOU, *Cas de conscience. Étude de case*: M. CANTO-SPERBER, Dictionnaire d'éthique et de philosophie morale (Paris, 1996) 209-231.
6. A. R. JONSEN - S. TOULMIN, *The Abuse of Casuistry. A History of Moral Reasoning* (Berkley, 1988).
7. F. DERHANGE - E. FUCHS, *Une nouvelle casuistique menace-t-elle l'éthique*: Études Théologiques et Religieuses 70 (1995) 377-389; J. F. KEENAN - Th. A. SHANNON (ed.), *The Context of Casuistry* (Washington, 1995); J. F. KEENAN, *The Return of Casuistry*: Theological Studies 57 (1996) 123-139 (boletim bibliográfico); ID., *Applying the seventeenth Century Casuistry of Accomodation to HIV Prevention*: Theological Studies 60 (1996) 492-512; R. B. MILLER, *Casuistry and Modern Ethics: A Poetics of Practical Reasoning* (Chicago, 1996); H. SCHLÖGEL, *Tugend - Kasustik - Biographie*: Catholica 51 (1997) 187-200, especialmente pp. 193-197.

educadores de moral, sobretudo os ligados à escola de L. Kohlberg, utilizam a metodologia de "dilemas éticos", método muito semelhante à casuística.

2. Gênese da Casuística

Na história da teologia moral católica o período pós-tridentino tem lugar especial. O começo da moral como disciplina independente coincide com o aparecimento da moral casuísta. Vereecke descreve o acontecimento conforme segue: "O aparecimento, nos albores do século XVII, exatamente em 1600, das *Instituições de moral* do jesuíta espanhol João Azor marca o nascimento de um gênero literário novo em teologia moral. Desligada posteriormente da filosofia viva, do dogma e mesmo de uma teologia moral especulativa, alheia à espiritualidade e à mística, essa *Theologia moralis practica*, modesta serva do confessor, era chamada pomposamente *Theologia moralis*.

A partir de então, desempenhando muitas vezes o papel próprio do direito canônico, a teologia moral permanece fiel ao plano e ao método definidos no Colégio Romano pelos inspiradores da *Ratio studiorum*.

O evento era com certeza importante. Pela primeira vez na história da teologia, a moral tinha conquistado sua autonomia. Não mais dependia do beneplácito das outras disciplinas. O estudo das virtudes teologais, por exemplo, da fé, já não se submetia, de forma alguma, como em Pedro Lombardo, à estranha questão proposta pelos velhos escolásticos: 'Jesus Cristo teria fé?'. Os problemas propriamente morais não esperariam a segunda parte dos prolixos comentários da Suma Teológica de Santo Tomás, para receber uma solução"[8].

A moral casuísta tem seus antecedentes históricos nos *Livros penitenciais* e nas *Sumas de confessores*. Se os primeiros são a expressão teológico-moral do regime de penitência tarifada e as segundas do regime de penitência individual implantada pelo Concílio Lateranense IV, a casuística corresponde ao regime de penitência surgido no Concílio de Trento.

Muitos foram os fatores que entraram em jogo para que aparecesse o gênero novo das *Instituições morais* ou moral casuísta.

---

8. L. VEREECKE, *Introducción a la historia de la Teología Moral*: VÁRIOS, Estudos sobre historia de la moral (Madri, 1969) 66-67.

— Surgidas no começo do século XVII, as *Instituições morais* são o coroamento de uma evolução da moral ao longo dos séculos. O mesmo Santo Tomás de Aquino, ao reunir na segunda parte da *Suma Teológica* as questões relacionadas com a moral, preparava, sem o saber, a autonomia da teologia moral.

— Por outro lado, não se pode deixar de reconhecer a influência do nominalismo na gênese da moral casuísta. Foram os ockhamistas que, depois de Santo Tomás de Aquino, dominaram o campo da moral. O conceito de "singular" deu uma tonalidade individualista, de caráter extrínseco, voluntarista e legalista para toda a ética. Sobrevaloriza-se o ato singular (diante da valorização tomista dos hábitos) e se marca, como justificação da bondade moral das ações, a vontade de Deus. Essas orientações exerceram uma grande influência na moral, sobretudo do ponto de vista metodológico. Os estudiosos de moral dedicaram-se à análise do ato singular, tanto em suas condições objetivas como subjetivas.

— No século XVI, podemos marcar mais três fatores que tiveram uma importância decisiva no aparecimento das *Instituições morais*: o renascimento do tomismo, a reforma tridentina, sobretudo no que se refere ao sacramento da penitência, e à organização dos estudos na Companhia de Jesus.

No que se refere aos últimos fatores, são acertadas as observações de B. Häring: "Os decretos do Concílio de Trento, especialmente o da administração do sacramento da penitência, que obriga à declaração exata dos pecados, com o número, espécie e circunstâncias que podem mudar a espécie, levaram a se aprofundarem as questões de teologia moral.

Por outro lado, a espiritualidade individualista se concentra cada vez mais no exame de consciência exigido para a recepção do sacramento da penitência. A contra-reforma obriga também os pastores de almas a uma ação mais profunda sobre elas, a qual se realiza sobretudo nesse sacramento. Daí a necessidade de conhecimento mais preciso da moralidade cristã, especialmente no que se refere ao aspecto prático e positivo. Os esforços para remediar essa necessidade partiram da Companhia de Jesus, nos séculos XVI e XVII.

A *organização* dos estudos na Companhia de Jesus prevê dois tipos de professores: uns que, ao explicar a Suma de Santo Tomás de Aquino, deveriam ocupar-se exclusivamente dos princípios gerais da teologia moral, e outros que deveriam tratar *ex professo* dos 'casos de consciência'. Mas as 'teologias morais' destes últimos se distinguem das Sumas de confessores anteriores em que o fim pretendido é determinar e propor a doutrina que regula a solução dos casos de consciência"[9].

---

9. B. HÄRING, *A Lei de Cristo*, I (São Paulo, 1960) 61-62.

3. Desenvolvimento da Moral casuísta

O desenvolvimento histórico da moral casuísta, concretizada sua separação da dogmática, vai do século XVII ao Concílio Vaticano II.

1) Nos séculos XVII e XVIII, a história da teologia moral reduz-se a um esquema simples: disputa entre o *laxismo* e o *rigorismo*, entre o *probabilismo* e o *probabiliorismo* como duas alternativas contrárias dos chamados *sistemas de moral*. É como diz Vereecke: a casuística, "girando em torno do tratado de consciência, se ocupa principalmente em solucionar o conhecido problema do probabilismo; e tanto assim é, que a história da teologia moral desses séculos não é, no fundo, mais que a história do probabilismo. Esse aspecto especial conduz, além disso, a uma casuística abstrata e isenta de realismo: por mais de um século a moral ficou assoberbada dessas questões"[10].

A disputa entre laxistas e rigoristas, mantida, na ortodoxia católica, em termos de probabilismo-probabiliorismo, exigiu a intervenção do magistério da Igreja. Alexandre VII (1665, 1666) e Inocêncio XI (1679) condenam tanto as proposições laxistas como as rigoristas.

O elenco dos moralistas, tanto de uma tendência como de outra, é interminável. Mais abaixo serão relacionados os nomes principais. Deve-se observar que alguns autores ficaram à margem da polêmica: R. Billuart, Salmanticenses.

2) O fato de se ter encontrado uma posição equilibrada entre os dois extremos do laxismo e do rigorismo é mérito de Santo Afonso Maria de Ligório (1696-1787). A obra de Santo Afonso, como moralista, é de uma importância decisiva na história da moral. Termina com ele toda a etapa e evolução da teologia moral a partir do século XVI, e adquire estabilidade o gênero das *Instituições*. Santo Afonso é também o esteio seguro de toda a moral casuísta posterior; embora seu sistema não seja aceito por todos, a maioria adota suas soluções práticas para casos concretos.

3) Após Santo Afonso, a moral continua nos caminhos do casuísmo. Embora continue a divisão de autores no momento de se alinharem num ou noutro sistema moral, as resoluções práticas adquirem um notável caráter único e rotineiro. Fora do movimento renovador alemão do século XIX, a moral católica se restringe aos manuais de moral casuísta, cujas edições se multiplicam sem outra novidade senão a imposta pelas novas resoluções da Santa Sé e por pequenas adaptações ao novo contexto.

---

10. L. VEREECKE, *l. c.*, 68-69.

4. O fim da Casuística

No primeiro terço do século XX a moral casuísta foi coberta de críticas, tanto dentro como fora da Igreja, sobretudo na área lingüística alemã. No entanto, foi após a segunda guerra mundial que essas críticas se tornaram mais ferinas e eficazes, especialmente entre os autores de língua francesa.

Procurando sintetizar as objeções que os vários estudos fizeram à, até então, hegemônica moral casuísta, podemos dizer que, até ao Concílio Vaticano II, existia um amplo consenso quanto às falhas e limitações da moral casuísta. É bom não insistir na história desse consenso.

As principais falhas descobertas na exposição dos manuais de moral casuísta podem ser resumidas do seguinte modo:

1) *Desvinculação da síntese teológica.* Não se trata de separação enquanto disciplina autônoma, mas da desvinculação real das fontes autênticas donde deve originar-se o compromisso cristão:

— desvinculação da Sagrada Escritura;
— desvinculação da teologia (cristologia, eclesiologia, teologia dos sacramentos).

2) *Legalismo exagerado.* A moral casuísta surgiu e se desenvolveu num contexto legalista. O que ocasionou um caráter legalista à configuração do cristianismo dos últimos séculos. Surge particularmente o legalismo da moral casuísta:

— na importância outorgada à "obrigação" (ao dever, à obediência etc.).
— na importância recebida da lei positiva, principalmente da Igreja ("jurisdição" da moral).

3) *Positivismo teológico e pragmatismo moral.* No estudo e no ensino da moral casuísta, o positivismo teológico teve uma função importante:

— ao conceder um lugar privilegiado ao argumento de autoridade (uma citação bíblica, um documento do magistério da Igreja, a somatória de opiniões unânimes de moralistas etc.);
— ao não aceitar a revisão dos projetos e soluções: a grande preocupação era deduzir aplicações de princípios indiscutivelmente aceitos, mas não o fundamento dos valores morais.

4) *Desvinculação da filosofia*. A moral pós-tridentina passou por uma falta extrema de diálogo e confronto com o pensamento filosófico de seu tempo. Enquanto Santo Tomás de Aquino construiu seu edifício moral em diálogo contínuo com Aristóteles, os casuístas consideraram apenas as correntes ideológicas de sua época.

5) *Vinculação exagerada com a práxis penitencial*. A moral casuísta, como devedora aos *Livros penitenciais* e às *Sumas para confessores*, teve relação direta e imediata com a práxis penitencial. Daí os manuais de moral casuísta serem feitos para os confessores. Essa exagerada vinculação com a práxis penitencial deu à moral casuísta um colorido bastante particular:

— a preferência na determinação dos "pecados": daí ter-se dito que a moral das Instituições é uma "moral do pecado", uma "moral do limite", uma "moral do mínimo";

— a insistência no caso concreto; mas esses casos consideravam-se fora da realidade, sem levar em conta a análise das ciências antropológicas; daí classificar-se esse tipo de moral como "moral casuísta", "moral de atos";

— a prevalência dos pontos de vista "práticos" para a práxis penitencial; daí a moral casuísta ser uma "moral de sacerdotes e para sacerdotes" (na qual estão ausentes os leigos como pessoas e destinatários da reflexão teológico-moral).

II. O CONCÍLIO DE TRENTO (1545-1563)

Esse concílio, além dos aspectos dogmáticos e disciplinares, muito estudados, tem uma dimensão moral evidente, aspecto que não recebeu atenção por parte dos estudiosos[11]. Entretanto, sua influência é decisiva para configurar um novo modelo ou paradigma de moral: a moral das Instituições morais, ou a Casuística, ou a simplesmente chamada moral pós-tridentina.

Devem-se enfatizar dois pontos concretos em Trento, tendo em vista a moral:

1) Na sessão XIV sobre a penitência (1551), além de se fixar a doutrina dogmática sobre esse sacramento, surge uma práxis penitencial (confissão íntegra dos pecados em "espécies", "circunstâncias" que mudam a

---

11. M. ZALBA, *Quid Concilium Tridentinum contulerit ad theologiam moralem promovendam*: Periodica 52 (1963) 419-457; L. VEREECKE, *Le Concile de Trente et l'enseignement de la Théologie Morale*: Divinitas 2 (1961) 361-374.

espécie, e "número": cânon 7), que exigirá a ajuda da moral; ela se organizará em função da "confissão" (para "confessores" e "confessandos")[12].

2) Na sessão XXII sobre o sacramento da ordem (1563), ao instituir os seminários (cânon 18), exige-se uma formação firme dos seminaristas; dessa formação faz parte a Teologia moral. De fato, o desenvolvimento da moral pós-tridentina coincide com a implantação ulterior dos seminários (por exemplo, na França dos séculos XVII e XVIII).

Além desses aspectos de ordem mais diretamente organizativa e litúrgico-disciplinar, o Concílio de Trento contribuiu com a base teológica para o comportamento moral do cristão. A justificação é o fundamento teológico da vida moral cristã[13]. Enfatize-se que a encíclica *Veritatis splendor* se apóia no Decreto tridentino sobre a Justificação para fundamentar, em seis passagens importantes do texto, outras tantas afirmações teológico-morais: 1ª) a união entre a "ordem ética" e a "ordem de salvação" (n. 37); 2ª) a relação correta entre "natureza" e "liberdade" (n. 46); 3ª) a incorporação das dimensões corpóreas da pessoa ao ato moral. (n. 49); 4ª) a perda da graça não só pela infidelidade à fé mas também por qualquer outro pecado mortal (n. 68); 5ª) a obrigação de reconhecer e de respeitar os preceitos morais declarados e indicados pela Igreja em nome de Deus, Criador e Senhor (n. 76); 6ª) a praticabilidade dos mandamentos de Deus (n. 102).

III. CULTIVO DA MORAL CASUÍSTA ENTRE OS JESUÍTAS

Já me referi no capítulo precedente à presença dos Jesuítas no campo da Teologia moral. Completa-se o que foi dito nesse capítulo com as seguintes observações sobre o cultivo da moral casuísta entre os membros da Ordem fundada por Santo Inácio[14].

1. Características gerais

A Companhia de Jesus sempre teve membros em destaque destinados ao estudo, ao ensino e aos escritos de moral. Esquematicamente, po-

---

12. L. VEREECKE, *L'évolution de la formation des théologiens et des confesseurs*: Revue d'éthique et de théologie morale n. 196 (1996) 63-87.
13. Cf. Ph. DELHAYE, *Les leçons morales du décret tridentin sur la justification*: Studia Moralia 28 (1990) 177-193.
14. E. MOORE, *La Moral en el siglo XVI y primera mitad del XVII* (Granada, 1956); ID., *Los jesuitas en la historia de la teología moral*: Studia Moralia 28 (1990) 223-245; M. VIDAL, *La moral de San Alfonso de Liguori y la Compañía de Jesús*: Miscelánea Comillas 45 (1987) 391-416; A. BAYÓN, *La escuela jesuítica desde Suárez y Molina hasta la guerra de sucesión*: VÁRIOS, Historia de la Teología Española, II (Madri, 1987) 39-73.

dem-se citar os seguintes aspectos no grande fenômeno da contribuição dos Jesuítas para a moral católica:

— Formados nas Universidades de Paris, Alcalá e Salamanca, alguns jesuítas importantes da primeira hora participam da renovação do saber teológico no século XVI. Embora nenhum deles ocupasse cátedra na universidade de Salamanca, desempenharam a docência segundo o espírito da chamada Escola de Salamanca em Roma, Paris, Ingolstadt ou nos nascentes colégios ou universidades da América. É bom lembrar Francisco Suárez (1548-1617), Gregório de Valência (1551-1603), Gabriel Vázquez (1551-1604).

— No espírito de renovação tomista, e com grande sensibilidade para com os problemas sociais da época, notáveis teólogos jesuítas dedicaram seu saber e seu trabalho à construção de tratados *De justitia et jure*. Ao lado de outros autores de diversas ordens religiosas e do clero secular, devem-se colocar os jesuítas: Luís de Molina (1535-1600), Leonardo Lessio (1554-1623) e João de Lugo (1583-1660).

— Desde o início de sua fundação, a Companhia de Jesus organizou em seus colégios e casas os chamados "casos de Consciência" ou "categorias de moral", nas quais procuravam aplicar-se os princípios da moral especulativa (que se expunha ao comentar a segunda parte da Suma de Santo Tomás de Aquino no ensino universitário) aos casos da vida cotidiana. Desses tipos de "casos" (regulamentados na *Ratio Studiorum*) sairão as *Instituições Morais* ou *Casuística*.

— A moral dos jesuítas envolveu-se nas disputas sobre o *probabilismo*. Embora a primeira formulação do probabilismo se deva não a um jesuíta, mas a um dominicano, Bartolomeu de Medina, no entanto existe uma quase identificação entre probabilismo e moral jesuítica. Mas convém não identificar probabilismo com *laxismo*, interpretação inexata na qual caíram muitos adversários da Companhia de Jesus; entre outros, Pascal[15].

2. Séculos XVI-XVIII

Na primeira etapa da moral casuísta (fins do século XVI e primeira metade do século XVII) a preponderância de moralistas jesuítas é evidente. Há também bons representantes no século XVIII, até a supressão da Companhia de Jesus (1773). Lembremos alguns:

---

15. P. VALADIER, *Pascal et les "Jésuites". Actualité d'un débat*: VÁRIOS, Actualiser la Morale (Paris, 1992) 333-356.

— **João de Polanco** (1517-1576), de Burgos, que, a pedido de Santo Inácio, publicou um pequeno tratado de moral intitulado *Directorium breve ad confessarii et confitentis munus rite obeundum* (Roma, 1554).

— **Manuel de Sá** (1530-1596), português, que compõe uma Suma de casos, muito apreciada (entre outros, por Francisco de Borja, Pedro Canísio, Roberto Belarmino e por Afonso de Ligório), com o título de *Aphorismi Confessariorum*.

— **Francisco de Toledo** (1532-1586), a quem se deve o tratado moral-pastoral *De instructione Sacerdotum* (Lyon, 1599).

— **Henrique Henríquez** (1536-1608), que escreve uma obra pioneira do gênero de Moral casuísta. *Theologiae moralis summa* (Salamanca, 1591).

— **João Azor** (1536-1603), um dos redatores da *Ratio Studiorum*, e o primeiro a escrever algumas *Instituições morais* (Roma, 1600, primeiro tomo; os outros dois, póstumos).

— **Tomás Sánchez** (1550-1610), o grande moralista prático da Companhia de Jesus.

— **Vicente Figliucci** (1566-1622), que publica o conteúdo das aulas solicitadas no Colégio Romano (cátedra que ocupou de 1600 a 1604, sendo seus antecessores Sá e Azor): *Quaestionum moralium de christianis officiis et casibus conscientiae ad formam cursus*.

— **Paul Laymann** (1574-1635), com sua obra *Theologia Moralis*, publicada em 1625 em Munique (onde foi professor de Teologia moral por 16 anos) e muitas vezes reeditada; segue de perto a T. Sánchez e algo particular seu é seguir a ordem tomista das virtudes e não a dos preceitos.

— **Antônio Fernández de Córdoba** (1559-1634), que publica uma *Instrucción de Confesores* (Granada, 1622), obra conhecida e citada por autores posteriores, entre outros, por Santo Afonso.

— **Fernando Castropalao** (1581-1633), que escreve uma autêntica enciclopédia de teologia moral nos sete volumes de sua *Opus morale*. Comentou-se sobre ela o seguinte: "é difícil encontrar em toda a literatura teológica um tratado mais completo, equilibrado e profundo de teologia moral"[16].

---

16. E. MOORE, *Los jesuitas en la historia de la teología moral*: Studia Moralia 28 (1990) 244.

— **Hermann Busenbaum** (1600-1668).
— **Cláudio Lacroix** (1632-1714).
— **Paulo Gabriel Antoine** (1678-1743), adversário declarado dos jansenistas, mas de tendência rigorista; sua *Theologia moralis* teve ampla aceitação na França, na Itália e na Alemanha.
— **Tomás Tamburini** (1591-1675), de notável orientação casuísta em seu *Expeditae Decalogi Explicationes decem digestae libri*.
— E muitos outros durante os séculos XVI a XVIII.

A seguir, chamo a atenção para alguns desses autores. Neste capítulo voltarei a referir-me a outros dentre eles. Assim, será enfatizada a obra moral dos principais moralistas práticos jesuítas dos séculos XVI a XVIII.

Henrique Henríquez (1536-1608)

Nascido no Porto e morto em Tívoli. Da Companhia de Jesus passa para a ordem dominicana, da qual sai para voltar a ingressar na Companhia de Jesus. Escreve uma suma de moral, à maneira de Santo Antônio de Florença, considerada pioneira da moral casuísta. Embora no título se anunciem três tomos (*Theologiae moralis summa, tribus tomis comprehensa*), foi publicado apenas o primeiro tomo (Salamanca, 1591)[17].

João Azor (1536-1603)

Nascido em Lorca (Múrcia) e morto em Roma. Colaborava com a redação da *Ratio Studiorum* (de 1586 a 1599). Escreve a obra *Institutiones morales*, cujo primeiro tomo aparece em 1600 (Roma) e os dois finais, póstumos. Essa obra é roteiro, quanto ao esquema e método, para todas as obras posteriores da Casuística. Com a obra de Azor "nascia um novo gênero literário de teologia moral, cuja produção continua praticamente até hoje"[18]. Por isso, é considerada o ponto de partida do período da moral casuísta[19].

---

17. E. MOORE, *Enrique Henríquez S. J. y su "Theologia Moralis"*: Miscelánea Augusto Segovia (Granada, 1986) 145-178.
18. L. VEREECKE, *Historia de la teología moral*: VÁRIOS, Nuevo Diccionario de Teología Moral (Madri, 1992) 833.
19. A. F. DZIUBA, *Juan Azor S. J. Teólogo moralista del siglo XVI-XVII*: Archivo Teológico Granadino 59 (1996) 145-155.

Tomás Sánchez (1550-1610)

Sua vida se passa entre Córdoba e Granada. Moralista representativo dos jesuítas e da casuística. Suas duas grandes obras concentram-se na exposição dos preceitos do decálogo (*Opus morale*) e no estudo dos problemas morais e jurídicos do matrimônio (*Del sacramento del matrimonio*). Em suas obras demonstra amplitude de conhecimentos, sensibilidade para com a realidade, e atitude benigna na solução dos problemas. Demonstrou dificuldades relativas a certas opiniões sobre ética sexual, que pareciam naquela época excessivamente "benignas". Santo Afonso de Ligório coloca Sánchez entre "os mais sérios" autores, considera-o "sapientissimus et piissimus" e o defende diante dos que o denigrem por tratar de temas "escabrosos"[20].

Antônio Escobar (1589-1664)

Moralista jesuíta, de Valladolid, esteve na mira da crítica de Pascal contra a moral jesuítica, ao considerá-la um desvio do genuíno espírito evangélico. Escreve duas obras: *Examen de Confesores* e *Práctica de penitentes* e, sobretudo, sua mais célebre *Liber Theologiae moralis*. São fruto de seus quarenta anos de pregação, de ministério apostólico e de leitura de obras especulativas e práticas de jesuítas anteriores[21].

IV. SISTEMAS DE MORAL

A expressão "sistema de moral" foi cunhada por Santo Afonso Maria de Ligório, e passou para o uso comum da moral católica. Sistema de moral não significa método moral, concepção da moral ou fundamentação/justificação da Teologia moral. Indica a forma de fazer um juízo vinculante de consciência moral perante leis incertas objetivamente. O sistema consiste na proposta de determinados princípios de pensamento para fazer o juízo de consciência e vencer, assim, a dúvida.

Os sistemas morais se diversificam por razão dos princípios de pensamento e também pelos pressupostos antropológico-teológicos que lhes

---

20. M. BAJÉN, *Pensamiento de Tomás Sánchez S. J. sobre moral sexual* (Granada, 1976); M. RUIZ JURADO, *Para una biografía del moralista Tomás Sánchez S. J.*: Archivo Teológico Granadino 45 (1982) 15-51 (número monográfico sobre T. Sánchez); E. OLIVARES, *Más datos para una biografía de Tomás Sánchez S. J.*: Archivo Teológico Granadino 60 (1997) 25-50.
21. K. WEISS, *Padre Antonio de Escobar y Mendoza als Moraltheologe in Pascal Beleuchtung und im Lichte der Wahrheit auf Grung der Quellen* (Freiburg, 1911).

servem de apoio. Há três grandes sistemas diferentes: probabilismo, probabiliorismo, e equiprobabilismo. A eles se deve acrescentar o sistema exagerado e não aceitável do tuciorismo[22].

1. Probabilismo[23]

Esse sistema moral mostra que, em caso de dúvida, pode-se seguir uma opinião provável, embora exista outra mais provável. Essa maneira de propor e de solucionar as dúvidas de consciência teve sua primeira formulação em **Bartolomeu de Medina** (1528-1580)[24]. No ano de 1577, comentando a Suma de Santo Tomás de Aquino, 1-2, q. 19, a. 6, afirma na conclusão 3: "Se existir uma opinião provável (afirmada por autores sábios e confirmada por ótimos argumentos) é lícito segui-la, embora a opinião oposta seja mais provável". "Assim nascia no fim do século XVI o probabilismo, que deveria ocupar durante mais de três séculos a atenção dos moralistas e ocupar o lugar mais importante no ensino das *Instituições morais* sobre a consciência[25]".

O probabilismo dominou a teologia moral durante a primeira metade do século XVII, e sempre foi seguido pela maior parte dos moralistas jesuítas. Passou por sérios ataques não só por parte dos jansenistas (lembrar as *Cartas Provinciais* de Pascal), mas também do clero anglicano (Assembléia de 1640) e da maior parte dos moralistas dominicanos. Nas próprias fileiras dos jesuítas também teve opositores, como o Prepósito Geral Tirso González (+1705)[26]. O probabilismo exagerado foi objeto de condenação por parte de Inocêncio XI[27].

O probabilismo exagerado deu lugar ao laxismo. No fundo, o probabilismo valoriza a liberdade humana, na qual, além disso, confia[28].

---

22. D. CAPONE, *Sistemas morales*: Diccionario enciclopédico de Teología Moral (Madri, 1978³) 1015-1022.
23. I. KANTOLA, *Probability and Moral Uncertainty in Late Medieval and Early Modern Times* (Helsinki, 1994).
24. J. DE BLIC, *Bartolomé de Medina et les origines du probabilisme*: Ephemerides Theologicae Lovanienses 7 (1930) 46-83, 263-291 (ver, pp. 480-482).
25. L. VEREECKE, *Historia de la teología moral*: VÁRIOS, Nuevo Diccionario de Teología Moral (Madri, 1992) 834.
26. J. M. M. HOANG-MAN-HIEN, *Tyrse Gonzales et le probabilisme* (Chan-Ly, 1959). Según L. VEREECKE, *l. c.*, 836, Tirso González foi um rígido probabiliorista "a quem o papa Inocêncio IX elegerá propósito geral da Companhia para promover o probabilismo. Contudo, apesar do apoio do papa, Tirso González não triunfou em sua empresa".
27. F. TER HAAR, *Ven. Innocentii PP. XI de Probabismo Decreti Historia et Vindiciae* (Roma, 1904).
28. Th. DEMAN, *Probabilisme*: DTC, XIII, 417-619; S. NICOLOSI, *Casistica e probabilismo nella crisi della coscienza morale europea*: Aquinas 31 (1988) 279-309; L. VEREECKE, *Le probabilisme*: Le Supplément n. 177 (1991) 23-31.

Há estudos que procuram revalorizar as idéias do probabilismo[29].

Hermann Busenbaum (1609-1668)

Moralista católico de tendência benigna, pertencente à etapa casuísta. A fama desse jesuíta se deve a um pequeno livro intitulado *Medulla Theologiae Moralis*, no qual se reúne o conteúdo de suas aulas de moral ditadas em Colônia. São as seguintes as qualidades do texto: clareza, precisão, concisão, ordem. Seu gênero literário é nitidamente casuísta: resolução de casos à luz de poucos princípios previamente estabelecidos. Suas principais fontes são as *Sumas de confessores*.

Quanto à doutrina, deve-se a Busenbaum ter estabelecido orientações claras no emaranhado de opiniões existentes. A obra passou por ataques dirigidos contra a moral probabilista e contra a Companhia de Jesus. Foi proibida na França e Portugal, na segunda metade do século XVIII, por publicar a doutrina, sem dúvida comum e tradicional, do tiranicídio. Em fins do século XIX, na Alemanha e por parte de setores protestantes, Basenbaum voltou a ser falsamente acusado por defender o princípio maquiavélico de que "o fim justifica os meios". A *Medulla* foi publicada em 1650. Teve 40 edições durante a vida do autor; de 1670 a 1770 são mais de 150 edições feitas em vários países. Na Espanha, ao contrário da França, onde foi mais popular o manual de Gabriel Antoine (1678-1743), teve grande aceitação o livro de Busenbaum, do qual se fez tradução para o castelhano. Por outro lado, porque lia exclusivamente Busenbaum, o clero tinha pouca preparação, segundo afirma D. de Torres Villarroel ao referir-se aos abades: "os outros tiveram conhecimento da doutrina católica por lerem Busenbaum, ou outro compêndio doutrinário"[30].

Mais ainda do que no número de edições, a glória da *Medulla* está em ter sido utilizada como texto-base e comentada por famosos moralistas: Lacroix, Santo Afonso de Ligório, e Ballerini.

Cláudio Lacroix (1652-1714)

Moralista jesuíta, pertencente à etapa casuísta. Exerceu a docência de teologia moral em Münster e em Colônia. Nessa última cidade editam-se

---

29. H. KLOMPS, *Tradizione e progresso nella teologia morale* (Roma, 1967); L. BERNARDINI SOTO, *Recenti tentativi di rivalutazione del probabilismo cattolico del seicento*: Sapienza 30 (1977) 196-214; Ph. SCHMITZ, *Probabilismus -das jesuitisches der Moralsysteme*: M. SIEVERNICH - G. SWITEK (Hrg.), Ignatianisch (Freiburg, 1990) 354-368; ID., *Kasuistik. Ein wiederendecktes Kapitel der Jesuitenmoral*: Theologie und Philosophie 67 (1992) 29-57; ID., *Probabilismo e coscienza morale*: Rassegna di Teologia 39 (1998) 367-386; P. VALADIER, *Éloge de la conscience* (Paris, 1994) 75-92.
30. D. DE TORRES VILLAROEL, *Sueños morales* (Madri, 1786) 221.

de 1707 a 1714 seus 8 tomos de comentários a Busenbaum. A obra teve grande influência na moral do século XVIII e alcançou 25 edições, em cinqüenta anos. O livro foi condenado (1757) pelo Parlamento de Paris e publicamente queimado em Toulouse. A obra de Lacroix foi reeditada por F. A. Zaccaria (1714-1795) em 1749.

Ângelo Franzoia (+1760) quis opor-se ao livro de Busenbaum-Lacroix-Zaccaria, de tendência benigna, editando por sua vez o texto de Busenbaum (1760), acrescentando-lhe comentários de caráter rigorista que contradiziam a orientação original do texto comentado.

2. Laxismo

Nos sistemas de moral, o laxismo é o exagero do probabilismo. Afirma que se pode seguir a opinião fracamente provável em favor da liberdade, embora se tenha como lícito o ilícito e por pecado venial o pecado mortal. "A essência do laxismo consiste em contentar-se com uma probabilidade, extremamente fraca, mas sem sair do quadro da probabilidade"[31].

Em sentido amplo, o laxismo é uma atitude geral de vida e de pensamento que se caracteriza por apreciar, justificar, seguir e teorizar com a consciência laxa. Ela julga sempre em proveito pessoal, tende a diminuir a imputabilidade e se apóia em mínimos de probabilidade. O laxista nega a obrigação de praticar uma ação se houver uma pequena probabilidade em contrário, e tende a considerar seguras as opiniões prováveis apenas aparentemente. Mediante essa atitude a tendência é "relaxar" as normas da vida moral.[32]

O laxismo, que não deve ser identificado com o probabilismo, tem sua maior aceitação no século XVII, (sobretudo na primeira metade desse século). Costumam citar-se entre os moralistas laxistas: **Antônio Diana** (1585-1663); **Tomás Tamburini** (1591-1675); e **João Caramuel** (1606-1682). Pascal coloca entre eles também **Antônio Escobar** (1589-1664), por ser Escobar apenas probabilista. Atribuem-se a **Mateus de Moya** (+1684) muitas proposições laxistas das condenadas por Alexandre VII (1665 e 1666) e por Inocêncio XI (1679).

---

31. L. VEREECKE, *l. c.*, 834-835.
32. M. PETROCCHI, *Il problema del lassismo nel secolo XVII* (Roma, 1953); F. PELSTER, *Zur Frage des Laxismus*: Scholastik 29 (1954) 396-400.

João de Caramuel (1606-1682)

Moralista considerado "laxista". Levou uma vida de grande atividade e de múltiplas e variadas peripécias[33]. Aos 17 anos entra no convento dos cistercienses da Espina (diocese de Palência). Estuda em Alcalá, Salamanca e Lovaina. É abade na Escócia e na Alemanha. Ótimo arquiteto e perito na arte militar, interferiu na defesa das cidades de Lovaina e de Praga. Morreu como bispo de Vigevano (Itália). A personalidade humana e científica de Caramuel é de uma riqueza extraordinária. De conhecimentos enciclopédicos e de erudição vastíssima; deve-se acrescentar a isso sua aptidão para a disputa e seus dotes de oratória; falava 24 línguas. Não teve, porém, modéstia e bom senso. Seu gosto pelo raro e paradoxal levou-o, em dogmática, a especulações temerárias e, em moral, a soluções singularmente laxas.

Na história da moral, Caramuel passa por um dos casuístas mais representativos do século XVII e, sobretudo, um dos laxistas mais curiosos de todos os tempos[34]. Atribui à probabilidade extrínseca uma autoridade exagerada. Defendeu a opinião scotista de que os mandamentos da segunda tábua nada mais são do que leis positivas, que dependem unicamente da vontade de Deus. São-lhe atribuídas em geral quatro proposições condenadas por Alexandre VII (a 24ª e a 25ª: *Denz* 1124-1125) e por Inocêncio XI (a 48ª e a 49ª: *Denz* 1198-1199) referentes a assuntos sexuais e do nono mandamento. Santo Afonso de Ligório chama-o "príncipe dos laxistas", considera-o sábio, mas imprudente.

3. Rigorismo

Referimo-nos ao rigorismo histórico surgido na moral católica sobretudo nos séculos XVII e XVIII[35]. No entanto, convém advertir que essa atitude é uma tentação constante da moral cristã tanto prática como teórica. Com referência direta ao fato histórico, mas sem esquecer o perigo constante que rodeia a moral cristã, fazemos a seguinte exposição:

O fenômeno do rigorismo é como um barco de grande calado e que realizou uma longa travessia. É um acontecimento intra-eclesial, com di-

---

33. J. VELARDE, *Juan Caramuel. Vida y obra* (Oviedo, 1989).
34. D. PASTINE, *Juan Caramuel. Probabilismo ed Enciclopedia* (Florença, 1975).
35. G. PLANTE, *Le rigorisme au XVIIe. siècle. Mgr de Saint-Valle et le sacrement de pénitence* (Gembloux, 1971); Ph. LÉCRIVAIN, *La montée du rigorisme aux 17e. et 18e. siècles*: Christus 34 (1987) 183-190; ID., *Saint Alphonse aux risques du rigorisme et du liguorisme*: VÁRIOS, Alphonse de Liguori. Pasteur et Docteur (Paris, 1987) 231-272; J. M. AUBERT, *Rigorisme*: Catholicisme, XII (1990), 1232-1240.

mensões teológicas, espirituais e vivenciais, da Igreja católica (embora existam fenômenos paralelos nas Igrejas não-católicas), com referências extrateológicas que se relacionam com ele como causa, efeito, ou os dois ao mesmo tempo ideologizados (regalismo, anglicanismo, antijudaísmo).

Para analisar um acontecimento tão complexo é necessária a concorrência interdisciplinar e somente procedem afirmações detalhadas. Na descrição que damos a seguir, nos limitamos a confeccionar uma espécie de ficha histórica, marcando as epígrafes de um estudo completo a preencher:

a. Contexto geográfico-humano-eclesial

O epicentro do rigorismo está na França e nos Países Baixos (não nos esqueçamos que o século XVII é o "século francês"); estende-se até a Itália (sobretudo no século XVIII); alcança Portugal e Espanha (sobretudo, mediante a ajuda do regalismo); tem repercussões nos países do império lusitano (Brasil) e do império espanhol (Hispanoamérica), e nas colônias francesas ("Nova França": Canadá de língua francesa).

b. Trajetória histórica e diversificação de aspectos

O rigorismo tem longa trajetória histórica através da qual realiza variações que deverão ser levadas em conta: variações em sua maior ou menor ortodoxia/heterodoxia; variações em sua sustentação teológica; variações em seu maior ou menor rigor. Os alvos principais dessa trajetória são os seguintes:

1) Jansenismo (aspecto moral)

Rigorismo sacramental (comunhão-penitência) de A. Arnauld (1612-1694)[36]. Propagação do rigorismo, mediante o ataque frontal à "caricatura" da moral casuísta, através das *Provinciais* (1656-1657) de B. Pascal (1623-1662). Divulgação feita pelo colaborador de Pascal, P. Nicole (1625-1695).

A sustentação teórica da moral jansenista está: no pessimismo diante da natureza humana; na necessidade da graça eficaz para praticar o bem; na crença na predestinação da minoria. No terreno especificamente mo-

---

36. A. HAQUIN, *Rigorisme en théologie et en pastorale des sacrements aux 17ème et 18ème siècles*: VÁRIOS, Liturgie, éthique et peuple de Dieu (Roma, 1991) 143-157. O estudo centra-se no livro da "Comunhão freqüente" (1643) e no "Ritual" do Bispo de Alet (1667).

ral: nega a existência da moral natural; afasta, de fato, a possibilidade e a função da ignorância invencível; projeta uma atitude moral negativa diante das realidades mundanas (profissões, economia, matrimônio); postula uma prática sacramental rigorosa (procrastinação da absolvição sacramental) e puritana (comunhão pouco freqüente).

2) Galicanismo

Assembléia do clero francês: 1655, 1682, 1700. Maior promotor: Bossuet[37]. Atua no campo moral de duas maneiras: condenando o probabilismo; exigindo o rigorismo na prática do sacramento da penitência. No capítulo do galicanismo devem-se colocar as Censuras, feitas pelas universidades de Paris e de Lovaina, a livros e a sentenças de caráter probabilista.

3) A teologia moral nos seminários da França (séc. XVII)

Nos seminários conciliares da França, organizados a partir de 1630, a Teologia moral adquire importância especial. É de caráter rigorista, tal como era esperada pelas posturas galicanas. Avulta a chamada "Moral de Grenoble", sob os auspícios de Mons. Le Camus e o *Manual-símbolo* de F. Genet (1640-1704), texto oferecido a Afonso de Ligório para sua formação moral no seminário de Nápoles. Outros autores: P. G. Antoine (jesuíta), P. Collet (missionário da congregação de São Vicente de Paulo), J. Besombes (Padres da Congregação da Doutrina cristã).

4) Ofensiva probabiliorista da Ordem Dominicana

Adotada e promulgada no Capítulo Geral da Ordem (Roma, 1756). Destacam-se dois grupos: a Escola de Toulouse (na segunda metade do século XVII), com V. Contenson (1641-1674) como representante principal; o trio do Convento Reformado de Veneza (no século XVIII): D. Concina (1687-1756), V. Patuzzi (1700-1769), F. Cuniliati (+1759), adversários diretos (sobretudo, o segundo) de Santo Afonso.

5) Mais características do "rigorismo moral"

Ao longo do século XVIII e começo do século XIX verifica-se um difuso rigorismo moral tanto no ensino da Teologia moral como na prática pas-

---

37. E. BAUMANN, *Bossuet moraliste. Textes choisis et commentés* (Paris, 1932).

toral. A penetração do "espírito afonsiano" na moral católica ("ligorização" dessa moral) contrariará e eliminará a tendência ao rigorismo.

Entre os autores que no final do século XVIII (e início do séc. XIX) ainda buscam opções rigoristas pode-se citar **Pedro Tamburini** (1737-1827), professor de Teologia moral na Universidade de Pavia (1779-1786) e representante qualificado do "tardio-jansenismo italiano"; sua teologia da graça e do pecado o leva a um "extremismo moral" e à correspondente práxis pastoral rigorista[38].

c. Significado teológico e meta-teológico

O significado comum ou convergente do rigorismo, nas diversas nuances de cada variante, pode ser expresso do seguinte modo:

— *Apoio teológico*. Encontra-se na compreensão do cristianismo com sinais de pessimismo antropológico, de afirmação exagerada da necessidade da graça eficaz, de compreensão de Deus como juiz, de redução elitista da salvação eterna ("poucos são os que se salvam") e de graça sacramental (reservada para os perfeitos ou dada como prêmio àqueles que se submetem a esforços sobre-humanos).

— *Inclinação ao discurso teológico-moral casuísta*. Mostra-se em duas vertentes: na disputa contra o probabilismo, entendendo-a como uma "cruzada antilaxista"; na negação do próprio casuísmo, ao exigir uma volta à "pureza metodológica" (Bíblia, padres, concílios contra teólogos recentes ou casuístas).

— *Lugar de verificação*. O rigorismo moral atua em dois contextos: na consciência do fiel, exigindo dele certezas excessivas e submetendo-a cegamente aos imperativos do preceito exterior (seja lei da Igreja, seja mandato do confessor); na prática sacramental, com procrastinação ("aumento do espaço de tempo") da absolvição e com exigências de rigor intoleráveis para o comum dos cristãos.

— *Universo simbólico segregado pelo rigorismo*. Propicia-se uma forma de existência cristã, vivida e expressa mediante um universo simbólico caracterizado pelas seguintes características: o desespero como atitude do comum dos cristãos; a soberba refinada das elites escolhidas e predestinadas; a pureza da radicalidade e das origens evangélicas diante da contaminação com as realidades de um mundo impuro e alheio à origem evangéli-

---

38. I. GARLASCHI, *Vita cristiana e rigorismo morale. Studio storico-dogmatico su Pietro Tamburini (1737-1827)* (Bréscia, 1984).

ca; além desse símbolo da "volta atrás", exige-se o símbolo da "volta para dentro", com práticas de interiorização próprias de "pequenos cenáculos" diante das práticas exteriores da Igreja oficial, pomposa e barroca.

4. Tuciorismo

O tuciorismo extremo defende que se deve seguir sempre a opinião mais segura (em latim, *tutior*) no caso de dúvida de consciência. Ou seja, aceita o princípio de que é preciso agir com absoluta certeza e que, portanto, a lei sempre há de prevalecer em caso de dúvida, a não ser que exista certeza absoluta da não existência da referida lei.

Os jansenitas e os rigoristas extremados defenderam essa posição, condenada por Alexandre VIII (*Denz* 1293). Há um tuciorismo mitigado, que defende o seguinte: em caso de dúvida é necessário seguir a opinião probabilíssima. Trata-se de um sistema de moral exageradamente rigorista. Quanto ao mais, deve-se levar em conta que existem situações em que, em qualquer sistema de moral, é preciso seguir a opinião mais segura, como nos casos em que entre em jogo a vida humana ou a eficácia dos sacramentos.

a. Jansenismo

No significado global do jansenismo[39] (no qual entram aspectos teológicos, eclesiais, políticos) deve-se enfatizar a dimensão moral[40]. Se, por um lado, o aspecto dogmático tem como representante Cornélio Jansênio (1585-1638) e o aspecto disciplinar o abade de Saint-Cyran (1581-1643), por outro, as implicações morais são desenvolvidas principalmente por A. Arnauld (1612-1694), B. Pascal (1623-1662) e P. Nicole (1625-1695). O jansenismo moral é a forma mais representativa do rigorismo moral nos séculos XVII e XVIII. Foram contra o jansenismo moral corajosamente e com espírito genuinamente pasto-

---

[39]. Entre os estudos recentes sobre o Jansenismo, ver: I. VÁZQUEZ, *L'oeuvre littéraire de Lucien Ceyssens sur le jansénime et l'antijansénisme devant la critique* (Roma, 1979); F. HILDESHEIMER, *Le Jansénisme. L'histoire et l'héritage* (Paris, 1992) (a tradução italiana: *Il Giansenismo*, Cinisello Balsamo, 1994, se completa com um estudo de M. P. Francani); J. P. CHANTIN, *Le Jansénisme. Entre hérésie imaginaire et résistence catholique* (Paris, 1996); B. PLONGERON, *¿Por qué el jansenismo pretende ser "catolicidad"?*: Concilium n. 271 (1997) 501-508.

[40]. J.-F. THOMAS, *Le Problème moral à Port-Royal* (Paris, 1963); L. THIROUIN, *Jansénisme*: M. CANTO-SPERBER, Dictionnaire d'éthique et de philosophie morale (Paris, 1996) 746-751.

ral São Vicente de Paulo, na França (séc. XVII), e Santo Afonso Maria de Ligório, na Itália (séc. XVIII).

b. Blas Pascal (1623-1662)

Nos anos 1656-1657 escreve as *Provinciais*, nas quais ataca furiosamente (cartas 5-16 e 4) o casuísmo, o probabilismo e o laxismo. Abraçando essas três tendências e atribuindo-as à Companhia de Jesus, Pascal faz uma alegação por escrito contra a "moral jesuítica". Reconhece-se que, sem negar sua boa intenção e seu desejo de uma moral evangélica, Pascal teve muita informação e sobra de paixão[41].

c. Antonio Arnauld (1612-1694)

Moralista jansenista. No livro *A comunhão freqüente* é contra a participação freqüente na comunhão; no livro *A teologia moral dos jesuítas* sustenta um curioso rigorismo moral, sobretudo no que se refere à prática penitencial (dilação do prazo para a absolvição)[42].

d. Pedro Nicole (1625-1695)

Pseudônimo de G. Weridrock. Colaborador de Pascal, inseriu notas na tradução latina das *Provinciais*. Em seus *Ensaios de moral* mantém as posições rigoristas próprias do jansenismo: não existe ignorância invencível em questões de direito natural; a razão é incapaz de obter a verdade moral[43].

e. Francisco Genet (1640-1703)

Moralista da época casuísta, filojansenista. Escreveu um manual de moral no qual expõe a chamada "Moral de Grenoble", de tendência rigorista e de sabor jansenista. O título da obra é revelador tanto do desejo de uma nova orientação metodológica como da ambigüidade da proposta. A ambigüidade manifesta-se na primeira parte do título: *Teologia moral ou*

---

41. A. W. S. BAIRD, *Studies in Pascal's Ethics* (La Haya, 1975); P. CARIOU, *Pascal et la casuistique* (Paris, 1993); P. VALADIER, *Pascal et les "jésuites"*. *Actualité d'un débat*: VÁRIOS, Actualiser la morale (Paris, 1992) 333-356; V. CARRAUD, *Pascal*: M. CANTO-SPERRBER, Dictionnaire d'éthique et de philosophie morale (Paris, 1996) 1075-1081.
42. J. LAPORTE, *La Morale d'après Arnauld* (Paris, 1951).
43. P. NICOLE, *Choix des petits traités de morale* (Paris, 1857); E. THOUREZ, *Pedro Nicole* (Madri, 1926).

resolução de casos de consciência, em que identifica a moral com a casuística; o desejo de mudança metodológica formula-se na segunda parte do título: *Segundo a Sagrada Escritura, os Cânones e os Santos Padres*. Essa última fórmula é por antonomásia a moral antiprobabilista e de caráter rigorista[44].

Santo Afonso Maria de Ligório recebeu sua formação através do estudo do manual de Genet; ao longo de sua vida lembra com certa amargura a etapa de formação rigorista e não perde ocasião de renegar o autor, cujo texto de moral puseram em sua mão para iniciação teológico-moral; diz que a doutrina de Genet é "de intolerável rigor".

5. Probabiliorismo

Nos sistemas de moral, o probabiliorismo defende a idéia de que só se pode seguir a opinião favorável à liberdade, contanto que seja mais provável (em latim, *probabilior*) que a opinião contrária. As hipóteses do probabiliorismo são: a lei está acima da liberdade; é preciso andar pelo caminho árduo a fim de que se alcance a salvação. No fundo, esconde-se um menosprezo pelo homem e uma sobrevalorização da graça. O probabiliorismo supõe uma concepção rígida da moral cristã, exagero levado ao extremo pelo tuciorismo. Nesse contexto, e em confronto direto com o casuísmo probabilista, os autores probabilioristas expressam o desejo de renovar os "lugares" da epistemologia teológico-moral[45].

O probabiliorismo, e o conseqüente rigorismo moral, dominou a moral francesa do século XVII (segunda metade) e a moral italiana do século XVIII (primeira metade).

Nesse contexto estão as Assembléias do Clero da França (1682, 1700). A "Moral de Grenoble", cujo expositor qualificado é Genet, também se coloca em idêntica onda rigorista. O mesmo acontece entre os moralistas dominicanos, sobretudo a partir da posição antiprobabilista tomada pelo Capítulo Geral da Ordem (Roma, 1756)[46]; destacam-se nessa tendência rigorista dominicana: o grupo de Toulouse com Vicente Contenson (1641-1674) na frente, ao que se deve juntar J. B. Gonet (+1681); e a Congregação Reformada de Veneza com o trio de Concina, Patuzzi e Cuniliati. Santo Afonso Maria de Ligório foi o grande defensor da benignidade moral contra o rigorismo dos probabilioristas.

---

44. J. R. POLLOCK, *François Genet: the man and his methodology* (Roma, 1984).
45. M. OEPEN, *Sittenlehre und Offenbarung in der Moraltheologie des 18. Jahrhunderts* (Werl, 1973).
46. Th. DEMAN, *La réaction dominicaine contre le Probabilisme*: DTC, XIII, 502-509.

Vicente Contenson (1641-1674)

Moralista dominicano de caráter probabiliorista, cabeça do grupo de Toulouse.

Daniel Concina (1687-1756)

Moralista italiano, de orientação probabiliorista. Concina e seus discípulos **João Vicente Patuzzi** (1770-1769) e **Fulgêncio Cuniliati** (+1759) constituem o trio dominicano do rigorismo moral na Itália do século XVIII. Dominicanos do Convento Reformado de Veneza, embora não possam ser catalogados como jansenistas, não deixaram de sentir a influência do círculo jansenista de Roma. Patuzzi é o adversário literário de Santo Afonso de Ligório. Concina propôs uma melhor renovação do método moral, baseada na volta à Sagrada Escritura e aos Padres[47]. Mas "lamentavelmente, Concina não aplicou fielmente seu método"[48]; mostra-se contrário ao método casuísta, não escapando ele mesmo às redes do casuísmo.

6. Equiprobabilismo

Trata-se de um sistema de moral que afirma que, em caso de dúvida, se pode optar pela opinião favorável à liberdade, contanto que seja igualmente favorável à opinião contrária. Na prática, esse sistema funciona mediante o chamado "princípio de oposição", que se desdobra em dois: 1) na dúvida da suspensão da lei, prefira-se a lei à liberdade (uma vez que a preferência é em favor da lei); 2) em caso de dúvida sobre a promulgação da lei, mantenha-se a liberdade (uma vez que a preferência é a seu favor). O equiprobabilismo foi considerado um probabilismo mitigado.

No pano de fundo antropológico-teológico, o sistema continua apostando na liberdade acima da lei, mas ao mesmo tempo procura motivar o cristão ao caminho de exigência moral. Trata-se do sistema moral propugnado por Santo Afonso Maria de Ligório, opondo-se, assim, às correntes rigoristas do probabiliorismo.

---

47. S. CONSOLI, *Morale e Santità. Metodologia per una morale teologica secondo Daniele Concina* (Roma, 1983); ID., *Le fonti per una morale teologica nel pensiero di Daniele Concina O. P.*: Sapienza 36 (1983) 40-59; ID., *Sul rapporto morale, storia e cultura. L'esperienza di Daniele Concina O. P.*: Laurentianum 33 (1993) 451-479.
48. L. VEREECKE, *l. c.*, 836-837.

Afonso Maria de Ligório (1696-1787)

É considerado o representante mais competente da moral prática católica e, sobretudo, da etapa casuísta.

A vida de Afonso é longa quanto ao tempo (90 anos completos) e densa quanto à atividade desenvolvida: ministério pastoral como sacerdote e bispo; fundador da Congregação do Santíssimo Redentor (Redentoristas); escritor de obras sobre quase todos os assuntos cristãos (dogmática, pastoral, espiritualidade).

Campo importante de sua atividade literária é o da moral. Dos muitos escritos destinados ao tema moral deve-se enfatizar: sua grande obra *Theologia Moralis* (teve 9 edições com o autor ainda vivo); o compêndio da anterior: *Instrução prática do confessor* (escrita inicialmente em italiano e traduzida para o latim com o nome de *Homo apostolicus*, e do latim se traduz para outras línguas); a *Prática do confessor*, destinada à formação de bons confessores; as várias *Dissertações* e *Apologias* nas quais procura defender seu sistema de moral frente à crítica de seus adversários, provindos do campo do probabiliorismo e da forma expressa do moralista dominicano Patuzzi. A pessoa e a obra moral de Santo Afonso tiveram de passar por embates do antiprobabilismo e do antijansenismo da época. Ainda que suas obras não tenham sido condenadas, como as de muitos moralistas jesuítas, teve de suportar a quase identificação de sua obra com a moral do probabilismo jesuítico.

Formado no rigorismo moral de Genet, Santo Afonso evoluiu para posições inicialmente probabilistas e depois para um sistema de moral próprio, que tem o nome de equiprobabilismo. O lugar da moral afonsiana no devir histórico da moral católica pode-se entender muito bem se for enquadrada na crise do *laxismo* e do *rigorismo* dos séculos XVII-XVIII.

Em geral, a opinião é de que Santo Afonso representa, na história da moral, a superação do jansenismo e até a solução do confronto entre probabilismo e probabiliorismo.

Considerada por si mesma, a moral afonsiana é uma construção teológico-moral baseada nas seguintes orientações básicas: moral da prudência; meio caminho entre o laxismo e o rigorismo; moral nascida da pastoral e tendente para ela; moral salvífica, enquanto busca a salvação e a perfeição do cristão. Numa palavra: *moral da benignidade pastoral e da exigência evangélica*.

Até certo ponto, Santo Afonso ("santo do Iluminismo") reflete o espírito do Iluminismo: 1) promoção da razão, dando mais importância à argumentação intrínseca que aos argumentos de autoridade; 2) aceitação dos dados da experiência, em oposição aos preconceitos pré-científicos; 3) preferência pela liberdade quando a lei não é segura.

A moral afonsiana penetrou na vida e na consciência da Igreja de tal maneira que se pode falar de uma "ligorização" da Igreja católica no século XIX, embora não lhe tivessem faltado críticos como Ballerini. Como causa e efeito da ligorização da moral católica devem-se colocar as intervenções oficiais da Igreja em favor de Santo Afonso: beatificado (1816) e canonizado (1839) com relativa rapidez, é declarado doutor da Igreja (1817) antes de cumprir-se o centenário de sua morte; além disso, em momentos de notável euforia da Igreja, é proclamado patrono dos confessores e moralistas por Pio XII (1950). Isso, sem contar com as declarações oficiais do "nihil censura dignum" e do "tuto sequi potest" ocorridas no século XIX, com referência à doutrina afonsiana.

Pode-se afirmar que há um "espírito afonsiano" na maneira de enfocar a moral que os moralistas redentoristas procuraram manter e desenvolver, sobretudo na fase de renovação da Teologia Moral no século XX (instituições: "Academia Alfonsiana" em Roma, "Instituto Superior de Ciências Morais" em Madri, "Alfonsianum" no Brasil; entre as pessoas destaca-se a figura de B. Häring)[49].

7. Intervenções dos Papas nos sistemas de Moral

No que se refere à disputa sobre os sistemas de moral devem acatar-se as intervenções dos Papas sobre essa questão que apaixonou os moralistas por mais de dois séculos[50]. Do ponto de vista formal, trata-se de uma das poucas intervenções do Magistério da Igreja no campo da moral antes de sua ativa e freqüente presença na segunda metade do século XX.

---

49. Edição: *Theologia Moralis*. Editio nova, cum antiquis editionibus collata, in singulis auctorum allegationibus recognita, notis criticis et commentariis illustrata. Cura et studio P. Leonardi Gaudé. Ex Typographia Vaticana, 4 vol. (Romae, 1905, 1907, 1909, 1912).
    Estudos: M. VIDAL, *Frente al rigorismo moral, benignidad pastoral. Alfonso de Liguori (1696-1787)* (Madri, 1986); Th. REY-MERMET, *La morale selon Saint Alphonse de Liguori* (Paris, 1987); VÁRIOS, *La moral alfonsiana: raíces y retos*: Moralia 10 (1988) nn. 2-3; A. GALINDO, *La obra moral de San Alfonso María de Ligorio: polémicas e influencias*: Salmanticensis 36 (1989) 73-93; D. CAPONE, *La proposta morale di Sant'Alfonso. Sviluppo e attualità* (Roma, 1997); VÁRIOS, *La recezione del pensiero alfonsiano nella Chiesa*: Spicilegium Historicum C. Ss. R. 45 (1997) fas. 1-2.
50. F. CLAEYS BOUUAERT, *Autour de deux décrets du Saint-Office: celui du 2 mars 1679 condamnant 65 propositions de morale relâchée, et celui du 7 décembre 1690 condamnant 31 propositions rigoristes*: Ephemerides Theologicae Lovanienses 29 (1953) 419-444.

Quanto ao conteúdo das intervenções pontifícias, nelas há condenações de *proposições* tanto laxistas como rigoristas. Nas proposições não se nomeiam os autores, aos quais se atribuem, uma vez que são tiradas do contexto original e adquirem uma formulação geral.

Sob o Pontificado de Alexandre VII, o Santo Ofício condenou 45 proposições laxistas nos Decretos de 24 de setembro de 1665 e de 18 de março de 1666 (*Denz* 2021-2065). As universidades de Lovaina e de Paris tinham previamente "censurado" proposições desse ponto de vista; com isso prepararam o terreno para a censura romana. Entre os autores aos quais se atribuem semelhantes proposições estão: T. Tamburini, M. Moya, P. Laymann, E. Bauny, B. Chassaing, T. Hurtado, M. Azpilcueta, A. Escobar, F. Amico, D. Báñez, J. de Lugo, A. Diana, P. De Soto, V. Candido, P. De Palude, F. Zabarella, J. Caramuel, V. Filliuci, J. Machado, E. de Villalobos, J. Sánchez, P. Marchant.

No Pontificado de Inocêncio XI, o Santo Ofício voltou a condenar proposições laxistas. No Decreto de 2 de março de 1679 foram 65 as proposições condenadas (*Denz* 2101-2167). Foram escolhidas entre as 116 que a universidade de Lovaina tinha censurado previamente e que tinha feito chegar a Roma. Como autores novos aos quais se atribuem as proposições figuram: I. Maillot, H. De Castropalao, Z. Pasqualigo, A. Sirmond, G. Vázquez, J. Azor, F. Suárez, M. Sa, E. Estrix, T. Sánchez, L. Lessio, M. Becanus, L. de Molina, F. Torreblanca, J. Truellench, G. De Valencia, L. De Murcia.

Alexandre VIII, mediante Decreto do Santo Ofício de 7 de dezembro de 1690, condenou 31 "erros dos Jansenistas" (*Denz* 2301-2332), entre os quais aparecem muitas proposições morais rigoristas[51]. Os adversários do Jansenismo tinham reunido mais de 200 proposições entre os autores jansenistas que escreviam e lecionavam principalmente na Bélgica; mediante a intervenção do rei da Espanha, Carlos II, tinham-nas feito chegar a Roma.

8. À margem das disputas sobre os sistemas morais

A exposição da moral cristã dos séculos XVII e XVIII e, menos ainda, sua prática não ficaram reduzidas aos quadros polêmicos dos sistemas de moral. O melhor da vida moral dos cristãos se expressou através dos diretores espirituais. São **Francisco de Sales** é um grande representante dessa outra moral[52]. No campo da reflexão teológico-moral há muitos outros

---

51. L. CEYSSENS, *La vingt-quatrième des trente-et-une propositions condamnées en 1690*: Antonianum 32 (1957) 47-70; S. PERA, *Historical Notes concerning ten of the Thirty-one Rigoristic Propositions condemned by Alexander VIII (1690)*: Franciscan Studies 20 (1960) 19-95.
52. P. ARCHAMBAULT, *Saint François de Sales* (Paris, 1930²); L. KÖNIGBAUER, *Das Menschenbild bei Franz von Sales* (Regensburg, 1955).

autores que devem ser levados em conta; por exemplo: **Patricio Sporer** (1637-1683); **Benjamin Ebel** (1690-1756); **Francisco Lárraga** (+1715), cuja obra teve uma extensa e prolongada influência na Espanha etc. No capítulo seguinte apontaremos alguns moralistas alemães do século XVIII. Aqui nos limitamos a indicar duas obras de teologia moral que, tendo sido importantes no período histórico deste capítulo, ficaram fora das disputas sobre os sistemas de moral.

Renato Billuart (1685-1757)

Esse teólogo dominicano escreveu uma obra que une dogmática e moral, procurando adaptar a doutrina de Santo Tomás de Aquino às novas condições de seu tempo. Manteve-se fora da contenda probabilismo-probabiliorismo; no entanto sua obra foi muito apreciada e influenciou os moralistas posteriores.

Salmanticenses

Designamos com esse nome um grupo de carmelitas de Salamanca que redigiram duas sínteses: uma de teologia (*Cursus theologicus*) e outra de moral (*Cursus theologiae moralis*). O curso de moral foi redigido entre 1665 e 1724 e colaboraram para sua redação vários moralistas carmelitas. Häring afirma que "é com certeza a obra mais extraordinária de teologia moral do século XVII"[53]. Santo Afonso Maria de Ligório também os apreciou muito e os utilizou profusamente em sua *Theologia Moralis*. Os Salmanticenses não se misturam na contenda probabilismo-probabiliorismo. Não obstante, exerceram uma grande influência na evolução da teologia moral posterior[54].

V. CONCLUSÃO

Não se pode deixar de reconhecer que os séculos XVII-XVIII são abundantes em escritos sobre Teologia moral. "Obruimur libris", exclamava D. Concina no século XVIII no que se refere às numerosas publicações sobre

---

53. B. HÄRING, *A Lei de Cristo*, I (São Paulo, 1960) 68.
54. T. DEL SANTÍSIMO SACRAMENTO, *El curso moral salmanticense. Estudio histórico y valoración crítica* (Salamanca, 1968); ID., *San Alfonso y la moral de los Salmanticenses*: Moralia 10 (1988) 235-254; ID., *Definición de la ley en el Curso Moral Salmanticense*: Teresianum 45 (1994) 457-497.

moral. O que é mais difícil de ver é o valor objetivo de muitas dessas obras. Exceto algumas originais, o resto é repetição, adaptação, comentário.

Há quem diga que os anos de 1570 a 1630 sejam a "idade de ouro" da Teologia moral[55]. A avaliação é objetiva, se se considerarem importantes os seguintes dados:

No início do período, a Teologia moral se constitui em *Disciplina independente* dentro da Teologia.

Ao longo desses dois séculos acontece um amplo desenvolvimento da temática moral: a maioria dos comportamentos humanos se submete a avaliações bastante detalhadas.

Seguindo a cultura da introspecção e da análise interior, própria da cultura européia desses séculos, a reflexão teológico-moral habilita um refinado instrumental psicológico para *discernir a responsabilidade moral* da pessoa; há um desenvolvimento bastante grande dos tratados sobre os "atos humanos", da "consciência", da "lei", do "pecado".

Em poucas épocas da história da moral católica aconteceu um *pluralismo* tão amplo na maneira de propor e de solucionar os problemas morais. A existência dos "sistemas morais" indica a liberdade de orientação na reflexão teológica e corresponde à complexidade dos problemas morais propostos.

Sem negar os dados precedentes, tampouco se pode deixar de reconhecer as limitações do modelo de moral casuísta no qual se formula e se resolve a moral cristã durante esse período. Nesse mesmo capítulo consignei algumas dessas carências. Nos capítulos posteriores ver-se-á como surge a necessidade de encontrar outro paradigma alternativo.

Deixando de lado aspectos mais concretos, é necessário reconhecer que durante essa etapa a moral cristã perde a ligação com a teologia e a espiritualidade; estrutura-se seguindo a lógica da lei e do dever e esquece o dinamismo espiritual que provém da presença do Espírito na vida do fiel. Na Moral geral: omite-se o tratado sobre a Bem-aventurança; não se fala da Graça nem dos dons do Espírito; desaparece o tratado da "Lei nova". Desse modo, é normal que a compreensão da moral discorra por roteiros de casuísmo e de legalismo.

---

55. Esta é a afirmação de T. J. BOUQUILLON, *Theologia moralis fundamentalis*, Bruges, 1903³, 111 ("aurea ista periodus culmen suum habet intra annos 150-1630"), que apresenta E. MOORE, *Los Jesuítas en la historia de la Teología moral*: Studia Morlia 28 (1990) 224.

8
SÉCULOS XIX E XX: A META DO CONCÍLIO VATICANO II

Não se julgue que o século XIX represente uma "interrupção" no desenvolvimento da moral católica. No século XIX e primeira metade do século XX continuam as propostas da *Moral casuísta*. No entanto, ao longo desse período, acontece uma série de fatores de grande importância no campo da Teologia moral católica. Nessa etapa, vai-se, aos poucos, fermentando a *Renovação moral*, que se revelará mais decisivamente no Concílio Vaticano II e no período pós-conciliar.

Na ótica do modelo precedente e, sobretudo, de busca de um novo paradigma, será exposta neste capítulo a trajetória da Teologia moral católica do século XIX ao século XX até o Concílio Vaticano II (1962-1965). Dentro de certa ordem cronológica, revisaremos as tendências e movimentos mais significativos, alguns dos quais pertencentes ao século XIX, outros, ao século XX, e vários deles aos dois séculos. No último item será exposta a orientação moral oficialmente reconhecida no Concílio Vaticano II. É essa a "meta" para a qual tendem as aspirações de renovação contidas em muitos autores e movimentos teológicos dos dois últimos séculos. Será também o "ponto de partida" da reflexão teológica ulterior a analisar-se nos capítulos seguintes.

Antes de entrar diretamente no século XIX, eis um resumo das propostas da moral católica dos autores de língua alemã do século XVIII que escreveram sob a influência do Iluminismo e do Josefinismo. Essas perspectivas são o começo das mudanças que a reflexão teológico-moral terá nos séculos XIX e XX.

I. A MORAL DE LÍNGUA ALEMÃ NOS SÉCULOS XVIII E XIX: CHEGADA DO ILUMINISMO E DEPENDÊNCIA DO JOSEFINISMO

Na passagem do século XVIII para o século XIX, surgem muitas obras de Teologia moral no mundo de língua alemã[1]. A produção dessas obras continuará em todo o século XIX e na primeira metade do século XX. Nos séculos XVIII e XIX há dois fatores que condicionam as propostas: o Iluminismo e o Josefinismo.

1. Sob a influência da moral iluminista

Desde o final do século XVIII até o início do século XIX há um grupo de moralistas alemães que se deixam levar pelos postulados do Iluminismo e, mais especificamente, pelas propostas da moral kantiana. Surge, assim, uma Teologia moral de caráter iluminista tardio.

Muitos moralistas católicos entraram nessa corrente. Alguns deles foram bem recebidos por parte dos historiadores da moral:

Sebastião Mutschelle (1749-1800)[2].
Johann Geishütner (1763-1805)[3].
Antônio José Rosshirt[4].
Fernando G. Wanker (1758-1824)[5].

2. A reforma do Josefinismo

No império da Áustria o poder imperial pôs-se a reformar os estudos teológicos com ajuda direta de Estêvão Rautenstrauch (1734-1785). Houve, conseqüentemente, um novo direcionamento da disciplina da Teologia moral. Fruto desse novo "espírito" foram os Manuais de:

W. Schanza (1744-1788).
Anton Luby (1749-1802)[6].
Joseph Lauber (1744-1810)[7].

---

1. Ver um elenco em: Ch. KELLER, *Das Theologische in der Moraltheologie. Eine Untersuchung historischer Modelle aus der Zeit der Deutschen Idealismus* (Göttingen, 1976) 16-17, nota 18. Ver também os estudos citados na nota 13 deste capítulo.
2. W. HUNSCHEIDT, *Sebastian Mutschelle (1749-1800). Ein kantianischer Moraltheologe, Moralphilosoph und Moralpädagoge* (Bonn, 1948); Ch. KELLER, *o. c.*, 87-192.
3. U. DERUNG, *Der Moraltheologe J. Geishütner (1763-1805)* (Regensburg, 1969).
4. J. STELZENBERGER, *Anton Joseph Rosshirt. Eine Studie zur Moraltheologie der Aufklärungzeit* (Breslau, 1937).
5. H. J. MUENK, *Der Freiburger Moratheologe Ferdinand Geminian Wanker (1758-1824) und Immanuel Kant* (Düsseldorf, 1985).
6. A. WOLKINGER, *Moraltheologie und josephinistische Aufklärung. Anton Luby (1749-1802) und sein Verhältnis zur Naturrecht, zur mathematischen Methode und zum ethischen Rigorismus* (Graz, 1977).
7. E. HOERHAMMER, *Die Moraltheologie J. Laubers (1744-1810) in Zeitalter des Josephinismus* (Viena, 1973).

3. Outros moralistas alemães

Ao lado dos representantes dessa dupla tendência: Iluminismo e Josefinismo, há outros moralistas de língua alemã que, pertencentes ainda, cronologicamente, ao século XVIII, podem ser colocados nesse novo contexto. Entre outros, citamos:

Eusébio Amort (1696-1775), cuja obra Afonso de Ligório[8] conheceu.

Korbinan Luydl (+1778), franciscano, preocupado com a renovação da epistemologia teológico-moral[9].

Herculan Oberrauch (1727-1808), franciscano[10].

Simpert Schwarzhueber (1727-1795), era beneditino, e professor em Salzburgo[11].

Benedict Stattler, mestre de J. M. Sailer, rompe com o Iluminismo e inicia o movimento para o Romanticismo católico[12].

Sobre as propostas de moral no mundo de língua alemã do final do século XVIII, do século XIX e da primeira metade do século XX existem inúmeros estudos monográficos destinados a determinados autores, conforme citei e continuarei citando nas respectivas notas. Há também estudos completos de grande valor[13].

É conveniente observar que as correntes de moral sob influência do Iluminismo e do Josefinismo passaram por essa influência somente nas propostas gerais da Teologia moral da Igreja. A vida moral dos católicos e os estudos acadêmicos oficiais vão por outros caminhos, especificamente os marcados pela orientação tipicamente casuísta.

---

8. G. RUECKERT, *Eusebius Amort und bayerische Geistleben im 18. Jahrhundert* (Munique, 1956); O. SCHAFFNER, *Eusebius Amort (1696-1775) als Moraltheologe* (Paderborn, 1963).
9. M. OEPEN, *Sittenlehre und Offenbarung in der Moraltheologie des 18. Jahrhunderts* (Werl, 1973).
10. K.-H. KLEBER, *Gerechtigkeit als Liebe. Die Moraltheologie Herkulan Oberrauch OFM (1727-1808)* (Düsseldorf, 1982).
11. A. PELEMAN, *Der Benediktiner Simpert Schwarzhueber (1717-1795) Professor in Salzburg als Moraltheologe* (Regensburg, 1961).
12. F. SCHOLZ, *Benedikt Stattler und die Grundzüge seiner Sittlichkeitslehre unter besonderer Berücksichtigung der Doktrin von der philosophischen Sünde* (Freiburg, 1957).
13. Para o período de 1750 a 1850 o melhor estudo continua sendo o de J. DIEBOLT, *La théologie morale catholique en Allemagne au temps de philosophisme et de la restauration* (Estrasburgo, 1926). Para a etapa seguinte até F. Tillmann: P. HADROSSEK, *Die Bedeutung des Systemgedankens für die Moraltheologie in Deutschland seit der Thomas-Renaissance* (Munique, 1950). Para o século XIX: Th. STEINBÜCHEL, *Der Zerfall des christlichen Ethos im 19. Jahrhundert* (Frankfurt, 1951). Para a primeira metade do século XX: E. HIRSCHBRICH, *Die Entwicklung der Moraltheologie im deutschen Sprachgebiet seit der Jahrhundertwende* (Klosterneuburg, 1959). Ver também o estudo citado na nota 1.

II. A MORAL CATÓLICA NO SÉCULO XIX

1. Acúmulo de fatores

Os poucos e superficiais estudos existentes sobre a moral católica no século XIX[14] em seu todo coincidem em indicar nesse período — que se inicia no final do século XVIII e se estende até os princípios do século XX — um grande "acúmulo de fatores" relacionados com a vida moral e com o pensamento ético. O século XIX é o século de extraordinária efervescência social, para não dizer de "grandes revoluções", cuja explosão definitiva será no século XX.

No que se refere à reflexão teológico-moral, chama-se a atenção para o mesmo fenômeno de "acúmulo" de diversas características, de fatores variados e de movimentos paralelos. O século XIX — ligado em muitos aspectos ao século XX — tem uma extraordinária complexidade[15]. Há nele uma efervescência de propostas de pouca integração entre si, devido ao desconhecimento mútuo e ao desencontro de orientação.

Não há unanimidade de critério no momento de "ordenar" as propostas de moral do século XIX. C. Caffarra unifica o discurso teológico-moral do século XIX conforme os três movimentos[16]:

— a prevalência, "entre ataques e discussões", do espírito da moral afonsiana;

— as primeiras tentativas de renovação, inspiradas pelo reflorescimento dos estudos bíblicos e patrísticos;

— o redescobrimento do pensamento da ética tomista.

Por sua vez, K.-H. Kleber insiste em quatro orientações[17]:

— a moral católica alemã, num primeiro momento sob a orientação do "Iluminismo" (1750-1800) e num segundo sob o signo da "Restauração" (1800-1850);

---

14. VÁRIOS, *Significación ética del siglo XIX*: Moralia 8 (1986) n. 3-4; J. A. GALLAGHER, *Time Past, Time Future. An Historical Study of Catholic Moral Theology* (Nova York, 1990); F. FERRERO, *El siglo XIX: condicionamientos y configuración de la moral cristiana*: Moralia 8 (1986) 223-258; ID., *Mentalidad burguesa y moral cristiana en el siglo XIX*: Studia Moralia 28 (1990) 393-413; E. STARKE, *Moral und Moralkritik im 19. Jahrhundert*: S. H. PFÜTNER (Hrg.), Ethik in der europäischen Geschichte, II (Stuttgart, 1988) 102-124.
15. Ph. LÉCRIVAIN, *La ética cristiana: de las "autoridades" al magisterio*: B. SESBOÜÉ (Dor.), Historia de los Dogmas, II (Salamanca, 1996) 431-438.
16. C. CAFFARRA, *Historia (de la teología moral)*: Diccionario Enciclopédico de Teología Moral (Madri, 1978³) 447.
17. K.-H. KLEBER, *Einführung in die Geschichte der Moraltheologie* (Passau, 1985) 72-77.

— a moral casuísta nos "Manuais de estilo romano";
— a renovação tomista;
— a orientação ascético-mística.

2. Os fatores principais

É difícil encontrar um esquema perfeito para enquadrar todos os fatores que expressam a moral católica do século XIX. Há quatro que são, a nosso ver, os principais e sobre os quais nos deteremos nos itens seguintes:

— a moral no Romanticismo católico e, mais especificamente, da "Escola de Tubinga";
— a "ligorização" da moral católica como vitória definitiva contra as tendências jansenistas e filojansenistas;
— a renovação tomista;
— a continuidade da moral casuísta através dos Manuais de "estilo romano".

3. Outros fatores a enfatizar

Além das tendências indicadas, há outros fatores dignos também de consideração para se entender a moral católica no século XIX. Lembremo-nos dos seguintes:

— A figura e a obra de **Antonio Rosmini** (1797-1855), de grande influência na Itália e símbolo na Igreja inteira[18].
— O **americanismo** nos Estados Unidos da América[19].
— A ética do **neotomismo** com sua influência na reflexão teológico-moral[20].

---

18. Texto: A. ROSMINI, *Principi della scienza morale*. Introdução e nota as de G. Saitta (Florença, 1924).
    Estudos: M. F. SCIACCA, *La filosofia morale di Antonio Rosmini* (Milão, 1958³); M. SCHIAVONE, *L'etica di Rosmini e la sua fondazione metafisica* (Milão, 1962); A. LA VIA, *La problematica etico-religiosa in Rosmini* (Catânia, 1964); E. VERONDINI, *La filosofia morale di A. Rosmini* (Bolonha, 1967); F. BATTAGLIA, *Rosmini tra essere e valori* (Nápoles, 1973); U. MURATORE, *El pensamiento ético de Antonio Rosmini*: Moralia 8 (1986) 477-492; N. VENTURINI, *Problemi della concezione etica di Antonio Rosmini* (Roma, 1992).
19. F. FERRERO, *Americanismo y moral católica*: Moralia 6 (1984) 481-503; S. REHRAUER, *Americanismo: el fenómeno y sus raíces histórico-filosófico-éticas*: Moralia 8 (1986) 493-508.
20. P. DEZZA, *I neotomisti italiani del XIX secolo. Parte II. Filosofia morale* (Milão, 1944).

— Deve-se enfatizar também a "dimensão ecumênica" que dois grandes "convertidos à Igreja católica"[21] conferem à moral católica: **J. H. Newman** (1801-1890)[22] e **V. S. Solovyev** (1853-1900)[23].

— Não se pode esquecer que no século XIX é que surge o **pensamento social católico**; lamentavelmente, esse evento não foi suficientemente considerado pelos manuais de moral da época[24]. Quanto ao mais, no século XIX iniciam-se movimentos sociais católicos que darão frutos posteriormente[25].

Torna-se impossível reunir todas as expressões da moral católica que acontecem quanto ao comprimento e a largura do século XIX. Para fazê-lo, dever-se-ia atender ao novo gênero dos *dicionários* de moral[26]; à contagem e análise dos problemas de moral tratados nas *revistas religiosas*[27]; aos manuais de Teologia moral escritos em *vernáculo*[28] ou imaginados para um *contexto social* determinado[29]; às expressões da arte e da literatura; e a muitas outras formas nas quais se manifestam os valores e as aspirações da vida humana.

---

21. B. HÄRING, *Livres e fiéis em Cristo*, I (São Paulo, 1984).
22. F. J. KAISER, *The Concep of Conscience according to John Henry Newmann* (Washington, 1958); E. A. SILLEM, *Cardinal Newman's Grammar of Assent on Conscience as Way to God*: The Heythrop Journal 5 (1964) 377-401; E. BISCHOFBERGER, *Die sittlichen Voraussetzungen des Glaubens. Zur Fundamentalethik John Henry Newmans* (Mainz, 1974); J. H. WALGRAVE, *La conscience morale et la spécificité de la morale chrétienne selon J. H. Newman*: Studia Moralia 14 (1976) 105-119; G. MAGILL, *Moral Imagination in Theological Method and Church Tradition: John Henry Newman*: Theological Studies 53 (1992) 451-475.
23. F. MUSATO, *Spiritualità ed etica nella rifessione di V. S. Solov'ëv: fecondità di una proposta*: Teresianum 48 (1997) 761-788.
24. Sobre a história e o significado teológico-moral do "pensamento social católico": M. VIDAL, *Moral de Atitudes. III. Moral Social* (Aparecida, São Paulo, 1995[4]) 288-306.
25. F. MORENO, *Antecedentes históricos de la teología política y de la liberación en América Latina*: Moralia 8 (1986) 509-521.
26. Ver o que se anuncia como primeiro em língua francesa: Abbé PIERROT, *Dictionnaire de Théologie Morale. Le premier qui ait été fait sur cette partie de la science sacrée, et néamoins celui qu'un prêtre devrait avoir le plus souvent dans les mains, après les livres saints*, 2 vol. (Paris, 1949).
27. A título de exemplo, ver o relato e a análise das questões de moral tratadas na revista "Stimmen aus Maria Laach" (atualmente: "Stimmen der Zeit"): M. HUBERT, *Moraltheologie im Kontext ihrer Zeit. Beiträge zu Themen der Moral in den "Stimmen aus Maria Laach" der Jahre 1871-1914* (Trier, 1999).
28. O idioma alemão leva sem dúvida alguma a dianteira. Além dos que serão anotados neste capítulo, ver as introduções seguintes: H. WEISS, *Einleitung in die Christliche Ethik* (Freiburg, 1889); A. KRAWUTZCKY, *Einleitung in das Studium der katholischen Moraltheologie* (Breslau, 1898).
29. A. C. REYBERGER, *Institutiones Ethicae Christianae seu Theologiae Moralis usibus accademicis accommodatae* (Viena, 1809); A. B. VAN DER MOEREN, *Introductio in studium Theologiae Moralis* (Gante, 1988[7]).

III. O ROMANTICISMO CATÓLICO E A "ESCOLA DE TUBINGA"

1. A moral na época do Romanticismo católico

O período do Iluminismo católico substitui-se pela época da Restauração, na qual recobram força as tendências do Romanticismo católico. Quanto ao que se refere à Teologia moral, surge, na Alemanha, um movimento de *renovação bíblico-patrística* na primeira metade do século XIX.

Os nomes decisivos desse movimento são: J. M. Sailer (1751-1832) e J. B. Hirscher (1751-1865). A eles faremos referência mais abaixo direta e especificamente.

É bom lembrar outros autores da etapa inicial, entre os quais se destacam: **J. A. Stapf** (1785-1844); **J. B. Von Hirscher** (1788-1865); **H. Shreiber** (1793-1872)[30]. Das propostas da primeira metade do século XIX estudaram-se alguns temas específicos: pecado[31]; moral matrimonial[32]; relação entre moralidade e sacramentalidade[33]; as fontes da moralidade[34].

Aos moralistas relacionados juntam-se outros que constituem a segunda geração[35]: **M. Jocham** (1808-1893)[36]; **K. Martin** (1812-1879); **B. Fuchs** (1814-1854); **M. Deutinger** (1815-1864)[37]; **F. Probst** (1816-1899)[38]; **K. Werner** (1821-1888); **E. M. Müller** (1822-1888); **J. Schwane** (1824-1892); **H. T. Simar** (1825-1902); **F.-X. Linsenmann** (1835-1898)[39]; **A. Schlatter**[40].

---

30. Ch. KELLER, *o. c.*, 193-329.
31. O. MOCHTI, *Das Wesen der Sünde. Kontinuität und Wandel in Verstädnis von Sünde bei den Moraltheologen des deutschen Sprachraums in der ersten Hälfte des 19. Jahrhunderts* (Regensburg, 1981).
32. J. RENKER, *Christliche Ehe im Wandel der Zeit. Zur Ehelehre der Moraltheologie in deutschsprachigen Raum in der ersten Hälfte des 19. Jahrhunderts* (Regensburg, 1977).
33. H. WEBER, *Sakrament und Sittlichkeit. Eine moralgeschichtliche Untersuchung zur Bedeutung der Sakramente in der deutschen Moraltheologie der ersten Hälfte des 19. Jahrhunderts* (Regensburg, 1966).
34. G. STANKE, *Die Lehre von den "Quellen der Moralität". Darstellung und Diskussion der neuscholastischen Aussagen und neuerer Ansätze* (Regensburg, 1984).
35. Ver a apresentação que faz desses autores: B. HÄRING, *A lei de Cristo*, I (São Paulo, 1960) 74-75.
36. J. ZINKL, *Magnus Jocham* (Freiburg, 1950); H. BOROK, *"Sein und Leben für Gott in Christ". Das Organische Moralprinzip des Magnus Jocham (1808-1893)* (St. Ottilien, 1994).
37. G. SATTEL, *Martin Deutinger als Ethiker* (Paderborn, 1908).
38. J. RETTER, *Der Moraltheologe Ferdinad Probst (1816-1899). Eine Studie zur Gechichte der Moraltheologie im Übergand von der Romantik zur Neuscholastik* (Düsseldorf, 1978).
39. J. PIEGSA, *Freiheit und Gesetz bei Franz Xaver Linsenmann* (Düsseldorf, 1974); R. REINHARDT, *Franz Xaver Linsenmann. Sein Leben* (Sigmaringen, 1987).
40. W. NEUER, *Der Zusammenhang von Dogmatik und Ethik bei Adof Schlatter. Eine Untersuchung zur Grundlegung christlicher Ethik* (Giessen-Basel, 1986).

A tendência representada por esse grupo de autores é chamada "Escola de Tubinga", da qual daremos uma descrição mais detalhada a seguir[41]. É bom considerar a observação de L. Vereecke, "a escola de Tubinga apelava para a Escritura, organizava sua moral procurada num princípio dogmático central, mas muitas vezes não conseguia resolver os problemas concretos"[42].

De certa maneira, esse movimento constitui uma reação diante de propostas da moral católica atingida pelo Iluminismo e pelo pensamento kantiano na Alemanha, no final do século XVIII e inícios do século XIX. A tendência de renovação proveio da influência exercida sobre a moral pelos movimentos bíblico e patrístico do momento. Desaparecida por força da Neo-escolástica, a tendência renovadora terá continuidade na segunda e terceira décadas do século XX, sobretudo mediante os trabalhos de renovação moral de F. Tillmann.

2. A Escola de Tubinga

A escola católica de Tubinga não se limita ao campo da moral. Sua influência atinge todo o conjunto do saber teológico[43]; pode-se falar de uma "renovação do pensamento católico (alemão) mediante a escola de Tubinga"[44].

Lembremo-nos "que a origem da escola de Tubinga tem uma data precisa, ou seja, 1817, quando Guilherme I de Würtenberg fê-la transferir para a cidade universitária, anexando-a como faculdade *pleno iure* à academia de teologia católica que seu pai Frederico I havia criado cinco anos antes na cidade de Ellwangen. Os novos professores resolvem, em 1819, criar uma revista, o que marca praticamente o surgimento da escola que exercerá extraordinária influência, até hoje, no panorama teológico e filosófico mundial. Trata-se da *Theologische Quartalschrift*"[45].

---

41. Sobre o conjunto da Escola de Tubinga: M. ANTOLÍ, *Los primeros renovadores de la moral en el siglo XIX*: Revista Española de Teología 48 (1988) 277-289; B. HÄRING, *Livres e fiéis em Cristo*, I (São Paulo, 1984).
42. L. VEREECKE, *Historia de la teología moral*: VÁRIOS, Nuevo Diccionario de Teología Moral (Madri, 1992) 839.
43. Cf. K. ADAM, *Die Katholische Tübinger Schule*: Hochland 24 (1926-1927) 581-601. Ver estes estudos mais recentes: K. H. NEUFELD, *La scuola cattolica di Tubinga*: G. OCCHIPINTI (aos cuidados de), Storia della teologia, III (Bolonha, 1996) 147-158; L. MARTÍNEZ, *Los caminos de la Teología. Historia del método teológico*, (Madri, 1998) 178-181.
44. Assim se intitula M. ALCALÁ, *La ética de situación y Th. Steinbüchel* (Barcelona, 1963) 58-64, o capítulo em que faz a apresentação da referida escola.
45. M. ALCALÁ, o. c., 59-60.

M. Alcalá resume o espírito da escola católica de Tubinga da seguinte maneira: "A atitude espiritual, bastante homogênea, característica da escola católica de Tubinga, poderia resumir-se sinteticamente nos seguintes pontos:

1. Abertura aos sistemas contemporâneos e busca de um sistema próprio, que firme novamente a teologia.
2. Interesse pelo histórico e pelo positivo.
3. Valorização dos fatores dinâmicos preferentemente aos estáticos.
4. Anti-escolasticismo.
5. Influência importante do idealismo e do romanticismo"[46].

Johann Sebastián Drey (1777-1853) é considerado o "autêntico pai e mestre da escola"[47]. Seu conhecimento da Teologia repercute de imediato na fundação da moral[48]; ela é considerada a realização do Reino de Deus na vida social, orientação que será aceita e desenvolvida por J. B. Hirscher[49].

A escola católica de Tubinga teve importância decisiva no campo da Teologia moral. Conforme observamos, há estudos valiosos sobre esses moralistas bem como sobre alguns deles em particular. B. Häring realizou uma apresentação sintética desses autores, conseguindo assim uma ampla difusão de seu conhecimento[50].

O próprio B. Häring valorizou bastante positivamente os moralistas da escola de Tubinga. Para ele, J. Sailer e J. B. Hirscher tomam um "novo rumo" na apresentação da Teologia moral[51]. "Sentem a necessidade ardente de apresentar uma Teologia moral, cujo cuidado principal seja mostrar o ideal da vida cristã e o caminho de sua realização, abandonando a Teologia Moral casuísta que se ocupa principalmente em determinar os limites do pecado e que tem itens inteiros de leis positivas mutáveis, enquanto as leis eternas do ser e da vida cristã permanecem ocultas"[52]. Mais que enfatizar as críticas desses autores à moral casuísta[53], Häring

---

46. *Ibid.*, 61.
47. *Ibid.*, 60.
48. W. RUF, *Johann Sebastian von Dreys System der Theologie als Begründung der Moraltheologie* (Göttingen, 1974).
49. J. RIEF, *Reich Gotes und Gesellschaft nach Johann Sebastian Drey und Johann Baptist Hircher* (Paderborn, 1965).
50. *A lei de Cristo*, I, (São Paulo, 1960); *Livres e fiéis em Cristo*, I, (São Paulo, 1984).
51. *A lei de Cristo*, I, 68.
52. *Ibid.*, 68.
53. Insiste neste aspecto M. ALCALÁ, *o. c.*, 61: "Com relação ao problema ético e à Teologia Moral, a escola de Tubinga caracterizou-se logo por seu combate impiedoso contra o casuísmo, uma oposição radical à concepção preceitual e legalista (que mais de uma vez forçou a situação de conflito no dogma) e o interesse supremo em conseguir um princípio unificador dinâmico e um sistema de Teologia Moral".

destaca a dimensão positiva de seu projeto: "para esses autores, a moral cristã enraíza-se propriamente na vida da graça, que constitui um chamamento pessoal à vida superior. A moral não é algo estático, uma simples atitude de acordo com algumas normas gerais e abstratas; é, pelo contrário, algo dinâmico, o combate da graça, que empurra para cima e reprime as forças obscuras e degradantes do pecado. A liberdade — que em seu conceito é sempre a liberdade dos verdadeiros filhos de Deus — não é uma força estática dada uma vez por todas, mas um dom continuamente renovado"[54].

É preciso reconhecer a fraca influência exercida pelos moralistas da escola de Tubinga no conjunto do pensamento moral católico. É bom lembrar que as obras desses autores foram escritas em alemão: "isso foi inconveniente, uma vez que nenhum dos Manuais foi traduzido para outras línguas e, por conseguinte, fora das formas lingüísticas alemãs não causaram impacto importante na Teologia Moral da Igreja"[55]. Ainda na área da língua alemã, a pastoral em geral continuou preferindo a moral casuísta, opção que beneficiou a difusão da moral afonsiana[56].

3. Representantes mais qualificados

a. *John Michael Sailer (1751-1832)*[57]

Teólogo moralista e pastoralista alemão do século XIX. Pelos reveses de sua vida e pela grandeza de sua obra, é uma das figuras mais importantes do catolicismo alemão de sua época. Sailer é um dos mais competentes da renovação moral do século XIX. Sua personalidade humana e científica deve ser entendida no contexto de sua época.

Foi um grande adversário do Iluminismo, lutando contra seu naturalismo e sua metodologia "científica" no campo religioso, embora enquanto jovem não escapasse totalmente à sua influência. Buscou novos princí-

---

54. *A lei de Cristo*, I, 72-73. Este parágrafo foi suprimido nas últimas edições.
55. *Livres e fiéis em Cristo*, I, 70.
56. Cf. O. WEISS, *Tra misericordia e rigorismo. La recezione della dottrina di S. Alfonso nei paessi germanici nell' Ottocento*: Spicilegium Historicum C.Ss.R. 45 (1997) 274.
57. Escritos: J. M. SAILER, *Schriften*. Ausgewält und eingeleitet von R. Stölzle (Munique, 1910). Estudos: Ph. KLOTZ, *Johann Michael Sailer als Moralphilosoph* (Paderborn, 1909); J. AMMER, *Christliche Lebensgestaltung nach der Ethik J. M. Sailer* (Düsseldorf, 1941); G. FISCHER, *J. M. Sailer und I. Kant* (Freiburg, 1953); H. I. MÜLLER, *Die ganze Bekehrung. Das zentrale Anliegen des Theologen und Seelsorgers J. M. Sailer* (Salzburg, 1956); B. JENDROSCH, *Johannes Michael Sailers Lehre von Gewissen* (Regensburg, 1971); K. STARZYK, *Sünde und Versöhnung: Johann Michael Sailer und sein Vermächtnis* (Regensburg, 1999); Ch. KELLER, *o. c.*, 193-329.

pios e novos métodos teológicos, mais de acordo com a natureza da fé: no estudo da Bíblia (bastante utilizada em seus livros de pastoral e moral), dos santos padres, dos teólogos da Idade Média (tinha um conhecimento familiar dos escritores da primeira escolástica até aos grandes teólogos de antes e depois de Trento).

Seu ideal era uma teologia do coração, íntima e carregada de sentimento; tinha algumas características do romanticismo alemão. Pela unção de sua palavra e pelas qualidades de sua alma, se parece com São Francisco de Sales, por quem tinha admiração especial.

São muitas as facetas de sua personalidade científica. Foi um grande pedagogo; seus escritos sobre educação ainda são interessantes hoje. Foi também um famoso pastoralista; diante de uma orientação excessivamente naturalista e a serviço da recém-instituída disciplina universitária (1777), Sailer dá à pastoral uma orientação bíblica, teológica e mistérica.

Mas a obra mais importante ele realiza no campo da moral. Sailer, seguido de Hirscher, abre um novo caminho para a renovação da moral. O título de sua obra: *Manual da moral cristã para uso dos futuros pastores de almas e, também, de todos os cristãos cultos*, Munique 1817, 3 volumes, expressa sua intenção de fazer uma Moral não unicamente para os confessores, mas para introduzir todos os cristãos no ideal da vida cristã. Esse manual é a maior obra sistemática de Sailer e o trabalho mais importante de seu último período de magistério. Diante de uma moral casuísta, que se contentava com o mínimo, oferece uma moral na qual se mostra o ideal da vida cristã e o caminho de sua realização. Nas pegadas de J. M. Sailer colocam-se grandes moralistas católicos do século XX: F. Tillmann, J. Mausbach, B. Häring.

b. João Batista Hirscher (1788-1865)[58]

Teólogo moralista alemão ligado ao movimento de renovação da moral no século XIX. Hirscher propôs-se redescobrir a corrente pura da tradição

---

58. H. Fr. SCHIELD, *Johann Baptist von Hirscher. Ein Lichtgestalt aus dem deutschen Katholizismus des 19. Jahrhunderts* (Freiburg, 1926); E. SCHARL, *Freiheit und Gesetz. Die theologische Begründung der christlichen Sittlichkeit in der Moraltheologie J. B. Hirschers* (Regensburg, 1958); A. EXELER, *Eine Frohbotschfat vom christlichen Leben. Die Eigenart der Moraltheologie Johannes Baptist Hirscher* (Basel-Freiburg-Wien, 1959); J. RIEF, *Reich Gottes und Gesellschaft nach Joahnn Sebastian Drey und Johann Baptist Hirscher* (Paderborn, 1965); W. FÜRST, *Wahrheit im Interesse der Freiheit. Eine Untersuchung zur Theologie J. B. Hirscher (1788-1865)* (Tübingen, 1977); M. ANTOLÍ, *Nuevos caminos para la Teología Moral* (Valência, 1978) 39-43; W. FÜRST – W. GROSS, *Der edle Hirscher. Beiträge zu seiner Biographie und Theologie* (Stuttgart, 1988).

católica, obscurecida pelo racionalismo naturalista do Iluminismo e dos exageros da escolástica; levado pelos atrativos da época (romanticismo alemão), desejava dar uma visão orgânica do cristianismo.

Duas perspectivas configuram a personalidade de Hirscher: oposição, às vezes excessiva, à Escolástica e ao Iluminismo, e o desejo de uma apresentação orgânica e grandiosa do cristianismo. Entregou-se ao estudo da liturgia, da catequética, da pregação, dos problemas sociais de seu tempo, e da moral. Em várias publicações tentou levar ao povo a liturgia associada à Sagrada Escritura; mediante a publicação de muitas obras homiléticas fez que os temas da Bíblia substituíssem nas homilias os temas abstratos de um moralismo naturalista.

No campo da moral está seu maior mérito. Hirscher denuncia toda separação entre a fé e a moral, separação que ameaça transformar a moral num amontoado de leis, sobretudo negativas. É contra o exclusivismo da ética do Iluminismo e o casuísmo da Escolástica. Inicia, com a participação de Sailer, uma renovação profunda da moral católica na Alemanha. Centraliza sua moral no pensamento bíblico do "reino de Deus". O título de sua moral comprova esse pensamento (*A moral cristã como realização do reino de Deus*, Tubinga, 1833). No entanto, Hirscher não conhecia muito bem os grandes mestres da escolástica; além disso, sua oposição ao método da neo-escolástica foi, com freqüência, exagerada.

IV. "LIGORIZAÇÃO" DA MORAL CATÓLICA

Pela tendência casuísta da moral católica do século XIX é que todos atribuem a Santo Afonso Maria de Ligório um papel decisivo. Para L. Vereecke, "o acontecimento mais expressivo do século XIX foi a difusão da moral de Santo Afonso de Ligório"[59]. A grande preferência por manuais de moral do século XIX não pode ser entendida sem a influência de Santo Afonso[60].

No decorrer do século XIX acontece um amplo e profundo movimento de volta da Igreja à moral afonsiana. Se no século XVIII a moral católica foi dominada — conforme dizia o próprio Afonso, para seu descontentamento e sua maneira de pensar — pelo rigorismo, no século XIX passa-se

---

59. L. VEREECKE, *l. c.*, 837.
60. R. GALLAGHER, *The Systematization of Alphonsus' Moral Teology trough the Manuals*: Studia Moralia 25 (1987) 247-277; J. E. IMBERT, *La manualística ligoriana de teología moral desde la canonización de san Alfonso hasta su proclamación como doctor de la Iglesia (1839-1891)* (Roma, 1990).

da égide rigorista para a hegemonia afonsiana. O século XIX nasce na moral rigorista e termina impregnado de moral ligoriana.

O processo de "ligorização" da moral católica no século XIX é resultado da confluência de vários fatores. Entre eles sobressaem os seguintes: 1) reconhecimento oficial da santidade de Afonso; 2) atuação do movimento das "*Amicizie cristiane*"; 3) expansão e força da Congregação do Santíssimo Redentor; 4) interferência fervorosa e eficaz de pessoas tão ativas quanto Pio Bruno Lantieri (1759-1830) e Tomás Gousset (1792-1866).

Estudou-se o bastante e se documentou muito o processo da "ligorização" da moral católica no século XIX e início do século XX[61] quanto à "aceitação", nem sempre fácil, do pensamento moral afonsiano nos diversos ambientes do catolicismo contemporâneo[62].

É curioso como ao longo do século XIX a maior parte dos Manuais de moral católica sejam escritos "de acordo com a mentalidade de Santo Afonso" ("ad mentem S. Alfonsi")[63]. É ainda mais curioso que aos dois anos da morte do Santo Doutor napolitano, um jesuíta espanhol exilado na Itália, Andrés Galán (1735-1825), publicasse um compêndio da moral afonsiana e que tenha grande sucesso a julgar pelas edições[64]. Em meados do século XIX o prestígio de Santo Afonso chega ao ápice. "A teologia moral, disse o conhecido teólogo G. T. Bouquillon, pode-se dizer que é 'afonsiana'[65]".

V. A RENOVAÇÃO TOMISTA

A restauração do tomismo, mediante a encíclica *Aeterni Patris* (1879), causou certo interesse por uma mudança nas propostas casuístas da moral católica nos centros acadêmicos oficiais da Igreja e na produção bibliográfica[66]. A moral recupera a base ontológica da metafísica

---
61. M. VIDAL, *La moral católica en el siglo XIX y la figura de San Alfonso*: Moralia 8 (1986) 258-272.
62. Ver os valiosos trabalhos contidos no COLECTIVO, *La recezione del pensiero alfonsiano nella Chiesa*: Spicilegium Historicum C. Ss. R. 45 (1997).
63. Assim o reconhece, no final do século, A. B. VAN DER MOEREN, *o. c.*, pp. XXVI-XXVII: agora todos escrevem compêndios da moral de Santo Afonso, de quem afirma: "qui divinitus suscitatus fuit ad impugnandum Jansenismum" (p. XXVI).
64. A primeira edição é de Ferrara, 1789; há edições em Basano, 1791, 1821, 1831, 1839; em Nápoles, 1804; em Mântua, 1823, 1833. Na p. 3 da primeira edição (Ferrara, 1789) pode-se ler este elogio de Santo Afonso: "vir plane doctissimus, et virtutum omnium splendore ornatissimus".
65. L. B. GUILLON, *Cristo e la Teologia Morale* (Vicenza, 1961) 5.
66. Ver a *o. c.* (nota 14) de J. A. GALLAGHER.

escolástica[67], embora tida como exageradamente essencialista e abstrata. O essencialismo também está na base da compreensão da lei natural na Neo-escolástica[68].

No entanto, não se podem exagerar os frutos reais da renovação tomista na moral; as inovações foram pouquíssimas[69]. Tampouco parece estar de acordo com a realidade histórica distinguir dois modelos de moral no ensino católico: o modelo casuísta-afonsiano e o modelo escolástico-tomista[70].

De fato, entre os que se dizem seguidores de Santo Tomás de Aquino deu-se certo "hibridismo" em suas propostas da Teologia moral: por um lado, propalavam a necessidade de orientar a moral conforme as amplas perspectivas do tomismo; mas, por outro, mantinham os esquemas da casuística para expor o conteúdo da moral concreta. Exemplo típico desse "hibridismo" é a obra de T. Bouquillon (1842-1902), professor em Bruges e em Lille, depois em Washington: *Institutiones theologiae moralis fundamentalis* (1873, 1903, 3ª ed.)[71]. Situação semelhante foi a de C. L. Gay (1815-1892), que também teve a feliz intenção de articular a dogmática e a moral[72].

Alguns dos moralistas alemães, também incorporados à escola de Tubinga, se deixam influenciar por Santo Tomás de Aquino, lido na perspectiva do romanticismo católico. São eles, entre outros: F. Friedhoff (1821-1878); K. Martin (1812-1879); T.-H. Simar (1835-1902); J. Schwane (1824-1892); J. E. Pruner (1827-1907); F. Schindler (1874-1922)[73]. Todos esses

---

67. Cf. S. FRIGATO, *Vita in Cristo e agire morale* (Leumann, 1994) 67-76 ("La morale metafisica neoescolastica").
68. S. LEHRER, *Begründung ethischer Normen bei Viktor Cathrein und Wahrheitstheorien der Sprachphilosophie* (Innbruck, 1992); P. SCHALLENBERG, *Die Entwicklung des Theonomen Naturrechts der späten Neuscholastik im deutschen Sprachraum (1900-1960)* (Münster, 1993).
69. Tem uma interpretação um pouco maximalista: T. URDÁNOZ, *La teología moral desde la encíclica Aeterni Patris. Progreso y crisis posterior en su centenario (1789-1979)*: VÁRIOS, La encíclica Aeterni Patris nell'anno di secolo (Vaticano, 1981) 350-379. Todavia mais exagerada, e menos histórica, é a postura de A. McINTYRE, *Tres versiones rivales de la Ética. Enciclopedia, Genealogía y Tradición* (Madri, 1992). Também é de incidência polêmica (contra F. Böckle) a consideração de C. WILLIAMS, *La renovación de la teología moral en la perspectiva de la "Aeterni Patris"*: Scripta Theologica 11 (1979) 757-771.
70. Essa distinção foi introduzida por A. BREZNAY, *Clavis theologiae moralis seu introductio in studium Ethicae Christianae scientificum*, I (Freiburg, 1914).
71. Sobre T. Bouquillon ver o estudo contido no livro de Ch. E. CURRAN, *The Origins of Moral Theology in the United States – Three Different Approaches* (Washington, 1997).
72. Cf. C. CAFARRA, *l. c.*, 448.
73. Ver a nota de apresentação de cada um destes autores em: B. HÄRING, *Livres e Fiéis em Cristo*, I, 73-75. P. HADROSSEK, *o. c.*, faz a rescensão da obra moral dos seguintes autores: F. Probst, K. Martin, M. Deutinger, K. Werner, B. Fuchs, M. Jocham, A. Rietter, J. Schmid, F. Friedhoff, T. H. Simar, J. E. Pruner, F.-X. Linsenmann, J. Schwane, F. M. Shindler, J. Mausbach, O. Schilling, F. Tillmann.

autores preferem entender a vida cristã a partir da categoria tomista de virtude para assim poder livrar-se de uma interpretação legalista e minimalista da moral cristã.

Santo Tomás teve uma influência maior em: J. Mausbach (1861-1931) e O. Schilling (1874-1956). Os dois conhecem bem a Patrística e a Escolástica; o primeiro é conhecedor especial do pensamento agostiniano.

A influência da renovação tomista na moral católica em geral acontece mais tarde. Convém salientar, a respeito, os trabalhos filosóficos de A. D. Sertillanges ("La Philosophie morale de saint Thomas d'Aquin", 1924, reedição em 1942); de E. Gilson ("Saint Thomas d'Aquin", na coleção "Moralistes chrétiens", 1914[6]); e de J. Maritain ("Neuf leçons sur les premiers de philosophie morale", 1951). O fator mais influente foi a publicação da *Initiation théologique*, em quatro volumes (1950-1954), sob a direção de A. M. Henry. O terceiro volume é destinado à exposição da moral conforme o esquema e as orientações da *Suma* de Santo Tomás de Aquino. A influência tomasiana se manifesta, especialmente, nos desejos e nos projetos de renovação moral antes do Concílio Vaticano, conforme se verá a seguir.

VI. CONTINUIDADE DA MORAL CASUÍSTA (MANUAIS DE "ESTILO ROMANO")

1. Visão de conjunto

No decorrer do século XIX e primeira metade do século XX a moral católica em linhas gerais seguiu as trilhas acadêmicas e pastorais traçadas pelo Casuísmo. Esse era o modelo que se utilizava nos Centros teológicos[74] e nos Manuais de moral[75]. Há, é natural, aspectos próprios em cada um dos autores mais representativos e até tentativas de renovação no quadro

---

74. A título de exemplo, ver como se ensinava a Moral na Faculdade de Teologia de Lovaina, de 1843 a 1889: L. KENIS, *The Louvaina Faculty of Theology and Its Professors*: Efemerides Theologicae Lovanienses 67 (1991) 388-414 (sobre Moral, pp. 406-408). Sobre o ensino da Ética na Espanha: M. GÓMEZ RÍOS, *La reforma de la enseñanza de la ética en los ilustrados/ liberales del siglo XIX en España*: Moralia 8 (1986) 449-476. Valiosos dados relacionados com a apresentação da Moral católica no século XIX encontram-se em: F. FERRERO, *El siglo XIX: condicionamientos y configuración de la moral cristiana*: Moralia 8 (1986) 223-258.

75. Ver o estudo sobre os Manuais de L. Sabetti, F. J. Bouquillon, e J. B. Hogan: Ch. E. CURRAN, *The Origins of Moral Theology in the United States – Three Different Approaches* (Washington, 1997).

casuísta geral e pacificamente admitido. São notícia precisa desses detalhes os diversos boletins sobre a situação da moral católica nesse período[76].

Desde então, os Manuais de moral que seguem essa orientação são chamados "Manuais de estilo romano". Mediante essa expressão, procura-se ligar o modelo de moral com a chamada "Escola romana" de teologia, que caracteriza a dogmática criada no Colégio Romano (atual Universidade Pontifícia Gregoriana) entre os anos 1830 e 1880[77]. Na reflexão teológico-moral reproduzem-se as características dessa "Escola romana"[78].

O elenco de autores e de obras é bastante extenso. Ainda que se organizem por ordens religiosas (deve-se chamar a atenção para os três grupos seguintes: dominicanos, jesuítas, redentoristas), há certa uniformidade entre eles[79]. Persiste a incorporação aos diversos "sistemas de moral" (probabiliorismo, probabilismo, equiprobabilismo), mas essa pertença tem uma função mais "formal" que "real"[80]. Isso não quer dizer que desapareça o "ar de família" ou o "espírito" próprio de cada grupo, tradição ou escola.

Destacam-se os seguintes grupos de moralistas (segunda metade do século XIX e primeira metade do século XX)[81]:

---

76. A. VERMEERSCH, *Soixante ans de théologie morale*: NRT 56 (1929) 863-889; W. SCHÖLLGEN, *Ein halbes Jahrhundert katholischer Moraltheologie*: Hochland 46 (1953/54) 370-376; F. J. CONNEL, *Moral Theology in the AER (1881-1963)*: American Ecclesiastical Review 150 (1964) 44-55; P. E. McKEEVER, *Seventy-five Years of Moral Theology in America*: American Ecclesiastical Review 152 (1965) 17-32; D. F. O'CALLAGHAN, *A Hundred Years (1864-1964) of Moral Theology*: Irish Ecclesiastical Record 102 (1964) 236-249.
77. Cf. J. H. NEUFELD, *Römische Schule*: Gregorianum 63 (1982) 677-699; ID., *La scuola romana*: G. OCCHIPINTI (aos cuidados de), Storia della teologia, III (Bolonha, 1996) 267-283.
78. V. GÓMEZ MIER, *La refundación de la Moral católica* (Estella, 1995) 48-49, faz uma aplicação desta designação ao campo da Teologia moral e entende por "escola romana" em moral: o gênero de Manuais de Teologia moral, escritos em latim, que serviram para o ensino dessa disciplina nos centros teológicos durante os cem anos que precederam o Concílio Vaticano II. "Escola" (romana) não significa nova "tradição de investigação" ou novo paradigma, já que o modelo epistemológico continua sendo o da casuística. Esta é a compreensão que se adota aqui, se bem que a data inicial poderia ser mais anterior; também haveria de sublinhar os matizes de cada autor e as variações em razão da evolução temporal.
79. V. GÓMEZ MIER, *o. c.*, 53-80, fez uma análise detalhada da estrutura epistemológica comum, servindo-se de uma amostra suficientemente ampla – e bem justificada – de Manuais de moral anteriores ao Vaticano II.
80. Continua-se discutindo sobre os "sistemas de moral", ainda que com um interesse mais "formal" que "real": F. TER HAAR, *Ven. Innocentii PP. XI de Probabilismo Decreti Historia et Vindiciae* (Tournai, 1904); A. LEHMKUHL, *Probabilismus vindicatus* (Freiburg, 1906); G. ARENDT, *Aequiprobabilismus ab ultimo fundamento discussus* (Roma, 1906).
81. Sobre a Manualística, ver: R. GALLAGHER, *Il sistema manualistico della teologia morale dalla morale di Sant'Alfonso ad oggi*: VÁRIOS, Morale e Rendenzione (Roma, 1983) 255-277; ID., *The Fate of the Moral Manual since Saint Alphonsus*: R. GALLAGHER - B. McCONVERY (eds.), *History and Conscience* (Dublin, 1989) 212-239; e os estudos citados na nota 29 deste mesmo capítulo.

— Jesuítas: J. Gury[82], A. Ballerini, D. Palmieri, L. Sabetti. A. Lehmkuhl, E. Génicot, J. Salmans, H. Noldin, A. Schmitt, J. B. Ferreres, A. Vermeersch.
— Dominicanos: B. Merkelbach, D. Prümmer.
— Redentoristas: L. Wouters. A. Konings, C. Marc, J. Aertnys, C. Damen.
— Outros: G. Frassinetti[83], D. Neyraguet, T. J. Bouquillon, H. Jone, A. Tanquerey.

A seguir limitamo-nos a dar breves referências sobre dois autores representativos do momento.

2. Antônio Ballerini (1805-1881)

Moralista jesuíta do século XIX pertencente à etapa casuísta da moral católica. Professor de moral no Colégio Romano (Roma). Sua principal obra é o comentário a Busenbaum, que D. Palmieri terminou e editou (*Opus theologicum morale in Busenbaum medullam*, Prato, 1889-1893, em 7 volumes). Essa obra "será o manual de teologia moral mais respeitável do século XIX"[84].

Ballerini é considerado "princeps moralistarum" do século XIX[85]. De grande talento, às vezes bastante sutil; no entanto sua obra tem grande consistência[86]. Diante de sua posição um tanto quanto crítica frente à moral de Santo Afonso, um grupo redentorista foi contra ele, escrevendo as *Vindiciae alfonsianae* (1873). Como réplica, o jesuíta belga V. de Bucki escreveu as *Vindiciae ballerinianae*.

3. Arthur Vermeersch (1858-1936)[87]

Canonista e moralista jesuíta, pertencente à etapa da moral casuísta, embora com laivos de renovador[88]. Em 1918 sucede ao padre Bucceroni

---

82. G. DESJARDINS, *Vie du R. P. J.-P. Gury de la Compagnie de Jésus* (Paris, 1867).
83. V. VAILATI, *Un maestro di vita sacerdotale. Il servo di Dio Guiseppe Frassinetti (1804-1868)* (Roma, 1967²).
84. C. CAFFARRA, *l. c.*, 448.
85. H. HURTER, *Nomenklator literarius*, III (Innbruck, 1895) 1445-1447.
86. J. DE BLIC, *Jésuites*: DTC, VIII/1, 1090.
87. *Miscellanea Vermeersch*, 2 tomos (Roma, 1935).
88. Cf. a análise do "modelo" de Teologia moral utilizado por A. Vermeersch, em: A. BONONDI, *Modelli di teologia morale nel ventesimo secolo*: Teologia 24 (1999) 91-109.

na cátedra de moral da Universidade Gregoriana de Roma, que rege até 1934. Manteve contatos com altas personalidades eclesiásticas e jurídicas. Colaborador, desde 1904, do Código de Direito Canônico e consultor da Comissão de interpretação do mesmo.

Duas coisas caracterizam a produção literária de Vermeersch: a grande quantidade de escritos e a variedade de temas tratados. Sua inteligência penetrante, auxiliada por sua longa preparação científica e sua capacidade de trabalho explicam sua farta produção.

Nem todas as suas obras têm o mesmo valor; algumas revelam a pressa com que foram escritas. Em geral, atribuíram à produção científica de Vermeersch, não sem certa razão, dois defeitos fundamentais: descuido com a parte histórica em suas pesquisas, e estilo literário de difícil penetração.

Há em suas obras de moral temas tratados com grande competência: a moral da sexualidade (consultou especialistas em ciências médicas), e a Justiça. Em geral, percebe-se nele um desejo de originalidade, sem deixar-se dominar pelas soluções tradicionais. Embora desse à moral um fundo dogmático e racional que não tinha a casuística, e ainda que não reduza o conteúdo da moral à exposição negativa dos mandamentos, no entanto não se pode fazer de Vermeersch um arauto do movimento de renovação da moral[89].

VII. RENOVAÇÃO DA MORAL NOS PRIMEIROS SETENTA E CINCO ANOS DO SÉCULO XX

A Renovação da moral católica tem um marco decisivo no Concílio Vaticano II. Mas, antes desse grande acontecimento, surgem três propostas e ensaios dessa renovação. A eles nos referiremos neste item[90].

---

89. Cf. E. ALONSO, *Renovación e intentos en la teología moral contemporánea*: Pentecostés 1 (1963) 341-381.
90. Existem muitas análises sobre essas tentativas de renovação. Aponto algumas representativas: Ph. DELHAYE, *France. V. Théologie Morale*: DTC, Tables Générales, I (Paris, 1951) 1668-1673; J.-C. FORD - G. KELLY, *Problemas de teología moral contemporánea*, I (Santander, 1961⁵) 47-98; F. BÖCKLE, *Tendencias de la teología moral*: Panorama de la teología actual (Madri, 1961) 521-546; J. GRÜNDEL, *Teología moral*: Qué es Teología? (Salamanca, 1966) 359-295; J. G. ZIEGLER, *La Teología moral*: La Teología en el siglo XX, III (Madri, 1974) 264-304.

1. Continuadores da "Escola de Tubinga"[91]

a. Fritz Tillmann (1874-1933)

Teólogo moralista alemão. Fez o curso para professor de Novo Testamento e se tornou conhecido nesse campo. Mas logo abandonou o magistério, entregando-se à teologia moral em Bonn. Seguindo a nova rota iniciada por Sailer e Hirscher, Tillmann é um dos que mais influiu na renovação da moral católica na Alemanha, e em toda a Igreja, de modo geral.

Como teólogo moralista, sua obra básica é o *Manual da doutrina moral católica*, escrita em colaboração com Th. Steinbüchel e com Th. Müncker. Em espanhol, é conhecido por duas obras, nas quais expõe ao grande público as mesmas idéias desenvolvidas em seu manual: *El Maestro llama. Explicación de la moral católica para laicos* (San Sebastián, 1956); *Elementos de la moral católica* (San Sebastián, 1959).

A idéia central, que dá unidade e coesão à concepção moral de Tillmann, é a do "seguimento de Cristo", idéia fundamental que tirou do Novo Testamento. Tanto a moral fundamental quanto a moral especial são construídas na base comum do seguimento de Cristo. Essa orientação acaba com a distinção entre a moral dos mandamentos (mínimo exigido a todos os cristãos) e a moral dos conselhos (destinada aos perfeitos), uma vez que, a partir da idéia bíblica da caridade e do seguimento a Cristo, essa distinção não tem aceitação. No entanto, Tillmann teve uma concepção bastante extrínseca do seguimento de Cristo; não lhe reconheceu toda a profundidade mistérica e sacramental que tem (sobretudo na teologia de Paulo e de João).

F. Tillmann ocupa um lugar especial entre as fontes inspiradoras de *A Lei de Cristo*. Häring reconheceu em muitas ocasiões essa influência inspiradora. De F. X. Linsenmann, O. Schilling e F. Tillmann diz: "aprendi muito"[92]. A. F. Tillmann descobriu-o quando preparava sua tese de doutorado em Tubinga: "orientei meus estudos para a filosofia fenomenológica de Husserl e para a ética de seus alunos, Max Scheler e outros, antes de encontrar-me com o grande Tillmann e sua obra fundamental, *O Seguimento de Cristo*"[93]. O "grande Tillmann" não era professor em Tubinga,

---

91. E. HIRSCHBRICH, *Die Entwicklung der Moraltheologie im deutschen Sprachgebiet seit der Jahrhundertwende* (Klosternenburg, 1959); M. ANTOLÍ, *Nuevos caminos para la Teología Moral* (Valência, 1970)
92. B. HÄRING, *El desarrollo de la vida humana*: Mysterium Salutis, V (Madri, 1984) 208.
93. *Mi experiencia con la Iglesia*, 18. Ver também *Una entrevista autobiográfica*, 45; *Orientaciones actuales en moral*: VÁRIOS, La renovación de la moral (Madri, 1967) 21-34; *É tudo ou nada* (Aparecida, São Paulo, 1995), 21-29.

mas em Bonn[94]; convém, contudo, lembrar que o orientador da tese de doutorado de Häring, Th. Steinbüchel, tinha feito o doutorado sob orientação de F. Tillmann[95], com o qual colaborava no Manual de Moral, com Th. Müncker.

Häring faz um grande elogio à obra de F. Tillmann. "Os geniais ensaios de Sailer e Hirscher têm um grande paralelo na moral de F. Tillmann, de orientação inteiramente bíblica. A moral da caridade, a do sermão da montanha, apresenta-se com toda clareza necessária a todos os cristãos. A tão corriqueira distinção entre moral dos mandamentos, que exige o mínimo de todos, e a moral dos conselhos, destinada aos perfeitos que andam na via do ascetismo, é aqui superada totalmente, precisamente pela razão bíblica que lhe serve de ponto de partida, a caridade, e pela idéia do seguimento de Cristo imposto a todo cristão"[96].

Apesar da aceitação geral da orientação de F. Tillmann, Häring se distancia dele em alguns aspectos. Critica a organização da moral cristã com o "esquema de deveres" (para com Deus, para com o próximo e para consigo mesmo)[97]. Além disso, acredita que Tillmann reduz a categoria de "Seguimento" de Cristo à "Imitação" de Cristo, interpretação que lhe parece por demais redutiva e pouco animadora[98].

Não obstante essas limitações, a orientação moral do biblista Tillmann, enriquecida pelas contribuições do filósofo Th. Steinbüchel, do psicólogo Th. Müncker e do sociólogo W. Schöllgen, impressiona Häring: "eram os grandes protagonistas de uma Teologia Moral próxima à época de M. Sailer, J. B. Hirscher e M. Jocham: uma proposta absolutamente diferente da dos meus professores"[99]. Por isso, com toda razão, se escreveu que sua obra *A Lei de Cristo* "tem os traços da orientação de F. Tillmann e de seus discípulos Th. Müncker, W. Schöllgen e Th. Steinbüchel"[100].

Em síntese, o aparecimento na Alemanha, num terreno preparado de antemão por Sailer e Hirscher (séc. XIX), do *Manual de moral católica*, sob a direção de F. Tillmann foi um fator decisivo para a renovação da Teologia moral católica[101]. "Quando F. Tillmann se viu obrigado a trocar em

---

94. Sobre F. Tillmann, cf. M. VIDAL, *Diccionario de ética teológica* (Estella, 1991) 595.
95. Cf. M. ALCALÁ, *La ética de situación y Th. Steinbüchel* (Barcelona, 1963) 36-38.
96. *A Lei de Cristo*, I, 72.
97. B. HÄRING, *El desarrollo de la vida cristiana: l.c.*, 208.
98. *Una entrevista autobiográfica*, 42-43.
99. *Mi experiencia con la Iglesia*, 18.
100. G. W. HUNOLD, *"Moraltheologie im Umbruch". Festellungen zu den geschichtlichen Verwerfungen einer theologischen Disziplin*: J. RÖMEL - B. HIDBER (Hrsg.), In Christus zum Leben befreit (Freiburg, 1992) 55.
101. Sobre el "modelo" de Teología moral utilizado por este *Manual*, cf. A. BONANDI, *Modelli di teologia morale nel ventesimo secolo*: Teologia 24 (1999) 109-138.

Bonn sua cátedra de Novo Testamento pela de teologia moral, cumpre-se, sem dúvida alguma, um processo providencial"[102]. Com Tillmann incluía na moral a *impostação bíblica* e o *encorajamento cristocêntrico*, dois aspectos decisivos na renovação teológico-moral.

b. Joseph Mausbach (1861-1951)

Teólogo moralista e apologeta católico alemão, Mausbach é outro dos autores que mais influíram na renovação da teologia moral na Alemanha. Seguindo a nova rota iniciada por Sailer e Hirscher, defendeu uma restrição da casuística no campo da moral, uma forma mais sistemática na exposição, uma maior insistência nos princípios, e uma harmonia mais estreita entre o tratamento bíblico-histórico dos problemas com a penetração especulativa dos mesmos. Essas exigências da moral foram levadas a efeito por Mausbach em sua obra mais representativa, *A teologia moral católica*, Münster 1915-1918, em 3 volumes; obra reeditada muitas vezes, cada vez mais perfeita (1953[8]).

Tem como regra máxima de moral a glória de Deus, completada pela idéia do aperfeiçoamento próprio. Na moral especial segue a ordem dos mandamentos, ordem que lhe parece a mais cômoda área para o uso do sacerdote em seu ministério; no entanto, não é uma moral baseada nos mandamentos que se hão de cumprir, mas nas virtudes que se hão de praticar nos diversos ambientes.

Mausbach tinha um profundo conhecimento dos grandes mestres, especialmente de Santo Agostinho e de Santo Tomás de Aquino; era de uma sensibilidade especial diante dos problemas e tarefas de seu tempo, os quais procurou iluminar com os grandes princípios cristãos. Sua personalidade humana e científica foi integrada pelos elementos complementares: sentido realista, proveniente de sua formação aristotélico-tomista, e uma grande sensibilidade, proveniente do estudo de Santo Agostinho.

Mediante as qualidades de homem de ação, colocou suas forças a serviço de uma maior elevação cultural do catolicismo na Alemanha. Defendeu o direito das mulheres ao estudo, e especialmente das religiosas, sendo além disso o organizador de seus estudos. Interferiu também na reorganização política da Alemanha após a Primeira Guerra mundial[103].

---

102. J. G. ZIEGLER, *l. c.*, 282.
103. Sobre este último aspecto: W. RIBHEGGE, *Kirche und Demokratie. Zur Rolle Joseph Mausbachs in der Weimarer Nationalversamlung 1919*: Stimmen der Zeit 217 (1999) 611-622.

c. Otto Schilling (1874-1956)

O. Schilling, porém, teve uma orientação escolástica. Dele diz Häring que: "continua trabalhando no empenho da escola de Tubinga de dar não só uma compilação das leis, mas a expressão do legítimo espírito cristão. Fundamentalmente, depende antes de tudo de Santo Tomás de Aquino e de Santo Afonso"; "insiste particularmente na caridade como princípio formal da Teologia Moral, embora partisse do pensamento tomista do fim último"; "seu mérito particular está em ter dado atenção especial ao aspecto social da moral cristã, não só em sua teologia, mas também em seus famosos trabalhos sobre os problemas sociais"[104]. É exatamente no tratado dos problemas socioeconômicos que Häring cita especialmente O. Schilling[105].

d. Theodor Steinbüchel (1888-1949)

Temos um magnífico estudo sobre a pessoa e a obra de Theodor Steinbüchel, de M. Alcalá, fruto de sua tese de doutoramento defendida na Universidade de Barcelona[106].

Th. Steinbüchel foi exonerado pelo nazismo de sua cátedra de teologia moral na Universidade de Munique. Häring registra esse dado, ao relatar sua relação com aquele que seria seu Orientador de tese de doutoramento: "No fim de 1939, o professor Steinbüchel refugiou-se em nosso convento de Gars, escapando à perseguição nazista. Por ser contra o nazismo, perdera a cátedra de teologia moral na Universidade de Munique. Encontrei-me com ele no caminho. Convidou-me a aprofundar o tema sagrado-bem, fé-moral, que apresentou como o mais fascinante do século. Coloquei-o a par de meus propósitos. Desejava começar pelos grandes pensadores como J. M. Sailer, J. B. Hirscher, F. X. Linsenmann. Animou-me bastante. Encontrei-me com ele em Tubinga, primeiro como professor de Moral e depois como reitor da Universidade. Minha pesquisa tornou-se mais fácil. Ficou encantado com meus pensamentos e me confidenciou: 'Apesar de não concordar com algumas de suas teses, julgo-as corretas'"[107].

---

104. *A Lei de Cristo*, I, 74.
105. *A Lei de Cristo*, tomo III, 139, 140, 141, 150, 442, 446, 461, 473, 486, 487, 488, 503, 561, 564. Também é citado em: I, 134, 301, 341, 363; II, 278, 290, 410, 477.
106. M. ALCALÁ, *La ética de situación y Th. Steinbüchel* (Barcelona, 1963). Ver também: A. BONANDI, *Sistema ed esistenza. Il pensiero morale in Theodor Steinbüchel* (Bréscia, 1987).
107. *Mi experiencia con la Iglesia*, 28.

A influência de Th. Steinbüchel em *A Lei de Cristo* é decisiva. Na primeira edição o nome de Steinbüchel é a última palavra da introdução: "reconhece-se o autor através, sobretudo, de Santo Agostinho, São Cirilo de Jerusalém, Santo Tomás de Aquino e Santo Afonso de Ligório; e dentre os de hoje, de Sailer, Hirscher, Schilling, Tillmann e Steinbüchel"[108]. Nas novas edições essa referência é formulada com laivos de veneração: "Influíram (...) e muito especialmente os ilustres professores Otto Schilling e Theodor Steinbüchel"[109].

A presença de Steinbüchel em *A Lei de Cristo* pode-se verificar em catorze referências bibliográficas[110] e em três citações textuais como reforço a três opções teológico-morais importantes: opção por uma antropologia não dualista mas integral[111], opção por uma consideração da ação moral como comportamento da pessoa e não como "ato" casuísta[112], opção por uma ética na qual se integre a situação sem cair no extremismo da chamada "ética da situação"[113].

No contexto da última opção Häring defende seu Mestre de quem quis ver nele um defensor da "ética de situação" condenada por Pio XII. Defesa semelhante faz M. Alcalá, que, no final de sua pesquisa sobre a ética de situação e o pensamento moral de Th. Steinbüchel, tira a seguinte conclusão: "Diante das correntes situacionistas que rejeitam a ordem cósmica por razões teológicas (protestantismo) ou que não admitem a normalidade universalmente válida da lei moral, mas que constituem o momento situacional como única rasoura ética (ética de situação "católica"), Th. Steinbüchel aceita uma norma de moralidade objetiva, relativamente última na ordem criada, uma vez que a absolutamente última é apenas o Deus pessoal"[114].

O autor de *A Lei de Cristo* emite o juízo de valor sobre a obra de Steinbüchel: "O desejo da escola de Tubinga de livrar a Teologia Moral de uma unilateralidade que a levava a considerar apenas o ato legal, *descobriu* em Steinbüchel (1888-1949) *um poderoso realizador*. Em suas inúmeras obras, na sua maioria póstumas, ventila-se continuamente o tema sempre atual de como tomar a decisão moral em cada situação, atendendo à força da graça. Quem tiver conhecimento de toda a sua obra, dificil-

---

108. La Ley de Cristo, I, 35.
109. Ibid., I, 30.
110. Ibid., I, 53, 77, 99, 117, 131, 190, 273, 354, 571; II, 151, 154; III, 91, 519: dois livros.
111. Ibid., I, 113.
112. Ibid., I, 251.
113. Ibid., I, 352.
114. M. ALCALÁ, o. c., 202.

mente poderá lançar-lhe a pecha de sustentar uma 'ética de situação' hostil à lei. Ele considerava a existência moral em sua totalidade e muito particularmente a parte da vida não regulada pelas fórmulas da lei geral, ou seja, a zona em que dominam as exigências do amor, para o qual se requer a graça. Somente o que não se lembra desse particular há de se sentir inclinado a acusá-lo de defender uma moral anomística. Com clareza única soube perceber as vozes de todo bem que se encontrava na filosofia contemporânea e que espera, por assim dizer, sua redenção. Tirou, pelo mesmo motivo, do existencialismo e do personalismo tudo quanto podia ser útil para construir uma teologia da liberdade, da graça e do amor. Mas seu profundo conhecimento da tradição fê-lo conservar sempre o equilíbrio católico"[115].

Em relação com Th. Steinbüchel deve-se chamar a atenção para outros teólogos da segunda geração da escola de Tubinga, depois da Segunda Guerra mundial. Saltam à vista: K. Adam[116] e Romano Guardini[117]. Este último contribuiu bastante para a criação de um espírito católico aberto ao personalismo de caráter transcendental e cristão.

2. Etapa imediatamente anterior ao Vaticano II

Os aspectos e fatores mais importantes da renovação moral antes do Vaticano II podem ser especificados como segue:

a. Críticas à Moral casuísta

A publicação do folheto de G. Thils, professor da universidade de Lovaina, sobre *Tendências atuais em teologia moral* (1940)[118], supôs uma tomada de consciência das novas inquietações entre os profissionais da reflexão moral. Anos antes, I. Zeiger havia expressado observações semelhantes numa revista romana de muita influência na vida teológica oficial[119].

---

115. B. HÄRING, *A lei de Cristo*, 83-85.
116. K. A. KRIEG, *Karl Adam, National Socialism and Christian Tradition*: Theological Studies 60 (1999) 432-456.
117. Obra diretamente relacionada com a ética: R. GUARDINI, *Ética* (Madri, 1999), com estudo introdutório de A. López Quintás. Sobre a vida e a obra de R. Guardini: K. A. KRIEG, *Romano Guardini: A Precursor of Vatican II* (Notre Dame, 1997); A. LÓPEZ QUINTÁS, *Romano Guardini, maestro de vida* (Madri, 1998). Sobre seu pensamento ético: VÁRIOS, *Tra coscienza e storia. Il problema dell'etica in Romano Guardini* (Bréscia, 1999).
118. G. THILS, *Tendences actuelles en théologie morale* (Gembloux, 1940).
119. Periodica 28 /29 (1939) 117-189.

A esses se devem juntar J. Leclercq[120], que publica em 1950 seu livro sobre *O ensino da moral católica*, traduzido de imediato do original francês para as principais línguas ocidentais. "L'Osservatore Romano", de 2 de fevereiro de 1956, publicou uma crítica bastante dura a esse livro; disse dele que "produz o efeito de um aríete implacavelmente demolidor".

Essas críticas exercem influência no ensino acadêmico da Teologia moral e na própria catequese moral da Igreja. Na década dos anos 50 inicia-se a crise na estrutura dos Manuais de moral em vigor desde o Concílio de Trento[121].

b. Cuidado diante do perigo da "Ética de situação"[122]

Em contextos teológicos alemães, sobretudo protestantes, da primeira metade do século XX, o pensamento ético pendeu para o pólo subjetivo da decisão moral, sobrevalorizando a "situação" da pessoa. Nasceu assim a chamada "ética de situação" ("Situationsethik"), cujo maior representante foi E. Grisebach. A influência dessa orientação atingiu moralistas protestantes anglo-saxões mais atuais, como T. Robinson, P. Ramsey e, sobretudo, J. Fletcher. Em contextos latinos, principalmente da área de língua francesa, apoiou essa orientação a corrente filosófica do "existencialismo", sobretudo do existencialismo comandado por J. P. Sartre.

É difícil encontrar adeptos declarados da orientação "situacionista" ou "existencialista" entre os moralistas católicos[123]. Já observamos que Th. Steinbüchel não pode ser colocado na corrente da "ética de situação". O mesmo se diga de J. Fuchs, que fez um arrazoado teórico para assumir o que de valor tem a "situação" mediante uma análise completa da decisão moral[124]. O mesmo objetivo teve K. Rahner em sua proposta de uma "ética existencial formal" cristã[125].

---

120. J. LECLERCQ, *L'enseignement de la morale chrétienne* (Paris, 1950).
121. Cf. F. PETIT, *La décadence de la morale. Jalons d'histoire*: Le Supplément n. 17 (1951) 133-143; B. OLIVIER, *La Morale des manuels*: Le Supplément n. 27 (1953) 380-400.
122. A. PEINADOR, *Sobre la nueva moral*: Vida Religiosa 9 (1952) 351-358; M. ZURDO, *La "Moral Nueva" y sus repercusiones*: Ilustração do Clero 45 (1952) 249-252; A. POPPI, *La "morale di situazione"* (Roma, 1957); A. PEREGO, *L'etica della situazione* (Roma, 1958); J. Mª. DE LAHIDALGA, *La "moral nueva" ante la Iglesia* (Barcelona, 1959); J. GOFFINET, *Morale de situation et morale chrétienne* (Paris, 1963).
123. Tem uma apreciação distinta A. FERNÁNDEZ, *La reforma de la Teología Moral. Medio siglo de historia* (Burgos, 1997), especialmente pp. 38-55.
124. J. FUCHS, *Situation und Entscheidung* (Frankfurt, 1952). L. VEREECKE, *l. c.*, 840-841, ao expor a história do "existencialismo moral" e da "ética de situação", afirma que, em geral, os moralistas católicos deram acolhida aos elementos válidos dessas correntes: "teólogos moralistas como J. Fuchs viram que a situação é um elemento da realidade" (*Ibid.*, 841).
125. K. RAHNER, *Sobre el problema de una ética existencial formal*: Escritos de Teologia, II (Madri, 1961) 225-243.

Pio XII chamou a atenção para os perigos da "nova moral", referindo-se à ética de situação[126]. Na encíclica "Humani generis" (1950) condenara a "nova Teologia" ("la nouvelle Théologie"). Anos depois, especialmente na Rádio-mensagem aos Educadores cristãos (23 de março de 1952)[127] e no Discurso ao Congresso Internacional da Federação Mundial das Juventudes Femininas Católicas (18 de abril de 1952), condenou também a "nova moral"[128]. Uma Instrução do Santo Ofício (23 de março de 1956)[129] foi mais explícita e contundente na condenação à "ética de situação"[130].

c. Propostas de Moral renovada

Em 1954, a publicação de *A Lei de Cristo*, de B. Häring, teve importância especial e influência decisiva; trata-se do primeiro Manual que procura introduzir na exposição sistemática da moral as tendências renovadoras. O autor, Häring, e a obra, *A Lei de Cristo*, são por alguns anos o símbolo da moral renovada[131].

Com a obra de B. Häring é necessário lembrar outros estudos e outros autores:

---

126. Ver os dados principais em: J. FORD - G. KELLY, *Problemas de teología moral contemporánea* (Santander, 1964) 99-129; A. FERNÁNDEZ, *o. c.*, 67-101.
127. Ver tradução em: Ecclesia n. 560 (5 de abril de 1952) 7-9. "Ela (a "nova moral"), ao remeter todo critério ético à consciência individual, zelosamente fechada em si mesma e feita árbitro absoluto de suas determinações, longe de facilitar-lhe seu encargo, desviá-la-ia do caminho real que é Cristo" (*Ibid.*, 8).
128. Ver a tradução em: Ecclesia n. 563 (26 de abril de 1952) 5-7. A "nova moral" também "poderia ser classificada como 'existencialismo ético', 'atualismo ético', 'individualismo ético', entendidos no sentido restritivo que vamos explicar e tal como são encontrados no que em outras lugares se tem chamado 'situationsethik - ética de situação'" (*Ibid.*, 5). "O sinal distintivo dessa moral é que ela não se baseia de maneira alguma sobre as leis morais universais, como, por exemplo, os dez mandamentos, mas sobre as condições ou circunstâncias reais e concretas nas quais se deve agir e segundo as quais a consciência individual deve julgar e escolher. Esse estado de coisas é único e vale uma só vez para toda ação humana. Por isso é que a decisão da consciência, afirmam os defensores desta ética, no pode ser comandada pelas idéias, pelos princípios e pelas leis universais" (*Ibid.*, 5).
129. Texto em: AAS 48 (1956) 143-145.
130. Cf. F. J. HÜRTH, *Anotationes in Instructionem Supremae Congregationis S. Oficii de Ethica Situationis*: Periodica 45 (1956) 151-161; J. FUCHS, *Éthique objective et morale de situation. A propos de l'Instruction du S. Office du 2-2-1956*: NRT 78 (1956) 798-818; A. PEINADOR, *A propósito de la Instrucción de la Sagrada Congregación del Santo Oficio*: Salmanticensis 3 (1956) 195-206.
131. Estudei a obra moral de B. Häring antes do Concílio Vaticano II, sobretudo a partir de suas duas grandes obras pré-conciliares "Lo Santo y lo Bueno" (1950) e "La Ley de Cristo" (1954): M. VIDAL, *Bernhard Häring, Um renovador da Moral católica* (Aparecida, São Paulo, 1999) 12-88.

- E. Mersch com seu estudo sobre *Moral e corpo místico* (1941)[132];
- J. Stelzenberger com seu *Tratado de teologia moral*, orientado com o princípio unificador do reino de Deus (1965)[133];
- G. Gilleman, que com sua obra *A primazia da caridade em teologia moral* (1952)[134] colocou o tema da caridade no centro das discussões de moral;
- S. Pinckaers, com sua atualização da temática moral tomista (1964)[135];
- e outros muitos, como G. Leclercq[136], O. Lottin[137] etc.

Sem marginalizar as obras de autores tão especiais, não se pode esquecer uma série de obras coletivas que exerceram grande influência no processo de renovação teológico-moral[138].

Mas nem tudo eram desejos e tentativas de renovação no campo da teologia moral nas vésperas do Concílio Vaticano II. Continuava o ensino da moral casuísta na maioria dos centros de estudos teológicos; os manuais de moral casuísta eram publicados em edições sucessivas; não era difícil observar incertezas de diversas naturezas oriundas de diversas instâncias diante das novas tentativas de renovação teológico-moral. No balanço geral da situação da Teologia moral antes do Vaticano II havia uma forte inclinação em favor da moral casuísta, embora pairasse no ar o futuro favorável à renovação.

VIII. O CONCÍLIO VATICANO II E A RENOVAÇÃO DA MORAL[139]

O Sínodo extraordinário dos Bispos, realizado depois de 20 anos do Concílio Vaticano II (1985), valorizou esse evento da Igreja como "uma

---

132. E. MERSCH, *Morale et corps mystique*, 2 vol. (Bruxelas 1949³).
133. J. STELZENBERGER, *Lehrbuch der Moraltheologie* (Paderborn, 1965²).
134. G. GILLEMAN, *Le primat de la charité en théologie morale* (Lovaina-Paris, 1952). Sobre a pronta aceitação dos delineamentos de G. Gilleman: A. GODIN, *"Le primat de la charité". Réflexions psycho-pédagogiques sur le livre du R. P. Gilleman, S. J.*: Lumen Vitae 9 (1954) 647-660. Estuda o significado histórico e a atualização deste livro: R. CASERI, *Il principio della carità in Teologia Morale. Dal contributo di G. Gilleman a una via di riproposta* (Milão, 1995).
135. S. PINCKAERS, *Le renouveau de la morale* (Tournai, 1964).
136. G. LECLERCQ, *La conscience du Chrétien* (Paris, 1946),
137. O. LOTTIN, *Morale Fondamentale* (Paris, 1954).
138. Entre outras: *Morale chrétienne et requêtes contemporaines* (Tournai, 1954); *Pour un renouveau de la morale* (Malinas, 1964); *Moral zwischen Anspruch und Verantwortung* (Düsseldorf, 1964).
139. Ph. DELHAYE, *La aportación del Vaticano II a la Teología Moral*: Concilium n. 75 (1972) 207-217; M. VIDAL, *Teología Moral. Renovación posconciliar y tareas de futuro*: C. FLORISTÁN – J. J. TAMAYO (eds.), El Vaticano II, veinte años después (Madri, 1986) 201-234.

grande graça" de Deus para o século XX. "Todos nós, bispos dos ritos orientais e do rito latino, compartilhamos unanimemente, em ação de graças, a certeza de que o Concílio Vaticano II é um dom de Deus para a Igreja e para o mundo"; "ao terminar essa sessão, o Sínodo dá graças do fundo do coração a Deus Pai, por seu Filho no Espírito Santo, pela imensa graça que o Concílio Vaticano II significou para este século"[140].

O Papa João Paulo II, num encerramento nitidamente positivo do significado do Vaticano II[141], diz que nesse Concílio "a enorme riqueza de conteúdos e *o tom novo, até então desconhecido*, da apresentação conciliar desses conteúdos constituem mais ou menos um anúncio de tempos novos"[142].

Para a Teologia moral, o Concílio Vaticano II (1962-1965) representa o apoio e a garantia oficial aos esforços de renovação realizados no século XX[143]. Marca simultaneamente o início oficial de uma nova orientação na moral católica, cujas possibilidades se desenvolveram na fase pós-conciliar; muitas, porém, das potencialidades futuras estão ainda por descobrir.

O significado geral do Concílio Vaticano II para a Teologia moral realiza-se em dois aspectos:

— por um lado, propicia o decolar da reflexão teológico-moral para os ares da renovação eclesial;
— por outro, e como conseqüência do anterior, determina o abandono do modelo casuísta no qual se vinha forjando a vida e o pensamento dos católicos desde o Concílio de Trento.

1. A Teologia moral no desenvolvimento do Concílio

Entre os esquemas da fase preparatória do Concílio um era destinado à moral, com o título: *De ordine morali*[144]. Fora preparado pelos moralistas romanos Hürth, Guillon e Lio. Seu conteúdo era de caráter obviamente conservador. Sua forma seguia a metodologia condenatória: condenação de "erros de hoje" na ordem moral. A exposição da doutri-

---

140. SÍNODO EXTRAORDINÁRIO, *Mensaje al Pueblo de Dios*, I e V: Ecclesia n. 2249 (14 e 21 de dezembro de 1985) 12 e 13.
141. *Tertio millennio adveniente*, 18-20.
142. *Ibid.*, 20.
143. Sobre a Moral no Concílio Vaticano II podem-se ver abundantes dados, em conexão com a pessoa de B. Häring, em: M. VIDAL, *Bernhard Häring, Um Renovador da Moral católica*. (Aparecida, São Paulo, 1999) 89-103.
144. *Acta et Documenta Concilio Oecumenico Vaticano II apparando*. Series II. Praeparatoria. Volume III. Pars I (Vaticano, 1969) 24-53.

na e a condenação de erros no final de cada tema eram agrupados em vários capítulos:

- O fundamento da ordem moral. A consciência cristã.
- O subjetivismo e o relativismo ético.
- A dignidade natural e sobrenatural da pessoa humana.
- O pecado.
- A castidade e a pureza cristã.

Esse esquema foi rejeitado em seu todo, mas foi substituído por outro que aceitava as referências à renovação da Teologia moral. Isso explica as transformações a que se viu submetida a moral durante o desenvolvimento do Concílio.

Retomando o esquema do documento pré-conciliar, Delhaye expõe assim a história da moral no desenvolvimento do Concílio: "A maioria conciliar, criada em novembro de 1962, não aceita esse texto e extinguir-se-á com o conjunto de esquemas das comissões preparatórias. Mas por que razões não é substituída por outro novo? Podem-se indicar várias. A história do Concílio mostra que os grandes textos adotados pelo Vaticano II se devem aos esforços teológicos que o haviam precedido. É o caso da liturgia, da eclesiologia, da exegese. Ora, o movimento em favor da renovação da moral foi relativamente eliminado (sic). Por outro lado, há poucos moralistas no Concílio. Os bispos especialistas em teologia ensinaram exegese e dogma. A escolha dos peritos eliminou quase todos os poucos moralistas favoráveis às novas tendências que tinham feito parte das comissões preparatórias. Será preciso dar tempo ao tempo para que nomeiem alguns deles. Quase imediatamente após, seu tempo será absorvido pela preparação da constituição *Gaudium et spes*. As conseqüências decorrentes desses fatos serão paradoxalmente felizes. A antiga moral casuísta chega praticamente a desaparecer. Pretende-se conseguir uma expressão nova dos imperativos da fé em consonância com a Escritura, o dogma, a vida da Igreja, numa palavra, restabelecendo as relações que os partidários da renovação moral apenas se atreveram sonhar"[145].

2. A Teologia moral no resultado final do Concílio

Tendo em vista os documentos conciliares, que contribuição dá o Concílio Vaticano II à moral? As respostas a essa pergunta podem ser diferentes, dependendo do ângulo em que nos colocarmos para valorizar o Concílio.

---

145. Ph. DELHAYE, *La aportación del Vaticano II a la teología moral*: Concilium n. 75 (1972) 209.

Por um lado, é certo que o Concílio Vaticano II não pode ser considerado um Concílio de moral[146]: as contribuições concretas e as avaliações morais dos problemas não são freqüentes em seus documentos. A causa disso deve ser encontrada em que o Concílio não foi o momento de eclosão de coisas novas, mas antes o amadurecimento ou a consolidação de aspirações e realidades que já existiam na Igreja. Ora, a renovação da moral na fase anterior ao Concílio Vaticano II não era de tal magnitude e de tal profundidade que exigisse uma atenção muito grande. A culpa, pois, não é do Concílio, mas da falta de maturidade na qual se encontravam os estudos de moral na Igreja.

Entretanto, é também verdade que o Concílio deu grandes contribuições à renovação da moral[147]. O espírito geral do Concílio é um contexto que aceita e até exige a renovação da moral. Além disso, muitos documentos conciliares, embora diretamente não sejam documentos de índole moral, são contribuições valiosas nesse campo. Enfatizou-se:

— a importância da *Lumen gentium* para a compreensão de uma moral de caráter eclesial;

— a importância da *Dei Verbum* para uma fundamentação bíblica da moral;

— a importância da *Sacrosanctum Concilium* no que se refere ao tom mistérico e sacramental de todo o comportamento cristão.

L. Vereecke afirma que o concílio, além de dar orientações metodológicas (OT, 16; DH, 14), "tentou dois ensaios de moral: um, para uma moral da caridade integral, em LG, 39-42; e o outro na GS, em que, superando uma ética individualista, dão-se os princípios fundamentais de uma moral social em nível mundial"[148].

De fato, onde mais aparece a dimensão moral do Concílio é na constituição *Gaudium et spes*, na qual se opõem temas concretos e decisivos da vida e do comportamento dos cristãos.

---

146. O teólogo Congar, no III Congresso Internacional do Apostolado dos Leigos celebrado em Roma em 1967, fazendo uma espécie de balanço do Vaticano II, afirmava a deficiência ou ausência do tema moral no Concílio, o qual, segundo a interpretação do teólogo citado, não se caracteriza por ser um Concílio de renovação da teologia moral: *El llamamiento de Dios*: Ecclesia 37 (1967) II, 1947.
147. Esta é a avaliação que fez B. Häring, para quem o Concílio marcou uma nova época para a teologia moral, afirmando ao mesmo tempo que não há nenhum documento conciliar que não possa ser aduzido para formar a moral desta nova época: *Moraltheologie unterwegs*: Studia Moralia 4 (1966) 8-9.
148. L. VEREECKE, *l. c.*, 841.

A ética familiar e a ética social foram as beneficiadas de modo preferencial e mesmo exclusivo pelas contribuições conciliares. Com efeito, a constituição *Gaudium et spes*, documento conciliar de tom mais diretamente ético, é um tratado de ética social concreta. Segundo a acertada apreciação de Ph. Delhaye, "a segunda parte da constituição *Gaudium et spes* é um verdadeiro 'tratado de valores', porque trata da vida familiar, cultural, econômica, social, política, internacional. Desse modo, os tratados *De Matrimonio* e *De Justitia* clássicos são substituídos com vantagem. Uma vez que não podemos dar explicações detalhadas, prestemos atenção na mudança de perspectiva. A obsessão por descobrir e avaliar pecados desapareceu. Já não se apresentam só os valores morais, mas que, com eles, se situam os valores intelectuais, afetivos, sociais; numa palavra: os valores humanos e culturais. O enfoque já não é individualista, mas comunitário: tem-se a certeza de que é necessário passar por uma série de reformas estruturais para tornar possível a aplicação dos imperativos morais. Já não se tem a finalidade de constituir um bloco homogêneo no campo do direito natural, mas de distinguir duas classes de contribuição diferentes. A vida familiar, a cultura, a vida política constituem realidades autônomas humanas que têm seu fundamento próprio. O papel da moral cristã consiste em contribuir com o enfoque da fé, o dinamismo da caridade, a força da graça cristã no próprio interior desses fatos para extrair melhor seu sentido profundo e oferecer-lhes a possibilidade de superar-se"[149].

3. A opção decisiva e inequívoca do Concílio pela renovação da Teologia moral

Há um texto conciliar no qual se fala expressamente do *aggiornamento* da Teologia moral. Referimo-nos ao seguinte parágrafo do número 16 do decreto OT: "Tenha-se cuidado especial no aperfeiçoamento da teologia moral cuja exposição científica, mais alimentada pela doutrina da Sagrada Escritura, evidencie a sublimidade da vocação dos fiéis em Cristo e sua obrigação de produzir frutos na caridade, para a vida do mundo".

Trata-se de uma autêntica exortação, um *votum*, do Concílio para que se tenha *especial* empenho em renovar a Teologia moral[150]. Essa ênfa-

---

149. Ph. DELHAYE, a. c., 216-217.
150. Para o comentário deste *votum* do Concílio, cf. J. FUCHS, *Theologia Moralis perficienda. Votum Concilii Vaticani II*: Periodica 55 (1966) 499-548; B. HÄRING, *Theologia Moralis speciali cura perficienda*: Seminarium 6 (1966) 358-363.

se deve ser interpretada a partir da situação desfavorável em que se encontrava. Há, portanto, um mandato expresso do Concílio para que se promova a renovação da moral. Essa exortação "é o ápice de todos os esforços realizados até o presente para renovar a teologia moral, e significa, sem dúvida alguma, o começo de uma nova era"[151].

Nesse sentido foi comentado o *votum* do Concílio em prol de uma renovação da moral. Enfatizaram-se as características que o Concílio pede para a moral:

— caráter científico ("exposição científica");
— especificidade cristã ("alimentada com maior intensidade pela doutrina da Sagrada Escritura");
— orientação positiva e de perfeição ("deverá mostrar a excelência da vocação");
— caráter eclesial ("dos fiéis em Cristo");
— unificada na caridade e aberta ao mundo ("sua obrigação de produzir frutos na caridade para a vida do mundo").

O trabalho de renovação da Teologia moral não termina com o Concílio Vaticano II. É, antes, a partir dele que começa a intensificar-se. É o que procurarei expor no capítulo seguinte.

---

151. B. HÄRING, *A lei de Cristo*, I, 82.

9

A TEOLOGIA MORAL DEPOIS DO CONCÍLIO VATICANO II

A Moral católica passou, na segunda metade do século XX, por uma transformação tão importante que marcou o final de uma época e o início de outra. Por um lado, a reflexão teológico-moral, como a vida moral dos fiéis, livra-se do *modelo casuísta* no qual se vinha forjando a vida e a teologia desde o Concílio de Trento. Por outro lado, diversos fatores convergentes propiciam a configuração de um *novo modelo* teológico-moral para se pensar e viver a partir da dimensão ética da fé cristã.

Num dos capítulos anteriores expôs-se a gênese e o desenvolvimento da Moral casuísta. Também se fez alusão às limitações que trazia em seu bojo e que, ao serem reconhecidas como tais, provocaram o fim desse paradigma. De fato, na segunda metade do século XX assistiu-se ao abandono e ao desaparecimento de uma maneira de entender e de viver a moral que imperava por mais de três séculos na Igreja.

No capítulo anterior também se verificaram as muitas e variadas propostas de Renovação moral antes do Concílio Vaticano II. É esse evento da Igreja que muda a orientação da renovação tomada pela Moral católica no último terço do século XX. É nesse contexto que a Teologia moral entra no III milênio da era cristã.

Assim, pois, o conhecimento da Igreja do Concílio Vaticano II marca o final da moral casuísta ou pós-tridentina e o começo de um novo paradigma. Essa mudança teve os traços de "vitória" para alguns e de "derrota" para outros que Ph. Delhaye chama "guerra dos trinta anos" entre os partidários da moral casuísta e os que procuravam injetar um novo ânimo na teologia moral católica[1].

---

1. Ph. DELHAYE, *L'utilisation des textes du Vatican II en théologie morale*: Revue Théologique de Louvain 2 (1971) 422.

Neste capítulo expõe-se a evolução da reflexão teológico-moral na etapa pós-conciliar, referindo-se, para isso, aos dados mais representativos desse período.

I. APROFUNDAMENTO DA RENOVAÇÃO DEPOIS DO CONCÍLIO VATICANO II

O Concílio Vaticano II contou com a confirmação e o apoio oficial da linha renovadora. A reflexão teológico-moral da fase pós-conciliar procurou realizar o programa de *aggiornamento* indicado e exigido pelo Concílio Vaticano II.

A história da Teologia moral teve diversos paradigmas e várias formulações na tentativa de apresentar o compromisso moral dos fiéis. Cada um dos modelos de Teologia moral pretendeu ser fiel ao mesmo tempo à mensagem evangélica e à situação mutante de cada época. Pertencem a essa história da reflexão teológico-moral os paradigmas: *patrístico, escolástico* e *casuísta*.

A partir das orientações consagradas ou suscitadas pelo Concílio Vaticano II pressentiu-se um novo modelo de reflexão teológico-moral e, por conseguinte, uma nova apresentação da Teologia moral. Esse paradigma também pretende abraçar a genuína originalidade do Evangelho e adaptar-se à nova situação do homem de hoje. Na falta de uma denominação mais adequada, dá-se ao modelo de teologia surgido no Vaticano II o título de *Moral renovada*. Mediante essa expressão, toca-se no programa conciliar de *aggiornamento* ou atualização, e aos seus resultados do mesmo no campo da reflexão teológico-moral.

Não convém fazer agora um relato detalhado e exaustivo das publicações, dos problemas, das orientações, e dos resultados que foram surgindo na etapa pós-conciliar no que se refere à Teologia moral. Para isso, remetemos aos resultados conseguidos de modo escalonado a partir do Vaticano II[2].

---

2. Anoto alguns deles: Studia Moralia 18 (1980) n. 1: monográfico sobre a situação da reflexão teológico-moral em cinco países (Alemanha, França, Itália, USA, Canadá); J. M. AUBERT, *Morale: Catholicisme*, VII (1981) 691-727; Ch. E. CURRAN, *Théologie morale aux États-Unis: Une analyse des vingts dernières années:* Le Suppléments n. 155 (1985) 95-116; J. G. ZIEGLER, *Die deutschsprächige Moraltheologie:* Studia Moralia 24 (1986) 319-343; R. A. McCORMICK, *Moral Theology 1940-1989: an overview:* Theological Studies 50 (1989) 3-24; F. FURGER, *Christlich-theologische Ethik – angefragt und in Frage gestellt:* Theologie der Gegenwart 39 (1996) 145-152, 209-234, 291-307; 40 (1997) 54-77; O. DE DINECHIN, *Catholicisme contemporain. La réflexion morale dans le catholicisme contemporain:* M. CANTO-SPERBER (Dir.), Dictionnaire d'éthique et de philoso-phie morale (Paris, 1996) 222-227; VÁRIOS, *La teologia morale in Europa Occidentale:* Rivista di Teologia Morale 29 (1997) n. 116, 465-494; M. HONECKER, *Themen und Tendenzen der Ethik:* Theologische Rundschau 47 (1982) 1-72; 48 (1983) 349-382; 56 (1991) 54-97; 63 (1998) 75-113; J. F. KEENAN - T. R. KOPFENSTEINER, *Moral Theology Out of Western Europe:* Theological Studies 59 (1998) 107-135; Ch. E. CURRAN - R. A. McCORMICK (ed.), *The Historical Development of Fundamental Moral Theology in the United States* (Nueva York, 1999). Um verdadeiro arsenal de dados se encontra nos boletins anuais da revista *Theological Studies*; os boletins de 1965 a 1980 estão reunidos em livro: R. A. McCORMICK, *Notes on Moral Theology* (Washington, 1981).

Nesta exposição, prefiro seguir uma metodologia de caráter mais global. Em primeiro lugar determinam-se os fatores pessoais e institucionais mais expressivos, mediante os quais se realizou a renovação teológico-moral; em segundo, analisam-se alguns aspectos mais marcantes da renovação moral pós-conciliar: recuperação da identidade teológica; diálogo fecundo com a modernidade; e adaptação do edifício teológico-moral.

1. Fatores pessoais e institucionais de maior destaque

É impossível elencar todos os autores e todos os fatores que, de uma ou de outra maneira, contribuíram para a renovação da Teologia moral[3]. Arriscamos, apesar disso, consignar uma série de dados que, em seu todo, ajudam a construir uma idéia do desenvolvimento da Teologia moral nas últimas décadas:

- A partir das *Instâncias oficiais* se propicia uma renovação adequada da Teologia moral[4].
- Nos *Centros de ensino teológico* a moral respira novos ares. A partir das ordens das *Normae quaedam*, na maioria das faculdades de teologia se estabelecem ciclos de "licenciatura especializada" em moral. Destacam-se os Institutos Superiores destinados exclusivamente à Pesquisa e ao ensino da teologia moral (Academia Alfonsiana, Roma; Instituto Superior de Ciências Morais, Madri).
- Nos anos posteriores ao Concílio Vaticano II percebem-se sintomas de uma discreta euforia entre os moralistas. Aparecem *Associações de moralistas*: franceses (ATEM, desde 1966); italianos (ATISM, desde 1966); espanhóis (ATME, desde 1968); zairenses (AMOZA); os de língua alemã associam-se à *Societas ethica*, de caráter interconfessional, desde 1964; no contexto anglo-saxônico (*Society for the Study of Christian Ethics*); na América Latina (*Asociación latinoamericana de Teología Moral*, desde 1987) etc.

---

3. Para ter um conhecimento bastante completo das pessoas e das instituições que vêm influindo na orientação da Teologia moral, recomendo a bibliografia que cada ano publica a revista Moralia: capítulo 01. "Panorama de la teología moral" (Bibliografia e Boletins. Congressos. Pessoas e instituições. Situação da reflexão teológico-moral).
4. *De Theologiae Moralis institutione in sacerdotali formatione*: Seminarium n. 23 (1971) 475-806; CONGREGAÇÃO PARA A EDUCAÇÃO CATÓLICA, *A formação teológica dos futuros sacerdotes* (Roma, 1976) 95-101. Cf. Ph. DELHAYE, *Les récents directives pontificales concernant l'enseignement de la théologie morale*: Revue Théologique de Louvain 7 (1976) 456-468.

- Realizam-se *Congressos e Semanas de estudos*, cujos relatores proporcionam publicações de grande interesse.
- Surgem revistas destinadas exclusivamente ao tema moral: "Rivista di Teologia Morale" (Ed. Dehoniane, Bologna); "Moralia" (Instituto Superior de Ciências Morais, Madri); "Studia moralia" (Academia Alfonsiana, Roma; "Le Supplément. Revue d'éthique et de théologie morale" (Ed. Cerf, Paris); "Zeitschrift für Evangelische Ethik" (Gerd Mohn, Gütersloh); "Studies in Christian Ethics" (T. T. Clark, Edinburgo)[5].
- São dignos de nota também os trabalhos da *Comissão Teológica Internacional*, através da subcomissão de moral (*Subcomissio de rebus moralibus*)[6].
- Sem desprezar muitos outros moralistas das gerações seguintes, é bom enfatizar um pequeno grupo de teólogos moralistas que pertenceram à geração do Vaticano II, cujo trabalho serviu não só de orientação mas também de estímulo para o prosseguimento no espírito do Concílio. São eles: B. Häring, J. Fuchs, F. Böckle, A. Auer, R. A. McCormick[7].

Destacam-se entre as publicações: os novos *Manuais* em que se oferece a síntese do saber teológico-moral; livros de *recompilação de estudos avulsos*, em que se dão a conhecer autores novos e em que se descobrem autores veteranos; *dicionários*, que, à maneira de enciclopédia, registram o conteúdo básico do saber teológico-moral; *obras coletivas*, em que se mostram o esforço comum e a convergência de mentalidades[8].

---

5. Várias dessas Revistas, por ocasião de determinados aniversários, têm feito balanço de sua produção no campo da Teologia moral: Rivista de Teologia Morale 25 (1993) n. 1000: Venti cinquesimo (1969-1993); Moralia 19 (1996) n. 70-71 (M. VIDAL - F. FERRERO, *25 años de reflexión moral, 1970-1995: Ibid.*, 141-174); Le Supplément. Revue d'éthique et de théologie morale n. 200 (1997): 50 años, 1947-1997 (G. MATHON, *L'évolution de la théologie morale dans l'espace francophone d'après la revue "Le Supplément", 1947-1996: Ibid.*, n. 203 (1997) 5-46).
6. Ver o relato que fez desses trabalhos Ph. DELHAYE na *Introdução* ao livro *Morale et Ancien Testament* (Louvaina, 1976) 1-12. A publicação em castelhano dos Documentos da CTI: *Documentos. 1969-1996*. Edição preparada por C. Pozo. BAC (Madri, 1998). Deve-se destacar o documento "La moral cristiana y sus normas" (1974) (*Documentos*, 83-116).
7. Ver a apresentação de algumas figuras da Moral católica pós-conciliar em: W. NETHÖFEL, *Moraltheologie nach dem Konzil. Personen, Programme, Positionen* (Göttingen, 1987). Em concreto:
Sobre B. Häring: M. VIDAL, *Um renovador da moral católica* (Aparecida, São Paulo, 1999).
Sobre J. Fuchs: D. ABIGNENTE, *Decisione morale del credente. Il pensiero di Josef Fuchs* (Casale Monferrato, 1987).
Sobre F. Böckle: A. BONDOLFI, *Franz Böckle: biblista per indole, morlista per caso*: Il Regno/Attualità 16 (1991) 548.
Sobre A. Auer: P. CARLOTI, *Storicità e morale. Un'indagine nel pensiero di Alfons Auer* (Roma, 1989).
8. Ver as referências bibliográficas em: M. VIDAL, *Moral de Atitudes. I. Moral Fundamental* (Aparecida, São Paulo, 2000[5]) 147-151.

No começo do novo milênio da era cristã, a Teologia moral católica oferece um panorama de ótimos resultados, de claro progresso e de caminhos abertos por onde continua avançando. O resultado do pós-concílio é bastante positivo no que se refere à reflexão teológico-moral.

2. Áreas mais decisivas da renovação moral

a. Recuperação da identidade teológica perdida

A representação da Teologia moral, nos anos antes do Concílio, sofria de uma falta de caracterização teológica. Embora se auto-rotulasse, havia séculos, com o ostensivo título de *Theologia moralis*, ainda assim, a realidade manifesta não atingia o grau exigido para pertencer ao conhecimento estritamente teológico. A chamada Teologia moral:

— Reduzia-se freqüentemente a prontuários, mais ou menos desenvolvidos, de casos morais.
— Era desligada da síntese teológica geral, chegando a ser distinta da *dogmática*.
— Era organizada segundo os postulados metodológicos do direito, seguindo o processo de uma crescente juridização.

Um dos principais compromissos da renovação moral pós-conciliar consistiu em restituir a identidade teológica à moral. O Concílio expressou o desejo de que se tivesse "cuidado especial no aperfeiçoamento da teologia moral" e que para isso se conseguisse uma "exposição científica"[9]. Mais recentemente, a Congregação para a Educação Católica formulou a necessidade de esclarecer o "estatuto epistemológico" da Teologia moral[10].

De acordo com essas orientações, a reflexão teológico-moral pretendeu, por um lado, transformar-se em autêntico conhecimento ético, com todas as exigências de criticidade teórica e com todas as garantias de plausibilidade sociocultural. Por outro, busca a identidade cristã de seu objeto e a genuína razão teológica de seu discurso.

A configuração da ética teológica não deve levar à ruptura dessa mesma ética com todo o conjunto do saber teológico. Embora não se possa negar-lhe peculiaridades de método e de conteúdo, a ética teológica com-

---
9. *Optatam totius*, 16.
10. *La formación teológica del futuro sacerdote* (Vaticano, 1976) n. 96.

partilha com os outros tratados teológicos as mesmas "fontes", o mesmo "caminho" histórico e as mesmas exigências metodológicas e temáticas.

A ligação ao conjunto do saber teológico postula não somente enfatizar as conexões da moral com as outras áreas teológicas, mas também articular um conhecimento de autêntica interdisciplinaridade teológica. Se a ética teológica não consegue credibilidade científica se, interdisciplinarmente, não trabalhar com as bases racionais da ética, tampouco pode pretender a validade teológica se não agir unida à equipe do saber teológico.

Onde se conseguiu com maior sucesso a identidade teológica da moral foi na relação mais estreita com a Sagrada Escritura, e na dependência do Magistério da Igreja. Resta muito trabalho a fazer no que diz respeito à sua conexão com a Tradição da Igreja e com as diversas tradições teológicas assim como no que se refere à sua ligação com toda a síntese teológica (Dogmática, Espiritualidade, Pastoral).

b. Diálogo fecundo com a Modernidade

O que define uma época na história da Teologia moral é o macromodelo de que esta se serve para formular o conteúdo da moral cristã. O progressivo, e atualmente definitivo, abandono do modelo casuísta contou com a busca de outro modelo alternativo.

Ora, a variação do macromodelo teológico-moral provém da necessidade de adaptar o discurso moral à nova situação interna da teologia e às diferentes situações da realidade sócio-histórica. A variação ou crise da ética teológica pode ser definida como uma tentativa de *ajuste* tanto interno (reajuste teológico) como externo (resposta ao desafio da modernidade).

No item anterior referi-me ao reajuste interno, formulando-o em termos de identidade teológica da reflexão teológico-moral. Continuando, referir-me-ei ao reajuste externo, ou seja, à resposta diante do desafio da modernidade.

A modernidade, em sua dupla vertente de situação vivida e de conhecimento crítico, transformou-se em juiz insubordinado da plausibilidade do discurso teológico-moral. Na tentativa de resposta ao desafio da modernidade, a ética teológica conseguiu aumentar as cotas de sua criticidade interna e de sua plausibilidade externa. O balanço do diálogo da ética cristã com a modernidade oferece elementos positivos, entre os quais é preciso sublinhar os seguintes:

— A Teologia moral aceitou o diálogo com as correntes de pensamento próximas aos projetos humanistas da existência pessoal: vitalismo (Bergson, Ortega y Gasset); ética dos valores (Hartmann, Scheler); existencialismo (Gabriel Marcel); personalismo (Buber, Mounier); filosofia do pensamento (Levinas, Ricoeur) etc. A ética teológica saiu grandemente revitalizada desse diálogo.

— Poucas tendências filosóficas produziram tantos estudos sobre a ética no século XX como a filosofia analítica. Pois bem: desde há alguns anos, a ética teológica procurou "assimilar" as contribuições da ética analítica, mantendo um confronto crítico com ela. Os contextos nos quais mais se manifesta essa influência são a linguagem moral, o das normas e o dos juízos morais.

— Mas onde se verifica a maior e melhor reação da ética teológica diante do desafio da modernidade é na aceitação da filosofia da razão prática de Kant. Não é à toa que se projetam sobre o discurso ético de hoje as sombras de Hume e de Kant. O primeiro com a permanente advertência sobre o perigo da "falácia naturalista" e o segundo com a exigência da "autonomia" para toda ética que pretenda ser crítica. Embora o tema da falácia naturalista não tenha recebido muita atenção por parte dos moralistas, assim mesmo a exigência crítica da autonomia constitui o pilar sobre o qual pretende apoiar-se a ética teológica.

c. *Adaptação do edifício teológico-moral*

A recuperação da identidade teológica e o diálogo com a modernidade deram à Teologia moral as duas forças básicas com as quais realizou a adaptação de seu próprio edifício. A renovação pós-conciliar foi orientada pelos dois focos de luz observados: a luz proveniente da perspectiva bíblico-teológica, e a iluminação nascida dos conhecimentos antropológicos.

Nos últimos decênios os teólogos moralistas, coerentes com as orientações do Concílio Vaticano II, trabalharam com singular preocupação pelo *aggiornamento* da Teologia moral. Foi um grande trabalho de limpeza, consolidação e ampliação do edifício. Foram eliminados acréscimos espúrios, buscou-se a identidade teológica perdida, recuperou-se criticamente a Modernidade esquecida, estabeleceram-se os fundamentos dos estatutos epistemológicos do saber teológico-moral, revisaram-se os quadros conceituais e as categorias morais, alargaram-se os horizontes de interesse com a abertura às preocupações atuais da humanidade, ganharam em criticidade e plausibilidade mediante o diálogo com os conhecimentos humanos. Os mesmos conteúdos concretos da moralidade cristã, organizados em diversos tratados de ética teológica setorial (bioética, moral sexual, moral conjugal e familiar, moral social), passaram por grande revisão.

É impossível analisar aqui todos os trabalhos de adaptação, que prosseguirão na construção da Teologia moral. Remetemos aos Manuais de Teologia moral que foram aparecendo nos últimos decênios e que reúnem com suficiente amplitude as adaptações do edifício teológico-moral.

3. Balanço: "reforço das bases" da Teologia moral

Colocados no final do século XX, é preciso valorizá-lo, sobretudo no que se refere à sua segunda metade, como uma época de ouro para a Teologia moral. "Excetuando-se a escolástica do século XIII e os teólogos do século XVI, é difícil encontrar uma época na qual o estudo da moral tenha sido feito com tanto espírito inovador, com o grande desejo de dar resposta à grave crise moral de nosso tempo"[11].

Como fruto dos estudos realizados nos últimos 25 anos do século XX, pode-se falar de uma "mudança de paradigma", de uma "revolução epistemológica" e mesmo de um "reforço das bases" no campo do discurso teológico-moral. A necessidade do "reforço das bases" da Teologia moral é a conclusão à qual chega V. Gómez Mier após minucioso e original estudo sobre a mudança de "matriz disciplinar" nos Manuais de moral publicados depois do Concílio Vaticano II[12].

Talvez seja nos novos Manuais de Teologia moral que melhor se chame a atenção para a mudança de paradigma. "É um fato o de que os velhos *manuais* de Teologia Moral estão superados, de maneira que os livros de texto se distanciem claramente da exposição e estilo literário daqueles[13]". As mudanças de métodos e temas feitas a partir da renova-

---

11. A. FERNÁNDEZ, *La reforma de la Teología Moral. Medio siglo de historia* (Burgos, 1997) 19.
12. V. GÓMEZ MIER, *La refundación de la Moral católica. El cambio de matriz disciplinar después del Concilio Vaticano II* (Estella, 1995). De parecer distinto e contrário ao de V. Gómez Mier é A. BONONDI, *Modelli di teologia morale nel ventesimo secolo*: Teologia 24 (1999) 89-138, 206-243, que, depois de ter analisado - de forma sumária e com uma amostra bastante reduzida - quatro modelos de Teologia moral, chega à conclusão de que os novos delineamentos teológico-morais todavia estão situados dentro do paradigma neo-escolástico (p. 239).
13. A. FERNÁNDEZ, *o. c.*, 65.

ção teológico-moral na segunda metade do século XX obrigam a que "a exposição da Teologia Moral deva colocar-se em nível diferente dos que figuram nos *Manuais* clássicos"[14].

Dirigi três projetos de pesquisa — transformados em outras tantas teses doutorais — sobre os Manuais de Teologia moral pós-conciliar em seu todo[15], o segundo sobre os Manuais de Moral social[16], e o terceiro sobre os Manuais de Moral fundamental[17]. Acredito que os três estudos, projetados sobre uma mostra amplamente significativa e realizados com grande seriedade metodológica, demonstrem que a situação epistemológica da Teologia moral atual indique uma variação na matriz disciplinar e, conseqüentemente, uma mudança de paradigma.

II. CONTRIBUIÇÕES FUNDAMENTAIS DA ÉTICA DA LIBERTAÇÃO (= EL) AO DISCURSO TEOLÓGICO MORAL

1. Delineamento

Em ponderado balanço da teologia da libertação (= TL) entre os anos 1966 e 1976 afirmava-se no que se refere à obra de Gustavo Gutiérrez: "tarefa urgente que se manifesta nos choques da obra de Gustavo Gutiérrez é redirecionar a 'teologia moral'"[18]. Desde aquela data até hoje o panorama mudou muito no que se refere ao tratamento da teologia moral dentro dos pressupostos metodológicos e das opções temáticas da TL.

Embora seja certo, nenhum dos maiores representantes da TL elaborou um tratamento sistemático da ética teológica, mesmo assim é igualmente patente a existência de estudos, parciais e globais, sobre a Teologia moral na TL, de maneira que, com razão, se pode falar de uma "ética da libertação", entendida como o discurso teológico-moral sobre as implicações éticas da práxis libertadora dos cristãos.

Não é preciso sublinhar que a EL alimenta-se das grandes orientações teológicas saídas da TL. Entre as fontes estão as contribuições sobre:

---

14. *Ibid.*, 231.
15. É o de V. GÓMEZ MIER citado na precedente n. 12.
16. J. QUEREJAZU, *La moral social y el Concilio Vaticano II. Génesis, instancias y cristalizaciones de la teología moral social postvativana* (Vitória, 1993)
17. F. PODGA, *La Moral fundamental postconciliar* (Madri, 2000). Universidad Pontificia Comillas.
18. R. OLIVEROS, *Liberación y Teología. Génesis y crecimiento de una reflexión (1966-1976)* (Lima, 1980²) 294.

— o significado integral da salvação cristã;
— a dimensão estrutural do pecado;
— os pobres enquanto lugar preferencial de todo discurso teológico (bem como o discurso teológico-moral);
— a ligação de espiritualidade e libertação em toda práxis genuinamente cristã.

Essas e outras perspectivas teológicas, peculiares da TL, suscitaram, apoiaram e orientaram o discurso teológico no campo específico da Teologia moral. Junto às sínteses cristológicas e eclesiológicas surgiu uma poderosa e esperançosa EL como resultado do esforço teológico-moral na TL.

Não cabe aqui fazer uma exposição completa e sistemática sobre a EL[19]. O propósito das observações a seguir é descrever mais um dos dados importantes da fase pós-conciliar da reflexão teológico-moral: determinar as contribuições fundamentais que a EL ofereceu e oferece ao discurso teológico-moral geral.

A reflexão teológico-moral, sendo uma e a mesma em sua estrutura, é submetida à lei da "encarnação"; por conseguinte, precisa não somente adaptar-se às várias condições, diacrônicas e sincrônicas, da realidade humana mas também fazer uma autêntica "inculturação". Hoje são vários os enfrentamentos ou desafios de inculturação para a Teologia moral, segundo se analisará em capítulo posterior (da segunda Seção desta parte do livro). A TL é a resposta ao desafio da inculturação no Terceiro Mundo, e mais especificamente, na América Latina.

As diversas formas de inculturação do discurso teológico-moral, além de coincidirem quanto ao essencial da estrutura teológica, devem manter uma fecunda e benéfica intercomunicação, sem cair na tentação nem do despotismo avassalador nem do ciúme solipsista. Hoje mais que nunca torna-se necessária uma autêntica "aculturação" entre as diferentes realizações teológico-morais a fim de constituir, a partir do legítimo pluralismo, uma frente comum que fortaleça as convergências na unidade estrutural do discurso teológico-moral.

---

19. Para a bibliografia e para uma aproximação sumária à EL remeto a: M. VIDAL, *Moral de Atitudes. III. Moral Social* (Aparecida, São Paulo, 1995⁴) 167-171. Como introduções à EL são recomendáveis: F. MORENO, *Ética de liberación*: M. VIDAL (Dir.), Conceptos fundamentales de ética teológica (Madri, 1992) 253-267; M. H. YÁÑEZ, *Ética de liberación. Aproximación metodológica, estado de la cuestión y perspectivas de futuro*: Stromata 49 (1993) 109-183; E. DUSSEL, *Ética de liberación*: M. MORENO VILLA (Dir.), Diccionario de Pensamiento Contemporáneo (Madri, 1997) 453-461 ID., *Ética da Libertação na Idade da Globalização e da Exclusão* (Petrópolis, 2000).

Indicaram-se as "contribuições da Teologia da Libertação à Teologia em geral"[20]. Pretendo concretizar essas afirmações no campo da Teologia moral. Fixo-me, para isso, sobretudo, na EL da área latino-americana, sem esquecer a produção teológico-moral de outras áreas culturais, como a africana[21]. São muitas as características da EL que têm uma função instrutiva para o discurso teológico-moral geral. Entretanto, creio que todos eles possam ser resumidos nos seguintes: a opção preferencial pelos pobres como perspectiva básica do discurso teológico-moral, e a dimensão estrutural da realidade humana como orientação dos projetos teológico-morais.

2. A opção preferencial pelos pobres, perspectiva básica do discurso teológico-moral

A característica que define melhor a TL e que descreve melhor sua contribuição mais decisiva para a Teologia em geral é, segundo L. Boff, a de ter feito da causa do pobre a perspectiva do discurso teológico. "Em primeiro lugar, a teologia da libertação teve o mérito de colocar os pobres, seu sofrimento e sua causa como centro das preocupações. A partir dos pobres, a mensagem de Jesus aparece como boa notícia. A perspectiva dos pobres nos permite resgatar a imagem de Deus como Deus da vida, de Jesus como libertador, do Espírito como princípio da liberdade, da Igreja como povo de Deus etc."[22].

Os pobres afloram com toda força na consciência humana e na consciência cristã. Foi, sobretudo, Gustavo Gutiérrez quem colocou em destaque a "força histórica" dos pobres na sociedade e na Igreja[23]. A práxis da Igreja respondeu a esse desafio mediante sua opção preferencial pelos pobres, tal como foi formulada em Puebla (n. 1134-1165) e ratificada pelo magistério eclesiástico de hoje[24]. A teologia, por sua vez, entendeu o pobre como o "lugar teológico" que condiciona toda a síntese cristã[25].

---

20. Cf. L. BOFF, *Qué son las teologías del Tercer Mundo*: Concilium n. 219 (1988) 192-193.
21. Sobre as propostas éticas da área africana remeto ao bem informado e não menos ponderado estudo de V. GARCÍA, *Una Ética de Liberación para África* (Madri, 1999).
22. *Ibid.*, 192-193.
23. G. GUTIÉRREZ, *La fuerza histórica de los pobres* (Lima, 1979).
24. JOÃO PAULO II, *Discurso aos bispos de Peru* (4/X/1984): Ecclesia n. 2.194 (27/X/1984) 8-11; ID., *Homilía en Santo Domingo* (11/X/1984): Ecclesia n. 2.194 (27/X/1984) 12-14; CONGREGAÇÃO PARA A DOUTRINA DA FÉ, *Instrucción sobre "Libertad y Liberación"* (22/III/1996), n. 68 ("el amor de preferencia a los pobres").
25. Cf. J. LOIS, *Opción por el pobre*: M. VIDAL (Dir.), Conceptos fundamentales de ética teológica (Madri, 1992) 635-654.

É aí que se encontram a inovação metodológica e a variação temática da TL.

Ainda mais, a práxis eclesial e a reflexão teológica orientadas pela opção preferencial pelos pobres determinam uma mudança decisiva no devir histórico do cristianismo. "Com a opção preferencial pelos pobres produziu-se a grande e necessária revolução copernicana no seio da Igreja universal. Acredito sinceramente que essa opção preferencial significa a mais importante transformação teológico-pastoral acontecida desde a Reforma protestante do século XVI. Com ela se define um novo lugar histórico-social a partir do qual a Igreja deseja estar presente na sociedade e construir-se a si mesma, ou seja, em meio aos pobres, os novos sujeitos da história"[26].

A Teologia moral faz parte desse grande projeto de reforma da mensagem cristã a partir da opção preferencial pelos pobres. Igualmente para o discurso teológico-moral o pobre tem de transformar-se em "lugar ético-teológico"[27]. Eis um conjunto de aproximações que procuram explicitar o significado da afirmação anterior.

a. O lugar "a partir" do qual se organiza o discurso teológico-moral

Ao dizer-se que o pobre é o "lugar ético-teológico" preferente não se quer afirmar que o pobre seja a fonte constitutiva nem a fonte cognoscitiva da moral, mas o contexto da realidade na qual primária e fundamentalmente acontece a autêntica moralidade. A condição do pobre, enquanto tal, é o lugar privilegiado no qual se manifesta a sensibilidade ética e no qual surge a práxis moral. Tanto a sensibilidade ética como o compromisso moral passam sempre pela malha fina da situação em que vive o pobre.

A opção preferencial pelos pobres não rejeita a sabedoria moral acumulada ao longo da história da reflexão teológico-moral. Tampouco descuida ou menospreza a renovação levada a efeito na Teologia moral nos últimos decênios. Significa o lugar preferente onde se vive e se formula a moral. É a perspectiva onipresente na análise, na valorização e na tomada de posição diante de qualquer situação moral. É o "preconceito", consciente e criticamente assumido, que marca a orientação decisiva a todo o conjunto da moral.

Viver e formular a moral a partir do pobre não quer dizer que se reduza o tema ético à realidade da pobreza. Esse reducionismo seria empobrecedor e, no fundo, sem a criticidade exigida pela reflexão moral.

---

26. L. BOFF, A fé na periferia do mundo (Petrópolis, 1978).
27. M. VIDAL, *La preferencia por el pobre, criterio de moral*: Studia Moralia 20 (1982) 277-304.

Não se trata tampouco de considerar a moral com a rígida metodologia de uma "opção de classe", no estilo marxista da ortodoxia dogmática e da escolástica leninista. A opção preferencial pelo pobre não faz dos pobres uma "classe" privilegiada, portadora única do dever histórico e com pretensões de ditadura imperialista. Os interesses dos pobres não devem ser interpretados como "interesses de classe" em permanente conflito com classes opostas. A opção preferente, não excludente, pelos pobres fica muito além de toda mediação histórica e está aberta a muitas e diversas verificações táticas. Não se descarta, entre aquelas, a opção de classe; mas esta não pode ser identificada com a opção preferencial pelos pobres.

Assim, pois, a opção preferencial pelos pobres é critério de moral em sentido primordial. Nem anula as estruturas formais da ética, nem reduz o conteúdo moral ao tema do pobre, nem faz dos interesses deles uma opção de classe. Há um lugar ético prévio a esses três níveis: é o "a partir de onde" surge a práxis e a reflexão éticas. Optar pelo pobre é aceitá-lo como lugar ético primordial. Surge assim uma "forma moralitatis" identificada com os interesses do pobre.

Essa maneira de entender a opção preferencial pelos pobres leva a uma reconsideração radical da moral. A estrutura formal e os conteúdos específicos do universo ético transformam-se a partir de sua raiz. A "forma moralitatis" identifica-se com o significado ético do pobre e a função moral atua a serviço dos interesses do pobre.

b. Leitura crítica da realidade

Freqüentemente, a leitura da realidade é ingênua e não chega a descobrir as conexões que causam o mal-estar social; outras vezes, é ideológica e, por conseguinte, ocultadora da injustiça; algumas vezes, é uma leitura cínica enquanto objetiva sem pudor algum o mal-estar alheio; a maioria das vezes, a leitura da realidade social é de índole tecnocrata, ou seja, pretensamente asséptica e científica, mas, na realidade, amoral.

A partir do lugar ético do pobre não cabe nenhuma dessas leituras da realidade. A única leitura procedente é a leitura ética. Sem cair em moralismos fantásticos, de índole exclusivamente parenética ou apocalíptica, é necessário enfrentar a realidade histórica com atitude ética.

Essa atitude ética, quando surge a partir da opção preferencial pelos pobres, leva necessariamente uma marca "passional" ou pática. Não se pode ler a realidade social "sine ira et studio"; pelo contrário, é necessário fazê-lo "com ira e paixão". A ética da libertação brota da "indignação moral"; a práxis libertadora tem uma dimensão passional ou pática.

A estrutura pática da estimativa moral se identifica com a "lembrança da paixão": a lembrança dos sofrimentos dos vencidos, a solidariedade com as vítimas do presente. Ler eticamente a realidade é sentir e compartilhar o sentimento da injustiça; é padecer e compadecer a miséria dos oprimidos.

Quando a estimativa moral é caracterizada pela preferência pelos pobres, detecta a injustiça estrutural e, se for a estimativa do fiel, sabe nomear essa injustiça com a avaliação religiosa de pecado; assim o faz Puebla ao analisar a situação da América Latina (n. 28, 30, 70, 186, 328, 437 etc.).

A leitura ética da realidade a partir do pobre é da mais fecunda importância para a estimativa moral. Cria nela um recurso irreprimível de práxis libertadora. Ler a história e o presente como "lembrança da paixão" é iniciar a "narração da ressurreição".

c. Orientações metodológicas

A opção preferencial pelo pobre introduz na metodologia moral variações decisivas. A interpretação ética a partir do pobre postula uma autêntica "investigação metodológica".

A normatividade moral da Sagrada Escritura deve ser assumida a partir de uma leitura que, respeitando as leis da criticidade, aceite as referências libertadoras da fé. Não é preciso distorcer o texto bíblico para descobrir nele o dinamismo libertador da fé. Há verdadeiros "tópicos" na teologia bíblica que orientam para a leitura moral libertadora:

> 1) a mensagem do profetismo de que "conhecer a Deus é fazer justiça" (Jr 7,1-7; 22,13-16);
> 2) a constituição do critério de moralidade evangélica a partir do valor da pessoa (Mc 2,23-28) e especialmente da pessoa necessitada (Lc 10,25-27; Mt 25,31-46);
> 3) a intuição paulina do direito preferencial pelo "fraco" diante da razão do culto (1Cor 8,13; Rm 14,13-15);
> 4) a redução moral joanina à práxis do amor (1Jo);
> 5) a ressonância profética do judeu-cristianismo com sua advertência de que a "religião pura e sem mancha" está no compromisso com a justiça (Tg 1,27).

Ainda há veios não trabalhados na história da moral. Muitos deles pertencem à "memória moral" do povo. Outros são trechos da "moral narrativa" dos pobres. Há também sensibilidades éticas em favor do pobre espalhadas por sermonários, manuais de orações e livros de moral. O

Magistério da Igreja contém estimativas diretamente relacionadas com a causa dos pobres. É preciso despertar o "hemisfério sul" para a consciência moral cristã. O resto da herança moral do povo ajudará a entender e a viver a moral hoje "por trás da história" oficial, a partir dos derrotados pelo mundo, a partir dos vencidos pelo poder da injustiça[28].

A metodologia da moral baseada na ética da libertação dá atenção especial às mediações sócio-históricas do compromisso ético. Foge das mediações abstratas e idealistas. Expressa o dinamismo moral através da racionalidade crítica e utópica. Liga o ethos "revolucionário" ao ethos "reformista" de transição. Está atenta aos perigos de manipulação da consciência moral. Esses traços caracterizam decisivamente a metodologia da moral que opta pelos pobres[29].

d. Destaques no conteúdo moral

A opção preferencial pelos pobres não reduz o conteúdo da Teologia moral à pobreza. Todos os conteúdos da moral conservam seu próprio espaço e sua importância peculiar. A opção preferencial pelos pobres está em recolocar os temas a partir do lugar ético da causa dos pobres.

O critério da práxis libertadora transforma-se na sensibilidade ética onipresente que orienta o discurso teológico-moral sobre os problemas específicos de moral. O critério da práxis libertadora pode ser formulado de várias maneiras:

— Para A. Fierro concretiza-se na libertação do homem e na humanização do meio: "prática reta é aquela que cumpre com a vocação de toda prática: libertar o homem e humanizar o meio"[30].

— Para E. Dussel, na transcendentalidade radical do Outro enquanto pobre e oprimido; transcendentalidade que se concretiza "no critério absoluto da ética: 'Liberta o pobre, o oprimido!'"[31].

— Para P. Richard, na promoção da vida do pobre diante da morte imposta pelo dominador; "o critério fundamental para o discernimento ético é a vida humana do homem real concreto"[32].

---

28. G. GUTIÉRREZ, *Teología desde el reverso de la historia* (Lima, 1979) 303-394.
29. Cf. M. VIDAL, "Teología de la liberación" y ética social cristiana. Interrogantes sobre el método de la Teología Moral: Studia Moralia 15 (1977) 207-218.
30. A. FIERRO, *Sobre la religión* (Madri, 1979) 185.
31. E. DUSSEL, *¿Puede legitimarse "una" ética ante la pluralidad de morales?*: Concilium n. 170 (1981) 525.
32. P. RICHARD, *La ética como espiritualidad liberadora en la realidad eclesial de América Latina*: Moralia 4 (1982) 109.

A partir do critério da práxis libertadora deve-se articular um projeto histórico de libertação que constitua a mediação sócio-histórica da opção preferencial pelos pobres.

3. A dimensão estrutural da realidade humana, orientação para os projetos teológico-morais

A TL enfatizou a importância das estruturas sociais para a configuração da existência humana. Associada a outras "teologias da prática" (teologia política, teologia da revolução), a TL sublinhou a necessidade da mediação social da fé. Se ela quiser ter significado real no humano precisa ser mediante a sociedade.

O discurso ético surgido na TL assume com grande interesse a dimensão social e estrutural dos problemas morais de hoje. O projeto libertador que favorece a função da opção preferencial pelos pobres é condicionado pela análise estrutural das causas da injustiça. Por isso mesmo, a "ética da libertação" privilegia o método sócio-analítico frente a outros métodos de estilo mais intimista e abstrato.

A Teologia moral em geral tem de se deixar impregnar desse traço da EL e conseguir assim uma tonalidade mais estrutural do que a que teve anteriormente. Essa tonalidade deve orientar todo o trabalho teológico-moral. Dentre os traços que concretizam essa tonalidade estrutural destacam-se os seguintes:

a. A Caridade "política"

A consciência cristã, desde o Novo Testamento até hoje, passando por longa tradição de vida e de pensamento, viu na prática da Caridade a essência da moral cristã. A afirmação tradicional cobra um sentido mais profundo na EL quando coloca na Caridade sua dimensão "política".

A beligerância política da Caridade orienta a moral dos cristãos para horizontes de compromisso preferentemente social. Assim a vida teologal adquire a plenitude de seu significado no compromisso libertador da história humana. "A vida teologal do cristão tem uma dimensão social e também política que brota da fé no Deus verdadeiro, criador e salvador do homem e da criação inteira. Essa dimensão afeta a prática das virtudes cristãs ou, o que é o mesmo, o dinamismo inteiro da vida cristã. Nessa perspectiva, a dimensão social e política da caridade adquire toda a sua beleza e dignidade. Trata-se do amor eficaz às pessoas, que se atualiza na consecução do bem comum da sociedade"[33].

Ao enfatizar a dimensão "política" da Caridade, o discurso teológico-moral sublinhará estas duas funções da moral cristã:

— *A desprivatização da moral cristã*. Só pode ser garantia do "amor a Deus" o "amor ao outro", real e eficaz. Ora, a realidade e a eficácia do amor ao outro se medem por sua estrutura não privatizada. Não se concebe um ethos baseado na Caridade que se encerre no horizonte irreal de uma consideração particularizada da vida humana. O descobrimento das dimensões políticas da Caridade coincide com a desprivatização do ethos cristão.

— *Impulso "revolucionário" do ethos cristão*. A Caridade cristã perdeu muitas vezes seu dinamismo transformador. A força do amor foi apagada por motivos de falso "universalismo" ("deve-se amar a todos, ricos e pobres") e da falsa benevolência ("deve-se buscar a unidade"). Os "equívocos" aos quais se submeteu a Caridade cristã achataram o impulso "revolucionário" do ethos cristão. É preciso devolver à Caridade sua força transformadora da realidade.

b. A Justiça "radical"

Para que a Teologia moral coloque suas propostas com traços preferentemente estruturais, precisa reinterpretar a categoria ética da Justiça entendida como dinamismo moral que procura chegar à "raiz" dos problemas e propor soluções também "radicais". A partir dessa concepção "radical" da Justiça, o discurso teológico-moral propicia as duas orientações morais seguintes:

— *"Questionamento" anterior à ordem estabelecida*. Utilizou-se muitas vezes da Justiça como uma atitude ética a serviço da ordem estabelecida. Em algumas épocas da moral, o "legal" prevaleceu sobre o "ético", chegando quase a identificar-se o legal com o justo. A Justiça, assim entendida, transformava-se, em certas ocasiões, em justificação e apoio de injustiças estruturais.

Torna-se necessário recuperar a noção de Justiça como "questionamento" ético anterior aos ordenamentos jurídicos. A justiça é uma instância ética não domesticável pela ordem estabelecida; transcende-a pela capacidade crítica, que escapa a toda tentativa de mani-

---

33. CONFERÊNCIA EPISCOPAL ESPANHOLA, *Los católicos en la vida pública* (Madri, 1986) n. 60.

pulação. A Justiça é anterior, com anterioridade lógica, à construção do mundo social.

Para J. Marías "o século XX é ininteligível se não se considerar o que significam nele estas duas palavras juntas: 'justiça social'. É algo indiscutível, todo o mundo a pede: ninguém a nega, e muito menos se atreveria a opor-se a ela"[34]. Esse mesmo autor a define como a justiça "que corrige ou retifica uma situação social que envolve uma injustiça prévia que, se se mantivesse, invalidaria as condutas justas, os atos individuais de justiça"[35].

— *Orientação ética da mudança social*. Diante da concepção estática da Justiça é necessário enfatizar uma concepção dinâmica; a primeira orientação é, de preferência, jurídica, enquanto que a segunda é de caráter ético-profético. É precisamente a contribuição judaico-cristã aquela que mais enfatiza a concepção dinâmica.

A Justiça é a categoria ética capaz de "orientar" moralmente a mudança e o caráter de conflitos sociais. Por sua cor utópico-profética, a Justiça dinamiza a sociedade para a mudança e integra as possibilidades humanizadoras do caráter de conflito social.

c. O pecado "estrutural"

Essa categoria teológico-moral concorda com a consideração estrutural da moral. Precisamente, sua mais exata formulação é proporcionada pelo Magistério de João Paulo no contexto da moral social, concretamente ao definir na encíclica *Sollicitudo rei socialis* (n. 35-37) as "estruturas de pecado" como "a soma de fatores negativos, que atuam contrariamente a uma consciência do bem comum universal e da exigência de favorecê-lo" (n. 36).

O lugar onde surgiu com maior intensidade a categoria de pecado estrutural foi nos ambientes teológicos e nas declarações do Magistério da América Latina. Os documentos de Medellín (I,1; II,1; II,2) e de Puebla (n. 28, 91, 281, 482 etc.) são provas claras dessa orientação. Por sua vez, a TL, embora não deixe de falar do pecado em sua dimensão pessoal, em sua referência a Deus, e na relação com o outro, entretanto, acentua a dimensão social e estrutural da culpabilidade. No contexto de uma salvação entendida como libertação integral é difícil pensar num pecado que não tenha dimensões de solidariedade. Para a TL o pecado é a raiz e a fonte de toda opressão, injusti-

---

34. J. MARÍAS, *La Justicia social y otras justicias* (Madri, 1974) 7.
35. *Ibid.*, 11.

ça e discriminação; mas, por sua vez, o pecado se encarna fundamentalmente em toda classe de injustiças, de escravidões e de opressões.

Gustavo Gutiérrez aproxima-se da realidade do pecado na ótica da salvação integral trazida por Cristo libertador[36]. Sob essa ótica, o pecado aparece "como fato social, histórico, falta de fraternidade, de amor nas relações entre os homens e, como conseqüência, cisão interior, pessoal". Semelhante consideração descobre de forma privilegiada "as dimensões coletivas do pecado". Para Gustavo Gutiérrez o pecado "acontece em estruturas de opressão, na exploração do homem pelo homem, no domínio e escravidão de povos, raças e classes sociais". Assim se torna visível a radical iniqüidade do pecado. "O pecado surge, então, como a alienação fundamental, como a raiz de uma situação de injustiça e exploração." As alienações parciais das situações concretas pecaminosas evidenciam a alienação radical da história humana, uma alienação que postula a "libertação radical" trazida por Cristo: "Só participando do processo histórico da libertação, será possível mostrar a alienação fundamental em toda alienação parcial".

A EL, ao assumir a categoria ético-teológica de pecado "estrutural", pensa a partir dela a responsabilidade pessoal no mal moral. Reconduz, assim, a reflexão teológico-moral e a práxis cristã pelas vias da responsabilidade solidária. Já o Concílio Vaticano II advertiu que "a transformação profunda e rápida das coisas pede com mais urgência que ninguém, desatento ao curso dos acontecimentos ou entorpecido pela inércia, se contente com uma ética meramente individualista"[37].

4. Síntese

Se a Teologia moral deixa-se influenciar pelas contribuições que provêm da "ética da libertação", desenha um paradigma teológico-moral no qual se consideram as seguintes orientações:

— *Uma moral "a partir da opressão e da injustiça"*. A ética da libertação começa ao colocar-se no horizonte dos oprimidos. A opção inicial é decisiva. Dificilmente se pode qualificar de ética cristã aquela que se coloca já de início do lado do poder, uma vez que assim se torna viciada toda a síntese moral. A instância ética tem por obrigação introduzir na realida-

---

36. G. GUTIÉRREZ, *Teología de la liberación* (Salamanca, 1973) 236-238 (as citações do texto pertencem às pp. 236 e 237).
37. *Gaudium et spes*, 30.

de humana a justiça. Ora, só a partir da situação de opressão e a partir "do sofrer injustiça" se pode compreender e realizar o sentido do ethos: criar situações humanas cada vez mais justas.

— *Uma moral atenta à "suspeita de manipulação".* Os sistemas morais costumam configurar-se como esquemas justificadores da ordem estabelecida. A ética cristã deve estar atenta para não entrar nesse jogo ideológico; mais ainda, deve ser uma força de luta contra toda tentativa, aberta ou disfarçada, de converter os valores morais em sistemas justificadores de estruturas injustas. Daí todo pensamento ético libertador assumir como arbítrio e metodologia a "suspeita" e não a "ingenuidade".

— *Uma moral "da grande rejeição e do supremo ideal".* A ética da libertação, antes de propor projetos de humanidade e discutir as estratégias e táticas para conseguir os fins desejados, expressa-se mediante uma espécie de narrativa profética com o anúncio evangélico de Jesus Morto e Ressuscitado. Em Jesus Morto para defender a justiça torna-se presente a Grande Rejeição de toda exploração do homem. Em Jesus Ressuscitado se fortalece o Supremo Ideal da justiça de Deus que reabilita a quem trabalha para defender o fraco e o oprimido. A profissão de fé em Jesus Morto e Ressuscitado é ao mesmo tempo a força moral e a estrutura ética da comunidade cristã.

— *Uma moral que se expressa através da "racionalidade crítica e utópica".* Se a moral cristã quiser expressar-se como ética da libertação, precisa discernir os projetos e as táticas através de uma racionalidade crítica e utópica. Coerente com a "narrativa profética" do anúncio de Jesus Morto e Ressuscitado, o discernimento ético do fiel se expressa pelas pegadas da crítica (para realizar a "rejeição" global dos sistemas de injustiça) e da utopia (para adiantar a esperança escatológica do "ideal" da justiça). Ainda que a fé não se identifique com nenhuma forma de racionalidade humana, assim mesmo, pode e deve desqualificar as metodologias que não assumam preferencialmente a forma crítica e utópica.

— *Uma moral que ligue o ethos "revolucionário" ao ethos "reformista".* A ética da libertação formula um projeto alternativo global; diante da injustiça da "ordem estabelecida" coloca a esperança da "ordem nova". Mas "em circunstâncias em que as condições objetivas e subjetivas não permitam radicalizar prematuramente a práxis da libertação, justificam-se certas éticas reformistas 'de transição' orientadas para o alívio da opressão e para a maior humanização possível do sistema. Naturalmente, isso é válido se referidas 'éticas de transição' não se apresentarem como a ética, esquecidas de sua provisoriedade histórica e por isso mesmo condenadas a ser meros reflexos ideológico-morais da ordem estabelecida"[38].

---

38. G. GIMÉNEZ, *De la "doctrina social de la Iglesia" a la ética de liberación*: EQUIPO SELADOC, Panorama de la teología latinoamericana, II (Salamanca, 1975) 61-62.

III. A DISCUSSÃO SOBRE O PARADIGMA TEOLÓGICO-MORAL

1. Dados gerais

Este item pretende ser eco das discussões havidas no campo da Teologia moral durante a fase pós-conciliar. Elas existiram no terreno da Moral concreta (bioética, moral sexual, moral conjugal e familiar, moral social). Sobre esses debates é impossível, por motivos de espaço, fazer nem mesmo uma enumeração, quanto mais uma análise particularizada.

No que se refere ao conjunto da renovação teológico-moral pós-conciliar aconteceu uma "crise" bastante séria no final dos anos 80 e começo dos anos 90 do século XX. Sintomas dessa tensão foram, entre outros:

— A publicação dos documentos do processo levado a cabo pela Congregação da Doutrina da Fé contra B. Häring, o autor-símbolo da renovação da Teologia moral católica[39].

— A disparidade de projetos e a diversa "recepção" por parte das instâncias oficiais dos Congressos Internacionais de moral realizados em Roma no ano de 1988. O primeiro foi organizado pela Academia Alfonsiana (de 5 a 8 de abril de 1988) e versou sobre questões candentes de bioética; nele se encontravam os moralistas vinculados ao movimento de renovação moral; sofreu autênticas pressões externas[40]. O segundo foi organizado pelo Instituto João Paulo II (Universidade Lateranense) junto com o Centro acadêmico romano da Santa Cruz (9 a 12 de novembro de 1988), cujo tema foi a paternidade responsável, por ocasião dos 20 anos da publicação da encíclica *Humanae vitae*; os participantes eram moralistas preferentemente vinculados a posturas neo-conservadoras; João Paulo II fez-lhes uma alocução[41].

— A "Declaração de Colônia", assinada inicialmente por 163 teólogos e à qual aderiram mais de outros 200[42], foi uma reação às posturas de retrocesso que, segundo os teólogos que assinaram o documento, se notavam na vida da Igreja. O retrocesso também era percebido no campo da moral.

A tensão na Teologia moral dos anos 80 e 90 indicou a persistência de posturas conservadoras. E ainda manifestou a dificuldade de articular

---

39. B. HÄRING, *Fede, storia, morale* (Roma, 1989). Edição alemã: *Meine Erfahrung mit der Kirche* (Freiburg, 1989). Tradução portuguesa: *Mi experiencia con la Iglesia* (Madri, 1989).
40. Cf. M. VIDAL, *Congreso Internacional de bioética* Studia Moralia 26 (1988) 285-290.
41. Texto em: Ecclesia n. 2.405/2.406 (7 e 14/I/1989) 26-28.
42. Texto em: Ecclesia n. 2.416/2.417 (25/III e 1º/IV/1989) 40-43.

um discurso teológio-moral autenticamente pluralista, no qual coubessem diversas opções metodológicas. No fundo foi uma "crise de crescimento" da Teologia moral pós-conciliar[43].

Nos tratados de Moral fundamental também se suscitaram debates sobre questões de grande importância e interesse. Na perspectiva de historiador, L. Vereecke determina os seguintes: o debate sobre a especificidade da moral cristã; o confronto entre os modelos de uma moral cristã; a questão sobre a intervenção do Magistério no direito natural[44].

Minha opinião é de que todos esses debates estão ligados entre si. Todos podem ser analisados a partir da perspectiva de uma questão particular. Por essa razão e porque é impossível fazer referência a todas as questões debatidas, limito-me a apresentar o debate/confronto entre os modelos ou paradigmas da "autonomia teônoma" e da "ética da fé".

Uma das questões mais estudadas e debatidas na Teologia moral na fase pós-conciliar foi a fundamentação da ética teológica. Essa questão foi proposta não só como resposta aos desafios da Modernidade[45], mas também, e sobretudo, por razão da exigência interna do próprio saber teológico-moral. A Congregação para a Educação Católica formulou a necessidade de esclarecer o "estatuto epistemológico" da teologia moral[46]. Os estudos para responder aos desafios da Modernidade e para recuperar o estatuto epistemológico levaram à configuração de um novo tratado teológico-moral: o tratado da própria e específica *Moral Fundamental*.

Remetendo a outro lugar para a proposta, para a recensão de posturas e para a visão sistemática do tema[47], limito-me aqui a indicar um dado importante, que pertence à descrição da Teologia moral durante a etapa pós-conciliar. Refiro-me à discussão sobre o *paradigma* teológico-moral a utilizar para justificar e desenvolver a moral cristã. Até certo ponto, ao derredor desse debate giram as mais importantes discussões teológico-morais de caráter fundamental: relação entre racionalidade ética e fé cristã, especificidade da ética, normas morais etc.

No panorama de opções pós-conciliares sobre a fundamentação da

---

43. Sobre os dados e a avaliação desse episódio remeto a minha exposição: M. VIDAL, *Retos morales en la sociedad y en la Iglesia* (Estella, 1992) 7-25 ("¿Qué está pasando en la Iglesia con la moral?").
44. L. VEREECKE, *l. c.*, 841-842.
45. M. VIDAL, *La fundamentación de la ética teológica como respuesta al reto de la modernidad:* VÁRIOS, Modernidad y ética cristiana (Madri, 1982) 183-210.
46. *A formação teológica do futuro sacerdote* (Vaticano, 1976) n. 96.
47. M. VIDAL, *Fundamentación de la ética teológica*: M. VIDAL (Dir.), Conceptos fundamentales de ética teológica (Madri, 1992) 233-251.

moral cristã e sobre o paradigma teológico-moral houve dois predomínios e, em grande parte, um contra o outro. São as propostas da "moral da autonomia teônoma" e da "ética da fé". Nesse confronto está uma das chaves de interpretação das diferentes posturas que existem e que se opõem no campo da teologia moral católica de hoje[48].

2. As duas opções

A ética teológica, assim como a moral vivida dos cristãos, move-se no horizonte da fé. A revelação cristológica de Jesus, a aceitação da presença de Deus na história, a vivência do Espírito na comunidade dos fiéis, a certeza da esperança escatológica: são os pontos de referência e as bases de apoio para o compromisso moral dos cristãos. Não se pode entender a ética dos fiéis sem a referência a todo o universo religioso cristão.

A ética cristã se identifica, enquanto cristã, por sua referência ao universo da fé. Essa afirmação é aceita por todos os teólogos moralistas. Mas nem todos a entendem da mesma maneira.

Simplificando a diversidade de posturas, descobrem-se duas tendências na maneira de compreender e de expor a influência da fé na ética dos cristãos. Para um grupo, a fé é "fonte" de uma ética específica, a qual tem de ser entendida e vivida como uma ética própria da fé. Para outro grupo, a fé é "contexto" ou âmbito de referência para uma ética que deve ser ao mesmo tempo ética da racionalidade autônoma. A primeira postura, ao valorizar mais o papel da fé, entende a moral cristã como *ética da fé*. A segunda postura, valorizando mais o aspecto substantivo da moral, compreende a ética cristã como uma ética da *autonomia teônoma*.

a. O paradigma da "autonomia teônoma"

Creio que as tentativas mais sérias na fundamentação da ética teológica são as que, aceitando como pressuposto imprescindível a autonomia da razão ética, procuram justificar uma estrutura teônoma da ética que não impeça a autonomia moral, mas que a apóie e a favoreça. A proposta dessa fundamentação teônoma da moral cristã é considerada conforme

---

48. Sobre essa confrontação de posturas existem vários estudos monográficos: S. BASTIANEL, *Autonomia morale del credente* (Bréscia, 1980); V. MacNAMARA, *Faith and Ethics. Recent Roman Catholicism* (Dublin, 1983); E. LÓPEZ AZPITARTE, *La ética cristiana: ¿fe o razón? Discusiones en torno a su fundamento* (Santander, 1988); E. GAZIAUX, *L'autonomie en morale: au croisement de la philosophie et de la théologie* (Leuven, 1998).

as propostas neotestamentárias[49] e em continuidade com as instituições da mais genuína tradição teológico-moral[50].

Grande contingente de moralistas, católicos e protestantes (lembrar, entre os primeiros, A. Auer, F. Böckle, J. Fuchs, D. Mieth, B. Schüller), expressam de modo idêntico a dimensão ética da racionalidade cristã com a categoria de teonomia. A razão ética cristã tem, segundo esses autores, uma estrutura teônoma e portanto o discurso teológico-moral deve desenvolver-se a partir da categoria crítica da teonomia.

O ponto de partida da compreensão da moral cristã é aceitar a ordem humana com sua normatividade consistente e autônoma. Mas, ao considerar a pessoa na perspectiva da criação, é possível pensar em Deus como alguém que dá sentido e fundamenta a autonomia do homem; a ética cristã teônoma e a expressão da relação normativa de Deus com o homem, relação que não contradiz nem suprime a normatividade autônoma do homem mas antes a possibilita e lhe dá um fundamento válido.

Já há anos, ao enfatizar a dimensão teológica da *lex naturae*, afirmava Fuchs que "se a Revelação nos fala da semelhança do homem com Deus, segue-se daí que o direito natural fundamenta uma moral autenticamente teônoma", e que "as regras teônomas de moralidade do direito natural têm como característica que a determinação material do bem vem diretamente, tal como se disse, não de Deus que fala, mas do homem e de seu universo, das 'coisas' e dos 'objetos'"[51].

Mais recentemente, vários autores propuseram que se fundamentasse criticamente a eticidade cristã de acordo com a autonomia teônoma. A. Auer, embora não formule expressamente a categoria de teonomia, a aceita implicitamente ao entender a ética cristã a partir das duas chaves expressas no título de seu livro *Moral autônoma e fé cristã*[52].

É Böckle que formula mais minuciosamente a hipótese de organizar criticamente a moral cristã mediante o princípio teológico sistematizador da teonomia. Para ele, a fundamentação teônoma parece possível e até necessária a partir da compreensão do homem como criatura. O homem é autônomo mas tem uma autonomia tal que obriga a reconhecer que "só é

---

49. Cf. S. HASENSTAB, *Modelle paulinischer Ethik. Beiträge zu einem Autonomie-Modell aus paulinischen Geist* (Magúncia, 1977).
50. Cf. B. BUJO, *Moralautonomie und Normenfindung bei Thomas von Aquin* (Munique, 1979).
51. J. FUCHS, *Le droit naturel. Essai théologique* (Tournai, 1960) 65. 66-67.
52. É recomendável a leitura do apêndice que A. Auer insere na tradução italiana de sua obra e na qual faz uma retrospectiva sobre a controvertida recepção do conceito de autonomia na Teologia moral católica: A. AUER, *Morale autonoma e fede cristiana* (Cinisello Balsamo, 1991) 211-248 ("La controversa recezione del concetto di autonomia nell'etica teologica catolica").

verdadeiramente autônomo o homem que reconhece não poder colocar-se como absoluto nem enquanto indivíduo nem enquanto sociedade, um homem que vê e respeita suas limitações imanentes... uma vez que o homem não tem a compreensão total de si mesmo"[53].

A estrutura teônoma da razão cristã não é de caráter voluntarista nominalista (a moral recairia na heteronomia) mas de caráter racional (ou seja, baseada na autonomia). Por isso "o desenvolvimento dessa posição teônoma poderia situar no ponto de partida a razão, fundamentada segundo o modo de manifestar-se no ethos bíblico"[54]. Böckle acredita que o ponto decisivo para a moral não está na distinção entre "sagrado" e "profano", mas na distinção entre normatividade "teônomo-nominalista" e normatividade "teônomo-racional". Por isso, com um olhar retrospectivo, entende o processo de avaliação da moral como um passo da compreensão voluntarista-nominalista das normas para com a compreensão racional teônoma.

Böckle conclui afirmando as vantagens que a categoria de teonomia oferece para abrir a moral ao compromisso intramundano: "Na base desse princípio teológico de sistematização, precisamente porque o agir humano não tem necessidade, para ser sancionado, de decretos positivos sempre renovados da vontade de Deus, se lhe oferece a possibilidade ao mesmo tempo de se projetar e de se realizar nas estruturas racionais do mundo e de seu devir histórico concreto, sem por isso ver-se lançada a uma profundidade radical"[55].

b. O paradigma da "ética da fé"

Essa tendência[56] está de modo preferencial, embora não exclusivo, na polaridade religiosa da moral cristã. Pretende justificar a ética teológica no dinamismo próprio da fé, embora não menospreze e até considere a racionalidade humana na qual há de encarnar-se a força da fé. Fala-se da moral cristã como uma ética da fé e se enfatiza o contexto cristão, como lugar adequado para a fundamentação da moral do fiel.

A expressão "ética da fé" tem, para os autores que a propõem, dois

---

53. F. BÖCKLE, *La morale fondamentale*: Recherches de Science Religieuse 59 (1971) 340-341.
54. *Ibid.*, 341.
55. *Ibid.*, 342.
56. Cf. J. RATZINGER e outros, *Prinzipien christlicher Ethik* (Einsiedeln, 1975); B. STÖCKLE, *Grenzen der autonomen Moral* (Munique, 1974); K. HILPERT, *Die theologische Ethik und der Auionomomie-Anspruch*: Münchener Theologische Zeitschrift 28 (1977) 329-366; J. PIEGSA, *Autonomie. Moral und Glaubensethik*: Münchener Theologischge Zeitschrift 29 (1978) 20-35.

significados. Por um lado, com essa expressão, polemizam com a corrente que enfatiza o caráter autônomo (embora entendido a partir da teonomia) da moral cristã; "ética da fé" e "moral autônoma" tornaram-se as formulações de duas tendências opostas no campo da reflexão teológico-moral recente.

Por outro lado, aos autores que entendem a moral cristã como a ética da fé (lembrar, entre outros, B. Stöckle, H. Shürmann, J. Ratzinger, U. von Balthasar, K. Hilpert, J. Piegsa) pretendem justificá-la criticamente na dinâmica interna do ato de crer. Para eles, a fé cristã é um âmbito suficientemente válido a partir de si mesmo; embora deva lançar pontes de conexão (confronto, encarnação, aceitação-rejeição etc.) para a realidade e para os conhecimentos autônomos. Ora, o mundo da fé contém, segundo eles, um ethos próprio. Por conseguinte, pode-se falar fundamental e criticamente de uma ética da fé.

Essa maneira de fundamentar a moral liga-se a uma maneira peculiar de entender a especificidade da ética cristã e de expor a validade das normas éticas do Novo Testamento. Dá-se ênfase à validade absoluta destas últimas e procuram-se enfatizar os elementos próprios do ethos cristão mesmo no que se refere aos conteúdos e valores específicos.

3. Observações avaliatórias

A impressão que se tem ao ter assistido ao debate entre "ética da fé" e "ética da autonomia teônoma" é a de ver dois grupos que, insistindo na diversidade das expressões, procuram exagerar a diferença no conteúdo. É evidente que há um colorido distinto na concepção da moral cristã nas duas tendências, mas não exatamente pelo que cada uma delas afirma explícita e diretamente. Sem se referir ao substrato das posturas, as propostas diretamente morais são conciliáveis. Isso supõe que cada uma contribui com uma perspectiva no conjunto da explicação total e que, ao desejar totalizar a compreensão, caem no erro do reducionismo ou do exagero.

É necessário reconhecer o mérito da tendência da "ética da fé" por enfatizar a importância da fé na ética dos fiéis. Entretanto, não cumpre com a resposta ao problema da fundamentação da ética teológica, enquanto se encerra no âmbito da fé e a partir daí afirma quase tautologicamente a auto-avaliação do saber teológico. Por outro lado, creio que exagera a validade normativa específica das normas éticas do Novo Testamento e que afirma, também com exagero, os conteúdos éticos concretos especificamente cristãos.

Por outro lado, não se podem negar os méritos que a compreensão da moral cristã tem como "ética da autonomia teônoma" (ou "ética no contexto da fé") para formular a estrutura interna da ética teológica. Mediante essa orientação, corrigem-se as falhas provindas das formulações heterônomas, ao mesmo tempo que se insere o ethos cristão no respeito da autonomia como princípio sistematizador da fundamentação crítica. No entanto, não desconhecemos algumas desvantagens que a utilização das categorias teônomas tem: certo esoterismo terminológico, determinada propensão ao racionalismo ético, excessiva preocupação pelo formal com descuido do real, exagero da autonomia humana.

Observadas as vantagens e as desvantagens de uma e de outra tendência, pode-se aceitar a integração de ambas numa explicação dialética cujas polaridades sejam exatamente os dois traços expressamente enfatizados por cada uma das posturas.

4. Orientações e limites propostos pelo Magistério da Igreja: "teonomia participada"

A encíclica *Veritatis splendor* (1993) de João Paulo II destinou um item ao problema da heteronomia-autonomia-teonomia moral (n. 38-41)[57]. Dificilmente se pode atribuir-lhe o objetivo de propor "modelos" ou "paradigmas", com o significado que essa palavra tem nas ciências humanas e na reflexão teológico-moral. É bom lembrar o que diz a mesma encíclica sobre o respeito do Magistério diante do pluralismo sadio de opções teológicas e filosóficas, que se mantenham nos limites marcados pelo próprio Magistério: "certamente o Magistério da Igreja não pretende impor aos fiéis nenhum sistema teológico particular nem mesmo filosófico, mas, para 'guardar religiosamente e expor fielmente' a Palavra de Deus (cf. DV, 10), ele tem o dever de declarar a incompatibilidade com a verdade revelada de certas orientações da reflexão teológica ou de algumas afirmações filosóficas"[58].

As orientações e os limites indicados pelo Magistério são os três seguintes:

---

57. Ver o comentário em: M. VIDAL, *La propuesta moral de Juan Pablo II* (Madri, 1994) 78-81. Como avaliação global deste capítulo, afirma-se: "creio que este item é um dos mais lúcidos da encíclica, ao conectar com o mais valioso da tradição teológico-moral, ao dialogar com a afirmação nuclear da cultura ética moderna (autonomia) e ao ser sensível a determinados delineamentos da Teologia moral pós-conciliar que têm cuidado de integrar a racionalidad moderna com a revelação cristã mediante a proposta de uma ética teológica baseada na 'autonomia teônoma'" (*Ibid.*, 81).
58. *Veritatis splendor*, 29.

— Evitar a tentação de cair num conceito de *autonomia auto-suficiente e fechada*, ou seja, criadora da ordem moral objetiva ("a autonomia da razão não pode significar a criação, por parte da mesma razão, dos valores e das normas morais": n. 40) e sem referência ao Criador ("sem o Criador a criatura esvai-se": n. 39, citando a GS 36).

— Desprezar a *heteronomia* como fundamento da moral cristã: "se a heteronomia da moral significasse negação da autodeterminação do homem ou imposição de normas estranhas a seu bem, essa autonomia estaria em contradição com a revelação da Aliança e da Encarnação redentora, e não seria mais do que uma forma de alienação, contrária à sabedoria divina e à dignidade da pessoa humana" (n. 41).

— Afirmar, por um lado, "a atividade da razão humana quando determina a aplicação da lei natural: a vida moral exige a criatividade e a engenhosidade próprias da pessoa, origem e causa de seus atos livres" (n. 40); e, por outro lado, reconhecer que "a razão encontra sua verdade e sua autoridade na lei eterna, que outra coisa não é senão a própria sabedoria divina" (n. 40, remetendo a Santo Tomás de Aquino).

Para que se vençam as tentações e se articulem as duas afirmações, a encíclica remete a uma proposta teológica que fala "justamente" de um paradigma de *teonomia* ou de *teonomia participada*: "Há aqueles que falam justamente de teonomia ou de teonomia participada, porque a obediência livre do homem à lei de Deus implica efetivamente que a razão e a vontade humana participem da sabedoria e da providência de Deus" (n. 41).

Assim, pois, como diz Fernando Sebastián "já não tem cabimento falar de autonomia, mas tampouco de heteronomia, talvez de *teonomia* ou de *teonomia participada* conforme afirmação da *Veritatis splendor*"[59]. Grandes teólogos teriam preferido que, ao invés de radicalizar o confronto entre "autonomia", "heteronomia" e "teonomia", se tivesse colocado maior ênfase na *cristonomia*. Para Congar, a "teonomia do Deus vivente" nada mais é que a normatividade refletida em Cristo, ou seja, a cristonomia[60]. Balthasar opina que "o imperativo cristão se coloque além da problemática da autonomia e da heteronomia" e se concretize na realidade da

---

59. F. SEBASTIÁN, *Moral y pluralismo moral*: A. SARMIENTO (ed.), Moral de la persona y renovación de la teología moral (Madri, 1998) 225.
60. Y. CONGAR, *Réflexion et propos sur l'originalité d'une éthique chrétienne*: Studia Moralia 15 (1977) 40.

cristonomia[61]. Essa opção cristológica não impede que, na apreciação de outro grande teólogo, W. Kasper, se deva entender a situação do cristianismo na cultura atual com as categorias de autonomia e de teonomia[62].

IV. O MAGISTÉRIO DA IGREJA

Pode-se afirmar que não existe época alguma na história da Igreja em que o Magistério eclesiástico interveio tanto no campo da Teologia moral como no período posterior ao Concílio Vaticano II[63]. A presença hoje do Magistério moral vem para continuar e aprofundar uma orientação iniciada há dois séculos, como observa João Paulo II: "Sempre, mas sobretudo ao longo dos dois últimos séculos, os Sumos Pontífices, quer pessoalmente, quer com o Colégio Episcopal, desenvolveram e propuseram um ensinamento moral relativo aos múltiplos e diferentes âmbitos da vida humana. Em nome e com a autoridade de Jesus Cristo, eles exortaram, denunciaram, explicaram; fiéis à sua missão, nas lutas a favor do homem, confirmaram, ampararam, consolaram; com a garantia da assistência do Espírito de verdade, contribuíram para uma melhor compreensão das exigências morais nos âmbitos da sexualidade humana, da família, da vida social, econômica e política. Seu ensinamento é um contínuo aprofundamento do conhecimento moral"[64].

Não é possível fazer aqui uma exposição detalhada de todas as intervenções do Magistério da Igreja no campo da moral. Referir-me-ei aos documentos mais importantes, catalogando-os por áreas temáticas.

A área da moral social foi, sobretudo desde a encíclica pioneira de Leão XIII *Rerum novarum* (1891), um dos capítulos nos quais o Magistério da Igreja desenvolveu uma contínua e renovada presença, produzindo uma subdisciplina dentro da moral social[65]: a *Doutrina social da Igreja*. Após a constituição pastoral *Gaudium et Spes* do Vaticano II, o Magistério social aumenta mediante as seguintes interferências: *Populorum progressio* (1967),

---

61. H. U. VON BALTHASAR, *Nueve tesis (documento aprobado "in forma generica" por la Comisión Teológica Internacional)*: COMISIÓN TEOLÓGICA INTERNACIONAL, Documentos. 1969-1996 (Madri, 1998) 89-90.
62. W. KASPER, *Autonomie und Theonomie. Zur Ortbestimmung des Christentums in der modernen Welt*: H. WEBER - D. MIETH (Hrsg.), Anspruch der Wirklichkeit und christlicher Glaube. Probleme und Wege theologischer Ethik heute (Düsseldorf, 1980) 37-38.
63. Cf. H. GLEIXNER, *Moral im Überangebot? Neue Lehräusserungen der katholischen Kirche zu Themen der Moral* (Paderborn, 1997)
64. Veritatis splendor, 4.
65. Edição exeqüível dos documentos: *Once grandes mensajes* (Madri, 1991[14]), BAC

Octogesima adveniens (1981), *Laborem exercens* (1981), *Sollicitudo rei socialis* (1987), *Centesimus annus* (1991). A Congregação para a Educação Católica dá *Orientações para o estudo e o ensino da Doutrina social da Igreja na formação dos Sacerdotes* (1988). A Congregação para a Doutrina da Fé emite um documento sobre a Teologia da Libertação, no qual se insiste na dimensão do compromisso social cristão: *Liberdade e libertação* (1986).

O campo da moral familiar e da ética sexual foi privilegiado pelo Magistério da Igreja[66]. O Concílio Vaticano aprofundou os temas a partir de uma orientação claramente personalista do capítulo 1 da segunda parte da constituição pastoral *Gaudium et spes*. As incursões posteriores tentaram adaptar as orientações conciliares às novas realidades e articulá-las aos dados da doutrina tradicional: encíclica *Humanae vitae* (1968) sobre o controle da natalidade, declaração *Persona humana* (1976) sobre algumas questões de ética sexual, exortação pós-sinodal *Familiaris consortio* (1981), Carta dos *Direitos da família* (1983), instrução *Orientações educacionais sobre o amor humano* (1983), Carta apostólica *Mulieris dignitatem* (1988), *Carta às famílias* (1994).

Às questões de bioética não faltou a referência do Magistério da Igreja, sobretudo a partir de Pio XII[67]. Os principais documentos do Magistério da Igreja após o Vaticano II foram: declaração sobre o *Aborto provocado* (1974), declaração sobre a *Eutanásia* (1980), instrução *Donum vitae* (1987), encíclica *Evangelium vitae* (1995).

As duas maiores intervenções do Magistério da Igreja no terreno moral, na época pós-conciliar, foram: o *Catecismo da Igreja Católica* (1992) e a encíclica *Veritatis splendor* (1993).

A terceira parte do Catecismo destina-se à exposição da moral; tem duas novidades históricas: dar uma "moral fundamental", não existente em Catecismos precedentes (por exemplo, o de Trento), e articular a dimensão moral na fé e na vida sacramental; quanto ao mais, reúne as propostas morais concretas da doutrina oficial da Igreja[68].

A encíclica *Veritatis splendor* é o primeiro documento do Magistério da Igreja a abordar, ampla e quase sistematicamente, as questões de moral fundamental: "com efeito, é a primeira vez que o Magistério da Igreja expõe os elementos fundamentais dessa doutrina com certa amplitude, e apresenta as razões do discernimento pastoral necessário em situações práticas e culturais complexas e, por vezes, crí-

---

66. *La familia, futuro de la humanidad* (Madri, 1995), BAC.
67. *El don de la vida* (Madri, 1996), BAC.
68. M. VIDAL, *La moral cristiana en el nuevo Catecismo* (Madri, 1993).

ticas"[69]. Olhada a partir de uma perspectiva histórica, que é a que neste momento adotamos, essa encíclica[70]:

— Insere-se na orientação de renovação marcada pelo Concílio Vaticano II; nesse contexto, valoriza positivamente a renovação teológico-moral terminada na fase pós-conciliar: "o esforço de muitos teólogos, incentivados pelo encorajamento do Concílio, já deu seus frutos com interessantes e úteis reflexos sobre as verdades de fé a crer e a aplicar na vida"[71].

— Oferece uma síntese dos traços fundamentais da moral cristã segundo a Sagrada Escritura (capítulo 1): "os conteúdos essenciais da Revelação do Antigo e do Novo Testamento sobre o agir moral"[72].

— Trata "mais ampla e profundamente das questões relativas aos próprios fundamentos da teologia moral"[73], determinando os limites da ortodoxia e orientando para uma solução justa. Esses problemas estão contidos no denso e especializado capítulo 2 e se resumem nos quatro pontos seguintes: relação entre a lei e a liberdade, a consciência e a verdade, a escolha fundamental e os comportamentos específicos, e a moralidade do ato humano.

— Considera a importância da moral na vida e na missão da Igreja e fornece os critérios para articular o pensamento dos teólogos com o Magistério da Igreja (capítulo 3).

Além do Magistério moral da Santa Sé devem-se considerar os numerosos documentos dos Bispos sobre questões de moral. No capítulo seguinte referir-se-á aos Bispos espanhóis. Dignos de nota são: a Carta dos Bispos franceses aos católicos da França *Proposer la foi dans la société actuelle* (1996)[74]; e a segunda parte do *Catecismo Católico para Adultos* (1995) dos Bispos alemães[75].

---

69. *Veritatis splendor*, 115.
70. Existem muitos comentários e estudos sobre a encíclica. Um de caráter mais ou menos oficial (com bibliografia) é o de G. DEL POZO (Dir.), *Comentarios a la "Veritatis splendor"* (Madri, 1994). Remeto também ao meu: M. VIDAL, *La propuesta moral de Juan Pablo II. Comentario teológico-moral a la encíclica "Veritatis splendor"* (Madri, 1994).
71. *Veritatis splendor*, 29.
72. *Ibid.*, 28.
73. *Ibid.*, 5.
74. La Documentation Catholique 93 (1996) 1016-1044. Tradução castelhana: Ecclesia n. 2.835/ 2.836 (5 e 12 de abril de 1997) 24 ss.
75. Tradução castelhana: *Catecismo Católico para Adultos. II. Vivir de la fe* (Madri, 1998). Cf. U. RUH, *Der zweite Band des deutschen Erwachsenenkatechismus*: Herder-Korrespondenz 49 (1995) 351-355; L. P., *Fra norme e conscienza*: Il Regno 40 (1995) n. 755, p. 466; K. LEHMANN, *Valeurs éthiques consensuelles en Europe. Orientations apportées par les Églises*: Revue des Sciences Religieuses 72 (1998) 198-208.

No que diz respeito à Teologia moral, o final do século XX é marcado com o selo do Magistério da Igreja. Verifica-se assim por que se chamou de tendência a "dogmatização" na moral católica.

V. GALERIA DE MORALISTAS

As referências bibliográficas que seguem têm o objetivo de completar a descrição feita neste capítulo sobre o estado da Teologia moral na fase pós-conciliar. Daí estarem relacionados aos que foram protagonistas da recente renovação teológico-moral. Reunimos os *livros-homenagem* que se destinaram a moralistas representativos da "geração do Concílio Vaticano II". Nessas obras se encontra sintetizada grande parte do esforço realizado em favor da renovação teológico-moral católica dos últimos decênios.

F. Tillmann:
Th. STEINBÜCHEL - Th. MÜNCKER (Hrg.), *Aus Theologie und Philosophie* (Düsseldorf, 1950).
Th. Müncker:
R. HAUSER - F. SCHOLZ (Hrg.), *Der Mensch unter Gottes Anruf und Ordnung* (Düsseldorf, 1958).
B. Häring:
H. BOELAARS - R. TREMBLAY (ed.), *In libertatem vocati estis* (Roma, 1977).
J. RÖMELT - B. HIDBER (Hrg.), *In Christus zum Leben befreit* (Freiburg, 1922).
J. Fuchs:
K. DEMMER - B. SCHÜLLER (Hrg.), *Christlich glauben und handeln* (Düsseldorf, 1977).
F. Böckle:
G. W. HUNOLD - W. KORFF, *Die Welt für morgen. Ethische Herausforderung in Anspruch der Zukunft* (Munique, 1986).
R. Egenter:
J. GRÜNDEL - F. RAUCH - V. EID (Hrg.), *Humanum. Moraltheologie im Dienst des Menschen* (Düsseldorf, 1972).
K. Hörmann:
G. VIRT (Hrg.), *Spiritualität in Moral* (Viena, 1975).
L. B. Guillon:
La teologia morale nella storia e nella problematica attuale (Milão, 1982).

L. Janssens:
J. A. SELLING (ed.), *Personalist Morals* (Leuven, 1988).
Auer:
H. WEBER - D. MIETH (Hrg.), *Anspruch der Wirklichkeit und christlicher Glaube* (Düsseldorf, 1980).
R. A. McCormick:
Ch. E. CURRAN (ed.), *Moral Theology: Challenges for the Future* (Nova York, 1990).
J. Visser:
Attualità della Teologia morale. Punti fermi - problemi aperti (Roma, 1987).
D. Capone:
M. NALEPA - T. KENNEDY (a cura di), *La coscienza morale oggi* (Roma, 1987).
S. O'Riordan:
R. GALLAGHER - B. McCONVERY (ed.), *History and Conscience* (Dublin, 1989).
J. De la Torre:
J. ÁLVAREZ - M. VIDAL (Dir.), *La Justicia social* (Madri, 1993).
L. Vereecke:
R. TREMBLAY - D. BILLY (a cura di), *Historia: memoria futuri* (Roma, 1991).
J. G. Ziegler:
K.-H. KLEBER - J. PIEGSA (Hrg.), *Sein und Handeln in Christus* (St. Ottilien, 1988).
J. PIEGSA (Hrg.), *Die Gnadenmoral in der Polarität von Vernunft und Glaube* (St. Ottilien, 1998).
S. Pinckaers:
C.-J. PINTO DE OLIVEIRA (Dir.), *Novitas et veritas vitae* (Friburgo, Suíça, 1991).
R. Simon:
R. BÉLANGER - S. POURDE (ed.), *Actualiser la morale* (Paris, 1922).
W. Ernst:
K. DEMMER - K.-H. DUCKE (Hrg.), *Moraltheologie im Dienst der Kirche* (Leipzig, 1992).
K. Demmer:
F. FURGER (Hrg.), *Ethische Theorie praktisch* (Münster, 1991).
H. Rotter:
J. RÖMELT (Hrg.), *Glaube und Handeln: Christliche Existenz unter dem Anruft Gottes* (Innsbruck, 1992).

X. Thévenot:
G. MÉDEVIELLE - J. DORÉ (Dir.), *Une parole por la vie* (Paris, 1998).
G. Mattai:
A. AUTIERO (a cura di), *L'etica tra quotidiano e remoto* (Bologna, 1984).
C.-J. Pinto de Oliveira:
HOLDEREGER - R. IMBACH - R. SUÁREZ (Dir.), *De dignitate hominis* (Friburgo, Suíça, 1987).
St. H. Pfürtner:
BONDOLFI - W. HEIERLE - D. MIETH (Hrg.), *Ethos des Alltags* (Zurique, 1983).
J. Piegsa:
H. DOBIOSCH (Hrg,), *Natur und Gnade. Die christozentrisch-pneumatische Grundgestalt der christlichen Sittlichkeitslehre* (St. Ottilien, 1990).

VI. FINAL E CONTINUAÇÃO

É grande o trabalho realizado para adaptar a Teologia moral às condições do presente. Os esforços deram resultado. A situação do discurso teológico-moral desfruta de boa forma, como se pode comprovar em *Introduções* disponíveis sobre o estado da moral católica:

L. S. CAHILL - J. F. CHILDRESS (ed.), *Christian Ethics. Problems and Prospects* (Cleveland, 1996).
Ch. E. CURRAN, *The Catholic Moral Tradition Today. A Synthesis* (Washington, 1999).
HOOSE (ed.), *Christian Ethics. An Introduction* (Londres, 1999, 2ª ed.).

Entretanto, a situação presente não é uma estação de término. Talvez estejamos assistindo ao "final de uma época". Diante de nós se abre o futuro com promessas e com desafios. A moral deve fazer parte de um projeto cristão para esse futuro[76].

---

76. Cf. P. VALDIER, *Un christianisme de l'avenir* (Paris, 1999).

10

A ÉTICA TEOLÓGICA NO BRASIL

Márcio Fabri dos Anjos *

I. APRESENTAÇÃO

Um olhar sobre a ética teológica no Brasil[1] é um esforço oportuno, ao encerrar a perspectiva histórica aberta nesta seção. Mas o panorama que se abre com esse título é imenso. Pois seria interessante retomar aqui os traços marcantes de sua história, que permitiriam melhor compreensão dos tempos atuais. Ao mesmo tempo a vasta extensão territorial do país, que abriga as mais diferentes situações, exigiria não apenas periodizações históricas mas também segmentações regionais. Sabendo de antemão não poder cumprir todas essas tarefas, mas também sem esmorecer diante deste desafio, reconhecemos de início os muitos limites que devem ser assumidos para se colocar em poucas páginas uma visão geral. Muitos aspectos de relevância para o assunto, e mesmo a citação de importantes autores e obras ficarão necessariamente omitidos. Esperamos que as opções tomadas possam sugerir, até mesmo por suas lacunas, uma análise mais completa que o leitor faça para si.

No cenário deste estudo, assumimos a ética teológica como uma refle-

---

* Márcio Fabri dos Anjos — *Professor de ética teológica no Centro Universitário Assunção e ITESP (S. Paulo); especializado em ética teológica; sacerdote redentorista; ex-presidente da SOTER-Sociedade Brasileira de Teologia e Ciências da Religião.*

1. Por gentileza do autor Prof. Marciano Vidal, este texto substitui na edição brasileira o capítulo da obra original em espanhol intitulado "La ética teológica en España" in: VIDAL, Marciano. *Nueva Moral Fundamental. El hogar teológico de la ética.* 2ª edição, Bilbao: Desclée de Brouwer, 2000, p. 557-572. Agradecemos ao Prof. José Oscar Beozzo suas contribuições, especialmente na área de história.

xão elaborada por *sujeitos* concretos, pessoas e grupos, em um contexto histórico *evolutivo*, com as riquezas e *condicionamentos* de seu momento cultural. Da experiência de vida individual e social surgem os apelativos ou *desafios* para a reflexão. Dessa forma, procuramos superar alguns lugares-comuns quando se fala de ética teológica. Entre estes, estaria o pressuposto de que sua reflexão se encontre apenas entre o clero, e que seu conteúdo deva ser reduzido a um conjunto de princípios imutáveis que subsidiam a reflexão. Procurando colocar a ética teológica na relação com os sujeitos, condições e desafios implicados em sua elaboração, acreditamos poder recuperar melhor a riqueza de sua complexidade e de seu dinamismo.

Fé e vida estão implicadas nesta elaboração. Como diz Marciano Vidal, "o cristianismo não é essencialmente uma moral. Nem pertence ao tipo de religiões que, como o budismo, atuam como 'sabedorias morais'. O cristianismo é fundamentalmente um âmbito de sentido transcendente (fé) e de celebração religiosa (simbólica sacramental). Entretanto, cabe ao cristianismo, como um elemento imprescindível, realizar uma práxis histórica em coerência com a fé e com a celebração cultual. Caso contrário, o cristianismo seria uma realidade 'alienada' e 'alienante'. (...) A moral vivida do cristianismo não é senão a *mediação práxica* desta fé e desta celebração"[2].

É oportuno lembrar então que a ética teológica se distingue da moral vivida. Esta acolhe as práticas cotidianas de âmbito individual e familiar, como também as organizações e estruturações da vida social. Ao se refletir criticamente sobre essas, constrói-se um "saber ético"[3]. Em âmbito teológico, quando a moral "vivida" passa a ser moral "pensada", então nos encontramos com a *teologia moral* ou, como parece melhor e se prefere dizer hoje em dia, com a *ética teológica*[4].

Nesse processo estão implícitos os elementos indicados acima, e que, entre outros, são responsáveis pela caracterização do pensamento da *ética teológica* no Brasil: quem são os *sujeitos* aqui portadores da moral vivida, que por sua vez está sendo refletida por quem; quais problemas e desafios estão sendo experimentados por estes sujeitos em seu viver e trazidos para a reflexão; quais os principais condicionamentos e mesmo incoerências são experimentadas pelos sujeitos nos diferentes momentos históricos e culturais; como crescem dinamicamente a moral vivida e a reflexão. Iremos considerar esses aspectos tomando por referência apenas a Igreja Católica.

---

2. VIDAL, Marciano. *Nueva Moral Fundamental*, p. 557.
3. Ibidem, p. 558, citando CORTINA, Adela. *Ética filosófica*. In VIDAL, Marciano (org.) Conceptos fundamentales de ética teológica. Madri (1992), p. 145-166.
4. VIDAL, Marciano. *Nueva Moral Fundamental*, p. 558.

Aqui estão alguns pontos de atenção do olhar que levantamos sobre a ética teológica no Brasil. Ao explicitá-los, percebe-se um programa amplo e desafiador de pesquisa que não é possível realizar em poucas palavras. Mas com isso podemos desenhar as linhas do horizonte que vislumbramos, e transformar esses poucos dados, aqui oferecidos, em sugestão e incentivo para se descortinarem outros cenários mais precisos. Desse modo, a metodologia que buscamos aplicar neste estudo se torna tão importante, quanto os conteúdos apresentados.

II. HERANÇAS SOCIAIS E ECLESIAIS ANTERIORES AO CONCÍLIO VATICANO II

Para se compreender melhor os caminhos e a qualidade da ética teológica em nosso contexto há que se ter em conta o *ethos* social em que ela se insere e a história da moralidade brasileira. De fato, o Brasil é um país que entra no século 21 com uma população quase totalmente cristã e com uma larga maioria que ainda o leva a ser considerado o maior país católico do mundo[5]; entretanto, desde os primórdios de sua colonização, convive com uma brutal desigualdade que, na mesma virada do século, coloca 47% das riquezas do país nas mãos de 10% da população mais rica[6], deixando cerca de 37% da população do país em situação de pobreza[7].

Isso se dá naturalmente num ambiente propício em que muita gente se acostumou com as desigualdades. A herança cultural proveniente dos tempos coloniais sedimentou uma moralidade assentada sobre a escravatura. Esta foi abolida há pouco mais de cem anos, mas continua reproduzida em forma de salários indignos ou transformada em discriminação racial, exclusão social e mesmo em novas formas de trabalho escravo. Por muito tempo o país amargou uma baixa auto-estima que o deixou vulnerável às diferentes formas de dependências socioculturais. Terra de cordialidade, alegria, carnaval e futebol. Mas frágil em cidadania e responsabilidade social por parte de suas elites, numa particular forma de insensibilidade social perante as desigualdades e a miséria. Os sentimentos de solidariedade, sem dúvida muito

---

5. WANIEZ, Philippe; BRUSTLEIN, Violette; JACOB, César Romero et alii. *Geografia da filiação religiosa no Brasil*. In: MAGIS. Cadernos de Fé e Cultura n. 1. Rio de Janeiro: Centro Loyola de Fé e Cultura, 2002, p. 206-207. Segundo os dados, em 1890 a população católica somava 98,8% do total, caindo no ano 2000 para 73,8%.
6. NATALI, J. Batista, *Brasil é o país mais desigual da AL*. Folha de S. Paulo 14-11-1998, 1/12.
7. Dados da CEPAL - Comissão Econômica para a América Latina. In: OESP, São Paulo, ano 123, n. 39833, 2002, p. A13.

ricos, se circunscrevem em grande parte ao círculo de relações interpessoais ou micro-institucionais, com troca de favores, sem conseguir chegar com eficiência às estruturas que regem a grande sociedade.

A herança moral advinda dos tempos coloniais carrega as marcas do poder se sobrepondo à ética. Igreja e teologia estão ali envolvidas de uma forma tensa[8]. Cabe aqui, a título de ilustração evocar, entre tantos documentos antológicos, a carta do Padre Antônio Vieira, de 1691, a um conselheiro do rei de Portugal sobre assistência pastoral, a ser dada por um padre, no quilombo de Palmares. Vieira argumenta em contrário apresentando, entre outras, uma "razão fortíssima e total, porque sendo rebelados e cativos, estão e perseveram em pecado contínuo e atual, de que não podem ser absoltos (*absolvidos*), nem receber a graça de Deus, sem se restituírem ao serviço e obediência de seus senhores, o que de nenhum modo hão de fazer. Só um meio havia eficaz e efetivo para verdadeiramente se reduzirem (*viverem em quilombos*), que era concedendo-lhes S.M. e todos os seus senhores espontânea, liberal e segura liberdade, vivendo naqueles sítios como os outros índios e gentios livres, e que então os padres fossem seus párocos e os doutrinassem como aos demais. Porém esta mesma liberdade assim considerada seria a total destruição do Brasil, porque conhecendo os demais negros que por este meio tinham conseguido ficar livres, cada cidade, cada vila, cada lugar, cada engenho, seriam logo outros tantos Palmares, fugindo e passando-se aos matos com todo o seu cabedal, que não é outro mais que o próprio corpo"[9].

Como se percebe, a reflexão teológica se mostra entrelaçada com a estrutura social. O fugir da escravidão é um pecado imperdoável. No célebre sermão da Epifania (1662), Vieira paradoxalmente já apontava o que chamou de "tentação", ou seja, "que aos Ministros do Evangelho pertença só a cura das Almas, e que a servidão e cativeiro dos corpos sejam dos Ministros do Estado". Este seria, segundo Vieira, o que quer Herodes, mas "não é esse o governo de Cristo". E mais adiante acrescenta: "assim como dividir as Almas dos corpos é matar, assim dividir estes dois cuidados é destruir"[10]. Aqui está uma amostra do desafiante contexto histórico para a construção da fidelidade evangélica em teoria e prática.

O ethos sociocultural que daí deriva leva dessa forma ao cultivo por outro lado também formas de resistência, entre as quais se destacam a

---

8. Cf. BEOZZO, José Oscar. *Evangelho e escravidão na teologia latino-americana*. In: RICHARD, Pablo (org.) *Raízes da teologia latino-americana*. São Paulo: Paulinas (1988), p. 83-122.
9. VIEIRA, António, *Carta CCLVI. A Roque Monteiro Paim 1691 - 2 de julho*. In: AZEVEDO, J. Lúcio (org.) *Cartas*. Vol. III. Lisboa: Imprensa Nacional-Casa da Moeda, 1997, p. 639. As expressões grifadas são nossas.
10. VIEIRA, Antonio. *Sermão da Epifania: na capela real. Ano 1662*. In: PÉCORA, Alcir (org.) *António Vieira. Sermões*. 2ª edição. São Paulo: Hedra (2001), tomo I, p. 613-614.

passiva e a manhosa. Aquela leva à resignação; e a manhosa desenvolve a criatividade do "jeitinho brasileiro", para contornar os problemas mesmo sem superar suas causas[11]. O povo, com uma pitada de humor, resumiu essa situação no ditado "quem pode, pode; quem não pode se sacode". Quem *pode* política e economicamente, também *pode* moralmente. Quem não pode de nenhuma forma, deve encontrar um *jeito*[12].

Com essas rápidas observações sobre um passado histórico tão amplo e complexo queremos chamar a atenção para os limites da reflexão cristã que acompanha essas vivências. Há uma pesada crítica afirmando que nesse contexto a própria formulação da fé, sob certos aspectos, acabou se subordinando aos interesses de poderes dominantes[13]. Segundo essa percepção, a Igreja cultivou em grandes linhas uma fidelidade à fé cristã de perfil mais intimista e individual, com propostas morais marcadas por uma preocupação comportamental e pelo sentido de pecado e culpa, com especiais ênfases em questões sexuais[14]. Mas avançou menos nas exigências societárias da fé. Participou assim do "amplo e profundo processo de 'moralização' da fé" que ocorreu no mundo ocidental católico, sobretudo na etapa que vai do Concílio de Trento (1545-1563) até o Concílio Vaticano II (1962-1965)[15].

Sobre os sujeitos e agentes implicados na ética teológica, é interessante destacar dois grupos. Um que se refere às propostas e às práticas morais "oficiais" entendidas como mais próximas do ideal cristão; e outro referente às práticas do cotidiano, com propostas morais em geral implícitas, que configuram um distanciamento da "moral oficial". A segunda vertente dessa "dupla moral" tem sido explorada em pesquisas históricas mais recentes, particularmente em espaços acadêmicos não teológicos[16]. Uma tendência dominante da primeira vertente é desqualificar a segunda como permissiva, desprovida de fundamentação teológica e simplesmente "imoral".

Mas exatamente porque vivências e reflexão interagem na construção da

---

11. Há interessantes estudos sobre esse aspecto, como DAMATTA, Roberto. *Conta de mentiroso: sete ensaios de antropologia brasileira*. Rio de Janeiro: Rocco (1993). IDEM, *Carnavais, malandros e heróis*. Rio de Janeiro: Zahar (1980).
12. Cf. LEERS, Bernardino. *Jeito brasileiro e norma absoluta*. Petrópolis: Vozes (1982).
13. AZZI, Riolando. *Razão e fé: o discurso da dominação colonial*. São Paulo: Paulinas (2001).
14. Cf. ALMEIDA, Ângela Mendes. *O gosto do pecado: casamento e sexualidade nos manuais de confessores dos séculos XVI e XVII*. Rio de Janeiro: Rocco (1992).
15. VIDAL, Marciano. *Nueva Moral Fundamental*, p. 558.
16. Cf. a título de exemplo DEL PRIORE, Mary. *Ao sul do corpo: maternidades e mentalidades no Brasil colonial*. Rio de Janeiro: José Olympio (1993). MARCÍLIO, Maria Luiza (org.) *Família, mulher, sexualidade e Igreja na história do Brasil*. São Paulo: Loyola 1993. VAINFAS, Ronaldo. *Trópico do pecado: Moral, sexualidade e inquisição no Brasil*. Rio de Janeiro: Campus (1989).

ética teológica, talvez com mais cautela, se devesse também perguntar até que ponto a reflexão conseguia ter proximidade suficiente com as reais condições da vida do povo, transformando os referenciais da fé em propostas realizáveis. De fato, até hoje vemos que os ideais de moralidade e as possibilidades de sua realização passam diferentemente pelas classes sociais que deles se ocupam. Daí a diferença entre o comportamento moral restritivo que se exige da "sinhazinha" e a permissividade com que se julga normal o tratamento e o comportamento da escrava. Há propostas claramente diferenciadas neste campo, como na obra de Jorge Benci, que abre horizontes éticos acomodando a relação entre cristãos senhores e escravos[17]. Assim, a "dupla moral" estaria pelo menos suscitando: primeiro a pergunta sobre a proximidade das propostas da fé com as condições de vida das pessoas; e segundo, uma análise ético-teológica da própria construção das diferenças entre as pessoas[18].

Os veículos principais dos agentes da reflexão ética teológica são diversificados nos tempos coloniais. Para a formação do clero, os tratados de moral se centram gradativamente nos manuais para confessores, elaborados na Europa, e escritos em latim. Dirigidos para o povo em geral, destacam-se os sermões e escritos espirituais como as obras de Manuel Bernardes e Antonio Vieira, em que o clero se torna principal protagonista. Mas é interessante notar a participação de moralistas[19] fora dos quadros clericais, entre os quais Nuno Marques Pereira[20], cuja obra recebeu cinco edições no século 18.

Como de modo geral no catolicismo ocidental, a teologia moral dessa época, marcada por seu endereçamento a preparar confessores, é casuísta, mistura-se em grande parte com o direito canônico e é desenvolvida basicamente pelo clero. No Brasil, acompanhando tardiamente a tendência

---

17. BENCI, Jorge. *Economia Cristã dos Senhores no Governo dos Escravos*, 4ª edição. São Paulo: Grijaldo (1977).
18. Cf. outros dados em HOORNAERT, Eduardo (org.) *História de Igreja no Brasil*. Primeira época. 4ª ed. Petrópolis: Vozes-Paulinas (1992); BEOZZO, J. Oscar (org.) *História da Igreja no Brasil*. Segunda época. A Igreja no Brasil no século XIX. Petrópolis: Vozes (1980). AGOSTINI, Nilo, *Moral e cristianização no Brasil colonial e neocolonial*. In: IDEM, *Ética e Evangelização*: a dinâmica da alteridade na recriação da moral. 3ª edição. Petrópolis: Vozes (1999), p. 47-81.
19. Cf. JUNQUEIRA, Celina. *Os moralistas do Brasil no séc. XVIII*. Rio de Janeiro: PUC - Documentários (1979).
20. PEREIRA, Nuno Marques. *Compêndio narrativo do Peregrino da América*. Tomos I-II. Rio de Janeiro: Academia Brasileira de Letras (1988) (1ª edição em 1728). Essa obra mereceu um rico estudo de ARAÚJO, Claudete Ribeiro de. *Imagens, cotidiano e doutrinas na colônia*: Uma abordagem de gênero sobre discursos e vivências morais no século XVIII. São Paulo: PUC (1998). (Dissertação de Mestrado; programa de História); Idem, *Entre o combate ao mundo e a conquista do paraíso*. São Paulo: Faculdade de Teologia N. Sra. Assunção 2001 (Dissertação de Mestrado em Teologia).

na Europa de fazer chegar ao povo os tratados de teologia moral, somente pouco antes do Concílio Vaticano II aparecem pequenos manuais traduzidos para o Português[21].

III. RENOVAÇÃO

O Concílio Vaticano II (1962-1965) é sem dúvida a grande referência para se falar da renovação da ética teológica na Igreja de modo geral e também no Brasil[22]. Mas se considerarmos a importância da vivência que referenda a reflexão ética é preciso reconhecer a contribuição da Ação Católica nos primórdios dessa renovação. O mais significativo de sua contribuição talvez tenham sido as novas características da relação entre os postulados da fé e a vida em sociedade.

O significado do próprio Concílio para a renovação da ética teológica está bem analisado nos capítulos anteriores desta obra. A exposição sistemática das principais linhas da "moral renovada" chegou ao Brasil, durante o próprio Concílio, através da antecipação propiciada pela obra de Bernhard Häring, *A Lei de Cristo*[23]; e a seguir, especialmente através dos manuais de Teologia Moral de B. Häring[24], Marciano Vidal[25], e de Rincón Orduña, R.; Mora Bartres, G. e Lopez Azpitarte[26].

A aplicação do Concílio na América Latina e Caribe, gerando uma reflexão ético-teológica mais próxima e original para o contexto brasileiro, veio através das Conferências latino-americanas de Medellín (1968)[27], Puebla (1979)[28] e Santo Domingo (1992)[29]. Na verdade, esses eventos marcam

---

21. Cf. p. ex. BUJANDA, Jesus. *Teologia Moral para os fiéis.* (Edição para Portugal e Brasil.) Porto: Livraria Apostolado da Imprensa. 1956. DEL GRECCO, Teodoro da Tôrre. *Teologia Moral:* compêndio de moral católica para o clero em geral e leigos. São Paulo: Paulinas (1959).
22. Sobre a participação dos Bispos do Brasil no Concílio, veja BEOZZO, José Oscar. *Padres Conciliares Brasileiros no Vaticano II: participação e prosopografia 1959-1965.* Tese doutoral em História Social defendida pela USP - Universidade de São Paulo, São Paulo (2001).
23. HÄRING, B. *A lei de Cristo.* Vol. 1,2,3. São Paulo: Herder (1960-1961).
24. HÄRING, B. *Livres e Fiéis em Cristo:* Teologia Moral para sacerdotes e leigos. São Paulo: Paulinas (1979-1984).
25. VIDAL, M. *Moral de Atitudes,* vol. I, II (1-2), III. Aparecida: Santuário, 1978-1995 (em diferentes edições).
26. RINCÓN ORDUÑA, R. et alii. *Práxis Cristã,* vol. 1,2,3. São Paulo: Paulinas (1983-1988).
27. CONCLUSÕES da Conferência de Medellín - 1968. Texto oficial (edição revisada com comentários em anexo). São Paulo: Paulinas (1998).
28. III CONFERÊNCIA Geral do Episcopado Latino-Americano. *A evangelização no presente e no futuro da América Latina. Conclusões: Puebla.* São Paulo: Loyola (1979).
29. V CONFERÊNCIA Geral do Episcopado Latino-Americano. *Santo Domingo: Conclusões.* São Paulo: Loyola (1993).

décadas sucessivas de intensa reelaboração de sentidos e de renovação nos métodos teológicos, cujas contribuições merecem aqui alguns realces.

Com *Medellín*, dá-se um grande passo na aproximação entre a moral vivida ou "realidade" da vida do povo na sociedade e na Igreja, com as formulações da fé, em termos de princípios, critérios, opções de leitura da realidade e propostas de ação. Notam-se melhor as distâncias e assimetrias entre as práticas da realidade e as formulações teóricas; cresce a consciência em se apurar o instrumental de leitura da realidade para uma leitura propositiva da ética teológica mais adequada ao contexto. A ênfase das preocupações éticas se volta para as estruturas da vida social e para as opções fundamentais que regem as pessoas e suas instituições.

Com *Puebla*, desdobram-se os avanços do período anterior, tendo um importante eixo na identificação dos *sujeitos* da ética teológica, em suas vivências e em suas práticas teóricas. A grande pergunta, sobre o *pobre* e seus rostos concretos, leva a mudanças metodológicas, a conclusões teóricas e a propostas de ação que caracterizam a reflexão ética em seu conjunto. As Comunidades Eclesiais de Base se tornam uma importante referência sobre cujas práticas estabelecer a reflexão ética à luz da fé. O significado ético da *opção pelos pobres*, bem explicitado nos capítulos anteriores desta obra, se mostra um importante critério na construção da ética da libertação, como resposta a um mundo atolado em profundas injustiças.

Com *Santo Domingo*, ganham ênfase as preocupações pela *identidade cultural* dos diferentes sujeitos e a correspondente incidência deste fato na elaboração da ética teológica em seu conjunto. A compreensão da identidade cultural, como desafio para a ética, avança bem além do realce dado até então às mulheres, indígenas e afro-descendentes. Abre-se para uma pluralidade maior de sujeitos na complexidade do tecido sociocultural. Como ocorre aliás de modo geral no Ocidente, a ética teológica se defronta com questões trazidas pela modernidade, particularmente com a autonomia dos sujeitos, a pluralidade social, as novas relações antropológicas desencadeadas pelos avanços tecnológicos, e as assimetrias que perpassam todo esse processo.

Acompanhando essas evoluções sociais e eclesiais, a reflexão da ética teológica do Brasil também teve sua evolução, buscando se renovar, procurando dar respostas próprias aos desafios de seu contexto, e construindo dessa forma seu perfil próprio[30].

---

30. Ver algumas análises de diferentes períodos em SNOEK, Jaime, *La théologie morale au Brésil aujourd'hui*. In: STUDIA MORALIA (Roma), vol. 19, ano 1981, p. 51-65. MOSER, Antonio, *Como se faz T. Moral no Brasil hoje*. In: REV. ECLESIÁSTICA BRASILEIRA, vol. 44, ano

IV. RUMOS ATUAIS DA ÉTICA TEOLÓGICA NO BRASIL

Para desenhar os atuais rumos da ética teológica no Brasil, gostaríamos de chamar a atenção para quatro dimensões inter-relacionadas: a) os diversos agentes da elaboração, com sua correspondente pluralidade de experiências, percepções e produções; b) o contexto social atual, especialmente tendo em conta o avanço das ciências e tecnologias, as novas relações humanas e ambientais com incríveis possibilidades, mas também com antigas e novas formas de injustiça e exclusão; c) a crise de sentidos e significados que se desencadeia nessas mudanças; d) o desafio de se ter uma metodologia capaz de levar a ética teológica a cumprir adequadamente seu papel diante dos processos de vida atuais. Colocamos com isso apenas um marco metodológico, em torno do qual fazemos alguns realces.

É interessante perguntar inicialmente sobre os agentes da reflexão e elaboração da ética teológica no Brasil hoje. Há a esse respeito um crescimento da consciência de que os sujeitos sejam chamados a participar do processo da elaboração ética e não se reduzam a simples consumidores de seus resultados. As contribuições de Paulo Freire[31] exerceram certamente um apreciável influxo nessa direção. É sintomático, neste sentido, que teólogos e teólogas tenham recebido nestas últimas décadas o título de "assessores" em seus trabalhos junto aos diferentes grupos, inclusive em ambientes de bases populares. Mesmo distinguindo os diferentes âmbitos e tipos de elaboração, já não se podem menosprezar elaborações menos acadêmicas. Torna-se assim mais fácil reconhecer a reflexão ética teológica expressa em documentos como os dos encontros de Comunidades Eclesiais de Base, grupos de Mulheres, grupos Afro-Brasileiros e semelhantes.

Dada a atual importância da interdisciplinaridade, cumpre ainda lembrar neste momento a participação de agentes mais ou menos indiretos através das principais ciências que contribuem na elaboração

---

1984, p. 243-264. ANJOS, Márcio Fabri dos, *Teologia Moral na AL. Significado de um Congresso*. In: STUDIA MORALIA (Roma), vol. 26, n. 1, ano 1988, p. 131-137. ANJOS, Márcio Fabri dos, *Ética Teológica em prospectiva na América Latina*. In SUSIN, Luiz Carlos (org.) *Sarça Ardente*: Teologia na América Latina: prospectivas. São Paulo: Paulinas-Soter (2000), p. 333-351.

31. Particularmente FREIRE, Paulo, *Pedagogia do oprimido*. 17ª ed. São Paulo: Paz e Terra (1987); IDEM, *Educação como prática da liberdade*. 12ª ed. São Paulo: Paz e Terra (1981). Ver ainda IDEM, *Pedagogia da indignação*. São Paulo: UNESP (2000); IDEM, *Pedagogia da autonomia*. São Paulo: Paz e Terra (2002).

teológica. Neste sentido, a Teologia da Libertação, ao acentuar as exigências éticas implicadas na relação entre fé e realidade, trouxe para a elaboração da ética teológica inumeráveis colaboradores de outras disciplinas teológicas, particularmente da exegese e da teologia dogmática, que passam a desenvolver dimensões éticas em suas reflexões. Entre as contribuições vindas de outras ciências, destacam-se as filosóficas, onde vale lembrar alguns autores e obras. Enrique Dussel[32], embora não brasileiro mas muito lido nos meios teológicos nas décadas de 80 e 90, foi um autor significativo neste sentido; e através dele E. Lévinas. Entre os autores nacionais destacam-se ultimamente, nos âmbitos da teologia, Lima Vaz[33] e Manfredo Araújo de Oliveira[34]. Outras áreas do conhecimento, como história, psicologia e ciências do social de modo geral, apresentam igualmente autores e contribuições importantes no contexto da reflexão teológica nacional, cujas citações não cabem aqui. Mas essa simples menção ajuda a reconhecer a pluralidade de agentes da elaboração ética e sua construção interdisciplinar.

O contexto social brasileiro é, por sua vez, um fator provocativo da elaboração ética teológica em torno a temas específicos. Façamos apenas alguns destaques. Já lembramos acima como, a partir de suas experiências particulares ou mesmo regionais, diferentes grupos elaboram suas contribuições. As desigualdades sociais, passando pelo trabalho e desemprego[35], pobreza e exclusão social, continuam suscitando estudos que analisam as propostas éticas do Evangelho em tempos de mundialização e neoliberalismo[36]. Os avanços tecnológicos e deslocamentos culturais pro-

---

32. DUSSEL, Enrique, *Para una ética de la liberación latinoamericana*, t. II: Eticidad y Moralidad. Buenos Aires: Siglo XXI, 1973. Em português: *Para uma ética da libertação latino-americana*. t. II: *Eticidade e Moralidade*. São Paulo: Loyola-Piracicaba: UNIMP (1982). Caminos de Liberación latinoamericana, t. II: Teología de la Liberación y Ética Latinoamericana. Buenos Aires, 1974. Em português: Caminhos de libertação latino-americana, t. II: História, Colonialismo e Libertação. São Paulo: Paulinas (1985).
33. VAZ, Henrique Lima, *Escritos de Filosofia IV - V*. Introdução à ética filosófica. São Paulo: Loyola (1992).
34. OLIVEIRA, Manfredo Araújo, *Ética e racionalidade moderna*. São Paulo: Loyola (1993); IDEM, *Ética e sociabilidade*. São Paulo: Loyola (1993); IDEM, *Economia e ética*. São Paulo: Ática (1995), entre outras.
35. BEOZZO, José Oscar, Reflexão ético-teológica sobre o econômico a partir do trabalho à luz do ensino social da Igreja, in CNBB - *Semana Social Brasileira. O Mundo do Trabalho: Desafios e Perspectivas*. São Paulo: Edições Paulinas (1992), p. 127-152. BEOZZO, José Oscar (org.), *Trabalho, Crise e Alternativas*. Curso de Verão/CESEP, Ano IX São Paulo: Paulus (1995).
36. Cf. Pe. COMBLIN, José, *O neoliberalismo, ideologia dominante na virada do século* (Teologia e libertação, série VI, I). Petrópolis: Vozes (2000).

vocam particularmente reflexões em torno de bioética[37], ecologia[38] e tematizações antropológicas[39]. Aqui também se percebe um intenso diálogo da reflexão ética com as respectivas áreas do conhecimento capazes de contribuir na avaliação ética de realidades complexas.

Sob o ponto de vista de metodologia, a ética teológica no Brasil sedimentou um modo interdisciplinar de proceder, como já observamos. Carrega expressiva fundamentação bíblica, conforme solicitou o Concílio Vaticano II (*Optatam Totius* n.16); e, certamente por exigências do contexto, movimenta-se em intenso diálogo com ciências do social. Pode-se dizer que a atitude metodológica, conhecida como *ver-julgar-agir*, exerce uma persistente influência levando a colocar as formulações de critérios diante do espelho da realidade dos indivíduos e da sociedade; e com uma preocupação pastoral. Isso tem levado o tom do discurso ético a ser em boa parte mais propositivo que teórico, e a tornar o debate em ética teológica bem menos freqüente.

Em termos mais especificamente epistemológicos, seria útil um estudo sobre as principais correntes de pensamento que mais têm influenciado a elaboração ética teológica no Brasil e seu perfil atual. Analisar também as diferentes raízes da ética teológica quando elaborada para o interno da Igreja, especialmente na formação presbiteral e no encaminhamento de questões pastorais, e quando elaborada em vista do diálogo na grande sociedade. Esses estudos, em parte realizados em filosofia[40], poderiam facilitar não apenas a compreensão dos motivos de tensões sobre critérios do juízo ético no interno da Igreja, mas também tornar mais compreensível e eficiente o discurso ético teológico na sociedade.

Houve esforços no Brasil, para se condensar a reflexão teológica da ética cristã, em estilo de coleção, como alternativa ao *manual*. Foi significativo o esforço da coleção "Teologia e Libertação", que gerou entre outros uma obra de T. Moral fundamental[41], uma de T. Moral social funda-

---

37. ANJOS, Márcio Fabri dos, *Bioética nas desigualdades sociais*. In GARRAFA, Volnei; COSTA, Sérgio F. Ibiapina (org.) *A bioética no século XXI*. Ed. UNB, Brasília (2000), p. 49-65. MARTIN, Leonard M., *Os Direitos Humanos nos Códigos Brasileiros de Ética Médica:* Ciência, Lucro e Compaixão em Conflito, São Paulo: Loyola, São Paulo (2002); PESSINI, Leo; BARCHIFONTAINE, Christian, *Problemas atuais de Bioética*. 5ª ed., São Paulo: Loyola / S. Camilo (2000).
38. BOFF, Leonardo. *Ecologia, mundialização e espiritualidade*: a emergência de um novo paradigma. São Paulo: Ática (1992); Idem, *Do iceberg à Arca de Noé: nascimento de uma ética planetária*. Rio de Janeiro: Garamond (2002).
39. MOSER, Antonio. *A sexualidade: o enigma da esfinge*. Petrópolis: Vozes (2002); Idem, *O Pecado: do descrédito ao aprofundamento*. Petrópolis: Vozes (1996); AGOSTINI, Nilo, *Ética Cristã e desafios atuais*. Petrópolis: Vozes (2002).
40. Cf. OLIVEIRA, Manfredo Araújo, *Correntes fundamentais da ética contemporânea*. Petrópolis: Vozes (2000).
41. MOSER, Antonio. LEERS, Bernardino, *Teologia Moral: impasses e alternativas*. Petrópolis: Vozes (1987).

mental[42], além de outras obras temáticas[43]. Para além disso, as realizações em estilo de *manual* têm sido poucas e tímidas. Em algumas existentes, o próprio objetivo da publicação não prevê um grande investimento na originalidade e fundamentação[44].

V. ÉTICA TEOLÓGICA E INSTITUIÇÕES

A elaboração da ética teológica passa naturalmente por instituições que a promovem. No Brasil faz falta uma instituição que possa ser referência para as pesquisas, publicações e formação de pessoal especializado na área. Mesmo em termos de departamentos em espaços universitários parece não haver no momento alguma instituição que se destaque. Na década de 90 houve um esboço neste sentido com o "Alfonsianum Instituto de Teologia Moral". Este instituto através de convênio manteve, em São Paulo, com bons resultados por quase dez anos, cursos de mestrado e doutorado na área, e com publicações científicas[45]. Hoje faz falta algo semelhante, não só no Brasil, mas no Continente latino-americano como um todo.

Entre as instituições que impulsionam a elaboração da ética teológica, no atual contexto, podemos destacar: a CNBB — Conferência Nacional dos Bispos do Brasil —, que atua com preocupações eminentemente pastorais; os institutos de formação teológica para presbíteros e para leigos, que de modo direto ou indireto incentivam a reflexão e publicações; sociedades de teologia; e as faculdades que acolhem pesquisas acadêmicas na área. Comentemos brevemente o que se passa em cada uma dessas instituições.

1. CNBB — Conferência Nacional dos Bispos do Brasil

Os Bispos do Brasil têm participado ativamente na reflexão ética através de seus Regionais e da Conferência Nacional. Embora os documentos

---

42. DUSSEL, Enrique, *Ética Comunitária: liberta o pobre!* Petrópolis: Vozes (1986).
43. Cf. por exemplo ASSMANN, Hugo; KINKELAMMERT, Franz, *A Idolatria do Mercado*. Petrópolis: Vozes (1989).
44. Vale lembrar o mérito ético-pastoral de AGOSTINI, Nilo, *Teologia Moral: o que você precisa viver e saber*. 4ª edição. Petrópolis: Vozes (1999); e do esforço na adaptação da obra de M. Vidal, feito por KONZEN, João A., *Ética Teológica Fundamental*. São Paulo: Paulinas (2001).
45. Trata-se de 12 volumes da Coleção "Teologia Moral e América Latina", publicada pela Editora Santuário, Aparecida-SP.

não sejam propriamente uma específica elaboração de ética teológica, espelham entretanto a sensibilidade pastoral dos bispos em captar os problemas éticos do contexto e oferecem uma palavra evangélica de reflexão e proposta. Alguns documentos como "Ouvi os clamores do meu povo", dos Bispos do Regional Nordeste[46], foram importantes para colocar em pauta desafios éticos relevantes na vida da Igreja e da Sociedade, ao mesmo tempo em que propunham linhas de análise, reflexão e ação. Alguns Bispos se destacaram também em suas dioceses, reagindo a problemas sociais graves como o empobrecimento, conflitos pela terra, discriminações étnicas, abusos de poder político e econômico. Ultimamente os documentos dos bispos em suas dioceses e mesmo nos Regionais se tornam menos evidentes e contundentes.

A Conferência Nacional[47] tem uma longa tradição de reflexão e proposta no campo da ética teológica. Sua atuação foi particularmente reforçada a partir dos anos '60, quando começou a desempenhar o papel de ser voz evangélica durante mais de duas décadas de ditadura e arbitrariedades políticas no Brasil. A CNBB criou organismos importantes para a promoção da reflexão ética teológica e abriu uma linha de "pastorais sociais", em que os problemas possam ser estudados e encaminhados. Duas coleções de textos reúnem a elaboração da Conferência: uma "série azul" que abriga os *Documentos da CNBB*; e uma "série amarela" que recolhe os *Estudos da CNBB*. No conjunto dos textos (mais de 150), embora nem todos de cunho ético, pode-se perceber como a Conferência tem acompanhado com a reflexão ética teológica os principais momentos da vida nacional.

2. SBTM — Sociedade Brasileira de Teologia Moral

Os seminários e institutos de formação teológica são um conjunto de instituições que têm incentivado seus professores e professoras no aperfeiçoamento de suas disciplinas. Deles nasceu em 1977 o "Encontro Nacional de Professores de Teologia Moral". A partir de 1982 o grupo passou a constituir a "Sociedade Brasileira de Teologia Moral". Desde sua fundação tem realizado a cada ano três dias de estudos e debates. Junto com o

---

46. CNBB-NE, *Ouvi os clamores do meu povo*. In: CADERNOS DO CEAS (1973), n.27, outubro, p. 37-60.
47. Os dados a que nos referimos a seguir, inclusive a íntegra de textos citados, podem ser acessados através do <www.cnbb.org.br>

Instituto Alfonsianum, acima mencionado, vem organizando também congressos latino-americanos de Teologia Moral[48]. Incentiva o estudo e as publicações, além de manter viva a percepção de problemas comuns. Torna-se assim uma referência para professores interessados na área. Os temas relacionados com o método e a fundamentação predominaram durante as primeiras décadas, dando lugar em seguida aos assuntos mais provocativos à reflexão da ética teológica dentro da Igreja e no conjunto da sociedade[49].

Embora não exclusivamente ligada à moral, merece lembrança aqui também a SOTER — Sociedade de Teologia e Ciências da Religião. Criada em 1985, esta sociedade passa a reunir pessoas que refletem e elaboram em nível acadêmico os temas teológicos ou relacionados com a análise de fenômeno religioso, através de suas disciplinas específicas. De cunho católico com abertura ecumênica e com estatuto jurídico civil, essa sociedade tornou-se um importante espaço para o debate teológico e portanto também um lugar em que a ética teológica pode dialogar diretamente com colegas de outras áreas. Sua organização leva a fortalecer atividades regionais que facilitam o encontro das pessoas e o estudo de temas específicos do contexto, dada a amplidão do território nacional. Com a promoção freqüente de eventos e publicações, tem sido um grande incentivo para a reflexão interdisciplinar. Através da SOTER se torna mais fácil chegar ao conhecimento das pesquisas e publicações que ocorrem nos ambientes universitários, embora um catálogo dessas produções ainda esteja em fase de implantação[50].

VI. ÉTICA TEOLÓGICA E SOCIEDADE CIVIL

A ética teológica, embora carregue as marcas da confessionalidade, não pode falar simplesmente para o interno da Igreja. Sua missão de serviço evangélico para o mundo exige sua presença na sociedade civil. Além

---

48. Até 2002 foram organizados cinco congressos, cujos resultados estão quase todos publicados na coleção "Teologia Moral na América Latina", Aparecida: Santuário.
49. Alguns relatos desses eventos podem ser encontrados em LEERS, Bernardino, *Segundo Encontro Nacional dos Professores de Teol. Moral*. In: ATUALIZAÇÃO, n. 107-108, nov-dez (1978), p. 557-560. LEERS, Bernardino, *IV Encontro Nacional de Professores de Teol. Moral*. In: ATUALIZAÇÃO, ano 12, n. 135-136, mar-abr (1981), p. 128-153. COUTO, Márcio Alexandre, *XXII Encontro da SBTM/Dezembro 1999*. In: REV. ECLESIÁSTICA BRASILEIRA, vol. 60, fasc. 238, ano 2000, junho, p. 381-392.
50. Para outras informações ver <www.soter.org.br>

disso se coloca como uma questão de cidadania, cujo exercício e reconhecimento levam a configurar a identidade dos teólogos e teólogas na sociedade[51]. Como se sabe, a ética teológica esteve por longo tempo marcada pela formação presbiteral, e com isso, desenvolvida preferentemente pelo clero. Mulheres e leigos em geral tinham espaços reduzidos e praticamente nenhum incentivo para participar na sua elaboração. Resultam daí naturalmente muitas perdas para a ética teológica. Sua apresentação na sociedade civil, suas reflexões e propostas são entendidas sob a chancela clerical espelhando muito mais os aspectos de Igreja institucional que de Igreja discípula e testemunha. Em muitos setores da sociedade, as proposições de sua ética teológica são dessa forma tomadas como um posicionamento de força institucional (*lobby da Igreja*) e não como contribuição a um diálogo argumentativo. Seu valor fica assim reduzido para o âmbito da crença e traduzido para a vida social como uma espécie de imposição católica, enquanto constituem maioria hegemônica.

O fato novo no panorama nacional é a possibilidade do reconhecimento civil para os estudos acadêmicos teológicos em todos os graus, o que se instaura a partir de 1998. Não se trata de acordo ou convênio entre Igreja e Estado. O objeto do reconhecimento civil é a *cientificidade* dos estudos acadêmicos na área e não a *confessionalidade* que a acompanha. Ele independe do reconhecimento pontifício e pode ser concomitante ou não a ele. Assim, o Ministério de Educação e Cultura (em que a CAPES — *Comissão de Aperfeiçoamento de Pessoal de Nível Superior* — monitora os programas de pós-graduação) abre o credenciamento de instituições que queiram se submeter às suas exigências, e para cujos títulos acadêmicos confere um reconhecimento civil.

Embora não se constitua com isso a profissionalização civil do teólogo, o interesse de quem estuda teologia se torna logo manifesto em direção ao reconhecimento civil. A vazão aos anseios de uma identidade cidadã e a abertura de muitas portas para o exercício profissional em outras áreas são talvez algumas razões para esse interesse.

A Teologia é acompanhada nesse processo pelo reconhecimento civil de outra área chamada de *Ciências da Religião*. Superando problemas iniciais em sua identidade específica[52], firmou-se como área independente da Teologia, acolhendo enfoques analíticos das diferentes ciências interessadas em estudar o fenômeno religioso. Vem crescendo o número de

---

51. Veja ANJOS, Márcio Fabri dos (org.) *Teologia Profissão*. São Paulo: Loyola (1996).
52. TEIXEIRA, Faustino (org.) *A(s) ciências da religião no Brasil:* afirmação de uma área acadêmica. São Paulo: Paulinas (2001).

instituições credenciadas para conferir os títulos acadêmicos em ambas as áreas.

É facilmente imaginável que daí decorram impactos para o ambiente da ética teológica. Mas ainda é cedo para se fazerem análises mais consistentes a respeito. Um aspecto importante parece estar no remanejamento dos programas teológicos em vista de um ajuste às exigências oficiais. Um exemplo disso está na concepção de mestrado. Pelas tradições eclesiásticas, seu programa tinha um perfil que levava a uma especialização na área. Enquanto que as exigências civis, embora não se oponham a isso, dão ao mestrado antes o caráter de iniciação à pesquisa em uma área, com menor carga horária para cursos específicos. Cessa também a exigência de estudos filosóficos prévios. A interdisciplinaridade da reflexão passa a ocorrer não apenas como opção de método, mas como fruto das diferentes habilitações científicas de seus agentes. Os estudos de ética através dos programas de Ciências da Religião trazem novos enfoques e percepções para a área. Os agentes da reflexão ética passam a ter dessa forma mais pluralidade em seus quadros. E os leigos e leigas ganham incentivo para se habilitarem e participarem da reflexão. A elaboração da ética teológica tem assim um importante incentivo institucional fora dos seminários e da formação presbiteral; e de certa forma até mesmo fora das relações eclesiásticas.

Essa mudança de quadro traz também a questão do *mercado de trabalho* para quem faz teologia. É verdade que muitos continuam se habilitando e elaborando dentro de processos eclesiais, onde a vocação e o voluntariado predominam. Mas a entrada de leigos deixa mais clara a necessidade de se estabelecer a relação entre o trabalho teológico e a sobrevivência. Esta é uma questão que vai tendo desdobramentos graduais, uma vez que os títulos teológicos não são profissionalizantes. De qualquer forma, percebe-se maior presença de leigos e leigas nas instituições acadêmicas, inclusive em seminários, e conseqüentemente cresce o número de publicações na área.

A sociedade, de modo geral, mostra sinais de ampliar o reconhecimento ao papel da teologia em seu meio. A regulamentação nacional de ética em pesquisa, por exemplo, passou a exigir em 1996, que se inclua a figura do teólogo entre os membros do comitê que avalia os projetos de pesquisa[53]. A boa acolhida aos escritos teológicos em análises de problemas sociais, e notadamente em bioética, é outro indicativo. Novos espa-

---

53. Ministério da Saúde, Conselho Nacional de Saúde, Resolução 196/96 sobre "Normas de pesquisa envolvendo seres humanos", cap. VII.4 e VIII.1.

ços estão assim se abrindo para uma presença da ética teológica na sociedade.

Esse novo lugar exige, por sua vez, uma revisão dos métodos em teologia. Os agentes da ética teológica se tornam mais heterogêneos e, ao mesmo tempo, mais próximos de pessoas com outras formas de pensar e de crer. Se na década de oitenta foram intensos os esforços para apurar a metodologia teológica na relação da fé com a transformação social, agora se soma a isso a necessidade de dar um trato na metodologia do discurso teológico para se dialogar em uma sociedade plural. A ética teológica no Brasil continua passando portanto por grandes transformações. Mesmo sendo prematuro fazer uma leitura analítica de suas tendências presentes, mantemos a esperança de que o esforço da reflexão ética em nosso contexto consiga corresponder evangelicamente às exigências dos novos tempos.

Segunda Seção

PERSPECTIVA SISTEMÁTICA

A parte reservada ao estudo da "Moral no tempo da Igreja" foi dividida em duas Seções. Na primeira Seção o aspecto analisado foi sobretudo o *histórico*. Na segunda Seção, o ângulo de visão será de caráter *sistemático*. Desejo com isso enfatizar que se trata de algumas perspectivas que procuram captar e expressar o lugar e a função da moral na vida da Igreja, tomando a moral e a vida da Igreja não em seu devir histórico mas em seu significado universal e perenemente válido.

As dimensões da Igreja a considerar-se de modo explícito e direto são cinco:

— A *tradição* enquanto estrutura do caráter eclesial.

— As *mediações da Igreja* nas quais acontece historicamente o mistério da Salvação.

— A *inculturação* como exigência intrínseca do processo eclesial de salvação na história dos homens.

— O caráter *pastoral* enquanto maneira de ser e de atuar da Igreja.

— O caráter de *futuro* da realidade eclesial enquanto inserida no projeto escatológico do acontecimento de Deus Pai realizado em Cristo Ressuscitado mediante o Espírito Santo.

Essas cinco dimensões da eclesialidade determinam a maneira de ser da moral cristã. Por outro lado, em todas elas está presente o fator moral. A análise da correlação dessas dimensões da Igreja e o fator moral é o objetivo dos capítulos que constituem a segunda Seção da segunda parte desta obra.

11

A MORAL NA TRADIÇÃO VIVA DA IGREJA

I. APRESENTAÇÃO

A Tradição é uma das estruturas básicas do cristianismo: da vida cristã e da reflexão teológica. E também da vida moral cristã e da reflexão teológico-moral.

A Teologia moral pode analisar a Tradição sob diversos aspectos. Na última parte deste livro será estudada como um dos lugares epistemológicos próprios da disciplina teológico-moral, seguindo as afirmações do Vaticano II na constituição *Dei Verbum*.

Neste capítulo me interessa, especialmente, expor os critérios que regem o progresso na Tradição moral cristã. Trata-se de uma questão de grande importância e interesse. Entretanto, é preciso observar que foi bem pouco estudada[1].

Meu trabalho tem dois objetivos. O primeiro é fazer uma descrição do estado da questão, verificável nas afirmações do Magistério da Igreja. O segundo consiste em fornecer uma série de perspectivas sistemáticas sobre dois aspectos do progresso na Tradição moral: as formas do desenvolvimento na Tradição moral cristã, e a constituição de alguns progressos realizados nos últimos decênios no campo da moral católica.

---

1. Dentro da escassa bibliografia sobre o tema destaco dois estudos. Analisa a questão de forma geral: B. V. JOHNSTONE, *Faithful action: The Catholic moral Tradition and "Veritatis splendor"*: Studia Moralia 31 (1993) 283-305. Um estudo de caráter mais concreto, em referência direta às mudanças na moral da usura, do matrimônio, da escravidão e da liberdade religiosa é o de: J. T. NOONAN, Jr., *Development in Moral doctrine*: Theological Studies 54 (1993) 662-677.

Uma vez que não há reflexão teológica específica suficientemente elaborada sobre o desenvolvimento da Tradição no campo da moral cristã, é necessário recorrer aos textos do Magistério da Igreja para conhecer o estado da questão que é, obviamente, de caráter basicamente embrionário. Faço referências a três documentos do Magistério da Igreja recente: Constituição *Dei Verbum* do Concílio Vaticano II (1965); encíclica *Veritatis splendor* (1993), de João Paulo II; e a encíclica *Centesimus annus* (1991), também de João Paulo II.

II. CONSTITUIÇÃO "DEI VERBUM" (DV)

Não é de meu conhecimento a existência de nenhum estudo que tenha analisado expressamente as referências da Constituição dogmática *"Sobre a divina Revelação"* do Vaticano II, no que se refere à questão do progresso Tradição no terreno da moral cristã. Entretanto, julgo ser muito interessante e de grande importância consultar esse documento conciliar para projetar corretamente a possibilidade e a maneira de desenvolvimento moral na Tradição da Igreja. Relaciono, a seguir, as perspectivas que considero mais decisivas e mais pertinentes.

1. Significado da Tradição

Com toda certeza, a orientação de maior firmeza da Constituição DV foi apresentar a Revelação divina em termos personalistas[2] de "comunicação"[3], cuja origem não é somente a "verdade" de Deus mas sua "bondade e sabedoria"[4]; orientação cuja finalidade consiste em fazer que os homens mergulhem no dinamismo da Trindade e, assim, possam "participar da natureza divina"[5]. Servindo-se da mesma expressão do Concílio de Trento, o Vaticano II entende a Revelação divina com a palavra "Evangelho"[6], categoria de grande sabor bíblico e de grande convergência ecumênica.

---

2. Ver, neste sentido: R. LATOURELLE, *La Révelation et sa transmission selon la Constitution "Dei Verbum"*: Gregorianum 47 (1966) 5-40.
3. *Dei Verbum*, 2: "Nesta revelação, Deus... *fala* aos homens como a amigos..., *trata* com eles... para convidá-los e recebê-los em sua *companhia*" (os grifos são meus).
4. *Ibid.*, 2: "Quis Deus, com sua *bondade e sabedoria*, revelar-se a Si mesmo..." (o grifo é meu).
5. *Ibid.*, 2: "Por *Cristo*..., e com o *Espírito Santo*, podem os homens chegar até o *Pai* e participar da natureza divina" (os grifos são meus).
6. *Ibid.*, 7.

O Evangelho, em sua profunda e ampla significação de "Revelação divina", é, conforme formulação de Trento, repetida pelo Vaticano II, "fonte de toda verdade salvadora e de toda norma de conduta"[7]. A moral cristã fica, assim, implicada no conjunto da fé. Uma implicação que muitas vezes é, com traços variados, enfatizada em documentos recentes do Magistério da Igreja[8].

O Concílio Vaticano II expôs a doutrina sobre os contextos de transmissão da Palavra de Deus na Igreja: a Tradição e a Escritura, com a interpretação autêntica do Magistério[9]. No que se refere à Tradição, o concílio se preocupou, antes de tudo, em aprofundar e expressar novamente sua relação com a Escritura[10]. E ainda ofereceu valiosas perspectivas para compreender sua natureza e sua funcionalidade[11].

O texto conciliar não utiliza a palavra Tradição univocamente[12]. Daí se poder distinguir Tradição "apostólica" ou constitutiva (a "sagrada Tradição") e a Tradição "eclesial" ou apostólica (ou continuativa). A Tradição apostólica, na qual entra também a Sagrada Escritura, "compreende tudo o que é necessário para a *vida santa* e para a *fé crescente* do Povo de Deus"[13]. Através do grifo (meu) da frase anterior desejei enfatizar o conteúdo moral da Tradição apostólica[14]. Esta, quanto ao que tem de caráter contraditório da Sagrada Escritura, não possui um dispositivo especial de verificação[15]. Toda a vida da Igreja é que a expressa: "A Igreja com seu

---

7. Trento: "Tamquam fontem omnis et salutaris veritatis et morum disciplinae" (*Denz* 1501); Vaticano II: *Dei Verbum*, 7.
8. *Gaudium et spes*, 33; *Veritatis splendor*, 4, 27, 28, 29, 30.
9. *Dei Verbum*, 10.
10. *Ibid.*, 9. Sobre a recepção pós-conciliar dessa doutrina, ver o documentado estudo de A. BUCKENMAIER, *"Schrift und Tradition" seit dem Vatikan II. Vorgeschichte und Rezeption* (Paderborn, 1996).
11. Para contextualizar historicamente e para interpretar o ensinamento do Vaticano II sobre a Tradição podem-se ver estas duas recentes obras: A. M. NAVARRO, *"Evangelii traditio". Tradición como Evangelización a la luz de Dei Verbum I-II* (Vitória, 1997) 2 tomos; J.-G. BOEGLIN, *La question de la Tradition dans la théologie catholique contemporaine* (Paris, 1998).
12. Cf. C. IZQUIERDO, *La Tradición en Teología Fundamental*: Scripta Theologica 29 (1997) 397, nota 16.
13. *Dei Verbum*, 8.
14. É conhecida a opinião de J. R. GEISELMANN, para quem tudo o que corresponde à fe se encontra ao mesmo tempo na Escritura e na Tradição enquanto que esta contém elementos próprios de ordem disciplinar e moral, não contidos na Escritura (*Sagrada Escritura y Tradición. Historia y alcance de una controversia* [Barcelona, 1968] 381-382; o mesmo em: *Tradición*: Conceptos Fundamentales de Teología [Madri, 1979²] II, 818). Como se sabe, o Concílio não quis dirimir essa questão teológica.
15. A Tradição apostólica "não tem um órgão próprio de transmissão e por isso é transmitida pelos canais da tradição eclesiástica que compreende o magistério dos pastores, o ensino dos padres e teólogos e, até certo ponto, pelo sentir dos fiéis" (B. M. XIBERTA, *La tradición y su problemática ctual* [Barcelona, 1968] 32).

ensinamento, sua vida, seu culto, conserva e transmite a todas as idades o que é e o que crê"[16].

As riquezas da Tradição apostólica "vão passando para a prática e para a vida da Igreja que crê e ora"[17]. A Tradição torna-se "presença viva" através de um "diálogo" da Igreja Esposa com a Trindade[18]. É especialmente ao Espírito Santo que se atribui fazer "com que ressoe na Igreja a voz viva do Evangelho"[19]. De tal sorte que se constitua a Tradição da Igreja, que possui uma rica significação teológica (trinitária, eclesial e escatológica) além da fria interpretação de "lugar provatório" da epistemologia neo-escolástica[20]. Embora o Concílio não tenha exposto com detalhes e precisão quem é o "sujeito" da tradição eclesial[21], indicou com clareza que é toda a Igreja que, indefectivelmente e em comunhão, vive e expressa a "voz viva do Evangelho"[22]. É através da vida de toda a Igreja que se constitui a "grande Tradição", em cuja referência têm sentido as diversas "tradições"[23].

2. Caráter dinâmico da Tradição

É no contexto teológico que o Vaticano II introduz o caráter dinâmico da Tradição da Igreja. Nos limites marcados pelo Vaticano I, ao qual se refere explicitamente, o Vaticano II faz a seguinte afirmação geral: "A Tradição apostólica continua crescendo na Igreja com o auxílio do Espírito Santo"[24]. Desejaríamos conhecer os significados específicos dessa importante afirmação. O Concílio parece limitar o "crescimento" da "compreensão das palavras e instituições transmitidas", crescimento compreensivo que se realiza pelos seguintes caminhos: "quando os fiéis as contemplam (as palavras e as instituições transmitidas) e as estudam, atravessando-as em seu coração (cf. Lc 2,1-51), e quando compreendem in-

---

16. *Dei Verbum*, 8.
17. *Ibid.*, 8.
18. *Ibid.*, 8: "Deus, que falou em outros tempos, continua *conversando* sempre com a Esposa de seu Filho amado" (o grifo é meu).
19. *Ibid.*, 8.
20. Sobre a *teologia* da Tradição, cf. M. SEMERARO, *Temi eclesiologici nel capitolo secondo della "Dei Verbum"*: N. CIOLA (aos cuidados de), La *"Dei Verbum"* trent'anni dopo (Roma, 1995) 123-145.
21. A. M. NAVARRO, *o. c.*, II, 913-917, inclui esse silêncio entre as "lacunas" da "Dei Verbum".
22. *Ibid.*, 10.
23. *Catecismo da Igreja Católica*, n. 83. Nessa distinção entre "grande Tradição" e "tradições" ressoa o eco do estudo de Y. M.-J. CONGAR, *La Tradition et les traditions*, 2 tomos (Paris, 1960).
24. *Dei Verbum*, 8.

ternamente os mistérios que vivem, quando as proclamam os bispos, sucessores dos Apóstolos no carisma da verdade"[25].

Embora o Vaticano II não tenha definido as formas e os caminhos do progresso da Tradição da Igreja, não resta dúvida de que enfatizou suficientemente seu caráter dinâmico: "a Igreja caminha através dos séculos para a verdade plena, até que se cumpram nela plenamente as palavras de Deus"; "o Espírito Santo... vai colocando os fiéis na verdade plena"[26]. A compreensão dinâmica da Tradição da Igreja não pode ser menosprezada[27]. Pelo contrário, creio que o papel da "criatividade" na Tradição da Igreja tem de continuar sendo estudado, na mesma forma ou de forma parecida como o fez de início A. Dulles[28]. O espírito e a letra da constituição *Dei Verbum* apontam para uma compreensão dinâmica da Tradição, ou seja, para uma Tradição viva.

III. ENCÍCLICA "VERITATIS SPLENDOR" (VS)

A encíclica *Veritatis splendor* de João Paulo II (1993) é o mais recente documento da Igreja que com maior ênfase expõe o caráter normativo da Tradição no campo da moral bem como sua estrutura dinâmica ("viva") e, portanto, progressiva. É bem verdade que não faz uma explanação completa dessas afirmações[29].

1. Caráter normativo da Tradição em moral

O n. 27 da VS expõe, explicitamente, o caráter normativo da Tradição no terreno da moral. Aceita o ensinamento do Concílio Vaticano II sobre a Tradição enquanto contexto da Igreja no qual se transmite a Revelação divina: "a Igreja mediante seu ensinamento, sua vida, seu culto, conserva e transmite a todas as idades o que é e o que crê"[30]. Além dessa função geral, enfatiza dois aspectos.

---

25. *Ibid.*, 8.
26. *Ibid.*, 8,
27. Veja-se, neste sentido, a interpretação aberta que faz V. GÓMEZ MIER, *Sobre tradición y tradiciones de investigación*: La Ciudad de Dios 209 (1996) 231-270, em confrontação com a postura "minimalista" de R. Latourelle no artigo citado na nota 2.
28. A. DULLES, *Tradition and Creativity in Theology*: First Things, 27 (nov. 1992) 20-27.
29. Cf. B. V. JOHNSTONE, *a. c.*, 283-284. "The theme of Tradition or 'living tradition' has a central place in the encyclical" (p. 283). "However, it does not provide an analysis of what tradition is, or how tradition functions" (p. 284).
30. *Dei Verbum*, 8.

Em primeiro lugar, enfatiza a continuidade da "Tradição da Igreja" no que se refere à "Tradição apostólica": "Promover e guardar, na unidade da Igreja, a fé e a vida moral é a missão confiada por Jesus aos Apóstolos (cf. Mt 28,19-20), a qual continua no ministério de seus sucessores"[31]. Em segundo lugar, insiste nos sinais da Tradição da Igreja: "são seus testemunhos a doutrina dos Padres, a vida dos santos, a liturgia da Igreja e o ensino do Magistério"[32].

A doutrina que se chama, com expressão já usada pelo *Catecismo da Igreja Católica* (n. 83), "grande Tradição" é a que o n. 27 de VS aplica ao campo da moral: "Mediante a mesma Tradição, os cristãos recebem 'a voz do Evangelho que ressoa viva' como expressão fiel da sabedoria e da vontade divina. Na Tradição, desenvolve-se, com a assistência do Espírito Santo, a interpretação autêntica da lei do Senhor. O mesmo Espírito, que está na origem da Revelação, dos mandamentos e dos ensinamentos de Jesus, garante que sejam santamente conservados, fielmente expostos e corretamente aplicados, nos vários tempos e circunstâncias".

Assim, pois, a encíclica VS vem enfatizar uma afirmação normalmente aceita na epistemologia teológico-moral: o caráter normativo da Tradição. A moral da Igreja é "um ensinamento moral baseado na Sagrada Escritura e na Tradição viva da Igreja"[33].

2. Interpretação "dinâmica" da Tradição

A encíclica VS não tem na Tradição um conjunto estático de verdades, transmitidas de uma geração para outra. Pelo contrário, refere-se à Tradição como realidade dinâmica ou "viva"; é exatamente este último adjetivo que costuma acompanhar o substantivo Tradição. A expressão "Tradição viva" surgiu no contexto do romanticismo católico do século XIX, mais precisamente na teologia de A. Möhler, donde passou para a escola teológica romana, exercendo influência especial no pensamento de Y. Congar sobre a Tradição e as tradições[34]. Hoje, é uma fórmula utilizada normalmente nos documentos do Magistério da Igreja[35].

Além da expressão "Tradição viva", a encíclica VS serve-se de fórmu-

---

31. *Veritatis splendor*, 27.
32. *Ibid.*, 27. No mesmo número expõem-se os sinais da Tradição do seguinte modo: realiza-se a Tradição quando a Igreja "*confessa* a verdade do Verbo feito carne com os *lábios* dos Padres e dos Doutores, *pratica* seus preceitos e a caridade na *vida* dos santos e das santas e no *sacrifício* dos mártires, *celebra* sua esperança na *Liturgia*" (os grifos são meus).
33. *Veritatis splendor*, 5 (remete, na nota, a *Dei Verbum*, 10).
34. Cf. M. SEMERARO, *l. c.*, 123-145.
35. *Veritatis splendor*, n. 5 ("Tradição viva da Igreja"), n. 27 ("Tradição viva"); *Familiaris consortio*, n. 29 ("Tradição viva da comunidade eclesial"); *Centesimus annus*, n. 3 ("A Tradição da Igreja, sempre viva e sempre vital"); *Donum veritatis*, n. 6 ("Tradição viva da Igreja").

las verbais que denotam dinamismo e enfatizam o caráter "dinâmico" da Tradição. No n. 27 encontram-se os seguintes detalhes (com grifos meus): "a Tradição apostólica *vai crescendo* na Igreja"; "no Espírito Santo, a Igreja acolhe e *transmite* a Escritura"; "na Tradição *se desenvolve*, com a assistência do Espírito Santo, a interpretação autêntica da lei de Deus".

Não importa que o caráter "vivo" ou dinâmico da Tradição da Igreja não indique um acréscimo à Revelação divina, uma vez que ela se encerrou no final da etapa apostólica[36].

3. O "crescimento doutrinal" na Tradição

A encíclica VS dá um passo à frente. Não só assume e desenvolve o ensinamento da constituição *Dei Verbum* do Concílio Vaticano II sobre o caráter dinâmico da Tradição, mas tira da compreensão geral uma importante aplicação concreta para a epistemologia e para o discurso da Teologia Moral. Pela primeira vez num documento da Igreja, estende-se ao campo moral o princípio do "desenvolvimento doutrinal" vigente nas verdades de fé. Nem mesmo em exposições anteriores acadêmicas da Teologia moral se encontrará uma formulação tão clara da aplicação como a que é oferecida pela encíclica VS.

O n. 28 da encíclica formula o princípio, contextualiza-o e explica seu funcionamento. A formulação do princípio é clara: a Igreja "leva até o fim um desenvolvimento doutrinal semelhante ao que foi dado no âmbito das verdades de fé". Esse princípio adquire sentido no contexto de fidelidade à palavra de Deus recebida: "a Igreja guardou fielmente o que a Palavra de Deus ensina não só sobre as verdades de fé, mas também sobre o comportamento moral". O funcionamento desse princípio é explicado conforme três referências:

- O *sujeito* do desenvolvimento doutrinal é a "Igreja, assistida pelo Espírito Santo".
- A *orientação* do dinamismo é a procura última "da verdade plena (cf. Jo 16,13)", que se transforma na meta final do caminho.
- O *modo* de realizar o processo evolutivo é, seguindo a linha marcada pelo Concílio Vaticano II no belíssimo número 22 de *Gaudium et spes*, tantas vezes ditado por João Paulo II, "esclarecer o mistério do homem" perscrutando o "mistério do Verbo encarnado".

---

36. *Dei Verbum*, 4.

Como se vê, a exposição dada pela encíclica VS sobre o princípio de desenvolvimento doutrinal no terreno da moral cristã é de extraordinária originalidade e de grande riqueza doutrinal. Não obstante, ainda continuam abertas para análises posteriores algumas questões decisivas. Indico duas. A primeira se refere à explicação do desenvolvimento doutrinal em seu sentido geral, ou seja, "no contexto das verdades de fé". A segunda tem a ver com o significado do adjetivo "análogo" (em latim: "similis") ao aplicá-lo ao desenvolvimento no terreno moral: que de especial tem o desenvolvimento moral em comparação com o desenvolvimento no contexto das verdades de fé? São questões que a encíclica VS não resolve e que continuam abertas à reflexão teológica.

A contribuição concreta que, a esse respeito, faz a encíclica VS é a referência no n. 4 ao desenvolvimento doutrinal do Magistério dos Pontífices. Verifica o desenvolvimento: "sempre, mas sobretudo nos últimos séculos, os Sumos Pontífices, seja pessoalmente ou junto com o Colégio Episcopal, desenvolveram e propuseram um ensinamento moral sobre os vários e diferentes contextos da vida humana". Observa a funcionalidade positiva do desenvolvimento em vários contextos da realidade humana: com a certeza da assistência do Espírito Santo, contribuíram para uma melhor compreensão das exigências morais nos contextos da sexualidade, da família, da vida social, econômica e política". Formula um princípio geral, remetendo em nota a posturas precedentes de Pio XII e de João XXIII: "Seu ensinamento, na tradição da Igreja e da história da humanidade, representa um contínuo aprofundamento do conhecimento moral".

A última frase expressa com clareza a nova contribuição da encíclica VS sobre o "desenvolvimento doutrinal" no terreno moral: "na Tradição da Igreja" e em relação com "a história da humanidade" se dá "um contínuo aprofundamento" em tudo o que "o conhecimento moral" supõe. À reflexão teológica cabe explicar, harmonizar, e concretizar a doutrina.

IV. ENCÍCLICA "CENTESIMUS ANNUS" (CA)

Ao propor-se a encíclica CA, respira-se um ar de criatividade. No n. 3 encontram-se as referências mais explícitas, que conheço, do Magistério da Igreja a "olhar para o futuro" e a ler a Tradição da Igreja com uma hermenêutica prospectiva e criativa. Diz o Papa: "convido a 'que se olhe para o futuro'; já se vislumbra o terceiro milênio da era cristã, cheio de incógnitas, mas também de promessas. Incógnitas e promessas que desafiam nossa imaginação e criatividade e que aguçam nossa responsabilidade".

No contexto de convite à imaginação criativa e responsável é que o Papa pede que se descubra "o verdadeiro sentido da Tradição da Igreja", da qual afirma que está "sempre viva e sempre vital". Expõe o sentido da Tradição acorrendo à imagem evangélica do "escriba que se fez discípulo do Reino de Deus", a respeito do qual diz o Senhor que "é como o servo da casa que tira de seu tesouro coisas novas e coisas velhas" (Mt 13,52). O Papa não tem dúvida ao aplicar essa imagem à Tradição da Igreja: "Esse tesouro é a grande corrente da Tradição da Igreja, que contém as 'coisas velhas' recebidas e transmitidas desde sempre, e que permite que se descubram as 'coisas novas', em meio às quais transcorre a vida da Igreja e do mundo".

As "coisas novas" que se descobrem "se incorporam à Tradição" e, assim, "se fazem antigas". Assim se vai realizando um "enriquecimento da Tradição e da vida da fé".

Foi minha intenção terminar com esse texto a descrição do estado da questão porque nele se formula o espírito com que, a meu ver, hão de ser analisadas as questões pendentes sobre o progresso moral na Tradição da Igreja. Na vida da Igreja, especialmente em épocas como a nossa, "cheias de (sérias) incógnitas e de (esperançosas) promessas", precisa-se de uma compreensão da Tradição como fidelidade criativa, como a do "escriba que sabe combinar o antigo e o novo".

V. PERSPECTIVAS SISTEMÁTICAS: DELINEAMENTO

A partir das orientações do Magistério da Igreja de hoje, tentarei oferecer dois grupos de perspectivas de caráter sistemático sobre o progresso moral da Tradição cristã. Refiro-me, concretamente, aos caminhos ou formas mediante os quais pode acontecer o progresso, e aos contextos nos quais se verificou de fato o desenvolvimento moral.

J. T. Noonan[37] analisou o desenvolvimento na doutrina moral católica, fixando-se em quatro temas: a usura, o matrimônio (dissolução do vínculo), a escravidão, a liberdade religiosa. Somente o último, e em algum aspecto o segundo, se referem a situações recentes. Para explicar a evolução da doutrina moral Noonan se serve basicamente dos critérios propostos por J. H. Newman para o desenvolvimento das questões dogmáticas[38]. Resume esses critérios em dois:

---

37. J. T. NOONAN, Jr., *a. c.* em nota 1.
38. *Ibid.*, 670-672. Noonan (p. 677) assume o parecer de O. CHADWICK, *Newman* (Oxford, 1983) 47, para quem "The idea of development was the most important single idea Newman contributed to the thought of the Christian Church".

conhecimento mais profundo de Cristo[39] e significado das experiências humanas[40].

De minha parte, considerarei as reflexões de Noonan; mas, dirigirei meu discurso por caminhos complementares. Referir-me-ei a mudanças recentes, sem por isso deixar de reconhecer na história a importância das análises sobre mudanças acontecidas na história da Teologia moral. Por outro lado, olharei para as mudanças naquilo que têm de progresso positivo na teoria moral. Além disso, tentarei sistematizar os fatores (ou caminhos, ou formas) que condicionam os progressos da Tradição moral católica.

VI. PROGRESSOS NA TEOLOGIA MORAL CATÓLICA

Não é minha intenção indicar todas as mudanças e progressos realizados pela Teologia moral. Limito-me à consideração de alguns exemplos tipológicos, verificados na fase mais recente da Igreja. Por outro lado, exponho a formulação dessas mudanças a partir dos documentos do Magistério da Igreja. Assim, garante-se que se trata de "progresso" moral "na Tradição" cristã.

1. Na moral social

É óbvio que no contexto da Teologia moral muitos são os "progressos" que se realizaram. Indico os mais importantes das últimas décadas:

— De acordo com Noonan, observo em primeiro lugar a conscientização e o estabelecimento do *direto à liberdade religiosa e de consciência*, um progresso "revolucionário" do Concílio Vaticano II[41].

— A *consideração moral da Guerra*: passou-se da teoria da "guerra justa" para "examinar a guerra com mentalidade totalmente nova"[42] até chegar alguém a dizer "não à guerra"[43].

— A formulação da *Solidariedade* como a "nova virtude"[44] e um "novo princípio"[45] da vida social[46].

---

39. J. T. NOONAN, *a. c.*, 272-673.
40. *Ibid.*, 674-675.
41. *Dignitatis humanae*, 2.
42. *Gaudium et spes*, 80.
43. *Centesimus annus*, 52.
44. *Sollicitudo rei socialis*, 39.
45. *Centesimus annus*, 10.
46. Ver o desenvolvimento em: M. VIDAL, *Para comprender la Solidaridad: virtud y principio ético* (Estella, 1996).

— A aceitação da categoria ético-jurídica dos *Direitos Humanos*: diante de atitudes de dúvida nos séculos XVIII, XIX e primeira metade do século XX, a encíclica *Pacem in terris* inicia o movimento de aceitação até chegar a afirmar hoje que "o reconhecimento explícito dos direitos humanos" constitui "o princípio fundamental do esforço em favor do homem"[47] e um "verdadeiro e sólido fundamento" da democracia[48].

— O direito à *propriedade privada* recebeu tantas nuances por parte do Magistério da Igreja que se pode falar de uma "variação substantiva" em sua compreensão[49].

— A *opção preferencial pelos pobres*[50] estabelecida como um princípio moral que "longe de ser sinal de particularismo ou de sectarismo manifesta a universalidade do ser e da missão da Igreja"[51] e que tem grandes repercussões para entender e formular as "responsabilidades sociais" do cristão[52].

2. Na moral da pessoa

Expor-se-ão neste ítem os progressos acontecidos na compreensão da pessoa, do valor da vida, e da dimensão corporal e sexual. Essas mudanças têm grandes repercussões para o enfoque dos problemas morais da bioética e da ética sexual. Elenco apenas alguns:

— Para muitos comentaristas há um progresso na *compreensão da pessoa* no conjunto da *Gaudium et spes*, de modo especial no que se refere à "natureza da pessoa" do n. 51; aqui se oferece uma compreensão "holística" do ser humano.

— O *valor da vida humana* recebeu, sobretudo no Magistério de João Paulo II[53], um aprofundamento especial, de tal maneira que se pode falar de um autêntico "progresso" na teoria moral católica sobre esse valor, com especificações para a moral do aborto, da eutanásia, da pena de morte etc.[54].

---

47. *Redemptor hominis*, 17.
48. *Centesimus annus*, 47.
49. *Populorum progressio*, 23; *Laborem exercens*, 14; *Sollicitudo rei socialis*, 42; *Centesimus annus*, 30.
50. Cf. M. VIDAL, *La preferencia por el pobre, criterio de moral*: Studia Moralia 20 (1982) 277-304.
51. CONGREGAÇÃO PARA A DOUTRINA DA FÉ, *Libertad cristiana y liberación* (1986), n. 68.
52. *Centesimus annus*, 42.
53. Sobretudo, mediante a encíclica *Evangelium vitae* (1995).
54. Cf. M. VIDAL, *El Evangelio de la vida humana* (Madri, 1996).

— A compreensão da *dimensão corporal* da condição humana superou as dúvidas de uma consideração "biologicista" (ou "fisicista") para situar-se numa compreensão "personalista" de caráter integral[55].

— A *sexualidade humana* é colocada hoje nos parâmetros de uma visão integral da pessoa[56].

3. Na moral fundamental

Também nesse contexto são muitos os progressos que a teoria moral católica realizou. Relaciono apenas três:

— A afirmação, no capítulo 5 da *Lumem gentium*, da vocação universal à santidade supõe um progresso de longo alcance para a compreensão da moral cristã[57]; ela já não é uma "moral do pecado" mas a realização da "excelente vocação dos fiéis em Cristo"[58].

— As limitações da moral "do ato" foram superadas mediante a aceitação da categoria complementar da opção fundamental, a qual "define em última análise a condição moral de uma pessoa"[59], embora não tenha de isolar-se das "decisões concretas"[60].

— O *pecado das estruturas*[61] ou pecado estrutural é um progresso na formulação da culpabilidade objetiva[62].

Se considerarmos que os treze temas indicados pertencem à etapa do Concílio Vaticano II, pode-se afirmar que no curto período dos 30 aos 40 últimos anos aconteceu na teoria moral católica um progresso espetacular, cujas implicações e conseqüências não foram ainda desenvolvidas em seu todo.

---

55. *Veritatis splendor*, 50; *Donum vitae*, Introdução, 3.
56. CONGREGAÇÃO PARA A DOUTRINA DA FÉ, *Persona humana* (1975), n. 1; CONGREGAÇÃO PARA A EDUCAÇÃO CATÓLICA, *Orientações educativas sobre o amor humano* (1983) nn. 4-6; PONTIFÍCIO CONSELHO PARA A FAMÍLIA, *Sexualidade humana: verdade e significado* (1995) nn. 8-15.
57. Cf. M. VIDAL, *Moral y Espiritualidad* (Madri, 1997).
58. *Optatam totius*, 16.
59. *Persona humana*, 10.
60. *Veritatis splendor*, 65-70.
61. *Sollicitudo rei socialis*, 36.
62. Cf. M. VIDAL, *Structural Sin: a New Category in Moral Teology*: History and Conscience. Studies in honour of Sean O'Riordan C. Ss. R. (Dublin, 1989) 181-198.

VII. FATORES DO PROGRESSO MORAL

Indico, sistematicamente, os fatores que geram o progresso da moral na Tradição cristã. Esses fatores são, ao mesmo tempo, os recursos através dos quais se realiza o dinamismo evolutivo; podem também ser considerados como as formas adotadas pelo desenvolvimento moral.

A advertência de Noonan é válida: o progresso na teoria moral não depende de um só fator, mas provém de um "conjunto complexo de elementos"[63]. Daí os fatores observados a seguir não serem entendidos isoladamente, mas em seu todo significativo.

— A compreensão mais profunda *do mistério de Cristo* e sua significação para explicar e orientar o mistério do homem é, com certeza, o fator principal e onipresente em todos os progressos de moral na Tradição cristã[64]. O Concílio Vaticano II formulou o princípio que rege todo o progresso na compreensão e na orientação da condição humana: "o mistério do homem só se esclarece no mistério do Verbo encarnado"[65]. A moral cristã outra coisa não é senão uma antropologia "normatizada" a partir da referência a Cristo; por isso todo progresso na teoria moral cristã supõe um conhecimento mais profundo do Verbo encarnado.

— A urgência em responder cristãmente às interpelações da *realidade histórica* é outro grande fator que, em relação com o aprofundamento do mistério de Cristo, faz progredir a moral na Tradição cristã. O Concílio Vaticano II propôs uma categoria hermenêutica nova: "os sinais dos tempos", que a Igreja há de "perscrutar" e "interpretar" à luz do Evangelho[66]. Toda "novidade histórica" acarreta um "desafio" para a consciência cristã. A resposta para esse desafio deve nascer de uma "recriação" do dado da Tradição a fim de combinar "o antigo" e "o novo", segundo a sugestiva interpretação de Mt 13,52 feita por João Paulo II[67].

— A rica e variada *experiência humana*, que é dom do Deus "criador", abre novos caminhos para a verdade revelada plenamente em Cristo e que constitui a herança ("depositum") da Igreja. "A própria Igreja não ignora o quanto recebeu da história e da evolução da humanidade. A experiência dos séculos passados, o progresso das ciências, os tesouros escondidos nas várias formas da cultura humana, pelos quais a natureza

---

63. J. T. NOONAN, *a. c.*, 676: "Where morals are at issue, the process of change requires a complex constellation of elements".
64. *Veritatis splendor*, 28. Cf. J. T. NOONAN, *a. c.*, 672-673.
65. *Gaudium et spes*, 22.
66. *Ibid.*, 4.
67. *Centesimus annus*, 3.

do próprio homem se manifesta mais plenamente e se abrem novos caminhos para a verdade, são úteis também à Igreja[68]". Esse "vivo intercâmbio entre a Igreja e as diferentes culturas dos povos"[69] tem uma funcionalidade especialmente significativa no campo da moral.

— Os *avanços científico-técnicos*, que descobrem novas possibilidades da realidade humana, apresentam questões éticas novas que postulam uma resposta também nova da Tradição cristã. Os cristãos "devem harmonizar os conhecimentos das novas ciências e doutrinas e dos mais recentes descobrimentos com a moral cristã e o ensino da doutrina cristã"[70]. Essa "harmonização" supõe que se ponha em prática uma "fidelidade criativa", para cuja realização a Tradição não é obstáculo mas um contexto de segurança e de garantia.

Ao deixar-se interpelar por todos os fatores citados, a teoria moral tem necessariamente de progredir. É o que constatou e valorizou positivamente João Paulo II na reflexão teológico-moral católica feita segundo o espírito do Concílio Vaticano II. "O esforço de muitos teólogos, encorajados pelo Concílio", fez que as verdades cristãs estivessem hoje em dia "representadas mais adequadamente à sensibilidade e às questões dos homens de nosso tempo"[71]. Essa apresentação nova não é contrária à Tradição, uma vez que "uma coisa é o próprio depósito da fé ou as verdades e outra é o modo de anunciá-las, conservando-se contudo o mesmo significado e a mesma sentença"[72].

Os progressos na teoria moral que se realizam na Tradição cristã têm como objetivo que a "Verdade revelada possa ser percebida mais totalmente ("penitus percipi"), mais bem compreendida ("mellius intelligi") e expressa mais adequadamente ("aptius proponi")"[73]. Por isso, ao "auscultar, discernir e interpretar, com o auxílio do Espírito Santo, as diversas linguagens de nosso tempo e julgá-las à luz da palavra divina"[74], os teólogos sabem que são criativamente fiéis à Tradição cristã.

---

68. *Gaudium et spes*, 44.
69. *Ibid.*, 44.
70. *Ibid.*, 62.
71. *Veritatis splendor*, 29.
72. *Gaudium et spes*, 62. Citado em: *Veritatis splendor*, 29.
73. *Ibid.*, 62.
74. *Ibid.*, 44.

Bibliografia:

COMISSÃO TEOLÓGICA INTERNACIONAL, *La interpretación de los Dogmas (1988)*: Documentos. 1969-1996. Edição preparada por C. Bozo. BAC, Madri 1998, 417-453.
CONGAR, Y. M.-J., *La Tradición y las tradiciones*, 2 tomos. Dinor, San Sebastián 1964.
GÓMEZ MIER, V., *Sobre tradición y tradiciones de investigación*: La Ciudad de Dios 209 (1996) 231-270.
IZQUIERDO, C., *La Tradición en Teología Fundamental*: Scripta Theologica 29 (1997) 389-415.
NAVARRO, A. Mª, *"Evangelii traditio". Tradición como Evangelización a la luz de Dei Verbum I-II*, 2 tomos. Eset, Vitória 1997.
NOONAN, J. T. Jr., *La evolución de la moral*: Selecciones de Teología 34 (1995) 51-60.

12

AS MEDIAÇÕES ECLESIAIS E A MORAL CRISTÃ

Neste capítulo tenciona-se analisar o lugar da moral na vida da Igreja. Em alguns capítulos da primeira parte já foram analisados aspectos que têm a ver com o que neste se estuda. Vimos a implicação da moral na fé cristã (no capítulo destinado à imagem de Deus). Referimo-nos também à relação "do moral" com "o teologal". Neste capítulo continuam essas perspectivas e se pretende concretizá-las com referência a uma consideração específica: o lugar da moral nas mediações salvíficas da Igreja.

Parte-se do mandato de Cristo Ressuscitado tal como aparece no final do Evangelho de Mateus, que descobre na missão universal do Ressuscitado o componente de compromisso ético. Fazem-se a seguir diversas aproximações ao tempo salvífico da Igreja através da análise das Mediações da Igreja. Por último, expõe-se o fator moral que se liga a essas ações da Igreja a fim de enfatizar a dimensão moral da vida eclesial. Na explanação do tema deste capítulo, sobretudo no último item, tenciona-se assumir tudo quanto afirma a encíclica *Veritatis splendor* sobre o lugar da moral na evangelização cristã.

I. O PROGRAMA DA MISSÃO DO CRISTO RESSUSCITADO

A encíclica *Veritatis splendor* afirma que "promover e guardar, na unidade da Igreja, a fé e a vida moral é missão confiada por Jesus aos Apóstolos"[1]. Para documentar essa importante orientação da Igreja remete ao texto do evangelho de Mt 28,19-20.

---
1. *Veritatis splendor*, 27.

Para captar com maior profundidade e amplitude como no programa de caráter missionário que Cristo Ressuscitado pede à Igreja, analiso a seguir o texto citado de Mt 28,19-20[2]. A análise servirá de base a tudo quanto se exporá posteriormente sobre o lugar e a função da moral na vida da Igreja.

1. O "manifesto universalista" de Cristo Ressuscitado segundo Mt 28,18-20

O final de Mt 28,18-20 é de suma importância para a compreensão do primeiro evangelho em seu todo[3]. Os últimos versículos dão o tom e até, poderíamos dizer, a chave de interpretação do evangelho de Mt. Mais ainda, considerou-se esse final uma espécie de *compêndio* do primeiro evangelho[4].

Sem negar totalmente sua dependência do Jesus histórico, não resta dúvida de que as "palavras" do Cristo Ressuscitado foram muito "trabalhadas" pela fé da primeira comunidade cristã. É bem provável que o primeiro evangelista as tenha recebido da tradição anterior a ele. Mais difícil de solução é a questão de se saber se foi Mateus o responsável pela coordenação dos três grupos de sentenças ou se já existia semelhante unidade na tradição anterior. A primeira das soluções parece a mais aceitável, uma vez que faltam paralelos sinópticos ao conjunto e, além disso, a maneira de coordenação aqui encontrada está bastante próxima da técnica de composição do primeiro evangelista[5].

---

2. Apóio minha análise nos seguintes estudos monográficos da passagem de Mateus: E. LOHMEYER, *"Mir ist gegeben alle Gewalt". Eine Exegese von Mt 28, 16-20*: In Memoriam E. Lohmeyer (Stuttgart, 1951) 22-49; O. MICHEL, *Der Abschluss des Matthäusevangelium*: Evangelische Theologie 10 (1950/51) 16-26; W. TRILLING, *Das wahre Israel. Studien zur Theologie des Matthäus-Evangeliums* (Munique, 1964³) 21-51 ("Der Inhalt des Manifests 28, 18-20"); G. BORNKAM, *Der Auferstandene und der Irdische. Mt 28, 16-20*: Denkesgabe an R. Bultmann (Tübingen, 1964) 171-191 = G. BORNKAM – G. BARTH – H. J. DELD, *Überlieferung und Auslegung im Matthäusevangelium* (Neukirchen, 1965⁴) 289-310; G. BARTH, *Überlieferung und Auslegung*, 122-128, 131-134; O. VÖGTLE, *Das christologische und ekklesiologische Anliegen von Mt 28, 1-20*: Studia Evangelica, II (Berlin, 1964) 266-294; G. SHELBERT, *"Mir ist alle Gewalt gegeben" (Mt. 28, 1). Auferstehung und Aussendung durch den Erhöten nach Matthäus*: Bibel und Kirche 20 (1965) 37-39; J.-C. BASSET, *Dernières paroles du Resucité et Mission de l'Eglise aujourd'hui. A propos de Mt 28, 18-20 et parallèles*: Revue de Théologie et Philosophie 114 (1982) 349-367.
3. "A intenção de um autor se expressa amiúde no princípio ou no final de sua obra. Mateus indica claramente sua intenção quando nos faz ouvir as últimas palavras que dirigiu o Ressuscitado aos Onze" (X. LÉON-DUFOUR, *Los Evangelios y la historia de Jesús* [Barcelona, 1966] 127).
4. G. BORNKAM, *Überlieferung und Auslegung*, 291.
5. Assim o crêem: O. MICHEL, *l. c.*, 20; G. BARTH, *l. c.*, 124 nota 3; G. BORNKAM, *l. c.*, 291. De opinião contrária é: G. STRECKER, *Der Weg der Gerechtigkeit* (Göttingen, 1962) 210-211.

Do ponto de vista literário, o conjunto de Mt 28,18-20 pode ser enquadrado no gênero de "cantos de entronização"[6]. Pretendeu-se ver aí o esquema de numerosos hinos da Igreja primitiva, no qual se destaca a fé em Cristo Ressuscitado como o Kyrios entronizado sobre o céu e sobre a terra. De fato, encontram-se — embora um tanto quanto mudados — os motivos que constituem o gênero literário de "hino de entronização": a investidura do poder (cf. v. 18), a apresentação do Senhor diante do mundo (cf. v. 18) e o reconhecimento que diante dele fazem os povos e as potestades (cf. vv. 19-20a).

Como se pode ver, as instruções missionárias que o Cristo Ressuscitado de Mateus dirige a seus discípulos têm alguns traços bastante singulares e se revestem de um caráter teológico bem acentuado. Embora aí nos interesse diretamente examinar o conteúdo moral no programa missionário traçado nos vv. 19-20a, é bom lançar um olhar sobretudo sobre o conjunto da passagem.

Nesse "manifesto de caráter universal", o mandato missional constitui o centro, tanto literário como temático (vv. 19-20a); a declaração da maior autoridade de Cristo Ressuscitado (v. 18) é seu *fundamento*; e a promessa da presença do Kyrios (v. 20b) é sua mais segura *garantia*.

a. Declaração: "Todo o poder me foi dado no céu e na terra" (v. 18b)

As ordens missionárias de Cristo Ressuscitado começam com uma "declaração solene": "todo o poder me foi dado no céu e na terra".

Mateus usa a palavra "poder" (*exousía*)[7] dez vezes em seis passagens diferentes: 8,9: como categoria humana; 7,29: qualidade atribuída pela multidão à pregação de Jesus; 21,23-27: condição discutida sobre a atuação de Jesus; 9,6-8: poder de Jesus para perdoar os pecados; 10,1: qualidade comunicada por Jesus aos discípulos para a missão da Palestina; 28,18: qualidade de Cristo Ressuscitado.

De todas as passagens é, sem sombra de dúvida, a de 28,18 o texto mais importante de Mateus sobre a *exousía* de Jesus. A colocação no con-

---

6. Cf. G. BORNKAM, *l. c.*, 292. A influência de Dn 7, 14 parece evidente no texto de Mt.
7. No grego profano significava primeiramente "a possibilidade de atuar", no sentido tanto físico como moral. Desse primeiro significado passa-se a entender a *exousía* como uma qualidade do sujeito: o "poder" de que estão revestidos o Estado, os diversos chefes ou "poderosos" (padre, amo etc.). Esse significado do grego profano passou à literatura judia helenista e à linguagem dos LXX. O Novo Testamento segue a orientação consagrada já pelos LXX, aplicando o significado às realidades cristãs. Para mais detalhes, cf. W. FOERSTER, ThWNT, II, 559-560; A. FEUILLET, *L'exousia du Fils de l'homme*: Revue des Sciences Religieuses 42 (1954) 172.

junto do evangelho, a ênfase literária e doutrinal bem o dão a entender. O significado continua sendo o mesmo encontrado em todo o evangelho: "poder" como garantia que Deus dá à pessoa e à obra de Jesus. Mas aí obtém dimensões bem caraterísticas: pelo adjetivo "todo"; pelo aoristo passivo "foi dado" (entendido como uma investidura singular e expressa); a amplidão significativa da expressão "no céu e na terra"; o contexto todo de "entronização" messiânica, devido ao gênero literário de "hino de entronização" no qual pode ser catalogado o conjunto. "Não se presta muita importância a essa frase introdutória"[8].

A declaração solene do poder do Kyrios é que *fundamenta* o envio em missão. A missão dos apóstolos e da Igreja decorre exatamente da soberania de Cristo Ressuscitado e será seu prolongamento.

b. Envio: *"Ide, pois, fazei discípulos meus todos os povos"* (v. 19)

Após ter declarado seu poder universal, Cristo envia os Doze para a missão. Trata-se de um *encargo missional* no sentido técnico da expressão, ao qual não se colocam limites nem de espaço ("todos os povos") nem de tempo ("até o fim do mundo": v. 20b). Enquanto confere a tarefa missionária, Cristo traça um programa de ação missionária.

O esquema da ação missionária é marcado por três verbos de ação:

— "fazei discípulos" (imperativo aoristo);
— "batizando-os" (particípio presente);
— "ensinando-os" (particípio presente).

O programa de ação missionária enquanto tal é que nos interessa examinar para descobrir o conteúdo das grandes ações da Igreja e, mais especificamente, o conteúdo moral que carregam consigo.

c. Promessa: *"E eis que estou convosco todos os dias até o fim do mundo"* (v. 20b)

As últimas palavras do evangelho de Mateus prometem e garantem uma *presença* de Cristo no meio dos discípulos. Conforme o sentido de outras passagens semelhantes do Antigo Testamento (cf. Êx 3,12; Js 1,5.9; Is 41,10; 43,5), a "presença" de Cristo tem de ser entendida como uma promessa de socorro constante dispensado aos mensageiros do Evangelho.

---

8. W. TRILLING, *Les traits essentiels de l'Église du Christ*: Assemblées du Seigneur, 53 (Bruges, 1964) 24.

Essas palavras podem ter também a intenção de "correção" de posturas exageradamente escatologicistas. Mateus se oporia à impaciência escatológica de alguns que esperavam o fim iminente do mundo. O evangelista dá um grande espaço de tempo "até o fim do mundo", quando acontecerá a conversão de todos os povos ao Evangelho de Cristo.

A expressão "fim do mundo" (*synteleía tou aiónos*)[9] expressa em Mt o fim definitivo da obra de salvação ou, melhor, o fim dessa etapa da Igreja em que são necessários os "ministérios" e na qual a comunidade cristã não se sente totalmente purificada e espera pela parusia do Senhor.

A encíclica *Veritatis splendor* interpreta a promessa da presença de Cristo (Mt 28,2) em relação com a vida moral do cristão[10]. Relaciona três aplicações:

1ª) A promessa de "auxílio": "O Mestre que ensina os mandamentos de Deus, que convida para o seguimento e dá a graça para uma vida nova, sempre está presente e operante no meio de nós, conforme sua promessa: 'E eis que estou convosco todos os dias até o fim do mundo' (Mt 28,20)".

2ª) A contemporaneidade de Cristo: "A contemporaneidade de Cristo com respeito ao homem de cada época se realiza no corpo vivo da Igreja".

3ª) A memória e a atualização: "Mas o Paráclito, o Espírito Santo, que o Pai enviará em meu nome, vos ensinará tudo e vos trará à memória tudo quanto vos disse" (cf. Jo 14,26), e, ao mesmo tempo, será o início principal de uma vida nova para o mundo (cf. Jo 3,5-8; Rm 8,1-13)".

2. O conteúdo moral no programa missional de Mt 28,18-20

Já que vimos o significado geral do "manifesto universalista" de Mt 28,18-20, deter-nos-emos nas palavras que descrevem a ação missionária da Igreja, a fim de descobrir o conteúdo moral no programa missional que o Ressuscitado pede aos apóstolos. Essas palavras constituem o centro não só literário, mas também temático, de todo o "manifesto universalista" de Mateus. Do ponto de vista tanto temático quanto de linguagem percebe-se nele a marca e o selo do próprio gênio do redator (ou redatores) do primeiro evangelho[11].

---

9. A expressão aparece cinco vezes em Mt (13, 39. 49; 24, 3; 28, 20). Fora de Mt somente se encontra uma vez em Hb 9, 26 (com genitivo plural).
10. *Veritatis splendor*, 25.
11. Cf. G. D. KILPATRIK, *The Origins of the Gospel according to St. Matthew* (Oxford, 1948) 48-49.

a. "Fazei discípulos"

Nesse mandado, expresso por meio do imperativo aoristo, está a particularidade mais importante do programa missional de Mateus[12]. O verbo "fazer discípulos" substitui aqui o verbo "proclamar" que se encontra nos textos missionais tanto de Mateus como dos outros sinópticos (Mc 16,15; Lc 24,47). Como se deve entender essa particularidade lingüística e de conteúdo?

O verbo grego *matheteúein* é derivado do substantivo *mathetés*; no grego aparece com o sentido intransitivo de "ser discípulo" ou "fazer-se discípulo" tanto na forma ativa como na forma passiva depoente[13]. Esse verbo falta nos LXX e não aparece em Fílon nem em Josefo.

No Novo Testamento aparece quatro vezes, três das quais correspondem a Mateus (Mt 13,52; 27,57; 28,19; At 14,21); nessas passagens encontra-se também com sentido transitivo, coisa que não acontece no grego profano.

Além das observações filológicas, podem servir-nos de ajuda para entender o "fazei discípulos" de Mt 28,19 o uso que o primeiro evangelista faz desse verbo. Em Mt 27,57, José de Arimatéia considera-se o "discípulo de Jesus", enquanto "também esperava o Reino de Deus". Embora a fórmula de Mateus não seja tão explícita como a de Jo 19,38, que faz de José de Arimatéia um verdadeiro, ainda que oculto, "discípulo de Jesus", adverte que é nítido no primeiro evangelista um "progresso" no que se refere a Marcos (e Lucas): se não um progresso de conteúdo, pelo menos um progresso de expressão. "Esperar o Reino de Deus" equivale para Mateus a "ser discípulo de Jesus", o Reino de Deus foi personalizado em Jesus e a atitude da pessoa disposta diante do Reino transformou-se numa atitude mais institucionalizada, "ser discípulo de ...".

Em Mt 13,52 constrói-se uma pequena parábola em torno de um escriba, que se "tornou discípulo". Sem entrar no estudo detalhado dessa pequena mas importante parábola do primeiro Evangelho, acreditamos que se trata de um "escriba judeu" convertido para Cristo e, por conseguinte, para uma nova concepção do Reino de Deus. O que interessa destacar é a descrição da "passagem" do judaísmo para o cristianismo como um "fazer-se discípulo de" e o traço de *ensinamento* ou de *doutrinação* que leva consigo o "fazer-se ou ser discípulo".

---

12. Cf. G. BARTH, *l. c.*, 123; G. BORNKAM, *l. c.*, 301.
13. PLUTARCO, *De vitis decem Oratorum*: Scripta Moralia, II (Paris, 1890) 1020, 1024.

Após tudo o que se disse, podemos entender do seguinte modo o "fazei discípulos" de Mt 28,19: os apóstolos recebem a ordem de "fazer discípulos" no sentido transitivo do verbo. Essa atitude comporta: ensinamento, aceitação de um círculo de intimidade ou escola, formação gradual e integração progressiva numa comunidade. O modelo dessa atitude são as relações do Jesus histórico com seus seguidores. Uma vez "feitos discípulos" recebem o nome de "discípulos", palavra de grande importância no primeiro Evangelho[14].

Como se vê, a atitude de "fazer discípulos" de Mt 28,19 é muito complexa e não se pode realizar com muita facilidade. Comporta o que em linguagem de hoje entendemos por "fazer cristãos" ou "cristianizar". O objeto do "fazer discípulos" deduz-se de todo o Evangelho. Interessa-nos, além disso, enfatizar os caracteres formais dessa atitude: trata-se de uma terminologia de comunidade já organizada, insiste-se no elemento de "formação" (não só intelectual, mas total), acentua-se o caráter progressivo e comunitário dessa atitude.

b. "Batizando-os"

Não queremos entrar nos diversos problemas propostos por essa alusão ao batismo em Mt 28,19. Ao não se aceitar aqui uma interpolação tardia, como fizeram alguns, entendemos as palavras de Mateus como um reflexo da prática batismal de sua comunidade[15].

Pela finalidade dessas reflexões, observamos somente que o batismo faz parte do programa missionário de Mateus. Essa atitude talvez não tenha de ser reduzida ao batismo, mas tenha de ser entendida como o processo religioso que tinha como centro de interesse e coesão o sacramento da iniciação cristã. Não temos elementos objetivos para conhecer esse processo religioso; mas a partir de Mt 28,19b pode-se admitir que ele tenha existido.

c. "Ensinando-os a observar tudo quanto lhes ordenei"

Mateus, que enfatizou bastante a atividade de ensino de Jesus, não mais atribui aqui a atitude aos discípulos. Como se deve entender a *didaqué* de Mt 28,20a?

---

14. Cf. J. ZUMSTEIN, *La condition du croyant dans l'Évangile selon Matthieu* (Göttingen, 1977).
15. A *Didaqué*, 7,1-3, transmite uma prática parecida.

Há comentaristas que sobrevalorizam preferentemente o conteúdo moral desse *ensino* ou *didaqué*. É essa a postura de G. Barth, que tem um interesse especial em revalorizar e fundamentar a "moral" na obra redacional de Mateus[16]. Essa mesma orientação tem G. Bornkam, quando diz que em Mt 28,20a se entende a mensagem de Jesus como "mandamento" ("Gebot")[17].

Sem que se dê uma orientação excessivamente moral, é preciso reconhecer que a *didaqué* proposta por Mateus comporta um aspecto ético, exposto nas próprias *palavras* empregadas e no *objeto* proposto a esse ensino. Os verbos "observar" e "prescrever" têm um evidente significado ético: "evocam a vontade de Deus manifestada aos discípulos, sobretudo, pela lei proclamada por Jesus em virtude de seu poder de *Kyrios*"[18].

É interessante verificar como um comentarista protestante, P. Bonnard, dá uma ênfase especial ao conteúdo moral da *didaqué* proposta por Mateus[19]. Aceita a observação de Lohmeyer, segundo a qual "as palavras *tudo quanto vos mandei* procedem diretamente do Antigo Testamento (Êx 7,2; 29,35; Dt 1,41; 4,2 etc.)". Indica, além disso, que "correspondem à expressão joanina *guardar seus mandamentos* (Jo 14,15; 15,10; 1Jo 3,22ss. etc.)". Observadas essas conexões, faz o comentário seguinte ao texto de Mateus: "Assim, pois, se trata principalmente das instruções de moral do Cristo histórico. Essa interpretação confirma-se pelo sentido corrente do verbo *entéllo*, usado sempre na voz média no Novo Testamento (Mt 19,7 = Mc 10,3; Jo 14,31; 15,14.17). A rigor se poderia pensar em um valor jurídico e institucional: tudo o que instituí quando ainda estava no meio de vós; mas esse sentido não se ajusta ao contexto, cf. Hb 9,20. Não obstante, os mandamentos de Jesus não são em Mateus 'conselhos' nem simples 'orientações'. Nós procuramos traduzir esse aspecto, falando de 'instruções' de Jesus; seria adequada também a expressão 'prescrições'".

Assim, pois, a *didaqué* de Mateus poderia ser traduzida pela expressão moderna "formação cristã", dando-se a essa expressão o valor de compromisso de toda a pessoa num comportamento ético-religioso "justo" e perfeito.

Talvez não se possa identificar essa atitude com a forma precisa de *didaqué pós-batismal* tal como foi imaginada pelos autores na comunida-

---

16. G. BARTH, *l. c.*, 126, 133-134.
17. G. BORNKAM, *l. c.*, 305.
18. W. TRILLING, *a. c.*, 27.
19. P. BONNARD, *Evangelio según San Mateo* (Madri, 1976) 625.

de primitiva. Refere-se de preferência a todo o "ensinamento cristão" concebido de maneira prático-formativa. Essa concepção concorda muito bem com a tonalidade literário-temática de todo o Evangelho.

Concluindo, o que aqui nos interessa destacar é o *peso ético-prático* dado à atividade missionária, e a evolução da própria idéia de fé que aqui se considera. Não se trata somente de anunciar o "Evangelho" com o tom kerigmático que aparece em Marcos, mas de "ensinar", de "mostrar", como se deve viver como cristão, observando o que mandou o Senhor.

A atitude de "fazer discípulos" é uma palavra genérica que engloba tudo o que significa "ser cristão" ou o "fazer-se cristão". Os dois particípios — "batizando-os" e "ensinando-os" — indicam as duas atitudes ou meios pelos quais acontece o "fazer-se cristão". Entretanto, essas duas atitudes não devem ser entendidas como duas *atitudes precisas* que se sucedem teológica e temporalmente uma à outra. Mais que atitudes, trata-se de critérios reais que esclarecem o sentido de "fazer-se discípulo". Os traços essenciais do autêntico cristianismo estão na conjugação da *transformação religioso-sacramental* e do *compromisso ético*. Donde se deduz a necessária integração da moral na experiência teologal cristã.

II. AS MEDIAÇÕES SALVÍFICAS DA IGREJA

O programa missional de Cristo Ressuscitado se torna atual nas mediações salvíficas da Igreja. Também nessas, como no conteúdo do programa missional, deve-se fazer presente a dimensão moral da fé cristã. É o que pretendo fazer neste item, vendo a moral no conjunto das providências da Igreja.

1. O tempo salvífico da Igreja

A Constituição do Concílio Vaticano II sobre a Liturgia, *Sacrosanctum Concilium*, nos n. 5-6, traça uma síntese completa da economia da salvação.

No centro fica o Mistério Pascal de Cristo, "preparado pelas maravilhas que Deus realizou no povo da Antiga Aliança" (n. 5) e atualizado pela Igreja, através de suas providências salvadoras. Tudo começa no plano salvador de Deus Pai, que "deseja que todos os homens se salvem e cheguem ao conhecimento da verdade" (1Tm 2,4; cf. Cl 1,25). A história da salvação surge como realização do amor salvador de Deus (Jo 3,16; 1Jo 4,9).

Na sucessão histórica há uma "plenitude dos tempos" (Gl 4,4), que é por sua vez plenitude e densidade da salvação. E ainda no tempo pleno de Cristo existe uma "hora" (cf. Jo) na qual está condensada toda a salvação. A "hora de Cristo" é o mistério de sua Paixão, Morte e Ressurreição. E a "hora de Cristo" não passa, mas consegue um valor e uma existência supra-histórica (Hb 9,12).

Para participar da salvação é preciso tornar-se contemporâneo de Cristo, participar de seu feito salvador. Como se conseguirá isso? Inserindo-se no "tempo da Igreja". A "hora de Cristo" é a "hora da Igreja"; a plenitude dos tempos persiste na Igreja e ela tem poder para salvar a todos os homens. A Igreja é o sacramento do encontro com Cristo que, por sua vez, nos põe em contato com o Pai. É necessário fazer-se contemporâneo do "tempo da Igreja" para unir-se à salvação. "Assim como Cristo foi enviado pelo Pai, ele, por sua vez, enviou os Apóstolos, cheios do Espírito Santo" (n. 6).

A Igreja é a comunidade dos salvos em Cristo; possui a salvação como realidade conseguida; e ainda tem alguns poderes que a tornam capaz de estender a salvação. Quando a Igreja se põe em atividade nascem "um tempo e um espaço salvadores", prolonga-se a plenitude dos tempos e o homem se insere num tempo excepcional. É que diante das diversas funções da Igreja é preciso manter a unidade das mediações eclesiais. Todas têm uma ligação com o grande sacramento de mediação que é a própria Igreja. As mediações eclesiais não teriam força salvadora se o sujeito (a Igreja) não fosse um sujeito salvador. Mas uma vez mantida a unidade, convém indicar também uma diversidade orgânica nas funções eclesiais. A Igreja realiza sua mediação salvadora por diversas ações; diversidade que é necessário considerar para avaliar a atividade da própria Igreja.

2. Quadro de atividades salvíficas da Igreja

A Igreja faz a salvação de Deus em Cristo chegar à humanidade; possibilita, nos limites do espaço e do tempo, o encontro dos homens com Cristo.

O Concílio Vaticano II utiliza freqüentemente um esquema tripartido para expor as providências salvíficas da Igreja. Partindo da tríplice instituição salvadora do Antigo Testamento (profetismo, sacerdócio, realeza) e vendo em Cristo a realização da tríplice função de Profeta, Sacerdote e Rei, o Concílio verifica na Igreja idêntico ministério tríplice: o de anunciar a palavra (ministério profético), o de celebrar os sacramentos (ministério litúrgico) e o da prática da Caridade (ministério hodegético).

Cristo é "Mestre, Rei e Sacerdote"[20]. Escolheu e enviou os apóstolos "para que, participando de seu poder, fizessem de todos os povos seus discípulos, os santificassem e os governassem (cf. Mt 28,16-20; Mc 16,15; Lc 24,45-48; Jo 20,21-23) e assim espalhassem a Igreja"[21]. Os apóstolos nomearam seus sucessores; os *bispos*, como seus colaboradores, "presidem em nome de Deus o rebanho do qual são pastores, como mestres que ensinam, sacerdotes do culto sagrado e ministros que exercem o governo"[22]; os bispos, "de maneira eminente e visível, fazem as vezes do próprio Cristo, Mestre, Pastor e Sacerdote"[23]; "o Espírito Santo que receberam fez dos bispos os verdadeiros e autênticos mestres da fé, pontífices e pastores"[24]. Os *presbíteros*, segundo o grau de seu ministério, participam também da tríplice função de Cristo[25]; "são promovidos para servir a Cristo Mestre, Sacerdote e Rei"[26] e, assim, realizar o tríplice ministério eclesial[27]. Os *leigos*, "incorporados a Cristo pelo batismo, formam o Povo de Deus e participam das funções de Cristo: Sacerdote, Profeta e Rei"[28]. As comunidades cristãs "exercem as funções sacerdotal, profética e real que Deus lhes confiou[29]. Assim, pois, por sua própria natureza lhes corresponde à missão da Igreja o tríplice ministério da Palavra, da Liturgia, e da Caridade[30].

a. Mediação profética

A Igreja tem a mediação salvífica da Palavra. Anuncia a mensagem de salvação e, ao anunciá-la, traz a salvação para os homens. O magistério da Igreja não é um magistério humano; nem mesmo um magistério de conteúdo sobrenatural simplesmente noético. O magistério da Igreja é um magistério de salvação. A Palavra pronunciada pela Igreja, Palavra de Deus, tem força de salvação.

---

20. *Lumen gentium*, 13.
21. *Ibid.*, 19. Ver, no mesmo sentido, *Apostolicam actuositatem*, 2.
22. *Lumen gentium*, 20.
23. *Ibid.*, 21.
24. *Christus Dominus*, 2. Ver, no mesmo sentido, *Ibid.*, 11.
25. Cf. *Lumen gentium*, 28.
26. *Presbyterorum Ordinis*, 1. Cf. *Optatam totius*, 4.
27. Cf. *Presbyterorum Ordinis*, 2, 7 e, sobretudo, 13. Ver, no mesmo sentido, *Christus Dominus*, 30; *Ad Gentes*, 20 e 39.
28. *Lumen gentium*, 31. Ver, no mesmo sentido, *Apostolicam actuositatem*, 2 e 10.
29. *Ad Gentes*, 15.
30. Cf. *Lumen gentium*, 28; *Ad Gentes*, 3.

Na ação profética a Igreja prolonga a missão de Cristo Profeta. Todo o mistério profético da história da salvação (cf. Hb 1,1-3) se encontra na Igreja. Ao exercer a profecia repete a atitude de Jesus na sinagoga de Nazaré: "*Hoje se cumpriu a Escritura que acabais de ouvir*" (Lc 4,17-21). Cristo está presente na palavra proclamada na Igreja, "pois é Ele próprio quem fala cada vez que se lê a Sagrada Escritura na Igreja"[31].

b. Mediação sacerdotal

A Carta aos Hebreus enfatiza a função sacerdotal de Cristo e oferece a visão de um Cristo Sacerdote nos céus. "... Temos um Sumo Sacerdote, que está sentado à direita do trono da Majestade divina nos céus. Ministro do santuário e da verdadeira tenda, erigida pelo Senhor e não por homens" (Hb 8,1-2).

A Igreja continua a mediação sacerdotal de Cristo. É exatamente na ação litúrgica que exerce a função sacerdotal. "Com razão, pois, a Liturgia é tida como o exercício do múnus sacerdotal de Jesus Cristo, no qual, mediante sinais sensíveis, é significada e, de modo peculiar a cada sinal, realizada a santificação do homem; e é exercido o culto público integral pelo Corpo Místico de Cristo, Cabeça e membros"[32]. A função sacerdotal não é a única função salvadora da Igreja. Entretanto, toca-o tão profundamente, que lhe dá o caráter e a marca mais especial.

c. Mediação real

A mediação profética e a mediação sacerdotal necessitam, como conseqüência, da mediação real. A vida do cristão não termina na assembléia litúrgica; estende-se pelas ocupações cotidianas, nas implicações ordinárias. A atividade do cristão precisa de uma salvação especial. Aí está a missão real da Igreja. Cristo continua sua atividade real na Igreja.

A mediação real tem vários meios de realização e muitas formas de verificação. Vão desde a função de governo da Igreja até a entrega da própria vida a serviço do irmão. Toda essa série de mediações pode ser resumida na prática da Caridade. No ministério salvífico entra plenamente o compromisso moral do cristão.

É esse o quadro das atividades da Igreja; um quadro-resumo no qual se resumem as várias ações da Igreja. Fixamo-nos nas ações tipicamente

---

31. *Sacrosanctum Concilium*, 7.
32. *Ibid.*, 7.

eclesiais, nas quais fica essencialmente comprometida a Igreja enquanto tal. Mas não nos esqueçamos de outras atividades que, sem comprometer a Igreja em seu núcleo, pertencem a ela e de sua força interior dimanam e vivem.

3. A liturgia enquanto centro das ações eclesiais

"Toda celebração litúrgica, como obra de Cristo sacerdote, e de seu Corpo que é a Igreja, é uma ação sagrada por excelência, cuja eficácia, no mesmo título e grau, não é igualada por nenhuma outra ação da Igreja"[33]. Com essas palavras, o Concílio Vaticano II colocou a Liturgia no centro da vida da Igreja.

A presença de Cristo é que coloca a Igreja em ação salvadora. E é exatamente na ação litúrgica que essa presença adquire uma maior intensidade de compromisso salvador. Em ocasião alguma a Igreja é mais sacramento da presença de Cristo do que quando se reúne em comunidade de culto. Na ação litúrgica, a Igreja cria um espaço e um tempo salvador excepcionais.

O n. 7 da constituição *Sacrosanctum Concilium* do Vaticano II é de um conteúdo e de uma beleza extraordinários: "Para realizar uma obra tão grande, Cristo está sempre presente em sua Igreja, sobretudo na ação litúrgica. Está sempre no Sacrifício da Missa, seja na pessoa do ministro 'oferecendo-se agora pelo ministério dos sacerdotes o mesmo que outrora se ofereceu na Cruz' (Trento), ou seja, sobretudo, sob as espécies eucarísticas. Está presente com sua força nos Sacramentos, de modo que, quando alguém batiza é Cristo quem batiza. Está presente em sua Palavra, pois quando se lê a Sagrada Escritura na Igreja, é Ele quem fala. Está presente, por último, quando a Igreja suplica e canta salmos; Ele mesmo prometeu: 'onde dois ou três estiverem reunidos em meu nome, eu estarei no meio deles' (Mt 18,20)".

A importância de uma ação se mede pelo maior empenho que comprometa a pessoa e pela maior eficácia que possua para construí-la. Quanto mais se comprometer a Igreja e quanto maior eficácia tiver para construí-la, tanto maior será a importância da ação eclesial. A ação litúrgica compromete a Igreja e a constrói no maior grau. E a razão outra não é senão a presença virtualmente comprometedora de Cristo na ação litúrgica. Cristo está comprometido de modo todo especial nos sinais litúrgicos.

---

33. *Ibid.*, 5.

"A obra da redenção humana e da perfeita glorificação de Deus... Cristo realizou-a principalmente pelo Mistério Pascal de sua bem-aventurada Paixão, Ressurreição dentre os mortos e Gloriosa Ascensão"[34]. A Igreja vive do Mistério Pascal de Jesus Cristo. E é exatamente na ação litúrgica que o Mistério Pascal adquire toda a força edificadora para a Igreja. Cristo enviou os apóstolos (e continua enviando sua Igreja), não só para anunciar a mensagem de Salvação, "mas também para realizar a obra de salvação que proclamavam, mediante o Sacrifício e os Sacramentos, em torno dos quais gira toda a vida litúrgica"[35].

Aos motivos expostos, que avaliam a importância da Liturgia nas atividades eclesiais, podemos acrescentar outro que é ao mesmo tempo conseqüência dos anteriores. A própria natureza das atividades eclesiais situa a Liturgia em lugar preferencial. A Palavra (ou atividade profética) tem um dinamismo interno para a Liturgia. Em sua própria natureza diz referência ao rito, onde encontra sua plenificação. Uma Igreja que tiver apenas a Palavra é uma Igreja dividida e inexpressiva. O Sacramento completa a Palavra. Por outro lado, a Ação ou o compromisso da Caridade brota da celebração litúrgica, da qual recebe sua força e fundamento.

Por isso o Vaticano II resume em duas palavras o lugar central da Igreja: "A Liturgia é o ápice para o qual tende a atividade da Igreja e ao mesmo tempo a fonte donde mana toda a sua força"[36]. *Ápice* e *fonte*: duas palavras que declaram o posto central e unificador da Liturgia nas ações salvíficas da Igreja.

a. A Liturgia como ápice

"A Sagrada Liturgia não esgota toda a atividade da Igreja"[37]. Antes e depois da Liturgia há uma atividade eclesial. Entretanto, o "antes" e o "depois" não significam uma simples relação temporal ao *hic et nunc* da ação litúrgica; há uma relação de dependência. Fixando-nos no "antes" da ação litúrgica, a Liturgia é o ápice de um movimento ascendente. As atividades prévias à Liturgia vão em sua direção. A Liturgia consagra esse movimento e o completa.

Para que "os homens possam chegar à Liturgia, é necessário que antes sejam chamados à fé e à conversão. 'Como invocarão aquele em quem não acreditaram? Ou como acreditarão nele sem que o tenham ouvido? E

---

34. *Ibid.*, 6.
35. *Ibid.*, 10.
36. *Ibid.*, 9.
37. *Ibid.*, 9.

como ouvirão, se ninguém lhes prega? E como pregarão, se não são enviados?'" (Rm 10,14-15)[38].

1) A Fé está em primeiro lugar na vida cristã

"Como hão de invocar aquele em quem não acreditaram?" Para participar da celebração litúrgica necessita-se de adesão pela fé ao acontecimento de salvação que se celebra. Sem essa adesão o rito carece de sentido ao perder o caráter de ratificação. Os sacramentos são "sacramentos da fé"[39]; a mesma qualificação poderia aplicar-se a toda celebração litúrgica: "celebração da fé".

A fé, antes de tudo necessária à celebração litúrgica, pode ser uma adesão primeira ou um aprofundamento na adesão iniciada. Mesmo tendo recebido a fé, é necessário continuar aderindo à Palavra recebida. Para uma maior profundidade de participação na celebração litúrgica há de preceder uma mais profunda adesão de fé ao fato salvador que se celebra. O Vaticano II tem presente a distinção entre fé primeira e maior adesão na fé recebida: "Aos não fiéis a Igreja proclama a mensagem de salvação para que todos os homens conheçam o único Deus verdadeiro e seu enviado Jesus Cristo... E aos fiéis deve pregar continuamente a fé..."[40].

A atividade profética da Igreja prévia à Liturgia significa uma relação de finalidade e de tendência à celebração litúrgica. No momento de exercer essa atividade não se pode esquecer o dinamismo litúrgico que ela carrega consigo. Tanto no conteúdo como na apresentação deve estar condicionada pela sacramentalização que receberá a Fé na celebração litúrgica. Uma pregação da Fé que não considere a Liturgia não é uma atividade autêntica da verdadeira Igreja, a Igreja da Fé e do Sacramento.

2) Conversão

Mas não se trata de uma fé que se resolve numa pura iluminação sobre verdades anteriormente desconhecidas, mas de uma fé enquanto adesão a uma pessoa que a proclama e cujo conteúdo fundamental é a própria pessoa em sua inclinação amorosa para quem crê. Ou seja, a conversão é necessária: a disposição moral como atitude e postura necessária para apresentar-se diante do Pai, na oração.

---

38. *Ibid.*, 9.
39. *Ibid.*, 59.
40. *Ibid.*, 9.

Como na Fé, podemos distinguir uma conversão primeira e um aprofundamento no movimento de conversão iniciado. É necessário converter-se continuamente, como exigência de uma maior participação na celebração litúrgica. Os que crêem que a Liturgia não tem conteúdo moral, vejam no n. 9 da Constituição como se exige uma contínua correção moral como preparação para a Liturgia: "aos fiéis a Igreja proclama a mensagem de salvação para que todos os homens conheçam... e se convertam de seus caminhos fazendo penitência. E aos fiéis deve pregar continuamente a fé e a penitência e deve prepará-los, além disso, para os Sacramentos e ensiná-los a cumprir tudo quanto Cristo ordenou".

Se a mensagem de fé vem antes da Liturgia e deve conduzir a ela, também a mensagem de obediência com sua resposta sempre de amor (atividade real) precede a celebração litúrgica e, portanto, deve ter uma tendência e orientação para a própria Liturgia. Uma atividade moral sem relação com a Liturgia e como preparação para uma melhor participação cultual não é uma atividade moral plena e integrada no mistério total do cristianismo. A moral cristã encontrará na Liturgia critérios para auto-avaliar-se e para abrir-se para a dimensão cada vez mais autêntica.

Toda a atividade eclesial anterior à Liturgia, seja de tipo profético ou de tipo real, tem uma meta ou ápice: conseguir uma participação cultual mais plena e consciente: "Pois os trabalhos apostólicos se ordenam a isso: que todos feitos pela fé e pelo batismo filhos de Deus, juntos se reúnam, louvem a Deus no meio da Igreja, participem do sacrifício e comam a Ceia do Senhor"[41].

b. A Liturgia como fonte

A Liturgia "é ao mesmo tempo a fonte de onde mana toda a força da Igreja"[42]. Se a celebração litúrgica é o ápice de um movimento ascendente, é também a fonte e origem de um movimento descendente. Poderíamos indicar agora, como fizemos no item anterior, o caráter de fonte que a Liturgia conserva no que se refere às outras atividades, sejam tipicamente eclesiais, sejam comunitárias (*pia exercitia*) ou de caráter particular. Acreditamos ser preferível dizer como e em que sentido a Liturgia é fonte de onde mana toda a força da Igreja.

O Mistério Pascal de Cristo é o fontanário que fecunda toda a vida da Igreja e ao redor do qual prosperam todas as atividades eclesiais.

---

41. *Ibid.*, 10.
42. *Ibid.*, 10.

Ora, é exatamente o mistério pascal o conteúdo e objeto da celebração litúrgica. Na Liturgia é que o Mistério Pascal adquire sua maior dimensão salvífica e onde se encontra a fonte primeira da vitalidade do povo cristão.

O Mistério Pascal, eficaz e realmente celebrado de modo especial na Liturgia, tem uma força de projeção para fora. Cristo Ressuscitado envia o Espírito. E o continua enviando sempre que volta a fazer-se presente na celebração litúrgica. O Mistério Pascal vivido na Liturgia traz para a Igreja um contínuo Pentecostes: uma abertura em apostolado, em testemunho e em ação.

Uma vez que a Igreja reuniu seus filhos em torno de Cristo Ressuscitado, é natural que os "estimule para toda obra de caridade, piedade e apostolado. Por essas obras os fiéis cristãos manifestem que não são deste mundo, mas sim a luz do mundo e os glorificadores do Pai diante dos homens"[43]. A Liturgia como fonte tem um impulso original e criador de novas energias; a comunidade que cultua não está fechada por si mesma. Por dinamismo interno tende a romper-se e a derramar o conteúdo que acumulou. Toda celebração tem um "It" e então começa a Missão. Mais uma vez terá de reunir-se e estreitar-se para acumular energias, mas de novo — quando chegar à plenitude — virão a abertura e a Missão. Nesse jogo contínuo de comunidade que cultua e de Missão está toda a força construtiva da Igreja. Assim se vai construindo a Igreja. Páscoa e Pentecostes: dois momentos ou situações que deve viver continuamente a Igreja. Sem Liturgia não pode haver Missão autêntica, como o Pentecostes não foi possível sem a Páscoa. "De fato, ainda não fora dado o Espírito pois Jesus não tinha sido ainda glorificado" (Jo 7,39). É da Páscoa que aflora Pentecostes. O tempo de Pentecostes é o tempo da Igreja, mas esse tempo necessita da Páscoa como de uma fonte contínua de energia.

O Vaticano II acolheu a projeção pentecostal do Mistério Pascal, celebrado na Liturgia. "A própria Liturgia, por seu turno, impele os fiéis que, saciados 'dos sacramentos pascais', sejam 'concordes na piedade'; reza que 'conservem em suas vidas o que receberam da fé'; e a renovação da Aliança do Senhor com os homens na Eucaristia solicita e estimula os féis para a caridade imperiosa de Cristo"[44].

---

43. *Ibid.*, 9.
44. *Ibid.* 10.

III. A MORAL NAS ATIVIDADES DA IGREJA

1. Confirmação geral

A moral é uma dimensão imprescindível da fé cristã. Por conseguinte, também deve ser um elemento indispensável nas mediações salvíficas da Igreja.

A encíclica *Veritatis splendor* relaciona a moral com as três "funções" ou "serviços" da Igreja. Diretamente aplicado ao ministério episcopal, diz: "A 'resposta' à questão moral está confiada por Jesus Cristo de um modo particular a nós, Pastores da Igreja, chamados a torná-la objeto de nosso magistério, e, portanto, no cumprimento de nosso *munus propheticum*. Ao mesmo tempo, nossa responsabilidade de Pastores, quanto à doutrina moral cristã, deve ser atuada também na forma do *munus sacerdotale*: isto realiza-se quando distribuímos aos fiéis os dons da graça e da santificação, como meio para obedecer à lei santa de Deus, e quando, com nossa assídua e confiante prece, sustentamos os fiéis, para que sejam fiéis às exigências da fé e vivam conforme ao Evangelho (cf. Cl 1,9-12). A doutrina moral cristã deve constituir, sobretudo hoje, um dos âmbitos privilegiados de nossa vigilância pastoral, do exercício de nosso *munus regale*"[45].

Neste e noutros capítulos desta obra estudou-se a relação da moral cristã com a liturgia (mediação sacerdotal) e com o compromisso intramundano da fé (mediação real). Desejamos completar a exposição com algumas referências à mediação profética. Referir-nos-emos especificamente à moral na *evangelização* e na *catequese*.

2. A moral na evangelização

No Sínodo de Bispos de 1974 foi analisado o tema da evangelização. A exortação apostólica de Paulo VI *Evangelii nuntiandi* (1975) fez uma apresentação, ainda não superada, do significado da evangelização cristã em relação com a nova situação sociocultural da humanidade de hoje. O valor ético do cristianismo está bastante presente na apresentação da ação evangelizadora da Igreja.

A evangelização é uma "realidade rica, complexa e dinâmica" (n. 17), cujo objetivo consiste em "levar a boa-nova a todos os ambientes da humanidade e, com sua influência, transformar de dentro, renovar, essa mesma humanidade" (n. 18). A criação da "nova humanidade" e, concretamente, de "homens novos" não se consegue só nem principalmente mediante uma

---

45. *Veritatis splendor*, 114.

extensão geográfica do anúncio do Evangelho mas, principalmente, através de um processo de transformação intenso e profundo da condição humana: "para a Igreja não se trata tanto de pregar o Evangelho em espaços geográficos cada vez mais vastos ou populações maiores em dimensões de massa, mas de chegar a atingir e como que a modificar pela força do Evangelho os critérios de julgar, os valores que contam, os centros de interesse, as linhas de pensamento, as fontes inspiradoras e os modelos de vida da humanidade, que se apresentam em contraste com a Palavra de Deus e com o desígnio da salvação" (n. 19). Podemos ver de imediato que no programa de evangelização enfatiza-se curiosamente o encorajamento ético: "critérios de juízo", "valores humanos", "pontos de interesse", "modelos de vida".

Para entender corretamente e praticar eficazmente a relação entre fé e compromisso ético no mundo, Paulo VI mostra alguns critérios que expressam a "contribuição específica" da evangelização nesse campo: "uma inspiração de fé", "uma motivação de amor fraterno", "uma doutrina social" (n. 38). Esses critérios devem-se traduzir "em categorias de ação, de participação e de compromisso. Tudo isso, sem se confundir com atitudes táticas nem com o serviço de um sistema político, deve caracterizar a coragem do cristão comprometido" (n. 38).

Mediante essa orientação básica, compreende-se que o conteúdo da evangelização cristã tenha de implicar a proposta das exigências éticas "na vida concreta, pessoal e social, do homem" (n. 29). "É por isso que a evangelização comporta uma mensagem explícita, adaptada às diversas situações e continuamente atualizada, sobre os direitos e deveres de toda a pessoa humana e sobre a vida familiar, sem a qual o desabrochamento pessoal quase não é possível, sobre a vida em comum na sociedade; sobre a vida internacional, a paz, a justiça e o desenvolvimento; uma mensagem sobremaneira vigorosa em nossos dias, ainda, sobre a libertação" (n. 29).

O vigoroso programa moral da evangelização cristã, tal como foi exposto por Paulo VI na exortação apostólica *Evangelii nuntiandi*, vale para todas as épocas, uma vez que reúne uma dimensão imprescindível, conforme dissemos, da fé cristã. João Paulo II voltou a falar do tema na encíclica *Veritatis splendor*, relacionando a moral com a "nova evangelização"[46].

João Paulo II reafirma o princípio da conexão necessária entre moral e evangelização. "A evangelização — e portanto a 'nova evangelização' — comporta também o anúncio e a proposta moral." Apóia a afirmação no ensinamento e na práxis de Jesus (cf. Mc 1,15) e da comunidade primitiva cristã (cf. Hb 2,37-41; 3,17-20).

---

46. *Ibid.*, 106-108.

Uma contribuição particular da encíclica *Veritatis splendor* é a de dar importância à força evangelizadora do *testemunho de santidade*. "A nova evangelização que propõe os fundamentos e conteúdos da moral manifesta sua autenticidade, e, ao mesmo tempo, expande toda a sua força missionária, quando se realiza com o dom não somente da palavra *anunciada*, mas também da palavra *vivida*"[47]. A "vida de santidade" é "uma verdadeira profissão de fé" e "uma glorificação de Deus", mas também "um impulso para a comunicação da fé a outros"[48]. Por outro lado, nessa vida de santidade se realiza em "plenitude de expressão e de atuação o tríplice e unitário *munus propheticum, sacerdotale et regale* que cada cristão recebe como dom em seu renascimento batismal 'da água e do Espírito Santo' (Jo 3,5)"[49].

3. A moral na catequese

O significado e a situação da catequese na vida da Igreja foram objeto de estudo, de análise e de decisão em muitas intervenções de diversas instâncias da Igreja. O Sínodo dos Bispos de 1977 e a correspondente exortação pós-sinodal *Catechesi tradendae* de João Paulo II examinaram a realidade da catequese hoje em seus aspectos gerais. Em 1992 publicou-se o *Catecismo da Igreja Católica*. Sob a responsabilidade da Congregação para o Clero, apareceu em 1997 o *Diretório Geral para a Catequese,* no qual, se faz a revisão (prevista) do *Diretório Catequético Geral* de 1971.

Na apresentação da catequese feita por esse conjunto de documentos recentes está presente a consideração da dimensão moral da fé cristã. Na exortação *Catechesi tradendae* oferecem-se os critérios gerais e os conteúdos básicos para situar corretamente o lugar da moral na catequese:

Critério geral: a catequese bem entendida "supera todo moralismo de caráter formal, mesmo quando inclui uma verdadeira moral cristã" (n. 52).

Conteúdos morais: "Daí a importância que têm na catequese as exigências morais pessoais correspondentes ao Evangelho e as atitudes cristãs diante da vida e diante do mundo, sejam elas heróicas, ou as mais simples: nós as chamamos virtudes cristãs ou virtudes evangélicas. Daí também o cuidado que terá a catequese de não omitir, mas iluminar como se deve, em seu esforço de educação da fé, realidades como a ação do homem por sua libertação integral, a busca de uma sociedade mais solidária e fraterna, as lutas pela justiça e pela construção da paz" (n. 29).

Dimensão moral do conteúdo da catequese segundo as diversas idades: crianças (n. 37); adolescentes (n. 38); jovens (n. 39); adultos (n. 43).

O *Catecismo da Igreja Católica* situou a moral no conjunto orgânico da

---

47. *Ibid.*, 107.
48. *Ibid.*, 107.
49. *Ibid.*, 107.

fé cristã, como um de seus quatro grandes momentos. O mistério da Fé é professado pela "Igreja no Símbolo dos Apóstolos (Primeira parte do Catecismo) e o celebra na Liturgia sacramental (Segunda parte), para que a vida dos fiéis se conforme com Cristo no Espírito Santo para glória de Deus Pai (Terceira parte)" e o transforme em oração (Quarta parte)[50]. Entende a dimensão moral da fé como "a vida em Cristo". Esse "cristocentrismo" está situado numa concepção trinitária[51] e eclesial[52] da moral.

Esse "cristocentrismo trinitário" da catequese aparece enfatizado de modo especial, como critério iluminador para a exposição da mensagem cristã, no novo *Diretório Geral para a Catequese* (n. 98 e 99)[53]. A "formação moral" é apresentada como uma das tarefas fundamentais da catequese, articulada no conjunto das quatro que já apontava o *Catecismo da Igreja Católica*: conhecimento da fé, educação litúrgica, formação moral, oração (n. 85). Essa formação moral "é essencialmente cristológica e trinitária, carregada de sentido eclesial e aberta à sua dimensão social" (n. 85). Após ter constatado a necessidade da orientação moral no mundo de hoje (n. 23) e de "uma formação moral mais sólida" dos fiéis (n. 30), o *Diretório* insiste nos conteúdos morais ao apresentar o objeto da catequese: em geral (n. 117); da juventude (n. 182); dos adultos (n. 175); da família (n. 255). Para realizar essa tarefa necessita-se de uma boa formação moral do catequista (n. 240, 244).

Os documentos eclesiais recentes, aos quais acabamos de nos referir, oferecem orientações e critérios valiosos para situar a dimensão moral da fé na tarefa evangelizadora e catequética da Igreja. A presença da moral na catequese é uma tradição constante na história da Igreja[54].

Bibliografia:

ALBURQUERQUE, E., *Teología moral y catequesis: diálogo interdisciplinar*. Teología y Catequesis n. 66 (1998) 55-79.

ARTEAGA, J., *Teología Moral y Pastoral*: Teología y Vida 36 (1995) 121-131.

---

50. *Catecismo da Igreja Católica*, n. 2558.
51. *Ibid.*, nn. 1693-1695.
52. *Ibid.*, n. 1697.
53. Sobre esse *Diretório*, ver: U. GIANETO, *El nuevo "Directorio General para la Catequesis"*: Misión Joven 38 (1998) n. 225, 5-11; E. ALBERICH, *Un documento eclesial para dar un nuevo impulso a la catequesis evangelizadora*: Ibid., 13-18; G. CRAVOTTA, *Il nuevo Direttorio Generale per la catechesi. Tradizione e rinnovamento*: Itinerarium 6 (1998) 133-138; L. ALVES DE LIMA, *Introdução ao Novo Diretório Geral para a Catequese*: Revista Eclesiástica Brasileira 59 (1999) 281-312.
54. E. GERMAIN, *Morale et Catéchèse. Perspectives historiques*: Catéchèse 98 (1985) 114-125; R. FRATTALONE, *La morale nella catechesi* (Turim, 1986).

13

A INCULTURAÇÃO DA MORAL CRISTÃ

I. APRESENTAÇÃO

A relação entre cristianismo e cultura constitui, hoje, uma das preocupações primordiais da reflexão e da pastoral cristãs.

Freqüentes são as intervenções do Magistério da Igreja sobre esse tema: o pensamento do Concílio Vaticano II sobre "o sadio fenômeno do progresso cultural" (capítulo 2 da II parte de *Gaudium et spes*, n. 53-62); a análise de Paulo VI sobre a relação entre cultura e evangelização na exortação apostólica *Evangelii nuntiandi*; as referências de João Paulo II na exortação apostólica *Catechesi tradendae*, na encíclica *Redemptionis missio*, bem como nos importantes discursos na UNESCO (2 de junho de 1980) e em Hiroshima (25 de fevereiro de 1981).

Os Documentos de Puebla tratam expressa e pormenorizadamente da "evangelização da cultura" no presente e no futuro da América Latina (n. 385-443). O Documento de Santo Domingo (1992) dedicou à cultura uma atenção especial; o próprio título da Conferência já chamava a atenção para isso: "Nova evangelização, promoção humana, cultura cristã"; o capítulo III se refere todo ele à análise, à avaliação e às propostas pastorais sobre a cultura (n. 228-286). São muitas também as intervenções de outros Episcopados sobre a relação entre fé e cultura[1].

---

1. Sobre as intervenções do Episcopado Espanhol, cf. J. C. GARCÍA DOMENECH, *A favor del hombre. Diálogo fe-cultura en los documentos de la Conferencia Episcopal Española* (Salamanca, 1996).

Por sua vez, os teólogos tanto católicos (Rahner) como não católicos (Bultmann, Tillich) deram e continuam dando atenção especial à teologia da cultura. Como resultado desses muitos e variados estudos está surgindo um novo tratado teológico que, com metodologia interdisciplinar, se propõe estudar a dimensão cultural da fé cristã[2]. As ramificações desse tronco temático são muito importantes: vão desde a discussão sobre a roupagem cultural das fórmulas de fé até o compromisso da Igreja no desenvolvimento cultural, passando pelos vários problemas da inculturação no campo da evangelização e pela necessária abertura do cristianismo a novas culturas.

A fé cristã é incompreensível sem a estreita relação com a cultura. O mistério da Encarnação — o Verbo de Deus que assume a condição humana — constitui a estrutura normativa de todo processo cristão. O Concílio Vaticano II formulou a "lei da encarnação", dizendo que "a Igreja, para poder oferecer a todos o mistério da salvação e a vida trazida por Deus, deve inserir-se nos grupos (dois milhões de pessoas, cujo número aumenta a cada dia e que se reúnem em grandes e determinados grupos com laços estáveis de vida cultural, com antigas tradições religiosas, com firmes vínculos de relações sociais) com o mesmo afeto com que Cristo por sua encarnação se uniu às condições sociais e culturais concretas dos homens com os quais viveu"[3].

Através da relação entre fé e cultura, esta última recebe a plenitude de realização e de salvação, e aquela encontra o ambiente adequado para existir e intervir no mundo. Uma fé que não envolve a cultura é uma fé "nem plenamente recebida, nem integralmente pensada, nem fielmente aplicada à vida"[4].

A moral cristã, ao fazer parte da mensagem cristã e ao realizar-se no campo da Igreja, tem também de manter uma relação estreita com a cultura. O encontro entre fé e cultura pode ser reduzido ao processo de *inculturação cristã*. Daí poder-se e dever-se falar da inculturação da moral cristã.

Neste capítulo expõem-se os critérios teológicos que regem a relação entre a moral cristã e a cultura. Parte-se da afirmação sobre a relação

---

2. Pode-se encontrar uma exposição sobre a questão, em: A. F. BEDNARKI, *La cultura. Rifflesione teologica* (Turim, 1981); E. CHIAVACCI, *Cultura*: Diccionario teológico interdisciplinar, II (Salamanca, 1982) 230-240; J.-C. ESLIN, *Cultura*: VÁRIOS, Iniciación a la práctica de la Teología, V (Madri, 1986) 135-181.
3. *Ad Gentes*, 10. Cf. no mesmo sentido: *Ibid.*, 22.
4. JOÃO PAULO II, *Epistula qua Pontificium Consilium pro hominum Cultura instituitur*. AAS 74 (1982) 695: "Fides quae cultura non est effecta, est fides non plene recepta, non integre cogitata, in vitam non fideliter ducta". Ver tradução completa do Documento em: Ecclesia n. 2. 082 (19 de junho de 1982) 13-15.

necessária entre fé cristã e cultura; a seguir, analisa-se o processo de encontro entre a fé e a cultura mediante a categoria teológica de "inculturação"; depois se estuda a inculturação no campo da moral cristã, tanto na perspectiva histórica como do ponto de vista sistemático.

II. RELAÇÃO ENTRE FÉ CRISTÃ E CULTURA[5]

Os números 57 e 58 da *Gaudium et spes* analisam o encontro da mensagem cristã com a cultura na história. Têm como objetivo principal mostrar que, em princípio, essas duas realidades históricas, por mais diferentes que sejam, são feitas para fecundar-se mutuamente.

O que primeiro se pode informar é o fato do encontro inconteste entre fé e cultura. Não se trata de uma justaposição ou de uma simultaneidade. É um verdadeiro *encontro*: intercâmbio dialogal e de enriquecimento mútuo: "Os vínculos que há entre a mensagem de salvação e a cultura humana são vários"[6].

Os critérios gerais que regem o encontro da fé com a cultura podem ser formulados da seguinte maneira:

- *Função afirmativa*. A fé cristã afirma o valor da cultura: o cristianismo testifica em favor do progresso cultural. A função afirmativa da fé cristã relacionada com a cultura está claramente expressa no número 57 da "Gaudium et spes"[7].

A força afirmativa do cristianismo no que se refere à cultura consiste em descobrir o *sentido* da mesma: "na verdade, o mistério da fé cristã lhes oferece valiosos estímulos e auxílios para cumprir mais cuidadosamente sua missão e descobrir a significação profunda desse trabalho, pelo qual a cultura obtém seu lugar exímio na vocação integral do homem"[8].

---

5. Da abundante bibliografia sobre a relação entre fé e cultura destaco alguns títulos significativos: J. Mª. ALEMANY, *Fe y cultura. Un diálogo difícil, pero indispensable*: Sal Terrae 77 (1989) 603-613; J. Mª. ROVIRA, *Fe y cultura en nuestro tiempo* (Santander, 1989); VÁRIOS, *Sanar la cultura. Aportaciones desde la fe*: Sal Terrae 80 (1992) n. 8; VÁRIOS, *El cristianismo y las culturas: ¿un mutuo enriquecimiento?*: Concilium n. 251 (1994); M. AZEVEDO, *Cristianismo, uma experiência multicultural: Come viver e anunciar a fé cristã nas diferentes culturas*: Revista Eclesiástica Brasileira 55 (1995) 771-787; M. GELABERT, *Cristianismo y cultura: una relación ambivalente*: Razón y Fe 231 (1995) 481-498; ID., *Nueva cultura y vida de fe*: Pastoral Misionera n. 10 (1999) 39-54; M. P. GALLAGHER, *Fede e cultura. Un rapporto cruciale e conflittuale* (Cinisello Balsamo, 1995); L. NETO, *Fé Cristã e cultura latinoamericana. Uma análise a partir das Conferências de Puebla e Santo Domingo* (Roma, 1998).
6. *Gaudium et spes*, 58.
7. Também se encontra essa avaliação positiva em: *Gaudium et spes*, nn. 34, 38 e 39; *Evangelii nuntiandi*, n. 20; *Puebla*, nn. 397-407.
8. *Gaudium et spes*, 57.

O sentido pleno que a fé dá à cultura provém da cosmovisão cristã: a) a criação: o homem "cumpre o plano próprio de Deus, manifestado à humanidade no começo dos tempos, de dominar a terra e aperfeiçoar a criação, e ao mesmo tempo aperfeiçoar-se a si mesma"; b) a comunidade humana: "obedece ao grande mandamento de Cristo de entregar-se ao serviço dos homens"; c) Cristo, sabedoria divina: na cultura se descobre o valor salvífico e sapiencial do Verbo[9].

- *Função crítica*. A fé cristã tem uma função crítica com respeito à forma de apresentação da cultura em cada época. Por isso mesmo podemos formular, a partir da ética cristã, uma série de orientações para a apresentação justa da cultura em nossa época.
- *Função transcultural*. A fé cristã não se liga a nenhuma forma cultural. "A Igreja, enviada a todos os povos de qualquer época e região, não está ligada de maneira exclusiva e indissolúvel a nenhuma raça ou nação, a nenhuma forma particular de costumes e a nenhum hábito antigo ou recente"[10]. É essa uma afirmação capital, uma vez que muitas vezes o cristão se apresentou revestido de excessiva roupagem "ocidental". A história das missões tem fatos contrários a esse princípio.
- *Função de serviço*. A fé cristã ajuda a construir a cultura. "A boa-nova de Cristo restaura constantemente a vida e a cultura do homem decaído"[11]. A contribuição do cristianismo para a cultura pode fazer-se: por suplência; mediante a evangelização: "cumprindo a própria missão, por isso mesmo estimula a civilização humana e contribui para ela, e, por sua ação, também litúrgica, educa o homem na liberdade interior"[12].
- *Função de encarnação*. A fé cristã tem de adaptar-se à cultura, com uma atitude de encarnação crítica. Mediante essa afirmação se estabelece a exigência do "aggiornamento" da Igreja e o imperativo teológico-pastoral da "inculturação". Em seguida, nos deteremos nesse último imperativo.

---

9. *Ibid.*, 57.
10. *Ibid.*, 58.
11. *Ibid.*, 58.
12. *Ibid.*, 58.

III. O SIGNIFICADO DA "INCULTURAÇÃO"[13]

1. Atualidade

A palavra *inculturação*, diz João Paulo II, "além de ser um belo neologismo, expressa muito bem um dos componentes do grande mistério da Encarnação"[14]. Embora já fosse utilizado na antropologia cultural, seu uso como palavra missional é recente nos estudos teológico-pastorais[15] e nos documentos do Magistério da Igreja[16].

Não obstante sua curta história, é preciso reconhecer que ela entrou pela porta larga e que, até certo ponto, qualifica a orientação atual da teologia e práxis evangelizadoras. Nos Sínodos dos Bispos esteve presente de forma ativa o problema da inculturação na discussão dos temas da evangelização, da catequese, e da família. As referências mais precisas encontram-se nos seguintes contextos:

— Sínodo sobre a Evangelização (1974): exortação apostólica pós-sinodal *Evangelii nuntiandi* (1975), n. 20, 63.

— Sínodo sobre a Catequese (1977): exortação apostólica pós-sinodal *Catechesi tradendae* (1979), n. 53. Nesse Sínodo ouviu-se pela primeira vez na Reunião Sinodal de estudos a palavra "inculturação" (Cardeal Sin, de Manila).

— Encíclica *Redemptionis missio* (1990), n. 52-54.

— *Catecismo da Igreja Católica*, n. 172-175: profissão da

---

13. A. AMALORPAVADAS, *Evangelización y cultura:* Concilium n. 134 (1978) 80-94; EDIORIALE, *Il problema dell'inculturizzazione oggi:* La Civiltà Cattolica 129 (1978/IV) 313-322; *Carta del P. Arrupe a los Jesuitas sobre la inculturación:* Il Regno (1978) 451-455; A. A. ROEST CROLLIUS, *What is so new about inculturation? A Concept and its implications:* Gregorianum 59 (1978) 723-737; ID., *Inculturation an the meaning of culture:* Gregorianum 61 (1980) 253-273; C. GEFFRÉ, *Les exigences d'une foi critique face à una culture non chrétienne:* Le Supplément n. 140 (1982) 103-129; A. AMATO, *Inculturazione-Contestualizzazione:* Salesianum 45 (1983) 79-111; VÁRIOS, *Evangelización de la cultura e inculturación del Evangelio:* Stromata 41 (1985) nn. 3-4; P. PAUPARD, *Evangile et cultures:* Documentation Catholique 83 (1986) 1043-1052; P. SUESS, *Inculturación:* I. ELLACURÍA - J. SOBRINO (Eds.), Mysterium liberationis, II (Madri, 1990) 377-422; ID., *No Verbo que se fez carne, o Evangelho se faz cultura*: REB 54 (1994) 36-49; VÁRIOS, *El cristianismo y las culturas. ¿Un mutuo enriquecimiento?*: Concilium n. 251 (1994); J. ANTUNES DA SILVA, *Inculturação. Desafio à Igreja de hoje* (Lisboa, 1994); M. FABRI DOS ANJOS (Coord.), *Teologia da inculturação e inculturação da teologia* (Petrópolis, 1995).
14. *Catechesi tradendae*, n. 53, citando uma alocução aos membros da Comissão bíblica (AAS 71 [1979] 607).
15. Data do ano 1959 o uso primitivo desse termo: R. P. SEGURA, *L'initiation permanente en vue de l'inculturation*: Mission et cultures non-chrétiennes (Louvaina, 1959) 219-235.
16. Cf. N. STANDAERT, *L'histoire d'un néologisme. Le terme "inculturation" dans les documents romaines*: Nouvelle Revue Théologique 110 (1988) 555-570.

única e mesma fé "através de muitas línguas, culturas, povos e nações" (com textos de santo Irineu).

— Sínodo dos Bispos africanos (1994): a inculturação é um aspecto enfatizado tanto no documento de trabalho[17], como na Exortação apostólica pós-sinodal[18], bem como em estudos de especialistas[19].

— *Diretório Geral para a Catequese* (1997), sobretudo o n. 109, destinado "à inculturação da mensagem cristã", e o n. 203, onde se expõem os critérios dessa inculturação.

2. Conceito

Na antropologia cultural, define-se a inculturação como "o processo fundamental da transmissão de uma geração a outra do patrimônio cultural de uma sociedade em seu todo com a finalidade de conservar, de perpetuar o patrimônio de conhecimentos, de idéias, de costumes, que a sociedade possui e à qual dá a maior importância"[20]. Nesse sentido, inculturação vem a ser o mesmo que socialização: processo complexo sociocultural pelo qual um indivíduo chega a ser membro da sociocultura à qual pertence.

Em contextos teológicos prefere-se reservar a palavra inculturação para referência aos processos de encarnação sócio-histórica do cristianismo. Para indicar o significado simplesmente antropológico da inculturação a tendência é usar a palavra "enculturação". Por outro lado, utiliza-se a palavra "aculturação" para expressar os processos de contato entre as diferentes culturas; quando um grupo humano incorpora elementos culturais de outro grupo limítrofe ou predominante acontece o fenômeno da aculturação.

A inculturação, em sentido teológico, significa o processo complexo pelo qual o cristianismo se insere numa determinada cultura. Inculturação da Igreja "é a integração da experiência cristã de uma Igreja local na cultura de seu povo, no sentido de que essa experiência não somente se

---

17. ASSEMBLÉE SPÉCIALE POUR L'AFRIQUE DU SYNODE DES ÉVÊQUES, *Instrumentum laboris* (Vaticano, 1993).
18. JOÃO PAULO II, *Ecclesia in Africa. Exhortación apostólica postsinodal* (Madri, 1995).
19. J. NDI OKALLA (Dir.), *Inculturation et conversion. Africains et Européens face au synode des Églises d'Afrique* (Paris, 1994).
20. L. VINIGI GROTANELLI, *Etnologia. L'uomo e la civiltà* (Milão, 1965) 315. Citado por A. F. BEDNARSKI, o. c., 98.

expresse com os elementos dessa cultura, mas que chegue a ser uma força que anime, oriente e renove a cultura até criar uma nova unidade e comunhão, não só na cultura em questão mas também como enriquecimento da Igreja universal"[21].

O conteúdo semântico e as ressonâncias sócio-lingüísticas da inculturação expressam adequadamente o processo de cristianização. A inculturação enfatiza a necessidade de que a fé germine e cresça no interior das culturas, segundo a imagem da semente utilizada pelos Sinópticos. Outras categorias utilizadas antes, como "adaptação", "acomodação", "contextualização" etc., não expressam com suficiente clareza a relação estrita entre fé e cultura.

A encíclica *Redemptionis missio* opta claramente pelo conceito e pela realidade da inculturação quando afirma que ela "significa uma transformação íntima dos autênticos valores culturais através da integração no cristianismo e da radicação do cristianismo nas diversas culturas"[22].

A inculturação cristã é um processo redutível aos dois momentos dialeticamente referenciados. Por um lado, é "ruptura" e, por outro, é "integração". "A Encarnação caminha entre os dois movimentos da assunção do humano e da superação de tudo o que é desumano. Essa lógica é que deve presidir a relação do cristianismo com as culturas"[23].

Enquanto ruptura, a inculturação enfatiza a originalidade da mensagem cristã, o aparecimento da novidade evangélica como fecundação da cultura, o discernimento da crítica permanente, a transcendência supracultural dos valores cristãos, e a orientação utópica do Evangelho. Enquanto integração, a inculturação sublinha a importância do encontro real com a história, a necessidade de que a fé se deixe questionar pela cultura, a exigência de diversificar a experiência cristã conforme o gênio de cada cultura, e a aceitação do "escândalo" da fraqueza histórica.

A inculturação expressa além disso a universalidade do Evangelho, superando os particularismos de caráter dominador e egoísta; favorece a comunicação entre as culturas ao mesmo tempo em que valoriza a peculiaridade e autonomia de cada uma delas; não tende a implantar uma cultura "cristã", mas tem por meta oferecer o serviço do Evangelho a todas as culturas. "A inculturação é a encarnação do Evangelho nas diversas culturas e a introdução das culturas na vida evangélica"[24].

---

21. A. A. ROEST CROLLIUS, *What is so new...*, 735.
22. *Redemptionis missio*, 52.
23. M. GELABERT, *Nueva cultura y vida de fe*: Pastoral Misionera n. 10 (1999) 41.
24. *Ibid.*, 41.

Ainda que não livre de riscos nem imune diante das falsas interpretações, a inculturação cristã expressa as exigências pastorais da estrutura kenótica da salvação. A atualidade desse projeto não é apenas uma resposta conjuntural a mudanças históricas (passagem do cristianismo do regime monocultural para outro de caráter pluricultural; importância das Igrejas "novas": África, Ásia; reformulação da fé em contextos não europeus: América Latina etc.) mas que obedece à riqueza nas propostas da relação entre cristianismo e cultura.

IV. OS CRITÉRIOS DA INCULTURAÇÃO KENÓTICA DA FÉ

Kénosis e *inculturação* são as duas categorias fundamentais com as quais se expressa o encontro da fé com as culturas. Mediante elas realiza-se a estrutura da encarnação sócio-histórica da fé. Elas traduzem em linguagem tradicional e de hoje o conteúdo do princípio de encarnação formulado com expressão clássica por São Gregório Nazianzeno: "o que não é assumido não é redimido"[25].

As categorias de kénosis e inculturação se referem a um ideal normativo com o qual tem de realizar-se a encarnação da fé na cultura. Esse ideal se concretiza num conjunto de critérios que podem ser sintetizados mediante um conjunto de subcategorias semânticas que traduzem o conteúdo do processo inculturizador.

Atendendo aos recentes documentos do Magistério nos quais se expõe o tema (GS = *Gaudium et spes*, EN = *Evangelii nuntiandi*, P = *Documentos de Puebla*, CT = *Catechesi tradendae*) podem-se encontrar as subcategorias semânticas que expressam o ideal normativo da inculturação kenótica da fé.

As principais subcategorias da inculturação, que constituem outros tantos critérios de encarnação sócio-histórica da fé, agrupam-se em torno desses eixos semânticos de significação progressiva:

---

25. GREGÓRIO NAZIANZENO, *Epistola CI, ad Cledonium presbyterum contra Apollinarium*: PG, 37, 182-183: "Nam quod assumptum non est, curationis est expers: quod autem Deo unitum est, hoc quoque salutem consequitur". Para a contextualização histórica e doutrinal, cf. a edição francesa de Sources Chrétiennes (Paris, 1974); na nota 3 da p. 50 afirma-se: "cette formule est entrée dans l'enseignement traditionel de l'Église".

1. Dialogar e Respeitar

Para Paulo VI "a ruptura entre Evangelho e cultura é, com toda certeza, o drama de nosso tempo" (EN 20,1). Daí ser necessário estabelecer os "vários vínculos que há entre a mensagem de salvação e a cultura humana" (GS 58,1) e realizar o "encontro" entre as duas realidades (EN 20,3). A evangelização cristã "busca obter são só o indivíduo mas a cultura do povo" (P 394). Essa "vinculação", ainda que não seja o mesmo que "identificação" (P 400):

— deve ser "estreita" (P 400);
— deve buscar "o coração da cultura e das culturas" (CT 53,1);
— deve consistir numa autêntica "penetração" do Evangelho na cultura (P 395; CT 53,3);
— deve realizar-se "não decorativamente, como uma massa superficial, mas de modo vital, em profundidade e até suas próprias raízes" (EN 20,1).

A vinculação exigida entre fé e cultura, sem que se chegue à identificação ou à confusão, deve ser tão real e verdadeira como a união das duas naturezas na pessoa de Cristo. O encontro e o diálogo que vinculam fé e cultura têm a estrutura kenótica da Encarnação.

A fim de que o diálogo com a cultura seja autêntico e para que o encontro seja fecundo, a evangelização cristã deve guiar-se pelo respeito diante da realidade cultural. Para isso (CT 53,1):

— "procurará conhecer as culturas e seus componentes";
— "aprenderá suas experiências mais significativas";
— "respeitará seus valores e riquezas próprios".

2. Assumir e Transvasar

Ao "encarnar-se" na história dos povos, a fé "assume suas culturas" (P 400). Não pode ser de outra maneira uma vez que "a fé transmitida pela Igreja é vivida a partir de uma cultura pressuposta" (P 400; EN 20,2); e "a construção do reino de Deus deve no mínimo permitir que se tomem os elementos da cultura e das culturas humanas" (EN 20,2).

Assumir a cultura supõe, é óbvio, "fazer o esforço de um transvasamento da mensagem evangélica para a linguagem antropológica e aos símbolos da cultura na qual se insere" (P 404). O transvasamento do Evangelho em linguagem cultural não supõe "empobrecimento" daquele "pela abdicação ou redução de sua mensagem, por adaptações — ainda que da linguagem — que comprometam o 'bom depósito' da fé, ou por concessões em matéria de fé ou moral" (CT 53,5).

A fé busca sua "expressão" através das diferentes culturas. Deus "falou conforme os tipos de cultura próprios de cada época" (GS 58,1). Também a Igreja "empregou os descobrimentos das diversas culturas para difundir e explicar a mensagem de Cristo" (GS 58,2). Conforme a proclamação de João XXIII na Homilia de abertura do Vaticano II (AAS 54 [1962] 792) "uma coisa é o próprio depósito da fé ou as verdades e outra é o modo de enunciá-las, conservando-se contudo o mesmo significado e a mesma sentença" (GS 62).

Isso não impede que se deva conceder certo privilégio a determinadas roupagens expressivas da fé, tais como as expressões bíblicas e as mais genuinamente tradicionais (CT 53,2).

3. Consolidar e Aperfeiçoar

A fé cristã não tenciona "destruir mas ajudar as culturas a consolidar-se em seu próprio ser e identidade" (P 425). Por outro lado, as culturas "não são terreno vazio, desprovido de valores autênticos" (P 401). Diante dessas duas constatações "a evangelização da Igreja não é um processo de destruição, mas de consolidação e fortalecimento desses mesmos valores; uma contribuição ao crescimento dos 'germens do Verbo' presentes nas culturas" (P 401; cf. GS 57). Daí se segue que a Igreja deva "partir, em sua evangelização, das sementes semeadas por Cristo e desses valores" (P 403).

A consolidação dos valores culturais autênticos conduz a processos de aperfeiçoamento e "enriquecimento" (CT 53,5; GS 58,3). A Boa-Nova ao "consolidar" a cultura, a "aperfeiçoa e a restaura em Cristo" (GS 58,4). Mediante a evangelização "a Igreja faz que as culturas sejam renovadas, elevadas e aperfeiçoadas pela presença ativa do Ressuscitado, centro da história, e de seu Espírito" (P 407; cf. CT 53,5).

4. Transformar e Converter

O encontro da fé com as culturas produz uma "constante renovação e transformação evangélica da cultura" (P 395). A "transformação" tem de entender-se no sentido forte da palavra: mudança de forma. Daí o sentido do verbo "transformar" poder ser explicitado por estes outros:

— "impregnar" (EN 20,3);
— "fecundar" (GS 58,4);
— "restaurar" (GS 58,4);
— "regenerar" (EN 20,3; CT 53,3).

A ação transformadora tem de chegar "às próprias raízes" da cultura (EN 20,1) até "transformar com a força do Evangelho os critérios de juízo, os valores determinantes, os pontos de interesse, as linhas de pensamento, as fontes inspiradoras e os modelos de vida da humanidade" (EN 19). Somente assim a evangelização conseguirá "alcançar a raiz da cultura, a zona de seus valores fundamentais, suscitando uma conversão que possa ser base e garantia da transformação das estruturas e do ambiente social" (P 388).

A conversão que gera a fé nas estruturas não se reduz ao âmbito pessoal; chega às estruturas sociais. Com efeito, "a Igreja chama para uma conversão renovada no plano dos valores culturais, para que, a partir daí, se impregnem as estruturas de convivência com espírito evangélico" (P 438). Conversão interior e mudança de estruturas são a meta geral da evangelização. Ela se realiza mediante "a penetração pelo evangelho dos valores e critérios que inspiram a cultura, a conversão dos homens que vivem conforme esses valores e a mudança que, para serem plenamente humanas, exigem as estruturas em que eles vivem e se expressam" (P 395).

5. Denunciar e Corrigir

O encontro da fé com as culturas tem por natureza um componente de "crítica" e de "denúncia". A evangelização "estabelece uma crítica das culturas", ou seja, a crítica "dos valores transformados em ídolos ou dos valores que, sem sê-lo, uma cultura assume como absolutos" (P 405).

A "denúncia" (P 405) da fé não é ineficaz; traduz-se numa ajuda às culturas a fim de que "superem os pontos fracos ou mesmo desumanos que há nelas" (CT 53,5). A evangelização cristã "corrige a presença do pecado nas culturas; purifica e exorciza os valores" (P 405). A Boa-Nova de Cristo "ao renovar constantemente a cultura do homem caído, combate e elimina os erros e males provenientes da sedução permanente do pecado. Purifica e eleva incessantemente a moral dos povos" (GS 58,4).

6. Transcender e Comunicar

Na relação entre fé e cultura há uma característica importante que convém enfatizar; trata-se da "transcendência" do Evangelho com respeito às formas culturais concretas. Já nos recordamos de que a estreita ligação entre fé e cultura não chega a uma "identificação" entre ambas (P 400). O Evangelho "não se identifica, certamente, com a cultura e é independente com respeito às culturas", ainda que essa independência não indique "incompatibilidade" (EN 20,2).

Por ser "transcultural", a fé "não se liga de modo exclusivo e indissolúvel a etnia ou nação alguma, a algum sistema particular de vida, a costume algum antigo ou recente" (GS 58,3). Desaparece assim todo privilégio e toda penhora de uma determinada cultura frente ao Evangelho. Por outro lado, a fé "pode comunicar-se com as diversas formas de cultura" (GS 58,3). O caráter "transcultural" da fé se traduz em universalismo e pluralismo. Tampouco diminui em nada o conteúdo da inculturação.

A transcendência da fé com respeito à cultura possibilita a realização de outra função do Evangelho: favorecer a comunicação e a integração das diferentes culturas. A Igreja, "por seus próprios princípios evangélicos, olha com alegria os impulsos da humanidade para a integração e a comunhão universal" e contribui para essa obra "convocando os homens de todas as etnias e povos a reunir-se, pela fé, sob Cristo, no mesmo e único povo de Deus" (P 425).

V. A INCULTURAÇÃO NA HISTÓRIA DA MORAL CRISTÃ

Uma das tarefas mais importantes da reflexão teológico-moral hoje é a de comparar o ethos cristão com a cultura atual. Lembramo-nos anteriormente da triste verificação de Paulo VI: "a ruptura entre o Evangelho e a cultura é sem dúvida o drama de nossa época"[26]. Esse drama se realiza de modo curioso no terreno do compromisso moral cristão.

---

26. *Evangelii nuntiandi*, n. 20.

Em grande parte, o projeto moral dos cristãos não usufrui da plausibilidade sociocultural necessária para transformar-se numa oferta valiosa para os homens de nosso tempo. Necessita da autêntica inculturação.

A história da moral cristã passou por períodos de extensa e profunda inculturação. O que chamamos sabedoria moral cristã (com linguagem mais técnica: Teologia moral) é, de certo modo, a depuração da mistura ativa entre o espírito do Evangelho e o pensamento humano das diversas épocas. Como prova do asserto anterior basta lembrar três marcos históricos.

O primeiro é a "helenização" feita por São Paulo[27] e pelos Santos Padres[28], os quais deram a primeira configuração ao discurso ético dos cristãos, servindo-se da linguagem, dos conceitos e mesmo da argumentação da filosofia moral greco-romana. As categorias morais de "consciência", "ordem natural, "virtude" etc. aparecem com a primeira inculturação.

Na Idade Média se configurou a reflexão moral propriamente dita ("moralis consideratio" a chama Santo Tomás de Aquino na Suma Teológica, I-II, q. 6c). O valor cristão da "lei nova" baseada na Caridade passa a fazer parte das categorias da ética aristotélica e do direito romano e aparece a parte moral na síntese teológica. Os conceitos de "lei natural", de "fim último", de "bem-aventurança", de "ato humano", com o organismo moral das virtudes e dos vícios são claros expoentes da inculturação medieval da moral cristã.

A renovação teológico-moral dos séculos XVI e XVII deveu-se em grande parte à inculturação do ethos cristão nas condições socioculturais da época. A Escola de Salamanca, com Francisco de Vitória à frente, teve a audácia de comparar a nova situação econômica, política e jurídica da Europa e do Novo Mundo recém-descoberto com os valores do Evangelho. Os tratados "De justitia et jure" são o surpreendente resultado do diálogo fecundo da fé com a cultura econômico-jurídica da época. A reflexão teológico-moral viveu da sabedoria moral acumulada nesses tratados nos últimos séculos. O Concílio Vaticano II pretendeu reiniciar a tarefa histó-

---

27. Sobre a influência da ética helenista (sobretudo, estóica) em Paulo e sobre a transformação que este opera naquela, cf. P. ROSSANO, *Morale ellenista e morale paolina*: VÁRIOS, Fondamenti biblici della teologia morale (Bréscia, 1973). Ver também, num sentido mais geral: W. A. MEEKS, *Los orígenes de la moral cristiana* (Barcelona, 1994).
28. Cf. M. SPANNEUT, *Les normes morales du stoïcisme chez les Pères de l'Église*: S. PINCKAERS - C. J. PINTO DE OLIVEIRA (eds.), Universalitè et permanence des lois morales (Friburgo de Suíça, 1968) 115-135.

rica do "aggiornamento" cristão, que consiste principalmente no diálogo fecundo da fé com o mundo. A constituição pastoral *Gaudium et spes* constituiu-se no símbolo desse diálogo de reconciliação e de nova síntese. A Teologia moral dos anos pós-conciliares realizou, como poucas áreas da Teologia, um trabalho ingente e totalmente positivo de "aggiornamento" interno e de diálogo com o mundo.

A inculturação transforma-se hoje numa das pedras de toque do passado, do presente e do futuro da moral cristã[29]. A história da moral deve ser revista a partir de sua função inculturizadora: "é preciso examinar de novo toda a história da teologia moral com o perfil da inculturação, tendo presentes todas as variantes nas diferentes épocas e em todas as igrejas. Devemos ver por que se descuidou ou se frustrou em determinadas épocas. Devemos fixar-nos atentamente nas formas bem-sucedidas de inculturação da moral, considerando o processo da inculturação do Evangelho em seu todo"[30]. Mais concretamente, devemos perguntar-nos: "quais foram os destinatários privilegiados, quem foi mais ouvido e levado em consideração? Os poderosos, os beijados pelo sucesso, os fortes e sadios, ou também e especialmente os pobres, os oprimidos e os marginalizados? Seguiu-se aqui realmente o exemplo de Jesus?"[31]

O presente da moral cristã passa pelo desafio da inculturação. Seu futuro também dependerá da capacidade inovadora que saiba projetar em sua relação com as diferentes culturas. Creio, por conseguinte, que é necessário criar uma frente de trabalho prioritário da reflexão teológico-moral: realizar uma nova inculturação da moral cristã tão profunda e de tanta transcendência como as memoráveis da época patrística, da Idade Média, e dos séculos XVI-XVII.

VI. PROGRAMA DE INCULTURAÇÃO DA MORAL CRISTÃ HOJE

A seguir expõem-se as linhas-mestras desse programa de inculturação da moral cristã hoje. Por força, as propostas são de caráter geral. As aplicações concretas que delas procedem devem ser estudadas com metodologia mais analítica.

---

29. B. HÄRING, *É tudo ou nada* (Aparecida, São Paulo, 1995) 83-93.
30. *Ibid.*, 92.
31. *Ibid.*, 92-93.

1. Afirmação prática e conseqüente do caráter "transcendental" da ética cristã

A fé cristã "transcende" todas as formas culturais; o que significa duas coisas importantes: 1) a fé não se identifica com a cultura nem com nenhuma cultura especificamente; 2) a fé pode e deve entrar em comunhão com a cultura e com todas as culturas[32].

Afirmar o caráter "transcultural" da fé é o mesmo que dizer que o cristianismo não é uma ideologia a mais entre as muitas que existem. O cristianismo não é uma ideologia em nenhum dos três sentidos seguintes: nem no sentido que o marxismo clássico dá à palavra ideologia, ou seja, uma visão falsa e falsificadora da realidade; nem no sentido da sociologia do conhecimento de Mannheim, para quem o componente ideológico da sociedade tem por finalidade justificar e apoiar a ordem social existente[33]; nem tampouco no sentido comum de ideologia: configuração de um modelo de sociedade.

Da fé cristã não se pode deduzir de imediato um modelo determinado de cultura e de sociedade. O cristianismo não apresenta uma única alternativa sociocultural como a definitivamente cristã. São válidas para este caso as declarações de Paulo VI sobre o legítimo pluralismo de opções políticas: "nas diferentes situações concretas e considerando as solidariedades que cada um vive, é necessário reconhecer uma variedade legítima de opções possíveis. Uma mesma fé cristã pode levar a assumir compromissos diferentes"[34].

De acordo com essa impostação "transcultural" da fé, a ética de todos os cristãos situa sua peculiaridade e especificidade não tanto nos conteúdos concretos (o categorial) quanto na cosmovisão (o transcendental). Isso supõe ter de entender a especificidade da ética cristã mais como utopia que como ideologia ou estratégias e táticas. A ética cristã tem seu lugar adequado no que Mannheim chama fatores utópicos da sociedade. Os elementos utópicos transcendem a situação social concreta; não justificam a ordem existente; são "irrealizáveis na situação concreta, mas apontam para o deslocamento da ordem existente e para sua substituição por outra. Operam, portanto, como fermento de transformação e, se se quiser, revolucionário"[35].

---

32. *Gaudium et spes*, n. *58*; *Evangelii nuntiandi*, n. 20; *Puebla*, n. 400.
33. K. MANNHEIM, *Ideología y utopía* (Madri, 1958).
34. *Octogesima adveniens*, n. 50.
35. F. MURILLO, *Estudos de Sociología Política* (Madri, 19723) 93.

O que se disse antes não implica que os cristãos não tenham nada a dar para a constituição da justiça social a partir da peculiaridade de sua fé. Desde sua própria cosmovisão os fiéis projetam seu ethos sobre a realidade, tornando eficaz a carga utópica da fé.

Para fazer um programa coerente de inculturação da moral cristã é necessário recuperar o caráter "transcultural" do ethos cristão. É esse o "esvaziamento" ou a kénosis que se pede à Teologia moral. Deve "esvaziar-se" de toda tentativa de identificação com a força ou o poder ("doxa") de uma determinada cultura. Somente "transcendendo" as formas culturais específicas poderá inculturar-se em cada uma delas. A Teologia moral tem de ser projetada a partir da dimensão kenótica do Mistério de Cristo, o qual pode orientar a realidade concreta (categorial) porque se situa na transcendência de sua universalidade (transcendental)[36]. "O esvaziamento (kénosis) expressa paradoxalmente a transcendência da vida de Cristo e do cristão na concretude da história e das culturas"[37].

A afirmação do caráter "transcultural" e kenótico da ética cristã leva a duas conclusões importantes para a reflexão teológico-moral. Por um lado, a Teologia moral não deve privilegiar nenhuma cultura, fazendo dela o único contexto para a categorização e expressão do compromisso ético da fé. O Concílio Vaticano II "desocidentalizou" o conceito de cultura[38]. Corresponde à reflexão teológico-moral libertar-se das hipóteses "helenizadoras", "europeizadoras".

O trabalho de "desocidentalização" da moral cristã não deve acarretar um empobrecimento de seu patrimônio histórico. A história é assumida, mas sem comprometimento. Somente assim a tradição histórica deixará de ser um fator de empobrecimento progressivo. Esse esvaziamento ou kénosis da ética cristã se faz em função de sua transcendência católica e universalizadora. O Concílio Vaticano II declarou taxativamente: "A Igreja, enviada a todos os povos de qualquer época e região, não está ligada de maneira exclusiva e indissolúvel a nenhuma raça ou nação, a nenhuma forma particular de costumes e a nenhum hábito antigo ou recente"[39]. Convém, não obstante, considerar a advertência de João Paulo II: "não se pode pura e simplesmente isolar da cultura na qual está inserida a Mensagem cristã desde o começo (o mundo bíblico, e mais especificamente, o

---

36. F. FURGER, *"Kenosis" und das Christliche einer Ethik:* Christlich glauben und handeln (Düsseldorf, 1977) 96-11.
37. E. QUARELLO, *Morale cristiana e culture* (Roma, 1979) 37.
38. Cf. A. DONDEYNE, *El desarrollo de la cultura:* La Iglesia en el mundo, t. II (Madri, 1970) 563.
39. *Gaudium et spes,* 58.

meio cultural no qual viveu Jesus de Nazaré); nem tampouco, sem graves perdas, poderá ser isolado das culturas nas quais se expressou ao longo dos séculos"[40].

A segunda conclusão refere-se ao pluralismo cultural no qual tem de ser inculturado o ethos cristão. Mas voltaremos a falar desse aspecto mais adiante.

2. Apoio moral da "aculturação" ou comunicação fecunda entre as culturas

Por sua condição "transcultural" a ética cristã goza de uma força especial para apoiar e favorecer a comunicação e a integração das diferentes culturas. É esse um dos objetivos mais importantes do programa de inculturação da moral cristã hoje.

O cristianismo tem vocação de universalidade histórica, geográfica e cultural. Essa vocação realiza-se "em formas de comunicação entre as culturas e de integração justa nos níveis econômico, social e político"[41]. A Teologia moral tem de fazer objeto de reflexão o apoio que o cristianismo deve dar à "aculturação", ou seja, à comunicação e integração das culturas[42]. Enfatizam-se três frentes de ação:

A *primeira frente de ação* se constitui pela denúncia e pela superação do que podemos chamar "macropecados" das culturas em sua mútua relação. Eis a enumeração dos principais:

— O *etnocentrismo*, ou concepção cultural que considera o próprio grupo centro de tudo e julga os outros grupos na perspectiva unidimensional.

— O *predomínio* de uma cultura sobre outras; deve-se denunciar "uma injusta e prejudicial supremacia e domínio de uns povos ou setores sociais sobre outros povos e setores"[43].

— A *falta de respeito* com as diferenças culturais; a universalidade humana não pode ser "sinônimo de nivelamento e uniformidade, que não respeita as diferentes culturas, debilitando-as, absorvendo-as ou eliminando-as"[44].

---

40. *Catechesi tradendae*, 53.
41. *Puebla*, n. 426.
42. Cf. J. C. SCANNONE, *Normas éticas en la relación entre culturas*: D. SOBREVILLA (Dir.), Filosofía de la cultura (Madri, 1998) 225-241.
43. *Puebla*, n. 427.
44. *Ibid.*, n. 427.

As situações de injustiça existentes no jogo internacional dos grandes blocos socioeconômicos e políticos provêm em grande parte da supremacia injusta de uma cultura sobre outra. A expansão imperialista e dominadora de uns povos ou blocos sobre outros tem um nítido componente cultural. Certas "estruturas geradoras de injustiça" no terceiro mundo "nascem das ideologias de culturas dominantes"[45]. Por infelicidade, essas culturas dominantes se apresentaram muitas vezes com a falsa etiqueta de "culturas cristãs". A Teologia moral obriga-se a denunciar e superar essas relações pecaminosas das culturas entre si.

A *segunda frente de ação* nesse trabalho de comunicação e integração das culturas é de caráter mais positivo. Consiste em criar uma "supracultura" da solidariedade. O individualismo deve ser superado mediante a comunicação; o afã de predomínio mediante a atitude de auxílio e serviço; a dispersão mediante a integração. A ética cristã tem de jogar duro, nos próximos anos, pela solidariedade como contexto metacultural onde se realizem harmônica e justamente todas as culturas.

O modelo dessa "supracultura" da solidariedade foi proposto com acerto por Puebla: "A Igreja na América Latina se propõe reencontrar com renovado vigor a evangelização da cultura de nossos povos e dos diversos grupos étnicos para que germine ou seja reavivada a fé evangélica e para que esta, como base de comunhão, se lance em formas de justa integração nos quadros respectivos de uma nacionalidade, de uma grande pátria latino-americana e de uma integração universal que permita a nossos povos o desenvolvimento de sua própria cultura, capaz de assimilar de modo próprio as descobertas científicas e técnicas"[46].

A *terceira frente no trabalho* da Teologia moral pela justa "aculturação" consiste em descobrir no conjunto das culturas o "denominador comum" ético. O impacto da variabilidade dos dados etnológicos sobre a origem e desenvolvimento das idéias morais provocou em épocas passadas um relativismo moral de caráter nihilista. Hoje, tem-se a certeza de que não procede a identificação de relativismo cultural e relativismo moral. Mais ainda, a antropologia cultural ajuda a descobrir certas constantes valorizantes nas culturas. Pode-se falar com fundamento de "universais éticos" e de "direções axiológicas" com validade universal no sadio pluralismo moral.

A Teologia moral sempre buscou o "universalismo ético", levada, às vezes, por um afã exagerado de firmeza, mas sempre impulsionada pela

---
45. *Ibid.*, n. 437.
46. *Ibid.*, n. 428.

crença na unidade do gênero humano e pela afirmação otimista da razão humana, patrimônio universal dos homens. Lembremo-nos da importância que teve na história da moral cristã a categoria "lei natural".

Diante das ambigüidades a que pode conduzir a insistência no conceito de "lei natural", propõem-se outras categorias éticas para expressar o "universal ético" dos diversos grupos e culturas. Uma delas é o reconhecimento ético da "dignidade humana", categoria que abarca a sensibilidade ética universal. Outra é o conceito de "direito humano" e sua catalogação numa tabela moral de aceitação universal. No âmbito de língua alemã também se utiliza a categoria de "valores fundamentais" (*Grundwerte*) traduzíveis para direitos fundamentais. Foi proposta também a categoria de "ética civil" para expressar o mínimo ético comum das diversas opções sociais.

Sem negar importância à escolha de uma determinada categoria moral, cremos que é mais importante enfatizar a necessidade do "universal ético" como expressão da sensibilidade moral da humanidade. A função desse denominador moral comum não consiste em satisfazer o desejo de garantir a existência de uma moral universal, única, imutável e abstrata. Esse afã pela segurança é destituído de funcionalidade prática e costuma servir a interesses de caráter imobilista ou de caráter mais ou menos neurótico.

A função do "universal ético" tem suas raízes na manutenção e elevação da sensibilidade moral da humanidade, em oferecer um lugar comum de apelação ética para a denúncia moral, em vencer os fanatismos mediante a aceitação do pluralismo além do núcleo moral comum. A moralidade pública, tanto em nível nacional quanto internacional, encontra seu fundamento e seu conteúdo básico no núcleo ético aceito por toda a humanidade.

A Teologia moral deveria impor-se como tarefa de redimensionamento, a partir desses pressupostos, a existência e função de uma ética universal além do justo pluralismo cultural, ideológico e religioso. É essa a "aculturação ética" que se pede à reflexão teológico-moral do presente, trabalho que está em linha de continuidade com o afã medieval por encontrar uma lei natural com validade universal (para cristãos, judeus e muçulmanos, para grupos civilizados e não civilizados) e com o esforço realizado pelos teólogos dos séculos XVI-XVII para construir um direito das pessoas do qual também fizessem parte os grupos humanos que acabam de entrar em contato com a história da Europa. Francisco de Vitória e toda a Escola de Salamanca sonharam com a universalização da moral e do direito em toda a terra.

Cabe à Teologia moral dos próximos anos empenhar-se na construção de uma ética universal, após ter reformulado nesses últimos anos os problemas internos de sua especificidade e de sua identidade. Necessita-se de um justo "monoteísmo ético" que nos torne libertos do exacerbado e desintegrador "politeísmo moral". Esse objetivo entra em cheio no programa de inculturação da moral cristã.

3. Procura prioritária das "novas" culturas

O ethos cristão está aberto a todas as culturas; tem a possibilidade e urge-lhe a obrigação de encarnar-se em todas e em cada uma delas. Mas, não obstante essa universalidade e catolicidade, há algumas "prioridades" no trabalho de inculturação. A reflexão teológico-moral tem de defrontar-se primeiro com o trabalho de inculturar o ethos cristão nas "novas" culturas. A seguir se enumeram as áreas culturais prioritárias no trabalho que inculturalize a Teologia moral.

Urge continuar primeiramente o trabalho de encarnar a fé e a moral cristãs nas grandes áreas culturais dos chamados "países de missão". Referimo-nos às culturas da África e da Ásia. O encontro profundo da fé com as culturas africanas e asiáticas nos mostrará sínteses teológicas inesperadas e, sobretudo, um magnífico florescimento de vida cristã. O teólogo ocidental que teve a sorte de contatar, ainda que apenas superficialmente, as igrejas dessas áreas culturais pode começar a desconfiar de que ainda restam ao cristianismo encarnações históricas tão importantes como as acontecidas na cultura greco-romana, na cultura européia, ou na cultura atlântica.

No que diz respeito ao encontro da moral cristã com essas culturas verificou-se com razão o drama dos missionários católicos nos temas de moral, por exemplo, os relacionados com o matrimônio e a família (relações pré-matrimoniais, poligamia etc.). Como saída para essas situações dramáticas recolocaram-se os temas a partir dos pressupostos da inculturação cristã. As aspirações de uma justa "africanização" e "orientalização" da moral cristã chegaram até as assembléias dos últimos Sínodos dos Bispos.

No encontro com as culturas da África e da Ásia, a Teologia moral se sentirá revitalizada. Algumas categorias éticas serão reformuladas; por exemplo, a responsabilidade perderá a marca excessivamente individualista e adquirirá uma vantajosa tonalidade grupal; a rigidez da lei formulada com exatidão será suavizada pela normatividade costumeira mais fluida. Por outro lado, o contato com culturas de caráter comunitário e contemplativo fará que se descubram no cristianismo valores ainda desconhecidos: o lazer tranqüilo, a alegre satisfação, a contemplação integradora, o repouso compartilhado etc.

A segunda área cultural que requer a atenção prioritária da inculturação moral é a América Latina. Trata-se de um conjunto de culturas que se encontram hoje diante de um dúplice jogo de forças: o enraizamento na tradição cultural e o desafio da mudança. É esse o substrato no qual Puebla coloca a evangelização da cultura na América Latina: "A tarefa da evangelização da cultura em nosso Continente deve ser focalizada sobre o pano de fundo de uma arraigada tradição cultural, desafiada pelo processo de transformação cultural que a América Latina e o mundo inteiro vêm vivendo nos tempos modernos e que atualmente chega a seu ponto de crise"[47].

As culturas latino-americanas passam hoje por um desses períodos "no qual se vêem desafiadas por novos valores e desvalores, pela necessidade de realização de novas sínteses vitais". Urge a presença ativa da fé nos momentos "nos quais decaem e morrem velhas formas para dar lugar a novas sínteses". Assim se põem em prática os critérios da encarnação cristã: "é melhor evangelizar as novas formas culturais logo ao nascer não quando já cresceram e se estabilizaram"[48], e "importa verificar para onde se orienta o movimento geral da cultura e não tanto os encraves que se detêm no passado, as expressões atualmente vigentes e não tanto as meramente folclóricas"[49].

A inculturação na América Latina é uma das tarefas importantes da Teologia moral. Um subcontinente na maioria cristão exige, por direito próprio, uma atenção expressa e diversificada. Convém lembrar que o encontro de fé e cultura latino-americanas passa necessariamente por uma tomada de postura ética. Se as culturas da América Latina podem ser qualificadas como "culturas da injustiça sofrida" é evidente que a fé não pode desligar-se de uma inculturação profundamente moral.

A realidade cultural da América Latina tem de convulsionar as propostas da Teologia moral. Vistos a partir da América Latina, muitos dos temas e objetivos da reflexão teológico-moral européia soam à música

---

[47]. *Puebla*, n. 399. Ver uma exposição mais ampla sobre a "unidade e pluralidade das culturas indígenas, afroamericanas e mestiças" assim como sobre a "nova cultura" no Documento de Santo Domingo (nn. 243-251; 252-262).
[48]. *Puebla*, n. 393.
[49]. *Ibid.*, n. 398.

eclesial, têm o tom de discussão bizantina, e, objetivamente olhados, supõem um irritante cinismo e uma irreverente hipocrisia. A problemática latino-americana deve entrar em cheio no coração da Teologia moral católica. Noutro lugar deste livro, propus "a opção preferencial pelos pobres como critério de moral". Tanto as categorias éticas como os conteúdos de moral sofrerão uma razoável variação ao ser resposta eficaz da fé diante da situação latino-americana.

O terceiro grupo de culturas que requerem a atenção prioritária da inculturação moral cristã é o constituído pelas culturas "emergentes" e pelas "subculturas" que brotam na grande cultura ocidental. Constatou-se a excessiva inculturação da Teologia moral na ideologia burgueso-capitalista justificando seu modelo ético correspondente. Utilizando a linguagem popular, necessita-se de uma "terceira marcha" na reflexão teológica moral.

A Teologia moral deve estar atenta às novas formas culturais que emergem, com a marca da crítica e da utopia, no cansado mundo ocidental do liberalismo capitalista. A meta ideal da "igualdade e da participação" será a saída ética para o impasse moral da cultura ocidental.

De tudo o que foi dito deduz-se que a Teologia moral deve buscar como interlocutores prioritários os novos construtores da história. A história do cristianismo conhece mudanças dessa índole: do interlocutor judeu passou-se preferencialmente para o interlocutor pagão sem abandonar o primeiro; mais tarde, do interlocutor romano passou-se para o bárbaro sem que se desprezasse a linguagem empregada com o primeiro; em épocas recentes, também se constatam variações semelhantes. Hoje urge outra mudança segundo critérios indicados anteriormente.

4. Criação de uma "frente cultural" no campo da Teologia moral

Para terminar a exposição do programa de inculturação da moral cristã, é necessária uma referência, ainda que breve, à necessidade de criar no campo da Teologia moral uma "frente cultural". A reflexão teológico-moral deveria levar muito a sério o tema da relação entre fé e cultura e realizar um trabalho intenso e qualificado.

Na apreciação do Vaticano II, a cultura ocupa "um lugar eminente em toda a vocação do homem"[50]. A essa avaliação eminente deve corresponder

---

50. *Gaudium et spes*, 57.

uma dedicação também singular nos programas da Teologia moral. Além dos importantes temas citados, há outros não menos decisivos que deveriam fazer parte da "frente cultural" da reflexão teológico-moral. Observemos os seguintes:

— O *discernimento* dos autênticos valores surgidos nas culturas e subculturas emergentes; por exemplo, a mais exata avaliação do afetivo frente a um excessivo apreço pelo noético, o amor à natureza, a aspiração pela igualdade e a participação etc.

— A *denúncia* dos desvalores que acompanham e até dão consistência a determinadas culturas; esses desvalores não só existem nas chamadas culturas "primitivas" mas também nas "evoluídas"; por exemplo, são desvalores "uma civilização de consumo e hedonismo erigido em valor supremo, uma vontade de poder e de domínio, de discriminação de toda espécie"[51].

— A *proclamação dos direitos humanos* no âmbito da cultura: "o direito de todos à cultura, exigido pela dignidade da pessoa, sem distinção de raça, sexo, nacionalidade ou condição social"[52]; o direito a uma cultura "subordinada à perfeição integral da pessoa humana, ao bem da comunidade e da sociedade humana inteira"[53]; o direito a uma "justa liberdade e a uma legítima autonomia" na cultura[54]; o direito de todo grupo de indivíduos a ser "autores e promotores da cultura de sua comunidade"[55].

— O apoio a uma *cultura crítica* frente à propensão manipuladora e idealizadora em favor do poder (político, econômico, religioso etc.); somente com essa forma de cultura se podem propiciar as transformações radicais de que precisa a sociedade.

A frente cultural aparece como fator decisivo na transformação estrutural da sociedade. Unida a outras frentes, sobretudo a econômica e a política, a cultura é um dos meios privilegiados para conseguir cotas cada vez mais elevadas no processo de libertação humana.

---

51. *Puebla*, n. 435.
52. *Gaudium et spes*, 80.
53. *Ibid.*, 59.
54. *Ibid.*, 59.
55. *Ibid.*, 55.

Bibliografia:

a) Sobre a relação cristianismo-cultura

CARRIER, H., *Evangelio y culturas. De Léon XIII a Juan Pablo II*. Editorial EDICE, Madri 1988.
GELABERT, M., *Cristianismo y cultura: una relación ambivalente*: Razón y Fe 231 (1995) 481-498.
VÁRIOS, *El Cristianismo y las culturas: un mutuo enriquecimiento?*: Concilium n. 251 (1994).

b) Sobre a teologia da inculturação

COMISSÃO TEOLÓGICA INTERNACIONAL, *La fe y la inculturación* (1987): Documentos. 1969-1996. Edição preparada por C. Pozo. BAC, Madri 1998, 393-416.
FABRI DOS ANJOS, M. (dir.), *Teologia da inculturação e inculturação da teologia*. Ed. Vozes, Petrópolis 1995.
SUESS, P., *Inculturación*: I. ELLACURÍA - J. SOBRINO (eds.), Mysterium Liberationis, II. Editorial Trotta, Madri 1990, 377-422.
TORRES QUEIRUGA, A., *Inculturación de la fe*: C. FLORISTÁN - J. J. TAMAYO (eds.), Conceptos fundamentales del cristianismo. Editorial Trotta, Madri, 1993, 611-619.

c) Sobre a inculturação da moral (sobretudo, na África)

BUJO, B. *Africa e morale cristiana. Un proceso di inculturazione*. Città Nuova Editrice, Roma 1994.
DANOZ, A. *Inculturación cristiana del matrimonio africano-bantú*. Editorial PS, Madri 1987.
GARCÍA, V., *Una Ética de Liberación para África*. Editoria PS, Madri 1999.

14

A PASTORALIDADE DA MORAL CRISTÃ

A coerência ética dos fiéis tem uma dimensão eclesial e existe em função da construção do Reino de Deus. A moral cristã não é uma *teoria*, mas uma *práxis* concreta. Na proposição e na solução das questões morais concretas é necessária uma metodologia adequada aos objetivos pastorais, que constituem a meta de toda moral de caráter eclesial. Assim, pois, a *pastoralidade* é uma condição interna da moral cristã.

Tenciono analisar neste capítulo a dimensão pastoral da moral cristã. Não me refiro a como apresentar os conteúdos morais nas diversas ações pastorais[1]. Meu objetivo concentra-se na pastoralidade inerente à reflexão teológico-moral e à proposta da verdade moral cristã por si mesma.

No decorrer de várias passagens indicarei os *critérios* e as *orientações* gerais que hão de guiar o trabalho teológico-moral sobre as questões de moral concreta, especialmente as relacionadas com a moral pessoal, a bioética e a moral sexual, a fim de que sejam assumidas e realizadas pela comunidade cristã. Esse conjunto de critérios e orientações introduzem-se por uma observação inicial sobre a opção da pastoralidade na reflexão teológico-moral e por uma observação final a respeito do caráter salvífico da moral cristã.

I. ORIENTAÇÃO DA MORAL REFERENTE À PRÁTICA PASTORAL

A reflexão teológico-moral, além de seu significado necessariamente

---

1. Em relação à pregação: M. VIDAL, *La predicación moral hoy en las Misiones:* VÁRIOS, Las Misiones populares hoy (Madri, 1973) 117-136; K. DEMMER, *Die vergessene Moralpredigt:* Theologie der Gegenwart 32 (1989) 266-276; L. GRIFFITH, *Sermon and Ethics:* Way Supplement 88 (1996) 77-85.

especulativo, tem um objetivo *prático*. O objetivo último das proposições e das soluções morais é orientar a *prática pastoral*, tanto na pregação e na catequese como no confessionário e na direção espiritual.

Essa opção é ainda mais patente na tradição afonsiana redentorista da Teologia moral[2]. Com efeito, essa foi a orientação adotada por Santo Afonso de Ligório em seu trabalho de teólogo moralista. A prática pastoral foi o ponto de partida de sua reflexão teológico-moral. A primeira edição da *Theologia Moralis* (1748) é uma edição do Manual de Busenbaum, sobre o qual Santo Afonso fez suas próprias *anotações* incluídas no corpo da obra. O primeiro biógrafo de Afonso, Antônio Tannoia, chama a atenção para as passagens próprias de Afonso que procedem dos casos de moral que foram surgindo em sua atividade pastoral[3].

O próprio Afonso anota no *Prólogo* à 2ª edição (repetido até a 9ª) que muitos dos conteúdos têm origem não na leitura dos livros mas na prática pastoral[4]. A prática pastoral é o critério orientador de sua reflexão teológico-moral. Tanto o conteúdo como a forma de tratar os temas estão condicionados na moral afonsiana pela orientação proposta pela prática pastoral.

Na introdução ao "Tractatus Praeambulus De Actibus Humanis in genere"[5] Afonso expõe de forma precisa como entende sua opção pela orientação pastoral na reflexão teológico-moral:

> — a teologia moral "é totalmente dirigida à prática" ("tota ad praxim est dirigenda");
> — a reflexão teológico-moral deve ter como objetivo a busca da verdade que salva ("tuae animarumque saluti consulere cupiens") e da perfeição cristã ("prodesse valeam animarum profectui");
> — o discurso teológico-moral, desprezando as questões estéreis que levariam a uma perda de tempo ("nonne, si secus fecerem, et ego oleum operamque in elucubrando perderem, et tu frustra tempus tereres, in huiusmodi inutilia legendo?"), deve selecionar as questões úteis e que sejam necessárias para

---

2. O que pôs assim em destaque, ao examinar a contribuição recente dos Redentoristas à Teologia moral, W. McDONAUGH, *"New terrain" and a "stumbling stone" in Redemptorist contribution to "Gaudium et spes": on relating and juxtaposing thruth's formulation and its experience*: Studia Moralia 35 (1997) 9-49. Ver também: D. CAPONE, *Pastoralità, prudenza, coscienza*: VÁRIOS, Magistero e morale (Bolonha, 1970) 247-389.
3. A. M. TANNOIA, *Della vita, ed istituto del venerabile servo di Dio Alfonso Mª. Liguori*, I (Nápoles, 1798) 245.
4. GAUDÉ, I, p. LVI: "nec non plura hic exposui, quae magis missionum et Confessionum exercitio, quam librorum lectione didici".
5. GAUDÉ, II, 689.

a prática ("ea tantum seligere cogito quae in hac materia magis utilia quaeque scitu necessaria ad praxim existimantur").

Pode-se, pois, afirmar que o discurso teológico-moral de Afonso é redigido não pelo princípio da pureza acadêmica mas pelo critério da coerência com a prática pastoral. A *praticidade*, identificada com a *pastoralidade*, é uma chave explicativa e eficaz da moral afonsiana[6].

Acreditamos que, respeitando a peculiaridade das diversas tradições teológico-morais na Igreja, essa orientação deve ser assumida e realizada pela Teologia moral católica enquanto tal. A eclesialidade, própria da moral cristã, caracteriza-se necessariamente pela marca da pastoralidade.

II. COMO TORNAR POSSÍVEL A "RECEPÇÃO" DA VERDADE OBJETIVA POR PARTE DA CONSCIÊNCIA MORAL

1. Orientação geral

Ao adotar a orientação da pastoralidade para a reflexão teológico-moral, não se pode deixar de expor com a maior precisão possível a *norma moral objetiva*:

— em seu significado exato;
— em suas fontes bíblicas;
— na trajetória da Tradição viva da Igreja;
— em seus fundamentos antropológico-teológicos;
— e em sua conexão com a cultura e com o pensamento atuais.

No entanto, todas essas exigências do saber teológico-moral devem ser dirigidas para um objetivo concreto: que a norma objetiva *seja assumida pela consciência pessoal* do fiel e, na medida do possível, de toda pessoa de boa vontade.

A "recepção" da norma objetiva por parte da pessoa, fiel ou não fiel, transforma a verdade moral em *verdade salvífica*. A subjetivação da norma moral por parte da consciência pessoal faz que o dinamismo da reflexão teológico-moral alcance seu objetivo pleno.

A orientação para a "plenitude salvadora" faz que a verdade moral pas-

---

6. Estudei mais detidamente esse aspecto, em: M. VIDAL, *La "praxis": rasgo característico de la moral alfonsiana y reto a la teología moral actual*: Studia Moralia 25 (1987) 299-326; ID., *La "Pastoralidad" de la teología moral. La moral de San Alfonso de Liguori (1696-1787)*: Confer 27 (1988) n. 103, 437-459.

se do plano objetivo para a aceitação subjetiva, visando a transformação moral — e portanto, salvífica — da pessoa. Isso exige que no discurso teológico-moral se tenha de considerar não somente a pureza acadêmica na análise dos problemas morais mas também, e sobretudo, a busca do melhor modo para que a verdade moral seja subjetivada pela consciência pessoal.

Dessa opção pastoral se deduz que no estudo e na exposição dos problemas concretos de moral se devem considerar com cuidado os elementos básicos da vida moral: 1) o fator subjetivo da moral, a fim de que a verdade moral seja assumida e personalizada pela pessoa; 2) a consciência, enquanto instância que realiza a subjetivação e personalização, transformando a verdade objetiva em forma de vida pessoal.

Nessa orientação se encontra também o pensamento moral de Santo Afonso, para o qual a consciência é a "regula *formalis*" ("regra *formal*") de moralidade: "Duplex est regula actuum humanorum; una dicitur remota, altera proxima. Remota, sive materialis, est lex divina; proxima vero, sive formalis, est conscientia"[7]. Pelos binômios empregados se deduz que não pode acontecer uma polaridade sem a outra ("próxima-remota", "formalis-materilis"). Entretanto, pela sinalização lingüística e pelo conteúdo semântico de cada palavra, a preferência afonsiana se inclina para a "regula formalis", que é representada pela consciência.

Essa opção não significa entender a consciência como a fonte "criativa" da moral nem identificar o juízo de consciência com uma mera "decisão" da pessoa, segundo o sentido que têm semelhantes interpretações na condenação que delas faz a encíclica *Veritatis splendor* (n. 54-56). Tampouco significa reduzir a consciência a um simples reflexo da norma objetiva. Afonso sabe que a ordem objetiva é norma "enquanto captada" pela consciência pessoal[8].

2. Condições gerais de uma consciência reta e bem formada

Há situações na prática pastoral nas quais surgem autênticos "dramas de consciência" entre a norma moral objetiva e a responsabilidade subjetiva do católico. O próprio ensinamento tradicional da Igreja afirma

---

7. GAUDÉ, I, 3.
8. GAUDÉ, I, 3: "licet conscientia in omnibus divinae legi conformari debeat, bonitas tamen aut malitia humanarum actionum nobis innotescit, *prout ab ipsa conscientia apprehenditur*" (o grifo é meu). Estudei mais detidamente o significado desta orientação afonsiana, em: M. VIDAL, *La conciencia moral en el proyecto moral de Alfonso de Liguori:* Moralia 19 (1996) 389-410.

que, em semelhantes situações, continua sendo válido o princípio básico da inviolabilidade da consciência moral.

A afirmação deve ser lida e interpretada nos parâmetros teóricos seguintes: 1) não nega, mas *pressupõe*, a validade da norma objetiva; 2) é limitada às *situações conflitivas*; 3) procura captar a peculiaridade moral de semelhantes situações mediante as *categorias morais*, tradicionais e atuais. Trata-se, pois, de *verdadeiros dramas de consciência*. Para resolvê-los, não se nega mas se afirma a necessidade de considerar a norma objetiva, e se remete a um princípio tradicional da moral católica: "continuará sendo válido o princípio básico da inviolabilidade da consciência moral".

Para esclarecer a validade desse princípio, deve-se considerar que ele se firma nas condições indicadas pela tradição moral católica e explicadas a seguir.

a. Condições provenientes do significado da consciência

Essas condições correspondem ao significado próprio da consciência moral, a qual outra coisa não é senão a "norma interiorizada de moralidade". Isso significa que a consciência é:

— *norma*: ou seja, critério necessário para que os valores objetivos alcancem o pólo imprescindível do compromisso subjetivo. Se não intervier a consciência, não se pode falar, em sentido pleno, de "moralidade";
— *interiorizada*: o que significa que a normatividade da consciência não é autônoma. A consciência não cria a moralidade, mas tem uma função de mediação entre o valor objetivo e a situação pessoal. Por isso, deve-se afirmar também que a consciência é uma norma interiorizada em relação indissolúvel com a normatividade objetiva (ou exterior).

b. Condições para o reto funcionamento da consciência

A fim de que a consciência moral realize a função que lhe compete, devem estar presentes as condições que a tradição moral católica fixou em três: *retidão, verdade, certeza*.

Considerar-se-á que, nas situações pastorais às quais nos referimos aqui, a consciência moral não só deve ser *reta*, mas deve abrir-se à *verdade* tal como é exposta pelo Magistério da Igreja. No processo de abertura à verdade — um processo sempre constante e em contínua revisão a partir da base da retidão, com o desejo de obediência leal ao Magistério da

Igreja, e com o olhar posto na busca da vontade de Deus — é que podem acontecer as "situações de conflito".

c. Afirmação do princípio tradicional

A partir da compreensão indicada de consciência como "norma *formalis*" e pressupostas as condições referidas de um bom funcionamento, é que tem sentido afirmar que continuará sendo válido o princípio básico da inviolabilidade da consciência moral pessoal.

Esse princípio fundamenta-se na teologia paulina (Rm 2,14-15; 14,5.12); é afirmado ao longo da tradição moral católica; é proposto pelo Concílio Vaticano II[9]; é aceito pelo *Catecismo da Igreja Católica*[10]; e é iluminado por João Paulo II em contraste com interpretações incorretas que podem acontecer a respeito da consciência moral[11].

O Concílio Vaticano II diz: "Os ditames da lei divina, o homem por sua vez os percebe e conhece mediante a própria consciência. É obrigado a segui-la com fidelidade em toda a atividade para chegar a Deus, seu fim. Não pode assim ser forçado a agir contra a própria consciência. Mas também não há de ser impedido de proceder segundo a consciência, sobretudo em matéria religiosa"[12]. O *Catecismo da Igreja Católica*, antes de tirar a citação precedente do Vaticano II, enfatiza: "o homem não pode ser forçado a agir contra a própria consciência"[13].

A informação sobre a consciência enquanto "última instância" é de João Paulo II: "O juízo da consciência mostra 'em última instância' a conformidade de um comportamento determinado no que se refere à lei; formula a norma próxima da moralidade de um ato voluntário, determinando 'a aplicação da lei objetiva a um caso concreto' (Suprema S. Congregação do Santo Ofício, Instrução sobre a "ética de situação" *Contra doctrinam*, 2 de fevereiro de 1956: AAS 48 (1956) 144)"[14].

III. ILUMINAR "A PARTIR DO EVANGELHO" A COMPLEXIDADE DAS SITUAÇÕES MORAIS DE HOJE

Uma reflexão teológico-moral, que queira ser fiel à sua própria coerência, há de saber iluminar a *realidade* em todo o seu significado, mediante a luz do *Evangelho*. Essa dúplice fidelidade, à realidade e ao Evange-

---

9. *Gaudium et spes*, 16; *Dignitatis humanae*, 3.
10. *Catecismo da Igreja Católica*, n. 1782.
11. *Veritatis splendor*, 54-64.
12. *Dignitatis humanae*, 3.
13. *Catecismo da Igreja Católica*, n. 1782.
14. *Veritatis splendor*, 59.

lho, é sinal de fidelidade a Deus, fonte e fim da realidade e, ao mesmo tempo, quem "pela revelação divina quis Deus manifestar-se e comunicar-se a si mesmo e os decretos eternos de sua vontade acerca da salvação dos homens, 'a saber, para fazer participar dos bens divinos, que superam inteiramente a capacidade da mente humana' (Vaticano I: DS 3005)"[15].

1. "Complexidade" da realidade moral

A todo aquele que assuma para si a problemática moral de hoje acontecerá uma sensação de vertigem. São tantos e variados os problemas morais que surgem pelos avanços científicos, pelas mudanças culturais, pelas decisões que se devem tomar na vida econômica, política ou de trabalho, que o teólogo moralista que quiser ser fiel a sua tarefa, há de estar imbuído de muita humildade, ainda que procurando estar em contínuo estudo de todos os dados que lhe possam oferecer os diferentes conhecimentos antropológicos e teológicos, atendendo sempre à voz iluminadora do Magistério da Igreja.

A Moral sempre foi um dos campos mais difíceis do saber teológico. Santo Afonso Maria de Ligório, que se dedicou intensamente ao trabalho teológico-moral por mais de quatro décadas, via o mundo da moral como um mar sem fundo, com problemas continuamente novos e com dados cada vez mais numerosos e complicados. A 21 de janeiro de 1762 escrevia: "faz quarenta anos que estudo a Moral"[16]; já em 1756 observava: "estudei moral por mais de trinta anos"[17]; na *Dissertação* de 1774 confessava: "sobre essa matéria li inumeráveis livros durante trinta anos"[18].

Após tantos anos de estudo, ainda reconhecia: "sempre encontro coisas novas"[19]. É ainda mais claro ao confessar: "A Moral é um caos que jamais acaba. Eu leio sem parar, e cada dia mais encontro coisas novas"[20].

Não é de estranhar que à mente e à pena do Santo Doutor, Patrono dos confessores e dos moralistas, aflore com freqüência o tema da dificuldade da Moral. São muitas e significativas as passagens em que volta a falar disso. Recolhi-as e as analisei, com interesse especial, noutro lugar[21].

Sem perigo de equívocos, podemos dizer que Santo Afonso enfatizaria

---

15. *Dei Verbum*, 6.
16. *Lettere*, III, 141.
17. *Ibid.*, III, 27.
18. *Dichiarazione del sistema*: Edição de L. Corbetta, t. 31 (Monza, 1872) 60.
19. *Lettere*, III, 41.
20. *Ibid.*, III, 144.
21. Ver: M. VIDAL, *La Morale di Sant'Alfonso* (Roma, 1992) 121-123.

ainda mais as dificuldades da Moral se vivesse em nosso tempo. Não é à toa que nossa sociedade se denomina "uma sociedade complexa" ou "uma sociedade de risco", ou seja, uma sociedade na qual é preciso tomar decisões sobre questões de grande complexidade, e tomá-las com rapidez, sabendo que delas dependem resultados de amplo e longo alcance para um número cada vez maior de pessoas.

2. A "luz" necessária do Evangelho

Realidade alguma, por mais complexa que seja, há de ficar fora da luz do Evangelho. É evidente que a luz do Evangelho é clara e patente em seus significados mais profundos e mais abrangentes. E é também evidente que a luz envolva os problemas e as decisões de caráter moral.

No número 22 da Constituição pastoral *Gaudium et spes* do Vaticano II se expressa, de maneira dificilmente superável, a capacidade que tem o Evangelho de iluminar toda a realidade: "Na realidade o mistério do homem só se torna claro verdadeiramente no mistério do Verbo encarnado. Com efeito, Adão, o primeiro homem, era figura daquele que haveria de vir, isto é, de Cristo Senhor. Novo Adão, na mesma revelação do mistério do Pai e de seu amor, Cristo manifesta plenamente o homem ao próprio homem e lhe descobre sua altíssima vocação. Portanto não é de se admirar que em Cristo estas verdades encontrem sua fonte e atinjam seu ápice... É este o grande mistério do homem que a Revelação cristã manifesta aos fiéis".

A luz, que é o Verbo encarnado, "ilumina todo homem" (Jo 1,9) e de modo especial o cristão que, sob a luz do Espírito, acolhe a Revelação transmitida pela Tradição viva da Igreja e autenticamente interpretada pelo Magistério da Igreja"[22]. "Cristo Senhor em quem se consuma toda a revelação do Sumo Deus ordenou aos apóstolos que o Evangelho prometido antes pelos Profetas, completado por Cristo e por sua própria boca promulgado, fosse pregado pelos Apóstolos"[23] "a todos os homens como fonte de toda verdade salvífica e de toda disciplina de costumes (cf. Mt 28,19-20; Mc 16,15)"[24].

A moral não é, pois, alheia à Revelação e ao Evangelho. A Encíclica

---

22. Cf. *Dei Verbum*, 7-10.
23. Cf. Trento: *Denz* 1501; *Dei Verbum*, 7.
24. *Dei Verbum*, 7.

Veritatis splendor preveniu contra "a opinião que põe em dúvida o nexo intrínseco e indivisível que une entre si a fé e a moral, como se a pertença à Igreja e sua unidade interna se devessem decidir unicamente em relação à fé, ao passo que se poderia tolerar no âmbito moral um pluralismo de opiniões e de comportamentos, deixados ao juízo da consciência subjetiva individual ou à diversidade dos contextos sociais e culturais"[25].

A luz do Evangelho atinge, portanto, também o campo da moral. A mesma Encíclica *Veritatis splendor* mostra que "na Igreja está sempre viva a consciência" de um dever indicado pelo Concílio Vaticano II[26]: o de "a todo momento perscrutar os sinais dos tempos e interpretá-los à luz do Evangelho, de tal modo que possa responder, de maneira adaptada a cada geração, às interrogações eternas sobre o significado da vida presente e futura e de suas relações mútuas"[27].

3. Implicações com a reflexão teológico-moral

Sendo incontestável iluminar a partir do Evangelho todas as situações morais e sabendo que elas são, hoje mais do que nunca, complexas, é necessário que a reflexão teológico-moral adote uma orientação de humildade e até de "provisionalidade" nas questões que não receberam uma luz clara por parte do Magistério da Igreja ou nos aspectos das questões já iluminadas pelo Magistério que precisam ainda de um aprofundamento maior.

O Concílio Vaticano II reconheceu que hoje a consciência moral, tanto dos católicos como de todas as pessoas de boa vontade, é perturbada por graves e numerosos problemas morais: "de inúmeros problemas morais que se apresentam, tanto na vida individual quanto social" ("tot problemata moralia, quae tam in vita singulorum quam in sociali consortione exsurgunt")[28].

Para responder aos desafios morais, convém ter presente a orientação dada pelo próprio Concílio Vaticano II no número introdutório (n. 33) no capítulo III da primeira parte da constituição pastoral *Gaudium et Spes*, que trata da "atividade humana no mundo". O Concílio reconhece que os avanços científico-técnicos "ampliaram e continuam ampliando"

---

25. *Veritatis splendor*, 4.
26. *Ibid.*, 2.
27. *Gaudium et spes*, 4.
28. *Ibid.*, 16.

as possibilidades humanas, realidade que acima designamos com a expressão "sociedade complexa" de caráter mais sociológico. Os avanços radicalizam as questões básicas da pessoa sobre o sentido de seu estar e de seu agir no mundo.

Diante dessa situação, o Concílio reconhece que "a Igreja é guardiã do depósito da palavra de Deus, donde tira os princípios para a ordem religiosa e moral". Mas está também consciente de *"não ter sempre resposta imediata para todos os problemas"* ("quin semper de singulis quaestionibus responsum in promptu habeat"; o grifo é meu). Daí "desejar unir a luz da Revelação à perícia de todos, para que se ilumine o caminho no qual a humanidade entrou recentemente"[29].

No que se refere aos problemas sociais e com a diversidade de situações nas quais se encontram os católicos no mundo de hoje, Paulo VI não teve dúvida em admitir que, "diante de situações tão diversas, nos é difícil dizer uma palavra única, como também propor uma solução com valor universal (...). Cabe às comunidades cristãs analisar com objetividade a situação própria de seu país, esclarecê-la com a luz da palavra inalterável do Evangelho, deduzir princípios de pensamento, normas de juízo e diretrizes de ação conforme os ensinamentos sociais da Igreja tais como foram elaboradas ao longo da história, especialmente na era industrial, a partir da mensagem histórica de Leão XIII sobre 'a condição dos trabalhadores', cujo aniversário temos a honra e a alegria de celebrar hoje"[30].

Mais recentemente, Mons. K. Lehmann, ao apresentar, no Centro Sèvres de Paris (20/11/1997), a tradução francesa do segundo tomo do Catecismo para Adultos dos Bispos Alemães destinado à Moral ("Leben aus dem Glauben")[31], reconhecia a dificuldade de oferecer hoje em dia orientações válidas no campo complexo da moral[32].

Considerava o trabalho de redigir um Catecismo sobre a moral como uma empresa de grande audácia: "Trata-se de uma empresa bastante audaciosa"[33]. Eis a razão da envergadura de referida empresa: "Estávamos conscientes do dever especial que nos incumbia neste segundo volume. A teologia moral se encontra depois de mais de duas décadas no centro do debate sobre seu fundamento teórico. Num contexto tal, não é fácil, para um Catecismo sob a responsabilidade dos Bispos, tirar conclusões imedi-

---

29. *Ibid.*, 33.
30. *Octogesima adveniens*, 4.
31. Tradução castelhana: *Catecismo Católico para adultos. II. Vivir de la fe* (Madri, 1998).
32. Cito a Conferência pela tradução francesa: *Valeurs éthiques consensuelles en Europe. Orientations apportées par les Églises*: Revue de Science Religieuse 72 (1998) 198-208.
33. *Ibid.*, 206.

atas com caráter de obrigação. Além disso, hoje em dia, em muitíssimos campos, seja os da vida cotidiana ou os das ciências — pensemos apenas na bioética — a moral cristã está posta à prova"[34].

4. Balanço

A reflexão teológico-moral do presente deve estar consciente da dificuldade existente na hora de abordar os problemas morais que surgem para a consciência moral católica a partir da "sociedade complexa" na qual nos encontramos: avanços científicos que surpreendem no dia-a-dia, mudanças culturais aceleradas, e situações novas de vida tanto pessoal como social. Se os Documentos da Igreja anteriormente citados reconhecem a dificuldade de "ter à mão" as soluções definitivas para todos os problemas, é normal que a reflexão teológico-moral padeça, com maior razão, dessa mesma carência, nos casos sobre os quais o Magistério da Igreja ainda não se pronunciou.

Mas nem por isso a Teologia moral deverá emudecer. Com humildade e ousadia, há de enfrentar os novos problemas morais "à luz do Evangelho e da experiência humana"[35].

Nessa busca não se garante a descoberta plena da verdade. O próprio Santo Afonso, seguindo Santo Agostinho e Santo Tomás, não teve receio em "retratar-se" de opiniões antes defendidas[36]. A ousadia se fortalece mais com o reconhecimento da dificuldade e com a humildade, uma vez que ela, conforme Santa Teresa, "é estar com a verdade". O próprio Mons. K. Lehmann reconhece que o Catecismo para Adultos dos Bispos Alemães destinado à exposição da moral católica não é isento de possíveis limitações: "estamos conscientes das limitações e das imperfeições que, apesar dos anos de esforço, são inerentes a esse tipo de obra"[37].

IV. ATRIBUIR "SIGNIFICADO REAL" À MORAL CRISTÃ NUMA SITUAÇÃO HISTÓRICO-CULTURAL NOVA

Ligada à orientação anterior, é preocupação da reflexão teológico-moral de hoje auxiliar a "atribuir significado real" à moral cristã numa situação histórico-cultural nova como é a nossa. O Concílio Vaticano II

---
34. *Ibid.*, 206-207.
35. *Gaudium et spes*, 46.
36. *Prólogo* à 2ª edição de sua *Theologia Moralis*.
37. K. LEHMANN, *a. c.*, 208.

afirmou que "o gênero humano encontra-se hoje em uma etapa nova de sua história, na qual mudanças profundas e rápidas se estendem pouco a pouco ao universo inteiro... Daí podermos falar de uma verdadeira transformação social e cultural, que repercute na própria vida religiosa"[38] e, portanto, na vida moral cristã. O próprio Concílio fez uma radiografia correta dessa mudança periódica no capítulo 1 da primeira parte de GS (n. 4-10) assim como na 1ª Seção do capítulo 2 da 2ª parte destinado à cultura (GS n. 54-56).

1. Dificuldades do homem de hoje perante a moral católica

É altamente patente a não-aceitação, e até a rejeição, existente em determinadas sociedades, sobretudo do ocidente, diante de muitas normas da moral católica. Para justificar essa afirmação, não é necessário oferecer dados estatísticos sobre opiniões, mentalidade e comportamentos relacionados com a proposta da moral católica. Tampouco é necessário fazer referências a tomadas de posição de determinadas correntes de pensamento filosófico. Basta recorrer aos Documentos da Igreja.

Dentre esses últimos testemunhos, enfatizam-se as afirmações dos Bispos franceses na Carta aos Católicos intitulada *Proposer la foi dans la société actuelle* (9 de novembro de 1996)[39]. A Seção III da 2ª parte dessa Carta é destinada à proposta moral católica ("Vivre et agir selon l'esprit"). Nela, em vários momentos de sua reflexão, constatam a perda de credibilidade social, ainda que nas filas católicas, de determinadas normas morais oficiais da Igreja.

2. Resposta da reflexão teológico-moral

Como resposta a essa situação, é preciso repensar a moral cristã em diálogo com a cultura de hoje. Eu próprio me propus esse objetivo ao projetar o Manual de *Moral de Atitudes*. Nesse Manual "tencionei oferecer uma introdução à ética teológica, considerando a genuína tradição teológico-moral, a renovação impulsionada pelo Concílio Vaticano II, o diálogo com os conhecimentos sobre o homem e com a *nova situação histórica*"[40].

---

38. *Gaudium et spes*, 4.
39. Texto em: La Documentation Catholique 93 (1996) 1016-1040.
40. *Moral de Atitudes. I. Moral Fundamental* (Aparecida, São Paulo, 2000⁵) 19.

Procurando realizar esse objetivo de diálogo com a nova situação histórico-moral, é necessário propor um "programa de inculturação da moral cristã". Uma inculturação que suponha: "falar" com a linguagem da nossa cultura, "pensar" com as categorias de hoje, "raciocinar" seguindo as exigências epistemológicas dos conhecimentos de hoje. Esse processo de inculturação não se opõe ao conteúdo da Revelação. No capítulo anterior expus os princípios da "relação entre fé cristã e cultura", seguindo de perto os Documentos da Igreja, sobretudo *Gaudium et spes, Evangelii nuntiandi, Catechesi tradendae,* e o Documento de *Puebla*.

Se, conforme o diagnóstico de Paulo VI tantas vezes citado, "a ruptura entre Evangelho e cultura é, com certeza, o drama de hoje"[41], a ruptura parece verificar-se especialmente no campo da moral católica. Daí a reflexão teológico-moral atual estar empenhada em "atribuir significado real" à moral católica na cultura de nosso tempo.

Assim procedendo, a Teologia moral oferece uma contribuição ao Magistério moral da Igreja católica. Conforme a doutrina do próprio Magistério da Igreja, é preciso relacionar adequadamente a mensagem cristã com a cultura. O Concílio Vaticano II mostrou que é essa uma das tarefas da Igreja de todos os tempos e, especialmente, do nosso. No n. 44 da *Gaudium et spes* há uma série de afirmações que expressam muito bem esse "caminho da Igreja" na cultura:

> — *Reconhecimento mútuo entre Igreja e humanidade sobre o que cada uma deve à outra*: "assim como é do interesse do mundo admitir a Igreja como realidade social da história e seu fermento, também a própria Igreja não ignora o quanto tenha recebido da história e da evolução da humanidade".
>
> — *A experiência da Igreja no encontro com as culturas*: A Igreja, "desde o início de sua história, aprendeu a exprimir a mensagem de Cristo através dos conceitos e linguagens dos diversos povos e, além disso, tentou ilustrá-la com a sabedoria dos filósofos, com o fim de adaptar o Evangelho, enquanto possível, à capacidade de todos e às exigências dos sábios".
>
> — *Necessidade de "perscrutar os sinais dos tempos" para descobrir melhor a Verdade*: "Compete ao Povo de Deus, principalmente aos pastores e teólogos, com o auxílio do Espírito Santo, auscultar, discernir e interpretar as várias linguagens do nosso tempo, e julgá-las à luz da palavra divina, para que

---

41. *Evangelii nuntiandi*, 20.

a Verdade revelada possa ser percebida sempre mais profundamente, mais bem entendida e proposta de modo mais adequado".

— Ter uma atitude de *"receptividade positiva" diante das possíveis contribuições da nova situação histórico-cultural.* No n. 44 da GS aparece várias vezes a idéia de "contribuição positiva" que a Igreja reconhece receber do mundo de hoje: "a experiência dos séculos passados, o progresso das ciências, os tesouros escondidos nas várias formas da cultura humana, pelas quais a natureza do próprio homem se manifesta mais plenamente e se abrem novos caminhos para a verdade, *são úteis* também à Igreja". A Igreja, em sua configuração enquanto estrutura social visível, "pode *enriquecer-se e de fato se enriquece* também com a evolução da vida social humana, não porque lhe falte alguma coisa na constituição que lhe foi dada por Cristo, mas para conhecê-la mais profundamente, melhor exprimi-la e adaptá-la de modo mais feliz aos nossos tempos". Chega mesmo a formular a apreciação positiva: "Mais ainda. A Igreja confessa que *progrediu* muito e pode *progredir* com a própria oposição de seus adversários ou perseguidores".

3. Aplicações à reflexão teológico-moral

Para tornar "significativa" a moral cristã no momento histórico-social de hoje, deve-se evitar seguir o caminho fácil da *simples acomodação* às exigências da cultura atual permissivista.

Não são os "dados estatísticos", por maiores que sejam, que fundamentam e justificam o comportamento moral. A encíclica *Veritatis splendor* chamou a atenção para essa tentação: "*alguns estudiosos de ética*, obrigados por profissão a examinar os fatos e gestos do homem, podem ser tentados a medir a própria consciência, senão suas prescrições, baseando-se numa relação estatística dos comportamentos humanos concretos e nas opiniões morais da maioria"[42].

Tampouco são critério de moral as "maneiras de comportar-se" que aparecem como predominantes numa determinada cultura[43]. Por outro

---

42. *Veritatis splendor*, 46.
43. Cf. *Ibid.*, 47.

lado, também se deve considerar que a forma de ser do humano não se esgota, em seu significado total, nos parâmetros de uma determinada cultura[44].

Os verdadeiros caminhos que a reflexão teológico-moral deverá seguir para ajudar a doutrina moral católica a ter "significado real" na sociedade de hoje são de outra tendência. Devem-se enfatizar os seguintes:

a. *Diálogo com as ciências humanas*

É evidente que a norma moral cristã não se identifica nem pode deduzir-se exclusivamente dos conhecimentos humanos: "a teologia moral não se pode reduzir a um conhecimento elaborado somente no contexto das chamadas *ciências humanas*"[45]. Por outro lado, "a afirmação dos princípios morais não é competência dos métodos empírico-formais"[46].

Evitados os "reducionismos", os Documentos da Igreja insistem na necessidade do diálogo da Teologia moral com as ciências humanas. A *Gaudium et spes*, no n. 62, leva os teólogos ao diálogo com o mundo da ciência pois "os estudos e as descobertas mais recentes das ciências, da história e da filosofia despertam problemas novos hoje, que acarretam conseqüências também para a vida e exigem dos teólogos novas investigações".

Foi a Congregação para a Educação Católica que enfatizou, com traços fortes, a necessidade do diálogo da Teologia moral com as ciências humanas: "quanto à teologia moral, mais do que nas outras matérias teológicas, é necessário considerar as conclusões das ciências da natureza e do homem; as quais, ainda que não possam basear, ou, muito menos, criar as normas morais, podem, entretanto, lançar muita luz sobre a situação e sobre as atitudes do homem, estimulando pesquisas, revisões, ou aprofundamentos das doutrinas intermediárias entre os princípios seguros da razão e da fé, e as aplicações ao que a vida tem de concreto"[47].

Os melhores projetos teológico-morais são os que nascem de um interesse especial por oferecer uma síntese de moral cristã em "diálogo com os conhecimentos sobre o homem". No estudo concreto dos temas morais relacionados com a pessoa (bioética, sexualidade) devem considerar-se os dados dos conhecimentos humanos, sem que se caia nos

---

44. Cf. *Ibid.*, 53.
45. *Ibid.*, 111.
46. *Ibid.*, 112.
47. *A formação teológica dos futuros sacerdotes* (Vaticano, 1976) n. 99.

"reducionismos" indicados, mas sabendo utilizá-los como meios para percorrer o caminho ("para cima": indução, e "para baixo": dedução) entre os princípios da fé e da razão e as aplicações de modo concreto. Para os temas de bioética é muito bom trabalhar em equipes interdisciplinares de cientistas, filósofos e teólogos. Nesse aspecto, convém lembrar como Santo Afonso consultava os "peritos" (sobretudo, de medicina e de direito) e se servia de seus conhecimentos[48].

b. Análise dos fundamentos antropológicos da doutrina moral católica

Na descrição feita pela encíclica *Veritatis splendor* do serviço devido aos teólogos moralistas[49], insiste-se especialmente na seguinte tarefa: "apesar dos eventuais limites das argumentações humanas apresentadas pelo Magistério, os teólogos moralistas são chamados a aprofundar as razões de seus ensinamentos, a ilustrar o fundamento dos preceitos por eles indicados e sua obrigação, mostrando sua mútua conexão e a relação com o fim último do homem"[50].

A reflexão teológico-moral de hoje estabelece um compromisso particular na busca e exposição dos fundamentos antropológicos da moral católica, sobretudo nos problemas mais diretamente relacionados com a pessoa (moral sexual, bioética) e com o matrimônio. Basta verificar a parte importante que se outorga às perspectivas antropológicas no desenvolvimento dos temas de moral pessoal e matrimonial. Assim, torna-se mais "crível" para o homem moderno a proposta moral da Igreja e se remedeiam "os eventuais limites das argumentações humanas" que às vezes existem nas apresentações da normativa moral católica.

Mais ainda do que para a catequese é palavra válida para a reflexão teológico-moral a opção que, segundo Mons. K. Lehmann, adotou o Catecismo para Adultos dos Bispos Alemães: "Não se trata de citar e de repetir a doutrina da Igreja. Falta também, e sobretudo, interpretá-la e abri-la à inteligência contemporânea. Sobre esse ponto de vista, o Catecismo se situa a meio caminho entre o testemunho de uma revelação, elemento que continua sendo fundamental, e o homem de hoje em dia para o qual tendem todos os esforços"[51]. O Catecismo indica também outro traço que o distingue por dirigir-se a cristãos que vivem numa cultura elevada e

---

48. Cf. M. VIDAL, *La Morale di Sant'Alfonso* (Roma, 1992) 135.
49. *Veritatis splendor*, 109-113.
50. *Ibid.*, 110.
51. K. LEHMANN, a. c., 206.

crítica: "No ápice está a argumentação, e o tom é mais incitativo que imperativo, apesar da exposição de preceitos normativos"[52].

c. Comunicar a moral católica em linguagem da cultura de hoje

A moral católica só terá "significado real", na situação histórico-cultural do momento presente, se soubermos comunicá-la aos homens e mulheres hoje. Cabe à Tradição viva da Igreja transmitir "a todas as idades" o conteúdo da Revelação[53].

A encíclica *Veritatis splendor* reconhece que "o esforço de muitos teólogos, incentivados pelo encorajamento do Concílio, já deu seus frutos com interessantes e úteis reflexões sobre as verdades de fé a crer e a aplicar na vida, *apresentadas de forma mais adequada à sensibilidade e às questões dos homens do nosso tempo*"[54].

O Concílio Vaticano II, aceitando o espírito geral e uma afirmação concreta da *Alocução inaugural* de João XXIII (11 de outubro de 1962)[55], diz aos teólogos que, "observando os métodos próprios e as exigências da ciência teológica, são convidados sem cessar a descobrir a maneira mais adaptada de comunicar a doutrina aos homens de seu tempo, porque uma coisa é o próprio depósito da Fé ou as verdades e outra é o modo de anunciá-las, conservando-se contudo o mesmo significado e a mesma sentença"[56].

O próprio Concílio Vaticano II afirma que "compete a todo Povo de Deus, principalmente com o auxílio do Espírito Santo, auscultar, discernir, e interpretar as várias linguagens do nosso tempo, julgá-las à luz da palavra divina, para que a Verdade revelada possa ser percebida sempre mais profundamente, mais bem entendida e proposta de modo mais adequado"[57].

Nessas palavras encontra-se um amplo e profundo programa de inculturação autêntica da teologia: "*auscultar*, *discernir* e *interpretar* as **linguagens de hoje** e *julgá-las* à luz da **palavra divina**". E tudo com um objetivo de tríplice vertente: "a fim de que a Verdade revelada ("ut revelata Veritas") possa:

---

52. *Ibid.*, 208.
53. Cf. *Dei Verbum*, 8; *Veritatis splendor*, 27.
54. *Veritatis splendor*, 29 (o grifo é meu).
55. AAS 54 (1962) 792.
56. *Gaudium et spes*, 62.
57. *Ibid.*, 44.

— ser percebida mais plenamente ("semper penitus percipi"),
— mais bem compreendida ("melius intelligi"),
— e expressa mais adequadamente ("aptiusque proponi possit").

Mais um dos compromissos que o trabalho teológico-moral deverá inferir é o de buscar as formulações da moral cristã mais aptas ao homem de hoje. Com uma peculiaridade: a de "lançar pontes" entre as formulações das etapas anteriores da Teologia moral e as novas formulações que surgem a partir da renovação propiciada pelo Concílio Vaticano II. Deve-se procurar renovar os esquemas da moral, considerando a tradição e a novidade presente, para assim poder comunicar seu conteúdo às novas gerações sem que estas se desvinculem do que era válido nas antigas formulações.

d. União com todos os homens de boa vontade

Cabe ao espírito católico abrir-se a todos os homens e estar ao lado deles. Essa atitude é mais patente ainda no âmbito da moral. A Encíclica *Veritatis splendor* descobre, com satisfação, que "no testemunho ao caráter absoluto do bem moral, *os cristãos não estão sós*: encontram uma confirmação no sentido moral dos povos e nas grandes tradições religiosas e sapienciais do Ocidente e do Oriente, não sem uma interior e misteriosa ação do Espírito de Deus"[58]. E cita, continuando, o poeta latino Juvenal, lembrando a doutrina das 'sementes do Verbo' transmitida por São Justino.

O Concílio Vaticano II indicou a consciência moral como o "lugar de encontro" entre os cristãos e os homens de boa vontade: "Pela fidelidade à consciência, os cristãos se unem aos outros homens na busca da verdade e na solução justa de inúmeros problemas morais que se apresentam, tanto na vida individual, quanto social"[59].

O mesmo Concílio afirma que "a Igreja, guardiã do depósito da palavra de Deus do qual tira os princípios para a ordem religiosa e moral, ainda que não tenha sempre resposta imediata para todos os problemas, deseja unir a luz da revelação com a perícia de todos, para que se ilumine o caminho no qual a humanidade entrou recentemente"[60]. Nesse diálogo

---

58. *Veritatis splendor*, 94.
59. *Gaudium et spes*, 16.
60. *Ibid.*, 33.

e intercâmbio a Igreja presta um serviço incomensurável[61] para "humanizar mais a família dos homens e sua história"[62]. Mas, "assim como é do interesse do mundo admitir a Igreja como realidade social da história e seu fermento, também a própria Igreja não ignora o quanto tenha recebido da história e da evolução da humanidade"[63].

V. FAZER REVOLUCIONAR A METODOLOGIA NA TRADIÇÃO VIVA DA IGREJA

Um outro critério pastoral que deverá guiar o trabalho teológico-moral é fazer que "progrida" a metodologia, na Tradição viva da Igreja.

1. O significado dessa evolução

Compreende-se que o progresso metodológico não se refira à variação na epistemologia própria da Teologia moral.

Enquanto saber teológico, a Teologia moral tem seus lugares epistemológicos específicos e invariáveis: Sagrada Escritura, Tradição, Magistério da Igreja e razão teológica.

Nos três primeiros, articulados entre si a partir do caráter peculiar de cada um, está contida a Revelação: "a Sagrada Tradição, a Sagrada Escritura e o Magistério da Igreja estão de tal maneira entrelaçados e unidos, que um não tem consistência sem os outros, e que juntos, cada qual a seu modo, sob a ação do mesmo Espírito Santo, contribuem eficazmente para a salvação das almas"[64].

A reflexão teológica serve-se também da razão humana, de tal modo que os cultores do saber teológico (o Concílio fala dos "estudiosos") "possam acuradamente haurir da Revelação divina a doutrina católica, nela penetrar profundamente, torná-la alimento da própria vida espiritual, anunciá-la, expô-la e defendê-la no ministério sacerdotal"[65].

A evolução metodológica, da qual aqui se fala, refere-se à linguagem moral, às categorias morais, à forma de discurso moral. De modo mais concreto, tem a ver com os chamados "princípios" (antropológico-racio-

---

61. Cf. *Ibid.*, 40-43.
62. *Ibid.*, 40.
63. *Ibid.*, 44.
64. *Dei Verbum*, 10.
65. *Optatam totius*, 16.

nais) mediante os quais se fundamentam, se expõem, se explicitam e se confrontam o conteúdo e a função da moral cristã.

2. Progresso na Tradição viva da Igreja

No capítulo primeiro da segunda Seção expus o significado da Tradição tanto apostólica como eclesial. Deve-se enfatizar, nesse contexto, a afirmação de que a Tradição Apostólica "progride na Igreja sob a assistência do Espírito Santo"[66] e que, por conseguinte, a Tradição da Igreja é uma *Tradição viva*[67].

Sabe-se que a Tradição da Igreja tem uma função de aprofundamento e desenvolvimento também no âmbito moral. "A Igreja conservou fielmente aquilo que a palavra de Deus ensina, tanto a respeito das verdades a acreditar, como sobre o agir moral, isto é, o agir agradável a Deus (cf. 1Ts 4,1), realizando um *progresso doutrinal* análogo ao verificado no âmbito das verdades de Fé"[68].

3. Perspectivas "novas" no desenvolvimento moral

É opinião bastante comum entre os estudiosos da moral católica a afirmação de que se deu um desenvolvimento moral no Magistério da Igreja recente, não só no campo da moral social (ou Doutrina Social da Igreja), mas também em outras áreas da realidade humana. Cita-se, especificamente, o "aprofundamento" na compreensão integral da pessoa, livrando a moral pessoal de possíveis resíduos "biologicistas" ou "fisicistas".

O Concílio Vaticano II, que reafirmou a unidade da pessoa ("uno em corpo e alma")[69], propôs a moral matrimonial como solução para um personalismo integral ("natureza da pessoa")[70], proposta que foi aceita e desenvolvida na Exortação *Familiaris consortio*[71] e na Instrução *Donum vitae*[72]. A encíclica *Veritatis splendor* aprofundou o significado da compreensão antropológica integral e estendeu sua funcionalidade para todo o campo da moral cristã[73].

---

66. *Dei Verbum*, 8.
67. *Veritatis splendor*, 27.
68. *Ibid.*, 28.
69. *Gaudium et spes*, 14.
70. *Ibid.*, 51.
71. *Familiaris consortio*, 11.
72. *Donum vitae*, Introdução, 3.
73. *Veritatis splendor*, 46, 50.

Seguindo a orientação criativa do Magistério da Igreja, os moralistas católicos renovaram os princípios "velhos" e propuseram princípios "novos" para projetar e solucionar problemas morais. Assim, contribuem para que a moral católica realize o que João Paulo II se propunha como objetivo na Encíclica *Centesimus annus*: "Como Leão XIII e outros Pontífices anteriores e posteriores a ele, vou inspirar-me na imagem evangélica do 'escriba que se fez discípulo do Reino dos Céus', do qual diz o Senhor que 'é como o dono da casa que tira do seu tesouro coisas novas e coisas velhas' (Mt 13,52)"[74].

A reflexão teológico-moral de hoje, para propor e solucionar alguns problemas de moral relacionados com a pessoa, renova "velhos" princípios e se serve de princípios "novos". Pretende assim participar da criatividade inerente à Tradição viva da Igreja, sob a guia do Magistério da Igreja[75].

Essa mesma orientação é a proposta por Mons. K. Lehmann para justificar o modo de proceder adotado no segundo tomo do Catecismo para Adultos dos Bispos Alemães destinado à exposição da moral católica: "Se um catecismo tem como missão orientar, não pode contentar-se com repetir documentos oficiais conhecidos, deve aqui e ali entrar no debate da teologia moral hoje"[76].

4. Categorias morais novas

Não é minha intenção fazer aqui uma revisão dos "princípios morais"[77]. Só desejo referir-me a algumas "categorias morais" a fim de repensar a relação correta da consciência pessoal com a norma objetiva, sobretudo em autênticas "situações de conflito".

Segundo se declarou acima, na prática pastoral não é lógico negar a norma moral objetiva proposta pelo Magistério; pelo contrário, deve ser afirmada, procurando além disso descobrir os fundamentos antropológicos e teológicos nos quais se apóia.

---

74. *Centesimus annus*, 3.
75. Cf. J. FUCHS, *Christian Morality* (Washington, 1987) 83-101, 157-172; Th. R. KOFFENSTEINER, *Historial Epistemology and Moral Progress*: The Heythrop Journal 33 (1992) 45-60.
76. K. LEHMANN, a. c., 207.
77. Ver o documentado e original estudo de U. SÁNCHEZ, *Antiguos y nuevos principios en Teología Moral* (México, 1993). Num sentido mais tradicional: F. CUERVO, *Principios morales de uso más frecuente* (Madri, 1994).

Mas como relacionar a norma objetiva com a peculiaridade das "situações de conflito"? A solução não pode ser: nem negar a validade da norma objetiva, nem deixar de considerar o "peso humano" que semelhantes situações de conflitos têm e que há de ser assumido na subjetividade da norma por parte do sujeito moral em questão.

O próprio Magistério da Igreja e a reflexão teológica propuseram caminhos a fim de adequar a norma objetiva à peculiaridade da situação de conflito. Foram recuperadas "categorias" da sabedoria moral tradicional cristã e apareceram "categorias novas", umas e outras como se fossem "categorias morais-ponte" entre a norma objetiva e a situação concreta de caráter conflitivo. Destacam-se as seguintes:

a. Recuperação de "categorias" da sabedoria moral tradicional cristã

Essas têm sido, entre outras, as categorias tradicionais de *consciência perplexa* aplicada ao "conflito de deveres" e a apelação a aprofundar melhor no significado do princípio moral clássico do uso dos meios com *fins terapêuticos*.

1) A consciência moral perplexa

A categoria tradicional da *consciência perplexa* aplicada, por exemplo, à situação do "conflito de deveres", nos quais se podem encontrar os cônjuges católicos em sua missão de paternidade responsável, foi utilizada por alguns Episcopados católicos. Sirvam de exemplo as duas referências seguintes:

— Episcopado francês: "La contraception ne peut jamais être un bien. Elle est toujours un désordre, mais ce désordre n'est pas toujours coupable. Il arrive, en effet, que des époux se considèrent en face de véritables conflits de devoirs... D'une part, ils son conscients du devoir de respecter l'ouverture à la vie de tout acte conjugal; ils estiment également en conscience devoir éviter ou reporter à plus tard une nouvelle naissance, et sont privés de la resource de s'en remettre aux rytmes biologiques. D'autre part, ils ne voient pas, en ce qui les concerne, comment renoncer actuellement à l'expression physique de leur amour sans que soit menacée la stabilité de leur foyer (GS 51,1). A ce sujet, nous rappelleront simplement l'enseignement constant de la morale: quand on est dans une alternative de devoirs où, quelle que soit la décision prise, on ne peut éviter un mal, la sagesse traditionnelle prévoit de rechercher devant Dieu quel devoir, en l'occurrence, est majeur. Les époux se détermineront au terme d'une réflexion commune menée avec tout le soin que réquiert la grandeur de leur vocation conjugale"[78].

— Episcopado canadense: "Los directores de espíritu pueden toparse con otros que, aun aceptando la enseñanza del Santo Padre, advierten empero que — por causa de circunstancias particulares — se hallan envueltos en una situación que les parece un verdadero conflicto de deberes... En conformidad con los principios aceptados de la teología moral, en la medida que estas personas han intentado sinceramente, pero sin conseguirlo, seguir una línea de conducta conforme con las directrices dadas, pueden tener la certidumbre de que no están separadas del amor de Dios, desde el momento que eligen honradamente el camino que estiman mejor"[79].

2) Os fins terapêuticos

O incentivo a que se deveria desenvolver mais o princípio moral tradicional da legalidade do recurso a determinados métodos com *fins terapêuticos* foram também enfatizados por alguns episcopados católicos:

— O Episcopado belga enfatiza em sua Declaração que "o ensino da encíclica (se refere à HV) — é bom lembrar — não proíbe de modo algum o uso dos meios terapêuticos legítimos"[80].

— Mas foi, sobretudo, o Episcopado alemão o que expressou mais explicitamente o desejo de aprofundar mais no significado das razões terapêuticas: "Desejaríamos também um esclarecimento acerca do que se afirma na encíclica sobre intervenções terapêuticas"[81].

---

78. La Documentation Catholique 65 (1968) 2060ss.
79. Texto na Recompilação de Declarações episcopais publicadas no livro: *Reflexiones en torno a la "Humanae vitae"* (Madri, 1968) 106.
80. *Ibid.*, 127.
81. *Ibid.*, 127.

3) Outros princípios

No que se refere ao *perigo de violação*, houve uma ampla discussão entre moralistas católicos de prestígio (entre eles, P. Palazzini, F. Hürth, F. Lambruschini) a respeito de se era lícito o uso de contraceptivos como meio preventivo, como no caso em que foram violentadas algumas religiosas no Congo ex-belga[82].

G. Perico, adequando-se ao parecer de alguns moralistas, confirmou que era lícito o uso de contraceptivos quando da violentação como no caso dos dramáticos acontecimentos recentes da Bósnia-Erzegovina[83]. M. Zalba não estranhou essa solução uma vez que viu nela a aplicação do tradicional *princípio de integridade*[84].

b. Uso de "categorias morais novas"

Pode-se afirmar que, motivadas pelas reflexões teológicas e pelas orientações pastorais sobre a relação entre a norma objetiva e as situações de conflito, houve um "desenvolvimento" na moral católica, segundo o significado que acima se deu a essa expressão.

A categoria nova mais importante, ao derredor da qual giram outras de caráter menor ou complementar, é a chamada *lei da gradualidade*. Trata-se de uma categoria inicialmente utilizada pelo Magistério da Igreja e aceita a seguir pela reflexão teológico-moral. Os textos documentais mais decisivos, bem como os alvos de seu aparecimento no horizonte moral católico, são os seguintes:

Várias Declarações Episcopais, motivadas por ocasião da leitura da encíclica *Humanae vitae*, propuseram aos cônjuges católicos a obrigação de trabalhar a fim de obter o ideal moral determinado pela norma moral exposta na encíclica, mas sem que se desanimem diante das dificuldades e dos fracassos, ao tomar consciência de que a vida cristã deve estar submetida à lei do crescimento.

Os Bispos italianos propõem da seguinte maneira a orientação para os católicos: "não desanimem por causa de seus possíveis fracassos: a Igreja, cuja missão é a de declarar o bem total perfeito, não ignora que

---

82. Ver a referência em: La Civiltà Cattolica 144 (1993) III, 43-45.
83. G. PERICO, *Stupro, aborto e anticoncezionali*: La Civiltà Cattolica 144 (1993) 37-46. "In questa concreta situazione, risulta moralmente lecito che essa (la donna), per sottrarsi alla possibile gravidanza, ricorra all'unico mezzo disponibile, cioè all'anticoncezionale" (*Ibid.*, 42).
84. M. ZALBA, *Sobre la píldora anti-estrupo: extraña sorpresa entre moralistas de vanguardia*: Burgense 35 (1994) 209-217.

existem *leis de crescimento no bem* e que em alguns casos se pode progredir em graus ainda que imperfeitos, mas com o fim de superá-los lealmente numa tendência constante para o ideal"[85].

No mesmo espírito, os Bispos canadenses pedem que, na situações em que "um certo número de católicos, ainda que professando submissão ao ensinamento da encíclica, julguem muito difícil — e mesmo impossível — assimilar todos os elementos da doutrina"[86], "o confessor ou diretor espiritual deve mostrar benévola compreensão e respeito pela sincera e boa fé dos que não conseguem, apesar dos esforços, aceitar algum ponto da encíclica"[87].

Também os Bispos belgas dizem aos fiéis, no caso de alguns deles, "por causa das circunstâncias particulares que surgem como conflitos de deveres, vejam-se sinceramente na impossibilidade de conformar-se com semelhantes prescrições", que "nesse caso a Igreja lhes pede que busquem com toda lealdade a maneira de agir que lhes permita ajustar-se às normas dadas. Se não o conseguirem desde o primeiro momento não se considerem por isso separados de Deus"[88].

Nesse mesmo sentido, pode-se citar a orientação dos Bispos espanhóis, que afirmam que "nesse campo como em outros existem leis de crescimento e que se pode progredir, ainda que com graus imperfeitos, para a meta que exige sempre renúncia e sacrifício"[89].

Foi no Sínodo dos Bispos de 1980 e na exortação apostólica subseqüente *Familiaris consortio* que se expressou de forma mais clara e exata a *lei da gradualidade*.

Comentando as Proposições do Sínodo numa *Carta* a seus fiéis, o Cardeal Ratzinger afirmava: "a norma da *Humanae vitae*, ainda que seja clara por si, não é rígida, mas continua aberta a apreciações diferenciadas em função de situações morais diferentes"[90]. A seguir lembra a lei da gradualidade tal como surgiu no Sínodo e explica seu sentido.

Tanto na Homilia de Clausura do Sínodo de Bispos sobre a família, 25 de outubro de 1980[91], como na exortação apostólica *Familiaris consortio*, João Paulo II mostrou o significado da *lei da gradualidade*, distinguindo "gradualidade da lei" da "lei da gradualidade": "por isso a chamada lei da

---

85. Texto em: *Reflexiones en torno a la "Humanae vitae"* (Madri, 1986) 80.
86. *Ibid.*, 102.
87. *Ibid.*, 106.
88. *Ibid.*, 89-90.
89. *Matrimonio y familia* (Madri, 1979) n. 97 (p. 45).
90. Citado pela tradução francesa aparecida em: La Documentation Catholique 78 (1981) 393: "la norme d'*Humanae vitae*, encore qu'elle soit claire, n'est pas rigide, mais reste ouverte à des appréciations différenciées en fonction de situations morales différentes".
91. AAS 72 (1980) 1083.

'gradualidade' ou caminho gradual não pode identificar-se com a 'gradualidade da lei', como se tivesse vários graus ou formas de preceitos na lei divina para os diversos homens e situações" (FC 34). Essa compreensão aplica-se à questão da paternidade responsável: "Na mesma linha, é próprio da pedagogia da Igreja que os esposos reconheçam antes de tudo claramente a doutrina da *Humanae vitae* como norma para a prática de sua sexualidade e se comprometam sinceramente a estabelecer as condições necessárias para observar essa norma"[92].

O *Vade-mécum para os confessores sobre alguns temas de moral conjugal* do Pontifício Conselho para a Família (12 de fevereiro de 1997) também se refere à lei da gradualidade nestes termos: "a 'lei da gradualidade' pastoral, que não se pode confundir com 'a gradualidade da lei' que pretende diminuir suas exigências, implica uma *ruptura decisiva* com o pecado e com o *caminho progressivo* para a total união com a vontade de Deus e com suas exigências de amor[93].

VI. ORIENTAÇÃO "SALVÍFICA" DA MORAL CRISTÃ

É essa uma orientação que desejo tirar expressamente de Santo Afonso, o Doutor Patrono dos confessores e dos moralistas. Além disso, sei que está conforme as orientações do magistério moral de João Paulo II.

1. Compreensão afonsiana da moral

Santo Afonso considera a Moral um conhecimento destinado à salvação. Não entende a reflexão teológico-moral como um simples exercício de capacitação acadêmica. A orientação salvífica da Moral afonsiana manifesta-se:
— na rejeição do excessivo rigorismo, que leva consigo uma carga condenatória[94];
— na aceitação pastoral da ignorância inculpável para impedir o pecado mortal[95];

---

92. *Familiaris consortio*, 34.
93. PONTIFÍCIO CONSELHO PARA A FAMÍLIA, *Vademecum para los confesores sobre algunos temas de moral conyugal* (Vaticano, 1997) 21.
94. GAUDÉ, I, 61: "nimia severitas ... viam aeternam ... praecludit".
95. GAUDÉ, III, 636: "unum peccatum formale omnibus praeponderat materialibus peccatis"; *Praxis confessarii*, n. 8: "Deus tantum formale punit; siquidem hoc solummodo in sui offensam habet".

— na aplicação dos critérios morais segundo a situação concreta da pessoa, buscando não a perfeição formal do sistema moral, mas a salvação e a perfeição da pessoa em sua situação concreta[96].

2. Magistério de João Paulo II

João Paulo II enfatizou a orientação salvífica da moral afonsiana e recomendou que a seguíssemos. Na Carta Apostólica *Spiritus Domini* (1º de agosto de 1987) escreveu: "a propósito do rigor excessivo, às vezes praticado no sacramento da Penitência, que ele (Santo Afonso) chamava 'ministério de graça e de perdão', costumava repetir: 'Assim como o laxismo no mistério das confissões faz que as almas sejam prejudicadas, também é prejudicial o rigorismo. Reprovo certos rigores, não conformes à ciência, e que servem para a destruição e não para a edificação. Com os pecadores é necessário caridade e doçura; esse foi o atributo de Jesus Cristo. E nós, se quisermos levar as almas a Deus e salvá-las, devemos imitar não a Jansênio, mas a Jesus Cristo, cabeça dos missionários'. E na grande obra de moral escreve, entre outras coisas, 'não se deve impor nada aos homens sob culpa grave, a não ser que a razão induza a isso com evidência (...). Atendendo à fragilidade da presente condição humana, nem sempre é verdade que a coisa mais segura seja dirigir as almas pela via estreita (GAUDE, II, 53)"[97].

Expressamente, João Paulo II canoniza o que se chama, entre os estudiosos de moral afonsiana, o "princípio da benignidade pastoral", tal como foi entendido e praticado por Santo Afonso: "no ministério das confissões e na direção espiritual, e especialmente na pastoral dos santuários, confiados a vosso instituto, deve guiá-los sempre a benignidade pastoral, sem que se permitam rebaixamentos na doutrina saudável de Cristo"[98].

No que se refere à opção afonsiana de deixar o penitente na ignorância inculpável com o fim de não fazê-lo passar, indevidamente, do "pecado material" ao "pecado formal", é bom enfatizar a recomendação dada pelo Pontifício Conselho para a Família no *Vade-mécum para os confessores sobre alguns temas de moral conjugal*: "com certeza continua sendo

---

96. Para um estudo mais detalhado sobre o caráter salvífico da moral segundo o pensamento afonsiano, remeto a meu estudo: *S. Alfonso de Liguori moralista*: Studia Moralia 28 (1990) 363-389.
97. JOÃO PAULO II, *Carta Apostólica "Spiritus Domini"*: Ecclesia n. 2.333-2.334 (22 e 29 de agosto de 1987) 21-22.
98. *Ibid.*, 22.

válido o princípio, também referido à castidade conjugal, segundo o qual é preferível deixar os penitentes em boa fé se se encontrarem no erro devido a uma ignorância subjetivamente invencível, quando se previr que o penitente, ainda que depois de tê-lo orientado a viver no âmbito da fé, não modificaria a própria conduta, e com isso passaria a pecar formalmente; entretanto, mesmo nesses casos, o confessor deve animar esses penitentes a acolher na própria vida o plano de Deus, também nas exigências conjugais, por meio da oração, da admoestação e da exortação à formação da consciência e o ensinamento da Igreja"[99].

O princípio da benignidade pastoral tem uma sólida justificação no princípio formulado pelo Concílio Vaticano II na *Dignitatis humanae*, n. 1, e apresentado por João Paulo II na Carta apostólica *Tertio millenio adveniente*, n. 35: "A verdade não se impõe a não ser pela força da própria verdade, que penetra, com suavidade e firmeza ao mesmo tempo, nas almas". Carinho e firmeza constituem as duas atitudes que definem a benignidade pastoral, tal como a entendia Santo Afonso e tal como é proposta por João Paulo II.

Bibliografia:

DANOZ, A., *La moral en la pastoral*: Iter 7 (1996) n. 14, 7-43.

VIDAL, M., *La "pastoralidad" de la teología moral. La moral de San Alfonso de Liguori (1696-1787)*: Confer 27 (1988) n. 103, 437-459.

---

[99]. PONTIFÍCIO CONSELHO PARA A FAMÍLIA, *o. c.*, n. 8.

15

URGÊNCIAS MORAIS PARA A IGREJA DO FUTURO PRÓXIMO

I. APRESENTAÇÃO

Se são difíceis os cálculos objetivos e completos, mais difícil ainda, para não dizer impossível, é prever o futuro mediante perspectivas isentas de subjetivismos e cheias de realismo histórico. Entretanto, olhar para o passado e para o futuro ao mesmo tempo é uma necessidade para se entender e realizar o presente.

Neste capítulo proponho lançar algumas luzes sobre as urgências da Igreja no campo da moral no presente e no futuro próximo. Mais que adivinhação ou interpretação do futuro, as reflexões que seguem pretendem ser a expressão dos traços que desejaria para a Teologia moral das próximas décadas.

A posição que adoto para olhar o futuro é a de quem procura enraizar-se numa Tradição viva, que se opõe tanto à "fossilização", que eterniza a morte, como ao "rupturismo", que nega a identidade histórica. Olhando para o futuro da Teologia moral a partir da "tradição em transição", como diz um moralista americano[1], ou com a dúplice posição de "fidelidade e de "liberdade", como fez o grande moralista católico deste século, Bernhard Häring[2].

---

1. R. A. McCORMICK, *Moral Theology in the Year 2000: Tradition in Transition*: America 166 (1992) 312-318 = Selecciones de Teología 32 (1993) n. 125, 73-80. Citarei mais adiante este artigo pela tradução castelhana.
2. Refiro-me ao título e ao espírito de seu Manual de ética teológica: *Livres e fiéis em Cristo*, 3 tomos (São Paulo, 1984). Häring também projetou seu olhar sobre o terceiro milênio da era cristã: *Teologia morale verso il terzo millenio* (Bréscia, 1990); *La ética teológica ante el III milenio del cristianismo*: M. VIDAL (dir.), Conceptos fundamentales de ética teológica (Madri, 1992) 15-30.

Concentro o presente estudo em torno de três aspectos: o retorno às fontes tanto evangélicas como teológicas; mudanças na metodologia da proposta moral; orientação dos conteúdos[3].

II. RETORNO ÀS "FONTES" TANTO EVANGÉLICAS COMO TEOLÓGICAS

Nos últimos séculos, a moral católica perdeu o vigor evangélico e a vinculação com as grandes realidades da Teologia: Deus, Cristo, Igreja, Sacramentos, Escatologia. Muito freqüentemente se reduziu a um casuísmo moral, mais ou menos desenvolvido; a um recurso à lei natural, entendida de forma abstrata ou reduzida a processos biológicos; a uma aplicação da norma da Igreja, ou a uma exposição do magistério moral da Igreja.

É necessário continuar o "retorno" às fontes bíblicas e teológicas, iniciado há algumas décadas. Nesse aspecto, proponho para a moral católica do futuro os três traços seguintes:

1. "Vigor evangélico" na moral vivida

A renovação propiciada e apoiada pelo Concílio Vaticano II contou com a ruptura do modelo casuísta de moral católica. Superou-se o legalismo, a prevalência do preceito, a tendência ao cumprimento do mínimo moral, a síndrome de obediência exterior ou heterônoma. A vida moral dos católicos é apresentada numa perspectiva positiva; respeita-se a autonomia do sujeito moral; propõe-se uma moral de valores; não se reduz a exigência ética ao mínimo limitado pela lei.

No entanto, ainda falta muito para se recuperar o vigor genuinamente evangélico da moral cristã. Enfatizo três mudanças evangélicas que desejaria para a moral dos católicos do futuro:

— *Resposta alegre*: entender a vida moral como "resposta" a alguém que te ama e a quem amas. A categoria da "alegria" há de suprir as categorias da obrigação, do preceito, da lei.

— *Liberdade no amor*: realizar a exigência moral como um caminho de "liberdade", uma liberdade que enraíza no amor

---

3. Sobre a prospectiva da Teologia moral: VÁRIOS, *Teologia morale di fine secolo (e di millennio)*: Rivista di Teologia Morale 32 (1999) 321-353.

e que culmina em obras de caridade. As categorias morais da carta aos Romanos e da carta aos Gálatas se movem na tessitura da liberdade no amor.

— *Conduta e simplicidade da Caridade*: a vida moral cristã tem de vencer a tentação do "acúmulo de normas" e buscar a simplicidade da Caridade. Não é o grande número de normas o que indica a elevação moral cristã ("plurimae leges, pessima respublica"), mas o fervor da Caridade.

Meu sonho é que num futuro não muito distante a vida moral dos católicos expresse melhor a alegria da Boa Notícia do amor de Deus revelado em Cristo, a liberdade dos filhos que receberam o Espírito de Deus através do Filho, e o fervor da Caridade, que atua não mediante o acúmulo contínuo de normas, mas através da entrega total (simples e pura) aos irmãos.

2. Recuperação do "estatuto teológico" na moral formal

Para o discurso teológico-moral (a chamada "moral formal"), a renovação do Vaticano II conferiu à moral a recuperação do estatuto teológico. Separada da Dogmática desde a segunda metade do século XVI, a Moral católica foi perdendo a estrutura epistemológica do saber teológico e configurando-se mais com a forma do conhecimento jurídico ou do receituário prático. O Concílio Vaticano II pediu que se voltasse a recuperar seu estatuto epistemológico[4]. Assim, a moral voltou a articular-se na síntese teológica geral com as exigências e as garantias epistemológicas comuns ao saber teológico.

Entretanto, também nesse aspecto é preciso avançar ainda mais. A teologia moral tem de ser teologia autêntica, ou, se se prefere a outra expressão (na maneira de ver, melhor), a Ética teológica deve ser autenticamente teológica. Isso supõe e requer que o discurso teológico-moral ou ético-teológico:

— seja situado no campo do sentido oferecido pelos tratados sobre Deus, sobre Cristo, sobre a Igreja, sobre a Antropologia cristã;

— e dê a esses grandes temas a dimensão prática que requerem, a fim de transformá-los em "ortopráxis".

---

4. *Optatam totius*, 16.

Mediante uma mais profunda articulação teológica, a moral católica não só ganharia em valorização interna enquanto saber teológico, mas poderia oferecer a fiéis e não fiéis algo que não apresentam outros projetos éticos: maior amplidão de sentido. As éticas costumam orientar-se para duas direções: seja para a obrigação (dever, justiça) ou seja para a felicidade (utilidade, liberdade).

A ética teológica, assumindo os objetivos da justiça e da felicidade, pode apoiá-los e plenificá-los mediante uma mais rica contribuição de sentido. Mais que moral da obrigação ou moral da felicidade, a Ética teológica propõe uma moral de sentido. Pode fazê-lo porque está articulada no conjunto significativo da síntese teológica cristã.

3. "Redimensionar" a moral no conjunto da Fé

Com o neologismo "redimensionar" quero expressar o desejo de que a moral ocupe seu justo lugar no conjunto da Fé cristã. As "deslocações" ou desajustes, tanto por excesso como por falta, originam más compreensões e disfuncionalidades tanto para a Fé como para a moral.

É evidente que o compromisso da moral constitui uma dimensão necessária da Fé; de outro modo, esta seria algo alienado e alienante. No entanto, a moral não deve ocupar o lugar principal nem, muito menos, todo o campo da vida cristã. Nem o "amoralismo" nem o "moralismo" são duas articulações corretas da dimensão moral no conjunto da Fé e da vida cristã.

A pouca presença e até a ausência, algumas vezes, da dimensão moral aconteceu no terreno da vida social. A Fé não produziu os devidos frutos de compromisso social. Entretanto, abundou, com freqüência e de forma excessiva, a moral nas restantes áreas de comportamento dos cristãos. No que se refere a essas áreas da vida individual, sexual, conjugal, familiar, religiosa pode-se dizer que, em épocas não muito distantes, a Igreja católica em seu todo sofreu uma "síndrome de moralização": os atos religiosos (crer, rezar, celebrar os Sacramentos etc.) foram considerados sob o prisma preferencial da obrigação moral; sobre os comportamentos individuais e interindividuais aconteceu um acúmulo de normas, às vezes sufocante.

Alguns observadores da vida da Igreja católica mostram um interesse muito grande pelo que o presente pontificado deu aos temas de Moral. Não é em vão que João Paulo II é o primeiro papa dos tempos modernos a subir ao pontificado com uma preparação especial e uma vida universitária no campo da Ética. Por outro lado, é preciso reconhecer que as questões éticas se multiplicaram e se radicalizaram por causa dos progressos científico-técnicos (pense-se na bioética), por razão da mudança de valores (pense-se na ética sexual, conjugal e familiar) e como conseqüência das transformações socioeconômicas e políticas (pense-se na moral econômica ou na moral internacional).

Mesmo considerando todos os fatores observados, tenho o mesmo parecer dos que pensam que a preocupação moral — pelo menos a referente a determinadas questões de bioética ou de moral sexual e conjugal — pode parecer excessiva se a analisarmos levando em conta o princípio da "hierarquia das verdades", formulado pelo Concílio Vaticano II[5].

Os muitos e muito concretos temas morais que preocuparam e continuam preocupando a consciência católica não estão, às vezes, no mesmo nível de hierarquização que outros aspectos mais importantes da fé cristã tal como aparece na Sagrada Escritura. Em todo caso, a Igreja católica não deve mostrar a imagem de ser uma instituição religiosa de preferência preocupada com determinados problemas morais.

Para "redimensionar" a moral no contexto da Fé, a reflexão teológico-moral do futuro, deve-se pensar nas três orientações que se delineiam entre boa parte dos moralistas católicos de hoje:

— A moral, em seu sentido estrito, situa-se no terreno das questões do mundo. É na realização da história humana que se debatem as questões e as soluções de caráter moral.

— As ações propriamente religiosas (crer, rezar, celebrar a Eucaristia etc.) não pertencem à ordem moral em seu sentido estrito. Parece-me inadequado continuar mantendo, ou introduzir novamente, na disciplina da moral aspectos da vida cristã que pertenceriam à Teologia fundamental (por exemplo, o ateísmo), à Sacramentologia (Eucaristia) ou à Teologia espiritual (oração).

A Religião, e mais especificamente a Fé cristã, constitui um fator decisivo para a vida moral dos fiéis e para a própria reflexão teológico-moral, segundo observei em passagens anteriores. Não como "conteúdo" a ser normatizado pela moral, mas como horizonte de sentido e como motivação básica para viver e para pensar a dimensão moral cristã.

III. "CAMPOS METODOLÓGICOS" NA BUSCA E NA PROPOSTA DA VERDADE MORAL

Não é o momento de voltar a discutir as grandes questões da Moral fundamental: Em que se firma a verdade moral: na "lei natural" ou na

---
5. *Unitatis redintegratio*, 11.

"pessoa adequadamente compreendida"? Como conjugar a função moral da "consciência" com o apoio na "ordem objetiva" da moral? É o "ato" singular o único portador da moralidade ou é necessário contar com as "atitudes" de onde brotam os atos e com a "opção fundamental", na qual têm sentido e unidade tanto as atitudes como os atos? Na determinação moral de uma ação humana, como articular o valor do "objeto" com o significado das "circunstâncias" históricas e biográficas e com a "intencionalidade" ou finalidade perseguida pela pessoa? Há uma maneira concreta de entender e de aceitar no discurso normativo cristão o que parecem ter de válido as propostas do "proporcionalismo", do "conseqüencialismo" e do "utilitarismo"? Até que ponto é válida e funcional a tese dos "atos intrinsecamente maus", ou seja, sempre e em todas as circunstâncias?

A discussão sobre todas essas questões, despertada quando da publicação do *Catecismo universal da Igreja católica* (1992) e, sobretudo, da encíclica sobre Moral fundamental *Veritatis splendor* (1993), constitui um árduo programa de trabalho para os moralistas de hoje e de amanhã. Não quero voltar a falar dessas questões. Interessa-me, antes, indicar as mudanças metodológicas que desejaria ver realizadas na moral católica do futuro, mudanças que já se insinuam em muitos moralistas de hoje.

1. Busca compartilhada da verdade moral

As grandes questões morais precisam ser discutidas com a participação mais ampla possível de todo o Povo de Deus. Os Bispos norte-americanos experimentaram uma metodologia que oxalá se propague para outras comunidades da Igreja: encomendar a "especialistas" o estudo e a proposta dos projetos, submetê-los à reflexão da comunidade cristã, proceder através da redação de rascunhos e projetos sucessivos, até alcançar o grau suficiente de assentimento garantido além disso pela intervenção expressa e qualificada dos responsáveis pelo Magistério último da Igreja.

Uma das contribuições da doutrina social da Igreja para a reflexão sobre a organização da sociedade foi o começo da "subsidiaridade": o que podem fazer os grupos menores não há de ser assumido por autoridades superiores. Esse princípio deve ser aplicado também à vida da Igreja. A reflexão teológico-moral tem de ser uma busca compartilhada por todo o Povo de Deus. É bom insistir na necessidade da interdisciplinaridade e da presença de especialistas no momento de analisar os problemas morais do presente e do futuro.

2. Propostas "modestas", muitas vezes "plurais" e sempre "a caminho"

A sociedade de hoje é uma "sociedade complexa". A sociedade do futuro o será ainda mais. As questões morais serão também complexas. Ora, não se podem contestar questões complexas nem mediocremente nem com dogmatismos autoritários. Questões complexas exigem respostas complexas[6].

Sonho com uma Moral católica do futuro que saiba responder à complexidade, tanto diacrônica como sincrônica, do humano. Para isso tem de ser uma Moral:

— *Especializada*: ou seja, com o equipamento metodológico e temático que os problemas morais requerem; só assim as propostas morais da Igreja poderão "ser escutadas" — e oxalá seguidas — pela cultura, cada vez mais especializada, do futuro[7].

— *Pluralista*: é muito difícil dar uma solução única para as questões morais, sobretudo em suas realizações últimas, nas quais a razão e a sabedoria humanas hão de intervir decisivamente[8].

— *Diversificada culturalmente*: a moral do futuro há de corresponder a uma teologia que se anuncia como "policêntrica". A "catolicidade" da moral da Igreja ganhará se a reflexão teológico-moral souber responder corretamente ao desafio da "inculturação".

— *Modesta*: não será a "arrogância", mas a "modéstia", a qualidade da reflexão teológico-moral e a virtude dos moralistas do futuro[9]. É dessa virtude que está assaz necessitada a forma de falar na pastoral atual.

— *A caminho*: é impossível submeter as questões complexas a um "encerramento (lock-in) teológico"[10]. Poucos problemas de moral estão definitivamente resolvidos. A busca permanente, a provisionalidade criativa e a paciência histórica serão qualidades da reflexão teológico-moral e dos moralistas do futuro.

---

6. K. DEMMER, *Komplexe Fragen erfordern komplexe Antworten. Leistungen und Probleme heutiger Moraltheologie*: Herder Korrespondenz 43 (1989) 176-179.
7. R. A. McCORMICK, a. c., 80.
8. *Ibid.*, 79.
9. J. GRUENDEL, *Wird die Moraltheologie bescheiden?*: Münchener Theologische Zeitschrift 40 (1989) 145-153 = Selecciones de Teología 30 (1991) 287-295.
10. R. A. McCORMICK, a. c., 78.

— *Ecumênica*: a moral do futuro será mais ecumênica que a do presente. Imagino diversos círculos concêntricos de ecumenismo moral: o ecumenismo da "razão ética" compartilhada por todos e que conforma o ethos da sociedade internacional mediante uma "ética civil planetária"[11]; o ecumenismo ético das Religiões à maneira como foi proposta e apoiada por H. Küng e outros[12]; o ecumenismo cristão, no qual as perspectivas peculiares de cada confissão não conduzam à "exclusão", mas à "inclusão" e à melhor descoberta da riqueza incomensurável do sentido que a fé cristã oferece.

Estou convencido de que com essa metodologia os problemas morais "candentes" hoje na vida da Igreja católica encontrarão uma solução mais de acordo com a exigência do "discernimento" moral proposto pelo Novo Testamento. Com efeito, não é a razão abstrata que costuma proceder mediante princípios gerais e universais, mas o "discernimento" da situação histórica ("sinais dos tempos": *Gaudium et spes*), faculdade decisiva na busca da verdade moral para o cristão.

Faz anos que O. Cullmann disse que o verbo "discernir" é a palavra-chave da moral neotestamentária. Hoje é lugar-comum da Teologia moral manter essa afirmação"[13]. Entretanto, não foram deduzidas as implicações correspondentes a essa impostação. Confio em que a Teologia moral do futuro saiba aplicar a opção metodológica à análise e à proposta das questões morais.

3. Distinguir entre "princípios gerais" e "aplicações concretas"

Outro traço da metodologia moral do futuro há de ser o de articular uma proposta moral na qual se distingam dois tipos de orientação: os "princípios gerais" e as "aplicações concretas". Nos primeiros haverá maior segurança doutrinal; no entanto, as aplicações concretas não terão o mesmo grau de verdade e, portanto, não demandarão a mesma profundidade e amplitude de assentimento.

A constituição pastoral do Concílio Vaticano II *Gaudium et spes* adiantou a análise da sociedade de hoje como uma "sociedade complexa" ao

---

11. M. VIDAL, *La ética civil y la moral cristiana* (Madri, 1995).
12. H. KÜNG, *Proyecto de una ética mundial* (Madri, 1991); H. KÜNG - K. J. KUSCHEL, *Hacia una ética mundial* (Madri, 1994).
13. M. VIDAL, *Diccionario de ética teológica* (Estella, 1991) 166-168 ("Discernimento").

enfatizar o poder de hoje da ciência e da técnica (n. 33). Diante dessa situação, afirma que a Igreja tem, recebidos da Palavra de Deus, "os princípios da ordem religiosa e moral", mas "nem sempre tem pronta uma resposta para cada questão".

A metodologia diversificada em "princípios gerais" e em "aplicações concretas" foi e é utilizada pela Igreja ao expor sua doutrina social. Nela se distinguem três níveis de força vinculante[14]:

— princípios de reflexão;
— critérios de juízo;
— diretrizes de ação.

Uno-me ao desejo de alguns moralistas qualificados que pedem uma metodologia similar para o tratamento dos outros problemas morais. Insinuou-se essa metodologia para o estudo e para a proposta da moral sexual[15]; acredito que se poderia utilizar também na bioética e na moral conjugal e familiar. Também nesse caso meu sonho é que no futuro a Teologia moral e o próprio Magistério eclesiástico tenham aprofundado a sugestão e possam oferecer propostas morais nas quais se diversifiquem os níveis de proximidade com a verdade cristã e os graus de assentimento requerido.

Essa opção metodológica repercutirá tanto no bem da autonomia e maturidade do cristão como no prestígio e qualificação do Magistério eclesiástico e da função teológica.

IV. ORIENTAÇÃO DOS "CONTEÚDOS" PARA UM PROJETO DE HUMANIDADE SOLIDÁRIA

A Moral católica tem um repertório extenso de conteúdos. Às vezes tem-se a impressão de um acúmulo tão grande de normas morais que nos sentimos como que apanhados por um invisível mas forte emaranhado de obrigações, deveres e orientações. A inércia do devir histórico foi sedimentando conteúdos morais e originando o "acúmulo de normas".

Seria bom que a Teologia moral prosseguisse seu trabalho de poda e de simplificação na profundidade das normas. Olhando para o futuro penso numa moral católica mais simples e reduzida ao essencial. O que

---

14. CONGREGAÇÃO PARA A DOUTRINA DA FÉ, *Liberdade cristã e libertação* (1986), n. 72.
15. CH. E. CURRAN, *Official Catholic Social and Sexual Teaching: A Methodological Comparison: Tensions in Moral Theology* (Notre Dame, 1988) 87-109; J.-Y. CALVEZ, *Morale sociale et morale sexuelle*: Etudes 378 (1993) 641-650.

não significa perda de significado ético nem no âmbito intra-eclesial nem em sua projeção para fora da Igreja.

O objetivo da moral cristã em seus conteúdos deve ser o de oferecer um serviço de humanidade. Sempre tentou fazê-lo, ainda que nem sempre tenha acertado totalmente. Algumas vezes, a moral se transformou em "jugo" e em "carga" seguindo uma orientação não desejada pelo Evangelho. Acredito que no terceiro milênio do cristianismo a moral católica deverá realizar seu serviço de humanidade em três frentes principais:

- oferecer um serviço de "sentido" para orientar a revolução axiológica que está acontecendo na humanidade;
- propiciar um "ethos de inclusão solidária" diante das tendências de exclusão egoísta da sociedade de finais de milênio;
- ajudar a formar uma "consciência moral" adulta e responsável que saiba mover-se entre o ideal exigente e as situações de fragilidade histórica e biográfica.

1. A moral cristã como "serviço de sentido"

O mundo dos comportamentos, das estimativas e dos valores está passando por uma profunda mudança; pode-se até falar com certa objetividade de uma "revolução" nos costumes morais, na estimativa ética e na axiologia moral. A observação imediata o constata a escala individual, interindividual, grupal e social. As pesquisas realizadas na Europa no âmbito dos valores o corroboram mais cientificamente.

Diante dessa situação de "revolução axiológica" é normal que surja a desorientação moral. Já não servem os velhos modelos. Os novos ainda não despontaram no horizonte. Há uma "crise de sentido" que se traduz em perda de rumos.

A moral cristã tem de defrontar-se com as novas formas de vida social (pense-se nas uniões livres de fato, na vida em comum de homossexuais) e com a nova orientação dos valores (por exemplo, o passado dos chamados valores fortes ou "materiais", como a austeridade ou o trabalho, para com os valores chamados fracos ou "pós-materiais", como a satisfação ou o individualismo).

Para essa situação pós-moderna dos valores e das formas de vida, o caminho mais adequado da moral não é propor normas ou simplesmente apelar para a responsabilidade. O que se precisa peremptoriamente é oferecer sentidos para mostrar o rumo à humanidade em profunda transformação[16].

Mais que "moral de obrigações" ou "moral de responsabilidade", a moral católica do futuro tem de ser uma "moral de sentido". Fomentar a coragem para continuar avançando: esse é o significado hispânico da "moral": animar, elevar o tom da vida. E para avançar bem, dar sentidos que orientem. A moral cristã está suficientemente capacitada para esse trabalho por razão de sua dúplice condição de ser:

— uma moral com ampla e profunda cosmovisão, garantida pelo universo da Palavra de Deus, da qual se origina o ethos cristão;

— uma moral com uma grande Tradição, na qual foi-se aos poucos purificando a sabedoria que não engana e que faz da Igreja, com a orientação de Paulo VI, uma "especialista em humanidade".

2. Por um "ethos não excludente"

Um dos males morais maiores de que padece a humanidade na passagem de milênio é a tendência a "excluir o outro", trate-se de pessoas, grupos, culturas, religiões, sociedades, nações ou classes sociais. A "cultura da morte" ou "cultura cainítica" manifesta-se não só nos atentados pontuais contra a vida humana nascida ou por nascer, mas também na tendência a eliminar ou excluir o "outro".

A Moral cristã não pode ficar impassível diante dessa situação; e, muito menos, complacente com ela. Na tradição judaico-cristã existem suficientes "relatos", "símbolos" e "anúncios proféticos" que procuram orientar a humanidade para a práxis de "inclusão" do outro, seja ele estrangeiro, pecador ou mesmo inimigo. Diante das tendências éticas da exclusão sempre esteve presente e operante a sensibilidade bíblica do "ethos da inclusão"[17].

Por outro lado, a sensibilidade bíblica encontra-se assumida e incorporada no discurso ético de importantes pensadores hoje. Basta lembrar o pensamento de P. Ricoeur, para quem a identidade ontológica e ética do "eu" descobre-se e se compreende a partir da afirmação do "outro". Mais importante ainda para o discurso ético da inclusão é a postura de M. Lévinas,

---

16. J. JANS, *The role of Ethics in a Europe to come. The contribution of Catholic Moral Theology*: Bulletin ET 6 (1995) 160-165.
17. E. McDONAGH, *God as Stranger in Ethics*: Bulletin ET 6 (1995) 37-43.

para quem a filosofia primeira transforma-se em ética, e esta, em afirmação apaixonada do "outro", e este, entendido como o esquecido e o excluído. Nesse discurso ético a partir do "outro" encontra-se uma das fontes da ética teológica da libertação; a outra grande fonte está na "compaixão" bíblica, que se traduz hoje mediante a opção preferencial pelos pobres.

A moral cristã do futuro, se quiser prestar um serviço de humanidade, tem de concentrar suas preocupações na defesa apaixonada do "outro":

— denunciando todas as formas de exclusão: por razão de tipo, de cultura, de etnia, de religião, de classe social;
— propondo caminhos eficazes para "incluir" no bem comum da humanidade os emigrantes, os marginalizados, os pobres, os países subdesenvolvidos, os grupos de excluídos etc.

O grande pecado de hoje é a tendência da sociedade para gerar formas de exclusão. A grande proposta ética da Teologia moral católica tem de ser a de articular um "ethos da inclusão" baseado na dignidade humana, compartilhada igualmente por todas as pessoas.

3. A consciência moral do "ideal" e da "fragilidade"

Segundo o cardeal J. Ratzinger, "no atual debate sobre a natureza própria da moralidade e sobre a modalidade de seu conhecimento, a questão da consciência transformou-se no ponto central da discussão, sobretudo no âmbito da teologia católica"[18]. O próprio Cardeal reconhece que há duas sensibilidades diferentes a respeito: uma valoriza mais a ordem objetiva da moralidade; a outra dá maior prevalência à ordem subjetiva da consciência moral.

Não se pode negar que as orientações oficiais da Igreja católica se inclinem hoje preferentemente para a sensibilidade objetiva. Acredito, no entanto, que convém conciliar a atual moldagem destinada ao objetivismo de algumas correntes poderosas na Teologia moral católica com outras orientações da tradição teológico-moral, também aceitáveis e aceitas pela Igreja. A insistência na ordem objetiva não poderia desconhecer o papel e a função, também primários, da consciência moral, segundo enfatizaram as correntes jesuíticas e redentoristas. Ao lembrar Santo Afonso Maria de Ligório, paladino da consciência diante do rigorismo jansenista, surge espontaneamente um necessário e merecido "elogio" à consciência moral[19].

---

18. J. RATZINGER, *La Iglesia. Una comunidad siempre en camino* (Madri 1991) 95.
19. P. VALADIER, *Elogio de la conciencia* (Madri, 1995).

É meu sonho que no futuro a Teologia moral católica seja capaz de apresentar um discurso sobre a consciência moral no qual se articulem adequadamente o pólo objetivo e o pólo subjetivo da vida moral. Nessa apresentação não pode faltar o apelo à consciência moral de uma pessoa adulta como deve ser todo cristão. Nessa consciência adulta e responsável se harmonizarão o respeito à "autonomia" da pessoa e da consciência de pertença à "comunhão da Igreja, na qual adquire sentido a função do Magistério eclesiástico em moral.

Outro desafio que o discurso ético-teológico tem sobre a consciência moral é o de harmonizar a tendência para o "ideal" e a aceitação da "fragilidade" histórica e biográfica da condição humana. A ética em geral e, menos ainda, a moral cristã não podem cair na tentação de menosprezar o ideal. A expressão "moral mínima" ou "moral do mínimo" é pouco feliz e, no máximo, serve somente para referir-se ao denominador moral compartilhado numa sociedade pluralista em que coexistem diversos projetos morais. Não serve para referir-se ao projeto moral de uma pessoa ou de um grupo, sobretudo de caráter religioso como é o grupo cristão.

Entretanto, a moral cristã deve considerar também as situações concretas nas quais se verifique de fato o ideal moral. Deve contar com as situações — atualmente cada vez mais abundantes — de equívoco ou fracasso. Deve considerar a condição de crescimento da história e da vida humanas. Essas realidades terão de entrar no discurso teológico-moral e de ser apreciadas no momento de fazer propostas morais. Nenhuma situação pode ficar sem a possível solução moral.

A Teologia moral católica do futuro terá de fazer um esforço muito grande para repensar e reformular a função da consciência moral a fim de que nela se articule a tendência ao ideal e à sensibilidade para as situações especiais em que se encontram as pessoas. A conciliação dos dois extremos exigirá que se pense numa categoria moral, insinuada na exortação apostólica *Familiaris Consortio* (n. 34), do ano de 1981, e que ainda não recebeu a devida atenção teórica, nem teve as realizações pertinentes à prática da Igreja. Refiro-me à categoria ética da *gradualidade*. A vida moral se realiza gradualmente e o ideal moral se consegue em etapas e seguindo alguns processos nos quais se devem considerar as situações de fragilidade e fracasso.

A incorporação da categoria da gradualidade ao acervo do saber teológico-moral e à prática da Igreja dará à Teologia moral católica do futuro a tonalidade de ser uma moral da benignidade pastoral, traço que tem seu ideal normativo na práxis de Jesus e sua verificação histórica em testemunhos qualificados da história da Moral cristã, e cuja necessidade é sentida por muitos na vida da Igreja.

Nas reflexões acima formulei meus desejos a respeito das pegadas que a moral católica do futuro deveria deixar para trás. Os traços principais dessas pegadas eu os realizei em três séries, com três traços em cada uma delas. A soma total é de nove traços, que procuram reconduzir a moral católica às suas fontes mais genuínas, dar-lhe uma metodologia mais adequada para buscar e propor a verdade moral, e reorientar os conteúdos e os objetivos da força moral dos católicos nessa passagem de milênio.

Bibliografia:

BENNÀSSAR, B., *Una moral al segle XXI*: Communicació 90 (1998) 119-133.

CURRIAN, Ch. E., *History and Contemporary Issues. Studies in Moral Theology*. N. York (1996) 252-263: "The Future of Moral Theology".

MASÍA, J., *Moral teológica de hoy y de mañana*: Estudios Eclesiásticos 72 (1997) 689-719.

McCORMICK, R. A. *La teología moral en el año 2000: tradición en transición*: Selecciones de Teología 32 (1993) 73-80.

TAMAYO, J. J., *Cambios históricos y propuestas éticas a las puertas del siglo XXI*. Manantial, Málaga, 1999.

Terceira Parte

A MORAL NO CENÁRIO DO MUNDO

"O mundo: teatro da história
do gênero humano" (GS 2)

A moral cristã tem como objetivo viver o projeto pessoal e transformar a história humana de acordo com o Plano salvífico de Deus. Nas primeiras partes da presente obra procuramos descobrir esse Plano de Deus para a realização pessoal e para a história comum da humanidade mediante duas perspectivas fundamentais:

> — A perspectiva do *Mistério da Trindade* como ele se revelou a nós na História da salvação.
> — A perspectiva da *Igreja* como âmbito mediador da Salvação cristã na história.

A essas duas perspectivas deve-se acrescentar uma terceira, a perspectiva do *Mundo*. O projeto de salvação, nascido do Amor difusivo da comunhão trinitária e atuante através da mediação eclesial, conseguirá seu objetivo e chegará ao final de seu itinerário somente se, em seu desígnio, assumir toda a realidade criada e, de modo especial, toda a humanidade. Esse périplo circular do projeto salvífico foi descrito assim pelo Concílio Vaticano II: "Aprouve a Deus, em sua bondade e sabedoria, revelar-se a si mesmo e dar a conhecer o mistério de sua vontade (cf. Ef 1,9), mediante o qual os homens, por meio de Cristo, Verbo encarnado, têm acesso, no Espírito Santo, ao Pai e se tornam participantes da natureza divina (cf. Ef 2,18; 2Pd 1,4)"[1].

Nesta terceira parte apresentamos a moral *no cenário do mundo*. O "tempo da Igreja" não existe sem referência ao "cenário do mundo". Um e outro — "tempo" e "cenário" — têm consistência na "eternidade" do mistério do amor difusivo da comunhão trinitária. Desse modo, a eternidade de Deus e o tempo da Igreja se tornam "acontecimento de salvação" no cenário do mundo.

---

1. *Dei Verbum*, 2

Os capítulos centrais desta parte (cap. 2 a 6) são dedicados a expor a dimensão moral sob o ponto de vista humano e racional. A moral é um substantivo comum à racionalidade e à fé, que a torna moral *cristã*, sem que ela deixe de ser *moral*. Segue-se disso que uma ética teológica fundamental — ou uma teologia moral fundamental — deva assumir as propostas válidas da racionalidade ética. Essa foi a posição dos Padres da Igreja ao aculturarem a moral cristã e o universo mental do helenismo. Foi também a atitude intelectual da Escolástica, e especialmente de santo Tomás de Aquino, ao assumirem os valores da ética aristotélica e ao exprimirem o conteúdo cristão em categorias da racionalidade ética.

O capítulo primeiro (cap. 1) e o último (cap. 7) pretendem marcar *teologicamente* a exposição central sobre a ética racional. O primeiro como que a "porta de entrada", e o último, como que o "horizonte de saída".

No capítulo inicial, seguindo indicações metodológicas e temáticas da constituição pastoral *Gaudium et spes* do Vaticano II, veremos como a Igreja e, nela, o projeto salvífico de Deus se *abrem* para o mundo. Essa abertura assinala uma orientação imprescindível da moral cristã: sua relação com o mundo.

No capítulo final é apresentada a *saída* da racionalidade ética para o horizonte da fé. A moral racional adquire a plenitude de seu significado ao ser lida como um elemento importante dos "*praeambula fidei*" e das "*semina Verbi*".

1
"MUNDANIDADE" DA MORAL CRISTÃ

Nas pegadas da constituição pastoral "Gaudium et spes"

O presente capítulo tem a função de introdução aos seis capítulos que virão à frente. Nestes pretendo expor os elementos mais relevantes — e que considero mais válidos — da racionalidade ética atual. Sendo assim, esta apresentação da moral racional não constitui uma síntese autônoma de ética filosófica, mas está em função do discurso teológico-moral próprio desta obra, dedicada a oferecer uma teologia moral fundamental.

O quadro teológico que apresento tem como objetivo descobrir na moral cristã — e, conseqüentemente, dar ao discurso da teologia moral — um traço que lhe é conatural: sua relação com o mundo. Se a vida e o discurso morais cristãos têm a marca da *teologalidade* (primeira parte) e da *eclesialidade* (segunda parte), devem ter também o selo da *mundanidade*. Em meu modo de entender, a moral cristã e o discurso teológico-moral se compõem desses três traços básicos.

Para expor a mundanidade da moral cristã, situar-me-ei nas pegadas metodológicas e temáticas da constituição pastoral *Gaudium et spes* do Concílio Vaticano II. Sem pretender fazer um comentário desse documento transcendental para a história atual da Igreja, tirarei dele as perspectivas e as orientações que indicam à moral cristã o "caminho do mundo"[1].

---

1. Sobre o significado da *Gaudium et spes* para a Teologia moral e sobre os comentários mais importantes, remeto a: M. VIDAL, *Moral de Atitudes. III. Moral Social* (Aparecida, São Paulo, 1995⁴) 61-63. Por ocasião dos trinta anos de sua promulgação, os estudos sobre ela receberam um novo impulso; ver, a título de exemplo: J. C. MACCARONE, *La constitución Gaudium et spes a los treinta años de su promulgación* (Buenos Aires, 1995); E. CHIAVACCI, *La teologia della "Gaudium et spes" e i grandi temi eticosociali del nostro tempo*: Credere Oggi n. 85 (1995) 66-83; Antonianum 70 (1995) n. 3-4.

I. O "CAMINHO DO MUNDO"

Ao longo de seu pontificado, começando por sua primeira encíclica, de caráter programático, *Redemptor hominis*, João Paulo II repetiu com freqüência que "todos os caminhos da Igreja levam ao homem"[2]. Esse foi também o caminho que o Concílio Vaticano II decidiu percorrer na constituição pastoral *Gaudium et spes*: "Trata-se de salvar a pessoa humana e de restaurar a sociedade humana. Por isso, o homem será o fulcro de toda a nossa exposição: o homem uno e integral: corpo e alma, coração e consciência, inteligência e vontade"[3].

No contexto geral da *Gaudium et spes*, o "caminho do homem" se identifica com o "caminho do mundo". O "mundo" é precisamente a realidade em relação à qual a Igreja se repensa nesse documento conciliar. Essa orientação é indicada já no título da constituição: "Sobre a Igreja no mundo atual".

1. Significado de "mundo"

Dentre os pontos concretos que durante a preparação do documento exigiram um esclarecimento expresso um foi o conceito de "mundo" e o caráter da relação da Igreja com ele. Na redação definitiva, o conceito de "mundo" foi explicitado do seguinte modo:

— "o mundo dos homens, isto é, toda a família humana, com a universalidade das realidades nas quais ela vive;
— o mundo, teatro da história do gênero humano, marcado por sua capacidade, por suas derrotas e por suas vitórias;
— o mundo, que todos os fiéis cristãos crêem ter sido criado e ser conservado pelo amor do Criador, mundo esse que certamente está sob a escravidão do pecado, mas que foi libertado por Cristo crucificado e ressuscitado para que se transforme, segundo o desígnio de Deus, e chegue à sua consumação, tendo sido abatido o poder do Maligno"[4].

Nessa descrição, não se trata de três "mundos", paralelos ou opostos. Trata-se de três perspectivas complementares que descrevem uma mesma

---

2. *Redemptor hominis*, 14.
3. *Gaudium et spes*, 3.
4. *Ibid.*, 2.

realidade. Essa realidade é o *mundo dos seres humanos*, ao qual está vinculado o resto da criação ("as realidades nas quais eles vivem"). Esse mundo é constituído, antes de tudo, pelas *pessoas*, que vivem seu próprio destino e que formam "toda a família humana". As pessoas humanas estão situadas em um *cenário*, cenário esse que é construído por elas mesmas; é o "teatro da história do gênero humano". Sabemos pela fé que toda a complexa realidade do "mundo" foi "criada" e é "conservada" pelo amor do Criador, que foi "colocada" sob a escravidão do pecado e que foi "libertada" por Cristo. Esse mundo, na complexidade de seu significado, encontra-se sob "o desígnio de Deus" e deve ser "transformado" até "chegar à sua consumação".

2. A relação da Igreja com o mundo

Essa rica e profunda compreensão da realidade do mundo é a que está na base da relação da Igreja com ele. Mais à frente explicitarei alguns traços concretos dessa relação, a qual, em termos gerais, é denominada "relação de diálogo"[5]. No começo da *Gaudium et spes*, ao estabelecer sua relação com o mundo, o Concílio indicou claramente sua atitude e seu objetivo: "Nenhuma ambição terrena move a Igreja, mas unicamente este objetivo: continuar, sob a direção do Espírito Paráclito, a obra de Cristo, que veio ao mundo para dar testemunho da verdade (cf. Jo 18,37), não para julgar, mas para salvar, não para ser servido, mas para servir (cf. Jo 3,17; Mt 20,28; Mc 10,45)"[6].

A moral cristã participa, de modo eminente, dessa relação da Igreja com o mundo. Também para a moral cristã vale o princípio de que seu trabalho deve passar pelo "caminho do mundo". A todo o conjunto da vida moral cristã pode ser aplicado o critério ético que o Concílio propõe para iluminar e orientar a atividade humana no mundo: "A norma da atividade humana é, pois, a seguinte: segundo o plano e a vontade de Deus, ser conforme com o verdadeiro bem da humanidade e tornar possível ao homem, considerado individualmente ou em sociedade, cultivar e realizar sua vocação integral"[7]. No espírito dessa orientação conciliar e adotando formas expressivas da encíclica *Populorum progressio*[8], expus o conteúdo ético do valor moral cristão mediante a categoria de

---

5. Ph. DELHAYE, *Le dialogue de l'Église et du monde d'après Gaudium et spes* (Gembloux, 1967).
6. *Gaudium et spes*, 3.
7. *Ibid.*, 35.
8. *Populorum progressio*, 14: "O desenvolvimento não se reduz ao simples crescimento econômico. Por ser autêntico, deve ser *integral*, isto é, promover *todos os* homens e *todo o* homem" (os sublinhados são meus para indicar o significado que dou à categoria de "humanização").

"humanização", humanização que deve ser redimensionada como a "realização do Reinado de Deus"[9].

Nessa orientação encontra-se o significado básico que dou à expressão "mundanidade da moral". Essa orientação — a "mundanidade" — não elimina a "teologalidade" e a "eclesialidade" nem se opõe a elas. As três formam uma unidade, sendo a "mundanidade" a verificação concreta das duas outras.

II. OS PRESSUPOSTOS ANTROPOLÓGICO-TEOLÓGICOS

Para compreender e realizar em seu significado adequado a relação da Igreja com o mundo, a constituição *Gaudium et spes* oferece um quadro amplo e profundo de perspectivas antropológicas e teológicas. Elas estão presentes e iluminam a análise dos problemas concretos da segunda parte do documento: matrimônio e família, cultura, economia, política, paz e comunidade dos povos. É, contudo, na primeira parte que elas aparecem explicitadas de forma direta e imediata.

1. Inovação epistemológica

Sem aludir às fases de gestação pelas quais passou a redação da *Gaudium et spes*[10] e procurando apreender os aspectos antropológico-teológicos mais notáveis do texto definitivo, convém começar por anotar uma *inovação epistemológica* de grande alcance. Comparando-se o texto conciliar com os documentos precedentes da Doutrina Social da Igreja, percebe-se logo uma tonalidade diferente: em vez de apoiar todo o edifício da moral social sobre a categoria de "lei natural"[11], como o fazia a Doutrina Social da Igreja, o Concílio usa como referência normativa principal a Revelação. Não só são abundantes as referências bíblicas na *Gaudium et spes*[12], como também seu discurso se move sob a influência da Revelação: "à luz da

---

9. M. VIDAL, *Moral de Atitudes. I. Moral Fundamental* (Aparecida, São Paulo, 2000⁵) 468-469.
10. Sobre a história da redação do texto de *Gaudium et spes*, ver a síntese (com bibliografia) que oferece A. IRIARTE, *Dos marcos de referencia para un cristianismo político: León XIII y "Gaudium et spes"* (Vitória, 1997) 205-220.
11. Só numa ocasião utiliza o termo "lei natural" (n. 74) e em outra a expressão "direito natural de gentes" (n. 79).
12. S. LYONNET, *Les fondements bibliques de la constitution pastorale "Gaudium et spes" sur l'Église dans le monde* (Roma, 1996).

Revelação"[13] ou, com fórmula sinônima, "sob a luz do Evangelho"[14]. Nem por ser uma constituição *pastoral*[15], nem por tratar de questões relacionadas com o mundo e nem por dirigir-se "a todos os homens"[16], deixa esse documento conciliar de focalizar os temas sob a luz da Revelação cristã[17].

Essa inovação epistemológica é um fator irrenunciável do discurso teológico-moral. A "mundanidade" da Teologia moral não supõe eliminar de seu discurso a referência à Revelação. Pelo contrário, ela significa introduzir o "mundo" no universo da fé e assim articular a luz revelada com a racionalidade humana.

Sem confundir a identidade, nem negar a diversidade de cada uma das "ordens", a da razão (a humana) e a da fé (a cristã), o Concílio sublinha a articulação de ambas em um único projeto de salvação. Sirvam de prova os seguintes textos:

> — "As alegrias e as esperanças, as tristezas e as angústias dos homens de hoje, sobretudo dos pobres e de todos aqueles que sofrem, são também as alegrias e as esperanças, as tristezas e as angústias dos discípulos de Cristo; e não há realidade alguma verdadeiramente humana que não encontre eco em seu coração"[18];

---

13. *Gaudium et spes*, 13, 23, 33.
14. *Ibid.*, 3, 4, 43, 46, 50, 63.
15. Na nota ao título do documento explica-se o gênero teológico em que se situa o Concílio: "Chama-se constituição 'pastoral' porque, apoiando-se em princípios doutrinais, pretende expor a atitude da Igreja ante o mundo e os homens contemporâneos (...). Certamente, na primeira parte, a Igreja desenvolve sua doutrina sobre o homem, o mundo em que o homem está inserido e sua atitude para com eles. Na segunda parte considera mais de perto diversos aspectos da vida e da sociedade humana de hoje, e especialmente as questões e problemas que parecem mais urgentes nesta matéria em nossos dias. Daí que, nessa última parte, a matéria, ainda que submetida a princípios doutrinais, conste não só de elementos permanentes, mas também de elementos contingentes". O adjetivo ("pastoral") foi inicialmente a saída que se deu às críticas (sobretudo de ambientes alemães: Bispos e K. Rahner) que não viam no documento a densidade teológica para ser uma "constituição *dogmática*". Contudo, convém ter em conta que *Gaudium et spes* não é nem Decreto, nem Declaração, mas Constituição. Além disso, vista *a posteriori*, a decisão tem sido razão não de demérito mas de maior valia.
16. *Gaudium et spes*, 2. Essa ampliação dos "destinatários" (não só os católicos, nem sequer só os crentes em Cristo, mas todos os homens) é outra das "novidades" da constituição pastoral *Gaudium et spes*. Essa inovação (em comparação com *Lumen gentium*) é sublinhada pela COMISSÃO TEOLÓGICA INTERNACIONAL, *Christianismus et religiones*: Gregorianum 79 (1998) 454.
17. Sobre a referência à Revelação na *Gaudium et spes* ver o livro e o artigo resumo de M.-C. APARICIO, *La plenitud del ser humano en Cristo. La Revelación en la "Gaudium et spes"* (Roma, 1997); ID., *La Revelación divina en la elaboración de la "Gaudium et spes"*: Revista Española de Teología 59 (1999) 245-304.
18. *Gaudium et spes*, 1.

— "A comunidade (dos discípulos de Cristo) é formada por homens (...). Por esse motivo, a Igreja se sente real e intimamente ligada ao gênero humano e à sua história"[19];

— "A Igreja, simultaneamente 'grupo visível e comunidade espiritual', caminha juntamente com toda a humanidade e participa da mesma sorte terrena do mundo"[20].

É tal a articulação do humano com o cristão que o Concílio, em consonâncias agostinianas, fala de uma "compenetração da cidade terrena e da celeste"; e, continuando, afirma que, se não existe maior articulação entre essas duas ordens, entre o mundo e a Igreja, isso se deve à condição histórica e pecadora da existência humana. "Essa compenetração da cidade terrena com a celeste só pela fé se pode perceber; mais, ela permanece o mistério da história humana, sempre perturbada pelo pecado, enquanto não chega à plena manifestação da glória dos filhos de Deus"[21].

2. Referências eclesiológicas e trinitárias

Em conformidade com a inovação epistemológica indicada, encontra-se na *Gaudium et spes* um quadro teológico rico para o trato dos problemas relacionados com a construção do mundo segundo o desígnio de Deus. Obviamente no fundo está a teologia *eclesiológica*. Assim o indica a própria constituição pastoral: "O Concílio Vaticano II, tendo investigado mais profundamente o mistério da Igreja, não hesita agora em dirigir sua palavra, não já apenas aos filhos da Igreja (...), e deseja expor-lhes seu modo de conceber a presença e a atividade da Igreja no mundo de hoje"[22]. Assim a compreensão da "presença" e da "ação" da Igreja se baseia na eclesiologia do próprio Vaticano II[23].

Não faltam referências à teologia *trinitária*. A Igreja que se abre ao mundo é uma comunidade convocada pela Trindade: composta de homens, "reunidos em Cristo", "guiados pelo Espírito Santo", "em pere-

---

19. *Ibid.*, 1.
20. *Ibid.*, 40.
21. *Ibid.*, 40.
22. *Ibid.*, 2: "depois de haver investigado mais profundamente o mistério da Igreja".
23. *Ibid.*, 40: "suposto já tudo o que este Concílio disse sobre o mistério da Igreja, vai-se considerar agora a própria Igreja enquanto existe neste mundo e com ele vive e atua".

grinação para o Reino do Pai"²⁴. A compreensão trinitária da Igreja, que a *Lumen gentium* expôs, é retomada pela *Gaudium et spes*: "(A Igreja) que tem sua origem no amor do eterno Pai, fundada, no tempo, por Cristo Redentor, e reunida no Espírito Santo"²⁵. Nascida da Trindade, a Igreja manifesta a Trindade ao mundo: "A Igreja deve tornar presentes e como que visíveis Deus Pai e seu Filho encarnado, renovando-se e purificando-se continuamente sob a direção do Espírito Santo (cf. LG 8)"²⁶. Essa presença muda-se em confissão trinitária, partilhada com todos os cristãos²⁷, e em prece agradecida: "Para que, tornados filhos no Filho, exclamemos no Espírito: 'Abba, Pai!' (cf. Rm 8,15; Gl 4,6; Jo 1,12 e 1Jo 3,1)"²⁸.

Deus *Pai* está presente em toda a constituição pastoral *Gaudium et spes*: "Deus Pai é o princípio e o fim de todos"²⁹. Ele é o Criador de tudo, especialmente do homem³⁰. A história humana adquire sentido pela referência a seu projeto ou plano de salvação³¹. A vontade de Deus Pai se resume na prática do amor: "A vontade do Pai é que reconheçamos e amemos efetivamente em todos os homens a Cristo, por palavras e obras, dando assim testemunho da Verdade, e comuniquemos aos outros o mistério do amor do Pai celeste"³².

A presença atuante do *Espírito Santo* no diálogo da Igreja com o mundo é reconhecida com notável ênfase: fazendo do homem uma "nova criatura"³³; "guiando" a Igreja na obra de Cristo³⁴, "dirigindo o curso dos tempos" e "renovando a face da terra"³⁵, dando o "dom da esperança viva"³⁶. "Pelo dom do Espírito Santo, o homem chega, na fé, a contemplar e saborear o mistério do plano divino (cf. Eclo 17,7-8)"³⁷.

---

24. *Ibid.*, 1.
25. *Ibid.*, 40.
26. *Ibid.*, 21.
27. *Ibid.*, 92: "unidos na confissão do Pai e do Filho e do Espírito Santo".
28. *Ibid.*, 22.
29. *Ibid.*, 92.
30. *Ibid.*, 3, 12, 13, 14, 17, 18, 19, 21, 23, 24, 29, 34.
31. *Ibid.*, 2, 11, 34.
32. *Ibid.*, 93.
33. *Ibid.*, 37. No mesmo sentido: n. 45
34. *Ibid.*, 3. No mesmo sentido: n. 10, 11, 22. 43, 44, 45.
35. *Ibid.*, 26. No mesmo sentido: n. 11.
36. *Ibid.*, 93.
37. *Ibid.*, 15.

3. Antropologia e Cristologia

Sendo muito valiosas as referências teológicas que acabamos de assinalar, devemos reconhecer que a base teológica principal da *Gaudium et spes* é a *antropologia teológica* e a *cristologia*[38]. Essas duas considerações não são afirmações justapostas, mas perspectivas articuladas entre si em relação a uma mesma realidade: a antropologia se sustenta na cristologia, e esta adquire significado pleno naquela.

a. Antropologia

A antropologia da *Gaudium et spes* já foi exposta no capítulo sexto da primeira parte desta obra. Baste-nos recordar aqui alguns dados relevantes e de caráter geral[39].

É a primeira vez que um Concílio faz uma exposição tão ampla e tão sistematizada da compreensão cristã da condição humana. A constituição *Gaudium et spes* dedica os três primeiros capítulos da primeira parte à análise do ser humano: em si mesmo (cap. 1), como ser social (cap. 2), em sua atividade (cap. 3). Em cada uma dessas perspectivas ele usa o mesmo esquema: plano de Deus, deformação pelo pecado (esse aspecto não é desenvolvido no cap. 2), restauração em Cristo.

A categoria fundamental na qual é considerada a condição humana é a *imagem de Deus*. Apoiando-se nos textos básicos da Sagrada Escritura (Gn 1,26; Sb 2,23; Eclo 17,3-10), o Concílio sustenta toda a compreensão do ser humano sobre a afirmação de que ele foi criado à imagem de Deus: "A Sagrada Escritura ensina que o homem foi criado à 'imagem de Deus', capaz de conhecer e amar seu Criador, e por ele constituído senhor de todas as criaturas terrenas (cf. Gn 1,16; Sb 2,23), para as dominar e delas se servir, dando glória a Deus"[40].

A afirmação ontológica da condição humana tem uma tradução em nível axiológico. Por *ser* imagem de Deus, o homem tem um *valor* único na ordem da criação. O Concílio "proclama a sublime vocação do homem e afirma que nele está depositado um germe divino"[41]. Recorda que "tudo

---

38. Entre a abundante bibliografia, ver: V. CAPORALE, *Antropologia e teologia nella "Gaudium et spes"*: Rassegna di Teologia 29 (1988) 142-165.
39. Ver, entre outros estudos: G. RESTREPO, *La antropología en la "Gaudium et spes"*: Teología y Vida 36 (1995) 279-290.
40. *Gaudium et spes*, 12. No mesmo sentido: n. 14, 15, 24, 34.
41. *Ibid.*, 3.

quanto existe sobre a terra deve ser ordenado em função do homem como seu centro e seu termo; nesse ponto existe um acordo quase geral entre fiéis e não fiéis"[42]. Faz uma defesa decidida do "respeito" à pessoa humana, denunciando as formas atuais de "escravidão"[43]. Assume a consideração axiológica de Paulo VI: "O homem vale mais por aquilo que é do que por aquilo que possui"[44]. E chega à avaliação mais alta ao afirmar que "o homem é a única criatura sobre a terra a ser querida por Deus por si mesma"[45].

b. Cristologia

A *Gaudium et spes*, "mesmo sendo um documento centrado no homem, é profundamente cristológica. Não podemos separar antropologia e cristologia. É em Cristo que o homem se descobre em profundidade" (cf. GS 10)[46].

É tal a riqueza cristológica dessa constituição conciliar que se torna difícil resumi-la. Desejo assinalar apenas as orientações mais gerais.

A primeira é a existência de uma espécie de "arco cristológico", no qual está contido todo o conjunto da primeira parte do documento. Os números 10 e 45 são, respectivamente, o começo e o fim dessa cobertura cristológica. Expostas "as interrogações mais profundas do homem", o Concílio oferece a chave da resposta num parágrafo solene, que começa e termina assim: "A Igreja acredita que Jesus Cristo, morto e ressuscitado por todos os homens (2Cor 5,15), a eles oferece pelo Espírito Santo a luz e a força para poderem corresponder à sua altíssima vocação (...). Quer, portanto, o Concílio, à luz de Cristo, imagem de Deus invisível e primogênito entre todas as criaturas (cf. Cl 1,15), dirigir-se a todos para iluminar o mistério do homem e cooperar na salvação das principais questões de nosso tempo"[47]. A primeira parte da constituição termina com outro parágrafo cristológico não menos solene, intitulado "Cristo, Alfa e Ômega": "O Verbo de Deus, por quem tudo foi feito (...). O Senhor é o fim da história humana (...). Foi ele que o Pai ressuscitou dos mortos, exaltou e colocou à sua direita, estabelecendo-o juiz dos vivos e dos mortos..."[48].

---

42. *Ibid.*, 12.
43. *Ibid.*, 27.
44. *Ibid.*, 35.
45. *Ibid.*, 24.
46. Mª. C. APARICIO, *a. c.*, 272.
47. *Gaudium et spes*, 10.
48. *Ibid.*, 45.

Dentro desse "arco cristológico" sobressaem três aspectos como cumes luminosos de esplendor cristológico. São os números nos quais culminam as exposições dos três primeiros capítulos: sobre o homem considerado em si mesmo: n. 22; sobre o homem enquanto ser relacional: n. 32; e sobre a atividade humana, n. 39. O primeiro número fala de "Cristo, o Homem novo"; o segundo, do "Verbo encarnado e da solidariedade humana"; e o terceiro reconhece a dimensão cristológica da "terra nova e do céu novo". Os conteúdos desses três números formam uma cristologia de grande densidade e de notável originalidade. Dentre esses três cumes um se destaca como o mais alto da montanha: o número 22[49], talvez o melhor de toda a constituição e muito provavelmente o mais citado na etapa pós-conciliar[50]. Esse compêndio cristológico começa com a seguinte afirmação, a qual dá a chave de uma antropologia cristológica: "Na realidade, só no mistério do Verbo encarnado se esclarece verdadeiramente o mistério do homem"[51].

Não se deve esquecer muitos outros elementos disseminados por toda a constituição, especialmente em sua primeira parte. O número 38 é um cântico ao poder salvador do mistério pascal. "Constituído Senhor por sua ressurreição", Cristo concentra em si toda a história do mundo ("assumindo-a e recapitulando-a") e expande de si toda a bondade com que "a humanidade tenta tornar a vida mais humana e submeter para esse fim toda a terra"[52].

Da ampla riqueza de traços cristológicos da *Gaudium et spes*, anoto os seguintes:

— Cristo: "Revelador" do Mistério de Deus e, em Deus, do mistério do homem ("imagem de Deus invisível").

— Cristo: o "último Adão", o homem perfeito e definitivo ("primogênito de toda criatura").

— Cristo: chave da história humana ("alfa e ômega"; "princípio e fim").

---

49. Sobre o n. 22 de *Gaudium et spes*: Th. GERTLER, *Jesus Christus – Die Antwort der Kirche auf die Frage nach dem Menschen* (Leipzig, 1986); J. ZIEGLER, *"Christus, der neue Adam" (GS 22). Eine anthropologische integrierte christologische Moraltheologie*: Studia Moralia 24 (1986) 41-70.
50. Disse João Paulo II: "não posso esquecer, sobretudo no contexto desta Encíclica, que um capítulo da Constituição *Gaudium et spes* é quase um compêndio de antropologia bíblica, fonte de inspiração também para a filosofia (...). Certamente tem também um profundo significado filosófico a expressão culminante daquelas páginas, que citei em minha primeira Encíclica *Redemptor hominis* (n. 8) e que representa um dos pontos de referência constante de meu ensino: 'realmente, o mistério do homem ... (GS, 22)" (*Fides et ratio*, 60).
51. *Ibid.*, 22.
52. *Ibid.*, 38.

— Cristo: o salvador definitivo e o doador do Espírito.

— Cristo: o próximo de todo homem ("trabalhou com mãos humanas, pensou com inteligência humana, agiu com vontade humana, amou com um coração humano": n. 22).

— Cristo: fim da história humana ("o ponto para o qual tendem as aspirações da história e da civilização, o centro do gênero humano, a alegria de todos os corações e a plenitude de suas aspirações": n. 45).

4. Balanço

Segundo a *Gaudium et spes*, a presença e a ação da Igreja no mundo devem ser sustentadas e guiadas pela força e pela luz que lhe vêm da Revelação. O Concílio, mediante uma ampla e profunda teologia, explicitou o significado da densa fórmula orientadora "à luz do Evangelho" ou "à luz da Revelação". Ela o fez, antes de tudo, descobrindo o *fulgor de Cristo* no qual a condição humana é "revelada" e "restituída", um fulgor que tem origem e âmbito adequado na *Comunhão trinitária*, a qual se abre para a história humana, encontrando *na Igreja* o lugar privilegiado de manifestação. Assim a *condição humana*, isto é, o mundo, a história, a realidade inteira, adquire plena significação ao ser impregnada da dimensão cristológica, trinitária e eclesial.

Ao conseguir essa plenitude de significado, a realidade humana é, ao mesmo tempo, histórica e escatológica. A *dimensão escatológica* da história humana e de toda a realidade foi formulada pela *Gaudium et spes* mediante o aprofundamento do mistério cristológico[53]. A Igreja "acredita que a chave, o centro e o fim de toda a história humana se encontram em seu Senhor e Mestre"[54]. O homem, "associado ao mistério pascal e configurado à morte de Cristo, vai ao encontro da ressurreição, fortalecido

---

53. A dimensão escatológica está expressamente formulada no n. 39 *de Gaudium et spes*. Com citações neotestamentárias se acentua a tensão escatológica da vida cristã, mas ao mesmo tempo se adverte que "a espera de uma terra nova não deve debilitar, mas avivar ainda mais a preocupação por cultivar essa terra, de onde cresce aquele corpo da nova família humana, que pode oferecer já certo esboço do novo século". Nesse importante número é onde o Concílio expôs a articulação correta entre "progresso humano" e "Reino escatológico": "ainda há que se distinguir cuidadosamente o progresso terreno do crescimento do Reino de Cristo, contudo, o primeiro, na medida em que pode contribuir para melhor ordenar a sociedade humana, interessa muito ao Reino de Deus".
54. *Ibid.*, 10.

pela esperança"[55]. O homem, o mundo, a história, toda a realidade encontrarão em Cristo sua realização definitiva: "Caminhamos em direção à consumação da história humana, a qual corresponde plenamente ao seu desígnio de amor: 'recapitular todas as coisas em Cristo, tanto as do céu como as da terra' (Ef 1,10)"[56]. "Sobre a terra, o Reino já está misteriosamente presente; quando o Senhor vier, atingirá a perfeição"[57].

A implicação da moral cristã no mundo deve ser entendida e realizada a partir dessas chaves teológicas. Voltamos a repetir que a *mundanidade* da moral cristã não supõe que o comportamento dos cristãos se esvazie de significado transcendente; ao contrário, ela é o leito necessário para se verificar na história a dimensão transcendente e escatológica da fé cristã.

III. A RELAÇÃO COM O MUNDO

1. Os dois tempos da relação

A *Gaudium et spes* teve um objetivo máximo: prestar um "serviço ao homem" de nosso tempo, continuando assim, "sob a direção do Espírito Paráclito, a obra de Cristo, que veio ao mundo para dar testemunho da verdade, não para julgar, mas para salvar, não para ser servido, mas para servir"[58]. Para conseguir esse objetivo, o Concílio se propôs repensar e "expor a todos o seu modo de conceber a presença e a atividade da Igreja no mundo de hoje"[59]. Nessas duas frentes, articuladas entre si, concentra-se todo o interesse dessa constituição conciliar.

O capítulo quarto da primeira parte da *Gaudium et spes* é dedicado a analisar e a apresentar a "função da Igreja no mundo de hoje". A cristologia — e, nela, a teologia trinitária e a antropologia — exposta como substrato teológico dos capítulos precedentes, agora se detém na compreensão da Igreja aberta ao mundo. Se Cristo "revela" o mistério do homem no mistério de Deus, agora a Igreja, ao "manifestar" o mistério de Deus, "descobre" o sentido do homem[60].

---

55. *Ibid.*, 22.
56. *Ibid.*, 45.
57. *Ibid.*, 39.
58. *Ibid.*, 3.
59. *Ibid.*, 2.
60. Ver o paralelismo (e os matizes diferenciais) entre a "revelação cristológica" do n. 22 e a "manifestação" eclesial do n. 41.

A relação mútua entre a Igreja e o mundo, depois de afirmada[61], é desenvolvida em dois tempos complementares: 1) o que a Igreja pode dar ao mundo; 2) o que a Igreja pode receber do mundo. O primeiro tempo é amplamente desenvolvido. As contribuições da Igreja são organizadas em torno de três eixos: o sentido e a dignidade de cada homem (n. 41); o bem da sociedade humana em suas várias formas e em suas diversas instituições (n. 42); a atividade benéfica dos cristãos, sejam eles de condição leiga ou ministerial (n. 43).

2. Aspectos inovadores

O desenvolvimento do segundo tempo — o que a Igreja recebe do mundo — é mais breve. Não obstante, o conteúdo desse único número (n. 44) é de grande densidade. Além disso, pode-se dizer que só a formulação do tema já é uma *inovação* do Concílio Vaticano II.

Destaquemos as orientações seguintes:

— A afirmação geral: "Do mesmo modo que é do interesse do mundo que ele reconheça a Igreja como realidade social da história e seu fermento, assim também a Igreja, por sua vez, não ignora quanto recebeu da história e da evolução do gênero humano".

— A interação entre o *anúncio* do Evangelho e as diferentes *culturas* humanas. A *aculturação* do Evangelho é assumida (pela *Gaudium et spes*) quando diz que "essa maneira adaptada de pregar a palavra revelada deve permanecer a lei de toda a evangelização".

— É necessário o discernimento das *novas linguagens*: "É dever de todo o povo de Deus e sobretudo dos pastores e teólogos, com a ajuda do Espírito Santo, saber ouvir, discernir e interpretar as várias linguagens de nosso tempo, e julgá-las à luz da palavra de Deus, de modo que a Verdade revelada possa ser cada vez mais intimamente percebida, melhor compreendida e apresentada de um modo mais conveniente". Essa orientação é reafirmada, ampliada e concretizada no n. 62 da mesma constituição pastoral.

— A adaptação das *estruturas* da Igreja: "Não que falte algo na constituição que Cristo lhe deu, mas para mais profundamente conhecê-la, melhor exprimi-la e mais convenientemente adaptá-la aos nossos tempos".

---

61. *Gaudium et spes*, 40.

— A função positiva da *oposição*: "Mais ainda, a Igreja reconhece que muito aproveitou e pode aproveitar da própria oposição daqueles que a hostilizam e perseguem".

O "dar" e o "receber" da Igreja com relação ao mundo se regem por um critério teológico geral, que se torna convicção eclesial básica: "Ao ajudar o mundo e ao receber dele ao mesmo tempo muitas coisas, o único fim da Igreja é o advento do Reino de Deus e o estabelecimento da salvação de todo o gênero humano. E todo o bem que o povo de Deus pode prestar à família dos homens durante o tempo de sua peregrinação terrena deriva do fato de que a Igreja é 'o sacramento universal da salvação' (cf. LG 7), manifestando e atuando simultaneamente o mistério do amor de Deus pelos homens"[62].

Não se pode deixar de reconhecer que a constituição *Gaudium et spes* marcou uma mudança na compreensão da relação da Igreja com o mundo. Ainda hoje se pode continuar a discutir sobre os princípios teológicos e sobre as orientações práticas que formam o conteúdo dessa constituição conciliar. De fato, as posições que afloraram na etapa de redação fizeram sua aparição de novo na hora de interpretar e de avaliar esse documento do Concílio[63].

Creio, todavia, que não se pode negar a *inovação* conciliar na compreensão teológica e na proposta prática da relação da Igreja com o mundo. Baste tomar nota dessa "declaração de intenções" que aparece no começo da *Gaudium et spes*. A Igreja quer assemelhar-se a Cristo e ser *testemunha* da verdade, *salvadora* da humanidade e *servidora* do homem[64].

IV. A "MUNDANIDADE" DA MORAL CRISTÃ

Das perspectivas precedentes se deduz uma conclusão: a *Gaudium et spes* supõe uma *inovação no campo da Teologia moral*. Essa inovação se refere às duas vertentes do discurso moral, isto é, à apresentação dos conteúdos morais e à própria estrutura epistemológica do discurso moral.

---

62. *Ibid.*, 45.
63. Ver a exposição de J. A. KOMONCHAK, *La redazione della Gaudium et spes*: Il Regno/Documenti 44 (1999) n. 840, 446-455, que reduz as correntes a três: o tomismo otimista de M.-D. Chenu, a orientação boaventuriana (e agostiniana) de J. Ratzinger, e a radicalidade evangélica de G. Dossetti (e do cardeal Lercaro).
64. Cf. *Gaudium et spes*, 3.

1. A Moral social

No tocante aos conteúdos morais, a constituição pastoral introduziu uma variação nas exposições e nas orientações da Moral social cristã. A segunda parte da *Gaudium et spes* oferece novos horizontes axiológicos para os campos do matrimônio e da família, da cultura, da economia, da política, da guerra e da paz, e da comunidade internacional. Os manuais de Moral social católica se sentiram enriquecidos com as contribuições conciliares de axiologia concreta[65].

Além disso, à luz da *Gaudium et spes*, a própria exposição da Moral social viu: como mudava a economia das "fontes" teológicas, por exemplo, dando mais ênfase à Sagrada Escritura e à cosmovisão teológica; como uma visão "estática" da realidade social passava para uma concepção "dinâmica"; e como as avaliações concretas se estabeleciam não de forma dedutiva, mas mediante processos complexos de discernimento moral, este baseado em dados científico-técnicos, e levando em conta as implicações políticas das decisões concretas[66].

2. O discurso teológico-moral em geral

As implicações da *Gaudium et spes* não se reduzem ao espaço da Moral social, mas se estendem à posição da Teologia moral em seu conjunto[67]. A meu ver, são três as inovações principais que a constituição pastoral introduz no discurso teológico-moral:

A opção metodológica indutiva. Uma das categorias-símbolo da *Gaudium et spes* é a dos "sinais dos tempos". Esse tema foi amplamente debatido na etapa de redação[68]. O texto definitivo tem dois números (4 e 11) nos quais o Concílio explica a que se refere ao falar dos "sinais dos tempos" e o que entende por "discernir esses sinais". A realidade à qual ele se refere são "os acontecimentos, as exigências e os desejos" mais relevantes do devir humano; a finalidade é descobrir neles "quais são os sinais verdadeiros da presen-

---

65. Pude constatar isso ao redigir o Manual de Moral social: M. VIDAL, *Moral de Atitudes. III. Moral Social* (Aparecida, São Paulo 1995⁴).
66. Sobre as implicações da *Gaudium et spes* para o delineamento da Moral social: J. QUEREJAZU, *La moral social y el Vaticano II* (Vitória, 1993) especialmente pp. 71-197; A. IRIARTE, *Dos marcos de referencia para un cristianismo político: León XIII y la "Gaudium et spes"* (Vitória, 1997).
67. Cf. C. J. PINTO DE OLIVEIRA, *Gaudium et Spes ¿nuevo paradigma de ética fundamental y social?*: Anámnesis 1 (1996) 5-48.
68. Cf. Mª. C. APARICIO, *a. c.*, 299-302.

ça ou do desígnio de Deus"; para ele, é necessário "perscrutar a fundo" esses acontecimentos históricos mais relevantes e "interpretá-los à luz do Evangelho". Nessa proposta há uma clara opção por um método de caráter indutivo, o qual parte da análise da realidade (ver), continua com o discernimento à luz do Evangelho (julgar) e retorna à realidade para transformá-la de acordo com o resultado do discernimento (agir).

Busca de novas linguagens. De acordo com a opção metodológica indutiva, o discurso teológico-moral deve procurar novas formas de expressão (simbólicas, conceituais, lingüísticas), as quais denominamos com o termo "linguagens". A esse respeito, volto a citar a exortação do Concílio: "É dever de todo o povo de Deus e sobretudo dos pastores e teólogos, com a ajuda do Espírito Santo, saber ouvir, discernir e interpretar as várias linguagens do nosso tempo e julgá-las à luz da palavra de Deus, de modo que a Verdade revelada possa ser cada vez mais intimamente percebida, melhor compreendida e apresentada de um modo mais conveniente"[69].

Diálogo com os saberes humanos. O discurso teológico-moral, sem prescindir das fontes específicas da Revelação[70], deve estabelecer um diálogo sincero e fecundo com a racionalidade humana. O Concílio formulou esse imperativo epistemológico do modo seguinte: "Os que se dedicam às ciências teológicas nos Seminários e Universidades procurem colaborar com os especialistas de outros ramos do saber, pondo em comum trabalhos e conhecimentos. A investigação teológica deve simultaneamente procurar profundo conhecimento da verdade revelada e não descurar a ligação com o seu tempo, para que assim possa ajudar os homens formados nas diversas matérias a alcançar um conhecimento mais completo da fé"[71].

3. O espírito novo

Há, pois, um *espírito novo* na constituição pastoral *Gaudium et spes.* É o mesmo espírito do Discurso de João XXIII pronunciado no ato de abertura do Concílio Vaticano II (11 de outubro de 1962)[72]. Destacam-se nele os traços seguintes:

---

69. *Gaudium et spes,* 44.
70. Cf. *Dei Verbum,* 10.
71. *Gaudium et spes,* 62.
72. Pode-se encontrar em: *Concilio Ecuménico Vaticano II. Constituciones. Decretos. Declaraciones.* Edição bilíngüe patrocinada pela Conferência Episcopal Espanhola (Madri, 1993) 1089-1098.

A *empatia* com o mundo atual. Frente aos "profetas de desgraças", João XXIII afirma que "no curso atual dos acontecimentos, no qual parece que os homens começam uma nova ordem de coisas, deve-se reconhecer melhor os desígnios misteriosos da Providência"[73].

Visão voltada para o *futuro*. "Nossa tarefa não consiste somente em guardar esse tesouro (a doutrina católica), como se nos preocupássemos tão só com a antigüidade, mas também em estudar, decididos e sem temor, o que nossa época exige, continuando o caminho percorrido pela Igreja durante quase vinte séculos..."[74].

Distinguir entre o *permanente* e o *transitório*. "Com efeito, uma coisa é o depósito da fé ou as verdades contidas em nossa venerável doutrina, outra é o modo como essas verdades são enunciadas, conservando, contudo, o mesmo sentido e significado"[75].

V. SÍNTESE

Como síntese do novo espírito trazido pela *Gaudium et spes* para expor e aplicar a relação da Igreja com o mundo creio que seja válida a bem matizada afirmação do n. 33:

"A Igreja,
guarda do depósito da Palavra divina,
onde se vão buscar os princípios da ordem religiosa e moral,
embora nem sempre tenha uma resposta já pronta
para cada uma dessas perguntas,
deseja juntar a luz da Revelação
à competência de todos os homens
para que assim receba luz o caminho
recentemente empreendido pela humanidade".

Seguindo essa orientação básica, os cinco capítulos seguintes analisam o horizonte ético de nosso tempo no que ele tem de moralidade vivida e de racionalidade formulada. No último capítulo desta parte voltaremos a abrir o âmbito explícito da fé para assumirmos esse horizonte axiológico como um dos "praeambula fidei" e como uma das "semina Verbi" . Desse modo fecharemos o círculo teológico sobre a *mundanidade* da Teologia moral.

---

73. *Ibid.*, 1092.
74. *Ibid.*, 1094.
75. *Ibid.*, 1095.

Bibliografia:

APARICIO, Mª. C., *La Revelación divina en la elaboración de la "Gaudium et spes"*, Revista Española de Teologia 59 (1999) 245-304.

DELHAYE, Ph., *Le dialogue de l'Église et du monde d'après Gaudium et spes*, Gembloux, 1967.

KOMONCHAK, J. A, *La redazione della Gaudium et spes*, Il Regno/Documenti 44 (1999) n. 840, 446-455.

PINTO DE OLIVEIRA, C. J., *Gaudium et spes ¿ nuevo paradigma de ética fundamental y social?*, Anámnesis 1 (1996), 5-48.

2
SIGNIFICADO E FUNÇÃO DA ÉTICA

A reflexão ética tem por objeto o conjunto da existência humana enquanto ela se realiza mediante atuações livres e conseqüentemente responsáveis. A Ética é de uma grandeza teórica que, embora precise de contribuições interdisciplinares, tem um caráter unitário.

Por outro lado, sua funcionalidade tem aplicação igual em todos os campos da realidade humana. Ainda que tenha de reconhecer a peculiaridade de determinadas situações, o que dá lugar às "éticas aplicadas", o discurso ético mantém sua unidade estrutural e funcional em todas as suas aplicações.

Nas abordagens seguintes refiro-me à Ética em seu significado geral, isto é, enquanto reflexão filosófica sobre o fenômeno moral e enquanto justificação da educação moral. De modo concreto, pretendo assinalar algumas *exigências* para que sua exposição corresponda a sua peculiaridade disciplinar, dentro do campo da Filosofia, e a sua função de caráter educativo.

Divido as exigências em três grupos: as que provêm do campo peculiar de referência, no qual se situa o discurso ético; as que se concretizam na opção pelo paradigma de racionalidade com o qual expor e resolver as questões morais; e as que se referem diretamente à exposição da educação moral.

I. CAMPO DE REFERÊNCIA DO DISCURSO ÉTICO

1. A pessoa: fonte e conteúdo da dimensão moral

a. Referência à pessoa

A realidade humana não se rege unicamente por leis autônomas, nem se constrói segundo modelos previamente incorporados a um devir cego e irreversível. Pelo contrário, as realizações humanas dependem em grande parte das decisões livres e responsáveis das pessoas nelas implicadas.

Em razão desse caráter "aberto" da realidade humana surgem as instâncias normativas, as quais, através da proposta de fins e ideais, tratam de construir a história humana segundo modelos configurados livremente por pessoas racionais. Dentre essas instâncias normativas (convencionais, jurídicas, culturais, ideológicas) sobressai a instância moral, a qual procura conformar as realizações humanas com a consciência moral e com referência a valores morais objetivos.

É difícil negar razoavelmente a existência de uma instância moral no âmbito das realizações humanas. O fato moral se impõe como um dado espontâneo da objetividade[1].

Sem pretender desenvolver uma argumentação cabal a favor da existência do fenômeno moral, desejo aludir unicamente ao dado mais evidente e mais global: a implicação da pessoa em todas as realizações humanas, sejam elas de caráter econômico, político, cultural, jurídico ou empresarial ou outras. Em todas elas se trata não de "coisas", mas de "sujeitos humanos", isto é, de "pessoas".

Pois bem, a realidade e o conceito de pessoa têm uma carga axiológica irrenunciável. Em duas vertentes: subjetiva e objetiva. Com efeito, a dimensão moral brota *da* pessoa, e o valor moral se refere *à* pessoa. A instância moral, subjetiva e objetiva, não é algo sobreposto à realidade da pessoa, mas um de seus componentes internos.

Toda exposição da Ética deve levar em consideração as afirmações precedentes, as quais se sintetizam na seguinte: a pessoa é a origem e a meta de toda ação que pretenda ser humana e humanizadora. Essa orientação personalista é uma condição imprescindível do discurso ético. É também uma das chaves, talvez a primeira, da vivência e da compreensão do fenômeno moral.

---

1. Cf. F. BÖCKLE, *Moral Fundamental* (Madri, 1980) 33-41.

b. Complexidade da conduta moral

Brotando da pessoa e referindo-se à pessoa, a dimensão moral tem toda a riqueza e toda a complexidade do humano. Ela vai do nível *biológico* até a expressão *simbólica*, passando pelos planos intermediários das estruturas *psicológica* e *sociocultural*. É evidente que o comportamento moral não se reduz a nenhuma dessas estruturas, nem sequer a todas elas em seu conjunto, já que tem sua peculiaridade, isto é, a referência ao universo axiológico e à responsabilidade última da pessoa; não obstante, essa peculiaridade não acontece, mas existe e tem as estruturas complexas do agir humano.

Cada uma dessas dimensões tem sido suficientemente estudada. Não é o caso de repetir essas análises[2]. Contudo, desejo sublinhar a presença da dimensão moral nas objetivações do espírito humano. Nota-se essa presença nas seguintes manifestações do humano:

— O *devir histórico*, em suas múltiplas facetas, é um lugar primário da dimensão moral da humanidade; para a tarefa ética é imprescindível levar em conta a grande carga moral que acompanha a dinâmica histórica.

— No universo das *instituições sociais* a dimensão moral aparece como um fator de suporte, de justificação, de motivação, de dinamismo ou de conservadorismo; dentre elas destacam-se as instituições jurídicas pela conexão que o fato jurídico tem tido com o dado moral, principalmente na cultura ocidental.

— A *ciência*, no mundo moderno, é um elemento importante da cultura; além de favorecer o conhecimento crítico e os progressos técnicos, a ciência dá origem a constelações simbólicas que configuram notavelmente a cultura moderna. A dimensão moral acompanha inexoravelmente os avanços científicos.

— Todo grupo segrega *modelos éticos* nos quais se aglutinam e se forjam suas aspirações predominantes; a dimensão moral atua em todos esses modelos.

— Nas objetivações do espírito aprecia-se uma carga moral; daí que se possa falar em *ethos das manifestações do espírito humano:* arte, literatura, cinema etc.

— A própria vida dos indivíduos, especialmente dos que Bergson chamava profetas da "moral aberta", são *textos vi-*

---

[2]. Sobre a base *biológica* da conduta moral, ver: M. VIDAL, *Moral de Atitudes. I. Moral Fundamental* (Aparecida, São Paulo, 2000⁵) 308-316. Sobre a estrutura *psicológica*, ver: *Ibid.*, 61-67, 319-323.

vos, nos quais se objetiva o *ethos* de uma época ou, ao menos, de uma variação humana dentro da época.

A dimensão moral é, portanto, um fator integrante de todas as estruturas do humano. O discurso ético deve levar em conta essa riqueza e essa complexidade, caso tenha a pretensão de dar explicação cabal de uma realidade tão decisiva como a dimensão moral do humano.

2. A Ética: tensão entre "ação" e "estrutura", e entre "pessoa" e "comunidade"

A dimensão moral é, ao mesmo tempo, subjetiva e objetiva. Vista da polaridade objetiva, ela indica a construção (ou a destruição) da realidade humana; vista da polaridade subjetiva, exprime o grau de coerência (ou incoerência) da pessoa humana responsável. A síntese dialética das polaridades constitui a totalidade da dimensão moral.

De acordo com essas polaridades, a ética consiste numa pergunta com duas frentes: que é o bem (polaridade objetiva) e como ser bom (polaridade subjetiva), realizando uma prática humanizadora.

Quando a ética insiste preferentemente no pólo subjetivo da dimensão moral, surge um discurso ético de sinal

— *Individualista*: considera-se sobretudo a responsabilidade individual das pessoas, sem se levar em conta o caráter coletivo ou comunitário das decisões morais.

— *Atualista* ou *voluntarista*: o discurso ético se fixa na dimensão moral dos "atos" ou das "vontades" (intenções) das pessoas, sem levar em conta de modo suficiente as implicações morais das instituições e das estruturas.

Quando, ao contrário, a Ética insiste predominantemente no pólo objetivo da dimensão moral, opta-se por um discurso ético com tonalidade:

— *Coletivista:* a responsabilidade moral é transferida para o "coletivo" como sujeito de decisões, desaparecendo assim a responsabilidade das pessoas singulares.

— *Estruturalista:* atribui-se a bondade (ou a malícia) moral não às ações das pessoas, mas às instituições e às estruturas que dão forma à realidade humana.

A Ética não pode ser compreendida a partir dessas interpretações reducionistas do fenômeno moral. O discurso ético correto é o que sabe integrar em síntese dialética a responsabilidade, tanto individual como coletiva, e o efeito, tanto atual como estrutural, das decisões responsáveis. A colocação da Ética deve levar em conta essa estrutura dialética da dimensão moral e do discurso ético correlativo.

3. Funções da Ética

São muitas as funções atribuídas à Ética. Dentre elas destacam-se duas como predominantes: a função crítica e a função utópica. Pela primeira, o discurso ético detecta, desmascara e examina as realizações não autênticas da prática humana. Mediante a segunda função, a Ética propõe um ideal normativo para a construção da história humana.

Essas duas funções se verificam de modo eminente quando o discurso ético se insere na trama social na qual se encontra o "justo" (ou o "injusto"). O nível moral da realidade social corresponde à configuração "humanizadora" (ou "desumanizadora") da sociedade. Esta deve ser julgada pelo grau crescente ou decrescente do processo de "humanização". Essa consideração constitui a avaliação mais profunda da realidade histórica, já que a interpela em seu sentido último.

As duas funções, crítica e utópica, da Ética se concretizam nos três dinamismos seguintes da análise das propostas no terreno moral:

— *A busca de "fins" e de "significados".* As realizações humanas se reduzem e ressecam quando são controladas exclusiva ou predominantemente pela "razão instrumental". É necessário abri-las para o horizonte dos "fins" e dos "significados". Esse horizonte marca o começo do reino da Ética.

— *A necessidade de utopias globais.* Diante da ambigüidade das estratégias e das táticas e diante da multiplicidade de alternativas sociais, a Ética deve propor esperanças globais. Elas são o núcleo no qual se origina a dimensão moral.

— *O valor inalienável da pessoa,* isto é, de toda pessoa e de todo grupo humano. O coração da estimativa moral é a sensibilidade diante do valor inalienável da pessoa como sujeito da história e como sujeito de todas as realizações humanas.

A exposição da Ética deve situar-se dentro da orientação indicada por essas funções da pergunta moral. Seu espírito deve ser crítico e utópico, uma vez que seus objetivos também se encontram no terreno da crítica e da utopia.

II. O PARADIGMA DO DISCURSO ÉTICO

A fundamentação filosófica da Ética é uma questão nunca resolvida. São tantas as posições a esse respeito que a simples enumeração ocuparia um espaço bastante grande. A exposição da Ética deve conhecer essa situação plural do discurso ético e evitar tanto uma atitude céptica como uma atitude excessivamente dogmática.

A forma de fundamentar o discurso ético se traduz na escolha de um determinado paradigma de racionalidade, no qual se situam e se solucionam as interrogações morais. Para se escolher um determinado paradigma o melhor processo é o exame das alternativas que se oferecem e optar por aquela que proporcione mais vantagens para se captar e exprimir a dimensão moral da existência humana.

Dado o caráter geral do objetivo atribuído a essas perspectivas introdutórias à Ética, limito-me a assinalar os paradigmas de uso mais amplo atualmente. Na exposição de cada um deles acrescento uma breve avaliação, na qual destaco sua capacidade de servir de base teórica para o discurso ético.

1. O paradigma analítico

Poucas tendências filosóficas do século XX produziram tantos estudos sobre a Ética como a filosofia analítica, especialmente no mundo anglo-saxão. A Ética analítica dominou o panorama durante grande parte do século XX, se bem que na atualidade ela pareça sentir-se "esgotada", tendo dado o que podia dar.

O âmbito cultural da Ética analítica tem sido o mundo anglo-saxão, o qual imprimiu nela um selo inconfundível de pragmatismo e positivismo. O fundo teórico do qual ela recebe os materiais metodológicos é a filosofia neopositivista da análise lingüística. Sobre essa base comum muito genérica a Ética analítica se dividiu em tendências bastante diferentes entre si: positivismo lógico (Russel, primeiro Wittgenstein, Schlick, Ayer), intuicionismo moral (Carrit, Ross, Brad), emotivismo ético (Stevenson), ética do significado da linguagem (segundo Wittgenstein, Hare, Nowell-Smith), pensamento lógico-ético (Toulmin).

A Ética analítica deu notáveis contribuições à teoria ética. Merecem consideração as seguintes: 1) sua advertência permanente diante do perigo da falácia naturalista, isto é, diante da passagem indevida da qualidade física — o juízo fáctico do "é" — para a qualidade moral — o juízo avaliativo do "deve ser"; 2) suas análises da linguagem moral, tanto comum como lógica; 3) suas reflexões sobre as normas morais na medida em que elas constituem a estrutura lógica e normativa da moral.

A exposição da Ética deve levar em conta a criticidade lógica da linguagem e do discurso éticos como ela tem sido posta em realce pela Ética analítica. Não obstante, tomado em seu conjunto, o paradigma analítico não oferece base adequada para se exprimirem os raciocínios e sobretudo os conteúdos morais. A Ética produziria fastio e seria ineficaz se pretendesse manter-se na assepsia da análise lingüística das formulações morais. Por outro lado, o contexto cultural atual não costuma ser muito sensível às discussões do positivismo lógico e da filosofia da linguagem.

2. Os paradigmas "individualistas" e "pós-modernos"

Refiro-me às Éticas da *acracia,* do *neo-hedonismo,* do *neo-utilitarismo,* do *niilismo ilustrado,* da *pós-modernidade.*

Reúno sob uma mesma epígrafe um conjunto de tendências, díspares quando examinadas em si mesmas, mas com algo em comum quando consideradas nas opções concretas das pessoas e dos grupos. Elas não sobressaem pela profundeza nem pela justeza do discurso reflexivo, mas se fazem valer pela amplidão da influência na grande massa e pela convicção visceral em grupos minoritários de caráter preferentemente heterodoxo e marginal.

Elas podem ser encontradas nas seguintes correntes:

— no niilismo ético ilustrado, herdeiro e continuador da moral de Nietzsche;
— na proposta ética de sinal anarquista e/ou libertário;
— no neo-epicurismo moral, com variantes no neo-hedonismo e no neo-utilitarismo;
— na Ética do amor próprio;
— na volta à Ética da felicidade;
— na Ética de "retalhos", acomodada à situação cultural pós-moderna.

Essas e outras propostas éticas semelhantes têm como denominador comum a insistência no valor da pessoa e no direito à sua realização enquanto pessoa. É evidente que se trata de uma afirmação válida, mas formulada e mantida de forma exacerbada.

A pessoa deve ser valorizada, especialmente numa época na qual existe o perigo de sua eliminação pelo poderio onipotente de muitos leviatãs:

poder político, poder econômico, pressões sociais, meios de comunicação de massa etc. Todavia essa defesa da pessoa não pode cair em exageros e esquecer sua indeclinável dimensão social, e principalmente não deve tender a planificar a realização pessoal sobrecarregando os "outros", isto é, com uma razão ética "não solidária".

A exposição da Ética deve levar em consideração o que é válido nos paradigmas mencionados, mas creio que eles não oferecem um contexto teórico suficientemente aceitável para se porem e resolverem as questões da vida moral. Para justificar essa afirmação, apóio-me nas seguintes razões. Ressaltando exacerbadamente o valor da pessoa, esses discursos éticos se tornam incapazes de ver a necessária polaridade institucional e estrutural da dimensão moral e, assim, de fazer a síntese dialética entre pessoa e instituição/estrutura, como assinalei acima. Por outro lado, esses discursos éticos se movem dentro da razão não solidária, opção essa que impede de se fazerem propostas éticas válidas para o mundo atual, no qual a solidariedade é um imperativo ético a ser introduzido de forma irrenunciável, precisamente porque a tendência para a globalização da existência humana traz consigo a tentação da não-solidariedade.

3. Os paradigmas com apoios metafísicos ou antropológicos

No panorama das propostas éticas atuais não faltam posições que, seguindo uma longa e importante tradição ocidental (Aristóteles, Santo Tomás, Kant), baseiam a Ética em concepções metafísicas ou antropológicas. Também nesse ponto refiro-me a propostas muito diferentes, se bem que possam ser unificadas pelo denominador comum indicado. A diversidade se mede pela interpretação que cada uma delas faz da realidade e pelo interesse metafilosófico que elas denotam. Indico as seguintes opções:

— a Ética baseada na metafísica, escolástica ou neo-escolástica, da lei natural (posições neo-escolásticas e neotomistas);
— a Ética apoiada na pessoa como realidade metafísica e como densidade axiológica (Ricoeur, Levinas);
— a Ética enraizada na compreensão da realidade como "alguém que por si mesmo dá de si" e que procura justificar uma moral formal de bens, em vez de uma moral formal de deveres (Zubiri);

— a Ética como opção de volta à base antropológica exposta por Aristóteles (neo-aristotelismo da virtude, da comunidade, da felicidade).

A fundamentação da Ética na metafísica ou na antropologia é uma exigência interna do discurso ético que pretenda ser válido e crítico. Por isso deve-se postular uma Ética com forte apoio metafísico ou antropológico. Mas, feita essa afirmação global, desejo introduzir nela três matizes importantes, em meu ponto de vista.

— Considero necessário vincular estreitamente o apoio antropológico ao apoio metafísico. Embora as duas perspectivas (a metafísica e a antropológica) procurem captar a realidade humana objetiva, a perspectiva antropológica oferece algumas vantagens que não é conveniente esquecer: ela está em maior consonância com o horizonte cultural do presente, apreende a realidade humana enquanto humana, sem cair no perigo da "ontologização"; destaca já desde o princípio a orientação axiológica da realidade.

— Em minha opinião, devem ser descartadas as interpretações da realidade que tenham uma marcante intencionalidade conservadora. E isso por várias razões. Porque essa interpretação não costuma coincidir com a objetividade dos textos históricos: Aristóteles e sobretudo Santo Tomás, cada um em sua época, tiveram uma intencionalidade de sinal mais progressista do que conservador. Por outro lado, a Ética, por definição, é uma instância crítico-utópica e, por isso, deve ter uma mentalidade progressista. Além disso, com uma interpretação conservadora da realidade, a Ética correria um grave perigo, já que essa interpretação a submeteria ao poder da "ordem estabelecida" e funcionaria como uma mola mais de "dominação"; o mundo tem muitos mecanismos conservadores para entender a Ética também com mentalidade conservadora.

— Afirmando a validade do apoio antropológico, de sinal progressista, para configurar o paradigma do discurso ético, julgo que essa opção não deve ser a única. Creio que o paradigma que assinalo no parágrafo seguinte oferece a estrutura procedimental para que a proposta de conteúdo antropológico encontre o leito adequado.

4. O paradigma da racionabilidade crítica e partilhada

A tendência mais difundida atualmente é a que, unindo-se à reflexão crítica antiga e moderna, apóia e justifica a Ética na racionabilidade humana, imparcial e universalmente partilhada. O horizonte marcado pela razão é o lugar que dá cabimento válido ao discurso ético.

A Ética da racionalidade imparcial e partilhada se desdobra em muitas tendências metodológicas e temáticas. Assinalo as opiniões mais importantes nas quais se desenvolve e se concretiza a racionalidade ética:

— Ética do *preferidor* racional ou imparcial: o discurso ético é como a ação de um preferidor; pois bem, o preferidor pode ser racional somente se, ao mesmo tempo, for imparcial; essa imparcialidade é conseguida mediante o retorno a uma situação de "pureza original" não contaminada pelas situações de poder já adquirido.

— A justiça como imparcialidade: com essa estrutura moral se consegue orientar eticamente a história humana, já que se trata de um critério racional e imparcial (J. Rawls).

— Princípio de responsabilidade: nesse princípio, tal como foi proposto por H. Jonas, concretiza-se a racionalidade exigida para as decisões éticas com implicações para o presente e o futuro da humanidade.

— Ética dialógica: o diálogo com o outro (a comunicação dialógica dos seres humanos) é o lugar e o modo de se alcançarem as percepções significativas e vinculantes para todos (Apel, Habermas).

Evidentemente são muitas as perguntas às quais deve responder a teoria da racionabilidade ética para defender sua pretensa criticidade. Por exemplo, a afirmação de que a razão humana age "racionalmente" não é uma tautologia ou uma "petitio principii"? Por que se admite que a razão humana prefere o razoável? Pode-se suspeitar, também "razoavelmente", que às vezes ela prefira o não razoável. No que diz respeito à imparcialidade, como consegui-la, se se aceita o egoísmo individual e a luta pelo poder? Como conseqüência, a justiça, entendida como imparcialidade, não deixa de ser a repetição modernizada do sonho liberal, que, além de liberdades, produz vítimas humanas da desigualdade.

Apesar dessas e de outras interrogações, a teoria ética da racionabilidade pode produzir e desenvolver um discurso ético válido. "Com esperança, sem esperança e contra toda esperança, a razão é nosso único recurso, porque a filosofia não pode renunciar, sem trair a si mesma, à meditação em torno da razão"[3].

A Ética pode encontrar na racionabilidade crítica e compartilhada, isto é, na chamada "Ética dialógica", o paradigma a usar na análise e na exposição das questões morais. Se a Ética for apresentada com pretensão de racionalidade partilhada, ela se situará no bom caminho para a consecução de âmbitos cada vez mais amplos de universalização, respeitando naturalmente o legítimo pluralismo e as divergências benéficas.

Das reflexões precedentes se deduz que o ensino da Ética deve mover-se dentro das coordenadas de um paradigma de racionalidade crítica, organizada mediante o diálogo imparcial das pessoas implicadas e orientada para descobrir o significado autêntico da realidade humana. Nessa opção se encontram as duas vertentes da Ética: a vertente procedimental, assinalada pela racionalidade dialógica, e a vertente substantiva, expressa através da busca daquele ideal que exprime a melhor realização do humano.

Essas exigências se verificam no contexto geral da "ética civil". Trata-se de um contexto ético correlativo e justificador da sociedade democrática, plural, se bem que com necessidade de convergências unificadoras. Nesse âmbito cabem todas as opções morais, fiéis e não fiéis, de um sinal e de outro, contanto que se movam dentro da racionalidade expressa mediante essa construção da ética civil. O paradigma da *ética civil* é tratado no capítulo seguinte.

III. A EDUCAÇÃO MORAL

1. Afirmações básicas

A educação moral sempre acompanhou, de uma forma mais ou menos explícita e de um modo mais ou menos crítico, todo sistema educativo. Não obstante, são de épocas recentes a reflexão científica e sua programação técnica nos sistemas educativos modernos.

Meu ponto de vista sobre a organização da educação moral pode ser sintetizado nas afirmações seguintes:

---

3. J. MUGUERZA, *La razón sin esperanza* (Madri, 1977) 289.

— a educação moral é um elemento integrante e imprescindível do conteúdo educativo, ao qual tem direito todo ser humano;
— a educação moral deve fazer parte do sistema obrigatório da escola;
— a educação moral deve ser de caráter civil e conseqüentemente diferenciado do ensino religioso.

Quero sublinhar que a educação moral na escola não pode ser de caráter *confessional* (confessionalidade religiosa ou leiga). Ela deve ser projetada sobre a base da ética civil, isto é, daquela moral que, desprendendo-se de cosmovisões fechadas e baseando-se na consciência ética da humanidade, exprima uma idéia moral comum e aberta às diferentes opções autenticamente democráticas. No momento atual, o conteúdo nuclear dessa moral civil é a Declaração Universal dos Direitos Humanos.

2. Paradigma "personalista"

Há diversos modelos de educação moral. Cada um deles corresponde a determinado paradigma de Ética. Destacam-se os seguintes modelos ou paradigmas:

— *paradigma sociologista:* a educação moral é considerada, programada e realizada como um processo de "socialização", em correspondência com a compreensão da moral como um fator de incorporação a um determinado grupo;
— *paradigma de análise axiológica:* a educação é projetada como um esclarecimento dos valores que integram o universo axiológico de uma cultura; a moral é entendida em chave de antropologia cultural;
— *paradigma cognitivo-evolutivo:* a educação moral é vista como o desenvolvimento do juízo moral, em correspondência com uma interpretação intelectualista da moral;
— *paradigma virtuoso:* a educação moral, segundo esse modelo, consistiria na formação de hábitos virtuosos de acordo com o conceito aristotélico de moral como ciência das virtudes.

Creio preferível usar um paradigma de sinal *personalista* para se entender e programar a educação moral. Nesse modelo, a educação moral é entendida como um processo de amadurecimento da pessoa como sujeito moral. A moralidade é uma das dimensões básicas da existência humana. O conceito de "pessoa", como assinalei acima, tem uma notável carga axiológica. Por outro lado, em todas as correntes filosóficas, históricas atuais, de sinal personalista, a dimensão axiológica aparece como um traço decisivo.

Para se expressar a dimensão moral da pessoa pode-se usar as palavras de Ortega y Gasset: *estimativa moral*. Com elas se destaca a compreensão da educação moral como a tarefa de orientar a faculdade da pessoa para que ela apreenda os valores morais. A estimativa moral é a síntese da polaridade objetiva (os valores) com a polaridade subjetiva (a responsabilidade), com as quais se forma a personalidade moral.

3. Os objetivos da educação moral

O objetivo global da educação moral consiste em se favorecer o *desenvolvimento* natural e harmonioso do sentido moral para se conseguir o ideal do *amadurecimento* da pessoa moral adulta. O desenvolvimento e o amadurecimento se realizam em duas vertentes ou em dois dinamismos: configuração da estrutura subjetiva e iniciação à estimativa moral objetiva.

A sensibilização ética (subjetivo-objetiva) deve ser desenvolvida segundo estes *critérios:*

— *critério cognitivo.* O objetivo cognitivo da educação moral deve concretizar-se tornando efetivas na conduta moral as seguintes exigências: conexão entre ação e conseqüência, previsão dos resultados da ação, integração entre o concreto e o abstrato, realização do juízo moral mediante o discernimento;

— *critério emotivo.* O objetivo emotivo da educação moral deve propiciar uma conduta moral na qual se articulem corretamente os fatores seguintes: a conaturalidade para o bem, a criação de atitudes, a organização de "lealdades";

— *critério motivacional.* Mediante este objetivo pretendem-se duas coisas: a integração entre o "realismo" e a intencionalidade, e a hierarquização das motivações éticas;

— *critério prático.* Neste âmbito, a educação moral procura fazer que o sujeito moral tome consciência da ação como experiência ética, que aceite o contraste da realidade, que faça a avaliação crítico-utópica da prática.

4. A meta da "autonomia", da "justiça" e da "solidariedade"

Se a educação moral, enquanto tarefa pedagógica do desenvolvimento moral, não for outra coisa senão a "peregrinação para o amadurecimento moral"[4], a meta do esforço educativo será o amadurecimento moral. Três palavras podem definir a meta da educação moral:

— autonomia,
— justiça,
— solidariedade.

Na consideração da *autonomia* ética como ideal da educação moral coincidem tanto os pedagogos como os filósofos da moralidade. Uns e outros situam a estrutura madura do comportamento moral na realização da responsabilidade assumida pessoalmente. Piaget afirma: "O fim da educação moral é criar personalidades autônomas aptas para a cooperação"[5]. A autonomia moral traz, como causa e efeito, a criação da personalidade. Educação moral e educação da personalidade constituem a mesma meta.

A categoria ética da *justiça* é a ponte que une a estrutura moral subjetiva à estimativa moral objetiva. Aprender a agir com justiça é o complemento inelutável da autonomia moral, sendo, por isso, parte da meta da educação moral. O significado básico da categoria ética da justiça é constituído por duas referências axiológicas:

— *a igualdade:* considerar e resolver os problemas da vida pensando na igualdade dos seres humanos;
— *a reciprocidade:* entender as relações humanas em chave de participação eqüitativa.

A *solidariedade* não se opõe à justiça nem pretende anulá-la. Ao contrário. A solidariedade pressupõe a justiça, e não pode funcionar sem ela. Mas, ao mesmo tempo, deve-se reconhecer que a solidariedade introduz uma compreensão e um complemento necessários na dinâmica da justiça. Esta tem uma tendência inevitável para o igualitarismo, sendo sensível principalmente às desigualdades entre pessoas, grupos e nações. Mas não leva em conta, ao menos suficientemente, outras dimensões da sociabilidade humana. Em concreto, a solidariedade é sensível às *assimetrias* do

---

4. W. KAY, *El desarrollo moral* (Buenos Aires,1976) 251-256.
5. J. PIAGET, *Los procedimientos de la educación moral*: VÁRIOS, La nueva educación moral (Buenos Aires, 1967) 19.

humano, visando a reorientá-las moralmente, isto é, a transformá-las em razões de uma atenção preferencial com a parte mais fraca.

Como diz J. Rubio Carracedo, "a justiça não é completa sem a solidariedade e a autonomia; a solidariedade não é completa sem a justiça e a autonomia; e a autonomia não é autêntica sem a justiça-solidariedade"[6].

5. Critérios do sistema educativo espanhol para a educação moral

O sistema educativo proposto pelo sistema educativo espanhol (LOGSE) propicia de modo suficiente a possibilidade de educação moral. Em concreto, ele oferece três critérios principais pelos quais a ética pode ser aplicada: o do *objetivo geral* da educação, o da *transversalidade,* na qual se indicam valores a considerar, e do currículo específico da *matéria* sobre "a vida moral e a reflexão ética", no último curso da ESO (ensino secundário obrigatório). Nesses três critérios se concretizam as três vertentes decisivas da educação moral:

— no primeiro, se acham os conteúdos da ética;
— na transversalidade aparecem os valores que devem impregnar todas as áreas educativas e a totalidade do currículo;
— na matéria específica são formulados os conteúdos éticos que devem preparar teórica e praticamente a pessoa enquanto tal.

O *objetivo* da educação, tal como é proposto na LOGSE, aceita em grande parte os conteúdos da ética civil. Nesse sentido ele propicia e exige uma educação moral.

Os *eixos transversais* são conteúdos do ensino e do aprendizado que não estão em relação com uma área curricular concreta ou com uma determinada idade ou com uma etapa educativa, mas afetam todas as áreas e devem ser desenvolvidos ao longo de todo o processo educativo. De acordo com os artigos 1 e 2 da LOGSE, a educação moral é um dos eixos transversais de todo o processo educativo.

Essa "moral transversal" se nutre do patrimônio ético comum, isto é, da ética civil. Mas é aumentada mediante a confrontação (interdisciplinar)

---

6. J. RUBIO CARRACEDO, *El paradigma ético: Justicia, Solidaridad, Autonomía*: Philosophica Malacitana 7 (1994) 127-146.

com o programa curricular de cada área e de cada etapa do processo educativo.

Muitos pensam que a educação moral transversal oferece grandes possibilidades. De fato, essa educação moral, forjada em diálogo com os conteúdos dos diversos programas curriculares, é a que oferece maiores garantias de articulação com a vida do aluno, de fundamentação racional e crítica e de aplicação diversificada conforme as situações concretas.

Por outro lado, a *matéria* específica sobre "a vida moral e a reflexão ética" introduz na educação moral duas qualidades necessárias: a clareza teórica e a especificidade do discurso ético.

Como se vê, estou advogando por uma educação moral na qual sejam articulados os três critérios indicados:

— da *ética civil*, enquanto conteúdo ético de todo o sistema educativo;

— da *moral transversal,* enquanto presença ativa e dialogante (interdisciplinarmente) dos valores morais com os diversos programas curriculares;

— e do *discurso ético,* apoiado por uma matéria específica dedicada à "vida moral e à reflexão ética".

Bibliografia:

a. Sobre a Ética em geral:

— Introdução à Ética filosófica: A. CORTINA, *Ética filosófica,* M. Vidal (Dir.), Conceptos fundamentales de ética teológica, Trotta, Madri, 1992, 145-166; ID. *Ética (fundamentación de la)*, M. MORENO VILLA (Dir.), Diccionario de Pensamiento contemporáneo, San Pablo, Madri, 1977, 445-453.

— Correntes de Ética filosófica: E. BONETE, *Éticas contemporáneas,* Tecnos, Madri, 1990; V. CAMPOS (Dir.), *Concepciones de la ética,* Trotta, Madri, 1992; VÁRIOS, *Les étiques d'avui,* Claret, Barcelona, 1997; R. M. HARE, *Ordenando la ética. Una clarificación de las teorías éticas,* Ariel Barcelona, 1999.

— Síntese de Ética filosófica: A. CORTINA, (Dir.), *10 Palabras clave en Ética,* Verbo Divino, Estella, 1994; J. MARÍAS, *Tratado de lo mejor,* Alianza, Madri, 1995; X. ETXEBERRÍA, *Ética básica,* Deusto, Bilbao, 1995; O. GUARIGLIA (Dir.), *Cuestiones morales,* Trotta, Madri, 1996; A. LÉONARD, *El fundamento de la moral,* BAC, Madri, 1997.

— Orientação personalista da Ética: J. GÓMEZ CAFFARENA, *Persona y ética teológica,* M. VIDAL (Dir.), Conceptos fundamentales de Ética teológica, Trotta, Madri, 1992, 167-183.

b. *Sobre a educação moral:*

— O desenvolvimento, ampliado e com documentação, do que foi exposto nas páginas precedentes pode ser encontrado em M. VIDAL, *La estimativa moral. Propuestas para la educación ética,* 2ª ed., PPC, Madri, 1998.

— Outros estudos recentes sobre a educação moral: J. RUBIO CARRACEDO, *Educación moral:* M. VIDAL (Dir.), Conceptos fundamentales de ética teológica, Trotta, Madri, 1992, 293-313; Ma. J. BESCANSA, *La educacióm moral: eje transversal de la educación,* FERE, Madri, 1995; J. M. COBO, *Educación moral para todos en Secundaria,* Santillana, Madri, 1995; J. Ma. PUIG ROVIRA, *La construcción de la personalidade moral,* Paidós, Barcelona, 1996; S. UHL, *Los medios de educación moral y su eficacia,* Herder, Barcelona, 1997.

— Sobre a Solidariedade em harmonia com a Justiça e a Autonomia: M. VIDAL, *Para comprender la Solidaridade: virtud y principio ético,* Verbo Divino, Estella, 1996.

3

A ÉTICA CIVIL

Para que o alento moral esteja presente e seja funcional na sociedade democrática, requer-se a configuração de um paradigma ético que seja válido para a sociedade em seu conjunto.

Desde alguns anos vem-se falando da "ética civil", referindo-se a essa dimensão moral da sociedade em seu todo. Neste capítulo procurarei explicar o sentido exato e a funcionalidade dessa categoria da "ética civil". Para isso ofereço um conjunto de perspectivas, cada uma das quais tem sua peculiaridade, mas, integradas, constituem a análise objetiva e completa do novo paradigma moral para a sociedade democrática[1].

I. A ÉTICA CORRELATIVA COM A SOCIEDADE DEMOCRÁTICA

1. Necessidade da ética

É evidente a necessidade da ética para a vida humana em seu todo. Sem ética, a aventura da existência dos homens perderia seu rumo: faltar-lhe-ia a instância crítica e orientadora. Há muitas opções válidas para se compreender o significado da ética na vida humana; o que não se pode negar é a existência de uma instância moral no interior da realidade humana.

---

1. Neste capítulo sintetizo exposições mais extensas que fiz em outros livros: *Ética civil y sociedad democrática* (Bilbao, 1984); *Ética civil y moral cristiana* (Madri 1995). Nesse último livro encontra-se a bibliografia pertinente. Acrescentar: B. BENNÀSSAR, *Ética civil y moral cristiana en diálogo* (Salamanca, 1997).

Essa necessidade da ética adquire relevo especial quando se refere à vida social. Tanto as estruturas como as atividades sociais exigem a presença de fins, sentidos e avaliações. Para que seja autenticamente humana, a vida social (política, civil, profissional, pública) requer a orientação ética. O alento moral invade toda a espessura da vida social.

A configuração da vida social na sociedade democrática é efeito e causa da ética. Deixando de lado a função positiva da ética na democratização da vida social, deter-me-ei no segundo membro da afirmação, a saber, nas variações que a democratização sociopolítica introduz na formulação e na vivência da ética.

Três traços básicos caracterizam a ética que queira ser correlativa — e portanto funcional — com a sociedade democrática: ética racional, ética limitadora do poder, ética integradora do pluralismo social.

2. Ética racional

A democratização social supõe — origina e traz — a aconfessionalidade da vida política, a secularização da vida social e a maioridade (autonomia) das pessoas e dos grupos. Essa situação desqualifica como "ética da sociedade em seu conjunto" toda ética confessional, tanto de sinal religioso como de orientação político-partidária.

Com frases mais ou menos retóricas tem-se dito, com referência expressa à confessionalidade religiosa, que a ética religiosa não pode constituir-se em "dossel moral" de toda a vida social, nem em "guarda-chuva ético" das ações e decisões legais das instituições políticas, nem em critério de uma oculta "hipoteca clerical", que acabe com a autonomia social e política.

Conseqüentemente a única alternativa válida é uma ética baseada na racionalidade partilhada por todas as pessoas humanas. É claro que o conceito de racionalidade deve ser submetido a precisões ulteriores, mas é claro também que a única ética correlativa com a sociedade democrática em seu conjunto é a ética racional.

3. Ética limitadora do poder

As pessoas e os grupos, ao passarem pela experiência democrática, costumam sentir um "fervor adolescente" pela lei como expressão da vontade soberana, e pelo contrato social como garantia do interesse geral.

Sem pretender diminuir em nada a função positiva da constitucionalidade democrática, não podemos deixar de reconhecer um sério perigo em sua cega absolutização: é o perigo do "poder" que, sob a capa de formalidade democrática, irrompe e avassala os âmbitos da liberdade individual e grupal.

É necessário manter desperta e atenta a "consciência ética" enquanto fator de salvaguarda da pessoa e dos grupos sociais diante da voracidade nunca satisfeita do Leviatã institucional. Diante do absolutismo do positivismo jurídico extremado a ética é um fator de crítica, de colaboração e de progresso na vida social.

4. Ética integradora do pluralismo social

O pluralismo nas formas de vida, nas opções políticas, nos códigos de comportamento, nos modelos de sociedade e em muitos outros aspectos da vida humana pertence ao grupo de indicadores — causa e efeito — do amadurecimento social. Mas esse pluralismo é disfuncional quando não se situa sob a força do outro pólo dialético: a convergência para mínimos possíveis ou máximos ideais. A ética pensada para o conjunto da sociedade democrática deve ser uma ética integradora do pluralismo social e, por isso, realizadora das convergências benéficas para todo o corpo social.

5. Síntese

Considerando-se as três características indicadas, podem ser robotizados os traços de uma ética perfeitamente funcional dentro da sociedade democrática. Eis esses traços:

- *Do ponto de vista negativo,* a ética não pode mover-se dentro de considerações pré-científicas da realidade (tabu, mito), nem pode basear-se em sistemas de intransigência (éticas sectárias), nem pode funcionar como fator de justificação ou de legitimação do poder enquanto tal (éticas totalitárias).
- *Do ponto de vista positivo,* a ética deve ser vivida e formulada dentro dos parâmetros da autonomia (ética da pessoa e para a pessoa), da imparcialidade (ética do observador imparcial), da criticidade (ética não ideológica), da capacidade utópica (ética do ideal absoluto e radical).

Em síntese, a ética da sociedade democrática em seu conjunto se apresenta com a pretensão de imparcialidade, baseada esta na pretensão de racionabilidade ou criticidade, conduzindo ambas à pretensão de universalidade ou validade para o conjunto da sociedade em questão.

II. NECESSIDADE DE MUDANÇA NO PARADIGMA ÉTICO

A satisfação das exigências para que o alento moral seja funcional na sociedade democrática pede uma mudança de paradigma ético. Essa afirmação exprime a conclusão do item anterior.

Alguns não dão importância à mudança de paradigma, contentando-se com a afirmação do conteúdo e deixando o paradigma à flutuação expressa com a fórmula vaga do "não importa o nome que se dê a essa ética". Creio que contra essa opinião generalizada seja necessário um esforço de esclarecimento formal (terminológico, conceitual, simbólico) do tema, mantendo-se firme na escolha do modelo ou paradigma mais adequado. É somente assim que se conseguirá vencer a defasagem entre as formulações morais e a democratização social, e articular de modo coerente a dimensão ética na sociedade secular e pluralista.

Para efeitos de clareza e pedagogia global, creio que se possa dizer que existem dois macroparadigmas éticos na cultura ocidental: o que chega historicamente até a Modernidade, expresso com a fórmula de "direito ou lei natural", e o que nasce da e com a Modernidade e é expresso com a fórmula de "moral crítica ou autônoma".

1. O paradigma da "lei natural"

O paradigma de direito ou de lei natural tem uma grande polissemia, tanto diacrônica como sincrônica. Ele foi usado antes do cristianismo (estoicismo), no cristianismo (na tríplice escolástica: medieval, renascentista e restauracionista) e fora do cristianismo (o "etsi Deus non daretur" do Iluminismo). Por outro lado, os usos têm tido funcionalidade muito variada: da condenação absoluta da mentira até a justificação da escravidão, da justificação da propriedade privada até a condenação moral dos pecados sexuais "contra a natureza", desde a legitimação da guerra em caso de legítima defesa de um Estado soberano até a deslegitimação da insurreição armada, desde a defesa da indissolubilidade do matrimônio até a não aceitação dos métodos não naturais (artificiais) de controle da natalidade etc.

Nenhuma pessoa sensata e medianamente informada deixará de reconhecer qualidades notáveis ao paradigma histórico do "direito ou lei natural". Dentro desse paradigma se exprime uma das sínteses morais de maior enraizamento na razão humana universal: o ideal ético "razoável" de Santo Tomás. Nesse paradigma se forja a visão ética mais imparcial conhecida até agora, a daqueles teólogos e juristas da Escola de Salamanca (séc. XVI), que, pertencendo ao poder colonizador, questionaram a ética da colonização mediante uma categoria moral imparcial por ser comum a colonizadores e colonizados, o "direito das gentes" e a "lei natural". Embora nem sempre se reconheça, o paradigma ético do "direito ou lei natural" é a matriz não só remota, mas também próxima dos direitos humanos modernos.

Diante da situação hegemônica de outras épocas nota-se, contudo, na atualidade um desgaste evidente do paradigma ético do "direito ou lei natural". Até na teologia católica se constata uma crítica generalizada. O próprio Concílio Vaticano II evitou intencionalmente a expressão "lei natural" e "direito natural"[2].

Sou do parecer daqueles que consideram esse paradigma inadequado para exprimir a dimensão moral da sociedade democrática: por sua excessiva extrapolação jurídica, por sua "ontologização" ou "essencialização", pela pouca consideração das três grandes variáveis do humano (história, cultura, situação individual), pela redução do "humano" ao "natural" (= biológico), pelo apoio a uma visão estática da realidade etc.[3].

2. O paradigma da "moral autônoma"

Também o paradigma da moral crítica ou autônoma não se encontra em momento de esplendor. Não pretendo fazer uma exposição e uma avaliação detalhadas desse modelo ético, uma vez que esse trabalho suporia o balanço do imenso material acumulado pela reflexão moderna sobre a razão prática. Não obstante, creio que seja oportuno fazer constar duas afirmações complementares:

---

2. Ver, no entanto, os nn. 74 e 79 de GS.
3. Para o desenvolvimento das razões apontadas no texto, remeto a: M. VIDAL, *Moral de Atitudes. I. Moral Fundamental* (Aparecida, São Paulo, 2000⁵) 221-229.

A primeira se refere à irrenunciável herança ética da Modernidade. Não se pode fazer um discurso moral válido e convincente se não se assumirem os postulados da autonomia e da criticidade. A sombra de KANT e de HUME atinge quantos refletem sobre ética. Analíticos, marxistas, radicais, utilitaristas, emotivistas, críticos, contratualistas: sobre todos eles pesa a "forma moderna" do discurso ético. Mesmo aqueles que defendem uma variação radical no gênero do discurso ético terminam presos nas redes que se propõem romper.

A segunda afirmação proporciona o contraponto da precedente. A ética atual faz seu o mal-estar difuso diante do ideal da Modernidade. Se a esse mal-estar se chamar pós-modernidade, a ética também quer ser pós-moderna. De forma aberta ou de modo implícito, são muitos os que procuram uma mudança na razão ética.

Surgem e se ensaiam novas tentativas de fundamentação ética baseada mais na solidariedade do que no individualismo, mais na razão aberta e dialogante do que na razão meramente transcendental, mais na sociabilidade do que na autarquia. Perfilam-se propostas éticas de sinal antecipatório: a utopia moral de "comunidade ideal de comunicação entre seres racionais" (Apel, Habermas). Não são propostas contrárias ao espírito da Modernidade, ao contrário, elas pretendem explorar filões esquecidos e reconduzir temas inacabados: a aspiração rousseauniana da vontade geral, o ideal solidário do "reino dos fins" de Kant etc.

3. O paradigma alternativo da "ética civil"

A ética civil aparece como modelo ou paradigma alternativo aos de "lei natural" e de "moral autônoma". Ela pretende ser a moral correlativa ao estádio avançado da sociedade democrática do presente.

Quanto ao mais, no paradigma da ética civil é decantado o melhor dos paradigmas anteriores, como será analisado adiante.

Embora existam outras propostas teóricas e práticas para a formulação da dimensão moral da sociedade democrática, julgo conveniente fazer uma opção preferencial pelo paradigma da ética civil. Nos itens seguintes exponho meu modo de entender esse novo paradigma ético, pensado para expressar e orientar a dimensão moral da sociedade secular e pluralista.

III. A NOÇÃO DE "ÉTICA CIVIL"

1. A expressão

A expressão "ética civil" se compõe de um substantivo ("ética") e de um adjetivo ("civil").

a. Ética

Mediante o substantivo se alude a um campo semântico especificamente ético. Daí que não se deve confundir a ética civil com o civismo. Este é o conteúdo nuclear da educação cívica; é também um dos suportes e uma das redundâncias da ética. Mas é inadequado identificar ética com civismo, uma vez que aquela se refere ao universo da responsabilidade e dos valores morais, ao passo que o civismo é a expressão da consciência cidadã ajustada aos usos convencionais.

O substantivo "ética" destaca a referência expressa à ordem moral como tal. A ética civil, por ser "ética", indica uma instância normativa peculiar da realidade humana. Essa instância normativa não se identifica com a normatividade convencional (civismo), nem com a normatividade dos fatos (sociologia), nem com a normatividade jurídica (ordem jurídica). Embora não se oponha por princípio a essas normatividades, ela não se identifica sem mais com elas. Ela é uma instância normativa superior em nível de apelação e com valor de avaliação.

b. Civil

O adjetivo "civil" não é muito adequado para exprimir o conteúdo conceitual ao qual se pretende aludir. Obviamente ele não indica uma ética civil contraposta a uma ética "militar" ou "clerical". Na expressão ética civil, o adjetivo "civil" tem o mesmo significado que "leiga", "racional". Essa adjetivação é usada não só por esnobismo ou por moda periodística, mas também por causa de sua carga sugestiva e porque, de fato, a ética civil se refere à instância moral da vida cidadã ou civil[4].

Convém, todavia, advertir que a ética civil não se refere somente à ética social nem muito menos só à ética profissional. Se bem que direi mais adiante que é nesses âmbitos — do social e do profissional — que ela

---

4. Sobre o conceito de "sociedade civil": A. CORTINA, *Sociedad civil*: A. CORTINA (Dir.), 10 palavras-chaves em Filosofia Política (Estella, 1998) 353-388.

tem uma concretude qualificada, nem por isso se deve identificar ética civil com ética social ou profissional. A ética civil indica a dimensão moral da vida humana, ao passo que esta tem uma repercussão para a convivência social ou cidadã em geral.

2. O conteúdo

Passando do nível da expressão para o nível do conceito, entende-se por ética civil o mínimo moral comum de uma sociedade secular e pluralista. Falar de ética é referir-se tanto à sensibilidade ética como aos conteúdos morais. Por isso, a ética civil alude a duas vertentes, à da sensibilidade e à de conteúdos morais da sociedade.

— A ética civil é a *convergência moral* das diversas opções morais da sociedade. Nesse sentido, fala-se de "mínimo moral", na medida em que ele marca a cota de aceitação moral da sociedade, abaixo da qual não é possível nenhum projeto válido da sociedade. Vista de outra perspectiva, a ética civil constitui a moral "comum" dentro do legítimo pluralismo de opções éticas. Ela é a garantia unificadora e autenticadora da diversidade de projetos humanos.

— Para se verificar essa noção de ética civil é necessário apoiá-la na *racionalidade humana*. Mas com essa estrutura racional ela não basta, uma vez que é a racionalidade que dá origem ao pluralismo moral. É necessário que essa racionalidade ética seja patrimônio comum da coletividade. Pode-se falar de ética civil só quando a racionalidade ética é compartilhada pelo conjunto da sociedade e faz parte do patrimônio sócio-histórico da comunidade. É somente então que a racionalidade ética constitui uma instância moral de apelação histórica e se torna propriamente ética civil.

— A ética civil é, portanto, o *mínimo moral comum* aceito pelo conjunto de uma determinada sociedade dentro do legítimo pluralismo moral. A aceitação não se origina mediante um consenso superficial de pareceres, nem através de pactos sociais interessados. Essa aceitação é uma categoria mais profunda: ela se identifica com o grau de amadurecimento ético da sociedade. Amadurecimento e aceitação são duas categorias que expressam a mesma realidade: o nível ético da sociedade.

IV. CONDIÇÕES PARA A ÉTICA CIVIL

Afirmar a ética civil é afirmar ao mesmo tempo um determinado horizonte sem o qual ela não pode ter consistência real. A ética civil não pode existir se não existir uma maneira peculiar de entender e viver a realidade social. Essa peculiaridade se concretiza em três traços: não confessionalidade da vida social, pluralismo de projetos humanos, possibilidade teórica e prática da ética não religiosa.

— A ética civil postula, em primeiro lugar, a *não confessionalidade da vida social*. Confessionalidade social e ética civil são duas magnitudes que se excluem. A confessionalidade da vida social dá origem a uma justificação única e totalizadora da realidade; essa justificação é excludente de outras justificações possíveis e se impõe de modo não racional. Faz das pessoas "crentes", e das avaliações, "dogmas". Não tolera a existência de uma justificação racional e, por conseguinte, não dogmática.

A laicidade, entendida aqui como racionalidade e como não confessionalidade, é a primeira condição para a ética civil, a qual surge da sociedade leiga e se dirige a uma vida social não regida pela confessionalidade.

— Em segundo lugar, a ética civil exige também, como condição, o *pluralismo de projetos humanos*. A sociedade que não admitir o jogo democrático também não apelará para a instância crítica da ética civil. Sua instância crítica é somente a força contra o poder mantido ditatorialmente.

A ética civil é o conceito correlativo do conceito de pluralismo moral. Um e outro se apóiam e se justificam mutuamente. Enquanto o pluralismo moral expressa o amadurecimento da liberdade, a ética civil afirma claramente o amadurecimento da unidade. A liberdade está madura quando se realiza na busca do bem social; a unidade tem sentido somente quando surge do jogo livre e democrático. A ética civil exprime a convergência superior dos diversos projetos humanos da sociedade livre e democrática.

— O terceiro traço descritivo do horizonte social no qual surge a ética civil refere-se à possibilidade teórica e prática da *ética não religiosa*. Aqueles que não aceitam a justificação puramente racional e intramundana da ética não podem compreender o significado real da ética civil. Ela é, por definição, uma ética baseada na racionalidade humana.

Na ética civil podem e devem coincidir fiéis e não fiéis. A ética civil não exclui do legítimo pluralismo moral as opções éticas derivadas de cosmovisões religiosas. Ela se constitui, no entanto, não pela aceitação ou rejeição da religião, mas pela aceitação da racionabilidade partilhada e pela rejeição da intransigência excludente.

Agora não é o momento de justificar a validade do contexto social descrito. Creio não só que ele é válido como também que é necessário afirmar que a vida social autêntica se caracteriza pela não confessionalidade, pelo pluralismo de opções e pela existência de éticas não religiosas.

Na opção pela ética civil são assumidos esses traços configuradores da sociedade amadurecida. Propor, justificar a apoiar a ética civil é propor, justificar e apoiar a sociedade leiga, plural e de racionalidade ética. Isso é co-afirmado quando se afirma a ética civil.

V. FUNDAMENTAÇÃO DA ÉTICA CIVIL

Quando se fala da fundamentação da ética civil deve-se aceitar como suposta a justificação racional da ética em geral. Situando, pois, a questão sobre a base da justificação prévia da ética geral, pode-se afirmar que a fundamentação da ética civil não se apóia em cosmovisões totalizantes nem em opções partidárias, mas na racionalidade humana e no consenso ético do corpo social. Essa afirmação sumária requer dois esclarecimentos.

— Em primeiro lugar, a ética civil não pode apoiar-se em cosmovisões totalizantes, sejam elas de sinal religioso ou de caráter laical. Por sua condição, a cosmovisão inclui fatores que pertencem ao universo das opções e, por isso, dependentes de decisões que escapam ao controle da racionalidade única e universalmente admitida. Por outro lado, a cosmovisão dá origem a significados totalizadores para a existência humana, que se sente totalmente significada pela onipresença significante da cosmovisão. A estrutura e função da cosmovisão choca-se frontalmente com a noção de ética civil, porque esta, enquanto "mínimo" ético, não pode ser totalizadora, e, enquanto mínimo ético "comum", não pode depender de decisões opcionais.

— Em segundo lugar, as opções partidárias também não podem fundamentar o edifício da ética civil. Ela é a superação convergente do pluralismo social, ao passo que as opções partidárias exprimem e justificam dito pluralismo.

Conseqüentemente, a racionalidade humana — e não as cosmovisões opcionais — e o consenso social — e não as opções partidárias — constituem o fundamento válido e seguro da ética civil.

VI. OS CONTEÚDOS DA ÉTICA CIVIL

Os conteúdos da ética civil se constituem mediante os acordos morais acima das divergências do são pluralismo ético e, às vezes, contra o que é prescrito pelo direito positivo ou pela conduta real das pessoas e dos grupos. As convergências éticas não são outra coisa senão as apreciações morais básicas ou as preferências axiológicas deduzidas da racionalidade humana. Convém advertir que essas objetivações morais devem ser lidas e aceitas criticamente — uma vez que nem sempre contêm a autêntica verdade moral — e dinamicamente, já que é necessário fazer avançar cada vez mais o nível ético da humanidade.

É impossível fazer uma exposição completa e detalhada dos conteúdos morais da ética civil do momento presente. Aludo apenas a três exposições sintéticas de valores de preferências axiológicas e de apreciações morais:

• síntese dos valores fundamentais (direitos fundamentais) podem ser consideradas as *declarações éticas* que, com maior ou menor vinculação jurídica, as sociedades e os grupos humanos dão a si mesmos. Sobressai dentre elas a Declaração Universal dos Direitos Humanos, que, no momento histórico presente constitui o conteúdo nuclear da moral civil.

• Dentre as *preferências axiológicas* podem ser sublinhadas as três que foram propostas por Ferrater Mora: 1) viver é preferível a não viver; 2) ser livre é preferível a ser escravo; 3) a igualdade é preferível à desigualdade[5].

• Por outro lado, dentro das *apreciações morais básicas* não se pode deixar de assinalar as seguintes: o valor absoluto da vida humana, a liberdade como primeiro atributo da pessoa, o postulado da não discriminação (por motivo de raça, sexo, convicções etc.), a exigência ética da igualdade e da participação etc.

---

5. J. FERRATER, *De la materia a la razón* (Madri, 1979) 174-187.

VII. AS "FONTES" OU FATORES QUE DÃO ORIGEM AO CAUDAL DA ÉTICA CIVIL

O caudal moral da ética civil se constitui mediante a afluência de vários rios. Entre os fatores que fazem descobrir os conteúdos morais básicos da ética civil devem ser assinalados os seguintes:

- Em primeiro lugar, a *sensibilidade moral da humanidade*, a qual vai fazendo surgir um conjunto de avaliações que aumentam o patrimônio ético da história humana. Alguns valores tardam a surgir, por exemplo, negar legitimação ética à escravidão. Outros são afirmados globalmente, mas rejeitados parcialmente, por exemplo, a valorização ética da vida em geral e a justificação moral da guerra. Há valores que sofrem um obscurecimento, por exemplo, a fidelidade conjugal ou o respeito à vida intra-uterina. Enfim, notam-se avanços (valor da igualdade, sensibilidade ecológica etc.), e se constatam estagnações e até desvios. Mas, em termos gerais, a sensibilidade moral da humanidade progride positivamente.

- Ao lado da sensibilização moral deve-se situar *a reflexão ética*. As grandes correntes do pensamento (aristotelismo, estoicismo, kantismo, cristianismo etc.) bem como personagens históricas qualificadas dão origem a avaliações novas, as quais, ao se sedimentarem na história, passam para o acervo comum da humanidade.

- Não deixam de ter notável importância na gênese dos conteúdos morais as intervenções de determinadas *instâncias éticas* da humanidade. Essas instâncias, distanciadas intencional e realmente dos jogos do poder e buscando o bem da humanidade, fazem trabalho de crítica social e propõem ideais éticos à sociedade. Entre essas instâncias éticas podem ser enquadradas as Igrejas, Justiça e Paz, Anistia internacional etc.

Unindo o caudal das três "fontes" indicadas, consegue-se uma notável corrente ética na história humana. A atual sensibilidade ética da humanidade atinge cotas importantes. Pode-se afirmar que o "perfil estimativo" do momento presente, ainda que deva ser melhorado, não é globalmente negativo.

VIII. FUNÇÕES DE ÉTICA CIVIL

A ética civil tem uma função dirigida para o conteúdo moral da sociedade. Essa função se concretiza na autêntica moralização da vida social. Vou referir-me na frente aos principais âmbitos e formas através dos quais se realiza esse projeto moralizador.

1. Funções globais

A ética civil tem algumas funções globais que podem ser expressas do seguinte modo:

1) manter o alento ético (a capacidade de "protesto" e de "utopia") na sociedade e na civilização, nas quais imperam cada vez mais as razões "instrumentais" e decrescem as perguntas sobre os fins e os significados últimos da existência humana;

2) unir os diferentes grupos e as diferentes opções, criando um terreno de jogo neutro, a fim de que, dentro do necessário pluralismo, todos colaborem para elevar a sociedade a cotas cada vez mais altas de humanização;

3) desacreditar eticamente os grupos e projetos que não respeitam o mínimo moral comum, postulado pela consciência ética geral.

2. Insistência na ética profissional e cívica

A ética civil, embora não se identifique com o civismo nem se reduza ao terreno da moral social ou profissional, tem uma marcante orientação para os campos da consciência moral profissional e cívica. Em grupos humanos nos quais prevaleceu durante muito tempo uma determinada moral confessional a ética propriamente profissional e cívica tende a decrescer. Por isso em tais grupos é benéfica a insistência sobre a ética civil. Essa insistência foi apoiada, entre outros, por Laín Entralgo[6].

---

6. P. LAÍN, *La moral civil*: Gaceta Ilustrada n. 1. 111 (22 de janeiro de 1978) 23; *Moral civil*: El País (6 de setembro de 1979) 9.

3. A educação moral civil

A ética tem uma função notável em relação à educação moral, segundo expus no capítulo precedente. Tenho a convicção de que a educação moral é uma das necessidades primárias da sociedade. Pois bem, sou de parecer de que essa educação moral seja programada e realizada na escola "a partir" da ética civil e "para" a ética civil[7].

Situando-me na linha de pensamento marcada por autores tão representativos como Spencer, Dewey, Durkheim, Giner de los Ríos e outros, e considerando a experiência de sociedades civilizadas, afirmo a necessidade de inserir a educação moral no projeto educativo da escola.

A educação moral na escola não pode ser de caráter confessional (confissão religiosa ou leiga). Deve ser feito um projeto de educação que tenha como ponto de partida e como meta a moral civil. Essa forma de moral se diferencia de cosmovisões religiosas e metafísicas, e baseando-se na consciência ética da humanidade, projeta um ideal moral comum e aberto às diferentes opções autenticamente democráticas.

O conteúdo nuclear da moral civil está também na Declaração Universal dos Direitos Humanos. É a partir desse conteúdo básico que devem ser organizados os programas concretos de educação moral. É certo que a moral civil é mais um ideal do que uma realidade (já que o que realmente existe são as éticas diferentemente cosmovisionadas); é certo também que cada educador e cada centro educativo aplicará com "variações" o conteúdo idealmente comum (uma vez que não existe educação "neutra", menos ainda no campo da moral), mas, apesar dessas limitações creio que a educação moral obrigatória na escola deve ser de sinal civil, e não confessional.

4. O rearmamento moral da sociedade

Todas as funções da ética civil se sintetizam e se concretizam em uma só: no "rearmamento moral" da sociedade em todas as suas camadas, grupos e pessoas. Rearmamento moral que se refira, de forma dialética, à renovação moral da pessoa e à moralização das estruturas sociais.

A sociedade democrática, no que tem tanto de vida social como de ordem jurídica, que a justifica e normatiza, não pode prescindir da ética.

---

7. Cf. M. VIDAL, *La estimativa moral. Propuestas para la educación ética* (Madri,19992).

O puro positivismo fático ou jurídico introduz a sociedade num círculo vicioso sem saída e dominado, em definitivo, pelo poder. A moralidade pública ou civil é uma exigência da vida social como critério de discernimento do humano ou como lugar de apelação para todos.

Sem instância ética, a vida social ou retorna à ingenuidade do caos primitivo ou passa a ser dominada pelo poder do mais forte. A respeito da primeira solução, diz Aranguren: "Nas sociedades primitivas não existe nem sequer a distinção real entre o moral, o social e o jurídico; por isso não cabe também sua distinção conceitual. Tudo isso se acha confundido em alguns *mores*, que, por sua vez, são usos sociais, costumes morais e preceitos jurídicos (não escritos, mas vigentes). É o que Hegel chamaria substância ética ingênua"[8]. Da segunda solução — o domínio do mais forte — não escapam aqueles que exageram a importância decisiva do poder fático ou do poder da lei positiva.

A instância moral pública não pode ser monopólio de nenhum grupo. Essa condição desvirtuaria não só a convivência democrática, mas também a própria ética. É somente a ética civil, enquanto moral leiga e concordada, que pode orientar a moralidade pública. À pergunta sobre as fontes do arquétipo ético do Estado, da sociedade e da convivência social, Aranguren responde que nem o "direito natural" (sobretudo sua noção vulgarizada desde o Iluminismo e a Neo-escolástica), nem o puro "positivismo jurídico" podem ser fontes adequadas para se configurar a autêntica moralidade pública[9].

Creio que diante da sacralização e da confessionalidade de uma ordem social imposta por um hipotético "direito natural" e diante da tentação do puro positivismo jurídico cabe a solução de configurar uma instância ética que mantenha "aberta" (crítica e utopicamente) a ordem sociojurídica.

IX. AMPLITUDE DE SIGNIFICADOS DA ÉTICA CIVIL

A ética civil adquire notáveis ressonâncias significativas. Desejo referir-me a três delas: a afirmação do valor da ética na vida social, a afirmação da unidade — dentro da universalidade — do gênero humano e a aposta numa ética universalizadora e integradora de todos os seres racionais.

---

8. J. L. L. ARANGUREN, *Ética y política* (Madri, 1968) 35.
9. *Ibid.*, 30-46.

1. Afirmação da "paixão ética"

Além da normatividade fática (dos fatos) ou jurídica (positivismo jurídico), se reconhece uma exigência nascida das "entranhas" humanas (natureza humana) como aconteceu paradigmaticamente com Antígona perante o poder de seu tio Creonte. Surge assim um ideal de justiça anterior à justiça legal; é a justiça "radical", a qual entra no amplo campo da vida — como o Quixote — para desfazer as coisas "tortas" toleradas, propiciadas ou não solucionadas pela justiça institucionalizada, a Santa Irmandade.

O paradigma da ética civil herda essa "paixão ética" e não aceita que "tudo seja a mesma coisa" (liberdade ou repressão, tortura ou integridade, vida ou morte). Diante da irrelevância, diante do cinismo, diante da tecnocracia, diante do "desinteresse", diante da indiferença, diante da impassibilidade moral a ética civil propõe o "pathos da ética" ou a "ética apaixonada" pelo clamor da injustiça.

É evidente a importância da ordem jurídica para a normalização da vida social. Nas sociedades ocidentais esse poder atinge limites cada vez mais amplos. Por depender, em grande parte, do jogo do poder político, a ordem jurídica é submetida aos inevitáveis pactos dos partidos. Mais ainda, é fácil descobrir, no conjunto das leis, notáveis servidões a outros poderes extrajurídicos: poder econômico, religioso, militar etc. Tudo isso faz que o ordenamento jurídico propenda para constituir-se em instância normativa dominante, com prejuízo do bem das pessoas e de determinados grupos.

É somente com a afirmação da ética civil como instância normativa suprema da vida social que se põem limites exatos ao poder excessivo da ordem jurídica. A lei positiva não é a norma definitiva. Ela mesma está sujeita à ética.

O mesmo se deve dizer com relação ao poder da técnica e ao dos fatos. Para que esses poderes não se tornem instâncias últimas da vida humana, é necessário afirmar o valor da ética civil como critério de aferição da autenticidade humana.

Sociologicamente a ética é a realidade mais desamparada. Não se pode "obrigar" ninguém a ser bom. Por sua própria estrutura, a ética está distanciada do poder. Não obstante, é nessa debilidade que está enraizada a força da moral. O descrédito moral e a credibilidade moral constituem a maior negação e o supremo valor da pessoa e dos grupos sociais. Por isso, quando a sociedade tem consciência da ética civil e age sob sua influência, prestigiadora e desprestigiadora, surge uma forma de vida social protegida diante das possíveis invasões do poder, seja ele jurídico, técnico ou meramente fático.

2. Unidade do gênero humano dentro da universalidade

Tanto a ética baseada na "lei natural" como a baseada na "autonomia crítica" supõem uma fé notável na solidariedade humana. Ao admitir que a razão não é monopólio de ninguém, elas afirmam a unidade do gênero humano dentro de sua variedade universal. Desse "monoteísmo racional" decorre o apoio ético à igualdade radical das pessoas e dos grupos. Sem nos esquecermos dos legítimos pluralismos históricos e culturais, notemos que se propiciam processos de convergência e aculturação que vão além das diferenças identificadoras.

Na razão, partilhada igualmente por todos, estabelecem-se corredores de comunicação: para a transfusão cultural, para a aproximação mútua, para a solução pacífica dos conflitos, para o comércio, para a persuasão e até para a evangelização. A categoria do "direito das gentes" foi o lugar de compreensão moral comum acima das diferenças religiosas (judaísmo, cristianismo, islamismo) e acima das diferenças sociais (bárbaros e civilizados, colonizados e colonizadores).

A ética civil herda também essa fé na solidariedade humana: apóia a comunicação (frente ao solipsismo), o diálogo (frente à intransigência), a persuasão (frente à imposição fanática) a aculturação (frente ao "provincianismo"), a identidade (frente ao avassalamento).

3. Caráter universalizador e integrador

A ética civil pretende realizar o velho sonho de uma moral comum para toda a humanidade. Na época sacral e "jusnaturalista" do pensamento ocidental, esse sonho se tornou realidade mediante a teoria da "lei natural". Com o advento do secularismo e levando-se em consideração as críticas feitas ao "jusnaturalismo", procura-se suprir a categoria ética de lei natural com a de ética civil. Esta, por definição, é uma categoria moral secular. Segundo seus fautores, é só a secularização da moral social que pode configurar um modelo de convivência que sirva para todos, fiéis e não fiéis, e é só com essa plataforma que se poderá constituir uma sociedade livre, isto é, plural e aberta.

A ética civil se situa ao abrigo das tentativas recentes de fundamentar racionalmente a ética sobre as bases do "diálogo social".

Afirmar a ética civil constitui uma alegação e uma aposta a favor da racionalidade ética da sociedade democrática. Conseqüentemente essa afirmação supõe que a moral pública seja fundamentada sobre a rocha firme da racionalidade ética.

A ética civil continua realizando a pretensão da lei natural ou, melhor, do direito das gentes. A melhor tradição ética é a que afirma que a lei natural "não se funda tanto em alguns mandamentos e em algumas proibições quanto na capacidade humana e na discussão racional; como tal, ele oferece um marco genuíno para a formulação de uma moral pública universal"[10].

Ao se propiciar a tomada de consciência da ética civil, apóia-se a consciência da unidade e universalidade do gênero humano. A ética civil não dispersa nem enclausura, mas unifica e universaliza. Ela é, em expressão bíblica, a contrafigura da Torre de Babel.

X. EXISTÊNCIA DA ÉTICA CIVIL

A existência da ética civil pode ser examinada sob o aspecto do interesse teórico ou com uma intenção diretamente prática.

1. Perspectiva teórica

Considerando-se a questão numa perspectiva teórica, podem ser feitas duas afirmações complementares. A primeira: a ética civil não tem existência autônoma e independente, não é uma forma de ética contraposta à ética cristã, à ética marxista, à ética dos valores etc. A ética civil não se opõe a nenhum tipo de ética, já que é a convergência dos diversos projetos morais. Nesse sentido, ela não existe como as outras éticas: de modo autônomo, independente e até contraposto. A ética civil se dá em todo projeto ético que se atenha às regras do jogo do autêntico pluralismo democrático.

A essa mesma conclusão se chega quando se toma em consideração a estrutura de toda ética real. Ela é sempre cosmovisionada. Toda pessoa e todo grupo vive a ética segundo suas crenças e cosmovisões. Não existe uma ética neutra. Por isso, a ética civil, como ética comum, não pode ter existência autônoma.

Segunda afirmação: a ética civil tem a existência de uma "construção teórica". Isto é, ela é um fator comum a todos os projetos morais; por meio dele esses projetos recebem a garantia da autenticidade democrática. Com a construção teórica da ética civil pode-se entender e realizar adequadamente o pluralismo moral. É essa a existência da qual goza a

---

10. Ch. MOONEY, *La Iglesia, ¿guardiana de una ley natural universal?*: Concilium n. 155 (1980) 206.

ética civil, muito semelhante à forma de existência da realidade do pluralismo moral.

2. Perspectiva histórica

Se da consideração teórica passarmos para a análise diretamente prática, a pergunta pela existência da ética civil muda de sinal, referindo-se então às sociedades reais e tratando de ver se nelas existe a sensibilidade e os conteúdos morais que pertencem à ética civil.

A resposta à pergunta assim formulada requer estudos precisos, detalhados e referidos à sociedades concretas. Não é agora o momento de fazê-los. Apresentando uma hipótese de trabalho relativa à nossa sociedade, latina e cristã, atrevo-me a dizer que é notável a carência do tecido da ética civil em nossa história. A moral ou tem sido religiosa ou tem estado ausente. Pois bem, nos últimos séculos, em geral a moral religioso-cristã não se tem distinguido pela insistência na autêntica moralidade pública. Tudo isso deu origem à lacuna correspondente à ética civil na história de nossa sociedade.

De acordo com essa hipótese, pode-se afirmar que nossa sociedade padece de uma notável falta de ética civil, constatável:

1) na falta de uma educação moral de sinal laico;
2) na falta de sensibilidade moral frente às realidades públicas: convivência cidadã, deveres cívicos etc.;
3) na falta de uma ética profissional madura e responsável;
4) nos vícios morais que acompanham endemicamente a administração pública e a vida social em geral (subornos, corrupção etc.).

Exagerando os traços descritivos, dir-se-ia que nossa sociedade coa o mosquito da imoralidade individual (sexual, familiar) e deixa passar o camelo da imoralidade social.

A hipótese anterior de trabalho não desconhece a existência de genuínos veios ou filões de ética civil em nossa história. Um deles tem sido o trabalho realizado pela Instituição Livre de Ensino. Desde sua fundação (1876), a Instituição Livre de Ensino acentua na educação o sentido ético, de acordo com os ideais de um humanismo um tanto utópico e dentro das preferências marcadas pelo ideal inglês do *gentleman* (transplantado para solo espanhol através dos escritos de Locke); por outro lado, esse acento ético é considerado sem referência direta à religião (nesse sentido, ele é laico), se bem que sem agressividade contra ela. A educação moral ministrada pela Instituição buscou seus leitos expressivos não tanto nos escritos ou nas teorias quanto nos chamados "textos vivos", isto é, na vida dos mestres. A realização política dessa tendência moral se verificou mediante a implantação da escola laica durante a II República. Essa realização não se viu livre das limitações provenientes da "politização" excessiva que a escola sofreu naquele período da história espanhola.

Na situação atual não se pode, contudo, constatar uma mudança radical, de sinal positivo, na relação com a ética civil. Persistem males endêmicos e surgem impedimentos novos. O balanço oferece um quadro com luzes e sombras. Não obstante, existe um dado esperançoso: a tomada de consciência da necessidade da ética civil. Muitos são, indivíduos e grupos, os que percebem que não bastam as soluções políticas para se enfrentarem e resolverem os grandes problemas sociais (a violência, a crise econômica etc.). São necessárias soluções morais. O rearmamento moral é a primeira urgência na vida social do presente. Adquirem novamente sentido e atualidade as palavras de Mounier: "A revolução moral será econômica ou não se realizará; mas a revolução econômica será moral ou não será nada".

Essas afirmações não são um convite a retornar a tempos e formas passados de um humanismo superado de corte intimista, idealista e existencialista. O rearmamento moral que postulamos aqui é de sinal social. Por isso ele é entendido em relação com o projeto da ética civil.

XI. ATITUDE DOS CATÓLICOS PERANTE A ÉTICA CIVIL

Diante da proposta da ética civil a reação dos cristãos não pode ser de rejeição, mas de aceitação, obviamente de aceitação não ingênua, mas crítica, isto é, que aceite os postulados teóricos e procure fazê-los verificáveis com toda a força e o valor da proposta.

Não faltaram tomadas de posição qualificadas a favor da ética civil[11]. A Conferência Episcopal Espanhola, na Instrução Pastoral *Moral y sociedad democrática* da Assembléia Plenária (14 de fevereiro de 1996), apóia a proposta da "ética civil" nos termos seguintes: "Não excluímos, portanto, em absoluto, o que se costuma chamar 'ética civil', ao contrário, pensamos que ela é possível e desejável. Desejamos que, em meio à pluralidade legítima e

---

11. Essa foi a postura do Cardeal V. E. TARANCÓN, *La ética civil*: Vida Nueva n. 1. 768 (1990) 25; *Los valores éticos de la democracia* (Discurso por ocasião do Doutorado "Honoris causa" pela Universidade Politécnica de Valência): Vida Nueva n. 1. 965 (1994) 23-29.

democrática, se avance no reconhecimento e no respeito dos valores éticos comuns, os quais, arraigados na verdade do homem, acima do puro consenso fático e das meras decisões majoritárias, mereçam o nome de valores e sirvam de base para a convivência na justiça e na paz. A 'ética civil', se for realmente ética, corresponderá, ao menos no fundamental, às exigências da lei natural, isto é, da razão humana como participante da sabedoria divina (cf. VS, n. 42-45); ela não se definirá por oposição nem por exclusão da ética cristã, mas por seu compromisso positivo com a verdade do homem; e, portanto, se manterá em contínua e sincera interação com a ética de base explicitamente religiosa, na qual se expressam os princípios morais vivos na tradição histórica de nosso povo"[12]. Mons. Fernando Sebastián, depois de retomar esse texto da Conferência Episcopal Espanhola, acrescenta: "Bem-vinda seja, pois, a ética civil, entendida como um saber racional sobre os deveres morais da pessoa em nível individual e social, no quadro de uma compreensão do homem como ser ético de valor transcendente"[13].

Afirmar a ética civil constitui uma alegação e uma aposta a favor da racionalidade ética da sociedade democrática. Racionalização ética que se constrói sobre a base do legítimo pluralismo da vida social e que procura edificar uma convivência regida pelo respeito, pelo diálogo e pela consciência universal dos seres racionais.

A ética civil é uma proposta muito frutuosa para se manter o vigor moral na sociedade pluralista, a qual, se afirma, por direito próprio, o pluralismo moral, também exige a busca de convergências éticas.

Dentro desse denominador ético comum cabem as variações que a peculiaridade de cada legítima opção se sinta levada a introduzir. Cabe, entre outras, a peculiaridade da opção moral dos cristãos, a qual, por sua própria natureza, oferece a mensagem de perfeição evangélica vinculada à realização dos valores do Reino de Deus.

A aceitação do pluralismo ético levará os cristãos a um trabalho de colaboração com todas as pessoas e com todos os grupos "de boa vontade". A ética constitui o horizonte comum e de diálogo entre fiéis e não fiéis. O Concílio Vaticano II destacou a importância da ética como plataforma de encontro e de cooperação:

"Pela fidelidade à voz da consciência, os cristãos estão unidos aos demais homens no dever de buscar a verdade e de nela resolver tantos problemas morais que surgem na vida individual e social" (GS n. 16).

---

12. *Moral y sociedad democrática*, n. 45: Ecclesia n. 2. 778 (2 de março de 1996) 15-16.
13. F. SEBASTIÁN, *Moral cristiana y pluralismo moral*: A. SARMIENTO (ed.), Moral de la persona y renovación de la teología moral (Madri, 1998) 228.

A ética civil supera as contradições das opções fiel e não fiel para encontrar a consciência fundamental numa moral não ideológica, neutra, leiga. Talvez essa aspiração seja utópica, mas podemos encontrar uma coincidência de base entre fiéis e não fiéis. Essa posição pressupõe que a moral cristã se sinta "limitada" intramundanamente pela arreligiosa e perca seu caráter totalizador, mas pressupõe também que a moral dos que não crêem se sinta também "limitada" pela moral dos que crêem e perca também seu caráter totalizador. Apoiando-se mutuamente, uma e outra encontrarão caminhos convergentes para exprimir o dinamismo ético procedente de cosmovisões diferentes, mas tendentes para uma só meta, a da libertação humana.

Como conclusão dessas reflexões acerca da ética civil desejo assinalar que o que acabei de dizer não tem interesse exclusivamente teórico ou acadêmico, mas, em minha intenção, constitui uma alegação e uma aposta a favor da racionalidade ética da sociedade democrática. Uma racionalidade ética que se constrói sobre a base do legítimo pluralismo da vida social e que procura edificar uma convivência regida pelo respeito, pelo diálogo e pela consciência universal dos seres racionais.

A ética civil se apresenta como a superação das antinomias, aparentes ou reais, entre a moral religiosa e a moral não religiosa, e como o projeto ético unificador e convergente da sociedade democrática. A ética civil é um importante bem ou *riqueza* do corpo social e a *justificação moral* da convivência pluralista e democrática.

Bibliografia:

— *Sobre o significado da ética civil:* A. DOMINGO MORATALLA-B. BENNÀSSAR, *Ética civil:* M. VIDAL (Dir.), Conceitos fundamentais de ética teológica, Trotta, Madri, 1992, 269-291; A. CORTINA, *Ética civil y religión*, PPC, Madri, 1995; M. VIDAL, *Ética civil y moral cristiana* , San Pablo, Madri, 1995; B. BENNÀSSAR, *Ética civil y moral cristiana em diálogo,* Sígueme, Salamanca, 1997.
— *Os cristãos e a ética civil:* F. SEBASTIÁN, *Moral cristiana y pluralismo moral,* A. SARMIENTO (ed.), Moral de la persona y renovación de la teologá moral; Rialp, Madri, 1998, 217-231; I. CAMACHO, *Los cristianos y la "ética mínima" en la vida pública,* Sal Terrae 80 (1992) 517-529; E. LÓPEZ AZPITARTE, *Moral cristiana y ética civil. Relación y posibles conflictos*, Proyección 41 (1994) 305-314.

4
A MORAL PÚBLICA

Neste capítulo proponho-me fazer uma reconstrução do significado da moral pública. Essa reconstrução é necessariamente de caráter teórico, mas com ela pretendo descobrir os critérios educativos a fim de conseguir uma autêntica elevação moral da sociedade em seu conjunto.

A reflexão que ofereço procura analisar o tema em quatro perspectivas complementares, a saber: constatar o déficit moral da sociedade atual; ponderando a urgente necessidade da moral pública; fazendo uma descrição dela; e assinalando a atuação dos cristãos na tarefa moralizadora da sociedade.

I. O "DÉFICIT" MORAL DA VIDA PÚBLICA

Não perderei tempo acrescentando minha lamentação ao coro de vozes que, em tons diferentes e de púlpitos e cátedras diferentes, descreveram e examinaram a falta de moralidade na vida política e cidadã. Esse fato é tão evidente que se impõe por si mesmo e não precisa de uma "descrição patética" para ser adequadamente denunciado.

Interessa-me mais assinalar as causas das quais procede esse déficit moral. Sem pretender fazer uma lista de todas elas, anoto as três que me parecem mais decisivas.

1. Processo de "individualização" da consciência moral

É facilmente constatável a arraigada e persistente tonalidade individualista da moral nos últimos séculos. Esse fenômeno se inscreve dentro do fato cultural mais amplo da "individualização" da vida humana durante a etapa da Modernidade. Essa individualização foi alimentada pelos fatores seguintes:

— a tomada de consciência exacerbada da liberdade individual;
— a prevalência das ideologias de sinal liberal;
— o predomínio das formas de vida marcadas pelo ideal do capitalismo.

É certo que não faltaram tentativas de "desprivatizar" a ética em geral e a moral cristã em particular. O Concílio Vaticano II se colocou nessa onda desprivatizadora quando observou que "a profundidade e rapidez das transformações reclamam com maior urgência que ninguém se contente, por não atender à evolução das coisas ou por inércia, com uma ética puramente individualista" (GS 30).

Não obstante, a concepção individualista da ética persiste. O processo de individualização da consciência moral foi tão profundo e tão longo que não é fácil superá-lo em pouco tempo. Para isso são necessários processos histórico-culturais longos e profundos de sinal contrário, neste caso, de sinal desprivatizador.

2. A "secularização" da vida social e a perda da "hegemonia" da moral religiosa

Segundo alguns observadores, a deficiência de moral pública é explicável pela perda de hegemonia da moral religiosa, em nosso caso, da moral católica. De acordo com essa explicação, quando desapareceu a "justificação ética" da moral católica como garantia moral da vida social, e não tendo ela sido substituída por outro universo justificador, a sociedade se viu sem apoio moral.

Essa análise pode ser mal interpretada no sentido de se querer com ela postular o retorno à confessionalização da vida social. Não se deve cair nessa tentação. A desconfessionalização da vida social é um postulado irrenunciável. A secularização e o pluralismo são condições inevitáveis da sociedade atual.

A explicação pode ser entendida corretamente se com ela quisermos sublinhar dois aspectos. O primeiro é a dificuldade de se aceitar teórica e praticamente uma ética não religiosa. A tradição contrária, isto é, a vinculação entre moral e religião, foi tão prolongada que é difícil expor e viver a ética sem referência explícita à religião. Trata-se de um repto que devemos superar, se quisermos manter a dimensão moral na vida social.

O segundo aspecto que desejamos sublinhar é a difícil assimilação teórica e prática do pluralismo ético. A secularização da moral traz consigo necessariamente o pluralismo moral. Pois bem, com freqüência esse pluralismo tem sido entendido e vivido como um "relativismo" e até como um "niilismo moral". O campo no qual esses sinais se manifestam de forma privilegiada é o da vida social.

3. A pouca "densidade cívica" da sociedade

Para outros observadores, a falta de moral pública é correlativa à falta de "vida cidadã" diante do predomínio da "vida oficial", seja ela de sinal político, seja de caráter religioso.

A pouca "densidade cívica" afeta as sociedades que sofreram um profundo e prolongado domínio do poder religioso, com o qual necessariamente tiveram de confrontar-se ao organizarem a vida social. Por outro lado, essas sociedades não conseguiram realizar plenamente a "revolução civil" dos tempos modernos. A vida social permaneceu, todavia, condicionada por forças do antigo regime, que agora recebem o nome de "poderes fáticos".

É evidente que a ética não se identifica com o civismo, nem a moral pública com a vida civil. Não obstante, a ética e a moral pública não florescem sem um notável "húmus" de civismo e de vida civil. Isso explicaria a falta de moral pública nas sociedades nas quais se nota pouca densidade de vida civil e um excessivo predomínio da vida oficial.

II. NECESSIDADE DA MORAL PÚBLICA

Dada a penúria em que nos encontramos com relação à moral pública, é urgente a necessidade de preenchermos essa importante lacuna da vida social.

A primeira coisa necessária para a construção da moral pública é tomar consciência de sua necessidade peremptória. Não creio que seja supérfluo recordar um conjunto de razões, tanto negativas como positivas, que avalizam essa necessidade.

1. Razões negativas

As razões negativas indicam os perigos aos quais está exposta a vida social precisamente pela falta de moralidade pública. A deficiência de moral pública leva às seguintes falhas:

— *Tirania do "positivismo"*. Sem moral, a vida social é exposta à tirania do "fático". Nessa situação mandam: 1) a estatística: a normatividade humana se reduz ao poder dos fatos numericamente quantificáveis; 2) o positivismo jurídico: a normatividade jurídica se erige em norma definitiva do comportamento; 3) o poder fático em suas diversas manifestações: o ideal humano é controlado e manipulado pelas instâncias que controlam o poder social.
— *Perda de densidade axiológica na vida social*. Ela se rege por interesses, e não por valores. A dimensão utópica da vida humana cede o lugar à consideração meramente pragmática.
— *Corrosão da vida privada*. Uma vida humana "desmoralizada" no âmbito público dificilmente mantém o frescor ético no âmbito privado. A falta de moral pública leva necessariamente à perda da moral privada. Em todo caso, esta é invalidada por não favorecer a existência ativa da moralidade pública.
— *Queda na "barbárie"*. A vida social, sem a orientação moral correspondente, corre o perigo de cair na "barbárie". Sem ética, a vida dos grupos tende a deixar-se reger pelo instinto; do plano superior da ética ela desce para o nível inferior da etologia. Nesse último nível funciona o mecanismo da luta não solidária pela subsistência e se tende a canonizar como bom o resultado obtido pelos mais fortes.

2. Razões positivas

Se da falta passarmos para a presença da moral pública na vida social, constataremos outra série de razões, neste caso, positivas, que apóiam sua funcionalidade positiva para a sociedade. Com efeito, a moral pública exerce as seguintes funções na vida social:

— *Eleva o repertório ou o conteúdo da vida humana*. Na linguagem corrente falamos de "moral" para nos referirmos ao nível de aspiração de uma pessoa ou de um grupo: ter a "moral" alta ou baixa. Ortega soube captar esse sentido "esportivo" da moral e com ele exprimiu o nível de aspiração da sociedade. Em seu livro *La rebelión de las masas* ele identifica "moral" com "programa vital". Identifica os processos de "desmoralização" com a perda de "tarefa", de "programa de vida". Segundo ele, "a Europa se desmoralizou" porque ficou "sem tarefa, sem programa de vida"[1]. Por outro lado, a presença da moral na vida pública faz aumentar: 1) o nível de aspiração das pessoas e dos grupos; 2) o repertório de seus conteúdos ou programas de vida.

— *Orienta e dirige as instituições sociais.* A moral pública tem como função vigiar o rumo das instituições sociais. Pensemos, por exemplo, nas instituições políticas e nas profissionais. Com freqüência as primeiras se deixam arrastar pelo halo mítico do poder, e as segundas pelo interesse não solidário do corporativismo. É a moral que denuncia os desvios e reorienta a direção para o verdadeiro ideal do bem comum.

— *Articula toda a vida humana dentro do projeto da "humanização".* A presença da moral pública na vida social nos livra do perigo de separar excessiva e indevidamente a vida privada da pública. A ética é a ligação normal do público com o privado. Diante da tentação do liberalismo individualista e do coletivismo totalitário é necessário encontrar a articulação correta de todos os sentidos da vida humana. Nem a "esquizofrenia" proporcionada pelo liberalismo, nem a "confusão" imposta pelo coletivismo são caminhos adequados para se configurar um projeto humanizador para a vida humana. São somente os valores éticos que podem manter "diferenciados" e "integrados" os âmbitos privados e públicos da vida humana.

III. A NOÇÃO CORRETA DE "MORAL PÚBLICA"

A expressão "moral pública" é usada correntemente, mas às vezes com pouca precisão. É conveniente, por isso, submetê-la ao crisol da correção conceitual. Para realizar esse trabalho de esclarecimento, farei dois grupos de abordagem: em primeiro lugar, *distinguirei* a moral pública de outras realidades afins, como os "costumes" sociais e os "ordenamentos" jurídicos; em segundo lugar, *decifrarei,* de forma direta e positiva, o significado preciso de moral pública.

---

1. J. ORTEGA Y GASSET, *La rebelión de las masas* (Madri, 1959) 187, 198, 199, 261.

1. A moral pública perante os "costumes" sociais e os "ordenamentos" jurídicos

Para se apreender o significado exato da moral pública convém relacioná-la com outras realidades com as quais às vezes ela se "confunde". Refiro-me aos "costumes" vigentes na sociedade e aos "ordenamentos" jurídicos que regulam a vida social. Essas duas dimensões da vida social têm uma *conexão* com a moralidade pública, mas esta mantém uma *distinção* clara em relação a elas.

a. Os "costumes" sociais e a moral pública

A moral de uma sociedade tem sua manifestação primeira e mais aparente nos "costumes" ou vigências sociais. É evidente que nesses costumes há um componente moral. O conjunto das vigências morais aceitas por um grupo constitui o *ethos* dessa comunidade humana.

1) Conexão necessária

A moral pública deve tomar em consideração o nível sociológico da realidade ética. E isso em dois sentidos:

— *Como ponto de partida*. A reflexão sobre a moral, como qualquer outra, deve partir dos dados da realidade. Uma exposição da moral pública que se situe fora de toda análise empírica está fadada à esterilidade.

São muitos os métodos que podem ser adotados para se conhecer a situação real dos costumes morais da sociedade. Dentre eles destacam-se os seguintes:

— pesquisas e estatísticas, as quais expressam de modo quantitativo a realidade moral;
— estudos de antropologia cultural com incidência em âmbitos de comportamento moral;
— estudos sobre psicologia da moralidade dos diversos grupos humanos;
— estudos de crítica social, que tornam manifesto o fundo "ideológico" de diferentes sistemas de vigências morais;
— análises interdisciplinares, cuja incumbência é desenhar, na medida do possível, o perfil ético de uma sociedade determinada.

O conhecimento dos costumes ou vigências morais da sociedade é o ponto de partida imprescindível de todo questionamento sério sobre a moralidade pública.

— *Como ponto de chegada*. A moralidade pública tem a incumbência de "transformar" os costumes. Essa função não deve ser entendida no sentido de uma *exortação* mais ou menos persuasiva, ou de uma *admoestação* mais ou menos apocalíptica. O "patético na moral" não é o caminho de acesso para a valorização ética da sociedade.

A transformação dos costumes ou vigências morais desejada pela moralidade pública se situa nos seguintes aspectos da vida social:

— nos *esquemas de valores* que justificam a vida humana;
— nas *normas de comportamento* que estruturam as manifestações sociais;
— no *conjunto de aspirações* que orientam as mudanças sócio-históricas.

Se a moral pública consegue incidir sobre os aspectos indicados, os costumes da sociedade adquirem um perfil ético definido. Isso não significa que deixem de existir "imoralidades" ou comportamentos contrários às normas éticas: infelizmente o mal moral é algo inevitável. Mas aos poucos é possível ir-se transformando o universo dos "costumes" ou "vigências" sociais.

2) Distinção clara

Do fato de a moral pública ter uma conexão necessária com a situação fática dos costumes morais não se segue que as duas sejam idênticas. A consideração ética se distingue claramente da sociologia e mais expressamente da estatística.

O saber sociológico e mais ainda o estatístico pertencem ao universo dos *juízos de fato*, ao passo que a ética se move no mundo dos *juízos de valor*. A descrição e a análise "do que é" não coincidem, nem em metodologia nem em resultados, com o estudo "do que deve ser".

Assim como houve um tipo de moral desencarnada da realidade concreta, pode haver também uma forma vulgar de sociologia que ceda à tentação de querer deduzir de meros fatos (baseados muitas vezes num material incompleto) normas imperativas para a conduta humana e juízos definitivos sobre o valor ou a falta de valor dos princípios morais. A esse desejo do sociologismo vulgar, de rejeitar toda consideração valorizadora da realidade, acrescentou-se em nossos dias a crença pseudocientífica de que também em questões de verdade e de moral é válido o princípio da "maioria democrática".

A redução da moral pública à estatística ou à sociologia dos costumes morais é uma tentação constante que deve ser sempre evitada. Não é a estatística que impõe uma moral pública autêntica. A validade da moral se situa no terreno do qualitativo, e não no do quantitativo. A normatividade ética, por si mesma, não coincide com a normatividade sociológica ou estatística.

b. Os ordenamentos jurídicos e a moral pública

A ordem jurídica é sempre um fator importante na configuração da sociedade, principalmente da atual. A vida social sente sobre si a força da lei como proteção, como regulação, como constrição, como ameaça penalizadora etc. Da ordem jurídica brotam a consciência e a realidade do "lícito" (ou do "ilícito"), as quais correspondem ao "justo" (ou ao "injusto").

1) Conexão necessária

A moralidade pública é necessariamente relacionada com os ordenamentos jurídicos, isto é, com a realidade do "lícito-ilícito". As sociedades ocidentais sentem uma predileção especial pela ordem jurídica e até costumam projetar o desejo de uma compreensão exclusivamente jurídica da vida social.

Com relação à ordem jurídica, a moral pública tem duas funções precisas: *desmitificar* a lei positiva e *questionar* permanentemente toda ordem jurídica.

— *Função desmitificadora*. A moral pública exerce uma função desmitificadora em relação à ordem jurídica, função essa que se concretiza em vários aspectos, sendo que os principais são indicados adiante.

— Em primeiro lugar, é necessário impedir que a ordem jurídica se arrogue o direito de ser a *única instância normativa* da sociedade. Essa afirmação tem dois aspectos: de um lado, a moral pública não deve confiar excessivamente na proteção jurídica para introduzir valores éticos nas realidades sociais; por outro lado, a lei positiva não deve procurar amparo e justificação nos sistemas morais prevalecentes quando eles não exprimem a autêntica dimensão moral do humano.

— Em segundo lugar, a ordem jurídica não deve tampouco ser entendida como garantia única da moral pública. Caminhamos para um tipo de sociedade que, em comparação com outras formas históricas, aparece como uma "sociedade permissiva". Em termos gerais, essa permissividade supõe uma compreensão da normatividade social na qual não se pode confundir o "lícito" jurídico com o "bem" moral.

Desmitificar a ordem jurídica supõe, portanto, rever profundamente o conceito de "moralidade pública". Não se deve entender por "moral pública" a ordem jurídica vigente numa determinada sociedade.

— *Função crítica*. A distinção entre a moral pública e a ordem jurídica não deve conduzir a uma falta de entrosamento daquela com a configuração jurídica da sociedade. Pelo contrário, ao ficar libertada de excessivas, ou únicas, vinculações jurídicas, a moral pública se coloca na disposição de realizar uma adequada função crítica perante a ordem jurídica vigente, quando esta não realizar a dimensão moral exigida no momento histórico concreto.

2) Distinção clara

Indicada a necessária conexão entre nível jurídico e moral pública, é necessário sublinhar a distinção entre *liceidade jurídica* e *exigência moral*. Um comportamento humano pode ser avaliado na perspectiva da consciência e então tem uma entidade moral; pode também ser avaliado na perspectiva do ordenamento jurídico, e então tem uma entidade jurídica.

Quando se trata de uma pessoa concreta, é a consciência moral que tem a primazia, havendo, portanto, uma subordinação do nível jurídico à ordem moral. Nesse caso, não se deve separar a liceidade jurídica da exigência moral.

Mas quando se trata de uma comunidade política, principalmente quando ela é de sinal pluralista, é possível a distinção e, às vezes, a separação entre a exigência moral e a liceidade jurídica. Com efeito, pode acontecer que nem todos os que compõem a comunidade política tenham o mesmo sistema de avaliação moral. Nesse caso, nenhum sistema ético pode impor-se, como se tivesse a primazia, para que a liceidade jurídica se adapte à sua maneira de entender a exigência moral. Mais ainda, pode-se pensar em situações nas quais a consciência moral de uma pessoa decline de sua autenticidade ética e tenha comportamentos contrários à moral. As leis civis não são obrigadas a impedir toda falta "moral", sobretudo quando ela não acarreta imediatamente prejuízos sociais.

A consciência cristã chama "tolerantes" os ordenamentos jurídicos que "toleram" (não penalizam ou legalizam) comportamentos contrários à moral cristã. Esta pode admitir um ordenamento jurídico sobre comportamentos contrários a seu sistema de avaliação moral quando esse ordenamento jurídico for exigido pela justiça (concretizada no bem comum) da comunidade política.

Nesse sentido, perante a consciência moral um ordenamento jurídico pode ser politicamente justo, mesmo que o comportamento que ele regula (despenalizando-o ou legalizando-o) seja imoral para essa consciência ética. A justiça do ordenamento jurídico se mede pela razão do bem comum. Pois bem, em determinadas circunstâncias a realização do bem comum postulará certos ordenamentos jurídicos sobre comportamentos contrários à moral. Uma das formas em que se vê essa exigência do bem comum é a consideração dos males maiores que a não existência desse ordenamento jurídico acarreta.

Os critérios anteriores sobre a justiça política dos ordenamentos jurídicos que toleram o mal moral por causa de males maiores ou por respeito à consciência pessoal não têm aplicação em leis diretamente contrárias a valores morais básicos, os quais, além disso, constituem o fundamento da convivência social. Entre esses valores deve-se colocar, como primeiro, o da vida humana. A esse respeito, João Paulo II expôs, na encíclica *Evangelium vitae* os princípios a serem tomados em consideração pelos ordenamentos jurídicos, especialmente os referentes ao aborto e à eutanásia[2].

Sublinhemos, por último, que, na realização do bem comum, o qual é a razão fundamental da justiça dos ordenamentos jurídicos, se inclui o respeito à consciência pessoal. Por isso, nos ordenamentos jurídicos "de tolerância" é necessário admitir a *objeção de consciência*. A categoria moral da objeção de consciência tem muitas aplicações[3]. Uma delas é a que se verifica em relação com ordenamentos jurídicos que liberalizam (despenalizam ou legalizam) comportamentos contrários à consciência moral de um profissional, de um político ou de qualquer pessoa implicada nessas leis.

---

2. *Evangelium vitae*, nn. 68-77.
3. Cf. M. VIDAL, *Para comprender la objeción de conciencia y la insumisión* (Estella, 1995).

2. O significado preciso e positivo de "moralidade pública"

a. O substantivo "moral"

O substantivo "moral", quando usado na expressão "moral pública", deve ser entendido em sentido forte, indicando a referência a valores objetivos e à responsabilidade das pessoas e dos grupos.

A moral pública não pode ser confundida com outras normatividades da realidade social. Seria "enfraquecer" seu conteúdo reduzi-la:

— aos *convencionalismos sociais,* por mais arraigados e estendidos que se encontrem na vida social;
— ao *civismo,* enquanto forma correta de relacionar-se dos cidadãos e dos grupos respectivamente entre si;
— à *normatividade jurídica,* já que, do ponto de vista moral, a normatização jurídica nem sempre é correta, e também porque o direito não regula todos os comportamentos que caem sob a norma moral;
— tampouco pode o *consenso político* identificar-se com a moralidade pública, a qual se situa num nível mais profundo do que o da própria democracia.

Em seu sentido substantivo, a moralidade pública deve ser ligada ao conjunto de normatividades que acabamos de indicar, mas não pode ser confundida com elas. A moral pública apela para a responsabilidade última (a da consciência) das pessoas e se refere aos valores decisivos da realidade humana. Ela indica o caminho da autêntica realização do humano, comprometendo em si a responsabilidade das pessoas.

b. O adjetivo "pública"

O *adjetivo* "pública" delimita o campo de referência da moral pública. Também aqui existe o perigo da ambigüidade. Refiro-me a dois possíveis desvios:

1) Reducionismo do "objeto"

Não se pode reduzir a moral pública a comportamentos determinados, esquecendo-se outros, de igual ou maior significação social. Nas sociedades de longa e profunda tradição moral existe o perigo do farisaísmo e da hipocrisia: reduzir a moralidade pública aos chamados "escândalos públicos", estreitamente relacionados com os comportamentos da vida sexual e conjugal.

Esse reducionismo moral era chamado por Ortega "moral visigótica". Diante de uma circular do Fiscal do Tribunal Supremo, na qual era feita essa redução, Ortega raciocinava assim: "A circular mencionada acima demonstra uma noção da moral pública que coincide com a noção corrente entre nós. Por moral pública entendemos o conjunto de proibições referentes ao exercício da sexualidade. Quando muito estendemos o significado à defesa do direito de propriedade. Dessa forma, a imoralidade pública parece ficar reduzida à luxúria e ao roubo (...). Um Estado que entende por moral pública a conservação da pureza sexual entre seus indivíduos é um Estado visigótico; se, além disso, ele não reconhece explicitamente como seu exercício primordial o fomento da sabedoria pública, será um Estado imoral"[4].

2) Reducionismo da "pessoa"

Não se deve também reduzir a moral pública às pessoas chamadas "públicas" e, mais concretamente, aos "políticos". Estes têm evidentemente uma relação muito estreita com a vida pública, mas não são os únicos a influir por seus comportamentos na realidade social.

A moralidade é pública quando os comportamentos de qualquer cidadão têm um significado diretamente social, devendo, por isso, ser avaliados com critérios éticos. O segundo fator da definição (avaliação mediante critérios éticos) se identifica com o problema da fundamentação da moral pública. Para essa questão remeto aos capítulos que tratam do "significado e da função da ética" e da "ética civil".

Sublinhando-se o primeiro fator da definição (comportamentos com significação diretamente social), deve-se afirmar que a "moral pública" se contrapõe à "moral privada" não por causa da pessoa, mas dos comportamentos. Todas as pessoas enquanto cidadãs têm a possibilidade de gerar moralidade (ou imoralidade) pública. Fá-lo-ão quando seus comportamentos tiverem um significado diretamente público.

Embora afirmemos que os comportamentos diretamente sociais de todo cidadão implicam a moralidade pública, reconhecemos que a moral pública se dá de forma privilegiada:

---

4. J. ORTEGA Y GASSET, La moral visigótica: Obras Completas, X (Madri, 1969) 57-58.

— em pessoas que têm uma contínua e direta significação pública, como os *políticos*, os que exercem alguma função na *administração pública*, os *profissionais*;
— em comportamentos que, de forma imediata, têm relação com a vida pública, como as atuações referentes à *administração dos bens públicos*.

Por tudo isso se vê que o campo da moral pública é mais amplo do que se costuma afirmar e que é difícil distinguir adequadamente a moralidade pública da moralidade privada. Esta culmina naquela.

IV. OS CRISTÃOS E A MORAL PÚBLICA

A ética cristã, tanto em sua formulação como na prática vivida dos fiéis, precisa reformular sua posição no novo contexto sócio-histórico da sociedade pluralista e democrática[5].

Com relação à moral pública, compete aos cristãos nessa hora adotar as seguintes decisões, as quais devem ser traduzidas em comportamentos socialmente significativos:

— *Afirmar a necessidade da moral pública.* É necessário vencer a tentação do "individualismo moral" e sensibilizar-se para as implicações sociais da responsabilidade moral. É dirigida preferencialmente aos católicos a exortação do Concílio Vaticano II, recordada acima: "Que ninguém se contente, por não atender à evolução das coisas ou por inércia, com uma ética puramente individualista" (GS 30).

— *Colaborar com o rearmamento moral da vida social.* A moral pública constitui um horizonte comum de diálogo e de prática entre cristãos e não cristãos. Assim se expressou o Concílio Vaticano II ao falar da consciência moral: "Pela fidelidade à voz da consciência, os cristãos estão unidos aos demais homens no dever de buscar a verdade e de nela resolver tantos problemas morais que surgem na vida individual e social" (GS 16).

— *Testemunhar a fé mediante a coerência moral na vida pública.* Os

---

5. Cf. M. VIDAL, *La ética cristiana en la nueva situación española*: Selecciones de Teología 28 (1989) 51-55.

cristãos devem ser os primeiros a praticar a moral pública. E isso por dois motivos: 1) por sua condição de cidadãos, e 2) por sua condição de cristãos. A peculiaridade cristã da moral não contradiz os postulados da ética civil, antes os apóia e plenifica.

É necessário viver a autenticidade cristã com o testemunho ético que pedia o autor da primeira carta de Pedro "aos estrangeiros da Dispersão: do Ponto, da Galácia, da Capadócia, da Ásia e da Bitínia": "Quem vos há de fazer mal, se sois zelosos do bem? Mas se sofreis por causa da justiça, bem-aventurados sois! Não tenhais medo nenhum deles, nem fiqueis conturbados; antes, santificai a Cristo, o Senhor, em vossos corações, estando sempre prontos a dar razão de vossa esperança a todo aquele que vo-la pedir; fazei-o, porém, com mansidão e respeito, conservando a vossa boa consciência, para que, se em alguma coisa sois difamados, sejam confundidos aqueles que ultrajam o vosso bom comportamento em Cristo" (1Pd 1,1; 3,13-16).

Bibliografia:

— *Situação atual:* V. CAMPS, *El malestar en la vida pública,* Grijalbo-Mondadori, Barcelona, 1996.

— *Civismo e cidadania:* A. CORTINA, *Ciudadanos del mundo,* Alianza, Madri, 1997; V. CAMPS-S. GINER, *Manual del civismo,* Ariel, Barcelona, 1998.

— *Moralidade pública:* A. HORTAL, *Moral privada y moral pública,* Razón y Fe, 224 (1991) 433-447; V. CAMPS, *Virtudes públicas,* Espasa, Madri, 1993; A. CORTINA, *Hasta um pueblo de demonios. Ética pública y sociedad,* Taurus, Madri, 1998.

— *Sobre corrupção:* VÁRIOS, *Corrupción política, corrupción social,* El Ciervo 43 (1994), n. 525, 3-11; 44 (1995), n. 526, 3-7; J. A. LOBO, *Rearme moral de la sociedad frente a la corrupción política,* Ciencia Tomista 122 (1995) 25-42; A. NIETO, *Corrupción en la España democrática,* Ariel, Barcelona, 1997.

— É de particular importância a Instrucción Pastoral de la Asamblea Plenaria de la Conferencia Episcopal Española, *Democracia y Moral* (14 de fevereiro de 1996), EDICE, Madri, 1996.

5

MORAL E RELIGIÃO

I. APRESENTAÇÃO

Depois de analisar, em capítulos precedentes, a Ética em sua justificação racional, em seu conteúdo mínimo de "ética civil" e em sua funcionalidade para orientar a moralidade pública, proponho-me expor sua abertura para a Religião. Como ponto de partida ou como apresentação do tema, aludo ao núcleo da questão e indico a perspectiva que adoto aqui para tratá-la.

1. Núcleo da questão

Quando se observa a realidade da moral vivida e da reflexão ética no momento atual, impõem-se duas evidências.

De um lado, existem sistemas morais vinculados às grandes religiões: cristianismo, islamismo, judaísmo, hinduísmo, budismo etc.[1]. Não se pode deixar de reconhecer que muitas pessoas e muitos grupos vivem e compreendem a moral em relação com a religião. Essa relação é tão estreita que em alguns casos a religião funciona à maneira de uma "sabedoria moral", como se dá nas religiões orientais, e em outros casos dá origem a estruturas "moralizantes" na própria vivência religiosa, como no catolicismo.

Por outro lado, existem muitas pessoas que procuram a coerência moral sem referência a universos religiosos e que pretendem viver e pensar a moral na opção alheia à fé religiosa. Essa posição é mais generaliza-

---

1. Uma aproximação sintética às éticas religiosas: P. SINGER, *Compendio de ética* (Madri, 1995) 79-180.

da no campo filosófico; a reflexão teórica sobre a moral se organiza, então, autonomamente, à margem das opções religiosas. A secularização da vida moral e da reflexão ética é um fato de grande amplitude e de não menor profundidade na cultura atual, ao menos nas sociedades da área ocidental.

É nesse contexto que se deve expor a questão da relação entre Moral e Religião, tendo-se consciência da situação de "secularização" da moral no mundo atual, e, ao mesmo tempo, tomando-se conhecimento da dimensão moral trazida pelos sistemas religiosos, concretamente pelo cristianismo.

2. Perspectiva adotada

Para expor esse tema, uso a metodologia do diálogo, isto é, entrarei em diálogo com as posições que a reflexão filosófica produzida na Espanha adotou relativamente à questão apresentada.

Que atitude adotaram os filósofos morais na Espanha diante do fato religioso e mais concretamente diante do fato da moral cristã? Como vêem os pensadores o *ethos* dos católicos? Como se colocam perante ele?

Esse tema pode receber dois tipos de abordagem: uma de caráter concreto, e outra de caráter fundamental. Na primeira, tratar-se-ia de apreender a relação do discurso ético com os valores concretos propostos, defendidos, assumidos ou justificados pelo *ethos* cristão. Na segunda, pretende-se descobrir a relação de abertura ou de rejeição adotada pela ética espanhola perante a proposta moral proveniente da fé cristã.

Situo-me na segunda perspectiva por considerá-la mais fundamental e mais abrangente. O interesse se fixa, portanto, na atitude de fundo adotada pelo discurso ético racional diante do fato da moral cristã. Nessa tomada de posição existe uma avaliação — positiva, negativa ou indiferente — diante do *ethos* dos católicos, tanto em seu sentido fundamental (de possibilidade ou de incoerência lógica) como em sua funcionalidade concreta (articulação mais ou menos benéfica para a vida social).

Organizo as reflexões em três momentos: no primeiro, reúno as orientações dos "mestres" da ética espanhola no século XX; no segundo, faço uma análise global das orientações oferecidas pelas novas gerações; no terceiro, fixo-me um pouco mais detidamente em algumas orientações concretas que se põem diretamente em confronto com o fato religioso e com a moral que dele procede. O estudo se encerra com uma afirmação sobre a abertura da Ética para a Religião.

II. A GERAÇÃO DOS "MESTRES"

1. Perspectivas éticas sem transcendência

No século XX surgiram na Espanha cinco grandes mestres da ética, os quais ofereceram cinco diferentes enfoques teóricos da vida moral[2]:

— a ética da imortalidade agônica, de Unamuno;
— a ética do raciovitalismo, de Ortega;
— a ética da realidade, de Zubiri;
— a ética do ajuste humano, de Aranguren;
— a ética do criticismo relativista, de Ferrater Mora.

Se excetuarmos Aranguren, nenhum desses "mestres" fez uma reflexão direta e expressa sobre a relação entre ética e religião e, muito menos, sobre a comparação do pensamento ético com a moral cristã. Suas concepções peculiares da realidade moral estão em maior ou menor proximidade com o fato religioso, mas não oferecem uma interação entre ambos os universos, o moral e o religioso. Há, todavia, alguns aspectos nos quais desejo deter-me.

Unamuno é quem mais aproxima a preocupação moral da experiência religiosa. E o faz mediante uma concepção agônica do religioso e concretizando a relação entre moral e religião no anelo pela imortalidade. A dignidade moral da pessoa se apóia e se desenvolve na busca da imortalidade[3].

A ética de Ortega não é sensível aos reclamos da transcendência. Ela se move inteiramente dentro dos limites da realidade humana. Para Ortega, o "dever" não é outra coisa senão a realização do "ser"; a máxima fundamental é o imperativo helênico: "Sejas o que és". Ainda que a ética orteguiana não tenha ultrapassado os limites do humano, houve, no âmbito católico, quem visse nela um perigo para a fé. Esse lamentável episódio, significado nos ataques de Santiago Ramírez, não trouxe nada de positivo a não ser o livro-resposta de Aranguren sobre a ética de Ortega[4].

---

2. Ver o estudo de E. BONETE, *La ética en la filosofía española del siglo XX*: V. CAMPS (ed.), Historia de la Ética, vol. 3 (Barcelona, 1989) 386-440. Sobre a comparação do pensamento de Unamuno, de Ortega e de Zubiri: P. CEREZO, *Tres paradigmas del pensamiento español contemporáneo: trágico (Unamuno), reflexivo (Ortega) y especulativo (Zubiri)*: Isegoría n. 19 (1998) 97-136.
3. E. BONETE, *l. c.*, 388-392. Cf. N. GONZÁLEZ CAMINERO, *La moral de "El Sentimiento trágico"*: Razón y Fe 137 (1948) 326-339.
4. J. L. L. ARANGUREN, *La ética de Ortega* (Madri, 1966). Sobre o "vitalismo ético" de Ortega, ver F. SAVATER, *Vitalismo*: VÁRIOS, Concepciones de la Ética (Madri, 1992) 297-308.

A posição de Zubiri também não relaciona o fato moral com a religião[5]. Não obstante, colocando-se as raízes da moral na própria estrutura da pessoa[6], parece que existe a possibilidade de estender a "religação" fundante do ser humano até alcançar sua experiência moral. Não tem sido essa a perspectiva desenvolvida nos estudos sobre a ética de Zubiri. O interesse se tem concentrado sobretudo na discussão sobre a possibilidade de uma fundamentação metafísica da moral na realidade do bem: uma moral formal do bem perante a moral formal kantiana do dever[7].

A ética de Ferrater[8] atraiu a atenção das novas gerações[9]. Quanto ao diálogo com a religião, seu silêncio é absoluto. Seu horizonte ético não é o mais adequado para se ouvirem ressonâncias religiosas nem para se estabelecerem relações com a transcendência: os traços de "antiantropocentrismo", "antiabsolutismo" e "antideontologismo"[10] são fatores de "fechamento" no intramundo e não de "abertura" para a transcendência.

2. Ética e religião em Aranguren

Aranguren é considerado pelos atuais filósofos morais espanhóis como "o mestre da ética" na Espanha recente[11]. Esse magistério reconhecido ultrapassa os limites acadêmicos e alcança a vida moral espanhola em

---

5. Ver o delineamento zubiriano da Ética em: X. ZUBIRI, *Sobre el hombre* (Madri, 1986) c. VIII: "El hombre, realidad moral" (pp. 343-440).
6. "O homem por ser animal de realidades é constitutivamente animal moral; por ser animal moral, o homem é animal de bens, e o bem último e radical do homem dentro de sua linha é justamente sua própria felicidade" (*Ibid.*, 399).
7. Sobre a ética zubiriana, cf. A. PINTOR-RAMOS, *El hombre moral en Zubiri*: Cuadernos Salmantinos de Filosofía 17 (1990) 200-217; ID., *Realidad y bondad trascendental en Zubiri*: Cuadernos Salmantinos de Filosofía 18 (1991) 81-118; VÁRIOS, *Ética y Estética en Xavier Zubiri* (Madri, 1996). Sobre a possibilidade de uma "Ética formal de bens", pode-se ver a discussão entre D. Gracia e A. Cortina: A. CORTINA, *El formalismo en ética y la ética formal de bienes*: VÁRIOS, Ética día tras día (Madri, 1991) 105-121.
8. Exposta, sobretudo, em: J. FERRATER, *De la materia a la razón* (Madri, 1979).
9. Os principais estudos sobre a ética de Ferrater encontram-se no n. 49 (1985) da revista *Anthropos*. Ver, além disso: E. BONETE, *Éticas contemporáneas* (Madri, 1990) 185-225.
10. Cf. E. BONETE, *o. c.*, 196-214.
11. Sinal do reconhecimento da atual geração de filósofos morais desde o "mestre" são: o livro COLECTVO, *Ética día tras día*. Homenagem ao Professor Aranguren em seus oitenta anos (Madri, 1991); e o número monográfico de Isegoría n. 15 (1997): "Adiós a Aranguren". O pensamento ético de Aranguren é exposto, entre outros muitos estudos, em vastos números monográficos da revista *Anthropos* n. 80 (1988) e Isegoría 7 (1993).

geral. Além de "filósofo" moral, Aranguren é um "reformador" moral enquanto intelectual comprometido com a vida social[12].

Foi ele quem expôs direta e abertamente a relação entra moral e religião. E o fez com profundidade acadêmica, com sensibilidade humana e com originalidade. De sua rica proposta destaco os seguintes aspectos:

a. Postura filosófica

Em seus primeiros escritos Aranguren sustentou a abertura da ética para a religião[13]; essa afirmação veio sendo matizada em escritos posteriores, chegando a aceitar a possibilidade da ética sem referência à transcendência[14]. Todavia, em seu pensamento filosófico sobre a moral prevalece a compreensão desta como um fenômeno autônomo, mas aberto à religião.

Creio que essa compreensão está bem resumida nestas três frases: "toda existência bem moderada deve ser também religiosa e moral. O dever ético, retamente cumprido, abre-se necessariamente para a religiosidade e termina desembocando nela. E, por seu lado, a atitude religiosa eficaz frutifica em ação moral e em boas obras"[15].

b. Consideração realista

Aranguren conhece a situação "pós-moderna" da reflexão ética e da vida moral, reflexão e vida expressas melhor em chave *light*. Sem negar essa moral de "mínimos", Aranguren afirmou que éticas em sentido "forte" são somente as morais religiosas. Essa "fortaleza" não deve ser entendida e vivida com mentalidade de rigorismo nem de moralismo, mas abrindo a "obrigação" moral para a "graça" da religião: "pretendermos ser perfeitos por nós mesmos é ignorar nossa insuficiência e nossa indigência, acima da qual seríamos elevados pela caridade e pelo amor de Deus em nós"[16].

---

12. Cf. P. CEREZO, *J. L. Aranguren, reformador moral en época de crisis*: Isegoría n. 3 (1991) 80-106.
13. J. L. L. ARANGUREN, *Ética* (Madri, 1975) 193-201.
14. Sobre a evolução do pensamento de Aranguren neste aspecto, cf. E. BONETE, *Aranguren: la ética entre la religión y la política* (Madri, 1989) 76-107.
15. J. L. L. ARANGUREN, *o. c.*, 165.
16. J. L. L. ARANGUREN, *La ética y la religión*: Vida Nueva n. 1. 827 (1992) 39.

c. Análise das "variantes" da moral cristã

Devemos a Aranguren finas e corretas análises das diversas formas de viver a moral cristã. A ética cristã brota de uma mesma e única fé. Mas essa dimensão moral da fé é entendida e vivida conforme preferências diferentes, condicionamentos histórico-culturais diversos e matizes religiosos plurais. Surgem assim as éticas cristãs peculiares do catolicismo, do luteranismo, do calvinismo, do anglicanismo e da ortodoxia.

Aranguren analisou a peculiaridade das éticas luterana e calvinista e, em menor amplitude, a da ética anglicana em comparação com a católica[17].

d. O "ethos" católico na sociedade atual

Quarenta anos depois de ter estudado o "catolicismo e o protestantismo como formas de existência", Aranguren voltou a falar sobre o *ethos* católico e sobre sua presença na sociedade atual[18]. Segundo ele, no pluralismo pós-moderno e um tanto céptico, "o *ethos* católico, por menos visível que seja, voltou a ser dominante, mais livre, também de si mesmo, da 'representação' de seu papel"[19].

A partir dessa situação ele propõe recuperar para o *ethos* católico sua mais genuína e etimológica noção e função. "Aberto a tudo, em especial ao amor, tolerante, compreensivo, comunicativo, dialogante. Com quem? Com todos e com tudo: com outras religiões, crenças e não crenças, com a filosofia e com outras filosofias, com a ciência e com outros caracteres ou modos de ser"[20].

3. Anotações avaliativas

Depois de recordar a relação da reflexão ética com a religião na geração dos "mestres", podemos fazer três constatações, as quais, do meu ponto de vista, têm caráter de avaliação.

---

17. J. L. L. ARANGUREN, *Catolicismo y protestantismo como formas de existencia* (Madri, 1952; reeditado em 1980); *El protestantismo y la moral* (Madri, 1954); *La ética protestante*: V. CAMPS (ed.), Historia de la Ética, vol. 3 (Barcelona, 1988) 490-506.
18. J. L. L. ARANGUREN, *El ethos católico en la sociedad actual*: M. VIDAL (Dir.), Conceptos fundamentales de ética teológica (Madri, 1992) 31-33.
19. *Ibid.*, 32.
20. *Ibid.*, 32-33.

Em primeiro lugar, na Espanha, o pensamento filosófico tem sido em geral pouco sensível ao fato religioso, e, em concreto, não se tem confrontado em profundidade com o majoritário *ethos* católico. Tem preferido silenciar esse possível diálogo, do qual sem dúvida teriam provindo notáveis benefícios tanto para o pensamento humano como para a fé católica.

Da constatação precedente devemos excetuar a solitária figura e a influente obra de J. L. L. Aranguren. Suas reflexões sobre a relação entre ética e religião não somente têm sido freqüentes como também originais. Nenhum de seus discípulos soube ou quis continuar pelo caminho aberto por ele. Sob esse aspecto, ele é um "solitário" ou, usando o título que agrada a ele empregar, um "heterodoxo"[21].

A terceira constatação se refere à pouca "aceitação" que têm tido no mundo intracatólico as referências da filosofia moral à religião. Com exceção da tentativa de "condenação" da filosofia de Ortega, a teologia católica tem reagido pouco às posições dos intelectuais perante o fenômeno da moral religiosa e, mais concretamente, da cristã.

III. A NOVA GERAÇÃO DE FILÓSOFOS MORAIS

1. A abundante, embora repetitiva, filosofia moral

Nos últimos anos proliferaram na Espanha os filósofos morais. Digno de nota é o grupo de mulheres que se dedicam a esse ramo do saber filosófico. Aranguren mencionou as mais destacadas: "Penso em nomes como os de Victoria Campos, Adela Cortina, na Galícia, Esperança Guisán, na Catalunha, Margarita Boladeras. Algumas outras, como Amelia Valcárcel, por exemplo, não chegaram à cátedra precisamente porque suscitam receios e são vistas como 'demasiadamente' importantes sob o ponto de vista machista"[22].

A produção da ética filosófica foi e é importante. Na maior parte das vezes o discurso ético nacional se faz eco das posições que circulam no estrangeiro, sobretudo das posições da ética dialógica (Apel, Habermas), da ética neocontratualista (Rawls, Nozick), da ética comunitarista

---

21. Aranguren utiliza o adjetivo "heterodoxo" para definir-se enquanto cristão: "Eu costumo definir-me como um cristão heterodoxo, mas como muito bem precisou Díez Alegría, heterodoxo não quer dizer herético. Significa estabelecer uma relação de distanciamento, de crítica" (*Ética y cristianismo*: VÁRIOS, Ética universal y cristianismo (Madri, 1994) 16).
22. J. L. L. ARANGUREN, *Mujer y filosofía*: El País (20 de novembro de 1993) 13.

(McIntyre, Taylor), da ética da contingência (Vattimo, Rorty), da ética "a partir do outro" (Ricoeur, Lévinas) etc. Apesar dessa contínua referência às correntes gerais do pensamento, não faltam as contribuições próprias com um grau maior ou menor de originalidade, como por exemplo:

— o "contraponto do dissenso ético" no diálogo universalizável e legitimado democraticamente (J. Muguerza);
— a proposta da "ética mínima" como base moral da sociedade pluralista (A. Cortina);
— a atualização das "virtudes públicas" com o objetivo de uma melhor articulação entre moral pública e moral privada (V. Camps);
— a correlação entre construtivismo moral e desenvolvimento moral (J. Rubio Carracedo);
— a reafirmação do valor ético da pessoa como razão e fundamento do indiscutível compromisso social (C. Díaz).

Sem pretender analisar as diferentes propostas da filosofia moral atual na Espanha[23], não conviria deixar de assinalar alguns projetos de caráter coletivo. Em meu parecer, têm significado especial os dois seguintes:

— algumas obras coletivas nas quais se faz o balanço do Iluminismo[24] e mais concretamente das diversas concepções da ética que surgiram na cultura ocidental[25];
— a publicação de uma História da Ética, em três volumes, para a qual, sob a direção de V. Camps, contribuem com valiosas monografias os filósofos morais espanhóis de várias gerações[26].

2. Relação da ética com a religião

Enrique Bonete classificou as éticas existentes na filosofia espanhola contemporânea em dois grupos: éticas "fechadas" à religião e éticas "abertas" à religião.

---

23. Ver uma aproximação seletiva (sobre Mosterín, Muguerza, Camps, Quintanilla) em: E. BONETE, *Éticas contemporáneas* (Madri, 1990) 227-278.
24. C. THIEBAUT (ed.), *La herencia ética de la Ilustración* (Barcelona, 1991).
25. V. CAMPS-A. GUARIGLIA-F. SALMERÓN (eds.), *Concepciones de la Ética* (Madri, 1992).
26. V. CAMPS (ed.), *Historia de la Ética*, 3 volumes (Barcelona, 1988, 1989, 1992).

a. Éticas "fechadas"

Entre as propostas que "rejeitam claramente a conexão da ética com a religião" situam-se quatro das mais representativas do panorama da filosofia moral espanhola atual. São as seguintes, segundo Bonete[27]:

— Victoria Camps, "em tom prudente e severo, mas nada ambíguo, afirma em livros recentes (*La imaginación ética*, 1983; *Ética, retórica e política*, 1988), com maior ou menor insistência, e sempre como pano de fundo que a ética vem substituir a religião" e que mediante a atualização das *Virtudes públicas* (1990) "pode-se construir uma 'ética leiga' de acordo com a privatização da religião, própria de nossa sociedade secularizada".

— Esperanza Guisán, em tom "mais anticlerical", preocupa-se em seus escritos em justificar a necessidade de uma ética independente de sanções e dogmas religiosos, heterônomos, apriorísticos e sobre-humanos.

— Fernando Savater defende como único fundamento da moral a vontade individual. Por isso rejeita as morais religiosas, segundo as quais a vontade divina elimina a vontade humana.

— Javier Muguerza, em sua concepção da ética como um diálogo não "absoluto, mas com possibilidade de dissenso", não pode admitir o apoio absoluto da religião, já que assim se minaria a "perplexa" autonomia moral (*Desde la perplejidad*, 1990).

No item seguinte comentarei as opções "arreligiosas" de Guisán e de Savater. São duas posições refratárias ao fato religioso e as duas mais críticas diante do *ethos* católico de nossa sociedade. Quanto às propostas de Camps e de Muguerza, creio que, do ponto de vista filosófico, não contêm nenhuma incorreção: apresentam sua proposta ética na perspectiva filosófica, pondo entre parênteses a opção religiosa.

Devem ser anotados dois detalhes: Muguerza, às vezes convidado e assistente em círculos confessionais católicos (Instituto "Fe y Secularidad", Cátedra de Teologia "Santa Maria"), deixou-se interpelar pela "memoria passionis" ("memória da paixão") da teologia política de J. B. Metz e incorporou em seu projeto ético "o desafio lançado à razão pela injustiça irrecusável das vítimas da história". Embora postule uma ética

---

27. E. BONETE, *Éticas cerradas a la religión en la filosofía española contemporánea*: Vida Nueva n. 1. 798 (1991) 20.

"antropocêntrica" perante as tentativas "teocêntricas" e "titanocêntricas", não deixa de ser sensível ao "mais além" do grito dos vencidos pela razão da história[28].

Por seu lado, Camps dificilmente perderá de todo as influências recebidas em suas incursões no camËá da teologia ("Teólogos da morte de Deus"). Deve-se a sua pena o artigo *Lenguage ético*, que apareceu no suplemento da terceira edição do Diccionario Enciclopédico de Teología Moral[29].

b. Éticas abertas

Em contraposição às éticas "fechadas", Bonete assinala no atual panorama filosófico espanhol outro grupo, o de éticas "abertas" à religião[30]. Tais são as seguintes propostas, sobre as quais emito minha própria avaliação:

— José Gómes Caffarena, amigo e dialogante de muitos filósofos atuais (fiéis e não fiéis), esclareceu a "entranha humanista" do cristianismo e suas contribuições para a ética filosófica (*La entraña humanista del cristianismo*, 1988; *El teísmo moral de Kant*, 1983).

— Adela Cortina, além de introduzir em nosso país a ética dialógica (sobretudo de K. O. Apel), ofereceu a mais notável contribuição original à ética dentre as que existem até o presente na Espanha (*Ética mínima*, 1986; *Ética sin moral*, 1990, *Ética aplicada y democracia radical*, 1993). Seu universo ético não é alheio às sensibilidades axiológicas do cristianismo. Em um estudo chegou a postular o apoio da ética em Deus[31].

— Carlos Díaz, "é o pensador espanhol que com mais insistência reivindicou uma ética aberta e entrelaçada com a religião"[32]. Sua concepção da autonomia é a de uma "autono-

---

28. J. MUGUERZA, *Ética y teología después de la muerte de Dios: ¿Bloch o Horkheimer?:* Sistema n. 36 (1980) 19-38; ID., *Desde la perplejidad* (Madri, 1990) 441-473 ("Um colofão teológico-político").
29. V. CAMPS, *Lenguaje ético*: Diccionario enciclopédico de Teología Moral (Madri, 19783) 1385-1391.
30. E. BONETE, *Éticas abiertas a la religión*: Vida Nueva n. 1. 799 (1991) 21.
31. A. CORTINA, *Racionalidad y fe religiosa*: Iglesia Viva n. 87/88 (1980) 297-325 (especialmente, pp. 314-324).
32. E. BONETE, *op. cit.*, 21.

mia teônoma" (*El sujeto ético,* 1983), categoria muito semelhante à que é usada por muitos teólogos moralistas para fundamentar a ética teológica. Segundo ele, a ética autêntica é uma "ética de gratuidade" (categoria de sabor religioso) diante da "ética autocêntrica" (*Contra Prometeo,* 1980). No personalismo aberto para a transcendência readquire sentido a busca da "felicidade" (*Eudaimonía,* 1987) e o "querer próprio" (*Io quiero,* 1991).

c. Balanço

Tendo presente o panorama assim descrito, creio que o balanço da relação entre ética e religião não é claramente negativo. Com exceção de algumas posições extremas, a reflexão ética na Espanha não é globalmente contrária ao fato religioso. Outra coisa é a "forma" de religião com a qual se dialoga. Na maior parte dos casos ela não é a forma "oficialmente vigente".

Sem negar essa avaliação positiva, nota-se que faltam na reflexão ética estudos sérios sobre a presença (histórica e atual) do *ethos* cristão em nossa sociedade. Já observei que o caminho iniciado por Aranguren não teve continuadores nas novas gerações.

3. Diálogo com o fato cristão

O documento da Conferência Episcopal espanhola, *La verdad os hará libres,* fez uma análise das correntes éticas que se apóiam nos pressupostos da pós-modernidade: finitude, faticidade, laicismo[33]. O diagnóstico é exato em relação a algumas propostas éticas atuais. Mas essas propostas não são nem as únicas, nem as mais numerosas, nem as mais válidas, embora sejam as que "fazem mais barulho".

Em relação com algumas posições extremas, que analisarei no item seguinte, aplica-se a elas a descrição da cultura dominante feita no documento citado: "Junto com a aposta no chamado 'pensamento fraco', que renuncia a toda verdade última e definitiva, oculta-se um arraigado cepticismo perante os conceitos de verdade e de certeza, uma declarada alergia pelas grandes

---

33. CONFERÊNCIA EPISCOPAL ESPANHOLA, *La verdad os hará libres* (Madri, 1990).

palavras, um ressentido desencanto com as grandes promessas, o que acaba desacreditando não só as ofertas religiosas de salvação, mas também as propostas utópicas de libertação e fraternidade universais"[34].

Volto a repetir que existem posicionamentos éticos que se aproximam da descrição anterior, mas que essas propostas não são as mais representativas quantitativa ou qualitativamente.

Creio ser justo ressaltar os aspectos de diálogo com o fato religioso que existem na reflexão ética atual na Espanha. Anoto os seguintes:

— Na apresentação e na execução do importante projeto de se escrever uma *História da Ética* não estiveram ausentes as, por outro lado imprescindíveis, referências à ética cristã: em suas origens neotestamentárias, em sua formulação patrística e medieval, na reforma protestante, no jusnaturalismo neo-escolástico[35]. Não seria demais um estudo sobre o humanismo cristão e sobre a renovação cristã no século XX.

— Na já mencionada obra coletiva sobre as *Concepciones de la ética* no neo-aristotelismo, no kantismo, na axiologia e na fenomenologia, na psicanálise, no neocontratualismo, no utilitarismo, no vitalismo... faz-se presente a "ética da tradição escolástica" mediante um estudo sério e de suficiente amplitude[36].

— O diálogo entre a ética filosófica e o fato cristão não só se estabeleceu, aceitando o segundo no âmbito da primeira, como também a partir da ética teológica se estabeleceram pontes de diálogo. O sinal mais qualificado desse diálogo foi o projeto de oferecer os *Conceptos fundamentales de la ética teológica*[37], não de forma estritamente intrateológica e intraeclesial, mas de forma aberta ao debate ético público. A participação de colaboradores teve o objetivo de destacar o caráter aberto e interdisciplinar. Dos 45 autores um bom número

---

34. *Ibid.*, n. 25.
35. V. CAMPS (ed.), *Historia de la Ética*, vol. 1 (Barcelona, 1988) 282-345 (J. Gómez Caffarena sobre a ética e o cristianismo), 345-489 (S. Álvarez Turienzo sobre a ética medieval), 490-506 (J. L. L. Aranguren sobre a ética protestante). No vol. 2 (Barcelona, 1992) 1-74 (A. Vericat sobre o jusnaturalismo).
36. J. Ma. GÓMEZ-HERAS, *Ética y tradición escolástica*: VÁRIOS, Concepciones de la Ética (Madri, 1992) 105-129.
37. M. VIDAL (Dir.), *Conceptos fundamentales de ética teológica* (Madri, 1992).

provém de âmbitos não teológicos: J. A. Abrisqueta, J. L. L. Aranguren, G. Arias, V. Camps, A. Cortina, A. Domingo Moratalla, V. Fisas, D. Gracia, A. Hortal, J. R. Lacadena, N. M. Sosa, J. Rubio Carracedo.

IV. AS POSIÇÕES MAIS CRÍTICAS

Neste parágrafo desejo aludir às posições mais críticas do âmbito da filosofia moral perante o fato religioso e mais concretamente perante o cristianismo católico.

Deve-se notar que na Espanha não houve uma crítica tão virulenta contra a moral cristã como, por exemplo, a que apareceu na Itália com a obra de P. Flores d'Arcais, que, sob o ponto de vista do laicismo mais "confessional", faz uma crítica dura e pouco fundamentada do projeto moral de João Paulo II[38].

1. Negação de "racionalidade" à opção cristã

Como sustentador típico dessa posição pode ser designado Miguel A. Quintanilla[39]. Para ele, o critério básico da ação responsável é a decisão pelo racionalismo.

Mais concretamente:

— não devem ser admitidos enunciados que, por princípio, se coloquem acima da discussão racional;
— a ação responsável deve ser racional e, por isso, sua base é o conhecimento científico;
— o modelo da ação racional é a racionalidade tecnológica;
— por isso a ação responsável, se quiser ser crítica e científica, deve assemelhar-se à forma de ser e de agir da racionalidade tecnológica.

Segundo essa concepção da decisão humana, devem ser eliminados do universo moral todos os fatores que tenham justificação além da estri-

---
38. *Etica senza fede* (Turim, 1992).
39. O núcleo do pensamento ético de M. A. Quintanilla encontra-se em seu livro *A favor de la razón* (Madri, 1981).

ta racionalidade técnico-científica. Obviamente, os primeiros elementos a serem proscritos são os religiosos. As decisões dos cristãos, enquanto "cristãos", são privadas de legitimidade científica em nossa sociedade. Mais concretamente, a ética deve separar-se de toda pretensão de "salvação", deve ser uma ética puramente "leiga"[40].

Não se pode deixar de reconhecer um alto valor positivo a esse intento de elevar a racionalidade no agir humano. Mas deve-se admitir também um alto grau de "exagero" nessa proposta. Quintanilla sucumbe à tentação do fundamentalismo "cientista".

Com efeito:

> — Em primeiro lugar, a racionalidade "ética" tem sua peculiaridade e não pode ser identificada com a racionalidade tecnológica. O fundamento da decisão moral não o conhecimento científico, mas as cosmovisões, as compreensões do humano, os horizontes significativos etc. O critério de moralidade não é a "eficácia do resultado" como na racionalidade tecnológica, mas as realidades que são fins em si mesmas.

> — Em segundo lugar, as convicções religiosas (a fé) não são "irracionais". O critério de "criticidade" não é marcado nem monopolizado pela razão tecnológica. A racionalidade humana é muito rica em seu significado e em suas manifestações. A convicção religiosa (a fé) cabe nessa compreensão complexa da razão humana. Por isso não é sem sentido a presença da fé nos compromissos da ética racional.

2. Luta "passional" por uma "ética sem religião"

Essa parece ser uma das tarefas empreendidas pela filósofa moral Esperanza Guisán[41], a qual, além disso, lança "manifestos hedonistas", procura introduzir a "paixão" na ética, diz que a ética deve "olhar para a esquerda", faz críticas a Kant por causa de sua "moral machista" e expõe de forma mais acadêmica uma pesquisa sobre o "utilitarismo".

---

40. Essa idéia a desenvolve em: *Ética laica y educación cívica*: VÁRIOS, *Ética cívica y sociedad pluralista* (Madri, 1993) 77-94.
41. A obra que traz essa orientação é: *Ética sin Religión* (Santiago de Compostela, 1983). Refundida totalmente em: *Ética sin Religión* (Madri, 1993).

Esperanza Guisán, como toda lutadora passional contra a religião, não deixa de usar símbolos, expressões e palavras de sabor cristão[42]. É como se em sua cabeça continuassem funcionando os "fantasmas religiosos"; às vezes ela dá a impressão de falar sob a influência de experiências religiosas traumáticas, alheias ou próprias.

Quanto à sua proposta de uma "ética sem religião", creio que se trata mais de paixão do que de razão. Entre as "razões" (pseudo-razões) que ela aduz destacam-se as seguintes:

— Deus e a religião são contra a felicidade humana, contra uma compreensão hedonista da ética[43].

— O pensamento cristão medieval, rejeitando o mundo clássico, se opôs ao valor da felicidade, "introduzindo a suspeita sobre o mundo dos valores morais e das teorias políticas que têm como fim único e exclusivo produzir homens que gozem e contagiem felicidade". A Idade Média, segundo Guisán, deslocou interesses da ética clássica, desvio que é necessário corrigir[44].

— As éticas religiosas são "dogmáticas". Além disso, "amar a Deus" não leva a amar o homem, ao contrário[45].

— É possível alguém ser moral sem religião. Os elementos teológicos são "irrelevantes para a nova ética"[46]. Por isso "nem a moral depende lógica e necessariamente da religião, nem a religião se ajusta necessariamente à moral".

A posição "arreligiosa" de Guisán não é só de caráter acadêmico. Ela pretende traduzi-la na aposta por uma educação ética "leiga"[47], como indicarei a seguir.

Como avaliação positiva da proposta de Guisán por uma "ética sem religião", deve-se reconhecer seus acertos ao criticar os desvios excessivamente "ascéticos" e "dogmáticos" das éticas religiosas, bem como a afirmação da possibilidade de uma ética sem referências religiosas explícitas.

---

42. Em *El Manifiesto hedonista* (Barcelona, 1990) recorda o texto evangélico "de que se serve ao hombre..." (p. 14), recorda a Trindade (p. 78), Cristo (p. 101), Deus "todo-poderoso" (p. 100-101), o Cristo crucificado dos "oprimidos" (p. 101).
43. *Manifiesto hedonista*, 100-106.
44. *Ética sin Religión* (Santiago de Compostela, 1983) 53.
45. *Ibid.*, 14.
46. *Ibid.*, 54.
47. Esperanza Guisán faz a introdução da obra coletiva *Ética laica y sociedad pluralista* (Madri, 1993) 3-16.

Creio, todavia, que em seu conjunto sua proposta é:

— pouco profunda em sua crítica às éticas religiosas, as quais não se reduzem a "dogmatismos" e a "negações da felicidade";
— pouco lúcida na hora de apresentar razões positivas para justificar a ética sem religião: o recurso à felicidade é excessivamente reiterativo e monocórdio;
— pouco dialogante ao não aceitar opções não coincidentes com a sua.

3. Os ressaibos anticlericais da proposta da "educação moral leiga"

A "Liga espanhola da educação e da cultura popular" empenhou-se na louvável tarefa de introduzir a ética no sistema educativo. Em parte graças a seus esforços, a LOGSE aceitou no "currículo" escolar a matéria da "ética"[48].

Se bem que nem todos os que integram a Liga tenham a mesma atitude negativa perante a religião, a tonalidade geral é de sinal abertamente "arreligioso" (às vezes "anti-religioso") e "anticlerical". Essa é a conclusão que se tira da obra coletiva na qual aparece a proposta[49].

O adjetivo "leiga" aplicado à "ética" é correto quando significa a ética racional, filosófica ou civil. É correto também propor uma educação moral "leiga" se por ela se entende um conteúdo ético racional e, por isso, comum a fiéis e a não fiéis. Há anos venho defendendo uma educação moral "civil" no sistema educativo[50].

Entretanto, na proposta que estou comentando, o adjetivo "leiga" confere à ética algumas conotações especiais:

— insere-a numa história determinada de "laicismo" bastante dogmático, excludente e sempre em confrontação com o "confessionalismo";
— procura apoiá-la numa concepção de "racionalidade fechada" e oposta aos universos significativos que agem além da razão instrumental;

---
48. Cf. J. ARROYO, *Formación ético cívica: la perspectiva del programa "Cives"*: Diálogo Filosófico 7 (1991) n. 20, 241-248. Ver a proposta que a Liga apresentou à Administração: *La Ética en el Sistema Educativo*: Sociedad Española de Profesores de Filosofía de Instituto. Boletim Informativo 9 (1988) 75-78.
49. *Ética laica y sociedad civil* (Madri, 1994).
50. M. VIDAL, *La educación moral en la escuela* (Madri, 1981). Mais recentemente: M. VIDAL, *La estimativa moral. Propuestas para la educación ética* (Madri, 1998²).

— vincula-a necessariamente a uma opção agnóstica, de um agnosticismo que, no fundo, funciona como um ateísmo bastante combativo.

4. A proposta ética de F. Savater

A análise da proposta ética de Fernando Savater requereria um estudo amplo e detalhado, o que se torna impossível nesta exposição[51]. Limitar-me-ei a oferecer um conjunto de perspectivas gerais, relacionadas principalmente com sua atitude perante o *ethos* cristão.

Savater maneja, de forma brilhante, diversos gêneros literários; por outro lado, é um autor prolífico. Ele expôs o tema ético em numerosos escritos, usando vários gêneros literários[52].

Tendo como grandes mestres Spinoza, Schopenhauer, Nietzsche e Freud, seu sistema ético pode ser resumido nas seguintes afirmações nucleares:

— A ética se fundamenta no "querer". A pergunta ética não é "que devo fazer?", mas "que quero fazer?"

— Sendo a "vontade de valor" a base da ética, seu desenvolvimento consiste no "propósito ativo de excelência", no qual reside a "virtude"[53] enquanto "tarefa do herói".

— Na realização concreta, a vida moral consiste no amor próprio, sem se esquecer da sensibilidade perante a dignidade do "outro" ser humano.

---

51. Da vertente teológica existem algumas avaliações interessantes da ética de Savater: J. QUEREJAZU, *Ironía y tragedia: una nueva invitación a la ética. La Filosofía y la ética de Fernando Savater.* Moralia 8 (1986) 45-64; J. GÓMEZ CAFFARENA, *Ética y amor: propio y del otro:* Razón y Fe 220 (1989) 481-498.
52. Devem-se destacar:
    - Suas obras maiores: *La tarea del héroe* (Madri, 1981); *Invitación a la ética* (Barcelona, 1982); *Ética como amor propio* (Madri, 1988).
    - Seu grande acerto de divulgação, dedicado a seu filho adolescente: *Ética para Amador* (Barcelona, 1991).
    - Os estudos de caráter preferentemente histórico, em obras coletivas: *Vitalismo*: VÁRIOS, Concepciones de la ética (Madri, 1992) 297-308; *Schopenhauer*: V. CAMPS (ed.), Historia de la ética, vol. 2 (Barcelona, 1992) 500-521; *La gestión de la pluralidad ética*: VÁRIOS, La Ética día tras día (Madri, 1991) 277-386.
    - Os inúmeros artigos periodísticos, reunidos em livros: *Humanismo impenitente* (Barcelona, 1990); *Sin contemplaciones* (Madri, 1993); *El contenido de la felicidad* (Madri, 1994); *Sobre vivir* (Barcelona, 1994); etc.
53. *Invitación a la ética*, 70-93.

— Em síntese: a) o amor próprio é o fundamento da ética; b) a virtude consiste no individualismo; e c) o compromisso ético deve traduzir-se em reconhecimento ativo dos direitos humanos[54].

Nesse projeto ético não cabe a referência à transcendência. É certo que Savater escreveu com originalidade sobre o sagrado[55]. É certo que recorre à Bíblia como texto de inspiração[56]. Também é certo que, como ele mesmo confessa, "um autor não tem por que carecer de sensibilidade religiosa ou de receptividade perante o sagrado"[57]. Mas sua relação com a religião é por meio de um sentimento estático do "inabarcável", à maneira de Spinoza. Ele mesmo se declara "ateu praticante" ou "melhor, pouco religioso".

A ética de Savater admite um "mais além da ética", o qual consiste no humor, no amor, no sagrado, na morte[58]. Esse "mais além" não é, contudo, a transcendência religiosa. Para ele o "sagrado" se reduz a uma "imaginação criadora". Ele não analisa detidamente por que a ética não pode ser religiosa. Eis algumas das afirmações que ele deixa cair de passagem:

— as éticas religiosas são "dogmáticas";
— a moral religiosa se fundamenta na "lei divina onipotente", impedindo a autonomia humana;
— a moral religiosa é contrária à realização do núcleo ético, isto é, ao "amor próprio";
— a ética é auto-suficiente: ela se converte numa variante leiga da religião, na "religião dos não fiéis".

Em relação à ética cristã, Savater não demonstra interesse especial. Ele a considera dependente de um fundamento transcendente e, por isso, merecedora de um tratamento semelhante ao dispensado ao racionalismo ético tradicional. Tampouco dá atenção aos posicionamentos que se abrigam sob a mesma cobertura e sob a mesma denominação ética cristã. Nesse tema, Savater usa um clichê tópico e nada crítico ou diferenciador do cristianismo.

---

54. *Ética como amor propio*, 295-312.
55. *De los dioses y del mundo* (València, 1982); *Piedad apasionada* (Salamanca, 1977).
56. *Ética para Amador*, 72 ss.
57. *Humanismo impenitente*, 198.
58. *Invitación a la ética*, 107-150.

De forma mais concreta, atribui ele à ética cristã:

— o ter introduzido uma "falsa motivação" no amor ao próximo: "por amor a Deus";
— o opor-se ao "amor próprio" com um "altruísmo cristianóide";
— o entender a ética religiosa mais ou menos como "as ordenações da religião".

Como não podia ser de outro modo, Savater ataca as "propostas integristas de líderes tão combativos como o Papa Wojtyla e o aiatolá Komeini". Também descobre "certo cheiro clerical, que aureola tantos profissionais da ética na Espanha", daí que, segundo ele, o mesmo cura dê aulas de "religião" e de "ética".

É difícil fazer uma avaliação complexiva de todas as referências de Savater ao *ethos* cristão. Essa dificuldade se deve à "dispersão" e na pouca criticidade de suas reflexões sobre a dimensão religiosa da ética e, mais concretamente, da peculiaridade da ética cristã. Creio que com essa alusão aos traços de "dispersão" e de falta de "criticidade" já expressei nuclearmente minha avaliação.

Além dessa avaliação global, quero assinalar dois pontos de vista de Savater com os quais não concordo e que, por sua importância objetiva e por sua atualidade, merecem uma atenção singularizada. Refiro-me à atitude de Savater diante da relação entre "amor próprio" e "solidariedade" e diante da funcionalidade ética das religiões na sociedade atual.

No tocante à primeira questão, devemos fazer-nos eco da polêmica entre Savater e Adela Cortina sobre as vantagens e as insuficiências do "egoísmo ilustrado" (tal como é descrita a posição do primeiro) perante a "ética da responsabilidade solidária" (tal como se auto-intitula a segunda posição; cremos ser ela a instalação ética de Savater no "amor próprio"); por mais ilustrado que ele seja, não é suficiente para explicar *todo* o significado (e não só de uma parte) da experiência moral humana. Como acertadamente observa J. Gómez Caffarena, a ética se fundamenta no amor, mas esse amor deve ser "amor próprio e do próximo"[59]. As perspectivas cristãs ajudam a compreender melhor e a praticar mais eficazmente essa ampliação do amor, a fim de fazê-lo progredir até uma ética da responsabilidade solidária.

Savater polemizou também sobre a funcionalidade ética das religiões em ordem a transformar positivamente a sociedade humana. Polemizou,

---

59. J. GÓMEZ CAFFARENA, *a. c.*, 486-489.

em primeiro lugar, com Adam Michnik, jornalista polonês, que destacou o papel do cristianismo na conscientização e na oposição efetiva à ditadura comunista na Polônia e nos outros países do socialismo real[60]. Savater não reconhece esse dado[61], que é aceito, se bem que com matizes diferentes, pela opinião pública internacional. Creio que, neste caso, Savater não age com o *ethos* de um autêntico filósofo, cujo primeiro traço é o de ater-se à evidência da realidade.

Censura idêntica se pode fazer a Savater por causa de sua atitude diante da afirmação de Hans Küng sobre a função positiva das grandes religiões no "projeto de uma ética mundial"[62]. Ironizando a proposta de Hans Küng, Savater a ataca num artigo no qual volta a retomar a polêmica com Michnik.

Savater aceita a função de religião num nível meramente histórico. Se essa função simbólica se concretiza em mediações históricas, a religião é "poder clerical" indevido. Citando Lichtemberg, a religião cai na "ventriloquia transcendental": "em fazer as pessoas acreditar que algo que foi dito na terra provém do céu"[63].

Convertida a simbólica religiosa em religião histórica, esta, segundo Savater, não pode deixar de gerar germes de "fundamentalismo". Não se pode esperar dela uma funcionalidade positiva. Esse pensamento é expresso com as seguintes palavras: "Os sistemas religiosos são vastas e complexas metáforas de nosso habitar na Terra, com suas misérias e anelos. Enquanto conservam o correspondente nível retórico de sua força metafórica, podem oferecer instrumentos simbólicos adequados para a melhor compreensão do fenômeno humano. Mas se a metáfora se liberaliza em dogma e passa para a administração dos detentores oficiais da fé, recai nos piores e supersticiosos obstáculos para a efetivação da modernidade ilustrada e democrática, em boa medida ainda pendente de realização"[64].

Partindo desses pressupostos, a avaliação que Savater faz do projeto de Küng é previsível: "Ter-lhe-ia bastado reler Spinoza para recordar que essa conciliação universal é impossível na discrepância excomungatória das superstições acrisoladas e que a base ética universal não pode provir senão de uma religião racional de sinal muito diferente"[65].

---

60. L. MICHNIK, *Europa*: El País (27/XII/1989) 11.
61. *El futuro como regreso*: El País (17/I/1990) 11.
62. H. KÜNG, *Proyecto de una ética mundial* (Madri, 1992).
63. *Filosofía y Apocalipsis*: Claves n. 20 (1992) 2.
64. *Ibid.*, 8.
65. *Ibid.*, 8.

Creio que novamente Savater não se atém à realidade. Em primeiro lugar, a realidade da religião, a qual é mais que metáfora, ou, sendo universo simbólico, este chega a transformar o mundo. Tampouco se atém ele à realidade histórica, já que de fato as religiões, mesmo reconhecido seu alto grau de erros e injustiças, foram, são e continuarão sendo fatores críticos e utópicos da elevação moral da humanidade.

Com esse último pensamento, convertido em desejo, termino a presente análise da atitude da ética espanhola atual diante do fenômeno religioso. Oxalá o diálogo sincero e objetivo entre a racionalidade ética e as convicções religiosas, sem diminuir a racionalidade humana, abra-a ao universo benéfico da salvação e da graça de sinal religioso.

V. CONCLUSÃO DE CARÁTER SISTEMÁTICO

1. Abertura da Ética para a Religião

A relação entre Moral e Religião é um dos temas mais estudados e debatidos, tanto no campo da Religião como no terreno da Ética. Em outro lugar referi-me às várias dimensões dessa questão, aos diferentes posicionamentos e soluções que se tem dado, e à compreensão que dela se faz a partir da reflexão teológico-moral[66]. Mais concretamente, analisei o pensamento de um teólogo moralista em cuja síntese moral a conexão da dimensão moral com o universo religioso recebe um destaque especial. Refiro-me à posição de B. Häring, que, desde seu primeiro estudo sobre "o sagrado e o bom", colocou como base de sua compreensão da moral cristã a abertura da Ética para a Religião[67]. Aqui me limitarei a afirmar a coerência da abertura da Ética para a Religião.

Foi J. L. L. Aranguren quem formulou de forma certeira a inconsistência do "ateísmo ético". Entende-se por "ateísmo ético" a posição de rejeição de Deus (da Religião, da Transcendência) por motivos éticos, isto é, por acreditar que a afirmação de Deus conculca os valores do homem. Surge assim uma Ética que, explícita e postulatoriamente, rejeita a abertura para a Religião.

Dessa atitude diz Aranguren: "O 'ateísmo ético' se reduz ao absurdo, e se for consequente, deverá desembocar no derrocada nietzscheana da moral, no imoralismo de André Gide, na filosofia do absurdo de Camus, na

---

66. M. VIDAL, *Moral de Atitudes. I. Moral Fundamental* (Aparecida, São Paulo, 2000⁵) 161-178.
67. M. VIDAL, *Um Renovador da Moral católica. Bernhard Häring (1912-1998)* (Madri, 1998).

tremenda desordem moral da filosofia de Sartre, no niilismo denunciado por Heidegger como sinal de nosso tempo... A atitude ética separada (da religião) termina, portanto, como vemos, no absurdo, passando previamente pelo ateísmo ético. Sua raiz se encontra no racionalismo. O ateísmo ético é um produto racionalista, uma simplificação racionalista da realidade"[68].

O Magistério recente da Igreja reafirmou a fundamentação da moral em Deus. O Concílio Vaticano II, na declaração *Dignitatis humanae*, afirmou que "a norma suprema da vida humana é a lei divina, eterna, objetiva e universal, mediante a qual Deus ordena, dirige e governa, com o desígnio de sua sabedoria e de seu amor. Deus torna o homem participante dessa sua lei de modo que o homem, segundo dispôs suavemente a Providência divina, possa reconhecer cada vez mais a verdade imutável (cf. I-II, q. 91, a. 1; q. 93, aa. 1-3)"[69]. E o Papa João Paulo II afirma: "Só Deus, Bem supremo, é a base inamovível e a condição insubstituível da moralidade..."[70].

Admitir a abertura da Moral para a Religião não supõe privar de valor absoluto a pessoa. Pelo contrário, significa oferecer-lhe o fundamento mais seguro e o ideal mais elevado. Para o fiel, a pessoa é ordenada para Deus, não no sentido de "meio", mas de "fim em si". Isso o viu e exprimiu belamente Santo Tomás ao explicar a relação ontológica e axiológica entre Deus e a pessoa através da dialética da amizade[71]. É Deus precisamente quem possibilita à pessoa ser o que ela é: um fim. A dialética escravo-senhor é desbancada pela dialética da amizade.

Desse modo a ética *autônoma* (ou racional) pode ser ao mesmo tempo *teônoma* (ou religiosa). Para muitos moralistas atuais, nesse paradigma de *autonomia teônoma* está radicada a fundamentação da ética teológica, como assinalei em outro capítulo deste livro. Assinalei também que o significado correto da *autonomia teônoma* coincide com o que João Paulo II expõe com a expressão *autonomia participada*[72]. O mesmo João Paulo, fazendo um balanço (muito positivo) do Concílio Vaticano II[73], constata: "A mensagem conciliar apresenta Deus em seu senhorio absoluto sobre todas as coisas, embora também como garante da autêntica autonomia das realidades temporais"[74].

Ética aberta à Religião é a que integra as "convicções" religiosas — em

---

68. J. L. L. ARANGUREN, *Ética* (Madri, 1972)190-191.
69. *Dignitatis humanae*, 3.
70. *Veritatis splendor*, 99.
71. *Suma Teológica*, I, q. 20, a. 2 ad 3; cf. II, q. 1 a. 1.
72. *Veritatis splendor*, 41.
73. Cf. *Tertio millennio adveniente*, 18-20.
74. *Ibid.*, 20.

nosso caso, a fé cristã (teonomia) — ao movimento da racionalidade (autonomia). Assim se corrige o deslize kantiano de que toda "teonomia" seja "heteronomia", deslize que, não corrigido em tempo, distorce as relações entre a racionalidade ética e a dimensão religiosa, e impossibilita a compreensão e o significado da ética teológica. Creio que muitas das mútuas incompreensões, suspeitas e animadversões entre "racionalidade" e "fé" têm origem na articulação incorreta entre autonomia e teonomia. A afirmação de uma autêntica Ética aberta à Religião ajudará, sem dúvida, a vencer essas dificuldades.

2. Vinculação correta da Ética à Religião

Há muitas formas de vincular a moral à religião. Nem todas elas são corretas. Das articulações possíveis da moral com a religião algumas são mais perfeitas que outras.

Modos incorretos de vincular a moral à religião são os que levam a uma das duas situações seguintes: à "moralização" da religião, ou ao "fundamentalismo religioso" da moral.

Cai-se na "moralização" da religião quando se faz dela uma parte da moral ou quando se banha com "moralismo" todo o universo religioso. Na história do cristianismo podem ser constatados amplos e profundos processos de "moralização" da fé e da celebração cultual. Um sintoma dessa síndrome de moralização é entender e viver o conteúdo das três primeiras "palavras" do Decálogo em forma de preceito jurídico-moral e não em chave de Aliança.

O "fundamentalismo religioso" aparece na moral quando a religião elimina a racionalidade ética e favorece o "fideísmo ético", o qual não é outra coisa senão o apoio e a justificação do irracionalismo moral, a intransigência e toda forma de heteronomismo ético.

A articulação correta entre moral e religião é a que se estabelece respeitando a peculiaridade de cada uma das duas formas de expressão do mundo pessoal, integrando-as em uma síntese superior.

A atitude moral e a atitude religiosa não são duas formas contrapostas e inconciliáveis, como pensava N. Hartmann, mas cada uma delas tem sua peculiaridade irrenunciável, como destacaram os estudiosos do tema. Pode-se dizer, como afirmação sintética, que a atitude moral se organiza em torno do que é "justo", ao passo que a atitude religiosa se estrutura em torno do que é "santo"[75].

---

75. Ver o livro de B. HÄRING, *Das Heilige und das Gute* (Kralling vor München, 1950).

A vinculação correta entre a moral e a religião se estabelece na sintaxe do único sujeito pessoal no qual podem articular-se diversos sentidos, sem se confundirem nem se oporem. Disse-o belamente Aranguren, com palavras citadas acima, a saber que "toda existência bem composta e sóbria será, ao mesmo tempo, religiosa e moral. O esforço ético, retamente exercido, abre-se necessariamente para a religiosidade e termina por desembocar nela. E, por seu lado, a atitude religiosa eficaz frutifica em ação moral, em boas obras"[76].

Bibliografia:

— Um diálogo, em alto nível e com sumo respeito, entre posições crentes e leigas no terreno da Ética se encontra no intercâmbio entre U. ECO e C. M. Martini, *¿En qué creen los que no creen?* Temas de Hoy, Madri, 1997.
— Sobre a relação entre ateísmo e moral continua válido o estudo de J. DE FINANCE, *Ateísmo y problema moral,* VARIOS, El Ateísmo contemporáneo, III. Cristiandad, Madri, 1971, 335-377.
— Sobre a possibilidade de integrar a *autonomia* e a *teonomia* na vida moral e no discurso ético faz anotações valiosas J. MARÍAS, *Tratado de lo mejor,* Alianza, Madri, 1995, 29-35, 175-180.
— Estudam bem as relações entre Ética e Religião: J. MARTÍN VELASCO, *Religión y moral,* M. VIDAL (Dir.), Conceptos fundamentales de ética teológica, Trotta, Madri, 1992, 185-103; C. GÓMEZ SÁNCHEZ, *Ética y religión. Una relación problemática,* Sal Terrae, Santander, 1995; J. GÓMEZ CAFFARENA, *Religión y ética,* Isegoría n. 15 (1997) 227-270.
— Examina a questão na perspectiva teológica B. HÄRING, *El desarrollo de la vida cristiana,* VÁRIOS, Mysterium Salutis, V. Cristiandad, Madri, 1984, 207-275 (especialmente 209-241).
— Proposta de uma convergência ética das grandes religiões: H. KÜNG, *Proyecto de una ética mundial,* Trotta, Madri, 1992; H. KÜNG-K. J. KUSCHEL, *Hacia una ética mundial,* Trotta, Madri, 1994.

---

76. J. L. L. ARANGUREN, *Ética* (Madri, 1975) 165.

6

SITUAÇÃO ATUAL DA VIDA MORAL E DO DISCURSO ÉTICO

Para completar as abordagens dos capítulos precedentes acerca do horizonte racional da Ética aludiremos neste capítulo à situação em que se encontram no momento atual a vida moral e o discurso ético.

I. APRESENTAÇÃO

Há uma coincidência inicial entre os que se dedicam a refletir e a expor os fundamentos e os conteúdos da moral. Eles costumam iniciar o discurso e a exposição com uma alusão à situação de crise em que se encontram tanto o comportamento moral como a correspondente teoria ética.

Nesse modo de enfocar e descrever a situação da vida e da teoria morais existe uma evidente concessão a um tópico hermenêutico de nossa cultura: o de adotar a categoria de *crise* como chave interpretativa em toda tentativa de análise socioantropológica das realidades humanas.

Apesar disso, creio que na relação com o fenômeno da moral continua tendo funcionalidade a categoria de crise para se descrever adequadamente a situação atual. Com a condição, é claro, de usá-la de uma forma crítica. Para isso é necessário assumir previamente a crítica da categoria de crise.

No presente capítulo proponho-me, expor a situação pela qual passam atualmente os valores morais. Num primeiro momento apresento um quadro conceitual para situar apropriadamente o discurso. Continuando, em vários itens inclui algumas das análises existentes e ofereço minha própria contribuição no tocante à situação atual da moral. Por último, detenho-me em assinalar a possível alternativa para a situação atual. É precisamente essa orientação prospectiva e esperançosa o objetivo principal e último de toda a exposição.

Sem negar a crise moral do presente, procurarei ver a ética como um *sinal de esperança* em nosso mundo. O Papa João Paulo II pronunciou duas catequeses sobre os sinais de esperança que, no final do milênio, apareceram tanto no mundo como na Igreja[1]. Dentro desses sinais positivos creio que se possa situar a dimensão ética da pessoa. É sobre a segurança da existência da sensibilidade moral que se apóia, em grande medida, a esperança da humanidade.

Depois de analisar a crise moral do presente, deter-me-ei na vertente ética da esperança, sabendo que ela tem uma plenitude escatológica, a saber, a segurança oferecida pela salvação de Deus realizada em Cristo.

II. QUADRO CONCEITUAL DA "CRISE"

1. Desdramatização do tema

Falar hoje em crise implica situar-se num terreno de grande imprecisão semântica e, por isso, exposto à retórica estéril ou à ideologia camuflada. Esses riscos aumentam quando se fala de crise com referência aos valores. Costuma haver muita imprecisão e muita carga afetiva sob a expressão "crise de valores", por causa do caráter fluido e protéico do conceito e da realidade do valor.

O risco de imprecisão, de uso retórico e de manipulação ideológica atinge o nível máximo quando se alude à "crise dos valores morais". Ao se mencionar essa crise parece que se assinala o agulheiro do niilismo, por onde desaparecem as seguranças do viver e o rumo da existência individual e coletiva.

A mente do ser humano é hiperbólica e propensa a criar mundos distorcidos pelo exagero. A grandiloqüência é uma tentação contínua da condição humana. Por isso deve-se ter sempre pronta a terapia da objetividade e da moderação. Sirva isso para desdramatizar a chamada "crise dos valores morais".

---

[1]. As catequeses foram pronunciadas nas quartas-feiras 18 e 25 de novembro de 1998. Tradução castelhana em: Ecclesia n. 2. 923 (12 de dezembro de 1998) 35-36 e n. 2. 925 (26 de dezembro de 1998) 30-31.

Convenço-me cada vez mais da inutilidade do gênero da "moral patética" para descrever a situação moral de uma época. O melhor método para se conhecer essa situação é o de analisar as variações históricas na estimativa moral humana[2].

Nossa época não é pior do que outras, talvez seja melhor que a maior parte das anteriores. O que sucede é que ela tem suas próprias crises como se deu com as etapas precedentes. Tomar nota e fazer ponderação sobre a crise moral de nossa época significa viver lucidamente, sem ceder nem à tentação da irresponsabilidade, nem ao desânimo do catastrofismo.

2. O conceito geral de "crise"

O termo "crise" é usado com uma grande variedade de significados. Alguns deles são exatos; outros supõem um uso semântico pouco ortodoxo.

O uso comum desse vocábulo acumulou sobre ele significações de caráter preferentemente negativo. Assim crise é identificada com decadência, depressão, perda de coragem, situação problemática (em economia, em política), desorientação (na cultura, na religião). Por outro lado, o uso culto pretende reivindicar para o termo crise um conteúdo semântico positivo, em conformidade com sua etimologia grega (do verbo *krinein*, "julgar"). Assim crise significaria juízo, discernimento, decisão final sobre um processo iniciado, mudança decisiva, escolha.

Eu uso aqui o termo crise com o significado mais exato e neutro que lhe corresponde segundo o testemunho do *Diccionario de la lengua*. Seu núcleo significativo indica uma *variação importante* dentro do processo normal de uma realidade, variação que dá origem a uma *dificuldade especial* para o desenvolvimento de dito processo.

A crise, enquanto variação especial e enquanto aumento correspondente de dificuldade, tem aplicação primeira no terreno da enfermidade. Esse é o primeiro significado mencionado pelo *Diccionario de la lengua*: "mudança considerável numa enfermidade, para melhora ou para piora do enfermo"[3]. Por extensão, esse termo é aplicado também a outros processos humanos (negócios, vida política etc.). Essa extensão é acolhida no segundo significado que o *Diccionario de la lengua* lhe atribui: "mudança

---

2. Sobre a inutilidade do gênero da "patética moral" e sobre a conveniência de utilizar a análise das "variações na estimativa moral", cf. M. VIDAL, *Moral de Atitudes. I. Moral Fundamental* (Aparecida, São Paulo, 2000[5]) 38-49.
3. REAL ACADEMIA ESPAÑOLA, *Diccionario de la Lengua española* (Madri, 1984[20]) I, s. v.

importante no desenvolvimento de outros processos, seja de ordem física, histórica ou espiritual"[4].

A vida humana, em suas variadas manifestações, é um processo e, como tal, inclui uma variação continuada e conseqüentemente uma dificuldade permanente. Essa é a crise em sentido amplo.

Mas há determinadas situações nas quais a variação é de um sinal mais amplo e profundo. Essa mudança acrescenta um suplemento de dificuldade à taxa normal que corresponde à vida. Essa é a crise em sentido estrito. Segundo essa noção estrita de crise, o suplemento de dificuldade coincide, e até se identifica, com o aparecimento de uma mudança especial no processo normal. As duas realidades, mudança e dificuldade, são inseparáveis e integram a unidade do fenômeno "crise". A mudança alude mais diretamente à vertente objetiva, ao passo que a dificuldade se refere mais expressamente ao momento subjetivo.

Toda crise tem uma origem causal, que não provém da mera casualidade, nem se deve a programações automáticas da realidade. As mudanças importantes da vida humana acontecem pelo jogo das causas e concausas, em grande medida controladas pela liberdade humana. Por outro lado, a crise introduz uma mudança no processo humano no qual ela se situa. Pois bem, o sinal dessa mudança (positiva ou negativa; evolutiva ou regressiva) depende do desenlace do nó crítico.

A crise, por ser uma condição do humano, se exprime nos âmbitos básicos da existência humana como:

— categoria *biológica*: crise no crescimento biológico;
— categoria *psicológica:* crise no desenvolvimento psíquico;
— categoria *social, política, econômica, cultural, religiosa:* crise nesses âmbitos da existência humana, individual e coletiva.

As crises são *estruturais* quando supõem uma variação especial, mas dentro de um esquema evolutivo. São *situacionais* quando dependem de fatores conjunturais. Sua maior ou menor importância se mede pela dificuldade que elas trazem e pelo significado que tiver a solução da mudança. Não é demais sublinhar que existe uma inter-relação de umas crises com outras, originando um sistema de crises dentro da realidade unitária do humano.

---

4. *Ibid.*

3. A crise moral

Há a crise moral em sentido lato. Ela se identifica com a variação trabalhosa normal dos processos morais da existência individual e coletiva.

Há também a crise moral em sentido estrito, a qual se verifica nas mudanças consideráveis do moral e em suas correspondentes dificuldades especiais para a vida ética das pessoas humanas. Aqui eu me refiro a esta última.

A crise moral em sentido estrito adota várias modalidades. Eis uma classificação formal, na qual estão reunidas suas principais manifestações:

— em razão da pessoa: crise moral *individual e coletiva;*
— em razão da causa: crise moral *estrutural* ou evolutiva e crise situacional ou *conjuntural*;
— em razão do conteúdo: crise dos *valores em geral* e crise de *determinadas áreas* dos valores morais;
— em razão da forma de apresentação: crise na moral *formulada* e crise na moral *vivida*;
— em razão da amplitude: crise *do moral em geral* e crise de uma determinada *opção moral* (por exemplo, a opção moral cristã);
— em razão de sua profundidade: crise *radical* e crise *superficial*;
— em razão da solução: crise *positiva* e crise *negativa.*

Esse quadro se compõe de distinções formais. Na realidade, a crise moral adota formas mais complexas, nas quais interfere a maior parte das modalidades aludidas. Não obstante, ao se falar de crise moral, convém que se indique a perspectiva adotada e a qual modalidade de crise a consideração se refere preferencialmente.

Numa consideração como a presente não procede abordar o problema dos momentos críticos na evolução do sentido moral da pessoa[5]. O interesse deve centrar-se na crise moral como *macrofenômeno do atual momento sócio-cultural.* Além disso, o que interessa não é tanto a crise do conteúdo dos valores morais quanto a crise da *estrutura estimativa* moral. Esses são os dois parâmetros nos quais situo as referências ulteriores à crise moral atual.

---

5. Sobre o desenvolvimento do sentido moral no indivíduo, com seus correspondentes pontos críticos, tratei em outro lugar: M. VIDAL, *La estimativa moral. Propuestas para una educación ética* (Madri, 1999²) 49-76.

III. TRÊS ANÁLISES SIGNIFICATIVAS SOB O PONTO DE VISTA FILOSÓFICO

Antes de referir-me aos documentos da Igreja e de oferecer minha análise da situação moral atual, menciono as apreciações de três pensadores espanhóis que se exprimiram sobre a crise moral de nossa época. Refiro-me a J. Ortega y Gasset, a J. L. L. Aranguren e a J. Marías. O ponto de vista desses três filósofos ampliará nosso horizonte para descobrirmos melhor o significado do que acontece no campo da moral. Por outro lado, as três apreciações se escalonam no tempo, abrangendo um período bastante amplo e, por isso, suficientemente representativo.

1. Análise de J. Ortega y Gasset

Continua válida, no fundamental, a análise orteguiana da sociedade de massas e de sua incidência na sensibilidade moral. Em 1926 Ortega começou a expor sua descoberta da "rebelião das massas", descoberta que, em 1929, submeteu a rigorosa análise, da qual se seguiu seu livro mais famoso e mais apreciado: "A rebelião das massas"[6].

Por ora não nos interessa seguir passo a passo a análise de Ortega, nem estudar o fenômeno da massificação como indicador sociológico e como traço configurador de uma nova forma de sociedade. Aqui o que nos interessa é constatar a relação do homem-massa com a moral.

Em várias passagens de sua obra Ortega afirma categoricamente: "A civilização européia — eu o repeti mais de uma vez — produziu automaticamente a rebelião das massas. Por seu anverso, o fato dessa rebelião apresenta um aspecto ótimo; já o dissemos: a rebelião das massas é a mesma coisa que o crescimento fabuloso da vida humana em nosso tempo. Mas o reverso do mesmo fenômeno é tremendo: vista por esse lado, a rebelião das massas é a mesma coisa que a desmoralização radical da humanidade"[7].

Para Ortega, o homem-massa ficou "sem tarefa, sem programa de vida". Por isso ele volta a repetir: "Esta é a pura verdade. Todo mundo — nações e indivíduos — está desmoralizado"[8].

---

6. J. ORTEGA Y GASSET, *La rebelión de las masas* (Madri, 1959[33]).
7. *Ibid.*, 187.
8. *Ibid.*, 198, 199.

O livro se encerra com outra afirmação de caráter geral: "Esta é a questão: a Europa ficou sem moral... Não acrediteis numa só palavra quando ouvirdes os jovens falarem da 'nova moral': Nego redondamente que exista hoje em algum lugar do continente algum grupo informado pelo novo *ethos* que tenha aparência de moral"[9].

Esta foi a contribuição de Ortega: a sociedade de massas faz descer o nível moral. "O importante no livro de Ortega y Gasset não é a denúncia do advento das massas como conseqüência do aumento da população mundial, mas seu empobrecimento ético. Para Ortega o homem-massa é o homem imoral ou, melhor, amoral. É difícil, na verdade, que no homem-massa cresçam valores éticos"[10].

Levado por seu criticismo intelectual e por seu gosto elitista, Ortega descobriu o flanco negativo da situação presente na relação com a sensibilidade ética. Não se pode negar-lhe acerto no que afirma. As reflexões teóricas e os estudos empíricos testemunham a favor da intuição orteguiana: a situação atual tem uma vertente refratária à moral. Não obstante, a análise de Ortega não compreende o significado total da situação atual. Existe outra vertente, que não foi iluminada pela perspicácia orteguiana. Essa vertente, como direi adiante, é propícia à sensibilidade moral.

2. Apreciação de J. L. L. Aranguren

As apreciações de Aranguren sobre a situação moral do presente não são certamente ingênuas, nem otimistas. Sua alta lucidez de intelectual crítico soube descobrir os veios de amoralidade que atravessam a geografia da consciência moderna. Todavia, para ele, embora as folhas da ética se tenham secado, sua raiz continua com vida e com a capacidade de fazer a planta da Moral reverdecer e florescer novamente.

Dentre os vários matizes de sua apreciação sobre a situação moral atual sobressaem as quatro orientações seguintes[11]:

— Há um *vazio* moral, que poderá ser preenchido somente pela *atitude* moral: "Esse vazio moral e essa desmoralização, parece-me, são os traços mais característicos de nossa época

---

9. *Ibid.*, 261.
10. J. J. LÓPEZ IBOR, *Lecciones de psicología médica*, II (Madri, 1968³) 243.
11. J. L. L. ARANGUREN, *Lo que sabemos de moral* (Madri, 1967) 53-61; *Moralidades de hoy y de mañana* (Madri, 1973) 141-157, 159-170; *Talante, juventud y moral* (Madri, 1975) 137-174, 205-225; *Los jóvenes y el pasar de la moral* (Madri, 1979) 9-16.

no tocante a nosso tema. Descartes falou de uma moral 'provisoire', e Kant propôs uma moral 'formal'. Mas somos nós que, se estamos realmente animados de uma *atitude* moral, que temos de vivê-la como formal e provisória, o quê na realidade vivida não foi o caso de Kant nem de Descartes"[12].

— Há uma *perda de evidências* éticas que pode ser tolerada e assumida somente mediante a recuperação da *responsabilidade* e da *criticidade* morais: "Vê-se que estamos atravessando um período difícil de crise da moral... É somente do interior desse problema total de recuperação da responsabilidade pessoal e dessa situação envolvente de problematização de todos os temas morais que o homem contemporâneo deve considerar a questão para sair dela"[13].

— Há uma *heterodoxia moral* que descobre a profunda inquietação ética da pessoa: "A moral que em nosso tempo está emergindo é heterodoxa de todas as 'doxas' recebidas. É heterodoxa, de um lado, em relação à ortodoxia moderna da laboriosidade, do triunfo e do êxito. Por outro lado, ela é, ou se diz, heterodoxa da moral atual da diversão e do bem-estar programados e do consumismo. Assim a clássica ortodoxia do dever, da busca da perfeição e da vontade de realização pessoal é rejeitada... A vida é concebida como um 'errar', motivo pelo qual bem se pode cair em 'erro'"[14].

— A crise *econômica* e de *civilização* pôs em evidência a debilidade do *ethos* prevalecente do "negócio" e da "diversão". A solução está numa nova ética que se defina pelos traços seguintes: 1) gozadora (ética de cunho neo-hedonista: busca do prazer, não individual, mas minicomunitário); 2) ascética (sabendo tirar prazer das realidades simples). Perante o *ethos* do negócio e da diversão, a alternativa válida é o *ethos* do "repouso", entendido como "pouso" e como "descanso"[15].

Os diagnósticos de Ortega e de Aranguren não são contraditórios.

---

12. *Moralidades de hoy y de mañana*, 169.
13. *Ibid.*, 151-152.
14. *Heterodoxia moral y vital*: El País (28/II/1979).
15. *Ética de la penuria*: Revista de Occidente 1 (1980) 67-74.

Cada um deles exprime uma vertente da situação. Se os dois coincidem na apreciação globalmente negativa, Ortega destaca mais o fator pelo qual a situação presente é refratária ao moral, concretamente, a condição sociocultural da massificação; por seu lado, Aranguren indica de forma mais detida as manifestações da crise moral bem como as possíveis saídas dela.

3. Apreciação de J. Marías

Em um simples, mas maduro tratado sobre a Ética, J. Marías dedica vários itens à análise da situação moral atual[16]. Com fidelidade ao gosto orteguiano, começa ele por uma crítica às análises que se deixam guiar unicamente pela "moral patética" e pelo pessimismo: "Se existe algo constante é a queixa de todos os tempos a respeito da imoralidade dominante comparada com as épocas anteriores. Isso faz pensar que se trate de uma reiterada ilusão, que leva a aumentar os males presentes e a idealizar o passado. Seria frívolo e irresponsável dizer que nossa época é particularmente imoral, mais que outras, nas quais se disse o mesmo. Não é fácil sabê-lo, nem sequer provável"[17].

Apesar dessa crítica inicial às hermenêuticas pessimistas, J. Marías se detém de modo especial no aspecto negativo da situação moral atual. Suas análises se concentram num conjunto de perspectivas que tratam de captar a *estrutura* moral de nossa época, sem deter-se na crise dos conteúdos concretos.

— O traço básico que descreve nossa época, no referente à estrutura moral, é o da *desorientação*. "O que parece evidente nesse final do século XX é um alto grau de desorientação e, portanto, de insegurança. E para isso há muitas razões, as quais justificam a verossimilhança dessa impressão"[18]. A desorientação da qual fala Marías se refere aos critérios para julgar sobre a "normalidade" moral de muitos comportamentos e situações. Isso impede de organizar a vida mediante "convicções" raciocinadas e razoáveis, ao menos no nível do público[19].

— A desorientação moral atual tem uma relação estreita, de caráter

---

16. J. MARÍAS, *Tratado de lo mejor. La moral y las formas de la vida* (Madri, 1995) 113-153.
17. *Ibid.*, 113.
18. *Ibid.*, 113.
19. Cf. *Ibid.*, 113-119.

causal, com o *enfraquecimento das vigências religiosas,* fenômeno esse que se iniciou no século XVIII e culminou no final do século XX[20]. Nas vigências religiosas "se fundamentava a moralidade até boa parte do século XVIII"[21]. Os dois últimos séculos conheceram uma variação radical nesse aspecto da vida pessoal e social. "As vigências de origem religiosa vieram perdendo vigor, conservando-se em muitos casos de maneira inercial... Há casos em que parece existir uma vigência enérgica; mas se se olha bem, descobre-se que ela tem um caráter mais combativo e beligerante do que propriamente religioso; algo que não pode consistir *em instalação,* como é próprio da vigência religiosa"[22].

— Ao enfraquecer-se sua ligação com a religião, a moral ocidental manteve muitos conteúdos precedentes, mas *sem o fundamento* que os justificava[23]. "Tem sido freqüente uma moral 'leiga' — no sentido que usualmente se dava a esse termo — que não admite um fundamento religioso, mas coincide com a moral 'cristã' na maioria das normas de conduta, até com maior rigor"[24]. Mas, com o passar do tempo, a moral leiga se debilita por carecer do horizonte de sentido último e do fundamento justificador. "As normas vão caindo no vazio, sem ponto de apoio"[25].

Marías indica também alguns sinais nos quais se concretiza a desorientação moral de nossa época. Esses traços derivados, que dão uma concreção maior à crise moral de nossa época, são os três seguintes: a vacilação diante das trajetórias vitais possíveis, a tendência para a homogeneização e a perda do valor pessoal do ser humano.

— *Vacilação diante das trajetórias possíveis*[26]. É um fator positivo de nossa época a oferta cada vez maior de possibilidades que temos diante de nós. Mas esse dado, em si positivo, tem um lado negativo: vive-se em permanente busca, em mudança contínua, em interrupção de projetos vitais. Por isso "a adesão às trajetórias (vitais) é muito fraca, e isso faz que se ressinta o sentido da lealdade ou fidelidade em todas as ordens... As noções de *destino* ou *vocação* se desvanecem até o ponto em que são

---

20. Cf. *Ibid.,* 121-127.
21. *Ibid.,* 121.
22 *Ibid.,* 127.
23. Cf. *Ibid.,* 129-134.
24. *Ibid.,* 129.
25. *Ibid.,* 132.
26. Cf. *Ibid.,* 149-153.

pouco usadas e são muitos os que não se atrevem a empregá-las. Vejo nisso a causa principal de que, apesar das condições gerais serem mais favoráveis do que na maioria das épocas, a felicidade é talvez menos freqüente na nossa, ou pelo menos perde grande parte de sua possível intensidade"[27]. Pergunta-se Marías: "Que tem tudo isso a ver com a moralidade?" E responde: "Poderíamos dizer que tem una significação estrutural. Mais que uma imoralidade no sentido dos atos concretos e singulares, o que se produz é algo prévio e envolvente: uma evaporação ou atenuação do *sentido moral*"[28].

— *Tendência para a homogeneidade abstrata*[29]. Tendo como fundo a interpretação orteguiana da "rebelião das massas", Marías afirma que "a homogeneidade é a grande tentação desta época, especialmente desde 1960, quando começaram muitas coisas características dos decênios seguintes... A submersão na 'massa', a demissão da condição pessoal, é um traço de uma parte considerável das pessoas deste final do século XX"[30]. Como para Ortega, também para Marías a massificação homogeneizada e homogeneizadora acarreta fatores de des-moralização: "Ela produz um retrocesso da personalidade, da liberdade e do sentido da moralidade"[31].

— *Perda do valor pessoal do ser humano*[32]. "Desde o século XVII vem se insinuando uma interpretação não pessoal do homem"[33]. E isso devido a duas razões: a consideração "cientista" do ser humano, reduzido a uma "coisa" a mais, e a hostilidade à religião. Debilitada a apreciação do ser humano enquanto pessoa, debilita-se também a dimensão moral. Ela requer a referência inevitável a uma realidade que tenha a condição de pessoa, e não de mera coisa.

Essa análise de J. Marías sobre a situação moral de nossa época denota reflexão pessoal, tem originalidade e descobre significados profundos na crise moral. Para ele, a presente crise moral se iniciou no século XVIII e se concretizou basicamente na variação das "vigências". Essa variação de

---

27. *Ibid.*, 153.
28. *Ibid.*, 153.
29. *Ibid.*, 141-147.
30. *Ibid.*, 144.
31. *Ibid.*, 147.
32. Cf. *Ibid.*, 135-141.
33. *Ibid.*, 137.

vigências é o que produz a atual "desorientação" moral. "Em nosso tempo aconteceu a evaporação de certas vigências, que não foram substituídas ou, mais ainda, produziu-se uma irrupção de outras, que vão diretamente contra esse núcleo, isto é, contra a própria suposição da moralidade"[34].

Apesar de deter-se de preferência na vertente negativa da situação moral atual, Marías projeta uma vista geral de tom otimista e esperançoso. Em primeiro lugar, relativiza o significado histórico da crise atual: "A crise da moral em nosso tempo não é um fato histórico único; as épocas de instalação relativamente estável numa forma de moralidade se alternaram com fases de desorientação mais ou menos profunda, cujas causas foram muito diversas"[35]. Em segundo lugar, descobre no horizonte atual sinais de recessão da crise moral: "Não parece inverossímil que a desorientação moral comece a diminuir"[36]. Em terceiro lugar, e sobretudo, Marías crê na indestrutível consciência pessoal do ser humano: "O que pode dar esperança, no meio de dificuldades que seria insincero ocultar, é que o homem, queira ou não, é pessoa e, mesmo que ponha essa condição entre parênteses, na última hora tem de sair deles e recobrar aquilo em que inexoravelmente consiste"[37].

IV. A CRISE MORAL ATUAL SEGUNDO JOÃO PAULO II

Em seu amplo e profundo magistério moral, João Paulo II tem-se referido com freqüência à crise moral contemporânea. Já em sua primeira encíclica, *Redemptor hominis* (1979), fez ele alusão ao "relaxamento dos princípios da moral" e à "permissividade moral", e viu nesses fenômenos as causas de "conseqüências deploráveis" para a vida das sociedades (n. 6).

Em meu parecer, há três afirmações básicas no magistério de João Paulo II sobre a crise moral de nossa época. Primeira: a vida social tende a reger-se por uma "democracia sem valores". Segunda: na cultura atual não existe uma correta "relação entre liberdade e verdade". Terceira: a filosofia atual "debilita a força da razão" de tal modo que a torna incapaz de chegar à verdade moral geral e absoluta.

---

34. *Ibid.*, 135.
35. *Ibid.*, 135 (cf. também p. 113).
36. *Ibid.*, 119.
37. *Ibid.*, 147 (cf. também p. 140).

1. A "democracia sem valores"

Na encíclica *Centesimus annus* (1991) João Paulo II faz uma denúncia de grande significado e transcendência. "Uma democracia sem valores se converte com facilidade num totalitarismo visível ou encoberto, como mostra a história" (n. 46). Deve-se ler detidamente a unidade temática do n. 46 da citada encíclica para se apreciar em seu justo significado a afirmação do Papa.

João Paulo II não condena, ao contrário, justifica uma vez mais o regime democrático. Apoiando-se na decisiva Radiomensagem de Natal de 1944 de Pio XII, afirma: "A Igreja aprecia o sistema da democracia na medida em que assegura a participação dos cidadãos nas opções políticas e garante aos governados a possibilidade de eleger e controlar seus governantes ou de substituí-los oportunamente de forma pacífica".

O que o Papa condena são os sistemas ideológicos que, de fato, são correlativos das formas políticas da democracia atual: o agnosticismo e o relativismo céptico. "Hoje se tende a afirmar que o agnosticismo e o relativismo céptico são a filosofia e a atitude fundamental correspondentes às formas políticas democráticas e que os que estão convencidos de conhecer a verdade e aderem a ela com firmeza não são confiáveis sob o ponto de vista democrático, por não aceitarem que a verdade seja determinada pela maioria ou que seja variável segundo os diversos equilíbrios políticos".

No fundo, as posições do agnosticismo e do relativismo céptico se baseiam numa incorreta relação da liberdade com a verdade: "Em um mundo sem verdade a liberdade perde sua consistência, e o homem fica exposto à violência das paixões e aos condicionamentos patentes ou ocultos".

Naturalmente a verdade na qual pensa o Papa não é uma verdade mantida com atitude fanática ou fundamentalista: "A Igreja não fecha os olhos diante do perigo do fanatismo e do fundamentalismo daqueles que, em nome de uma ideologia com pretensões de científica ou religiosa, crêem que podem impor às outras pessoas sua concepção da verdade e do bem". A verdade cristã "não é dessa índole", fanática ou fundamentalista. Pelo contrário, ela é uma verdade em diálogo e que usa o correto exercício da razão: "No diálogo com as outras pessoas e atento à parte de verdade que encontra na experiência da vida e na cultura das pessoas e das nações, o cristão não renuncia a afirmar tudo o que sua fé e o correto exercício de sua razão deram a conhecer (cf. *Redemptoris missio*, 11)".

Na encíclica *Evangelium vitae* (1995) João Paulo II quis analisar a relação entre a forma atual de entender e de viver a democracia e o relativismo ético: "Não falta quem considere esse relativismo como uma condição da democracia, já que só ele garantiria a tolerância, o respeito recíproco entre as pessoas e a adesão às decisões da maioria, ao passo que as normas morais, consideradas objetivas e vinculantes, levariam ao autoritarismo e à intolerância" (n. 70). Sem deixar de reconhecer, uma vez mais, "o valor da democracia", o Papa previne contra o seu uso abusivo à margem da verdade moral objetiva: "Sem uma base moral objetiva, a democracia não pode nem sequer assegurar uma paz estável".

2. A incorreta "relação entre liberdade e verdade"

Essa é a perspectiva adotada por João Paulo II na encíclica *Veritatis splendor* (1993) para analisar a crise moral atual. Para ele, o mundo de hoje, tanto nas zonas do antigo socialismo real como no Ocidente, sofre de um *vazio moral*. A encíclica descreve a cultura atual como uma cultura da perplexidade, do relativismo e do vazio. João Paulo II coincide nessa perspectiva com as análises sociológicas e filosóficas da pós-modernidade. Todavia, a leitura que ele faz leva não à aceitação da situação, mas à sua rejeição, não à renúncia da responsabilidade, mas ao compromisso, não ao silêncio contemporizador, mas à proposta de soluções alternativas. A encíclica *Veritatis splendor* é a proposta ética de segurança diante da cultura do vazio e da perplexidade.

Na citada encíclica o Papa faz uma crítica radical à cultura nascida da modernidade, sem deixar fora do ângulo de visão a etapa pós-moderna. Na cultura atual "dominante e invasiva" descobre ele os seguintes traços negativos:

— um processo amplo e profundo de secularização (n. 88), com a perda da dimensão religiosa da moral (n. 89);
— uma exaltação idolátrica da liberdade individual (n. 55);
— uma cisão entre as três realidades que devem estar sempre integradas: a Verdade, o Bem e a Liberdade (n. 84);
— um espírito técnico, pragmático e preferencialmente estatístico (n. 74);
— um esforço prometéico para controlar e manipular a natureza, até mesmo a natureza humana (n. 51), segundo um espírito puramente técnico-científico (112);
— uma sensibilidade histórica (n. 53), a qual, unida à perplexidade (n. 84), pode levar a uma cultura na qual se verifique "uma decadência ou obscurecimento do senso moral" (n. 106).

Para João Paulo II a raiz mais profunda da crise moral atual é a incorreta articulação entre liberdade e verdade. Essa perspectiva, já insinuada na encíclica *Redemptor hominis* (n. 12) e especialmente na encíclica *Centesimus annus* (n. 46), é desenvolvida extensamente na encíclica *Veritatis splendor* (nn. 31-34, 84-87). "A cultura contemporânea perdeu em grande parte esse vínculo essencial entre Verdade-Bem-Liberdade" (n. 84). A crise da moral fundamental tem suas raízes na relação entre liberdade e verdade (n. 32). Distorcida essa relação, a moral cai necessariamente nas tentações do subjetivismo, do individualismo e do relativismo (nn. 33-34).

3. O "enfraquecimento da razão" na busca da verdade moral

Na encíclica *Fides et ratio* (1998) João Paulo II entoa um cântico à razão humana, sobretudo quando ela se organiza em saber filosófico. O documento começa com estas palavras: "A fé e a razão são como as duas asas com as quais o espírito humano se eleva à contemplação da verdade" (n. 1). A razão e a fé não só não se opõem como também se enobrecem mutuamente: "Há uma profunda e inseparável união entre o conhecimento da razão e o da fé" (n. 16); "não há motivo para competitividade entre a razão e a fé: uma está dentro da outra, e cada uma tem seu próprio espaço de realização" (n. 17).

O Papa se sente instado a proclamar a força da razão humana para enfrentar a desconfiança difusa na cultura atual e até na filosofia diante das capacidades do conhecimento humano. Apareceram "várias formas de agnosticismo e de relativismo, as quais levaram a investigação filosófica a perder-se nas areias movediças de um ceticismo geral... Em conseqüência disso surgiram no homem contemporâneo, e não só entre alguns filósofos, atitudes de desconfiança difusa em relação aos grandes recursos cognitivos do ser humano" (n. 5).

A encíclica se detém na análise de algumas "correntes de pensamento, hoje muito difundidas", nas quais se manifesta a atitude de difusa desconfiança ante as possibilidades da razão humana. São sublinhadas as seguintes: o ecletismo (n. 86), o historicismo (n. 87), o cientificismo (n. 88), o pragmatismo (n. 89) e o niilismo (n. 90). Todas essas correntes de pensamento motivam uma forma de cultura denominada "pós-moderna" (n. 91). Nessa nova situação há uma profunda "crise de sentido" (n. 81).

A desconfiança diante da razão humana tem repercussões na fundamentação e na compreensão da moral. A encíclica *Fides et ratio* (n. 98) retoma as afirmações feitas na encíclica *Veritatis splendor* (n. 32) e observa que a crise moral deriva da "crise em torno da verdade".

Se "a consciência ética do homem está desorientada" (n. 98) por uma compreensão incorreta da verdade, a solução reside em se "confiar na capacidade da razão humana" (n. 56) para se chegar "aos juízos da consciência moral, que a Sagrada Escritura supõe que possam ser objetivamente verdadeiros" (n. 82).

Como se poderá facilmente observar, João Paulo II se referiu à crise moral de nossa época em documentos importantes de seu magistério; recordei, de modo expresso, quatro grandes encíclicas. Com referência ao conteúdo, a análise do Papa se situa nas raízes da moralidade; na crise da *razão* (encíclica *Fides et ratio*), na crise da *verdade* (encíclica *Veritatis splendor*) e na crise da *democracia* (encíclicas *Centesimus annus* e *Evangelium vitae*).

V. ANÁLISE SISTEMÁTICA SOB O PONTO DE VISTA DA "ESTIMATIVA MORAL"

Levando em conta as análises precedentes e de modo especial as afirmações de João Paulo II, ofereço a seguir um conjunto de apreciações nas quais não só apresento meu ponto de vista como também pretendo esboçar uma reflexão sistemática sobre o tema em questão.

1. A "estimativa" como perspectiva de análise

Para analisar a crise moral do momento presente situo-me na perspectiva oferecida pelo conceito de estimativa moral. As mudanças que se dão nessa realidade indicam as variações na maneira de entender e viver a moral.

Entendo por "estimativa moral" a capacidade da pessoa de captar os valores morais. J. Ortega y Gasset recuperou o termo e o conceito de "estimativa", do qual já se havia servido a tradição filosófica[38]. Ele referiu a estimativa à ciência dos valores; para ele, estimativa e axiologia eram praticamente a mesma coisa. De fato, a seu tratado sobre os valores deu o título de *Introducción a una estimativa*[39].

---

38. Cf. J. CHOZA, *Conciencia y afectividad* (Pamplona, 1978) 183: "O 'julgamento' da sensibilidade é função de uma instância *cognoscitiva* não denominada por Aristóteles, à qual Avicena deu o nome de *estimativa*, que foi aceito por toda a escolástica posterior".
39. J. ORTEGA Y GASET, *Introducción a una estimativa*: Obras Completas, VI (Madri, 1955³) 315-335.

O estimar moral tem as duas vertentes mediante as quais se forma a personalidade moral: a vertente objetiva, dos valores, e a vertente subjetiva, da responsabilidade. Daí que a estimativa moral seja ao mesmo tempo a descoberta e a assimilação dos valores morais.

Ortega y Gasset falava do "perfil estimativo dos povos e dos grandes períodos históricos"[40]. O perfil estimativo moral representa a forma e o grau de moralização de uma pessoa ou de uma coletividade, entendendo-se por "moralização" tanto a sensibilidade para determinados valores como a marca que sua captação deixa na alma individual ou coletiva.

A estimativa moral se encontra hoje numa profunda crise. Tentarei descrevê-la fazendo várias abordagens de caráter complementar.

2. "Crise de sentido" ou perda do "lar ético"

O mais antigo uso de *ethos* em grego aludia ao significado de "residência", "morada", "lugar onde se habita". Esse significado foi recuperado pela reflexão filosófica moderna, sobretudo de Heidegger, ao usar o *ethos* para referir-se à "morada do ser" ou ao "estilo humano de morar ou habitar".

Ainda que o ético tenha uma significação especificamente marcada pelo livre agir do ser humano, não deixa de manter conexão com o ôntico. Integrando-se os dois momentos, o ôntico e o ético, pode-se falar de um lar ético enquanto horizonte axiológico que dá acolhida ao ser humano. O sistema moral do indivíduo e do grupo (aspirações, modelos de referência, normas de comportamento) constitui o lar axiológico, construído sobre a terra firme das "crenças" éticas e protegido pelo teto da "cosmovisão" significativa.

Foi afirmado que o homem ocidental, nascido da Modernidade, se encontra sem lar significativo[41]. A grande crise da época atual é ter de viver na intempérie, sem solo nutritivo e sem teto protetor. A crise dos valores morais é um derivado inevitável dessa situação. Os valores morais constituem percepções relevantes e comprometedoras dentro do significado que se atribui à realidade. Se as grandes áreas significativas da realidade (mundo, homem, Deus) sofrem obscurecimento, é normal que apareça no horizonte humano a crise moral.

Por tudo isso a crise moral se identifica com a perda de sentido. Desmoralização é a mesma coisa que des-orientação. Crise moral é o mesmo que crise de cosmovisão ou de sentido.

---

40. *Ibid.*, 335.
41. P. BERGER-B. BERGER-H. KELLNER, *Un mundo sin hogar* (Santander, 1979).

3. Crise na forma de "estimar"

Há crises nas estimações morais concretas e nos valores morais concretos. Mas existem crises sobretudo na *estrutura* do estimar. A essa última forma de crise se referia Ortega quando afirmava: "Eu creio que na alma européia está germinando outra maneira de sentir... e como não existem mudanças mais radicais do que as que procedem de uma variação na perspectiva do estimar, o mundo começa a nos parecer transfigurado"[42].

Na estrutura da estimativa moral atual existe um conjunto de condições que necessariamente dão origem nela a uma profunda crise. Enumero, a seguir, os fatores que geram dificuldade especial para o funcionamento normal do estimar moral.

a. Crise de "autonomia"

A estimativa moral moderna nasce com a estrutura de autonomia. A justificação kantiana da ética é a raiz da moral moderna É uma justificação irrenunciável assim como a autonomia é uma condição imprescindível da moral.

A *afirmação unidimensional* da autonomia ética levou, contudo, à negação ou, ao menos, ao obscurecimento da moral. O homem moderno está ébrio de autonomia. Às vezes a própria autonomia ética se desvirtuou e se azedou.

São muitas as repercussões causadas na estimativa moral pela embriaguez da autonomia da razão ética. Eis algumas:

— gera uma moral sem "limites", isto é, sem a contrapartida dos fatores que a superam: a "graça" e o "pecado";
— origina inevitavelmente uma moral prometéica, insensível à "gratuidade" do dom e da promessa[43];
— propicia uma moral "hipotética", isto é, sem referências absolutas; verifica-se assim a profecia trágica de Dostoyevski: se Deus não existe, "tudo é permitido"[44].

A estimativa moral moderna ainda não encontrou o leito adequado para viver sã e criativamente sua condição autônoma. A crise moral atual é a febre — às vezes delirante e extenuante — da razão autônoma.

---

42. J. ORTEGA Y GASSET, *Ideas sobre Pío Baroja*: Obras Completas, II (Madri, 19543) 72.
43. Cf. C. DÍAZ, *Contra Prometeo. Una contraposición entre ética autocéntrica y ética de la gratuidad* (Madri, 1980).
44. F. M. DOSTOYEVSKI, *Obras Completas*, II (Madri, 1943) 1182 ("Irmãos Karamazov").

b. Crise de "suspeita"

O homem moderno está habituado a interpretar a si mesmo mediante as hermenêuticas dos três "mestres da suspeita": Marx, Nietzsche e Freud. Esses três exegetas da Modernidade usam a chave da suspeita para analisar os produtos da consciência do homem moderno. O objetivo que eles perseguem é descobrir a gênese e os mecanismos que fazem da consciência moderna uma consciência que "falsifica" a realidade. Como resultado, a consciência moderna aparece como uma "consciência falsa".

Aplicando essa hermenêutica aos produtos da consciência moral, chega-se à suspeita de que a ética é uma projeção enfermiça do indivíduo (Freud), um falseamento ideológico da classe social (Marx), uma justificação ressentida da fraqueza humana (Nietzsche). Essas suspeitas ainda não foram afastadas de todo. Continuam pesando sobre os produtos da estimativa moral.

A crise atual é, portanto, uma crise de credibilidade. A exacerbação da suspeita leva a duvidar não só dos produtos morais vigentes (moral burguesa, moral convencional, moral dos partidos etc.), mas também da própria faculdade estimativa do ser humano. A pessoa humana é necessariamente falsificadora da moral? É essa a pergunta que aparece como pano de fundo, quando se exacerba a suspeita diante dos produtos da consciência moral.

c. Crise de "objetividade"

A dimensão moral se constitui mediante a síntese dialética de subjetividade e objetividade. A Modernidade introduziu uma crise nessa tensão dialética. Diante do exagerado "objetivismo" anterior, a cultura moderna ressaltou de modo atraente a importância da "subjetividade".

Esse realce do pólo subjetivo se constata:

— na apreciação da *pluralidade cultural* perante a união convergente supracultural;
— na ênfase dada à *variação histórica* diante da continuidade do que é permanente na condição humana;
— na exaltação da *situação individual* perante o que é comum e geral no humano;
— na prevalência *do diferente* perante a normalidade na maneira de viver a existência humana.

Quando esses exageros do pólo subjetivo são levados ao extremo, cai-se nas tentações do relativismo cultural, do niilismo histórico, do situacionismo individualista, do anomismo axiológico. Mesmo sem chegar a esses extremos, pode-se afirmar que na estimativa moral atual existe uma crise de objetividade enquanto esta é geradora de normatividade ética. A crise moral é crise de objetividade e, portanto, de normatividade.

d. Crise de "racionalidade"

Segundo a conhecida apreciação de Max Weber, produziu-se no mundo moderno um profundo e amplo "desencantamento". Também na ética esse fenômeno típico da Modernidade teve uma importante repercussão. Destaco dois aspectos.

De um lado, o desencantamento consiste na máxima *racionalização* da existência humana. Essa racionalização se apóia no valor da *ciência* e se exprime através dos fenômenos concomitantes da *tecnificação* e da *burocratização*. O mundo moderno surgiu basicamente do conhecimento científico organizado pela técnica e pela burocracia de forma férrea e cada vez mais abrangente. Numa palavra, é um mundo sob o império da *razão instrumental*.

Pois bem, para a ética essa situação não é cômoda. Seu lugar conatural é o reino dos "fins". Diante da hegemonia dos "meios" é normal que a pergunta sobre os fins seja relegada a um lugar de menor importância, senão descartada de todo.

Por outro lado, o desencantamento do mundo coincide com a supervalorização da ciência positiva. Os saberes "não científicos", entre os quais se encontra a ética, são relegados ao terreno dos mitos. "Desde que Max Weber proclamou o postulado de que a investigação deve prescindir dos valores, muitos acreditaram que o problema ético da fundamentação dos juízos morais deveria ser definitivamente excluído do âmbito das ciências"[45]. Ele foi relegado para as regiões do irracional, do emotivo, do mítico.

A crise moral é, portanto, uma crise da pretendida criticidade da ética. Desde a suspeita de Hume sobre a "falácia naturalista" até as posições metaéticas do neopositivismo lingüístico, passando pela crítica sociológica e cultural, o discurso ético sofreu uma permanente crise ao pretender validar publicamente seu caráter crítico. A afirmação de Schopenhauer é especialmente certa em relação ao momento atual: "Em todos os tempos se pregou muita e boa moral, mas sua fundamentação foi sempre difícil"[46].

---

45. F. BÖCKLE, *Moral Fundamental* (Madri, 1980) 22.
46. A. SCHOPENHAUER, *El fundamento de la moral* (Buenos Aires, 1965) 19.

Neste parágrafo analisei quatro núcleos do discurso ético e da estimativa moral que na atualidade se encontram numa situação de dificuldade e, por isso, de crise. São outros tantos macrofatores que geram a crise moral do mundo moderno. Embora eu os tenha analisado separadamente, tenho consciência de que funcionam conjuntamente. O resultado global é a sensação de perda do lar ético.

4. Mudanças na "estimativa moral" durante as últimas décadas

Nas últimas décadas deu-se na sociedade uma variação importante na forma de viver e de entender a dimensão moral da existência humana. Não me refiro agora diretamente à reflexão filosófica ou teológica, mas à moral vivida.

É pertinente recordar de novo a afirmação de Ortega, que dizia que as mudanças mais radicais, tanto na biografia das pessoas como na história dos povos, são as que procedem de uma variação na perspectiva do estimar: "Não existem mudanças mais radicais do que as que procedem de uma variação na perspectiva do estimar"[47].

Quais são as variações principais verificadas na estimativa moral nas últimas décadas? Anoto as que julgo mais importantes, sem submetê-las a um desenvolvimento amplo[48].

a. Presença do "debate ético" na sociedade

A primeira que aparece é a presença do "debate ético" na sociedade, talvez não muito "profundo". O discurso sobre a ética constituiu um burburinho sustentado durante as últimas décadas. Esse discurso:

— é conduzido por *vozes* de classificação variada: privadas e públicas; individuais e coletivas; de nível acadêmico e também de significação política, social e religiosa;
— aparece em pluralidade de *meios:* diários, revistas, tertúlias radiofônicas, debates televisivos etc.;
— usa vários *gêneros literários:* pesquisas, declarações, tomadas de posição, documentos, ensaios, reflexões mais sistemáticas etc.

---

47. J. ORTEGA Y GASSET, Obras completas, VII (Madri, 19543) 72.
48. Para um desenvolvimento mais amplo, cf. M. VIDAL, La ética civil y la moral cristiana (Madri, 1995).

São muitas as razões que justificam o aparecimento e a profusão desse discurso ético na sociedade. Não é de se descartar a insatisfação diante do funcionamento das instituições. Tampouco é ele alheio ao esforço "regeneracionista" que tem estado presente na história de nossa cultura. Mas as duas razões fundamentais se concretizam em: 1) *denúncia* diante das imoralidades presentes; 2) proposta de um *ideal* que eleve o nível moral da vida social.

Essa presença do debate ético é um dado positivo. Ela supõe uma contribuição importante para o tecido social. E deve consolidar-se e encontrar os leitos adequados para sua manifestação e para seu funcionamento eficaz.

b. Secularização da moral

A sociedade ocidental, de modo especial a espanhola, vinha de uma situação na qual a moral estava estreitamente vinculada à religião, e mais concretamente à religião católica. Dada a "crise" da confessionalidade da vida social e política, deu-se a crise da confessionalidade da moral.

A secularização trouxe como *conseqüência negativa* a sensação de vazio moral. Ao desaparecer o "guarda-chuva ético" da moral católica como garantia moral única da vida social, e ao não ser ele substituído por outro universo justificador, a sociedade teve a sensação de encontrar-se sem apoio moral. A vinculação entre moral e religião foi tão prolongada que foi difícil estabelecer e viver a ética sem referência explícita à religião.

Mas esse fenômeno da secularização da moral teve também seu *lado positivo*. A moral encontrou aquela boa secularização da qual precisava. A secularização e o pluralismo são condições irrenunciáveis da sociedade atual. A moral deve conseguir seu estatuto de autonomia e conseqüentemente sua secularização.

c. O pluralismo moral: entre o "monolitismo ético" e o "politeísmo axiológico"

Durante muito tempo a sociedade viveu dentro de uma concepção "monolitista" da moral, isto é, dentro de uma visão e de uma justificação uniforme dos valores morais. Concretamente, na sociedade espanhola, foi o catolicismo que inspirou oficialmente as normas morais.

Com a democratização da vida social e das instituições deu-se o que Max Weber chamava "politeísmo axiológico", isto é, a moral passou a ser vinculada a cada grupo e até a cada pessoa, às vezes em confronto direto com a moral de outros grupos e de outras pessoas.

Nas últimas décadas a estimativa moral se debateu entre o "monoteísmo" e o "politeísmo". A síntese dessa tensão pode ser conseguida mediante a aceitação de um sadio e funcional pluralismo moral. É essa a direção para a qual tende a moral da vida social de nossa sociedade.

d. O difícil parto da "ética civil"

Os fatores da secularização e do pluralismo trouxeram consigo o paradigma teórico da *ética civil*. Entende-se por ética civil o denominador moral comum da sociedade pluralista e democrática. A ética civil é a convergência moral das diversas opções morais da sociedade. Nesse sentido, fala-se de "mínimo" moral enquanto ele marca a quota de aceitação moral da sociedade, quota abaixo da qual não se pode situar nenhum projeto válido. Vista de outra perspectiva, a ética civil constitui a moral "comum" dentro do legítimo pluralismo de opções éticas.

A ética civil nasceu ao abrigo das tentativas recentes de fundamentar racionalmente a ética sobre as bases do "diálogo social". As chamadas "éticas dialógicas" pretendem encontrar uma fundamentação ética baseada mais na solidariedade do que no individualismo, mais na razão aberta e dialogante do que na razão meramente transcendental, mais na sociabilidade do que na autarquia. Ligando-se a essas propostas éticas de sinal dialógico, a ética civil pretende ser a moral correlativa do estádio avançado da sociedade democrática do presente.

Afirmar a ética civil constitui uma alegação e uma aposta a favor da racionalidade ética da sociedade democrática, e supõe, portanto, a fundamentação da moral pública sobre a rocha firme da racionalidade ética.

A sociedade das últimas décadas foi decantada pelo paradigma da ética civil como referência comum para a moralidade da sociedade em seu conjunto. Nesse horizonte ético cabem as diferentes opções, também a opção da moral católica, mas todas elas devem enquadrar-se dentro do projeto comum de moralização da vida social.

VI. SINAIS DE ESPERANÇA

Nos itens precedentes descrevi com traços fortes a crise moral atual. Daí que surja com maior força a pergunta: a esperança ainda é cabível?

Defini a crise como uma variação que acarreta dificuldades especiais. Continuo acreditando que a crise moral atual supõe uma variação decisiva na estimativa moral do homem ocidental, e que as dificuldades concomitantes são imensas.

Apesar disso, acredito também que a crise moral atual se orienta para uma solução de sinal positivo. Eu já disse que não é bom o caminho da "moral patética" para se entender a situação presente. O próprio Ortega, do qual mencionei juízos negativos sobre a situação moral, se opunha e negava validade à "queixa de decadência que choraminga nas páginas de tantos contemporâneos"[49].

O Papa João Paulo II indicou os sinais de esperança no final do século XX: "É necessário que se estimem e se aprofundem os sinais de esperança presentes neste último fim de século, apesar das sombras que com freqüência os escondem aos nossos olhos: *no campo civil* os progressos realizados pela ciência, pela técnica e sobretudo pela medicina a serviço da vida humana, um sentimento mais vivo de responsabilidade em relação ao ambiente, os esforços para o restabelecimento da paz e da justiça onde tenham sido violadas, a vontade de reconciliação e de solidariedade entre os diversos povos, em particular na complexa relação entre o Norte e o Sul do mundo...; *no campo eclesial,* uma escuta mais atenta da voz do Espírito através da acolhida dos carismas e da promoção do laicato, a intensa dedicação à causa da unidade de todos os cristãos, o espaço aberto ao diálogo com as religiões e com a cultura contemporânea..."[50].

Destaco, a seguir, três séries de sinais esperançosos que indicam a saída positiva da crise moral.

VII. REABILITAÇÃO DA ÉTICA

a. *Modernidade e ética*

A Modernidade, ainda que dê origem a fatores que favorecem a crise moral, não é refratária à ética. Pelo contrário, a Modernidade nasce com a afirmação do valor da pessoa e com a proclamação da criticidade autônoma do discurso ético. Assim como o "homem" vem a ser um sub-rogado

---

49. J. ORTEGA Y GASSET, *La rebelión de las masas* (Madri, 1959[33]) 76.
50. *Tertio millennio adveniente*, 46.

de "Deus", a "ética" aparece como um sub-rogado da "teologia". Kant é a testemunha mais qualificada dessa marca ética da Modernidade.

Os fatores da Modernidade que, como indiquei acima, favorecem a crise moral não são, por si mesmos, contrários ao discurso e à vida morais. Concretamente, a *autonomia,* a *suspeita,* a *subjetividade,* a *racionalização* são exigências e condições positivas do discurso e do comportamento éticos. Elas têm uma funcionalidade negativa devido à "má digestão" que o homem moderno fez desses fatores.

No universo da filosofia existe uma reabilitação atraente da ética. "Hoje a ética está no centro da discussão filosófica"[51]. Aí estão, para justificar a afirmação, as diversas tendências com seus respectivos autores e estudos, que no momento não nos é possível mencionar[52].

Passando do discurso filosófico para a realidade social, constata-se idêntica reabilitação da ética. Já aludi acima à presença da ética na vida social das últimas décadas. Existe uma autêntica parênese moral conduzida por políticos e homens públicos, que parecem assumir a função de "sacerdotes leigos". O resultado é a configuração de uma nova referência moral, que denominamos "ética civil".

b. A não destruída e indestrutível raiz ética da pessoa

Não se pode deixar de reconhecer que existem zonas desmoralizadas e desmoralizadoras na alma do homem atual. A imoralidade, a permissividade e até a amoralidade são fatores que atravessam a geografia da consciência moderna.

Não obstante, não se pode afirmar que essa situação tenha destruído a raiz ética da pessoa. Essa raiz continua com vida e com capacidade de fazer florescer de novo a planta da moral. É necessário reconhecer a não destruída, nem destrutível, capacidade moralizadora do ser humano.

Aludi acima à análise de Aranguren sobre a crise moral atual. É necessário considerar também seus traços esperançosos. Certamente Aranguren assinalou a existência de um "vazio moral", a "perda de evidências morais", o aparecimento de "heterodoxias éticas". Mas, ao mesmo tempo, ele vislumbrou o ressurgimento das contrapartidas positivas:

---

51. F. BÖCKLE, *Natürliches Gesetz als göttliches Gesetz in der Moraltheologie*: Naturrecht in der Kritik (Mainz, 1973) 166.
52. Remeto a: M. VIDAL, *Moral de Atitudes. I. Moral Fundamental* (Aparecida, São Paulo, 2000[5]) 68-78.

— a *atitude moral* frente ao vazio ético;
— a recuperação da *responsabilidade* e a *criticidade* frente à perda de evidências;
— o aparecimento da *radical inquietação* ética frente às heterodoxias dos códigos vigentes;
— a proposta de um novo *ethos* do *reencantamento* do mundo do *gozo* suave e compartilhado e da *boa vida* entendida como transfiguração do cotidiano[53].

c. As expectativas éticas da sociedade atual

Embora seja evidente que os mecanismos da sociedade de massas dá origem a zonas humanas de amoralidade, devemos também reconhecer que a configuração sociocultural de época presente favorece o reto posicionamento da moral.

A sociedade atual oferece notáveis oportunidades para a configuração de uma sensibilidade ética adaptada às novas situações da história humana. Nossa época é favorável ao aparecimento de uma nova estimativa. Pensemos nos seguintes fatores socioculturais, que favorecem o ressurgimento da moral:

— *a busca de "fins" e de "significados".* A sociedade atual se sente estiolada pela preponderância da "razão instrumental" e busca o horizonte dos fins e dos significados. Esse horizonte marca o começo do reino da ética;
— *a necessidade de utopias globais.* Diante da ambigüidade das estratégias e da multiplicidade de alternativas sociais, o homem atual se abre para esperanças globais, as quais constituem o núcleo originador da ética;
— *o valor inalienável da pessoa.* Nenhuma época histórica foi tão sensível ao valor inalienável da pessoa como a atual. Essa sensibilidade é o coração da estimativa moral.

Pode-se, pois, afirmar que a sociedade atual não é refratária à moral, ao contrário, ela oferece notáveis aberturas para receber a confrontação ética, contanto que esta se processe de modo adequado.

Por tudo isso, a esperança é possível. Embora a crise atual seja ampla

---

53. Ver referências bibliográficas da nota 11. Acrescentar: *Heterodoxia moral y vital*: El País, 18 de fevereiro de 1979; *Ética de la penuria*: Revista de Occidente 1 (1980) 67-74.

e profunda, as dificuldades não são insuperáveis. Tanto a teoria como a vida morais sairão revitalizadas da crise.

Há alguns anos escrevi que a crise moral presente "não significa fim ou morte da moral. Por um lado, estamos assistindo ao crepúsculo ou obscurecimento de um sistema de moral vigente, e, por outro, vislumbramos o nascimento de uma nova moral. Nessa noite próxima de se tornar dia, 'nos clarões da aurora', como diria São João da Cruz, nós nos perguntamos pelo sentido da crise moral e pelos traços da nova moral que buscamos"[54].

Continuo mantendo a mesma apreciação esperançosa em relação à crise moral atual. É essa atitude que me leva a apresentar, ao longo desta obra, os traços de uma moral alternativa e superadora da crise presente.

Bibliografia:

HORTELANO, A., *Moral alternativa,* San Pablo, Madri, 1998.
LAHIDALGA, J. Mª., *Nuestros Obispos y la Moral: apostillas,* Surge 55 (1997) 477-495.
MORA, G., *Relación de la Iglesia con la moral,* Exodo n. 43 (1998) 24-28.
OBISPOS ESPAÑOLES, *La verdad os hará libres,* EDICE, Madri, 1990.
ID., *Moral y sociedad democrática,* EDICE, Madri, 1996.
OBISPOS FRANCESES, *Proponer la fe en la sociedad actual,* Ecclesia nn. 2.835/36 (5 e 12 de abril de 1997) 24-49.

---

54. *Moral de Actitudes. Moral fundamental personalista* (Madri, 1974) 13.

7

A PLENITUDE DA ÉTICA RACIONAL NA MORAL CRISTÃ

I. APRESENTAÇÃO

Com este capítulo se encerram a reflexão e a exposição sobre a *mundanidade* da moral cristã. No capítulo primeiro desta parte, seguindo as pegadas do Concílio Vaticano II na constituição pastoral *Gaudium et spes,* apresentamos a orientação da moral cristã ao mundo. Nos capítulos seguintes analisamos alguns aspectos relevantes do horizonte ético — de vida e de reflexão — do mundo atual; dessas análises não estiveram ausentes de todo as referências ao universo cristão. Todavia, é agora, neste capítulo, que nos propomos estudar de forma expressa e direta a relação entre a ética racional e a moral cristã.

A opção que adotamos para abordar esse tema não é nem a da prevalência avassaladora nem a de confrontação agressiva, tanto por parte de um extremo da relação (moral cristã) como por parte do outro (ética racional). Preferimos a atitude da *Gaudium et spes,* que se caracterizou por um olhar inicialmente positivo dirigido aos interlocutores, por uma empatia cordial entre eles, pela afirmação humilde e sincera da própria identidade, por um diálogo de "ida" (dar) e de "volta" (receber), pela busca de um bem comum convergente e pela decisão de não "romper" nem "deter" o diálogo, apesar das dificuldades, abrindo-o às novas frentes que a realidade histórica apresenta. Cremos que a atitude dialogante do Vaticano II com o mundo ainda continua válida e que deve ser proposta e praticada de novo com a alegre disposição de uma esperançosa "estréia".

O título deste capítulo não contradiz a opção de diálogo que acabo de mencionar. Ao afirmar que a moral cristã é "a plenitude" da ética racional não quero eliminar nem a identidade nem o valor da ética racional, ao contrário, com a apresentação da moral cristã como um "serviço de plenificação", a ética racional é revalorizada. Por outro lado, a moral cristã não perde sua identidade e seu valor peculiar ao ser referida à ética racional, já que esse diálogo é estabelecido para reafirmá-la em sua própria estrutura: ser plenitude da dimensão moral humana.

Apresento cinco abordagens a fim de descobrir a relação da moral cristã com a ética racional. A primeira é de caráter geral e afirma a presença "do humano" na moral cristã, do que se deduz sua abertura necessária para a racionalidade ética. Essa abertura para racionalidade se desenvolve na segunda abordagem, ao co-implicar a "razão" e a "fé" no discurso teológico-moral e ao assinalar a relação entre Teologia moral e Filosofia moral. A terceira abordagem é de caráter mais teológico e se propõe descobrir na moral humana as "sementes do Verbo" e ver nela "preâmbulos da fé". A relação se converterá em união indissolúvel mediante a quarta abordagem, ao considerar as dimensões humana e cristã da moralidade dentro de um único projeto de salvação. Por último, apresento a centralidade de Cristo como a chave de abóbada de todo o edifício da moral humana e cristã e como o ponto ômega para o qual convergem todas as aspirações éticas da humanidade em suas variadas formas e em suas várias opções.

II. ÉTICA HUMANA E MORAL CRISTÃ

1. A "identidade" da moral cristã

A presença da ética civil na sociedade pluralista obriga as opções particulares que concorrem no debate ético comum a definir sua peculiar identidade. Por "opção particular" entendo a forma de compreender e viver a moral que tem sua peculiar identidade.

Com esse pressuposto terminológico, devo assinalar os traços que descrevem a identidade da opção moral cristã. Anoto, a seguir, os mais peculiares.

a. A moral cristã: "mediação prática" da fé

O cristianismo *não é essencialmente uma moral*. Ele nem sequer pertence ao tipo de religiões que, como o budismo, funcionam a modo de "sabedorias morais". O cristianismo é fundamentalmente um âmbito de sentido transcendente (fé) e de celebração religiosa (simbólica sacramental).

Todavia, ao cristianismo compete, como um *elemento imprescindível, realizar uma prática histórica* em coerência com a fé e com a celebração cultual. Do contrário, ele seria uma realidade "alienada" e "alienante".

Se a fé e a celebração religiosa exigem o compromisso transformador intramundano, a moral vivida do cristianismo não é outra coisa senão a mediação prática dessa fé e dessa celebração. Ao longo da história os cristãos realizaram de vários modos esse empenho moral, o qual transformou suas vidas e transformou o mundo no qual eles exercem influência.

b. Qual é a especificidade da moral cristã?

Essa pergunta se radicalizou na atualidade, já que nós, cristãos, temos de justificar nossa "significação" na sociedade. E não podemos responder a ela com atitudes simplistas.

O próprio e específico da ética cristã não se explica dizendo-se que o cristão tem umas "fontes" de conhecimento moral diferentes das fontes daquele que não crê, nem afirmando-se que o cristão vive sua vida moral num "plano superior" ao do não cristão. Tampouco se deve buscar a diferenciação num mundo moral diferente do autenticamente humano. A moral concreta dos cristãos deve coincidir com a moral de toda pessoa de boa vontade.

O que é próprio e específico da ética cristã deve ser buscado no modo como realizamos os conteúdos concretos da moral. Esse modo se chama também visão das coisas (ou cosmovisão); ele é a grande força dinamizadora das atitudes morais. Concretizando mais: o fator específico da ética cristã é a *referência a Jesus de Nazaré*. Para aquele que crê Ele é o horizonte ou a perspectiva de compreensão e vivência da realidade. Essa referência a Jesus foi expressada e vivida de muitas maneiras na tradição cristã. A teologia atual a exprime de preferência por categorias como "seguimento de Cristo", "realização do reino de Deus", "moral do amor" etc.

c. A moral cristã como "ética da libertação"

Jesus simplificou de maneira radical a justiça da lei, substituindo-a por indicações abertas, susceptíveis de serem interpretadas criativamente pelas pessoas e pelos grupos. Em termos atuais, diríamos que se trata não de uma moral da lei, mas de uma moral da responsabilidade; não tanto de uma moral de atos quanto de uma moral de atitudes. Em vez de prescrições detalhadas, as exigências da fé devem conduzir a uma "opção radical".

A moral cristã deve tender a "sintetizar" as exigências em núcleos de importância, como o da dupla e única exigência do amor.

A moral cristã deve ser uma ética "motivada". O motivo básico é constituído pelas exigências propostas por Jesus ao anunciar o reino de Deus.

Embora a moral cristã coincida, em seu conteúdo básico, com toda moral autenticamente humana, a fé introduz algumas "preferências", tais como:

— *o valor absoluto da pessoa humana*. Para Jesus o homem ocupa o lugar da lei e das instituições. Jesus aparece nos evangelhos como "senhor" do sábado e das instituições. O mesmo senhorio e a liberdade ele transmite a toda pessoa que o segue. Desse modo o valor da pessoa se liga à superioridade e à liberdade de Jesus perante a lei e as instituições religiosas;

— *a preferência inequívoca pelo "fraco"*. Na atuação de Jesus é clara sua preferência pelo pobre, pelo marginalizado, pelo oprimido, pelo pecador. Esse é um traço básico da moral vivida por Jesus, traço que se converte em sinal de sua messianidade. A norma suprema, e no fundo a única, de conduta para o cristão é a atenção total àquilo de que outros necessitam e esperam; pelos outros, em especial pelos mais fracos, o cristão deve estar disposto a dar tudo.

2. Moral cristã e "moral racional"

Ao se relacionar "moral cristã" com "ética humana", pode-se cair na ambigüidade de contrapor a opção moral dos cristãos à "racionalidade" e à "humanidade", como se a moral cristã não fosse racional e humana. A atitude autêntica e objetiva com relação a essa questão pode sintetizar-se nestas duas afirmações: 1) a moral cristã não se contrapõe à "moral racional"; 2) mas, a moral cristã, além das evidências racionais, usa outros pressupostos (ou "convicções"), o que a distingue da mera "moral racional".

a. A moral cristã não se contrapõe à "moral racional"

Seria não entender em absoluto o significado e a função da moral cristã eliminar dela o consistência da racionalidade. Eliminada esta, a moral cristã ficaria reduzida a:

— *fideísmo ético*, isto é, somente à força da "convicção pela convicção", sem possibilidade de justificar, de explicar e de tornar razoável aquilo sobre que se volta a torrente cega da decisão;
— *fundamentalismo* intransigente, isto é, opção fechada por si mesma com a pretensão de ser a única válida e, por isso, com a eliminação fanática das outras opções possíveis;
— *doutrinação* heterônoma e antiemancipatória, que impede a configuração da pessoa humana e o progresso da sociedade, relegando a moral ao exercício de um poder cego e repressor.

Os três desvios indicados são as tentações fundamentais que espreitam toda moral religiosa não atenta a assumir a racionalidade em seu sistema axiológico e normativo. Nem sempre a moral cristã conjurou, e conjura atualmente, essas tentações. De fato, cai nelas quando propende a esvaziar de conteúdo racional suas propostas morais.

A interpretação correta da moral cristã é aquela que assume plenamente e até suas últimas conseqüências a racionalidade ética. E isso por duas razões:

1. porque a realidade sobre a qual versa a moral cristã não é outra senão a mesma e única realidade humana. A vida, a sexualidade, o casamento, a economia, a política, a cultura, a ecologia etc. constituem a "matéria" ou o conteúdo do qual os cristãos participam com toda a família humana;

2. porque a verdade, que sustenta essa realidade humana, constitui o fundamento imprescindível da normatividade moral.

Para o cristão a realidade e sua inerente verdade são "obra" de Deus e, sem perder nada de sua "autonomia", entram de forma plena e coerente no conjunto unitário da revelação e da vivência cristã. Essa afirmação se concretiza no âmbito da moral ao exigir a racionalidade humana como mediação na qual se exprima e se encarne a normatividade cristã.

Das reflexões precedentes é fácil deduzir que não há oposição entre "moral cristã" e "moral racional". Mais ainda, pode-se mesmo afirmar que a genuína moral cristã proporciona consistência e oferece garantia à moral racional ao mesmo tempo em que a genuína moral racional se constitui em contraste de autenticidade com a moral cristã.

b. A moral cristã: entre a "racionalidade" e as "convicções religiosas"

A moral cristã pertence ao grupo das morais religiosas. Elas integram "evidências" racionais e "convicções" religiosas para construir uma normatividade peculiar e para assim dirigir o comportamento moral dos fiéis.

A moral cristã, tanto no que tem de proposta de valores como no que tem de opção de vida, constitui hoje um campo privilegiado, no qual podem realizar-se as convergências benéficas da "racionalidade" e da "fé", da atitude ética e da convicção religiosa, do mundo secular e do universo religioso. Em vez de ser um fator de separação, a moral pode ser um lugar de encontro. De um encontro que não caia no artifício de um falso "irenismo", mas que suponha um apoio mútuo, um estímulo recíproco e um esforço unitário de convergência superior. Nesse trabalho de mútua fecundação:

— a "moral cristã" aceita e apóia a coerência da ética autenticamente humana; o valor absoluto da pessoa, base da ética não religiosa, é afirmado também pela moral cristã. Além disso, a moral religiosa, concretamente a cristã, constitui uma advertência contínua à ética puramente racional para que não caia nos defeitos que lhe são "peculiares": relativismo excessivo, perigo de formalismo, tentação de totalitarismo etc.;

— por seu lado, a "moral racional" reconhece a possibilidade e a funcionalidade real da moral religiosa, sabendo que a prática ética tem a capacidade de assumir as conotações da "simbólica religiosa" sem perder sua autonomia. Ela exerce também perante a moral religiosa um papel de advertência permanente contra os perigos em que esta pode cair: tentação de heteronomia, tendência para justificar reacionariamente a ordem estabelecida, perigo de rigorismo excessivo etc.

As duas opções éticas, "moral racional" e "moral cristã", não só não se opõem como também convergem para uma união superior. Aceitando a necessária dialética entre si, ambas poderão assentar as bases de uma civilização e de uma história que não tenha por que ser formalmente religiosa ou atéia, mas que deva ser simplesmente humana. Sobre essa base poder-se-á pensar em um diálogo e em uma colaboração entre fiéis e não fiéis, que serão abertos a perspectivas mais ou menos amplas.

3. Balanço

A situação atual constitui uma oportunidade para se entender e realizar de forma mais adequada a presença moral dos cristãos na sociedade. Livre da tentação do imperialismo moral, o cristianismo conjura também o perigo de retirar-se para o gueto da tranqüilidade, da auto-suficiência e da consciência de "reserva" moral. Por sua própria urgência, a fé cristã se sente impelida a oferecer a peculiaridade de seu projeto.

A confrontação da ética cristã com a realidade social faz que aquela se apresente como uma oferta dentro do jogo democrático do pluralismo social. Em níveis intramundanos, a ética cristã deve reconhecer que não tem a competência exclusiva no campo da ética normativa, nem que seja a única justificação de opções morais válidas. Nesse sentido, as propostas e as formulações da moral cristã são intramundanamente limitadas e parciais, e é com essa estrutura que devem ser ditas e aceitas.

Essa atitude obrigará a uma crítica constante proveniente da "limitação"; em algumas ocasiões dever-se-á pensar em duas "versões" dos valores morais: uma para o interior da comunidade cristã, e outra para ser proclamada no exterior do grupo fiel.

Mediante essa nova forma de presença, a moral cristã pode e deve ser um dos interlocutores mais fecundos no debate ético de nossa sociedade. Os bispos espanhóis indicaram o objetivo e o caminho para o diálogo que a moral cristã deve propiciar no momento atual: "Ela deve estar atenta àquelas metas para as quais a consciência ética da humanidade vai avançando em amadurecimento, cotejar esses resultados com seu programa, deixar-se enriquecer por seus estímulos e reinterpretar, com fidelidade ao evangelho, atitudes e instituições, nas quais até agora talvez não tenha prestado a devida atenção. Agindo dessa forma, a Igreja revigorará continuamente a força de sua mensagem, promovendo, ao mesmo tempo, sua credibilidade e sua significação para o homem"[1].

Essa nova situação da ética cristã na atual sociedade espanhola foi assinalada por João Paulo II na primeira mensagem quando de sua viagem apostólica à Espanha (Barajas, 31 de outubro de 1982): "Nesse contexto historicossocial é necessário que vós, católicos espanhóis, saibais recobrar o vigor pleno do espírito, o valor de uma fé vivida, a lucidez evangélica iluminada pelo amor profundo ao irmão. Para tirardes daí força renovada que vos faça sempre infatigáveis criadores de diálogo e pro-

---

1. CONFERÊNCIA EPISCOPAL ESPANHOLA, *La verdad os hará libres* (Madri, 1990) n. 49.

motores da justiça, animadores da cultura e da elevação humana e moral do povo. Em um clima de respeitosa convivência com as outras legítimas opções, enquanto exigis o justo respeito às vossas"[2].

III. RAZÃO E REVELAÇÃO NA BUSCA E NA EXPOSIÇÃO DA VERDADE MORAL

Das afirmações precedentes se deduz que a teologia moral deve usar conjuntamente a fé e a razão na busca e na exposição da verdade moral. Sobre a articulação entre razão e Revelação ocupar-nos-emos de novo na última parte da presente obra, ao analisarmos a peculiaridade da epistemologia teológico-moral. Aqui abordamos essa questão unicamente sob o aspecto do interesse em relacionar a teologia moral com a racionalidade da ética filosófica.

Sobre a relação entre o discurso da teologia e a racionalidade da filosofia ocupou-se recentemente João Paulo II na encíclica *Fides et ratio* (1998). Suas exposições e suas afirmações têm aplicação na relação entre teologia moral e ética filosófica[3]. Por isso, sem julgar necessário voltar a discussões precedentes, situamo-nos nas perspectivas do citado documento pontifício.

1. Nem racionalismo nem fideísmo

A encíclica *Fides et ratio* recorda duas formas incorretas de relacionar a fé com a razão na busca e na exposição da verdade cristã. Essas duas tentações têm aplicação também na relação com a verdade moral.

a. O racionalismo

Essa posição, em seu sentido forte e preciso, pretende entender e explicar a verdade cristã só pela razão humana. O Concílio Vaticano I, na Constituição dogmática *Dei Filius* condenou incisivamente essa posição: "Cremos ser verdadeiro o que por Ele (Deus) foi revelado, não pela verdade intrínseca

---

2. *Juan Pablo II en España*. Texto completo de todos os discursos (Madri, 1982) 5.
3. Cf. V. FERRER, *La Teología Moral desde la "Fides et Ratio"*: Revista Teológica Limense 33 (1999) 209-226; J. M. LAHIDALGA, *La Encíclica "Fides et Ratio": Reflexiones de un teólogo moralista*: Lumen 48 (1999) 119-144.

das coisas, percebidas pela luz natural da razão, mas pela autoridade do mesmo Deus que revela, o qual não pode enganar-se nem enganar-nos"[4].

João Paulo II afirma que "também na teologia voltam a assomar as tentações de outrora. Por exemplo, em algumas teologias contemporâneas comparece novamente um certo *racionalismo,* principalmente quando asserções, consideradas filosoficamente fundadas, são tomadas como normativas para a investigação teológica. Isso sucede sobretudo quando o teólogo, por falta de competência filosófica, se deixa condicionar de modo acrítico por afirmações que já entraram na linguagem e na cultura corrente, mas carecem de suficiente base racional"[5].

b. O fideísmo

Essa atitude é radicalmente contrária ao racionalismo. Ela afirma a incapacidade da razão humana para apreender a verdade revelada e para chegar ao conhecimento de Deus. A mesma encíclica *Fides et ratio* expõe as possíveis formas de fideísmo no momento atual: "Não faltam também perigosas recaídas no *fideísmo,* que não reconhece a importância do conhecimento racional e do discurso filosófico para a compreensão da fé, melhor, para a própria possibilidade de acreditar em Deus (...). Outras formas de fideísmo latente podem-se identificar na pouca consideração que é reservada à teologia especulativa, e ainda no desprezo pela filosofia clássica, de cujas noções provieram os termos para exprimir tanto a compreensão da fé como as próprias formulações dogmáticas"[6].

c. Compreensão correta da razão

O Concílio Vaticano II, no n. 15 da Constituição pastoral *Gaudium et spes* oferece uma bela síntese da "dignidade da inteligência humana". Um dos elementos mais valiosos e originais dessa apresentação é descobrir, seguindo a tradição agostiniana e boaventuriana, duas dimensões, a da "ciência" e a da "sabedoria" na inteligência e na verdade. Além disso, a fé é apresentada como a culminação, quase conatural, da ciência ("contemplar") e da sabedoria ("saborear"): "Graças ao dom do Espírito Santo, o homem acede pela fé a contemplar e a saborear o mistério do plano divino (cf. Eclo 17,7-8)".

---

4. *Denz* 3008. Ver: *Denz* 3016, 3018.
5. *Fides et ratio,* 55.
6. *Ibid.,* 55.

Dentro do contexto do n. 15 da *Gaudium et spes*, o Concílio faz uma afirmação principal e outra subordinada em relação com a capacidade da razão humana: "A inteligência não se limita aos fenômenos, mas é capaz de atingir com verdadeira certeza a realidade inteligível, embora em conseqüência do pecado se encontre obscurecida e debilitada".

Essas duas afirmações são explicitadas pelo *Catecismo da Igreja*, citando documentos do Magistério eclesiástico:

— "A santa Igreja, nossa mãe, sustenta e ensina que Deus, princípio e fim de todas as coisas, pode ser conhecido com certeza pela luz natural da razão humana a partir das coisas criadas (Vaticano I: DS, 3004; cf. 3026; Vaticano II: DV, 6). Sem essa capacidade, o homem não poderia acolher a revelação de Deus. O homem tem essa capacidade por ser criado 'à imagem de Deus' (cf. Gn 1,26)"[7].

— "Todavia, nas condições históricas em que se encontra, o homem encontra muitas dificuldades para conhecer a Deus apenas com a luz de sua razão (...). Por isso o homem tem necessidade de ser iluminado pela revelação de Deus, não somente sobre o que ultrapassa o seu entendimento, mas também sobre 'as verdades religiosas e morais que, de per si, não são inacessíveis à razão, a fim de que estas, no estado atual do gênero humano, possam ser conhecidas por todos sem dificuldade, com uma certeza firme e sem mistura de erro' (*Humani generis*: DS 3876; Vaticano I: DS, 3005; DV 6; S. Tomás de A., S. Th. 1,1,1)"[8].

2. Teologia moral e Ética filosófica

Muito foi escrito sobre a relação entre filosofia moral e ética teológica ou teologia moral[9]. Foi estudado também o uso que fazem da filosofia al-

---

7. *Catecismo da Igreja Católica*, n. 36.
8. *Ibid.*, nn. 37-38.
9. M. REDING, *Fundamentos filosóficos de la teología moral católica* (Madri, 1964); J. RUIZ PASCUAL, *Ética natural y moral cristiana* (Madri, 1973); A. MOLINARO, *Ética filosófica y ética teológica*: VÁRIOS, Nuevo Diccionario de Teologia Moral (Madri, 1992) 670-683); A. LÉONARD, *El fundamento de la moral* (Madri, 1997) 325-348 ("Moral cristã e moral filosófica"); É. GAZIAUX, *L'autonomie en morale: au croisement de la philosophie et de la morale* (Leuven, 1999) 357-717 ("Au croisement de la philosophie et de la théologie").

guns moralistas representativos da renovação pós-conciliar[10]. A solução clássica foi a de afirmar a peculiar autonomia das duas abordagens, com a necessária articulação de uma com a outra: a verdade moral filosófica atinge sua plenitude na verdade moral da teologia, e esta necessita daquela como disposição prévia, como concreção e como mediação da razão.

A encíclica *Fides et ratio* expõe a relação com uma atitude conciliadora e de forma afirmativa, superando todo tipo de polêmica. Suas afirmações fundamentais são as seguintes.

Como ponto de partida, constata ela no ser humano a tendência para buscar a verdade também na ordem moral. Baseando-se na afirmação de Aristóteles, "todos os homens desejam saber." (*Metafísica*, I,1), continua o Papa: "e o objeto próprio desse desejo é a verdade (...). E a pesquisa é tão importante no campo teórico como no âmbito prático: ao referir-me a este, desejo aludir à procura da verdade a respeito do bem que se deve realizar. Com efeito, graças precisamente ao agir ético, a pessoa, se atuar segundo a sua livre e reta vontade, entra pela estrada da felicidade e encaminha-se para a perfeição"[11].

A razão humana, em sua busca da verdade moral, se organiza como saber último e sistemático quando se converte em razão filosófica. Constitui-se assim a filosofia moral ou ética filosófica. É com essa disciplina do corpo filosófico que a verdade moral de sinal teológico se relaciona de forma necessária e mutuamente fecundante. A relação entre teologia moral e ética filosófica recebe uma formulação explícita na encíclica *Fides et ratio*[12].

De um lado, a teologia moral *pressupõe* a filosofia moral. Sem a existência do campo da filosofia moral é impossível uma apresentação satisfatória da verdade moral teológica. "A recuperação da filosofia é urgente também para a compreensão da fé que diz respeito ao agir dos fiéis"[13]. Essa recuperação do campo filosófico da moral é condição imprescindível para que a teologia moral possa cumprir sua missão: "Para poder desempenhar essa sua missão, a teologia moral deve recorrer a uma ética filosófica que tenha em vista a verdade do bem, isto é, uma ética que não seja subjetivista nem utilitarista. Essa ética implica e pressupõe uma antropologia filosófica e uma metafísica do bem"[14].

---

10. Cf. D. PICORNELL, *El uso de la filosofía en la teología moral. Una aproximación metodológica desde el pensamiento de B. Häring y de F. Böckle* (Roma, 1993).
11. *Fides et ratio*, 25.
12. Cf. J. M. LAHIDALGA, a. c., 135-137.
13. *Fides et ratio*, 98.
14. *Ibid.*, 98.

Por outro lado, a teologia moral *necessita da mediação* da filosofia moral. Segundo João Paulo II, "a teologia moral tem, possivelmente, uma necessidade ainda maior (do que a teologia dogmática e a teologia fundamental) do contributo filosófico. Na Nova Aliança, a vida humana está efetivamente muito menos regulada por prescrições do que na Antiga. A vida no Espírito conduz os fiéis a uma liberdade e responsabilidade que ultrapassam a própria Lei. No entanto, o Evangelho e os escritos apostólicos não deixam de propor ora princípios gerais de conduta cristã, ora ensinamentos e preceitos específicos; para aplicá-los às circunstâncias concretas da vida individual e social, o cristão tem necessidade de valer-se plenamente de sua consciência e de força de seu raciocínio. Por outras palavras, a teologia moral deve recorrer a uma visão filosófica correta tanto da natureza humana e da sociedade como dos princípios gerais duma decisão ética"[15].

3. A razão "pura" e a razão "situacionada"

As afirmações precedentes são de caráter geral. Devem ser aplicadas à situação concreta da razão humana. Esta não se encontra num estado "puro", abstrato, sem condicionamentos de qualquer índole. Pelo contrário, ela é uma razão "situacionada". Em relação a essa condição de "razão situacionada" desejo fazer duas anotações.

a. A proposta de J. Maritain

Em sua compreensão dos "diversos graus do saber", J. Maritain sublinhou o caráter *prático* da filosofia moral: um saber de caráter normativo dirigido para a situação concreta da condição humana. Pois bem, essa condição humana não é uma "natureza pura", mas uma realidade histórica e, enquanto tal, condicionada pela ruptura do pecado e destinada, mediante o projeto de salvação, a participar da vida divina. Se deve ser plenamente prática, a verdade moral deve referir-se não à natureza humana abstrata, mas à condição humana histórica. Conseqüentemente deve tomar em consideração os dados da Revelação.

Em correspondência com essa compreensão da verdade moral, J. Maritain propôs uma "filosofia moral adequadamente entendida" e, enquanto tal, "subalternada" à teologia moral. A razão moral não é uma

---

15. *Ibid.*, 68.

razão "pura", mas se encontra "situacionada" dentro de uma história concreta, cuja densidade significativa deve ser entendida no sentido do projeto salvífico da Revelação[16].

A proposta de Maritain não pode ser aceita no sentido de que a ética filosófica perca sua autonomia ou não tenha seu próprio valor intrínseco. "Porque, além de que o método da filosofia moral — mesmo que seja adequadamente entendido e como tal subalternado à teologia — continua essencialmente diferente do método da teologia moral, as estruturas gerais da ética puramente filosófica constituem, de todos os modos, a armação da filosofia moral, mesmo quando esta toma da teologia a significação última de seu objeto material"[17].

A. Léonard, autor da citação precedente, reconhece na tese de J. Maritain em uma "exatidão no essencial", já que "uma ética puramente filosófica não é adequadamente prática, porque ignora as condições concretas últimas do agir. Seria adequada se o homem se encontrasse em estado de natureza pura, mas não é esse o caso"[18]. Todavia, esse mesmo autor, que entre os atuais é quem mais aproxima a filosofia moral da ética teológica, continuando, diz: "Por nossa parte, mais preocupados do que J. Maritain em manter com toda a firmeza a distinção entre o enfoque filosófico e o enfoque teológico, preferimos reservar só para a teologia moral a consideração da condição concreta de nossa natureza humana decaída e resgatada bem como sua destinação sobrenatural para a visão beatífica"[19].

Quanto a nós, julgamos ser preferível situar a relação da filosofia moral com a ética teológica nas perspectivas da encíclica *Fides et ratio*, isto é, como duas considerações autônomas da verdade moral, agindo dentro de uma convergência integradora. Concretamente, a razão da filosofia moral é para a teologia moral um *pressuposto* inegável e uma *mediação* imprescindível em ordem à busca e à formulação da verdade moral cristã.

b. As exigências da razão moral

A razão moral não é "pura", mas "situacionada" em um segundo sentido. Tanto a razão filosófica como o discurso teológico se encontram

---

16. Cf. J. MARITAIN, *De la philosophie chrétienne*: Oeuvres complètes, V (Paris-Friburgo, 1982) 262-266; *Science et sagesse*: Ibid., VI (Paris-Friburgo, 1984) 143-225.
17. A. LÉONARD, *o. c.*, 347.
18. *Ibid.*, 346-347.
19. *Ibid.*, 347.

dentro de uma determinada "tradição"[20]. De fato, a razão da filosofia moral que conhecemos está situada dentro da tradição cristã; assim como a razão teológica, ela age no interior dos sistemas racionais e culturais que lhe deram apoio e abrigo.

A constatação precedente desfaz o mito da razão "pura" criado pelo Iluminismo. Contradiz também a crença em uma razão teológica livre de condicionamentos racionais e culturais de caráter histórico. Há, portanto, uma interação inevitável entre razão moral filosófica e discurso teológico-moral. A razão moral já é condicionada pela cosmovisão cristã, e o discurso teológico-moral funciona ajudado pela razão moral. Essa interação faz que tanto a razão moral como o discurso teológico-moral devam ser entendidos em um sentido mais complexo. Essa é a riqueza e a complexidade trazidas pela "tradição" na qual tanto a razão moral como o discurso teológico-moral estão situados.

A partir da constatação precedente, compreende-se que a razão que funciona no interior do discurso teológico deva ser "coerente" com o dado da cosmovisão cristã. Foi isso que levou João Paulo II a afirmar a necessidade de uma "purificação" da razão para que ela possa ser usada corretamente no discurso teológico. Na encíclica *Fides et ratio* ele se referiu a uma série de desvios da razão humana que podem ser detectados pelo seu funcionamento no discurso teológico: o ecletismo, o historicismo, o cientificismo, o pragmatismo, o niilismo[21]. Por outro lado, na encíclica *Veritatis splendor*, ele afirmou "a incompatibilidade de algumas afirmações filosóficas com a verdade revelada"[22], como o teleologismo, o proporcionalismo, o conseqüencialismo e outras formas de subjetivismo moral em seu sentido extremo.

A cosmovisão cristã não só "purifica" a razão moral como também destaca nela as possibilidades de maior significação positiva. Essa função é desempenhada pela cosmovisão cristã mediante a "aceitação" preferencial de determinadas formas de racionalidade moral. A teologia moral deve conhecer os diversos posicionamentos históricos e atuais da racionalidade ética e também deve ponderar sua maior ou menor capacidade para fundamentar e orientar o comportamento moral[23]. Sem negar o pluralismo

---

20. Cf. B. V. JOHNSTONE, *Faith and Reason in Morals: A Polyphony of Traditions*: Studia Moralia 35 (1997) 261-282.
21. *Fides et ratio*, 86-90.
22. *Veritatis splendor*, 29.
23. Ver uma apresentação das diversas opções e uma ponderação de sua maior ou menor funcionalidade para fundamentar e orientar o comportamento moral, em: M. VIDAL, *Moral de Atitudes. I. Moral Fundamental* (Aparecida, São Paulo 2000⁵) 68-78.

válido de opções racionais para buscar e expor a verdade moral, o discurso teológico pode exercer o direito a uma "aceitação" preferencial de uma determinada opção filosófica. No capítulo segundo desta terceira parte expus as preferências que considero válidas no momento atual.

IV. AS "SEMENTES DO VERBO" E OS "PREÂMBULOS DA FÉ"

Nos dois itens precedentes examinamos a relação entre racionalidade humana e cosmovisão cristã, partindo "de baixo", isto é, da perspectiva preferencial da racionalidade humana em ordem à sua plenificação mediante a revelação cristã. A perspectiva que ofereço adiante se situa "em cima", isto é, no horizonte da fé. Qual é a leitura teológica que tem a função da racionalidade moral quando é considerada a partir da compreensão plena da revelação cristã?

A resposta é esta: na autêntica racionalidade moral existem "sementes do Verbo", as quais constituem verdadeiros "preâmbulos da fé"[24]. Ao ser assumida na cosmovisão cristã, a racionalidade moral adquire a plenitude de um significado que já tem "seminalmente" e como em "preâmbulo" dentro de sua própria e peculiar condição.

Para explicitar essa perspectiva servir-me-ei de duas abordagens. Na primeira reunirei as orientações que existem na tradição teológica, de modo especial na Patrística e no Magistério da Igreja. A segunda perspectiva será de caráter preferentemente sistemático, e nela procurarei descobrir dentro da "normatividade moral" humana sua função de *preâmbulo*, de *horizonte* e de *mediação* da ética cristã.

1. Orientações da tradição teológica

a. Patrística

Na teologia patrística é necessário recordar o recurso ao conceito de "semina Verbi" para indicar a presença da verdade do Verbo em toda a criação e na história humana antes da encarnação e antes de se chegar ao

---

24. Sobre o estatuto teológico desses conceitos, cf. G. COTTIER, *Il cammino verso la fede: la "praeparatio evangelica" e i "praeambula fidei"*: Aquinas 41 (1998) 597-605.

conhecimento formal de Cristo pela fé. Esse tema é recorrente em vários escritores eclesiásticos e Padres da Igreja (Justino, Clemente de Alexandria, Ambrósio, Cesário de Arles, Gregório Magno etc.) bem como em autores medievais (Bernardo, Pascásio, Radaberto etc.). Uso apenas o texto de São Justino, com o qual se inicia este tema.

A afirmação sobre as "sementes do Verbo" tem seu começo na *Apologia* II de São Justino. Na *Apologia* II, 6, aceita a doutrina neotestamentária sobre "o Verbo, que está com Ele (Pai) antes das criaturas e é engendrado quando no princípio criou e ordenou por seu intermédio todas as coisas" e sobre Cristo, chamado assim "por causa de sua unção e por ter Deus ordenado por seu intermédio todas as coisas"[25].

É a *Apologia* II, 8, que fala da "semente do Verbo" (*sperma tou logou*) e da "parte do Verbo seminal" (*spermatikou logou méros*). A semente do Verbo "se encontra ingênita em todo o gênero humano", se bem que Justino a veja presente de modo especial em "alguns que professaram a doutrina estóica, pois pelo menos na ética se mostram moderados, como também nos poetas em determinados pontos". Eles "vivem conforme uma parte do verbo seminal", se bem que não "conforme o conhecimento e a contemplação do Verbo total, que é Cristo"[26].

Apresentação semelhante sobre as "sementes do Verbo" se encontra nos escritos de Clemente de Alexandria, o qual afirma que desde o princípio do tempo houve uma semeadura da verdade divina, o que faz que existam fragmentos dela tanto entre os bárbaros como entre os gregos, sobretudo no pensamento filosófico[27].

b. Magistério da Igreja

Essa orientação, iniciada na época patrística, continua nas etapas seguintes do pensamento cristão. A Comissão Teológica Internacional, em seu documento sobre o *Cristianismo e as religiões* (1998), sublinhou expressamente a "aceitação" do tema das "sementes do Verbo" pelo Magistério eclesiástico recente[28].

O Concílio Vaticano II, seguindo as pegadas da patrística, considera

---

25. PG, 6, 453-454. Tradução castelhana: *Padres Apologistas Griegos (s. II)*. Introduções, texto grego, versão espanhola e notas de D. Ruiz Bueno. BAC (Madri, 1954) 261.
26. PG, 6, 457-458. Tradução castelhana: *l. c.*, 269.
27. CLEMENTE DE ALEXANDRIA, *Stromata*, I, 7, 37, 1-6: PG, 8, 732-736.
28. COMISSÃO TEOLÓGICA INTERNACIONAL, *Christianismus et religiones*: Gregorianum 79 (1998) 442-445.

como uma "preparação para o Evangelho" todo o bem que há naqueles que "sem culpa, não chegaram a conhecer claramente a Deus, mas se esforçam com sua graça para viver honradamente". Aludindo explicitamente a Eusébio de Cesaréia, afirma: "A Igreja aprecia tudo de bem e de verdade que há neles, como uma preparação para o Evangelho (cf. Eusébio de Cesaréia, *Praeparatio evangelica*, 1, 1: PG 21, 28 AB) e como um dom Daquele que ilumina todos os homens para que finalmente possam ter vida"[29].

Atitude semelhante foi adotada pelo mesmo Concílio em relação à cultura atual. Sem deixar de reconhecer os "lamentáveis resultados" aos quais ela pode dar ocasião, adverte que esses desvios "não devem induzir-nos à tentação de não reconhecer os valores positivos" que (ela) contém: interesse pelo conhecimento, fidelidade à verdade, trabalho em equipe, sentido de solidariedade internacional, consciência de responsabilidade, vontade de criar condições de vida mais favoráveis a todos e de modo especial aos mais necessitados. Nesses valores o Concílio vê uma "preparação para o Evangelho": "Tudo isso pode constituir certa preparação para a recepção da mensagem evangélica, preparação que pode ser informada com a caridade divina por aquele que veio para salvar o mundo"[30].

João Paulo II, em uma de suas duas catequeses dedicadas ao tema das "sementes do Verbo"[31], recorda sua preocupação por essa presença da verdade divina nas outras religiões e no pensamento humano em geral: "Voltando ao ensinamento conciliar, já desde a primeira carta encíclica de meu pontificado, eu quis recordar a antiga doutrina formulada pelos Padres da Igreja, segundo a qual é necessário reconhecer 'as sementes do Verbo' presentes e operantes nas diferentes religiões (cf. *Ad gentes*, 11; *Lumen gentium*, 17). Essa doutrina nos impele a afirmar que, embora por caminhos diferentes, 'é dirigida em uma única direção a mais profunda aspiração do espírito humano tal como se exprime na busca de Deus e da plena dimensão da Humanidade, isto é, do pleno sentido da vida humana' (*Redemptor hominis,*11)"[32].

Para João Paulo II, as "sementes do Verbo" não só dizem relação ao Verbo como também têm sua origem no Espírito Santo: "As 'sementes do

---

29. *Lumen gentium*, 16.
30. *Gaudium et spes*, 57.
31. JOÃO PAULO II, *Las "semillas de verdad"*. Catequese da quarta-feira 9 de setembro de 1999: Ecclesia n. 2. 912 (26 de setembro de 1998) 33; *El Espíritu y las "semillas de verdad" del pensamiento humano*. Catequese da quarta-feira 16 de setembro de 1998: Ecclesia n. 2. 913 (3 de outubro de 1998) 25-26.
32. *Las "semillas de verdad"*: l. c., 33.

Verbo' presentes e operantes nas diversas tradições religiosas são um reflexo do único Verbo de Deus, 'que ilumina todo homem' (Jo 1,9) e que se fez carne em Cristo Jesus (cf. Jo 1,14). Elas são ao mesmo tempo "efeito do Espírito da verdade, que age além dos limites do Corpo místico' (cf. *Redemptor hominis*, 6 e 12) e que 'sopra onde quer' (Jo 3,6)"[33].

Recentemente o Papa João Paulo II indicou na filosofia atual, quanto ao mais tão distanciada do universo da fé, "germes preciosos de pensamento que, aprofundados e desenvolvidos com retidão de mente e de coração, podem ajudar a descobrir o caminho da verdade. Esses germes de pensamento se encontram, por exemplo, nas análises profundas sobre a percepção e a experiência, sobre o imaginário e o inconsciente, sobre a personalidade e a intersubjetividade, sobre a liberdade e os valores, sobre o tempo e a história; até o tema da morte pode vir a ser para todo pensador uma séria chamada para procurar dentro de si mesmo o sentido autêntico da própria existência"[34].

2. Compreensão da "normatividade moral" humana como preâmbulo, horizonte e conteúdo da ética cristã

a. Consistência prévia da normatividade moral humana

Para não se cair no "fideísmo moral", rejeitado novamente pela encíclica *Fides et ratio*, é necessário aceitar a validade da normatividade humana, contanto que essa normatividade seja assumida e plenificada pela ética cristã. Essa afirmação se apóia em outra, de significado teológico mais amplo: a "graça" não anula, mas pressupõe a "natureza".

Por isso, a identidade da ética cristã deve ser estabelecida desde a aceitação prévia da autonomia da realidade humana. O humano, antes do advento do cristão, tem suas leis próprias e autônomas. Do ponto de vista teológico pode-se considerar a autenticidade do humano como um "cristianismo implícito", sendo que essa apreciação não invalida a autonomia essencial do humano.

A afirmação anterior pode ser traduzida em termos éticos, dizendo-se que é possível uma moral humana autônoma. A identidade da ética cristã deve contar com essa autonomia anterior da eticidade humana. É certo que uma moral humana autêntica pode ser considerada sob o ponto

---

33. *Ibid.*, 33. Ver a catequese *El Espíritu y las "semillas de verdad" del pensamiento humano*: l. c., 25-26.
34. *Fides et ratio*, 48.

de vista da teologia como uma "situação já salvífica" e como o "horizonte ético" da fé, mas essas afirmações não contradizem a consistência de uma moral humana autônoma anterior à especificidade cristã.

b. A normatividade humana como mediação ético-antropológica da moral cristã

Nos últimos anos se insistiu dentro da moral católica na importância e necessidade da normatividade humana e de sua racionalização como *preâmbulo, horizonte* e *conteúdo* da ética cristã. Recordemos os matizes com os quais tem sido apresentada essa tese fundamental da moral cristã.

Uma orientação importante foi a de destacar o valor teológico da *criação*. A ordem natural, sendo criação de Deus, traduz uma normatividade "teológica". Pode-se falar, e de fato se fala, de uma "teologia do direito natural". A obra de Fuchs[35] pode ser considerada como o estudo decisivo que marca essa orientação. Ao lado de Fuchs devem ser colocados dois teólogos de tão alta estatura como Rahner e Schillebeeckx[36]. Moralistas destacados aceitaram e desenvolveram essa opção, sublinhando o desígnio unitário de Deus, *Criador* e *Redentor* em Cristo, manifestado na integração da criação e da salvação.

Outra perspectiva, complementar da anterior, é a que salienta a relação, que existe *de fato* na Sagrada Escritura, entre a normatividade humana e a normatividade revelada. Essa relação é exposta de vários modos: ressaltando-se que tanto o Antigo como o Novo Testamento optam por uma "ética mundana" (*Welt-ethos*), que se traduz numa "afirmação da Realidade" (*Ja zur Wirklichkeit*)[37], constatando-se a presença de uma "lei natural" na Revelação cristã[38] ou vendo-se uma relação estreita entre "lei natural" e "lei evangélica"[39].

Reinterpretando-se a categoria clássica de "lei natural", descobriu-se através da precariedade de dita mediação conceitual, a afirmação da rela-

---

35. J. FUCHS, *Lex naturae. Zur Theologie des Naturrechsts* (Düsseldorf, 1955).
36. K. RAHNER, *Über das Verhältnis des Naturgesetzes zu übernatürlichen Gnadenordnung*: Orientierung 20 (1956) 8-11; E. SCHILLEBEECKX, La *"ley natural" y el orden de Salvación*: Dios y el hombre (Salamanca, 1969) 404-328.
37. A. AUER, *Autonome Moral und christlicher Glaube* (Düsseldorf, 1971).
38. P. GRELOT, *L'idée de nature en théologie morale: le témoignage de l'Écriture*: Le Supplément n. 81 (1967) 209-229.
39. E. HAMEL, *Loi naturelle et loi du Christ* (Bruges, 1964); R. COSTE, *Loi naturel-le et loi évangélique*: Nouvelle Revue Théologique 92 (1970) 76-89.

ção da ordem normativa humana (lei natural) com a ordem normativa divina (lei divina)[40].

Todas essas perspectivas mostram claramente, se bem que com tonalidades diferentes, a necessidade da mediação ético-antropológica para a moral cristã. Qual a classe de mediação que possa ser considerada válida é uma questão a ser resolvida ulteriormente. Mas o que parece que não deve ser posto em dúvida é a necessidade da normatividade humana como mediação da moral cristã.

A teologia protestante teve dificuldades sérias para reconhecer a necessidade de uma mediação entre a Revelação e o empenho ético cristão. Autores não distantes mantiveram de maneira expressa uma postura negativa: Barth, Brunner, Van Oyen, Schweizer, Thielicke etc. Não obstante, de alguns anos para cá parece notar-se uma volta da teologia moral protestante para considerar como importantes as realidades que Bonhöffer chama "penúltimas" e para dar a elas valor de mediação na ordem normativa humana[41].

c. Conclusões

Assim, pois, é necessário destacar a importância e a necessidade da normatividade humana e de sua racionalização como preâmbulo, horizonte e mediação da ética cristã. A partir dessa visão, a normatividade moral humana é compreendida:

Como um *caminho* ou preâmbulo para a plenitude da moral cristã.

Como um lugar de *verificação* da moral cristã. Se a moral humana pode ser considerada como "um caminho de ida" para a moral cristã, também pode ser entendida como um "caminho de volta" da Revelação para a transformação da realidade humana. Com efeito, uma das formas de se verificar a moral da Revelação é usar o leito da moral humana.

Como *mediação* da moral cristã: dentro dessa compreensão geral, a moral humana é mediação do compromisso ético que é inerente à fé cristã. De fato, a articulação de fé e ética na existência daquele que crê enraíza no sentido e na função das mediações nas quais se expressa e se

---

40. F. BÖCKLE, *Natürliches Gesetz als göttliches Gesetz in der Moraltheologie*: Naturrecht in der Kritik (Mauncia, 1973) 165-188.
41. A. DUMAS, *Loi naturelle et irruption évangélique*: Le Supplément n. 81 (1967) 230-250; H. H. SCHREY, *Más allá del positivismo y del derecho natural. Fundamentación del derecho natural en la teología evangélica actual*: Concilium n. 25 (1967) 240-254: R. MEHL, *Ética católica y ética protestante* (Barcelona, 1973).

autentifica o dinamismo do crer. Se "crer é comprometer-se", o compromisso da fé só é possível através das mediações éticas.

Desse modo o *mundo* se converte em autêntico lugar teológico, o qual implica a necessidade de realizar o discurso teológico-moral contando com as mediações de outros saberes interdisciplinares vinculados à teologia.

V. O ÚNICO PROJETO DE SALVAÇÃO

A autêntica racionalidade moral humana não é só uma "preparação evangélica", porque, quando entra a fazer parte da cosmovisão cristã, ela participa também do único projeto de salvação. É nessa perspectiva que ela recebe sua máxima valorização e que atinge sua maior articulação com a cosmovisão cristã. Para expor essa orientação ofereço as afirmações básicas tanto da Sagrada Escritura como do Magistério eclesiástico e da reflexão teológica.

1. Sagrada Escritura

São muitas as passagens neotestamentárias nas quais a ordem humana aparece articulada dentro do único projeto da Revelação definitiva realizada em Cristo. Em Rm 1,20ss o nível natural ou prototeológico é visto como o lugar no qual o homem chega a conhecer a Deus e sua vontade (moral); através do conhecimento (*noumena*) das coisas criadas o homem pode e deve reconhecer a divindade e a presença de Deus na criação. Note-se: que "criação" tem já em Gn 2,4a o sentido de "história"; que o "conhecimento" não é só especulativo, mas também moral ("reconhecimento"); que esse "reconhecimento" se impõe ao ser racional (por isso "são inescusáveis": Rm 1,21-22.32). Além disso, a consciência dá testemunho de que existe realmente essa normatividade inscrita no interior de todo ser humano (Rm 2,15). Por outro lado, a "lei da razão", da qual fala Rm 7,21, é uma prova da existência dessa normatividade de nível prototeológico.

Essa continuidade-unidade dos níveis prototeológico e soteriológico no projeto de Deus aparece com clareza em muitas outras passagens neotestamentárias. Ef 1,4ss fala de um único projeto de Deus; é o *mysterion* de sua vontade, que apontava para sua culminação de instaurar todas as coisas em Cristo, na plenitude dos tempos (Ef 1,9-10; cf. 1Cor 1,16). O Logos, com sua presença ativa, cobre o arco que vai da criação até o fim dos tempos; segundo Cl 1,15ss.: "Nele e para ele foram criadas todas as coisas... e tudo nele subsiste (cf. Jo 1,1ss.; Ef 1,15; Ap 1,5). Antes da encarnação o Logos estava no mundo (Jo,1,10); Ele era a luz verdadeira que ilumina todo homem (Jo 1,9); na encarnação ele veio ao que era seu (Jo 1,11).

A partir dessa compreensão de continuidade-unidade do prototeológico e do soteriológico compreende-se que os biblistas reconheçam que na moral da Revelação é assumida a autêntica moral humana e que conseqüentemente ela tem uma orientação para a normatividade plena em Cristo.

A esse respeito afirma P. Grelot: "A Torá assume o que há de melhor nas antigas sabedorias orientais, com as quais ela está em contato permanente"[42].

O mesmo faz Paulo relativamente aos valores éticos do helenismo: "Finalmente, irmãos, ocupai-vos com tudo o que é verdadeiro, nobre, justo, puro, amável, honroso, virtuoso ou que de qualquer modo mereça louvor" (Fl 4,8).

A "regra de ouro", que, por sua localização, constitui como que uma espécie de conclusão do Sermão da Montanha e que sintetiza a Lei e os Profetas (Mt 7,12: "Tudo aquilo, portanto, que quereis que os homens vos façam fazei-o vós a eles, pois esta é a Lei e os Profetas") se encontra em quase todas as tradições religiosas e filosóficas. Essa "lei de reciprocidade ética" pode ser considerada como um "universo moral" da consciência humana, o qual tem uma orientação para a plenitude da Revelação; por isso é assumido com toda a naturalidade pela moral cristã e precisamente dentro do Sermão da Montanha, "que é a *carta magna* da moral evangélica (cf. S. Agostinho, *De Sermone Domini in Monte*, I, 1,1: CCL 35,1-2)"[43].

2. Tradição teológica

A reflexão teológica da Idade Média tratou com coragem e profundidade o problema da integração da "ordem da natureza" e da "ordem da graça". Foi principalmente Santo Tomás que ofereceu as análises mais

---

42. P. GRELOT, *Problèmes de morale fondamentale. Un éclairage biblique* (Paris, 1982) 137.
43. *Veritatis splendor*, 15.

certas e as soluções mais válidas através da articulação da ordem da "lei natural" no âmbito da "lei nova" e através da plenificação das virtudes morais adquiridas pelo dinamismo do Espírito Santo (virtudes teologais e virtudes morais "infusas").

3. Concílio Vaticano II

O Concílio Vaticano II expõe magnificamente o pensamento bíblico sobre a presença do Verbo no mundo. Diz que o Verbo de Deus, "antes de se fazer homem para tudo salvar e em si recapitular, já estava no mundo como verdadeira luz que ilumina todo homem (Jo 1,9)"[44]. O Verbo de Deus "assume" e "recapitula" em Si toda a história humana: "O Verbo de Deus, pelo qual todas as coisas foram feitas, fazendo-se homem e vivendo na terra dos homens (cf. Jo 1,3 e 14), entrou como homem perfeito na história do mundo, assumindo-a e recapitulando-a em Si (cf. Ef 1,10)"[45].

Da afirmação básica de que "realmente o mistério do homem se esclarece no mistério do Verbo Encarnado", deduz o Concílio que "não é por isso de admirar que as verdades acima ditas (as grandes realidades antropológicas tratadas nos nn. 15 a 21 da GS: inteligência, consciência moral, liberdade, morte, abertura para a comunhão com Deus) tenham nele sua fonte e nele atinjam a plenitude"[46]. Cristo é "o novo Adão", "o homem perfeito, que restituiu aos filhos de Adão a semelhança divina, deformada desde o primeiro pecado"[47]. A Revelação e a Salvação de Cristo pertencem à ordem da graça e da fé. Mas "isso vale não só para os cristãos, e sim também para todos os homens de boa vontade, em cujos corações a graça opera ocultamente (cf. LG, cap. 2, n. 16). Com efeito, por todos (Rm 8,32) morreu Cristo, e a vocação última de todos os homens é realmente uma só, a saber, a divina"[48].

Considerando-se a plenitude de Cristo, compreende-se todo o projeto de Deus: "A verdade profunda, tanto a respeito de Deus como a respeito da salvação dos homens, manifesta-se-nos por meio dessa Revelação no Cristo, que é simultaneamente o mediador e a plenitude de toda a Revelação"[49]. Nesse projeto de Deus entra a criação. "Já na constituição

---

44. *Gaudium et spes*, 57; em nota remete a: SANTO IRINEU, *Adversus haereses*, II, 11, 8.
45. *Gaudium et spes*, 38.
46. *Ibid.*, 22.
47. *Ibid.*, 22.
48. *Ibid.*, 22.
49. *Dei Verbum*, 2.

Dei Verbum, por exemplo, a criação está claramente inscrita na ordem da revelação, que tem sua culminância em Cristo, e é situada no começo da história da salvação, à luz do narração bíblica (DV, 2-3)"[50].

4. Documentos do Magistério eclesiástico

Poderiam ser citados muitos documentos do Magistério eclesiástico recente que afirmam e desenvolvem a compreensão da realidade humana e da história como integradas e articuladas no único projeto de Salvação, que culminou em Cristo. Sirvam de exemplos os seguintes.

Na bela Mensagem da Páscoa de 1986, João Paulo II aludiu à carga cristológica da história dos homens: "Cristo ressuscitou num determinado momento da história, mas ainda espera ressuscitar na história de inumeráveis homens, na história das pessoas e na história dos povos. Essa é uma ressurreição que supõe a cooperação de cada pessoa e de todas as pessoas. Mas é uma ressurreição na qual se manifesta sempre uma forte onda daquela vida que surgiu do sepulcro numa manhã de Páscoa, há tantos séculos. Onde quer que do empenho operante pela justiça emerja uma verdadeira vontade de paz lá retrocederá a morte e se consolidará a vida de Cristo. Onde quer que morra quem viveu crendo, amando e sofrendo, lá a Ressurreição de Cristo celebrará sua vitória definitiva"[51].

Os bispos espanhóis sublinharam a "unidade do desígnio de Deus em Cristo" no Documento *Los Católicos en la vida pública* (22 de abril de 1986), n. 42-43. De sua concisa e exata exposição é difícil escolher frases, já que o conjunto constitui um todo bem organizado. Não obstante, são particularmente iluminadoras as seguintes afirmações: "O Deus da salvação, o Pai de Nosso Senhor Jesus Cristo, é também o Criador do Universo e o mesmo que pôs nas mãos do homem o cuidado e o desenvolvimento de sua obra. Qualquer separação ou contraposição entre a esperança da vida eterna e a responsabilidade do homem sobre a criação e sobre a história atenta contra a unidade indivisível de Deus e de seu plano de salvação" (n. 42). "Tudo o que é bom e digno nas estruturas e atividades pelas quais o homem põe a seu serviço a natureza e vem fazendo sua própria história foi pensado e querido por Deus como desdobramento de sua criação. Tudo isso foi criado por Cristo e para Ele. E tudo isso, com seu

---

50. L. LADARIA, *La creación del cielo y de la tierra*: B. SESBOÜÉ (Dir.), Historia de los Dogmas, II (Salamanca, 1996) 71.
51. JOÃO PAULO II, *Mensagem de Páscoa, 1986*: Ecclesia n. 2262 (5 a 12 de abril de 1996) 467.

ser e com sua força próprios, foi salvo, em raiz, por Cristo e está destinado a receber nele plenitude de sentido e de vida" (n. 45).

A doutrina católica sobre a articulação da "ordem natural" num único projeto de Salvação cristã tem uma confirmação e uma aplicação no que diz a Encíclica *Veritatis splendor* sobre a inseparabilidade, dentro do cristianismo, da "ordem ética" e da "ordem da salvação". Apoiando-se no Concílio de Trento (Ses. VI, cân. 19-21: DS 1569-1571), ela afirma que é "contrária à doutrina católica" a separação entre uma ordem ética "que teria origem humana e valor somente humano" e uma ordem da salvação "para a qual teriam importância só algumas intenções e atitudes interiores perante Deus e o próximo"[52].

5. A teologia atual

A partir, sobretudo, dos estudos de H. De Lubac a reflexão teológica compreende a relação entre a "ordem da criação" e a "ordem da salvação" em chave de articulação e não de separação ou de justaposição[53]. Nas palavras de L. F. Ladaria, para De Lubac "é o desígnio original de Deus de convidar o homem ao sobrenatural que determina a criação de sua natureza. Nessa perspectiva, são respeitadas plenamente a gratuidade do sobrenatural e a da criação"[54].

O mesmo autor exprime em direção semelhante sua própria compreensão da relação entre a "ordem natural" e a "ordem da salvação": "Em Jesus os homens foram escolhidos já antes da criação do mundo, de modo que não há mais que um fim do ser humano, não há mais que uma só vocação, a divina, como disse o Vaticano II na GS, 22"[55].

Desse modo são recuperados os filões valiosos da tradição teológica, para a qual prevalece a unidade do projeto de salvação sem negar nem a gratuidade da ordem salvífica nem a distinção de "criação" e de "reden-

---

52. *Veritatis splendor*, 37.
53. H. DE LUBAC, *Surnaturel. Études historiques* (Paris, 1946). Uma breve mas densa referência aos estudos teológicos (J. Alfaro, R. Berzosa, B. Sesboüé, E. Brito, G. Colombo, etc.) suscitados a partir da proposta de H. De Lubac pode-se ver em: A. VANNESTE, *La question du surnaturel selon G. Colombo*: Ephemerides Theologicae Lovanienses 74 (1998) 145-152. Para um delineamento sistemático: K. RAHNER, *Naturaleza y gracia*: Escritos de Teología, IV (Madri, 1964) 215-243; G. MUSCHALEK, *Creación y alianza como problema de naturaleza y gracia*: Mysterium Salutis, II (Madri, 19772) 456-66.
54. L. LADARIA, *Naturaleza y sobrenatural*: B. SESBOÜÉ (Dir.), Historia de los Dogmas, II (Salamanca, 1996) 305.
55. *Ibid.*, 307.

ção". Essa compreensão parece estar presente na visão unitária de santo Agostinho: "As relações entre natureza e graça, entre ordem natural e ordem sobrenatural as coloca à luz da encarnação, entendida esta como assunção da natureza humana pela divindade, para dar-lhe participação na ordem sobrenatural, participação sempre crescente na criatura que a recebe"[56].

Em sentido parecido podem ser lidos os dois axiomas teológicos de amplo uso na tradição teológica: "a graça supõe a natureza" e "o que não é assumido não pode ser salvo". O primeiro axioma, proveniente da alta Idade Média[57], não só indica que a ordem salvífica (a redenção) não pode existir historicamente sem a criação, mas que esta recebe sua plena consistência do projeto salvífico da aliança livre e gratuita. O segundo axioma, de origem patrística[58], sublinha a necessidade de que a ordem criada seja "assumida" pela redenção e de que a ordem salvífica se expresse através de mediações históricas (aculturação). A esse respeito o Concílio Vaticano II recorda a afirmação cristológica de vários Concílios ecumênicos de que "Nele (Cristo) a natureza humana foi assumida, não absorvida", do que se deduz que "por isso mesmo também em nós foi ela (a natureza humana) elevada a uma sublime dignidade"[59], sem por isso ser "absorvida" e perder sua identidade.

À maneira de conclusão, podemos afirmar que tanto as orientações do Magistério eclesiástico como as exposições da reflexão teológica atual se situam dentro de uma compreensão unitária da ordem da criação e da ordem da redenção. As duas ordens são articuladas no único projeto de salvação. Essa perspectiva é assumida pela reflexão teológico-moral atual[60]. Em função dessa afirmação é apresentada neste capítulo a relação entre a moral humana e a ética cristã.

---

56. G. BONAFEDE, *Creación y salvación, o naturaleza y redención*: Augustinus 42 (1997) 109.
57. Cf. J. ALFARO, *Gratia supponit naturam*: Lexikon für Theologie und Kirche, IV, 1169-1171; J. RATZINGER, *Gratia praesupponit naturam*: Palabra en la Iglesia (Salamanca, 1976) 130-146.
58. A melhor formulação encontra-se em SÃO GREGÓRIO NAZIANZENO, *Epístola 101*: MG, 37, 181s. : "o que não se assumiu, no foi curado; o que une a Deus é também redimido".
59. *Gaudium et spes*, 22.
60. Cf. F. BÖCKLE, *La magistère de l'Église en matière morale*: Ephemerides Theologicae Lovaienses 19 (1988) 10-11.

VI. CENTRALIDADE DE CRISTO

Para completarmos a exposição é conveniente ressaltar uma vez mais, a centralidade de Cristo no projeto de salvação. O Concílio Vaticano II afirma explicitamente essa centralidade cristológica na Revelação: "A verdade profunda, tanto a respeito de Deus como a respeito da salvação dos homens, manifesta-se-nos por meio dessa Revelação no Cristo, que é simultaneamente o mediador e a plenitude de toda a Revelação"[61]. Na constituição *Gaudium et spes,* conforme foi analisado no capítulo primeiro desta terceira parte, essa centralidade cristológica atinge também todo o criado. "O Verbo de Deus, pelo qual todas as coisas foram feitas, fazendo-se homem e vivendo na terra dos homens (cf. Jo 1,3 e 14), entrou como homem perfeito na história do mundo, assumindo-a e recapitulando-a" (cf. Ef 1,10)[62].

A centralidade de Cristo no projeto unitário de salvação foi enfatizada também pela Comissão Teológica Internacional no documento *De interpretatione Dogmatum,* do ano de 1989, e no documento *Christianismus et religiones,* do ano de 1998. Do primeiro documento temos esta afirmação: *"Quia idem unus Spiritus est qui in tota historia salutis, in Scriptura et in Traditione, atque in tota Ecclesiae vita per saecula operatur, criterium fundamentale interna est Traditionis cohaerentia. Haec cohaerentia a revelationis centro in Iesu Christo promanat. Ipse Iesus Christus est propterea punctum unitatis pro Traditione eiusque multiplicibus formis; Ipse est discretionis et interpretationis criterium. Ab hoc centro Scriptura et Traditio perspiciendae sunt atque interpretandae, sicut etiam traditiones singulares in earum mutua correspondentia"*[63] ("Já que é o mesmo e único Espírito que pelos séculos age em toda a história da salvação, na Escritura e na Tradição, bem como em toda a vida de Igreja, o critério fundamental é a coerência interna da Tradição. Essa coerência emana do centro da revelação em Jesus Cristo. Por isso o próprio Jesus Cristo é o ponto de unidade da Tradição e de suas múltiplas formas; Ele é o critério da distinção e da interpretação. É a partir desse centro que a Escritura e a Tradição, bem como as tradições singulares em sua mútua correspondência, devem ser examinadas e interpretadas"). O segundo documento expõe, de forma sistemática, a mesma orientação cristológica, referindo-se ao ensinamento do Novo Testamento, da Tradição e do Magistério eclesiástico[64].

Em um estudo preparado dentro dos trabalhos da Comissão Teológica In-

---

61. *Dei verbum,* 2.
62. *Gaudium et spes,* 38 (cf. *Ibid.,* 22).
63. COMISSÃO TEOLÓGICA INTERNACIONAL (1989), *De interpretatione dogmatum,* C, II, 2.
64. COMISSÃO TEOLÓGICA INTERNACIONAL (1998), *Christianismus et religiones,* III, II, 2.

ternacional, H. U. von Balthasar destacou o caráter decisivo do acontecimento de Cristo não só para a moral dos crentes, mas também para a compreensão geral da ética "anterior" e "posterior" ao fato cristão[65]. Eis suas afirmações básicas:

— *Cristo como norma concreta:* "Cristo é o imperativo categórico concreto. Ele não é só uma norma formal universal da ação moral susceptível de ser aplicada a todos, mas uma norma concreta pessoal"[66].

— *Universalidade da norma concreta:* "A existência de Cristo assume em si todos os sistemas de regulação ética"[67].

— *Ordem pré-bíblica e ordem pós-cristã:* Tanto a ordem pré-bíblica como a ordem pós-cristã ("ética antropológica pós-cristã") são condicionadas pela revelação bíblica e pelo fato cristão. Há "uma irradiação da iluminação cristã nas religiões e nas éticas não bíblicas"[68].

Assim, pois, tomando em consideração a doutrina da Sagrada Escritura, da Tradição, do Magistério e da reflexão teológica pode-se chegar à conclusão de que existe um único projeto de Salvação, realizado plenamente em Cristo. A partir dessa afirmação adquire autêntica significação tudo o que dissemos sobre a integração da normatividade humana na plenitude da moral cristã e sobre a "carga cristológica" que, em conseqüência disso, traz a genuína moral humana.

Se, além disso, levarmos em conta a força normativa que surge do Evento-Cristo, confessado explicitamente por aquele que crê, concluiremos que o edifício da reflexão moral cristã se apóia sobre a rocha firme do cristocentrismo moral e total, no qual a normatividade humana é assumida e integrada em seu significado mais profundo.

VII. CONCLUSÃO

Neste capítulo de conclusão da terceira parte, dedicada a analisar a abertura ao mundo (*mundanidade*) da moral cristã, procuramos integrar

---

[65]. H. U. VON BALTHASAR, *Texto de las Nueve tesis aprobado "in forma generica" por la CTI*: COMISSÃO TEOLÓGICA INTERNACIONAL, Documentos 1969-1996. Edição preparada por C. Pozo (Madri, 1999) 87-102.
[66]. *Ibid.*, 88.
[67]. *Ibid.*, 90.
[68]. *Ibid.*, 101.

a racionalidade humana e a cosmovisão cristã num único projeto de elevação moral da humanidade em seu conjunto. Não é uma confrontação estéril, mas o diálogo mutuamente estimulante para a atitude adequada, a fim de estabelecer a relação entre racionalidade moral e convicção de fé, entre filosofia moral e ética teológica.

A encíclica *Veritatis splendor* constata que "no dar testemunho do bem moral absoluto *os cristãos não estão sós*. Eles encontram uma confirmação no sentido moral dos povos e das grandes tradições religiosas e sapienciais do Ocidente e do Oriente, que dão realce à ação interior e misteriosa do Espírito de Deus"[69].

Para a presença e a ação misteriosas do Espírito de Deus apelou também o Concílio Vaticano II, a fim de sublinhar a integração harmoniosa do "fermento evangélico" e da "consciência moral" da humanidade, para propiciar uma "irreprimível exigência de dignidade" de todas as pessoas[70]. Tendo como pano de fundo as exigências éticas de uma ordem social "subordinada ao bem das pessoas", o Concílio não duvidou em afirmar que "para cumprir tudo isso é necessário efetuar uma renovação da mentalidade e fazer amplas mudanças na sociedade". Para realizar esse trabalho ingente é necessário "somar" todas as possibilidades, sabendo-se que a origem de todo bom desejo está no único Espírito de Deus e que a meta de todos os esforços é a dignificação da mesma e única pessoa humana: "O Espírito de Deus, que dirige o curso dos tempos e renova a face da terra com admirável providência, está presente nessa evolução. E o fermento evangélico despertou e desperta no coração humano uma irreprimível exigência de dignidade".

Bibliografia:

BALTHASAR, H. U. von, *Nueve tesis para una ética cristiana:* Ecclesia 35 (1975) 901-909.
FERRER, V., *La Teología Moral desde la "Fides et Ratio,* Revista Teológica Limense 33 (1999) 209-226.
LAHIDALGA, J. M., *La Encíclica "Fides et Ratio": reflexiones de un teólogo moralista,* Lumen 48 (1999) 119-144.
LÉONARD, A., *El fundamento de la moral,* BAC, Madri, 1997, 325-348 ("Moral cristiana y moral filosófica").

---

69. *Veritatis splendor*, 94.
70. *Gaudium et spes*, 26.

Quarta Parte

O DISCURSO TEOLÓGICO SOBRE A MORAL

As três partes precedentes analisaram as três perspectivas básicas por meio das quais tentei *fundamentar* a vida moral cristã. A moral não é tudo na vida cristã, mas tampouco se reduz a um aspecto adjacente e sem importância. Ela é a dimensão prática da existência cristã, em seu conjunto, isto é, a dimensão de compromisso intramundano do crer, do celebrar e do orar.

Por isso, para encontrar a justificação e a fundamentação da moral cristã, percorri o caminho que se inicia com a fé e que, atravessando a vida eclesial, se abre para a realidade do mundo, retorna ao começo e reinicia o mesmo processo de fé-celebração-compromisso. O caminho da moral percorre três etapas:

— O *desígnio* de Deus Pai revelado por Cristo no Espírito.
— O *tempo* da Igreja, lugar e mediação da presença salvífica da Trindade.
— O *cenário* do mundo, onde acontece o drama da existência humana, representação efetiva do bem (e do mal), da verdade (e da mentira), da beleza (e da deformação).

Em conformidade com esse itinerário constitutivo da existência cristã apoiei a dimensão moral sobre três princípios, que correspondem aos três momentos indicados:

— a *teologalidade;*
— a *eclesialidade;*
— a *mundanidade.*

Essa justificação e essa fundamentação da moral cristã não foram feitas sem usar a reflexão teológica. Por isso, as três partes precedentes são fruto do saber teológico-moral. Não obstante, o uso da teologia foi de caráter implícito. Houve reflexão teológico-moral exercida, se bem que não explicitada.

Nesta quarta parte é dado o passo para a explicitação do saber teológico-moral como tal. Os capítulos que a compõem são dedicados a analisar os componentes essenciais do discurso moral cristão.

Os fatores do saber teológico-moral se concretizam em três princípios:

— o princípio *disciplinar*, mediante o qual o discurso moral é incluído no campo da Teologia;
— o princípio *epistemológico*, com o qual o discurso moral adquire sua condição peculiar de saber crítico;
— o princípio *metodológico*, o qual indica o caminho adequado para se encontrar e expor a verdade moral.

O estudo desses três princípios constitui o conteúdo desta quarta parte. A cada um deles é dedicado um capítulo. Antes deles ponho um capítulo de introdução no qual apresento o estado da questão e justifico as opções metodológicas adotadas.

1
APRESENTAÇÃO E ESTADO DA QUESTÃO

Para fazer uma apresentação exata do objetivo e do conteúdo desta quarta parte considero conveniente justificar duas opções que são a base de minha proposta. De um lado, faço a opção de situar as questões referentes ao discurso teológico-moral não em uma "Introdução à Teologia moral", mas no corpo da Moral fundamental. Por outro lado, delimito a consideração àquelas questões que são específicas do saber teológico-moral e que têm um interesse particular no momento atual. Explico essas duas opções em diálogo com outras propostas; desse modo, este tratado cumprirá também o objetivo de oferecer o estado da questão.

I. DA "INTRODUÇÃO" À "CONCLUSÃO"

Os manuais de Teologia moral e, de modo especial, os de Moral fundamental, costumam começar com uma *Introdução* a todo o conjunto da disciplina teológico-moral. Mais ou menos ampla, mais ou menos bem configurada, essa introdução tem a função de pórtico próprio e específico da ampla temática que será abordada em uma das disciplinas mais desenvolvidas do corpo da Teologia como é a Moral.

Há vários perigos na formulação e no uso desse tratado introdutório. O primeiro é o de *repetir* ou, ao menos, de *duplicar* as questões que costumam ser abordadas na "Introdução à Teologia" em geral, tratado comum a todas as disciplinas teológicas. Essa repetição, além de constituir uma sobrecarga desnecessária, insinua a tentação de fazer da Moral um corpo separado do conjunto da Teologia. Essa separação, com suas conseqüências negativas para a compreensão e a colocação do discurso teológico-moral, se deu em determinados períodos históricos, como na etapa da moral casuísta (desde meados do século XVI até perto do final do século XX).

Outro perigo consiste em tratar como questões "introdutórias" algumas dimensões fundamentais do saber teológico-moral como tal. Desse modo o que pertence propriamente à *fundamentação* da Moral é considerado numa perspectiva de "introdução". Tais são, entre outras considerações, as referências *bíblicas*, as alusões *históricas*, as conexões com as *fontes teológicas* e com a *vida cristã*. Assim o que deve estar no centro de uma fundamentação da moral cristã passa para a periferia de uma consideração introdutória.

Não deixa de ser um perigo, embora menos importante que os precedentes, frustrar o interesse do leitor por conhecer o significado da moral cristã, colocando no início questões prolixas de caráter formal. É preferível conduzir imediatamente o leitor ao centro da realidade — in medias res — e propiciar-lhe a descoberta do significado da moralidade cristã. Dessa descoberta da realidade se pode voltar aos prolegômenos de caráter formal.

Por ter tomado consciência, tanto pela reflexão teórica como pela prática acadêmica, das limitações e dos perigos que acompanham o tratado de "Introdução à Teologia moral", optei por situar as questões formais do saber teológico-moral no corpo da Moral fundamental. Dou-lhe o título de "Conclusão", ou de "capítulo conclusivo" não no sentido de apêndice ou de anexo, mas com o significado de *dedução* de tudo o que foi exposto atrás. A uma fundamentação determinada, exposta nas três partes da presente obra mediante as categorias-chave de *teologalidade, eclesialidade* e *mundanidade,* corresponde um determinado discurso teológico-moral. A presente e última parte desta *Nueva Moral Fundamental* é dedicada à exposição da peculiaridade do discurso teológico ao ser aplicado à dimensão moral da fé cristã.

II. AS QUESTÕES RELACIONADAS COM O DISCURSO TEOLÓGICO-MORAL

Para escolher as questões a serem tratadas em relação com o discurso teológico-moral é interessante ter presente o conteúdo que é atribuído ao tratado de "Introdução à Teologia moral". Das propostas existentes[1], escolho três, as quais, por um lado, têm uma notável importância por si

---

1. Introduções breves à Teologia moral podem-se encontrar em: K. DEMMER, *Introducción a la Teología Moral* (Estella, 1994); E. CHIAVACCI, *Invito alla Teologia morale* (Brescia, 1995).

mesmas, e, por outro lado, representam três *opções diferentes* e três *etapas diferentes* da reflexão teológico-moral. A primeira, de Santiago Ramírez, representa a opção "tradicional"; a segunda, de Antonio Hortelano, marca o início da opção "renovada"; a terceira, de José Román Flecha, pode ser considerada como a opção "consolidada" no momento atual.

1. Três propostas

a. Proposta "tradicional"

Santiago Ramírez antepõe à sua obra monumental, em três volumes, sobre a Bem-aventurança (*De hominis beatitudine tractatus theologicus*, "Tratado teológico sobre a bem-aventurança do homem") uma ampla introdução à Teologia moral[2]. Esse tratado introdutório, redigido num latim correto e às vezes elegante, se destaca por sua erudição tanto em teologia escolástica como em cultura clássica latina. Nele são recenseados e anotados, de forma quase exaustiva, tendo como limite a década de 1930[3], os estudos (livros e artigos) e os dados que têm relação com as questões introdutórias à Teologia moral.

Sobre a necessidade e o significado de uma introdução específica à Teologia moral a posição de Ramírez é ambivalente, já que depende de sua compreensão da Teologia como uma ciência única, sem divisões específicas. Levado por esse princípio geral, ele critica a proliferação de introduções às diversas disciplinas teológicas ao longo dos séculos XVIII e XIX, período que denomina como a "idade das introduções teológicas"[4]. Em conseqüência disso, não teria sentido uma introdução especial à Moral, bastando a introdução geral à Teologia como tal. Contudo, por motivos práticos e de conjuntura histórica, Ramírez opta por oferecer uma introdução — e longa — à Teologia moral, mas advertindo que não deve ser esquecida a unidade de toda a Teologia e a conexão essencial entre todas as suas partes[5]. Mais ainda, ele — quiçá sem muitas precisações históricas — considera-se pioneiro nesse tratado[6].

---

2. J. M. RAMÍREZ, *De hominis beatitudine tractatus theologicus*, I (Madri, 1942) 3-89: "Prolegomenum primum. Introductio generalis in universam Theologiam moralem".
3. O Prólogo da obra está datado em 9 de março de 1935.
4. J. M. RAMÍREZ, *o. c.*, I, 24 ("introductionum theologicarum aetas").
5. *Ibid.*, 34 ("non neglecta unitate specifica et connexione essentiali cum tota theologia sacra et cum omnibus suis partibus").
6. Como tratados prévios ao seu indica unicamente dois: o de Crisóstomo Jabelli (+c. 1539) e o de Sebastián Conti (+1696) (*Ibid.*, 35, nota 107).

Dos temas que merecem a consideração de Ramírez sobressaem três maiores, em torno dos quais giram outros, menores.

A natureza da Teologia moral[7]. Com profusão de dados da literatura latina e da teologia escolástica, examina ele a questão lingüística: etimologia e uso vulgar do termo "moralis". Continuando, adentra-se na busca do objeto material (próximo e remoto) e formal ("quod" e "quo"), o que lhe permite distinguir a Teologia moral de outras disciplinas racionais (Psicologia, Filosofia moral) e precisar seu conteúdo dentro da síntese teológica. A busca termina com a definição essencial da Teologia moral como "ciência, procedente da revelação virtual, acerca da ordenação dos atos humanos para a bem-aventurança sobrenatural"[8]. Ramírez faz duas contribuições complementares de grande interesse. A primeira é transmitir e comentar cinco definições (ou compreensões) de Santo Tomás sobre a moral cristã[9], dentre as quais sobressaem as duas seguintes: "movimento da criatura racional para Deus"[10] e "caminho do homem como imagem de Deus"[11]. A segunda contribuição consiste em relacionar a compreensão tomista (e agostiniana) da moral com o ensinamento do Novo Testamento: imitação de Cristo na prática da Caridade[12].

O método próprio da Teologia moral[13]. Segundo Ramírez, o método da Teologia moral deve ser determinado em razão tanto do objeto como do sujeito desse saber. Em razão do objeto, o discurso teológico-moral deve basear-se, de um lado, nas evidências da fé e, por outro, na experiência[14]. Essa experiência encontra-se principalmente na vida dos santos; por isso o teólogo moralista deve conhecer bem a hagiografia[15]. Segue-se que o método da Teologia moral deve ser ao mesmo tempo especulativo e prático, se bem que mais especulativo que casuísta[16]. Quanto ao mais, Ramírez recorda o dito de Santo Tomás sobre o método a usar na exposi-

---

7. *Ibid.*, 35-72.
8. *Ibid.*, 61: "scientia ordinis actuum humanorum in beatitudinem supernaturalem ex revelatione virtuali procedens".
9. *Ibid.*, 62-69.
10. I, q. 1, pról.: "de motu rationalis creaturae in Deum". Comentário de J. M. RAMÍREZ, *o. c.*, 63-64.
11. I-II, pról.: "de homine viatore secundum quod est imago Dei". Comentário de J. M. RAMÍREZ, *o. c.*, 65-69.
12. J. M. RAMÍREZ, *o. c.*, 69-72.
13. *Ibid.*, 72-89.
14. *Ibid.*, 81.
15. *Ibid.*, 81: "ideo ergo theologus moralis debet bene cognoscere hagiographiam".
16. *Ibid.*, 81: "apparet igitur quod theologia Moralis debet esse simul speculativa et practica, hoc est, *casuistica*, magis tamen speculativa quam casuistica, quae potius spectat ad virtutem prudentiae christianae".

ção da moral: ele deve ser "preceptivo" como na Lei; "cominatório" e "esperançoso" como nos Profetas, e "narrativo" como nos Livros Históricos[17]. Quanto às exigências metodológicas provenientes do sujeito, Ramírez traça uma espécie de "código profissional" tanto de quem ensina Teologia moral como de quem a estuda. O primeiro deve ter a devida preparação e uma vida de acordo com o que ensina; seu modo de ensinar deve ser "prático" e "inteligível" bem como adaptado à situação dos alunos; suas afirmações devem corresponder à verdade que ensina[18]. Aquele que estuda Teologia moral deve ter espírito de "docilidade", experimentar o que aprende e ser versado no direito civil e canônico, na história sagrada e na hagiografia[19].

Divisão da Teologia moral[20]. Essa questão é tratada com brevidade. A proposta de Ramírez coincide com a de Santo Tomás. Segundo essa opção, a Teologia moral se compõe de dois grandes tratados: o que versa sobre o *Fim último* (Moral geral) e o que analisa os *Meios* para alcançá-lo (Moral especial).

b. *Proposta "renovada"*

Dentre os Manuais de moral renovada o de Antonio Hortelano é o que oferece um dos tratados mais extensos e autônomos de *Introdução* à Teologia moral[21]. O ponto de vista de Hortelano se abre até atingir temas tão gerais como a "atitude moral do homem de hoje"[22] e a "situação moral do mundo moderno"[23]. Um outro capítulo aborda uma questão que pertence inteiramente à Moral fundamental: a "especificidade da moral cristã"[24].

Mais próxima de um tratado introdutório é a consideração sobre a crise da moral casuísta e sobre as propostas de renovação: "a resposta moral nos últimos tempos"[25]. Mas onde as questões propriamente

---

17. SANTO TOMÁS DE AQUINO, *Scriptum super I Sentent.*, pról., a. 5: "modus debet esse praeceptivus, sicut in lege; comminatorius et promissivus, sicut in prophetis; et narrativus exemplorum, ut in historialibus". Citado por J. M. RAMÍREZ, *o. c.*, 81.
18. J. M. RAMÍREZ, *Ibid.*, 82-85.
19. *Ibid.*, 85-87.
20. *Ibid.*, 87-89.
21. A. HORTELANO, *Problemas actuales de Moral*, I (Salamanca, 1979) 15-218: "Introdução à Teologia moral".
22. *Ibid.*, 17-26.
23. *Ibid.*, 27-40.
24. *Ibid.*, 192-218.
25. *Ibid.*, 41-102.

introdutórias são analisadas e expostas é nos dois capítulos restantes: "A Teologia moral"[26] e "A interdisciplinaridade moral"[27]. Concentramos a atenção nesses dois capítulos para ver quais são os temas tratados e qual o enfoque dado a eles.

Natureza da Teologia moral[28]. Hortelano também começa por uma consideração lingüística: etimologia e uso dos termos "teologia" e "moral", aos quais acrescenta o termo "ética". Essa é uma consideração que aparece em quase todas as introduções à Teologia moral. No que diz respeito à semântica dos termos "moral" e "ética", cujas etimologias têm procedência diferente[29], alguns autores lhes dão significado diverso ("ética" para a consideração filosófica, "moral" para a consideração teológica), ao passo que outros os consideram como sinônimos (forma de entender que veio tornando-se a mais comum e generalizada).

Continuando, Hortelano introduz uma breve análise histórica das compreensões que foram aceitas — e que podem continuar sendo aceitas — da moral cristã. A tipologia de "modelos", sem ser muito original, oferece interesse para se explicitar o significado da moral cristã. Ela pode apresentar-se como:

> — *Moral mistérica:* "centrada substancialmente no mistério de Cristo e enquadrada essencialmente na pregação (homilia) e na liturgia (iniciação sacramental). Pode-se dizer que essa iniciação moral de caráter mistérico foi dominante no Oriente, ao menos durante a época patrística, e no Ocidente até Agostinho inclusive (354-430)"[30].
>
> — *Moral escolástica:* "para os escolásticos, principalmente a partir dos dois grandes, Boaventura e Tomás, a teologia moral é uma ciência em sentido aristotélico, mas uma ciência que não pode separar-se da contemplação do mistério cristão"[31].
>
> — *Moral casuísta:* "deixando para a dogmática o estudo da parte especulativa da moral, preocupa-se exclusivamente com as diretrizes práticas com base numa importante colaboração com o direito canônico"[32].

---

26. *Ibid.*, 103-173.
27. *Ibid.*, 174-191.
28. *Ibid.*, 103-173.
29. É clássico o estudo de J. L. L. ARANGUREN, *Ética* (Madri, 1972) 26-27, ao qual costumam remeter os autores de língua hispânica.
30. A. HORTELANO, *o. c.*, 109.
31. *Ibid.*, 110.
32. *Ibid.*, 111 (ver: 111-112).

— *Moral integral:* "integração dos melhores elementos que ao longo da história vieram aparecendo no estudo da moral: teologia mistérica (centrada no mistério de Cristo e num contato direto e profundo com as fontes da revelação), teologia personalista (atualização da escolástica com o pensamento moderno, especialmente com o personalista e com o social) e teologia da práxis (ciência do homem e do mundo)"[33].

Na análise sistemática da natureza da teologia moral Hortelano reúne elementos tradicionais e traz perspectivas novas, na maior parte dos casos de grande originalidade e com visão de futuro. Defende a unidade da Teologia, mantendo ao mesmo tempo a autonomia disciplinar da Moral. Esta tem por objeto "estudar o mistério cristão como imperativo"[34]. Para realizar esse ofício, a Teologia moral deve configurar-se como *carisma* (aspecto contemplativo e experiencial), como *ciência* (dimensão de investigação), como *kerygma* (carga de anúncio salvífico), como *práxis* (força para transformar a realidade), como *linguagem* (oferta de valores), e como *magistério* (proposta normativa). Na exposição dessas orientações[35] está a mais original e mais valiosa contribuição de Hortelano para a Introdução à Teologia moral.

Epistemologia e Metodologia de caráter interdisciplinar[36]. A segunda grande contribuição de Hortelano é a de ter pensado e proposto a epistemologia e a metodologia da Teologia moral em chave interdisciplinar. Essa forma de falar e de pensar corresponde plenamente à etapa pósconciliar da renovação moral. Hortelano insiste principalmente na "integração das ciências na teologia moral", integração que não consiste em justaposição autárquica, em guerra fria, em distensão puramente tática, em federalização, em centralização despótica, mas numa integração de base (não estática, mas dinâmica: em movimento ascendente-descendente)[37].

Com referência à metodologia, Hortelano propõe articular um modelo no qual caibam todas as funções que atribuiu à Teologia moral (carisma, ciência, querigma, práxis, linguagem, magistério)[38]. Para conseguir a

---

33. *Ibid.*, 113 (ver: 113-114).
34. *Ibid.*, 118.
35. *Ibid.*, 115-173.
36. *Ibid.*, 174-191.
37. *Ibid.*, 175-188.
38. *Ibid.*, 188-191.

integração formal de todas essas funções, "é necessário fazê-la em nível profundo, e não na superfície dela, onde se conseguirá quando muito uma justaposição material das diversas funções"[39]. Hortelano observa esse "núcleo" profundo de onde brota e para onde converge tudo, e o apresenta como uma espécie de *metamoral*: "mais além do carisma da ciência, do querigma, da práxis, da linguagem e do magistério existe uma espécie de *metamoral*, onde se jogam as grandes opções fundamentais do homem, a qual não é outra coisa senão o dinamismo radical do cosmos tal como foi projetado por Deus e que oferece possibilidades ilimitadas de futuro. É uma espécie de gigantesco fornecedor metafísico e transcendental, como dizia Bergson, que nos empurra sempre para cima através de tenteios e experiências seculares até chegarmos um dia ao ponto ômega, do qual nos fala Teilhard. A própria irrupção histórica de Deus por sua palavra, pessoalmente e por seu Espírito, se situa nessa metamoral profunda e radical. É nela que o Verbo se faz carne e planta sua tenda entre nós. Nela todas as funções epistemológicas da moral adquirem uma unidade radical. Tiremos da moral tudo o que ela tem de carisma, de ciência, de querigma, de práxis, de linguagem, de magistério, se ainda restar alguma coisa, como diz León Felipe da poética, essa é a metamoral"[40].

c. Proposta "consolidada"

José Román Flecha dedica o primeiro capítulo de sua Teologia moral fundamental a expor as questões introdutórias dessa disciplina teológica[41]. Com a brevidade que corresponde a um Manual e com a maestria própria do autor, são analisados os aspectos mais importantes e as interrogações mais atuais em relação à exposição do saber teológico-moral. Considero essa proposta como uma expressão da opção "consolidada" na reflexão teológico-moral atual. Destaco as perspectivas que oferecem maior novidade ao se comparar essa apresentação com as duas opções precedentes.

Definição de Teologia moral. É aceita a da encíclica *Veritatis splendor*, n. 29 (cf. n. 110): "Ciência que aceita e interpreta a Revelação divina e responde ao mesmo tempo às exigências da razão humana. A teologia moral é uma reflexão que diz respeito à 'moralidade', ou seja, ao bem e ao mal dos atos humanos e da pessoa que os realiza, e nesse sentido é aberta a todos os homens; mas é também *teologia* enquanto reconhece que o

---

39. *Ibid.*, 191.
40. *Ibid.*, 191.
41. J. R. FLECHA, *Teología moral fundamental* (Madri, 1994) 5-32.

princípio e o fim do comportamento moral se colocam Naquele que 'é o único bom' e que, dando-se ao homem em Cristo, oferece-lhe as bem-aventuranças da vida divina".

Para se precisar o significado exato da Teologia moral é necessário delimitar (e relacionar) a realidade do moral com respeito ao legal, ao religioso e à moralidade meramente humana[42]. Sobre a relação entre moral humana e moral cristã Flecha se detém um pouco mais, dada a importância da questão no momento atual[43].

Estatuto epistemológico[44]. É o aspecto mais desenvolvido nessa Introdução. Situado na opção geral da interdisciplinaridade, Flecha analisa a relação do saber teológico-moral com as ciências humanas (psicologia, sociologia, medicina, pedagogia), com a filosofia (em suas diversas opções) e com o conjunto da Teologia. Nessa apresentação é feito um recurso contínuo às orientações do Vaticano II, principalmente às da *Gaudium et spes*, e aos posicionamentos do pensamento atual tanto científico-filosófico como teológico.

Flecha faz um balanço do resultado e indica as metas a alcançar: "Ainda resta percorrer um longo caminho até que a Teologia Moral seja capaz de articular um discurso coerente em diálogo com as ciências humanas positivas, com as modernas filosofias e ainda com as diversas disciplinas teológicas. O comportamento humano responsável é um objeto demasiadamente complexo para ser estudado numa perspectiva reducionista. A Teologia Moral deverá colaborar com múltiplos saberes para estudar a objetividade desse comportamento e sua referência à dignidade humana e à vocação cristã; e depois matizar o juízo sobre a responsabilidade moral concreta desse comportamento humano"[45].

Teologia moral e Magistério da Igreja[46]. Flecha aborda essa questão a partir das afirmações do próprio Magistério da Igreja até a data da publicação do Manual (concretamente, o *Catecismo da Igreja Católica* e a encíclica *Veritatis splendor*); conhece também e toma em consideração as opiniões dos teólogos atuais. Como síntese, apresenta ele uma espécie de decálogo no qual aparecem as afirmações da citada encíclica a respeito da relação entre Magistério eclesiástico e Teologia moral[47].

---

42. *Ibid.*, 8-11.
43. *Ibid.*, 12-15.
44. *Ibid.*, 15-27.
45. *Ibid.*, 27.
46. *Ibid.*, 27-32.
47. *Ibid.*, 31-32.

Flecha não deixa de recordar a afirmação do Concílio Vaticano II na *Gaudium et spes*, n. 33 (afirmação não retomada nem pelo *Catecismo* nem pela *Veritatis splendor*)[48]: "A Igreja, guarda do depósito da Palavra divina, onde se vão buscar os princípios da ordem religiosa e moral, embora nem sempre tenha uma resposta já pronta para cada uma dessas perguntas, deseja, no entanto, juntar a luz da revelação à competência de todos os homens, para que assim receba luz o caminho recentemente empreendido pela humanidade".

2. Questões a serem tratadas

Nas propostas precedentes vieram aparecendo os principais fatores que integram a constituição do discurso teológico-moral. Não é necessário voltar a todos eles para fazer uma análise mais detalhada. Por exemplo, não julgo necessário desenvolver de novo os seguintes aspectos:

A definição de Teologia moral. Qualquer uma das apresentadas é válida: a de João Paulo II na *Veritatis splendor*, n. 29, a de A. Hortelano: "o estudo do mistério cristão como imperativo", ou: "o estudo da dimensão prática da fé". Continuam tendo grande força expressiva e um significado pletórico as definições dadas por Santo Tomás de Aquino: o estudo do "movimento da criatura racional para Deus" ou o estudo "do caminho do homem como imagem de Deus"[49]. Em sentido formal, a definição deve aludir ao conteúdo (o objeto material e o objeto formal "quod" da escolástica) e à epistemologia (o objeto formal "quo" da escolástica): o comportamento moral do cristão (conteúdo) estudado com a epistemologia teológica ("à luz do Evangelho e da experiência humana").

Relação com a Teologia, com a Filosofia moral e com os outros Saberes. A Ética teológica faz parte da Teologia, participando com as outras disciplinas teológicas do mesmo conteúdo (a existência cristã) e tendo a mesma epistemologia (a fé mediada pela razão humana); no entanto, as peculiaridades temáticas e epistemológicas (principalmente no uso dos saberes humanos) fazem que a Teologia moral constitua uma área especial dentro do campo teológico comum. Por participar com a Filosofia moral do mesmo objeto geral (o comportamento humano responsável), a Ética teológica tem uma relação especial com essa disciplina da área filo-

---

48. *Ibid.*, 32.
49. I, q. 2, pról.; I-II, prol.

sófica, como foi analisado no capítulo sétimo da terceira parte desta obra. Em razão do conteúdo temático, a Teologia moral tem uma relação mais estreita que outras disciplinas teológicas com os saberes humanos: biologia, medicina, psicologia, sociologia, economia, política, cultura, midiática etc.; basta pensar na necessidade desses saberes humanos para se configurar um discurso teológico-moral crítico sobre os problemas de bioética, de moral econômica, de moral política, de moral comunicativa etc.

Divisão do campo da Teologia moral. Em outros lugares expus a história, as posições atuais e minha proposta sobre essa questão[50]. Julgo pertinente a divisão, iniciada por Santo Tomás, em duas grandes áreas temáticas: Moral Fundamental e Moral Concreta. Creio que fui dos primeiros, senão o primeiro, a propor uma subdivisão em cada uma dessas duas áreas, proposta essa comumente aceita. A moral Fundamental se subdivide segundo dois interesses temáticos: a Fundamentação da moralidade cristã (Moral propriamente Fundamental) e o estudo dos fatores básicos que intervêm em todo comportamento moral (Moral Geral ou Estudo das Categorias Morais Básicas). Por sua parte, a Moral Concreta se organiza em torno de dois eixos axiológicos, a Pessoa e a Sociedade, dando motivo a dois amplos tratados: Moral da Pessoa (bioética, ética do amor e da sexualidade etc.) e Moral da Sociedade (família, política, economia, cultura etc.).

Dando por válidas as três perspectivas que acabo de recordar, passo a analisar de forma mais detida outros três fatores, que considero básicos para a constituição do discurso teológico-moral. Refiro-me a estas três interrogações:

> — Como entra a fazer parte do campo teológico a Teologia moral? Dito em forma assertiva: *a estrutura teológica da moral e sua articulação como disciplina no corpo comum da Teologia.*
>
> — Que tipo de epistemologia corresponde ao saber teológico-moral? Em forma propositiva: *peculiaridade epistemológica da* Teologia *moral.*
>
> — Que método usar para a busca e a proposta da verdade moral cristã? Em modo afirmativo: *metodologia do discurso teológico-moral.*

A essas três questões básicas — *disciplinar, epistemológica e metodológica* — se referem os três capítulos seguintes desta última parte da obra.

---

50. M. VIDAL, *Moral de Actitudes*, I (Madri, 1990[8]) 7-9; II/1 (Madri, 1991[8]) 7-8; II/2 (Madri, 1991[8]) 7-8; III (Madri, 1995[8]) 7-8.

Bibliografia:

DEMMER, K., *Introducción a la Teología Moral*, Verbo Divino, Estella, 1994.
HORTELANO, A., *Problemas actuales de Moral*, I. Sigueme, Salamanca, 1979, 15-218.
FLECHA, J. R., *Teología moral fundamental*, BAC, Madri, 1994, 5-32.

2

A CONSTITUIÇÃO TEOLÓGICA DA MORAL CRISTÃ

Neste capítulo analiso a "constituição teológica" da moral cristã, isto é, a razão pela qual a moral cristã entra a fazer parte do corpo teológico. Fá-lo-ei em duas etapas. Na primeira, exponho o processo histórico de "teologização" pelo qual a moral cristã adquire sua condição de saber teológico. Na segunda, analiso como essa condição teológica da moral se organiza como "disciplina" dentro do conjunto da Teologia. As duas partes do presente capítulo se dedicam, separadamente, à estrutura teológica e à organização disciplinar da moral.

I. O PROCESSO HISTÓRICO DE "TEOLOGIZAÇÃO" DA MORAL CRISTÃ

Não foi fácil a introdução da moral no discurso teológico, o qual era considerado como reservado ao "*logos* sobre Deus". Por outro lado, já dentro do campo teológico, a moral não teve um modo único de ser tratada. Houve diversos paradigmas epistemológicos ao longo da história da Teologia moral, como ficou suficientemente claro na apresentação feita na longa seção (primeira da segunda parte desta obra) dedicada ao estudo do devir histórico do saber teológico-moral.

Remetendo aos dados históricos expostos na citada seção, aqui, nesta parte, ofereço uma descrição sintética do processo de "teologização" que a moral cristã teve e que explica sua peculiaridade epistemológica numa perspectiva histórica.

1. Da "vida" ao "discurso"

Sobre o comportamento moral dos cristãos existiu, existe e existirá uma abundante referência nas diversas práticas pastorais da comunidade cristã:

— na *evangelização* primeira ou querigmática, como conseqüência prática ("conversão") da aceitação da fé;
— na *catequese,* como formulação do novo estilo de vida correspondente ao batizado;
— na *liturgia,* como verificação necessária da autenticidade da iniciação sacramental;
— na *presença* da comunidade cristã *no mundo,* como testemunho de uma vida nova e como serviço à humanidade.

Essa articulação da moral nas práticas eclesiais se realiza mediante diversos procedimentos:

— o *parenético* ou exortativo;
— o *mistagógico* ou vinculado à iniciação sacramental;
— o *narrativo* ou testemunhal;
— o *apologético* ou de confrontação com outros projetos de vida.

Esses procedimentos constituem outras tantas formas de apresentação do conteúdo da moral cristã.

Há outro modo de apresentar a moral cristã, o qual, sem eliminar os mencionados, mas procurando apoiá-los, usa o *discurso crítico.* Essa forma corresponde ao discurso teológico. Assim a moral cristã se torna discurso propriamente teológico.

A seguir, aludo às etapas e às formas pelas quais passou o discurso teológico-moral. Elas explicam as variações no processo de "teologização" da moral cristã.

2. Um discurso não "implicitamente" teológico

Nem no cristianismo primitivo nem na patrística se pode falar de moral cristã como saber propriamente teológico. Há abundante material ético, mas não está organizado nem como saber crítico nem como disciplina propriamente teológica. O discurso moral dessa época não usa uma epistemologia à qual corresponda a condição de teológica, ao menos como a entendemos hoje.

Também o conceito de discurso propriamente teológico não corresponde à acumulação moral contida nos *Livros penitenciais,* nas *Sumas de confessores* e nas *Sumas de casos,* gêneros literários eclesiásticos que vão do século VI até começos do século XVI.

As afirmações precedentes não invalidam o que foi exposto sobre a moral patrística no capítulo quarto da parte segunda da presente obra. Não se deve esquecer que o pensamento moral dessa época é, em grande parte, o conteúdo da Tradição como lugar epistemológico da reflexão teológico-moral[1].

Além disso, em muitos Padres da Igreja e em alguns Escritores eclesiásticos pode-se encontrar o embrião de um tratamento sistemático e crítico da moral cristã. Pense-se em São Basílio, em São João Crisóstomo, em Santo Ambrósio, em São Gregório, em Clemente de Alexandria, em Tertuliano etc. Dentre todos eles sobressai Santo Agostinho, em cujo amplo e profundo pensamento teológico aflora o início da disciplina teológico-moral[2].

3. A "teologização" da moral na Idade Média

A moral cristã entra no campo do saber teológico durante a Idade Média[3]. Santo Anselmo é considerado o "pai da Escolástica"[4]. Ele começou o caminho ou método propriamente teológico, articulando a fé e a razão no processo discursivo[5]. O primeiro título de seu *Proslogium* era precisamente a fórmula que se tornou clássica para exprimir o significado geral da teologia: "fides quaerens intellectum" ("a fé procurando o intelecto"). Embora em Santo Anselmo não exista um tratamento sistemático da moral, em sua obra se percebem as bases para um ulterior desenvolvimento teológico da moral cristã.

São hesitantes também as exposições do século XII. Por exemplo, Pedro

---

1. *Dei Verbum,* 8: "o ensinamento dos Santos Padres testemunha a presença vivificante dessa Tradição, cujas riquezas se transfundem na prática e na vida da Igreja crente e orante".
2. Cf. Th. DEMAN, *Le traitement scientifique de la morale chrétienne selon St. Augustin* (Paris, 1957).
3. Podem-se encontrar abundantes dados na obra de M. GRABMANN, *Die Geschichte der scholastischen Methode,* 2 tomos (Graz, 19092). Um estudo direto e monográfico é o de Th. DEMAN, *Aux origines de la théologie morale* (Montréal-Paris, 1951), em que se investiga a origem da "teologização" da ética.
4. Cf. M. GRABMANN, *o. c.,* I, 258-339.
5. Cf. A. HUBERT, *La "ratio fidei", según Anselmo de Canterbury:* Teología y Vida 37 (1996) 293-306.

Lombardo, em seu *Livro das sentenças*, inclui os problemas éticos no tratado sobre a Cristologia[6]. A escola franciscana, em suas origens, tem essa mesma atitude dúbia[7]. Na *Summa Halensis* não há um lugar específico para a moral; São Boaventura, que concede caráter de "saber" à ética filosófica, não tem a mesma apreciação a respeito da reflexão cristã sobre a moral.

A moral consegue "constituição teológica" clara e precisa na obra de Santo Tomás. Deve-se ao Aquinate, entre outras coisas, ter "teologizado" a moral cristã[8]. Se antes a moral se encontrava dispersa no estudo da Ética na Faculdade de Artes, ou na exposição do sentido moral da Sagrada Escritura nos comentários exegéticos da Bíblia, ou nos anexos morais dos Comentários das Sentenças, agora na *Summa* de Tomás de Aquino ela adquire uma identidade epistemológica e de conteúdo, formando a *II Parte* da *Suma*. "Estamos diante de um verdadeiro salto qualitativo epocal da moral cristã"[9].

Para levar a cabo essa opção foram decisivos dois fatores epistemológicos. O primeiro, a consideração do saber teológico como "ciência" segundo os parâmetros aristotélicos[10]. O segundo, a prévia constituição epistemológica da ética filosófica a partir dos comentários sobre a ética aristotélica[11].

Desde Santo Tomás, e principalmente por obra dele, a moral faz parte do tronco comum da única Teologia. Mas nele a moral ainda não tem uma independência disciplinar; ela constitui uma unidade temática com dimensões dogmática, moral e espiritual[12]. Por outro lado, é nos tratados morais que se verifica melhor a opção tomasiana de articulação entre fé e razão: "A tarefa teológica de Tomás está situada entre duas linhas de força: a validade da razão humana, que é fundamentalmente sã como imagem e reflexo de Deus, e a contribuição imprescindível da fé entendida como germe da visão que os bem-aventurados têm de Deus, e Deus de si mesmo"[13].

A opção tomasiana a respeito da moral se manteve nos teólogos posteriores, principalmente nos do Renascimento Tomista e, mais concreta-

---

6. Cf. M. GRABMANN, *o. c.*, I, 364-371.
7. Cf. Th. DEMAN, *o. c.*, 71-72.
8. Cf. L. BOYLE, *The Setting of the "Summa Theologiae" of St. Thomas* (Toronto, 1982).
9. F.-C. FERNÁNDEZ, *Argumentación y modo deóntico de razonar en Santo Tomás de Aquino*: Annales Theologici 11 (1997) 118.
10. Cf. M.-D. CHENU, *La théologie comme science au XIIIe. siècle* (Paris, 1969³).
11. Cf. Th. DEMAN, *o. c.*, 91-92.
12. Cf. J.-P. TORRELL, *Saint Thomas d'Aquin, maître spirituel* (Paris, 1996).
13. G. CELADA, *Introducción a la Suma de Teología de Santo Tomás de Aquino*: SANTO TOMÁS DE AQUINO, Suma de Teologia. Edição dirigida pelos Regentes de Estudos das Províncias Dominicanas da Espanha, I (Madri, 1988) 42.

mente, nos da Escola de Salamanca (século XVI). Em todos eles a moral goza de uma constituição teológica e faz parte do tronco comum da única Teologia. Numa perspectiva histórica, é de se destacar a contribuição de João de Santo Tomás para a estrutura epistemológica da Teologia moral[14]. Para ele, a moral é teologia, uma teologia especulativo-prática "formaliter et eminenter"; e se insere no corpo teológico mediante a consideração de Deus "ut beatitudo finalizans"[15].

4. Independência disciplinar e desvio para a "epistemologia jurídica"

Desde meados do século XVI e, mais concretamente, a partir do século XVII, a moral se constitui em *disciplina autônoma* no campo do saber teológico[16]. É o primeiro grande tratado, o qual inicia o desmembramento disciplinar dentro do tronco da Teologia. Depois vieram outras divisões, em razão de funções (positiva, especulativa), de objetivos (controversial, dogmática, apologética), de temas (trinitária, cristológica, eclesiológica)[17].

Ao declarar-se disciplina autônoma, a moral não se considera fora do campo da Teologia. De fato, ela costuma apresentar-se com o título de *Theologia moralis* (além do mais técnico de "Institutiones morales"). Ela efetua, contudo, uma variação metodológica e um deslocamento epistemológico. Seus interesses metodológicos são de caráter prático e voltados para a prática do sacramento da penitência. Sua epistemologia é uma adaptação da epistemologia jurídica (civilista e principalmente canônica).

Em outro lugar desta obra (capítulo sétimo da segunda parte) analisei o significado desse paradigma epistemológico de orientação claramente jurídica. Por isso aqui limito a consideração à constatação.

Na altura do Concílio Vaticano II pode-se apreciar do seguinte modo

---

14. Cf. V. RODRÍGUEZ, *Peculiaridades de la Teología moral de Juan de Santo Tomás*: Angelicum 66 (1989) 185-192. Sobre o pensamento lógico de Juan de Santo Tomás: M. BEUCHOT, *Juan de Santo Tomás. Semiótica, filosofía del lenguaje y argumentación* (Pamplona, 1999).
15. JOANNIS A SANCTO THOMA, *Cursus Theologicus*, I (Parisiis-Tornaci-Romae) "Isagoge ad D. Thomae Theologiam", 145: "juxta hanc triplicem considerationem Dei causantis, scilicet ut principium effectivum, ut beatitudo finalizans, ut Salvator reparans divisit totam doctrinam Summae theologiae".
16. Cf. J. THEINER, *Die Entwicklung der Moraltheologie zur eigenständigen Disziplin* (Regensburg, 1970).
17. Cf. M.-J. CONGAR, *Théologie*: DTC, XV/1 (Paris, 1946) 342-502.

o passado da moral em sua estrutura epistemológica: no início (Patrística), ela não existiu como conjunto propriamente teológico; depois (na Idade Média e no Renascimento), começou a fazer parte do único tronco teológico mediante um lento processo de "teologização"; por último (desde Trento até o Vaticano II) tornou-se independente como disciplina e, sem rejeitar o pertencer nominal à Teologia, de fato funcionou com uma epistemologia configurada com elementos próprios do direito.

5. A recuperação do "estatuto teológico"

Essa recuperação se realizou na etapa delimitada pela década que antecede o Concílio Vaticano II e pelas décadas posteriores a ele. Ela corresponde praticamente à segunda metade do século XX.

Durante esse período o saber teológico-moral católico realizou uma variação epocal e qualitativa. Como resultado do trabalho teológico das últimas décadas pode-se falar de uma "mudança de paradigma", de uma "revolução epistemológica" e até de uma "refundação" da Teologia moral[18]. Ao paradigma *ontológico* da Idade Média e do Renascimento e ao paradigma *jurídico* da etapa pós-tridentina sucedeu um paradigma novo, que é reconhecido como "moral renovada" e que pode ser compreendido como paradigma *histórico-personalista*.

Do ponto de vista epistemológico, o novo paradigma se caracteriza por ter recuperado para a Moral católica o *estatuto teológico*. A moral, mantendo sua autonomia disciplinar dentro do campo teológico, adquire a plenitude de sua epistemologia teológica. Ela se configura e atua como *Teologia* da moralidade cristã ou como Ética *teológica*.

Uma das grandes contribuições do Concílio Vaticano II para a Teologia moral foi a de insistir na necessidade de que essa disciplina se organize de acordo com a peculiaridade da epistemologia teológica[19].

---

18. V. GÓMEZ MIER, *La refundación de la Moral católica. El cambio de matriz disciplinar después del Concilio Vaticano II* (Estella, 1995). De parecer diferente – e em confronto com o de V. Gómez Mier – é A. BONONDI, *Modelli di teologia morale nel ventesimo secolo*: Teologia 24 (1999) 89-138, 206-243, que, depois de ter analisado – de forma superficial e com uma demonstração bastante reduzida – quatro modelos de Teologia moral, chega à conclusão de que os novos delineamentos teológico-morais estão situados todavia dentro do paradigma neoescolástico (p. 239).
19. Cf. R. H. SPRINGER, *Vatican II and the epistemology of Moral*: Theological Studies 28 (1967) 311-314; F. W. BEDNARSKI, *Il metodo della Teologia Morale nello spirito del Concilio Vaticano II*: Angelicum 61 (1984) 213-251.

Seja suficiente recordar o texto do n. 16 do Decreto *Optatam totius:* "Ponha-se especial cuidado em aperfeiçoar a teologia moral...". Das exigências nele apresentadas — "exposição científica", "mais alimentada pela Sagrada Escritura", "revelar a grandeza da vocação dos fiéis em Cristo e sua obrigação de dar frutos na caridade para a vida do mundo" — se deduz a necessidade de se recuperar para o discurso moral seu estatuto teológico. É claro que o Concílio Vaticano II situa a Teologia moral diante do desafio de edificar-se mediante uma epistemologia especificamente teológica.

Sobre as exigências desse desafio epistemológico expressou-se de forma explícita e suficientemente extensa a Congregação para a Educação Católica no documento intitulado *A formação teológica dos futuros sacerdotes* (Roma, 1976). Entre as "diferentes matérias teológicas" para as quais, de modo direto, dá "orientações particulares" (n. 78-115), o Documento destaca "A teologia moral" (n. 95-101). Sobressaem as seguintes orientações: indica-lhe um limite e um objetivo; pede-lhe o esclarecimento de seu estatuto epistemológico, aponta-lhe as orientações para que tanto o objetivo como o estatuto epistemológico possam ser conseguidos.

Limite e objetivo: "A renovação da Teologia moral, desejada pelo Concílio (OT 16), se insere nos esforços que a Igreja está fazendo para compreender melhor o homem de hoje e para ir ao encontro de suas necessidades em um mundo que está em fase de profundas transformações" (n. 95).

Esclarecimento do estatuto epistemológico: "Para superar a unilateralidade e as lacunas que a Teologia moral apresentou às vezes no passado, devidas em grande parte a certo juridicismo, ao individualismo e ao distanciamento das fontes da Revelação, torna-se necessário esclarecer seu *status epistemológico*. É necessário, portanto, determinar o modo pelo qual a Teologia moral deve construir-se em estreito contato com a Sagrada Escritura, com a Tradição (aceita mediante a fé e interpretada pelo Magistério) e levando em conta a lei natural (conhecida mediante a razão)" (n. 96).

Orientações concretas: Vinculação com a Dogmática (n. 97); aspecto positivo e sistemático bem como integridade material do ensino (n. 98); aceitar a contribuição das ciências naturais e humanas ("mais necessária do que nas outras matérias teológicas"), com a mediação da filosofia entre essas ciências e a Teologia moral (n. 99); dimensão espiritual da Teologia Moral (100); relação com a teologia e a prática pastorais (101).

A partir, pois, dos trabalhos de renovação teológico-moral[20] e das orientações oficiais, consegue-se algo tão importante como a recuperação do estatuto teológico para a moral cristã[21].

6. Algumas preocupações para o futuro

No futuro próximo a Teologia moral continuará a aprofundar e a desenvolver seu estatuto epistemológico como saber propriamente teológico[22]. Não perderá sua autonomia, mas terá de buscar uma relação mais estreita com as outras disciplinas teológicas (dogmática, espiritual, pastoral). Nessa nova articulação teológica há dois aspectos que requerem uma atenção especial: a análise de sua peculiaridade epistemológica e a correspondente reformulação de seus "lugares teológicos"; e o uso das novas "linguagens" para expressar a verdade moral.

A peculiaridade epistemológica da Teologia moral foi formulada pelo Vaticano II com a expressão: "à luz do Evangelho e da experiência humana"[23]. O *Evangelho*, que é "como fonte de toda verdade salutar e de toda regra moral"[24], é transmitido por meio da Tradição e da Escritura e é interpretado autenticamente pelo Magistério vivo da Igreja[25]. Devem continuar os estudos sobre a relação da moral cristã com a Sagrada Escritura e com o Magistério eclesiástico. Deve-se iniciar a reflexão sobre a relação com a Tradição viva da Igreja e com as diversas tradições teológico-espirituais-pastorais.

A *experiência humana* torna-se lugar epistemológico mediante o saber científico, a sabedoria cultural e o discernimento dos sinais dos tempos. Incumbirá à reflexão teológico-moral do futuro próximo uma tarefa ingente em ordem a analisar, relacionar e sistematizar os lugares epistemológicos da experiência humana.

---

20. R. F. GALLAGHER, *The Theological Status of Moral Theology* (Roma, 1981).
21. J. QUEREJAZU, *Recuperación del estatuto epistemológico de la Teología Moral post-vaticana*: Moralia 21 (1997) 63-78.
22. Sobre o futuro da estrutura epistemológica do discurso teológico-moral fazem anotações originais, ainda que nem todas elas convincentes: K.-W. MERKS, *Zur Situation der Moraltheologie. Plädoyer für eine "säkularisierte" Theologie*: Bulletin ET 8 (1997) 115-121; D. MIETH, *Gegenwart und Zukunft der Theologie in Deutschland. Eine theologisch-ethische Sicht*: Ibid., 121-124.
23. *Gaudium et spes*, 46.
24. *Dei Verbum*, 7.
25. *Ibid.*, 7-10.

O discurso teológico-moral do futuro também terá de refletir sobre as *novas linguagens* nas quais será apresentada a verdade moral. Essa tarefa foi formulada com coragem e precisão pelo Concílio Vaticano II: "É dever de todo o povo de Deus e sobretudo dos pastores e teólogos, com a ajuda do Espírito Santo, saber ouvir, discernir e interpretar as várias linguagens de nosso tempo e julgá-las à luz da palavra de Deus, de modo que a Verdade revelada possa ser cada vez mais intimamente percebida ('penitus percipi'), melhor compreendida ('mellius intelligi'), e apresentada de um modo mais conveniente ('aptius proponi')"[26].

Ao saber teológico-moral se aplica diretamente o convite do Vaticano II: "Os teólogos são convidados a buscar constantemente, de acordo com os métodos e exigências próprios do saber teológico, a forma mais adequada de comunicar a doutrina aos homens de seu tempo, porque uma coisa é o próprio depósito ou as verdades da fé, outra o modo pelo qual elas se enunciam, sempre, porém, com o mesmo sentido e significado"[27].

A esses dois aspectos que acabo de insinuar e a outros, que identificam a estrutura teológica do discurso moral, se dedica o capítulo seguinte, no qual analiso a epistemologia peculiar da Teologia moral.

II. A TEOLOGIA MORAL COMO DISCIPLINA TEOLÓGICA

Uma vez assinalada a "estrutura teológica" da moral cristã, procuremos agora ver como esse saber se organiza em uma disciplina no tronco teológico comum.

Divido a exposição em três partes. Em primeiro lugar, constatarei a unidade do tronco teológico comum bem como do processo de independentização das disciplinas teológicas nele. Continuando, recordarei a gênese histórica da Teologia moral como disciplina teológica autônoma. Em terceiro lugar, aludirei ao projeto disciplinar para a Teologia moral no presente e na perspectiva do futuro, sublinhando tanto a relação com as outras disciplinas teológicas como a articulação na unidade da Teologia enquanto conjunto único de caráter epistemológico e temático.

---

26. *Gaudium et spes*, 44.
27. *Ibid.*, 62.

1. O tronco teológico comum

Não é aqui o lugar para fazermos uma apresentação e menos ainda um desenvolvimento do que significa a Teologia enquanto saber crítico sobre a fé cristã. Há um tratado teológico específico, a *Introdução à Teologia*, que aborda as questões implicadas na constituição do saber teológico como tal[28].

Dado o objetivo desta parte, basta que explicitemos duas perspectivas. A primeira, para sublinharmos a estrutura epistemológica comum dentro da diversificação de tarefas e conteúdos. A segunda, para recordarmos a trajetória histórica do saber teológico no que se refere à diversificação interna de disciplinas[29].

a. A estrutura do saber teológico

O saber teológico se constitui como um tronco epistemológico único. No conjunto do saber a respeito da fé cristã há diversificações disciplinares, facilmente perceptíveis para quem freqüenta uma Faculdade de Teologia. No entanto, acima da diversidade disciplinar funciona a unidade epistemológica comum.

1) Complexidade de funções e riqueza de conteúdos

No tronco teológico comum há uma notável riqueza de conteúdos, de objetivos e de interesses. Há também nele uma grande complexidade de funções. De forma esquemática, são as seguintes as diversificações mais notáveis:

Metodologias diferentes. Umas metodologias são mais *positivas,* como as usadas na hermenêutica bíblica, na análise da história dos dogmas, na exposição da história da Igreja etc.; outras são mais *discursivas* ou sistemáticas, como as usadas pela teologia fundamental, pela Teologia dogmática etc.; e outras mais *aplicativas,* como a moral, a pastoral, a espiritualidade etc.

Diversas áreas temáticas. Destacam-se as seguintes: as que correspondem à *justificação* do crer, as que *sistematizam* o conjunto da fé,

---

28. Entre as numerosas Introduções à Teologia, cf. J. M. ROVIRA, *Introducción a la Teología* (Madri, 1996); E. VILANOVA, *Para comprender la Teología* (Estella, 1998); J. MORALES, *Introducción a la Teología* (Pamplona, 1998); R. BERZOSA, *Qué es Teología* (Bilbao, 1999).
29. Para esses dois aspectos oferece uma grande abundância de dados o estudo, convertido já em um clássico, de M.-J. CONGAR, *Théologie:* DTC, XV/1 (Paris, 1946) 342-502.

as que se referem ao *compromisso* ético, as que propõem meios para *a vivência* espiritual, as que analisam a *atuação* pastoral da comunidade cristã. *Diversos objetivos e interesses.* Uns são preferentemente *especulativos*, outros são de caráter mais *prático*.

2) Unidade epistemológica comum

Há, contudo, nessa diversidade uma unidade que dá identidade e coesão ao conjunto do saber teológico. Essa unidade provém dos seguintes fatores e consiste neles:

— a mesma *epistemologia:* um discurso "teândrico", de racionalidade humana e de iluminação proveniente da Revelação;

— o mesmo *objeto:* o universo da fé, isto é, a Revelação de Deus em Jesus Cristo, que se faz presente na Igreja por meio do Espírito;

— o mesmo *objetivo:* tornar inteligível o crer, segundo a fórmula clássica "fides quaerens intellectum".

O Papa Paulo VI indicou aos teólogos que assistiram ao Congresso Internacional sobre a Teologia do Vaticano II, realizado em Roma em novembro de 1966, que a Teologia tem como função unitária esclarecer o ensino da Revelação perante as instâncias da razão[30]; compete a ela apresentar a mensagem cristã de uma forma orgânica e sistemática, reformular o conteúdo em categorias significativas historicamente e explorar o que ainda está "inédito" na mesma Revelação.

b. A divisão disciplinar

A configuração estrutural do saber teológico — unidade de um tronco epistemológico com diversidade de formas metodológicas e temáticas — teve um desenvolvimento disciplinar que pode ser dividido em três partes: *unificação, fragmentação,* busca de uma nova *articulação unitária.*

---

30. PAULO VI, *Libentissimo sane*: AAS 58 (1966) 889-896, especialmente pp. 892-893.

1) Unificação disciplinar

Na Idade Média existiu a unificação disciplinar para o conjunto do saber teológico. A partir do século XII e de forma definitiva no século XIII, o saber teológico se configura como uma "ciência" segundo as exigências epistemológicas de Aristóteles, cujo pensamento sobre a epistemologia era considerado como a validação mais perfeita do discurso crítico[31].

Deve-se considerar que o termo "teologia" entrou com dificuldade no cristianismo por causa das conotações "religiosas" que tinha no pensamento greco-romano[32]. Até Abelardo ele não é usado no que se refere ao saber sobre a fé cristã[33]. Em Santo Tomás esse termo, apesar de já ter seu uso normalizado, ainda não tem o significado preciso de hoje. O Aquinate prefere outras expressões para abarcar o amplo espectro de funções e dos deveres do saber sobre a fé. O termo que ele usa mais é *sacra doctrina* (também *sacra Scriptura, sacra pagina, sacra eruditio*)[34].

A partir dessa concepção ampla, o saber teológico abarca todas as funções necessárias para a exposição da doutrina cristã. Na Idade Média eram atribuídas ao teólogo três funções principais: *pregar (officium praedicandi)*, isto é, expor a doutrina cristã de forma catequética ao povo cristão; *ler (officium legendi)*, isto é, interpretar o texto da Sagrada Escritura; *disputar (officium disputandi)*, isto é, submeter a raciocínio e a disputa o significado do ensino cristão.

Apesar dessa multiplicidade de funções, para Santo Tomás[35] o saber teológico era *uno*. Sem discutir posicionamentos precedentes e com um olhar seguro voltado para o futuro, "de forma decidida ele se pronuncia pela unidade da teologia, a qual, depois dele, foi tão questionada em virtude da grande fragmentação sofrida"[36]. Não deixa de chamar a atenção o motivo pelo qual ele afirma essa unidade: a teologia (*sacra doctrina*) "é como uma imagem da ciência divina, que é una e simples e que abarca tudo"[37]. Essa

---

31. Cf. o clássico estudo de M.-D. CHENU, *La théologie comme science au XIIIe. siècle* (Paris, 19573).
32. Cf. A. SOLIGNAC, *Théologie. Le mot et sa signification*: Dictionnaire de Spiritualité, XV (Paris, 1991) 463-487.
33. M.-J. CONGAR, *l. c.*, 345-346.
34. Para o pensamento de Santo Tomás sobre a terminologia, o significado e as funções do saber teológico, ver o comentário de A. ESCALLADA, *Introducción a la cuestión 1. Condición y panorama de la Teología*: SANTO TOMÁS DE AQUINO, Suma de Teologia. Edição dirigida pelos Regentes de Estudos das Províncias Dominicanas da Espanha, I (Madri, 1988) 75-88.
35. I, q. 1, a. 3.
36. A. ESCALLADA, *l. c.*, 88.
37. I, q. 3, ad 2.

visão de Santo Tomás a respeito da unidade da teologia foi aceita pelos grandes teólogos medievais, como Alexandre de Hales, Santo Alberto Magno, São Boaventura e pelos teólogos do século XVI, dentre os quais sobressai Melchior Cano[38].

2) Fragmentação em disciplinas autônomas

Foi nos séculos XV e XVI que se verificou "a desagregação da síntese medieval"[39], dando origem à fragmentação em disciplinas. Essa independentização, certamente relativa, mas ao mesmo tempo real, das disciplinas teológicas é uma "independentização inevitável e progressiva, e que acompanha o crescimento da investigação teológica"[40]. A desagregação do saber teológico em disciplinas ou especialidades autônomas se consolidou e se ampliou ao longo dos séculos XVII e XVIII[41], sem deter-se no século XIX e em parte do século XX.

3) Procura de uma nova articulação

Na reflexão teológica atual não se pretendeu nem se pode pretender suprimir a divisão da Teologia em disciplinas autônomas. Isso empobreceria o saber teológico e iria contra o dinamismo histórico. O Concílio Vaticano II aceita a diversificação da Teologia em "disciplinas teológicas" (*disciplinae theologicae*) e se refere em concreto à Sagrada Escritura, à teologia dogmática, à teologia moral, ao direito canônico e à liturgia[42].

Não há unanimidade de critério quanto à organização e sistematização das diferentes disciplinas no tronco comum do saber teológico. Há anos, partindo de propostas precedentes[43], Congar dividia a teologia em três partes: 1) teologia histórica; 2) teologia doutrinal, subdividida em dogmática e moral ("dogmata morum"), à qual acrescentava a ascética e a mística; 3) teologia prática, subdividida em direito canônico e pastoral[44]. Imediatamente depois do Concílio Vaticano II,

---

38. Cf. J. M. RAMÍREZ, *o. c.*, I, 7-11.
39. Cf. M.-J. CONGAR, *l. c.*, 423-431.
40. H. U. VON BALTHASAR, *Ensayos Teológicos. I. Verbum Caro* (Madri, 1964) 273.
41. Cf. E. VILANOVA, *Historia de la teología cristiana*, II (Barcelona, 1989); J. L. ILLANES-J. I. SARAYANA, *Historia de la teología* (Madri, 1995) 205-206.
42. *Optatam totius*, 16.
43. Cf. J. BRINKTRING, *Zur Einleitung der Theologie und zur Gruppierung der einzelnen theologischen Disziplinen*: Theologie und Glaube 26 (1934) 569-575.
44. M.-J. CONGAR, *l. c.*, 493-296.

R. Latourelle se referia às disciplinas teológicas como apologética e fundamental, dogmática, moral e espiritual, pastoral, missional e ecumênica[45]. Em um Manual recente se destacam as disciplinas seguintes: fundamental, dogmática, moral, espiritual, pastoral, litúrgica[46].

Sem pretender dirimir a diversidade de pareceres ou, em alguns casos, só de matizes, creio que na Teologia podem ser assinaladas três grandes áreas:

— teologia positiva (bíblica, histórica),
— teologia especulativa (fundamental, dogmática),
— teologia prática (moral, espiritual, pastoral).

Mas, mesmo aceitando a divisão das disciplinas, o que se busca na reflexão teológica atual é principalmente uma nova articulação de todas as disciplinas teológicas entre si com a finalidade de que se ajudem mutuamente a exprimir o mistério unitário da fé cristã[47]. Devem ser corrigidos "desencontros" históricos entre algumas disciplinas do corpo teológico. Por outro lado, é necessário oferecer um projeto teológico unitário, se bem que diversificado em suas vertentes dogmática, moral, espiritual, pastoral etc. Há propostas teológicas que procuram assumir e exprimir de forma mais destacada essa articulação unitária[48].

As anotações precedentes sobre a divisão e a unificação da Teologia têm interesse tanto para situar a disciplina da Moral no campo comum da Teologia como para estabelecer sua relação com as outras disciplinas, particularmente com as mais afins.

2. A autonomia disciplinar da Teologia moral

Na primeira parte deste capítulo foi analisado o processo de "teologização" da moral cristã, isto é, as diversas formas de constituir a

---

45. R. LATOURELLE, *Théologie science du salut* (Madri, 1967).
46. J. MORALES, *Introducción a la Teología* (Pamplona, 1998) 275-289.
47. Sobre as dificuldades e as possibilidades de uma síntese teológica no ensino atual cf. S. PANIZZOLO, *L'insegnamento e lo studio della teologia: discussione sulla "ratio studiorum"*: Credere Oggi 17 (1997) n. 97, 72-85.
48. Neste sentido pode ser considerado o projeto teológico ("Simbólica eclesial") de Bruno Forte no qual se insere em unidade a dogmática, a espiritualidade e a moral. Ver a justificação e a síntese deste projeto em: *La Parola di Fede. Introduzione alla Simbolica Ecclesiale* (Cinisello Balsamo, 1996).

dimensão moral da existência cristã em discurso teológico. A cada um desses modelos ou paradigmas de discurso sobre a moral cristã corresponde um determinado estatuto disciplinar da Teologia moral:

— ao paradigma *parenético* da época patrística corresponde um discurso ainda não diferenciado nem em saber teológico específico nem muito menos em ramo disciplinar autônomo;

— ao paradigma *teológico* da Idade Média corresponde uma articulação em um só discurso teológico ainda não diversificado em disciplinas separadas;

— ao paradigma *jurídico* da Idade Moderna e da Contemporânea corresponde a constituição da autonomia disciplinar no tronco teológico, que começa a desagregar-se em disciplinas autônomas;

— ao paradigma *novamente teológico* da renovação atual corresponde uma nova articulação no conjunto do saber teológico.

Continuando, detenhamos a atenção no momento em que a Teologia moral adquire autonomia disciplinar. Os outros momentos já foram considerados em outros lugares desta obra.

A Teologia moral se constituiu em disciplina autônoma pelo final do século XVI e começos do século XVII[49]. Costuma-se datar esse acontecimento do ano 1600, quando apareceu o primeiro volume das *Institutiones Morales* de Juan Azor. "O aparecimento, nos albores do século XVII, exatamente em 1600, das *Instituciones Morales* do jesuíta espanhol Juan Azor assinala o nascimento de um gênero literário novo em teologia moral. Desligada, daí em diante, da filosofia viva, do dogma e até de uma teologia moral especulativa, alheia à espiritualidade e à mística, essa *theologia moralis practica,* modesta serva do confessor, chamava-se pomposamente *Theologia Moralis*"[50].

Nesse apontamento histórico de L. Vereecke estão assinalados os elementos principais que identificam a nova disciplina da Teologia moral: desvinculada

---

49. Segundo J. M. RAMÍREZ, *o. c.*, 11 e 16, a separação se iniciou em finais do século XVI ("versus finem saeculi XVI haec unitas labefactari coepit, pout saltem Dogmaticam et Moralem spectat": p. 11) e se consumou por volta da metade do século XVIII ("versus medium saeculum XVIII scissura unitatis Theologiae Moralis et Dogmaticae consummata est": p. 16). M. J. CONGAR, *l. c.*, 423-426, marca a separação entre a Dogmática e a Moral como o primeiro passo da decomposição na unidade teológica medieval.

50. L. VEREECKE, *Introducción a la historia de la Teología Moral*: VÁRIOS, Estudios de historia de la moral (Madri, 1969) 66-67.

da filosofia, separada da teologia dogmática, sem referência à espiritualidade, totalmente dedicada à prática do sacramento da penitência. A autonomia da teologia moral se verificou basicamente quando ela se tornou independente da teologia especulativa (ou dogmática, segundo uma terminologia posterior)[51].

Foram estudados com atenção e precisão os fatores que propiciaram essa independência e essa autonomia: reforma do Concílio de Trento, reorganização dos estudos eclesiásticos e reafirmação da práxis penitencial individualizada[52]. Foram analisados também os antecedentes, o devir histórico e a crise final desse paradigma de moral, chamado casuísmo, nascido com o aparecimento da nova disciplina teológico-moral. No capítulo sétimo da segunda parte desta obra pode-se encontrar o desenvolvimento desses dados históricos, repetidos aqui esquematicamente.

3. Situação presente e perspectiva de futuro

a. Nova articulação teológica

Na situação presente da reflexão teológico-moral aceita-se como algo historicamente conseguido a independência e a autonomia da Teologia moral como disciplina teológica. Mas, ao mesmo temo, trabalhou-se para devolver-lhe o "estatuto teológico" que ela havia perdido.

A Teologia moral pós-tridentina, embora viesse auto-intitulando-se pomposamente "Theologia moralis", na realidade, antes da renovação das três últimas décadas, não atingia as quotas exigidas para pertencer ao saber estritamente teológico. Ela se reduzia com freqüência a prontuários, mais ou menos desenvolvidos, de casos de moral, era desvinculada da síntese teológica geral e organizada segundo os postulados metodológicos do "direito", seguindo o processo de uma crescente "juridização".

Um dos empenhos da renovação moral depois do Concílio Vaticano II consistiu em devolver a identidade teológica à reflexão teológico-moral. Para isso foi sublinhada sua vinculação com o conjunto da teologia e mais especificamente com a teologia dogmática. Essa disciplina moral articulada com o tronco comum da teologia, se bem que com suas peculiaridades de método e de conteúdo, é a que se apresenta hoje com uma identidade nova ou ao menos renovada.

---

51. M.-J. CONGAR, *l. c.*, 424-426.
52. O estudo histórico clássico a esse respeito é a *o. c.* de J. THEINER.

Assim, pois, a Teologia moral do futuro não perderá sua autonomia, mas terá de buscar uma relação mais estreita com a Teologia dogmática, com a Teologia espiritual e com a Teologia pastoral.

b. Relação com outras disciplinas teológicas

Na presente obra foi sublinhada continuamente a articulação da dimensão moral com o conjunto da vida cristã. Também foi enfatizada a integração do discurso teológico-moral dentro da estrutura geral do saber teológico. Agora é feita anotação idêntica em relação à função disciplinar da Teologia moral. Esta, sendo uma disciplina autônoma, se une às outras disciplinas teológicas para formular o significado global da existência cristã. Neste momento cremos que valha a pena sublinhar a relação disciplinar da Teologia moral com a Teologia dogmática, com a Teologia espiritual e com a Teologia pastoral.

1) Relação com a Teologia dogmática

A articulação da Teologia moral com a Teologia dogmática foi uma das grandes aspirações da renovação teológico-moral. Nessa relação foi vista a possibilidade de superação das falhas do legalismo e do extrinsecismo da época casuísta bem como o caminho adequado para a recuperação do estatuto teológico perdido[53].

A relação entre Teologia moral e Teologia dogmática não somente beneficia a moral como também ajuda a uma melhor compreensão e a uma práxis mais coerente da fé. A dimensão prática (ou "ortopráxis") constitui um fator interno da autêntica confissão da fé (ou "ortodoxia"). Moral e dogmática são vertentes da teologia fundamental[54]; e a prática moral se torna um possível caminho para Deus ou ao menos um lugar de encontro e de diálogo entre fiéis e não fiéis[55].

---

53. Ph. DELHAYE, *Dogme et morale. Autonomie et assistance mutuelle*: Mélanges de Science Religieuse 11 (1954) 49-62; ID., *Dogme et morale: un cas de féderalisme théologique*: Seminarium 23 (1971) 295-322; J. FUCHS, *Moraltheologie und Dogmatik*: Gregorianum 50 (1969) 697-808; Ph. DELHAYE-I. CISAR, *Teologia morale e teologia sistematica*: Rassegna di Teologia 13 (1972) 253-256; R. TREMBLAY, *Théologie dogmatique et morale*: Divus Thomas 82 (1979) 113-144; W. THOENISSEN, *Das Geschenk der Freiheit. Untersuchungen zum Verhätnis von Dogmatik und Ethik* (Mainz, 1988).
54. A. DELZANT, *Éthique et dogmatique en théologie fondamentale*: VÁRIOS, Actualiser la morale (Paris, 1992) 277-295.
55. K.-W. MERKS, *Die moralische Erfahrung als Weg zu Gott. Das Verhältnis von Dogmatik und Ethik im Licht der "autonomen Moral"*: P. HÜNERMANN (Hrg.), Gott-ein Fremder in unserem Haus? (Friburgo, 1996) 134-148.

A Congregação para a Educação Católica sublinha do seguinte modo a relação entre a Teologia moral e a Teologia dogmática: "É necessário, antes de tudo, ter uma consciência viva da ligação que existe entre a teologia moral e a dogmática, e que permite considerar e tratar a moral como uma verdadeira e própria disciplina teológica, em conformidade com todas as regras epistemológicas e metodológicas fundamentais válidas para qualquer teologia. A esse respeito, convém remeter à grande concepção, tão bem realçada por Santo Tomás de Aquino, que, como outros mestres, não separou nunca a teologia moral da dogmática e a inseriu no plano unitário da teologia sistemática como parte concernente ao processo no qual o homem, criado à imagem de Deus e remido pela graça de Cristo, tende para a plenitude de sua realização segundo as exigências da vocação divina, no contexto da economia de salvação historicamente efetuada na Igreja"[56].

2) Relação com a Teologia espiritual

A Teologia espiritual é uma disciplina teológica mais recente que a Teologia moral. Refiro-me à disciplina teológica autônoma, já que conteúdos de caráter espiritual estiveram presentes nas sínteses medievais e, depois do desmembramento do corpo teológico verificado nos séculos XVI e XVII, em outras disciplinas teológicas. Assim encontram-se elementos de teologia espiritual dispersos pelos tratados de teologia especulativa (principalmente quando ela trata da graça e das virtudes), de direito canônico (sobretudo quando ela estuda o estado religioso e o sacerdotal), da própria teologia moral (sobretudo quando ela analisa as obrigações inerentes aos estados de perfeição).

No que se refere à vertente acadêmica, a Teologia espiritual surge no começo do século XX. No ano 1918 começou a funcionar a cátedra de ascético-mística na Pontifícia Universidade Gregoriana (Roma). O Papa Bento XV louvou a iniciativa[57]. Pelos mesmos anos foi introduzido o ensino da Teologia espiritual também no Ateneu *Angelicum,* dos Dominicanos (Roma).

A constituição apostólica *Deus scientiarum Dominus* declarou a ascético-mística matéria obrigatória nas faculdades de teologia[58]. A Congregação dos Seminários e Universidades precisou que a ascética era dis-

---

56. CONGREGAÇÃO PARA A EDUCAÇÃO CATÓLICA, *a formação teológica dos futuros sacerdotes* (1976), n. 97.
57. Carta de 10 de novembro de 1919: AAS 12 (1930) 30.
58. AAS 23 (1923) 270. 281.

ciplina auxiliar, ao passo que a mística era disciplina especial. Essa distinção entre ascética e mística e o tratamento acadêmico diferente dado a cada uma delas não agradou a alguns teólogos. Mais tarde essa distinção foi superada dizendo-se que a mística, ainda que não seja uma forma necessária da vida cristã, é a forma espiritual mais perfeita.

Como se pode ver, o título dessa nova disciplina sofreu variações. Os dois mais usados têm sido o de "Ascética e Mística" e o de "Teologia Espiritual". O primeiro corresponde aos primeiros anos da disciplina. Atualmente se prefere o título de "Teologia espiritual", já que desse modo se põe em relevo a articulação do discurso sobre a espiritualidade dentro do conjunto do corpo teológico.

A disciplina de Teologia espiritual veio consolidando-se ao longo da segunda metade do século XX. Atualmente ela goza de boa saúde, tendo muita aceitação entre o grande público e nos Centros acadêmicos de Teologia.

Em outro lugar analisei a relação entre a Teologia moral e a Teologia espiritual como uma história de *unidade* no início, de *separação* mais tarde e de *reencontro* atualmente[59]. Depois das novas orientações da Teologia moral à luz do Concílio Vaticano II, principalmente em suas opções pela renovação teológico-moral (OT 16) e depois da afirmação sobre o chamamento universal para a santidade (cap. 5 da *Lumen Gentium*), não se pode deixar de favorecer uma aproximação estreita entre essas duas teologias. Esse ponto de vista é comumente aceito pelos que cultivam esses dois campos do saber teológico. A esse respeito ofereço três anotações conclusivas.

Em primeiro lugar, deve-se dar continuidade ao esforço para oferecer à vida moral a dimensão teológico-espiritual que ela requer em horizontes de sentido, em motivações, em atitudes básicas, em objetivos gerais. Por seu lado, a espiritualidade deve encontrar os meios adequados para integrar experiência teologal e compromisso intramundano; é somente assim que ela encontrará a "verificação" de que a experiência religiosa precisa (articulação do "amor a Deus" e do "amor ao próximo").

Em segundo lugar, a afirmação sobre o chamamento universal para a santidade deve encontrar as formas e os meios para ser traduzida na vida eclesial. Permanecem, contudo, alguns resíduos (teóricos e práticos) de uma visão teológica que distinguia entre "conselhos" e "preceitos". A própria teologia da vida consagrada, não tendo encontrado uma formulação

---

59. M. VIDAL, *Moral y espiritualidad* (Madri, 1997).

convincente para exprimir sua identidade, serve-se de categorias (consagração "especial", opção evangélica "mais radical" etc.) procedentes da "separação" de estados e de certa concepção "elitista" da perfeição cristã. Tanto a moral como a espiritualidade devem trabalhar para oferecer a proposta moral-espiritual do Evangelho em chave de unidade plural: uma mesma proposta com modos e formas diferentes.

Ninguém nega que a teologia moral e a teologia espiritual sejam disciplinas diferentes: com diferença de campo (conteúdo) e com diferença metodológica; ninguém nega tampouco que exista entre elas uma identidade substancial. Essa identidade substancial não lhes vem somente da união ao mesmo tronco teológico, mas também da "vizinhança" entre as duas. É necessário continuar refletindo sobre as implicações dessa "vizinhança" tanto nos aspectos epistemológicos como nos relacionados com o conteúdo. A intercomunicação de "metodologias" e de "conteúdos" será benéfica para ambas as disciplinas.

3) Relação com a Teologia pastoral ou prática

A moral, a espiritualidade e a pastoral, mesmo sendo disciplinas teológicas independentes, formam o conjunto da chamada Teologia de caráter prático.

A Teologia pastoral[60], hoje chamada também Teologia prática, faz parte dos estudos teológicos como uma das grandes disciplinas em torno das quais se organiza uma Especialidade, um Departamento e até um Instituto de especialização[61]. No campo da teologia sempre existiram conteúdos diretamente relacionados com a prática pastoral; a esse interesse prático serviram muitos tipos de obras que podem ser catalogadas como "pastorais". Não obstante, a Teologia pastoral propriamente dita se originou no império austríaco, no século XVIII (1784), como efeito da intervenção "imperial" na organização da vida eclesial e, mais concretamente, dos estudos sacerdotais[62].

Essa disciplina teve um desenvolvimento singular em torno da renovação eclesial anterior e posterior ao Concílio Vaticano II. Da etapa anterior ao Concílio são figuras marcantes: F. X. Arnold (1898-1969) e P. A. Liégé (1921-1979). Os ares renovadores do Vaticano II procederam do grande

---

60. Dentre os muitos Manuais indico um: C. FLORISTÁN, *Teología Práctica* (Salamanca, 1991).
61. Cf. J. PRAT I PONS, *La teología pastoral en el conjunt dels estudis teológics*: Revista Catalana de Teología 21 (1996) 343-375.
62. Sobre a história da Teologia pastoral, cf. C. FLORISTÁN, *o. c.*, 107-122.

Manual de Teologia pastoral dirigido por F. X. Arnold, K. Rahner, V. Schurr e L. M. Weber[63]. Dentre os delineamentos dos últimos anos convém destacar a ampliação do horizonte da Teologia pastoral e sua vinculação com o amplo significado da práxis eclesial[64]. Devido a tudo isso, a Teologia pastoral passa por um processo de "desclericalização", a fim de tornar-se reflexão teológica da prática de toda a Igreja. Daí a mudança de Teologia "pastoral" (pensada preferentemente para os "pastores") para Teologia "prática" (orientada para a práxis da Igreja em seu conjunto).

É evidente a estreita relação entre a vertente pastoral e a dimensão moral da Teologia[65]. Tanto é assim que alguns pastoralistas pretenderam incluir a moral em sua disciplina[66], e alguns moralistas procuraram levar a pastoral para o campo da Teologia moral. O caráter prático dos conteúdos das duas disciplinas as mantém próximas em metodologia e em objetivos.

No tocante à Teologia moral, a Congregação para a Educação Católica pediu que ela tenha uma estreita relação com a pastoral, principalmente no ensino aos candidatos ao ministério sacerdotal: "De modo especial, o ensino da moral aos alunos que se preparam para o ministério sacerdotal inclui um estreito contato e relação com a pastoral, pela qual será provocado a estudar os problemas apresentados pela experiência da vida, e à qual proverá de esquemas de ação inspirados nas exigências da palavra de Deus e teologicamente fundados e elaborados . É esse o caminho da renovação indicado pelo Concílio Vaticano II: 'Sub luce evangelii et humanae experientiae' ('sob a luz do evangelho e da experiência humana') (GS 46)"[67].

A dimensão pastoral da Teologia moral não consiste em retornar aos esquemas do "casuísmo" nem às soluções práticas de "receitas" pré-fabricadas. Como insinua o texto citado da Congregação romana, a preocupação pastoral da reflexão moral indica a esta o caminho da *realidade*, isto é, exige que ela se abra às interrogações éticas do presente e lhes dê solução "à luz do Evangelho e da experiência humana".

A pastoralidade é um momento do processo teológico, como recordou o Concílio Vaticano II: "Saibam buscar, à luz da Revelação, a solução dos problemas humanos, aplicar as verdades eternas à condição mutável das coisas humanas e anunciá-las de modo conveniente aos seus contem-

---

63. *Handbuch der Pastoraltheologie*, 5 tomos (Friburgo, 1964-1974).
64. Sobre a situação da Teologia pastoral, cf. G. ADLER, *Percorsi di teologia pastorale*: Studia Patavina 43 (1996) 23-56.
65. J. ARTEAGA, *Teología Moral y Pastoral*: Teología y Vida 36 (1995) 121-131.
66. Cf. C. FLORISTÁN, *o. c.*, 10.
67. CONGREGAÇÃO PARA A EDUCAÇÃO CATÓLICA, *a formação teológica dos futuros sacerdotes* (1976) n. 101.

porâneos"[68]. De modo especial, a pastoralidade é um momento interno da procura e da exposição da verdade moral, já que esta se refere mais diretamente à práxis dos cristãos.

Em cada época histórica a dimensão pastoral da reflexão teológico-moral foi desenvolvida de forma peculiar. Na época patrística, o discurso moral usou um modo pastoral de caráter preferentemente parenético e espiritual. É conhecida a vinculação dessa dimensão pastoral à práxis penitencial na época dos Livros Penitenciais, das Sumas dos confessores e das Instituições morais pós-tridentinas. Hoje se pede à Teologia moral que desenvolva seu caráter pastoral dentro dos quadros da "eclesialidade" e da "mundanidade", como foi exposto no capítulo primeiro da segunda parte e no capítulo primeiro da terceira parte desta obra.

Há tradições teológico-morais que sublinharam de modo particular a dimensão pastoral da verdade moral. São as tradições que enfatizam o "caráter salvífico" da verdade moral e sua integração necessária em uma proposta de "benignidade pastoral". Dentre essas tradições sobressai a afonsiana[69]. No capítulo quatorze da segunda parte expus a gênese, a fundamentação e as aplicações dessa opção pastoral dentro da Teologia moral católica.

Bibliografia:

GÓMEZ MIER, V., *La refundación de la Moral católica*, Verbo Divino, Estella, 1995.

QUEREJAZU, J., *Recuperación del estatuto epistemológico de la Teología Moral*, Moralia 21 (1997) 63-78.

---

68. *Optatam totius*, 16.
69. Cf. W. McDONOUGH, *"New terrain" and a "strumbling stone" in Redemptorist contribution to "Gaudium et Spes": on relating and juxtaposing truth's formulation and its experience*: Studia Moralia 35 (1997) 9-48.

3

A EPISTEMOLOGIA DO DISCURSO TEOLÓGICO-MORAL

O que constitui propriamente o discurso teológico-moral é a epistemologia que ele usa. Quando se trata de um discurso teológico, a epistemologia não é outra senão a teológica. Bastaria essa afirmação e remeter aos tratados da epistemologia teológica em geral para se encerrar a questão enunciada neste capítulo. Não obstante, o discurso teológico-moral tem sua peculiaridade dentro das condições gerais de todo discurso teológico, peculiaridade que repercute em sua epistemologia.

Aludirei, portanto, à peculiaridade epistemológica do discurso teológico-moral, dando por adquiridos os conhecimentos sobre a epistemologia teológica em geral. Fá-lo-ei em duas abordagens complementares, uma, mais breve, de caráter histórico; a outra, mais desenvolvida, de orientação preferentemente sistemática.

I. NOTA HISTÓRICA

Considerando-se em seu conjunto o desenvolvimento da disciplina da Teologia moral até a segunda metade bem adiantada do século XX, pode-se afirmar, no que se refere ao tema que nos ocupa, que essa disciplina não construiu uma teoria sobre sua epistemologia própria. Basta recordar que uma teoria como essa não se encontra na magna obra moral de Santo Afonso Maria de Ligório (segunda metade do século XVIII).

Apesar dessa constatação, deve-se reconhecer que, de fato, os moralistas se serviam de uma determinada epistemologia. Essa epistemologia de uso ou implícita consistia em uma acomodação da teoria sobre os "lugares teológicos", a qual tinha recebido de Melchior Cano sua formulação mais marcante e mais comumente aceita.

Além disso, na história da Teologia moral não faltaram elementos de reflexão sobre a epistemologia[1]. Talvez a contribuição histórica mais valiosa se situe na discussão sobre os "lugares teológico-morais" nos séculos XVII-XVIII. É essa discussão que desejo expor na presente nota histórica[2].

1. Movimento por maior "pureza evangélica"

Durante o século XVII e nos inícios do século XVIII surgiu no campo da Teologia moral, principalmente na França e na Itália, um movimento por maior pureza teológica no uso das fontes da reflexão teológico-moral[3]. Esse movimento de renovação na metodologia moral estava unido às tendências que buscavam uma moral mais "evangélica", uma moral de maior "perfeição", uma moral mais "radical".

Em substância, o desejo de pureza teológica no uso das fontes do conhecimento moral coincidia com as tendências do rigorismo moral, fosse ele de matiz jansenista ou proviesse das fileiras do probabiliorismo católico. Por outro lado, um dos objetivos desse movimento renovador consistia em atacar frontalmente o probabilismo e mais concretamente a chamada "moral jesuítica".

Visto em perspectiva histórica, a esse movimento de renovação moral não era alheio o desejo de justificar posições regalistas e anti-romanas.

---

1. Ver a controvérsia do século XVI: F. PELSTER, *Eine Kontroverse über die methode der moraltheologie aus dem Ende des 16. Jahrhunderts Michael Bartholomeus Salon O. E. S. A. und Dominikus Báñez O. P.* : Scholastik 17 (1942) 385-411; J. A. GARCÍA CUADRADO, *Domingo Báñez (1528-1604). Introducción a su obra filosófica y teológica* (Pamplona, 1999) 96-97.
2. Para situar historicamente essa discussão remeto ao capítulo sétimo da segunda parte desta obra; também a: M. VIDAL, *Frente al rigorismo moral, benignidad pastoral. Alfonso de Liguori (1696-1787)* (Madri, 1985) 116-121.
3. Cf. E. HAMEL, *Retours à l'Évangile et théologie morale, en France et en Italie, aux XVII et XVIII siècles*: Gregorianum 52 (1971) 639-687; M. OEPEN, *Sittenlehre und Offenbarung in der Moraltheologie des 18. Jahrhunderts* (Werl, 1973); R. BRUCH, *Moralia varia* (Düsseldorf, 1981) 11-30 ("Die Ausbildung der Lehre von den Erkenntnisquellen der Moraltheologie im 17. und 18. Jahrhundert").

2. Autores rigoristas e probabilioristas

A nova tendência, de cunho antiprobabilista e anticasuísta, pode ser exposta seguindo-se o pensamento de alguns autores representativos, todos eles de tendência rigorista ou probabiliorista.

a. Proposta de Francisco Genet (1640-1703)

A obra de Genet foi o Manual que puseram nas mãos de Santo Afonso no Seminário de Nápoles para iniciá-lo no estudo da Moral[4]. Nessa assim chamada "Moral de Grenoble", de tendência rigorista e de sabor jansenista, conheceu Afonso as novas orientações metodológicas.

O título da obra de Genet é revelador tanto do desejo de nova orientação metodológica como da ambigüidade da proposta[5]. A ambigüidade se manifesta na primeira parte do título — "Teologia moral ou solução de casos de consciência" — na qual a Moral é identificada com a casuística; o desejo de mudança metodológica aparece na segunda parte do título — "segundo a Sagrada Escritura, os Cânones e os Santos Padres". Essa última fórmula é o santo-e-senha da Moral antiprobabilista e anticasuísta. O "segundo a Sagrada Escritura, os Cânones e os Santos Padres" é o indicador inconfundível das obras rigoristas e probabilioristas da época.

A Sagrada Escritura, os Cânones e os Santos Padres se tornam as três grandes fontes dos critérios para a solução dos problemas da consciência moral cristã. Com exagerado otimismo, Genet chega a responder do modo seguinte à pergunta sobre metodologia moral que ele faz a si mesmo[6]:

— Pergunta: "Possunt-ne inveniri authoritates in Scriptura Sacra, Conciliis, aut Sanctis Patribus, ad omnes qui possunt occurrere casus decidendos?".

— Resposta: "Nullus est casus, ut in hujusce operis prosecutione facile videbitur, qui non sit expresse decisus, aut saltem cujus decisio per legitimas, et nullo modo violentas consequentias, non possit erui, et haberi ex principiis a Conciliis, aut Sanctis Patribus in materia morum constitutis".

---

4. Cf. M. VIDAL, o. c., 100.
5. A 1ª edição, escrita em francês, aparece em Paris (1672-1676). Sobre a epistemologia moral de Genet, ver o estudo de J. R. POLLOCK, *François Genet: the man and his methodology* (Roma, 1984).
6. Citado pela edição de Veneza (1763). O texto se encontra no t. I, p. 2.

b. Proposta de Daniel Concina (1687-1756)

As obras do dominicano Daniel Concina foram muito usadas por Afonso de Ligório, principalmente a partir da 2ª edição da Teologia Moral. No Prólogo a essa 2ª edição ele menciona as obras de Collet (1693-1770) e de Concina como as últimas novidades editoriais ("quae ultimo [ut arbitror] in publicum prodierunt").

Nas obras de Concina[7], Afonso pôde ler as críticas mais duras ao método moral casuísta, bem como a proposta de uma nova sistematização dos "lugares teológico-morais".

Quanto à crítica ao casuísmo, Concina desqualifica globalmente toda a produção teológico-moral dos casuístas. Segundo ele, a moral casuísta perdeu o rumo teológico; em vez de usar as fontes vivas da Sagrada Escritura e da Tradição, buscou a água da razão, que, por estar corrompida pelo pecado original, corrompeu o saber teológico-moral[8].

A crítica conciniana atinge até a qualidade científica dos casuístas. Na "História do probabilismo e do rigorismo" ele descreve os moralistas (= casuístas) como teólogos de classe inferior: "Os moralistas eram de classe inferior aos Escolásticos; aqueles que não eram aptos para a Filosofia, para a Teologia e para a Dialética punham-se muitas vezes a ler e até a imprimir Teologia Moral"[9].

Diante da corrupção do casuísmo, Concina adere à nova corrente, que propõe a pureza teológica no uso das fontes da Teologia moral. Escreve um tratado de epistemologia moral intitulado *Ad Theologiam Christianam Dogmatico-moralem Apparatus*. Com essa obra ele pretendia imitar Melchior Cano[10] e, seguindo suas pegadas ("tanti viri vestigiis..."), reconstruir o tratado dos "lugares teológico-morais".

---

7. As obras em que D. Concina expõe esses temas são: *Della storia del probabilismo e del rigorismo*, 2 tomos (Lucca, 1743); *Theologia christiana dogmatico-moralis*, 10 tomos (Roma, 1749-1751); *Ad theologiam christianam dogmatico-moralem apparatus*, 2 tomos (Roma, 1751). Relacionado com a doutrina conciniana sobre a metodologia moral, cf. S. CONSOLI, *Morale e Santità. Metodologia per una morale teologica secondo Daniele Concina* (Roma, 1983). A obra de Concina teve grande influência tanto na Itália como na Espanha e na França: cf. R. COULON, *Concina*: DTC, III/1 (Paris, 1911) 692.
8. Ver textos e exposição da doutrina de Concina, em: S. CONSOLI, o. c., 72-74.
9. *Historia del Probabilismo y del Rigorismo*, I (Madri, 1772) 12. Na *Theologia Christiana Dogmatico-moralis*, I (Roma, 1768) p. V, afirma que para ser moralistas se destinavam "homines ignares, hebetes, quos per ludibrium *Moralistas*, et *Casuistas*, vocitant".
10. *Ad Theologiam Christianam Dogmatico-moralem Apparatus*, I (Roma, 1968) 181: "Sapientissimus Melchior Canus, singulare et Ordinis mei, et praeclarae Hispaniae nationis decus, et ornamentum, auro cedroque dignum de locis teologicis volumen edidit...".

Concina organiza seu tratado sobre os "lugares teológico-morais" concentrando a atenção em duas fontes principais[11]:

— a Sagrada Escritura,
— as Tradições, cujos agentes principais são os Papas, os Concílios e os Santos Padres.

c. Outros autores

A idéia de construir um tratado sobre os "lugares teológico-morais" foi um projeto pelo qual se interessaram vários moralistas dos séculos XVII e XVIII, tanto de tendência rigorista como de ascendência probabilista. Entre os primeiros podem ser mencionados o dominicano Guillermo Vicente de Contenson (1641-1674) e o superior provincial dos Padres da Doutrina cristã, Santiago Besombes.

Contenson pertence ao grupo de teólogos dominicanos da Província de Toulouse que, seguindo as orientações do capítulo geral da Ordem, realizado em Roma, em 1656, se opõem ao probabilismo e fazem a defesa cerrada do probabiliorismo. Afonso o conhece e o cita em sua *Theologia Moralis* como um autor rigorista. Dentro do projeto de uma teologia moral realizada com unção espiritual ("theologia mentis et cordis"), Contenson trata expressamente da questão dos lugares da teologia moral (Commendatio locorum theologicorum seu de puris ethicae christianae fontibus")[12]. Em sua exposição há um vibrante argumento a favor da Sagrada Escritura como fonte principal da teologia moral.

Besombes não é citado por Afonso; não obstante, o moralista Prümmer afirma que "sua obra parece ter tido alguma influência sobre Santo Afonso"[13]. A Besombes se deve a primeira organização sistematizada das fontes da teologia moral. Ele as cataloga e as hierarquiza em poucas páginas[14].

Para Besombes o discurso teológico-moral tem sete fontes:

— a Sagrada Escritura,
— as decisões do Papa,

---

11. *Ad Theologiam Christianam Dogmatico-moralem Apparatus*, I (Roma, 1768) 202-368.
12. *Theologia mentis et cordis* (Lugduni, 1687) liber V, Diss. Praeambula, c. 1.
13. D. PRÜMMER, *Manuale Theologiae Moralis*, I (Friburgo, 1928) p. XVI.
14. *Moralis christiana ex Scriptura Sacra, Traditione, Conciliis, Patribus, et insignioribus Theologis excepta*, I (Madri, 1774) 1-6.

— os Concílios,
— os juízos dos Bispos,
— os Santos Padres,
— os teólogos escolásticos,
— a razão humana.

Juan Vicente Patuzzi (1700-1769), seguindo seu mestre Concina, escreve também uma "Ética cristã" ou "Teologia Moral", sob o impulso da "pureza teológica", à qual acrescenta o fervor tomista, como indica o subtítulo programático da obra: "Ex purioribus Sacrae Scripturae divinaeque traditionis fontibus derivata, et S. Thomae Aquinatis doctrina continenter illustrata"[15]. Ele compôs um *Pródromo* para toda a Teologia moral, desenvolvendo o tratado "De Locis Theologiae Moralis" segundo as indicações dadas por seu mestre Concina[16].

3. Autores de tendência probabilista e benigna

a. *Francisco Antonio Zaccaria (1717-1795)*

No campo oposto ao rigorismo encontramos um tratado sobre os "lugares teológico-morais" significativamente importante. Foi escrito pelo jesuíta e probabilista F. A. Zaccaria, com o qual Afonso teve uma estreita relação literária e pessoal.

Zaccaria publicou em 1749 a Moral de Lacroix, à qual acrescentou um *Liber Prodromus de locis theologicis*. É essa dissertação, com alguns retoques, que introduz ao começo da 3ª edição (1ª veneziana) de *Theologia Moralis* de Santo Afonso. Zaccaria tirou muito material da obra de Besombes; causa estranheza, por isso, sua afirmação expressa de que "não conheço ninguém que, antes de mim, tenha escrito um tratado sobre as fontes da teologia moral"[17].

Essa mesma auto-estima o levou a ridicularizar Concina, dizendo que ele o "arremedou" ("Concinae... simiam agere placuit") e que "de-

---

15. Citado pela edição de Bassano, 1790.
16. *Ethica christiana sive Theologia Moralis*, I (Bassani, 1790) pp. XXVII-LXIV.
17. Citado pela Dissertação contida na 3ª edição (1757) da *Theologia Moralis* de Afonso de Ligório, p. XIX.

pois de tomar conhecimento do meu *de locis* ("dos lugares"), dedicou-se a escrever outro"[18].

A orientação de Zaccaria é diferente da de Besombes e da de Concina. No que se refere à Sagrada Escritura, diz ele que ela é a "fonte principal" da teologia moral[19]; mas nota também que "é preferível abster-se de citar a Sagrada Escritura a deixar-se dominar por uma espécie de vaidade, citando textos que não provam nada"[20]. Esse uso minimalista da Sagrada Escritura é defendido por Zaccaria em confrontação polêmica com Concina, ao qual acusa de citar textos bíblicos que não têm relação com as questões tratadas ou que trazem somente orientações gerais, não discutidas por ninguém[21].

b. Observações epistemológicas de Afonso de Ligório (1696-1787)

Em sua obra Afonso não escreveu um tratado sobre os lugares teológicos. Esse silêncio é rompido em algumas das edições de sua *Theologia Moralis* pela publicação da Dissertação de F. A. Zaccaria, à qual nos referimos há pouco. Além disso, é bom lembrar que Afonso tratou explicitamente da Sagrada Escritura e da Tradição em seu comentário sobre a Sessão IV do concílio de Trento[22]. São interessantes suas análises sobre a Tradição, nas quais distingue três tipos de conteúdo: as tradições divinas, as apostólicas (algumas das quais são também divinas, por terem sido recebidas da boca de Cristo ou por terem sido reveladas pelo Espírito Santo) e as humanas[23]. Afonso expõe um conjunto de regras para a distinção das tradições "divinas" das "humanas" e vice-versa, aludindo a exemplos de verdadeiro interesse histórico[24].

Limitando-se a consideração ao pensamento epistemológico nas obras morais, deve-se reconhecer que Afonso teve conhecimento exato da discussão suscitada em sua época sobre as fontes ou "lugares" de reflexão teológico-moral. Em várias passagens de seus escritos polêmicos ele menciona a crítica antiprobabilista e a proposta metodológica lançadas pe-

---

18. *Ibid.*
19. *Ibid.*
20. *Ibid.*, p. XX.
21. *Ibid.*
22. SANTO AFONSO, *Opera dogmatica contra gli eretici pretesi riformati*: Opere di S. Alfonso Maria de Liguori, vol. VIII (Turim, 1848) 842-854.
23. *Ibid.*, 851-852.
24. *Ibid.*, 853-854.

los rigoristas, aos quais chama de "modernos mestres da moral cristã"[25] e de "reformadores da moral"[26].

Diante das invectivas de Concina e de outros probabilioristas contra os casuístas, Afonso argumenta que não bastam os princípios gerais de moral[27]; segundo ele, a prática pastoral exige que os princípios sejam aplicados às situações concretas e, portanto, que se faça uma reflexão moral de caráter casuísta: "Ninguém nega que todos os casos devem ser resolvidos à luz dos princípios. Mas é nisso que está a dificuldade: como aplicar os princípios oportunos a cada caso concreto. Não se consegue isso sem uma séria ponderação das razões que existem por um lado e pelo outro. E é esse precisamente o trabalho dos moralistas; eles procuraram determinar em muitos casos particulares quais são os princípios a serem aplicados"[28].

A proposta metodológica dos probabilioristas consistia em queimar os livros dos casuístas e ler unicamente a Sagrada Escritura, os Concílios, os Cânones e os Santos Padres. A reação espontânea de Afonso foi: "Oh che belle parole!... Ecco la solita cantilena de' signori probabilioristi"[29]. Ele sabia que não basta citar e seguir Escobar ou Diana e que é necessário estudar a Sagrada Escritura, os Padres e os Cânones[30]. Não obstante, ele sabia também que a Sagrada Escritura não resolve em concreto todas as questões de moral[31], e que a Tradição não é unânime mesmo em questões de direito natural[32]. Por isso Afonso continuou optando pelo método casuísta, se bem que sem os exageros em que caíram alguns autores probabilistas.

O método moral casuísta adquire nas mãos de Afonso características peculiares. Ele mesmo explicou o modo de construir sua *Theologia moralis*. No começo do tratado *De Restitutione* pode-se ler um precioso

---

25. *Apologia* (de 1764), edição L. Corbetta, t. 30 (Monza, 1831) 118-119.
26. *Ibid.*, 120.
27. *Dissertatio scholastico-moralis pro uso moderato opinionis probabilis in concursu probabilioris*, edição L. Corbetta, t. 28 (Monza, 1832) 76; *Risposta ad un'anonimo*, edição L. Corbetta, t. 30 (Monza, 1831) 76; *Praxis*, nn. 17-18.
28. *Praxis*, n. 17.
29. *Apologia* (de 1764), edição de L. Corbetta, t. 30 (Monza, 1831) 98.
30. Ver as duas passagens mais importantes que Afonso escreveu sobre as fontes ou "lugares teológico-morais": *Apologia* (de 1756), edição de L. Corbetta, t. 30 (Monza, 1831) 80-84 e *Apologia* (de 1764), edição de L. Corbetta, t. 30 (Monza, 1831) 98-103.
31. "Volesse Dio che dalle sacre Scritture avessimo noi le decisioni di tutte le questioni morali" (*Apologia* de 1764: *l. c.*, 100).
32. *Dissertatio* (de 1765), edição de L. Corbetta, t. 29 (Monza, 1831) 52-53.

texto de autêntica biografia literária[33]. A partir dessa e de outras passagens, reconstruí em outro lugar a peculiaridade de Afonso no uso do método moral casuísta[34].

Em razão de sua compreensão salvífica da moral, Afonso preferiu não seguir os autores de maior "pureza metodológica", marcados pelas tendências rigoristas da época. Mesmo sabendo que trabalhava contra a corrente, recuperou as intuições válidas do casuísmo probabilista. Instalado nesse modelo casuísta, evitou tanto o gênero abstrato e generalizador dos probabilioristas como a orientação receituária e acientífica dos confeccionadores de Súmulas ou de Prontuários. Sua "praticidade" se baseava em "princípios" e se guiava sempre por uma casuística "prudencial".

II. SISTEMATIZAÇÃO ATUAL DA EPISTEMOLOGIA TEOLÓGICO-MORAL

Como se observou no capítulo segundo desta parte, ao longo da segunda metade do século XX e mais concretamente depois do Concílio Vaticano II a Teologia moral recuperou o estatuto teológico que lhe corresponde. Como causa e efeito dessa recuperação, também a epistemologia teológico-moral foi submetida à renovação.

A epistemologia teológico-moral toma em consideração os novos delineamentos epistemológicos da ciência em geral[35]. De modo especial aceita o que é válido na epistemologia da ética filosófica[36]. Como saber teológico, a Teologia moral faz sua a epistemologia teológica[37], introduzindo nela a peculiaridade de seu discurso. A essa peculiaridade referir-

---

33. GAUDÉ, II, 52-53.
34. M. VIDAL, Frente al rigorismo moral..., 123-124.
35. Cf. V. GÓMEZ MIER, La evolución de las epistemologías desde 1960. Reflexiones para la teología: Moralia 18 (1995) 95-138.
36. Cf. P. EDWARDS, The Logic of moral discourse (Nova York, 1965); J. C. MILHAVEN, Towards an Epistemology of Ethics: Theological Studies 27 (1966) 228-241; P. FONK, Glauben, handeln und begründen. Theologische und anthropologische Bedingungen ethischer Argumentation (Friburgo, Suíça, 1995).
37. Sobre a epistemologia teológica, remeto a alguns estudos recentes: L. MARTÍNEZ, Los caminos de la Teología. Historia del método teológico (Madri, 1998); J. MORALES, Introducción a la Teología (Pamplona, 1998) 127-217 ("Las fuentes de la Teología").

me-ei à frente, quando expuser os traços gerais da epistemologia teológico-moral[38].

1. "À luz do Evangelho e da experiência humana" (GS 46)

O Concílio Vaticano II cunhou essa bela fórmula para expressar a peculiaridade da epistemologia teológico-moral[39]. O estudo das questões morais, o discernimento ético cristão, as decisões morais e toda a vida moral do cristão devem ser compreendidos e realizados "à luz do Evangelho e da experiência humana". Isto é, à luz da Revelação e da razão, formando as duas uma unidade epistemológica, se bem que com a distinção de ordens ("ordem da razão humana", "ordem da Revelação divina") e de qualificações (a Revelação como plenitude da razão humana).

Nessa fórmula conciliar a mediação humana não é reduzida a "razão", mas assume todo o significado de *experiência humana*; por outro lado, os lugares teológicos recuperam a unidade ao serem entendidos como o único *Evangelho*; além disso, a articulação entre Evangelho e experiência humana é enfatizada mediante a partícula de ligação "e", a qual sugere não cair em justaposições incoerentes, nem em falsas confusões, nem em enfrentamentos estéreis.

Deve-se notar que o Evangelho e a experiência humana não são perspectivas paralelas ou justapostas, mas que estão compenetradas entre si como compenetradas estão "a cidade terrena e a celeste"[40]. Elas constituem um círculo hermenêutico[41]. É o círculo hermenêutico da Fé e da razão.

---

38. Da abundante bibliografia destaco algumas referências mais significativas: J.-M. AUBERT, *Pour une épistémologie de la morale chrétienne*: Studia Moralia 18 (1980) 83-106; B. V. JOHNSTONE, *A proposal for a method in Moral Theology*: Studia Moralia 22 (1984) 189-212; K. DEMMER, *Moraltheologische Methodenlehre* (Friburgo, Suíça, 1989); S. PINCKAERS, *La méthode théologique et la morale contemporaine*: Seminarium 31 (1991) 313-327; S. PRIVITERA, *Epistemología moral*: VÁRIOS, Nuevo Diccionario de Teología Moral (Madri, 1992) 551-578; Ch. E. CURRAN, *The Catholic Moral Tradition Today* (Washington, 1999) 47-55.
39. Cf. E. HAMEL, *Lumen rationis et lux Evangelii*: Periodica 59 (1970) 215-249; ID., *Lux Evangelii in Constitutione "Gaudium et Spes"*: Periodica 60 (1971) 103-120.
40. *Gaudium et spes*, 40.
41. Sobre a revisão do tema dos lugares teológicos no discurso teológico-moral faz uma proposta original: V. GÓMEZ MIER, *De la tolerancia a la libertad religiosa. Exigencias metodológicas de la Ética Cristiana a la luz del decreto conciliar "Dignitatis Humanae"* (Madri, 1997) 11-32.

2. O "Evangelho" e sua transmissão

O "Evangelho" tem aqui o sentido que lhe dá o Concílio de Trento na importante passagem do Decreto "Sacrosancta" (da quarta sessão): "Cristo Senhor, Filho de Deus ... mandou aos apóstolos que o Evangelho, objeto da promessa outrora feita pelos profetas que ele veio cumprir e que promulgou pessoalmente, eles o pregassem a todos como fonte de toda verdade salutar e de toda regra moral"[42]. Desse modo o "Evangelho" se identifica aqui com a divina *Revelação*[43]. "O Evangelho é, portanto, a revelação da graça e da benevolência divina que se cumpriu em Jesus Cristo, uma força de salvação, uma lei espiritual gravada nos corações pelo Espírito Santo"[44].

A Revelação, ou o "Evangelho", é a *Fonte* de toda a vida cristã e conseqüentemente também da reflexão teológica. "Pode-se dizer que à '*Scriptura sola*' dos luteranos o concílio (de Trento) responde com um '*Evangelio solo*'. Porque o termo está no singular, um dado capital, que permaneceu esquecido por muito tempo. Esse conceito de Evangelho está, portanto, muito perto dos Reformadores, apesar de Lutero ter sublinhado mais o aspecto paulino do 'Evangelho, força ativa de salvação', ao passo que Trento insistiu mais na 'revelação da verdade salvífica'"[45].

Em vários lugares desta obra ressaltei que a moral cristã deve ser entendida e vivida em vinculação estreita com a fé. O texto citado de Trento, assumido pelo Vaticano II, exprime essa articulação, assinalando que o Evangelho ou a Revelação divina é "como fonte de toda verdade salutar e de toda regra moral"[46]. É na Revelação, ou no Evangelho, que se deve situar o conteúdo moral cristão, o qual faz parte da "útil sabedoria sobre o que é a vida humana"[47], é um elemento da "força salvadora" do Evangelho[48], e constitui um dos âmbitos nos quais se realiza a autocomunicação salvífica de Deus, na qual consiste fundamentalmente a divina Revelação[49].

---

42. *Denz* 1501.
43. Cf. *Dei Verbum*, 7, trazendo o texto citado do Concílio de Trento.
44. B. SESBOÜÉ, *Escrituras, tradiciones y dogmas en el concilio de Trento*: B. SESBOÜÉ (Dir.), Historia de los Dogmas, IV (Salamanca, 1997) 112-113.
45. *Ibid.*, 113.
46. *Dei Verbum*, 7, com citação do Concílio de Trento.
47. *Ibid.*, 15,
48. *Ibid.*, 17, 19, 20.
49. Cf., neste sentido, R. LATOURELLE, *La Révélation et sa transmission selon la Constitution "Dei Verbum"*: Gregorianum 47 (1966) 5-40. Estudos mais recentes, em: P. AVIS (ed.), *Divine Revelation* (Londres, 1997).

A Palavra de Deus — ou a Revelação divina, ou o Evangelho — é a fonte viva da vida cristã e do discurso teológico. Não se deve esquecer essa verdade fundamental. Antes de falar dos meios de "transmissão da divina revelação" (cap. 2), a constituição *Dei Verbum* do Concílio Vaticano II expõe a "natureza da revelação" (cap. 1). É válida para toda ação da Igreja, também para o serviço da Teologia, a formulação usada por João Paulo II para a ação catequética: "A catequese tirará sempre seu conteúdo da fonte viva da Palavra de Deus, transmitida mediante a Tradição e a Escritura, uma vez que a Sagrada Tradição e a Sagrada Escritura constituem o único depósito sagrado da Palavra de Deus confiado à Igreja"[50].

A transmissão da Revelação divina se faz através da Sagrada Escritura e da Tradição, as quais constituem "o depósito sagrado da palavra de Deus, confiado à Igreja"[51]. "O múnus de interpretar autenticamente a palavra de Deus, oral ou escrita, só foi confiado ao Magistério vivo da Igreja, cuja autoridade é exercida em nome de Jesus Cristo"[52]. Assim os lugares especificamente "teológicos" da reflexão teológica são: a Sagrada Escritura, a Tradição e o Magistério, "cada um a seu modo, sob a ação de um só Espírito Santo"[53].

Uma parte deste capítulo (números III, IV e V) será dedicada à análise de cada um desses três lugares especificamente teológicos. Por ora, bastem-nos sublinhar duas coisas. Em primeiro lugar, a articulação dos três lugares em razão da mesma procedência (a Revelação) e do mesmo objetivo para o qual existem (a função salvífica do Evangelho). Em segundo lugar, a compreensão dinâmica, eclesial e profundamente teologal dos meios de transmissão da Revelação divina. Esses traços foram destacados do modo seguinte pela Comissão Teológica Internacional: "O único Evangelho que, como cumprimento das promessas do Antigo Testamento, foi revelado em sua plenitude por Jesus Cristo uma vez para sempre é a fonte permanente de toda verdade salvífica e de toda doutrina moral (Trento, *Denz.*, 1501). Foi transmitido pelos Apóstolos e por seus discípulos com a assistência do Espírito Santo mediante a pregação oral, o exemplo e as instituições, e posto por escrito por inspiração do mesmo Espírito Santo (DV 7). Desse modo, a Escritura e a Tradição juntas formam a única herança apostólica (*depositum fidei*) que a Igreja

---

50. *Catechesi tradendae*, 27. Cf. também: CONGREGACIÓN PARA EL CLERO, *Directorio General para la Catequesis* (Roma, 1997) nn. 94-96.
51. *Dei Verbum*, 10 (cf. nn. 7-10).
52. *Ibid.*, 10.
53. *Ibid.*, 10.

deve guardar fielmente (1Tm 6,20; 2Tm 1,14). Não obstante, o evangelho não foi entregue à Igreja só em letras mortas escritas em papel, ele foi escrito pelo Espírito Santo nos corações dos fiéis (2Cor 3,3). Desse modo, por obra do Espírito Santo, ele está permanentemente presente na Comunhão da Igreja, em sua doutrina, em sua vida e principalmente em sua liturgia (DV 8). Por isso a Sagrada Escritura, a Tradição e a Comunhão da Igreja não são isoladas entre si, mas formam uma unidade interna (DV 9-10). O fundamento mais profundo dessa unidade consiste em que o Pai envia e entrega, juntamente, sua Palavra e seu Espírito (...). O Espírito suscita e alimenta o *sensus fidelium*, isto é, aquele sentido interno pelo qual o povo de Deus, sob a direção do magistério, reconhece, afirma e mantém, de modo inquebrantável, na pregação não a palavra de homens, mas a Palavra de Deus (LG 12)"[54].

3. A "experiência humana"

A esses três lugares especificamente teológicos deve ser integrada a razão humana, mediação imprescindível para se viverem e exprimirem os significados da fé. Essa articulação entre os lugares especificamente teológicos e a razão humana foi formulada pelo Vaticano II com a feliz expressão que encabeça este item, ao dizer que os problemas morais de nosso tempo devem ser analisados "à luz do Evangelho e da experiência humana"[55].

A constituição pastoral *Gaudium et Spes* apela com freqüência para a "experiência" como lugar e meio para a descoberta da verdade. "A experiência dos séculos passados (...) aproveita igualmente à Igreja"[56]. Ela "sabe quanto deve aprender, com a experiência dos séculos"[57]. Por isso "deseja juntar a luz da Revelação à competência de todos os homens, para que assim receba luz o caminho (...) da humanidade"[58]. Falando da vida econômico-social, o Vaticano II afirma que a "Igreja no decurso dos séculos" soube unir "a luz do Evangelho" à "reta razão" para elaborar os princípios de justiça e eqüidade[59].

---

54. COMISSÃO TEOLÓGICA INTERNACIONAL, *La interpretación de los Dogmas* (1988): Documentos. 1969-1996. Edição preparada por C. Pozo (Madri, 1998) 442-443.
55. *Gaudium et spes*, 46.
56. *Ibid.*, 44.
57. *Ibid.*, 43.
58. *Ibid.*, 33.
59. *Ibid.*, 63.

Assim, pois, a razão humana se une à Revelação para formar "como que as duas asas com as quais o espírito humano se eleva à contemplação da verdade"[60]. João Paulo II justificou com profundidade e desenvolveu com amplitude a necessária relação entre fé e razão numa encíclica cujo título é composto dessas duas palavras: *Fides et ratio*[61].

Essa relação se apóia não na supressão de uma delas, mas na afirmação de sua autonomia recíproca[62]: "Não é inoportuna minha chamada forte e incisiva para que a fé e a filosofia recuperem a unidade profunda que as faz capazes de serem coerentes com sua natureza, respeitando a recíproca autonomia. À *parresia* da fé deve corresponder a audácia da razão"[63]. Não basta enfatizar a função da razão, como fazia Abelardo ("nec credi potest aliquid nisi prius intelligam"), nem basta enfatizar a força da fé, como fazia Santo Anselmo ("credo ut intelligam"). É necessário, segundo a fórmula de Santo Agostinho ("intellige ut credas, crede ut intelligas"), procurar a sinergia entre fé e razão, sabendo respeitar a ordem e a peculiaridade de cada uma das duas energias[64].

A Teologia moral se serve, se possível, mais que outras disciplinas teológicas, de uma epistemologia na qual está muito presente a polaridade entre "fé" e "razão"[65]. Não é aqui o lugar para expor o significado concreto da razão no discurso teológico-moral. Esse significado vai desde o saber filosófico até os dados mais empíricos, passando pelas diversas ciências do homem (biologia, medicina, psicologia, sociologia, cultura, política, comunicação etc.). Cada área da moral (fundamental, bioética, moral sexual, moral familiar, moral social, moral internacional etc.) requer sua *razão humana* peculiar. Expus em outro lugar não só uma teoria, mas também uma prática sobre o uso dos saberes racionais no discurso teológico-moral[66]. No capítulo quatorze da segunda parte desta obra aludi também ao uso dos saberes humanos na reflexão teológico-moral.

---

60. *Fides et ratio*, introd.
61. Entre os muitos comentários sobre a encíclica *Fides et ratio*, cf. R. FISICHELLA (a cargo de), *Fides et Ratio. Testo e commento teologico-pastorale* (Cinisello Balsamo, 1999); VÁRIOS, *Fe y razón* (Pamplona, 1999).
62. *Fides et Ratio*, 36-48.
63. *Ibid.*, 48
64. Cf. *Ibid.*, 34-35.
65. Cf. J. G. ZIEGLER, *Moraltheologie in der Polarität von Vernunft und Glaube*: Theologie und Glaube 74 (1984) 282-299.
66. Cf. C. FLORISTÁN, *o. c.*, 10.

4. A reordenação dos "lugares teológico-morais"[67]

A sinergia da Revelação e da razão ("à luz do Evangelho e da experiência humana") constitui a estrutura epistemológica do saber teológico-moral. Recorrendo a expressões e a conceitos da lógica aristotélica, o saber teológico concretizou sua epistemologia em um conjunto de "lugares teológicos" que, em expressão de Melchior Cano, são como que os "domicílios de todos os argumentos teológicos"[68].

Os "lugares teológicos" são correspondentes à estrutura sinérgica, de razão e Revelação, da epistemologia teológica. Alguns pertencem à Revelação, outros à razão. Segundo seja a natureza de uns e outros e segundo se articulem entre si esses dois grupos, dão origem a um determinado quadro epistemológico.

A sistematização e o ordenamento dos lugares teológicos realizados por M. Cano foram doutrina comumente aceita durante muitos séculos. Esse ordenamento foi o seguinte:

1. Sagrada Escritura.
2. Tradição apostólica.
3. Igreja Católica.
4. Concílios.
5. Igreja Romana.
6. Santos Padres.
7. Doutores escolásticos/canonistas.
8. Razão natural.
9. Filósofos.
10. História humana.

Na primeira parte deste capítulo aludi à discussão sobre a sistematização dos lugares teológico-morais durante os séculos XVII e XVIII.

A renovação teológica deste século supôs, de fato e em teoria, um novo delineamento dos lugares teológicos. Assim o indicam os estudos sobre a epistemologia teológica[69] e algumas referências expressas ao tema

---

67. CONGREGAÇÃO PARA A EDUCAÇÃO CATÓLICA, *a formação teológica dos futuros sacerdotes* (1976) n. 101.
68. *Optatam totius*, 16.
69. Aos estudos indicados na nota 37 deste capítulo, acrescentar: W. KASPER, *Renouveau de la Méthode théologique* (Paris, 1969); J. BEUMER, *El método teológico* (Madri, 1977); B. LONERGAN, *Método en teología* (Salamanca, 1988).

em questão[70]. Dentre os "novos" lugares teológicos sobressai, sem dúvida, o dos "sinais dos tempos"[71]. Adquirem função epistemológica para a Teologia também as "novas linguagens"[72] do espírito humano (arte, cinema, literatura etc.)[73].

Também no campo da Teologia moral houve uma revisão dos lugares teológicos. De fato, o discurso teológico-moral católico renovado tem funcionado com uma estrutura epistemológica distinta da usada pela moral pós-tridentina. Também se teorizou sobre a reorganização dos lugares teológico-morais. V. Gómez Mier propôs "ensaiar uma revisão em três fases sobre os lugares teológicos que herdamos da Contra-reforma. Essa revisão comporta três grupos de operações:

— 'inversão' na ordem de recurso aos clássicos lugares teológicos,
— 'redução' dos lugares teológicos, e
— 'renomeação' dos lugares teológicos, que passariam a ser 'âmbitos' para a teologia"[74].

Depois de fazer as três operações[75], V. Gómez Mier propõe a seguinte reorganização e renomeação dos lugares teológico-morais[76]:

1. Horizonte de experiência da vida humana.
2. Perspectivas de estruturas da vida humana.
3. Racionalidades das ciências e das consciências.
4. Igreja Católica.
5. Concílios.
6. Comunidades cristãs.
7. Horizonte dos cristianismos.
8. Horizontes do sagrado.

Nos itens seguintes deste capítulo são analisados as duas partes *constitutivas* (a Sagrada Escritura e a Tradição) e o órgão *manifestativo* (o

---

70. R. BERZOSA, ¿Una nueva articulación de los "lugares teológicos" en la teología conciliar y postconciliar?: VÁRIOS, Teología en el tiempo. Veinticinco años del quehacer teológico (Burgos, 1994) 97-112; L. MARTÍNEZ, Los caminos de la Teología (Madri, 1998) 373-391 ("Funções teológicas na perspectiva de uma catalogação de 'lugares teológicos' para nosso tempo").
71. Cf. Gaudium et spes, 4.
72. Cf. Ibid., 44.
73. Cf. P. RODRÍGUEZ-PANIZO, Literatura y cine como temas de la teología. Prolegómenos: Miscelánea Comillas 56 (1998) 387-410.
74. V. GÓMEZ MIER, o. c., 16.
75. Ibid., 16-27.
76. Ibid., 27.

Magistério) da Revelação cristã[77]. Essa delimitação não significa subestimar os outros lugares teológico-morais, ao contrário, indica o desejo de colaborar para a reordenação da estrutura epistemológica da Teologia moral, iniciando essa tarefa pelos três âmbitos de maior especificidade teológica e de maior problematicidade no momento atual.

III. A SAGRADA ESCRITURA

No capítulo terceiro da segunda parte já foi afirmada e apresentada a "raiz bíblica" da moral cristã. Aqui completamos essa exposição, aludindo à Sagrada Escritura enquanto "lugar normativo" para a epistemologia teológico-moral.

1. Afirmação geral

Que a Sagrada Escritura seja um lugar normativo básico da epistemologia teológico-moral é uma afirmação inegável e não discutida por nenhum teólogo moralista. Como apoio da afirmação bastam estas referências do Magistério eclesiástico:

— Segundo o Concílio Vaticano II, "a teologia se apóia, como em cimento duradouro, na Sagrada Escritura juntamente com a Tradição; assim ela se mantém firme e recobra sua juventude, penetrando na luz da verdade oculta no mistério de Cristo. A Sagrada Escritura contém a palavra de Deus e, como inspirada, é realmente palavra de Deus; por isso a Escritura deve ser a alma da teologia[78];
— em relação direta com a Teologia moral, o mesmo Concílio exige que ela "seja nutrida com a maior intensidade pela doutrina da Sagrada Escritura"[79];
— a encíclica *Veritatis splendor* se faz eco do Concílio ao afirmar que "a Sagrada Escritura é a fonte sempre viva e fecunda da doutrina moral da Igreja, como recordou o Concílio Vaticano II"[80].

---

77. Cf. *Dei Verbum*, 10.
78. *Ibid.*, 24.
79. *Optatam totius*, 16.
80. *Veritatis splendor*, 28.

2. O uso da Sagrada Escritura no discurso teológico-moral

A Sagrada Escritura é "alento" de vivificação e "força" de dinamismo para a reflexão teológico-moral. Como ponto de origem vital e dinâmico, a Bíblia:

— não é usada pelos moralistas como "justificação *a posteriori*" de elucubrações prévias, nem como "depósito" do qual se tirem soluções pré-fabricadas;
— pelo contrário, ela serve de referencial primário, em cujo contraste se ilumina de modo novo a realidade humana.

Para o moralista cristão, a Bíblia não é a solução, cômoda e gratuita, dos problemas que preocupam a humanidade. A "resposta" que a Sagrada Escritura oferece se situa antes, ou mais além, das soluções concretas. A Sagrada Escritura não invalida a autonomia da racionalidade ética, nem traz um sistema moral completo de "conteúdos" concretos. Sua mensagem pertence ao universo da intencionalidade, das motivações e das orientações globais, numa palavra, ao universo da "cosmovisão" fundante de toda realidade e, concretamente, da pessoa em seu agir responsável.

Por outro lado, a reflexão teológico-moral deve estar atenta para não fazer um "uso nominalista" da Sagrada Escritura. O nominalismo bíblico se caracteriza pelos seguintes traços:

— faz uma representação heterônoma de Deus como se ele "mandasse" e "proibisse" de fora da realidade;
— aceita o "positivismo" como postulado, crendo que as normas do bem e do mal estão "positivadas" nas páginas da Sagrada Escritura;
— segue uma interpretação "fundamentalista" da mensagem bíblica, sem levar em conta a roupagem cultural nem o necessário desenvolvimento ulterior[81];
— atribui a mesma validade "formal", como revelação divina, a todo o conjunto da Bíblia, sem considerar a passagem decisiva do Antigo para o Novo Testamento e sem discernir no Novo Testamento a importância particular da ética de Jesus formulada nos Sinópticos, as peculiaridades da ética de Paulo ou dos escritos joaninos, e a complexidade formal e de conteúdo do *ethos* refletido no conjunto das passagens morais neotestamentárias.

---

81. Cf. J. M. SÁNHEZ CARO, *Fundamentalismo bíblico*: J. Mª. MARDONES (Dir.), 10 palabras clave sobre fundamentalismos (Estella, 1999) 47-79.

Para se vencerem as tentações do nominalismo bíblico e a fim de que a Sagrada Escritura seja a "alma" da reflexão teológico-moral é necessário um conhecimento crítico da ética bíblica. Para o moralista são de valiosa ajuda as sínteses existentes sobre a moral tanto do Antigo como do Novo Testamento[82].

3. Valor das "normas éticas" concretas do Novo Testamento

Em relação com o caráter normativo da Sagrada Escritura, é conveniente analisar o valor das normas concretas do Novo Testamento[83].

Todos os moralistas estão de acordo em que a Bíblia proporciona as orientações fundamentais da moral cristã. Por outro lado, a vigência cristã da ética neotestamentária não oferece nenhuma dificuldade, já que, por definição, a ética do Novo Testamento é o critério normativo do fiel. De modo especial deve-se reconhecer que a "conduta e a palavra de Jesus são o critério último do juízo em matéria moral"[84]. Há, contudo, algumas interrogações quanto ao modo de interpretar dito valor normativo. Contém o Novo Testamento um sistema de normas éticas concretas?

A essa pergunta não faltou quem tenha dado uma resposta completamente negativa. Para o teólogo evangélico dinamarquês K. E. Logstrup[85], o Novo Testamento não oferece mais que a atitude básica, isto é, a obediência ética fundamental como está expressa nos mandamentos do amor a Deus e ao próximo; para ele, as normas éticas concretas são como uma solução de emergência, como ordenações de urgência contra o pecado.

Essa afirmação é evidentemente exagerada. Deixando diversas questões para o estudo subseqüente, convém fazer as observações seguintes:

— É certo que o principal que o Novo Testamento oferece são as atitudes básicas de comportamento.

---

82. Ver a bibliografia consignada no capítulo 3 da primeira seção da segunda parte.
83. Cf., entre outros, os seguintes pontos de vista: J. BLANK, *Sobre el problema de las "normas éticas" en el Nuevo Testamento*: Concilium n. 25 (1967) 187-201; G. GIAVINI, *Il discorso della montagna nella problematica attuale circa il valore delle norme etiche del Nuovo Testamento*: VÁRIOS, Fondamenti biblici della teologia morale (Brescia, 1973) 253-272; H. SCHÜRMANN, *L'impact actuel des normes morales du Nouveau Testament*: Esprit et Vie 85 (1975) 593-603; PH. DELHAYE, *Les normes particulières du sermon de la montagne d'après les commentaires de saint Thomas*: Esprit et Vie 85 (1975) 33-43, 49-58.
84. H. SCHÜRMANN, *Cuatro tesis* (texto aprovado "in forma generica" pela CTI): COMISSÃO TEOLÓGICA INTERNACIONAL, Documentos. 1969-1996. Edição preparada por C. Pozo (Madri, 1998) 108-116, especialmente pp. 110-115.
85. K. E. LOGSTRUP, *Die ethische Forderung* (Tubinga, 1959).

— É certo também que "todo sistema ético que ajuda o homem a entender sua situação humana e que o guia nela tem um contexto histórico e sociológico e deve ser entendido nesse contexto. Certamente ele não é um simples reflexo das relações históricas e sociais, mas é impossível entender seus princípios e valores sem subestrutura social"[86].

— Também é certo que da mensagem do Novo Testamento não podem ser deduzidos sistemas éticos de orientação diferente, concordando todos eles no fundamental. "Éticas baseadas no reino de Deus, na imitação de Cristo, no amor, na escatologia, na comunidade, no Espírito (e a moderna redução desta a uma ética da 'convicção'), todos esses pontos de vista são tão variados como justificados, mas nenhum deles pode ser tomado como absoluto, porque todos são inter-relacionados e cada um sublinha um aspecto do *ethos* do Novo Testamento"[87].

— Deve-se afirmar também que muitas das prescrições particulares do Novo Testamento devem ser interpretadas em um contexto sociológico e cultural determinado, o qual não é o mesmo que o nosso; pensemos nas normas da moral familiar de Ef 5,22-23 e nas prescrições de 1Cor 11,2-16 etc.

A partir desses princípios podemos entender melhor o valor das normas éticas do Novo Testamento e sua aplicação na atualidade. Para essa interpretação e adaptação, Blank afirma a necessidade do conceito de "modelos éticos". "Um 'modelo' ou, como diriam Paulo e os Padres, um 'tipo' é algo concreto e ao mesmo tempo capaz de adaptação. Como algo definido e como parte da revelação histórica, o modelo proporcionará essa 'co-ação' implicada na revelação, como esperamos da Escritura, mas, ao mesmo tempo, o fato de tratar-se de 'modelo' nos permite repensar suas implicações numa nova interpretação para o tempo presente"[88].

IV. A TRADIÇÃO

A tradição foi tratada em outro capítulo desta obra (capítulo onze da segunda parte), no contexto da *eclesialidade* da moral cristã. Agora a ana-

---

86. J. BLANCK, *a. c.*, 189.
87. *Ibid.*, 191.
88. *Ibid.*, 198-199.

lisamos como âmbito de transmissão da Revelação divina e, conseqüentemente, como *lugar normativo* para a epistemologia teológico-moral. Isso não impede que, nesse contexto, voltem a aparecer as perspectivas esboçadas no capítulo mencionado.

1. Uma constatação inicial

Convém começar pela constatação da pouca reflexão sobre o tema da Tradição nos tratados de Teologia moral fundamental. Eles dão muito mais importância aos lugares teológicos da Sagrada Escritura e do Magistério que ao da Tradição, cujo caráter normativo afirmam, sem descerem, porém, a desenvolvimentos mais pormenorizados. Essa pouca importância dada à Tradição se constata também nos dicionários de Teologia moral. São muito poucos os que incluem o vocábulo "Tradição"; a maior parte deles não contêm nem o vocábulo "Patrística" como época privilegiada da Tradição. Eis a seguir os principais dicionários de Teologia moral que não incluem o vocábulo "Tradição"[89]:

— K. HOERMANN, *Lexikon der christlichen Moral.* Tyrolia (Innsbruck-Wien-München, 1976, 2ª ed.); não traz o vocábulo "Patrística".

— B. STOECKLE (Dir.), *Dizionario di etica teologica.* Citadella (Assisi, 1978); não traz o vocábulo "Patrística".

— O. HOEFFE (Dir.), *Dictionnaire de Morale.* Edição francesa sob a direção de Ph. SECRETAIN. Cerf (Fribourg, Suíça-Paris, 1983). Para o vocábulo "Tradição" remete a "morale" e "moeurs" ("moral" e "costumes"), nos quais trata do aspecto sociológico dos costumes morais. Não traz o vocábulo "Patrística".

— L. ROSSI-A. VALSECCHI (Dir.), *Diccionario enciclopédico de Teología Moral.* Com suplemento, Paulinas (Madri, 5ª ed., 1986). Não traz o vocábulo "Patrística" (traz um vocábulo sobre "História da Teologia Moral").

— R. K. HARRISON (Ed.), *Encyclopedia of Biblical and*

---

89. Os Dicionários de Ética filosófica tampouco costumam incluir o verbete dedicado à "tradição". No o faz, por exemplo, o dicionário de L. C. BECKER-Ch. B. BECKER (eds.), *Encyclopedia of Ethics*, 2 volumes (Nova York, 1992). O dicionário de M. CANTO-SPERBER, *Dictionnaire d'Éthique et de Philosophie morale* (Paris, 1996), não tem o verbete "tradição" (sim "tradicionalismo"), ainda que traga uma valiosa exposição sobre a moral "patrística" (pp. 1091-1104).

Christian Ethics. Tomas Nelson (Nashville, 1987); não traz o vocábulo "Patrística".

— F. COMPAGNONI-G. PIANA-S. PRIVITERA (Dir.), *Nuovo Dizionario di Teologia Morale.* Paoline (Cinisello, Balsamo, 1990); não traz o vocábulo "Patrística"; traz um vocábulo sobre "História da Teologia Moral".

— H. ROTTER-G. VIRT (Ed.), *Neues Lexikon der christlichen Moral.* Tyrolia (Innsbruck-Wien-München, 1990); não traz o vocábulo "Patrística".

— J.-L. BRUGUÈS, *Dictionnaire de Morale catholique* (Cambray-les Tours, 1991); não traz o vocábulo "Patrística".

— O. HOEFFE, *Petit Dictionnaire d'éthique.* Cerf, (Paris, 1993); não traz o vocábulo "Patrística".

— P. BARRY CLARKE-A. LINZEY (Ed.), *Dictionary of Ethics, Theology and Society* (Nova York-Londres, 1996); também não traz o vocábulo "Patrística".

É de se destacar a presença dos vocábulos "Patrística" e "Ética patrística" no dicionário de J. F. CHILDRESS-J. MACQUARRIE (Eds.), *A New Dictionary of Christian Ethics* (Londres, 1986).

A ausência de um tratado específico na reflexão teológico-moral sobre a Tradição pode ser explicada pela divisão disciplinar do campo teológico. É usual na teologia tratar o tema da "Tradição" na Teologia fundamental ou na Teologia sistemática; por isso, a Teologia moral habituou-se a omiti-lo.

Creio, contudo, que hoje seja necessário preencher essa lacuna e evitar o silêncio, quando não a negação do valor da Tradição para a verdade moral[90]. Isso por duas razões fundamentais: pela importância objetiva da Tradição para a epistemologia teológico-moral e pelo interesse que o pertencer a uma determinada tradição tem para se configurar o discurso ético e para se avaliar as propostas morais das pessoas e dos grupos[91]. São principalmente os filósofos morais chamados "comunitaristas" que reivindicam de modo especial o pertencer a uma

---

90. Cf. B. V. JOHNSTONE, *Can Tradition Be a Source of Moral Truth? A Reply to Karl-Wilhem Merks*: Studia Moralia 37 (1999) 431-451.
91. Insiste nessas razões (válidas para todo o conjunto da Teologia): F. A. SULLIVAN, *Capire e interpretare il Magistero* (Bologna, 1996) 16-17. O interesse pela identificação a partir de uma tradição mostra-se no próprio título da obra de Ch. E. CURRAN, *The Catholic Moral Tradition Today* (Washington, 1999).

determinada tradição para formularem, interpretarem e viverem um projeto moral concreto[92].

2. Perspectivas gerais sobre a Tradição

Não é aqui o lugar para fazermos uma exposição de tema tão amplo e tão complexo como o da Tradição. No capítulo onze da segunda parte já aludimos às perspectivas teológicas mais abarcadoras. Insistirei aqui em alguns aspectos de maior incidência para a compreensão da Tradição no campo da moral.

a. Dimensão socioantropológica

A tradição é um componente da condição humana. Ela é uma realidade e uma categoria de caráter socioantropológico. Sobre esse fator da realidade humana projetam-se ideologias que vão desde sua negação (posição do Iluminismo, da "razão contra a tradição") até sua exaltação (posição romântica da "tradição contra a razão"). É necessária, por isso, uma compreensão crítica do fenômeno humano da tradição[93].

Deve-se destacar a relação das reflexões teológicas sobre a Tradição com as diversas compreensões antropológico-filosóficas nas quais elas se apóiam. Assim, por exemplo, foi constatada a influência de M. Blondel sobre o pensamento de Y. Congar, e a de J. Pieper sobre o de J. Ratzinger[94]. Atualmente é verificável a influência de A. MacIntyre sobre determinadas correntes de pensamento do âmbito da ética teológica.

Não se pode eliminar a tradição da vida humana. Nem se pode ter

---

92. O papa João Paulo II destacou na encíclica *Fides et ratio*, 85, o papel outorgado à tradição na filosofia atual: "é muito significativo que, no contexto atual, alguns filósofos sejam promotores do descobrimento do papel determinante da tradição para uma forma correta de conhecimento". Também alude a essa função da tradição na reflexão teológica: "essa mesma referência (à tradição) é válida também, sobretudo, para a teologia. Não só porque tem a Tradição viva da Igreja como fonte originária (cf. DV, 24; OT, 16), mas também porque, graças a isto, deve ser capaz de recuperar tanto a profunda tradição teológica que marcou as épocas anteriores, como a perene tradição daquela filosofia que soube superar, por sua verdadeira sabedoria, os limites do espaço e do tempo".

93. Seguindo X. Zubiri, I. ELLACURÍA, *Filosofía de la realidad histórica* (Madri, 1991) 387-472, faz uma reflexão crítica sobre a tradição em três momentos: "constituinte", "continuante" e "progressiva".

94. Cf. B. V. JOHNSTONE, *Faithful Action. The Catholic Moral Tradition and "Veritatis splendor"*: Studia Moralia 31 (1993) 291-294.

perante ela uma atitude "fundamentalista"[95]. João Paulo II indicou a perspectiva adequada para uma consideração correta da tradição: "A tradição não é mera nostalgia de coisas ou formas passadas, ou saudade de privilégios perdidos, mas a memória viva da esposa, conservada eternamente jovem pelo amor que habita nela (...). Quando os usos e costumes próprios de cada Igreja são entendidos meramente como puro imobilismo, a tradição corre o perigo de perder seu caráter de realidade viva, que cresce e se desenvolve e que é garantida pelo Espírito para que fale às pessoas de todos os tempos"[96].

b. Realidade teológica[97]

Na reflexão teológica sobre a Tradição o Concílio de Trento marca uma inflexão decisiva[98]. Antes de Trento se apelava para a Tradição como âmbito dos critérios de normatividade da fé católica[99]. Depois de Trento a Tradição adquiriu o estatuto pleno de fonte constitutiva da Revelação divina; evidentemente não ficaram solucionadas todas as interrogações, e até surgiram outras[100].

O Concílio Vaticano II indicou outro ponto decisivo na teologia da Tradição. Foi a primeira vez que o Magistério supremo da Igreja ofereceu uma descrição sistemática desse tema[101]. Ele supôs uma atualização da doutrina tradicional mediante a volta ao significado da Tradição nas origens do cristianismo, acolhendo o que há de mais valioso na reflexão teológico-moral dos séculos XIX e XX. O Concílio Vaticano II também não deu solução a todas as interrogações teológicas, mas ofereceu uma siste-

---

95. Cf. Ll. DUCH, *Tradición*: J. Mª. MARDONES (Dir.), 10 palabras clave sobre fundamentalismos (Estella, 1999) 81-103 (especialmente, pp. 98-101).
96. *Orientale lumen* (1995), n. 8.
97. Da abundante bibliografia, destaco algumas referências: F. GABORIAU, *Sur le concept de tradition*: Revue Thomiste 90 (1990) 373-408; C. IZQUIERDO, *La Tradición en Teología Fundamental*: Scripta Theologica 29 (1997) 389-415; A. Mª. NAVARRO, *"Evangelii traditio". Tradición como Evangelización a la luz de Dei Verbum I-II*, 2 volumes (Vitória, 1997); J.-G. BOEGLIN, *La question de la Tradition dans la théologie catholique contemporaine* (Paris, 1998); J. A. ALGÁIN, *La tradición* (Bilbao, 1998).
98. B. SESBOÜÉ, *Escrituras, tradiciones y dogmas en el concilio de Trento*: B. SESBOÜÉ, Historia de los dogmas, IV (Salamanca, 1997) 107-137 (especialmente, pp. 111-118).
99. Cf. R. KAMPLING, *Tradición*: P. EICHER (Dir.), Diccionario de Conceptos Teológicos, II (Barcelona, 1990) 615-617.
100. *Ibid.*, 617-618.
101. R. LATOURELLE, *La Révélation et sa transmission selon la Constitution "Dei Verbum"*: Gregorianum 47 (1966) 28: "é a primeira vez que um documento do Magistério extraordinário propõe um texto tão elaborado sobre a Tradição: natureza, objeto, importância".

matização cheia de realismo, de capacidade integradora, de sensibilidade ecumênica.

As afirmações em torno das quais gravita a doutrina do Vaticano II e que devem servir de base imprescindível para toda a reflexão teológico-moral acerca do lugar e da função da Tradição no terreno moral são as seguintes:

Articulação com a Sagrada Escritura[102]. A Tradição e a Escritura não são duas "fontes" autônomas e separadas. Elas são articuladas em razão tanto da origem (a Revelação divina) como da meta (o projeto salvífico de Deus). E se complementam mutuamente não tanto em razão da "quantidade" de conteúdos revelados quanto pelo mútuo esclarecimento do ser e da função de cada uma delas. Os trabalhos de J. R. Geiselmann e de Y. Congar foram decisivos a esse respeito.

Distinção de dois momentos: Tradição apostólica e Tradição eclesial[103]. A Tradição apostólica (na qual entra a Escritura) é "constitutiva" e "divina"; a Tradição eclesial é "continuativa"[104] e constitui "a forma na qual a tradição apostólica prolonga sua vida e sua existência no âmbito da Igreja". Essa distinção não deve ser entendida como separação, já que os dois momentos se integram numa unidade de princípio e de objetivo.

Dimensão pneumatológica. A Tradição é uma realidade eclesiológica[105]: a Tradição "constitui" a Igreja, e a Igreja "tem" a Tradição. Mas isso se deve à presença de Cristo através da força do Espírito. O Espírito é o sujeito transcendente da Tradição, sendo a Igreja seu sujeito visível[106]. "A Tradição é a história do Espírito na história da Igreja"[107]. "Numa palavra, a Tradição é a autocomunicação de Deus Pai por Jesus Cristo no Espírito Santo para uma presença sempre nova na Comunhão da Igreja"[108]. Segundo R. Kampling, a afirmação mais importante do

---

102. Ver o estudo enciclopédico de A. BUCKENMAIER, *"Schrift und Tradition" seit dem Vatikanum II. Vorgeschichte und Rezeption* (Paderborn, 1995).
103. Cf. J. R. GEISELMANN, *Tradición*: Conceptos Fundamentales de la Teología, II (Madri, 19792) 818-820. Convém ter em conta que o termo "Tradição" não tem um sentido unívoco no n. 8 da constituição *Dei Verbum*, onde aparece com dois significados (C. IZQUIERDO, *a. c.*, 297, nota 16).
104. Para a distinção entre Tradição "constitutiva" e "continuativa", cf. B. M. XIBERTA, *La tradición y su problemática actual* (Barcelona, 1964) 86.
105. Cf. M. SEMERARO, *Temi eclesiologici nel capitolo secondo della "Dei Verbum"*: N. CIOLA (a cargo de), La "Dei Verbum" trent'anni dopo (Roma, 1995) 123-145.
106. Y. M.-J. CONGAR, *La Tradición y las tradiciones*, II (San Sebastián, 1964) 145-185; ID., *La tradición y la vida de la Iglesia* (Andorra, 1964) 50-75.
107. B. FORTE, *La Iglesia de la Trinidad* (Salamanca, 1996) 174.
108. COMISSÃO TEOLÓGICA INTERNACIONAL, *La interpretación de los Dogmas* (1988): Documentos. 1969-1996. Edição preparada por C. Pozo (Madri, 1998) 443.

Vaticano II sobre a Tradição "é, sem dúvida, sua caracterização como vida pneumática de toda a Igreja em todos os seus membros. Desse modo, através da vida eclesial torna-se continuamente presente o acontecimento ocorrido uma vez em Cristo. A Tradição é assim a experiência do ocorrido uma vez, mas não passado, no momento atual sempre renovado e por ação do Espírito Santo"[109].

Bem e tarefa de toda a Igreja. "O depósito sagrado da palavra de Deus", conteúdo da Tradição e da Escritura, foi "confiado à Igreja"[110]. Embora o Magistério hierárquico tenha "a função de interpretar autenticamente a palavra de Deus, oral ou escrita", é a toda a Igreja que é confiada a Tradição como um bem de toda ela e como uma tarefa na qual todos estão implicados[111].

Realidade dinâmica. A Tradição é "viva" e "vivificante". Embora a Tradição não "aumente", sua aceitação na vida da Igreja cresce. "Na essência da Tradição entra também um progresso na compreensão do que foi transmitido, com a assistência do Espírito Santo, mediante a reflexão dos fiéis, a inteligência íntima e experimental das coisas espirituais e mediante o anúncio dos que receberam o carisma da verdade, isto é, mediante a colaboração de todos os membros da Igreja (DV 8). Disso se deve concluir que a Igreja não tem a 'plenitude da verdade divina', mas que 'aspira' a ela (ibid.), e que na Tradição há verdades implícitas que ainda aguardam sua explicação"[112].

Os sinais da Tradição. Y. Congar falou de "monumentos" ou "testemunhos" com referência aos meios pelos quais se realiza a Tradição; apontou principalmente os seguintes: liturgia, textos dos Padres, cânones antigos e constituições, e expressões espontâneas da vida cristã[113]. O Vaticano aludiu expressamente aos lugares (fontes) da *doutrina*, da *vida* e do *culto*: "A Igreja, na sua doutrina, vida e culto, perpetua e transmite a todas as gerações tudo aquilo que ela própria é e tudo quanto ela acredita"[114]. No entanto, nesse aspecto devem prosseguir os estudos a fim de precisarem melhor qual é o sujeito da Tradição, qual seu objeto (e quais os critérios para determiná-lo); quais são os meios de verificação.

---

109. R. KAMPLIN, *l. c.*, 620.
110. *Dei Verbum*, 10.
111. Cf. F. A. SULLIVAN, *o. c.*, 16.
112. R. KAMPLING, *l. c.*, 620.
113. Y. M.-J. CONGAR, *La Tradición y las tradiciones...*, II, 335-390; ID., *La tradición y la vida de la Iglesia...*, 114-136.
114. *Dei Verbum*, 8.

3. A Tradição: lugar normativo da epistemologia teológico-moral

A questão da Tradição como lugar teológico primário da reflexão teológico-moral se encontra numa situação ambivalente e até ambígua. De um lado, se reconhece e se afirma seu indiscutível valor normativo, mas, por outro, falta uma análise satisfatória sobre aspectos decisivos de seu funcionamento: em que consiste, como se verifica e quais são seus conteúdos[115]. A seguir, referir-me-ei às seguintes vertentes da questão: a afirmação geral e sua significação concreta.

a. Afirmação geral

A função da Tradição na epistemologia teológico-moral deve ser entendida segundo o esquema sobre a Tradição oferecido pelo Vaticano II na constituição *Dei Verbum*[116] e assumido diligentemente pelo *Catecismo da Igreja Católica*[117].

A Tradição, juntamente com a Sagrada Escritura, é uma das fontes constitutivas da verdade moral cristã, uma vez que é também um dos meios de transmissão da Revelação divina: "A Sagrada Tradição e a Sagrada Escritura constituem um só depósito sagrado da palavra de Deus, confiado à Igreja"[118].

Ao nos referirmos à Tradição como fonte da Revelação e como lugar teológico da verdade moral cristã, pensamos nas duas formas e nas duas fases da Tradição como aparecem nos textos do Vaticano II: sagrada Tradição ou Tradição apostólica, isto é, aquela que procede da pregação dos Apóstolos (e na qual se inclui a Sagrada Escritura) e Tradição eclesial, posterior e continuadora da pregação apostólica.

A encíclica *Veritatis splendor* sublinha de modo especial o caráter normativo da Tradição para a Teologia moral, se bem que, segundo a análise de algum autor, não apareça no documento "uma teologia explícita sobre a tradição"[119]. Ela define a autêntica moral cristã como um "ensinamento moral baseado na Sagrada Escritura e na Tradição viva da Igreja"[120]. Apela para a "resposta tradicional da Igreja" e para seu

---

115. Como disse Ch. E. CURRAN, *The Catholic Moral Tradition Today* (Washington, 1999) 53, "os antigos manuais de teologia moral ocuparam-se pouco da tradição".
116. Em todo o capítulo segundo e, mais concretamente, no n. 8.
117. *Catecismo da Igreja Católica*, nn. 75-83.
118. *Dei Verbum*, 10.
119. B. V. JOHNSTONE, *Faithful Action...*, 283-284.
120. *Veritatis splendor*, 5.

"patrimônio moral"[121]. A contribuição mais importante tem a ver com a afirmação sobre a função da Tradição no campo da moral: "No âmbito da Tradição se desenvolve, com a assistência do Espírito Santo, *a interpretação autêntica* da lei do Senhor. O mesmo Espírito, que está na origem da Revelação, dos mandamentos e dos ensinamentos de Jesus, garante que eles sejam guardados santamente, expostos fielmente e aplicados corretamente no decorrer dos tempos e das circunstâncias. Essa 'atualização' dos mandamentos é sinal e fruto de uma penetração mais profunda da Revelação e de uma compreensão das novas situações históricas e cultuais sob a luz da fé. Não obstante, aquela não pode mais que confirmar a validade permanente da Revelação e inserir-se no sentido de sua interpretação dada pela grande Tradição de ensinamentos e de vida da Igreja, do que são testemunhas a doutrina dos Padres, a vida dos santos, a liturgia da Igreja e o ensinamento do Magistério"[122].

Os teólogos moralistas retomam a afirmação geral do caráter normativo da Tradição para a verdade moral e ressaltam a articulação da Tradição com a Sagrada Escritura e o Magistério eclesiástico, a fim de constituírem os três lugares propriamente teológicos da epistemologia teológico-moral. Não obstante, fora dessas afirmações gerais, continua-se mantendo uma grande moderação no desenvolvimento concreto do valor normativo da Tradição[123].

b. Precisações sobre os "lugares" e o "conteúdo" da Tradição moral

As questões concretas de maior interesse em relação com a Tradição moral são as que se referem aos "lugares" em que essa Tradição se manifesta e ao "conteúdo" que aparece neles.

1) Na Tradição apostólica

Como *lugar* da Tradição "divina"[124] ou apostólica, diz B. M. Xiberta que ela "não tem órgão próprio de transmissão e que por isso é transmitida por meio da tradição eclesiástica, a qual compreende o magistério dos pastores, o ensinamento dos padres e teólogos e, até certo ponto, o sentir dos fiéis"[125].

---

121. *Ibid.*, 4.
122. *Ibid.*, 27.
123. Cf. S. PINCKAERS, *La morale chrétienne et ses sources: Écriture, Tradition et Magistère*: Anthropotes 3 (1987) 25-42.
124. J. R. GEISELMANN, *l. c.*, 819.
125. B. M. XIBERTA, *o. c.*, 32.

Quanto ao *conteúdo* moral, o Concílio Vaticano II faz uma afirmação geral na qual constata uma relevância moral: "Essas tradições, recebidas dos apóstolos, abrangem tudo quanto contribui *para a santidade de vida do povo de Deus e para o aumento da fé*"[126]. O sublinhado, que é meu, indica o conteúdo moral da Tradição apostólica. Como diz R. Latourelle, a expressão conciliar "para a santidade de vida e para o aumento da fé" significa "em outras palavras, tudo o que diz respeito à fé e aos costumes do povo cristão"[127].

Segundo J. F. Geiselmann, "a tradição apostólica não se reduz à história de Cristo, mas compreende também as normas disciplinares e morais que devem reger a conduta dos cristãos"[128]. De acordo com seu modo particular de entender a interação entre Sagrada Escritura e Tradição no que se refere ao conteúdo, esse autor sustenta que "no que se refere à fé, pode-se estar *totum in Sacra Scriptura et item totum in traditione*, totalmente na Sagrada Escritura e totalmente na Tradição. Outra coisa é o que diz respeito aos *mores et consuetudines* da Igreja. Nesse caso, a Escritura é insuficiente e deve ser completada materialmente (em seu conteúdo) pela tradição, que, neste caso, é *traditio constitutiva*. No que se refere aos *mores et consuetudines* da Igreja pode-se concluir: *partim in Sacra Scriptura, partim in sine scripto traditionibus*, em parte na Sagrada Escritura, em parte nas tradições não escritas"[129].

2) Na Tradição eclesial

O sujeito geral dessa tradição é toda a Igreja. No "conservar, praticar e professar a fé recebida" há "uma singular unidade (*singularis conspiratio*) de espírito entre os Pastores e os fiéis"[130]. Se é clara essa afirmação geral, não é tão clara a concretização do sujeito da tradição eclesial; para alguns, há aqui uma lacuna teológica não preenchida pelo Concílio Vaticano II[131].

De acordo com a afirmação geral sobre o sujeito da Tradição eclesial, o Vaticano II insinua os lugares dessa tradição mediante a formulação

---

126. *Dei Verbum*, 8.
127. R. LATOURELLE, *a. c.*, 29.
128. J. R. GEISELMANN, *l. c.*, 818.
129. J. R. GEISELMANN, *Sagrada Escritura y Tradición. Historia y alcance de una controversia* (Barcelona, 1968) 381-382. O mesmo em: J. R. GEISELMANN, *Tradición*: *l. c.*, 820.
130. *Dei Verbum*, 10.
131. A, Mª. NAVARRO, *o. c.*, II, 913-917.

seguinte: "A Igreja, na sua doutrina, vida e culto, perpetua e transmite a todas as gerações tudo aquilo que ela própria é e tudo quanto ela acredita"[132]. Expus acima que essa questão foi tratada na etapa pré-conciliar, principalmente por Y. Congar, que falava dos "monumentos" ou "testemunhos" da Tradição[133]. Na reflexão teológica pós-conciliar não se avançou muito mais.

Entre as testemunhas da Tradição eclesial são mencionados as pessoas ou fatores seguintes[134]: os Santos Padres, as doutrinas dos teólogos, a Liturgia, as crenças do povo de Deus em seu conjunto (o *sensus fidelium,*), o direito canônico e os livros penitenciais antigos, as devoções populares e as doutrinas e experiências espirituais dos santos e dos místicos, a arte cristã e as regras de vida monástica e religiosa. Desses intermediários da tradição, evidentemente nem todos têm a mesma importância. Deve-se estabelecer entre eles uma hierarquização e uma sistematização orgânica.

No campo da moral adquirem importância especial os seguintes sujeitos da Tradição eclesial, além do Magistério eclesiástico, que será analisado na parte seguinte:

— O pensamento dos *Santos Padres* e dos *Escritores eclesiásticos* dos primeiros séculos. Essa referência normativa nos estimula a uma tomada de consciência permanente das *raízes* e dos fatores *fundantes* da condição cristã. Toda *atualização* valiosa deve ser unida a um processo de *enraizamento* ou volta às origens. "Os Santos Padres são o passado comum dos cristãos. E na descoberta dessa comunhão se encontra a esperança do futuro da Igreja, a tarefa para o presente seu e nosso"[135].

— A *Liturgia*. É o âmbito no qual a vida moral adquire sua plena dimensão teologal, se faz eclesial e recebe a força para transformar o mundo. Desse modo, os três fatores básicos, com os quais é exposta, nesta obra, a vida moral cristã (*teologalidade, eclesialidade, mundanidade*), são incorporados *mistagogicamente* à vida do fiel. Além disso, na Liturgia

---

132. *Dei Verbum*, 8.
133. Y. CONGAR, *La Tradición y las tradiciones...*, II, 335-390.
134. J. MORALES, *Introducción a la Teología* (Pamplona, 1998) 157-165.
135. J. RATZINGER, *Teoría de los Principios teológicos. Materiales para una teología fundamental* (Barcelona, 1985) 180.

se entrelaçam as três "leis" de vida cristã: a *lex credendi*, a *lex orandi*, a *lex vivendi*[136].

— A *experiência dos santos* e, de modo especial, a dos *místicos*. Essas experiências são a expressão mais acabada do ideal moral cristão. Uma hermenêutica moral da vida dos santos proporcionará os elementos para se configurar o paradigma de uma necessária e convincente *ética cristã narrativa*. Além disso, as formulações dos santos e, em especial, a dos místicos completarão a reflexão mais acadêmica dos teólogos moralistas. Deve-se, pois, contar entre as testemunhas da Tradição moral muitos cristãos e cristãs que, "sem serem teólogos de profissão, foram conduzidos pelo Espírito a uma profunda penetração do sentido da fé e a partilharam por sua palavra e por seus escritos"[137].

— O *sensus fidelium* é, sem dúvida, um dos fatores da transmissão da fé recebida e uma das garantias da indefectibilidade da Igreja[138]. "Pela ação do Espírito, a palavra externa se torna nos fiéis 'espírito e vida'. Eles são doutrinados pela unção do próprio Deus (1Jo 2,20 e 27; Jo 6,45). O Espírito suscita e alimenta o *sensus fidelium,* isto é, aquele sentido interno pelo qual o povo de Deus, sob a direção do magistério, reconhece, afirma e mantém na pregação, de modo inquebrantável, não a palavra dos homens, mas a Palavra de Deus (LG 12, cf. *Ibid.,* 35)"[139]. Esse "sentido da fé" dos fiéis tem uma função relevante no campo da moral, não só mediante o "recebimento" da mensagem proclamada, mas também mediante a sensibilidade evangélica diante das situações e interrogações novas da história humana.

— Os *teólogos* da Igreja e o *consenso teológico.* Os teólogos sempre foram considerados um testemunho qualificado

---

136. Esta é a articulação que faz do "Mistério da fe" o *Catecismo da Igreja Católica,* n. 2558: "A Igleja o professa no Símbolo dos Apóstolos (Primeira parte do Catecismo) e o celebra na Liturgia sacramental (Segunda parte), para que a vida dos fiéis seja conforme a Cristo no Espírito para glória de Deus Pai (Terceira parte)".
137. F. A. SULLIVAN, *o. c.,* 17.
138. Cf. J. MORALES, *o. c.,* 162-163; F. ARDUSSO, *Magisterio eclesial* (Madri, 1997) 55-65.
139. COMISSÃO TEOLÓGICA INTERNACIONAL, *l. c.,* 443.

da fé transmitida de toda a Igreja[140]. Tem sido precisamente no campo da Teologia moral que se tem considerado mais e melhor o consenso teológico para se normatizar o comportamento moral cristão.

A encíclica *Veritatis splendor*, apoiando-se no n. 8 da *Dei verbum*, sintetiza os lugares da Tradição eclesial, dizendo que a Igreja "recebe e transmite a Escritura..., confessa a verdade do Verbo feito carne com os lábios dos Padres e dos Doutores, pratica seus preceitos e a caridade na vida dos santos e das santas, no sacrifício dos mártires e celebra sua esperança na Liturgia"[141]. É através dessas funções que a dimensão moral da mensagem de salvação confiada à Igreja vai se incorporando e se desenvolvendo.

4. A Tradição e as tradições teológico-morais

Até aqui falamos da Tradição (com maiúscula). Dentro dela e tratando de veiculá-la e aculturá-la existem as tradições (com minúscula). Com ressonâncias da obra de Y. Congar[142], o *Catecismo da Igreja Católica* se refere a essas tradições no n. 83. Que dizer do caráter normativo e epistemológico das tradições teológico-morais?

a. Duas afirmações

As tradições teológico-morais não são a Tradição, mas a concretizam e a exprimem. "Dela (da Tradição) é preciso distinguir as 'tradições' teológicas, disciplinares, litúrgicas ou devocionais surgidas ao longo do tempo nas Igrejas locais. Constituem elas formas particulares sob as quais a grande Tradição recebe expressões adaptadas aos diversos lugares e às diversas épocas"[143].

A Comissão Teológica Internacional desenvolve um pouco mais a afirmação precedente: "Essa Tradição viva assume na Igreja desde o princípio diversas formas de tradições concretas (*traditiones*, "tradições"). Sua riqueza inesgotável se expressa na multiplicidade de doutrinas, cânticos, símbolos, ritos, disciplinas e instituições. A Tradição

---

140. Cf. J. MORALES, *o. c.*, 163-165.
141. *Veritatis splendor*, 27.
142. Y. CONGAR, *La Tradición y las tradiciones*, 2 vol. (San Sebastián, 1996).
143. *Catecismo da Igreja Católica*, n. 83.

mostra sua fecundidade também pelo fato de que se 'incultura' nas Igrejas locais concretas segundo a situação cultural de cada uma"[144].

As "tradições" (entre elas as teológicas) devem ser julgadas a partir da grande Tradição[145]. "Essas múltiplas tradições são ortodoxas na medida em que testemunham e transmitem a única Tradição apostólica"[146]. "É à luz da grande Tradição que elas (as tradições) podem ser mantidas, modificadas ou mesmo abandonadas, sob a guia do Magistério da Igreja"[147].

b. Tradições teológico-morais relevantes

Nas tradições teológico-morais nem tudo é luz, e nem tudo é sombra. Como na compreensão socioantropológica da tradição, também na avaliação do conteúdo das tradições teológico-morais costumam aflorar duas posições: a que "absolutiza" um determinado conteúdo tradicional e a que rejeita por princípio toda referência normativa à tradição. É uma exigência da reflexão teológico-moral atual fazer um discernimento das tradições teológico-morais em seu conjunto ou em uma área determinada (moral sexual, bioética etc.)[148].

Além desse trabalho de discernimento, compete à reflexão teológico-moral atual a tarefa de tomar consciência, de explicitar e de justificar o pertencer a uma determinada tradição. Essa incumbência é um dos componentes de epistemologia teológico-moral, já que vem coincidir com o que na teoria epistemológica se denomina "pertencer a uma determinada tradição de investigação"[149].

De minha parte, não tenho nenhuma dificuldade em aderir às tradições teológico-morais tomasiana e afonsiana, que, sendo autônomas

---

144. COMISSÃO TEOLÓGICA INTERNACIONAL, l. c., 443-444.
145. Cf. G. O' COLLINS, *Criterios para la interpretación de las tradiciones*: R. LATOURELLE-G. O'COLLINS (Dir.), Problemas y perspectivas en teología fundamental (Salamanca, 1982) 462-480.
146. COMISSÃO TEOLÓGICA INTERNACIONAL, l. c., 444.
147. *Catecismo da Igreja Católica*, n. 83.
148. Ver os dados disponíveis nos seguintes estudos, de tom preferentemente crítico: B. HOOSE, *Received Wisdom? Reviewing the Role of Tradition in Christian Ethics* (Londres, 1994); J. E. THIEL, *Tradition and Authoritative Reasoning. A Nonfoundationalist Perspective*: Theological Studies 56 (1995) 627-651; Ch. E. CURRAN, *History and Contemporary Issues: Studies in Moral Theology* (Nova York, 1996).
149. Sobre essa construção epistemológica e sobre sua função em teologia, ver o razoável e esclarecedor estudo de V. GÓMEZ MIER, *Sobre tradición y tradiciones de investigación*: La Ciudad de Dios 209 (1996) 231-270.

entre si, podem ser entendidas e usadas de um modo complementar e convergente. Uno-me à tradição de Santo Tomás sobretudo por causa da integração harmoniosa da fé e da razão; e à de Santo Afonso de Ligório principalmente por causa da prudencialidade no juízo moral e da pastoralidade em sua aplicação concreta. Nessas tradições teológico-morais, que não devem ser identificadas, sem mais, com a Tradição eclesial, pode-se ver uma expressão genuína da "Tradição viva da comunidade eclesial"[150]. As duas têm o aval da Tradição da Igreja, já que assim o reconheceu o Magistério Eclesiástico. Ser fiel a elas é um caminho para se viver a fidelidade à Tradição da Igreja.

1) Tradição tomasiana

Damos um significado especial à tradição tomasiana não só por causa do valor objetivo de sua construção teológico-moral, mas também porque a figura e o pensamento de Santo Tomás são uma expressão qualificada da Tradição eclesial. Assim destacaram muitos Documentos eclesiais, entre os quais basta mencionar a *Optatam totius*, 16, e a *Fides et Ratio*: "Santo Tomás foi sempre proposto pela Igreja como mestre de pensamento e modelo quanto ao reto modo de fazer teologia"[151].

No pensamento de Santo Tomás, a tradição precedente "é assumida" e "transmitida" às gerações seguintes. Em Santo Tomás ressoam os temas patrísticos, aparece a harmonia da síntese medieval e estão em germe as orientações da escolástica dos séculos XVI-XVII. Não é necessário insistir em que Santo Tomás usa também as fontes especificamente cristãs; são constantes as referências bíblicas bem como as patrísticas, especialmente de Santo Agostinho, de Santo Ambrósio, de São Gregório, de São João Damasceno etc.

Na tradição tomista adquire relevo especial para a Teologia moral o Renascimento tomista dos séculos XVI-XVII, e principalmente a Escola de Salamanca. Segundo o parecer de importantes historiadores da Teologia moral católica, "foi sobretudo na Espanha, na escola dominicana de Salamanca", onde o renascimento tomista do século

---

150. *Familiaris consortio*, 39.
151. *Fides et ratio*, 43. Cf. JOÃO PAULO II, *La prenne valità dell'etica tomista*: Doctor Communis 45 (1992) 3-7; J. L. LORDA, *¿Santo Tomás, Maestro?*: Scripta Theologica 29 (1997) 543-568.

XVI "deu seus frutos"[152]. Outros consideram essa fase como um "apogeu" na história da moral católica (B. Häring). O Papa João Paulo II avaliou a Escola de Salamanca como "a consciência crítica surgida na Espanha a favor das pessoas e dos povos de ultramar, reivindicando para eles uma dignidade igual, que devia ser respeitada e protegida"[153].

2) Tradição afonsiana

A tradição afonsiana é avalizada por seu valor objetivo e pelas demonstrações de reconhecimento do Magistério eclesiástico. Aí estão as declarações dos Papas Pio IX, Pio XII e João Paulo II. Desse último é a seguinte afirmação: "Teve ele (Afonso), como poucos, o 'sensus Ecclesiae', um critério que o acompanhou na busca teológica e na prática pastoral até chegar a ser ele mesmo, em certo sentido, a voz da Igreja"[154]. De fato, Santo Afonso usa a Tradição como lugar e fonte da moral cristã, servindo-se dos Padres da Igreja e dos grandes Teólogos, especialmente de Santo Tomás, ao qual considera o "Theologorum princeps"[155].

Santo Afonso representa um ponto importante da Tradição na moral católica ao ser proclamado pela Igreja Doutor da Igreja, de modo especial por suas obras morais. O "espírito" de sua doutrina moral é orientado para a salvação do povo simples, tendo sido um fator decisivo na superação do "rigorismo jansenista", principalmente na prática do sacramento da penitência.

Todos esses motivos avalizam a validade da opção da moral afonsiana. Seguindo o pensamento moral de Santo Afonso, uma das expressões genuínas da reflexão teológico-moral, situamo-nos na Tradição eclesial em seu sentido pleno de lugar teológico específico da epistemologia teológico-moral.

---

152. L. VEREECKE, *Historia de la teología moral*: VÁRIOS, Nuevo Diccionario de Teología Moral (Madri, 1992) 831.
153. JOÃO PAULO II, *Discurso al Cuerpo Diplomático en la Nunciatura de Madri* (16/6/1993): Ecclesia n. 2. 637-38 (19-26 de junho de 1993) 68.
154. JOÃO PAULO II, *Spiritus Domini*: Ecclesia 2. 333-2334 (22 e 29 de agosto de 1987) 22. Para mais dados remeto a meu trabalho: M. VIDAL, *La Moral de San Alfonso según el Magisterio eclesiástico reciente*: Moralia 22 (1999) 255-280.
155. GAUDÉ, I, 26.

V. O MAGISTÉRIO ECLESIÁSTICO

1. Apresentação

Do mesmo modo que no que se refere à Sagrada Escritura e à Tradição, também no tocante ao Magistério eclesiástico limitamo-nos aqui a uma consideração precisa: entendemo-lo como lugar normativo da epistemologia teológico-moral. É claro que essa delimitação não subestima outras perspectivas de caráter mais abrangente. Ao contrário, a função normativa do Magistério eclesiástico para a epistemologia teológico-moral deve ser entendida à luz de outras considerações mais amplas.

Por isso, antes de considerar a função epistemológica do Magistério eclesiástico, ofereço algumas perspectivas mais gerais. Mas, antes ainda, convém fazer duas observações de caráter histórico para uma correta exposição do tema.

Como disse Y. Congar em um estudo que se tornou referência obrigatória, o termo "magistério" começou a ser usado com o significado preciso que lhe damos atualmente a partir do século XIX[156]. Foi desde esse século, concretamente a partir dos anos 1820/1830 que começou o processo de exaltação do poder magisterial da Igreja e mais especialmente do Romano Pontífice[157].

Antes, os termos "magistério" e "mestre" eram usados para campos semânticos diversos, como o cristológico (Cristo como "Mestre" interior) ou o do serviço teológico. A esse respeito, convém recordar que o poder doutrinal foi exercido de vários modos na história da Igreja. Na Idade Média, junto ao *Magisterium cathedrae pastoralis* (magistério dos bispos) existia o *Magisterium cathedrae magisterialis* (magistério dos teólogos). Em muitas ocasiões, as Universidades exerceram um poder doutrinal decisório[158].

---

156. Y. CONGAR, *Pour une histoire sémantique du terme "magisterium":* Revue de Sciences Philosophiques et Théologiques 60 (1976) 85-98; ID., *Bref historique des formes du "magistère" et ses relations avec les docteurs: Ibid.,* 99-112.
157. Cf. J. M. CASTILLO, *La exaltación del poder magisterial en el siglo XIX:* VÁRIOS, Teología y Magisterio (Salamanca, 1987) 139-160.
158. Ver, a título de exemplo, os estudos seguintes: E. VILANOVA, *El ejercicio del poder doctrinal en los siglos XII y XIII:* VÁRIOS, Teología y Magisterio (Salamanca, 1987) 115-138; J. M. GRES-GAYER, *The Magisterium of the Faculty of Theology of Paris in the Seventeenth Century:* Theological Studies 53 (1992) 424-450.

Para se ter uma compreensão correta do Magistério da Igreja é necessário levar em conta a sensibilidade histórica. O Magistério se realiza e se compreende na história. As pesquisas teológicas recentes puseram em relevo as "evoluções" e as "revoluções" que se deram na compreensão da função docente da Igreja[159].

Quanto à função magisterial da Hierarquia no campo da moral deve-se notar sua pouca incidência até os tempos recentes[160]. A encíclica *Veritatis splendor* afirma que "sempre, mas sobretudo nos últimos séculos, os Sumos Pontífices, seja pessoalmente, seja juntamente com o Colégio Episcopal, desenvolveram e propuseram um ensinamento moral sobre os múltiplos e diferentes âmbitos da vida humana"[161]; cita os âmbitos da sexualidade humana, da família e da vida social, econômica e política. No que se refere à moral conjugal e familiar mencionou a encíclica *Humanae Vitae:* "A Igreja ofereceu sempre e com mais amplitude nos tempos recentes uma doutrina coerente, tanto sobre a natureza do matrimônio como sobre o reto uso dos direitos conjugais e sobre as obrigações dos esposos"[162]; para justificar essa afirmação remete ao Catecismo de Trento, a Leão XIII, a Pio XI, a Pio XII, a João XXIII, ao Código de Direito Canônico e ao Concílio Vaticano II.

O título do *Enchiridion* de Denzinger (1854) sobre os documentos mais importantes do Magistério da Igreja levaria a pensar num equilíbrio entre as questões de "fé" e as de "moral" (*de rebus fidei e moribus*). Não obstante, a realidade é outra. Desde as intervenções dos Papas Alexandre VII, Inocêncio XI e Alexandre VIII no século XVII a respeito de determinadas propostas laxistas e rigoristas, teve-se de esperar a nossa época para se encontrar um magistério significativo no campo da moral.

---

159. Uma síntese dessas investigações, sobretudo de Y. Congar e de sua escola eclesiológica, encontra-se em: J.-F. CHIRON, *Le Magistère dans l'histoire. Évolutions et révolutions dans la compréhension de la 'fonction d'enseignement' de l'Église*: Recherches de Science Religieuse 87 (1999) 483-518. O autor resume as "mudanças" e as "revoluções" na compreensão do Magistério em torno de sete variações: da tradição transmitida ao órgão transmissor; da *fides qua* à *fides quae*; da *attestatio fidei* à *determinatio fidei*; da inerrância (ou indefectibilidade) da Igreja à infalibilidade (do magistério) da Igreja; do sentido amplo de *fides-mores* (*disciplinae*) ao sentido restrito de *fides-mores*; da inerrância da Igreja dispersa (episcopado universal) à infalibilidade do Pontífice romano (e do concílio); evolução no assentimento requerido.
160. Cf. L. VEREECKE, *Magistère et théologie du XIIe. au XVIIe. siècle. Esquisse historique*: Studia Moralia 29 (1991) 27-59 = Le Supplément n. 177 (1991) 8-22.
161. *Veritatis splendor*, 4.
162. *Humanae vitae*, 4.

"Poder-se-ia dizer que, ao longo dos séculos, a moral foi a 'enjeitada' do Magistério"[163].

À escassez de épocas anteriores sucedeu, na época recente, uma grande abundância de intervenções magisteriais na moral. No capítulo nono da segunda parte desta obra anotei as principais intervenções do Magistério hierárquico recente em questões de moral. Esse dado faz parte, como causa e efeito, do processo de "dogmatização" da moral cristã, à qual a presente obra faz referência em várias ocasiões.

2. Perspectivas gerais sobre o Magistério eclesiástico[164]

O magistério eclesiástico é um dos meios *manifestativos* (não *constitutivos*) da Revelação cristã. Assim o apresenta o Vaticano II: "O múnus de interpretar autenticamente a palavra de Deus escrita ou contida na Tradição só foi confiado ao Magistério vivo da Igreja, cuja autoridade é exercida em nome de Jesus Cristo. Esse Magistério não está acima da palavra de Deus, mas sim a seu serviço, ensinando apenas o que foi transmitido, enquanto, por mandato divino e com a assistência do Espírito Santo, ouve a palavra de Deus com amor, guarda-a com todo o cuidado e a expõe fielmente, e nesse depósito único da fé encontra tudo quanto propõe para se crer como divinamente revelado"[165].

Segundo essa perspectiva, o Magistério eclesiástico adquire sentido em função da Revelação e, mais concretamente, em relação estreita com a Tradição e a Sagrada Escritura. O Magistério, o mesmo que toda a Igreja, "ouve religiosamente e proclama com desassombro a palavra de Deus"[166] e "não está acima dela, mas sim a seu serviço"[167]. Conseqüente-

---

163. L. VEREECKE, *a. c.*, 391. "Ao longo da história da Igreja o magistério da Igreja publicou poucos documentos relativos à moral. Basta dar uma olhada no *Enchiridion Symbolorum* de Denzinger e de seus sucessores para dar-se conta disso. Não obstante, dentro da escassez de documentos, como observa L. Vereecke, há períodos de especial importância nesse terreno. O primeiro é a segunda metade do século XVII, quando os papas condenaram certas teses laxistas dos casuístas, por um lado, e dos princípios fundamentais da moral jansenista, por outro; o segundo é o dos séculos XX e XX" (Ph. LÉCRIVAIN, *La ética cristiana: de las "autoridades" al magisterio*: B. SESBOÜÉ (Dir.), Historia de los Dogmas, II [Salamanca], 1996) 359). "As intervenções propriamente magisteriais sobre a moral foram bem mais tardias" (B. SESBOÜÉ, *l. c.*, 440).
164. Dentre as sínteses atuais sobre a teologia do Magistério eclesiástico é recomendável a de F. ARDUSSO, *Magisterio eclesial. El servicio de la Palabra* (Madri, 1998).
165. *Dei Verbum*, 10.
166. *Ibid.*, 1.
167. *Ibid.*, 10.

mente o Magistério está articulado indissoluvelmente com a Tradição e com a Escritura[168]: "É claro, portanto, que a Sagrada Tradição, a Sagrada Escritura e o Magistério da Igreja, segundo o sapientíssimo plano de Deus, estão de tal maneira ligados e unidos que uma coisa sem as outras não se mantém, mas juntas, cada uma a seu modo, sob a ação de um só Espírito Santo, colaboram eficazmente para a salvação das almas"[169].

O Magistério, na expressão citada do Vaticano II, é *da Igreja,* isto é, pertence à comunidade eclesial em seu conjunto. Ele é um fator necessário da constituição eclesial e deve ser considerado e exercido como tal. Como diz F. Sebastián, a formulação progressiva do mistério da salvação "é um processo estritamente eclesial, cujo sujeito ativo é a Igreja inteira, desde as origens até o fim dos tempos, desde o fiel mais oculto até o que ocupa uma função destacada"[170]. Daí que "é dentro dessa visão global do dinamismo histórico e comunitário da consciência da Igreja que se deve situar o magistério dos pastores. Não como uma função que anule as outras, mas como uma função que garanta ao mesmo tempo a continuidade e a unidade da consciência, isto é, que garanta a eclesialidade e a catolicidade da mesma fé"[171].

A indefectibilidade da Igreja é o marco adequado para a compreensão e o funcionamento do Magistério[172]. Por isso não se pode entender o Magistério eclesiástico sem se levar em conta o "sensus fidei" ou o "consensus fidei" da Igreja em seu conjunto[173].

Em razão de sua estrutura hierárquica, a Igreja realiza "o múnus de interpretar autenticamente a palavra de Deus escrita ou contida na Tradição" por meio de seus representantes hierárquicos[174]. A "autoridade de Cristo" é a garantia do Magistério eclesiástico; e seu enraizamento na estrutura hierárquica da Igreja é sinal de sua "autenticidade". Os bispos "são doutores autênticos, isto é, investidos da autoridade de Cristo"[175]. O Magistério exercido "autenticamente" (*authentice*) é o mesmo que realizado "autoritativamente".

---

168. Ver o desenvolvimento dessa relação em: F. ARDUSSO, *o. c.*, 15-51.
169. *Dei Verbum*, 10.
170. F. SEBASTIÁN, *Reflexiones teológicas de la encíclica "Humanae vitae"*: Iglesia Viva n. 19-20 (1969) 15.
171. *Ibid.*, 17.
172. *Catecismo da Igreja Católica*, n. 889: "Pelo 'sentido sobrenatural da fé', o Povo de Deus 'se atém indefectivelmente à fé', sob a guia do Magistério vivo da Igreja (cf. LG, 12; DV, 10)". Cf. F. ARDUSSO, *o. c.*, 52-55.
173. Cf. F. ARDUSSO, *o. c.*, 55-65.
174. *Catecismo da Igreja Católica*, n. 85.
175. *Lumen gentium*, 25.

É a partir das perspectivas precedentes que devem ser configuradas a teologia e a práxis do Magistério eclesiástico. Sob essa luz devem ser interpretados também os textos e documentos magisteriais.

Não é o caso de se repetir aqui o que se conhece em teologia sobre as formas concretas nas quais se apresenta o Magistério eclesiástico, nem sobre o grau de vinculação de cada uma delas, nem sobre o sentimento correspondente exigido dos fiéis e dos teólogos. Para as exposições da Teologia moral, convém tomar em consideração a distinção entre magistério ordinário e magistério extraordinário, entre magistério infalível e magistério autêntico[176]. No item seguinte desejo sublinhar um aspecto que tem interesse particular no presente contexto; refiro-me à relação entre Magistério e função teológica.

3. Magistério hierárquico e função do teólogo

Nos últimos decênios adquiriu notável importância, tanto teológica como eclesial (e às vezes até social), a relação do Magistério eclesiástico com a função do teólogo. A esse respeito convém assinalar os princípios que regulam essa relação, embora sem deixar de reconhecer as dificuldades para se encontrar uma forma concreta de convivência positiva e benéfica entre as duas realidades.

As afirmações de princípio sobre a articulação dos dois serviços são de uma grande sabedoria, evitam a conflitividade e propõem uma solução francamente positiva e conciliadora[177].

Essa é a orientação que se encontra no Discurso de Paulo VI aos participantes do Congresso Internacional sobre a Teologia do Vaticano II, realizado em Roma, em outubro de 1966[178]. Grande parte dessa intervenção foi dedicada a analisar a relação entre Magistério e teologia, com uma visão positiva e com um ânimo integrador. Reafirmando a função decisiva do Magistério, Paulo VI assinalou também a convergência dos dois serviços eclesiais, já que "é a mesma a raiz do Magistério e da Teologia, a saber, a divina Revelação"[179]. Para o Papa, a teologia tem uma posição de

---

176. Convém ter em conta que o termo "autêntico" não é o mais exato para contrapor a "infalível"; todo Magistério da Igreja é "autêntico" (cf. DV, 19; LG, 25). Cf. B. SESBOÜÉ, *Magistère "ordinaire" et magistère "authentique"*: Revue de Science Religieuse 84 (1996) 267-275.
177. Cf. A. MARTÍNEZ SIERRA, *Magisterio y Teología*: Miscelánea Comillas 48 (1990) 3-19.
178. PAULO VI, *Libentissimo sane animo*: AAS 58 (1966) 889-896.
179. *Ibid.*, 890: "Magisterio et Theologiae comunis est radix, scilicet divina Revelatio".

mediação entre o Magistério hierárquico e a fé da comunidade cristã, servindo tanto a um como à outra.

Em perspectiva semelhante se situou João Paulo II nos Discursos aos teólogos em suas viagens apostólicas à Alemanha (Altöting, 1980) e à Espanha (Salamanca, 1982). A Comissão Episcopal para a Doutrina da Fé (da Espanha) resumiu assim o espírito desses discursos: "Se a Teologia é uma função eclesial, deve chegar à conclusão de que 'o Magistério eclesial não é uma instância alheia à Teologia, mas intrínseca e essencial a ela' (João Paulo II em Salamanca). Essa afirmação não significa, de modo algum, a pretensão de sustentar que os teólogos sejam simples porta-vozes e meros exegetas do Magistério dos bispos e do Papa ou que sua função consista só em repetir, explicar e fundamentar as declarações do Magistério (...). O Magistério dos bispos e o magistério dos teólogos estão ao serviço da fé da comunidade eclesial, se bem que em planos diferentes e com funções diversas. 'Por isso não podem ser reduzidos um ao outro' (João Paulo II em Altöting), de tal maneira que o teólogo se limite a justificar o Magistério dos bispos ou que os bispos devam submeter-se a todas as opiniões dos teólogos. Essa diferença entre a Teologia e o Magistério dos bispos não implica contraposição, mas colaboração e complementaridade, pois ambos, 'ao prestarem um serviço à verdade, estão ligados por vínculos comuns, isto é, estão obrigados pela Palavra de Deus, porque o 'sentido da fé' vigente na Igreja do passado vigora também na do presente, pelos documentos da Tradição com os quais foi proposta a fé comum do Povo, e, finalmente, pelo cuidado pastoral e missional que ambos devem ter em consideração" (João Paulo II à Comissão Teológica Internacional)[180].

Junto a esses princípios gerais e pacíficos devem ser colocadas outras afirmações, nas quais o tom é mais polêmico e nas quais as situações são abordadas em sua realidade concreta não isenta de conflitividade. Foi analisada a "co-existência conflitiva" da teologia crítica com o magistério católico[181]; podem ser encontradas também exposições ponderadas dos dados mais relevantes desse conflito[182].

---

180. COMISSÃO EPISCOPAL PARA A DOUTRINA DA FÉ, *El teólogo y su función en la Iglesia* (20 de outubro de 1989): Fe E Moral. Documentos publicados de 1974 a 1993 (Madri, 1993) 153-154.
181. Cf., por exemplo: Ch. DUQUOC, *Une coexistence conflictuelle: théologie critique et magistère en catholicisme*: Revue de Théologie et de Philosophie 121 (1989) 165-171.
182. G. MATTAI, *Magistero e Teologia: alle radici di un dissenso* (Palermo, 1989); F. ARDUSSO, o. c., 93-116.

Quase todos os autores enfatizam a conflitividade no campo da moral[183].

4. Doutrina magisterial sobre a normatividade epistemológica do Magistério eclesiástico para a Teologia moral[184]

Ninguém duvida nem pode duvidar de que o Magistério eclesiástico seja um lugar epistemológico do discurso teológico-moral. Reúno aqui os principais textos do Magistério eclesiástico recente nos quais está formulada essa afirmação.

O Concílio Vaticano, além das afirmações gerais sobre o Magistério como meio transmissor da Revelação[185] e como guia do ensino teológico[186], explicitou o conteúdo moral do Magistério eclesiástico na apresentação que faz dele no n. 25 da constituição dogmática *Lumen Gentium*. Em cinco ocasiões há referência explícita ao conteúdo moral do Magistério:

---

183. Ch. DUQUOC, *a. c.*, 171; F. ARDUSSO, *o. c.*, 99-100; G. MATTAI, *o. c.*, 46-58. Sobre casos particulares: P. DE LOCHT, *Morale sexuelle et magistère* (Paris, 1992); B. HÄRING, *Mi experiencia con la Iglesia* (Madri, 1989); Ch. E. CURRAN, *The Catholic Moral Tradition Today. A Synthesis* (Washington, 1999) 238-240.
184. Sobre a questão do Magistério eclesiástico em moral existe uma abundantíssima bibliografia. Indico alguns títulos mais significativos em razão de seus autores e pela influência que tem seu conteúdo: VÁRIOS, *Il magistero morale: compiti e limiti* (Bologna, 1973); A. MÚNERA, *Magisterio y moral*: Theologica Xaveriana 32 (1982) 237-272; Ch. E. CURRAN-R. A. McCORMICK (eds.), *The Magisterium and Morality* (Nova York, 1982); B. HÄRING, *Magisterio*: VÁRIOS, Diccionario enciclopédico de teología moral (Madri, 1986) 600-611; E. LÓPEZ AZPITARTE, *Magisterio de la Iglesia y problemas actuales*: Razón y Fe 213 (1987) 371-381; F. BÖCKLE, *Le magistère de l'Église en matière morale*: Revue Théologique de Louvain 19 (1988) 3-16; P. HÜNERMANN, *Die Kompetenz des Lehramts in Fragen der Sitte*: ID. (Hrg.), Lehramt und Sexualmoral (Düsseldorf, 1990) 130-156; B. LEERS, *Moral cristã e autoridade do magistério eclesiástico. Conflito-diálogo* (Aparecida, 1991); W. SPOHN, *The Magisterium and Morality*: Theological Studies 54 (1993) 95-111 (boletim); X. THÉVENOT, *Magistère et discernement morale*: Études 362 (1993) 349-355; J. FUCHS, *Die Last moratheologischer Lehrautorität*: Stimmen der Zeit 213 (1995) 219-232; R. TREMBLAY, *Le théologien moraliste: la question des interventions du Magistère dans la sphère de l'Humanum*: Lateranum 62 (1996) 83-111; H. WEBER, *Lehramt der Kirche. Fragen der Moral* (Friburgo, 1998); J. SELLING, *Authority and moral teaching in a Catholic Christian context*: B. HOOSE (ed.), Christian Ethics. An Introduction (Londres, 1999) 57-71; C. E. CURRAN, *The Catholic Moral Tradition Today. A Synthesis* (Washington, 1999) 197-234 ("Church Teaching"); A. BONANDI, Il magistero "morale" secondo la teologia recente: La Scuola Cattolica 127 (1999) 735-739.
185. *Dei Verbum*, 10.
186. *Optatam totius*, 16: "As disciplinas teológicas devem ser ensinadas à luz da fé e sob a direção do Magistério da Igreja".

— Na fórmula geral: "Eles (os bispos) pregam ao povo a eles confiado a fé que ele deve crer e aplicar à vida (*fidem credendam et moribus applicandam*), e a ilustram à luz do Espírito Santo".

— Na referência ao magistério ordinário do bispo: "Cada fiel deve aceitar o juízo que seu bispo dá em nome de Cristo, nas coisas de fé e moral (*sententiam de fide et moribus*), e aderir a ele com religioso respeito". Isso vale muito mais em relação ao "magistério autêntico do Romano Pontífice, ainda que não fale *ex-cathedra*".

— Como conteúdo do magistério ordinário infalível: "Ensinam qual é a fé e a moral autênticas" (*authentice res fidei et morum docentes*).

— Como conteúdo do magistério infalível extraordinário, tanto do concílio ecumênico como do Romano Pontífice. No primeiro caso, os bispos, "reunidos em concílio ecumênico são para toda a Igreja juízes e doutores da fé e dos costumes" (*fidei et morum doctores et iudices*). No segundo, o Papa "proclama por um ato definitivo a doutrina em questões de fé e moral" (*doctrinam de fide vel moribus*).

Na encíclica *Humanae Vitae* (1968), Paulo VI, apoiando-se nos documentos de Pio IX, Pio X, Pio XI, Pio XII e João XXIII, afirmou explicitamente a competência do Magistério eclesiástico no campo da moral e mais concretamente no terreno da lei moral natural: "Nenhum fiel quererá negar que corresponde ao magistério da Igreja interpretar também a lei moral natural. Com efeito, é inegável, como tantas vezes declararam nossos predecessores, que Jesus, ao comunicar a Pedro e aos apóstolos sua autoridade divina e ao enviá-los a ensinar a todos os povos seus mandamentos (cf. Mt 28,18-19), os constituiu guardas e intérpretes autênticos de toda lei moral, isto é, não só da lei evangélica, mas também da natural, expressão da vontade de Deus, cujo cumprimento fiel é igualmente necessário para a salvação (cf. Mt 7,21)"[187].

A Instrução da Congregação para a Doutrina da Fé, *A vocação eclesial do teólogo* (1990), dedica o terceiro de seus quatro capítulos a formular a doutrina sobre *o magistério dos Pastores*[188]. Nesse contexto é indicado

---

187. *Humanae vitae*, 4.
188. *Donum veritatis*, 13-20. Um comentário que interessa para o objetivo do presente estudo é o de A. ANTÓN, *I teologi davanti all'istruzione "Donum Veritatis"*: Gregorianum 78 (1997) 223-265.

o campo da moral como âmbito de competência do Magistério eclesiástico. O Documento faz uma afirmação geral: "O que diz respeito à moral pode ser objeto do magistério autêntico porque o Evangelho, que é a Palavra de vida, inspira e dirige todo o campo do agir humano. O Magistério tem, pois, o múnus de discernir, por meio de juízos normativos para a consciência dos fiéis, os atos que por si mesmos são conformes às exigências da fé e promovem sua expressão de vida, como também aqueles que, pelo contrário, por sua malícia, são incompatíveis com essas exigências"[189]. Retomando a afirmação da encíclica *Humanae Vitae*, o Documento sublinha que essa competência inclui a lei natural: "Devido à ligação que existe entre a ordem da criação e a ordem da redenção, e devido à necessidade de se conhecer e observar toda a lei moral para a salvação, a competência do Magistério se estende também ao que se refere à lei natural"[190].

A Instrução concretiza a competência magisterial no campo da moral, aludindo às formas principais do Magistério eclesiástico:

> — Magistério infalível: o "carisma da infalibilidade (foi dado) para o que se refere às matérias de fé e costumes"[191]. Mais precisamente: "A Revelação contém ensinamentos morais que, por si, poderiam ser conhecidos pela razão natural, mas cujo acesso se torna difícil para a condição do homem pecador. É doutrina de fé que essas normas morais podem ser ensinadas infalivelmente pelo Magistério"[192].

> — Magistério autêntico: (é exercido) quando os sucessores dos Apóstolos e, de modo especial, o Romano Pontífice "propõem um ensinamento que conduz a uma compreensão melhor da Revelação em matéria de fé e costumes e oferecem diretrizes morais derivadas desse ensinamento"[193].

O *Catecismo da Igreja Católica* (1992) retoma a doutrina precedente em uma seção intitulada "Vida moral e magistério da Igreja"[194]. Ele se refere ao conteúdo moral tanto do magistério ordinário[195] como do infalí-

---

189. *Donum Veritatis*, 16.
190. *Ibid.*, 16.
191. *Ibid.*, 15.
192. *Ibid.*, 16.
193. *Ibid.*, 17.
194. *Catecismo da Igreja Católica*, nn. 2032-2040.
195. *Ibid.*, n. 2034.

vel[196]; também sublinha a competência magisterial no campo da lei natural[197].

A encíclica *Veritatis splendor* (1993) é o documento mais importante do Magistério eclesiástico recente sobre questões de moral fundamental. Como diz a encíclica de si mesma, "é a primeira vez que o magistério da Igreja expõe com certa amplitude os elementos fundamentais dessa doutrina (doutrina moral cristã), apresentando as razões do discernimento pastoral necessário em situações práticas e culturais complexas e até críticas"[198].

Essa encíclica tem um interesse onipresente por afirmar o lugar e a função do Magistério eclesiástico nas questões de moral. Sem procurar expor todo o conteúdo da encíclica sobre esse tema[199], recordo somente as afirmações básicas, contidas no n. 110, sobre o lugar do Magistério na reflexão teológico-moral:

— Afirmação da competência e da função do Magistério no campo moral. Competência: "o magistério da Igreja intervém não só no âmbito da fé, mas também no âmbito da moral". Funções: 1) "discernir, por meio de juízos normativos para a consciência dos fiéis, os atos que por si são conformes às exigências da fé e promovem sua expressão na vida"; 2) "ensina aos fiéis os preceitos particulares e determinados, e lhes pede que os considerem como moralmente obrigatórios em consciência"; 3) "desenvolve uma importante tarefa de vigilância, advertindo os fiéis sobre a presença de eventuais erros, também implícitos, quando a consciência deles não consegue reconhecer a exatidão e a verdade das regras morais que o magistério ensina".

— Colaboração da reflexão teológico-moral com o Magistério: "apesar dos eventuais limites das argumentações humanas apresentadas pelo magistério, os teólogos moralistas são

---

196. *Ibid.*, 2035: A infalibilidade "tem a mesma extensão que o depósito da revelação divina (cf. LG, 25); estende-se ainda a todos os elementos de doutrina, incluindo a moral, sem os quais as verdades salutares da fé não podem ser preservadas, expostas ou observadas (cf. CDF, decl. 'Mysterium ecclesiae' 3)".
197. *Ibid.*, 2036: "A autoridade do Magistério se estende também aos preceitos específicos da *lei natural*, porque sua observância, exigida pelo Criador, é necessária para a salvação".
198. *Veritatis splendor*, 115.
199. Cf. L. VEREECKE, *Magistère et morale selon "Veritatis splendor"*: Studia Moralia 31 (1993) 391-401; A. CARRASCO, *Iglesia, Magisterio y Moral*: G. DEL POZO (Dir.), Comentários à "Veritatis splendor" (Madri, 1994) 429-474.

chamados a aprofundar as razões de seus ensinamentos, a ilustrar os fundamentos de seus preceitos e de sua obrigatoriedade, mostrando sua conexão mútua e a relação com o fim último do homem (...). Unindo suas forças para colaborar com o magistério hierárquico, os teólogos se empenharão em esclarecer cada vez mais os fundamentos bíblicos, os significados éticos e as motivações antropológicas que sustentam a doutrina moral e a visão do homem propostas pela Igreja".

— Assentimento dos teólogos ao ensinamento do Magistério: "compete aos teólogos moralistas expor a doutrina da Igreja e, no exercício de seu ministério, dar o exemplo de um assentimento interno e externo ao ensinamento do magistério seja no campo do dogma seja no da moral".

Aos documentos até agora mencionados convém acrescentar outros dois (ou três), os quais, embora não se apresentem como exposições da doutrina da Igreja sobre o magistério eclesiástico em moral, oferecem uma catalogação das verdades cristãs em função de seu caráter vinculante para a consciência cristã e para o ministério teológico. Refiro-me à fórmula de *Profissão de Fé* do ano 1989[200] e ao "motu próprio" *Ad tuendam fidem* do ano 1998[201] (e ao comentário de J. Ratzinger e de T. Bertone à fórmula conclusiva da *Profissão de fé*)[202]. Nesses documentos se diversificam três grupos de verdades em razão do grau de autoridade magisterial, do assentimento requerido e da conseqüente proteção jurídica que possuem:

— Verdades de fé divina e católica, propostas pela Igreja como formalmente reveladas. A Nota de Esclarecimento da CDF (Congregação para a Doutrina da Fé) cita, entre outros exemplos, a doutrina segundo a qual a eliminação direta e voluntária de um ser humano inocente é gravemente imoral.

---

200. Texto latino em: AAS 81 (1989) 104-106. Pode-se ver o comentário de F. A. SULLIVAN, *Note sulla nuova fomula per la professione di fe*: La Civiltà Cattolica 140 (1989) III, 130-139.
201. Texto, em tradução castelhana, em: Ecclesia n. 2. 902 (18 de julho de 1998) 16-17. Cfr. o comentário de L. ÖRSY, *Von der Autorität kirchlicher Dokumente. Eine Fallstudie zum Apostolischen Schreiben "Ad tuendam fidem"*: Stimmen der Zeit 216 (1998) 735-740.
202. J. RATZINGER-T. BERTONE, *Nota doctrinal aclaratoria de la fórmula conclusiva de la Profesión de fe*: Ecclesia n. 2. 902 (18 de julho de 1998) 18-21. Ver a confrontação entre J. RATZINGER e L. ÖRSY sobre o tema, e de modo especial sobre a categoria do "ensinamento definitivo", em: Stimmen der Zeit 217 (1999) 169-171, 305-316, 420-422.

— Verdades propostas pela Igreja com caráter definitivo, se bem que não como formalmente reveladas. Entre os exemplos citados pela Nota de Esclarecimento da CDF se encontra a ilicitude da eutanásia, da fornicação e da prostituição.

— Verdades ensinadas pelo Magistério como verdadeiras ou ao menos como seguras, embora não sejam propostas como definitivas.

5. Precisações e questões abertas

Considerando-se a doutrina da Igreja sobre a função do magistério no campo da moral, convém procurar compreender seu significado exato. É conveniente também assinalar os aspectos que a própria doutrina da Igreja deixa abertos e que, por isso, requerem um aprofundamento e um esclarecimento ulteriores. Esses são os dois objetivos das anotações deste parágrafo. Tanto as precisações como as questões abertas são organizadas em relação com os aspectos mais importantes da função do Magistério eclesiástico no campo da moral.

a. A fórmula "fides et mores"

Mediante essa formulação é expressa a afirmação de que a moral é objeto do Magistério eclesiástico. A respeito dela convém fazermos duas precisações: uma de caráter histórico, a outra em relação com o modo de entender seu significado atual.

Como outras tantas fórmulas teológicas, esta não teve o mesmo significado ao longo da história[203]. O termo "mores", em Santo Agostinho, aludia às formas de vida cristã ("boni mores"), especialmente sacramentais e litúrgicas[204]. Esse era também o significado usual na Idade Média. Essa fórmula não se encontra em Pedro Lombardo, mas sim no Decreto

---

203. Existe abundante bibliografia. Uma monografia: F. KALDE, *Die Paarformel "fides-mores"* (St. Ottilien, 1991). Um amplo artigo: G. F. CALABRESE, *Analisi storico-terminologica della formula "res fidei et morum" del Concilio Vaticano I nella tradizione teologica precedente*: Ricerche Teologiche 4 (1993) 323-339 e 5 (1995) 79-101. Duas aproximações mais breves: J. BEUMER, *Res fidei et morum*: Annuarium Historiae Concilium 2 (1970) 112-134; P. F. FRANSEN, *A short history of the meaning of the formula "fides et mores"*: Louvain Studies 7 (1979) 270-301.
204. *Epistola* 54 (V, 6) e 55: PL, 23, 199-223. Também: *De doctrina christiana*, 3, 10, 14; *De fide et operibus*, 7, 11.

de Graciano ("neque contra fidem neque contra bonos mores") e em Santo Tomás[205]. O Concílio de Trento[206] consolidou seu uso na linguagem teológica eclesial; sem descartar o significado moral[207], o termo "mores" não tem ainda o significado preciso de hoje, mas se estende até atingir as formas da prática eclesial e da vida cristã[208]. Foi no Concílio Vaticano II que a fórmula começou a ser usada com o significado preciso que lhe damos hoje[209]. Com esse significado preciso o termo "mores" foi usado pelo Concílio Vaticano II nos oito lugares[210] em que, com matizes lingüísticos diferentes, ele emprega essa fórmula e nos outros lugares em que alude ao seu significado[211].

O conhecimento dessas variações históricas é um dado importante para a interpretação dos textos da tradição teológica e dos documentos magisteriais. Concretamente, ajudará a não se cair em interpretações anacrônicas ou em indevidas extrapolações do sentido.

Por outro lado, situados já no significado atual da fórmula "fides et mores", convém evitar outras tentações em seu uso e em sua interpretação. A principal é a de separar, como se fossem duas realidades diferentes, a "fé" (*fides*) e a "moral" (*mores*). A moral à qual nos referimos com essa expressão é a moral *contida* na fé cristã. Mediante a expressão lingüística de "dois membros" (ou de "binômio"), alude-se a uma só realidade (a fé cristã), a qual, por sua vez, se abre para duas dimensões ou funcionalidades: "ser crida" e "ser praticada". Essa visão unitária e ao mesmo tempo binomial do conteúdo significado pela fórmula "fides et mores" foi muito bem expressada pelo Concílio Vaticano II ao falar "da fé na qual se deve crer e que deve ser praticada" (*fidem credendam et moribus applicandam*)[212].

---

205. *Supl.*, q. 36, a. 2.
206. Cf. T. LÓPEZ, *"Fides et mores" en Trento*: Scripta Theologica 5 (1973) 175-211.
207. Trento disse que a Revelação (=Evangelho) é "como fonte de toda verdade salvadora e de toda norma de conduta" (*tamquam fontem omnis et salutaris veritatis et morum disciplinae*): Denz 783 (1501).
208. "Na terminologia do Concílio de Trento, a formulação *fides et mores* não alude simplesmente à 'fé' e à 'moral' no sentido moderno, mas à fé e aos costumes, entre os quais se compreendem as formas de vida da Igreja incluídas as de caráter moral" (J. RATZINGER, *La via della fede* [Milão, 1996] 61).
209. Cf. A. RIEDL, *Die kirchliche Lehrautorität in Fragen der Moral nach den Aussagen des Ersten Vatikanischen Konzils* (Friburgo, 1979).
210. Cinco vezes em *Lumen gentium*, 25. Além de: *Lumen gentium*, 12; *Sacrosantum Concilium*, 124; *Inter mirifica*, 10.
211. *Dei Verbum*, 7; *Dignitatis humanae*, 14.
212. *Lumen gentium*, 25.

b. Interpretação dos textos magisteriais

Considero sensatas as afirmações de F. Ardusso sobre a hermenêutica dos textos magisteriais. "Os exegetas bíblicos há muito tempo fazem uso de refinados procedimentos hermenêuticos na interpretação dos textos escriturísticos (...). Por que não se poderiam dizer coisas parecidas ou análogas a respeito da interpretação dos documentos magisteriais da Igreja, os quais, entre outras coisas, mesmo quando são expressão do magistério infalível, não gozam da inspiração divina, mas somente da assistência do Espírito Santo, que os 'preserva de erro'? A hermenêutica dos documentos do magistério está apenas em seus começos. Quem se aventura por ela se torna suspeito de querer dissolver o magistério ou de ser pouco dócil aos seus ensinamentos. Sabe-se que a hermenêutica é uma tarefa difícil e arriscada, mas, ao mesmo tempo, fascinante. Diante de qualquer texto encontramo-nos numa situação de intérpretes, sejamos conscientes disso ou não. Mas seria melhor que fôssemos conscientes (...). Tanto mais que, voltando ao nosso caso, o magistério não é fonte constitutiva, mas só propositiva e, por isso, interpretativa da revelação. O verdadeiro problema de toda a hermenêutica consiste na determinação dos critérios para uma interpretação correta"[213].

Não são muitos, mas já existem estudos sobre a hermenêutica dos textos magisteriais[214]. Dos critérios hermenêuticos gerais propostos, julgo conveniente recordar três, fundamentais para se estabelecer a força vinculante dos textos magisteriais de conteúdo moral:

> — *Implicação da autoridade magisterial:* "Deve-se tomar em consideração o caráter próprio de cada uma das intervenções do Magistério e a medida em que se encontra implicada sua autoridade"[215].
>
> — *Condição para a intervenção magisterial:* compete ao teólogo "verificar cuidadosamente qual é a autoridade dessas intervenções, tal como decorre da natureza dos documentos, da insistência ao propor uma doutrina e do modo de expressá-la"[216].

---

213. F. ARDUSSO, *o. c.*, 287-289.
214. Sobressai o livro de F. A. SULLIVAN, *Capire e interpretare il Magistero* (Bologna, 1996). Também é interessante a Introdução que coloca P. Hünermann à última edição, que ele mesmo preparou, do Denzinger: *El Magisterio de la Iglesia Católica* (Barcelona, 1999).
215. *Donum veritatis*, 17.
216. *Ibid.*, 24.

— *Fonte da qual procede o documento:* "Outro fator crucial para se estabelecer o grau de autoridade dos documentos eclesiais é a fonte da qual procede determinado documento. Pode ser um concílio ecumênico, um papa falando *ex cathedra*, um concílio regional ou um sínodo episcopal, uma encíclica papal, uma congregação romana, uma conferência episcopal ou um bispo particular em sua diocese. Cada uma dessas fontes dos documentos magisteriais tem seu grau específico de autoridade"[217].

A hermenêutica é de particular necessidade em relação com as intervenções magisteriais de caráter prudencial. A Congregação para a Doutrina da Fé expôs os critérios que devem ser usados na interpretação dessa classe de documentos. No n. 24 da Instrução *Donum Veritatis* (1990) destacam-se as orientações seguintes.

Em primeiro lugar, parte-se da afirmação sobre a conveniência e, em alguns casos, a necessidade desses tipos de intervenção magisterial de ordem prudencial: "O Magistério pode intervir em assuntos discutíveis nos quais se encontrem implicados, juntamente com princípios seguros, elementos conjeturais ou contingentes".

Reconhece-se que nessas intervenções podem existir limitações e carências: "No âmbito das intervenções de ordem prudencial, pode ter sucedido que alguns documentos magisteriais não estivessem isentos de carências. Os Pastores nem sempre perceberam de imediato todos os aspectos ou toda a complexidade de um problema".

Da constatação anterior não se pode deduzir uma generalização negativa a respeito do magistério eclesiástico de caráter prudencial: "Seria contrário à verdade se, a partir de alguns casos, se concluísse que o Magistério da Igreja pode enganar-se habitualmente em seus juízos prudenciais ou que não goza da assistência divina no exercício integral de sua missão".

A posição hermenêutica deve ser outra. É necessário ter consciência dos dados. Primeiro: "Com freqüência é somente depois de certo tempo que é possível fazer uma distinção entre o necessário e o contingente". Segundo: "Foi só o tempo que permitiu fazer um discernimento e, depois de sérios estudos, conseguir um verdadeiro progresso doutrinal". Por isso impõe-se a seguinte atitude: "O teólogo, que não pode exercer bem sua tarefa sem uma certa competência histórica, tem consciência da depura-

---

217. F. A. SULLIVAN, *o. c.*, 12.

ção que se faz com o tempo. Isso não deve ser entendido no sentido de uma relativização dos enunciados da fé. Ele sabe que alguns juízos do magistério podiam ser justificados no momento em que foram pronunciados, porque as afirmações feitas continham asserções verdadeiras profundamente entrelaçadas com outras que não eram seguras".

c. Competência do Magistério no âmbito da "lei natural"

É óbvio que a lei moral natural, na medida em que é revelada, pertence ao conteúdo direto do Magistério. Com referência às normas morais que não entram diretamente no campo da revelação, já foram expostas acima as afirmações da doutrina da Igreja. Dando-as por conhecidas e aceitando-as, limito-me a assinalar algumas precisações provenientes da reflexão teológico-moral.

Sob a perspectiva histórica, convém recordar que se trata de uma questão que tem sido muito debatida. Como afirma J. Boyle, "a tradição não é unânime em atribuir ao ensinamento magisterial ou à autoridade pastoral dos bispos e do Papa as aplicações morais específicas da lei natural"[218]. Há algumas décadas existiram posições teológicas que negavam uma competência especial ao Magistério eclesiástico no terreno da lei natural[219].

Na atualidade foi conseguida maior clareza a partir do próprio ensinamento da Igreja exposto acima. O concílio Vaticano II formulou com precisão o princípio que esclarece os teólogos nessa questão a respeito da competência magisterial sobre as normas morais da lei natural: "Por vontade de Cristo, a Igreja Católica é mestra da verdade e tem por encargo dar a conhecer e ensinar autenticamente a Verdade que é Cristo e, ao mesmo tempo, declarar e confirmar, com sua autoridade, os princípios de ordem moral que dimanam da própria natureza humana"[220].

A reflexão teológica continua pesquisando para esclarecer melhor a *razão*, a *concreção* e a *vinculação* dessa competência do Magistério eclesiástico sobre a lei natural.

Para se explicar a *razão* da competência magisterial, recorre-se a dois

---

218. J. BOYLE, *The Natural Law and the Magisterium*: Ch. E. CURRAN-R. A. McCORMICK, The Magisterium and Morality (Nova York, 1982) 440.
219. J. DAVID, *Loi naturelle et autorité de l'Église* (Paris, 1968). Ver uma recontagem de opiniões em: J. FAMMERÉE, *La fonction du magistère ecclésial en morale*: Nouvelle Revue Théologique 107 (1985) 722-729.
220. *Dignitatis humanae*, 14.

tipos de argumentos: 1) a *missão* da Igreja, para cuja plena atuação *pastoral* (a salvação completa da pessoa) é necessária a competência sobre a ordem moral humana; 2) a *integração* real da ordem natural na ordem cristã, concretamente a articulação da "lex naturalis" na "lex Christi" ("lei de Cristo"). Em uma e outra forma de argumentação é respeitada a autonomia peculiar da ordem moral humana. Partindo do pensamento de Santo Tomás[221], A. Sanchís sublinhou essa autonomia do seguinte modo: "A consciência lógica é que a lei natural é um pressuposto anterior à revelação; a própria fé também a pressupõe. Esse pressuposto, por sua vez, limita o Magistério eclesiástico, o qual, como recorda o Concílio, "não está acima da palavra de Deus, mas o seu serviço para ensinar somente o que foi transmitido"[222].

Quanto à *concreção* do alcance magisterial, compreende-se que existam posições diferentes. Algumas são exageradamente "maximalistas"; outras propendem para um "minimalismo" que esvazia de conteúdo a afirmação geral sobre a competência magisterial. Em meu modo de ver, a interpretação correta é a que harmoniza a competência sobre os "princípios" gerais e sobre as "normas" concretas; permanecer em um só dos extremos seria uma solução inadequada.

Parecem-me sensatas as seguintes afirmações de F. Ardusso, que, por sua vez, as encontrou nos estudos de um especialista nessa matéria, F. A. Sullivan: "Hoje a maioria dos teólogos moralistas católicos subscreveriam as proposições seguintes:

> 1) Ao menos alguns princípios fundamentais da lei natural são formalmente revelados e, como tais, estão incluídos no objeto primário do magistério;
>
> 2) o magistério, no exercício ordinário de sua função de ensinar, é competente para aplicar a lei natural, à luz do Evangelho, aos problemas morais concretos que se apresentarem (...);
>
> 3) as determinações concretas da lei natural que têm relação com os problemas complexos ante os quais nos encontramos não são nem formal nem virtualmente reveladas. O procedimento pelo qual chegamos ao conhecimento das normas concretas segue um processo mais indutivo que dedutivo, a partir da reflexão sobre a experiência humana;

---

221. Cf. I-II, qq. 93, 94, 99, 100.
222. A. SANCHÍS, *El Magisterio eclesiástico y la interpretación ética de lo humano*: VÁRIOS, Teología y Magisterio (Salamanca, 1987) 265.

4) não está demonstrado que o magistério não possa defender e explicar princípios e valores morais do Evangelho se não estiver em condições de determinar infalivelmente a aplicação correta da lei natural aos complexos problemas concretos do homem de nosso tempo;

5) uma proposição ensinada infalivelmente significa que é irreversivelmente verdadeira. Por conseguinte, para que uma determinação concreta da lei natural possa ser objeto do magistério infalível deve ser possível estabelecê-la, em determinado momento histórico, de modo tal que nenhum desenvolvimento futuro possa pretender uma revisão substancial da lei natural em questão"[223].

O grau de *vinculação* da autoridade magisterial em suas intervenções sobre a lei natural deve ser analisado em conformidade com os princípios hermenêuticos expostos acima. No magistério não infalível nem definitivo, as intervenções magisteriais sobre a lei moral humana têm diversos graus de vinculação. Alguns distinguem dois graus[224]: o ensinamento "certo" e o ensinamento "prudencial"; no primeiro, pertencente mais ao terreno da bioética e da moral sexual e matrimonial, estaria implicada uma determinada concepção antropológica da condição humana sendo, portanto, um ensino mais próximo do universo da fé; o segundo, de caráter prudencial, se referiria à doutrina social da Igreja. De fato, a instrução *Donum vitae* fala de intervenções magisteriais "de ordem prudencial"[225].

Entretanto, a outros teólogos parece que nem a doutrina oficial católica nem o estado atual da reflexão teológico-moral encerram a questão sobre a tipificação do diverso grau de vinculação das intervenções do Magistério em questões de moral natural. Alguns seriam do parecer de não se fazer distinção tão drástica entre "moral pessoal" (bioética, moral sexual, moral matrimonial) e "moral social" ou doutrina social da Igreja, uma vez que a realização do humano, objetivo geral das intervenções magisteriais, se dá igualmente em um e outro campo e, às vezes, mais no social que no individual.

---

223. F. ARDUSSO, *o. c.*, 284-285.
224. J.-L. BRUGUÈS, *Précis de Théologie Morale* (Paris, 1994) 41-45; ID., *Dictionnaire de Morale catholique* (Cambray-lès-Tours, 1991) 249-251 ("Magistère et morale")
225. *Donum vitae*, 24.

d. A infalibilidade no campo da moral

A questão da infalibilidade foi amplamente debatida nas últimas décadas. Agora não é o caso de tratar dela novamente. Meu interesse se limita a fazer algumas anotações sobre sua aplicação no terreno da moral.

Antes de mais nada, convém sublinhar a necessidade de se adotarem duas atitudes gerais. A primeira é a de se precaver contra o perigo de reduzir a função do magistério eclesiástico à infalibilidade do "sim" ou "não"[226]. A exacerbação dessa disjuntiva desvirtuaria a autêntica e decisiva função do magistério eclesiástico. Como diz T. Bertone, "desse modo a infalibilidade se converte em medida dominante de todos os problemas da autoridade, até o ponto de substituir de fato o conceito de autoridade pelo de infalibilidade"[227].

A segunda atitude geral foi exposta em um Editorial da revista *La Civiltà Cattolica* (de 2/XI/1985) ao pedir que se distinga entre "infalibilidade" e "infalibilismo"[228]. A primeira é um carisma da Igreja e do sucessor de Pedro; o segundo é uma desvirtuação da primeira, já que supõe uma mentalidade maximalista não isenta de certo servilismo. O infalibilismo "expressa uma mentalidade maximalista, que confunde a infalibilidade com a impecabilidade ou que estende o âmbito do carisma petrino para além dos limites da revelação e do que corresponde à sua proteção e difusão. O infalibilismo é, pois, uma atitude psíquico-sociológica nem sempre isenta de servilismo, típica em certo sentido da mentalidade cortesã, que germina fora da pura doutrina da infalibilidade pessoal do papa como uma excrescência; e se em alguma ocasião, por razões contingentes, pôde representar um papel apologético, deve-se dizer que foi efeito e causa desse piramidismo eclesiástico no qual proliferaram exageros como a papolatria e o bizantinismo áulico"[229].

Diante de tendências tanto de "prevenção" perante a infalibilidade como de deslizamento para uma crescente "infalibilização"[230], continua de pé o critério esclarecedor dos concílios Vaticano I e II: "A infalibilida-

---

226. Cf. F. ARDUSSO, *o. c.*, 285-286.
227. T. BERTONE, *A proposito della recezione del Magistero e del dissenso pubblico*: L'Osservatore Romano (20/XII/1996) 1.
228. EDITORIALE, *Il ministero del Papa dopo i due Concili Vaticani*: La Civiltà Cattolica 136 (1985) IV, 209-221.
229. *Ibid.*, 217.
230. Cf. A. SCHMIED, "*Schleichende Infallibilisierung*". *Zur Diskussion und das Kirchliche Lehramt*: J. RÖMELT-B. HIDBER (Hrg.), In Christus zum Leben befreit (Friburgo, 1992) 250-274.

de, de que o divino Redentor dotou a sua Igreja quando define a doutrina de fé e costumes, abrange o depósito da revelação, que deve ser guardado com zelo e exposto com fidelidade"[231].

Acima foi exposta a doutrina da Igreja sobre a aplicação do carisma da infalibilidade no terreno da moral. Também em relação com ela a única coisa que se oferece como continuação são algumas anotações sobre o estado da reflexão teológico-moral que procura entendê-la e justificá-la sob o ponto de vista dos pressupostos epistemológicos do saber teológico.

É óbvio que os princípios morais contidos na Revelação entram plenamente no objeto primário do magistério infalível, tanto solene (do Papa e do Concílio) como ordinário (do magistério universal ordinário). Os matizes e as interrogações surgem em relação com o chamado "objeto secundário"[232].

Em primeiro lugar, convém recordar algumas precisações de caráter geral. Como diz F. Ardusso, "nem o Concílio Vaticano I, nem o Concílio Vaticano II, nem a *Mysterium Ecclesiae* (1973) assinalaram com exatidão a extensão do mencionado objeto secundário"[233]. Há diversas posições teológicas, umas de caráter maximalista, outras de tendência minimalista.

Sobre a expressão "objeto secundário" se constata, em alguns teólogos, certo mal-estar. Segundo a apreciação de F. Sabastián, "essa expressão não é muito exata. Pois a ação magisterial da Igreja não recai propriamente sobre a proposição racional, mas sobre a compatibilidade ou incompatibilidade de uma doutrina determinada (ou critério moral) com a verdade ou com as exigências da salvação revelada tal como nesse momento determinado elas são compreendidas e expressas infalivelmente pela Igreja"[234].

O assentimento devido a esse magistério infalível não pertence à fé teologal, já que, por definição, as verdades do objeto secundário não entram diretamente no conteúdo da Revelação; propriamente não são "dogmas" e, por isso, são verdades "tenendae", mas não "credendae"[235]. Essa constatação levou ao pedido de correção da formulação do n. 88 da primeira edição do *Catecismo da Igreja Católica*, no qual se pedia "uma adesão irrevogável de fé" tanto "às verdades contidas na Revelação divi-

---

231. Lumen gentium, 25.
232. Sobre a infalibilidade em relação às verdades não reveladas cf. J.-F. CHIRON, *L'infaillibilité et son objet. L'autorité du magistère infaillible de l'Église lorqu'il se prononce sur des vérités non révélées* (Paris, 1999).
233. F. ARDUSSO, o. c., 276.
234. F. SEBASTIÁN, a. c., 20.
235. Cf. F. A. SULLIVAN, *The "second Object" of Infallibility*: Theological Studies 54 (1993) 538-550.

na" como às "verdades que têm com elas um vínculo necessário"[236]. Se bem compreendo, J. Ratzinger reinterpreta o "objeto secundário" da infalibilidade mediante a categoria de "magistério definitivo" usada para o segundo nível de verdades propostas na Fórmula de Profissão de Fé do ano 1989[237].

O magistério *infalível extraordinário* ou *solene* do Papa e do Concílio abrange a moral natural não só na medida em que ela está contida na Revelação, mas também enquanto ela entra no "objeto secundário". Não obstante, até o presente não se conhecem intervenções do magistério infalível solene em questões de moral[238]. "Pelo que sabemos, até hoje o Magistério extraordinário nunca procedeu a declarações desse gênero em matéria moral. Mas nada impede que o faça"[239]. É opinião generalizada que o conteúdo moral das encíclicas *Casti connubii*[240], *Humanae vitae*[241] e *Evangelium vitae*[242] não têm a infalibilidade do magistério solene do Papa. A esse respeito seria conveniente tomar em consideração a norma do cânon 749, parágrafo terceiro: "nenhuma doutrina será considerada definida infalivelmente se não constar assim de modo manifesto"[243].

O Magistério *ordinário*[244], quando é ao mesmo tempo *universal*, goza também do carisma da infalibilidade: "Os bispos, considerados isoladamente, não gozam do privilégio da infalibilidade; não obstante, quando dispersos pelo mundo, mas em comunhão entre si e com o sucessor de Pedro, ensinam quais são a fé e a moral autênticas, se estão de acordo em manter uma opinião como definitiva, proclamam infalivelmente o ensinamento de Cristo"[245]. A esse magistério infalível[246] se

---

236. Cf. F. A. SULLIVAN, *Capire e interpretar il Magistero...*, 91.
237. J. RATZINGER, *Schlusswort zur Debatte mit Pater Örsy*: Stimmen der Zeit 217 (1999) 420.
238. F. A. SULLIVAN, *o. c.*, 94.
239. J.-L. BRUGUÈS, *Precis...*, 43.
240. F. A. SULLIVAN, *o. c.*, 94-95.
241. Cf. C. ARTHE, *Morale et infaillibilité*: Catholica 39/40 (1993) 7-26.
242. J. PEREA, *Valor magisterial de las fórmulas empleadas en la "Evangelium vitae"*: Moralia 19 (1996) 11-21; F. A. SULLIVAN, *o. c.*, 175-182.
243. O Comentário da BAC (Madri, 1983) anota: "as questões relacionadas com a infalibilidade são tão importantes que o parágrafo 3, apresentando o do mesmo número do antigo c. 1323, estabelece uma presunção favorável à não infalibilidade de uma doutrina, enquanto não se demonstre o contrário" (p. 393).
244. O termo Magistério "ordinário" foi utilizado pela primeira vez, em um documento oficial, por Pio IX na carta *Tuas libenter* (21/XII/1863) (F. A. SULLIVAN, *o. c.*, 113). Cf. J. P. BOYLE, *The Ordinary Magisterium: Towards a History of the Concept*: The Heythrop Journal 20 (1979) 380-398; 21 (1980) 14-29.
245. *Lumen gentium*, 25.
246. Cf. L. J. WELCH, *The Infallibility of the Ordinary Universal Magisterium: A Critique of some recent observations*: The Heythrop Journal 39 (1998) 18-36.

aplica, segundo os autores[247], a norma do parágrafo terceiro do cânon 749, isto é, a presunção de não infalibilidade em caso de dúvida. Quando o conteúdo magisterial pertence à Revelação, o assentimento se situa na ordem da fé teologal; quando se refere ao "objeto secundário", as verdades não são "cridas", mas "aceitas"[248]. Essas últimas pertenceriam ao segundo grupo da catalogação feita pela fórmula de Profissão de Fé de 1989.

A questão mais difícil no que se refere à infalibilidade do magistério ordinário universal é a *verificação* da existência das condições requeridas. Segundo F. A. Sullivan, há dois critérios fundamentais[249]: 1) o consentimento requerido para o ensinamento infalível do magistério moral ordinário deve ser constante e duradouro; 2) nenhuma doutrina se entende infalivelmente ensinada se isso não constar manifestamente, constatação essa que não aparece quando não há consenso entre os teólogos católicos a respeito do fato de que essa doutrina foi realmente ensinada de modo infalível. Esse consenso teológico não é condição de infalibilidade, mas sinal de que as condições requeridas estão dadas.

Aplicando-se essa doutrina sobre a infalibilidade do magistério ordinário universal ao campo da moral, deve-se reconhecer, em primeiro lugar, que pode dar-se um ensinamento moral dessa índole que pertença à Revelação. Segundo a Nota de Esclarecimento da Fórmula da Profissão de Fé, entra nessa categoria a afirmação da ilicitude moral da morte direta infligida a um inocente[250].

Quanto aos conteúdos morais que pertencem ao chamado "objeto secundário": se ele é identificado com a categoria de "magistério definitivo", deveriam ser incluídas nele também as três verdades que a citada Nota de Esclarecimento coloca entre as "definitivas": a ilicitude da eutanásia, da fornicação e da prostituição[251]. No que se refere às três grandes afirmações da encíclica *Evangelium vitae* sobre a morte direta infligida a um inocente (n. 57), sobre o aborto (n. 62) e sobre a eutanásia (n. 65), compete à reflexão teológica do futuro esclarecer as *razões* pelas quais essas afirmações têm um caráter definitivo: em razão do magistério ordinário infalível? em razão da confirmação pelo Papa? A esse respeito de-

---

247. F. A. SULLIVAN, *o. c.*, 121.
248. Cf. *Ibid.*, 111-113.
249. *Ibid.*, 122-123.
250. J. RATZINGER-T. BERTONONE, *Nota Doctrinal Aclaratoria de la Fórmula conclusiva de la Profesión de Fe*: Ecclesia n. 2. 902 (18 de julho de 1998) 20.
251. *Ibid.*, 20-21.

vem ser ponderadas as fórmulas precisas usadas nessas intervenções, de acordo com a tradição e com a doutrina oficial da Igreja.

É discutido se a doutrina católica sobre a contracepção pertence ao conteúdo do magistério ordinário infalível[252]. Alguns sustentam a posição afirmativa. Não obstante, creio que a maior parte dos moralistas católicos não apóia essa opinião. Às teses afirmativas, por exemplo de J. C. Ford e de G. Grisez, opõe-se F. A. Sullivan, entre outras razões, pela falta de consenso entre os teólogos; esse consenso, segundo ele, não é condição da infalibilidade, mas é um sinal de que se verificam as exigências requeridas para ela[253].

Para interpretar o magistério infalível, solene ou ordinário, em relação com a moral convém tomar em consideração os níveis de verdade que existem na afirmação moral. Uma coisa é a verdade dos *princípios*, outra a verdade das *aplicações* concretas. Aceitando-se a afirmação de que o objeto da infalibilidade se estende a tudo o que é abrangido pelo depósito da Revelação, "quando se trata de verdades cuja vinculação com o fundamento da fé cristã é distante e indireta, torna-se mais que problemático supor que uma formulação dogmática sobre elas, expressada com todas as limitações da linguagem humana, entre no âmbito do que Deus revelou"[254]. Segundo constata e afirma F. A. Sullivan, "a opinião mais comum é que as normas particulares da lei natural não são objeto do magistério infalível"[255].

e. Anotações complementares

Há outras questões em relação com o magistério eclesiástico no campo da moral que foram e são debatidas. Uma das mais atraentes é a do *dissentimento* ou dissenso relativo a algumas intervenções doutrinais do magistério ordinário. Ao lado de posições que o aceitam e até o justificam[256] há outras, de tom mais equilibrado e concili-

---

252. Cf. G. GRISEZ-F. SULLIVAN, *Quaestio disputata. The Ordinary Magisterium's Infallibily*: Theological Studies 55 (1994) 720-838 (ver as discussões precedentes em: Theological Studies 39 [1978] 258-312; 54 [1993] 536-550).
253. F. A. SULLIVAN, *Capire e interpretare il Magistero...*, 120-122.
254. J. M. DÍEZ ALEGRÍA, *Mi experiencia personal en cuanto se refiere a la relación "teología-magisterio"*: VÁRIOS, Teología y Magisterio (Salamanca, 1987) 48.
255. F. A. SULLIVAN, *The Authority of the Magisterium on Questions of Natural Moral Law*: Ch. E. CURRAN-R. A. McCORMICK (ed.), Dissent in the Church (Nova York, 1988) 42-57 ("the more common opinion: particular norms of natural law are not object of infallible teaching": p. 53).
256. R. A. McCORMICK, *The Critical Calling* (Washington, 1989) 26-46; Ch. E. CURRAN, *The Catholic Moral Tradition Today* (Washington, 1999) 215-221. Ver o livro de recompilação de estudos a favor e os contra: Ch. E. CURRAN-R. A. McCORMICK (ed.), *Dissent in the Church* (Nova York, 1989).

ador[257]. A questão foi tratada pela própria autoridade[258]: de forma ampla pela Congregação da Doutrina da Fé[259], e de maneira taxativa pelo Papa, que expressou a seguinte atitude negativa, se bem que com a limitação formulada entre duas vírgulas, a qual matiza a frase principal: "*O dissenso*, com base em contestações calculadas e em polêmicas nos meios de comunicação social, *é contrário à comunhão eclesial e à reta compreensão da constituição hierárquica do povo de Deus*"[260].

No futuro a reflexão teológico-moral deve continuar analisando o significado e a função do "sensus fidelium" para uma compreensão mais eclesial do magistério. Y. Congar observou a importância da categoria teológica da "aceitação"[261], definindo-a como "o processo pelo qual um corpo eclesial faz sua como verdade uma determinação que ele não deu a si, reconhecendo, na medida promulgada, uma regra pertencente à sua vida"[262]. Foi estudado o processo de "aceitação" de alguns documentos magisteriais, como a encíclica *Humanae vitae*[263]. Juntamente com a categoria teológica de "aceitação", deve ser aprofundada a realidade, também eclesial, do "sensus fidelium". Esse estudo ajudará a compreender melhor a função do magistério nas questões morais[264].

São importantes as questões tratadas até aqui, mas creio que o mais decisivo para uma reta compreensão do magistério eclesiástico em moral é pôr o acento na *ordem salvífica da fé*. O Magistério, segundo uma visão mais tradicional e profunda expressada pelo Vaticano II[265], é uma mediação da Revelação, e suas intervenções são em função da vida cristã. A edificação da comunidade cristã e a salvação da humanidade em geral é o objetivo primário do Magistério. "A fé, como vimos, compreende decisões fundamentais de conteúdo moral. A função do Magistério consiste, em

---

257. F. A. SULLIVAN, *Recent Theological Observations on Magisterial Documents and Public Dissent*: Theologial Studies 58 (1997) 509-515; ID., *Capire e interpretare il Magistero...*, 34-36.
258. Cf. T. BERTONE, *A propos de la réception des Documents du Magistère et du désaccord public*: La Documentation Catholique 94 (1997) 108-112.
259. *Donum veritatis*, 32-39.
260. *Veritatis splendor*, 113.
261. Y. CONGAR, *La "réception" comme réalité ecclésiologique*: Revue des Sciences Philosophiques et Théologiques 56 (1972) 369-402 = *La recepción como realidad eclesiológica*: Concilium n. 77 (1972) 57-86.
262. *La "réception" comme réalité ecclésiologique*, 370.
263. Cf. F. ARDUSSO, *o. c.*, 151-155.
264. Cf. B. SESBOÜÉ, *Le "sensus fidelium" en morale à la lumière de Vatican II*: Le Supplément n. 181 (1992) 153-166.
265. *Dei Verbum*, 10.

primeiro lugar, em continuar a exortação apostólica e em defender essas decisões fundamentais tanto do abandono da razão à temporalidade como da capitulação dela diante da onipotência da práxis. Dessas decisões fundamentais se pode dizer que correspondem ao conhecimento fundamental da razão humana, obviamente purificadas, aprofundadas e ampliadas pelo contato com a vida de fé"[266].

A condição salvífica do magistério moral provém da conexão interna entre a moral e a fé tanto na Revelação como na vida cristã. A moral cristã assume o fundo da fé e se encarna na racionalidade ética; pela vertente da fé, ela pertence à ordem da Revelação, e pela vertente da racionalidade ela é um lugar de diálogo com todas as pessoas de boa vontade. A competência do Magistério se refere à totalidade da verdade moral cristã em suas duas vertentes; não obstante, a peculiaridade de sua perspectiva e de seu objetivo consiste na dimensão salvífica da fé[267]. Essa orientação própria do Magistério foi formulada e justificada pela Instrução *Donum vitae*: "O Magistério da Igreja não intervém em nome de uma competência particular no âmbito das ciências experimentais (...). A intervenção da Igreja nesse campo como em outros se inspira no amor que ela deve ao homem, que ela ajuda a reconhecer e a respeitar seus direitos e seus deveres. Esse amor se alimenta do manancial da caridade de Cristo: mediante a contemplação do mistério do Verbo Encarnado, a Igreja conhece também o 'mistério do homem' (GS 22; *Redemptor Hominis* 8); anunciando o Evangelho da salvação, ela revela ao homem sua dignidade e o convida a descobrir plenamente a verdade sobre si mesmo. A Igreja propõe a lei divina para promover a verdade e a libertação"[268].

Nessa perspectiva salvífica adquire um significado novo a competência magisterial no campo da moral; ela não é uma competência "técnica", mas uma competência que corresponde à ordem da salvação. Por outro lado, as formulações teológicas e as intervenções magisteriais no campo da moral devem refletir essa estrutura da verdade moral cristã. No seu conteúdo de fé elas não são cognoscíveis senão por meio da Revelação; em sua encarnação racional, são compreensíveis também para a razão humana.

Essa peculiaridade da verdade moral cristã está no fundo da apresentação que o Concílio Vaticano II faz do Magistério eclesial em sua

---

266. J. RATZINGER, *La via della fede* (Milão, 1996) 53.
267. Cf. F. ARDUSSO, *o. c.*, 280-283.
268. *Donum vitae*, Introdução, nn. 5-6.

"grandeza" e em sua "debilidade", em sua "especificidade" e em seu "compartilhar": "A Igreja, guarda do depósito da Palavra divina, onde se vão buscar os princípios da ordem religiosa e moral, embora nem sempre tenha uma resposta já pronta para cada uma dessas perguntas, deseja, no entanto, juntar a luz da revelação à competência de todos os homens, para que assim receba luz o caminho recentemente empreendido pela humanidade"[269].

Essa afirmação do Concílio Vaticano II é, em minha opinião, a melhor apresentação do significado e da função do Magistério no campo da moral. Em todo caso, é a melhor síntese do que eu quis exprimir nesta parte sobre o Magistério como lugar epistemológico da reflexão teológico-moral.

Bibliografia:

ARDUSSO, F., *Magisterio eclesial,* San Pablo, Madri, 1997.
GÓMEZ MIER, V., *La evolución de las epistemologías desde 1960. Reflexiones para la teología*, Moralia 18 (1995) 95-138.
ID., *De la tolerancia a la libertad religiosa*, PS, Madri, 1997, 11-32.
PRIVITERA, S., *Epistemología moral,* VÁRIOS, Nuevo Diccionario de Teología Moral, San Pablo, Madri, 1992, 551-578.

---

269. *Gaudium et spes*, 33.

4
O MÉTODO NA TEOLOGIA MORAL

I. CONSIDERAÇÕES GERAIS SOBRE O MÉTODO NA TEOLOGIA MORAL

1. Noção

Às vezes se identifica o "método" com a "epistemologia". Há, contudo, uma grande diferença entre essas duas realidades. A epistemologia da Teologia moral se refere à constituição normativa do discurso teológico-moral como tal; ela se identifica praticamente com as "fontes" ou com os "lugares" de dito saber. É esse o significado que lhe demos no capítulo precedente.

Sob o conceito de metodologia se entende o procedimento, o "caminho" pelo qual se consegue descobrir e expor a verdade moral. A epistemologia considera a *episteme*, isto é, a constituição científica ou crítica do discurso; por seu lado, a metodologia considera o *procedimento* que se usa no funcionamento do discurso já constituído.

Para se propor uma metodologia na Teologia moral é necessário tomar em consideração:

— *A metodologia da Ética racional.* Em certa medida, o discurso teológico-moral funciona considerando as diversas opções tidas como válidas no discurso da racionalidade moral filosófica[1].

---

1. Sobre o método na ética racional, ver estes dois estudos clássicos: H. SIDWICK, *The Methods of Ethics* (Nova York, 1966, reimpressão); A. EDEL, *El método en la teoría ética* (Madri, 1968).

— *A metodologia da Teologia em geral*, já que o discurso ético-teológico participa dos mesmos meios que o discurso teológico comum[2].

Com esses pressupostos pode-se chegar a configurar uma proposta sobre o método da Teologia moral como saber próprio e específico, ao mesmo tempo *ético* e *teológico*[3].

2. Funções

O método da Teologia moral não pode ser reduzido a uma única função, nem limitado a um só procedimento. Entre as funções do método se contam as seguintes:

— a *descrição* do fato moral;
— a *análise* dos condicionamentos que, seguindo as três grandes variáveis do humano (a história, a cultura e a situação pessoal), são históricos, culturais e situacionais;
— a *hermenêutica* dos diversos significados implicados na verdade moral;
— o *raciocínio* para se chegar a um juízo de caráter descritivo ou propositivo ou normativo;
— a *lógica* na proposta da verdade moral alcançada, com seus componentes lingüísticos, conceituais e meta-formais;
— a *justificação* da própria opção, respeitando outras opções e dialogando com elas.

3. Procedimentos e tipos de método

A forma de usar esses elementos do método moral permite a

---

2. Da abundante bibliografia sobre o método teológico, destaco alguns títulos representativos de outras tantas tendências: W. PANNENBERG, *Interpretación de la fe* (Salamanca, 1973); Z. ALSZEGHI-M. FLICK, *Come si fa la teologia* (Alba, 1974); C. BOFF, *Teología de lo político. Sus mediaciones* (Salamanca, 1980); B. LONERGAN, *Método en teología* (Salamanca, 1988).
3. Da abundante bibliografia destaco alguns títulos mais significativos: R. HOFMANN, *Moraltheologische Erkenntnis und Methodenlehre* (Munique, 1963); P. VALORI, *Significato e metodologia della ricerca morale oggi*: Gregorianum 58 (1977) 55-86; T. GOFFI, *Rifessioni sul metodo in teologia morale*: Rivista di Teologia Morale 12 (1980) 353-376; K. DEMMER, *Moraltheologische Methodenlehre* (Friburgo-Viena, 1989); W. LESCH, *Methoden der Ethik*: H. ROTTER-G. VIRT (Hrgs.), Neues Lexikon der christlichen Moral (Innsbruck-Viena, 1990) 493-501; F. FERRERO, *Metodología de las ciencias morales*: M. VIDAL (Dir.), Conceptos fundamentales de ética teológica (Madri, 1992) 221-232.

prevalência de um procedimento ou de outro. Em conseqüência disso, podem ser individualizados vários tipos de método. Sem pretender enumerá-los todos, destaco os seguintes:

— o método *descritivo*, no qual prevalece a análise do fato moral em todo o seu amplo significado de condicionamentos e de variáveis[4];
— o método *parenético*[5];
— o método *normativo*, para o qual vale sobretudo a lógica da normatividade[6];
— o método *analítico*, em relação preferencial com a análise lingüística[7];
— o método *hermenêutico*[8];
— o método *fenomenológico*[9];
— o método da *experiência*, em estreita relação com o precedente[10];
— o método *casuísta*

É impossível analisar todos e cada um dos métodos enumerados — e mais alguns que poderiam ser mencionados. Limitamos a consideração ao *método narrativo*, por causa de sua originalidade e de sua atualidade.

No que se refere ao método narrativo, pretendo analisar seus pressupostos, seu funcionamento, e a avaliação que ele merece no conjunto da metodologia da ética teológica. Para conseguir esse objetivo, formularei três séries de abordagens. A primeira alude à importância que a normatividade conseguiu no discurso atual da reflexão teológica. Sobre o fundo dessa ambientação, a segunda abordagem expõe os dados essenciais

---

4. G. PALO, *Per una lettura del fatto etico* (Asís, 1977); S. PRIVITERA, *Ética descriptiva*: VÁRIOS, Nuevo Diccionario de Teología Moral (Madri, 1992) 666-670.
5. S. PRIVITERA, *Parénesis*: VÁRIOS, Nuevo Diccionario de Ética Teológica (Madri, 1992) 1321-1327. B. Häring preferia a *paráclesis* à *parénesis*, já que a primeira (com um amplo uso no Novo Testamento: 25 vezes) indica não só exortação mas também consolação e além disso alude à ação do Espírito Consolador; a *parénesis* (com um uso limitado no Novo Testamento: Atos 27,9.22) sublinha sobretudo a dimensão obrigante do imperativo moral.
6. S. PRIVITERA, *Ética normativa*: VÁRIOS, Nuevo Diccionario de Teología Moral (Madri, 1992) 706-713.
7. S. PRIVITERA, *Metaética*: VÁRIOS, Nuevo Diccionario de Teología Moral (Madri, 1992) 1154-1161; V. CAMPS, *Lenguaje ético*: Ibid., 1005-1012.
8. W. KERBER, *Hermeneutik in der Moraltheologie*: Theologie und Glaube 44 (1969) 42-66.
9. P. VALORI, *L'esperienza morale. Saggio di una fondazione fenomenologica dell'etica* (Brescia, 1971).
10. D. MIETH, *Moral und Erfahrung*, 2 vol. (Friburgo, 1982, 1998); S. PRIVITERA, *Experiencia moral*: VÁRIOS, Nuevo Diccionario de Teología Moral (Madri, 1992) 745-750.

da teoria lingüística da narratividade. Por último, essa teoria geral é aplicada ao discurso ético.

II. A NARRATIVIDADE NO DISCURSO TEOLÓGICO

Na semiótica, preferencialmente de signo estrutural, foi privilegiado o estudo sobre a teoria lingüística do gênero "relato". Surge assim a "narrativa" como sistematização das estruturas lingüísticas do relato. Fala-se também de "narratividade", aludindo-se à qualidade do narrativo. No presente contexto, os termos "narratividade" ou "narrativo" são empregados em alusão às estruturas lingüísticas da narração ou do relato.

A aplicação das normas e das técnicas narrativas ao discurso da fé é uma das inovações recentes no campo dos saberes teológicos.

O gênero narrativo foi redescoberto pela teologia nos últimos decênios. Tanto é assim que se chega a formular a proposta de uma "teologia narrativa", a qual vem somar-se à lista das teologias dos genitivos ("de libertação" etc.) e dos adjetivos ("hermenêutica", "política" etc.). A maior parte desses modelos de teologia não se opõem entre si; cada um deles indica somente um deslocamento do interesse metodológico e/ou temático. A ênfase da teologia narrativa reside no gênero literário que ela privilegia para formular o discurso teológico.

A proposta da teologia narrativa consiste em usar, de modo preferencial, as estruturas narrativas para veicular a mensagem cristã. Ela justifica essa opção pela coerência entre o gênero narrativo e a peculiaridade do conteúdo da fé. Com efeito, tanto a narratividade como a fé cristã se movem dentro das coordenadas da historicidade, da comunicação, da evocação etc. A antropologia cultural e as ciências da linguagem oferecem a possibilidade de um diálogo rico e fecundo com o discurso teológico em ordem à configuração do método narrativo em Teologia.

No surgimento da teologia narrativa é necessário reconhecer a atração que a semiótica exerce em todos os saberes, incluído o saber teológico. A narratividade é um universo de signos lingüísticos no qual se condensam em grande medida as leis da semiótica e que, por outro lado, se torna próximo do âmbito da fé.

Além desse desejo de diálogo com a semiótica, há na gênese da teologia narrativa outro fator não menos importante: o cansaço produzido pelos métodos excessivamente racionalizados e racionalizantes. Como reação, busca-se um caminho teológico mais vital, que conduza diretamente às raízes da fé e que ajude a redescobrir a experiência do encontro religioso.

A vida da comunidade cristã se constitui mediante a narração "do que Jesus fez e disse", transmitida de geração em geração. O cristianismo é a presença de Deus em Cristo contada como História salvífica e recontável continuamente no presente da fé. Daí que experiência de fé e narratividade sejam duas vertentes de uma mesma realidade: o relato convertido em atualização salvífica.

Convém observar que não há oposição entre narração e argumentação. Mais ainda, a proposta da teologia narrativa assinala expressamente a complementaridade e a circularidade das estruturas narrativas e das estruturas argumentativas. Com a argumentação a narração perde a falsa ingenuidade, e com a narração a argumentação adquire vitalidade.

Os resultados ou as concreções da teologia narrativa ainda não são abundantes. Contudo, o método narrativo se apresenta prometedor para o discurso teológico. J. B. Metz, a quem se atribui o "manifesto" a favor da teologia narrativa (1973), usou a narratividade para destacar o caráter subversivo e emancipador do relato/recordação da morte e da ressurreição de Cristo[11]. E. Schillebeeckx liga a estrutura narrativa à estrutura experiencial da fé. Para ele, a teologia se apóia e se configura como uma "experiência aberta"; pois bem, o universo experiencial tem uma estrutura narrativa[12]. Outras correntes teológicas usam o gênero narrativo para destacar a função da fé como "processo de voltar a contar" (*Nacherzählen*), fazendo do relato cristão uma "leitura aberta" na qual os acontecimentos e os problemas do presente adquirem esclarecimento[13].

Essas e outras possibilidades são oferecidas pelo gênero narrativo quando usado adequadamente no discurso teológico[14]. O futuro julgará sua validade e consistência reais.

---

11. J. B. METZ, *Breve apología de la narración*: Concilium n. 85 (1973) 222-238; ID., *Erlösung und Emanzipation*: Stimmen der Zeit 191 (1973) 171-184; ID., *La fe en la historia y en la sociedad* (Madri, 1979).
12. Ver, sobretudo, o segundo volume de sua trilogia cristológica: E. SCHILLEBEECKX, *Cristo y los cristianos. Gracia y Liberación* (Madri, 1982), especialmente pp. 19-71. "Quem teve uma experiência se converte *ipso facto* em *testigo*: tem uma mensagem. Conta o que ocorreu. E esse relato abre aos demais uma nova possibilidade de vida, algo em movimento. A autoridade da experiência volta-se, pois, operativa ao ser narrada. A competência experiencial tem uma *estructura narrativa*" (p. 30).
13. Cf. E. JÜNGEL, *Gott als Geheimnis der Welt* (Tübingen, 1977), especialmente pp. 408-543; H. ZAHRNT, *Warum ich glaube* (München-Zürich, 1977).
14. Para uma aproximação ao tema da teologia narrativa, remetemos a: H. WEINRICH, *Teología narrativa*: Concilium n. 85 (1973) 210-221; B. WACKER, *Narrative Theologie?* (München, 1977); J. J. ALEMANY, *Narrar la fe*: Razón y Fe 205 (1982) 601-607; R. MARLÉ, *La théologie, un art de raconter?*: Études 358 (1983) 123-137.

III. ANÁLISE DA ESTRUTURA NARRATIVA POR SI MESMA

Pensando na aplicação da estrutura narrativa ao discurso teológico e mais especificamente à reflexão teológico-moral, assinalo a seguir os elementos básicos de uma teoria sobre essa estrutura.

As pesquisas sobre a estrutura do relato usam e aplicam técnicas derivadas dos estudos sobre lingüística (segundo as orientações de F. de Saussure), sobre antropologia cultural (de acordo com as análises e propostas de C. Lévi-Strauss), sobre as expressões literárias (poética) segundo os formalistas russos (T. Todorov, V. Propp etc.) e sobre semiótica moderna (A. J. Greimas etc.). Essa última abordagem — a semiótica estrutural — é a que proporciona a orientação mais atual para a análise da estrutura narrativa.

A teoria moderna sobre a narratividade deve ser unida ao método estrutural. Nessa consideração, o texto é analisado não em seu devir diacrônico (consideração própria do método histórico-crítico), mas numa perspectiva sincrônica, isto é, como expressão lingüística das estruturas de significado. O que se pretende é descobrir os sistemas semióticos que funcionam no texto considerado por si, já que é precisamente mediante esses sistemas que o autor compôs o discurso, que, nesse caso, é um relato.

O relato é um universo literário, uma organização de signos lingüísticos com coerência e consistência próprias. A estrutura da narração se forma mediante "os diversos modos pelos quais o relato ordena o material de acontecimentos e o transforma, por meio da correlação e do jogo dos elementos narrativos, em uma composição literária". O narrador não copia a realidade, mas a recria. É inevitável o "perspectivismo" do narrador, já que o relato é um universo literário criado por ele. Daí que o relato deva ser considerado dentro da atividade simbólica, da "poética" em sentido aristotélico retomado pelos formalistas russos[15].

A estrutura narrativa se resolve, em última instância, em uma fórmula embrionária composta de um nome e um verbo que começam a funcionar sob a influência do anúncio: "era uma vez um homem chamado... que... + verbo". Desse embrião surge a trama do relato, isto é, a concatenação dos acontecimentos segundo um princípio unificador, que os ordena e os relaciona. A trama se forma mediante três fatores, que são os três elementos essenciais do relato. Um relato ideal começa pela descrição de uma situação estabelecida, a qual vem perturbar uma força de-

---

15. Cf. T. TODOROV, *Poétique de la Prose* (Paris, 1971), especialmente pp. 118-185.

terminada, surgindo assim um estado de desequilíbrio; outra força, de sinal contrário, faz seu aparecimento e restabelece o equilíbrio; mas esse segundo equilíbrio, ainda que semelhante, nunca será idêntico ao primeiro. Desse modo, o relato se compõe de um começo (situação inicial), de um desenvolvimento central (crise) e de um final (novo equilíbrio)[16].

A trama do relato, base da estrutura narrativa, existe pela presença de um tecido de signos que atuam para representar o universo da narratividade. Os signos se entrelaçam de tal modo que formam uma gramática narrativa com sua morfologia ou taxionomia e com sua sintaxe ou combinação de elementos[17].

A gramática estrutural do relato, ou a estruturação do texto narrativo, é o resultado da combinação de dois tecidos de signos:

O tecido das palavras, que dá lugar às estruturas significantes do relato. Com o tecido verbal se constitui o discurso ou a narração em sua dimensão formal ou significante (o relato *relatante*). São muitas as técnicas lingüísticas empregadas para a formação do discurso narrativo. As principais se referem às categorias de temporalidade, espacialidade, duração etc.

O tecido das ações, que dá lugar às estruturas do significado. Mediante essas estruturas o relato se configura em sua dimensão significativa (o relato *relatado*). Em contraposição ao tecido das "palavras", o das ações se refere às "coisas" que compõem a narração. A análise estrutural do relato mostrou sistemas organizadores que correspondem a uma lógica e que constituem a gramática estrutural do relato. Os estudos de análise estrutural mostraram a existência de diferentes códigos na composição da ação narrada. Dentre esses códigos sobressai o dos *actantes,* termo que designa não personagens fixas, mas suportes de funções; os actantes são organizados segundo sua posição funcional: Sujeito-Objeto, Emitente-Destinatário etc.

Deve-se reconhecer que a semiótica estrutural dá a impressão de jogar com o esoterismo em suas análises da estrutura narrativa; parece também exagerada e ostentosa a armação lingüístico-formal para se chegar a resultados de leitura textual que podem ser conseguidos sem necessidade de tanto gasto com equipamento. Não devem, contudo, ser desprezadas essas tentativas de construir uma gramática estrutural do relato. Esses estudos, bem como outros de signo diferente[18], ajudam a descobrir a ri-

---

16. *Ibid.*, 121.
17. Cf. A. J. GREIMAS, *En torno al sentido. Ensayos semióticos* (Madri, 1973) 185-217, 219-269; ID., *Du sens II. Essais sémiótiques* (Paris, 1983) 19-67.
18. Cf. W. BENJAMIN, *El narrador.* Revista de Occidente n. 43 (1973) 301-333; P. RICOEUR, *La fonction narrative*: Études théologiques et religieuses 54 (1979) 209-230.

queza do gênero narrativo em geral e, em nosso caso concreto, do relato da fé em particular.

IV. O MÉTODO NARRATIVO NA ÉTICA TEOLÓGICA

A reflexão teológico-moral também lançou a proposta do modelo de uma "ética narrativa". Em algumas ocasiões essa proposta se reduz a mera imitação da teologia narrativa. Há autores que se limitam a tomar nota da necessária inflexão narrativa e a manifestar bons desejos em relação à incorporação da narratividade ao discurso teológico-moral[19].

1. Funções da narratividade na ética

As linhas realmente operativas da ética narrativa se concretizam em dois campos: no da hermenêutica ou interpretação dos textos com carga ética, e no da configuração de um novo modelo de normatividade cristã.

A primeira função da ética narrativa é ler o conteúdo ético existente nos "relatos". Com freqüência a tradição moral foi reduzida às formas de transmissão argumentativa: textos filosóficos ou teológicos, intervenções oficiais do magistério eclesiástico etc. Os veios mais ricos da tradição moral estão, ao contrário, nas formas narrativas:

— a moral bíblica se apresenta basicamente, se bem que não de modo exclusivo, em estruturas narrativas;
— a vida dos fiéis, sobretudo nos momentos e nas pessoas mais qualificadas, constitui um relato vivo ("texto vivo") da ética cristã;
— a Liturgia, em suas múltiplas manifestações, contém uma notável riqueza moral, que deve ser lida através da narrativa simbólica[20];
— as variadas manifestações do espírito humano (literatu-

---

19. Cf. S. PRIVITERA, *Per una narratività del modello normativo*: Rivista di Teologia Morale 8 (1976) 521-542; ID., *Ética narrativa*: VÁRIOS, Nuevo Diccionario de Teología Moral (Madri, 1992) 700-706; J. ENDRES, *Narrative Theologie. Narrative Ethik*: Studia Moralia 15 (1977) 155-169; T. GOFFI, *Etica cristiana narrativa. Verso un metodo nuovo in teologia morale?*: Rivista di Teologia Morale 12 (1980) 345-352.
20. Cf. Ph. J. ROSSI, *Narrative, Worship and Ethics*: Journal of Religious Ethics 7 (1979) 239-348.

ra, cinema, artes plásticas etc.) oferecem abundante conteúdo ético mediante formas preferentemente narrativas[21].

A alusão a esses veios expressivos da tradição moral põe em relevo a necessidade do emprego de uma hermenêutica própria da narratividade ética. Convém recordar que a metodologia moral clássica propiciou, de modo mais ou menos direto e mais ou menos explícito, o uso de técnicas adequadas para se captar a experiência moral diacrônica (a tradição ética) e sincrônica (as manifestações presentes do fenômeno moral)[22]. A proposta da ética narrativa se situa dentro dessa orientação. O que ela traz como novo e original consiste em dar maior ênfase ao uso da hermenêutica narrativa e em postular o emprego das técnicas modernas da narrativa estrutural.

A segunda maior função da ética narrativa consiste em oferecer um modelo alternativo ao discurso da normatividade moral. Diante do modelo argumentativo (de forma preferentemente abstrata e dedutiva) aparece, como solução alternativa, o modelo narrativo (de orientação predominantemente concreta e indutiva).

2. Anotações avaliativas

A discussão sobre o modelo narrativo como forma de expressão do discurso teológico-moral teve lugar nos últimos anos na América do Norte e com referência direta às propostas de um autor: S. Hauerwas, cujo nome é considerado indissoluvelmente ligado ao modelo da ética narrativa[23].

Em meu modo de entender a questão, há três afirmações básicas que marcam a orientação para uma solução verdadeira:

Primeira afirmação: o modelo narrativo é um dos modelos coerentes com a peculiaridade da normatividade cristã. Dito de outro modo, a narratividade é uma forma de racionalidade ética adequada ao tipo de

---

21. D. MIETH, *Narrative Ethik. Der Beitrag der Dichtung zur Konstituierung ethischer Modelle*: Friburgoer Zeitschrift für Philosophie und Theologie 22 (1975) 297-326; ID., *Dichtung und Moral* (Mainz, 1976); ID., *Epik und Ethik* (Tübingen, 1976).
22. Cf. F. FERRERO, *Ciencias morales (metodología)*: Diccionario Enciclopédico de Teología Moral (Madri, 1978³) 1262-1277; ID., *Manifestaciones actuales de la experiencia moral*: Iglesia Viva n. 102 (1982) 537-552.
23. Ver suas primeiras obras: S. HAUERWAS, *Vision and Virtue* (Notre Dame, 1974); *Character and the Christian Life* (San Antonio, 1975).

moralidade própria do cristianismo. Com efeito, a moralidade cristã é essencialmente:

    a) *comunitária* e, como tal, transmitida dentro de uma comunidade que se define e se identifica mediante a "evocação" de seus relatos constitutivos;

    b) *experiencial*, no sentido de que surge de uma experiência de vida e leva a uma vida modelada conforme essa experiência: a verdade das convicções cristãs não reside tanto na pretensão de uma argumentação generalizável sobre o que "devo fazer" quanto na força de iniciação na experiência cristã, que dirige ao fiel a pergunta vital do "que devo ser". Se o "caráter" (peculiaridade) dos cristãos é ser um "povo historiado" e uma "comunidade experiencial", a esse caráter corresponde necessariamente uma "ética" de modelo narrativo.

Segunda afirmação: o modelo narrativo não pode ser o único modelo da ética cristã. Diante da posição extrema de S. Hauerwas, que considera a narratividade como a única forma de se expressar a dimensão ética da vida cristã, ergueram-se vozes prevenindo sobre os perigos desse extremismo[24]. Uma moral cristã formulada exclusivamente mediante estruturas narrativas seria inclinada para as tentações seguintes:

    a) *sectarismo*, transformando a ética cristã em patrimônio de uma comunidade iniciática e privando-a de sua pretensão de validade universal;

    b) *integrismo*, fechando a ética cristã ao diálogo com outras opções legítimas, e até negando-lhe a necessária confrontação com a racionalidade humana;

    c) *redução a gueto,* ao fazer dos cristãos uma comunidade fechada e autojustificante, e tirando da fé a dimensão pública e, conseqüentemente, a necessária plausibilidade social;

    d) *subjetivismo coletivo,* abandonando o raciocínio argumentativo sobre a "bondade por si da ação" para enfatizar de modo exagerado o aspecto subjetivo da "virtude" ou do "caráter";

---

24. Cf. J. W. ROBBINS, *Narrative, Morality and Religion*: Journal of Religious Ethics 8 (1980) 161-176; R. A. McCORMICK, *Notes on Moral Theology*: Theological Studies 44 (1983) 90-94.

e) *absenteísmo social,* favorecendo uma ética não comprometida e, por isso, de sinal integrador e até conservador relativamente à ordem existente.

Terceira afirmação: o modelo narrativo, sendo decisivo, se bem que não exclusivo, para expressar a ética cristã, deve ser integrado ao conjunto de formas do discurso teológico-moral. A ética bíblica, fundamentalmente narrativa, não exclui o raciocínio. Nem tampouco pode a reflexão teológico-moral contrapor narração e argumentação. O discurso teológico-moral deve ser argumentativo, narrativo, meditativo, contemplativo, parenético etc. Mediante essa integração harmoniosa e complementar de modelos é que a proposta atual da ética narrativa consegue seu objetivo.

Bibliografia:

CAMPS, V., *Lenguaje moral,* VÁRIOS, Nuevo Diccionario de Teología Moral. San Pablo, Madri, 1992, 1005-1012.

FERRERO, F., *Metodología de las ciencias morales,* M. VIDAL (Dir.), Conceptos fundamentales de ética teológica. Trotta, Madri, 1992, 221-232.

PRIVITERA, S., *Ética descriptiva; Ética narrativa; Ética normativa; Experiencia moral; Metaética; Parénesis:* VÁRIOS, Nuevo Diccionario de Teología Moral, San Pablo, Madri, 1992, 666-670; 700-706; 706-713; 745-750; 1154-1161; 1321-1327.

CONCLUSÃO GERAL

Do "Evangelho" à "Teologia moral" sem cair na dogmatização

Desejo terminar este estudo sobre a Moral Fundamental lançando um olhar para o passado e outro para o futuro, e retomando a situação do presente mediante três afirmações. Primeira: a dimensão moral pertence ao conteúdo do Evangelho cristão. Segunda: essa vertente moral da fé não só conformou a práxis histórica dos fiéis como também deu lugar a um pensamento moral cristão, dando origem assim à Teologia moral. Terceira: essa teologização da ética deve servir para enriquecer a vida moral dos cristãos, e não para "dogmatizar" a moral cristã.

1. Dimensão ética do Evangelho

O Concílio de Trento cunhou uma densa formulação quando afirmou que o Evangelho (= divina Revelação) é "como fonte de toda verdade salvadora e de toda norma de conduta" (*tamquam fontem omnis et salutaris veritatis et morum disciplinae*)[1], afirmação e fórmula essas assumidas pelo Concílio Vaticano II[2].

Ao Evangelho, entendido aqui com o amplo significado de Revelação, corresponde uma dimensão moral. Essa é uma constatação permanente em toda formulação do núcleo significativo do cristianismo, bem como

---

1. *Denz* 1501.
2. *Dei Verbum*, 7. Também traz essa afirmação a encíclica *Veritatis splendor*, 28.

uma evidência na vida real dos cristãos ao longo da história. O Vaticano II destacou a dimensão moral do conteúdo da Revelação, transmitido pela Tradição e pela Sagrada Escritura[3], e precisou, em relação direta com a ética social, que na "Palavra divina se vão buscar os princípios da ordem religiosa e moral"[4].

A encíclica *Veritatis splendor* é ainda mais explícita e reiterativa nessa afirmação, sublinhando o "nexo intrínseco e indivisível entre fé e moral"[5], constatando o conteúdo moral na missão dos Apóstolos[6] e no ensinamento da Igreja[7], e vendo na Palavra de Deus as orientações para o comportamento moral: a Igreja guarda o que "a Palavra de Deus ensina não só sobre as verdades de fé, mas também sobre o comportamento moral, isto é, sobre o comportamento que agrada a Deus (cf. 1Ts 4,1)"[8].

2. Da dimensão moral do Evangelho nasce a Teologia moral

Ao longo das páginas desta obra foi sobejamente exposto e analisado o processo pelo qual, a partir do conteúdo ético do Evangelho, vai-se configurando, no devir histórico e em relação com as diversas situações nas quais o cristianismo se acultura, um *pensamento cristão* em relação com o mundo moral.

"Já no Novo Testamento a fé e as exigências morais que dela decorrem estão indissolúvel e constantemente vinculadas entre si. O evangelho de João, o mais místico, insiste no agir; no ensinamento de São Paulo já estão presentes os elementos do pensamento moral helenístico"[9].

Nos séculos seguintes, o pensamento cristão tomou como objeto de sua reflexão a dimensão ética da realidade, procurando assim orientar a práxis moral dos fiéis "à luz do Evangelho e da experiência humana"[10].

Desde a Idade Média, sobretudo graças a Santo Tomás de Aquino, o pensamento moral cristão adquire a categoria de saber teológico e se es-

---

3. *Dei Verbum*, 8, 10.
4. *Gaudium et spes*, 33.
5. *Veritatis splendor*, 4.
6. *Ibid.*, 27.
7. *Ibid.*, 27, 28, 29, 30, etc.
8. *Ibid.*, 28.
9. L. VEREECKE, *Historia de la teología moral*: VÁRIOS, Nuevo Diccionario de Teología Moral (Madri, 1992) 816.
10. *Gaudium et spes*, 46.

trutura mediante a epistemologia especificamente teológica. Mais tarde, a partir do século XVI, adquire uma organização disciplinar independente.

Não há a menor dúvida de que a verdade moral teve um amplo e profundo desenvolvimento na Igreja do último período. Tanto o Magistério eclesiástico como a reflexão teológico-moral se ocuparam intensamente da dimensão moral inerente ao cristianismo. Essa preocupação introduziu notáveis variações tanto na estrutura epistemológica do discurso teológico-moral como na orientação dos conteúdos morais. Essas variações não foram fáceis. De fato, o discurso teológico-moral e a vida moral constituem um dos âmbitos de maior conflitividade no catolicismo atual[11].

Dentro dessa complexa situação atual uma coisa é clara: a reflexão moral cristã recuperou o estatuto teológico comum sem perder a autonomia disciplinar. Talvez seja nesse campo que se verificaram as variações mais importantes para o presente e o futuro da moral católica. Ela recuperou seu estatuto teológico e se articulou como uma disciplina peculiar dentro da organicidade sinfônica do saber teológico.

A recuperação recente do estatuto teológico pela teologia moral tem seus inícios no movimento romântico do catolicismo alemão. Segundo A. Auer, deu-se uma "teologização radical da moral" por parte de Sailer e de Hirscher em oposição à moral racional de tipo kantiano[12]. Essa atitude foi aceita e continuada por teólogos moralistas deste século, como B. Häring, e culminou no Concílio Vaticano II, em cuja perspectiva teológica decresceu o apelo à "lei natural", e prevaleceu a "teologização" da moral cristã[13]. Convém insistir em que a "teologização" não é oposta à "racionalização", e que esta é preâmbulo, ajuda e objetivo daquela. Baste recordar o papel que a encíclica *Fides et ratio* atribui à filosofia em ordem à justificação e à exposição da verdade moral cristã[14].

3. A "teologização" da moral cristã não significa "dogmatização"

Segundo alguns analistas, a recuperação do estatuto epistemológico acompanhou outro fator decisivo para a configuração epistemológica e

---

11. Cf. P. VALDIER, *Un christianisme de l'avenir* (Paris, 1999) 92-100.
12. A. AUER, *Zur Rezeption der Autonomie-Vorstellung durch die katholisch-theologische Ethik*: Theologie und Glaube 161 (1981) 9-10 ("radikale Theologisierung des Sittlichen").
13. Cf. J. G. ZIEGLER, *"Christus, der neue Adam" (GS 22). Eine anthropologische integrierte christologische Moraltheologie*: Studia Moralia 24 (1986) 41-70.
14. Cf. *Fides et ratio*, 98.

disciplinar da Teologia moral. Eles falam de uma tendência para a "dogmatização" da moral cristã[15].

Quanto a mim, creio que a vinculação necessária da moral com a fé conduz à teologização da moral cristã. A insistência do Vaticano II em situar a reflexão teológico-moral nos quadros da epistemologia teológica[16] foi reafirmada pela encíclica *Fides et ratio*. Esse documento valoriza a contribuição da filosofia para se descobrir e expor a verdade moral; mas isso não implica reduzir a Teologia moral à Ética filosófica. Ao contrário, pede-se à reflexão teológico-moral que esteja atenta para "pôr em evidência suas raízes na palavra de Deus"[17].

Essa teologização não deve, no entanto, ser interpretada em chave de dogmatização. É certo que o Concílio Vaticano II fala tanto de "fé" como de "moral" para todos os níveis da doutrina proposta pelo Magistério eclesiástico[18]; contudo, a peculiaridade de cada área de verdades requer uma explicação ulterior e deve ser interpretada de acordo com outras afirmações da Tradição tal como as propõe o Magistério eclesiástico.

A peculiaridade da verdade moral cristã vem insinuada e, às vezes, explicitada nas fórmulas usadas pela tradição teológica e pelo Magistério. Para referir-se às verdades morais naturais, algumas delas em conexão intrínseca com as verdade de fé, o Concílio Vaticano II usa os verbos "declarar" e "confirmar": "Por vontade de Cristo, a Igreja católica é mestra da verdade e tem por encargo dar a conhecer e ensinar autenticamente a Verdade, que é Cristo, e ao mesmo tempo declarar e confirmar (*declaret atque confirmet*), com sua autoridade, os princípios de ordem moral que dimanam da própria natureza humana"[19].

Na citação precedente do Vaticano II nota-se algo que é constante nas fórmulas teológicas e magisteriais nas quais a moral se integra ao conteúdo geral da fé; refiro-me à distinção em dois tempos entre a fé e a moral, distinção marcada por diversos procedimentos gramaticais (geralmente pela conjunção aditiva "e") e que sublinha, sem dúvida, um matiz de peculiaridade no que é afirmado em cada membro da sentença. O concílio Vaticano II usa uma fórmula tradicional ao dizer que os bispos "pregam ao povo a eles confiado a fé que ele deve crer e aplicar à vida (*fidem*

---

15. Cf. B. SESBOÜÉ, *Introducción*: B. SESBOÜÉ (Dir.), Historia de los Dogmas, II (Salamanca, 1996) 14.
16. *Optatam totius*, 16.
17. *Fides et ratio*, 98.
18. *Lumen gentium*, 25.
19. *Dignitatis humanae*, 14.

credendam et moribus applicandam)"[20]. Fórmula idêntica é usada pela encíclica *Veritatis splendor* ao referir-se ao conteúdo da teologia como "as verdades de fé que devem ser cridas a aplicadas à vida"[21].

A teologização da moral cristã supõe um progresso, mas esse desenvolvimento teológico deve manter a peculiaridade da verdade moral cristã[22]. Mostrar a raiz teológica dessa verdade moral cristã foi o objetivo geral da presente obra. O Cristianismo oferece "à Ética um lar teológico"; esse lar não é, porém, para a escravidão, mas para a liberdade. Todos os que são conduzidos pelo Espírito de Deus são filhos de Deus. Com efeito, não recebestes um espírito de escravos, para recair no temor, mas recebestes um espírito de filhos adotivos, pelo qual clamamos: *Abba*! Pai!" (Rm 8,14-15).

---

20. *Lumen gentium*, 25.
21. *Veritatis splendor*, 29.
22. Cf. F. SULLIVAN, *Capire e interpretare il Magistero* (Bologna, 1996), 52, 91.

ÍNDICE GERAL

APRESENTAÇÃO 7

INTRODUÇÃO GERAL 11
    1. A Ética como "morada" 11
    2. A Religião como "âmbito" da Ética 11
    3. A Teologia enquanto "lar" da Ética 12
    4. A oferta da Teologia à Ética 14
    5. Fundamentação do discurso teológico-moral 16

Primeira Parte
A MORAL NO DESÍGNIO DE DEUS 19

1. A IMAGEM DE DEUS NA MORAL CRISTÃ 23
    I. INICIAÇÃO À MORAL CRISTÃ: BUSCAR O "ROSTO DE DEUS" 23
    II. CORRELAÇÃO ENTRE IMAGEM DE DEUS E MORAL CRISTÃ 24
    III. AS "FALSAS IMAGENS" DE DEUS NA MORAL CRISTÃ 25
        1. O "mal-estar moral" no cristianismo atual 25
        2. Um Deus "descomprometido" com a história humana 27
        3. Um Deus "heterônomo" que usurpa a liberdade
            com que dotou a criatura racional 28
        4. Um Deus que se apresenta como um "peso" para a
            consciência moral 30
        5. Balanço 32
    IV. AS INTERPRETAÇÕES DA IMAGEM DE DEUS NA TRADIÇÃO
    TEOLÓGICO-MORAL 33
        1. Quadro de interpretações 33
        2. Deus como "Justiça" 33
        3. Deus como "Beleza" 35
        4. Deus como "Bem" 38
            a. Compreensão de Santo Tomás 38
            b. Orientação de São Boaventura 40

    5. Balanço 42
    V. A REVELAÇÃO DEFINITIVA DE DEUS COMO "AMOR" 42
        1. Deus é Amor 43
        2. Funcionalidade para a moral cristã 44
    VI. CONCLUSÃO 45

2. A TRINDADE: FONTE E META DA VIDA MORAL CRISTÃ 47
    I. O MISTÉRIO TRINITÁRIO 47
        1. Circularidade hermenêutica entre "Trindade histórica"
           e "Trindade imanente" 48
        2. As categorias de "pessoa" e de "substância" 50
        3. A comunhão ou relação: a realidade trinitária 50
        4. Estrutura do humano 51
    II. A TRINDADE: FONTE E META DA VIDA CRISTÃ 52
    III. IMPLICAÇÕES PARA A MORAL CRISTÃ 53
        1. A Trindade como paradigma ético 54
        2. Estrutura trinitária da moral cristã 55
            a. *Pensamento agostiniano* 56
                1) O caminho antropológico-trinitário de Santo Agostinho 56
                2) Interpretação trinitária da existência humana 57
                3) A caridade trinitária: fundamento da moral cristã 58
            b. *Orientação de São Boaventura* 59
                1) A Trindade: explicação concêntrica
                   da síntese boaventuriana 60
                2) A "via Caritatis" do acesso à Trindade 61
                3) A estrutura trinitária da existência cristã 62
                4) A moral cristã na estrutura trinitária 64
                5) Dinamismo trinitário da experiência mística 65
    IV. CONCLUSÃO 66

3. DEUS PAI E A MORAL CRISTÃ 71
    I. O MISTÉRIO DE DEUS PAI 72
        1. Manifestações de Deus (Pai) antes (e fora) da tradição bíblica 73
        2. Revelação de Deus (Pai) na tradição bíblica 74
        3. A Revelação cristã 75
        4. Reflexão teológica 77
        5. Implicações para a vida cristã 78
        6. Revisão da "imagem" de Deus Pai 79
            a. *Três afirmações como ponto de partida* 79
                1) Deus é inefável 80
                2) De Deus fazemos sempre alguma imagem 81
                3) Conclusão 81
            b. *As imagens de Deus no mundo atual* 82

   c. *Critérios para configurar uma imagem sadia*
   e autêntica de Deus 82
   d. *A imagem-núcleo de Deus Pai* 83
 II. IMPLICAÇÕES ÉTICAS: A MORAL CRISTÃ
  À LUZ DO MISTÉRIO DE DEUS PAI 84
  1. Deus Pai: "princípio" da moral cristã 84
  2. Moral da perfeição a imitação do Pai 85
  3. Moral da filiação na casa do Pai 87
   a. *Teologia da filiação* 88
    1) A filiação como "dom" 88
    2) A filiação como "experiência espiritual" 90
   b. *A filiação como "forma de vida" na "casa do Pai" (na Igreja)* ... 90
   c. *Moral da "misericórdia" na casa do Pai* 91
  4. Moral da fraternidade/sororidade 94
   a. *Anotação lingüística e semântica* 95
   b. *A fraternidade: categoria teológica* 95
    1) Fator básico do cristianismo 95
    2) Antes (e fora) do cristianismo 95
    3) Novidade cristã 96
    4) Fundamento teológico 96
   c. *A fraternidade como forma de vida na comunidade cristã* 96
   d. *A fraternidade enquanto empenho ético* 98
  5. Moral da "solicitude" desde a compreensão de Deus como "mãe" 99
   a. *Compreensão de Deus como "Mãe"* 99
   b. *"Feminizar" a ética* 103
    1) O "ponto de vista moral" feminino 103
    2) Necessidade da universalização 103
    3) A "feminização" da moral 104

4. CONFORMAÇÃO À IMAGEM DO VERBO ENCARNADO
O seguimento de Jesus: caminho da moral cristã 107
 I. MORAL E CRISTOLOGIA 107
  1. A partir da Cristologia 107
  2. A partir da Teologia moral 109
   a. *Cristificação ontológica* 109
   b. *Universalização da perspectiva cristológica* 110
 II. OPÇÃO PELO "CRISTOCENTRISMO" MORAL 111
  1. O cristocentrismo na obra de B. Häring 112
  2. O cristocentrismo moral no Magistério eclesiástico recente 114
 III. CONCENTRAÇÃO DO CRISTOCENTRISMO MORAL
  NO "SEGUIMENTO DE CRISTO" 115
 IV. A REFLEXÃO TEOLÓGICO-MORAL E O SEGUIMENTO DE JESUS 116
  1. Ausência do Seguimento na história da Teologia moral 117

       a. *Época patrística* 117
       b. *Idade Média* 118
       c. *Idade Moderna* 119
   2. Redescobrimento do Seguimento na Teologia moral atual 121
       a. *Aplicação do princípio de "exemplaridade"*
          de M. Scheler à reflexão teológico-moral (F. Tillmann) 121
       b. *A partir das perspectivas bíblicas e cristológicas (B. Häring)* 123
       c. *Perspectivas complementares* 123
       d. *Princípio sistematizador da Teologia moral?* 125
V. A VIDA MORAL CRISTÃ COMO SEGUIMENTO DE CRISTO 126
   1. A "dimensão moral" de uma realidade mais ampla 127
       a. *O Seguimento de Jesus: "fórmula breve" do cristianismo* 127
       b. *Dimensões do Seguimento* 128
       c. *Dimensão ética* 128
   2. As principais repercussões para formular e viver a moral cristã 129
   3. A vida moral em chave de perfeição trinitária e cristocêntrica 130
   4. "Seguimento" e "imitação": convergência a partir das diferenças ... 131
       a. *Fontes bíblicas* 132
       b. *Tradição eclesial* 134
       c. *Anotação sobre a teologia protestante* 135
       d. *Afirmações conclusivas* 136
VI. CONCLUSÃO 137

5. SOB O IMPULSO DO ESPÍRITO SANTO... 141
I. O MISTÉRIO DO ESPÍRITO SANTO 142
   1. Presença e ausência 142
   2. O Espírito e a Igreja 144
   3. O Espírito Santo e Cristo 145
   4. O vínculo de amor na Trindade 146
II. O ESPÍRITO SANTO NA VIDA CRISTÃ 148
III. O ESPÍRITO SANTO E A VIDA MORAL 151
   1. Anotação histórica 151
   2. O Espírito Santo na síntese moral de Santo Tomás 151
       a. *Contexto geral* 151
       b. *Estrutura pneumatológica da moral tomista* 152
   3. Redescobrimento atual 153
IV. A LEI DO ESPÍRITO OU "LEI NOVA" 156
   1. Ensinamento neotestamentário 156
       a. *Para o cristão existe uma "lei nova"* 157
       b. *Para o cristão perde vigência a "lei antiga"* 158
   2. Doutrina agostiniana 159
   3. Reflexão teológica de Santo Tomás 161
       a. *Contexto* 161

      b. *Afirmações sobre a "lei nova"* 163
   4. A lei nova na tradição espiritual 165
   5. Recepção no Magistério eclesiástico recente 166
V. ESTILO DE VIDA GUIADO PELO ESPÍRITO 168
   1. Os "hábitos do coração" 168
   2. O "olhar limpo" para ver a realidade
      sem prejuízos nem vantagens 169
   3. A "empatia compassiva" para solidarizar-se com os fracos 171
   4. A "simplicidade de vida" para criar valores alternativos
      à complexidade atual 172
      a. *Área do "ser"* 174
      b. *Área do "ter"* 174
      c. *Área do "atuar"* 174
VI. CONCLUSÃO 175

6. ANTROPOLOGIA TEOLÓGICA E MORAL CRISTÃ 177
I. APRESENTAÇÃO 177
II. A SINGULAR ONTOLOGIA DA CONDIÇÃO HUMANA 180
   1. O "homem": uma realidade além da invenção ideológica 181
   2. O homem: compreendido como "pessoa" 182
   3. A pessoa: uma "realidade axiológica" 183
III. A PASSAGEM DA ONTOLOGIA DA PESSOA
    A SUA CONSIDERAÇÃO ÉTICA 184
   1. Grandeza e dignidade da pessoa 185
      a. *Uso dessa categoria ética* 185
      b. *Anotações avaliadoras* 186
   2. O homem é um valor absoluto (e não relativo)
      e um fim em si (e não um meio) 188
      a. *Uso dessa categoria ética* 188
      b. *Anotações avaliadoras* 188
   3. O homem: um ser pessoal 189
      a. *Uso dessa categoria ética* 189
      b. *Anotações avaliadoras* 190
   4. Síntese 191
IV. A ANTROPOLOGIA TEOLÓGICA: PLENITUDE
    DA ONTOLOGIA DA PESSOA 193
   1. Horizonte cristão para a ontologia do ser humano 193
      a. *Compreensão do homem como "imagem de Deus"* 194
      b. *O homem, realidade dinâmica e tensão para o futuro* 195
      c. *A cristificação enquanto instância*
        da antropologia teológico-moral 197
      d. *O cristão: ser "re-moralizado" pela presença*
        do Espírito através da lei nova 197

V. O HORIZONTE CRISTÃO PARA A DIMENSÃO ÉTICA DO HUMANO 198
   1. Novo Testamento 198
      a. *Antropologia normativa do Novo Testamento* 198
      b. *Catequese dos sinópticos* 199
          1) Valor absoluto da pessoa (frente a qualquer
             instituição ou "tradição" dos homens) 199
          2) Preferência pelo fraco 200
          3) Interioridade e radicalidade: atitudes normativas 201
          4) A contrafigura: moral farisaica 202
          5) Jesus: a imagem normativa do homem 202
      c. *Traços normativos da antropologia paulina* 203
          1) O homem "novo" 203
          2) O homem: "que discerne" 204
          3) O homem "livre" 204
      d. *Traços normativos da antropologia joanina* 205
          1) O homem como "ser iluminado" 205
          2) O homem, "ser em comunhão" 205
          3) O homem, "reduzido a fé e a amor" 206
   2. Tradição teológica 206
      a. *O "antropocentrismo ético" na Patrística* 207
      b. *A dignidade humana na teologia medieval* 208
      c. *A "grandeza humana" na Idade Moderna* 209
   3. O Magistério Eclesiástico recente 210
      a. *O Concílio Vaticano II* 210
      b. *João Paulo II* 212
VI. CONCLUSÃO 213

7. ARTICULAÇÃO DO "MORAL" E DO "TEOLOGAL" NA EXISTÊNCIA CRISTÃ 215
I. ESTADO DA QUESTÃO 215
II. MORAL E FÉ CRISTÃ 217
   1. Critérios iluminadores 217
      a. *Nem o "moralismo"* 218
      b. *Nem o "amoralismo"* 218
      c. *Mas, a moral como "mediação prática" da fé* 219
   2. Aplicação pastoral 220
III. TRAÇOS "TEOLÓGICOS" DO COMPORTAMENTO MORAL CRISTÃO ... 220
   1. Dimensão mistérico-litúrgica 221
      a. *Traço especificador da moral cristã* 222
      b. *A ausência do caráter mistérico-litúrgico na moral casuísta* ... 222
      c. *Recuperação da dimensão mistérico-litúrgica*
        para a moral cristã 224
          1) Critérios iluminativos 224

      2) Aplicações práticas 226
    2. Dimensão escatológica 229
  IV. VIDA MORAL E EXPERIÊNCIA TEOLOGAL 232
    1. A vocação à santidade 232
    2. A justificação e o dinamismo da Graça 234
    3. Os dons do Espírito Santo 236
    4. As virtudes teologais 239
    5. Nuclearização da vida teologal e da moral na Caridade 241
        a. Passado e presente da Caridade em Teologia Moral 241
        b. A Caridade na espiritualidade 244
        c. Síntese de verticalidade e horizontalidade 244
        d. As implicações éticas a partir da Caridade 246
            1) Ética da proximidade 246
            2) Dimensão social e política 247
        e. Caridade e excelência da moral cristã 248
  V. CONCLUSÃO 249

Segunda Parte
A MORAL NO TEMPO DA IGREJA 253

1. ECLESIALIDADE DA MORAL CRISTÃ 255
  I. APRESENTAÇÃO 255
  II. A MEDIAÇÃO ECLESIAL DA MORAL CRISTÃ 256
    1. O caminho de Deus e o caminho do homem através da Igreja 256
    2. Dimensão eclesial da moral 258
  III. A DUPLA PERSPECTIVA DA ECLESIALIDADE 260

Primeira Seção
PERSPECTIVA HISTÓRICA 263

2. ELEMENTOS PARA UMA HISTÓRIA DA TEOLOGIA MORAL ... 265
  I. APRESENTAÇÃO 265
  II. A HISTÓRIA DA TEOLOGIA MORAL 266
  III. REFERÊNCIAS BIBLIOGRÁFICAS 267
    1. História da Ética filosófica 267
    2. Coleções sobre a história da Teologia moral 267
    3. Obras sobre o conjunto da história da Teologia moral 268
    4. Breve síntese sobre a história da Teologia moral 269
        a. Manuais de Moral Fundamental 269
        b. Trabalhos 269
        c. Recompilação de estudos e de matérias
            da história da Teologia Moral 269
    5. Perspectiva Protestante 270

3. A RAIZ BÍBLICA DA MORAL CRISTÃ 271
  I. APRESENTAÇÃO 271
  II. A MORAL DO ANTIGO TESTAMENTO 273
   1. Moral da Lei 274
   2. O Código das Dez Palavras (Decálogo) 274
   3. A Moral Profética 275
   4. A Moral Sapiencial 276
   5. Observação sobre o valor normativo
      do Antigo Testamento 276
  III. A MORAL DO NOVO TESTAMENTO 277
   1. Moral Paulina 278
   2. A Moral dos Evangelhos Sinópticos 279
   3. A Moral de São João e dos demais escritos
      do Novo Testamento 282
   4. Alguns interesses atuais 284
  IV. AS MARCAS DAS CATEGORIAS BÍBLICAS
      NA MORAL CRISTÃ 285
   1. As categorias éticas fundamentais 286
   2. Orientações para o conteúdo da ética cristã 287
   3. Orientações metodológicas 288
  V. A ÉTICA NARRATIVA DO EVANGELHO 288
   1. Considerações metodológicas 288
      a. O método narrativo na exegese 288
      b. Da variedade de gêneros éticos no Novo Testamento
         à referência unitária do relato evangélico 290
      c. A estrutura narrativa nos evangelhos 292
   2. Leitura do fator ético do Evangelho a partir
      dos pressupostos da estrutura narrativa 296
      a. Características gerais da ética evangélica 296
        1) Ética nascida da pretensão messiânica 297
        2) Ética vinculada à intencionalidade subversiva 297
        3) Ética gerada no conflito e geradora
           de confrontos 298
        4) Ética centrada no valor do ser humano 298
        5) Ética expressa em "campos" e "códigos" de eficácia
           intra-histórica 298
        6) Ética veiculada através das "formas" privilegiadas
           pela salvação messiânica 299
      b. Exemplificação de ética narrativa: o relato das
         "controvérsias" em Mc 2,1-3,6 299
        1) Pretensão messiânica 301
        2) Intencionalidade subversiva 302
        3) Conflito e confronto 302

4) Diante da morte, a afirmação da vida do homem 302
5) Os novos rumos da ética libertadora 303

4. PERÍODO PATRÍSTICO 305
I. ESCRITOS SUB-APOSTÓLICOS 306
1. A Didaqué 307
2. Clemente de Roma 308
3. Inácio de Antioquia 309
4. Policarpo de Esmirna 310
5. Pseudo-Barnabé 310
6. Hermas 311
II. APOLOGISTAS GREGOS (séc. II) 312
1. Justino 312
2. Escrito a Diogneto 313
III. INÍCIO DAS GRANDES "TRADIÇÕES" PATRÍSTICAS 314
1. Observação geral 314
2. Irineu de Lyon (+ 202) 314
IV. MORALISTAS AFRICANOS DO SÉCULO III 315
1. Tertuliano (c. 160-220) 315
2. Cipriano de Cartago (+ 258) 316
3. Lactâncio 317
V. ESCOLAS DE CATECÚMENOS (séc. III-IV) 317
1. Clemente de Alexandria (150-215 aprox.) 318
2. Orígenes (+ 186-254) 320
VI. PADRES GREGOS (séc. IV-V) 320
1. Atanásio (+ 372) 321
2. Basílio (330-379 aprox.) 322
3. Gregório Nazianzeno (330-390 aprox.) 323
4. Gregório de Nissa (335-395 aprox.) 323
5. João Crisóstomo (334-407 aprox.) 323
6. Teólogos posteriores 325
VII. PADRES LATINOS (séc. IV-VII) 326
1. Ambrósio de Milão (337/339-397) 326
2. Jerônimo (+ 419) 327
3. Agostinho de Hipona (354-430) 327
4. Leão Magno (400-461) 328
5. Cesário de Arles (470-543) 329
6. Martinho de Braga (+ 580) 330
7. Gregório Magno (540-604) 330
8. Isidoro de Sevilha (562-636 aprox.) 331
VIII. MORAL MONÁSTICA 331
IX. CONCLUSÃO 333

5. IDADE MÉDIA 335
I. APRESENTAÇÃO 335
II. MORAL ESPECULATIVA 336
1. A alta Idade Média 337
  a. Aliança entre a Patrística
     e a Cristandade medieval 337
  b. Renascimento carolíngeo 338
  c. As duas tendências no século XI 338
  d. Agostinismo político 339
2. O despertar teológico do século XII 340
  a. As escolas monásticas 341
  b. As escolas canonicais 342
  c. As escolas urbanas 342
     1) Pedro Abelardo (1079-1142) 344
     2) Pedro Lombardo (+ 1160) 345
     3) Graciano 346
3. O século de ouro da teologia medieval (séc. XIII) 346
  a. Mestres parisienses 347
  b. Escola franciscana 348
     1) A Suma de Alexandre de Hales 348
     2) São Boaventura (1221-1274) 349
     3) João Duns Scoto (1270-1308) 350
  c. Escola dominicana 351
     1) Santo Alberto Magno (1200-1280) 351
     2) Santo Tomás de Aquino (1225-1274) 352
4. Os séculos XIV e XV: final e começo 354
  a. A Mística 354
  b. A orientação moral
     da vida profissional 355
  c. O Nominalismo 357
  d. Novos projetos sobre o poder temporal 359
III. A MORAL PRÁTICA 360
1. Diversos gêneros literários 360
2. Teologia moral e Práxis penitencial 361
3. Os Livros Penitenciais 362
  a. Visão de conjunto 362
  b. Penitencial de São Columbano 363
  c. Penitencial de Burcardo 364
  d. Penitenciais espanhóis 364
4. Sumas de Confessores
   (Sumas de Casos de Consciência) 365
IV. CONCLUSÃO 369

6. RENASCIMENTO 371
I. O SÉCULO XVI (VISÃO DE CONJUNTO) 371
II. HUMANISMO (séc. XV-XVI) 374
III. UTOPIA 375
IV. O RENASCIMENTO TOMISTA (séc. XV-XVI) 375
    1. Inícios 376
    2. Primavera 376
V. A ESCOLA DE SALAMANCA 377
    1. Francisco de Vitória (1473-1546) 378
    2. Domingos de Soto (1495-1560) 380
VI. A COMPANHIA DE JESUS 381
VII. A MORAL PRÁTICA: MARTÍN DE AZPILCUETA (1493-1587) 383
VIII. OS TRATADOS "DE JUSTITIA ET JURE" 383
IX. O DESCOBRIMENTO DA AMÉRICA E A MORAL CATÓLICA 385
    1. Legitimidade ética da conquista 386
    2. Diante da luta pela justiça 386
    3. Choque entre culturas 387
    4. Nova inculturação da moral cristã 388
    5. Utopia 388
    6. Sombras 388
X. O PROTESTANTISMO (ÉTICA PROTESTANTE) 389
    1. A ética para os pais da Reforma 389
        a. Lutero 389
        b. Calvino 391
    2. Projeto atual na ética protestante 391
        a. A "interpelação" de Deus em Cristo
        como fundamento da moral cristã 391
        b. A secularização: abertura para o projeto da ética cristã 392
        c. Fundamentação na incondicionalidade do imperativo
        ético religioso (P. Tillich) 392
        d. Fundamentação da moral no contexto cristão 393

7. ETAPA CASUÍSTA (Séc. XVII-XVIII) 395
I. CASUÍSTICA: PERÍODO HISTÓRICO DA MORAL 396
    1. O gênero casuísta (a casuística enquanto método) 396
    2. Gênese da Casuística 397
    3. Desenvolvimento da Moral casuísta 399
    4. O fim da Casuística 400
II. O Concílio de Trento (1545-1563) 401
III. CULTIVO DA MORAL CASUÍSTA ENTRE OS JESUÍTAS 402
    1. Características gerais 402
    2. Séculos XVI-XVIII 403

IV. SISTEMAS DE MORAL 406
   1. Probabilismo 407
   2. Laxismo 409
   3. Rigorismo 410
      a. *Contexto geográfico-humano-eclesial* 411
      b. *Trajetória histórica e diversificação de aspectos* 411
         1) Jansenismo (aspecto moral) 411
         2) Galicanismo 412
         3) A teologia moral nos seminários da França (séc. XVII) 412
         4) Ofensiva probabiliorista da Ordem Dominicana 412
         5) Mais características do "rigorismo moral" 412
      c. *Significado teológico e meta-teológico* 413
   4. Tuciorismo 414
      a. *Jansenismo* 414
      b. *Blas Pascal (1623-1662)* 415
      c. *Antonio Arnauld (1612-1694)* 415
      d. *Pedro Nicole (1625-1695)* 415
      e. *Francisco Genet (1640-1703)* 415
   5. Probabiliorismo 416
   6. Equiprobabilismo 417
   7. Intervenções dos Papas nos sistemas de Moral 419
   8. À margem das disputas sobre os sistemas morais 420
V. CONCLUSÃO 421

8. SÉCULOS XIX E XX: A META DO CONCÍLIO VATICANO II 423
I. A MORAL DE LÍNGUA ALEMÃ NOS SÉCULOS XVIII E XIX: CHEGADA DO ILUMINISMO E DEPENDÊNCIA DO JOSEFINISMO 424
   1. Sob a influência da moral iluminista 424
   2. A reforma do Josefinismo 424
   3. Outros moralistas alemães 425
II. A MORAL CATÓLICA NO SÉCULO XIX 426
   1. Acúmulo de fatores 426
   2. Os fatores principais 427
   3. Outros fatores a enfatizar 427
III. O ROMANTISMO CATÓLICO E A "ESCOLA DE TUBINGA" 429
   1. A moral na época do Romanticismo católico 429
   2. A Escola de Tubinga 430
   3. Representantes mais qualificados 432
      a. *John Michael Sailer (1751-1832)* 432
      b. *João Batista Hirscher (1788-1865)* 433
IV. "LIGORIZAÇÃO" DA MORAL CATÓLICA 434
V. A RENOVAÇÃO TOMISTA 435

VI. CONTINUAÇÃO DA MORAL CASUÍSTA
   (MANUAIS DE "ESTILO ROMANO") 437
   1. Visão de conjunto 437
   2. Antônio Ballerini (1805-1881) 439
   3. Arthur Vermeersch (1858-1936) 439
VII. RENOVAÇÃO DA MORAL NOS PRIMEIROS SETENTA
   E CINCO ANOS DO SÉCULO XX 440
   1. Continuadores da "Escola de Tubinga" 441
      a. *Fritz Tillmann (1874-1933)* 441
      b. *Joseph Mausbach (1861-1951)* 443
      c. *Otto Schilling (1874-1956)* 444
      d. *Theodor Steinbüchel (1888-1949)* 444
   2. Etapa imediatamente anterior ao Vaticano II 446
      a. *Críticas à Moral casuísta* 446
      b. *Cuidado diante do perigo da "Ética de situação"* 447
      c. *Propostas de Moral renovada* 448
VIII. O CONCÍLIO VATICANO II E A RENOVAÇÃO DA MORAL 449
   1. A Teologia moral no desenvolvimento do Concílio 450
   2. A Teologia moral no resultado final do Concílio 451
   3. A opção decisiva e inequívoca do Concílio pela renovação
      da Teologia moral 453

9. A TEOLOGIA MORAL DEPOIS DO CONCÍLIO VATICANO II... 455
I. APROFUNDAMENTO DA RENOVAÇÃO DEPOIS
   DO CONCÍLIO VATICANO II 456
   1. Fatores pessoais e institucionais de maior destaque 457
   2. Áreas mais claras da renovação moral 459
      a. *Recuperação da identidade teológica perdida* 459
      b. *Diálogo fecundo com a Modernidade* 460
      c. *Adaptação do edifício teológico-moral* 461
   3. Balanço: "reforço das bases" da Teologia moral 462
II. CONTRIBUIÇÕES FUNDAMENTAIS DA ÉTICA DA LIBERTAÇÃO
   (= EL) AO DISCURSO TEOLÓGICO MORAL 463
   1. Delineamento 463
   2. A opção preferencial pelos pobres, perspectiva básica
      do discurso teológico-moral 465
      a. *O lugar "a partir" do qual se organiza
         o discurso teológico-moral* 466
      b. *Leitura crítica da realidade* 467
      c. *Orientações metodológicas* 468
      d. *Destaques no conteúdo moral* 469
   3. A dimensão estrutural da realidade humana, orientação
      para os projetos teológico-morais 470

  a. A Caridade "política" 470
  b. A Justiça "radical" 471
  c. O pecado "estrutural" 472
 4. Síntese 473
III. A DISCUSSÃO SOBRE O PARADIGMA TEOLÓGICO-MORAL 475
 1. Dados gerais 475
 2. As duas opções 477
  a. O paradigma da "autonomia teônoma" 477
  b. O paradigma da "ética da fé" 479
 3. Observações avaliatórias 480
 4. Orientações e limites propostos pelo Magistério da Igreja:
  "teonomia participada" 481
IV. O MAGISTÉRIO DA IGREJA 483
V. GALERIA DE MORALISTAS 486
VI. FINAL E CONTINUAÇÃO 488

10. A ÉTICA TEOLÓGICA NO BRASIL 489
I. APRESENTAÇÃO 489
II. HERANÇAS SOCIAIS E ECLESIAIS ANTERIORES
 AO CONCÍLIO VATICANO II 491
III. RENOVAÇÃO 495
IV. RUMOS ATUAIS DA ÉTICA TEOLÓGICA NO BRASIL 497
V. ÉTICA TEOLÓGICA E INSTITUIÇÕES 500
 1. CNBB — Conferência Nacional dos Bispos do Brasil 500
 2. SBTM — Sociedade Brasileira de Teologia Moral 501
VI. ÉTICA TEOLÓGICA E SOCIEDADE CIVIL 502

Segunda Seção
PERSPECTIVA SISTEMÁTICA 507

11. A MORAL NA TRADIÇÃO VIVA DA IGREJA 509
I. APRESENTAÇÃO 509
II. CONSTITUIÇÃO "DEI VERBUM" (DV) 510
 1. Significado da Tradição 510
 2. Caráter dinâmico da Tradição 512
III. ENCÍCLICA "VERITATIS SPLENDOR" (VS) 513
 1. Caráter normativo da Tradição em moral 513
 2. Interpretação "dinâmica" da Tradição 514
 3. O "crescimento doutrinal" na Tradição 515
IV. ENCÍCLICA "CENTESIMUS ANNUS" (CA) 516
V. PERSPECTIVAS SISTEMÁTICAS: DELINEAMENTO 517
VI. PROGRESSOS NA TEOLOGIA MORAL CATÓLICA 518
 1. Na moral social 518

ÍNDICE GERAL

    2. Na moral da pessoa 519
    3. Na moral fundamental 520
  VII. FATORES DO PROGRESSO MORAL 521

12. AS MEDIAÇÕES ECLESIAIS E A MORAL CRISTÃ 525
  I. O PROGRAMA DA MISSÃO DO CRISTO RESSUSCITADO 525
    1. O "manifesto de caráter universal" de Cristo Ressuscitado
       segundo Mt 28,18-20 526
       a. Declaração: "Todo o poder me foi dado
          no céu e na terra" (v. 18b) 527
       b. Envio: "Ide, pois, fazei discípulos meus todos os povos" (v. 19) ... 528
       c. Promessa: "E eis que estou convosco todos os dias
          até o fim do mundo" (v. 20b) 528
    2. O conteúdo moral no programa missional de Mt 28,18-20 529
       a. "Fazei discípulos" 530
       b. "Batizando-os" 531
       c. "Ensinando a observar tudo quanto lhes ordenei" 531
  II. AS MEDIAÇÕES SALVÍFICAS DA IGREJA 533
    1. O tempo salvífico da Igreja 533
    2. Quadro de atividades salvíficas da Igreja 534
       a. Mediação profética 535
       b. Mediação sacerdotal 536
       c. Mediação real 536
    3. A liturgia enquanto centro das ações eclesiais 537
       a. A Liturgia como ápice 538
          1) A Fé está em primeiro lugar na vida cristã 539
          2) Conversão 539
       b. A Liturgia como fonte 540
  III. A MORAL NAS ATIVIDADES DA IGREJA 542
    1. Confirmação geral 542
    2. A moral na evangelização 542
    3. A moral na catequese 544

13. A INCULTURAÇÃO DA MORAL CRISTÃ 547
  I. APRESENTAÇÃO 547
  II. RELAÇÃO ENTRE FÉ CRISTÃ E CULTURA 549
  III. O SIGNIFICADO DA "INCULTURAÇÃO" 551
    1. Atualidade 551
    2. Conceito 552
  IV. OS CRITÉRIOS DA INCULTURAÇÃO KENÓTICA DA FÉ 554
    1. Dialogar e Respeitar 555
    2. Assumir e Transvasar 555
    3. Consolidar e Aperfeiçoar 556

4. Transformar e Converter 556
5. Denunciar e Corrigir 557
6. Transcender e Comunicar 558
V. A INCULTURAÇÃO NA HISTÓRIA DA MORAL CRISTÃ 558
VI. PROGRAMA DE INCULTURAÇÃO DA MORAL CRISTÃ HOJE 560
   1. Afirmativa prática e conseqüente do caráter "transcendental" da ética cristã 561
   2. Apoio moral da "aculturação" ou comunicação fecunda entre as culturas 563
   3. Procura prioritária das "novas" culturas 566
   4. Criação de uma "frente cultural" no campo da Teologia moral ... 568

14. A PASTORALIDADE DA MORAL CRISTÃ 571
I. ORIENTAÇÃO DA MORAL REFERENTE À PRÁTICA PASTORAL 571
II. COMO TORNAR POSSÍVEL A "RECEPÇÃO" DA VERDADE OBJETIVA POR PARTE DA CONSCIÊNCIA MORAL 573
   1. Orientação geral 573
   2. Condições gerais de uma consciência reta e bem formada 574
      a. Condições provenientes do significado da consciência 575
      b. Condições para o reto funcionamento da consciência 575
      c. Afirmação do princípio tradicional 576
III. ILUMINAR "A PARTIR DO EVANGELHO" A COMPLEXIDADE DAS SITUAÇÕES MORAIS DE HOJE 576
   1. "Complexidade" da realidade moral 577
   2. A "luz" necessária do Evangelho 578
   3. Implicações com a reflexão teológico-moral 579
   4. Balanço 581
IV. ATRIBUIR "SIGNIFICADO REAL" À MORAL CRISTÃ NUMA SITUAÇÃO HISTÓRICO-CULTURAL NOVA 581
   1. Dificuldades do homem de hoje perante a moral católica 582
   2. Resposta da reflexão teológico-moral 582
   3. Aplicações à reflexão teológico-moral 584
      a. Diálogo com as ciências humanas 585
      b. Análise dos fundamentos antropológicos da doutrina moral católica 586
      c. Comunicar a moral católica em linguagem da cultura de hoje 587
      d. União com todos os homens de boa vontade 588
V. FAZER REVOLUCIONAR A METODOLOGIA NA TRADIÇÃO VIVA DA IGREJA 589
   1. O significado dessa evolução 589
   2. Progresso na Tradição viva da Igreja 590
   3. Perspectivas "novas" no desenvolvimento moral 590

4. Categorias morais novas 591
      a. Recuperação de "categorias" da sabedoria
         moral tradicional cristã 592
         1) A consciência moral perplexa 592
         2) Os fins terapêuticos 593
         3) Outros princípios 594
      b. Uso de "categorias morais novas" 594
   VI. ORIENTAÇÃO "SALVÍFICA" DA MORAL CRISTÃ 596
      1. Compreensão afonsiana da moral 596
      2. Magistério de João Paulo II 597

**15. URGÊNCIAS MORAIS PARA A IGREJA
DO FUTURO PRÓXIMO** 599
   I. APRESENTAÇÃO 599
   II. RETORNO ÀS "FONTES" TANTO EVANGÉLICAS
       COMO TEOLÓGICAS 600
      1. "Vigor evangélico" na moral vivida 600
      2. Recuperação do "estatuto teológico" na moral formal 601
      3. "Redimensionar" a moral no conjunto da Fé 602
   III. "CAMPOS METODOLÓGICOS" NA BUSCA E NA PROPOSTA
       DA VERDADE MORAL 603
      1. Busca compartilhada da verdade moral 604
      2. Propostas "modestas", muitas vezes "plurais"
         e sempre "a caminho" 605
      3. Distinguir entre "princípios gerais" e "aplicações concretas" 606
   IV. ORIENTAÇÃO DOS "CONTEÚDOS" PARA UM PROJETO
       DE HUMANIDADE SOLIDÁRIA 607
      1. A moral cristã como "serviço de sentido" 608
      2. Por um "ethos não excludente" 609
      3. A consciência moral do "ideal" e da "fragilidade" 610

**Terceira Parte
A MORAL NO CENÁRIO DO MUNDO** 613

**1. "MUNDANIDADE" DA MORAL CRISTÃ
Nas pegadas da constituição pastoral "Gaudium et spes"** 617
   I. O "CAMINHO DO MUNDO" 618
      1. Significado de "mundo" 618
      2. A relação da Igreja com o mundo 619
   II. OS PRESSUPOSTOS ANTROPOLÓGICO-TEOLÓGICOS 620
      1. Inovação epistemológica 620
      2. Referências eclesiológicas e trinitárias 622
      3. Antropologia e Cristologia 624

        a. *Antropologia* 624
        b. *Cristologia* 625
    4. Balanço 627
  III. A RELAÇÃO COM O MUNDO 628
    1. Os dois tempos da relação 628
    2. Aspectos inovadores 629
  IV. A "MUNDANIDADE" DA MORAL CRISTÃ 630
    1. A Moral social 631
    2. O discurso teológico-moral em geral 631
    3. O espírito novo 632
  V. SÍNTESE 633

2. SIGNIFICADO E FUNÇÃO DA ÉTICA 635
  I. CAMPO DE REFERÊNCIA DO DISCURSO ÉTICO 636
    1. A pessoa: fonte e conteúdo da dimensão moral 636
        a. *Referência à pessoa* 636
        b. *Complexidade da conduta moral* 637
    2. A Ética: tensão entre "ação" e "estrutura", e entre "pessoa"
       e "comunidade" 638
    3. Funções da Ética 639
  II. O PARADIGMA DO DISCURSO ÉTICO 640
    1. O paradigma analítico 640
    2. Os paradigmas "individualistas" e "pós-modernos" 641
    3. Os paradigmas com apoios metafísicos ou antropológicos 642
    4. O paradigma da racionabilidade crítica e partilhada 644
  III. A EDUCAÇÃO MORAL 645
    1. Afirmações básicas 645
    2. Paradigma "personalista" 646
    3. Os objetivos da educação moral 647
    4. A meta da "autonomia", da "justiça" e da "solidariedade" 648
    5. Critérios do sistema educativo espanhol para a educação moral 649

3. A ÉTICA CIVIL 653
  I. A ÉTICA CORRELATIVA COM A SOCIEDADE DEMOCRÁTICA 653
    1. Necessidade da ética 653
    2. Ética racional 654
    3. Ética limitadora do poder 654
    4. Ética integradora do pluralismo social 655
    5. Síntese 655
  II. NECESSIDADE DE MUDANÇA NO PARADIGMA ÉTICO 656
    1. O paradigma da "lei natural" 656
    2. O paradigma da "moral autônoma" 657
    3. O paradigma alternativo da "ética civil" 658

III. A NOÇÃO DE "ÉTICA CIVIL" 659
    1. A expressão 659
        a. Ética 659
        b. Civil 659
    2. O conteúdo 660
IV. CONDIÇÕES PARA A ÉTICA CIVIL 661
V. FUNDAMENTAÇÃO DA ÉTICA CIVIL 662
VI. OS CONTEÚDOS DA ÉTICA CIVIL 663
VII. AS "FONTES" OU FATORES QUE DÃO ORIGEM
    AO CAUDAL DA ÉTICA CIVIL 664
VIII. FUNÇÕES DE ÉTICA CIVIL 665
    1. Funções globais 665
    2. Insistência na ética profissional e cívica 665
    3. A educação moral civil 666
    4. O rearmamento moral da sociedade 666
IX. AMPLITUDE DE SIGNIFICADOS DA ÉTICA CIVIL 667
    1. Afirmação da "paixão ética" 668
    2. Unidade do gênero humano dentro da universalidade 669
    3. Caráter universalizador e integrador 669
X. EXISTÊNCIA DA ÉTICA CIVIL 670
    1. Perspectiva teórica 670
    2. Perspectiva histórica 671
XI. ATITUDE DOS CATÓLICOS PERANTE A ÉTICA CIVIL 672

4. A MORAL PÚBLICA 675
I. O "DÉFICIT" MORAL DA VIDA PÚBLICA 675
    1. Processo de "individualização" da consciência moral 675
    2. A "secularização" da vida social e a perda da "hegemonia"
       da moral religiosa 676
    3. A pouca "densidade cívica" da sociedade 677
II. NECESSIDADE DA MORAL PÚBLICA 677
    1. Razões negativas 678
    2. Razões positivas 678
III. A NOÇÃO CORRETA DE "MORAL PÚBLICA" 679
    1. A moral pública perante os "costumes" sociais
       e os "ordenamentos" jurídicos 680
        a. Os "costumes" sociais e a moral pública 680
           1) Conexão necessária 680
           2) Distinção clara 681
        b. Os ordenamentos jurídicos e a moral pública 682
           1) Conexão necessária 682
           2) Distinção clara 683
    2. O significado preciso e positivo de "moralidade pública" 685

       a. *O substantivo "moral* 685
       b. *O adjetivo "pública"* 685
         1) Reducionismo do "objeto" 685
         2) Reducionismo da "pessoa" 686
   IV. OS CRISTÃOS E A MORAL PÚBLICA 687

5. MORAL E RELIGIÃO 689
   I. APRESENTAÇÃO 689
     1. Núcleo da questão 689
     2. Perspectiva adotada 690
   II. A GERAÇÃO DOS "MESTRES" 691
     1. Perspectivas éticas sem transcendência 691
     2. Ética e religião em Aranguren 692
        a. *Postura filosófica* 693
        b. *Consideração realista* 693
        c. *Analise das "variantes" da moral cristã* 694
        d. *O "ethos" católico na sociedade atual* 694
     3. Anotações avaliativas 694
   III. A NOVA GERAÇÃO DE FILÓSOFOS MORAIS 695
     1. A abundante, embora repetitiva, filosofia moral 695
     2. Relação da ética com a religião 696
        a. *Éticas "fechadas"* 697
        b. *Éticas abertas* 698
        c. *Balanço* 699
     3. Diálogo com o fato cristão 699
   IV. AS POSIÇÕES MAIS CRÍTICAS 701
     1. Negação de "racionalidade" à opção cristã 701
     2. Luta "passional" por uma "ética sem religião" 702
     3. Os ressaibos anticlericais da proposta da "educação moral leiga" 704
     4. A proposta ética de F. Savater 705
   V. CONCLUSÃO DE CARÁTER SISTEMÁTICO 709
     1. Abertura da Ética para a Religião 709
     2. Vinculação correta da Ética à Religião 711

6. SITUAÇÃO ATUAL DA VIDA MORAL
E DO DISCURSO ÉTICO 713
   I. APRESENTAÇÃO 713
   II. QUADRO CONCEITUAL DA "CRISE" 714
     1. Desdramatização do tema 714
     2. O conceito geral de "crise" 715
     3. A crise moral 717
   III. TRÊS ANÁLISES SIGNIFICATIVAS
     SOB O PONTO DE VISTA FILOSÓFICO 718

  1. Análise de J. Ortega y Gasset 718
  2. Apreciação de J. L. L. Aranguren 719
  3. Apreciação de J. Marías 721
 IV. A CRISE MORAL ATUAL SEGUNDO JOÃO PAULO II 724
  1. A "democracia sem valores" 725
  2. A incorreta "relação entre liberdade e verdade" 726
  3. O "enfraquecimento da razão" na busca da verdade moral 727
 V. ANÁLISE SISTEMÁTICA SOB O PONTO
  DE VISTA DA "ESTIMATIVA MORAL" 728
  1. A "estimativa" como perspectiva de análise 728
  2. "Crise de sentido" ou perda do "lar ético" 729
  3. Crise na forma de "estimar" 730
   a. Crise de "autonomia" 730
   b. Crise de "suspeita" 731
   c. Crise de "objetividade" 731
   d. Crise de "racionalidade" 732
  4. Mudanças na "estimativa moral" durante as últimas décadas 733
   a. Presença do "debate ético" na sociedade 733
   b. Secularização da moral 734
   c. O pluralismo moral: entre o "monolitismo ético"
    e o "politeísmo axiológico" 734
   d. O difícil parto da "ética civil" 735
 VI. SINAIS DE ESPERANÇA 735
 VII. REABILITAÇÃO DA ÉTICA 736
  a. Modernidade e ética 736
  b. A não destruída e indestrutível raiz ética da pessoa 737
  c. As expectativas éticas da sociedade atual 738

7. A PLENITUDE DA ÉTICA RACIONAL NA MORAL CRISTÃ 741
 I. APRESENTAÇÃO 741
 II. ÉTICA HUMANA E MORAL CRISTÃ 742
  1. A "identidade" da moral cristã 742
   a. A moral cristã: "mediação prática" da fé 742
   b. Qual é a especificidade da moral cristã? 743
   c. A moral cristã como "ética da libertação" 743
  2. Moral cristã e "moral racional" 744
   a. A moral cristã não se contrapõe à "moral racional" 744
   b. A moral cristã: entre a "racionalidade"
    e as "convicções religiosas" 746
  3. Balanço 747
 III. RAZÃO E REVELAÇÃO NA BUSCA E NA EXPOSIÇÃO
  DA VERDADE MORAL 748
  1. Nem racionalismo nem fideísmo 748

       a. O racionalismo 748
       b. O fideísmo 749
       c. Compreensão correta da razão 749
    2. Teologia moral e Ética filosófica 750
    3. A razão "pura" e a razão "situacionada" 752
       a. A proposta de J. Maritain 752
       b. As exigências da razão moral 753
  IV. AS "SEMENTES DO VERBO" E OS "PREÂMBULOS DA FÉ" 755
    1. Orientações da tradição teológica 755
       a. Patrística 755
       b. Magistério da Igreja 756
    2. Compreensão da "normatividade moral" humana
       como preâmbulo, horizonte e conteúdo da ética cristã 758
       a. Consistência prévia da normatividade moral humana 758
       b. A normatividade humana como mediação
         ético-antropológica da moral cristã 759
       c. Conclusões 760
  V. O ÚNICO PROJETO DE SALVAÇÃO 761
    1. Sagrada Escritura 761
    2. Tradição teológica 762
    3. Concílio Vaticano II 763
    4. Documentos do Magistério eclesiástico 764
    5. A teologia atual 765
  VI. CENTRALIDADE DE CRISTO 767
  VII. CONCLUSÃO 768

Quarta Parte
O DISCURSO TEOLÓGICO SOBRE A MORAL 771

1. APRESENTAÇÃO E ESTADO DA QUESTÃO 775
  I. DA "INTRODUÇÃO" À "CONCLUSÃO" 775
  II. AS QUESTÕES RELACIONADAS COM O DISCURSO TEOLÓGICO-MORAL .. 776
    1. Três propostas 777
       a. Proposta "tradicional" 777
       b. Proposta "renovada" 779
       c. Proposta "consolidada" 782
    2. Questões a serem tratadas 784

2. A CONSTITUIÇÃO TEOLÓGICA DA MORAL CRISTÃ 787
  I. O PROCESSO HISTÓRICO DE "TEOLOGIZAÇÃO" DA MORAL CRISTÃ ... 787
    1. Da "vida" ao "discurso" 788
    2. Um discurso não "implicitamente" teológico 788
    3. A "teologização" da moral na Idade Média 789

    4. Independência disciplinar e desvio para a
"epistemologia jurídica" 791
    5. A recuperação do "estatuto teológico" 792
    6. Algumas preocupações para o futuro 794
II. A TEOLOGIA MORAL COMO DISCIPLINA TEOLÓGICA 795
    1. O tronco teológico comum 796
        a. A estrutura do saber teológico 796
           1) Complexidade de funções e riqueza de conteúdos 796
           2) Unidade epistemológica comum 797
        b. A divisão disciplinar 797
           1) Unificação disciplinar 798
           2) Fragmentação em disciplinas autônomas 799
           3) Procura de uma nova articulação 799
    2. A autonomia disciplinar da Teologia moral 800
    3. Situação presente e perspectiva de futuro 802
        a. Nova articulação teológica 802
        b. Relação com outras disciplinas teológicas 803
           1) Relação com a Teologia dogmática 803
           2) Relação com a Teologia espiritual 804
           3) Relação com a teologia pastoral ou prática 806

3. A EPISTEMOLOGIA DO DISCURSO TEOLÓGICO-MORAL 809
I. NOTA HISTÓRICA 809
    1. Movimento por maior "pureza evangélica" 810
    2. Autores rigoristas e probabilioristas 811
        a. Proposta de Francisco Genet (1640-1703) 811
        b. Proposta de Daniel Concina (1687-1756) 812
        c. Outros autores 813
    3. Autores de tendência probabilista e benigna 814
        a. Francisco Antonio Zaccaria (1717-1795) 815
        b. Observações epistemológicas de Afonso de Ligório (1696-1787) ... 815
II. SITEMATIZAÇÃO ATUAL DA EPISTEMOLOGIA TEOLÓGICO-MORAL ... 817
    1. "À luz do Evangelho e da experiência humana" (GS 46) 818
    2. O "Evangelho" e sua transmissão 819
    3. A "experiência humana" 821
    4. A reordenação dos "lugares teológico-morais" 823
III. A SAGRADA ESCRITURA 825
    1. Afirmação geral 825
    2. O uso da Sagrada Escritura no discurso teológico-moral 826
    3. Valor das "normas éticas" concretas do Novo Testamento 827
IV. A TRADIÇÃO 828
    1. Uma constatação inicial 829
    2. Perspectivas gerais sobre a Tradição 831

a. Dimensão socioantropológica 831
b. Realidade teológica 832
3. A Tradição: lugar normativo da epistemologia teológico-moral 835
   a. Afirmação geral 835
   b. Precisações sobre os "lugares"
      e o "conteúdo" da Tradição moral 836
      1) Na Tradição apostólica 836
      2) Na Tradição eclesial 837
4. A Tradição e as tradições teológico-morais 840
   a. Duas afirmações 840
   b. Tradições teológico-morais relevantes 841
      1) Tradição tomasiana 842
      2) Tradição afonsiana 843
V. O MAGISTÉRIO ECLESIÁSTICO 844
   1. Apresentação 844
   2. Perspectivas gerais sobre o Magistério eclesiástico 846
   3. Magistério hierárquico e função do teólogo 848
   4. Doutrina magisterial sobre a normatividade epistemológica
      do Magistério eclesiástico para a Teologia moral 850
   5. Precisações e questões abertas 855
      a. A fórmula "fides et mores" 855
      b. Interpretação dos textos magisteriais 857
      c. Competência do Magistério no âmbito da "lei natural" 859
      d. A infalibilidade no campo da moral 862
      e. Anotações complementares 866

4. O MÉTODO NA TEOLOGIA MORAL 871
   I. CONSIDERAÇÕES GERAIS SOBRE O MÉTODO NA TEOLOGIA MORAL 871
      1. Noção 871
      2. Funções 872
      3. Procedimentos e tipos de método 872
   II. A NARRATIVIDADE NO DISCURSO TEOLÓGICO 874
   III. ANÁLISE DA ESTRUTURA NARRATIVA POR SI MESMA 876
   IV. O MÉTODO NARRATIVO NA ÉTICA TEOLÓGICA 878
      1. Funções da narratividade na ética 878
      2. Anotações avaliativas 879

CONCLUSÃO GERAL
Do "Evangelho" à "Teologia moral"
sem cair na dogmatização 883
   1. Dimensão ética do Evangelho 883
   2. Da dimensão moral do Evangelho nasce a Teologia moral 884
   3. A "teologização" da moral cristã não significa "dogmatização" 885